Das große Lexikon der Hotellerie und Gastronomie

M. Müller/G. Rachfahl

unter Mitarbeit von
O. Mikolasek/E. Pratsch/H. Winter

BEHR'S...VERLAG

Bibliografische Information Der Deutschen Bibliothek
Die Deutsche Bibliothek verzeichnet diese Publikationen in der Deutschen
Nationalbibliografie; detaillierte bibliografische Daten sind im Internet über
http://dnb.ddb.de abrufbar.
ISBN 3-89947-114-8

Zu den Herausgebern und Mitarbeitern

Ota Mikolasek	Technischer Oberlehrer an der Hotelfachschule Heidelberg und Serviermeister
Marianne Müller	Dipl.-Hdl., OStD i. R., bis 1998 Leiterin der Hotelfachschule Heidelberg; Gründungsvorsitzende der German Academy for Culinary Studies, Commandeur der Association Internationale des Maîtres Conseils en Gastronomie Française, Consultant Hospitality industry and Vocational Training
Erik Pratsch	Technischer Oberlehrer an der Hotelfachschule Heidelberg und Küchenmeister
Günter Rachfahl	Studiendirektor i. R., bis 1993 Lehrer an der Hotelfachschule Heidelberg, Ratsmitglied der Gastronomischen Akademie Deutschland, Lehrgangsleiter und Dozent in den Meisterlehrgängen an der Akademie für Wirtschaftsmanagement in Heidelberg
Helmut Winter	Fachlehrer an der gewerblichen Berufsschule in Ludwigshafen bis 1998 und Küchenmeister

© B. Behr's Verlag GmbH & Co. KG, Averhoffstraße 10, 22085 Hamburg
Tel. 0049/40/22 70 08-0 · Fax 00 49/40/2 10 91
e-mail: info@behrs.de · homepage: http://www.behrs.de

Satz: Satzpunkt Ewert GmbH, 95444 Bayreuth
Druck und Weiterverarbeitung: AALEXX Druck GmbH, 30938 Großburgwedel

4. erweiterte Auflage 2004

Illustrationen aus:
Lundbek, J.: Fischkunde für Jedermann, Hamburg: Grüner 1955
Bickel, W., Kramer, R.: Wild und Geflügel in der internationalen Küche (mit freundlicher Genehmigung von ZOMER & KEUNING BOEKEN B.V, Ede, NL)
Alle Rechte – auch der auszugsweisen Wiedergabe – vorbehalten. Herausgeber und Verlag haben das Werk mit größter Sorgfalt zusammengestellt. Für etwaige sachliche oder drucktechnische Fehler kann jedoch keine Haftung übernommen werden.

Vorwort

Die allgemein gute Aufnahme des „Großen Lexikon der Gastronomie" zeigt deutlich, wie wichtig ein Fachlexikon ist, das die Fachausdrücke für den Gastronomiebereich umfassend aufbereitet und übersichtlich zusammenfasst. Aufgrund des guten Anklangs der früheren Auflagen ist es nun möglich, die vierte Auflage als großes Lexikon der Hotellerie und Gastronomie in überarbeiteter und erweiterter Form vorzustellen.

Die vorliegende vierte Auflage bietet Ihnen ein umfassendes Fachwissen zum schnellen Nachschlagen, zur Erweiterung Ihres Wissens sowie zur Sicherung Ihrer Kenntnisse. Schwerpunkte dieses Lexikons bilden die Fachtermini aus den Bereichen Küchen- und Getränketechnologie, Betriebswirtschaftslehre, Betriebsorganisation, Hotellerie, Tourismus und Catering. Zahlreiche Abbildungen, Schaubilder und Tabellen veranschaulichen die Erklärungen im Text. Ein Anhang ergänzt das Nachschlagewerk sinnvoll. Gleichzeitig wurden alle Rechtsänderungen aufgenommen.

Autoren und Verlag sind sicher, dass auch die vierte Auflage des „Großen Lexikon der Hotellerie und Gastronomie" in Fachkreisen einen ebenso guten Anklang findet wie die vorangegangenen Auflagen auch.

Hamburg, im November 2004
Die Herausgeber

A

Aal *(frz.: anguille, w.; engl.: eel)*. Wanderfisch, nach der Maulform in Spitzkopf (bevorzugt, fettreich) und Breitkopfaal gegliedert, laicht im Sargassomeer (Atlantik). Nach dem Ablaichen gehen die Elterntiere zugrunde. Die Larven wachsen zu „Glasaalen" heran und wandern zu den europäischen Küsten und Binnengewässern, erreichen eine Länge von 70–100 mm. Als „Steigaale" gelangen sie in die europäischen Flüsse und werden als „Blankaale" gefangen. Nach 7–10 Jahren erreichen die Tiere die Laichreife („Gelbaal", „Grünaal") und wandern an die Laichplätze zurück. Um den Aalbestand zu sichern, werden Glasaale in Binnengewässern ausgesetzt. Angeboten werden Aale frisch oder geräuchert. → *Seeaal*, → *Meeraal*.

Aalblut. Kann mit zum Binden von Saucen und Ragouts bei Aalgerichten verwendet werden. Die Giftigkeit von Aalblut ist bekannt, kann aber für den Menschen nur gefährlich werden, wenn es in die Blutbahn gelangt (z. B. durch offene Wunden) oder wenn die Schleimhäute oder die Augen mit dem Blut in Berührung kommen. Das Blut ruft Entzündungen hervor, die nur sehr schwer und langsam abheilen. Die Giftwirkung des Blutes beruht auf einem giftigen Eiweißbestandteil, den man im Serum (d. i. Blutflüssigkeit ohne die Blutkörperchen) des Aales fand, man nannte das Gift einfach „Ichthyotoxin", was zu Deutsch „Fischgift" heißt. Wird das Aalblut (beim Zubereiten von Gerichten) auf über 60 °C erwärmt, wird der Eiweißbestandteil zerstört und die Giftigkeit verliert jede Wirkung.

Aalmutter. Meeresfisch, nicht mit dem Aal verwandt.

Abacate → *Avocado*.

Abacchio. Gericht aus jungem Lammfleisch. Typisch für die Region Latium (Italien).

Abaisser. Fachausdruck. Teig auf eine gewisse Dicke ausrollen.

Abatis (auch abattis). Hals, Kopf, Flügel, Magen, Leber und Kamm des Geflügels. Abatis de canard = Entenklein, abatis de dinde = Putenklein, abatis d'oie = Gänseklein. Im englischen Sprachraum = giblets.

Abbeeren. Entfernen der Traubenbeeren von den Stielen → *Rappen* = → *Entrappen*. Unreife Trauben bleiben dabei an den Stielen. Um zu hohe Gerbstoffanteile im Wein zu verhindern, werden Rotweintrauben entrappt.

Abbestellung von Zimmern → *Beherbergungsvertrag* → *Stornierung*.

Abboccato. Italienische Bezeichnung für einen Wein, der lieblich oder halbsüß ist.

Abbrennen. Teig, meist Brandteig, so lange auf dem Feuer rühren, bis er sich völlig vom Topf löst.

ABC-Analyse. Methode zur wirtschaftlicheren Bestandshaltung. Dabei werden die zu lagernden (und einzukaufenden) Waren in drei Gruppen gegliedert. Gruppe A: Waren mit hohem Wert, i. d. R. kleiner mengenmäßiger Anteil an der Lagermenge. Diese Gruppe soll genau disponiert und kontrolliert werden. Richtgröße: Etwa 10 % der Positionen (Menge) soll 70 % des Wertes ausmachen. Gruppe B: weitere 10–20 % mit 20 % des Lagerwertes. Diese Gruppe ist am schwersten zu disponieren, deswegen lässt die Praxis sie zuweilen weg. Gruppe C: 70 % der Positionen mit nur 10 % des Lagerwertes. Da diese Güter den geringsten Lagerwert darstellen, können sie langfristig disponiert werden. Zur Darstellung der

ABC-Trieb

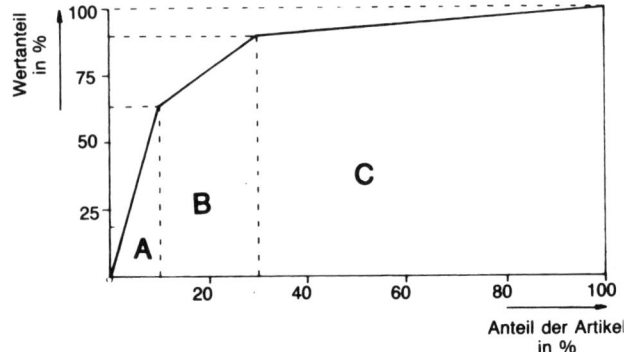

Abb. 1 ABC-Analyse

Kurve werden alle Waren erfasst und für sie errechnet:

$$\frac{\text{Wert \%}}{\text{Mengen \%}}$$

In eine Reihenfolge vom höchsten zum niedrigsten Wert gebracht, ergibt sich folgende kumulierte Kurve (Abb. 1).

ABC-Trieb. Dient an Stelle des früheren → *Hirschhornsalzes* als Triebmittel. Die Backtriebkraft beruht auf dem frei werdenden Kohlendioxid. Dabei entsteht Ammoniak, das wasserlöslich ist. Daher wird ABC-Trieb nur für trocken ausbackende Flachgebäcke verwendet.

Abdomen. Hinterkörper – bei Krabben der meist eingeschlagene Schwanzteil.

Abensberg. Spargelstadt im Dreieck Landshut – Regensburg – Ingolstadt. Ca. 50 Hektar Anbau, 150 Erzeuger.

Abfindungsbrennereien → *Brantweinmonopol*. Dürfen 150 l bis 300 l reinen Alkohol im Jahr brennen. Sie besitzen eigene Geräte und eigene Stoffe und betreiben die Brennereien in Erbpacht. Von der Bundesmonopolverwaltung wurden Durchschnittswerte für verschiedene Obstbranntweine festgelegt (Bsp. aus 100 l Maische von Kernobst werden 3,8 l reiner Alkohol abgerechnet). Evtl. anfallender Überschuss ist steuerfrei.

Abfüller. EU-Verordnung Artikel 3 a: Als Abfüller gilt die natürliche oder juristische Person oder der Zusammenschluss solcher Personen, die oder der für eigene Rechnung die Abfüllung vornimmt oder vornehmen lässt. Als Abfüllung gilt das Einfüllen des betreffenden Erzeugnisses in Behälter mit einem Inhalt von 60 Liter oder weniger für gewerbliche Zwecke. Als Angaben auf den Weinetikett; Verpflichtend vorgeschrieben für alle Qualitätsstufen sind: **1.** der Name oder Firmenname des Abfüllers **2.** der Name der Gemeinde oder des Ortsteils und des Mitgliedstaates, in der oder in dem der Abfüller seinen Hauptsitz hat. Zusätzlich zum Namen oder Firmennamen des Abfüllers ist einer der nachstehenden Begriffe anzugeben: „Abfüller" oder „abgefüllt durch........" oder „abgefüllt für......." (nur bei Lohnabfüllung)

Abfüllung. Als Abfüllung gilt das Einfüllen des betreffenden Erzeugnisses in Behälter mit einem Inhalt von 60 Litern oder weniger (EU-Verordnung) für gewerbliche Zwecke.

Der früheste Abfülltermin für Prädikatsweine ist der auf die Ernte folgende 1. Januar.

Abfüllungssysteme. Um die biologische Haltbarkeit des Weines zu gewährleisten und eine Nachgärung zu vermeiden, müssen Abfüllgeräte, Flaschen, Verschlüsse weitestgehend keimfrei sein. Füllsysteme: **1.** → *Kaltsterilfüllung* – Entkeimungsfüllung: Die Weine werden durch → *Filtration* entkeimt und in keimfreie Flaschen gefüllt und mit keimfreiem Verschluss versehen. **2.** → *Warmabfüllung:* Die Weine werden in Plattenerhitzern (Wärmetauscher) auf ca. 55 °C erwärmt und mit dieser Temperatur auf Flaschen gefüllt. Durch die Wärme werden weinschädliche Mikroorganismen abgetötet bzw. inaktiviert. **3.** Füllung mit technischen Hilfsstoffen. Zusatz von → *Sorbinsäure* maximal 200 g/l zum keimarmen Wein vor der Flaschenfüllung.

Abgaben. I. w. S. alle Geldleistungen an ein öffentliches Gemeinwesen. I. e. S. Zwangsabgaben: Steuern, Gebühren, Beiträge.

Abgabenordnung (AO). Allgemeines Steuergesetz, das alle wesentlichen Vorschriften für die Besteuerungsverfahren der wichtigsten Steuerarten enthält.

Abgabezwang. Nach § 6 GastG ist jeder, der aufgrund einer Konzession berechtigt ist, alkoholische Getränke auszuschenken, verpflichtet, auch alkoholfreie Getränke zum Verzehr an Ort und Stelle anzubieten.

Abgang. Nachgeschmack, den der Wein bei der Verkostung hinterlässt.

Abgebaut sind Weine, die ihren geschmacklichen Höhepunkt überschritten haben. Bei sachgemäßer Behandlung und Lagerung werden die Weine i. d. R. besser, um nach dem Erreichen des geschmacklichen Höhepunktes den typischen Altersgeschmack → *Firne* zu erhalten.

Ablaufdiagramme → *Arbeitsablaufdiagramm*, auch: Flussdiagramme. Zeichnerische logische Darstellung einer Abfolge von Tätigkeiten oder Handlungsmöglichkeiten (auch von Konsequenzen), die im Rahmen der → *Netzplantechnik* und der Datenverarbeitung angewendet werden.

Ablauforganisation. Prozessstrukturierung eines Betriebes (Ordnung von Arbeitsabläufen), Voraussetzung: **a)** Ist-Zustand aufnehmen, **b)** Ist-Zustand kritisch auswerten, **c)** Sollvorschlag erarbeiten, **d)** Arbeitsablauf beschreiben. *Bestimmungsgrößen (Ordnungselemente);* **a)** Arbeitsinhalt: Berücksichtigung wirklich nur erforderlicher Teilaufgaben, **b)** Arbeitszeit: Ermittlung und Anwendung der kleinsten *Zeitdauer* für die Arbeitsausführung (vertretbarer Zeitverbrauch). Sinnvolle Gestaltung der Zeitfolge der Teilaufgaben (Fortschreiten der Arbeit). Festlegung der *Zeitpunkte* für Start und Ende der Aufgaben (Terminierung), **c)** Arbeitsort: Räumliche Abstimmung der **d)** Aufgaben (kurze, kreuzungsfreie Wege), Arbeitszuordnung: Bestimmung der Aufgabenträger und der Arbeitsgruppen nach Anzahl und Eignung. Richtiger Einsatz von Sachmitteln.

Abmahnung. **a)** Wettbewerbsrechtlich: Schreiben, dass bei einem vorliegenden Wettbewerbsverstoß einen außergerichtlichen Unterlassungsanspruch geltend macht. **b)** Arbeitsrechtlich: Deutliche Beanstandung einer Pflichtverletzung des Arbeitnehmers durch den Arbeitgeber mit dem Hinweis, dass eine Wiederholung den Fortbestand des Arbeitsverhältnisses gefährdet. Eine Abmahnung muss bei Pflichtwidrigkeiten im Leistungsbereich erfolgt sein, ehe die fristlose Kündigung erfolgen kann. Sie kann entbehrlich sein, wenn **1)** der Arbeitnehmer sich weder vertragsgerecht verhalten kann noch will, oder **2)** es sich um besonders schwere Verstöße handelt.

Abmahnverein → *Wettbewerbsverein*.

Abreicherung. Verminderung von Rückständen z. B. Pflanzenschutzmitteln beim Wein. Dies geschieht durch festgelegte Wartezeiten zwischen der Ausbringung und Anwendung des Pflanzenschutzmittels und der Lese. Bei der Weißweingewinnung bleiben noch anhaftende Schutzmittel an der Schale haften und werden mit dem → *Trester* entfernt. Darüber hinaus werden Rückstände durch das → *Separieren* des Mostes entfernt. Die Hefe bindet bei der Gärung ebenfalls Rückstände.

Absatz a) Menge der veräußerten Produkte und Leistungen, **b)** Kurzbezeichnung für den Absatzbereich (Verkauf, Sales), den Bereich der Unternehmung, die sich mit der Vermarktung der Leistungen beschäftigt, **c)** gesamte Tätigkeit eines Anbieters, die darauf gerichtet ist, die betrieblichen Leistungen den Abnehmern gegen Entgelt zuzuleiten (Abb. 2).

Absatzanbahnung. Teil der Absatzvorbereitung; erfolgt durch Akquisition (Angebote, Beratung etc.), Verkaufsförderung, Werbung, Auftragseinholung; meist Aufgabe des Salesdepartments.

Absatzfunktionen → *Absatz.*

Absatzkennzahlen → *Kennzahlen.*

Absatzkosten-Analyse → *Cost-Benefit-Analyse.*

Absatzpolitik. Alle Maßnahmen, die darauf gerichtet sind, die Leistungen der Unternehmung zu veräußern und bereits erreichte Absatzhöhen zu steigern. Die zu diesem Zweck eingesetzten Instrumente werden zusammengefasst unter dem Begriff → *Absatzpolitisches Instrumentarium.* Durch ihre Verknüpfung miteinander spricht man heute auch von → *„Marketing-Mix".*

Absatzpolitik, selektive. Bei dieser Absatzpolitik richtet das Unternehmen seine Absatzbemühungen ganz bewusst auf bestimmte Gästegruppen (Abnehmer). Welche Gruppen es auswählt, hängt von der Art des Betriebes und seinem Angebot ab. Der Markt wird dabei nach Gästegruppen in Marktsegmente aufgeteilt. Zweckmäßig ist auch je nach Ziel eine Benutzung unterschiedlicher Marketingkonzepte.

Absatzpolitik, vollständige. Eine Absatzpolitik, bei der der Betrieb alle Nachfrager ohne besondere Auswahl anspricht. Für die Gastronomie ist eine derartige Absatzpolitik meist mit zu hohen Kosten verbunden, ohne dass sie dabei den gewünschten Erfolg bringt. Außerdem sind nicht alle Marktteilnehmer für jeden gastronomischen Betrieb geeignet. Deshalb empfiehlt sich eine selektive Politik.

Funktionen des Absatzes

Absatzvorbereitung mit → *Marktforschung* und -beobachtung – Absatzplanung	Absatzlenkung und -förderung durch den Einsatz des → *absatzpolitischen Instrumentariums*	Absatzdurchführung und -kontrolle mit a) Auftragsgewinnung, b) Absatzanbahnung durch Angebot und Beratung, c) Abwicklung, d) Kontrolle hinsichtlich Auftragseingang und Erfolg

Abb. 2 Absatz

Absatzpolitisches Instrumentarium (auch *absatzpolitische Aktionsparameter*). Summe der Instrumente zur Förderung des Absatzes (modern: Marketing-Mix). Wesentlich ist für die Absatzverbesserung eine Gruppe von Instrumenten, deren Einsatz einzeln und kombiniert möglich ist. Hierzu gehören: **a)** die *Absatzmethoden*, bei denen sich der Unternehmer entscheiden muss, 1) welches Vertriebssystem er wählt. Hier kommt für die Hotel- und Gaststättenbetriebe nur der eigene Vertrieb in Betracht; 2) welche Absatzwege beschritten werden. Hier besteht die Möglichkeit, einen direkten Absatz (ohne Zwischenmittler) zu wählen oder den indirekten Weg z. B. über Reiseveranstalter; **b)** die *Produkt- und Sortimentgestaltung*, die gerade im Hotel- und Gaststättengewerbe unendlich viele Möglichkeiten zulässt; **c)** die → *Werbung* und **d)** die → *Preispolitik*.

Abschlag. Eine pauschale Lohnvorauszahlung auf einen meist monatlichen Lohn, die gezahlt wird, nachdem ein Teil der Arbeit bereits geleistet wurde. Hierdurch unterscheidet sie sich vom → *Vorschuss*. Der Abschlag wird unmittelbar auf dem Personalkostenkonto erfasst.

Abschlussprüfung. In den anerkannten Ausbildungsberufen sind Abschlussprüfungen auf der Grundlage der → *Ausbildungsordnung* durchzuführen (BBiG). Ziele der Abschlussprüfung: **a)** Feststellung der am Ende der Ausbildungszeit erforderlichen Fertigkeiten; **b)** Feststellung der am Ende der Ausbildungszeit notwendigen praktischen und theoretischen Kenntnisse; **c)** Feststellung der am Ende der Ausbildungszeit notwendigen Vertrautheit mit dem im Berufsschulunterricht vermittelten, für die Berufsausbildung wesentlichen Lehrstoff.

Abschreibung. (Abb. 3) Unter den Wirtschaftsgütern, die einem Unternehmen mehrere Rechnungsperioden hindurch zur Nutzung dienen, gibt es solche, deren Nutzung unbegrenzt ist (Grundstücke), und solche, deren Nutzung begrenzt ist (z. B. Maschinen). Da die Wertminderung bei Wirtschaftsgütern mit begrenzter Nutzung auf den Verschleiß durch den Gebrauch zurückzuführen ist, wird diese durch eine **planmäßige Abschreibung** erfasst. Dieser Abschreibung liegt immer eine bestimmte Methode zugrunde. Außergewöhnliche Wertminderungen durch technische Alterung oder außergewöhnliche Erscheinungen (z. B. Explosion, Brand) werden durch eine **außerordentliche Abschreibung** erfasst. Zur *planmäßigen* Abschreibung besteht ein Zwang. Das gilt im Handelsrecht genau so wie im Steuerrecht. Unterschiedlich sind nur die verwendeten Begriffe. Während Handels- und Aktienrecht von einer planmäßigen Abschreibung sprechen, nennt das Steuerrecht sie „Absetzung für Abnutzung" (→ *AfA*). Für die Abschreibung, die aus besonderen Gründen erfolgen muss, kennt das Handels- und Aktienrecht die außerplanmäßige Abschreibung, das Steuerrecht die Absetzung für außergewöhnliche technische und wirtschaftliche Abnutzung *(AfaA)* und die Teilwertabschreibung. Abschreibungsmethoden für *bewegliche Wirtschaftsgüter* sind: **a)** die Abschreibung in gleichbleibenden Jahresbeträgen (lineare Abschreibung) und **b)** die Abschreibung in fallenden Jahresbeträgen (degressive Abschreibung). Bei der *linearen* Abschreibung werden die Anschaffungskosten gleichmäßig auf die Jahre der Nutzung verteilt, indem jährlich der gleiche Betrag abgeschrieben wird. Der Abschreibungsbetrag ergibt sich:

$$\text{Abschreibungsbetrag} = \frac{\text{Anschaffungskosten}}{\text{Jahre der Nutzung}}$$

Soll ein Prozentsatz verwendet werden, errechnet sich dieser:

$$\text{Abschreibungsprozentsatz} = \frac{100}{\text{Jahre der Nutzung}}$$

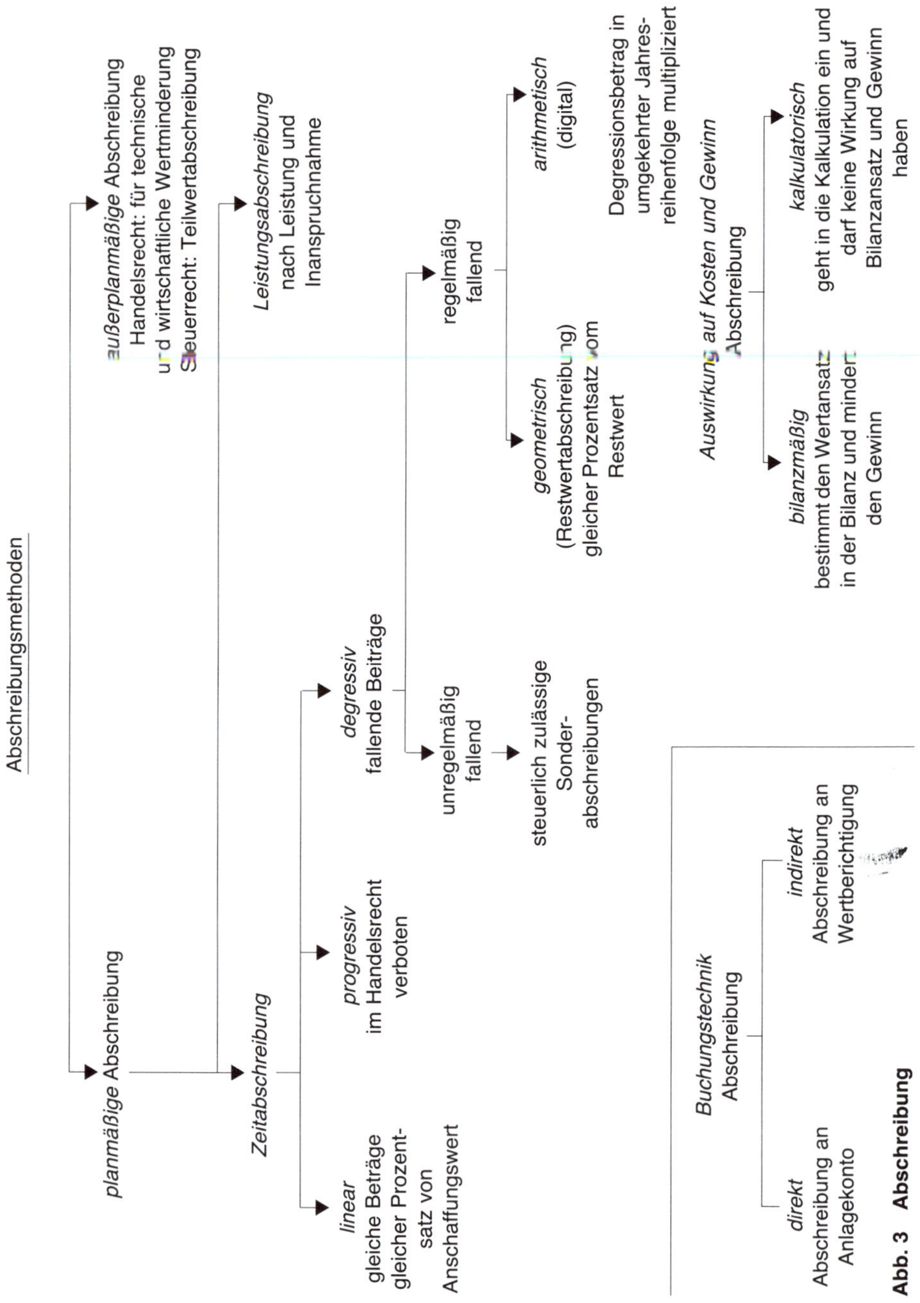

Abschreibung

Abschreibungsmethoden

planmäßige Abschreibung

- *außerplanmäßige* Abschreibung
  Handelsrecht: für technische
  und wirtschaftliche Wertminderung
  Steuerrecht: Teilwertabschreibung
- *Leistungsabschreibung*
  nach Leistung und
  Inanspruchnahme
- *Zeitabschreibung*

Zeitabschreibung

- *linear*
  gleiche Beträge
  gleicher Prozent-
  satz von
  Anschaffungswert
- *progressiv*
  im Handelsrecht
  verboten
- *degressiv*
  fallende Beiträge
  - regelmäßig fallend
    - *geometrisch*
      (Restwertabschreibung)
      gleicher Prozentsatz vom
      Restwert
    - *arithmetisch*
      (digital)
      Degressionsbetrag in
      umgekehrter Jahres-
      reihenfolge multipliziert
  - unregelmäßig fallend
    - steuerlich zulässige Sonder-
      abschreibungen

Auswirkung auf Kosten und Gewinn Abschreibung

- *bilanzmäßig*
  bestimmt den Wertansatz
  in der Bilanz und mindert
  den Gewinn
- *kalkulatorisch*
  geht in die Kalkulation ein und
  darf keine Wirkung auf
  Bilanzansatz und Gewinn
  haben

Buchungstechnik Abschreibung

- *direkt*
  Abschreibung an
  Anlagekonto
- *indirekt*
  Abschreibung an
  Wertberichtigung

Abb. 3 Abschreibung

Bei der *degressiven* Abschreibung fallen die Abschreibungsbeträge von Jahr zu Jahr. Sie kann auf zwei verschiedene Weisen durchgeführt werden: **1)** Bei der *arithmetisch degressiven* Abschreibung (digitale), errechnet man zunächst einen Degressionsbetrag, der dann mit der Reihenfolge der Nutzungsjahre in umgekehrter Reihenfolge multipliziert wird. Der Degressionsbetrag ergibt sich:

$$\text{Degressionsbetrag} = \frac{\text{Anschaffungskosten}}{\text{Summe der Nutzungsjahre}}$$

Beispielsweise ergibt sich dann für eine Anlage im AW von 10 000,– € und einer Nutzungsdauer von vier Jahren:

$$D = \frac{10\,000}{1+2+3+4} = 1000,-\ €$$

Abschreibung:
Jahr: 4 × 1000,– = 4000,– €
Jahr: 3 × 1000,– = 3000,– €
Jahr: 2 × 1000,– = 2000,– €
Jahr: 1 × 1000,– = 1000,– €

Diese Abschreibung führt wie die lineare Abschreibung zu Null. **2)** Die *geometrisch degressive* Abschreibung dagegen führt nie zu Null, da ein gleichbleibender Prozentsatz vom Restwert abgeschrieben wird (*Restwertabschreibung*). Außer mit diesen Methoden kann auch nach Leistung abgeschrieben werden. Dabei wird die insgesamt mögliche Leistungsabgabe geschätzt und die jeweilige Inanspruchnahme als Abschreibung gebucht. Diese Methode muss allerdings wirtschaftlich begründbar und die Inanspruchnahme messbar sein. Bewegliche Wirtschaftsgüter, die einen Anschaffungswert nicht über 410,– € haben, können im Jahr der Anschaffung voll abgeschrieben werden. Man bezeichnet diese Güter als „geringwertige Wirtschaftsgüter" (*GWG*). Für Gebäude gelten besondere Vorschriften. Sowohl bei beweglichen Wirtschaftsgütern als auch bei Häusern ist die Abschreibung auf Monate zu berechnen. Von der buchmäßigen Erfassung her wird unterschieden in: **a)** *direkte* Abschreibung, bei der der Wert im Anlagekonto vermindert wird, **b)** *indirekte* Abschreibung, bei der ein Wertberichtigungsposten gebildet wird (s. a. Delkredere). Neben der *bilanzmäßigen* Abschreibung nehmen viele Unternehmer eine *kalkulatorische* Abschreibung vor. Diese soll einmal dazu dienen, den geschätzten echten Wertverlust in die Kalkulation zu übernehmen, zum andern aber auch bei steigenden Preisen die Kalkulation so beeinflussen, dass der Wiederbeschaffungswert erwirtschaftet wird. Sie muss gewinneutral sein.

Abschreibungstabelle → *Abschreibung*. (Abb. 4) Tabelle, die die betriebsgewöhnliche Nutzungsdauer und Abschreibungssätze für abnutzbare Wirtschaftsgüter enthalten. Sie werden vom Bundesminister der Finanzen herausgegeben und in Tabellenbänden veröffentlicht.

Absetzung für Abnutzung → *Abschreibung*. Steuerrechtlicher Begriff für Abschreibung, AfA.

Absinth. Spirituose, die u. a. Wirkstoffe des Wermutkrautes (Artemisia absinthum) enthält. Das aus dem Wermutkraut ausgelaugte Thujon ist ein pflanzliches Gift, das wie andere Drogen, die aus Pflanzen stammen, eine berauschende Wirkung hat und Sucht verursachen kann. Der Thujongehalt in Absinth ist heute deswegen streng begrenzt auf 10 mg/l bei 25 % Vol. Bitterspirituosen können bis 35 mg/l enthalten. Nachdem die Herstellung von Absinth 1923 verboten wurde, hat die EU 1981 bzw. 1998 die Absinthproduktion und den Vertrieb wieder legalisiert. Die Spirituose wird heute vorwiegend in Tschechien, der Schweiz, Frankreich und Spanien produziert. Milde Formen von Absinth sind in verschiedenen Ländern unter den Bezeichnungen Raki, Ouzo, Mastika, Ojen, Pastis, Pernod, Ricard immer im Verkauf gewesen.

Abschreibungstabelle (Abb.)

Lfd.-Nr.	Anlagegüter	ab 01.01.2002 Nutzungsdauer (Nd) I. J.	Linearer AfA-Satz v. H.
1	Ausschanksäulen	5	20
2	Barschränke	5	20
3	Bartheken	6	17
4	Bettgestelle aus Holz oder Metall	10	10
5	Bieraufzüge	10	10
6	Bilder		
	6.1 hochwertige Gemälde (ab 5000 DM Anschaffungskosten)	20	5
	6.2 hochwertige Grafik, Aquarelle, Zeichnungen (ab 2000 DM Anschaffungskosten)	20	5
	6.3 sonstige Gemälde	10	10
	6.4 sonstige (Druck-)Grafik	5	20
7	Brat- und Backöfen	5	20
8	Bühnenvorhänge	8	12
9	Vitrinen	8	12
10	Elektrokleingeräte	3	33
11	Lastenaufzüge	5	20
12	Fernsehgeräte in Fremdenzimmern	3	33
13	Fettabscheider	10	10
14	Fitnessgeräte	5	20
15	Garderoben	10	10
16	Geschirrspülmaschinen	5	20
17	Herde	5	20
18	Hühnerbratroste (elektrische, mit Gas oder Kohle)	5	20
19	Infrarotheizungen, beweglich	5	20
20	Kaffeemaschinen, elektrische	5	20
21	Kaffeemühlen, elektrische	5	20
22	Kassen (mechanisch u. elektron. Registrierk.)	5	20
23	Kegelbahnen	8	12
24	Kippbratpfannen	5	20
25	Kochkessel (Gastgewerbe)	8	12
26	Kühlraum, Weinkühlraum	8	12
27	Kühlanlagen, elektrische	5	20
28	Laptops	4	25
29	Markisen	8	12
30	Möbel (einschl. Einbaumöbel)		
	30.1 antike und hochwertige	12	8
	30.2. übrige	10	10

Abb. 4 Abschreibungstabelle

Abstimmungsformen

Lfd.-Nr.	Anlagegüter	ab 01.01.2002 Nutzungsdauer (Nd) I. J.	ab 01.01.2002 Linearer AfA-Satz v. H.
31	Musik- und Beschallungsanlagen (einschl. Musikboxen)	4	25
32	Musikinstrumente		
	32.1 Flügel	15	7
	32.2 Klaviere	10	10
33	Oberhitzer (Salamander)	5	20
34	Plattenspieler	3	33
35	Polstermöbel in Bars, Hallen und Restaurants	5	20
36	Radios	5	20
37	Reinigungsgeräte (Staubsauger, Shampoonierer)	6	17
38	Rühr-, Schlag- und Speiseeismaschinen	7	14
39	Sahneautomaten	7	14
40	Service- und Tranchierwagen	5	20
41	Teigknet- und -mischmaschinen	8	12
42	Teigwalzen	10	10
43	Tennisanlagen	10	10
44	Teppiche und Brücken		
	44.1 hochwertige Orientteppiche	15	7
	44.2 normale	5	20
	44.3 einfache	3	33
45	Theken, einfache	8	12
46	Theken- und Kellnerausgaben, fahrbar	5	20
47	Unterhaltungsautomaten	3	33
48	Video-Übertragungsgeräte	3	33
49	Wärmeschränke Gastronomie	8	12
50	Wäschereiausrüstungen	7	14
51	Wäschereimaschinen, autom.	7	14
52	Wasseraufbereitungsanlagen	10	10
53	Zimmermädchenwagen	3	33

Abb. 4 Abschreibungstabelle (Fortsetzung)

Abspritzen von Bargetränken. Verschiedene → *Cocktails* werden mit einem Stück Zitronen- oder Orangen-Schale (ohne Fruchtfleisch) aromatisiert. Über dem fertig hergestellten Getränk wird das Schalenstück zusammengedrückt. Dabei spritzen die → *ätherischen Öle* auf die Getränkeoberfläche.

Abstich. Kellertechnischer Arbeitsgang, bei dem der Bodensatz – Hefe, Gärungsrückstände – durch Umfüllen entfernt wird. Dieser Arbeitsgang kann mehrmals durchgeführt werden. Zu langes Lagern auf der Hefe kann zu → *Böckser* führen.

Abstimmungsformen → *Primatkollegialität*, → *Abstimmungskollegialität*, → *Kassationskollegialität*.

Abstimmungskollegialität. Abstimmungsform im Rahmen der → *Kollegial-Instanz.* Alle Mitglieder des Kollegiums sind gleichberechtigt. Beschlüsse werden dabei entweder nach dem Einstimmigkeitsprinzip oder nach dem Mehrheitsprinzip gefasst.

Abtei → *Kräuterliköre,* die sich durch ihr harmonisch ausgeglichenes Aroma aus vielerlei Gewürzen, Wurzeln und Bitterstoffen auszeichnen. Vorbild bei der Herstellung waren häufig die Likörerzeugnisse der Mönche des Benediktinerordens. Abteiliköre werden auch „Klosterliköre" genannt.

Abteilungsköche → *Anhang A 7/Küchenbrigade.*

Aburage. Japanischer gebratener Bohnenquark.

Abwasser. Durch Gebrauch verunreinigtes Wasser.

Abwerbung. Sie liegt vor, wenn ein Arbeitgeber Arbeitskräfte anwirbt, die bei einem anderen Arbeitgeber tätig sind. Der BGH erklärt (zu § 611 BGB), dass eine Abwerbung dann grundsätzlich statthaft ist, wenn sie unter Verleitung auf eine ordentliche Kündigung erfolgt. Sittenwidrig und damit unstatthaft ist Abwerbung, wenn sie gegen die guten Sitten verstößt. Das ist dann der Fall, wenn sie mit unlauteren Mitteln erfolgt oder planmäßig betrieben wird.

Abwirzen. Abtrennen des Jungweines von den festen Bestandteilen bei der Rotweingewinnung.

Abziehen, zur Rose. Eigelb mit Flüssigkeit (Milch/Sahne/reduzierte Fonds) unter Rühren erhitzen, sodass die Flüssigkeit leicht angedickt ist und den zum Rühren benutzten Kochlöffel gleichmäßig überzieht. Beim Anschlagen des Löffelstils an den Topfrand bilden sich Wellen, die in der Form entfernt an Rosenblätter erinnern.

Abzug. a) Abfüllen auf Flaschen, **b)** Wrasenabzug zur Entlüftung.

Accolade. Ein Paar (Wildgeflügel z. B. Schnepfen, Ortolane). Aber auch von Fischen und Schlachtfleisch, zusammen aufgetischt. Accolade de lapereaux, accolade de perdreaux, accolade d'anguilles à la broche.

Accommoder. Ein Gericht zubereiten.

Acerolas (Ahornkirschen). Westindische Kirschenart, die aber auch in Südtexas und Südamerika beheimatet ist. Die Früchte sind walnussgroß, rundlich bis eiförmig, scharlachrot und schmecken würzig-säuerlich. Acerolas haben einen sehr hohen Vitamin C-Gehalt.

Acesulfam-K. Süßstoff A. wurde 1970 entdeckt. Acesulfam ist koch- und backfest und etwa 180–200 Mal süßer als technisch reiner Verbrauchszucker; der Süßgeschmack ist dem natürlichen Zucker sehr ähnlich.

Acetaias. Bezeichnung für Dachböden, die zur Reifung von Aceto-Balsamico-Essig benutzt werden.

Aceto Balsamico → *Balsamessig.*

Aceto Balsamico Tradizionale → *Balsamessig.*

A.C.-Gebiet. → *A.O.C.*

Achards. *Aus dem Arabisch-Persischen: Atahar.* Hierzu gehören alle in Essig eingelegten Gemüse und Früchte, von den „Pickles" bis zu ganzen Tomaten, Weintrauben, jungen Weinranken und Bambussprossen.

Aciduler. Säuern.

Acipenserides. Familie der → *Störe.*

Ackerbohnen → *Dicke Bohnen.*

Acquit jaune d'or. Ursprungs- und Altersbescheinigung, die vom → *BNIC* für die Importländer ausgestellt wird. Das goldgelbe Zertifikat garantiert dem Handel und dem Verbraucher, dass sie ein Originalprodukt höchster Güte erworben haben.

Acrolein. An stechendem Fettgeruch erkennbares Zersetzungsprodukt des Fettes bei Überhitzung. Ein mit diesem Geruch behaftetes Fett gilt als verdorben und darf in keinem Fall weiter für den menschlichen Genuss verwendet werden.

Actin. Muskelprotein, das mit → *Myosin* die Muskelfilamente bildet.

Actomyosinkomplex. Zusammenschluss von Actin und Myosin; der Muskel zieht sich zusammen.

Adaptierte Milch. Kindernahrung aus Kuhmilchpräparaten, von der Industrie angeboten. Der Muttermilch sehr ähnlich und als Nahrung für die ersten sechs Lebenswochen geeignet.

Adaption/Adaptation. Begriff aus der Weinfachsprache, der die Bodenverträglichkeit einer Unterlagenrebe bezeichnet. Es handelt sich hier um eine konkretere Auslegung des Begriffs Standortanpassung.

Additionner. Hinzufügen.

Additive → *Fremdstoffe*.

ADI-Wert. Abkürzung von Acceptable Daily Intake = annehmbare Tagesdosis. Angabe über die für die Gesundheit unbedenkliche Höchstmenge von Zusatzstoffen und Rückständen aus Schädlingsbekämpfungsmitteln an oder in Lebensmitteln, ausgedrückt in mg/kg Körpergewicht, die täglich mit der Nahrung ein ganzes Leben lang aufgenommen werden kann. Der Sicherheitsfaktor liegt 100- bis 1000-fach niedriger als die durch Tierversuche ermittelte risikolose Dosis.

Adlon. Lorenz (1849–1921), Hotelier, eröffnete am 23. Oktober 1907 das Hotel Adlon in Berlin, Unter den Linden 1 am Pariser Platz.

Administration. Verwaltung (administrative Arbeiten werden im Rechnungswesen, der Kontrolle, dem Personalwesen u. a. getätigt).

Adoleszenz (*lat.: adolescere = heranwachsen*). Phase der Reifezeit Jugendlicher, die mit Ende der → *Spätpubertät* beginnt und zum Erwachsenwerden führt. Merkmale: Zurücktreten innerer Problematiken, Annäherung an Erwachsenenwelt, Selbsteinschätzung greift auf eigene Erfahrungen zurück. Einstellungen, Wertvorstellungen verfestigen sich. Erste Lebenserfolge.

Adoucir. Versüßen.

ADP. Adenosindiphosphat. Entsteht als Zwischenstufe im Zwischenstoffwechsel durch Abspalten eines Phosphorsäurerestes vom → *ATP* unter Energielieferung. Ist notwendig für den normalen Ablauf anaerober und aerober Stoffwechselvorgänge. Wird je nach Bedarf in die energieärmste Form Adenosinmonophosphat abgebaut bzw. zur Ausgangsverbindung ATP resynthetisiert.

Adsorption. Anlagerung von Gasen, Dämpfen oder gelöster Stoffe in feinster Schicht an der Oberfläche fester Stoffe.

Adstringierender Geschmack. Begriff, der sich aus dem lateinischen *adstringere = zusammenziehen* herleitet. Der Geschmack wird durch Bitterstoffe und Gerbstoffe hervorgerufen. Er entsteht insbesondere bei Weinen, die auf den → *Trestern* vergoren werden.

Advokaat. Ungeschützte Bezeichnung für → *Eierlikör*, ursprünglich eine Herkunftsbezeichnung für Erzeugnisse aus der Avokado-Frucht der holländischen Provinz Gelderland.

Aemono. Gemischter Salat der japanischen Küche aus Algen, Muscheln, Hummer, Huhn mit Essig, Salz, Zucker und Gemüse. Wird mit Sesam bestreut. Meistens wird nur rohes Material genommen.

Aerosol. Feinste Verteilung flüssiger oder fester Stoffteilchen in Luft oder bestimmten Gasen.

Aerotherm-Verfahren. Das Rösten von Kaffee erfolgt bei diesem Verfahren nicht – wie üblich – durch gasbeheizte Trommeln, sondern durch Heißluft.

AEVO. Ausbildereignungs-Verordnung (16.02.1999) Prüfungsinhalte: 1. Allgemeine Grundlagen der Ausbildung, 2. Mitwirken bei der Einstellung von Auszubildenden, 3. Planung der Ausbildung, 4. Ausbildung in der Gruppe, 5. Ausbildung am Arbeitsplatz, 6. Abschluss der Ausbildung, 7. Fördern des Lernprozesses. Zulassung und Prüfungsabnahme durch die Industrie- und Handelskammer.

AfA → *Abschreibung*.

Affektiv. Die Einstellung und das Verhalten betreffend → *kognitiv* → *psychomotorisch*.

Affektiver Lernbereich. Lernbereich der allgemeinen Verhaltensweisen, in deren Mittelpunkt die Erziehung zu Arbeitstugenden und Persönlichkeitswerten steht → *Intentionale Erziehung*, → *Funktionale Erziehung*.

Affentaler. Wegen seiner originellen Flasche bekannter Wein aus der badischen Stadt Bühl. → *Herkunftstypenwein*.

Affinade → *Weißzucker*.

Affinage. Reifen oder Verfeinerung. Reifezeit, während der Käse im Keller sorgfältig beobachtet und behandelt wird.

Aflatoxin → *Aspergillus*

Aflatoxine. Schimmelpilze bilden auf der Oberfläche von Nahrungsmitteln einen Belag und greifen auf die darunter liegenden Schichten über. Der sog. Gießkannenschimmel bildet ein krebserregendes Gift, das Aflatoxin → *Aspergillus*.

After-Dinner-Drinks werden nach dem Essen (Dinner) getrunken, meist an der Bar. Sie sollen wohltuend für den Magen sein und gleichzeitig den Abend ausklingen lassen → *Digestif*.

Agar-Agar. Pflanzliches Geliermittel. Bindemittel in der jüdischen (koscheren) und asiatischen Küche und in der Diätetik. Siebenfache Bindekraft herkömmlicher Geliermittel. Agar-Agar wird aus Rotalgen in Indien, China und Japan gewonnen. Dieser Pflanzenstoff kommt in getrockneter Form als Faser oder als geschmacksneutrales Pulver in den Handel. Zum Aufquellen von 10 g Agar-Agar rechnet man 1 l kaltes Wasser. Durch Kochen werden die Fasern gelöst.

Agavendicksaft. Natürliches Süßungsmittel. Agavendicksaft bildet sich im Schaft der Agavenpflanze. Wird er eingeritzt, fließt der Saft heraus und kann gesammelt werden. Der Agavendicksaft hat eine höhere Süßkraft als Zucker (100 g entsprechen etwa 125–150 g Zucker) und enthält weniger Kalorien als dieser.

AGB-Gesetz → *Allgemeine Geschäftsbedingungen* = Gesetz zur Regelung des Rechts der Allgemeinen Geschäftsbedingungen.

Ageless. Ageless ist ein in Japan entwickeltes Produkt zur Konservierung von Lebensmitteln in weitgehend sauerstoffundurchlässigen Verpackungen. Ageless sind briefmarkengroße, mit Eisensalzpulver gefüllte Tütchen, die zusammen mit einem Produkt verpackt den vorhandenen Sauerstoff bis zu einem Restwert von 0,01 % wie ein Schwamm aufsaugen. Ageless absorbiert den Sauerstoff, den Schimmelpilze, Sporen,

Aerobien, Insekten usw. zwingend zum Überleben benötigen. Dadurch wird das Wachstum der Mikroorganismen entscheidend gebremst und neben dem Konservierungseffekt bleiben auch Farbe und Konsistenz des Produkts länger erhalten. Bei der Sauerstoffabsorbierung entstehen keinerlei Gase oder Dämpfe. Ageless ist nicht essbar, jedoch lebensmittelrechtlich unbedenklich und entspricht allen Bestimmungen des BGA.

Agenabe. Japanische Bratpfanne.

Agglomerierte Korken, auch → *Presskork*.

Aggression. Angriff, vielfach auf erlittene oder empfundene Enttäuschungen → *Frustration*. Formen: **a)** Direkte Aggression = richtet sich auf den (vermeintlich) „Schuldigen", **b)** Indirekte Aggression = aufgestaute Emotionen werden auf Personen (subjektbezogen) oder auf Sachen (objektbezogen) umgelenkt, die mit der eigentlichen Ursache nichts zu tun haben (auch: Verschobene Aggression) → *Regression*.

Aging. Englisches Wort für den Reifungsprozess des Whiskys, der auch Maturation oder Mellowing genannt wird. Der Reifungsprozess ist ein komplizierter chemischer und physikalischer Vorgang, der von vielen Faktoren abhängig ist.

Agio bedeutet „Aufgeld". Es kann vorkommen: **1)** bei der Ausgabe von neuen Aktien als der Unterschiedsbetrag zwischen dem Nennwert und dem Ausgabekurs. **2)** Als Vorwegabzug von Zinsen bei der Aufnahme eines Darlehens, ähnlich wie das → *Damnum*. Hier spricht man beim Abzug auch vom Disagio.

Agnelotti. In Italien kleine gefüllte Teigtaschen, teilweise mit Rindfleisch, auch mit Käse, auch als kleine Fleischpasteten, warm.

Agourci → *Agoursi*.

Agoursi. Eigenname. In Russand eingelegte Salzgurken (Netzgurken).

Agraffe. Vorrichtung aus Draht zum Festhalten des Korkens der Schaumweinflasche.

Agrassel. Österreichische Bezeichnung für Stachelbeere. *Lat: Agrassularia,* vergleiche auch *frz.: groseille/groseille verte*.

Agrest. Agrest-Verjus, ein frisch ausgepresster Saft von Trauben, säuerlich, zur Verwendung in der warmen Küche.

Agrumen. Aus dem Lateinischen. *Frz.: aigre = sauer (spitz).* Zur Zitrus-Gattung gehörige Fruchtbäume und ihre Früchte wie Apfelsine, Pomeranze, Mandarine, Limone, Zitrone, Grapefruit, Kumquat, Tangerine, Pomelo, Bergamotte.

Aguacato → *Avocado*.

Ahornkirsche. Wildkirschenart des südamerikanischen Kontinents mit hohem Vitamin-C-Gehalt, lat.: Acerola.

Ahornsirup – **Maplesirup**. Kanadische/amerikanische Spezialität. Aus den Stämmen des jungen Zuckerahorn gewonnener Blutungssaft. Ein Baum liefert 60 bis 80 Jahre lang bis 45 Liter Saft, daraus entsteht ein Liter Sirup. Dazu wird der Saft in offenen Pfannen gekocht, eingedickt und geklärt. Je nach Lichtdurchlässigkeit wird der Sirup in Güteklassen eingeteilt. Sirup Grade A ist der Beste, gefolgt von B, C, D.

Ahr. Bestimmtes Weinanbaugebiet in der Eifel, in Rheinland-Pfalz gelegen. Rebfläche: ca. 520 ha, 1 Bereich, 1 Großlage, 40 Einzellagen. Größtes zusammenhängendes Rotweingebiet in Deutschland. Hauptrebsorten: Blauer Spätburgunder, Frühburgunder, Dornfelder, Portugieser, Riesling.

Ahrbleichert. Alte, noch vereinzelt anzutreffende Bezeichnung für blassrote Weine an der Ahr.

AIDA-Formel. Abkürzung einer älteren amerikanischen Kennzeichnung des Verkaufsvorganges mit den Begriffen:
– **A**ttention (Aufmerksamkeit),
– **I**nterest (Interesse),
– **D**esire (Käuferwünsche),
– **A**ction (Verrichtung).
Inhaltlich ist damit gemeint, dass die Aufmerksamkeit erregt werden soll und das dadurch geweckte Interesse zum Kaufwunsch führt, der dann befriedigt werden kann. Heute betrachtet man zwei weitere Elemente als unumgänglich notwendig, nämlich die Überzeugung und das Vertrauen, um gut verkaufen zu können.

Aide. Gehilfe *(aide de cuisine = Kochgehilfe)*, meistens in kleineren Hotelbetrieben, übernehmen häufig die Aufgaben eines Abteilungskochs → *Chef de Partie*.

Aiguille à Brider. Frz. Ausdruck für Dressiernadel.

Aiguille à Piquer. Frz. Ausdruck für Spicknadel.

Aiguillettes. Streifenartige Stücke von Fleisch. Aiguilettes de canard – Entenbrust, in dünne, längliche Scheiben geschnitten.

Aile. Flügel. Aile de poulet – Hühnerflügel (Ailerons).

Aioli. Würzmittel, *frz. ail = Knoblauch, oli = Öl.*

Aji-No-Moto. Jap. → *Glutamat.*

Ajowan. Ein in der indischen Küche viel verwendetes Gewürz. Wächst in Ägypten, Indien und Persien. Die Samen werden verwendet. Sie haben einen starken Thymiangeschmack.

Akarizide. Mittel gegen Milben im Wein- und Obstanbau.

Aki *(Syn.: Akee, Ackee).* Längliche oder eiförmige Frucht eines auf Jamaika in großem Umfang angebauten, immergrünen Baumes. Die scharlachfarbene Schote enthält cremefarbenes Fleisch, das wegen seiner Konsistenz und seines milden Geschmacks oft mit Rührei verglichen wird. Auf Jamaika gewöhnlich als Beilage zu → *Stockfisch* gereicht.

Akkreditiv. Zahlungsform, die im Außenhandel verwendet wird, wobei eine Bank auf Wunsch ihres Kunden eine Auslandsbank anweist, einem anderen einen bestimmten Betrag auszuzahlen.

Akkulturation. Hineinwachsen des Einzelwesens in die Gesellschaft. Kulturelle Gewohnheiten, soziale Normen, Werte, Verhaltensmuster und Denkmodelle werden übernommen. Mitunter erfolgt auch Anpassung an ein fremdes Milieu (sich „amerikanisieren") → *Sozialisation.*

Akquisition. Anzeigenwerbung, insbesondere im PR-Bereich *(akquirieren = werben).* Die Akquisition ist eines der wichtigsten Elemente der Gästewerbung. Man versteht darunter die Werbung durch ein direktes Gespräch. Folgende Punkte sollten dabei berücksichtigt werden: **a)** Begrüßung und Vorstellung, **b)** Kontaktaufnahme, **c)** Zuhören, mit geschickten Fragen zusätzliche Informationen erwerben und mit sicheren Argumenten werbend einwirken. Voraussetzungen für den Erfolg sind hierbei: **a)** Fachkenntnisse, **b)** kultiviertes Auftreten, **c)** richtige Einstellung zum Gesprächspartner, **d)** Menschenkenntnis, **e)** Höflichkeit und Geduld.

Aktie. Wertpapier, das einen Anteil an einer Aktiengesellschaft (AG) in der Höhe eines Bruchteils des Grundkapitals, der als Nennwert aufgedruckt ist, verbrieft. Der Nennwert muss gem. § 8 Akt.Ges. mindestens 1,– €

betragen. Mit dem Erwerb der Aktie erwirbt man gleichzeitig ein Recht auf → *Dividende*, Stimmrecht in der Hauptversammlung (HV) sowie am Liquidationserlös.

Aktiengesellschaft (AG). Die AG ist eine Unternehmensform, die zu den Kapitalgesellschaften gehört. Sie ist eine juristische Person, und als Formkaufmann besteht für sie nach § 36 Akt.Ges. Eintragungspflicht im Handelsregister. Die Eintragung ist konstitutorisch. Die AG hat ein nominell in der Satzung festgelegtes Kapital, das Grundkapital heißt und in Anteile (→ *Aktien*) zerlegt wird. Es muss mindestens 70.000, € betragen. Die AG hat drei Organe: **a)** Die *Hauptversammlung* (HV). Sie ist die Versammlung der Aktionäre. **b)** Der *Aufsichtsrat* (AR). Er besteht aus mindestens drei Mitgliedern, die nicht Mitglieder des Vorstandes sein dürfen. Er überwacht den von ihm bestellten Vorstand. Seine Beschlüsse werden mit 3/4-Mehrheit gefasst. **c)** Der *Vorstand* (V). Er ist das geschäftsführende Organ der AG.

Aktienindex. Durchschnittlicher Kurswert einer ausgewählten Anzahl von → *Aktien*, der fortlaufend errechnet wird, um Einblick in die Kurstendenz und damit in die wirtschaftliche Entwicklung zu erhalten. Der amtliche Index wird vom Statistischen Bundesamt errechnet. Aber auch von privater Seite gibt es Indexberechnungen (z. B. Frankfurter Allg. Zeitung). Der bekannteste Aktienindex ist der aus amerikanischen Aktien berechnete Dow-Jones-Index.

Aktionen → *Verkaufsfördernde Maßnahmen*.

Aktive Lebensmittelverpackungen. Diese VO der EU-Kommission befasst sich mit Materialien, die dazu bestimmt sind, mit Lebensmitteln in Berührung zu kommen. Verpackungen sollen keine Bestandteile freisetzen dürfen, die auf das verpackte Nahrungsmittel übergehen können. „Aktive" Verpackungen enthalten Bestandteile, die dem LM bestimmte Stoffe entziehen, z. B.
den Sauerstoffgehalt senken, oder Aroma- oder Konservierungsstoffe an das Lebensmittel abgeben.

Aktivierung → *Bilanz*. Einstellung eines Vermögenswertes als Aktivposten in die Bilanz. Es gibt Wirtschaftsgüter, die nicht aktiviert werden dürfen (Aktivierungsverbot) wie z. B. der selbstgeschaffene Firmenwert. Andere Wirtschaftsgüter sind aktivierungsfähig. Sie werden wieder unterschieden in: **a)** aktivierungspflichtige, solche, die angesetzt werden müssen, und **b)** solche, für die ein Aktivierungswahlrecht besteht.

Aktivkohle. Sehr porenreiche Kohle, die aus Pflanzen, vorwiegend aus Holz, Signin, Kokosschalen gewonnen wird. Durch die große innere Oberfläche (300–2000 m^2/g) dient sie der → *Adsorption* von Gasen und Dämpfen und zum Entfärben von Flüssigkeiten. Sie dient u. a. zum Klären von Wein, Trinkwasser, zum Entfernen von unerwünschten Geruchsstoffen bei der Ölgewinnung.

Akzeleration *(lat.: accelerare = beschleunigen)*. Beschleunigung, insbesondere die Wachstumsbeschleunigung im Jugendalter (Pubertät) = Wachstumsschübe → *Retardation* → *Pubertät*.

Akzept. a) Annahmevermerk des Bezogenen auf einem Wechsel, **b)** akzeptierter Wechsel, im Gegensatz zum nicht akzeptierten Wechsel, der mit Tratte bezeichnet wird.

A la Carte. Der Gast stellt nach seinem Wunsch Menü und Getränke nach der Speise- und Getränkekarte zusammen.

Alambic Charentais Brenngerät. Das Charentaiser Brenngerät zur Herstellung von Cognac (Abb. 5).

Alambic-charantais-Verfahren. Unterbrochene Destillation mit zwei Arbeitsvorgängen: **1)** → *Raubrand* **2)** → *Feinbrand*, der

A la Minute

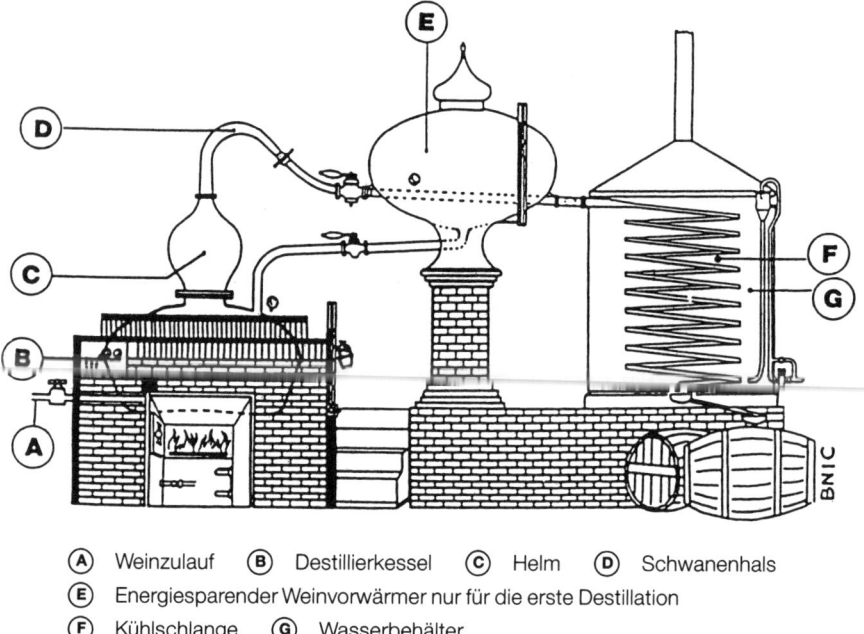

- (A) Weinzulauf
- (B) Destillierkessel
- (C) Helm
- (D) Schwanenhals
- (E) Energiesparender Weinvorwärmer nur für die erste Destillation
- (F) Kühlschlange
- (G) Wasserbehälter

Abb. 5 Alambic Charentais Brenngerät

wieder in Vor-, Mittel- und Nachlauf getrennt wird.

A la Minute. Schnell, auf Bestellung zubereiten.

Alander. Ausdruck in nordischen Ländern für → *Stint* (Lachsfisch).

Alant. Gewürzpflanze, die in Europa, Nordasien und Amerika wächst. Die getrocknete Wurzel und die frischen Blätter finden bei der Herstellung von Likören und Magenbitter Verwendung.

Alaska-Pollock. Auch Walley-Pollock genannt, gehört zur Familie der kabeljauartigen Fische (Schellfisch, Seelachs, Kabeljau). Verbreitungsgebiete sind die Schelfgebiete des Nordpazifik: von Mittelkalifornien, an der Westküste der USA, über Alaska, Kamchatka, bis zur japanischen Südküste. Der Fisch wird bis zu 50 cm lang und in Tiefen um 90 bis 400 Metern gefangen.

Albacore. Thunfischkonserve, meist vom weißen Thunfisch.

Albalonga. Weiße Traube. Kreuzung: Rieslaner (Silvaner × Riesling) × Silvaner.

Albana di Romagna D.O.C. + G. Weißwein, der zwischen Bologna und Rimini in Emilia Romagna produziert wird. Dieser mit mind. 12 % Vol. meist trockene Wein wird unter der Bezeichnung amabile – süßlich angeboten.

Albariza. Eine der drei Bodenarten in dem Weinanbaugebiet → *Jerez* in Spanien → *Sherry*. Diese Bodenart besteht aus Lehm und Kalkstein und erbringt die besten Trauben für die Sherryherstellung.

Albedo. Die weißliche, innere Schicht der Schale von Zitrusfrüchten (Agrumen).

Albei-Saftflasche. (-N Form) Diese Flasche mit einer konisch zylindrischen Form stammt aus Albese in Piemont und wird meist für wertvolle Rotweine aus Piemont verwendet.

Alben. älterer Name für → *Elbling*.

Alberge → *Marillen*. Eine besondere Art von Aprikosen (Herz-Pfirsich), in Österreich Marillo.

Albufera. 1) Geflügelrahmsauce mit Mus von roten Paprikaschoten und glace de volaille. 2) Garnitur für herzförmig geschnittene Hühnerbrüstchen, die mit Hühnerschaum gefüllt sind. Auch das ganze Geflügel mit einer Risotto-, Gänseleber- und Trüffelfüllung. 3) Teich nahe Valencia. Sieg Marschall Suchets über die Engländer.

Albumine. Proteine, enthalten in: Eiklar, Fleisch, Fisch, Milch, Kartoffeln und in geringen Mengen in Gemüse. A. sind wasserlöslich und gerinnen bei Säurezugabe oder Temperaturen über 70 °C, dabei binden sie Wasser.

Alcaparrones. Qualitätsstufe der → *Kapern* (13 bis 20 mm).

Aldehyde. Von Liebig 1835 eingeführte Bezeichnung für organische Verbindungen mit der Gruppe –CHO, die aus Alkoholen durch Entzug von Wasserstoff dargestellt werden kann. Aldehyde kommen in geringen Mengen in nahezu allen Lebensmitteln vor. Einige Vertreter der Aldehyde fungieren als Aromastoffe.

$$R-C\underset{H}{\overset{O}{\diagup\!\!\!\diagdown}}$$

Al dente. Ausdruck aus der ital. Küche. Garverfahren; Gargut (meist Nudeln) soll den Zähnen einen leichten Widerstand bieten.

Ale. In England produzierte Biersorte, meist dunkel, leicht gehopft, bitter bis süß, mit einem Alkoholgehalt von ca. 2,5 bis 3,5 % Vol. Ale ist obergäriges Bier in verschiedenen Variationen wie z. B. Pale Ale, Brown Ale, Light Ale.

Alfalfa. Sehr keimfähiger Samen der Luzerne. Oft als Sprossen zu Salaten angeboten → *Sprossen*.

Algen. Gruppe von ein- und mehrzelligen niederen Pflanzen. Sie kommen in Salz- und Süßwasser vor. Etwa 2500 verschiedene Arten sind bekannt. Als Lebensmittel sind vor allem Grün- und Rotalgen von Bedeutung. Nährstoffgehalt ca. 30 % Eiweiß, Vit. A, B, Calcium, Phosphor, Eisen.

Alginate. Salze der Alginsäure. Aus Braunalgen, die an der amerikanischen, französischen, englischen, norwegischen Küste vorkommen, gewonnener Quellstoff, dem Aufbau nach ein Polysaccharid.

Algol. Algorithmic Language; eine für Deutschland in DIN 66026 festgelegte, logische → *Programmiersprache*, deren bes. systematischer Aufbau sie für mathematisch-wissenschaftliche Probleme geeignet macht.

Alicante → *Grenache*.

Aligatorbirne → *Avocado*.

Aligoté. Weiße Trauben, die vor allem im → *Burgund* angebaut werden. Sie erbringen frische Weißweine, die aber nie die Spitzenqualität erzielen.

Alkalische Mineralwasser. Enthalten mehr als 1 g gelöster Mineralstoffe in einem Liter.

Alkaloid

Alkaloid. Familie bitter schmeckender, in Pflanzen vorkommender chemischer Verbindungen mit starker Wirkung auf den Organismus z. B. Koffein, Kokain, Nikotin.

Alkékenge. In Frankreich Bezeichnung für Korallenkirsche oder Berberello, seltener auch „Judenkirsche" oder „Schlotte" genannt. Lampionblume, auch als Zierblume angebaut. Variationen werden in Japan gezüchtet und zu Saft und in der Konditorei verarbeitet. Auch → *Physalis* oder Kapstachelbeere genannt.

Alkohol → *Äthylalkohol*, → Alkohole.

Alkoholarmes Bier → *alkoholreduziertes Bier*.

Alkohole. Arabisch = *al kuhul* für durch Destillation entstandene Substanzen. Familie von organischen Verbindungen, die in ihrer Zusammensetzung die Hydroxylgruppe (–OH) gemeinsam aufweisen. Nach der Zahl dieser Hydroxylgruppe werden sie in ein- und mehrwertige Alkohole eingeteilt. Beispiel: Äthylalkohol (Weingeist, Trinkalkohol) = einwertiger Alkohol, Formel: C_2H_5OH: → *Glycerin* (Bestandteil von Fetten und Inhaltsstoff des Weines) = dreiwertiger Alkohol, Formel: $C_3H_5(OH)_3$. Weitere Alkoholarten → *Methylalkohol* = Holzgeist Amylalkohol.

Alkoholfreier Wein wird aus Wein hergestellt und darf max. 0,5 % Vol. Alkohol beinhalten.

Alkoholfreies Bier darf max. 0,5 % Vol. Alkohol enthalten.

Alkoholgehalt.
1. Nach der Weinmarktordnung:
   - Vorhandener Alkoholgehalt: Die Anzahl der Volumeneinheiten Alkohol, die in 100 Volumeneinheiten des betreffenden Erzeugnisses enthalten sind.
   - Potenzieller Alkoholgehalt: Die Anzahl der Volumeneinheiten Alkohol, die durch vollständige Gärung des in 100 Volumeneinheiten des betreffenden Erzeugnisses noch enthaltenen Zuckers gebildet werden könnten.
   - Natürlicher Alkoholgehalt: Gesamtalkoholgehalt des betreffenden Erzeugnisses vor jeglicher Anreicherung. Volumenprozente können beim Wein auch als Grad (°) ausgedrückt werden, dabei entspricht 1 Grad einem Volumenprozent Alkohol.
2. Alkoholgehalte für Spirituosen: Durch eine EU-Verordnung wurden die Mindestalkoholgehalte festgelegt:

Whisky, Pastis	40 % Vol.
Rum, Rumverschnitt, Branntwein, Tresterbrand, Obstbrand, Enzian, Gin, Brand aus Apfel- und Birnenwein, Aquavit, Wodka, Ouzo, Kornbrannt	37,5 % Vol.
Brandy, Weinbrand (außer Deutschland)	36 % Vol.
Getreidebrände	35 % Vol.
Kümmel (außer Aquavit)	30 % Vol.
Verschiedene Obstspirituosen	25 % Vol.

Neben diesen EU-Vorschriften gelten für bestimmte landestypische Spirituosen Sonderregelungen:
Deutschland:

Emulsionsliköre (Eierlikör)	20 % Vol.
Andere Liköre	25 % Vol.
Korn	32 % Vol.
Doppelkorn, Brände mit der Bezeichnung ....Doppel oder Endsilbe ....brand	38 % Vol.
Steinhäger, Obstler, Enzian	38 % Vol.
Obstbrannt aus Steinobst, sortenreine Äpfel und Birnen, Obstgeist	40 % Vol.

Frankreich: Cognac, Armagnac, Calvados,
Obstbrände 40 % Vol.

alkoholische Gärung → *Gärung*

Alkoholreduzierter Wein ist eine Alternative zum alkoholfreien Wein; max. 2 % Vol. Alkohol.

Alkoholreduziertes Bier. Alternative Angebotsform des Diabetiker-Bieres; max. Alkoholgehalt 1,5 % Vol.

Alkoholstärke. Maximal 97,2 % Vol.

Alkohol-Umrechnungsformel. Die Umrechnungsformel von g/l Alkohol in % Vol. Alkohol lautet: g/l × 0,1267 = % Vol. Alkohol. Die Umrechnungsformel von % Vol. Alkohol in g/l Alkohol lautet: % Vol Alkohol × 7,894 = g/l Alkohol.

Allasch. Kümmellikör, unter Verwendung von Kümmeldestillat hergestellt, starkes Kümmelaroma und reichlicher Zuckerzusatz, hoher Alkoholgehalt (mind. 40 % Vol.). Der Name stammt vom Ursprungsort, einem Gut in Lettland. Allasch sollte sehr kalt serviert werden.

Allégé (Fromage allégé). Käse mit reduziertem bzw. niedrigem Fettgehalt.

Alleinbezugsvereinbarung. Auch als Ausschließlichkeitsklausel bezeichnet; eine Vereinbarung, bei der sich der Gastwirt verpflichtet, nur von einem Lieferer zu beziehen. Typisch für eine solche Vereinbarung sind → *Bierlieferungsverträge*.

Allgemeine Geschäftsbedingungen. Regelungen zu Verträgen, die auf Grund ihrer immer wiederkehrenden Eigenarten zusammengefasst meist als das „Kleingedruckte" zum Vertrag erscheinen. Um hierbei einem evtl. Missbrauch der Vertragsfreiheit zu begegnen, wurde 1976 das AGB-Gesetz (Gesetz zur Regelung des Rechts der Allgemeinen Geschäftsbedingungen) erlassen.

Allgemeinverbindlichkeitserklärung. Normalerweise binden → *Tarifverträge* nur die der Tarifbindung Unterliegenden, d. h. die Mitglieder der Gremien, die den Vertrag schließen. Um wichtige Vereinbarungen zu einer allgemeinen Gültigkeit zu erheben, kann ein Antrag auf Allgemeinverbindlichkeitserklärung beim Bundesmin. für Wirtschaft und Arbeit gestellt werden. Den Antrag stellen die Tarifvertragspartner.

Allgewürz → *Piment*.

All-In-Verfahren. Verfahrenstechnik für die Bereitung von Teigen und Massen, bei dem alle Zutaten in einem Arbeitsgang miteinander vermengt werden.

Allonger *(franz. Verlängern)*, Verdünnen.

Allspice – **Allgewürz** → *Piment*.

Alose. *(Syn.: Maifisch, Alse).* Heringsart, zieht zum Laichen in flachere Küstengewässer und Flüsse. Vorkommen bis in die Ostsee, jedoch auch an den Küsten von USA/Kanada.

Aloxe-Corton → *Côte de Beaune*.

Aloyau (de boeuf). Halbierter Rinderrücken einschließlich der Lende (sirloin of beef).

Alsace → *Elsass*.

Alse → *Alose*.

Alsterwasser. Erfrischungsgetränk aus Zitronenlimonade und Bier (Radlermaß).

Altbier. Obergärig; 12,5 % Stammwürze; kupferbraun. „Düssel" – nur aus dem Düsseldorfer Raum – stark gehopft.

Altersentlastungsbetrag. Begriff des Einkommensteuerrechts. Er wird nach § 24 EStG bei Einkünften aus Kapitalvermögen für Personen gewährt, die das 65. Lebensjahr vollendet haben. Er beträgt 40 % der Löhne und der Summe der anderen positiven Einkünfte, höchstens jedoch 1.908,– €.

Altersrentenversicherung → *Altersversorgung*.

Altersversorgung. Jede Vorsorge für das Alter ist eine Altersversorgung. Die Mehrheit der Arbeitnehmer ist durch die gesetzliche Sozialversicherung für das Alter abgesichert. Daneben gibt es die → *betriebliche Altersversorgung* sowie die private.

Aluminiumfolie. Verpackungsfolie aus sehr dünn ausgewalztem Aluminium; 0,007 mm stark.

Amabile. Bezeichnung für liebliche Weine aus Italien.

Amantin. Giftstoff im Knollenblätterpilz, wirkt dort mit zweitem Giftstoff Valoitin, die gewöhnlich eine schwere Darmreizung mit blutigen Durchfällen, Erbrechen und Schockzustand hervorrufen. Schwere Nieren- und Leberschäden sind die Folge.

Amaranth. Winzige, hellgelbe Körner einer südamerikanischen Staude, die vornehmlich in Mexiko angebaut wird. Sehr reich an Mineralstoffen und Proteinen, früher die Grundnahrung der Mayas. Die Körner werden entweder leicht trockengeröstet und zu Mehl gemahlen oder gepufft verwendet; gekochtes Amaranth bleibt von fester Konsistenz. Als geröstetes Mehl schmeckt Amaranth nussig und kann für Mehlspeisen, Souffles, Puddings usw. eingesetzt werden. Ganze Körner müssen ohne Salz gekocht werden, sonst werden sie nicht gar.

Amarellen. Helle, von besonderer Festigkeit beschaffene Weichselkirschen.

Amaretto. Bekannter italienischer Mandellikör aus natürlichen Mandelextrakten, → *Mazeration*, verschiedenen Geschmacksaromen und Bourbon-Vanille hergestellt. Damit sich alle Zutaten zu einem harmonischen Geschmack verbinden, werden die Amarettos erst nach längerer Lagerzeit abgefüllt. Der meist 28 % Vol. starke Likör ist ideal zum Mixen und eine vorzügliche Beigabe zum Kaffee. Bekannte Hersteller sind: di Loreto, Florio, di Saronno.

Ambassadeur. Franz. → *Aperitif* auf Weinbasis. Herstellung aus rotem Wein, der mit den Schalen bitterer Orangen und anderen Pflanzen aromatisiert ist. Alkoholgehalt 16 % Vol.

Ambra, Grauer. Ein krankhaftes Stoffwechselprodukt des Pottwals, das nach seiner Verwesung als graue Masse auf dem Meer schwimmt. In vielen alten Rezepten als Gewürz benötigt (z. B. „Regensburger Lebensessenz" – Branntwein).

Ameisensäure. Konservierungsmittel, das synthetisch hergestellt wird; deklarationspflichtig (s. Anhang E236).

Amer – Bitter. Getränke, die aus neutralem Alkohol, Zucker und Extrakten von verschiedenen Pflanzen, z. B. Enzian, Chinarinde, Orangenoder Zitronenschalen erzeugt werden; franz. Produkte, die meistens als → *Aperitif* getrunken werden. Die unter Bezeichnung „Amer" angebotenen Getränke sind etwas milder als die „Bitter". Bekannte „Amers" → *Picon* und → *Mandarin*. Unter den Bittergetränken ist St. Raphael der bekannteste. Die „Amer"-Aperitifs trinkt man im Allgemeinen als → *Longdrinks* mit Tonic oder kohlensäurehaltigem Mineralwasser über Eiswürfeln. Man kann sie aber auch mit leichtem Bier, Weißwein oder Sekt auffüllen. Die Bittergetränke werden nur zum Mixen mit kohlensäurehaltigem Mineralwasser oder Fruchtsaft verwendet.

Ameretti. *(frz.: amère = bitter)* In Italien vorkommendes leichtes Gebäck aus Eiweiß, süßen und bitteren Mandeln und Zucker – baiserähnlich.

American Blended Whiskey (Bourbon). Bei dieser Angebotsform ist ein → *Straight*-Anteil von mind. 20 % Vol. vorgeschrieben.

Amerikaner Reben. Seit dem Auftreten der → *Reblaus* als Rebunterlagen eingeführt, werden durch → *Pfropfung* mit europäischen Reben veredelt.

Amerikanischer Service. Es werden auf Tellern vollständig angerichtete Portionen aufgetragen und von rechts eingesetzt.

Amforth. Association mondiale pour la formation hôtelière et touristique. Eine internationale Vereinigung, die sich mit der Aus- und Fortbildung im Hotelgewerbe und im Tourismus beschäftigt.

Amidon. In Frankreich Ausdruck für Stärkeprodukte, meist Kartoffelstärke.

Aminosäuren. Organische Säuren, die mindestens eine Aminogruppe enthalten. A. sind die Bausteine der → *Proteine*. Am Aufbau der natürlichen Proteine sind etwa 25 A. beteiligt, davon sind acht → *essenzielle Aminosäuren*. Einige A. sind für einen typischen Geschmack (Würzstoffe für Suppen und Soßen) verantwortlich bzw. können geschmacksverstärkend wirken (Natriumglutamat) (Abb. 6).

Ammoniak. Farbloses, stechend riechendes, tränenreizendes Gas, das beim Zerfall von → *Ammonium*hydrogencarbonat frei wird.

Ammonium. Hirschhornsalz, chemisches Triebmittel. Hinter diesen Begriffen verbergen sich drei Ammoniumverbindungen. **1)** Ammoniumhydrogenkarbonat auch Ammoniumbicarbonat genannt, in der Praxis als → *ABC-Trieb* bezeichnet. **2)** Ammoniumcarbonat. **3)** Ammoniumcarbaminat – carbaminsaures Ammonium. Ammonium ist für die Herstellung von flachen Backwaren erlaubt, jedoch höchstens 1 g Ammoniumstickstoff als → *Ammoniak* in 1 kg Teig-Trockenmasse.

Amomum. Anderer Name für das Gewürz → *Piment*.

Amontillado → *Sherry-Angebotsform*, aus der höher gelegenen Landschaft Montilla nördlich von → *Jerez*. Ist dunkler als → *Fino*, gehaltvoller, mit wenig Florbildung.

Amoroso (Sherry). Ähnlich wie → *Cream*, aber meist mit etwas weniger Süßwein versetzt.

Amortisation. 1) Allmähliche Tilgung oder Abtragung einer Schuld z. B. bei Darlehen oder Anleihen, deren Berechnung nach mathematischen Formeln erfolgt (Tilgungspläne); Wiedergewinnung des Kapitaleinsatzes einer Investition durch den Rückfluss der dadurch erwirtschafteten Nettobeträge (→ *Abschreibung*). Nach der Payback-Regel handelt es sich um eine rentable Investition, wenn die Amortisationsfrist kürzer ist als die Nutzungsdauer. **2)** Beim Scheck: eine Kraftloserklärung. Sie wird verwendet beim Verlust eines Schecks. **3)** Beim Wechsel: Auch bei verlorenen oder gestohlenen Wechseln muss man für diese eine Kraftloserklärung beim Amtsgericht im Wege des Aufgebotsverfahrens (Amortisation) erwirken.

Amourettes. Französische Bezeichnung für das Rückenmark vom Rind und Kalb. Es wird einzeln oder mit Hirn und Nieren verarbeitet, meist als Bestandteil von Füllungen für → *Bouchées*. Alleine wird es gebacken.

Ampelographie. Teilgebiet der Botanik, das sich mit der Beschreibung und den Unterscheidungsmerkmalen der Rebsorten beschäftigt. Ampelographie-Merkmale sind z. B. Form, Farbe und Größe der Trauben und Blätter → *Rebsorten-Zusammenstellung*.

Ampfer. Küchenkraut, ahd. ampfaro = bitter, sauer

Amphitryon. Gastgeber, Wirt.

Ample. Französische Bezeichnung für volle, extraktreiche Weine.

Aminosäuren (Abb.)

Alanin	Ala	$CH_3-CH-COOH$
		$\quad\quad\;\; |$
		$\quad\quad\; NH_2$
Arginin	Arg	$H_2N-C-NH-CH_2-CH_2-CH_2-CH-COOH$
		$\quad\quad\; \|\!\| \quad\quad\quad\quad\quad\quad\quad\quad\quad\quad\; \|$
		$\quad\quad\; NH \quad\quad\quad\quad\quad\quad\quad\quad\quad\; NH_2$
Asparagin	Asn	$H_2N-C-CH_2-CH-COOH$
		$\quad\quad\; \|\!\| \quad\quad\quad\quad\; \|$
		$\quad\quad\; O \quad\quad\quad\; NH_2$
Asparaginsäure	Asp	$HOOC-CH_2-CH-COOH$
		$\quad\quad\quad\quad\quad\quad\; \|$
		$\quad\quad\quad\quad\quad\; NH_2$
Cystein	Cys	$HS-CH_2-CH-COOH$
		$\quad\quad\quad\quad\quad\; \|$
		$\quad\quad\quad\quad\; NH_2$
Cystin	Cyss	$HOOC-CH-CH_2-S-S-CH_2-CH-COOH$
		$\quad\quad\quad\quad\; \| \quad\quad\quad\quad\quad\quad\quad\quad\quad\; \|$
		$\quad\quad\quad\; NH_2 \quad\quad\quad\quad\quad\quad\quad\; NH_2$
Methionin	Met	$CH_3-S-CH_2-CH_2-CH-COOH$
		$\quad\quad\quad\quad\quad\quad\quad\quad\quad\; \|$
		$\quad\quad\quad\quad\quad\quad\quad\; NH_2$
Ornithin	Orn	$H_2N-CH_2-CH_2-CH_2-CH-COOH$
		$\quad\quad\quad\quad\quad\quad\quad\quad\quad\quad\; \|$
		$\quad\quad\quad\quad\quad\quad\quad\quad\; NH_2$
Phenylalanin	Phe	$C_6H_5-CH_2-CH-COOH$
		$\quad\quad\quad\quad\quad\quad\; \|$
		$\quad\quad\quad\quad\quad\; NH_2$
Prolin	Pro	(pyrrolidine)-COOH
Serin	Ser	$HO-CH_2-CH-COOH$
		$\quad\quad\quad\quad\quad\; \|$
		$\quad\quad\quad\quad\; NH_2$
Threonin	Thr	$CH_3-CH-CH-COOH$
		$\quad\quad\quad\; \| \quad\; \|$
		$\quad\quad\; OH \; NH_2$
Glutamin	Gln	$H_2N-C-CH_2-CH_2-CH-COOH$
		$\quad\quad\; \|\!\| \quad\quad\quad\quad\quad\quad\quad\; \|$
		$\quad\quad\; O \quad\quad\quad\quad\quad\; NH_2$

Abb. 6 Natürlich vorkommende Aminosäuren

Aminosäuren (Abb.)

Glutaminsäure	Glu	HOOC—CH$_2$—CH$_2$—CH(NH$_2$)—COOH
Glycin	Gly	H$_2$N—CH$_2$—COOH
Histidin	His	(Imidazol)—CH$_2$—CH(NH$_2$)—COOH
Hydroxyprolin	Hyp	HO-pyrrolidin-COOH
Hydroxyprolin	Hyp	HO-pyrrolidin-COOH
Isoleucin	Ile	CH$_3$—CH$_2$—CH(CH$_3$)—CH(NH$_2$)—COOH
Leucin	Leu	CH$_3$—CH(CH$_3$)—CH$_2$—CH(NH$_2$)—COOH
Lysin	Lys	H$_2$N—CH$_2$—CH$_2$—CH$_2$—CH$_2$—CH(NH$_2$)—COOH
Tryptophan	Trp	(Indol)—CH$_2$—CH(NH$_2$)—COOH
Tyrosin	Tyr	HO—(C$_6$H$_4$)—CH$_2$—CH(NH$_2$)—COOH
Valin	Val	CH$_3$—CH(CH$_3$)—CH(NH$_2$)—COOH

Abb. 6   Natürlich vorkommende Aminosäuren (Fortsetzung)

Amtliche Prüfungsnummer (A.P.Nr.) für Wein. Die Qualitätsprüfung für den Erhalt einer A.P.Nr. wird auf Antrag des Abfüllers, Winzers oder Erzeugers für Qualitätswein b. A. und Qualitätswein mit Prädikat (max. bis fünf Liter-Behälter) durchgeführt. Der Antrag setzt sich aus folgenden Angaben zusammen: **1.** gesetzlich erforderliche Angaben zum Wein (°Oe, Traubensorte, Lage, etc.), **2.** Analysenbescheinigung von besonders zugelassenen Untersuchungslabors, **3.** Dem Antrag sind drei Probeflaschen beizufügen (eine dieser Flaschen muss zwei Jahre bei der Prüfstelle aufbewahrt werden). Ausstattung der Flaschen je nach Verlangen der Prüfstelle. Die Qualitätsprüfung setzt sich aus drei Stufen zusammen: 1. Stufe: Leseprüfung; 2. Stufe: Analysenprüfung; 3. Stufe: Sinnenprüfung – Eine Sachverständigenkommission, die von der Prüfstelle zu bestimmten Terminen amtlich einberufen wird, prüft die angemeldeten Weine nach einem vorgelegten Punktesystem. Die Prüfung verläuft verdeckt. Die erreichte Punktzahl entscheidet über die Güteklasse des Weines (Abb. 7).

Amtliche Prüfungsnummer bei Weinbrand. Die A.P. Nr. ist ein Qualitätsnachweis für inländische Qualitätsbranntweine aus Wein, die durch die zuständige Behörde erteilt wird, wenn das Erzeugnis 15 bis 20 Punkte eines bestimmten Bewertungsschemas erreicht. Eine A.P. Nr., die vom Hersteller selbst zu beantragen ist, setzt sich aus einer Zahlenkombination zusammen, die über Bundesland, Betrieb, Jahr der Prüfung und geprüfte Partie Auskunft gibt. Die A.P. Nr. erscheint auf dem Etikett der Qualitäts-Branntweine.

Amur. Karpfenartiger Fisch. Name nach dem gleichnamigen sibirischen Strom, dem Herkunftsgewässer. Frisst kein Fleisch, sondern Algen und andere Wasserpflanzen, wird bis zu 20 kg schwer. Hat fettloses, dickes, wohlschmeckendes weißes Fleisch, eine kleine Bauchhöhle und einen verhältnismäßig kleinen Kopf. Gestalt eines Riesenkarpfens. Führt in Deutschland den Namen „Graskarpfen", bei den Russen den Namen „Wodun". Ist bei 4–5 kg Lebendgewicht (mit drei Jahren) am schmackhaftesten. → *Karpfen.*

Amuse bouche. Appetitmacher, dosierte Leckerei, die dem Gast zur Begrüßung aus der Küche gereicht wird. *Frz.: bouche = Mund.*

Amuse gueule. besser: → *Amuse bouche.* Kleine Mundbissen unterschiedlichster Art, die dem Gast meist ohne Berechnung angeboten werden, während er aus der Karte die Speisen aussucht, bzw. um die Zeit bis zum Servieren der Speisen zu überbrücken.

Amygdalin. Chemischer Stoff im Kern bitterer Mandeln; besteht aus Blausäure, Glucose und Benzaldehyd. Durch enzymatische Spaltung – auch bei der Verdauung – wird die giftige Blausäure frei. Darauf beruht die mögliche Erkrankung nach dem Genuss größerer Mengen bitterer Mandeln.

Amylasen. Stärkeabbauende → *Enzyme.*

Añada-System → *Sherry-Herstellung.*

Anadrome. Wanderfische. Leben im Salzwasser und laichen im Süßwasser (Lachs, Meerforelle).

Anaerob. Mikrobiologischer Begriff: unter Ausschluss von Sauerstoff.

Analyseprüfung bei Wein. Amtliche → *Prüfungsnummer* bei Wein.

Ananas. Südamerikanische Frucht. Süßsaures Fruchtfleisch; eignet sich als Nachspeise, zu Salaten und als Beigabe zu Fleisch.

Anchosen. Fisch in konzentrierter Gewürzlake z. B. Appetitsild und Gabelbissen.

Amtliche Prüfungsnummer für Wein (Abb.)

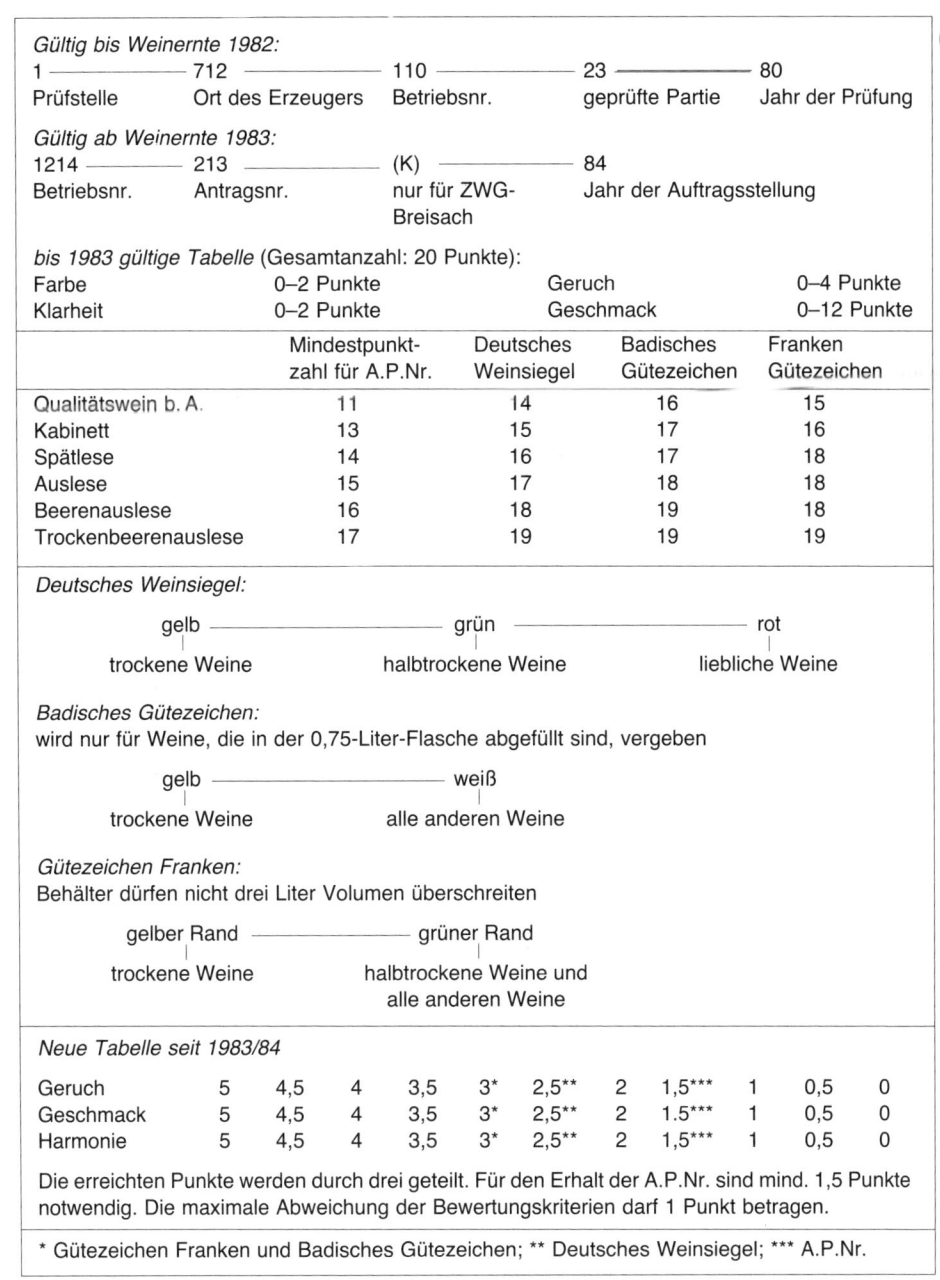

Gültig bis Weinernte 1982:

1 ——— 712	110 ———	23 ———	80
Prüfstelle	Ort des Erzeugers	Betriebsnr.	geprüfte Partie	Jahr der Prüfung

Gültig ab Weinernte 1983:

1214 ———	213 ———	(K) ———	84
Betriebsnr.	Antragsnr.	nur für ZWG-Breisach	Jahr der Auftragsstellung

bis 1983 gültige Tabelle (Gesamtanzahl: 20 Punkte):

| Farbe | 0–2 Punkte | Geruch | 0–4 Punkte |
| Klarheit | 0–2 Punkte | Geschmack | 0–12 Punkte |

	Mindestpunkt-zahl für A.P.Nr.	Deutsches Weinsiegel	Badisches Gütezeichen	Franken Gütezeichen
Qualitätswein b. A.	11	14	16	15
Kabinett	13	15	17	16
Spätlese	14	16	17	18
Auslese	15	17	18	18
Beerenauslese	16	18	19	18
Trockenbeerenauslese	17	19	19	19

Deutsches Weinsiegel:

gelb	grün	rot
trockene Weine	halbtrockene Weine	liebliche Weine

Badisches Gütezeichen:
wird nur für Weine, die in der 0,75-Liter-Flasche abgefüllt sind, vergeben

gelb	weiß
trockene Weine	alle anderen Weine

Gütezeichen Franken:
Behälter dürfen nicht drei Liter Volumen überschreiten

gelber Rand	grüner Rand
trockene Weine	halbtrockene Weine und alle anderen Weine

Neue Tabelle seit 1983/84

Geruch	5	4,5	4	3,5	3*	2,5**	2	1,5***	1	0,5	0
Geschmack	5	4,5	4	3,5	3*	2,5**	2	1.5***	1	0,5	0
Harmonie	5	4,5	4	3,5	3*	2,5**	2	1,5***	1	0,5	0

Die erreichten Punkte werden durch drei geteilt. Für den Erhalt der A.P.Nr. sind mind. 1,5 Punkte notwendig. Die maximale Abweichung der Bewertungskriterien darf 1 Punkt betragen.

* Gütezeichen Franken und Badisches Gütezeichen; ** Deutsches Weinsiegel; *** A.P.Nr.

Abb. 7   Amtliche Prüfungsnummer (A.P.Nr.) für Wein

Anchovispaste. Feinzerkleinerte, streichfähige Masse aus Salzsardellen, auch aus Kräutersprotten ohne Kopf und Schwanz, mit oder ohne Zusatz von Fett, mit würzenden Stoffen, unter Zusatz von Zucker auch rötlich gefärbt, hergestellt. Salzgehalt der Paste weniger als 20 %.

Änderungskündigung. Eine Kündigung – besonders bei Arbeitsverträgen –, die darauf gerichtet ist, den bestehenden Vertrag zu kündigen und gleichzeitig die Vertragsfortführung unter geänderten Bedingungen anbietet. Wird die Änderung nicht akzeptiert, führt das zur Beendigung des Vertragsverhältnisses.

Andouilles. Frz. Kuttelwurst. Gekrösewurst, auch Tüllenwürstchen genannt. Da in Frankreich diese Würstchen in vielen Variationen hergestellt werden, kann man sie in sechs Kategorien einteilen: **a)** Andouille; **b)** Andouillettes; **b.1)** aus reinem Schweinefleisch; **b.2)** aus Kalbsbutte **c)** Andouillette sechées (luftgetrocknete Salami); **d)** Andouilles fumées (geräuchert); und **e)** Andouille nach Vire on Guemene. Darunter ist zu verstehen: **a)** Andouille, **a.1)** Andouille de chair (aus Fleisch), **a.2)** Andouille de Champagne (aus Fleisch und Kranse); **b)** Andouilles, **b.1)** aus reinem Schweinefleisch, **b.2)** mit Kalbsbutte; **c)** Andouille sechées: „Gebirgs- oder Bauern-Andouille" und **d)** Andouille geräuchert.

Aneurin. Andere Bezeichnung für Vitamin B_1.

Anfechtbarkeit. Rechtsgeschäfte, die mit einem Mangel behaftet sind, können entstehen, aber aufgrund des vorhandenen Mangels anfechtbar sein. Die Anfechtung erfolgt auf dem Rechtsweg. Gründe für Anfechtbarkeit können sein: **a)** Irrtum **1)** im Inhalt (§ 119 BGB), **2)** in der Erklärung, **3)** in der Eigenschaft, **b)** rechtswidrige Drohung (§ 123 BGB), **c)** arglistige Täuschung (§ 123 BGB), **d)** Dissenz (= offener Einigungsmangel) (§ 154 BGB), **e)** falsche Übermittlung (§ 120 BGB). Anzufechten ist unverzüglich, bei Täuschung und Drohung innerhalb eines Jahres (§ 124 BGB). Die Anfechtung ist gegenüber dem Vertragspartner zu erklären.

Anfechtung. Möglichkeit, sich gegen fehlerhafte Willenserklärungen zur Wehr zu setzen. **1)** Anfechtung eines *Verwaltungsaktes* (= Willenserklärung einer Behörde) ist darauf gerichtet, die Behördenentscheidung abzuändern oder aufzuheben. Sie wird im Rechtsbehelfsverfahren verfolgt. **2)** Anfechtung eines Rechtsgeschäftes erfolgt durch eine Willenserklärung, die dem anderen Vertragspartner zugehen muss. Durch die Anfechtung wird ein zunächst bestehendes Rechtsgeschäft nachträglich nichtig. Um die Rechtssicherheit zu gewährleisten, gibt es für die Anfechtungserklärung bestimmte Fristen. Diese sind Ausschlussfristen, d. h. nach ihrem Ablauf ist keine Anfechtung mehr möglich.

Anforderungsprofil. Summe aller Eignungsmerkmale, die eine Stelle vom Stelleninhaber fordert.

Angebot der gastgewerblichen Betriebe → *Preisauszeichnung*. Das Angebot bestimmt sich durch die Konzession. Es kann umfassen: **a)** *Speisen* aller Art, wenn eine → *Konzession* als → *Speisewirt* vorliegt (→ *Kupplungsverbot*), **b)** *Getränke* aller Art einschl. alkoholischer Getränke, jedoch ausschließlich in Deutschland verbotener Getränke, wenn eine Konzession als → *Schankwirt* vorliegt. Eine Einschränkung ist zum Schutze der öffentlichen Ordnung zeitweise an bestimmten Orten (z. B. während Demonstrationen) durch die Behörde möglich, **c)** *Zubehör* (§ 7 GastG) in Form von Süßigkeiten, Streichholz, Tabakwaren, Toilettenartikeln, Reiseandenken u. a. m. Wie weit das Zubehör reicht, hängt von der Art des Betriebes ab.

Angelika (Syn. *Engelswurz*). Pflanze mit kräftigem, durchdringenden Geruch und

Geschmack; findet kandiert in der Küche und Pâtisserie vielseitige Verwendung.

Angostura Bitter. → *Spirituose*, die aus der Baumrinde des Angosturabaumes in Südamerika gewonnen wird. Sie enthält große Mengen an Bitterstoffen. In der Bar als Gewürz bei der Getränkezubereitung verwendet.

Angus. Schottische Rinderrasse.

Animateur → *Freizeitgestalter* → *Freizeit*.

Animation. Freizeitgestaltung → *Freizeit*.

Anis. Doldengewächs aus dem vorderen Orient stammend. Die getrockneten Samenkörner kommen ganz oder gemahlen in den Handel und dienen als Gewürz für Gebäcke, Süßspeisen und Spirituosen. Anis dient auch als Arzneimittel. Anbau in den Balkanländern, Nordafrika, Mexiko und Asien.

Anisbrände. Wenig gesüßte Spirituosen auf der Basis von neutralem Alkohol und Auszügen aus Anispflanzen, wie Sternanis, grüner Anis und Fenchel. Der besondere Geschmack der einzelnen Marken wird durch Hinzufügung von Geschmacks- und Aromastoffen ausschließlich pflanzlichen Ursprungs erreicht. Für 1 Liter Anisbrand werden 2 g Grundextrakt benötigt. Der Grundextrakt besteht aus Anisessenzen, die mittels → *Mazeration*, → *Dephlegmation* und ähnlichen Verfahren gewonnen werden. Dem Extrakt werden extrafeiner, hochprozentiger Alkohol, Zucker und vollständig entkalktes Wasser zugefügt. Maximale Alkoholstärke 45 %. Zu den Anisbränden zählen u. a. → *Pernod,* → *Berger,* → *Ricard*. Anisbrände werden als → *Longdrink* mit kaltem Wasser getrennt serviert oder im Verhältnis 1 zu 4 mit Grapefruit- oder Orangensaft, → *Bitter Lemon* oder Cola gemischt. Anisbrände sollten nicht in den Kühlschrank gestellt oder über Eis gegossen werden, da sich sonst Kristalle bilden, welche die Aromastoffe binden.

Anispfeffer. Getrocknete Beere eines in China und Japan wachsenden kleinen Baums. Wird viel zu Fischgerichten verwendet.

Anjou A.C. Bekannter Rosewein. → *A.C.-Gebiete* des Weinbaugebietes → *Loire*. Meist halbsüß, wird gekühlt getrunken.

Anken. Schweizer Ausdruck für Butter.

Anlagekartei. Die Anlagekartei dient der Erfassung des beweglichen Anlagevermögens. Sie kann: **1.** als Nebenbuchführung geführt werden, wobei dann die Inventur durchzuführen ist. **2.** als Teil des Bestandsverzeichnisses geführt werden. In diesem Fall kann sie, wenn sie fortlaufend geführt ist, die körperliche Inventur ersetzen.

Anlagevermögen. Die Wirtschaftsgüter, die dem Unternehmen über längere Zeit zu dienen bestimmt sind, nennt man Anlagevermögen.

Anleihen. Langfristige, festverzinsliche Wertpapiere. Hierzu gehören: **a)** Schuldverschreibungen der öffentlichen Hand oder bundeseigener Unternehmen, **b)** Industrieobligationen, die von privatwirtschaftlichen Unternehmen ausgegeben werden.

Annahmeverzug → *Erfüllungsstörungen*. Gläubigerverzug, bei dem eine zur rechten Zeit an den rechten Ort gelieferte Ware nicht angenommen wurde. Der Verkäufer kann daraus folgende Rechte ableiten: **1.** nach BGB **a)** Bestehen auf Abnahme (§§ 300–304), **b)** Hinterlegung (§ 372), **c)** öffentliche Versteigerung (Selbsthilfeverkauf) (§ 383), **d)** freier Verkauf (Makler) (§ 385), **2.** nach HGB (bei Handelskauf) **a)** öffentliche Hinterlegung (§ 373), **b)** Selbsthilfeverkauf (§ 373), **c)** Freihandverkauf (§ 385), **d)** Notverkauf.

Annatto → *Bixin*.

Annehmlichkeiten. Leistungen des Arbeitgebers an seine Arbeitnehmer, die zur Verbesserung der Arbeitsbedingungen dienen, wie z. B. Aufwendungen für Aufenthalts- und Duschräume, Sportanlagen und kulturelle Veranstaltungen, Aufwendungen für die Gesundheitspflege des Personals oder die Personalgetränke während der Arbeitszeit und ähnliche Sachbezüge. Annehmlichkeiten gehören nicht zum steuerpflichtigen Lohn.

Annoncer. Annoncieren: eine Bestellung ausrufen.

Annonceur. Mitarbeiter, auch Mitarbeiterin (Annonceuse), die die von den Restaurantfachkräften bestellten Gerichte in der Küche laut ausruft und die Bonkontrolle vorbereitet.

Annonen. Bot. *Annona cherimola Mill.*, zu deren Familie auch die Cherimoya gehört. Das weiße Fruchtfleisch schmeckt wie eine Mischung aus Erdbeere, Himbeere und Birne. Es gibt weit über 100 Arten und außer der Cherimoya ist vor allem die Netz- oder Ochsenherzannone bekannt. Die Haut der Cherimoya hat eine leichte Schuppenstruktur. Sie ist grün und ledrig weich, beim Reifeprozess wird sie braun bis schwärzlich. Die Netzannone hat eine entsprechende äußere Struktur. Im Fruchtfleisch befinden sich größere schwarze Kerne. Annonenarten baut man fast überall dort an, wo Zitrusfrüchte gedeihen. Annonen werden auch „Zuckersack" oder „Zuckerapfel" genannt.

Annuität. Bei der Rückzahlung von Darlehen u. Ä. vereinbarte jährlich gleichbleibende Zahlung, die einen Teil Rückzahlung und einen Teil Zins enthält, wobei der Zinsanteil mit laufenden Rückzahlungen sinkt und der Rückzahlungsanteil entsprechend wächst. Annuität (= Kapitaldienst) = Zinsen + Tilgung.

Annuitätentilgung → *Annuität*. Rückzahlung eines geliehenen Betrages (→ *Darlehen*) in gleichen Raten.

Anrechnungspflicht → *Berufsausbildungsvertrag*. **1)** Anrechnungspflicht: Aufgrund der Berufsgrundbildungsjahr- und Berufsfachschul-Anrechnungsverordnung vom 4.7.1972 sind im Regelfall anzurechnen: **a)** Beim Nachweis des erfolgreichen Besuchs einer *einjährigen Berufsfachschule*, die auf einen Ausbildungsberuf des entsprechenden Berufsfeldes vorbereitet, *muss* auf die Ausbildungszeit *ein Jahr* als erstes Jahr der Berufsausbildung angerechnet werden, **b)** Beim Nachweis des erfolgreichen Besuchs einer *zweijährigen Berufsfachschule*, die auf einen Ausbildungsberuf des entsprechenden Berufsfeldes vorbereitet, *muss* auf die Ausbildungszeit *ein Jahr* als erstes Jahr der Berufsausbildung angerechnet werden, **c)** Bei erfolgreichen Absolventen des *Berufsgrundbildungsjahres*, dessen Lehrplan mindestens 24 Wochenstunden fachbezogenen Unterricht vorsieht, *muss* auf die Ausbildungszeit *ein Jahr* als erstes Jahr der Berufsausbildung anrechnet werden. **2)** Anrechnungsmöglichkeit: Eine Verkürzung der im Berufsbild vorgesehenen Ausbildungszeit *kann* aufgrund eines vorangegangenen erfolgreichen Schulbesuchs erfolgen. Dabei gelten folgende Höchstgrenzen: **a)** Mittlere Reife einer allgemeinbildenden Schule bis zu sechs Monaten; **b)** erfolgreicher Berufsfachschulabschluss (Mittlere Reife) einer dem Ausbildungsberuf *nicht* entsprechenden Fachrichtung bis zu sechs Monaten; **c)** Nachweis der Hochschulreife (Abitur) bis zu zwölf Monaten; **d)** eine in einem anderen vergleichbaren Ausbildungsberuf durchlaufende Ausbildungszeit kann bei Neuabschluss eines Ausbildungsvertrages, je nach Ausbildungsstand berücksichtigt werden. Bei den möglichen Anrechnungszeiten muss der Ausbildungsbetrieb im Einzelfall überzeugt sein, dass alle Ausbildungsinhalte in gekürzter Ausbildungszeit vermittelt werden können und das Ausbildungsziel erreicht wird. Mehrere Vorbildungen können nebeneinander berücksichtigt werden. Dabei sollen jedoch, nach dem Beschluss des Bundesausschusses für Berufsausbildung vom 25.10.1974, folgende Mindestzeiten einer betrieblichen Ausbildung nicht unterschritten werden:

Ausbildungszeit nach Berufsbild	Mindestzeit der betr. Ausbildung
3½ Jahre	24 Monate
3 Jahre	18 Monate
2 Jahre	12 Monate

3) Ausbildungsvergütung: Die Ausbildungszeiten sind grundsätzlich auf den Beginn der Ausbildung anzurechnen. Somit ist bei einer Verkürzung um ½ Jahr nach sechs Monaten betrieblicher Ausbildungszeit die Ausbildungsvergütung für das zweite Ausbildungsjahr, bei Verkürzung um ein Jahr bereits mit Beginn der Ausbildung die Vergütung des zweiten Ausbildungsjahres zu gewähren.

Anreden. Anreden sind wichtige Formalien im Umgang mit den Gästen. Es ist zu unterscheiden zwischen der persönlichen Anrede, der Anrede im Brief und der Anschrift auf dem Briefumschlag. (Abb. 8).

Anreicherung oder → *Chaptalisierung.* Hierbei wird Most vor der Gärung mit Roh- oder Rübenzucker gezuckert, also angereichert. Sinn dieser Maßnahme ist die Erzielung eines höheren Alkoholgehalts bzw. einer höheren Restsüße. Angereichert werden darf nur innerhalb einer Qualitätsstufe. In Deutschland ist das Anreichern von Qualitätsweinen mit Prädikat unzulässig. Die einzelnen Weinbauregionen dürfen je nach Witterungsverhältnissen des Jahrgangs anreichern. Vom Gesetzgeber wird das Anreichern genau reguliert.

Anschaffungskosten. Alle Aufwendungen, die notwendig sind, um ein Wirtschaftsgut zu erwerben und betriebsbereit zu machen. In Handels- und Steuerbilanz sind sie die Obergrenze für die Bewertung des Wirtschaftsgutes. Sie umfassen die Kosten für den entgeltlichen Erwerb einschließlich aller Nebenkosten.

Anschauung. Prinzip der A. (pädagogischer Grundsatz). Bewusstes, eindringliches, absichtliches und allseitiges Erfassen mit möglichst allen Sinnen, damit der Lernende „begreift".

Anstellbottich. Im Anstellbottich werden Hefen mit einer kleinen Menge Würze vermischt und aktiviert. Danach werden diese Hefen für die eigentliche Hauptgärung des Bieres verwendet.

Anteil der Engel. Verdunstschwund bei Destillaten, die in Holzfässern lagern; bes. bei Cognac.

Anthocyane. In Pflanzen vorkommender roter, violetter und blauer Farbstoff. Träger des roten Farbstoffes beim Wein sind Anthocyane.

Antimikrobiell. Besondere Stoffeigenschaft durch Veredelung. Vor Mikroben (Bakterien, Schimmelpilzen u. a.) schützend. Ein bekannter Wirkstoff ist Eulan Asept; Anwendung findet die Behandlung bei Strümpfen, Matratzen, Federbetten, Decken usw.

Antimykotisch. Besondere Stoffeigenschaft durch Veredelung. Vor Pilz schützend. Wirkstoffe sind z. B. Hygitex, Freso; das Anwendungsgebiet sind vor allem Strümpfe.

Antioxidantien – Antioxidationsmittel. Stoffe mit der Fähigkeit, → *Oxidationen* entgegenzuwirken. Meist bei Fett und fetthaltigen Rohstoffen verwendet. Sie wirken geschmacklichen und geruchlichen Beeinflussungen der Lebensmittel entgegen. Ihre Verwendung bei der Herstellung von Lebensmitteln ist durch die Zusatzstoff-Zulassungsverordnung geregelt.

Antipasto. Italienischer Ausdruck für Vorspeise.

Antique. Altersangabe für Cognac – außerhalb des kontrollierten Alters; Cognac mit

Anreden (Abb.)

Würdenträger	Anrede	Briefanrede	Anschrift auf Umschlag
Minister	Herr Minister	Sehr geehrter Herr Minister	An den Minister für
Bundespräsident, -kanzler	Herr Bundes...	Hochverehrter Herr Bundes...	An den Herrn Bundes...
Botschafter	Exzellenz	Euer Exzellenz	An seine Exzellenz, den Botschafter der ... Botschaft in
Konsul	Herr Konsul	Sehr geehrter Herr Konsul	Herrn Konsul ... (Name)
Freiherr	Herr v. ... (Name) Herr Baron	Sehr geehrter Freiherr v. ...	Freiherr ... (Vor- und Zuname)
Baron	Baron v. ... (Name)	Sehr geehrter Baron v. (Name)	Baron ... (Vor- und Zuname)
Graf	Erlaucht	Euer Erlaucht	Seiner Erlaucht dem Grafen v. ... (Name)
Fürst (Prinz)	Durchlaucht	Euer Durchlaucht	Seiner Durchlaucht dem Fürsten ... (Vor- und Zuname)
Herzog	Hoheit	Euer Hoheit	Seiner Hoheit dem Herzog ... (Vor- und Zuname)
Hochschulrektor	Magnifizenz	Euer Magnifizenz	An seine Magnifizenz, den Rektor der ...
Dekan	Spektabilität	Euer Spektabilität	An den Dekan der ...
Pfarrer, Kaplan	Hochwürden	Euer Hochwürden	Hochwürden Herrn Pfarrer (Kaplan) ...
Bischof (ev.)	Exzellenz (Hochwürden)	Euer Exzellenz	Seine Exzellenz den Hochwürdigsten Herrn Bischof ... (Name)
Kardinal	Eminenz	Euer Eminenz	Seine Eminenz den Hochwürdigsten Kardinal ... (Name)

Abb. 8 Anreden

dieser Angabe kann im Durchschnitt 60 Jahre alt sein.

Antistatisch, Durch Reiben, etwa beim Tragen von Kleidungsstücken, laden sich bestimmte Fasern elektrostatisch auf. Zu den Fasern mit dieser Eigenschaft zählen z. B. Polyamid, Polyacryl, Polychlorid und Elasthan. Durch geeignete chemische Behandlung können diese Fasern „antistatisch" gemacht werden. Diese Ausrüstung ist im Etikett der Ware genannt.

Antrag auf eine A.P.Nr. (Wein) → *amtliche Prüfungsnummer.*

Antropometrie → *Ergonomie.* Lehre von den menschlichen Körpermaßen, dem Knochenbau und den Muskeln sowie der den Bewegungsmechanismus bestimmenden Maße, die der Körper in Ruhestellung oder Bewegung benötigt. Die Mittelwerte der wichtigsten Körperlängen und Bewegungsräume sind für die Gestaltung von Arbeitsplätzen ebenso von Bedeutung wie für die Gestaltung von Gästezimmern und Gasträumen oder die Bestuhlung von Konferenz- oder Banketträumen.

Anweisung. Weisungsform, die dem Mitarbeiter eine Aufgabe in allen Einzelheiten zur Ausführung anträgt (Ziel-Weg-Bestimmung). Die Anweisung wird gekennzeichnet von den zehn W's (was, wie, warum, woran, womit, wann, wie lange, wo, wer, mit wem?).

A.O.C. – A.C. Appellation d'origine contrôlée. Bezeichnung für Qualitätsweine aus Frankreich. Es handelt sich um die offiziell höchste Qualitätsstufe. Durch eine Verordnung des Landwirtschaftsministeriums sind vorgeschrieben: **1.** kontrollierte Herkunftsbezeichnung (Anbaugebiet), **2.** Art und Zusammensetzung der Rebsorten, **3.** Rebschnitt und Rebbergpflege, **4.** Maximalertrag (ca. 40 hl/ha), **5.** Mindestalkoholgehalt, **6.** Art der Weinbereitung und Lagerung, **7.** Qualitätskontrollen durch ehem. Analysen, Degustation, **8.** Je enger die Abgrenzung der Ursprungsregion, desto höheres Mostgewicht und geringerer Ertrag und allgemein strengere Vorschriften. Zu A.O.C./A.C.-Gebieten gehören z. B. → *Bordeaux,* → *Burgund,* → *Elsass,* → *Cognac,* → *Armagnac,* → *Côtes-du-Rhône,* → *Loire.*

A Part *(frz.: à part).* Anrichteweise: Gemüse, Kartoffeln, Soße und dergl. werden extra (in Schüsseln, Saucieren) angerichtet im Gegensatz zum → *Flankieren.*

Aparthotel → *Beherbergungsbetriebe.* Aparthotels sind Beherbergungsbetriebe, die vorwiegend Appartements – aber auch Zimmer – an Dauergäste oder kurzfristig vermieten. Den Gästen steht dabei der gesamte Hotelservice zur Verfügung, oft einschl. des Schreibbüros oder der Benutzung des Telex.

Aperitif. *(Lat.: aperire = öffnen, frz.: apéritif = appetitanregend)* Aperitifs sollen die Magentätigkeit anregen, kalorienarm und nicht voluminös sein.

Apfeldicksaft. Der Saft wird von frisch geernteten Äpfeln zu einem dicken, bräunlichen süßsäuerlichen Sirup eingedickt. Damit Vitamine und Mineralstoffe weitgehend erhalten bleiben, wird die Eindickung im Vakuumkessel vorgenommen.

Apfelfriate. Sirup aus eingedicktem Apfelsaft.

Apfel-Kraut. Brotaufstrich aus eingedicktem Apfelsaft. Bekannt: Rheinisches Apfelkraut, Fenner Harz.

Apfelsäure. Fruchtsäure, die neben anderen Säuren im Wein vorkommt. Sie betont die Gesamtsäure, oft unangenehm deutlich hervorschmeckend. Sie kommt immer zusammen mit der Weinsäure in Trauben, im Most und im Wein vor. Sie kann biologisch zu Kohlendioxyd und Milchsäure gespalten werden. Zu hoher Apfelsäureanteil kann durch das Doppelsalzverfahren entfernt werden. Dabei wird ein geringer Teil des Weines völlig entsäuert und dann wieder unentsäuertem Wein zugesetzt → *biologischer Säureabbau*.

Apfelsine. Südfrucht, „Apfel aus China", um 1700 in Deutschland eingeführt.

Apfelwein → *weinähnliche Getränke*. Für die Herstellung werden säurereiche Äpfel bevorzugt. Apfelwein enthält natürliche Fruchtsäuren und einen geringen Alkoholgehalt; Mostgewicht 45 bis 55 °Oe, Säuregehalt 4,5–11 g/l. In Deutschland wird Apfelwein hauptsächlich in Hessen, aber auch in Baden-Württemberg produziert. Zu den bekanntesten Apfelweinen zählt der französische → *Cidre*.

Aphrometer → *Sektdruckmesser*.

Apicius. Marcus Gavius, Zeitgenosse des Kaisers Tiberius (14–37 n. Chr.). Autor des einzigen lateinischen Kochbuchs „Das Römische Kochbuch". Der erhaltene Text, in den unter anderem ein Spezialkochbuch über Tunken, das ebenfalls den Apicius zum Verfasser hat, eingearbeitet ist, stammt von einem unbekannten Bearbeiter, der gegen Ende des 4. Jahrhunderts lebte. Apicius beschrieb eingehend die Lebens- und Essgewohnheiten der alten Römer. Seine Rezepte waren voll kulinarischer Extravaganzen und lukullischer Genüsse (breiige Spargelgerichte, Flamingozungen). Apicius nahm sich das Leben, da er hoch verschuldet war. Er hinterließ zwar nach heutigen Maßstäben ein sehr großes Vermögen, was ihm dennoch als zu gering erschien, um seinen gewohnten Lebensstandard aufrecht zu halten.

Apiculatushefe. Sammelbegriff für eine auf Früchten sehr häufig vorkommende Hefeart. Wegen ihrer Form wird sie auch Spitzhefe genannt. Diese Hefen werden im Verlauf der → *alkoholischen Gärung* durch die Weinhefe verdrängt.

A.P.Nr. → *Amtliche Prüfungsnummer*. Durch das deutsche Weingesetz von 1971 für → *Qualitätswein* und Qualitätsweine mit Prädikat vorgeschrieben.

À Point → *Garstufe*.

Apostelkuchen → *Brioche*.

Apothekenspargel. Spätmittelalterliche Bezeichnung für Spargel, der zur Durchführung verordneter Spargelkuren nur in Apotheken, meist vom Apotheker selbst gezogen, erhältlich war.

Appareil. Fertige Masse. Kroketten- oder Biskuitmasse, die entweder als solche oder in Verbindung mit anderen Bestandteilen weiterverwendet wird.

Appenzeller. Schweizer Kuhmilchhartkäse von acht bis zwölf Kilo schweren Laiben. Er wird während der Reifezeit für ein paar Tage in stark gewürzten Weißwein oder Apfelwein getaucht und schmeckt so leicht herb und kräftig.

Appert, Francois. Frz. Koch, der 1804 eine Methode erfand, frisches Gemüse zu konservieren.

Appetenz-Appetenz-Konflikt. Entscheidung für eines von zwei Zielen, die beide eine Bedürfnisbefriedigung beinhalten.

Appetenz-Aversions-Konflikt. Entscheidung zwischen zwei unvereinbaren Motiven von gleicher Stärke, wobei ein Motiv positiv, das andere Motiv negativ auf einen Menschen wirkt.

Appetit. Verlangen nach Nahrungsaufnahme, Esslust, vom *lat. appetere = verlangen*, ergreifen.

Appetizer. Engl. Ausdruck für Appetithappen, die vor dem eigentlichen Essen gereicht werden, kleine Vorspeisen (→ *Fingerfood*).

Appolinaris, Mineralwasser aus dem Ahrtal. Der Name leitet sich ab von „Polly", wie Prinz Edward VII. das Wasser nannte. Die Exklusivrechte für den Export sicherte sich der Herausgeber des British Medical Health Journal, der das Wasser „The Queen of Table Waters" nannte und das Etikett mit dem roten Dreieck versah, mit dem seit 1892 besonders herausragende englische Produkte ausgestattet werden.

Apprenti. (*aus dem Franz.*) früher: Lehrling, heute: Auszubildender (apprenti de cuisine = Auszubildender in der Küche) → *Berufsbild*.

Appretiert. Besondere Stoffeigenschaft durch Veredelung. Der Stoff wird dichter und erhält einen festeren Griff. Er erscheint insgesamt wertvoller. Das Appreturmittel füllt die Lücken zwischen den Garnen aus.

Aprikosenbranntwein, = Marillenbranntwein. Erzeugt aus vergorenen Aprikosen, unter dem Namen → *Barack* in Ungarn ein Nationalgetränk. Als Aprikosengeist darf sich ein Branntwein bezeichnen, der aus unvergorenen, frischen Aprikosen durch Destillation mit zugesetztem Alkohol gewonnen wurde.

Aprikotieren. Gebäckstücke mit heißer, passierter Aprikosenkonfitüre bestreichen. Zweck: Glasuren haften besser, Fondant wird nicht stumpf und blind.

Apulien → *Kampanien*.

Aquacato → *Avocado*.

Aquafarming. Zucht von Fischen in Teichwirtschaft. Das Fleisch der in Teichen gezogenen Tiere wird saftiger als bei „wilden" Artgenossen.

Aquavit. Branntwein, der unter Verwendung eines Destillats aus Kräutern, Gewürzen und Drogen hergestellt wird. Er muss Kümmelgeschmack aufweisen. Zugabe von Zucker ist erlaubt. Die fertige Spirituose wird evtl. in alten Sherry-Fässern gelagert. Aquavit gehört zu der Gruppe der Spezialbranntweine. Serviert wird er in einem kälteschlagenen Schnapsglas.

Äquivalenzziffernrechnung → *Kalkulation*. Form der Kalkulation, die für die Herstellung ähnlicher Produkte geeignet ist.

Arabinose. Pentose, Baustein vieler → *Polysaccharide*. Vorkommen in Pflanzengummi, Hemicellulose, Schleimstoffen und → *Pektinen*.

Arabisches Brot. Flaches, etwa 25 cm großes, rundes Brot, aus gemahlenem Weizen und Wasser, Salz und Hefe hergestellt. Man backt es in Steinöfen, in denen außer der Außenhitze noch ein Innenfeuer unterhalten wird. Dadurch erhält dieses nur 2 cm hohe Brot seinen charakteristischen Geschmack sowie die gleichmäßige Bräune.

Arancini. Unreife Pomeranzen oder Pomeranzenschalen in Scheiben geschnitten und gezuckert.

Arapedes → *Entenmuscheln*.

Arbeitgeber. Vertragspartner des Arbeitnehmers im Arbeitsvertrag. Ihm schuldet der → *Arbeitnehmer* die Arbeitsleistung. Er ist dem Arbeitnehmer gegenüber weisungsberechtigt, trägt aber andererseits die Fürsorgepflicht.

Arbeitgeberverband → DEHOGA. Ein Verband, in dem sich Arbeitgeber der gleichen Berufsgruppe zusammenschließen.

Arbeitnehmer. Personen, die aufgrund eines Arbeits- oder Dienstvertrages einem öffentlichen oder privaten Dienstherrn gegenüber ihre Arbeitsleistung schulden. Sie erhalten dafür → *Arbeitslohn*. Dies gilt auch für vorübergehende Tätigkeiten wie z. B. den Tätigkeiten der → *Aushilfskräfte*. Alle Arbeitnehmer sind weisungsgebunden

Arbeitsablaufanalyse

und haben eine Treuepflicht gegenüber ihren Arbeitgebern.

Arbeitsablaufanalyse. Untersuchung eines bestehenden Arbeitsablaufes (Ist-Zustand) oder eines geplanten (Sollzustand), in dem alle für das angegebene Ziel wesentlichen Daten erfasst und ausgewertet werden. Die Datenerfassung geschieht i. d. R. durch: **a)** Beschreiben des Arbeitsablaufes, wobei der gesamte Ablauf in einzelne Ablaufschritte zerlegt wird und diese danach zu untersuchen sind: 1) wo (z. B. in welchen Abteilungen, an welchem Arbeitsplatz), 2) wann (z. B. in welcher Reihenfolge die Arbeiten geleistet werden), 3) womit (z. B. mit welchen Hilfsmitteln gearbeitet werden soll) die Arbeit geleistet wird, **b)** Beurteilen und Bewerten des Arbeitsablaufes. → *Arbeitsbewertung*.

Arbeitsablaufdiagramm. Organisationshilfsmittel, das in graphischer Darstellung eine Tätigkeitsfortschreibung veranschaulicht. Die Arbeitsfolge wird durch Zerlegung der Tätigkeit in Stufen analysiert (Aufnahme des Ist-Zustandes), um daraus den optimalen Soll-Zustand des Arbeitsablaufes zu ermitteln. Die Tätigkeitsvorgänge (Bearbeitung, Transport, Überprüfung, Verzögerung

Arbeit		Symbol	Zusammenstellung					
Abteilung	Aufgenommen		Ist-Zustand		Soll-Zustand		Unterschied	
Datum	Personen		Zahl		Zahl		Zahl	
Studie beginnt		◯						
Studie endet		⇨						
Bemerkungen		☐						
		D						
		▽						

Lfd. Nr.	Stufen des Arbeitsablaufs	Bearbeitung	Transport	Überprüfung	Verzögerung	Lagerung Ablage	Weg in m	Zeit in min	Bemerkungen
		◯	⇨	☐	D	▽			
		◯	⇨	☐	D	▽			
		◯	⇨	☐	D	▽			
		◯	⇨	☐	D	▽			
		◯	⇨	☐	D	▽			
		◯	⇨	☐	D	▽			

Abb. 9 Arbeitsablaufdiagramm

und Lagerung – in → *Organisations-Abstrakta* verdeutlicht) werden untersucht, um mögliche Arbeitsstockungen, Arbeitserschwernisse, technische, personelle, zeitliche und räumliche Mängel zu erkennen und nachhaltig zu beseitigen (Abb. 9).

Arbeitsablaufgestaltung. Suche einer idealen Lösung zur Verwirklichung des gesetzten Zieles. Dabei ist fundierte Fachkenntnis ebenso notwendig wie schöpferische Begabung. Mögliche Methoden: **a)** Methoden der Ideenfindung → *Brainstorming*, **b)** Mathematische Methoden – Optimierungsverfahren, **c)** Simulation, d. h. Versuchen und Probieren an Modellen.

Arbeitsablauforganisation → *Betriebsorganisation*. Die Aufgabe der Arbeitsablauforganisation ist es, die Arbeitsabläufe und ihre Teilabschnitte hinsichtlich der räumlichen und zeitlichen Abfolge der Tätigkeiten so zu organisieren, dass sie für den Betrieb wirtschaftlich und für den Menschen möglichst human ablaufen. Die Arbeitsablauforganisation umfasst: **a)** Planung, d. h. Ziele und Aufgaben formulieren und diese in Sollvorgaben festhalten, **b)** Gestaltung, d. h. das systematische Ordnen und Zuordnen der Arbeitsabläufe, **c)** Steuerung, d. h. mittels Aufträgen und Anforderungen die Durchführung der Aufgaben veranlassen, sichern und überwachen.

Arbeitsbescheinigung. Der Arbeitgeber ist verpflichtet, dem Arbeitnehmer zur Geltendmachung von Ansprüchen aus der Arbeitslosenversicherung eine Arbeitsbescheinigung auszustellen. Sie muss enthalten: **a)** Beginn der Tätigkeit, **b)** Ende der Tätigkeit, **c)** Lösungsgrund des Arbeitsverhältnisses, **d)** gezahlte Arbeitsvergütung, **e)** sonstige Bezüge. Unrichtige Angaben können zu Schadenersatzansprüchen führen.

Arbeitsbewertung → *Arbeitsstudium*. Mit der Arbeitsbewertung wird die Anforderungshöhe bestimmt, die eine Tätigkeit an einen Arbeitnehmer stellt. Sie wird mit dem Arbeitswert ausgedrückt, der von der Anforderungsart und der Dauer der Beanspruchung abhängt. Verfahren der Arbeitsbewertung: **1)** *summarische Methoden*, bei denen die Arbeiten als Ganzes verglichen und bewertet werden. Hierzu zählen: **a)** das Rangfolgeverfahren, bei dem alle Arbeiten nach dem Schwierigkeitsgrad in eine Rangfolge gebracht werden, an deren Spitze die schwierigste Arbeit steht, **b)** das Lohngruppenverfahren, wobei die Arbeiten nach Schwierigkeitsgraden in Gruppen eingeteilt werden; **2)** *analytische Methoden*, wobei die Arbeiten in einzelne Anforderungsarten wie Fachkönnen, Belastung, Verantwortung und Arbeitsbedingungen → *Genfer Schema*, → *Refa* zerlegt und dann bewertet werden. Der Arbeitswert ergibt sich dann als Summe der Werte für die einzelnen Anforderungsarten. Hierzu gehören: **a)** das Rangreihenverfahren, bei dem die Arbeiten in jeder Anforderungsart mit Prozentwerten zwischen 0 und 100 % bewertet werden, **b)** das Stufenwertzahlenverfahren, bei dem die Bewertung der Anforderungen mit Punkten erfolgt.

Arbeitserlaubnis. Zur Aufnahme einer Beschäftigung benötigen Arbeitnehmer, die nicht Deutsche (n. Art. 116 GG) sind, eine Arbeitserlaubnis, soweit zwischenstaatlich nichts anderes vereinbart ist. Die Erlaubnis wird bei dem Arbeitsamt beantragt, in dessen Bezirk die Beschäftigungsstelle liegt. Für Angehörige der EU-Staaten gilt diese Regelung nicht.

Arbeitsgerichte. Gerichte, die sich mit Streitigkeiten zwischen Arbeitgebern und Arbeitnehmern beschäftigen. Die unterste Instanz ist das Arbeitsgericht, mittlere Instanz das Landesarbeitsgericht als Berufungsinstanz und oberste Instanz ist das Bundesarbeitsgericht als Revisionsinstanz.

Arbeitsgestaltung. Die Arbeitsgestaltung richtet sich darauf, die Arbeitsbedingungen, Arbeitsplätze, Maschinen und Geräte zu verbessern und ihren Einsatz zu erleichtern.

Arbeitsgliederung

Sie sucht die bestmögliche → *Arbeitsablauforganisation*, um Kosten zu senken und die Leistung zu steigern.

Arbeitsgliederung. Zerlegung einer betrieblichen Aufgabe in Teilleistungen, bedingt durch den Umfang der Aufgabe bzw. die beschränkte Leistungsfähigkeit eines Mitarbeiters.

Arbeitskampf. Ein Arbeitskampf wird dadurch geführt, dass die → *Tarifparteien* legale Kampfmittel einsetzen, um ihre Ansprüche durchzusetzen (Abb. 10).

Arbeitskräftebedarf → *Personalbedarfsplanung*.

Arbeitsleistung. Der körperlich und seelisch-geistige Einsatz des Mitarbeiters, um eine betriebliche Aufgabe zu erfüllen (subjektive Arbeitsleistung). Das Resultat einer in einer bestimmten Zeiteinheit geleisteten Arbeit (objektive Arbeitsleistung).

Arbeitsleistungsstandards *(engl.-amer. = workstandards).* Fortsetzung von betrieblich bedingten einheitlichen Normen. Arten: 1) Zeitstandard: Gibt an, wann und in welcher Zeitspanne die Aufgabe erfüllt sein muss. 2) Kostenstandard: Gibt an, welche Kostenbegrenzung für die Aufgabe gilt. 3) Qualitätsstandard: Gibt an, wie und auf welchem Niveau die Aufgabe zu erfüllen ist. 4) Quantitätsstandard: Gibt an, wie viele und welche Mengeneinheiten bei der Aufgabenerfüllung erreicht werden müssen.

Arbeitslohn → *Tronc*. Alle Einnahmen, die einem Arbeitnehmer aus einem bestehenden oder früheren Dienstverhältnis zufließen. Steuerlich gehört der Arbeitslohn zu den Einkünften aus nicht selbstständiger Arbeit und umfasst auch jeden geldwerten

auf Arbeitnehmerseite	auf Arbeitgeberseite
↓	↓
Streik	Aussperrung
= Niederlegung der Arbeit zur Erreichung besserer Arbeitsbedingungen	= Ausschluss von der Arbeit

Zu unterscheiden sind:

nach der Leitung	nach der Kampfzeit	nach der Ausdehnung
– wilder Streik – organisierter Streik	– Erzwingungsstreik – Warnstreik – Sympathiestreik – Proteststreik	– Generalstreik (alle Arbeitnehmer) – Vollstreik (alle Arbeitnehmer der Branche) – Teilstreik

Sonderform: Bummelstreik = kein Aussetzen der Arbeit, sondern eine Arbeit genau nach Vorschrift (meist bei Beamten)

Abb. 10   Arbeitskampf

Arbeitsplatzgestaltung

Vorteil. Der Lohn unterliegt der → *Lohnsteuer*, die direkt vom Arbeitgeber einbehalten wird. Der Lohnbegriff in der → *Sozialversicherung* lehnt sich weitgehend an diesen Begriff an. Der Lohn kann neben Barleistungen (Geld) auch in Sachleistungen bestehen, in der Gastronomie besonders Kost und Logis. Aber auch die Zurverfügungstellung eines PKWs gehört dazu.

Arbeitsorganisatorische Modelle → *Humanisierung der Arbeitswelt*. Im Rahmen der Humanisierungsbestrebungen wurde auch die gastgewerbliche Arbeitswelt erfasst. So kam es zu folgenden Formen der Arbeitsorganisation: **1)** *Arbeitsplatzteilung* **(job sharing)**: Hierbei teilen sich zwei oder mehr Teilzeitbeschäftigte einen Arbeitsplatz. Das kann eine sachliche oder aber auch eine rein zeitliche Teilung sein. Dem Vorteil einer flexibleren Arbeitszeitgestaltung durch die Arbeitnehmer steht jedoch der Nachteil gegenüber, dass jeder auch die Verantwortung für die Fehler der anderen mittragen muss. **2)** *Aufgabenbereicherung* **(job enrichment)**: Hierbei wird versucht, die Arbeitnehmer dadurch zu motivieren, dass man ihnen mehr Verantwortung überträgt. Sie können damit ihre Arbeit stärker selbst beeinflussen. Das setzt allerdings höhere Qualifikation und höhere Entlohnung voraus. **3)** *Aufgabenerweiterung* **(job enlargement)**: Durch das Zusammenlegen einiger monotoner, einfacher Einzelaufgaben will man dabei die Motivation dadurch erzeugen, dass der Arbeitnehmer einen stärkeren Bezug zu seiner Tätigkeit erlangt. **4)** *Arbeitswechsel*, regelmäßiger **(job rotation)**: Hier sollen die Arbeitnehmer in einem bestimmten (evtl. frei wählbaren) System von einem Aufgabenbereich in einen anderen wandern. Hierdurch soll der Arbeitnehmer stärker motiviert werden. Allerdings stehen dem im Gastgewerbe organisatorische und nicht zuletzt wirtschaftliche Probleme entgegen, da ein optimaler Arbeitseinsatz nur durch „den besten Mann" am jeweiligen Platz möglich ist. Die Idee einer *autonomen Arbeitsgruppe* wäre z. B. als → *Tronc* im Service denkbar, birgt aber die Gefahr des Leistungsrückstaus in sich.

Arbeitspapiere. Zu den Arbeitspapieren zählt man: **a)** die → *Lohnsteuerkarte*, **b)** das Versicherungsnachweisheft, **c)** die Urlaubsbescheinigung. Sie sind dem Arbeitgeber bei Antritt der Tätigkeit auszuhändigen und von diesem sorgfältig zu verwahren. Dazu kommen: **d)** das Zeugnis, **e)** die Arbeitsbescheinigung, **f)** das Gesundheitsattest bei Betrieben des Lebensmittelgewerbes. Alle Unterlagen erhält der Arbeitnehmer bei Ausscheiden vom Arbeitgeber ausgehändigt.

Arbeitsphysiologie. Beobachtung und Untersuchung der körperlichen Rückwirkungen der Arbeitsbedingungen auf den Mitarbeiter mit dem Ziel, durch Schaffung einer optimalen Arbeitsplatzgestaltung und Arbeitsplatzumgebung die betriebliche Tätigkeit des Mitarbeites zu verbessern → *Ergonomie*.

Arbeitsplatzbesetzung. Langfristige Anpassung der Mitarbeiteranzahl an die Kapazitätsauslastung des Betriebes auf der Grundlage von Geschäftsprognosen. Es sollte nach Basis-Stellen-Kategorien durchgeführt werden: **1)** Produktionsunabhängige Stellen = stehen nicht im Zusammenhang mit dem erwarteten Geschäftsvolumen, sondern dienen der Aufrechterhaltung der Betriebsbereitschaft. **2)** Produktionsbezogene Stellen = stehen in einem bestimmten Verhältnis zum Geschäftsvolumen (Gästezahl). **3)** Direkte Produktionsstellen = beziehen sich unmittelbar auf die Anzahl der Gäste.

Arbeitsplatzgestaltung → *Arbeitsgestaltung*. Hierbei wird versucht, die Arbeitsplätze den Leistungsfähigkeiten der Arbeitnehmer anzupassen und diesen ihre Tätigkeit zu erleichtern. Es werden im Einzelnen gestaltet: **a)** die Arbeitsmethode, durch körpergerechte Arbeitsmittel, Verbesserung der Maschinen und Berücksichtigung der Bewegungsabläufe, **b)** das Arbeitsverfahren

37

Arbeitsprobe

durch Einsatz besserer Technologien, **c)** die Arbeitsbedingungen.

Arbeitsprobe. Direkte Methode der Bewerberauslese durch Übertragung und Auswertung einer typischen das Arbeitsgebiet eines Stellenbewerbers betreffenden Tätigkeit.

Arbeitspsychologie. Beobachtung und Untersuchung der psychischen Rückwirkungen der Arbeitsbedingungen auf den Mitarbeiter mit dem Ziel, durch Gestaltung optimaler zwischenmenschlicher Beziehungen am Arbeitsplatz die Arbeitsleistung und Zufriedenheit des Mitarbeiters zu steigern.

Arbeitsrecht. Alle Rechtsnormen zum Schutz der Arbeitnehmer.

Arbeitsschutz → *Gewerbeaufsicht*. Alle zum Schutz der Arbeitnehmer aufgrund von Rechtsnormen bestehenden Pflichten der Arbeitgeber. Hierzu gehören Gesetze, wie das MutterschutzG, das JugendarbeitsschutzG oder das KündigungsschutzG u. a. Zur Einhaltung dieser Vorschriften ist der Arbeitgeber dem Staat gegenüber verpflichtet. Deshalb führt dieser der Aufsicht mittels Kontrollen durch das *Gewerbeaufsichtsamt*. Der Arbeitgeber ist verpflichtet, eine Reihe wesentlicher Vorschriften des Arbeitsschutzes auszuhängen oder zur Einsicht zu geben. Hierzu gehören **a)** Abdruck der Arbeitszeitordnung, **b)** Arbeitszeiten und Ruhepausenregelung (Dienstpläne), **c)** Tarifverträge und Betriebsvereinbarungen, **d)** Arbeitsschutzgesetze, die von Bedeutung sind, **e)** Information über die zuständige Berufsgenossenschaft, **f)** Unfallverhütungsvorschriften.

Arbeitsstudie. Maßnahme zur Erforschung optimaler Arbeitsausführung nach wissenschaftlichen Erkenntnissen. → *Arbeitsablaufdiagramm*.

Arbeitsstudium → *Industrial Engineering*, Das Arbeitsstudium befasst sich mit der Untersuchung und Gestaltung der Arbeitssysteme mit dem Ziel, die Wirtschaftlichkeit des Betriebes zu verbessern und gleichzeitig menschenwürdigere Arbeitsbedingungen zu schaffen. In der Hauptsache erstellt der Arbeitsstudienmann: **a)** Analysen der Arbeitsabläufe (Untersuchung) → *Arbeitsablaufanalyse*, **b)** Synthesen von Arbeitsabläufen (Gestaltung) → *Arbeitsablaufgestaltung*. Die Arbeitsstudien umfassen folgende **Schwerpunkte: a)** Datenerfassung: besonders der Zeiten als Grundlage für weitere Entscheidungen, **b)** Arbeitsbewertung: hierbei werden aus den mit Hilfe der Arbeitsplatzbeschreibung abgeleiteten Anforderungen Bewertungen als Grundlage für die Personalorganisation und die Lohneinstufung erarbeitet, **c)** Arbeitsunterweisung: hier werden Methoden entwickelt, mit denen Lernen und Lehren organisiert werden kann, um den Lernenden Kenntnisse und Fertigkeiten systematisch zu vermitteln, **d)** Lohndifferenzierung: Bestimmung relativer Lohnhöhen aus Anforderung des Arbeitsplatzes und des Leistungsergebnisses, **e)** Kostenrechnung: in Form der Vor- und Nachkalkulation, Betriebsabrechnung und als Kostenvergleich auf der Basis der betrieblichen Daten. Das Arbeitsstudium bedient sich dabei einiger Erkenntnisse anderer Wissenschaften, so z. B. der **a)** Ergonomie und Arbeitspädagogik, **b)** Rechts- und Sozialwissenschaft, **c)** Betriebswirtschaftslehre mit Kostenrechnung und Statistik. In Deutschland beschäftigt sich vor allem der Verband für Arbeitsstudien (Refa) mit diesem Gebiet.

Arbeitstechnik. Summe aller Mittel und Verfahren, die eingesetzt werden, um eine Aufgabe zu lösen. Für die Hotelleitung kommt es darauf an, die richtigen Mittel einzusetzen, um möglichst erfolgreich zu sein. Hier kommen in Betracht: **a)** Analysen des gesamten Betriebsgeschehens, **b)** Arbeitsablaufverbesserungen, **c)** Entscheidungstechniken und Problemlösungstechniken, **d)** Mitarbeiterführung, **e)** Steuerung und Kontrolle, **f)** Zeitplantechnik.

Arbeitsteilung. Zur Erfüllung eines Auftrags oder einer Aufgabe werden mehrere Arbeitnehmer herangezogen. Man unterscheidet zwei Formen: **a)** Artteilung liegt vor, wenn jedem eine andere Teilaufgabe zugeteilt wird. Beispiel: 3 Zimmermädchen arbeiten so, dass eine für die Betten, eine für die Raumreinigung, eine für den Hygienebereich zuständig ist. **b)** Mengenteilung liegt vor, wenn mehrere Arbeitnehmer die gleiche Arbeit leisten. Beispiel: Von 3 Zimmermädchen reinigt jede den dritten Teil der vorhandenen Zimmer, wobei jede die gesamte Reinigung eines Zimmers selbst durchführt.

Arbeitsüberwachung (engl. = work supervision). Stichprobenartige kontinuierliche, vorbeugende Kontrolle der Arbeiten auf der Grundlage der den Mitarbeitern bekannten Kontrollmaßstäbe (Hilfsmittel → *Stellenbeschreibung*).

Arbeitsunfähigkeitsbescheinigung. Im Falle einer Erkrankung, aufgrund derer der Arbeitnehmer arbeitsunfähig wird, ist er gehalten, den Arbeitgeber (i. d. R. bis 11.00 Uhr) zu verständigen. Das Lohnfortzahlungsgesetz verlangt die Vorlage einer ärztlichen Bescheinigung bis zum 3. Tag.

Arbeitsunterweisung → *Führungstechniken*, → *Arbeitsstudien* (Abb. 11). Die Arbeitsunterweisung ist eine planvolle, methodische Übermittlung von Wissen und Können an den Lernenden, womit dessen Lernen so geleitet wird, dass das angestrebte Lernziel einfach und sicher erreicht wird. Im Bereich betrieblicher Tätigkeiten können Arbeitsunterweisungen notwendig werden beim: **a)** Neulernen noch unbekannter Tätigkeiten wie z. B. bei Auszubildenden, **b)** Umlernen, wobei eine bisher ausgeübte Tätigkeit nun anders durchgeführt wird wie z. B. bei Rationalisierungen, **c)** Zulernen, das dann notwendig wird, wenn neue Hilfsmittel eingesetzt werden wie z. B. Computer an der Rezeption. Der Lernprozess selbst kann sich dabei in vier Stufen vollziehen. → *Vier-Stufen-Methode* (Abb. 12).

Arbeitsvereinfachung (Angl.-amer. = work-simplification). Maßnahme, die wirtschaftlich durchführbare Verbesserungsmöglichkeiten aufzeigt, (Einsatz von Maschinen und Geräten, z. B. Bratstraßen, Fertigprodukten wie Convinience ohne Qualitätsverlust, Vergabe von Arbeiten wie Zimmerreinigung an Fremdfirmen).

Arbeitsverhältnis → *Arbeitsvertrag*, → *Angehörigen-Arbeitsverhältnis*.

Arbeitsvertrag. Sind in einem Arbeitsvertrag der Arbeitgeber und der Arbeitnehmer die Vertragsparteien, so handelt es sich um den Einzelarbeitsvertrag. Er ist die Grundlage jeden Arbeitsverhältnisses. Nach ihm ist der Arbeitnehmer verpflichtet, die Leistung zu erbringen, wofür er vom anderen Vertragspartner ein Entgelt (Lohn, Gehalt)

Planung	Ergebnis
1. Unterweisungsziel	Welche Tätigkeiten soll der Lernende mit welchen Verfahren durchführen können?
2. Unterweisungsumfang	Welche Kenntnisse aus dem Umfeld sollen miterlernt werden? (z. B. auch die Handhabung und Reinigung verwendeter Maschinen)
3. Unterweisungsgrad (Ausmaß)	Bis zu welcher Sicherheit soll der Lernende gelangen? Wie weit soll er die Arbeit verstehen?

Abb. 11   Arbeitsunterweisung

Arbeitsverweigerung

Stufe Inhalt	Untergliederung
1 Vorbereitung des Lernenden auf die Unterweisung	1. Befangenheit nehmen 2. Die zu lernende Arbeit bezeichnen 3. Vorkenntnisse feststellen 4. Interesse wecken 5. Richtige Aufstellung (damit das Vormachen gesehen wird) von Unterweisendem und Lernendem
2 Vorführung der Arbeit	Vorführen mit dem Zweck, dass der Lernende begreift: 1. *Was* getan werden soll mit Erklärung, was geschieht 2. *Wie* es getan werden soll mit Begründung, warum etwas geschieht 3. *Warum* etwas auf die bestimmte Weise getan werden soll mit Betonung der Kernpunkte
3 Ausführung durch den Lernenden	1. Versuchen 2. Nachmachen mit Erklärung und Begründung 3. Nachmachen mit Betonung der Kernpunkte 4. Praktische Anwendung
4 Abschluss der Unterweisung	1. Selbstständiges Üben 2. Jemanden benennen, der dem Lernenden helfen kann 3. Fortschritt beobachten

Abb. 12 Arbeitsunterweisung → Vier-Stufen-Methode

erhält. Grundsätzlich ist der Arbeitsvertrag formfrei, er wird jedoch meist schriftlich abgeschlossen. Liegt kein schriftlicher Vertrag vor, so wird bei Bestehen eines Dienstverhältnisses i. d. R. ein Arbeitsvertrag angenommen. Von kollektiven Verträgen spricht man, wenn eine Vereinbarung für eine Gruppe geschlossen wird. Das ist der Fall: **1)** beim → *Tarifvertrag*, der zwischen den Tarifpartnern (Arbeitgeberverband und Arbeitnehmerverband oder Arbeitnehmerverband mit einem Arbeitgeber) geschlossen wird, **2)** bei der → *Betriebsvereinbarung*, die zwischen Arbeitgeber und Betriebsrat für die Arbeitnehmer des Betriebes geschlossen wird. Das Gesetz über Teilzeitarbeit und befristete Arbeitsverträge vom 21. Dez. 2000 erlaubt auch Verträge über kürzere Wochenarbeitszeiten, Arbeit auf Abruf und befristete Arbeitsverträge.

Arbeitsverweigerung. Sie liegt vor, wenn ein Arbeitnehmer rechtswidrig ihm aufgetragene Arbeit ablehnt. Diese Ablehnung führt zur ordentlichen Kündigung und in schweren Fällen auch zur außerordentlichen Kündigung.

Arbeitszeit. Die Zeit, in der der Arbeitnehmer dem Betrieb laut Arbeitsvertrag zur Verfügung steht. Sie zerfällt in: **1)** *Tätigkeitszeit*, die Zeit, in der Arbeitnehmer die ihm übertragenen Aufgaben erledigt; **2)** *Ruhezeiten*, in denen die Arbeit ruht, weil der Arbeitnehmer aus verschiedenen Gründen nicht an der Erledigung der übertragenen

Aufgaben arbeitet. Diese Ruhezeiten unterteilt man wieder in: **a)** betrieblich bedingte Ruhezeiten, hierzu gehören: 1) *arbeitsablaufbedingte Wartezeiten*. Sie entstehen, wenn der Arbeitnehmer warten muss, bis ein Betriebsmittel frei oder ein vorzubereitendes Material fertig wird, ohne dass er zwischenzeitlich weiter an seinem Auftrag arbeiten kann. Z. B. das Zimmermädchen wartet, bis das letzte noch zu reinigende Zimmer frei wird, der Restaurantfachmann mit dem Abräumen, bis der Gast fertig ist oder der Koch, bis eine zu überbackende Speise fertig wird, 2) störungsbedingte Wartezeiten, die durch Fehler an Arbeitsmitteln oder unvorhergesehenem Ausfall von Geräten bedingt sind. Z. B. Stromausfall oder Geräteschaden verhindert die Buchung, der Lieferant kommt zu spät mit den Frischwaren, dem Commis wurde nicht rechtzeitig eine neue Arbeit zugeteilt. **b)** persönlich bedingte Ruhezeiten, hierzu gehören: 1) *Erholungszeiten*, die die Arbeitsermüdung ausgleichen sollen, 2) *sonstige Zeiten* wie z. B. die für bes. persönliche Bedürfnisse, aber auch die vermeidbaren, wie z. B. durch Verspätung, zu frühes Verlassen der Arbeit oder unnötige Gespräche. Nachtarbeit liegt i. d. R. zwischen 20.00 und 6.00 Uhr vor. In vielen Berufen sind diese Zeiten mit besonderen Zuschlägen belegt. Die Regelung der Arbeitszeit erfolgt einmal öffentlich-rechtlich durch die Bestimmungen der Gesetze (AZO, GewO, JArbSchG u. a.), zum anderen aber auch tariflich oder privatrechtlich durch die Tarifverträge oder Absprachen in den Einzelarbeitsverträgen.

Arbuse. Ausdruck für Wassermelone.

Arbutus → *Baumerdbeere*. Frucht des tropischen Erdbeerbaumes (Arbutus unedo L), die die Größe einer mittleren Erdbeere erreicht und deren saftiges kirschrotes Fruchtfleisch einen Stein in Größe eines Kirschsteins umschließt. Der Geschmack ist angenehm aromatisch, süßlich mit leichter Mandelnote.

Archestratos. Gela von A. Reisender Gastronom aus Sizilien, Zeitgenosse des Perikles (499 bis 429 v. Chr.). A. legte seine Erlebnisse und Erfahrungen in einer Art parodistischer Spruchdichtungen („Wohlleben") nieder. A. wird mit Brillat-Savarin (1755 bis 1826) verglichen.

Ardennenschinken. Jambon d'Ardennes, belg. Spezialität, Knochenschinken bis zu 21 Tagen gepökelt, eine Woche geräuchert (Buchen- und Eichenspäne), viermonatige Reifezeit.

Arena. Eine der drei Bodenarten in dem Weinanbaugebiet → *Jerez* in Spanien → *Sherry*, die hauptsächlich aus Sand besteht. Die auf diesem Boden wachsenden Trauben erreichen nicht die beste Qualität.

Argenteuil. Stadt in Frankreich. À l'Argenteuil-Gerichte mit grünen Spargelspitzen.

Aris. Weißweintraube. Kreuzung: Oberlin (Riparia × Gamay) × Riesling Klon 91.

Aristoteles-Laterne. Ausdruck für den Mund des Seeigels mit seinen fünf papageischnabelförmigen Zähnen.

Armagnac. Weinbrand, seit ca. 500 Jahren bekannt. Name, Herkunft und Herstellung sind gesetzl. geschützt. Seit 25. 5.1909 ist das Armagnacgebiet ein anerkanntes → *A.O.C.*-Gebiet. Es liegt im Südwesten Frankreichs, in der Provinz Gascogne. Auf ca. 19 000 ha Rebfläche werden vor allem die Rebsorten → *Colombard*, Saint Emilion, Baco und Folie Blanche angebaut. Das Produktionsgebiet wird in drei Bereiche aufgeteilt: → *Bas Armagnac*, → *Tenareze* und → *Haut Armagnac*. Altersbezeichnungen auf dem Etikett sind wie bei → *Cognac* und haben die gleiche Aussage. Von entscheidender Bedeutung für die Qualität des Armagnacs sind neben Klima, Boden und Rebsorten die Art der Weinbereitung, die Destillation und Lagerung.

Armagnac-Herstellung. Zur Herstellung dürfen nur Weißweine aus den zugelassenen Rebsorten verwendet werden. Die Weinbereitung darf nur in dem gesetzlich vorgeschriebenen Gebiet erfolgen. Der Zusatz von Zucker oder anderen Weinzusatzstoffen ist nicht erlaubt. Die Destillation erfolgt bis zum 30. 4. des auf die Ernte folgenden Jahres. Eine Besonderheit ist die → *kontinuierliche Destillation*, die vom Gesetzgeber vorgeschrieben ist. Der Wein im Brennkolben fließt in entgegengesetzter Richtung zum Branntwein. Ergebnis ist ein Destillat von 52 bis 63 % Vol. Alkohol. Das Destillat wird in Fässern aus einheimischer Eiche bei 12 °C gelagert. Der Kontakt mit dem Holz bewirkt ein kräftiges Aroma und Bernsteinfarbe. Verdunstung ist gleich hoch wie bei Cognac. Der Reifeprozess wird ständig überwacht, um den Weinbrand in gerbstofffreie Fässer umzufüllen, wenn die optimale Qualität erreicht ist. Reduzierung auf Konsumstärke von ca. 40 bis 45 % Vol. Alkohol wird durch Zufügung von destilliertem Wasser in Abständen von ca. zwei Monaten erreicht. So wie Cognac verliert auch Armagnac seine Eigenschaften in der Flasche nicht.

Armenaustern. In der Charente auch Sourdons (Ohrmuschel) genannt. Man findet sie während des ganzen Jahres hauptsächlich an der Atlantikküste bes. in der Charente. Man isst sie roh oder schwach gekocht in Zwiebelsauce wie Miesmuscheln. → *Austern.*

Arme Ritter. Süßspeise. Altbackenes Weißbrot oder Zwieback mit gesüßter Vanillemilch tränken, nach dem Abtropfen in Ei und Zwiebackbrösel panieren und in Butter schwimmend (aus-)backen. Danach mit Zimt und Zucker bestreuen. Wird warm gegessen.

Arnaison Blanc. Frz. Bezeichnung für Weißburgundertraube.

Aroma *(griech.)* = *Wohlgeruch.* Meist bewirkt durch flüchtige Bestandteile der Nahrung; als angenehm empfundene Wirkung von Nahrungs- und Genussmitteln auf Geruchs- und Geschmackssinne → *Weinaromen.*

Aromastoffe. Geruchs- und Geschmacksstoffe. Nach der AromaVO werden unterschieden: **a)** *natürliche Aromastoffe:* aus natürlichen Ausgangsstoffen, durch physikalische oder enzymatische Verfahren gewonnen, **b)** *Naturidentische Aromastoffe:* sie sind den natürlichen Aromastoffen chemisch gleich, **c)** *Künstliche Aromastoffe:* alle Geschmacks- und Geruchsstoffe, die nicht natürlich oder naturidentisch sind.

Aromate. Bestimmte Geschmacksträger (Gewürze).

Arope (Aroppe). Karamelisierter und eingedickter Traubenmost zur Sherry-Gewinnung. Das Eindicken geschieht zum Teil auf offenem Feuer.

Arrak. Eine → *Spirituose,* hergestellt aus Reis, Zuckerrohrmelasse oder zuckerhaltigen Pflanzensäften oder aus Früchten der Palme unter evtl. Zugabe der Früchte des Kujabaumes. Die Produktion erstreckt sich auf den süd-ostasiatischen Raum. Verwendung findet Arrak in der Patisserie und für Mixgetränke.

Arrak-Verschnitt. Mischung von → *Original-Arrak* mit Alkohol anderer Art (mind. 10 % Vol. Orig. Arrak vorgeschrieben).

Arrivée. Ankunft des Gastes im Hotel, auch des Passagiers am Flughafen. Letzteres bes. bedeutend für die Fremdenverkehrs-Statistik.

Arroba. Volumenmaß für Wein in Spanien. Es entspricht 16,133 l. Eine weitere Bezeichnung ist → *Cantara.*

Arrope. Gekochter, nicht vergorener Most „Sirup", der zum Süßen von Malagawein benutzt wird.

Arroser. Begießen des Bratens.

Arrowroot. Pfeilwurzelmehl, Westindisches oder Jamaica Arrowroot, Marantastärke. Stärkeprodukt aus verschiedenen *Maranta*-Arten, vorwiegend aus der Sprossknolle der *Maranta Arundinacea L.* einer 1–3 m hohen Staude gewonnen. Die Sprossknolle *(Rhizome)* enthält 20 bis 25 % Stärke. Gewinnung durch Ausschwemmung.

Artisanal. *(frz.: artisan = Handwerker)* Bezeichnung für Käse, der in kleinen Molkereien nach traditioneller Art handwerklich hergestellt wird. Im Gegensatz zu „fermier" im Bauernhof und „industriel" im Großbetrieb hergestellter Käse.

Artischocke. Distelgewächs. Herkunft ist die Türkei, Iran. Anbau im gesamten Mittelmeerraum, in der Bretagne und in den USA. Importe von September bis Mai. Form und Farbe: Riesenknospen, faustgroß und größer, mit dachziegelartig übereinander sitzenden Blütenhüllblättern. Violett oder grün. Ø 7–13 cm, bei kleineren Sorten 3–6 cm. Geschmack: leicht bitter, etwas herb. Zu essen ist nur der Blütenboden und das am unteren Rand der Hüllblätter sitzende Fruchtfleisch, das mit den Zähnen abgestreift wird. Bemerkenswert sind zwei Stoffe in der A., das → *Cynarin* und das → *Inulin*.

Arzneiwein. Weine mit Zusätzen, die heilende oder stärkende Wirkung haben. Die Arzneiweine sind den Richtlinien des Deutschen Arzneibuches unterworfen. Bekanntes Beispiel: → *Pepsinwein*.

Ärztliche Untersuchung. Direkte Methode der → *Bewerberauslese* durch differenzierten Tauglichkeitsbefund auf der Grundlage des → *Anforderungsprofils* einer Stelle, die gesundheitliche Eignung des Bewerbers festzustellen (oft durch Werksärzte).

Asakusa. Japanischer Meerlattich (essbare Alge).

Aschanti-Pfeffer. Gewürz von pfefferähnlichem Strauch. Als Pfefferersatz verwendbar; geringe Qualität.

Äsche *(frz.: ombre ecailles; engl.: grayling).* → *Salmoniden*. Süßwasserfisch, der in kühlen, schnell fließenden Gewässern lebt. Kommt in Europa überall außer im Süden vor. Ernährt sich von Insekten, Larven und kleinen Fischen. Das Fleisch wird sehr geschätzt. Die Äsche kann – je nach Größe – wie Forelle oder Lachsforelle zubereitet werden.

Äscherich. Bezeichnung für die Rebkrankheit → *Mehltau*.

Aschkuchen. → *Baba*.

Asco. Korsischer Käse aus Schafmilch bzw. einer Mischung von Schaf- und Ziegenmilch.

Ascora Tenera. Italienische Olive mit kleinem Stein, aromatisch-delikat.

Ascorbinsäure (Vitamin C). Vorkommen: Obst, Gemüse, Kartoffel; Wirkung: Enzymbestandteil, Mitwirkung am Aufbau des Bindegewebes und der Zelldurchlässigkeit; Mangel führt zu → *Skorbut*.

Asem. Fruchtmus der Tamarinde. Bestandteil vieler indonesischer Gerichte.

A.S.I. Association de la Sommellerie Internationale, eine unabhängige, weltweite Organisation. Sie wurde 1969 gegründet und zählt heute fast 30 Länder zu ihren Mitgliedern.

Asiago. Im Alpenland Venetiens und in der Provinz Trient wird der Asiago hergestellt, dessen geschützte Ursprungsbezeichnung für zwei Käsesorten gilt. Der Asiago d'Allevo ist ein halbfetter Hartkäse aus Kuhmilch. Die 8–12 kg schweren Laibe reifen bis zu 24 Monate. Je nach Reifegrad wird er als Tafel- oder Reibkäse verwendet. Der Asiago Pressato ist ein leicht strohfarbiger, milder Hartkäse von 11–15 kg Gewicht. Er wird ausschließlich als Tafelkäse verzehrt.

Asparagin. Chemischer Stoff mit harntreibender Wirkung, insb. in den Spargelköpfen enthalten (Aminosäure; dient als Eiweißbaustein vor allem der Bildung weißer Blutkörperchen)

Asparagus Linné. Botanischer Oberbegriff aller Spargelgattungen, zugehörig zur natürlichen Familie der Liliaceae.

Asparagus officinalis Linné. Botanische Bezeichnung des zum Verzehr regelmäßig verwendeten kultivierten Spargels. Frühere Bezeichnung: Asparagus hortensis, Asparagus domesticus (Gartenspargel bzw. gezähmter Spargel im Unterschied zum wilden Spargel). Auch: Asparagus sativus und Asparagus altilis.

Aspartam. Den Süßstoffen zugeordnetes, natürliches Süßungsmittel. Ein Dipeptid aus Asparaginsäure und Phenylalanin. Die Süßkraft ist etwa 200-mal stärker als bei Saccharose (Haushaltszucker). Aspartam ist insulinunabhängig, deshalb für Diabetiker geeignet. Der Geschmack ist zuckerähnlich. Aspartam ist koch- und backfest. Der → *ADI-Wert* ist 400 mg pro kg Körpergewicht.

Aspergillus. Schimmelpilzgattung, wegen der Form Gießkannenschimmel genannt. Er wächst vor allem auf Brot, eingemachten Früchten, Marmeladen u. Ä. Entsprechend der Farbe unterscheidet man gelbe, grüne, schwarze und graue Gießkannenschimmelpilze. Aspergillus flavus gelbgrüner Schimmelpilz auf Getreidekörnern und Erdnüssen. Er bildet das hochgiftige Stoffwechselprodukt Aflatoxin.

Aspiksoßen *(les sauces chaudes-froides).* Soßen, die *warm* hergestellt und für *kalte* Gerichte verarbeitet werden. Die Soßen, die den Gerichten entsprechend zusammengesetzt werden, werden kurz vor dem Stocken über das Nahrungsmittel gegeben (nappiert). Die Soßen verleihen dem Gericht einen Überzug, mit dem die bestimmte Farbe gestaltet werden kann (Aussehen) und zudem auch eine längere Haltbarkeit gewährt wird. Die Gerichte mit einer derartigen Soße tragen oft die Bezeichnung: *Chaudfroid de* ... Aber auch verschiedene Galantinen erhalten diesen Überzug. Zusammensetzung: Die Aspiksoßen bestehen aus einer *Grundsoße* + *Aspik* ($1/3$) = *Aspiksoße*. Sce. veloute + Aspik = Sce. chaude-froide blanche; Sce. demi-glace + Aspik = Sce. chaude-froide brune; Sce. suprême + Aspik = Sce. chaude-froide d. volaille; Sce. au vin blanc + Aspik = Sce. chaude-froide d. poisson; Sce. demi-glace de gibier + Aspik = Sce. chaude-froide d. gibier. Ausnahmen: Sahne + Geschmacksstoffe (fumet) + Aspik = Sce. chaude-froide à la crème; Sce. mayonnaise + Aspik = Sce. mayonnaise collée. Man kann den Soßen noch natürliche Farbstoffe zusetzen, um die Farbe in den Vordergrund zu stellen. Auf die kompakten mit Mehl gebundenen Grundsoßen verzichtet man heute weitgehend (vgl. Sce. chaude-froide à la crème). Um eine braune Aspiksoße zu ersetzen, arbeitet man vielfach mit einer *glace de viande*.

Aspilla. Messstab, um die Menge des Weines in Sherryfässern festzustellen.

Assaisonner. *(frz.)* Würzen von Speisen.

Assam (Gebiet). Staat im Nordosten Indiens, der das breite Niederungsland des Brahmaputras zwischen seinem Austritt aus dem Gebirge und der Biegung nach Süden umfasst; das eigentliche Assamtal. Im Norden wird es von den Ketten des östlichen Himalajas begrenzt. Aus der Ebene erheben die sich bis zu 2100 m hohen Assamberge. Sie bestehen aus Gneisen und Schiefer und sind meist bewaldet. In den Flussniederungen breiten sich Großsümpfe aus. Assam ist das größte zusammenhängende Teeanbaugebiet der Welt. Teeaufguss: schwer, gehaltvoll, würzig, dunkel.

Assam-Tee. Aus dem gleichnamigen Gebiet zwischen Indien und Pakistan; eine sehr gute Sorte. Aufguss hat malziges Aroma, ist kraftvoll.

Assemblage. Verschnitt bzw. Cuvée z. B bei der Herstellung von → *Champagner*. Hierbei werden verschiedene Grundweine aus unterschiedlichen Jahrgängen, Traubensorten und Lagen zu einem Produkt vermischt mit dem Ziel gleich bleibender Qualität und Geschmack.

Assessment-Center. Veranstaltung im Rahmen der Personalauswahl, bei der die Bewerber meist an einem Tag in einem Zentrum zusammengefasst werden. Dort werden einzelne Tests und Rollenspiele zur Ermittlung der geeigneten Kandidaten durchgeführt, insbesondere für Führungskräfte.

Assiette *(frz.: assiette, w.)*. Teller, Schüssel, der zum Anrichten von Speisen dient.

Assimilation → *Photosynthese*.

Astaxanthin → *Ovoverdin*.

Asti Spumante D.O.C. + G. Asti ist ein begrenztes Weinbaugebiet in → *Piemont*, aus dem die Trauben für den berühmten süßen Schaumwein stammen dürfen. Spumante ist die Bezeichnung für „schäumend" in ganz Italien. Für Asti Spumante dürfen nur Muscato-Trauben verwendet werden, die mind. 80° → *Öchsle* enthalten. Der Gesetzgeber schreibt eine natürliche Gärung (75 g/l max. 90 g/l unvergorener Zucker) und einen Mindestalkoholgehalt von 12 % Vol. vor. Die Bezeichnung Spumante Classico deutet auf eine Flaschengärung. Asti eignet sich besonders zum Dessert.

Astronautenkost → *Bilanzierte Diäten*.

AT-Angestellte. Angestellte, die nicht dem → *Tarifvertrag* unterliegen, die noch nicht leitende Angestellte sind, aber doch schon eine Reihe von Leitungsaufgaben übernommen haben.

Athenäus. Ägyptischer Schriftsteller und Sammler aus Naukratis. Schrieb 300 n. Chr. das Werk „Deipnosophistai – das Gastmahl der Gelehrten".

Ätherische Öle. Aromaträger in verschiedenen Teilen von Früchten, Pflanzenteilen. Ätherische Öle gehören zu den Geruchs- und Geschmacksstoffen. Sie setzen sich aus einer Vielzahl chemisch sehr unterschiedlicher Verbindungen zusammen und lassen sich durch Wasserdampfdestillation aus den verschiedenen Pflanzenteilen, in denen sie vorkommen, isolieren.

Äthylalkohol, auch Äthanol. Weingeist, chemische Bezeichnung C_2H_5OH, Siedepunkt 78,3 °C, einziger trinkbarer Alkohol. Wasserklare Flüssigkeit ohne Geschmack, verstärkt jedoch die Geschmackseindrücke bei alkoholischen Getränken. Grundprodukt für → *Spirituosen*, die laut Gesetz, als wertbestimmender Anteil Alkohol enthalten, der aus vergorenen Stoffen oder in Zucker verwandelten und vergorenen Stoffen durch Destillation gewonnen ist. Alkoholangabe in Volumenprozent oder Grad, dabei ist 1 % Vol. = 1° Alkohol $\triangleq$ 8 g/l an Flüssigkeiten bei 20 °C. Reiner Alkohol: Spez. Gew.: 0,79. Energiegehalt: 1 g Alkohol = 7,1 kcal $\triangleq$ rd. 30 kJ (hat nur Brennwert). Absoluter Alkohol enthält 99,8 % Alkohol. Lösungen mit mehr als 15 % Alkohol wirken konservierend.

ATP

ATP. Adenosintriphosphat. In der Fleischtechnologie auch als „fleischeigenes Phosphat" bezeichnet, energiereiche Phosphatverbindung im Zwischenstoffwechsel, dient dem Transport und der Übertragung von Energie, bildet sich aus Adenosindiphosphat (→ *ADP*) bei oxidativen Abbau-Prozessen, liefert Energie für Muskelkontraktion (Spaltung der Verbindung von Actin und Myosin), Sekretion, Nerventätigkeit und Zellsynthese. Nach dem Tode baldiger Abbau. Es entsteht die Totenstarre.

Atta. Feines Vollkornmehl, aus dem indische Flachbrote gebacken werden.

Attacher. Restloses Durchbraten des Fleisches, sodass der Fleischsaft durch das Eiweiß gebunden ist.

Attelet. Aus dem Lat.: *Hastare*, daher alt- und mittelfranzösisch auch hatelet(s) geschrieben. Zierspieß für Aufsätze.

Attereau. Frz. Bezeichnung für Spießgerichte. Fleischstücke paniert, vorher meist durch Sauce Villeroi gezogen, in der Friture ausgebacken. Auch für Austern, Vorgerichte und Zwischengerichte.

Aubergine. Auch: *Eierfrucht*; stammt aus Indien. Kann geschält gekocht oder ungeschält gebacken werden. Schnittstellen werden gesalzen, um ein Eindunkeln zu vermeiden.

Auerhahn → *Auerwild*, Wild. *(frz.: le coq de bruyère, le grand tetras).* Größtes Wildgeflügel. Alte Tiere: blaugrauer Schnabel, tiefschwarzer Kopf und Hals; stark befiederte Beine, Federbart an der Kehle, großer, hochroter, warziger Fleck über den Augen. Bart und Augenfleck fehlen bei den Hennen. Junge Tiere: blassgelber Schnabel, aschgrauer Kopf und Hals, Federbartansatz und, wie bei allen jungen Tieren, spitze Schwungfedern.

Auerwild → *Wild*, auch: Auergeflügel; zum Hochwild gehörendes Federwild, das ausgedehnte, ruhige Waldgebiete bevorzugt. Der Hahn kann eine Flügelspannbreite von 1,4 m erreichen, die Hennen von 1,0 m. Gewicht: ca. 4 kg.

Aufbau-Gymnasium. Schulart im allgemeinbildenden Bereich. Das Aufbau-Gymnasium führt im Anschluss an die siebte oder achte Klasse der Hauptschule in sechs Jahren zur allgemeinen Hochschulreife.

Aufbauorganisation → *Betriebsorganisation*. Von Betrieb zu Betrieb verschieden, da sie sich nach Art und Größe des Betriebes richten muss. Im Liniensystem: Hinblick auf die vom Betrieb zu erfüllenden Aufgaben muss die Aufbauorganisation **a)** zweckmäßig (mit sinnvoller Aufgabenverteilung und störungsfreien Arbeitsablauf gewährleistend), **b)** wirtschaftlich (zu hohe Kosten vermeidend), **c)** elastisch (an Änderungen anpassungsfähig) sein. Die in der Praxis aufzufindenden Organisationssysteme lassen sich auf drei Grundformen zurückführen: **a)** *Liniensystem*. Ein System, das durch exakte Über- und Unterordnungen, kurze Informationswege und klar abgegrenzte Kompetenzen gekennzeichnet ist. Beispiel:

Aufbauorganisation

Liniensystem:

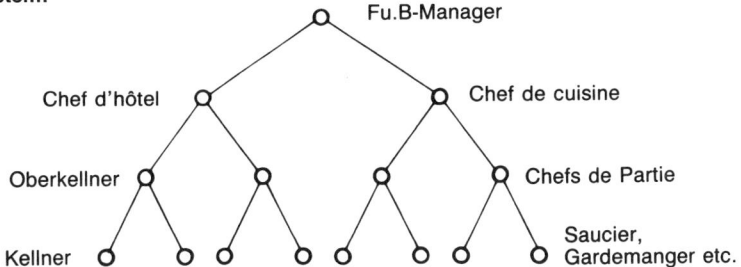

```
                    Fu.B-Manager
         Chef d'hôtel      Chef de cuisine
Oberkellner                      Chefs de Partie
                                  Saucier,
Kellner                           Gardemanger etc.
```

b) *Funktionssystem.* Dieses System versucht die langen Wege von der Führungsspitze bis zum letzten Mitarbeiter zu vermeiden, hat aber den Nachteil, dass durch die Anweisungsbefugnis mehrerer Personen Kompetenzprobleme auftreten können. Beispiel:

Funktionssystem:

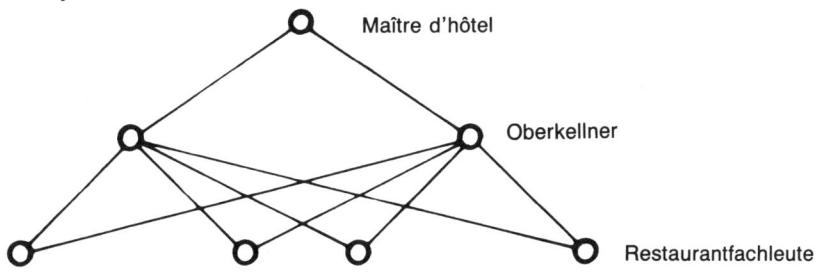

```
              Maître d'hôtel

                              Oberkellner

                        Restaurantfachleute
```

c) *Stab-Linien-System.* Dieses System will die Vorteile der beiden anderen vereinigen und ihre Nachteile vermeiden. Das Stab-Linien-System hat deshalb die klaren Anweisungswege des Liniensystems und nicht anweisungsberechtigte Stabstellen, die nur der Beratung dienen. Hier kann man sich dann wissenschaftlich geschulter Fachleute bedienen.

Stab-Linien-System:

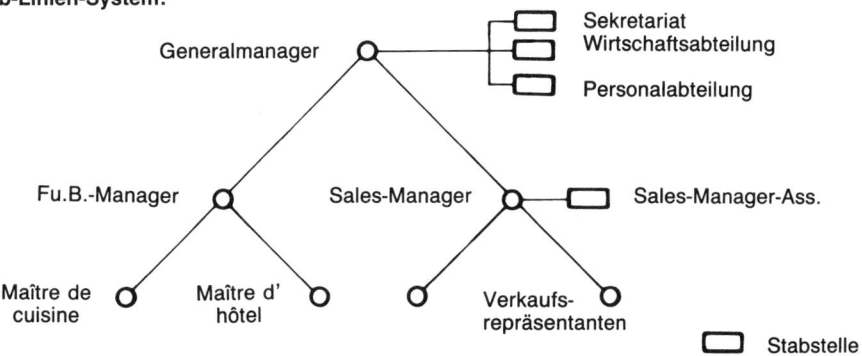

```
                                        Sekretariat
                                        Wirtschaftsabteilung
         Generalmanager
                                        Personalabteilung

Fu.B.-Manager       Sales-Manager       Sales-Manager-Ass.

Maître de   Maître d'        Verkaufs-
cuisine     hôtel            repräsentanten

                                   □ Stabstelle
```

Aufbewahrungsfristen. Im Rahmen der → *Aufbewahrungspflicht* sind besonders die Fristen zu beachten, die immer mit dem Ende des Kalenderjahres beginnen, in dem die letzte Eintragung (Aufzeichnung) gemacht wurde.

Aufbewahrungspflicht. Der Aufbewahrungspflicht unterliegen bestimmte Teile der Buchführung und der zugehörigen Belege. 1) Nach dem Handelsgesetzbuch (HGB) sind Kaufleute verpflichtet, Handelsbücher, → *Inventare* und → *Bilanzen* zehn Jahre und die Handelskorrespondenz sowie die Buchungsbelege sechs Jahre aufzubewahren. 2) Für steuerliche Zwecke bestimmt die AO die gleichen Fristen, dehnt sie aber auf alle für die Besteuerung wesentlichen Unterlagen aus → *Aufbewahrungsfristen.* Eine Verletzung der Aufbewahrungspflicht gilt als Verstoß gegen die Ordnungsmäßigkeit der Buchführung und kann so zur Schätzung führen. Für den Beherbergungswirt ist eine weitere Aufbewahrungspflicht wichtig, die er im Rahmen des → *Meldewesens* zu erfüllen hat. Hierbei sind die Unterlagen ein Jahr aufzubewahren und zur Einsicht für die Behörde bereitzuhalten. Die Aufbewahrung hat so zu erfolgen, dass keine Einsicht durch unbefugte Dritte möglich ist.

Aufenthaltsdauer. Zeit, die ein Gast in einem Hotel oder an einem Ort bzw. im Inland verweilt. Diese Kennziffer ist wichtig für den Fremdenverkehr, aber auch für die Kostenrechnung der Hotels → *Fremdenverkehrsstatistik.*

Aufenthaltsverbot. Die Vertragsfreiheit ist in einigen Bereichen durch das „Gesetz zum Schutz der Jugend in der Öffentlichkeit" eingeschränkt. Solche Einschränkungen gelten neben dem → *Bewirtungsverbot* auch für den Aufenthalt in Gaststätten. Aufenthaltsverbote gelten für: **a)** Kinder und Jugendliche unter 16 Jahren in Gaststätten, es sei denn: 1) in Begleitung Erziehungsberechtigter, 2) bei Veranstaltungen zur geistigen, sittlichen oder beruflichen Förderung der Jugend, 3) sie befinden sich auf Reisen, 4) sie nehmen Speisen und Getränke ein (für die dazu nötige Zeit), **b)** bei Tanzveranstaltungen: 1) für Jugendliche unter 16 Jahren generell, 2) für Jugendliche zwischen 16 bis 18 Jahren alleine nach 22 Uhr und in Begleitung Erziehungsberechtigter nach 24 Uhr, **c)** in Kabarett-, Revue- und Varieteveranstaltungen für Personen unter 18 Jahren.

Auffrischen. Kellertechnische Maßnahme, durch Zusatz von maximal 2 g Kohlendioxyd pro Liter Wein den durch zu lange Fasslagerung matt gewordenen Wein wieder aufzufrischen. Der Zusatz erfolgt während der Füllung.

Aufgabenanalyse → *Aufgabensynthese.* Gliederung der betrieblichen Aufgaben. Die Gesamtaufgabe des Betriebes (Obergrenze der Gliederung) wird schrittweise in zuordnungsreife Teilaufgaben (Untergrenze der Gliederung) zerlegt, wobei die Gliederungstiefe vom Grad der geplanten Arbeitsteilung und der Größe des Betriebes abhängig ist (z. B. Hotelbetrieb, → *Einkauf,* → *Warenbestellung* usw.). Die Gliederung der Aufgaben erfolgt nach bestimmten Merkmalen: **a)** *Sachliche Gliederungsmerkmale* (vom Geschäftszweig abhängig): 1) Verrichtung = Art der Tätigkeit (einkaufen, lagern, fertigen usw.), 2) Objekt = Gegenstand der Tätigkeit (Ware, Auftrag, Information); **b)** *Formale Gliederungsmerkmale* (gelten allgemein, lassen sich auf alle Sachverhalte anwenden): 1) Rang = Entscheidungs- und/oder Ausführungsarbeiten, 2) Phase = Planungs-, Durchführungs- und Kontrollaufgaben, 3) Zweckbeziehung = Unmittelbare (Zweck-)aufgaben, mittelbare (Verwaltungsaufgaben).

Aufgaben-Bestandteile. Begriffsmerkmale der betrieblichen Aufgaben: **a)** Erfüllungsinhalt (Verrichtungsvorgang) – was, wie, warum; **b)** Erfüllungsobjekt (Gegenstand) – woran; **c)** Erfüllungsmittel (Sachmittel) – womit; **d)** Erfüllungsbedingungen (Raum, Zeit) – wo – wann – wie lange; **e)** Erfüllungssubjekt (→ *Aufgabenträger*) – wer, mit wem (Arbeits-Team).

Aufgabengliederungsplan. Zusammenstellung der sich aus der Gesamtbetriebsaufgabe ableitenden Teilaufgaben (Tätigkeiten). Grundlage für den → *Betriebsgliederungsplan*.

Aufgabensynthese → *Aufgabenanalyse*. Zusammenfassung der betrieblichen Teilaufgaben zu → *Stellen* und Zuordnung zu den → *Aufgabenträgern*. Zur Synthese gehören: **a)** *Stellenbildung*: 1) nach sachlichen Gesichtspunkten → *Aufgabenanalyse*, 2) nach formalen Gesichtspunkten Aufgabenanalyse, 3) nach Arbeitsmitteln (Maschinen, Geräte), 4) nach dem Raum (Innendienst, Außendienst), 5) nach der Zeit (z. B. Schichtdienst), 6) nach personellen Gesichtspunkten (personenunabhängige und personenabhängige Stellenbildung); **b)** *Stellenbesetzung*: 1) Bedarfsermittlung, 2) Beschaffung, 3) Auslese, 4) Einführung von Mitarbeitern.

Aufgabenträger. a) Organisations-Tätiger (Mitarbeiter), der, gegebenenfalls durch sachliche Hilfsmittel unterstützt, die Erfüllung einer betrieblichen Aufgabe wahrnimmt = Persönlicher Aufgabenträger, **b)** Anlagen, Einrichtungen, Maschinen usw., deren Einsatz die Erfüllung einer betrieblichen Aufgabe unterstützt = Unpersönlicher Aufgabenträger.

Aufgeld → *Agio*.

Aufgesetzter. Früher überwiegend im Haushalt hergestellt, entweder durch Aufsetzen von schwarzen Johannisbeeren in Sprit oder durch Mischen von Sprit und dem Saft der schwarzen Johannisbeeren. Aufgesetzte gehören zu der Gruppe der Spezialbranntweine. Mindestalkoholgehalt 32 % Vol.

Aufgießen. Einfachste Methode, Getränke zuzubereiten, vor allem → *Longdrinks*. In das Glas gibt man die Zutaten in nachstehender Reihenfolge: Eiswürfel, Früchte, Spirituosen, Saft, Läuterzucker, Soda, je nach Rezeptur. Die Zubereitung erfolgt direkt im Trinkglas, evtl. umrühren.

Auflagen. Zusätzliche Anforderungen, die erfüllt werden müssen, um eine Konzession zu erlangen oder zu behalten. Sie dienen dem Schutz anderer. Es gibt *allgemeine Auflagen*, die sich schon mehr oder minder aus der geforderten Zuverlässigkeit ergeben. Das sind z. B.: **a)** Hygiene und Desinfektionsvorschriften für die Toiletten, **b)** Reinigungsverpflichtung für → *Schankgefäße*, **c)** Gesundheitsuntersuchungen für das Personal, das mit Speisen und Getränken in Berührung kommt, **d)** Sorgetragen für jederzeit begehbare Flucht- und Notausgänge. Darüber hinaus kann die Behörde zum Schutz (n. § 5 GastG) **a)** der Gäste gegen Ausbeutung sowie Gefahr für Leben, Gesundheit und Sittlichkeit, **b)** der Beschäftigten gegen Gefahren für Leben, Gesundheit und Sittlichkeit, **c)** der Anlieger oder der Allgemeinheit gegen Gefahren, Nachteile (z. B. Wertminderung) und Belästigungen (z. B. durch Geruch, Rauch, Lärm) zusätzlich bei der Konzessionserteilung oder später bei Bedarf Auflagen machen. Diese können auch von Dritten (Schutzbedürftigen) beantragt werden. Alle Auflagen müssen für den Schutz erforderlich und für die Abhilfe geeignet sein. Ihre Erfüllung kann von der Verwaltung erzwungen werden.

Auflassung. Einigung der Kaufvertragspartner beim Kauf von Grundstücken und Gebäuden. Sie erfolgt vor dem Notar oder beim Grundbuchamt (Beurkundung).

Auflaufkrapfen. Frz. Beignets-Soufflés, Brandteig auf geöltes Papier zu kleinen Kugeln oder Ringen dressieren und in der Fritteuse garen. Nach dem Backen werden sie mit Vanillezucker bestreut.

Aufsichtsrat → *Aktiengesellschaft*. Der Aufsichtsrat ist das vom Gesetzgeber vorgeschriebene Überwachungsorgan bei Kapitalgesellschaften und Genossenschaften. Die Mitglieder des Aufsichtsrates werden z. T. von den Anteilseignern, z. T. von den Arbeitnehmern gewählt. In welchem Verhältnis das geschieht, bestimmt sich nach verschiedenen Gesetzen. Die Aufgabe des Aufsichtsrates ist die Überwachung des Vorstandes, der von ihm bestellt wird, die Prüfung des Jahresabschlusses und die Berichterstattung hierüber in der Hauptversammlung.

Aufspriten. Ein bei der Herstellung von → *Süßweinen* angewandtes Verfahren, bei dem Trinkalkohol mit einfachen Weinen oder auch mit Traubenmost vermischt wird. Durch das „Aufspriten" wird die Gärung unterbunden bzw. unterbrochen, sodass die gewünschte Restsüße im Wein erhalten bleibt. In Deutschland ist Aufspriten nicht erlaubt.

Auftragsbestätigung. Zu jeder vereinbarten Veranstaltung sollte eine Auftragsbestätigung angefertigt werden. Sie dient der Rechnungsstellung und gleichzeitig allen betroffenen Abteilungen zur Information und Vorbereitung. Je nach Größe des Hauses ist sie deshalb mit Verteiler zu versehen und mit farbigen Durchschlägen geeignet. Neben dem Veranstalter, dem Ort, der Zeit und der Personenzahl werden darin aufgezeichnet: die Organisation, die Bewirtung, der Ablauf (Reden nicht vergessen), die Sonderwünsche (Technik, Musik, Abholdienst usw.). Umfang und Untergliederung werden je nach Hausgröße unterschiedlich sein.

Auftragsgastronomie → *Catering.*

Aufwand. Wertverzehr einer Unternehmung in einem Abrechnungszeitraum. Im Rechnungswesen wird er getrennt in *Zweckaufwand* (= *Kosten*) als den für die Erstellung der Betriebsleistung notwendigen Teil des Aufwandes (z. B. Lebensmittel für die Küche) und neutralen Aufwand. Neutraler Aufwand wird zwar im Rahmen der betrieblichen Tätigkeit verursacht, steht aber nicht in ursächlichem Zusammenhang mit der Erstellung der Betriebsleistung. Neutraler Aufwand kann sein: **a)** *betriebsfremder Aufwand,* wie z. B. Spenden; **b)** *betrieblicher außerordentlicher Aufwand,* der durch außerordentliche betriebliche Erscheinungen wie z. B. Verderb von Vorräten, Schäden durch Explosionen oder einen Brand verursacht werden; **c)** *periodenfremder Aufwand,* der der Leistungserstellung anderer Rechnungsperioden zuzurechnen ist.

Aufwandsteuer, örtliche. Es handelt sich um die früheren Steuern mit örtlich bedingtem Wirkungskreis, die nach dem Grundgesetz heute „örtliche Verbrauch- und Aufwandsteuern" heißen. Hierzu gehören z. B. Getränke- und Vergnügungssteuer.

Aufzeichnungspflicht → *Buchführung.* Im Rahmen der Mitwirkungspflicht beim Besteuerungsverfahren trifft den Unternehmer eine Buchführungs- und Aufzeichnungspflicht. Allgemein versteht man unter Aufzeichnungspflicht das Festhalten von Geschäftsfällen oder anderen für die Besteuerung wichtigen Tatsachen. Dazu gehören: **a)** Die Pflicht zur Aufzeichnung des Warenein- und -ausgangs nach der AO; **b)** die Aufzeichnungspflicht im Zusammenhang mit der Gewinnermittlung, der Ein- und Ausgabenrechnung, der Abschreibung, bestimmter Aufwendungen oder der einbehaltenen Lohnsteuer nach dem EStG; **c)** die Aufzeichnungspflicht zum Zweck der Besteuerung nach dem UStG oder nach verschiedenen Verbrauchsteuergesetzen.

Augusttraube. Syn.: für → *Blauer Frühburgunder.*

Au Lait Cru. Aus roher, d. h. naturbelassener Milch hergestelltes Molkereiprodukt.

Ausbau von Weinen. Kellertechnische Bezeichnung von allen Arbeitsgängen, die der Wein nach der Gärung durchläuft.

Ausbildender → *Berufsausbildungsvertrag,* (früher „Lehrherr"). Ausbildender ist

Ausbildungsordnung

derjenige, der einen anderen zur Berufsausbildung einstellt (persönliche Eignung notwendig). Er kann die Ausbildung selbst durchführen (fachliche und arbeits- und berufspädagogische Eignung notwendig) oder einen→ *Ausbilder* beauftragen.

Ausbilder → *Berufsausbildungsvertrag*, (früher „Lehrmeister"). Ausbilder ist derjenige, der die Ausbildung durchführt (persönliche, fachliche und arbeitsund berufspädagogische Eignung notwendig).

Ausbildereignung. In der Ausbildereignungsverordnung hat das Bundesministerium für Wirtschaft und Finanzen geregelt, welche Voraussetzungen jemand nachweisen muss, der geeignet ist, einen Auszubildenden auszubilden. Dazu ist eine Prüfung – meist in Verbindung mit der Meisterprüfung – vor der → *IHK* abzulegen. → *Berufsbildungsgesetz.*

Ausbildungsberufsbild → *Berufsbild.*

Ausbildungsende. Lt. BBiG endet das Ausbildungsverhältnis **a)** wenn die Abschlussprüfung in die vereinbarte Ausbildungszeit fällt = mit dem Bestehen der Prüfung, **b)** wenn die Abschlussprüfung in die Zeit nach der vertraglich festgesetzten Ausbildungszeit fällt = mit dem Ende der vereinbarten Ausbildungszeit.

Ausbildungsklima. Pädagogische Atmosphäre → *Betriebsklima* die, in sinnvolle Bahnen gelenkt, zu einer besseren Lernbereitschaft und einem größeren Leistungswillen eines Auszubildenden führt. Regeln: **a)** Ausbilder soll sich für seine Auszubildenden engagieren, **b)** Ausbilder muss seine Auszubildenden ernst nehmen, sie wertschätzen, **c)** Ausbilder muss für Schwierigkeiten seiner Auszubildenden Verständnis zeigen, **d)** Ausbilder muss seinen Auszubildenden helfen und sie ermutigen, **e)** Ausbilder muss Optimismus und Hoffnung auf Erfolg verbreiten, **f)** Ausbilder muss gerecht sein, **g)** Ausbilder muss seine Auszubildenden „lieben", **h)** Ausbilder muss Vorbildwirkung zeigen.

Ausbildungsleiter. Hauptamtlich verantwortliche Person für die Planung, Organisation und Kontrolle der Ausbildung Auszubildender und Weiterbildung (Schulungsmaßnahmen) von Mitarbeitern.

Ausbildungsnachweis (Berichtsheft). Kontrollmittel, das sicherstellen soll, dass der zeitliche und sachliche Ablauf für alle Beteiligten (Auszubildender, Ausbildungsbetrieb, Betriebsrat, Berufsschule und gesetzliche Vertreter des Auszubildenden) in übersichtlicher Form (stichwortartige Angabe der ausgeübten Tätigkeiten) nachweisbar gemacht wird. Formen der Führung: **a)** wöchentlich, in Verbindung mit einer Checkliste als sachlicher Nachweis, **b)** Täglich, mit Angabe der Stundenzahl. Hierbei ist es nicht erforderlich, eine Checkliste zu führen. Die vollständige Ausbildung nach der jeweiligen → *Ausbildungsordnung* (→ *Berufsbild*) muss auch hier gewährleistet sein. Während der Ausbildung ist eine Änderung der Form des Ausbildungsnachweises nicht möglich. Der Ausbildende oder der Ausbilder hat die Ausbildungsnachweise mindestens monatlich zu prüfen und abzuzeichnen, die gesetzlichen Vertreter des Auszubildenden, der Betriebsrat und die Berufsschule haben die Möglichkeit zur Einsicht. Ein ordnungsgemäß geführter Ausbildungsnachweis ist Voraussetzung für die → *Prüfungszulassung* (→ *Abschlussprüfung*).

Ausbildungsordnung. Grundlage für eine geordnete und einheitliche Berufsausbildung. In der Ausbildungsordnung sind geregelt: **a)** Bezeichnung des Ausbildungsberufes, **b)** Ausbildungsdauer, **c)** Fertigkeiten und Kenntnisse, die Gegenstand der Berufsausbildung sind (→ *Ausbildungsberufsbild*), **d)** Anleitung zur sachlichen und zeitlichen Gliederung der Fertigkeiten und Kenntnisse (→ *Berufsausbildungsrahmenplan*), **e)** Prüfungsanforderungen.

Ausbildungsplanung

Ausbildungsplanung. Pflicht des Ausbildenden und Ausbilders, Ziele und Wege der betrieblichen Ausbildung festzulegen und sachlich und zeitlich zu gliedern → *Betrieblicher Ausbildungsplan.*

Ausbildungsplatz-Belegungsplan → *Gesamtversetzungsplan.*

Ausbildungsstätte. Ausbildungsbetrieb, der über eine genügende Ausstattung und genügend qualifiziertes Ausbildungspersonal verfügt. Die Kammern überwachen die Eignung der Ausbildungsstätte und können die Ausbildungsbefugnis entziehen.

Ausbildungsstil. Charakteristische individuelle Ausprägung der Ausbildungstätigkeit eines bestimmten Ausbilders, **a)** *Verhalten des Ausbilders bei der Unterweisung.* Es sind drei *Grundstile* des Ausbilderverhaltens erkennbar: 1) autoritärer, autokratischer, dominanter patriarchalischer Stil, 2) demokratischer, sozial-integrativer, freiheitlich-kooperativer, partizipativer, partnerschaftlicher Stil, 3) laissez-faire, nachlässiger, Gleichgültigkeits-Stil. **b)** *Merkmale der Ausbildungsstile:* 1) *Autoritärer Stil.* Ausbilder ist selbstherrlich; bestimmt allein, ist unnahbar und auf Distanz zu den Auszubildenden, ordnet an, setzt Ziele, gibt Anweisungen und informiert nur soweit, wie es ihm notwendig erscheint. Er kritisiert, tadelt, droht, straft, wartet ungeduldig auf Antworten, trifft Entscheidungen ohne Zustimmung der Gruppe. Seine Bemerkungen sind oft ironisch und aggressiv. Es herrschen starke Kontrolle und starker Dirigismus vor. Eigeninitiative und Verantwortung der Auszubildenden sind kaum zu beobachten. 2) *Demokratischer Stil.* Der Auszubildende ist dem Ausbilder gleichwertig in der Meinung. Der Ausbilder geht auf die Probleme des Auszubildenden ein und nimmt sie ernst. Er hilft ihm, die Probleme zu lösen. Der Ausbilder ist Partner seiner Auszubildenden. Er bittet seine Auszubildenden und ermuntert sie, sich zu äußern, plant mit ihnen Projekte, nimmt ihre Anregungen auf und fördert ihre Unabhängigkeit, bittet sie die Ausbildung aktiv mitzumachen und führt in dieser Weise zu Kooperationsbereitschaft und Zusammenarbeit. Zwang und Kontrolle sind auf ein Mindestmaß reduziert. 3) *Laissez-faire-Stil.* Der Ausbilder gibt dem Auszubildenden völlige Freiheit, er informiert nur, wenn die Auszubildenden dies wollen und hält sie nicht zur Arbeit an. Der Ausbilder geht aus Bequemlichkeitsgründen den Weg des geringsten Widerstandes. Der Auszubildende bleibt vor allem sich selbst überlassen, **c)** *Folgen der Ausbildungsstile:* 1) *Autoritärer Stil.* Negative Gefühle gegenüber dem Ausbilder. Widerstände, Störaktionen, Aggressionen, Trotzreaktionen. Der Auszubildende fühlt sich gegängelt, ist unfrei und unzufrieden. Oft werden Aggressionen aufgestaut, manchmal findet auch totale Unterwerfung statt. Die Lernleistung ist schlecht, das Klima in Gruppen noch schlechter (unerfahrene Ausbilder versuchen sich mit diesem Stil oft durchzusetzen; auch bei unsicheren Ausbildern zu beobachten) (Kompensation). 2) *Demokratischer Stil.* Mitdenken und Mitarbeit, selbstständiges Handeln werden gefördert. Mehr Aktivität beim Auszubildenden. Er bekommt mehr Verantwortung für die eigene Tätigkeit und ist dadurch auch engagierter. Der Zusammenhalt unter den Auszubildenden wird gefördert. Es herrscht eine ausgeglichene Atmosphäre. Die Motivation des Auszubildenden, etwas zu lernen, ist stärker. 3) *Laissez-faire-Stil.* Beim Auszubildenden herrscht Unzufriedenheit mit der Gesamtsituation. Der Auszubildende fühlt sich zu sehr auf sich selbst gestellt, überfordert, manchmal überflüssig. Es entsteht keine Motivation für die Leistung (manchmal aggressive Reaktionen mit Verwahrlosung der Triebstarken und Terrorisierung der Schwachen (Cliquenbildung).

Ausbildungsverhalten. Verhalten des Jugendlichen in der Ausbildung wie Lernbereitschaft, Auffassungsgabe, Ausbildungsinteresse, Gruppenverhalten, Ordnung, Sorgfalt, Pünktlichkeit, Sauberkeit.

Ausbildungsverkürzung. → *Anrechnungspflicht.*

Ausbildungszeugnis (früher: „Lehrzeugnis"). Der Ausbildende hat dem Auszubildenden bei Beendigung des Berufsausbildungsverhältnisses ein Zeugnis auszustellen, das Angaben über Art, Dauer und Ziel der Berufsausbildung sowie über die erworbenen Kenntnisse und Fertigkeiten des Auszubildenden enthalten muss. Auf Verlangen des Auszubildenden sind darin auch Angaben über Führung, Leistung und besondere fachliche Fähigkeiten aufzunehmen.

Ausbrechen → *Ausgeizen.*

Ausbruchverfahren. Bei der im Herbst stattfindenden Lese werden jeweils nur die mit Edelfäule befallenen Beeren einzeln ausgelesen.

Ausgeizen der Reben. Entfernen der unfruchtbaren Rebtriebe.

Aushilfskräfte → *Teilzeitbeschäftigte,* → *geringfügige Beschäftigung.* Aushilfskräfte sind Arbeitskräfte, die einmalig oder auch wiederholt, aber nicht regelmäßig, meist zu unvorhersehbaren Zeitpunkten anfallende Tätigkeiten ausüben. Diese Tätigkeiten unterliegen (ähnlich wie die → *Teilzeitbeschäftigung*) besonderen Vorschriften für die Lohnsteuer und die Sozialversicherung. Für die Steuer gehört diese Tätigkeit zu den geringfügigen Beschäftigungen.

Auslegteig. Einfacher Mürbeteig, ohne Zucker, der zum Auslegen von Formen dient.

Auslese → *Qualitätswein mit Prädikat*

Ausmahlungsgrad. Der Ausmahlungsgrad ist die Menge des Mehles, die man aus 100 kg mahlfertigem Getreide gewinnt. Mit zunehmendem Ausmahlungsgrad steigt auch der Mineralstoffgehalt im Mehl. Mehle der Type 405 haben den niedrigsten Ausmahlungsgrad. Sie sind die bei der ersten Schrotung angefallenen Mehle (Ausmahlungsgrad 0–40). Sie werden Auszugsmehle genannt, weil sie vorweg aus der Mitte des Mehlkörpers „ausgezogen" werden. Mehle der Type 812 gelten als Vollmehle (Ausmahlungsgrad 0–73). Mehle der Typen 1050, 1600, z. T auch 812, sind Hintermehle; ihnen fehlt das Mehl aus der Kornmitte (Ausmahlungsgrad der Type 1600: 40–80). Die fehlenden Vordermehle verringern die Backfähigkeit dieser Mehle. Nur Mehle mit 100%igem Ausmahlungsgrad sind vollwertige Vollkornmehle bzw. -schrote.

Ausschließlichkeitsklausel → *Alleinbezugsvereinbarung.* Klausel in Bierlieferungsverträgen, die den Verkauf anderer Biere u. U. auch anderer Getränke verbietet, wenn auch diese durch die Brauerei geliefert werden.

Außenfinanzierung → *Finanzierung.*

Außerbetriebliche Stellenausschreibung. Instrument der Personalbeschaffung durch Anzeigen in den Organen der Fachpresse oder Tagespresse. Zu berücksichtigen sind a) Wahl des Anzeigenträgers b) Plazierung und graphische Gestaltung c) Textgestaltung d) Zeitpunkt der Veröffentlichung.

Außer-Haus-Geschäft → *Straßenverkauf.*

Außer-Haus-Wäscherei. Eine Alternative zur eigenen Wäscherei ist das Herausgeben der Wäsche in eine Lohnwäscherei. Zweckmäßigerweise sollte ein Vertrag mit einem ständigen Wäschereipartner abgeschlossen werden. Der Wäschebestand muss dabei höher angelegt werden als bei einer eigenen Wäscherei, da Frischwäsche nicht so schnell bereitgestellt wird, bes. nicht an Wochenenden. Außerdem muss die Kontrolle verstärkt werden. Die ausgehende Wäsche muss festgehalten werden a) als Gewichtsmenge oder b) als Stückzahl oder c) als Zahl der Wäschesäcke gleichen Inhalts. Wäschezettel sollten dreifach sein,

Aussperrung

damit **a)** der Schmutzwäscheraum, **b)** die Wäscherei, **c)** die Anlieferungsstelle je einen Beleg hat. Obwohl die Investitionskosten und Arbeitskosten, die bei der Wäscherei anfallen, von diesen in den Preisen überwälzt werden, kann es sich hier um eine kostengünstige Alternative zur eigenen Wäscherei handeln.

Aussperrung → Arbeitskampf. Mittel des Arbeitskampfes, dessen sich die Arbeitgeber zur Durchsetzung ihrer Ziele im Arbeitskampf bedienen. Die Arbeitnehmer werden von ihrer Arbeit suspendiert.

Austern. (frz. huitre, engl. oyster.) Europäische Austern z. B.: **a)** Natives: englische Küste/auch Frankreich; **b)** Arcachon oder Belons: von der französischen Küste der Marennes; **c)** Imperial Austern: aus Holland, von der zeeländischen Küste; **d)** Limfjord Austern: von der dänischen Küste; **e)** Whitstables: aus England. Zusätzlich dazu die amerikanischen Sorten: Blue points oder auch die Chesapeake-Bay sowie die Cancaler aus Virginia. Wobei Blue points die einzige Austernsorte ist, die mit einer Lebendgarantie geliefert wird.

Austerngrößen. Die althergebrachte Art der Größensortierung basiert auf Nullen. 4/0 – ca. 80 g Gewicht; 5/0 – ca. 90 g Gewicht; 6/0 – ca. 100 g Gewicht. Seit einiger Zeit gibt es außerdem folgende Größen: Größe Luxus = 110–150 g; Größe 1 = 90–100 g; Größe 2 = 70–80 g; Größe 3 = 50–60 g oder aber die französische Sortierung: p. = petit = klein, g. = grand = groß, tg. = très grand = sehr groß, ttg. = très très grand = sehr sehr groß.

Austernlagerung. Die Austern werden in den Holzfässern so gepackt, dass die tiefe Schale stets unten liegt. Die Auster benötigt das in der Schale verbliebene Meerwasser zum Weiterleben. Aus diesem Grunde müssen die Austern in den Fässern auch stets fest gepresst sein, damit das Wasser nicht verdunsten kann. Ferner sollen die Austern stets gekühlt, aber nicht unter null Grad gelagert werden.

Austernpilz. (Lat. Pleurotus Ostreatus), Gehört zur Familie der Löcherpilze und zur Gattung der Seitlinge. Er wächst büschelig an Laubholz, Baumstümpfen und Pfählen, auch an Apfelbäumen und dachziegelartig. Sein Geruch ist angenehm aromatisch und sein Fleisch weiß und im jungen Stadium weich. Sein Geschmack ist mild und erinnert an eine Mischung aus Champignons und Pfifferlingen. Vorkommen: August/September bis November, in milden Wintern sogar im Dezember, Januar und Frühling. In langjähriger Arbeit ist es gelungen, neben dem Champignon auch den Austernpilz zu kultivieren. 100 g Austernseitlinge haben nur 26,5 kcal. **1)** braun, festeres Fleisch **2)** weiß, weicheres Fleisch.

Austernzubereitung. Die Austernschalen werden mit einem Messer oder einer besonderen Maschine geöffnet. Es ist darauf zu achten, dass keine Schalensplitter an der Auster bleiben. Diese müssen evtl. mit einem weichen Pinsel entfernt werden. Das Abschwenken mit Salzwasser verdirbt den edlen Geschmack. Wenn Austern frisch serviert werden, werden sie immer auf gestoßenem Eis serviert. Der Austernkenner wird die Auster stets mit Bart verlangen; dazu serviert man meist Zitrone, Butter und Schwarzbrot. *Andere Zubereitungsarten: Gebackene Austern* auf Champagnerkraut, *Oyster Stew:* Austern werden mit etwas Zitrone, einer Idee Zitronenschale, wenig Pfefferkörnern und Muskat gedünstet, mit heller Soße gebunden und mit Sahne unterzogen. *Austern Mornay, Cocktail von Austern.* Die Austern können auch in Specktaschen und am Spieß gebraten werden, so genannte *„Angels on Horseback"*.

Austernzucht. Zuerst wahrscheinlich in Ostasien. Ende Juni scheiden die erwachsenen Austern Samen aus, die sich im sommerlich warmen Meerwasser in etwa 6–7 Tagen zu Larven entwickeln, welche sich dann einen ruhigen Platz zum Entwickeln suchen. Für die Zucht werden die kleinen Austern gesammelt und in Farmen gefüttert und gezogen. Im Alter von ca. 3–4 Jahren hat die Auster ihre Verkaufsgröße erreicht. Man kann das Alter an den abgesetzten Ringen erkennen. (Ein sicheres Mittel ist dieses allerdings nicht, da beim übermäßig warmen Sommer teilweise die Austern auch pro Sommer zwei Ringe ansetzen können.)

Auszahlungen. Geldabflüsse aus einem Unternehmen, die den Zahlungsmittelbestand (Kasse und Bank) vermindern.

Auszubildender (Azubi) → *Berufsausbildungsvertrag*, (früher „Lehrling"). Auszubildender ist derjenige, der ausgebildet wird. Bei Minderjährigen muss zum Vertragsschluss die Zustimmung des gesetzlichen Vertreters vorliegen.

Autobahnrasthof. Im Gegensatz zur Raststätte handelt es sich hier um einen → *Beherbergungsbetrieb*, der an der Autobahn liegt.

Autobahnraststätte. Ein an der Bundesautobahn liegender → *Bewirtungsbetrieb*.

Automaten. Die Automaten können unterschieden werden in Spielautomaten und andere Automaten wie z. B. Getränkeautomaten, Schuhputzautomaten. Während die sonstigen Automaten meist der Arbeitserleichterung dienen, haben die Spielautomaten einen ganz anderen Charakter. Grundsätzlich haben sie zwei Unterformen: **a)** Geschicklichkeitsspielautomaten, bei denen der Spieler das Ergebnis beeinflussen kann, **b)** Glücksspielautomaten, bei denen das Ergebnis vom Spieler nicht beeinflusst werden kann. Alle Automaten unterliegen mehr oder weniger der Steuer. Werden Automaten in Garträumen aufgestellt, so unterliegen die Spiel-, Scherz- und Schauautomaten, aber auch die Telespiele und Musikautomaten einer Vergnügungssteuer, die meist pauschal nach dem Erstanschaffungspreis berechnet wird. Eine Ausnahme hiervon machen die Glücksspielautomaten, die der Rennwett- und Lotteriesteuer unterliegen. Die Entgelte der Aufsteller unterliegen der Umsatzsteuer. Erhält der Gastwirt einen Einnahmeanteil, so unterliegt dieser bei ihm der Umsatzsteuer. Für die Aufstellung von Spielautomaten bedarf es nach § 33 d GO der Erlaubnis, die nach der Verordnung für Spielgeräte und andere Spiele (SpielV) bis 3 Geräte je Betrieb evtl. i. V. mit Auflagen gewährt werden kann.

Automatengaststätte, Vollautomatischer → *Bewirtungsbetrieb*.

Automatenrestaurant. Gaststätte, in der sich der Gast durch Selbstbedienung verpflegt. Mitarbeiter haben die Automaten zu füllen, die Tische abzuräumen und zu reinigen.

Autumnal teas. Ein so genannter Herbsttee aus der Lesezeit Oktober bis November. Danach folgt die Ruhezeit der Teepflanzen von November bis März.

Auxerrois. Weißweintraube, die als Spielart des → *weißen Burgunders* angesehen wird. Oft in → *Baden* und im → *Elsaß* im Anbau.

Aval → *Bürgschaft*.

Aversions-Aversions-Konflikt. Entscheidung zwischen zwei Motiven, die beide zu einer Verringerung der Bedürfnisbefriedigung bei einem Menschen führen.

Avitaminosen. Typische Mangelkrankheiten, hervorgerufen durch Fehlen oder völlig unzureichende Versorgung einzelner Vitamine (z. B. → *Skorbut*, → *Rachitis*).

Avivagemittel → *Waschmittel*.

Avocado. Auch Avocadobirne oder Agnacato oder Aquacato genannt, ist die Frucht eines 10–15 Meter hohen Baumes, der der Familie der Lorbeergewächse angehört, im tropischen Mittelamerika beheimatet ist. Heute ist dieser Baum über viele Tropenländer verbreitet und auch in Florida, Israel, Kalifornien, Kenia und Südafrika in Kultur genommen worden. Die birnenförmigen Früchte haben eine dunkelgrüne Schale, und das Fruchtfleisch der Avocados ist von zartgrüner bis kräftig gelber Farbe. Es schmeckt relativ neutral, erinnert aber etwas an den Geschmack junger Haselnüsse und ist von butteriger Konsistenz, auch „Butter des Baumes" genannt. Anstelle der sonst bei Früchten üblichen Kerngehäuse hat die Avocado einen großen Stein. Die Frucht ist ebenfalls unter dem Namen „spanische Birne" oder „Abacate" oder „Aligatorbirne" bekannt. Der Name Avocado ist auf den Versuch zurückzuführen, den indianischen Namen der Frucht, nämlich Ahuacatl, auszusprechen.

a_w-Wert ist die Maßeinheit für die Wasseraktivität. Er bezieht sich auf den Anteil des Wassers in Lebensmitteln, der Kleinlebewesen zur Entwicklung und Enzymen zur Tätigkeit zur Verfügung steht. Der a_w-Wert ist das Verhältnis des Wasserdampfdruckes in einer wässrigen Lösung (Lebensmittel) zum Dampfdruck von reinem Wasser. Destilliertes Wasser hat den a_w-Wert 1, vollkommen wasserfreie Stoffe haben den a_w-Wert 0. Zwischen a_w-Wert 1 und 0,98 ungehemmtes Wachstum aller Kleinlebewesen, bei 0,90 Wachstumshemmung unter 0,60 kein Wachstum mehr möglich.

Axerophthol. Andere Bezeichnung für Vitamin A.

Ayu. Eine Art Forelle, die mit Hilfe von Kormoranen nachts bei Fackelschein auf dem Nagarafluss bei Nagoya (Japan) gefangen wird.

Ayurveda. Angebot von Wellness-Hotels. Soll mittels geeigneter Ernährung, leichten Bewegungsübungen sowie Anwendung von Ölen, Klängen und Aromen reinigen, entschlacken und zu Wohlbefinden führen. Basiert auf einer 3500 Jahre alten indischen Gesundheitslehre (*ayur = Leben, veda = Wissen*), die mit natürlichen Mitteln die Gesundheit zu stärken trachtet.

AZO. Abkürzung für „Arbeitszeitordnung".

B

b. A. (Bezeichnung bei Sekt bzw. Qualitätsschaumwein, Qualitätswein). Abkürzung für bestimmtes Anbaugebiet. Sekt. b. A. muss zu 100 % aus Qualitätsweinen eines bestimmten Anbaugebietes erzeugt worden sein. Auf dem Etikett müssen Anbaugebiet und die Buchstaben b. A. erscheinen, z. B. Sekt b. A. Baden.

Baba. Aschkuchen, feiner, eier- und butterreicher Hefeteig mit Rosinen und Korinthen in einer Zylinderform gebacken und mit Rum-Läuterzucker oder Kirschwasser-Läuterzucker getränkt.

Baby-Banane. In Kolumbien auch Bocadillo-Banane genannt. Schlanke, kleinfingerige Bananen mit dünner Schale und gelblichem bis rosafarbenem Fruchtfleisch. 100 g Fruchtfleisch enthalten 376 Joule. Das fast völlige Fehlen von Kochsalz und die leichte Verdaulichkeit macht die Banane diätgeeignet.

Baby-Beef. Fleisch von jungen, meist männlichen Mastrindern. Alter 15–20 Monate, Gewicht zw. 350 und 420 kg lebend.

Bacalao. Spanisch für → *Stockfisch*.

Baccalà alla Vicentina. In Stücke geschnittener Stockfisch und mit Zwiebeln, Knoblauch, Petersilie, Sardinen, Parmesankäse zubereitet. Das Gericht wird mit „Polenta" (Maisbrei) serviert. Italienisches Gericht.

Bacchus, a) Gott des Weines in der römischen Mythologie, Sohn des Jupiters und der Semele; **b)** Rote Hybridenrebe in USA; **c)** Weißweintraube, Züchtung der Bundesforschungsanstalt für Rebenzüchtung Geilweilerhof/Pfalz, Kreuzung: (Silvaner × Riesling) × Müller-Thurgau.

Bache. Weibliches → Wildschwein, mhd. bache = Schinken, *engl.* bacon = *Speck*

Bachforelle. Länge von ca. 20–25 cm und wird dabei bis 400 g schwer. Es gibt stationäre Zwergformen. Im Allgemeinen benötigen sie kühle, sauerstoffreiche Flussgewässer. Sie sind standorttreu und verteidigen ihr Revier.

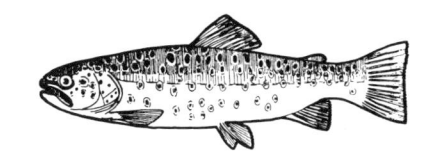

Backen von Brot, Brötchen: *frz.: cuire, engl.: to bake;* von Süßgebäck: *frz.: pâtisser, engl.: to cake,* schwimmend in heißem Fett: *frz.: frire, engl.: to fry;* von Früchten und Backobst: *frz.: secher, engl.: to dry;* im Ofen, in der Backröhre: *frz.: au four, engl.: to bake.*

Backenspeck → *Speck.*

Bäckeoffe → *Bäckerofen.*

Backerbsen (*frz.: pois frits*). Eierkuchenteig durch ein groblöchriges Sieb in die Fritüre tropfen lassen. Es bilden sich kleine, erbsengroße Teigbällchen. Geeignet als Suppeneinlage.

Bäckerofen. Badische/elsässische Spezialität aus Schweinefleisch, Hammel- und Rindfleisch und Kartoffeln mit Zwiebeln, seltener mit Gemüse. Das Fleisch wird in Weißwein mariniert. Alles wird zusammen in irdener Form angerichtet und (früher im Bäckerofen) gegart; auch Bäckeoffe genannt.

Backhefe. Bäckereihefe, Hefe, Kulturhefe, Österreich. = Germ. Hefen, die aufgrund der starken Kohlendioxid-Produktion zur Teiglockerung verwendet werden; aus obergärigen Hefen der Rassen *Saccaromyces cerevisiae*. Sie zeichnen sich durch große Triebkraft und Mangel an kleberzerstörenden Enzymen aus. Sie werden auf Melassensubstrat, seltener auf der Basis von Getreidemaischen gezüchtet. In gepresster

Backmargarine

Form = Presshefe oder als Trockenhefe im Handel. Jede Hefezelle ist ein selbständiges, pflanzliches Kleinlebewesen (Sprosspilz). Die einzelne eiförmige Zelle ist etwa 1/100 mm lang und 1/200 mm breit und hoch. Die Enzymaktivitäten, insbesondere die Gärung, erfolgen bei Wärme schneller als bei niedrigen Temperaturen: bei 20 °C Volumenzunahme durch CO_2-Bildung, Trieb sichtbar, günstigste Gärraumtemperaturen 30°–45 °C, wird der Teig über 50 °C erwärmt, bricht die Gärung ab, bei 55 °C stirbt die Hefe infolge von Hitzegerinnung des Zelleiweißes ab. Das spezifische Hefe Enzym, das Monosaccharide in Alkohol und Kohlendioxid spaltet, ist die → *Zymase*.

Formel
$C_6H_{12}O_6$ → $2CO_2$ + $2C_2H_5H$ + Wärme
Traubenzucker   Kohlen-   Alkohol
Fruchtzucker   dioxid

Backmargarine. Spezialmargarine aus besonderen Fettrohstoffmischungen, die bestimmte Eigenschaften bei der Herstellung von Hefe- und Mürbeteiggebäcken sowie leichten und schweren Teigmassen aufweist. Wesentlich ist die Konsistenz, das Verhältnis zwischen hoch- und niedrigschmelzenden Fettanteilen sowie die kristallähnliche Struktur. Ziel ist es, im Teig eine möglichst feine, jedoch gleichmäßige Fettverteilung zu erreichen.

Backpapier. Backtrennpapier, Antihaftpapier, mit Siliconen imprägniertes Papier. Es verhindert das Anhaften der Gebäcke an den Blechen.

Backpulver. Chemisches Treibmittel für Feinbackwaren. Es ist ein Gemisch chemischer Stoffe, aus denen während des Backprozesses Kohlendioxid frei wird. Backpulver enthält als Kohlendioxidträger Natriumbicarbonat, als Kohlendioxid austreibende Stoffe organische Säuren (Wein-, Zitronen-, Milchsäure) oder deren saure Alkalisalze (z. B. Weinstein). Bisweilen werden auch andere Stoffe zugesetzt, z. B. Kalium- oder Calciumhydrogenphosphat. Zur Erhöhung der Haltbarkeit werden die Einzelbestandteile entweder mit schützenden Überzügen versehen oder es wird Stärke als Trennmittel beigemischt.

Backset. Anderer Ausdruck für → *Sour Mash* bei der Herstellung von → *Bourbon Whiskey*.

Backsteinkäse. Auch „Backsteiner", magerer Limburger von kräftigem Geschmack. Wird als Quader oder längliche Würfel verkauft. Der Käse hat keine eigentliche Rinde, sondern geschmeidige Haut mit einer gelbbraunen bis rötlichen Schmiere.

Backteig *(Pâte à frire)*. Bierteig, Weinteig; dünner Teig aus Mehl, Milch, Wein oder Bier, Ei, etwas Öl, Eischnee und ein wenig Zucker. Bei der Verwendung von Wein kann dem Teig eine kleine Menge Hefe zugegeben werden. Der Backteig dient als knusprige Umhüllung von Fleisch, Fisch, Gemüse und Obst.

Backverfahren bei Brot. a) → *Freigeschobene Brote*, Teigstücke werden frei nebeneinander in den Ofen geschoben, so dass die Laibe ringsherum eine gleichmäßig ausgebildete Kruste bilden; **b)** angeschobene Brote, Teigstücke werden eng aneinander in den Ofen geschoben, wobei sie sich an den Seiten berühren. Trennmittel verhindern das Zusammenbacken; **c)** → *Kastenbrote*, weichgeführter Teig, vorwiegend aus Weizenmehl oder Weizenschrot, in Formen (Kasten) gebacken; **d)** → *Dampfkammerbrote*, in Dampfkammern oder Backröhren bei strömendem Dampf gebacken.

Baco. Weiße Rebsorte in Frankreich, die in den Gebieten → *Cognac* und → *Armagnac* angebaut wird.

Bacon wird aus frischem Schweinefleisch hergestellt, das in einer Salzlake gepökelt und so konserviert wurde. Bei dieser Lake handelt es sich um eine Salzlösung, der zugelassene Konservierungsstoffe zugesetzt wurden. Eine Baconseite (eine Schlachthälfte ohne Kopf und Füße) kann entweder als Ganzes oder aber in Stücken gepökelt werden. Nach dem Pökeln kann man den Bacon auch noch räuchern. Der ungeräucherte Bacon wird im Englischen „green" (grüner), „pale" (blasser) oder „plain" (einfacher) Bacon genannt.

Bacterium linens → *Rotschmiere.*

Bad → *Bäder.*

Baden. Bestimmtes Weinanbaugebiet. Von nördlich Heidelberg über den Kraichgau, die Ortenau, Tauberfranken bis zum Bodensee sich erstreckend. Rebfläche: ca. 15 900 ha, Hauptrebsorten: Blauer Spätburgunder, Müller Thurgau, Riesling, Grauburgunder, Riesling, Gutedel.

Badener. Syn. für *Blauer Portugieser* – in Österreich gebräuchliche Bezeichnung.

Baden Selection. Das Gütezeichen „Baden Selection" wird vom Badischen Weinbauverband in Freiburg für Weine ab Jahrgang 1992 vergeben. Voraussetzungen: Weine, die als Erzeugerabfüllungen von Mitgliedsbetrieben des Badischen Weinbauverbandes hergestellt wurden, **a)** Flaschengröße 0,75, 1,5 und 3 Liter, **b)** APNr., **c)** mind. Qualitätswein b. A., **d)** Angabe der Rebsorte und geographische Bezeichnung, **e)** mind. 15 Jahre alte Reblagen, **f)** Ertrag max. 60 hl/ha, **g)** nicht unter drei Punkten in einer Sonderprüfung, **h)** Rebflächen- und Betriebskontrolle.

Bäder. a) bestimmte Art von Kurorten → *Ortsbezeichnungen;* **b)** als Teile des Hotelangebots, zum einen als Teil des Zimmers, die Nasszellen, deren Benutzung im Zimmerpreis enthalten ist und deshalb wie dieser dem vollen USt-Satz unterliegt; zum andern als Schwimmbäder, die dann dem vollen USt-Satz unterliegen, wenn ihre Benutzung ebenfalls im Zimmerpreis enthalten ist. Andernfalls sind Umsätze, die mit dem Betrieb der Schwimmbäder oder auch die Verabreichung von Heilbädern nur dem begünstigten USt-Satz unterworfen.

Badisches Gütezeichen. Ein vom badischen Weinbauverband vergebenes Gütesiegel, das im Rahmen der → *amtlichen Prüfungsnummer* vergeben wird. Die Verleihung erfolgt seit 1984 nach dem 15-Punktesystem, bei dem das badische Gütezeichen höhere Punktezahlen als die amtliche Prüfungsnummer verlangt, erreichen muss. A. P. Nr = 1,5 P., B. Gütezeichen = 3 P. Das Badische Gütezeichen gibt es in gold für trockene Weine und in weiß für alle übrigen Weine, und zwar nur für Abfüllmengen von 0,75 l und nur bei Angaben über Jahrgang und Rebsorte. Rotweine erhalten das Siegel nur bis Zuckergehalt halbtrocken.

Badisch Rotgold. Für einen → *Qualitätswein* darf statt der Bezeichnung → *Rotling* die Bezeichnung Badisch Rotgold mit dem Zusatz Grauburgunder (mind. 50 % enthalten) und Spätburgunder gebraucht werden, wenn die zur Herstellung verwendeten Weintrauben ausschließlich aus dem bestimmten Anbaugebiet Baden stammen.

Bag-In-Box. Eine Weinverpackung mit Kartonhülle (als Dekoration) und einem Beutel oder Schlauch im Inneren. Der Wein kann abgezapft werden; der Schlauch geht durch ein Drucksystem mit dem Wein mit, sodass dieser nicht hohl liegt und nicht oxydieren kann.

Bagna cauda. Piemontesische warme Sauce zum Dippen von rohem Gemüse. Besteht aus Olivenöl, Sardellenmus, Knoblauch und Kräutern.

Bagnes. Walliser Käse aus dem Val de Bagnes (Walliser Alpen). Besonders zur Herstellung von → *Raclette* geeignet.

Bagoong sind fermentierte Fische. In der Hauptsache werden dazu Stachelwelse aus den Flüssen Borneos und Sumatras verwendet. Sie werden nicht als selbständiges Gericht zubereitet, sondern dienen vielmehr als Würzstoff zu anderem Fisch, aber auch Fleisch- und Gemüsegerichten. Bagoong hat eine gewisse Ähnlichkeit mit dem indonesischen Trassi, was fermentierte und gemahlene Krabben im Gegensatz zu gepressten, noch sichtbaren, fingergroßen Fischstücken sind. Im erweiterten Sinne kann man auch den japanischen Katsno (getrockneter Bonito) dazu rechnen, der, in feine Späne geraspelt, ebenfalls als Würze zu vielen Suppen oder Fleischgerichten Verwendung findet.

Bagration. Peter Iwanowitsch von B., russ. General. Die Küche seiner Witwe leitete Câreme. Klass. Garnitur, z. B. Fischsuppe Bagration.

Baguette. Französiches Weißbrot, hergestellt aus sehr weichem Teig, mit wenig Hefe, langer Gare, freigeschoben, mit lockerer Krume und starker Krustenbildung.

Bahia → *Zigarrenformen*.

Bahnhofsgaststätte. → *Bewirtungsbetrieb*. Erstmals seit dem 24. April 1837 in Althen bei Leipzig, provisorische Restauration des Bahnhofswirts Dietrich Oertge an der Teilstrecke der Leipzig-Dresdener Eisenbahn. Später in den meisten Bahnhöfen eingerichtet, i. d. R. im Eigentum der DB.

Bain-marie *(frz. bain-marie, m.)*. Warmhaltebecken, als Teil der von Großküchen-Lieferanten angebotenen Herde. Im bain-marie werden Gefäße, die auch die Bezeichnung „bain-marie" tragen, mit fertigen Speisen, wie Suppen, Soßen, Ragouts u. a. m. für den Service bereitgehalten.

Baiser *(Meringue, spanischer Wind)*. Schaumgebäck, bei dem das Eiklar zu steifem Schnee geschlagen, sodann Zucker (Puderzucker) zugefügt wird. Die Masse wird auf Pergamentpapier aufdressiert und bei mäßiger Hitze mehr getrocknet als gebacken (bei ca. 120 °C).

Baklava. Süße Spezialität aus dem Orient, ähnlich dem Strudel. Zwischen den Schichten des Teiges wird eine Masse aus verschiedenen, gehackten Nüssen gestrichen und mit Honig angereichert. Marokko und Bosnien sind bekannt für diese orientalische Süßspeise.

Balik. Russ. Bezeichnung für das Mittelstück (= bestes Stück) des Fisches; Synonym für einen hervorragenden kalt geräucherten → *Lachs* aus norwegischer Zucht.

Ballaststoffe. Von den Verdauungsenzymen nicht aufspaltbare und somit nicht resorbierbare Nahrungsbestandteile. Dazu gehören v. a. Cellulose und Hemicellulose, sie regen die Darmperistaltik an und verkürzen somit die Verweilzeit der Nahrung im Darm.

Ballotine. *(frz.: le ballot – kleiner Ballen)* Galantinen aus Geflügelkeulen mit üblicher Füllung. Ursprünglich warm und kalt gereicht, heute meist kaltes Gericht, das oft chaudfroidiert wird.

Balsamessig *(Aceto Balsamico Tradizionale)*. Balsamico wird aus gekochtem Traubenmost weißer Trebbiano-Trauben und Sauvignon hergestellt, der auf ganz natürliche Art fermentiert und sich in einem jahrelangen, langsamen Prozess in Essig – Balsamico – umwandelt. Dabei reift er in Fässern unterschiedlicher Holzarten. Die offizielle Abkürzung für den „Aceto balsamico tradizionale" lautet ABT. Kommt er aus Modena oder Umgebung, dann findet sich dahinter noch der Buchstabe M. ABTM bedeutet demnach, dass dieser Balsamessig aus der Provinz Modena kommt. Der ABT kann auch aus der Provinz Reggio Emilia kommen. Die Provinzen Reggio Emilia und Modena sind die beiden einzigen Regionen auf der Welt, aus denen ein echter ABT kommen kann. Der

Begriff „Aceto balsamico tradizionale" ist ebenso geschützt wie der Begriff „Aceto balsamico tradizionale di Modena" und „Aceto balsamico tradizionale di reggio emilia". Der Aceto Balsamico Tradizionale wird nur aus dem eingekochten Taubenmost weißer Trauben, in der Hauptsache Trebbiano und Sauvignon gemacht. In der Reggio Emilia wird manchmal auch noch der Traubenmost des Lambrusco verwendet. Es werden keine Konservierungs- oder Farbstoffe hinzugefügt. Der ABTM ist ein streng überwachtes Produkt von geringer Menge, von dem es jährlich nur etwa 100.000 Fläschchen à 100 ml gibt (10.000 l). Kommt er aus Modena oder Umgebung gibt es ihn in 2 Qualitäten: über 12 Jahre alt und über 25 Jahre alt. Den 12-jährigen erkennt man an der cremefarbenen Kapsel, während der 25-jährige eine goldene Kapsel hat. Auf den Flaschen befindet sich keine Altersangabe. Das ist beim echten ABT verboten. Lediglich die Bezeichnung „extravecchio" zeigt, dass es sich um einen über 25 Jahre alten ABT handelt. Den Aceto Balsamico Tradizionale di Reggio Emilia gibt es in 3 Qualitäten: über 12 Jahre alt, über 18 Jahre alt und über 25 Jahre alt. Auch er wird nur in 100 ml-Fläschchen abgefüllt, die jedoch eine andere Form haben die des der Aceto Balsamico Tradizionale di Modena. Auch beim ABT di Reggio Emilia befindet sich keine Altersangabe auf der Flasche.

Balthazar. Flaschengröße mit dem 16fachen Inhalt der 0,75 l-Flasche = 12 l.

Bambustee. Kräftiger schwarzer Tee aus China, benannt nach den getrockneten Bambusblättern, in denen er aufbewahrt wird.

Bamia → Okra

Bananenkrankheit. Rückenmuskelerkrankung bei Schweinen, entsteht meistens als Transportschaden bei Tieren, die auf 16 Rippen gezüchtet wurden.

Bandanuss. Anderer Ausdruck für Muskatnuss.

Bankett → Dinner, Essen im festlichen Rahmen, sehr ausgiebig. Je nach Vereinbarung wird ein Menü oder Büfett angeboten.

Bannocks. Schottische Hafer- oder Gerstenmehl-Kuchen (flach).

Bantameier. Eier verschiedener Zwerghühnerrassen, sie haben unterschiedliche Farben und werden hartgekocht häufig in ihrer dekorativen Schale serviert.

Bar. Druckeinheit in der Meteorologie und Physik: 1 bar = 1000 mbar (Millibar); 1 mbar = 100 Pa (Pascal).

Bar/Barbetrieb. Die Bartheke ist im „Wilden Westen" der USA entstanden. Sie bestand ursprünglich aus einem stabilen Brett, der „Barriere", das auf zwei auseinanderstehende Fässer gelegt wurde und so den Spirituosenverkaufsstand von dem übrigen Raum trennte und gleichzeitig dem Verzehr der Getränke diente. Mit der Zeit wurde die primitive Vorrichtung immer komfortabler bis zur Entstehung der heutigen Formen wie: American Bar, Restaurant-Bar, Tanzbar, Nightclub-Bar, Expresso-Bar, Hotelbar, Eisbar etc.

Barack. Ungarischer Aprikosenbranntwein, aus Fruchtfleisch und Kernen von Marillen ohne Zusätze, durch zweimalige Destillation gewonnen. Seine goldgelbe Farbe erhält er durch Lagerung in Eichenholzfässern.

Baranki. Russische Fastenbrezel, aus Nudelteig, nach dem Kochen auf gefetteten Blechen im Ofen gebacken.

Baraquilles. Auch Baranquilles oder Branquilles genannt. Warmes Vorgericht der französischen klassischen Küche. Blätterteigpastetchen in dreieckiger Form, gefüllt mit einem → Salpikon vom Fasan, Schnepfen, Bries, Gänseleber, Trüffel, Champignons in Madeirasauce oder Deutscher Sauce.

Barbaresco D.O.C.+G. Rotwein aus → *Piemont* mit 12 % Vol.; immer etwas jünger als → *Barolo;* trägt nach zwei Jahren die Bezeichnung → *Riserva;* nach drei Jahren Riserva Speziale.

Barbarie-Ente. Canard de barbarie, Canard d'Inde. Moschus- oder Warzenente, sie gehört zu den Flugenten. Besonders große Entenart mit starkem Brustansatz und wenig Fett. Besondere Zucht aus Frankreich.

Barbe *(frz.: barbeau; engl. barbel).* Schlanker Flussfisch mit einer Länge von ca. 30–45 cm, manchmal auch mehr. Die fleischigen Lippen tragen Bartfäden, der Rücken ist grünlich und die Seiten leicht golden getönt. Sie lebt in rasch fließenden Flüssen Mitteleuropas. Das grätenreiche Fleisch ist wohlschmeckend.

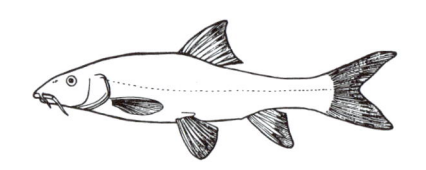

Barbera (d'Alba) D.O.C.+G. Um die ital. Ortschaft Alba produzierter Rotwein, der nach dreijähriger Lagerung auf den Markt kommt.

Barches. Jüdisches Sabbatbrot aus reinem Weizenmehl.

Bardieren. Umhüllen des Gargutes mittels dünner „grüner" (ungesalzener, ungeräucherter) Speckscheiben. Besonders bei Wild und Wildgeflügel, um das magere Fleisch beim Braten vor dem Trockenwerden zu schützen (barde de lard = dünne Speckscheibe).

Bardolino D.O.C. Ein heller Rotwein aus → *Venetien,* der aus verschiedenen Rebsorten hergestellt wird. Meist trocken, im Geschmack würzig, sollte jung getrunken werden. Gute Qualität ist mit dem Zusatz → *Superiore* gekennzeichnet.

Bärenfang → *Honiglikör.*

Bargeräte.
Dazu zählen:
- zweiteiliger Shaker
- Boston Shaker
- Rührglas
- Barlöffel, Barspoon
- → *Strainer*
- → *Jigger* = Messbecher – 2–4 cl
- Barmesser
- Spritzflaschen für → *Angostura* und Grenadine
- Schneidebrett
- Hamilton-Beach-Mixer
- Crush-Eisgerät (manuell oder elektrisch)
- Zitruspresse (manuell oder elektrisch)
- Stößel für Limetten
- Kellnermesser
- diverse Ausgießer

Bargläser. Für die Spezialgetränke an der Bar empfiehlt sich folgende Mindestausstattung:

1. Cocktailgläser

2. Tumbler
gerade Gläser mit doppelt dicken Boden

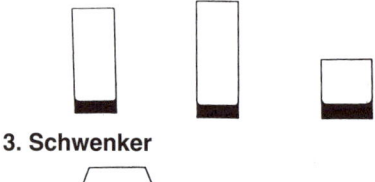

3. Schwenker

4. Likörgläser (Cordials)

5. Spezialgläser

Barista. Ungeschützte Bezeichnung für Angestellte in Bistro, Kaffee- oder Espressobar, die für die Zubereitung von Getränken, vorwiegend Kaffeespezialitäten, zuständig ist.

Barkeeper (auch *Bartender, Barman*). Mitarbeiter, meistens mit der Grundausbildung „Restaurantfachmann", der für die Herstellung und den Verkauf (zuweilen auf eigene Rechnung) von Mixgetränken verantwortlich ist.

Barkeeper-Union → *DBU*.

Bar-Kontrolle. Die Kontrolle ist von der Führung der Bar abhängig (eigene Regie oder Angestelltenverhältnis etc.). Vorteilhaft ist es, zweimal im Monat Bestandsaufnahmen, zwischendurch Stichproben vorzunehmen. Angefertigte Umrisse der Flaschen sind große Hilfen bei den Kontrollen.
- Schankverluste inkl. Bruch sind genau zu begrenzen
- Rezepturen sind zu besprechen und genau zu kalkulieren
- unterschiedliche Flascheninhalte sowie verschiedene Ausschankmengen müssen berücksichtigt werden
- das Arbeiten mit einem Messbecher ist immer vorteilhaft
- die häufigsten Vergehen gegen den Betrieb bzw. Inhaber sind:

Selbstkonsum, Verkauf ohne Bon, Nichteinhalten der Ausschankmenge, Verkauf mitgebrachter Ware, Verschenken, billige Ware teuer verkaufen, Fälschen der Rezeptur, aus der Hand eingießen. Vorschlag für Gegenmaßnahmen: Erhalt neuer Ware nur gegen Rückgabe leerer Flaschen, Leergut separieren, Anbringung von Codezeichen auf den Flaschen, unregelmäßige Bestandsaufnahmen, persönliche Visite, Art der Abrechnung, Bonieren der Ware genau festlegen, Kontrolle durch eine dem Personal nicht bekannte Vertrauensperson. Grundsatz für Verbrauchsberechnung: Anfangsbestand + Zugang – Endbestand = Verbrauch. Formel für Wareneinsatzprozentsätze:

$$\text{Ist-Prozentsatz} = \frac{\text{Wareneinsatz} \times 100}{\text{Nettoeinnahmen}}$$

$$\text{Soll-Prozentsatz} = \frac{\text{Wareneinsatz} \times 100}{\text{Sollverkaufswert}}$$

Bärlauch. Wildknoblauch. Deutsche Urpflanze. Sie ist 20-mal gehaltvoller als Knoblauch. Allerdings ist ihr Geruch gebunden, d. h. er tritt nicht aus.

Bar le Duc. Departementshauptstadt im westlichen Elsass-Lothringen. Außerdem Sortenbezeichnung für eine weiße, kernlose Johannisbeere und der Sauce daraus. Wie Cumberlandsauce, aber weiß.

Barlist. Fachbezeichnung aus dem Engl. für eine Barkarte.

Barlöffel. Ein Barlöffel wird zur Herstellung gerührter oder vermischter Bargetränke benötigt. Der untere Teil entspricht der Form eines Kaffeelöffels. Der Stiel ist ca. 20 cm lang und schmal.

Barmaid. Weibliche Angestellte in der Bar, die für die Getränkezubereitung und -ausgabe sowie das Kassieren zuständig ist.

Bar-Maße. 1 Cocktailmaß = 5 cl; 1 Schuss = etwa 10 Dashes; 1 Dash = 1 Spritzer; 1 Gallon = 4,54 l (GB), 3,78 l (USA), überall 4 Quarts; 1 Quart = 1,136 l (GB), 0,964 l (USA), überall 2 Pints; 1 Pint = 0,568 l (GB), 0,473 l (USA) überall 4 Gills; 1 Gill = 0,14 l (GB), 0,118 l (USA); 1 flüssige Ounce = 28 ccm (28 ml); 1 Pony = Ounce (28 ml); 1 Jigge = 42 ml; 6 TL = 1 Pony oder 2 EL = 1 Pony

Bärme. Altdeutscher Ausdruck für → *Hefe*.

Barmixtechniken. Man unterscheidet drei Barmixtechniken Rühren, → *Aufgießen*, → *Mixen/Schütteln*. Alle drei Barmixtechniken dienen der Zubereitung verschiedener Bargetränke.

Barolo D.O.C.+G. Ital. Rotwein aus → *Piemont*, bereitet aus Nebbiolo-Trauben, nach dreijähriger Fasslagerung auf dem Markt. Die Bezeichnung → *„Riserva"* setzt vier Jahre, „Riserva speziale" fünf Jahre Holzfasslagerung voraus. Das volle, anhaltende Bukett des Barolo erinnert an Rosen oder Veilchen; sein Geschmack ist kräftig und samtig.

Baron *(pièce de...)*. Frz. Ausdruck für beide Keulen mit Sattelstück und den folgenden drei Rippen, unzerteilt als Hinterhälfte. Meistens vom Lamm oder Hammel. Früher auch „baron de bœuf". Ganzer Rinderrücken mit Lenden.

Barrel fermented. Bei Wein – im Holzfass ausgebaut → *Oaked*.

Barpreis → *Kalkulation*. Preis, der unter Abzug von → *Skonto* entrichtet wird, wenn der Abnehmer das Zahlungsziel nicht in Anspruch nimmt.

Barquettes. Schiffchen. Bestimmte Formen aus Mürbeteig oder Blitzblätterteig. Mit verschiedenen Füllungen als Vorspeisen oder als Beilagen.

Barriques. Kleine Eichenholzfässer, in denen Weine höherer Qualität gelagert werden. Durch die Lagerung erhalten die Weine einen bei Kennern beliebten typischen Holzgeschmack. Größe der Fässer 225 l – vier Barriques ergeben eine *Tonneau* = (900 l).

Barro. Eine der drei Bodenarten in dem Weinanbaugebiet → *Jerez* in Spanien → *Sherry*. Diese Bodenart besteht aus einer Mischung von Sand und Kalk.

Barsac → *Sauternes*.

Barsch. Auch: *Flussbarsch* oder *Egli (frz.: le perche, engl.: perch)*. Der Rücken ist blaugrau, der Bauch weiß. Der Oberkörper hat 6–8 Streifen. Er lebt in europ. Flüssen (kleiner) und Seen (größer). Er kommt ebenso in Nordamerika und Nordasien vor. Sein zartes Fleisch sollte schnell verbraucht werden.

Barspoon. Ca. 20 cm langer → *Barlöffel* zum Rühren von Getränken.

Bartender. → *Bar*, → *Barkeeper*; Pächter und Chef der Bar; kann gleichzeitig Bargäste bedienen.

Bas Armagnac. Untergebiet des → *Armagnacs*, ca. 11 800 ha Rebfläche mit vorwiegend sandigem Boden mit dem besten, bekanntesten Armagnac. Sein Geschmack erinnert an Backpflaumen.

Basic = *Beginners All purpose Symbolic Information Code;* stark verbreitete Dialog- → *Programmiersprache* mit vielseitiger Ein- und Ausgabemöglichkeit.

Basilikum, auch Königskraut oder Bienenweide, gehört zur Familie der Lippenblütler und stammt aus den tropischen Gebieten Afrikas und Asiens. Die einjährige Pflanze wächst je nach klimatischen Bedingungen 15–40 cm hoch. Da Basilikum frostempfindlich ist, darf es erst ab Mai ins Freiland gesetzt werden. Das Kraut duftet aufgrund des hohen Gehalts an ätherischen Ölen stark. Zum Tiefkühlen ist Basilikum nicht geeignet. Der Geschmack ist süßlich-frisch und kühl.

Bassermann, Max. Schwetzinger Spargelgroßanbauer, der 1871 die erste große Kultur von 24 Morgen anbaute.

Basterd-Zucker. Invertzuckerhaltiger Kristallzucker, der auch während des Backvorganges noch weiteren Invertzucker bildet. Basterd Zucker bleibt feucht, verkrustet nicht, bildet keine Klumpen und ist gut lagerfähig. Basterd-Zucker verstärkt Aroma und Geschmack von Gebäck, das mit ihm hergestellt worden ist. Er erhöht das Gebäckvolumen und lockert die Krume.

Basturma. Armenisches luftgetrocknetes Salzfleisch vom Rind.

Batate *(engl.: sweet potato).* Süßkartoffel, deren Heimat wahrscheinlich Mexiko ist. Anbau heute in Südafrika, Italien, USA und Brasilien. Das weißliche, mehlige Fleisch schmeckt süßlich. Durch den hohen Gehalt an Kohlenhydraten sind die Bataten sehr kalorienreich. Die Früchte haben eine weißgraue oder purpurrote Schale. Eignet sich zum Kuchenbacken.

Batatenstärke. Aus den Wurzelknollen der Süßkartoffel *(Pomoea Batatas L.)* durch Auswaschen gewonnene Stärke.

Batavia-Salat. Feine Variante der Gattung Kopfsalat. Feingliedrige, gelbgrüne Blattstruktur, an den Rändern gezackt und manchmal weinrot (rouge) schattiert. Dieser Salat hat einen knackigen Biss.

Bateau. Schiffchenförmige Pastetchen mit beliebiger Fülle.

Bâtonnage. Weißwein, im → *Barrique* vergoren wird weiter ca. 6–12 Monate auf dem Hefesatz gelagert. Von Zeit zu Zeit wird der Hefesatz mit einem Holzstab aufgewirbelt.

Batterie. Zusammengehörige Gefäße, z. B. Bainmaries, Kasserollen oder Schüsseln verschiedener Größe.

Batterie de Cuisine. Kücheneinrichtung.

Battre *(frz.: schlagen),* zu Schaum schlagen.

Bauchspeck → *Speck.*

Bauernbrot. Landbrot. Gattungsbegriff für Brot, das in unterschiedlichen Formen – meist runde Laibe oder frei geschoben – aus verschiedenen Mehlarten hergestellt wird. Als Triebmittel überwiegt der Sauerteig, vor allem bei hohem Roggenmehlanteil. Es hat meist eine dicke, kräftige Kruste oder wird landschaftsbedingt mit Mehl bestäubt (→ *Berliner Landbrot).* Dies gibt dem Brot eine kontrastreiche Maserung. Bauernbrot darf auch in gewerblichen Bäckereien hergestellt werden.

Baumerdbeere → *Arbutus.*

Baumkuchen. In Spezialgeräten hergestellter baumstammförmiger Kuchen aus reichlich Eiern, Butter, Mehl und Zucker. Der dickflüssige Teig wird in einer dünnen Schicht auf eine sich über offenem Feuer drehende Walze gegeben. Nachdem der Teig etwas Farbe hat, wird eine weitere Schicht auf die rotierende Walze aufgetragen und gebacken. Dieser Vorgang wird ständig wiederholt, bis der Kuchen die gewünschte Dicke hat. Die Schnittfläche des Baumkuchen erinnert mit den vielen Schichten an die Jahresringe von Bäumen.

Baumnüsse. Schweizer Ausdruck für Walnüsse.

Baumstachelbeere → *Karambole*.

Baumtomate → *Tamarillo*.

Baumwolle. Das Samenhaar der Baumwolle besteht fast zu 90 % aus Zellulose. Die Fasern sind fein und stumpf bis matt glänzend. Sie lassen sich hervorragend verarbeiten und lassen sich durch Merzerisieren glänzend machen. Damit erhalten sie gute hygienische Eigenschaften. Baumwollgewebe sind leicht und elastisch, fusseln aber und sind nicht knitterfrei. Geraut haben sie gute Wärmeeigenschaften. Im Hotelgewerbe kommen sie neben Gäste- und Personalwäsche in allen Heimtextilien vor. Baumwolle kann leicht gewaschen und gekocht werden. Bei Unansehnlichkeit ist Bleichen leicht möglich.

Baustoffwechsel. Gesamtheit aller energieverbrauchenden chemischen Reaktionen im Organismus.

Bauverordnung. Länderhoheitliche Rechtsvorschriften für alle Bauten und Ausbauten. In diesem Rahmen sind auch die Regelungen für den Bau von Hotels und Gaststätten festgelegt.

Bavaroise → *Bayerische Creme*.

Bawang Merah. Indonesische Schalotten.

Bawang Poetik. Indonesischer Knoblauch.

Baybeeren. Beeren eines immergrünen, mit Myrte und Piment verwandten, in Westindien beheimateten Baum. Die aus den Blättern unter Zusatz von Rum destillierte Flüssigkeit findet in der Kosmetikindustrie Verwendung. Die kleinen, dunklen Beeren, auch „Malagueta"-Pfeffer genannt, werden wie → *Piment* verwendet.

Bayerische Creme. *Bavaroise*, Süßspeise aus Eigelb, Milch, Zucker, Geschmacksstoffen, Gelatine und Sahne. Zur Herstellung werden die Eigelbe mit der Milch, Zucker und Vanille zur Rose abgezogen, sodann wird die eingeweichte Gelatine zugefügt und das Ganze passiert. Ganz kurz vor dem Stocken wird die geschlagene Sahne zugefügt. Die Bayerische Creme gilt als Grundcreme.

Bayonne-Schinken. Jambon de Bayonne, frz. Spezialität, mit Salz, Zucker, Pfeffer, Kräutern eingerieben, luftgetrocknet, Reifezeit 130–180 Tage.

BBiG. Abkürzung für „Berufsbildungsgesetz".

Béarn. Ehemalige frz. Provinz (Sauce béarnaise = Buttersoße) erstmals 1830 erwähnt.

Béatilles. *(frz.: béat = selig)*. Ausdruck der frz. klassischen Küche für kleine Ravioli als Suppeneinlage. Füllung von Bries, Hühnernieren, Trüffel, Hirn und Champignons – auch als Ragout.

Beaujolais. Südlichster Weinbereich in Burgund, bekannt für seine Rotweine. Beaujolais-Weine sollten jung getrunken werden. Nur in wenigen Ausnahmen kann B. längere Zeit lagern. Beaujolais-Weine erreichen nie die Qualität der Rotweine aus der → *Côte de Beaune* oder → *Côte de Nuits*. Sie werden hauptsächlich aus der Traubensorte → *Gamay* hergestellt. Beaujolais-Weine werden in verschiedenen Qualitäten angeboten → *Beaujolais-Klassifizierung*.

Beaujolais-Klassifizierung. 1) Beaujolais Pnmeurs; jüngster Beaujolais, der ab dem 3. Donnerstag im November nach der Ernte angeboten wird. Chem. Analyse, geschmackliche Kontrolle sowie 12,5 % Vol. Alkoholgehalt sind vorgeschrieben. 2)

Beaujolais Nouveau, ältere Ausgabe des Primeurs, ca. ab. 31.12. nach der jeweiligen Ernte im Verkauf. 3) Beaujolais A. C. ist der bescheidenste unter den Beaujolais-Weinen. Alkoholgehalt 9 % Vol., Ertrag 50 hl/ha. 4) Beaujolais Superieur, mittlere Produktion, die in ca. 60 Dörfern erfolgt. Alkoholgehalt 10 % Vol. Ertrag 40 hl/ ha. 5) Beaujolais Village, 10 % Vol. Alkoholgehalt, Ertrag 40 hl/ha. Diese Qualität dürfen 35 ausgewählte Dörfer produzieren, darunter neun, welche die Bezeichnung Cru tragen dürfen. Es handelt sich dabei um: → Chenas, → Brouilly, → Chiroubles, → Côtu du Brouilly, → Fleurie, Julienas, → Morgon, → Moulin-a-Vent, → Régnié, St. Amour.

Beaumé (° Bé). Grad, mit dem die Dichte einer Flüssigkeit gemessen wird (z. B. die Konzentration des Zuckers in einer Lösung). Bei heißem Läuterzucker (Zucker und Wasser im Verhältnis 1 : 1 beträgt die Dichte 28° Bé, erkaltet 30–32 ° Bé → Zuckerkochen.

Beaunois. Anderer Name für die Chardonnaytraube in dem Gebiet Yonne.

Béchamel. Louis de B., Marquis de Nointel, Haushofmeister Ludwigs XIV. Klass. Garnitur z. B. Béchamel-Soße.

Bedienungsgeld. → Entgelt für die Leistungen des Bedienungspersonals. Da der Gastwirt im Rahmen seines Vertrages mit dem Gast es auch übernimmt, diese Leistung zur Verfügung zu stellen, kalkuliert er das Bedienungsgeld in Höhe von 10 bis 15 % in den Inklusivpreis ein. Deshalb wird das Bedienungsgeld zunächst Einnahme des Gastwirts, der es der Umsatzsteuer zu unterwerfen hat. Er zahlt es aufgrund der gesetzlichen Verpflichtung später an das Personal aus. Meist erfolgt die Verteilung des →Tronc nach der Relation der Tariflöhne, seltener nach Punkten. Auszubildende brauchen dabei nicht einbezogen zu werden, da die entsprechenden Tätigkeiten zu ihrer Ausbildung gehören.

Bedienungspersonal. Der Teil des Personals im Hotel- und Gaststättengewerbe, der unmittelbar für die Bedienung der Gäste eingesetzt wird. → Service.

Bedürfnis → Motive. Der aus einem Gefühl des Mangels entstehende Wunsch nach einem Mittel, den Mangel zu beseitigen. Man unterscheidet: 1) Existenzbedürfnisse, die sich auf die Lebenserhaltung beschränken, wie z. B. Wohnung, Kleidung, Nahrung und die von besonderer Dringlichkeit sind. 2) Kulturbedürfnisse, die sich auf den kulturellen Bereich beziehen, wie z. B. Theaterbesuch, Weiterbildung. 3) Luxusbedürfnisse, die sich auf besonders wertvolle Güter richten und die sich ein Durchschnittsbürger versagen muss. Andere Unterscheidungen sind: a) materielle Bedürfnisse, die sich auf stoffliche Gegenstände richten, b) immaterielle Bedürfnisse, die auf geistige Werte abheben oder a) Individualbedürfnisse, die ein bestimmter Mensch empfindet, b) Kollektivbedürfnisse, die allen gemeinsam sind.

Bedürfnis-Spektrum. Zusammensetzung vielschichtiger Mitarbeiter-Motive, wie Sicherheit, Geld, Status, Kontakt, Kompetenz, Aufgabenstruktur, u. a.

Bedürfnisstufen → Motivationslehre.

Beef-Ofen → Niedrigtemperaturofen.

Beef-tea. Kräftiger Fleischsaft, der aus magerem, rohem Rindfleisch durch Ausziehen im Wasserbad gewonnen wird. Mitunter anstelle einer Suppe im Menü.

Beerenauslese → Qualitätswein mit Prädikat.

Beerenweine. Obstwein aus Beerenobst. Sie unterliegen nicht dem Weingesetz.

Befehl. Weisungsform, die keinen Widerspruch duldet und den Mitarbeiter weitgehend vom Mitdenken und Mitverantworten entbindet. Sollte auf Notsituationen (Gefahr, Rettung von Menschen und Sachen) beschränkt werden. Befehl zur Durchsetzung der Disziplin → *Führungstechniken*. Bei → *EDV* auch Anweisung für die Anlage.

BEFFE-Wert → *Muskeleiweiß*.

Behalten. Die Ergebnisse aus der Lernpsychologie zeigen, dass der Mensch im Allgemeinen **a)** 20 % von dem behält, was er hört, **b)** 30 % von dem behält, was er sieht, **c)** 50 % von dem behält, was er hört und sieht, **d)** 90 % von dem behält, was er selbst tut.

Beherbergung. Unter Beherbergung versteht man das gewerbsmäßige Zurverfügungstellen von Übernachtungsmöglichkeiten für Fremde.

Beherbergungsbetriebe. Betriebe, deren Betriebsziel die Bereitstellung von Räumen zur Beherbergung von Gästen ist. Je nach Art und Ausstattung werden unterschieden: **1)** *Gasthof*, ein Beherbergungsbetrieb mit angeschlossenem Schank- oder Speisebetrieb. Alte Bezeichnung; heute meist rustikal ausgestattet. **2)** *Hotel*, ein Beherbergungsbetrieb mit angeschlossenem Verpflegungsbetrieb für Hotelgäste und Passanten. Unterschiede je nach Standard. Als Mindestbedingungen sollten erfüllt sein: **a)** 20 Gästezimmer, davon die Mehrzahl mit Dusche oder Bad und WC, **b)** ständig verfügbarer Empfang. **3)** *Hotel garni*, ein Beherbergungsbetrieb, der neben der Beherbergung nur Frühstück, Getränke und evtl. kleine Speisen für die Hausgäste bietet. **4)** *Motel*, Beherbergungsbetrieb, der besonders auf die Bedürfnisse des Autotourismus abgestellt ist, dementsprechend verkehrsgünstig gelegen und entsprechend gebaut. **5)** *Aparthotel*, ein Beherbergungsbetrieb, der vorhandene Zimmer und Wohnungen hotelmäßig vermietet; eingeschränkte Dienstleistungen. **6)** *Kurhotel*, ein Hotel in Kurorten, das auf die Bedürfnisse der Kur wie Diät und ärztliche Betreuung eingestellt ist. **7)** *Kurheim*, eine in einem Kurort gelegene Pension, die auf die Kurbedürfnisse eingestellt ist. **8)** *Fremdenheim*, eine Pension einfacher Art. **9)** *Pension*, ein Beherbergungsbetrieb mit eingeschränkten Dienstleistungen, Mahlzeiten für Hausgäste. In Städten auch „Hotelpension". Neue Formen der Beherbergungsbetriebe sind u. a. Seminar- und Kongresshotels, die auch entsprechende Räume und Technik für die Veranstaltungen bieten, Art- oder Themenhotels, deren Ausstattung mit Kunst oder an einem bestimmten Thema ausgerichtet ist, → *Wellness-Hotels*, die ein mehr oder minder großes zusätzliches Angebot an Sauna, Whirlpool, Massage, → *Dampfbad*, Sportgeräten und Kosmetik für Körperpflege und Gesundheit haben.

Beherbergungsvertrag. Das Gesetz kennt keinen Vertrag mit dieser Bezeichnung. Es handelt sich vielmehr um einen Kombinationsvertrag, in dessen Vordergrund die Miete des Hotelzimmers (→ *Mietvertrag* § 535 BGb) steht, wobei die vom Gast weiter zu benutzenden Galagen, wie Halle, Schwimmbad, Aufzug u. Ä. mitgemietet sind. Für das Frühstück steht daneben ein → *Kaufvertrag* (§ 433 BGB). Dazu kommen noch nach der Verkehrssitte übliche Nebenleistungen. Wie jeder Vertrag kommt auch der Beherbergungsvertrag durch Antrag und Annahme zustande, wobei wiederum die Vertragsfreiheit gilt. Obwohl der Vertrag zwischen zwei Personen, dem Hotel und dem Gast abgeschlossen wird, kann er eine Schutzwirkung für Dritte haben. Hier handelt es sich nach der Rechtsprechung um Personen, für die der Gast eine Fürsorgepflicht hat, wie z. B. die Ehefrau, Verwandte oder Personen, die bei ihm im Arbeitsverhältnis stehen. Die Pflichten, die sich aus dem Beherbergungsvertrag ergeben, sind: **1)** Für den Gastwirt: → *Haftung des Gastwirts*, **a)** Bereitstellung und Überlassung des Zimmers, **b)** Bereitstellung der Galagen und sanitären Anlagen, **2)** für den Gast: **a)** schonende Behandlung der zur Verfügung gestellten Sachen, **b)** Zahlung des vereinbarten Preises, **c)** Haftung auch für die im Vertrag eingeschlossenen Dritten bzw. deren Handlungen. Der Gastwirt darf eine anderweitige Vermietung, wenn ihm die Nichtinanspruchnahme rechtzeitig bekannt ist, nicht böswillig verhindern, sondern muss sich sogar darum bemühen. Kommt der Gastwirt seiner Pflicht aus dem Vertrag nicht nach, indem er das Zimmer nicht bereitstellt, muss er dem Gast Schadenersatz leisten. Gelingt es wegen der zu späten Absage oder aufgrund der Marktsituation nicht, das Zimmer trotz Bemühen weiter zu vermieten, kann eine Rechnung (No-show-Rechnung) über 80 % des Zimmerpreises ausgestellt werden.

Beherbergungswirt. Ein Beherbergungswirt ist eine Person, die gewerbsmäßig Fremde beherbergt und dazu mit ihnen → *Beherbergungsverträge* abschließt.

Beifuß. Europäisches Gewürz für Gemüse- und Fleischgerichte, wozu die getrockneten Blütenknospen und Blütenrispen verwendet werden.

Beignets. Süßspeise, bei der Früchte, getränkte Biskuits, Grießplätzchen u. Ä. durch einen → *Backteig* gezogen und in der Fritteuse gegart werden. Das Wort leitet sich von frz. beigne = Ohrfeige ab.

Beiried. Österreichische Bezeichnung für Roastbeef.

Beitragsbemessungsgrenze. Begriff aus dem Renten- und dem Versicherungsrecht. Höchstbetrag für die Berechnung der Beiträge zu Renten- und Krankenversicherung nach dem Lohn.

Beize → *Marinieren*.

Bekassine → *Schnepfe*.

Beleg. Schriftstück, in dem betriebliche Vorgänge aufgezeichnet sind. Belege sind Dokumente, die Beweiskraft haben. Soweit sie Geschäftsfälle berühren, die buchungspflichtig sind (z. B. Rechnungen), handelt es sich um Buchungsbelege. Es werden unterschieden: **a)** Eigenbelege – vom Unternehmen selbst erstellt (z. B. Materialentnahmeschein), **b)** Fremdbelege – von anderen (z. B. Rechnungen), **c)** natürliche Belege – sie entstehen automatisch (z. B. Rechnungen), **d)** künstliche Belege – werden erst zur Buchung erstellt (z. B. Abschreibungstabellen), **e)** Einzelbelege – die nur einen Vorgang beinhalten (z. B. eine Lieferung), **f)** Sammelbelege – die mehrere Vorgänge enthalten (z. B. Kauf und Zusendung), **g)** summarische Belege – die zusammengefasst wurden (z. B. bei der Lohnbuchung).

Belegung. Auslastung der Kapazität von Galträumen, bes. Hotelzimmern oder Betten; Angabe meist in Prozent. Berechnung: Belegung

$$= \frac{\text{tatsächliche Belegung} \times 100}{\text{mögliche Belegung (Kapazität)}} \ [\%]$$

Diese Rechnung kann für Tage vorgenommen werden. Bei Restaurantbelegung ist dabei auf die Umwälzung zu achten (Tisch während der Öffnungszeit 2-mal belegbar u. Ä.). Bei der Berechnung für längere Zeiträume (Monate, Jahre) gibt es zwei Möglichkeiten: **a)** Intern kann mit der Zahl der tatsächlichen Öffnungstage für die Bestimmung der Kapazität (mögliche Belegung) gerechnet werden, **b)** Extern wird zur leichteren Vergleichbarkeit ein einheitlicher Wert von Öffnungstagen angesetzt. In der Mehrheit der Fälle wird für Hotels mit 365 Tagen gearbeitet. Man spricht dann bei dem Ergebnis (Prozentsatz) auch von der Frequenz.

Belegungsstatistik. Statistik des Hotels über die Zimmerbelegung. Sie dient der Kontrolle der Auslastung und bildet die Grundlage für Marketingmaßnahmen. Deshalb werden auch Vergleichswerte herangezogen, die die Geschäftsentwicklung zeigen. Zu diesen zählen insbesondere die Werte: MTD = month today und YTD = year today, die den Wert des jeweiligen Tages im vergangenen Jahr bzw. im vergangenen Monat angeben.

Beleuchtung

Beleuchtung. Die Funktion eines Raumes bestimmt wesentlich seine Beleuchtung. Dabei sind die Leuchtkörper selbst Gestaltungselement, die Lichtfarbe und -stärke ein Mittel zur Gestaltung der Atmosphäre und im Hotel- und Gaststättengewerbe von besonderer Bedeutung. Diese Punkte beziehen sich auf den Raum als ganzes. Für ein einzeln zu beleuchtendes Feld ist daneben die Sehaufgabe wichtigstes Entscheidungskriterium. Danach sind abzustimmen: **a)** die Flächenhelligkeit (Leuchtdichte), die z. B. für den Leseplatz oder einen Arbeitsplatz wichtig ist. Sie errechnet sich:

Flächenhelligkeit = Beleuchtungsstärke × Reflexionsfaktor

b) der Kontrast, der zwischen der direkt beleuchteten Fläche und dem Umfeld nicht zu stark sein darf. Das Verhältnis sollte etwa sein: Beleuchtung über Tische : Umfeld = 3 : 1; **c)** Blendung und Schattigkeit, die wohlabgestimmt sein müssen, damit ein plastisches Sehen möglich ist. **d)** Beleuchtungsstärke, für die die DIN-Norm 5035 folgende Richtwerte angibt:

Beleuchtungsstärke in LUX	Sehaufgabe
30–60	vorübergehender Aufenthalt, einfache Orientierung (Gänge)
120–250	leichte Sehaufgaben (Bäder, Halle)
500–750	normale Sehaufgaben, Arbeiten ohne besondere Anforderungen (Zimmer, Gästetisch)
1000–1500	schwierige Sehaufgaben mit genauen Details (Arbeits-, Leseplatz)

Beliebtheitsgrad. Kennziffer für den Anteil eines Artikels im Gesamt-Sortiment. Grundlage für die Rationalisierung der Speise- und Getränkekarte und der Vorausberechnung der benötigten Artikelanzahl.

BG

$$= \frac{\text{Anzahl der verkauften Portionen} \times 100}{\text{Gesamtzahl der Gäste}}$$

Daraus lässt sich ableiten:

Artikelanzahl

$$= \frac{\text{bewirtete Gäste} \times \text{Beliebtheitsgrad}}{100}$$

Beluga. Hausen → *Kaviar*.

Bemessungsgrundlage. Die Bemessungsgrundlage ist der Wert oder die mengenmäßige Größe, auf die die Steuer berechnet wird (z. B. zu versteuerndes Einkommen von 120 000,– €; 6 Fl. Sekt).

Bemme. Bestrichene, belegte Brotscheibe. Landsch. bemmen = schmatzen, essen.

Bendajola. Geräucherter Schweinekamm in der ital. Küche.

Benedictine DOM → *Kräuter-Bitterlikör*. Die Abkürzung DOM = Deo optimo maximo bedeutet, frei übersetzt, dem größten, besten Gott. Dieser Kräuterlikör wird in Frankreich von den Mönchen des Benediktinerordens hergestellt. Zu der Herstellung werden ca. 27 verschiedene Kräuter und Weinbrand benutzt. Lagerung in Eichenfässern ist vorgeschrieben.

Bento. Kleine japanische Lunch-Lackschachtel mit Imbiss, oft sehr dekorativ.

Bentonite. Präparierte Tonerde, die in reiner Form zur Schönung von Wein und Most zugelassen ist. Der Hauptbestandteil ist Montmorillonit. Bentonite dienen der Eiweißausfällung.

Benzoesäure. Synthetisch hergestellter Konservierungsstoff, deklarationspflichtig.

Benzpyren. Die beim Räuchern entstehenden Teerstoffe können Krebs erzeugen. Einer dieser krebserregenden Stoffe ist das 3,4-Benzpyren. Pro kg Räucherware darf höchstens 1 ppb 3,4 Benzpyren enthalten sein. 1 ppb = 1 Partikel pro Billion = 0,000 001 g. Durch Untersuchungen an Fleischforschungsanstalten hat man festgestellt, dass 3,4-Benzpyren hauptsächlich im ungekühlten, heißen Rauch entsteht.

Beobachtung(-sgrundsätze). Erste Phase der Mitarbeiter-Beurteilung. Grundsätze: **a)** Beobachtungen müssen neutral sein, **b)** Beobachtungen müssen regelmäßig durchgeführt werden, **c)** Beobachtungen müssen unmerklich durchgeführt werden, **d)** Beobachtungen müssen in gewohnter Umgebung (am Arbeitsplatz) durchgeführt werden, **e)** Beobachtungen müssen zu verschiedenen Tageszeiten erfolgen (Tagesleistungskurve), **f)** Beobachtungen müssen von verschiedenen Personen durchgeführt werden (Objektivität der Beurteilung), **g)** es müssen viele Beobachtungspunkte gesammelt werden.

Beobachtungs-Methode. Verfahren insbesondere bei Betriebs- und Organisations-Analysen durch Inaugenscheinnahme „vor Ort" den Ist-Zustand betrieblicher Vorgänge zu ermitteln und Schwachstellen im Betriebsablauf zu erkennen und abzustellen. *Vorteile:* **1)** Originäre Begegnung mit der Wirklichkeit, **2)** Betriebsabläufe können „in Aktion" untersucht werden, **3)** Zeit- und Bewegungsstudien können durchgeführt werden (Film). *Nachteile:* **1)** Mitarbeiter fühlen sich häufig zu stark kontrolliert, **2)** Großer Zeitaufwand, **3)** Gefahr des „aktuellen Eingreifens" durch den Beobachter. → *Betriebs-Analyse,* → *Organisations-Analyse.*

Berberitze. Sauerdorn, Strauch mit dreiteiligen Dornen, gelbblühend, mit roten, sauren Beeren, die zu Gelee und Likör verarbeitet werden. Die Berberitze ist der Zwischenwirt des Getreide-Schwarzrost-Pilzes. Sie ist deshalb in Gebieten mit intensivem Getreideanbau nicht mehr zu finden.

Bereich (Wein). Mehrere Einzellagen, die in etwa die gleichen Voraussetzungen für den Rebanbau aufweisen, werden zu einem Bereich zusammen gefasst, streng abgegrenzt und registriert. Die Angabe Bereich ist eine wahlweise Etikettenangabe. Zulässig ist auch die Bezeichnung District.

Bergamotte. **1)** Kleinasiatische Agrume (Citrusfrucht), aus den Schalen wird das Bergamottenöl hergestellt, Bestandteil in „Earl-grey-tea". **2)** Birnensorte.

Berger. Frz. → *Anisbrand,* der in Marseille produziert wird. Das Grundrezept stammt von dem Abt und Botaniker Anselme, der im Jahre 1830 ein Aniselexier entwickelte. Er gab es an einen Schweizer namens Berger weiter, der das Getränk in den Handel brachte. Berger wird in den Angebotsformen Blanc (weißer Anisbrand mit hohem Anisanteil) und Pastis (farbiger Anisbrand mit Süßholzzusatz) angeboten.

Bergerac. Die Weinberge von Bergerac liegen im Südwesten Frankreichs an der Dordogne. Bergerac ist ein anerkanntes → *A. C.-Gebiet.* Alle hier produzierten Weine zeichnet ein ausgeprägter Bodengeschmack aus. Das Bergerac-A. C.-Gebiet wird in folgende A. C.-Bezeichnungen aufgeteilt: **1)** Bergerac (Weiß-, Rotweine und Roses), **2)** Côtes de Bergerac (Rot- und Weißwein), **3)** → *Monbazillac* (Weißwein), **4)** → *Montravel* (Weißwein), **5)** Côtes de Montravel, Haut Montravel (Weißwein). Im Bergerac werden mehr Weiß- als Rotweine erzeugt.

Beri-Beri. Mangelerscheinung von Vitamin B_1. Als Vorstufen treten Zerstreutheit, Gedächtnisschwäche, Konzentrationsstörungen und Schlaflosigkeit auf, die zu schweren Muskel- und Nervenfunktionsstörungen (Krämpfe, Lähmungen) führen können.

Berichtsheft → *Ausbildungsnachweis.*

Berieseln. Fachausdruck aus der Weinsprache: Fässer, die gärenden Most beinhalten, zu kühlen, indem sie mit kaltem Wasser besprüht werden. Zweck dieser Maßnahme ist die Verlangsamung der Gärung.

Berliner → *Berliner Pfannkuchen.*

Berliner Kümmel. Kümmellikör, bei dem ein Teil des enthaltenen Alkohols durch feinen Kornbranntwein ersetzt wird. Das Aroma liegt zwischen dem des → *Aquavits* und dem des → *Allaschs.*

Berliner Landbrot. Roggenbrot aus Roggenmehl mit 80 % Ausmahlung (→ *Ausmahlungsgrad),* frei geschoben, mit bemehlter Oberfläche.

Berliner Pfannkuchen – Berliner Kreppel. Gebäck aus feinem → *Hefeteig,* rund geformt, nach der Gare schwimmend in Fett gebacken, nach dem Backen werden sie mit Konfitüre gefüllt und in Zucker gewendet oder mit Fondant glasiert.

Berliner Schnitzel. Gekochtes Kuheuter wird in Scheiben geschnitten, paniert und in der Pfanne gebraten.

Berliner Weiße. Obergäriges Bier; 8 % Stammwürzegehalt; Schankbier; 1/3 Weizen, 2/3 Gerstenmalz. Gärung erfolgt durch Milchsäurebakterien und Hefen; Zugabe von Himbeer- oder Waldmeister-Sirup, aber auch von Kümmelschnaps und Sekt wegen säuerlichem Geschmack.

Bernhard(t). Sarah B. (1844–1923), frz. Tragödin, Klass. Garnitur z. B.: Geflügelsuppe Bernhard(t).

Bernsteinsäure. Säure, die in Spuren in reifen Trauben vorkommt. Sie entsteht bevorzugt im Anfangsstadium der Gärung. Im Wein sind im Allgemeinen weniger als 1 g/l enthalten.

Berrichons. Feines Gebäck aus einem Teig von zerkleinerten Mandeln, Zucker, Mehl und Eischnee. Der Teig wird zu Plätzchen oder Stangen aufdressiert und gebacken.

Bertramskraut. Anderer Ausdruck für → *Estragon.*

Berufsakademie. Einrichtung des tertiären Bildungsbereichs mit einem Abschluss, der dem Fachhochschulabschluss gleichwertig ist. Der Studierende hat einen Berufsausbildungsvertrag und erhält seine Ausbildung im Wechsel zwischen Berufsakademie und Betrieb. Voraussetzung für den Besuch der Berufsakademie ist die fachgebundene oder allgemeine Hochschulreife.

Berufsaufbauschule. Einjährige Vollzeitschule. Voraussetzung für den Besuch ist eine abgeschlossene Berufsausbildung und der Hauptschulabschluss. Nach erfolgreichem Abschluss besteht Möglichkeit zum Besuch einer Fachschule, Fachoberschule oder Eintritt in die 11. Klasse eines beruflichen Gymnasiums.

Berufsausbildungsrahmenplan. Teil der Ausbildungsordnung, Anleitung zur sachlichen und zeitlichen Gliederung der Fertigkeiten und Kenntnisse in einem bestimmten Ausbildungsberuf. Grundlage für die Erstellung des → *Betrieblichen Ausbildungsplans.*

Berufsausbildungsvertrag. Vertrag zwischen dem → *Ausbildenden* und dem → *Auszubildenden,* der vor Beginn der Berufsausbildung geschlossen werden muss. Die Vertragsniederschrift muss vom Ausbildenden, vom Auszubildenden und von dessen gesetzlichem Vertreter unterzeichnet werden. Mindestangaben der Vertragsniederschrift: **a)** Art, sachliche und zeitliche Gliederung sowie Ziel der Berufsausbildung, **b)** Berufstätigkeit, für die ausgebildet werden soll, **c)** Beginn und Dauer der Berufsausbildung, **d)** Ausbildungsmaßnahmen außerhalb der → *Ausbildungsstätte,* **e)** Dauer der regelmäßigen täglichen Ausbildungszeit, **f)** Dauer der Probezeit, **g)** Zahlung und Höhe der Vergütung, **h)** Dauer des Urlaubs, **i)** Voraussetzungen, unter denen der Berufsausbildungsvertrag gekündigt werden kann. *Anleitung zur Niederschrift des Berufsausbildungsvertrages.* **(1)** Vertrag dreifach, bei Mündel vierfach einreichen. **(2)** Die anerkannte Bezeichnung des Ausbildungsberufes ggf. mit der entsprechenden Fachrichtung. **(3)** Gesamte Ausbildungszeit nach dem Berufsbild (Ausbildungsordnung). **(4)** Gründe der Ausbildungsverkürzung eintragen → *Anrechnungspflicht.* Zeugnisse sind beizufügen. **(5)** Datum des Ausbildungsbeginns und Ende, z. B. bei dreijährigem Ausbildungsverhältnis Beginn 01.08.2004 bis 31.07.2007. **(6)** Die Probezeit muss mindestens einen Monat und darf höchstens drei Monate betragen. **(7)** Adresse nur dann eintragen, wenn sie vom Betriebssitz (Adresse oben) abweicht. **(8)** Vorgesehene Ausbildungsmaßnahmen in anderen Betrieben wie z. B. Buchführung bei Steuerberater oder Baupraktikum für Bauzeichner u. a. (ausgenommen Berufsschule). **(9)** Soweit Vergütungen tariflich geregelt sind, gelten mindestens die tariflichen Sätze. Wenn keine Tarifabschlüsse vorliegen, sind die ortsüblichen Vergütungssätze anzuwenden. **(10)** Nach dem Jugendarbeitsschutzgesetz beträgt die höchstzulässige Arbeitszeit (Ausbildungszeit) bei noch nicht 18 Jahre alten Personen 8 Stunden. Im Übrigen sind die Vorschriften des Jugendarbeitsschutzgesetzes über die höchstzulässige Wochenarbeitszeit zu beachten. **(11)** Bei Volljährigkeit des Auszubildenden sind Angaben der Erziehungsberechtigten nicht erforderlich. **(12)** Entweder Werk- oder Arbeitstage eintragen. Der Hinweis „nach Tarif" ist nicht zulässig. Urlaubsanspruch ist für jedes Kalenderjahr einzeln einzutragen. **(13)** Rechtsverbindliche Unterschrift des Ausbildenden (Firma). **(14)** Unterschrift des Auszubildenden (Lehrling). **(15)** Unterschrift der gesetzlichen Vertreter des Auszubildenden. Vertretungsberechtigt sind beide Eltern gemeinsam, soweit nicht die Vertretungsberechtigung nur einem Elternteil zusteht. Ist ein Vormund bestellt, so bedarf dieser zum Abschluss des Ausbildungsvertrages der Genehmigung des Vormundschaftsgerichtes. **(16)** Die bei der Kammer eingereichte sachliche und zeitliche Gliederung der Ausbildung (Ausbildungsplan) ist jedem Vertragsexemplar beizufügen (s. Muster Abb. 13).

Berufsberatung. Teilbereich der Arbeitsverwaltungen, unter der Dachorganisation „Bundesagentur für Arbeit" (BA) zusammengefasst. Bieten dem ratsuchenden Schulabgänger Hilfe zur Berufsfindung und Berufsentscheidung.

Berufsbild. Unabdingbare und allgemeingültige Grundlage für den Inhalt der Ausbildung für jeden Ausbildungsbetrieb. → *Ausbildungsordnung. Im Gaststättengewerbe:* **a)** Koch – Köchin, **b)** Restaurantfachmann – Restaurantfachfrau, **c)** Hotelfachmann – Hotelfachfrau, **d)** Kaufmannsgehilfe – Kaufmannsgehilfin im Gastgewerbe, **e)** Fachgehilfe – Fachgehilfin im Gastgewerbe, Fachmann/-frau Systemgastronomie.

Berufsbildung. Dieser Begriff umfasst nach dem BBiG drei Teilbereiche: **a)** die Berufsausbildung – der Erwerb von Grundlagen für die Ausübung einer qualifizierten beruflichen Tätigkeit, **b)** die Berufsfortbildung – die Erweiterung der Kenntnisse und Fertigkeiten in einem ausgeübten Beruf, **c)** die Berufsumschulung – die zu einer anderen Tätigkeit befähigen soll.

Berufsbildungsgesetz. Rechtliche Grundlage für die Berufsbildung, zu der die Berufsausbildung, die berufliche Fortbildung und die berufliche Umschulung zählen.

Berufsfachschule, a) Einjährige berufsvorbereitende Vollzeitschule, die allgemeine Bildung erweitert und berufliche Grundausbildung vermittelt. Der erfolgreiche Besuch muss lt. Berufsfachschul-Anrechnungsverordnung auf die Ausbildungszeit einer weiteren betrieblichen Ausbildung im gleichen Berufsfeld mit einem Jahr angerechnet werden, **b)** Zweijährige Vollzeitschule mit dem

Berufsausbildungsvertrag (Abb.)

Abb. 13 Berufsausbildungsvertrag

Berufsausbildungsvertrag (Abb.)

§ 1 Ausbildungszeit
1. **(Probezeit)** siehe B (§ 13 BBiG)
   Wird die Ausbildung während der Probezeit um mehr als ein Drittel dieser Zeit unterbrochen, so verlängert sich die Probezeit um den Zeitraum der Unterbrechung.
2. **(Vorzeitige Beendigung des Berufsausbildungsverhältnisses)** (§ 14 Abs. 2 BBiG)
   Besteht der Auszubildende vor Ablauf der unter A vereinbarten Ausbildungszeit die Abschlußprüfung, so endet das Berufsausbildungsverhältnis mit Bestehen der Abschlußprüfung.
3. **(Verlängerung des Berufsausbildungsverhältnisses)** (§ 14 Abs. 3 BBiG)
   Besteht der Auszubildende die Abschlußprüfung nicht, so verlängert sich das Berufsausbildungsverhältnis auf sein Verlangen bis zur nächstmöglichen Wiederholungsprüfung, höchstens um ein Jahr.

§ 2 Ausbildungsstätte(n) siehe C und D

§ 3 Pflichten des Ausbildenden
Der Ausbildende verpflichtet sich,
1. **(Ausbildungsziel)** (§ 6 Abs. 1 Ziff. 1 BBiG)
   dafür zu sorgen, daß dem Auszubildenden die Fertigkeiten und Kenntnisse vermittelt werden, die zum Erreichen des Ausbildungszieles nach der Ausbildungsordnung erforderlich sind, und die Berufsausbildung nach den beigefügten Angaben zur sachlichen und zeitlichen Gliederung des Ausbildungsablaufes so durchzuführen, daß das Ausbildungsziel in der vorgesehenen Ausbildungszeit erreicht werden kann;
2. **(Ausbilder)** (§ 6 Abs. 1 Ziff. 2 BBiG)
   selbst auszubilden oder einen persönlich und fachlich geeigneten Ausbilder ausdrücklich damit zu beauftragen und diesen dem Auszubildenden jeweils schriftlich bekanntzugeben;
3. (unleserlich) (§ 6 Abs. 1 Ziff. 3 BBiG)
   nicht vorhanden, das Ausbildungsberufsbild) kostenlos auszuhändigen;
4. **(Ausbildungsmittel)** (§ 6 Abs. 1 Ziff. 3 BBiG)
   dem Auszubildenden kostenlos die Ausbildungsmittel, insbesondere Werkzeuge, Werkstoffe und Fachliteratur zur Verfügung zu stellen, die für die Ausbildung in den betrieblichen und überbetrieblichen Ausbildungsstätten und zum Ablegen von Zwischen- und Abschlußprüfungen, auch soweit solche nach Beendigung des Berufsausbildungsverhältnisses und in zeitlichem Zusammenhang damit stattfinden, erforderlich sind;³)
5. **(Besuch der Berufsschule und von Ausbildungsmaßnahmen außerhalb der Ausbildungsstätte)** (§ 6 Abs. 1 Ziff. 4 BBiG)
   den Auszubildenden zum Besuch der Berufsschule anzuhalten und freizustellen, sowie sich über die Leistungen anhand der Zeugnisse zu informieren. Das gleiche gilt, wenn Ausbildungsmaßnahmen außerhalb der Ausbildungsstätte vorgeschrieben oder nach Nr. 12 durchzuführen sind;
6. **(Berichtsheftführung)** (§ 6 Abs. 1 Ziff. 4 BBiG)
   dem Auszubildenden die Berichtshefte (Ausbildungsnachweise) für die Berufsausbildung kostenfrei auszuhändigen und die ordnungsgemäße Führung durch regelmäßige Abzeichnung zu überwachen, soweit Berichtshefte im Rahmen der beruflichen Ausbildung verlangt werden;
7. **(Ausbildungsbezogene Tätigkeiten)** (§ 6 Abs. 1 Ziff. 5 BBiG)
   dem Auszubildenden nur Verrichtungen zu übertragen, die dem Ausbildungszweck dienen und seinen körperlichen Kräften angemessen sind;
8. **(Sorgepflicht)** (§ 6 Abs. 1 Ziff. 5 BBiG)
   dafür zu sorgen, daß der Auszubildende charakterlich gefördert sowie sittlich und körperlich nicht gefährdet wird;
9. **(Ärztliche Untersuchungen)**
   von dem jugendlichen Auszubildenden sich Bescheinigungen gemäß §§ 32, 33 Jugendarbeitsschutzgesetz darüber vorlegen zu lassen, daß dieser
   a) vor der Aufnahme der Ausbildung untersucht und
   b) vor Ablauf des ersten Ausbildungsjahres nachuntersucht worden ist;
10. **(Eintragungsantrag)** (§ 33 Abs. 1 BBiG)
    unverzüglich nach Abschluß des Berufsausbildungsvertrags die Eintragung in das Verzeichnis der Berufsausbildungsverhältnisse bei der zuständigen Stelle unter Beifügung der Vertragsniederschriften und – bei Auszubildenden unter 18 Jahren – einer Fotokopie der ärztlichen Bescheinigung über die Erstuntersuchung gemäß § 32 Jugendarbeitsschutzgesetz zu beantragen; entsprechendes gilt bei späteren Änderungen des wesentlichen Vertragsinhaltes;
11. **(Anmeldungen zu Prüfungen)**
    den Auszubildenden rechtzeitig zu den angesetzten Zwischen- und Abschlußprüfungen anzumelden und zur Teilnahme freizustellen sowie der Anmeldung zur Zwischenprüfung bei Auszubildenden unter 18 Jahren eine Fotokopie der ärztlichen Bescheinigung über die erste Nachuntersuchung gemäß § 33 Jugendarbeitsschutzgesetz beizufügen.
12. **(Ausbildungsmaßnahmen außerhalb der Ausbildungsstätte)** siehe D
    (§ 22 Abs. 2 BBiG)

§ 4 Pflichten des Auszubildenden
Der Auszubildende hat sich zu bemühen, die Fertigkeiten und Kenntnisse zu erwerben, die erforderlich sind, um das Ausbildungsziel zu erreichen. Er verpflichtet sich insbesondere,
1. **(Lernpflicht)** (§ 9 Abs. 1 BBiG)
   die ihm im Rahmen seiner Berufsausbildung übertragenen Verrichtungen und Aufgaben sorgfältig auszuführen;
2. **(Berufsschulunterricht, Prüfungen und sonstige Maßnahmen)** (§ 9 Abs. 2 BBiG)
   am Berufsschulunterricht und an Prüfungen sowie an Ausbildungsmaßnahmen außerhalb der Ausbildungsstätte teilzunehmen, für die er nach § 3 Nr. 5 und 11 freigestellt wird, und dem Auszubildenden Berufsschulzeugnisse unverzüglich vorzulegen;
3. **(Weisungsgebundenheit)** (§ 9 Abs. 3 BBiG)
   den Weisungen zu folgen, die ihm im Rahmen der Berufsausbildung vom Ausbildenden, vom Ausbilder oder von anderen weisungsberechtigten Personen, soweit sie als weisungsberechtigt bekannt gemacht worden sind, erteilt werden;
4. **(Betriebliche Ordnung)** (§ 9 Abs. 4 BBiG)
   die für die Ausbildungsstätte geltende Ordnung zu beachten;
5. **(Sorgfaltspflicht)** (§ 9 Ziff. 1 und 5 BBiG)
   Werkzeug, Maschinen und sonstige Einrichtungen pfleglich zu behandeln und sie nur zu den ihm übertragenen Arbeiten zu verwenden;
6. **(Betriebsgeheimnisse)** (§ 9 Ziff. 6 BBiG)
   über Betriebs- und Geschäftsgeheimnisse Stillschweigen zu wahren;
7. **(Berichtsheftführung)** (§ 39 Abs. 1 Ziff. 2 BBiG)
   ein vorgeschriebenes Berichtsheft ordnungsgemäß zu führen und regelmäßig vorzulegen;
8. **(Benachrichtigung)**
   bei Fernbleiben von der betrieblichen Ausbildung, vom Berufsschulunterricht oder von sonstigen Ausbildungsveranstaltungen unter Angabe von Gründen und bei Krankheit deren voraussichtlicher Dauer unverzüglich mitzuteilen. Dauert die Arbeitsunfähigkeit länger als 3 Kalendertage, hat der Auszubildende eine ärztliche Bescheinigung über das Bestehen der Arbeitsunfähigkeit sowie deren voraussichtliche Dauer spätestens an dem darauffolgenden Arbeitstag vorzulegen;

den, sich gemäß §§ 32, 33 dieses Gesetzes ärztlich
a) vor Beginn der Ausbildung untersuchen,
b) vor Ablauf des ersten Ausbildungsjahres nachuntersuchen zu lassen und die Bescheinigungen hierüber dem Ausbildenden vorzulegen.

§ 5 Vergütung und sonstige Leistungen
1. **(Höhe und Fälligkeit)** siehe F (§ 10 Abs. 3, § 11 Ziff. 2 BBiG)
   Eine über die vereinbarte regelmäßige Ausbildungszeit hinausgehende Beschäftigung wird besonders vergütet, oder durch entsprechende Freizeit ausgeglichen. Die Vergütung wird spätestens am letzten Arbeitstag des Monats gezahlt. Das auf die Urlaubszeit entfallende Entgelt (Urlaubsgeld) wird vor Antritt des Urlaubs ausgezahlt.
   Die Beiträge für die Sozialversicherung tragen die Vertragsschließenden nach Maßgabe der gesetzlichen Bestimmungen.
2. **(Sachleistungen)** (§ 10 Abs. 2 BBiG)
   Soweit die Ausbildende dem Auszubildenden Kost und/oder Wohnung gewährt, gilt die als Anlage beigefügte Regelung.
3. **(Kosten für Maßnahmen außerhalb der Ausbildungsstätte)**
   Der Ausbildende trägt die Kosten für Maßnahmen außerhalb der Ausbildungsstätte gem. § 3 Nr. 5, soweit nicht anderweitig gedeckt sind. Ist eine besondere Unterbringung erforderlich, so können dem Auszubildenden anteilige Kosten für die Verpflegung gestellt werden, in dem Umfang in Rechnung gestellt werden. Die Anrechnung von anteiligen Kosten und Sachbezügen gemäß § 10 Abs. 2 BBiG darf 50% der vereinbarten Bruttovergütung nicht übersteigen.
4. **(Berufskleidung)**
   Wird vom Ausbildenden eine besondere Berufskleidung vorgeschrieben, so wird sie von ihm Verfügung gestellt.
5. **(Fortzahlung der Vergütung)** (§ 12 Abs. 1 BBiG)
   Dem Auszubildenden ist die Vergütung auch zu zahlen
   1. für die Zeit der Freistellung
   2. bis zur Dauer von 6 Wochen, wenn er
   [unleserlich] diese aber ausfällt, oder
   ist, seine Pflichten aus dem Berufsausbildungsverhältnis zu erfüllen.
   Sofern Tarifverträge oder Betriebsvereinbarungen andere Regelungen vorsehen, sind diese anzuwenden.

§ 6 Urlaub
1. **(Urlaub)** siehe G
2. **(Lage des Urlaubs)**
   Der Urlaub soll zusammenhängend und in der berufsschulfreien Zeit erteilt und genommen werden. Während des Urlaubs darf der Auszubildende keine dem Urlaubszweck widersprechende Erwerbsarbeit leisten.

§ 7 Kündigung
1. **(Kündigung während der Probezeit)** (§ 15 Abs. 1 BBiG)
   Während der Probezeit kann das Berufsausbildungsverhältnis ohne Einhaltung einer Kündigungsfrist und ohne Angabe von Gründen gekündigt werden.
2. **(Kündigungsgründe)** (§ 15 Abs. 2 BBiG)
   Nach der Probezeit kann das Berufsausbildungsverhältnis nur gekündigt werden
   a) aus einem wichtigen Grund ohne Einhalten einer Kündigungsfrist
   b) vom Auszubildenden mit einer Kündigungsfrist von 4 Wochen wenn er die Berufsausbildung aufgeben oder sich für eine andere Berufstätigkeit ausbilden lassen will.
3. **(Form der Kündigung)** (§ 15 Abs. 3 BBiG)
   Die Kündigung muß schriftlich, im Falle der Nr. 2 unter Angabe der Kündigungsgründe erfolgen.
4. **(Unwirksamkeit einer Kündigung)** (§ 15 Abs. 4 BBiG)
   Eine Kündigung aus einem wichtigen Grund ist unwirksam, wenn die ihr zugrunde liegenden Tatsachen dem zur Kündigung Berechtigten länger als 2 Wochen bekannt sind. Ist ein Schlichtungsverfahren gem. § 9 eingeleitet, so wird bis zu dessen Beendigung der Lauf dieser Frist gehemmt.
5. **(Schadenersatz bei vorzeitiger Beendigung)** (§ 16 BBiG)
   Wird das Berufsausbildungsverhältnis nach Ablauf der Probezeit vorzeitig gelöst, so kann der Auszubildende oder der Auszubildende Ersatz des Schadens verlangen, wenn der andere den Grund für die Auflösung zu vertreten hat. Das gilt nicht bei Kündigung wegen Aufgabe oder Wechsels der Berufsausbildung (Nr. 2b). Der Anspruch erlischt, wenn er nicht innerhalb von 3 Monaten nach Beendigung des Berufsausbildungsverhältnisses geltend gemacht wird.
6. **(Aufgabe des Betriebes, Wegfall der Ausbildungsgrundlage)**
   Bei Kündigung des Berufsausbildungsverhältnisses wegen Betriebsaufgabe oder wegen Wegfalls der Ausbildungseignung verpflichtet sich der Ausbildende, sich mit Hilfe der Berufsberatung der zuständigen Arbeitsamtes rechtzeitig um eine weitere Ausbildung im bisherigen Ausbildungsberuf in einer anderen Ausbildungsstätte zu bemühen.
7. **(Überleitung ohne Mitteilung)** (§ 17 BBiG)
   Wird der Auszubildende im Anschluß an das Berufsausbildungsverhältnis beschäftigt, ohne daß hierüber ausdrücklich etwas vereinbart worden ist, so gilt ein Arbeitsverhältnis auf unbestimmte Zeit als begründet.

§ 8 Zeugnis (§ 8 BBiG)
Der Ausbildende stellt dem Auszubildenden bei Beendigung des Berufsausbildungsverhältnisses ein Zeugnis aus. Hat der Ausbildende die Berufsausbildung nicht selbst durchgeführt, so soll auch der Ausbilder das Zeugnis unterschreiben. Es muß Angaben enthalten über Art, Dauer und Ziel der Berufsausbildung sowie über die erworbenen Fertigkeiten und Kenntnisse des Auszubildenden, auf Verlangen des Auszubildenden auch Angaben über Führung, Leistung und besondere fachliche Fähigkeiten.

§ 9 Beilegung von Streitigkeiten (§ 102 BBiG)
Bei Streitigkeiten aus dem bestehenden Berufsausbildungsverhältnis ist vor Inanspruchnahme des Arbeitsgerichts der nach § 111 Abs. 2 des Arbeitsgerichtsgesetzes errichtete Ausschuß anzurufen.

§ 10 Erfüllungsort
Erfüllungsort für alle Ansprüche aus diesem Vertrag ist der Ort der Ausbildungsstätte.

§ 11 Sonstige Vereinbarungen siehe H
Rechtswirksame Nebenabreden, die das Ausbildungsverhältnis betreffen, können nur durch schriftliche Ergänzung im Rahmen des § 11 dieses Berufsausbildungsvertrages getroffen werden.

Anlage:
Merkblätter zum Berufsausbildungsvertrag in der jeweils gültigen Fassung

³) Der Auszubildende kann das Prüfungsstück gegen Erstattung der Materialselbstkosten erwerben.

Abb. 13 Berufsausbildungsvertrag (Fortsetzung)

Abschluss der Fachschulreife (Anrechnung auf die Ausbildungszeit wie einjährige Berufsfachschule).

Berufsfeld. Zusammenfassung von mehreren Ausbildungsberufen mit gemeinsamen Grundlagen, z. B. Berufsfeld „Gästebetreuer" → *Berufsbild,* → *Berufsgrundbildungsjahr (BGJ).*

Berufsgenossenschaft. Träger der gesetzlichen Unfallversicherung nach der → *RVO* (Arbeitsunfälle, Wegeunfälle, Berufskrankheiten). Leistungen umfassen Krankheitsbehandlung, Berufsfürsorge und Rentenzahlungen, Versicherungsschutz für Betriebsunfälle und Berufskrankheiten. Sie kontrolliert auch die Einhaltung der Unfallverhütungsvorschriften.

Berufsgrundbildungsjahr. Erstes Jahr der Berufsausbildung auf → *Berufsfeld*breite. Die Berufsgrundbildungsjahr-Anrechnungs-Verordnung sieht elf Berufsfelder vor, denen 217 Einzelausbildungsberufe zugeordnet sind. (→ *Ausbildungsverkürzung).* Bildungseinrichtung nach dem Besuch der Hauptschule (Regelfall) in Vollzeitform. Organisationsformen: **a)** BGJ im dualen System in kooperativer Form (Ausbildungsbetriebe und Berufsschule gemeinsam), **b)** BGJ im schulischen System in kooperativer Form – Träger ist die Berufsschule allein, die sich aber zur Vermittlung fachpraktischer und fachtheoretischer Inhalte betrieblicher bzw. überbetrieblicher Ausbildungseinrichtungen bedient, **c)** BGJ in vollschulischer Form. Träger ist die Berufsschule allein. **d)** BGJ in vollbetrieblicher Form. Träger ist der Ausbildungsbetrieb allein.

Berufskleidung. Typische Kleidung, die nur in Ausübung des Berufes getragen wird. Bei Köchen: karierte Hose, weiße Jacke, Halstuch, Hut. Beim Servicepersonal: schwarze oder schwarzweiße Kleidung oder die dem Stil des Hauses angepasste Kleidung (Trachten u. Ä.). Viele Häuser haben auch für weiteres Personal Berufskleidung, wie z. B. an der Rezeption. Außerdem gehören auch alle Berufskittel zur Berufskleidung. Teilweise wird die Berufskleidung vom Arbeitgeber gestellt und gereinigt (als Personalwäsche in der hauseigenen Wäscherei).

Berufskrankheit liegt vor, wenn: **a)** die gesundheitliche Schädigung durch die berufliche Tätigkeit entstanden und **b)** die Erkrankung in BekV erfasst ist und **c)** zusätzlich alle schädigenden Tätigkeiten unterlassen wurden.

Berufsschule → *Schulen.* Berufsbegleitende Schule im dualen Ausbildungssystem für alle berufsschulpflichtigen Jugendlichen. Pflichtschule für nicht mehr hauptschulpflichtige Jugendliche bis zum vollendeten 18. Lebensjahr, die in einem Ausbildungsverhältnis, Anlern- oder Arbeitsverhältnis stehen oder erwerbslos sind. **a)** Teilzeit-Unterricht (wochenweise) oder **b)** Zusammengefasste Zeitabschnitte im Vollzeit-Unterricht (Blockunterricht).

Berufsunfähigkeit. Während man unter Arbeitsunfähigkeit versteht, dass jemand auf Dauer oder zeitweise zu keiner Arbeit fähig ist, erstreckt sich die Berufsunfähigkeit nur darauf, dass jemand unfähig ist, seinen speziellen Beruf auszuüben.

Berufsunfähigkeitsrente. Rente, die im Falle der Berufsunfähigkeit gezahlt wird.

Berufsverband. Vereinigung von natürlichen und juristischen Personen, die gleiche oder ähnliche Berufe ausüben. Ihr Ziel ist i. d. R. die berufsständische Vertretung gegenüber dem Gesetzgeber und der Öffentlichkeit sowie die Förderung der Berufstätigen, des Nachwuchses und der Ausbildung. Die wichtigsten Verbände im Hotel- und Gaststättengewerbe sind: **a)** Deutscher Hotel- und Gaststättenverband DEHOGA, **b)** Verband der Köche Deutschlands VKD, **c)** Verband der Serviermeister und Restaurantfachleute VSR, **d)** Barkeeper-Union BU, **e)** Verband der Hoteldirektoren VDH.

Bestecke – Ausstattung

Berufsvorbereitung → *Leitfaden zur betrieblichen B.*

Besan. Indisches Mehl aus Kichererbsen.

Beschäftigung, geringfügige → *Geringfügige Beschäftigung,* → *Aushilfskräfte.*

Beschäftigungsgrad → *Kapazitätsmessung,* → *Kennzahlen.* Die Höhe des Beschäftigungsgrades wird in % der Kapazität (Vollbeschäftigung = 100 %) ausgedrückt. Sie ist für die Kostenüberlegungen deshalb wichtig, weil in der Nähe der vollen Auslastung die Kosten meist schneller steigen als im Normalfall und weil bei sinkendem Beschäftigungsgrad die Kosten weniger schnell fallen, als sie bei steigendem Beschäftigungsgrad ansteigen (Kostenremanenz).

Beschäftigungsverbot → *Gesundheitsschutz.* Zum Schutz des Gastes sind dem Gastwirt Beschäftigungsverbote für bestimmte Personen auferlegt. Hierzu gehören: **a)** das Verbot zur Beschäftigung „unzuverlässiger" Personen, z. B. wegen Betrug oder Körperverletzung vorbestrafter Personen, **b)** das Verbot, Personen in der Küche oder bei der Zubereitung von Speisen und Getränken zu beschäftigen, die an Typhus, Paratyphus, Salmonellose, Tuberkulose oder bestimmte Hautkrankheiten leiden oder Krankheitserreger ausscheiden.

Beschaffung. Neben Produktion und Absatz ist die Beschaffung der 3. wichtige Betriebsbereich. Sie hat die Aufgabe, die zur Erstellung der betrieblichen Leistung erforderlichen Güter und Dienste in ausreichender Menge und geforderter Qualität zum rechten Zeitpunkt am Einsatzort (Betriebsbereich) bereitzustellen. Dabei sollten die Beschaffungs- und Lagerkosten so niedrig wie möglich gehalten werden. Deshalb ist die Berechnung der → *optimalen Bestellmenge* ebenso wichtig wie die Errechnung der → *optimalen Lagergröße* → *Raumbedarf* (Anhang A6) (Abb. 14). Für einen Beschaffungsplan sind zu beachten: **a)** Preise der Waren (günstige Angebote, Liefererkartei), **b)** Lieferungs- und Zahlungsbedingungen (Nachlässe, Mengengebinde, Frischlieferungstermine), **c)** Beschaffungskosten (Transport, Leergut usw.), **d)** Lagerkosten und Zinskosten bei zu lagernden Waren (bei Wein evtl. im Vergleich zur Wertsteigerung).

Besenwirtschaft → *Straußwirtschaft.* Besen-, Kranz- oder Straußwirtschaften, nur zeitweilig geöffneter Schankbetrieb ohne Konzession, um Restwein verkaufen zu können.

Besinge. Altdeutscher Ausdruck für Heidelbeeren.

Besteck (s. Abb. 15).

Bestecke – Ausstattung, Restaurantbedarf: Großes Besteck, Mittelbesteck, kleines Besteck. Spezialbestecke: Fischbesteck, Hummergabel, Hummerzange, Spargelhe-

---

Monatsbedarf	715 Flaschen Wein der Sorte A
− Bestand am Monatsbeginn	48 Flaschen Wein der Sorte A
− ausstehende Bestellung	220 Flaschen Wein der Sorte A
+ gewünschter Endbestand	100 Flaschen Wein der Sorte A
= Beschaffungsmenge des Monats	547 Flaschen Wein der Sorte A

→ *optimale Bestellmenge*

Abb. 14 Beschaffung

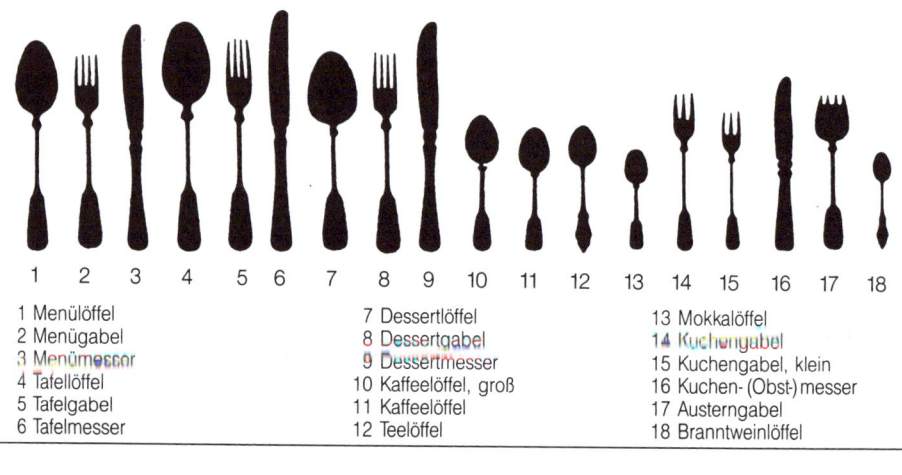

Bestellbestand

1 Menülöffel
2 Menügabel
3 Menümesser
4 Tafellöffel
5 Tafelgabel
6 Tafelmesser
7 Dessertlöffel
8 Dessertgabel
9 Dessertmesser
10 Kaffeelöffel, groß
11 Kaffeelöffel
12 Teelöffel
13 Mokkalöffel
14 Kuchengabel
15 Kuchengabel, klein
16 Kuchen- (Obst-) messer
17 Austerngabel
18 Branntweinlöffel

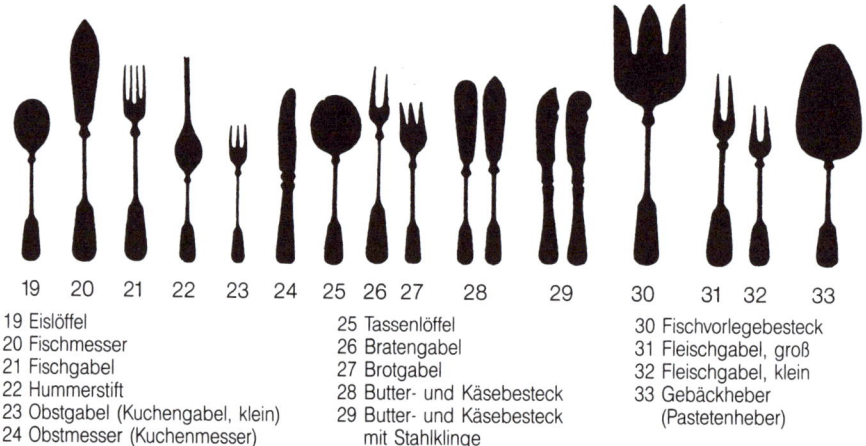

19 Eislöffel
20 Fischmesser
21 Fischgabel
22 Hummerstift
23 Obstgabel (Kuchengabel, klein)
24 Obstmesser (Kuchenmesser)
25 Tassenlöffel
26 Bratengabel
27 Brotgabel
28 Butter- und Käsebesteck
29 Butter- und Käsebesteck mit Stahlklinge
30 Fischvorlegebesteck
31 Fleischgabel, groß
32 Fleischgabel, klein
33 Gebäckheber (Pastetenheber)

Abb. 15   Systematische Zusammenstellung traditioneller Universal-Bestecke

ber, Austerngabel, Krebsbesteck, Kaviarmesser, Schneckengabel/-zange, Kuchengabel, Mokkalöffel, Obstbesteck, Traubenschere. Hilfsgeräte: Suppern-/Soßenlöffel, Eiszange, Tortenheber, Nussknacker, Käsemesser, je nach Restaurantgröße/Kategorie.

Bestellbestand   → *Meldebestand*.

Bestellmenge, optimale   → *optimale Bestellmenge* (Abb. 14).

Bestellzeitpunkt   → *Zeit-Disposition*. Zeitpunkt, an dem wieder bestellt werden muss. Er errechnet sich:

Bestellzeitpunkt = Tagesbedarf × Lieferzeit (evtl. + Sicherheitszuschlag.)

Bestecke (Abb.)

34 Gebäckheber, graviert	38 Kinderlöffel
35 Gemüselöffel	39 Kindergabel
36 Käsehobel	40 Kindermesser
37 Kartoffellöffel	41 Kompottlöffel, groß

42 Kompottlöffel, klein
43 Konfektgabel
44 Portionslöffel
45 Rahmlöffel

46 Sahnelöffel (Tassenlöffel)
47 Sahnelöffel, gebogen
48 Sahnelöffel, gebogen, klein
49 Salatbesteck, groß
50 Salatbesteck, klein

51 Salzlöffel
52 Sardinenheber
53 Saucenlöffel
54 Schlagsahnelöffel
55 Schräglöffel

56 Serviettenring
57 Spargelheber
58 Speiseschieber

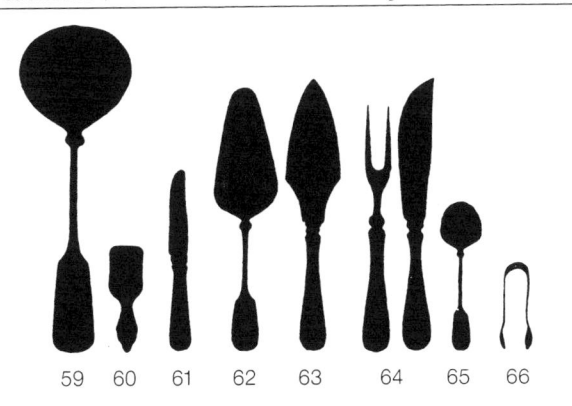

59 Suppenschöpfer
60 Teeschaufel
61 Tomatenmesser
62 Tortenheber
63 Tortenheber, graviert
64 Tranchierbesteck
65 Zuckerlöffel
66 Zuckerstange

Abb. 15 Systematische Zusammenstellung traditioneller Universal-Bestecke (Fortsetzung)

Bestrahlen

Intervall, in dem beschafft wird; Zeit, die sich ergibt aus:

$$\text{Bestellrhythmus} = \frac{360}{\text{optimale Zahl der Beschaffungen pro Jahr}}$$

wobei die optimale Zahll der Beschaffungen wie folgt berechnet wird:

$$\text{optimale Zahl der Beschaffungen} = \frac{\text{Jahresbedarf}}{\text{optimale Bestellmenge}}$$

Abb. 16 Bestellryhthmus

Bestrahlen von Lebensmitteln zum Zweck der Konservierung ist in Deutschland verboten. Um Mikroorganismen abzutöten oder Enzyme zu inaktivieren, sind so hohe Strahlendosen notwendig, dass dadurch die Rohstoffe in Struktur und Geschmack nachhaltig verändert werden. Ausnahmen von dem Verbot: Röntgenstrahlen, Gammastrahlen zu Mess- und Kontrollzwecken, UV-Strahlen für Wasser.

Betaine. Im Tier- und Pflanzenreich häufig vorkommende Stickstoffverbindung. Betaine werden aus Zuckerrübenschlempe gewonnen oder synthetisch hergestellt.

Betanin. Roter Farbstoff der Roten Rübe (Rote Bete). Der Saft wird auch industriell als Farbstoff genutzt.

Betises de cambrai. Frz. Pfefferminzkonfekt.

Betriebliche Altersversorgung. Von den Betrieben freiwillig gewährte Sozialleistungen in Form der Alters-, Invaliden- oder Hinterbliebenenrente, die dem Arbeitnehmer aufgrund seines Dienstverhältnisses gewährt werden.

Betrieblicher Ausbildungsplan. Sachliche und zeitliche Gliederung der Ausbildung Auszubildender durch den Ausbildenden auf der Grundlage des → *Ausbildungsberufsbildes*, des → *Berufsausbildungsrahmenplans*, der → *Prüfungsanforderungen* (Ausbildungsordnung).

Betriebsabrechnung → *Kostenrechnung*

Betriebsabrechnungsbogen. (BAB), statistisches Mittel zur Verrechnung der Gemeinkostenarten auf die Kostenstellen. Dabei werden die Kostenstellen nach dem Betriebsablauf und der Betriebsgröße (zweckmäßigerweise aus einem Organigramm heraus) entwickelt. Ziel dieser Verrechnung ist die Zurechnung der Kosten auf die Produkte. Es werden unterschieden: **1)** *Hauptkostenstellen* (Primärkostenstellen), die ihre Kosten nicht an andere Kostenstellen abgeben, weil sie die eigentlichen Betriebsbereiche sind wie z. B. Beherbergung, Küche, Restaurant, Nebenbetriebe, wie Schwimmbad, Sauna u. a. **2)** *Hilfskostenstellen* (Sekundärkostenstellen), die ihre Leistungen und deshalb auch ihre Kosten an andere Kostenstellen abgeben. Im Gegensatz zu allgemeinen Kostenstellen geben sie jedoch Leistung und Kosten meist nur an eine Kostenstelle ab; z. B. die Pâtisserie oder die Fleischerei an die Küche. **3)** *Allgemeine Kostenstellen* sind Kostenstellen, die mit ihren Leistungen dem ganzen Betrieb oder mehreren Kostenstellen dienen und deshalb auch die Kosten an diese abgeben. Hierzu gehören z. B. Heizung, Stromversorgung, aber auch die Werkstätten und Reparaturkolonnen. Für die Verteilung der Gemeinkosten auf die Kostenstellen bedarf es eines sinnvollen Schlüssels.

Betriebsanalyse → *REFA*, → *Betriebsberater*. Systematische Untersuchung des Betriebes mit wissenschaftlichen Mitteln zu dem Zweck, evtl. Fehlentwicklungen aufzudecken. Eine Betriebsanalyse kann sich erstrecken auf: a) die technischen Abläufe, b) die Betriebsabläufe, c) auf kaufmännische Zusammenhänge, d) auf Arbeitsabläufe, e) auf die gesamte Organisation oder Teile davon u. a. m.

Betriebsanmeldung → *Betriebseröffnung.*

Betriebsausgabe. Was betriebswirtschaftlich als Kosten bezeichnet wird, nennt das Steuerrecht Betriebsausgabe (BA), nämlich: Aufwendungen, die durch den Betrieb verursacht sind. Sie stehen im Gegensatz zu den Privatausgaben und dürfen bei der Gewinnermittlung abgezogen werden.

Betriebsberater. Betriebsfremde sachverständige Rationalisierungsfachleute, Wirtschaftsprüfer, Steuerberater, aber auch → *REFA*-Fachleute, die aufgrund der von ihnen durchgeführten betrieblichen Untersuchungen der Betriebsleitung Organisationsmöglichkeiten vorschlagen.

Betriebsberatung. Es gibt fast in jedem Bundesland eine speziell für gastronomische Betriebe ausgerichtete Betriebsberatung. Sie übernimmt es, den Ist-Zustand zu ermitteln und für die notwendigen Änderungen zu beraten.

Betriebsblindheit. Erstarren in betrieblicher Routine. Das Nicht- oder Nicht-Mehr-Erkennen betrieblicher Notwendigkeiten.

Betriebsbuch → *Schankverordnung.*

Betriebseinnahme. Begriff des Einkommensteuerrechtes, das darunter Geld und geldwerte Güter versteht, die dem Betrieb zufließen und die Basis für die Gewinnerzielung sind. Hierzu gehören neben den Erlösen aus den Hauptgeschäften auch die Einnahmen aus Hilfs- und Nebengeschäften; also neben den Erlösen aus Küche, Keller und Beherbergung auch die Einnahmen aus Kiosken oder Vitrinen oder dem Verkauf gebrauchter Güter des Anlagevermögens sowie der Geldwert des Eigenverbrauchs.

Betriebsergebnis → *Ergebniskonten.*

Betriebseröffnung → *Existenzgründung.* Eine Betriebseröffnung kann in der Gastronomie auf verschiedene Weise erfolgen: 1) Durch Überführung der Vermögensgegenstände aus dem Privatvermögen in das Betriebsvermögen (Neugründung). 2) Durch Kauf eines Unternehmens als Ganzes. 3) durch → *Pacht,* wobei dann das Betriebsvermögen dem Pächter zur Nutzung überlassen wird. Sind alle sachlichen Voraussetzungen gegeben, ist neben den Formalien für die Konzessionserteilung noch eine Reihe von Anmeldungen zu vollziehen: a) evtl. Eintragung im Handelsregister, b) Anmeldung bei der zuständigen Berufsgenossenschaft, c) Meldung der Beschäftigten bei der Krankenkasse, d) Meldung der Auszubildenden bei der → *IHK,* e) Antrag auf Versicherungsnachweis für die Beschäftigten beim Arbeitsamt, f) Anmeldung bei der → *GEMA,* g) Anmeldung bei den städtischen Versorgungsunternehmen, h) Anmeldung des Telefons evtl. Einrichtung eines Postfachs (Postvollmacht) u. a.

Betriebsführung. Die Betriebsführung liegt in den Händen der Unternehmensleitung. Aufgabenbereiche: 1) *Planung.* Es werden zuerst *Ziele* gesetzt, wie z. B. Gewinnerhöhung, bessere Auslastung, umfangreicheres Speisenangebot usw. Dann werden die Mittel zur Erreichung der Ziele zusammengestellt, und es folgt der *Entscheidungsprozess,* bei dem die angewendeten Mittel bestimmt werden. 2) *Organisation.* Die Phase der Umsetzung des Planes in die Betriebswirklichkeit mit den vorgesehenen Mitteln. 3) *Kontrolle,* um festzustellen, ob die Planziele erreicht werden oder ob Korrekturen notwendig sind. Hier sind es besonders: a) Erfolgskontrolle und b) Kostenkontrolle, die im Vordergrund stehen. Aber auch hinsichtlich des richtigen Personaleinsatzes, der Hygiene und der Qualität sind Kontrollen angebracht.

Betriebsgliederungsplan. Zusammenfassung gleichartiger Tätigkeiten auf der Grundlage des → *Aufgabengliederungsplans* zu betrieblichen Funktionen. Basis für den → *Stellenplan*.

Betriebshierarchie. Betriebliche Rangordnung der formellen Organisation mit Festlegung bestimmter Zuständigkeiten, gekennzeichnet durch Über-, Gleich- und Unterordnung der Stellen im Betriebsgefüge.

Betriebshygiene. Einsatz aller Maßnahmen, die erforderlich sind, um den Gastwirt, seine Mitarbeiter und seine Gäste vor gesundheitlichen Gefahren zu schützen. Ungeachtet der Auflagen der Hygieneverordnungen, des Lebensmittelgesetzes, der Arbeitsstättenverordnung und des Bundesseuchengesetzes hat die Betriebshygiene betriebswirtschaftliche Ziele (evtl. Schließung des Betriebes wegen Nichteinhaltung der Hygienebestimmungen) und berufs- und branchenspezifische Gründe (Verruf eines Berufsstandes bzw. Imageeinbußen der Gastronomie in der Öffentlichkeit). Die Betriebshygiene erstreckt sich auf a) persönliche Hygiene = Körperpflege, Kleidung, gesunde Ernährung, Einhaltung der Nachtruhe, sinnvolle Gestaltung der Pausen und Beachtung der Unfallverhütungsvorschriften, b) Hygiene der Einrichtungen, Betriebs- und Goiträume = Mindestluftraum, Atemluft, Raumtemperatur, Mindesthöhe, Be- und Entlüftung, Bewegungsfläche, Beleuchtung, Fußbodenausstattung, Lärm, Sichtverbindungen, Nichtraucherschutz, Sanitärräume, Sitzgelegenheiten, Hygienevorrichtungen an Büfetts, Material der verwendeten Maschinen, Geräte und Handwerkzeuge, Geschirre für Gäste, Transportmittel, Lagerräume u. a., c) Hygiene der Lebensmittel = Aufbewahrung, Verarbeitung, Verkauf, Weiterverwendung, Kennzeichnung (Konservierungsstoffe und Farbstoffe), d) Hygiene der Reinigung, Entsorgung (Abfälle) und Schädlingsbekämpfung.

Betriebs-Image. Erscheinungsbild des Betriebes (Ruf, Leumund) auf der Grundlage der Geschäftspolitik (Leistungsqualität). Image-Faktoren: Dienstleistungsangebot, Ausstattung, Preisstellung, Service, Mitarbeiter als Imageträger.

Betriebskantine → *Bewirtungsbetriebe*.

Betriebsklima. Atmosphäre der betrieblichen Umwelt; Zusammenwirken aller Faktoren, die das Wohlbefinden oder Unbehagen des Arbeitnehmers am Arbeitsplatz ausmachen. Indikatoren für das Arbeitsklima sind: a) Fehlzeiten, b) Fluktuationsrate, c) Leistungsminderung oder -steigerung, d) Arbeitnehmerengagement. Bestimmungsfaktoren für das Betriebsklima sind: a) gute Personalpolitik, b) sinnvolle Unternehmenspolitik, c) Human Relations. Mittel zur Schaffung eines guten Betriebsklimas sind: a) leistungsgerechte Entlohnung, b) Sicherung der Arbeitsplätze, c) Einsatz der human relations, d) Berücksichtigung legitimen Aufstiegsdenkens, e) Entfaltungsspielraum und Vertrauen.

Betriebsorganisation. Der auf zielgerichteter → *Planung* beruhende Lenkungsapparat der Betriebsleitung, der ein System dauerhaft angelegter betrieblicher Regelungen bereithält, um einen kontinuierlichen und zweckmäßigen Betriebsablauf und den Wirkzusammenhang zwischen den Trägern betrieblicher Aufgaben zu gewährleisten. Die Betriebsorganisation umfasst zwei Teilgebiete: a) *Aufbauorganisation*. Hierbei werden die Aufgaben auf die einzelnen Abteilungen verteilt und geregelt, auf welche Weise die einzelnen Abteilungen zusammenarbeiten. Die Kurzübersicht hierzu ist das → *Organigramm*, b) *Ablauforganisation*. Hierbei wird der Arbeitsablauf selbst gestaltet und gesteuert, indem die Aufgaben der Arbeitnehmer genau beschrieben werden.

Betriebspate. Mitarbeiter, der aufgrund seiner betrieblichen Erfahrung und persönlichen Eignung (pädagogisches Geschick,

Geduld, Kontaktbereitschaft, Hilfsbereitschaft, Informationsfreudigkeit, Verständnis) bei Einführung und Anlernung neuer Mitarbeiter tätig wird und ihn in dieser Einarbeitungsphase betreut.

Betriebsprüfung → *Revision*. Unter Betriebsprüfung können verstanden werden: 1) Die Betriebsprüfung, die von der Geschäftsführung in untergeordneten Unternehmensteilbereichen (Untergesellschaften) durchgeführt wird. Im Rahmen dieser Prüfung kontrolliert die Zentrale der Gesellschaft (Konzern, Kompanie) vor allem die Einhaltung der vorgegebenen Zielgrößen wie z. B. die Erreichung der Belegungsziffern, die Einhaltung des Materialeinsatzes, Erreichung oder Einhaltung weiterer im Budget vorgegebener Zielgrößen. 2) Die steuerliche Betriebsprüfung, die vom Finanzamt durchgeführt wird.

Betriebsrat. Gewählte Vertretung der Arbeitnehmer eines Betriebes. Er soll zum Wohl der Arbeitnehmer vertrauensvoll mit der Betriebsleitung, der Gewerkschaft und u. U. dem Arbeitgeberverband zusammenarbeiten. Die Tätigkeiten führt der gewählte Vorsitzende und sein Stellvertreter aus. Dem Betriebsrat stehen teilweise Mitbestimmungs-, teilweise Mitwirkungs-, Informations- und Anhörungsrechte zu. Er informiert in Betriebsversammlungen über seine Tätigkeit. Betriebsratsmitglieder üben ihr Amt ehrenamtlich aus. Sie haben ein Recht auf Freistellung für ihre Tätigkeit.

Betriebsstatistik → *Rechnungswesen*.

Betriebsstoffe → *Produktionsfaktoren*. Stoffe, die mittelbar der Herstellung von Erzeugnissen dienen, aber nicht Bestandteil des Erzeugnisses werden (Energie, Reinigungs-, Wartungs-, Büromaterial).

Betriebsübersicht → *Hauptabschlussübersicht*.

Betriebs- und Geschäftsausstattung. Alle Vermögensgegenstände, die als betriebliche Gebrauchsgegenstände länger nutzbar sind und weder Maschinen, Fuhrpark, Grundstück oder Gebäude sind, gehören zur Betriebs- und Geschäftsausstattung. Zur *Betriebsausstattung* gehört alles, was dem Betrieb im Bereich der Herstellung oder Bereitstellung der Dienstleistung dient, z. B. die Ausstattung der Gästezimmer und der Ggasträume sowie der Lager und der Küche. Zur *Geschäftsausstattung* rechnet man die Ausstattung der Direktions- und Verwaltungsräume einschl. der innerbetrieblichen Rufanlagen oder innerbetriebl. Telefonanlagen, Telex- und EDV-Anlagen.

Betriebsveräußerung → *Geschäftsübertragung*.

Betriebsvereinbarung → *Kollektivvertrag*, der zwischen Arbeitgeber und Betriebsrat geschlossen wird. Er regelt die Arbeitsbedingungen innerhalb des Betriebes.

Betriebsvergleich. Vergleich betrieblicher Kennziffern, innerbetrieblich durch den Vergleich der gleichen Kennziffern verschiedener Perioden oder außerbetrieblich durch den Vergleich der Kennziffern verschiedener Betriebe oder verschiedener Wirtschaftszweige. Hotel- und Gaststättenbetriebe werden z. B. in NRW in einem veröffentlichten Betriebsvergleich dargestellt. Für den Hotelbetriebsvergleich werden zur besseren Übersicht folgende Gruppen gebildet:

Betriebstyp:	qualitativer Standard:
Stadthotels	First-class-Ausstattung
Hotels in Ferienorten, Kurhotels	gehobene Ausstattung
Hotel-garni-Betriebe	normale Ausstattung

Betriebsvermögen

Das Deutsche Wirtschaftswissenschaftliche Institut für Fremdenverkehr an der Universität München (DWIf) führt seit mehr als 40 Jahren solche Analysen durch, die jeder käuflich erwerben kann.

Betriebsvermögen → *Vermögen*. Wirtschaftsgüter, die dem gewerblichen Betrieb als Hauptzweck dienen und die dem Unternehmer dadurch zur Verfügung stehen, dass er das rechtliche oder wirtschaftliche Eigentum an ihnen besitzt. Die Bewertung des Betriebsvermögens erfolgt nach den Vorschriften des Bewertungsgesetzes im Einheitswertverfahren, bei dem das Finanzamt den Einheitswert aufgrund der vom Unternehmer eingereichten Vermögensaufstellung ermittelt. Wird der Begriff „Betriebsvermögen" in Zusammenhang mit der Bilanz verwendet, versteht man darunter den Saldo zwischen Vermögen und Schulden, also das Reinvermögen oder Eigenkapital.

Betriebsvermögensvergleich → *Gewinnermittlung*. Der Betriebsvermögensvergleich ist eine Art der Gewinnermittlung, wie sie das EStG in den §§ 4 Abs. 1 und § 5 vorschreibt. Hierbei ergibt sich der Gewinn als die Differenz zwischen dem Betriebsvermögen am Anfang des Jahres und dem Betriebsvermögen am Ende des Jahres, korrigiert um die Privatentnahmen bzw. Privateinlagen.

	Betriebsvermögen am Ende des Jahres
−	Betriebsvermögen am Anfang des Jahres
	Differenz
+	Privatentnahmen
−	Privateinlagen
=	Gewinn/Verlust.

Betriebsvorrichtungen. Getrennt zu bewertende Wirtschaftsgüter, die als Betriebsanlage oder Betriebsvorrichtung mit dem gewerblichen Betrieb in enger Verbindung stehen. Die Abgrenzung dieser Betriebsvorrichtungen ist besonders dort schwierig, wo sie im Gebäude eingebaut sind und nach den Vorschriften des BGB zum Gebäude gehören, wie z. B. eine Schallschutztür, die ein Gastwirt an seinem Saal anbringen lässt, damit der Lärm der Veranstaltungen nicht die Gäste im Restaurant stört.

Betriebswirtschaftliche Auswertung → *DATEV* und *Chefinformation*.

„Betrunkener" (Gaststättengesetz). Der Begriff „Betrunkener" des § 20 Nr. 2 setzt keine Volltrunkenheit voraus. Es genügt ein angetrunkener Zustand, in dem sich eine Person unter dem Einfluss genossenen Alkohols durch äußere Anzeichen erkennbar nach vorstädiger Beurteilung nicht mehr eigenverantwortlich verhalten kann und damit unzurechnungsfähig im Sinne des § 51 Abs. 2 Strafgesetzbuch (StGb) ist. Betrunken im Sinne des § 20 Nr. 2 GastG sind somit auch schon Gäste, bei denen körperliche Ausfallerscheinungen zu beobachten sind.

BetrVerfG. Abkürzung für „Betriebsverfassungsgesetz".

Betten. Die von einem Hotel erworbenen Betten müssen hohe Qualität und besondere Haltbarkeit haben. Für Ein- und Zweibettzimmer sind Betten in den Standardgrößen von 200 × 90 cm und 200 × 100 cm üblich. Für übergroße Gäste sollten Ansatzstücke und zugehörige Matratzenteile bereitgehalten werden. Daneben finden sich in Doppelzimmern zwei nebeneinanderstehende Betten, oder die Form des Großbettes, die bei 2 m Länge in den Breiten 140 cm (granlit), 160 cm (Queen-Size), 180 cm (King-Size) und 200 cm (Studio-Bett) vorkommt. Auch Kinderbetten sind bereitzuhalten. Wichtig für das Wohlbefinden des Gastes ist dabei das Mikroklima. Es wird wesentlich mitbestimmt von den → *Matratzen*, den → *Zudecken* und der → *Wäsche*.

Bettfedern. Zur Füllung von Bettwaren werden Daunen und Federn verwendet. Es kommen in Betracht: **a)** Gänsefedern, die kurz und gedrungen sind und am Ende einen Flaum haben, **b)** Entenfedern, klein und ohne oder mit ganz wenig Flaum, **c)** Daunen von Gans und Ente, die lediglich einen Kern haben, aus dem die „Haare" wachsen. Sie sind auf dem Markt unter den Bezeichnungen 1) reine Daune, in der keine Federteile enthalten sein dürfen, 2) Daune, die bis zu 10 % kleine Federteile enthalten darf, 3) Federige Daune mit bis zu 50 % kleinen Federteilen, 4) Halbdaune, in der mindestens 15 % Daunen enthalten sein müssen. Unter Fiderdaunen versteht man die Daunen der Eiderente, die leichter sind als die anderen Daunen. Hühnerfedern sind für Bettfedern ungeeignet.

Bettfüllung. Füllmengen: Kopfkissen 1–1,25 kg Federn Halbdaunen. Zudecken, je nach Art (gestept oder nicht gestept) 1 kg Daunen oder 2 bis 2,5 kg Halbdaunen. Nach ca. drei Jahren ist Reinigung und Nachfüllen notwendig.

Beugel. Österreichische Hefestücke mit Nussfüllung.

Beurrecks. Eigenname der türkischen Sprache: „Türkische Zigarren". Ein dem Strudel ähnlicher Filo (Phillo)-Teig, länglich geformt. Einlage sind kleine Käsewürfel mit weißer Sauce gebunden. Zigarrenform. In der Frittüre oder auf dem Blech im Ofen gebacken.

Beurre manié. Mehlbutter. Mit Mehl verknetete Butter zum Binden von Saucen oder Suppen (à la minute).

Beurrer. Frz.: Ausbuttern oder mit Butter bestreichen.

Beurteilungsarten. → *Mitarbeiterbeurteilung.*

Beurteilungsbogen. Aufzeichnung der Personalien und Beurteilungskriterien für einen bestimmten Arbeitsplatz.

Beurteilungsfehler → *Mitarbeiterbeurteilung.*

Beurteilungsgespräch. Letzte Konsequenz der Mitarbeiter-Beurteilung. Lt. BetrVerfG. kann der Arbeitnehmer verlangen, dass mit ihm die Beurteilung seiner Leistungen sowie die Möglichkeiten seiner beruflichen Entwicklung im Betrieb erörtert werden. Der Arbeitnehmer hat das Recht, in die über ihn geführten Personalakten Einsicht zu nehmen. Verlaufs-Schema: **a)** Gespräch in positiver Atmosphäre beginnen, **b)** gute Leistungen und Verhaltensweisen würdigen, **c)** schlechte Leistungen und Verhaltensweisen taktvoll erörtern, **d)** Gründe für Fehlleistungen und Fehlverhalten klären, Rechtfertigungen entgegennehmen, **e)** gemeinsame Lösung zur Behebung offensichtlicher Mängel anstreben, **f)** Gespräch in positiver Atmosphäre beenden.

Beurteilungsstufen → *Mitarbeiterbeurteilung.*

Beuschel. Süddeutsche und österreichische Bezeichnung für Lunge. Bekanntes Gericht: Wiener Beuschel.

Bevollmächtigter handelt im Namen dessen, der ihm die Vertretungsmacht verliehen hat. Seine Geschäfte verpflichten den Vollmachtgeber. Die folgenden Bevollmächtigten können vorkommen: **1)** *Handlungsbevollmächtigte:* Ihre Vollmacht wird ausdrücklich oder stillschweigend erteilt und nicht ins Handelsregister eingetragen. Sie zeichnen mit „i. V." Die ihnen erteilte Vollmacht kann unterschiedlich sein: a) Einzelvollmacht, die nur für eine einmalige Handlung gilt (z. B. Prozessvollmacht, Quittung ausstellen u. a.); b) Artvollmacht, die sich auf bestimmte Arten immer wiederkehrender Geschäfte bezieht (z. B. Personaleinstellung, Bankettabsprachen); c) Generalvollmacht, die für alle gewöhnliche Geschäfte und Rechtshandlungen des Betriebes gilt, für die sie erteilt ist. **2)** *Prokura:* die umfassendste Vollmacht, die aber nur von Vollkaufleuten erteilt werden kann und ins Handelsregister einzutragen ist. Prokuristen zeichnen mit „pp" oder „ppa" (per procura). Ihre Vollmacht umfasst alle gewöhnlichen und außergewöhnlichen Rechtshandlungen und Geschäfte, die in einem Handelsgewerbe überhaupt anfallen können.

Bewerberauslese. Mittel der Personaleinstellung, a) indirekte Methode (mittelbarer Kontakt zum Bewerber) durch Bewerbungsschreiben, Lebenslauf, Lichtbild, Betriebszeugnisse, Schulzeugnisse, Referenzen; b) direkte Methode (unmittelbarer Kontakt zum Bewerber) durch Einstellungsgespräch, Gruppengespräch, Analyse des Verhaltens, ärztliche Untersuchung, Tests, Wissensprüfungen, Arbeitsproben.

Bewertung. Vorgang, bei dem einer Sache ein in Geldeinheiten ausgedrückter Wert zugemessen wird. Im Rahmen der unternehmerischen Tätigkeit müssen zu unterschiedlichen Zwecken Bewertungen durchgeführt werden, so z. B. für Angebotspreise, beim Verkauf von Gütern oder ganzen Unternehmen, für Liquidation oder Umwandlung, aber auch jährlich für die Handels- und Steuerbilanz oder für die Vermögensaufstellung. Nach dem Vorgehen kann man unterscheiden: a) die *Einzelbewertung*, bei der allen Wirtschaftsgütern einzeln ein Wert beigemessen wird. Der Wert des gesamten Betriebsvermögens ergibt sich dann als die Summe dieser Einzelwerte. Dieses Verfahren ist grundsätzlich in Handels- und Steuerbilanz anzuwenden; b) die *Gesamtbewertung* dagegen bewertet die in einem bestimmten Vermögen zusammengehörenden Werte als eine Ganzheit, wobei die Gesamtwerte aus den Erträgen abgeleitet werden; c) die *Gruppenbewertung*, die eine Ausnahmeregelung von der Einzelbewertung zur Erleichterung für die Bewertung des Vorratsvermögens darstellt. d) die *Festbewertung*, die gleichfalls eine Sonderregelung zur Erleichterung darstellt. Sie betrifft im Hotel- und Gaststättengewerbe z. B. Geschirr-, Gläser- oder Besteckbestände.

Alle drei Jahre soll hier eine Inventur der Kontrolle des festgeschriebenen Wertes dienen.

Bewertungsverfahren → *Bewertung*.

Bewirtungsbetriebe. Gastgewerbliche Betriebe, die ihren Gästen Speisen und Getränke zum Verzehr an Ort und Stelle anbieten. Sie können Haupt- oder Nebenbetriebe sein. Zu den Hauptbetrieben gehören: a) Restaurants – für gehobene Ansprüche, mit umfangreichem Speise- und Getränkeangebot oder in Sonderformen, wie Gartenrestaurants oder Spezialitätenrestaurants; b) Schnellgaststätten und Imbissstuben für den eiligen Gast; c) Autobahnraststätten für die Bedürfnisse der Autofahrer; d) Bahnhofsgaststätten, die für die Reisenden gedacht sind. Alle diese werden auch unter dem Sammelbegriff „Gaststätten" zusammengefasst; e) Kaffeehäuser (Cafes), die meist Kaffee, Tee u. a., sowie Kuchen anbieten, aber auch kleine Imbisse und Getränke; f) Eisdielen, Milchbars u. a. mit Spezialangeboten. Zu den Nebenbetrieben gehören: a) Kantinen zur Verpflegung von Betriebsangehörigen in großen Betrieben; b) Kasinos zum Aufenthalt und zur Verpflegung von Offizieren oder höheren Angestellten; c) Probierstuben der Händler und Hersteller; d) Besen-, Kranz- und Straußwirtschaften, in denen Winzer mit Sondergenehmigung ihre eigenen Produkte verkaufen; e) Nebenbetriebe der Verkehrsbetriebe, wie z. B. der Schifffahrtsgesellschaften oder der Schlafwagengesellschaft.

Bewirtungskosten. Unter Bewirtungskosen versteht das Einkommensteuerrecht Aufwendungen für die Bewirtung von Personen mit Speisen und Getränken aus geschäftlichem Anlass, die dem Grunde nach als angemessen anzusehen sind. Sie können bis 80 % als Betriebsausgaben angesetzt werden, sofern sie nachgewiesen werden. Dazu bedarf es der Rechnung der Gaststätte, der vom Unternehmer schriftlich Angaben zum Anlass und den Teilnehmern beigefügt werden. Das geschieht i. d. R. mittels des Vordrucks, der auf der Rückseite der Gaststättenrechnung aufgedruckt ist. Dabei müssen der Name und die Anschrift der Gaststätte sowie der Tag der Bewirtung ausgedruckt sein. Das gilt auch für Kleinbetragsrechnungen unter 100,– €. Bei Rechnungen ab 100,– € muss außerdem der Name und die Anschrift des Gastgebers vermerkt werden. Alle verzehrten Speisen und Getränke sind detailliert aufzuzeichnen und mit ihren Einzelpreisen aufzulisten.

Angaben
zum Nachweis der Höhe und der betrieblichen Veranlassung von Bewirtungsaufwendungen (§ 4 Abs. 5 Ziff. 2 EStG)

Tag der Bewirtung	Ort der Bewirtung	
Bewirtete Person(en)		
Anlaß der Bewirtung		
Höhe der Aufwendungen		
☐ bei Bewirtung in Gaststätte*): lt. beigefügter Rechnung	☐ in anderen Fällen*):	
.... €	.... €	
Ort	Datum	Unterschrift

*) Zutreffendes bitte ankreuzen

Bewirtungsräume (Auszug aus den gesetzlichen Bestimmungen). Mindestfläche: 25 m²; Nebenräume: 15 m². Mindesthöhe der Räume: bis 50 m² mindestens 2,5 m; ab 50 m² bis 100 m² mindestens 2,75 m; ab 100 m² mindestens 3 m. Die Toilettenanzahl muss der m²-Fläche entsprechend sein. Ein Notausgang ist erforderlich (Entfernung 30 m von der Mitte des Raumes gerechnet); Windschutz muss vorhanden sein; Ein- und Ausgangstüren müssen sich nach außen öffnen lassen; der Bewirtungsraum muss von Schlaf- und Wohnräumen getrennt liegen; die Temperatur sollte 20–21 °C betragen; die Lüftung muss ausreichend sein (stündlich 5–10facher Luftwechsel); der außen angebrachte Aushang für die Getränke- und Speisekarte muss beleuchtet sein.

Bewirtungsverbot → *Aufenthaltsverbot.* Die Vertragsfreiheit kann dort eingeschränkt werden, wo es zum Schutz anderer notwendig ist. Deshalb ist in den folgenden Fällen eine Bewirtung verboten; **a)** mit alkoholischen Getränken bei Personen unter 14 Jahren und Personen zwischen 14 und 16 Jahren, die ohne Begleitung von Erziehungsberechtigten sind; **b)** mit Branntwein bei Jugendlichen bis 16 Jahren; **c)** mit alkoholischen Getränken an „erkennbar" Betrunkene (§ 20 GastG). Bei Zuwiderhandlungen ist mit Bußgeld zu rechnen.

Bewirtungsvertrag. Kein ausdrücklich im Gesetz geregelter Vertrag, deshalb werden die Vorschriften über Kauf (§ 433 BGB), Werkvertrag (§ 631 BGb) und u. U. auch über Miete angewendet. Der Bewirtungsvertrag beinhaltet weitgehend die Verpflegung des Gastes. Aus dem Bewirtungsvertrag ergeben sich folgende Pflichten: **1)** Für den *Wirt:* vereinbarte Speisen herzustellen, Speisen und Getränke wie vereinbart zu servieren, die zum Verzehr notwendige Verweilzeit im Restaurant einzuräumen (→ *Verkehrssicherungspflicht*). **2)** Für den *Gast:* Entrichtung des Preises, schonende Behandlung des Inventars. Speisenbestellung ist ein Antrag auf Abschluss des Bewirtungsvertrags. Deshalb kann der Gastwirt auch ablehnen. Bei Vertragsstörungen kann der Gast verlangen **a)** Nachbesserung (z. B. Nachsalzen); **b)** Wandlung (Rückgabe und Neulieferung ungenießbarer Speise); **c)** Minderung (Preisminderung bei schlechter Leistung); **d)** Neulieferung (Rückgabe des ungenießbaren Gerichts gegen ein neues); **e)** Schadenersatz bei Mängeln nur für den Mangelschaden, nicht den Folgeschaden (Mangelfolgeschaden evtl. bei Verschulden). Im Rahmen der Verkehrssicherungspflicht haftet der Gastwirt dafür, dass öffentlich begehbare Teile des Gebäudes gefahrlos begehbar sind. Für die Garderobenhaftung → *Haftung*. Außerdem trifft den Gastwirt auch eine → *Preisauszeichnungspflicht*, wonach er alle Preise als Inklusivpreise (einschl. USt.) ausweisen muss.

Bezugsquellen-Disposition. Festlegung der günstigsten Lieferanten. Maßnahmen: (Checkliste) a) Lieferanten- und Bestellkartei führen; b) Branchenverzeichnisse (Adressbücher) bereithalten; c) Kataloge und Prospekte anfordern; d) Besuchskarten sammeln; e) Anzeigenteile von Zeitungen lesen; f) Messen und Ausstellungen besuchen; g) Messeberichte und Marktberichte studieren; h) Entscheiden, welche Angebotsformen in Frage kommen; i) Entscheiden, ob beim Einzelhandel, Großhandel, Spezialhandel, Auslandshandel bezogen werden soll; j) Entscheiden, ob Daueraufträge sinnvoll sind; k) Entscheiden, ob Monopolstellungen vorteilhaft sind; l) Standardrichtlinien (Einkaufsspezifikationen) erarbeiten; m) Proben anfordern und Warentests durchführen; n) Angebote vergleichen; o) Mit Kollegen Erfahrungen austauschen; p) Überlegen, ob Einkaufs-Kooperationen sinnvoll sind; q) Maßnahmen nicht unter Zeitdruck ausführen; r) Einkaufsdaten aktuell halten.

Bibernell. → *Pimpinelle*.

Bibiliskäs. Landsch. weißer Käse. Quark.

Bickbeere. Heidelbeere.

Bickel, Walter (1888–1982). Küchenmeister, Fachschriftsteller und Übersetzer vieler Werke der Kochkunst-Literatur und Mitbegründer der Gastronomischen Akademie Deutschlands.

Bidule. Plastikhütchen, das in die Flaschenmündung eingesetzt wird, bevor man die Flaschen mit einem Kronenkorken verschließt. Anwendung bei Sektherstellung.

Biegen der Reben. Arbeit, die nach dem → *Rebschnitt* anfällt. Dabei werden die Fruchtruten nach den Drähten gebogen und daran angebunden (geheftet). Das Ziel ist die Formerhaltung und Stabilisierung des Rebstockes. Außerdem erreicht man einen Saftstau und eine gleichmäßige Versorgung der Rebtriebe mit Nährstoffen.

Bien cuit → *Garstufen*.

Bienenstich. Hefeblechkuchen, der vor dem Backen mit einer Masse aus gehobelten Mandeln, Butter, Zucker und evtl. etwas Sahne, bestrichen wird. Nach dem Backen erhält er eine Füllung aus Vanille-Creme.

Bierart. Unterteilung nach Heferasse 1) Untergärige Biere auch Lagerbiere; 2) Obergärige Biere.

Bierbuch. → *Buchführungspflicht* kann Gaststätteninhabern, die Bier als Hauptumsatzträger haben, auferlegt werden (steuerliche Gründe) – auch in Form einer gesonderten Belegsammlung.

Bierdeckel. Filzunterlage für Biergläser, Werbemittel und „Urkunde" für Konsumstriche der Bedienung.

Bierherstellung. 1) *Bereitung der Bierwürze:* Das Darrmalz wird abgewogen und geschrotet. Durch die Zerkleinerung und der damit verbundenen Vergrößerung der Oberfläche werden Enzyme erneut aktiviert und die löslichen Stoffe können leichter ausgelaugt werden. Das Darrmalz wird mit Wasser vermischt (ca. 4–6 hl auf DZ D.Malz). Es entsteht eine Maische, die auf 65° bzw. 75°C erwärmt wird. Zu diesem Zeitpunkt wird die restliche Stärke abgebaut. Es folgt das Läutern. Die ausgelaugten festen Bestandteile des Schrotes werden von der Flüssigkeit durch einen Siebboden getrennt. Der auf dem Siebboden verbliebene Trester wird mit heißem Wasser ausgewaschen bis auf 1 °Oe. Die Flüssigkeit nennt man → *Würze*, in der die Summe der Extraktstoffe gemessen wird. Je nach Konzentration der Extraktstoffe wird die Kochdauer bestimmt. Während des Kochens wird → *Hopfen* zugegeben, ¾ der Menge am Anfang, der Rest am Ende der Kochzeit. Durch die verteilte Zugabe von Hopfen bleiben die Aromastoffe besser erhalten. Das Kochen und die Hopfenzugabe bewirken außerdem die Abtötung der Enzyme, die Flüssigkeit wird steril und der Geschmack wird beeinflusst. Im Hopfenseiher oder Filter wird der Hopfen von der Flüssigkeit getrennt. Die übriggebliebene Flüssigkeit nennt sich → *Stammwürze*. Die Stammwürze muss gekühlt werden (in der Sudpfanne oder im geschlossenen Kühlsystem). Nach der Abkühlung läuft sie in den Gärkeller → *Biergärung*. 2) *Hauptgärung, Vergärung der Bierwürze:* Die abgekühlte Stammwürze wird mit Reinzuchthefe (Ober-/Untergärig, je nach Sorte) angereichert (ca. 0,5 l Hefe auf 1 hl). Der gelöste Zucker aus dem Darrmalz wird in Alkohol und Kohlendioxyd verwandelt. CO_2 kann frei entweichen. Die Heferasse und gewünschte Bierart bestimmen den Gärablauf. Untergärige Hefe: Temperatur 4–9 °C, Gärdauer 8–14 Tage. Obergärige Hefe: Temperatur ca. 15–20 °C, 2–7 Tage. Die Vergärung ist bei Erreichen von ca. 0,6 bis 0,8 °Oe abgeschlossen. Nach dem Vergären wird der Heferest fast vollständig abgetrennt. Das Jungbier wird zwecks Nachgärung im Lagerkeller in große verschlossene Tanks umgepumpt. 3) *Nachgärung:* Bei Temperaturen um 0–1 °C vollzieht sich folgender Prozess: Kohlensäure wird gebunden, das Bier wird blank, der Geschmack wird harmonisiert. Nachgärung und Lagerung erfolgen bei einem Vorgang, der ca. 6–10 Wochen dauert (bei Starkbier bedeutend länger). Für die Bierqualität sind Nachgärung und Lagerung sehr wichtig (je länger, desto besser). Nach Ablagerung wird das Bier in die Abfüllanlage befördert und auf Flaschen oder in Fässer abgefüllt.

Bierkeller → *Schankverordnung.*

Bierlieferungsvertrag. Ein Bierlieferungsvertrag wird aus wirtschaftlichen Gründen abgeschlossen. Dabei hat die Brauerei ein Interesse an einem Großkunden (kontinuierliche Lieferung bestimmter Mengen) und der Gastwirt oder Pächter ein Interesse an finanzieller Unterstützung (Kapitalbedarf). Meist wird ein Leihinventar zur Verfügung gestellt. Die Vereinbarungen können sehr unterschiedlich sein. Sie reichen von Teilbezugsvereinbarungen (eine Biersorte, eine bestimmte Menge u. Ä.) bis zu Gesamtbezugsvereinbarungen über Bier oder alle Getränke. Meist werden die Verträge von den Brauereien bereits in vorgedruckter Form vorgelegt. Grundsätzlich gilt nach EU-Recht: a) Getränke der Alleinbezugspflicht müssen genau spezifiziert sein, b) Bierlieferungsverträge dürfen nicht länger als zehn Jahre laufen, bei Einschluss weiterer Getränke nicht länger als fünf Jahre, c) Ist die Brauerei Verpächter, kann sie den Wirt für die gesamte Dauer der Pacht binden; das gilt für Bier und andere Getränke mit der Maßgabe, dass der Wirt andere Getränke bei Dritten kaufen kann, wenn diese günstigere Bedingungen als die Brauerei bieten und der Wirt nach dem Vertrag andere Getränke als Bier gleicher Sorte mit anderem Namen von Dritten beziehen darf, wenn die Brauerei sie nicht anbietet, d) Bindung gilt nur, wenn die Brauerei auch die vom Wirt verlangte Menge liefern kann, e) Der Vertrag kann eine → *Wirteverpflichtung* enthalten, d. h. ein Gebot, von anderen Brauereien nur andere Biersorten oder andere Angebotsformen zu führen (auch hier gibt es eine durch die Nachfrage bestimmte Grenze), f) Alleinbezugsverpflichtungen über andere Waren als Getränke oder Dienstleistungen ist unzulässig, g) Ein Rechtsnachfolger kann nicht länger gebunden werden als der ursprüngliche Vertrag vorsah, h) Eine Mindestabnahmemenge ist zulässig, i) Vertragsabschluss ist auch über den Hausherrn möglich.

Biersteuer. Verbrauchsteuer, die vom Gastwirt im Preis an den Gast weitergegeben wird. Sie hat ihren Ursprung in den mittelalterlichen deutschen Städten. Heute unterliegen ihr Biere aus Malz und bierhaltige Mix-Getränke. Haustrunk bis 2 hl/Jahr und alkoholfreies Bier bis 0,5 % Vol. bleiben steuerfrei. Die Biersteuer ist durch Bundesgesetz geregelt und wird von der Zollbehörde erhoben. Ihr Aufkommen steht jedoch den Ländern zu. Ihre Berechnung erfolgt auf der Basis der in Grad Plato gemessenen Stammwürze. So beträgt die Steuer z. B. für Vollbier mit 11 Grad Plato Stammwürze 8,657 €/hl bzw. 0,043 €/0,5 l-Flasche. Mengengruppen nach dem Bierausstoß der Brauereien staffeln noch die Steuer.

Bierstrafe. Früher in Städten verhängt, wenn die Bewohner fremdes, nicht in der Stadt hergestelltes Bier durch die Stadttore geschmuggelt haben.

Bierteig → Backteig.

Biertyp. Unterscheidung nach Bierfarbe: Helle – Kölsch; Mittelfarbe – Altbier; Dunkle – meist Bockbiere.

Biestmilch. Kolostralmilch, erste Milch eines Säugetieres nach dem Geburtsakt.

Bietoline → *Erbette*.

Bifang. Erdwall über den Spargelpflanzen, um Wachstum der Sprossen unter Ausschluss des Lichtes zu erreichen; seit Anfang des 19. Jh. gebräuchlich.

Bifidus. Bakterienart, die bei der Herstellung von Milchprodukten vermehrt verwendet wird. Sie bauen, ebenso wie die üblicherweise verwendeten Bakterien, einen Teil des Milchzuckers zu Milchsäure ab. Außerdem erzeugen sie Essigsäure, die neben anderen Substanzen dem Milchprodukt seine typischen Geruchs- und Geschmackseigenschaften verleiht. Der Gesamtgehalt an Milchsäure ist in Produkten mit Bifidusbakterien geringer als in anderen gesäuerten Milcherzeugnissen, so dass sie milder schmecken. Bei der produzierten Milchsäure handelt es sich zu hundert Prozent um die vom Menschen leicht zu verwertende rechtsdrehende Milchsäure.

Bigarreau. Süße Herzkirsche, zuerst in Spanien gezüchtet. In Frankreich der Begriff für Kirschen, die als Senffrüchte eingelegt worden sind, auch als kandierte Kirsche für die Pâtisserie.

Bigarrieren. Fleisch mit Trüffeln, Pökelzunge und grünem Speck spicken.

Bigos. Polnisches Mischgericht aus Sauerkraut, Pilzen, Schweinefleisch und Krakauer Würstchen.

Bilanz. Kontenmäßige Gegenüberstellung von Vermögen und Schulden eines Unternehmens. Die Aktivseite weist alle Vermögensgegenstände aus, die zum Betriebsvermögen gehören. Die Passivseite zeigt dagegen die Mittelherkunft. Die Gliederung der Bilanz folgt dabei den Vorschriften, die für die entsprechende Rechtsform der Unternehmung gelten. Durch Handels- und Steuerrecht sind fast alle Unternehmen gezwungen, zum Jahresende Bilanzen aufzustellen. Daneben gibt es noch eine Reihe Sonderbilanzen, wie z. B. bei Gründung, Umwandlung, Liquidation, Kapitalerhöhung oder die Konzernbilanzen. Alle diese Bilanzen haben die Aufgabe, Außenstehende zu informieren. Man bezeichnet sie deshalb auch als externe Bilanzen.

Bilanzanalyse → *Bilanz*, → *Kennzahlen*. Systematische Untersuchung der Bilanzwerte, um daraus Schlüsse auf die Lage der Unternehmung zu ziehen. Zu diesem Zweck werden die Bilanzwerte zuerst bereinigt und dann Kennziffern ermittelt.

Bilanzänderung → *Bilanzberichtigung*. Von einer Bilanzänderung spricht man, wenn ein zulässiger Bilanzansatz nachträglich durch einen anderen, ebenfalls zulässigen Bilanzansatz ersetzt wird. Es bedarf hierzu der Genehmigung des Finanzamtes.

Bilanzberichtigung → *Bilanz*. Von einer Bilanzberichtigung spricht man, wenn ein unrichtiger Bilanzansatz korrigiert werden muss. Im Gegensatz zur → *Bilanzänderung* bedarf es hierzu keiner Genehmigung des Finanzamtes; die Bilanzberichtigung wird vielmehr meist durch das Finanzamt von Amts wegen durchgeführt.

Bilanzgewinn → *Bilanz*. Der Saldo, der sich zwischen Aufwand und Ertrag in der Gewinn- und Verlustrechnung ergibt, ist der Erfolg der Unternehmung. Bei Einzelunternehmen (und OHG) wird er ins Kapitalkonto umgebucht. Gesellschaften mit nominell festen Kapitalien können diese nicht durch Gewinnzuschreibungen ändern und weisen deshalb Gewinn in der Bilanz aus. Dabei ist der Saldo der Gewinn- und Verlustrechnung nicht der gleiche Wert. Deshalb bezeichnet ihn das AktGes auch richtiger als Jahresüberschuss. Folgende Rechnung führt vom Jahresüberschuss, der sich in der Gewinn- und Verlustrechnung ergibt, dann zum Bilanzgewinn:

Jahresüberschuss
+ Gewinnvortrag aus Vorjahr bzw.
− Verlustvortrag aus Vorjahr
− Einstellungen in die Rücklagen
+ Auflösungen von Rücklagen
= Bilanzgewinn

Der Bilanzgewinn gehört juristisch zum Eigenkapital. Bei der → *Bilanzanalyse* wird er jedoch meist als kurzfristiges Fremdkapital betrachtet, da mit einer Ausschüttung zu rechnen ist.

Bilanzidentität → *Bilanzierungsgrundsätze,* → *Bewertung.*

Bilanzierte Diäten. Allgemein besser bekannt als Astronautenkost oder Tubennahrung, sind Nährstoffgemische mit definierter, bedarfsgerechter Zusammensetzung. Sie können z. B. bei unzureichender oder fehlender Nahrungsaufnahme herkömmliche Lebensmittel ergänzen oder vollständig ersetzen. Weiterhin können sie eingesetzt werden zur Behandlung angeborener Störungen des Proteinstoffwechsels. Nur unter ärztlicher Kontrolle verwenden.

Bilanzierungsgrundsätze. Um ihrer Aufgabe, Externe zu informieren, gerecht zu werden, muss eine Bilanz aussagefähig und vergleichbar sein. Um das zu erreichen, sind folgende Grundsätze einzuhalten: 1) *Grundsatz ordnungsmäßiger Bilanzierung.* Dieser Grundsatz ist ein Teil der Forderung ordnungsmäßiger Buchführung und Bilanzierung (s. dort), die sowohl im Handels- als auch im Steuerrecht aufgestellt wird. 2) *Bilanzklarheit.* Die Bilanz soll so klar sein, dass ein sachverständiger Bilanzleser sie verstehen kann. 3) *Bilanzwahrheit.* Weil es keine absolut richtigen Werte in der Bilanz geben kann, geht man mehr und mehr dazu über, andere Begriffe für das Wort „Wahrheit" zu verwenden. Im Vordergrund steht hierbei die Richtigkeit. Eine Bilanz gilt dann als richtig, wenn ihre Posten: a) rechnerisch richtig, d. h. ohne Rechenfehler ermittelt wurden; b) sich in Inhalt und Bezeichnung decken, d. h., dass z. B. unter dem Begriff „Maschinen" auch nur Maschinen erfasst sein dürfen; c) nach den gesetzlichen Vorschriften bewertet wurden. 4) *Bilanzkontinuität.* Dieser Grundsatz bezieht sich auf das Verhältnis aufeinanderfolgender Bilanzen und umschließt drei Grundsätze: a) die *Bilanzidentität,* wonach die Schlussbilanz und die auf sie folgende Eröffnungsbilanz übereinstimmen (identisch sein) müssen, b) die formale Bilanzkontinuität, wonach die gleiche Bilanzgliederung beibehalten werden soll, c) die materielle Bilanzkontinuität, die fordert, dass die gleichen Bewertungsgrundsätze beibehalten werden, was man als Bewertungskontinuität bezeichnet, und dass die Werte fortgeführt werden, was man auch als Wertzusammenhang bezeichnet.

Bilanzklarheit

Bilanzklarheit → *Bilanzierungsgrundsätze*.

Bilanzkontinuität → *Bilanzierungsgrundsätze*.

Bilanzkurs. Im Gegensatz zum Börsenkurs ist der Bilanzkurs der aus der → *Bilanz* errechnete innere Wert einer Aktie. Es wird als Prozentwert des Eigenkapitals zum Grundkapital ausgedrückt.

$$\text{Bilanzkurs} = \frac{\text{Grundkapital} + \text{Rücklagen}}{\text{Grundkapital}} \times 100$$

Bilanzmäßige Abschreibung → *Abschreibung*.

Bilanzwahrheit → *Bilanzierungsgrundsätze*.

Biltong-Fleisch. Getrocknetes Rind-, Straußen- oder Antilopenfleisch aus Südwestafrika.

Binätsch. Schweizer Ausdruck für Spinat.

Bindegewebe. Gewebe, dessen Eiweißanteil überwiegend aus Bindegewebseiweiß (Kollagen, Elastin) besteht; es umschließt straffes und lockeres Bindegewebe, ausgenommen Fettgewebe.

Bindegewebseiweiß. Die aus dem Bindegewebe stammenden Eiweißstoffe (vor allem Kollagen, Elastin).

Bindemittel. Stoffe, die durch ihre Eigenschaften eine bestimmte Konsistenz von Flüssigkeiten und Pasten erzielen und erhalten (z. B. Stärkeprodukte, Gelatineprodukte, Corail, Kolloide).

Bindesalat → *Römersalat (frz. le laitue romaine)*.

Bindung. Die Art und Weise, wie quer zueinander liegende Fäden (Kette und Schuss) eines Gewebes verbunden sind. Je nach der Art der Bindung ist ein Gewebe fester, lockerer, elastischer oder weniger elastisch. Es gibt im Prinzip drei Grundtypen der Bindung, von denen mehr oder minder alle anderen Variationen abgeleitet sind: **a)** Leinenbindungen sind durch gleichmäßiges Heben und Senken der Kette gekennzeichnet. Diese Bindung findet sich in der einfachsten Form beim Leinen (1 Kett-, 1 Schussfaden), aber auch bei Panama (2/2) und Rips. **b)** Atlasbindung wird für glänzende Stoffe mit glatter Oberfläche verwendet. Es bleiben immer mehrere Kett- oder Schussfäden auf der Oberfläche liegen, **c)** Köperbindung wird z. B. bei Inlett verwendet. Diese Verknüpfungsstellen von Kette und Schuss sind dabei von Reihe zu Reihe verschoben, dass ein Schrägrillenbild entsteht.

Binneneber. Kastriertes männliches Schwein, bei dem ein Hoden nicht entfernt wurde, auch Spitzeber.

Biokost. Dieser Begriff umfasst alle pflanzlichen und tierischen Lebensmittel, die nach den Grundsätzen des ökologisch kontrollierten Landbaus ohne chemische und pharmazeutische Mittel produziert werden. Kontrollen führt die Arbeitsgemeinschaft für ökologischen Landbau (AGÖL) – ein Zusammenschluss von fünf Erzeugerorganisationen des ökologischen Landbaus – durch. Sie kennzeichnen ihre Waren mit ihren Namen: Biokreis Ostbayern e. V., Bioland, Demeter, Naturland und ANOG.

Biologische Lockerungsmittel. → *Hefe*, → *Sauerteig*.

Biologische Wertigkeit. Diejenige Menge Körpereiweiß im Gramm, die durch 100 g des betreffenden Nahrungsproteins ersetzt werden kann. (K. Thomas, 1909). z. B. Vollei (94), Milch (92 bis 100), Rindfleisch (67–105), Reis (68–77), Kartoffel (71–79), Linsen (60), Erbsen (56). Die B.W. bestimmter Proteingemische kann wesentlich höher liegen, als nach den Einzelkomponenten zu erwarten wäre, wenn sie sich in der Gesamtaminosäurebilanz zu einem hochwertigen Gemisch ausgleichen (Ergänzungswertigkeit). Eine gute Ergänzung stellen z. B. Kartoffel mit Milch, Fleisch, Fisch oder Ei dar.

Biologischer Säureabbau → *BSA*. Dazu zählen alle biochemischen Vorgänge, die im Verlauf des Weinausbaus eine Verminderung der Säure herbeiführen. Im Allgemeinen wird darunter der bakterielle Abbau von Äpfelsäure in die schwächere Milchsäure unter Abspaltung von Kohlendioxid verstanden. Die französische Bezeichnung für diesen Vorgang → *Fermentation Malo-Lactic* ist korrekter. Sie besagt, dass es sich um eine Äpfelsäure-Milchsäure-Gärung handelt.

Biotin. Vitamin H, farblose Kristallnadeln, hitzestabil, sauerstoff- und lichtempfindlich. Vorkommen: Leber, Eigelb, Milch, Muskelfleisch.

Biozid. Übergeordneter Fachausdruck für Insektizide, Rodentizide, Herbizide usw., das heißt für Bekämpfungsmittel gegen Insekten, Ratten und Mäuse, Unkraut.

Bircher-Benner-Kost. „Ordnungstherapie" des Schweizer Arztes Max Bircher-Benner. Basis dieser Kost ist die frische, pflanzliche Kost, ergänzt durch einige vollwertige Milchprodukte, auch Eier sind erlaubt. Wenigstens die Hälfte der täglichen Nahrung soll als Rohkost gegessen werden.

Bircher-Müsli. Nach dem Schweizer Arzt Bircher-Benner benannte Rohkost aus Haferflocken, Honig, Milch, geriebenen Äpfeln, Zitronensaft und gehackten Nüssen.

Birdseye, Clarence (1886–1956). Fischereibiologe, Pionier der Tiefkühlwirtschaft. Erkannte auf einer Studienreise nach Labrador, dass bei Temperaturen von −40–45 °C gefrorener Fisch – nach Monaten aufgetaut – das frische Aroma behalten hatte. Er übertrug die natürliche Kälte auf die künstliche.

Birkhahn. *Moorhahn, Spielhahn – (frz.: le coq des bois, le petit tétras)*. Birkwild zählt zu den besseren Wildgeflügelsorten. Hennen zieht man den Hähnen vor. Obwohl durch Schongesetze der Erhalt gesichert sein dürfte, nehmen die Bestände durch die Ausnutzung der Heide und Moorgebiete in Deutschland sehr ab, während das Birkwild in noch bedeutender Menge in den skandinavischen Ländern und in der ehemaligen UdSSR zu Hause ist. Das Gewicht des männlichen Tieres beträgt 1,2 bis 2 kg, Hennen werden 0,9 bis 1,3 kg schwer, bis 65 cm hoch und 1 m lang. Alte Tiere: schwarzer, mit starkem schwarzen Federrand umgebener Schnabel, hochrote, warzige Augenringe, stark nach auswärts gebogene Schwanzfedern (18 an der Zahl, begehrte Trophäe des Jägers), abgerundete Schwanzfedern. Junge Tiere: über den Augen ein schmaler roter Streifen, ziemlich gerade Schwanz- und spitze Schwungfedern. Das so genannte → *Rackelhuhn* ist eine Kreuzung zwischen Birk- und Auerwild. Vor jeglicher Zubereitung legt man Birkwild in eine Essig- bzw. Rotweinmarinade, reichlich Gewürze und Speck müssen verwendet werden, um geschmacklich beste Resultate zu erzielen.

Birkwild → *Wild,* → *Birkhahn.*

Birnenbranntwein → *Kernobstbranntwein.* Eine Spezialität sind Flaschen, in denen im Branntwein eine ganze Birne schwimmt. Die Flaschen werden über die befruchteten Blüten gestülpt. Wachstum und Reifung vollziehen sich im Glas. Der bekannteste Birnenbranntwein ist der → *Williams-Birnen-Branntwein.*

Birnendicksaft → *Apfeldicksaft.*

Bischof. Kaltes Getränk aus Rotwein und Zucker, abgeschmeckt mit Pomeranzensaft.

Bischofsmütze. 1) Kürbisart → *Patisson.* 2) Serviettenform.

Biskotten. Österreichische Bezeichnung für Löffelbiskuit.

Biskuit. Gebäck aus Eiern, Zucker, Mehl und Stärkepuder, ohne Fettzusatz. Die Biskuitmassen werden nach der Rezeptzusammenstellung in leichte und schwere Massen unterschieden. Je höher der Eianteil und besonders der Eischneeanteil, um so leichter ist die Masse. Nach der Herstellungstechnik werden warm- und kaltgeschlagene Biskuitmassen unterschieden. Bei der warm geschlagenen Masse werden die ganzen Eier mit dem Zucker zuerst warm, dann kalt geschlagen, sodann wird die Mehl/Stärke-Mischung untergehoben. Bei der kalt geschlagenen Biskuitmasse wird zunächst Eischnee mit einem Teil des Zuckers geschlagen, die Eigelbe werden mit dem Restzucker schaumig gerührt. Sodann wird zuerst die Eigelb/Zuckermasse unter den steifen Eischnee gehoben und dann die Mehl/Stärkemischung.

Bismarckhering. Hering ausgenommen, entgrätet, ohne Kopf, in Fischmarinade, nach Otto v. Bismarck (1815–1898), deutscher Reichskanzler.

Bisque. Gebundene Suppe von Krusten- und Schalentieren, mit dem Püree (Coulis) hiervon, meist mit Sahne vollendet, bisque d'écrevisses – Krebssuppe, bisque de tourteaux – Taschenkrebssuppe. Entstehung des Namens: früher wurde diese Suppe mit geriebenem Armee-Biskuit gebunden.

Bitok (Mrz. Bitki). Russische Landesküche. Hackfleisch von Kalb, Rind, Schwein und Hammel, je nach Art der Bitki. Unter die Masse wird oft Butter gearbeitet. Bitki Skobeleff: nur aus Rindfleisch, gefüllt mit einem → *Salpikon* von Schinken, Champignons, Pökelzunge und Trüffeln. Bitki Tscherkaski: aus Schweine- und Hammelfleisch, gewürzt mit Cayenne. Nach dem Braten in Tomatenmus, Smetana und Saft von Roten Beten eingelegt. Bitki po Kassatzki: aus Kalbfleisch, gefüllt mit getrüffeltem Rührei.

Bitter. Branntwein, hergestellt mit Grundstoffen und Essenzen (Auszügen aus bitteren und aromatischen Pflanzen und Früchten, Destillaten und ätherischen Ölen). Die Herstellung kann mit oder ohne Zucker oder Glukosesirup erfolgen. Wein und Wermutwein darf lt. Gesetz mitverwendet werden (höchstens 1 % des Gesamtalkohols beim fertigen Erzeugnis). Mindestalkoholgehalt 32 % Vol. Ein Mindestextraktgehalt ist nicht vorgeschrieben. Ein bekannter Vertreter der Bitterbranntweine ist der → *Boonekamp.* „Bittere" gehören zu der Gruppe der Spezialbranntweine.

Bitter Lemon → *Bitter-Limonen-Tonic,* chininhaltige Limonade mit Zugabe von Schalen der Limonefrucht; CO_2-haltig.

Bitter-Limonen-Tonic. Laut Gesetz mit einem Chiningehalt bis 8,5 mg pro 100 ml.

Bittermandel. Kerne der Steinfrucht des Bittermandelbaumes, der in den Mittelmeerländern angebaut wird. Die Kerne enthalten → *Amygdalin.* Daraus entstehen unter Wassereinfluss die Spaltprodukte Traubenzucker, → *Bittermandelöl* und die hochgiftige

Blausäure. Bittermandeln werden in geringen Mengen zu Gebäck, Likör und Marzipan verwendet.

Bittermandelöl. Bittere Mandeln wachsen an nicht veredelten Mandelbäumen. Sie unterscheiden sich kaum von süßen Mandeln. Auch veredelte Mandelbäume bringen bis 5 % Bittermandeln hervor. Zur Gewinnung des Öles werden enthäutete, bittere Mandeln mit Wasser zerrieben. Durch Einwirkung des Wassers und des Fermentes Emulsin wird das Glykosid Amygdalin in das ätherische Bittermandelöl, Glukose und die giftige Blausäure gespalten. Wegen der Blausäure sind Bittermandeln gesundheitsschädlich. 5–10 Stück können bei Kindern zum Tode führen. Durch Hitzeeinwirkung verflüchtigt sich die Blausäure. Bittermandelöl wird immer mehr aus den Steinen von Aprikosen und Pfirsichen gewonnen. Künstliches Bittermandelaroma wird aus Steinkohleteer hergestellt.

Bitterweine → *Kräuterweine.*

Bixin. *Carotinoid,* natürlicher, zulassungspflichtiger Lebensmittelfarbstoff aus dem Samen des Annattobaumes *(Bixea Orellana,* vorkommend in Brasilien, Ecuador, Jamaika) gewonnen. Wird auch verwendet in Form von Annatto-Farbstoff, einem Auszug aus Fruchtfleisch der Hülsenfrüchte und den Samen des Annattobaumes. Annato enthält in der Hauptsache Bestandteile, die mit dem Karotin (Provitamin a) verwandt sind, die jedoch nicht die Wirkung des Provitamins haben. Kennzeichnungspflichtig „mit Farbstoff", obgleich es ein natürlicher Farbstoff ist.

Blätterteig. Feingebäck aus gleichen Teilen Mehl und Butter, wenig Salz, Wasser. Der Teig enthält durch Ziehen → *Tourieren* viele Teig-Fett-Schichten. Durch Dampfentwicklung während des Backprozesses, bei dem in Folge der isolierenden Wirkung des Fettes, der Dampf nicht entweichen kann, entsteht ein lockeres, blätterndes Gebäck (Abb. 17). Nach einer Ruhezeit von ca. 30 Minuten, bei der der → *Kleber* quillt und der Teig sich entspannt, wird er getourt (touriert), d. h. die angewirkte Butter wird in den Grundteig eingeschlagen – oder umgekehrt – ausgerollt und zusammengeklappt. Dieser Vorgang wird nochmals wiederholt, sodass der Blätterteig zwei einfache und zwei doppelte Touren erhält. → *Deutscher Blätterteig,* → *Französischer Blätterteig,* → *Holländischer Blätterteig,* → *Blitzblätterteig.*

Blanc de Blancs, Champagne. Bezeichnung für eine Ausnahmeform des Champagners. Blanc de Blancs wird nur aus den weißen Chardonnay-Trauben gekeltert.

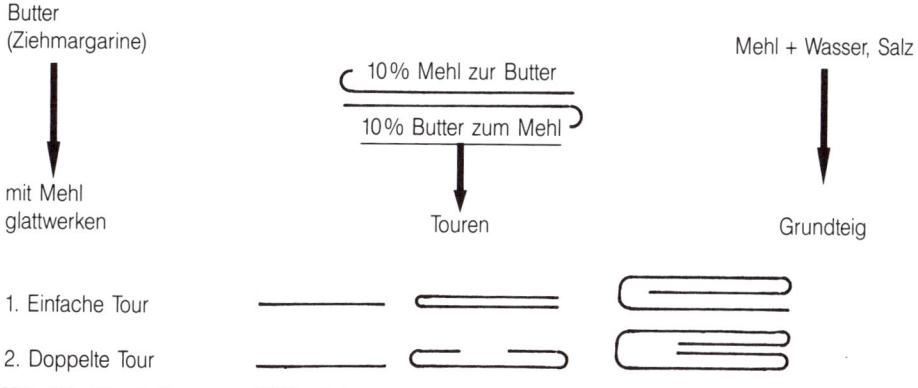

Abb. 17 Herstellung von Blätterteig

Blanc de Noir

Blanc de Noir. Weiß von schwarz = Weißwein/Champagner aus roten Trauben gewonnen. Bei den europäischen Rotweintrauben sind – mit wenigen Ausnahmen – die roten und blauen Farbstoffe nur in der Beerenhaut enthalten. Bei sofortiger Kelterung der Trauben erhält man helle Moste. In der Champagne nur aus → *Pinot Noir* bzw. → *Pinot Meunier* hergestellt.

Blanchieren. Abwällen, aufwällen. Vorgaren von Lebensmitteln in Wasser oder Fett aus verschiedenen Gründen: **a)** zur Farberhaltung bzw. -gebung (Bohnen), **b)** aus geschmacklichen Gründen (Kohl), **c)** raschere Fertigung bei Gebrauch (Pommes frites). In Wasser kalt aufsetzen: Knochen, Fleischteile, in Wasser heiß aufsetzen: Gemüse, Kartoffeln, in Öl (Friturefett) heiß aufsetzen: Fisch, Gemüse, Kartoffeln (vorbacken). Temperaturen: Wasser bis auf Siedepunkt, Öl auf 130 °C.

Blancmanger. Mandelsulz, kalte Süßspeise, bei der Mandelmilch mit eingeweichter und aufgelöster Gelatine versetzt wird und der kurz vor dem Stocken geschlagene Sahne untergezogen wird. Zur Herstellung der Mandelmilch werden geschälte Mandeln zusammen mit Zucker und warmer Milch in einem Mörser zerrieben. Vor der Weiterverarbeitung wird die Mandelmilch passiert.

Blanquette. 1) Weißes Ragout, bes. aus Geflügel, Kalb und Lamm. Das Fleisch wird in einem kräftigen Würzfond gegart, daraus eine Soße gezogen und über das Fleisch passiert. → *Frikassee.* 2) Weiße Unterseite des Rebblattes der Mauzacrebe.

Blattgold. Verwendet in Form feiner Flitter im „Danziger Goldwasser" sowie als Dekor bei Pâtisserieerzeugnissen, auch als Einlage in Suppen (Essenz von Wildtauben, Fasanenpunsch). Ausgewalztes Gold bis zu einer Feinheit von 0,0001 mm. In Heftchen oder auf Rollen im Handel.

Blauburger. Rotweintraube, Kreuzung aus → *Portugieser* und → *Limberger*, Züchtung aus Klosterneuburg/Österreich.

Blaue Feslauer Traube. Syn. für Blauer Portugieser, Rotweintraube.

Blauer Affentaler. Rotweintraube mit nur vereinzeltem Vorkommen in Württemberg. Der Blaue Affentaler ist mit dem Spätburgunder nicht verwandt und darf nicht mit dem badischen Affentaler, der aus der → *Blauen Arbst*-Traube gewonnen wird, verwechselt werden.

Blauer Arbst. Rotweintraube, eine im Aussterben begriffene Spielart des → *Blauen Spätburgunders.* Der Anbau erfolgt nur noch in Baden, wo die Weine als → *Affentaler* bekannt sind. Die Traube reift spät und liefert farbkräftige milde Weine. Die Sorte darf nicht mit dem in Württemberg heimischen → *Blauen Affentaler* verwechselt werden.

Blauer Frühburgunder → *Frühburgunder.*

Blauer Saint Laurent. Rotweintraube mit dem Hauptverbreitungsgebiet Österreich. In Deutschland ist sie nur noch ganz vereinzelt anzutreffen. Sie bringt kräftige, farblich dunkle Weine hervor. Der Name bezieht sich nicht auf die Weinorte gleichen Namens im → *Médoc* und im → *Haut Médoc* bei Bordeaux. Er ist wahrscheinlich von dem Kalenderheiligen St. Laurentius (10. 8.) abgeleitet.

Blauer Silvaner. Rotweintraube, vermutlich durch Mutation aus dem → *Silvaner* entstanden. Die Traubensorte war früher im Bodenseegebiet verbreitet. Heute ist sie ohne Bedeutung.

Blauer Spätburgunder → *Spätburgunder.*

Blauer Wittling *(lat. Micromesistius poutassou).* Seefisch. Gehört zur Familie der Dorschartigen, weist eine Länge von durchschnittlich 25–35 cm (max. 50 cm) auf und wird in einer Tiefe bis zu 300 m gefunden.

Fettarmes und eiweißreiches Fleisch von geschmacklich hervorragender Qualität. Vermarktung: als geköpfter und entweideter Ganzfisch für die Zubereitung von Koch-, Brat- und Dünstfischgerichten. → *Wittling*.

Blaufelchen → *Renken*, auch: *Reinanke; (frz.: féra; engl: wite fish)*. Vorkommen: Im Boden-, Ammer- und Genfersee. Im Bodensee bis zu 30 cm lang und 500 g Gewicht. Im Aussehen erinnert das Felchen an den Maifisch. Färbung: blasser als andere Felchenarten. Zur Gattung der Salmoniden gehörend.

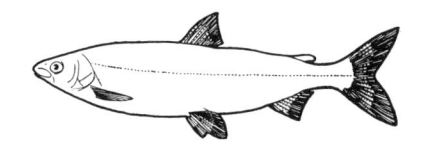

Blaufränkisch. Verbreitete Bezeichnung für Blauer Limberger. Rotweintraube.

Blauleng. Gehört zur Familie der Dorschfische. Den Blauleng kennzeichnet ein langer, schlanker Körper, der bis zu max. 1,5 m Länge erreicht. Sein Fleisch ist sehr weiß und fest, ausgesprochen wohlschmeckend. Der Blauleng ist im Gebiet südöstlich von Island, westlich der Färöer und der britischen Inseln, sowie vor der norwegischen Küste anzutreffen. Er lebt in einer Tiefe zwischen 200 und 1500 m. Blauleng enthält 19 % Eiweiß und 0,6 % Fett. Eignet sich zum Braten, Backen und Dünsten.

Blaurückenlachs. Kleinere, amerikanische Lachssorte, die bis zu 3 kg schwer wird. → *Lachs*.

Blauschönung, auch Mösslinger Schönung genannt. Behandlung des Mostes oder des Weines mit (sog. Berliner Blau) Kaliumhexacyanoferrat II = gelbes Blutlaugensalz zur Entfernung von Schwermetallen wie Eisen, Zink, Mangan, Kupfer. Die Menge des zu verwendenden Kaliumhexacyanoferrat II wird durch einen Fachmann – meist ein Weinchemiker – bestimmt. Nach der Behandlung wird die Chemikalie völlig entfernt. Der bei Weinen mitunter anzutreffende Bittermandelgeschmack ist meist eine Folge zu hoher Mengen des gelben Blutlaugensalzes.

Blaye. Franz. Weinbaugebiet am rechten Gironde-Ufer gegenüber von → *Médoc*. Die Rot- und Weißweine aus diesem Bereich sind von mittlerer Qualität.

Bleichmittel. Chemische Oxydationsmittel, die in → *Waschmitteln* enthalten sind.

Blended Bourbon. Besteht aus mind. 51 % → *Straight Bourbon* Whiskey. Der Rest ist Kornsprit und Wasser.

Blended Scotch Whisky. Ein Verschnitt aus Malt-Whisky und Grain-Whisky; zu 98 % auf dem deutschen Markt im Angebot. Von dieser Angebotsform werden ca. 2000 verschiedene Marken mit unterschiedlichen Geschmacksrichtungen hergestellt.

Blended Straight Bourbon. Eine Mischung aus verschiedenen → *Straight Bourbon* Whiskeys.

Blending. Wird bei der Whiskyherstellung in Schottland angewendet. Dabei werden bis zu 50 verschiedene Sorten vermischt.

Blending-Haus. Bezeichnung für Firmen, die nicht selbst brennen. Sie kaufen fertig hergestellte Destillate, die sie lagern und dann zu bestimmten Whiskys – je nach Geschmacks- und Qualitätsvorstellungen – verschneiden.

Blindbacken. Mit Teig ausgelegte Tortenböden oder -ringe sowie Tortelettförmchen mit getrockneten Erbsen, Linsen, Bohnen oder Reis ausfüllen und so anbacken, dass sich der Boden durch die heiße Luft nicht wölbt. Es ist zweckmäßig, die Formen erst mit einem Stück Pergamentpapier auszulegen, damit man die Hülsenfrüchte bzw. den Reis leichter wieder herausheben kann. Hülsenfrüchte oder Reis können aufbewahrt und immer wieder gebraucht werden.

Blindhuhn. Eintopfgericht aus Westfalen. Weiße und grüne Bohnen, Möhren, Kartoffeln, Trockenbirnen, Trockenäpfel und geräucherter Schinkenspeck.

Blindverkostung für Wein. Bei der Weinprämierung und bei Wettbewerben angewandtes Verfahren, bei dem die Flaschen der zu verkostenden Weine verhüllt sind. Die Tester haben keinerlei Hinweise auf Herkunft und Erzeuger.

Blinis. Kleine Pfannkuchen aus Buchweizenmehl und Hefe. Russische Küche. Beliebte Beilage zu Kaviar.

Blitzblätterteig → *Holländischer Blätterteig.*

Blitzkuchen → *Eclair(s).*

Bloaters (engl.). Halbgeräucherte Heringe.

Blockmilch. Unter Zusatz von Zucker bis zum schnittfähigen Zustand eingedickte Milch.

Blockunterricht. Im Gegensatz zum wochenweisen Besuch der Berufsschule (Berufsschultage) Zusammenfassung der Berufsschulzeit eines Jahres in einem oder zwei mehrwöchige Blöcke je Ausbildungsjahr. → *Gebietsberufsschule.*

Bloom-Wert. Die Gelierkraft einer Gallerte (Gelee, Sülze) bestimmt die Qualität. Dieses Merkmal wird im sog. Bloom-Wert ausgedrückt. Dieser Wert drückt die Masse aus, die notwendig ist, um einen Stempel von 0,5 Zoll ⌀ vier Millimeter tief in eine Gallerte einzudrücken. Neben der Geleesorte wirkt auch der ph-Wert auf den Bloom-Wert ein.

Blue Points → *Austern.*

Blume. Weinsprache. Bezeichnung für alle flüchtigen Substanzen, die einen Reiz auf den Geruchsinn ausüben.

Blumenkohlkrankheit. Durch Viren hervorgerufene, typische Aalkrankheit mit seuchenhaftem ansteckendem Charakter. Erkrankte Aale bilden Geschwülste am ganzen Körper, vor allem aber am Ober- und Unterkiefer. Das Aussehen der Geschwülste erinnert an Blumenkohl.

Blumenschmuck. Es ist grundsätzlich zu unterscheiden zwischen dem ständig für das Hotel notwendigen Blumenschmuck und dem, der auf Verlangen für Veranstaltungen bereitgestellt wird. Für Bereitstellung und Pflege ist in beiden Fällen die Hausdame zuständig. Für den ständigen Hausschmuck hat sie ein Budget zur Verfügung, das i. d. R. zwischen 1 und 5 % des Umsatzes liegt. Sie trägt Sorge für die Herstellung und Pflege der Gestecke, Sträuße u. ä. Blumenschmuck, der von Veranstaltern gewünscht wird, wird von dem für die Absprache der Veranstaltung zuständigen Angestellten (Sales-M., Bankett-M., F&B-M. oder Maître d'Hôtel) vermerkt und der Hausdame mitgeteilt, die wiederum für Herstellung oder Bereitstellung sorgt. Dieser Blumenschmuck fällt nicht unter das Budget, sondern wird dem Veranstalter in Rechnung gestellt.

Blunzen. Mundartliche Bezeichnung für Blutwurst, auch: gefüllte Milz vom Kalb/Rind mit einer Kalbfleischfarce (jüdische Küche).

Blutplasma. Flüssigkeit, die nach Zusatz von gerinnungshemmenden Stoffen und Entfernen der zelligen Bestandteile aus dem Blut von Rindern (ausgenommen Kälber) und Schweinen gewonnen wird. Die abgesonderten zelligen Elemente werden als Dickblut bezeichnet. Getrocknetes Blutplasma wird im Verhältnis 1 : 10 in Trinkwasser aufgelöst.

Blutpökeln. Holländische Bezeichnung für das sofortige Kehlen von Heringen auf den Fangbooten und das Einlegen mit Meerwasser in Bottichen.

Blutwurst. Kochwürste, deren Schnittfähigkeit im erkalteten Zustand durch mit Blut versetzte, erstarrte Gallertmasse (Schwartenbrei) oder auf zusammenhängende → *Koagulation* von Bluteiweiß beruht.

Blutzuckerspiegel. Gehalt des Blutserums an Traubenzucker.

BMI = Body-Maß-Index. Maß für Übergewicht. Er berechnet sich, indem man das Körpergewicht durch das Quadrat der Körpergröße (in Meter) teilt. Liegt der Wert zwischen 25 und 30 spricht man von leichtem bis mittlerem Übergewicht. Bei Werten über 30 besteht Übergewicht.

$$BMI = \frac{\text{Körpergewicht (kg)}}{\text{Körpergröße (m)}^2}$$

$$\text{Beispiel } \frac{80 \text{ kg}}{(1,75 \times 1,75)} = 26,1$$

BNIC. Bureau National Interprofessionel du Cognac. Halbstaatliches Kontrollorgan in dem Gebiet → *Cognac.*

Bocadillo → *Baby-Banane.*

Bockbier. Meist untergärig, meist dunkel, auch hell; lt. Gesetz mind. 16 % Stammwürze; vollmundig im Geschmack.

Bocksbeutel. Typische, flache und breite Flasche aus grünem Glas. Die Abfüllung in diese Flaschen ist nur für → *Qualitätsweine* und → *Qualitätsweine mit Prädikat* aus Franken, den Weinorten der Ortenau: Umweg, Steinberg, Varnhalt, Neuweier und den Orten des Taubergrundes erlaubt. Rechtliche Grundlagen: Verordnung (EWG) Nr. 3201/90 (100a) der Kommission über Durchführungsbestimmungen für die Bezeichnung und Aufmachung der Weine und Traubenmoste vom 16.10. 1990 (ABl. Nr. L309 S. 1): 1) Begrenzung auf bestimmte geographische Herkünfte (vgl. Art. 20 und Anh.V VO [EWG] Nr. 3201/90): Die Verwendung der Bocksbeutelflasche – auch „Cantil-Flasche" genannt – ist nur zulässig für das Inverkehrbringen von Weinen aus **a)** dem b. A. Franken, **b)** dem Bereich Tauberfranken des b. A. Baden, **c)** den Ortsteilen Neuweier, Steinbach, Umweg und Varnhalt der Gemeinde Baden-Baden im b. A. Baden. Anmerkung: Die Verwendung der Bocksbeutelflasche ist nicht zulässig für das Inverkehrbringen von Weinen aus dem zum Bereich Tauberfranken gehörenden Ortsteil Kiepsau der Gemeinde Krautheim. **2)** Die Bocksbeutelflasche darf nur für das Inverkehrbringen von Qualitätswein und Qualitätswein mit Prädikat verwendet werden. **3)** Keine Begrenzung auf bestimmte Rebsorten oder Weinarten. **4)** Ausländische Weine (vgl. Anh. V VO [EWG] Nr. 3201/90): Nachstehend aufgeführte ausländische Weine dürfen ebenfalls in der Bocksbeutelflasche in den Verkehr gebracht werden: In Italien: a) Santa Maddalena (St. Magdalener) b) Valle Isarco (Eisacktal), c) Terlaner aus der Rebsorte Pinot bianco, d) Bozner Leiten, e) Alto Adige (Südtiroler) aus den Rebsorten Riesling, Müller-Thurgau, Pinot nero, Moscato giallo, Sylvaner und Lagrein, f) Greco di bianco; in Griechenland: a) Agio-ritiko, b) Rombola Kephalonias, c) Wein von der Insel Kephalonia, d) Wein von der Insel Porös.

Böckser. Weinfehler, die aus verschiedenen Ursachen hervorgehen: Hefe-, SO_2-, Metall- und Aromaböckser. Die Weinfehler sind am Geruch nach Geranien, Knoblauch, faulen Eiern, ranziger Butter zu erkennen.

Bockshornklee. Sehr kleine, rotbraune Samenkörner einer Pflanze, die zur Familie der Schmetterlingsblütler gehört. Sie haben ein angenehm bitteres Aroma und einen süßlichen Geruch, der an gebrannten Zucker erinnert. Bockshornklee ist Bestandteil des Currypulvers.

Bockwurst. Erstmals vor über 100 Jahren von Fleischermeister Löwenthal in der Friedrichstraße in Berlin hergestellt. Die Wurst wurde insbes. an hungrige Studenten verkauft und zu Bockbierfesten angeboten.

Bodega. Überirdische Lagerhallen in dem spanischen Anbaugebiet → *Jerez*. In Bodegas werden u. a. Sherryweine gelagert.

Bodenbeläge → *Fußbodenbeläge*. Bodenbeläge im Hotel müssen besonderen Anforderungen entsprechen. Es stehen zur Verfügung: 1) Holz, geht zurück, seit es gute Teppichböden gibt, da die Pflege aufwendiger ist. 2) Stein, Keramik (Klinker), für Feuchträume, Küche, Dielen und rustikale Räume; sehr pflegeleicht und haltbar. 3) Teppichboden; seit 1970 im Vormarsch für alle Schlaf- und Wohnräume, Gänge in Gasträumen, schallschluckend, wärmedämmend und gut zu reinigen. 4) PVC, vielseitig in Krankenanstalten verwendet, ebenso im Privatbereich. Im Hotel auch in Teilen des Wirtschaftsbereiches.

Bodengeschmack – Bodenton. Geschmackliche Eigenart von Weinen bestimmter Herkunft. Ein noch nicht aufgeklärtes Phänomen.

Bodentrauben. Bezeichnung für Trauben, die sich vor der Ernte infolge Stiellähme oder -fäule vom Stock gelöst haben und angefault auf dem Boden liegen. Sie eignen sich nicht zur weiteren Verarbeitung.

Bogota. Spätreifende Erdbeersorte mit hohem Ertrag. Die Früchte sind sehr groß, mitunter etwas unregelmäßig in der Form mit rotem Fruchtfleisch und von sehr angenehmen Geschmack.

Bohnen, dicke. Dicke Bohnen gehören zur Familie der Leguminosen. Sie werden auch Puffbohnen, Saubohnen oder Große Bohnen genannt. Dicke Bohnen werden bei „Milchreife" der Kerne geerntet, bevor diese mehlig werden. Die Kerne sollten noch weißgrün sein. Jede Schote enthält drei bis sechs Kerne, sodass pro Person 500 g Bohnenschoten für eine Mahlzeit benötigt werden. Sie sind sehr aromatisch und als Beilage zu herzhaften Gerichten oder für Eintöpfe geeignet. Dicke Bohnen sind in der Schote gehüllt bis zu 14 Tagen haltbar. Sie sind eiweißreich und enthalten viel Magnesium, Vitamin B_1 und B_2.

Bohnenkraut. Das aus dem Mittelmeergebiet stammende Bohnenkraut wird auch als Pfefferkraut oder Kölle bezeichnet; es zählt zur Familie der Lippenblütler. Die Pflanze wird ca. 30 cm hoch und ist reichlich verzweigt. Die Blättchen sind dunkelgrün, schmal und leicht behaart. Es kann häufig als Ersatz für Pfeffer Aroma verleihen. Das ätherische Öl der Pflanze enthält Stoffe, die blähungswidrig sind. Sie lösen Krämpfe und sind auswurffördernd. Der Gerbstoff der Pflanze macht sie für Durchfälle geeignet. Man sagt ihr auch eine bakterientötende Wirkung nach.

Bois Communs (Bois Ordinaires, bois à Terroir). Eine Anbaulage des gesetzlich reglementierten Anbaugebietes von Cognac. Das Eau-de-vie entwickelt im Duft eine nachhaltige Schwere für die Nase. Die Aromen steigen nur schwer auf. Der Geschmack ist erdig ausgeprägt, rau und herb.

Bois Ordinaires. Cognac-Untergebiet.

Bolle. Berliner Ausdruck für Zwiebel.

Bollito Misto. Ital. Landesküche. Ein gemischter Fleischtopf mit → *Zampone*, Huhn, Rindfleisch, Ochsenzunge, Kalbskopf und Gemüse. Serviert wird dazu Salsa Verde (grüne Sauce).

Bombage. Konserve, deren Inhalt aufgrund chemischer Zersetzungsprozesse oder Mikroorganismenbefall (Cl. botulinum) meist ungenießbar ist (echt), bei unechten Bombagen ist die Dose deformiert, der Inhalt jedoch genießbar.

Bombay-Ente. Gesalzene und getrocknete Fischart. Man schneidet den Fisch in 2 cm lange Stücke, die gegrillt oder in Öl schwimmend ausgebacken und als Beilage zu einer Reis- und Curry-Mahlzeit geknabbert werden.

Bombeischen. Holsteinische Landesküche. Kleine, in Fett gebackene Pfannkuchen aus Rühr- oder Hefeteig, sog. „Berliner", die in Setzeipfanne mit Vertiefung ausgebacken werden. Füllung teilweise Apfelmus, Pflaumenmus oder Rosinen, nach dem Backen mit Zimt-Zucker bestreut.

Bombilla. Bezeichnung für einen Speziallöffel oder Saugrohr, mit dessen Hilfe → *Mate-Tee* getrunken wird.

Bommerlunder. Dieser Kümmelbranntwein ist ein rein deutscher Aquavit aus Flensburg, der seinen Namen vom „Krug von Bommerlund" trägt.

Bonbonnes. Glasballonflasche, Korbbastoder Strohflasche für die Lagerung von → *Cognac* in der → *Charente*.

Bonde. Holzzapfen, mit dem man Holzfässer verschließt.

Bonito *(frz.: bonite; engl.; bonito).* Verwandter des Thunfischs. Bei 70 cm Länge etwa 5 kg schwer. Kenntlich durch vier bis sieben dunkle Seitenstreifen am Bauch. Er wird selten oberhalb des 48. Grad nördlicher Breite angetroffen. Im Stillen Ozean bis 45 % des gesamten Weltfanges. Besonders für Japan, die USA sowie Peru ist es einer der wichtigsten Fische.

Bonne Chauffe. Frz. Bezeichnung für → *Feinbrand*.

Bons Bois. Das Eau-de-vie hat einen ausgeprägteren Duft als das der Fins Bois. Aber die Aromen sind nicht so klar auszumachen wie bei den Fins Bois und scheinen schwerer aufgrund des Anbaubodens zu sein. Der Geschmack ist leicht rau sowie weniger stolz und deutlich als bei der Fins Bois und gekennzeichnet durch das Anhalten einer schwachen Würze.

Boonekamp. Bitterbranntwein; ein Magenbitter, dessen Eigenart sein aromatischer, süßlicher und leicht scharfer Geschmack ist, der durch Auszüge heimischer und exotischer Drogen, z. B. Nelken, Süßholz, Fenchel, Koriander, Enzian, erreicht wird. Mindestalkoholgehalt: 40 % Vol.

Bordeaux Fin → *A, C,-Gebiet* in Westfrankreich mit ca. 110 000 ha Rebfläche und einem Ertrag von ca. 3 Mio. Hektoliter pro Jahr. In diesem Gebiet, das in viele A. C.-Untergebiete aufgeteilt ist, werden Weiß- und Rotweine, Roses, Schaumweine und Dessertweine produziert. Der Wein ist immer ein Verschnitt aus verschiedenen Traubensorten und unterliegt einer komplizierten Klassifizierung, die durch eine große Anzahl einzelner Weinbaubetriebe, den sog. Châteaus (ca. 3500) und Weinhändlern, den Negociants (ca. 300) erschwert wird. Bordeaux ist das größte geschlossene Weingebiet für Qualitätsweine der Welt.

Bordeaux-Klassifikation. Für die Gebiete → *Médoc*, → *Sauternes* und → *Graves* gilt bis heute die Klassifikation von 1855. Die Weine des Gebietes → *St. Emilion* wurden 1959 klassifiziert. In der Klassifikation sind die besten Erzeuger (Châteaus) erfasst. Von rund 2000 Lagen in Bordeaux sind in der Klassifikation Médoc 61 Lagen und St. Emilion 12 Lagen als beste anerkannt. In Sauternes sind es 22 und in Graves 23 Lagen. Bordeauxs berühmter Bereich → *Pomerol* hat keine eigene Klassifikation. Die restlichen 2000 Lagen werden unter nachstehenden Bezeichnungen angeboten:
a) → *Crus Exceptionnels* (gehobene Qualität), b) → *Crus Bourgeois* (gute Qualität), c) → *Crus Artisans* (anerkannte Qualität). Die Bordeaux-Klassifikation gilt heute in der Fachwelt nicht als unbestritten (Abb. 18).

Bordeaux-Klassifizierung (Abb.)

Classification officielle des crus du Médoc établie par la Chambre Syndicale des Courtiers en 1855*
Offizielle Klassierung der Weine aus dem Médoc im Jahre 1855 durch die Chambre Syndicale des Courtiers erstellt*

1ᵉʳˢ crus

Château Lafite-Rothschild	Pauillac
Château Margaux	Margaux
Château Latour	Pauillac
Château Haut-Brion	Pessac (Graves)

2ᵉˢ crus

Château Mouton-Rothschild*	Pauillac
Château Rausan-Ségla	Margaux
Château Rausan-Gassies	Margaux
Château Léoville-Las Cases	Saint-Julien
Château Léoville-Poyferré	Saint-Julien
Château Léoville-Barton	Saint-Julien
Château Durfort-Vivens	Margaux
Château Lascombes	Margaux
Château Gruaud-Larose	Saint-Julien
Château Brane-Cantenac	Cantenac
Château Pichon-Longueville	Pauillac
Château Pichon-Longueville Lalande	Pauillac
Château Ducru-Beaucaillou	Saint-Julien
Château Cos-d'Estournel	Saint-Estèphe
Château Montrose	Saint-Estèphe

3ᵉˢ crus

Château Kirwan	Cantenac
Château d'Issan	Cantenac
Château Lagrange	Saint-Julien
Château Langoa	Saint-Julien
Château Giscours	Labarde
Château Malescot-Saint-Exupéry	Margaux
Château Cantenac-Brown	Cantenac
Château Palmer	Cantenac
Château La Lagune	Ludon
Château Desmirail	Margaux
Château Calon-Ségur	Saint-Estèphe
Château Ferrière	Margaux
Château Marquis-d'Alesme-Becker	Margaux
Château Boyd-Cantenac	Margaux
Château Dubignon-Talbot	Margaux

4ᵉˢ crus

Château Saint-Pierre-Bontemps	Saint-Julien
Château Branaire-Ducru	Saint-Julien
Château Talbot	Saint-Julien
Château Duhart-Milon-Rothschild	Pauillac
Château Pouget	Cantenac
Château La Tour-Carnet	Saint-Laurent
Château Lafon-Rochet	Saint-Estèphe
Château Beychevelle	Saint-Julien
Château Prieuré-Lichine	Cantenac
Château Marquis-de-Terme	Margaux

Abb. 18 Bordeaux-Klassifizierung

5ᵉˢ crus

Château Pontet-Canet	Pauillac
Château Batailley	Pauillac
Château Haut-Batailley	Pauillac
Château Grand-Puy-Lacoste	Pauillac
Château Grand-Puy-Ducasse	Pauillac
Château Lynch-Bages	Pauillac
Château Lynch-Moussas	Pauillac
Château Dauzac	Labarde
Château Mouton-Baronne Philippe	Pauillac
Château du Tertre	Arsac
Château Haut-Bages-Libéral	Pauillac
Château Pédesclaux	Pauillac
Château Belgrave	Saint-Laurent
Château Camensac	Saint-Laurent
Château Cos-Labory	Saint-Estèphe
Château Clerc-Milon	Pauillac
Château Croizet-Bages	Pauillac
Château Cantemerle	Macau

Classement des crus des vins à appellation contrôlée „Graves"
homologué par arrêté du Ministre de l'Agriculture du 16 février 1959
Klassierung der Weine mit der kontrollierten Ursprungsbezeichnung „Graves"
durch Dekret des Landwirtschaftsministeriums vom 16. Februar 1959 homologiert

Vins rouges   Rotweine

Cadaujac	Château Bouscaut
Léognan	Château Haut-Bailly, Château Carbonnieux, Domaine de Chevalier, Château Malartic-Lagravière, Château Olivier, Château Fieuzal.
Martillac	Château La Tour-Matillac, Château Smith-Haut-Lafitte.
Pessac	Château Haut-Brion, Château Pape-Clément.
Talence	Château La Mission Haut-Brion, Château La Tour Haut-Brion.

Vins blancs   Weißweine

Cadaujac	Château Bouscaut
Léognan	Château Carbonnieux, Domaine de Chevalier, Château Olivier, Château Malartic-Lagravière.
Talence	Château Laville Haut-Brion.
Villenave-d'Ornon	Château Couhins.
Martillac	Château La Tour-Martillac.

Abb. 18   Bordeaux-Klassifizierung (Fortsetzung)

Bordeaux-Klassifizierung (Abb.)

Classification officielle des crus de Sauternes et Barsac établie par la Chambre Syndicale des Courtiers en 1855		
Offizielle Klassierung der Weine aus dem Sauternes und Barsac im Jahre 1855 durch die Chambre Syndicale des Courtiers erstellt		
Grand premier cru		
Château d'Yquem		Sauternes
1^{ers}crus		
Château La-Tour-Blanche	Château Climens	Bommes / Barsac
Château Lafaurie-Peyraguey	Château Guiraud	Bommes / Sauternes
Clos Haut-Peyraguey	Château Rieussec	Bommes / Fargues
Château Rayne-Vigneau	Château Sigalas-Rabaud	Bommes / Bommes
Château Suduiraut	Château Rabaud-Promis	Preignac / Bommes
Château Coutet		Barsac
2^{es}crus		
Château Myrat	Château Nairac	Barsac / Barsac
Château Doisy-Daëne	Château Caillou	Barsac / Barsac
Château Doisy-Védrines	Château Suau	Barsac / Barsac
Château Doisy-Dubroca	Château de-Malle	Barsac / Preignac
Château d'Arche	Château Romer	Sauternes / Fargues
Château Filhot	Château Lamothe	Sauternes / Sauternes
Château Broustet	Château Lamothe-Bergey	Barsac / Sauternes

Abb. 18 Bordeaux-Klassifizierung (Fortsetzung)

**Classement des crus des vins à appellation contrôlée „Saint-Emilion"
homologué par aareté du Ministre de l'Agriculture du 17 novembre 1969**

Saint-Emilion premiers grands crus classés

a) Château Ausone	Château Beauséjour (Société)	Château Figeac
Château Cheval-Blanc	Château Belair	Château La Gaffelière
b) Château Beauséjour (Dufau)	Château Canon	Château Magdelaine
		Château Pavie
		Château Trottevieille
		Clos-Fourtet

Saint-Emilion grands crus classés

Château L'Angélus	Château Curé-Bon	Château La Carte	Château Matras
Château L'Arrosée	Château Daussault	Château La Clotte	Château Mauvezin
Château Beleau	Château Faurie-de-Souchard	Château La Clusière	Château Moulin-du-Cadet
Château Balestard la Tonnelle	Château Fonplégade	Château La Couspaude	Château L'Oratoire
Château Bellevue	Château Fonroque	Château La Dominique	Château Pavie-Decesse
Château Bergat	Château Franc-Mayne	Clos La Madeleine	Château Pavie-Macquin
Château Cadet-Bon	Château Grand-Barrail-Lamarzelle-Figeac	Château Lamarzelle	Château Pavillon-Cadet
Château Cadet-Piola		Château Laniote	Château Petit-Faurie-de-Soutard
Château Canon-la Gaffelière	Château Grand-Corbin-Despagne	Château Larcis-Ducasse	Château Ripeau
Château Cap-de-Mourlin (R. Capdemourlin)	Château Grand-Corbin-Pécresse	Château Larmande	Château Saint-Georges-Côte-Pavie
Château Cap-de-Mourlin (J. Capdemourlin)	Château Grand-Mayne	Château Laroze	Château Sansonnet
Château Chapelle-Madeleine	Château Grand-Pontet	Château Laserre	Château Soutard
Château Chauvin	Château Grandes-Murailles	Château La Tour-du-Pin-Figeac (Bélivier)	Château Tertre-Daugay
Château Corbin (Giraud)	Château Guadet-Saint-Julien	Château La Tour-du-Pin-Figeac (Moueix)	Château Trimoulet
Château Corbin-Michotte	Château Haut-Corbin	Château La Tour-Figeac	Château Trois-Moulins
Château Goutet	Château Haut-Sarpe	Château La Châtelet	Château Troplong-Mondot
Château Couvent-des-Jacobins	Château Jean-Faure	Château La Couvent	Château Villemaurine
Château Croque-Michotte	Clos des Jacobins	Château La Prieuré	Château Yon-Figeac

Abb. 18 **Bordeaux-Klassifizierung** (Fortsetzung)

Bordeaux-Traubensorten

Bordeaux-Traubensorten. Für Bordeaux-Weine sind bestimmte Traubensorten zugelassen. Für Rotweine sind es die Rebsorten: Cabernet Sauvignon, bringt Gerbsäure, Qualität. Cabernet Franc, bringt Bukett, Feinheit, Farbe. Merlot, bringt Geschmeidigkeit. Die Traubensorten Malbec und Petit-Verdot werden nur im Einzelfall beigemischt. Für Weißweine werden folgende Rebsorten vermischt: Sauvignon blanc, bringt Feinheit, Sémillon blanc bringt Süße und Muscadelle bringt Aroma.

Borderies → *Cognac-Gebiet.* Das Eau-de-vie dieser Lage ist besonders geruchsintensiv und erinnert an Veilchen. Der Geschmack des Eau-de-vie wird als großzügig bezeichnet.

Bordüre. Rand, Einfassung. Mit Herzogin-Kartoffelmasse. → *Mazagran.*

Boronia. Spanisches Gemüsegericht.

Borretsch. Gurkenkraut. Einjährige Gewürzpflanze aus Europa und dem Nahen Osten. Die frischen Blätter und Blüten sind vorwiegend zur Salatwürzung geeignet, können aber auch für Hackfleisch und Kräutersoße verwendet werden.

Börse. Ort, an dem sich Geschäftsleute zu bestimmten Zeiten treffen, um Kaufverträge über Dienstleistungen oder vertretbare, nicht anwesende Waren abzuschließen. Unter dem Begriff „Börse" wird meist die Wertpapierbörse verstanden.

Botarga → *Kaviar.*

Botrytis cinerea. Lateinische Bezeichnung für einen → *Schimmelpilz,* der bei besonderen klimatischen Bedingungen die Edelfäule hervorruft. Er ist bei vorgeschrittener Reife der Trauben erwünscht. Die Beerenhaut wird durch den Botrytisbefall porös, sodass bei trockener Witterung zusätzlich Wasser verdunstet und es zu einer Zuckerkonzentration in den Beeren kommt. Während dieses biologischen Veredelungs-Prozesses werden viele Stoffe wie → *Glycerin,* Zitronensäure u. a. gebildet. Säure und Zucker werden abgebaut, jedoch Säure stärker als Zucker. Bei Rotweinsorten ist der Botrytisbefall unerwünscht, da er den in der Schale befindlichen Farbstoff zerstört. Die aus botrytisbefallenen Trauben gewonnenen Weine haben einen typischen Geschmack → *Botrytis-Ton.* Tritt der Grauschimmel – Botrytis cinerea – während der Reifeperiode bei feuchtwarmer Witterung auf, vermehrt er sich rasch und führt zu den gefürchteten Rohkrankheiten Sauerfäule und Stielfäule.

Botrytis-Ton. Charakteristisches Aroma bei Weinen, die aus botrytisbefallenen Trauben gewonnen wurden.

Botulismus. Meldepflichtige, gefährliche, bakterielle Lebensmittelvergiftung. Der Erreger ist der Botulinusbazillus. Er lebt ohne Sauerstoff (anaerob) vor allem in Konserven und in Dauerwurst mit Fehlreifung, Wurstwaren, geräuchertem Schinken und in vakuumverpacktem Fleisch und Fischsorten. Der Bazillus ist hitzeempfindlich, seine Sporen (Dauerform) sind *kochfest.* Die befallenen Lebensmittel zeigen in der Regel keine sensorischen Verderbsmerkmale. Dosen zeigen oft leichte Bombagen oder zischen beim Öffnen. Zeigt der Doseninhalt Veränderungen wie Verflüssigung, üblen Geruch bis Gestank, Trübungen, ist die Ware verdächtig und sollte vernichtet werden. Die Vergiftung wird nicht durch die Bakterien selbst, sondern durch Giftstoffe (Toxine) ausgelöst, die bei der Zersetzung der Ware durch die Botulinusbazillen entstehen. Krankheitsverlauf: Die Krankheitserscheinungen treten kurz nach dem Genuss der befallenen Ware auf. Sie beginnen mit Kopfschmerzen, Schluckbeschwerden, Lähmungserscheinungen (Sehnerven- und Kehlkopflähmung, Darmlähmung, Herzlähmung) und können zum Tode führen. Ursache der Infektion ist fast immer *mangelnde Hygiene.*

Bouchée. *Frz. Mundbissen, Pastetchen,* gefüllt mit feinen Ragouts oder Pürees.

Boucher. Metzger – Fleischer – Schlachter. In großen Küchenbrigaden übernimmt der Küchenmetzger die Überwachung der Fleisch-Lagerung, die Vorbereitung und Präparation von Fleischgerichten.

Bouchonné. Korkgeschmack beim Wein von frz. Bouchon (m.) = Kork.

Bouillabaisse à la Marseillaise. Sie ist keine Suppe im eigentlichen Sinne des Wortes. Sie ähnelt dem Pot-au-feu insofern, als man daraus eine Suppe und ein Hauptgericht machen kann. Zur echten Bouillabaisse benötigt man folgende Fische: Rascasse (Drachenkopf), Saint Pierre (Petersfisch), Merlan (Wittling), Fiélas oder Congre (Meeraal), Baudroie (Seeteufel oder Lotte de mer), Chapon, Louquier, Rouget (Rotbarbe) und Languste. Häufig wird auch eine Knoblauchsauce (sc. rouille) zur Bouillabaisse gereicht.

Bouillir. Kochen. Bouillir au bleu = Blaukochen. Prinzip: Knapp unter dem Siedepunkt halten. Für klare Brühen, Fleisch. Anwendungsbereich: **a)** In Wasser oder Fond kalt aufsetzen: Für klare Brühen, Gelees. Nicht zudecken, **b)** In Wasser oder Fond heiß aufsetzen: Wenn nötig, zuerst blanchieren. Siedfleisch, Kalb, Lamm, Hammel. Nicht zudecken.

Bouillon. Fleischbrühe.

Boulanger. Bäcker. In großen Küchenbrigaden übernimmt der Küchenbäcker die Herstellung aller Backwaren.

Boulettes d'Avesnes. Birnenförmige frz. Kuhmilchkäse (Nordfrankreich).

Bouquet Garni. Kräuterbündel. Wird beliebig zusammengesetzt aus Zwiebeln, Karotten, Lauch, Sellerie, Thymian, Petersilienwurzeln und zu einem Bündel zusammengebunden. Dient der farblichen und geschmacklichen Verbesserung von Brühen und Fonds. Für ganz helle Fonds und Saucen nimmt man nur weißes Gemüse.

Bourbon Whiskey. Amerikanischer Whiskey, der aus 51 % Mais und anderen Getreidearten wie Roggen, Gerste und Weizen hergestellt wird. Typische Merkmale sind das starke Aroma und die kräftige Farbe. Für die Herstellung werden gemälzte und ungemälzte Getreidekörner eingemaischt und unter Zusatz von Hefe vergoren. Danach wird zweimal kontinuierlich gebrannt. Das so entstandene Feindestillat enthält einen Alkoholgehalt von 60 bis 65 % Vol. Dadurch ist es sehr aromatisch. Zugabe von Gewürzauszügen sowie Zuckerkaramel genehmigt. Nach zweijähriger Lagerung in Holzfässern, die von innen angekohlt sind, darf auf Flaschen abgefüllt werden. Angebotsformen: → *Straight Bourbon,* → *Blended Bourbon,* Blended Straight Bourbon und → *American Blended Whiskey.*

Bourg. Zu → *Bordeaux* gehörendes Weinbauuntergebiet, benachbart mit → *Blaye.* Auch hier werden Rot- und Weißweine von mittlerer Qualität produziert.

Bourgogne → *Burgund.*

Bourride. Französische Fischsuppe aus der Provence.

Bouvier. Seltene weiße Traubensorte, die in Österreich, z. B. im Burgenland angebaut wird. Bouvier ergibt einen milden Wein mit feinem Muskatton.

Bouzigues. Austern von der frz. Mittelmeerküste (Sète).

Boverli. Schweizer Bezeichnung für Erbsen.

Bowlen/Cups. Getränk aus Früchten, Wein, Sekt oder Soda. Die Früchte können mit Hilfe von Schnaps oder Likör aromatisiert werden. Als Cups beinhalten Bowlen harte Schnäpse und Liköre.

Boysenberry. Eine Beeren-Neuzüchtung. Dem Kalifornier Rudolph Boysen gelang 1925 die Kreuzung verschiedener wilder Himbeer- und Brombeerarten zu einer Frucht mit intensivem Aroma und einer tief purpurroten Farbe. Sie wird – in länglicher Form – fast dreimal so groß wie eine Himbeere. Obwohl aus einer Kreuzung entstanden, lässt sich der Geschmack dieser Frucht weder mit Himbeeren noch mit Brombeeren vergleichen. Seit 1937 ist die Frucht auch in Neuseeland heimisch. In Neuseeland entfallen mehr als 80 % der Anbaumenge aller Beerenfrüchte auf Boysenberries. In Europa sind sie tiefgefroren oder als Konserven erhältlich.

Brabant. Landschaft im niederländisch-belgischen Tiefland. Klass. Garnitur, z. B. Brabanter Sardellen, Brabanter Kohl (Rosenkohl).

Brachsen. Auch: *Bleie*. Bis zu 60 cm langer Fisch der mittel-, nord- und osteuropäischen Seen und langsam fließenden Flüsse. Sein Fleisch ist grätenreich und schmeckt ähnlich dem der Barbe. Familie der Cipriniden (Karpfenartige).

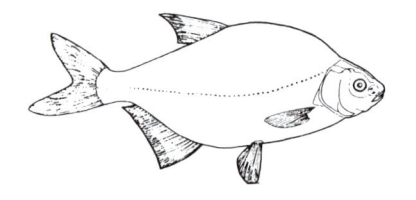

Bradenham-Schinken. Spezialität aus Bradenham/Buckinghamshire (GB). Der Schinken hat eine tiefschwarze Schwarte und dunkelrotes Fleisch. Er wiegt zwischen sechs und sieben Kilo und wird trocken gepökelt, dann einen Monat in Melasse eingelegt. Der Schinken hat einen leicht süßlichen Geschmack.

Brägen. Berliner und norddeutsche Bezeichnung für Hirn.

Brainstorming. Von A. F. Osborn entwickelte Methode der Teamarbeit, um Lösungsvorschläge für ein Problem oder neue Ideen zu finden. Dabei arbeitet man jeweils etwa 15 bis 45 Minuten. Allen Teilnehmern muss das Problem bekannt sein. Die Gruppen sollen so zusammengesetzt sein, dass Spannungen minimiert und Ideenreichtum maximiert wird. Optimal sind Gruppen zwischen sechs und acht Personen. Es sollte Protokoll geführt werden. Der Gruppenleiter muss streng auf die folgenden Regeln achten: **1)** Quantität geht vor Qualität – die Vielzahl der Ideen ist wichtig. **2)** Keine Kritik an den Aussagen anderer. Sie sind Ideenhemmer und werden deshalb nicht zugelassen. **3)** Der Phantasie sind keine Grenzen gesetzt; auch die unrealistischsten und verrücktesten Ideen sollen gesammelt werden. **4)** Nur die Gruppenleistung zählt. Methodische Unterformen: **a)** didaktisches Brainstorming, **b)** Methode 635 (Brainwriting), **c)** Diskussion 66.

Braiser. Braisieren. Zugedeckt Schmoren im Ofen. Das Schmoren von Fleisch setzt immer ein Anbraten voraus, dem ein Garen in gebundener Flüssigkeit folgt. Vorgang: **a)** Kompaktes Fleisch: spicken, marinieren, scharf anbraten. Mirepoix, Tomatenmark hinzufügen, ablöschen, aufgießen mit braunem Fond oder Wasser, **b)** Zartes Fleisch, Gemüse: leichtes Anbraten, Mirepoix, evtl. Tomatenmark und Mehl hinzufügen, aufgießen mit Fond. Temperatur: 140° bis 220 °C.

Bramata. Schweizer Ausdruck für Maisgrieß.

Brancolino. Ital. Ziegenkäse.

brand. Auch: -brannt, -brant, -brandt; Endsilbe zur Kennzeichnung von Spirituosen, die ausschließlich aus dem jeweiligen Originalalkohol, der aus Wein, Korn oder Obst hergestellt wurde, gebrannt. Alkoholgehalt: 38–40 % Vol.

Brandig. 1. Weinansprache. Weine haben einen geschmacklich hervortretenden, zu hohen Alkoholgehalt. Die Betonung des Alkohols wird meist durch zu geringen Extrakt- und Säuregehalt hervorgerufen. **2.** Bezeichnung für einen Teig, der infolge ungenügender Bindung zu *kurz,* d. h. brüchig, geworden ist. Die Ursachen können sein: a) zu starkes Kneten, b) fehlende Flüssigkeit, c) ungeeignete Fette, d) Teigrohstoffe zu warm.

Brandschutz. (Auszug); Zum Brandschutz gehören folgende Pflichten: – Anzahl, Art und Platzierung der Feuerlöscher ist vorgeschrieben; – Handhabungsanweisungen müssen vorhanden sein; – Aufbewahrungsstellen der Feuerlöscher müssen gekennzeichnet sein; – regelmäßige Prüfungen der Feuerlöscher in zweijährigem Abstand; – Anbringung von Handfeuerlöschern an im Brandfall sicher zu erreichenden Stellen; – Kennzeichnung der Fluchtwege und Notausgänge; – Mitarbeiter müssen belehrt werden.

Brandteig. Brandmasse, Brüh-, Röstmasse, pâte à chou. Flüssigkeit (Wasser, Milch) mit Salz und Fett zum Kochen bringen, Mehl zugeben, glattrühren, abrösten, d. h. bis zur Gerinnung des Klebers und Verkleisterung der Mehlstärke erhitzen. Der Teig löst sich vom Geschirr; nach Abkühlung werden die Eier einzeln zugegeben. Das Backen erfolgt im Ofen, z. B. Profiteroles, Windbeutel oder in heißem Fett, z. B. Brandteilkrapfen = beignets soufflés.

Brandteigkrapfen. → *Brandteig* walnussgroß auf gefettetes Pergamentpapier dressieren, im Fett schwimmend ausbacken, dann in Zucker wenden oder mit → *Fondant* glasieren.

Brandy *(engl.)* = Branntwein. In den USA und England wird unter Brandy hauptsächlich aus Wein und Apfelwein destillierter Branntwein verstanden. In Deutschland ist das Wort „Brandy" zur Bezeichnung von → *Fruchtsaft-* und → *Fruchtaromalikören* zugelassen. Dabei muss dem Wort Brandy der Name der Frucht vorausgehen, z. B. → *Cherry Brandy.* In Italien darf sich ein Branntwein aus Wein nur dann Brandy nennen, wenn er mind. 12 Monate in Eichenholzfässern lagerte.

Brandy de Jerez (Güteklassen). Solera – Brandy de Jerez: die durchschnittliche Reifezeit beträgt 1 ½ Jahre. Solera Reserva – Brandy de Jerez: das Durchschnittsalter beläuft sich auf drei Jahre. Solera Grand Reserva – Brandy de Jerez: der beste Brandy, die Premium-Kategorie, reift ca. acht Jahre, wobei für zahlreiche Marken die Reifezeit von 10 bis 15 Jahren und länger nicht ungewöhnlich sind.

Branntwein aus Wein (gebrannter Wein). Die Bezeichnung *Branntwein aus Wein* wurde vom Gesetzgeber festgelegt zur Unterscheidung von Erzeugnissen, die nicht aus Wein stammen und im Sprachgebrauch „Weingeist", „Trinkbranntwein" und „Obstwein" genannt werden. Das Weingesetz unterscheidet zwischen „normalem" Branntwein aus Wein und Qualitätsbranntwein aus Wein oder → *Weinbrand.* Definiert wird Branntwein aus Wein als eine Flüssigkeit, die auf der Grundlage von Weindestillat hergestellt wurde, einen Alkoholgehalt von mind. 38 % Vol. aufweist und trinkfertig ist oder nur noch einer Verdünnung bedarf, um trinkfertig zu sein. Da der Zusatz weiterer Stoffe, eine bestimmte Lagerungsdauer und eine max. Alkoholstärke nicht vorgeschrieben sind, kann Branntwein aus Wein auch wasserhell und mit einem hohen Alkoholgehalt in den Verkehr gebracht werden. Bei der Herstellung dürfen Weindestillate und in- und ausländischer Branntwein aus Wein verwendet und miteinander vermischt werden. Erlaubt sind die Zusätze von: Trinkwasser, Likörwein (1 % Vol. im fertigen Getränk), Zucker und Zuckerkulör (20 g/l im Endprodukt), Auszügen aus Eichenholz, getrockneten Pflaumen, grünen oder getrockneten Walnüssen, getrockneten oder gerösteten

Branntweinmonopol

Mandelschalen (vorausgesetzt im Inland mit Weindestillat durch Lagerung hergestellt), Filterhilfstoffe (z. B. Asbest, Kieselgur, Cellulose) und Gelatine, Kasein, Sauerstoff. Zu den Branntweinen aus Wein zählen z. B. → *Weinbrand,* → *Cognac,* → *Armagnac,* (→ *Brandy* = Weinbrand aus Italien, Spanien und anderen Ländern) (Abb. 19).

Branntweinmonopol. Staatliches Finanzmonopol auf der Grundlage des Branntwein-Monopolgesetzes (BranntWMonG). Die Bundesmonopolverwaltung genehmigt (Jahresbrennrecht) und überwacht die Herstellung. Sie übernimmt die ablieferungspflichtigen Branntweine zu kostendeckenden Preisen, reinigt sie und verkauft sie – je nach Verwendungszweck – zu unterschiedlichen Preisen. Ablieferungspflichtig sind grundsätzlich alle Branntweine, außer solchen aus Obststoffen und Korn und solchen, die in Abfindungsbrennereien hergestellt wurden. Auf Branntwein wird eine Verbrauchsteuer erhoben, die Branntweinsteuer, die der Hersteller oder Importeur schuldet. Die Steuersätze sind nach Verwendungszweck unterschiedlich. Für importierte Branntweine wird eine Monopolausgleichsabgabe erhoben, für Branntweine aus Abfindungsbrennereien ein Branntweinaufschlag, beide in gleicher Höhe wie die Branntweinsteuer. Die Steuern fließen dem Bund zu und werden von den Zollbehörden verwaltet. Zur Überwachung werden in *Verschlussbrennereien* die Brenngeräte durch Plomben oder Zollschlösser sowie ganze Raumverschlüsse vor Entnahme gesichert. Die Herstellmengen werden in Sammelgefäße geleitet und in der Regel durch Messuhren für die Besteuerung erfasst. In den meisten kleinen → *Abfindungsbrennereien* stehen die Geräte nicht unter Verschluss. Hier werden die Rohstoffe nach Art und Menge in einer Abfindungsmeldung der Zollbehörde gemeldet. Die Behörde ermittelt hieraus die herzustellende Alkoholmenge auf Grund fester Ausbeutesätze sowie den zu entrichtenden Branntweinaufschlag. Erreicht der Brenner eine höhere Ausbeute, so bleibt der übersteigende Teil steuerfrei. Verstöße gegen diese Vorschriften sind Steuervergehen und werden bestraft.

Branntwein-Verschnitt. Verschnitt von Weindestillat oder Branntwein aus Wein mit reinem neutralen Alkohol. Der Mindestalkoholgehalt ist nicht vorgeschrieben, jedoch muss der Anteil des Alkohols aus dem Weindestillat oder Branntwein aus Wein mind. 10 % Vol. betragen. Eine deutliche Kennzeichnung als „Branntwein-Verschnitt" muss auf dem Hauptetikett erfolgen.

Brasilianischer Pfeffer. Auch Florida Stechpalme oder Schinus terebinthifolius genannt. Ein gewöhnliches Unkraut, verwandt dem giftigen Efeu, da es verschiedene toxische Reaktionen hervorruft. Die Früchte dieser Pflanze werden als „pink" oder „rote Pfefferkörner" (Baies Roses de Bourbon) auf den Markt gebracht. Im Gegensatz zum echten Pfeffer, der einsamig ist, hat der Brasilianische Pfeffer eine mehrsamige Anordnung, die unbedingt beim Zerschneiden eines Kornes auffallen muss. Brasilianischer Pfeffer kann schmerzhafte Koliken, asthmagleiche Anfälle, Magenerkrankungen, Diarrhö und Hämorrhoiden hervorrufen.

Brasse. Seefisch, der sich hauptsächlich von Krebs- und Weichtieren ernährt. Kommt in vielen Gattungen in fast allen Meeren (seltener in der Nordsee) vor. Länge: ca. 50 cm. Gewöhnliche Meerbrassen *(frz.: dorade (f.) commune; engl.: seabream)* sind silbrig mit leicht rötlichem Schimmer. Die hauptsächlich im Mittelmeer beheimateten **a)** Rotbrasse *(frz.: papeau (m) pagel; engl.: gil-*

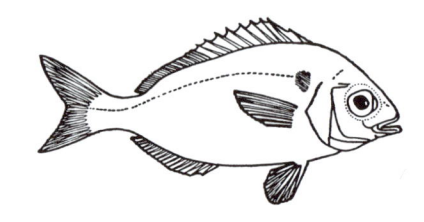

Branntwein (Abb.)

Spirituosen-Schema

Auszug aus den Begriffsbestimmungen für Spirituosen in Deutschland. Im Zuge europäischer Harmonisierungsbestrebungen gilt darüber hinaus die Rechtsprechung des Europäischen Gerichtshofes auch in Deutschland. Die Volumen-Prozent-Angaben benennen den vorgeschriebenen Mindest-Alkoholanteil.

SPIRITUOSEN

zum menschlichen Genuß bestimmte Getränke, in denen aus vergorenen zuckerhaltigen Stoffen oder in Zucker verwandelten und vergorenen Stoffen durch Brennverfahren gewonnener **Alkohol** (Äthylalkohol, C_2H_5OH) als wertbestimmender Anteil enthalten ist.

Trink-Branntweine

extraktfreie oder extraktarme Spirituosen mit oder ohne Geschmackszutaten

aus Wein
- Weinbrand 38% Vol. Cognac 40% Vol. Armagnac 40% Vol. Weinbrand/Brandy aus Italien, Spanien und anderen Ländern
- Branntwein-Verschnitt 32% Vol. mindestens 10% des Alkohol-Anteils aus Weindestillat oder Branntwein aus Wein

aus Getreide
Roggen, Weizen, Gerste, Hafer und Buchweizen
- Korn 32% Vol. Edel- oder Doppelkorn 38% Vol.

aus Getreide
Roggen, Weizen, Gerste
- **Whisky** 40% Vol. Scotch Canadian dtsch. Whisky **Whiskey** 40% Vol. Irish Bourbon

aus Getreide (und/oder Agraralkohol) und **Wacholder**
- Wacholder 32% Vol. Doppelwacholder 38% Vol. Steinhäger 38% Vol. Gin 38% Vol. (Dry Gin 40% Vol) Genever 38% Vol.

Roggen, Weizen, Gerste und Mais

aus Obst
- Obstler 38% Vol. (aus Kernobst) Obstbranntweine 40% Vol. Kirschwasser, Zwetschgenwasser, Sibowitz (aus **Steinobst**) Will. Birnenbrand (aus **Kernobst**) Himbeergeist, Brombeergeist, Heidelbeergeist etc. (aus zuckerarmen Früchten, z. B. **Beerenobst** und Alkohol)
- Calvados 40% Vol. (aus Apfelwein)

aus Zuckerrohr und Reis
- Rum 38% Vol.
- Arrak 38% Vol.
- Rum-Verschnitt 38% Vol. mindestens 5% des Alkohol-Anteils aus Orig. Rum
- Arrak-Verschnitt 38% Vol. mindestens 10% des Alkohol-Anteils aus Orig. Arrak

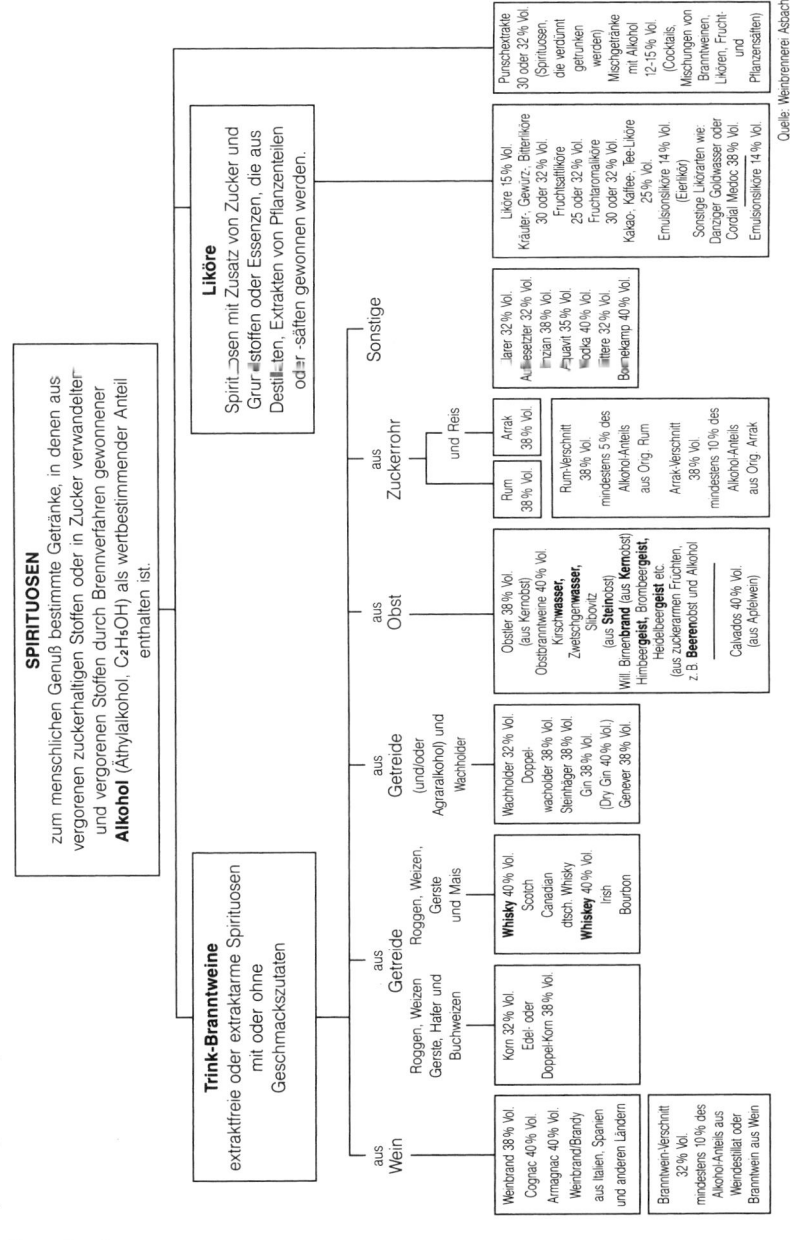

Sonstige
- Klarer 32% Vol.
- Aussellzer 32% Vol.
- Anisan 38% Vol.
- Aquavit 35% Vol.
- Wodka 40% Vol.
- Bittere 32% Vol.
- Boonekamp 40% Vol.

Liköre

Spirituosen mit Zusatz von Zucker und Grundstoffen oder Essenzen, die aus Destillaten, Extrakten von Pflanzenteilen oder -säften gewonnen werden.

- Liköre 15% Vol
- Kräuter, Gewürz-, Bitterliköre 30 oder 32% Vol.
- Fruchtsaftliköre 25 oder 32% Vol.
- Fruchtaromaliköre 30 oder 32% Vol.
- Kakao-, Kaffee-, Tee-Liköre 25% Vol.
- Emulsionsliköre 14% Vol. (Eierlikör)
- Sonstige Liköraten wie: Danziger Goldwasser oder Cordial Medoc 38% Vol.
- Emulsionsliköre 14% Vol.

- Punschextrakte 30 oder 32% Vol. (Spirituosen, die verdünnt getrunken werden)
- Mischgetränke mit Alkohol 12-15% Vol. (Cocktails, Mischungen von Branntweinen, Likören, Frucht- und Pflanzensäften)

Quelle: Weinbrennerei Asbach

Abb. 19 Branntwein

Brät

thead) und **b)** rötliche Brasse *(frz.: pagre; engl.: becker)* zeigen eine stärkere rötliche Rückenfärbung. Alle Brassen haben wohlschmeckendes weißes Fleisch und sind etwas fett. Die Goldbrasse *(frz: daurade (f); engl.: gilt-poll)* ist auf den Seiten goldfarben und hat einen blauen Rücken. Außer im Mittelmeer findet man sie an der afrikanischen Westküste. Allgem. wird sie nur 30–50 cm lang und hat einen fast gestauchten Kopf. Sie gilt als der beste Fisch dieser Art.

Brät. Rohes Fleisch, das unter Zusatz von Trinkwasser und Salzen zerkleinert wird. *Auch:* Die für die Brühwurstherstellung zum Abfüllen fertiggestellte Rohmasse.

Braten, a) in der Bratröhre, im Bratofen, *(frz. rôtir);* **b)** in der Stielpfanne *(frz. sauter);* **c)** auf dem Rost (Grill) *(frz. griller);* **d)** am Spieß/chen *(frz. rôtir à la broche/tte).*

Brathering. Frischer ausgenommener Hering, gebraten, in Essigmarinade eingelegt. Bei Bratheringen unterscheidet man drei Arten: Vom Fischkaufmann selbst hergestellte und lose verkaufte. Die Fischindustrie bietet zwei weitere Arten an: **1)** Als Marinade hergestellt und wie Marinaden aufzubewahren (kenntlich an der Packungsaufschrift) und **2)** als „Brathering nach Hausfrauenart"; diese sind pasteurisiert, also länger haltbar, und brauchen nicht im Kühlschrank aufbewahrt zu werden.

Brauner. Eine in Österreich gebräuchige Bezeichnung für einen Kaffee mit Milch, wobei die Milch schon beigegeben oder auch getrennt – im Kännchen – serviert wird.

Brauner Zucker. Rohzucker. Feuchtes, gelbbraunes, kristallines ungereinigtes Produkt. Es enthält neben → *Betainen,* Bakterien und Schmutzstoffe, die die Haltbarkeit und Verwendbarkeit beeinträchtigen. Der Gehalt an Vitaminen und Mineralstoffen ist gering. Der aus der Zuckerrübe gewonnene braune Zucker hat einen leicht unangenehmen alkalischen Beigeschmack, dieser fehlt bei dem aus Zuckerrohr gewonnenen braunen Zucker.

Braunkohl und Pinkel. Landestypisches Gericht in Norddeutschland. Braunkohl = Grünkohl, der mit Haferflocken oder Pinkel gebunden wird. Die Wurst, die es zum Grünkohl gibt, enthält ebenfalls Pinkel. Dies ist Gerstengrütze.

Braunschweiger Mumme. Ungehopftes, unvergorenes, sehr nahrhaftes Bier.

Braunwerden des Weines. Verfärbung des Weines infolge von Oxydation. Bei offen stehenden Weinen kann sie bei ungenügender Schwefelung nach wenigen Tagen eintreten.

Brausen. Getränke, die teilweise oder vollständig aus künstlichen Bestandteilen hergestellt werden; immer mit CO_2 versetzt.

Brauwasser. Im Sinne des Biersteuergesetzes alles in der Natur vorkommende Trinkwasser.

Bread and Butter Teas. Bezeichnung für so genannte Monsuntees, die zwischen August und Oktober gepflückt werden; auch Regen- oder Haushaltstee genannt.

Break-Even-Point auch → *Nutzenschwelle.* Punkt, ab dem ein Unternehmen in die Gewinnzone kommt.

Breakfast. Engl. Bezeichnung für Frühstück → *Englisch-amerikanisches Frühstück.*

Brébis. Französische Bezeichnung für Schafe, besonders für Mutterschafe und für Käsesorten, die aus Schafsmilch hergestellt werden. Bekanntester Schafsmilchkäse ist der Roquefort.

Breit. Weinansprache. Wein ohne Ausgeglichenheit, meist wenig Säure, daher im Abgang „breit".

Bremer Schaffermahlzeit → *Schaffermahlzeit.*

Bremser → *Federweißer.*

Brenke. Kleine offene Bütte.

Brenngerät. Das traditionelle Brenngerät besteht aus Brennblase, Helm, Geistrohr, Kühler. Im traditionellen Brenngerät muss zweimal gebrannt (destilliert) werden.

Brennstoffe. In erster Linie Kohlenhydrate und Fette, bei einem Überangebot auch Eiweiß. Sie liefern im → *Intermediärstoffwechsel* Energie → *Brennwert.*

Brennwein. Erzeugnis, das **1)** einen vorhandenen → *Alkoholgehalt* von mind. 18 % Vol. und höchstens 24 % Vol. aufweist, **2)** ausschließlich dadurch gewonnen wird, dass einem Wein ohne Restzucker ein nicht rektifiziertes, aus der Destillation von Wein hervorgegangenes Erzeugnis mit einem vorhandenen → *Alkoholgehalt* von höchstens 85 % Vol. zugesetzt wird, **3)** einen Gehalt an flüchtiger Säure von höchstens 1,5 g/l berechnet als Essigsäure, aufweist. Dieses Produkt wird auch vinierter Wein genannt. Brennwein ist nicht für Endverbraucher bestimmt; er dient vielmehr als Rohstoff für Brennereien, die Weindestillate herstellen.

Brennwert. Der physiologische Brennwert ist die bei der Verbrennung der Nährstoffe im Organismus frei werdende Energiemenge. Dabei ergibt 1 g Fett 38 kJ (9 kcal), 1 g Eiweiß 17 kJ (4 kcal), 1 g Kohlenhydrate, Sorbit, Glycerm 17 kJ (4 kcal), 1 g Alkohol 30 kJ (7 kcal) und 1 g organische Säure 13 kJ (3 kcal).

Bresaola. Rindsfilet, gesalzen und getrocknet, hauchdünn geschnitten und mit Öl, Zitrone und Pfeffer angemacht; eine charakteristische Vorspeise der Valtellina (Italien).

Brezel → *Laugengebäck.*

Brickteig – auch Brikteig. Hauchdünne runde Fladen, ähnlich dem Strudelteig. Aus der nordafrikanischen Küche. Fertigprodukt.

Bridieren. Binden mittels Faden. Geflügel und Fleisch wird oft vor der Zubereitung gebunden, damit es während des Garens eine schöne Form behält (Hähnchen, Rouladen).

Brie. Weichkäse aus Kuhmilch. Von den verschiedenen Sorten ist der Brie de Meaux der bekannteste. Typisch für alle Bries ist die flache Tortenform, wobei der Brie de Meaux mit seinen 40 cm Ø der größte ist. Er schmeckt besonders gut, wenn seine Weißschimmelrinde cremefarben wird und sein goldgelber Teig zu fließen beginnt.

Briefing → *Werbung.* Zusammenkunft von Gruppenmitgliedern, bei der ein Vorgeordneter über Einzelaufgaben informiert, die im Rahmen einer Gruppenaufgabe (z. B. Service eines Banketts) von den Mitgliedern zu erfüllen sind. Auch: Zielvorgabe, die ein Werbender einer Werbeagentur an die Hand gibt.

Bries. (Syn.: *Milken, Bröschen, Midder, Schweser, Milcher, Thymusdrüse; engl.: sweetbread, frz.: ris*). Nur bei jungen Tieren zu finden.

Brigade. Arbeitsgruppe; im Restaurant → *Kellnerbrigade,* in der Küche → *Abteilungsköche.*

Brigos → *Bulots.*

Brillat Savarin, Jean Anthelme (1755 bis 1826). Richter am Kassationshof in Paris. Verfasser des berühmten „Physiologie du goût" (1825). Ihm sind zahlreiche Gerichte und Speisen gewidmet worden.

Brillat-Savarin-Stiftung. Eine 1965 von Ludwig Metzler ins Leben gerufene Stiftung zur Förderung der Berufsaus- und -fortbildung im Gastgewerbe und für verwandte Berufe.

Brimse. Aus Schafsmilch gewonnener Weichkäse. Bekannt: „Echte slowakische Gebirgsbrimse". Schafsmilchkäse in Vollfettstufe aus den Westkarpaten und der Hohen und Niederen Tatra in der Slowakei. Basiskäse für Original Bayerischen O'Batzter, auch: Österreichischer Liptauer.

Brindamour → *Fleur du Maquis.*

Brioche (Apostelkuchen, Prophetenkuchen). Gebäck aus feinstem Hefeteig, der mit wenig oder keinem Zucker, viel Butter und Fiern hergestellt wird. Er wird in verschiedenen Formen gebacken und dient als Frühstücksgebäck, als Beilage an Stelle von Toast, mit feinen Füllungen versehen als Vorspeise und als Zwischengericht.

Brise de Printemps. Wörtlich: Lauer Frühlingswind. Ein leichtes Eisparfait mit kandierten Veilchen.

Broccoli/Brokkoli. Spargelkohl; meist grün, auch rot. Als Beilage gedünstet oder blanchiert in Auflauf verwendbar.

Brochette. *Frz. Bratspießchen.*

Broken Tea → *Teesorten.*

Bromelain. Pflanzliches Enzym aus der Ananaspflanze. Der Einsatz von Enzympräparaten als technologisches Hilfsmittel bei der Lebensmittelproduktion bringt eine ganze Reihe von technologischen und ökonomischen Vorteilen gegenüber herkömmlichen Verfahren, außerdem gewinnen die Enzyme auch Bedeutung für die lebensmittelchemische Überwachung des Produktionsprozesses.

Brosamen. Brotkrumen, Brösel, ahd. brosama = zerfallen, zerreiben. Bei Tische wischten sich die Tafelnden an den Bröckchen die fetttriefenden Finger ab, als man noch keine Mundtücher benutzte.

Brot. Backware, vorwiegend aus Mahlerzeugnissen und anderen Erzeugnissen (z. B. Backmalz) des Weizens und des Roggens hergestellt. Andere Getreidearten finden selten Verwendung. Begriffsbestimmung nach einem Kommentar zum Brotgesetz: „Brot ist eine Backware, die aus Mehl, Wasser und Salz, häufig mit Zusätzen von Gewürzen (Kümmel) oder Milch oder Magermilch mit Hilfe von Lockerungsmitteln wie Hefe und Sauerteig erbacken wird." Aus den angeführten Rohstoffen, eventuell unter Zugabe von Backmitteln, wird der Teig bereitet, geformt und nach der Gare nach verschiedenen → *Backverfahren* gebacken. Backmittel sind zugelassene Stoffe, die einer Qualitätsverbesserung und Arbeitserleichterung dienen. Sie beeinflussen u. a. die Enzymtätigkeit der Hefe, Quellung und Lockerung der Teige und sie sollen die Bräunung, die Rösche, die Elastizität und den Geschmack verbessern und die Schimmelbildung und das → *Fadenziehen* verzögern: Die Sorten lassen sich unterscheiden: **1)** Nach der Getreideart: Roggen-, Weizen- und → *Mischbrote* **2)** Nach der Lockerung: Hefe- und Sauerteigbrote. **3)** Nach dem *Backverfahren:* freigeschobene – angeschobene Kasten-, Dampfkammer-, → *Korb-* und → *Holzofenbrote.* **4)** Nach der Ausmahlung des Getreides: Brote aus Weizen und Roggen. Grau-, → *Schrot- und Vollkornbrote.* Geographische Bezeichnungen wie Eifeler Brot, Rheinisches Brot, Westfälisches Brot sind Gattungsbegriffe und keine Herkunftsbezeichnungen, außer wenn sie mit dem Zusatz „echt" versehen sind. → *Spezialbrote:* → *Pumpernickel,* → *Steinmetzbrot,* → *Klopferbrot,* → *Grahambrot,* → *Diabetiker-Brot,* → *Schlüterbrot,* → *Loosbrot,* → *Gersterbrot,* → *Simonsbrot.*

Broteinheit. BE. Werteinheit für Diabetiker-Lebensmittel, Kohlenhydrate, auch Mannit, Sorbit und Xylit. Als Broteinheit gilt eine Menge von 12 g Kohlenhydrate.

Brotfehler. Fehler, die auf falsche Teigbereitung, Teigführung und Backfehler zurückzuführen sind, z. B. Löcher, Klumpen, Wasserrand.

Brotkrankheiten. Veränderungen des Brotes, die durch Mikroorganismen verursacht werden. → *Fadenziehen,* → *Schimmelpilze,* → *Rotes Brot.*

Brotzeit. Essenspause, Jause, Zwischenmahlzeit bis zum „Zwölf-Uhr-Schlag" (Bayern, Österreich).

Brouilli. Frz. Bezeichnung für → *Rohbrand.*

Brouilly-Beaujolais → *Cru* von → *Beaujolais.* Einer der besten Brouillys stammt aus dem Château de la Chaize, ein fruchtiger, junger Rotwein.

Bruch, a) Weinfehler; **1.** Brauner Bruch: Verfärbung durch Oxydation, **2.** Schwarzer Bruch: Verfärbung durch Eisen-Gerbstoffverbindungen, **3.** Weißer Bruch: grau-weiße Verfärbung durch Eisenverbindungen, **b)** Ausscheidung der Käsemasse aus der Milch. Er ist süß und elastisch.

Bruchreis. Beim Schälen oder Schleifen gebrochene Körner. Bruchreis wird nach Größen sortiert gehandelt.

Bruchsal. Spargelstadt in der Nähe von Heidelberg (Baden-Württemberg). Die Anbaufläche beträgt 370 Hektar im Landkreis. Bekannteste Anbaugemeinden Oberhausen, Wiesental, Philippsburg, Weiher, Huttenheim, Kronau, Karlsdorf, Forst, Hambrüchen und Büchenau.

Brühmasse. Backteig für Waffeln mit der Besonderheit, dass dem Backvorgang ein Brüh- und Abbrennvorgang vorausgeht, der den Aufschluss der Stärkekornstruktur des Mehles bewirkt. Damit wird die Wasserbindung erhöht und das Gashaltevermögen für die Gebäcklockerung verbessert.

Brühwurst. Würste, die durch Brühen, Backen, Braten oder auf andere Weise hitzebehandelt sind. Zerkleinertes rohes Fleisch wird mit Kochsalz (auch in Form von → *Nitritpökelsalz)* und ggf. anderen Kuttersalzen meist unter Zusatz von Trinkwasser (oder Eis) ganz oder teilweise aufgeschlossen, wobei das Muskeleiweiß bei der Hitzebehandlung mehr oder weniger zusammenhängend koaguliert ist, sodass die Erzeugnisse bei etwaigem erneuten Erhitzen schnittfest bleiben.

Brunch. Zusammenfassung von „Breakfast" und „Lunch" (Frühstück und Mittagessen). Gibt es als kalt-warmes Büfett, besonders sonntags. Meistens von 11.30 Uhr bis 14.00 Uhr serviert.

Brunello di Montalcino D.O.C.+G. Ein ital. Rotwein, der im Gebiet der Toskana produziert wird. Dieser Wein besitzt das Prädikat → *D.O.C. + Garantia* und wird von der Fachwelt als bester Rotwein Italiens angesehen. Eine vierjährige Lagerung im Fass ist vorgeschrieben. Alkoholgehalt 12,5 bis 13 % Vol. Brunello die Montalcino ist besonders zu Wildbret zu empfehlen.

Brunnenkresse. Gewürzpflanze, die in Europa an Bachläufen wild wächst. Sie dient gehackt als Salatgarnitur, zum Würzen von Kräuterbutter.

Brunnenwasser → *Quellwasser.*

Brunoise. Feinwürfelig geschnittenes z. B. Gemüse.

Brüsseler Kohl. Anderer Name für Rosenkohl. *(frz.: choux (m) de Bruxelles, engl.: brussels sprouts).*

Brut → *Geschmacksangabe* bei Champagner und Schaumwein. Bedeutet 0,25 bis 1,5 % Zucker/l oder Zuckergehalt von 0 bis 15 g/l. Bei deutschen Erzeugnissen ist „brut" gleich der Angabe naturherb. Die Angaben *Brut de Brut, Brut ultra und Brut zero* deuten auf 0,2 g/l Zucker, sind jedoch nicht gesetzlich geregelt.

115

BSA → *Biologischer Säureabbau.*

BSE. Abkürzung für Bovine Spongiforme Enzephalopathie. Es handelt sich hier um eine langsam fortschreitende und tödlich endende neurologische Störung erwachsener Rinder. Bovine (das Rind betreffend) spongiforme (schwammartige) Enzephalopathie (nichtentzündliche Schädigung des Gehirns).

BU (DBU) → *Berufsverband, Barkeeper-Union.*

Büchelstein. Ort im Bayerischen Wald, Bezirk Grafenau. Büchelsteiner Fleisch = Eintopfgericht aus Rind-, Kalb- und Schweinefleisch mit Kartoffeln, Sellerie, Karotten, Wirsingkohl, Zwiebeln und Rindermarkscheiben.

Buchführung. Die Buchführung ist ein Teil des → *Rechnungswesens.* Sie dient der Erfassung aller Geschäftsfälle und schließt im weitesten Sinne auch den Abschluss ein. Die Buchführung hat mehrere Funktionen: **a)** Vermögensaufzeichnung, **b)** Erfolgsaufzeichnung, **c)** Beweismittel im Rechtsstreit, **d)** Mittel des Gläubigerschutzes, **e)** Grundlage der Kostenrechnung und **f)** Grundlage der Besteuerung. → *Buchführungspflicht.* Neben die regelmäßigen Bestandteile treten noch die Hilfsbücher oder Nebenbuchführung. Sie dient der Ergänzung der Hauptbuchführung. Hierzu gehören insbesondere: **a)** die Lagerbuchführung, **b)** die Anlagenbuchführung, **c)** die → *Gästebuchführung*

Buchführungsorganisation → *Buchführung.* Die Organisation einer Buchführung muss vier Bereiche umfassen: **a)** *Belegorganisation.* Sie muss gewährleisten, dass keine Buchung ohne Beleg erfolgt und die Belege so abgelegt werden, dass ein Wiederauffinden möglich ist. **b)** *Bücherorganisation.* Sie gliedert die gesamte Buchführung in: Bilanz- und Inventarbücher, Grundbücher, Hauptbücher, Nebenbücher. Diese systematische Grundeinteilung bleibt auch bei den modernen Formen der Buchführung erhalten, **c)** *Kontenorganisation.* Hier werden die Konten systematisch nach einem Kontenrahmen ausgerichtet, **d)** *Organisation des Buchungsverfahrens.* Hier ist die Entscheidung zu treffen, wie gebucht werden soll. Das kann einmal manuell geschehen wie bei der Übertragungs- oder Offene-Posten-Buchführung, bei der die Belege das Grundbuch ersetzen, oder maschinell und mit EDV-Anlagen.

Buchführungspflicht. Jeder Kaufmann ist verpflichtet, nach dem HGB Bücher zu führen und Abschlüsse zu machen. Dazu kommen noch die Vorschriften des Aktien-, des GmbH- und des Genossenschaftsgesetzes. Für bestimmte Gewerbezweige kommen dazu noch weitere Vorschriften wie z. B. die Verpflichtung zur Führung eines Weinbuches, eines Fremdenbuches u. a. Für den Bereich der Steuer hat jeder Bücher zu führen, der auch nach anderen Gesetzen Bücher führen muss (§ 140 AO). Hinzu kommt aber eine erweiternde Vorschrift, nach der Gewerbetreibende zur Buchführung verpflichtet sind, wenn sie eine der folgenden Grenzen im Kalenderjahr überschreiten: Umsatz 260 000,- €, Gewinn 25 000,- € (§ 141 AO).

Buchführungssysteme. Grundsätzlich werden zwei Buchführungssysteme unterschieden: **a)** die doppelte Buchführung, bei der jeder Geschäftsfall durch eine oder mehrere Soll- und durch eine oder mehrere Habenbuchungen derart erfasst wird, dass die in Soll und Haben gebuchten Beträge gleich sind. Außerdem kann der Gewinn auf zweifache Weise, nämlich als Saldo der → *GuV-Rechnung* und durch Betriebsvermögensvergleich ermittelt werden, **b)** einfache Buchführung für die nur zur Mindestbuchführung verpflichteten Personen, für die nur Einnahmen und Ausgaben aufgezeichnet werden.

Buchhaltung. Betriebsbereich der betrieblichen Verwaltung, der zuständig ist für die Buchführung und Kostenrechnung.

Buchteln. Wuchteln. Österreichische/böhmische Mehlspeise aus feinem Hefeteig. Diesen mit Pflaumenmus *(Powidl)*, Aprikosenkonfitüre oder Quark rund formen und in gut gebutterter Form eng zusammensetzen. Nach der Teiggare mit Butter bestreichen und backen.

Buchungssystem → *Reservierungssystem.*

Buchweizen *(Syn.: Heidekorn, lat.: Fagopyrum esculentum Moench, frz.: sarrasin (m), engl.: buckwheat).* Gehört zu den Knöterichgewächsen. Wird heute im nördlichen Europa, Sibirien und Nordamerika angebaut. In Deutschland vor allem in Heide- und Moorgegenden. Die Pflanze ist niedrig-krautig. Die Früchte sind klein, dreieckig mit harter Schale und ähneln den Bucheckern. Genuss in großen Mengen nicht unbedenklich. Die Blüten liefern reichlich Honig. Der Buchweizen wird als Mehl, Schrot oder Grütze angeboten. Bekannte Gerichte: → *Blinis,* Buchweizen-Galettes (Frankreich).

Bückling. Hering, nicht ausgenommen, heiß geräuchert. Wahrscheinlich nach dem Holländer Wilhelm Bökel, der das Konservieren entwickelte, um die Heringe – haltbar – auch ins Binnenland zu bringen.

Budget. Haushaltsplan eines Staates und Plan eines Unternehmens (Abb. 20), der durch die → *Budgetierung* aufgestellt wird. → *Planungsrechnung.*

Budgetierung → *Planungsrechnung, Finanzplan, Haushaltsvoranschlag, Haushaltsüberwachung.* Eine Planungsrechnung, bei der die zukünftigen Erträge und Aufwendungen zusammengestellt werden, um eine Orientierungshilfe für die Zukunft zu haben. Dabei wird von der Zielvorgabe ausgegangen, dass das investierte Kapital zu einem bestimmten Prozentsatz verzinst werden soll. Daraus wird abgeleitet, wie dieses Ziel zu erreichen ist, z. B. durch eine bestimmte Höhe zu erreichender Nettoerlöse. Hieraus werden in mehreren Schritten dann Kosten- und Umsatzvorgaben für die einzelnen Betriebsbereiche und Produktgruppen abgeleitet. Wird beispielsweise aus einer erwarteten Rentabilität abgeleitet, dass ein Gewinn von 16 % des Umsatzes erwirtschaftet werden muss, könnte eine Grobvorgabe so aussehen (Abb. 21). Durch den Abzug der meist bekannten Fixkosten ergeben sich die Spielräume für die variablen Kosten. Aus dieser Grobplanung können für alle Abteilungen aufgestellt werden: **a)** Personalbudget, **b)** Materialbudget, **c)** Investitionsbudget. Ständige Kontrollen dieser → *Planungsrechnung* helfen größere Abweichungen zu vermeiden und ermöglichen flexible Anpassung.

Budike. Berliner Ausdruck für eine einfache Gastwirtschaft (Budiker = Wirt).

Büfettservice. Bei dieser Serviceart holen sich die Gäste selbst die gewünschten Speisen in Portionsgrößen vom Büfett ab. Am Büfett werden sie evtl. vom Personal beraten und bedient. Das Abräumen des gebrauchten Geschirrs und das Auflegen der Bestecke erfolgt durch das Servicepersonal.

Bügelfrei. Stark knitternde Materialien wie Baumwolle, Leinen, Viskose werden durch Veredelung pflegeleicht, d. h. knitterarm und bügelarm. Entsprechende Bezeichnungen sind auch: wash and wear, minicare, permanent press, non iron, rapid iron, easy care, hochveredelt, permanent veredelt, permanent press.

Builder → *Waschmittel.*

Bukett. Ein flüchtiger Stoff einer bestimmten Flüssigkeit, den man bei Getränkeproben mit der Nase wahrnehmen kann.

Buletten. Eine vor allem in Berlin gebräuchliche Bezeichnung für Frikadellen.

Muster zur Aufstellung eines Budget (Abb.)

Text	Vorjahr		Budget		Ist d. Zeitraums	
	€	%	€	%	€	%
Erlöse Gesamt Netto		100		100		100
Wareneinsatz: Speisen Getränke Nebenbetrieb						
gesamt						
Personalkosten: Gastronomie Beherbergung Verwaltung Technik						
gesamt						
Direkte Abt. Kosten Energie Instandhaltung Werbung, PR, Verkauf Versicherung Rechts- u. Beratungskosten Allgemeine Betriebskosten Allgemeine Verwaltungskosten						
Aufwand insgesamt						
Betriebsergebnis I						
Zinsaufwand Abschreibungen Großreparaturen						
Betriebsergebnis II						

Abb. 20   Muster zur Aufstellung eines Budget

Umsatz gesamt (2 400 000)	– erwarteter Gewinn (16 % = 384 000)	= Kosten K_{max}	= Fixkosten	+ variable Kosten
Beherbergung 1 240 000	198 400	1 041 600	833 280	208 320
Speisen 360 000	57 600	320 400	289 400	12 980

usw. nach einzelnen Gruppen unterteilt, evtl. noch mit einer Prozentspalte.

Abb. 21   Bugetierung

Bulghur. Auch *Bulgur, Burghul* oder *Burrul.* Traditionelle Hartweizenzubereitung aus dem Orient und Balkan. Die Hartweizenkörner werden entspelzt, im Dampf gegart, getrocknet und in verschiedene Feinheitsgrade gebrochen. Durch Vorkochen und Dörren ist Bulghur sehr schnell zu garen: 2:1 in Brühe gerührt und zugedeckt bei milder Hitze in 20 Min. ausgequollen. Feiner Schrot wird meistens nur mehrere Stunden in kaltem Wasser eingeweicht, ausgepresst und als Salat angemacht. Weiteres Kochen ist nicht nötig.

Bulimie. Suchtkrankheit, vorwiegend bei Frauen; sie versuchen, seelische Probleme durch übermäßiges Essen zu überwinden und zwingen sich dann, die Nahrung zu erbrechen.

Bulots. Eine Seeschneckenart in der Charente-Maritime Brigos. Man sammelt sie bei Ebbe, sie werden in Wurzelbrühe gegart.

Bundessortenamt. Überwacht unter anderem die in das Sortenschutzverzeichnis aufgenommenen Spargelsorten aufgrund des „Sortenschutzgesetzes" vom 20. 5.1968.

Bündnerfleisch. Echtes Bündnerfleisch ist in Hochtälern Graubündens luftgetrocknetes Fleisch vom Rind. Das Bündnerfleisch wird aus dem Fleisch junger, ausgewachsener Bullen oder Färsen, am besten aus dem Schwanzstück hergestellt. Das Fleisch wird in Blöcke mit einem Gewicht von 3 kg zugeschnitten. Gepökelt wird zuerst trocken und die sich bildende Eigenlake wird mit einer 16%igen Lake aus Salpeter, Kochsalz, Pfefferkörnern, Wacholderbeeren, Lorbeerblättern und etwas Knoblauchsaft aufgefüllt. Es folgt ein zehntägiger Brennprozess bei Temperaturen um + 8 °C. Dann wird es zwei bis drei Stunden gewässert, über Nacht einem Gewürzrauch mit einer Temperatur von nicht mehr als + 16 °C ausgesetzt, in Formen drei Tage rechteckig fest gepresst und anschließend vier Monate in trockener, kalter Hochgebirgsluft in abgedunkelten Schuppen getrocknet. Die Temperaturen sollen nicht über +8 °C liegen. Das Fleisch verliert zwischen 45 % und 50 % an Gewicht. Beim Trocknen bildet sich auf der Oberfläche ein weißer Edelpilz. Dieser schützt das Fleisch vor Oxydation und ist zudem ein sicheres Zeichen der richtigen Reifung des Produktes. Der Pilz ist völlig unschädlich. Bündnerfleisch ist praktisch fettlos (höchstens 6 %), wenig Kohlenhydrate. Dafür ist es reich an hochwertigen Proteinen (34 %), enthält die wertvollen Vitamine B_1 und B_2 sowie Spurenelemente. Das „viande des Grisons" wird zum Gebrauch hauchdünn aufgeschnitten.

Bunte Finken. Landestypisches Gericht aus Hamburg, Bremen. Weiße und grüne Bohnen mit Möhren, Kartoffeln und Räucherspeck.

Buntmesser. Messer mit gezackter Schneide (Klinge), das zum Ausschneiden kalter Garnierungen wie Aspik, Gurken oder Butter dient. Häufig auch als Schnittform (längs) für Gemüsezubereitungen gewählt (z. B. Möhren, Zucchini).

Bureau National Interprofessionnel du Cognac. → *BNIC.* Halbstaatliche, berufsständische Gemeinschaft der Cognac-Wirtschaft, die einerseits die Interessen der Winzer, Brenner und Cognac-Häuser vertritt, die andererseits aber auch über die Qualität und die Einhaltung der gesetzlichen Vorschriften zur Cognac-Herstellung wacht sowie die Ursprungs- und Altersbescheinigungen ausstellt. Das BNIC betreibt außerdem ökologische Forschung und international Öffentlichkeitsarbeit.

Bürgermeisterstück. Österr. Ausdruck für das Rindereckschwanzstück.

Bürgschaft (§§ 765–778 BGB), (= Aval). Bei diesem Vertrag verpflichtet sich der Bürge, gegenüber dem Gläubiger eines anderen (Dritten) für dessen Verbindlichkeiten einzustehen, wobei ihm kein Kündigungsrecht

Burgund A.C.

zusteht. Das BGB verlangt für diesen Vertrag grundsätzlich die Schriftform. Das HGB befreit den Kaufmann davon für Bürgschaften, die er im Rahmen seines Unternehmens abgibt.

Burgund A.C. Weinbaugebiet in Frankreich. Ca. 35 000 ha Rebfläche erbringen einen Jahresertrag von ca. 1,8 Mio. Hektoliter. Zu diesem Gebiet gehören folgende Bereiche: → *Chablis* oder Dep. Yonne (Weißweine), das Dep. → *Côte d'Or,* geteilt in → *Côte de Nuits* (Rotweine) und → *Côte de Beaune* (Rot- u. Weißw.), das Dep. → *Saône et Loire,* geteilt in → *Chalonnais* (Rot- u. Weißw.) und → *Mâconnais* (Weißw.) und das im äußersten Süden liegende Gebiet Du Rhône, unter dem Namen → *Beaujolais* bekannt. Das Gebiet unterliegt einer äußerst komplizierten Klassifizierung. Der Jungwein wird oft an Händler verkauft, die den Wein weiter ausbauen/verschneiden und danach erst in den Handel bringen.

Burgund-Klassifizierung. Für die Qualität der Weine Burgunds gilt allgemein: Je genauer die Herkunftsangabe, je enger geographisch erfasst, desto besser der Wein. In Burgund steht an 1. Stelle die Angabe Grand Cru. Danach folgen in abnehmender Wertschätzung: 2. Premier Cru, 3. Name einer bestimmten Gemeinde, 4. mehrere ausgesuchte Gemeinden, als „Village" bezeichnet, 5. Angabe eines Bereiches, 6. Angabe eines bestimmten Anbaugebietes. Eine weitere Hilfe bei der Suche nach Spitzenweinen Burgunds ist die Angabe → *Clos* oder → *Climat.* Bei den großen Qualitätsunterschieden der Burgunderweine ist es wichtig, die besten Lagen, Firmen (Winzer) zu wissen oder in einem glaubwürdigen Katalog zu finden (Abb. 22).

Burgunder-Rebsorten. In Burgund dominieren vier Rebsorten, zwei blaue → *Pinot noir* für Spitzenweine, → *Gamay* für mittlere Qualität; zwei weiße → *Chardonnay* für Spitzenweine, → *Aligoté* für mittlere Qualität.

Burgunder-Verschnitt. Aus dem gesamten Gebiet Burgunds verschnittene Weine sind auf dem Markt in verschiedenen Angebotsformen (Bezeichnungen) erhältlich: **1.** Bourgogne A.C. (Rot- u. Weißwein), **2.** Bourgogne Passe-Tout-Grains (Rotw. u. Rosé). Diese Angebotsform muss ein Verschnitt aus Pinot Noire und Gamaytrauben sein. **3.** Bourgogne Aligoté (Weißwein), **4.** Bourgogne Ordinaire (Rot- u. Weißwein), **5.** Bourgogne Grand Ordinaire (Rot- u. Weißwein), **6.** Bourgogne Mousseux, auch Crémant de Bourgogne (ein bescheidener Schaumwein), **7.** Bourgogne Clairet (Weißwein). Höchstertrag pro Hektar und Alkoholgehalt sind entsprechend der Angebotsform festgelegt (ca. 40–45 hl/ha, ca. 9–10 % Vol. Alkoholgehalt).

Burrito. Mexikanische Weizenmehlfladen, die meist mit einer Füllung aus Gemüse und/oder Hackfleisch gegessen werden.

Butte. Gefäß zum Transport der gelesenen Trauben; früher aus Holz, heute aus Plastik.

Butten. Spez. Wurstsorten (z. B. deutsche Buttensalami) werden in Naturdärme vom Rind, den „Butten" gefüllt. Die Butte ist beim Rind der Darm, der beim Menschen dem Blinddarm entspricht. Sie ist an einem Ende sackförmig geschlossen, wodurch das Fleisch (Wurstmasse) eine „natürliche" Ummantelung erhält. In der Butte befindet sich eine zweite Hautschicht mit dem Namen „Goldschlägerhäutchen". Wegen ihrer Stabilität wurde sie früher beim Hämmern von Blattgold zum Schutz des Edelmetalls verwendet. Heute schützt das Goldschlägerhäutchen die Buttensalami (oder Frankfurter/Pariser Lachsschinken) vor dem Austrocknen.

Butter. Plastisches Gemisch aus Sahne, Rahm, Molkensahne und Milch, mit mindestens 82 % Fett und höchstens 16 % Wasser, sowie geringen Mengen Eiweiß, Milchzucker und Mineralstoffen. Durchschnittlicher Nährstoffgehalt der Butter: Eiweiß 0,7 %,

Burgund-Klassifizierung (Abb.)

Vignobles de l'Yonne I Chablis		Weinberge der Yonne	
Appellations de vins blancs uniquement: Nur Weißweinbezeichnungen:	CHABLIS GRAND CRU suivi du nom du cru facultatif/gefolgt von der fakultativen: „climat"-Bezeichnungen: Vaudésir, Les Clos Grenouilles Valmur Blanchot Preuses Bougros	CHABLIS PREMIER CRU Exemple de climats réputés: Beispiele bekannter „climats": Les Monts de Milieu Fourchaume Montée de Tonnerre etc. CHABLIS PETIT CHABLIS	
Vignobles de la Côte d'Or II Côte de Nuits Vins rouges		Weinberge der Côte d'Or Rotweine	
Communes Gemeinden	A.O.C. communales Gemeinde-Bezeichnungen	Premiers Crus (ou climats réputés) Bekannte sog. „climat"-Weine	Grands Crus
Fixin	Fixin Côte de Nuits-Villages	La Perrière Les Hervelets etc.	
Gevrey-Chambertin	Gevrey-Chambertin	Les Varoilles Combe aux Moines Cazetiers Le Clos St.-Jacques etc.	CHAMBERTIN CHAMBERTIN-CLOS DE BEZE LATRICIERES-CHAMBERTIN MAZOYERES-CHAMBERTIN CHARMES-CHAMBERTIN MAZIS-CHAMBERTIN GRIOTTE-CHAMBERTIN RUCHOTTES-CHAMBERTIN CHAPELLE-CHAMBERTIN
Morey-St.-Denis	Morey-St.-Denis	Monts Luisants Les Sorbés Les Ruchots etc.	CLOS DE TART CLOS ST.-DENIS CLOS DE LA ROCHE BONNES MARES (une partie/teilweise) CLOS DES LAMBRAYS
Chambolle-Musigny	Chambolle-Musigny	Les Amoureuses Les Charmes etc.	MUSIGNY
Vougeot	Vougeot	Clos Blanc de Vougeot (B) Clos de la Perrière etc.	CLOS DE VOUGEOT

Abb. 22 Burgund-Klassifizierung

Burgund-Klassifizierung (Abb.)

	Vignobles de la Côte d'Or II Côte de Nuites Vins rouges		Weinberge der Côte d'Or Rotweine	
Communes Gemeinden	A.O.C. communales Gemeinde- Bezeichnungen	Premiers Crus (ou climats réputés) Bekannte sog. „climat"-Weine	Grands Crus	
Flagey- Echezeaux	Vosne-Romanée		GRANDS ECHEZEAUX ECHEZEAUX	
Vosne-Romanée	Vosne-Romanée	Les Suchots Les Beaux Monts Aux Malconsorts etc.	ROMANEE ST-VIVANT RICHEBOURG LA ROMANEE LA TACHE LA ROMANEE-CONTI	
Nuits-St.- **Georges**	Nuits-St.-Georges	Les St.-Georges Les Vaucrains Les Cailles Les Perrières etc.		
Prémeaux	Nuits-St.-Georges	Clos de la Maréchale etc.		
Prissey				
Comblanchien	Côte de Nuits-Villages			
Corgoloin				
		III Côte de Beaune L'appellation d'origine régionale est „Côtes de Beaune-Villages". Les appellations d'origine communales principales sont: Die Bereichsbezeichnung lautet: „Côtes de Beaune-Villages". Die hauptsächlichsten Gemeindebezeichnungen sind folgende:		
Aloxe-Corton	Aloxe-Corton (surtout vins rouges/ hauptsächlich Rotweine	Les Chaillots Les Maréchaudes etc.	CORTON (RB) CORTON- CHARLEMAGNE (B) CHARLEMAGNE (B)	
Pernand- **Vergelesses**	Pernand- Vergelesses (RB)	Ile des Hautes- Vergelesses, Ile des Vergelesses etc.	CORTON (R) CORTON- CHARLEMAGNE (B) CHARLEMAGNE (B)	
Ladoix-Serrigny	Ladoix (RB)		CORTON	
Chorey-les- **Beaune**	Chorey (RB)			
Savigny-les- **Beaune**	Savigny-les-Beaune Savigny-Côte de Beaune (surtout vins rouges/hauptsächlich Rotweine	Les Marconnets Les Lavières Les Jarrons Aux Guettes etc.		

Abb. 22 **Burgund-Klassifizierung** (Fortsetzung)

Burgund-Klassifizierung (Abb.)

III Côte de Beaune ⓑ
L'appellation d'origine régionale est „Côtes de Beaune-Villages".
Les appellations d'origine communales principales sont:
Die Bereichsbezeichnung lautet: „Côtes de Beaune-Villages".
Die hauptsächlichsten Gemeindebezeichnungen sind folgende:

Communes Gemeinden	A.O.C. communales Gemeinde- Bezeichnungen	Premiers Crus (ou climats réputés) Bekannte sog. „climat"- Weine	Grands Crus
Beaune	Beaune Côte de Beaune (surtout vins rouges/ hauptsächlich Rotweine)	Les Marconnets Les Fèves Les Bressandes Les Grèves Les Theurons Champimont Clos du Roi Les Cent Vignes Les Perrières Clos de la Mousse etc.	
Pommard	Pommard (R)	Les Rugiens Les Arvelets Les Epenots Clos de la Commaraine Clos Blanc etc.	
Volnay	Volnay (R)	En Cailleret Champans Les Chevrets Fremiets Clos des Chênes Bousse d'or Les Mitans etc.	
Monthélie	Monthélie (R)	Sur Lavelle Les Vignes Rondes Les Duresses etc.	
Auxey-Duresses	Auxey-Duresses (RB)	Les Duresses La Chapelle etc.	
St.-Romain	St.-Romain (BR)		
St.-Aubin	St.-Aubin (BR)	En Créot etc.	
Santenay	Santenay (rouges et quelques blancs/Rotweine und einige Weißweine) Santenay Côte de Beaune (R)	Beauregard La Maladière Le Clos de Tavannes Les Gravières etc.	

Abb. 22 **Burgund-Klassifizierung** (Fortsetzung)

123

Burgund-Klassifizierung (Abb.)

	III Côte de Beaune L'appellation d'origine régionale est „Côtes de Beaune-Villages". Les appellations d'origine communales principales sont: Die Bereichsbezeichnung lautet: „Côtes de Beaune-Villages". Die hauptsächlichsten Gemeindebezeichnungen sind folgende:		
Communes Gemeinden	A.O.C. communales Gemeinde- Bezeichnungen	Premiers Crus (ou climats réputés) Bekannte sog. „climat"- Weine	Grands Crus
Meursault	Meursault (vins blancs, un peu de vins rouges/Weiß- weine, einige Rotweine) Blagny (R)	Les Charmes Les Genevrières Les Perrières La Goutte d'Or etc.	
Puligny- Montrachet	Puligny-Montrachet (B) Puligny-Montrachet Côte de Beaune (R)	Les Perrières Le Cailleret Les Pucelles etc.	CHEVALIER- MONTRACHET BATARD- MONTRACHET BIENVENUES-BATARD- MONTRACHET MONTRACHET
Chassagne- Montrachet	Chassagne- Montrachet (B) Chassagne- Montrachet-Côte de Beaune (R)	Clos St.-Jean Morgeot Dents de Chien etc.	MONTRACHET BATARD-MONTRACHET CRIOTS-BATARD- MONTRACHET
Cheilly-les- Maranges Sampigny-les- Maranges Dezize-les- Maranges	Cheilly-Les Maranges Sampigny-les- Maranges Dezize-les-Maranges vins rouges/Rotweine	Le Clos des rois	

Abb. 22 **Burgund-Klassifizierung** (Fortsetzung)

Fett 83,2%, Wasser 15%, Lecithm 0,2%, Vitamine A+Karotin Vitamine B_1, B_2, E. Entsprechend der Qualität wird Butter in drei Handelsklassen eingestuft. Bewertet werden nach einem Punktesystem: Geruch, Geschmack, Aussehen, Gefüge und Konsistenz. Jede Eigenschaft kann mit höchstens fünf Punkten bewertet werden: **1. Markenbutter:** Aus pasteurisierter und gekühlter Sahne/Rahm mit mindestens vier Punkten je Eigenschaft. **2. Molkereibutter:** Aus Sahne/Rahm und Molkensahne-Rahm, pasteurisiert und gekühlt mit mindestens drei Punkten je Eigenschaft. **3. Kochbutter:** Milch, Sahne/Rahm, Molkensahne nach anerkannten Verfahren erhitzt – je Eigenschaft ein Punkt. Buttersorten: *Süßrahmbutter:* Rahm wird ohne Säuerung pasteurisiert, nach Abkühlung auf 10 °C für 15–20 Stunden zur Reifung stehengelassen, in Butterungsmaschine in Butter umgewandelt. *Sauerrahmbutter:* Rahm/Sahne wird pasteurisiert, gekühlt mit Milchsäurekulturen versetzt und ca. 20 Stunden reifen lassen, dann verbuttert. *Gesalzene Butter:* Süßrahm- oder Sauerrahmbutter mit 0,1 % Kochsalz.

Butterfett. Butterschmalz, Butterreinfett. Butterreinfett ist die amtliche Bezeichnung laut EWG-VO Nr. 649/78 vom 31.3.1978 für reines, von Wasser und Eiweiß befreites Milchfett. Hergestellt durch Ausschmelzen von Butter, selten auch aus Sahne und Milch. B. soll höchstens 0,3 % Wasser und 99,7 % Fett enthalten.

Buttermilch. Bei der Butterherstellung anfallendes, flüssiges Nebenprodukt, süß oder leicht säuerlich, auch mit Milchsäurebakterien angereichert. Der Zusatz von Milcheiweiß ist kennzeichnungspflichtig.

Buttig – ASZU. (Tokaj Ungarn) Auf ein 135 l-Fass kommen zwei bis sechs Butten (Inhalt 12 bis 15 kg) rosinenhafter Trauben. Dadurch wird der Wein mehr oder weniger gesüßt und wertvoller.

Byrrh. →*Apéritif* auf Weinbasis, der in Südfrankreich produziert wird. Byrrh wird aus Rotwein unter Zusatz zahlreicher Pflanzenaromen (z. B. Chinarinde, afrikanische Kolombowurzel, Curaçao-Bitterorangen) hergestellt. Er reift drei Jahre in Fässern. Sein Alkoholgehalt beträgt 17 % Vol.

Byssusfäden. Fäden, mit denen sich manche Muscheln (Pfahlmuscheln) festhaften.

C

Cabaret. Vorspeisentablett mit fächerartig angeordneten Glas- bzw. Porzellanschalen (raviers).

Cabernet. Eine blaue Rebsorte in Frankreich, die zu den besten der Welt zählt. Sie wird vorwiegend in Bordeaux unter der Bezeichnung Cabernet Franc, Cabernet Sauvignon und Cabernet Breton angebaut.

Cabernet Franc → Cabernet, Franc bodou tet echt.

Cabinet. Etikettenangabe für Schaumwein, die in Verbindung mit dem Hersteller erlaubt ist. Die Schreibweise → *Kabinett* ist allein dem Wein vorbehalten.

Cacciacavallo. Sizilianischer Hartkäse aus Kuhmilch. Wird aber auch im übrigen Italien hergestellt. Früher in Pferdeblasen gefüllt, woher die traditionelle Form und der Name stammen. Der Käse ist von weißer bis strohgelber Farbe mit vereinzelten kleinen Löchern. Teilweise auch in geräucherter Form angeboten. Andere Schreibweise: Caciocavallo.

Cacciucco. Fischsuppe aus verschiedenen Arten Mittelmeerfischen, mit ziemlich gepfeffertem Geschmack. Man serviert die Suppe mit gerösteten Brotscheiben. Gericht der ital. Küche.

Cachaca. Bezeichnung für Spirituosen aus Zuckerrohr aus Brasilien bzw. Lateinamerika. Ausgangsstoff für Cachaca ist frisches grünes Zuckerrohr, nicht dessen Rückstände. Cachaca heißt auf deutsch → *Schnaps*.

Café → *Kaffeehaus.*

Cafetier. Kaffee-Koch (Cafetière = Kaffee-Köchin) in Hotelbetrieben. Häufig für die Bereitstellung der Frühstücks-Leistungen verantwortlich.

Cahors. Eine Stadt im Departement Lot und gleichzeitig ein A.C.-Weingebiet zwischen Toulouse und Bordeaux. Ca. 4000 ha Rebfläche stehen zur Verfügung. Hauptsächlich wird die Rebsorte Auxerrois, des Weiteren die Rebsorten Tannat und Merlot angebaut.

Caillebottes. Dickmilchkäse aus Frankreich.

Caillé de Brebis. Dickmilchkäse aus Frankreich, der aus Schafmilch hergestellt wird.

Caisse. Verschieden geformtes, meist aber länglich-viereckiges Kästchen von Papier oder Porzellan, worin feine Vorspeisen oder Zwischengerichte angerichtet werden. En caisse, caisses de laitances de carpe, cailles en caisses.

Cake. Englische Bezeichnung für Kuchen, im engeren Sinn für → *Königskuchen.*

Calabaza. In den meisten Gegenden Westindiens bezeichnet man damit einen Kürbis oder Flaschenkürbis. Er hat gewöhnlich zart schmeckendes gelbes Fleisch.

CA-Lagerung. CA = engl. controlled atmosphere = regulierte Zusammensetzung der Luft. Lagerung von Obst und Gemüse in Kühlräumen, deren Atmosphäre verändert, reguliert und kontrolliert wird. Das geschieht durch Herabsetzen des Gehaltes der Lagerluft an Sauerstoff (O_2) und gleichzeitiger Anreicherung mit Kohlendioxid (CO_2) – oder auch Stickstoff – durch Einleiten dieses Gases in den Lagerraum oder einfach als Folge der Atmung (Ausscheidung von CO_2) des Lagergutes. In dieser, von der Außenluft abweichend zusammengesetzten Atmosphäre werden Altern und Abbau der Früchte/Gemüse verzögert.

Calamares. *(Syn.: Kalmar, Kalamar)* Zehnarmiger Tintenfisch.

Calamato. Griechische schwarze Essolive von kräftig-würzigem Geschmack.

Calasparra-Reis. Naturreis-Sorte aus der Gebirgslandschaft um Murcia im Südosten Spaniens. Dieser helle Rundkornreis wird biologisch-kontrolliert angebaut. Der Reis ist sehr bekömmlich und mild aromatisch.

Calcium (Ca). Mengenelement (empfehlenswerte Zufuhr: 0,8 g/Tag), enthalten in Milch und Milchprodukten, weniger in Obst, Gemüse und Fleisch. C. wird zum Aufbau von Knochen und Zähnen, Muskelkontraktion, Blutgerinnung und Zellteilung benötigt. Ein erhöhter Bedarf tritt während der Schwangerschaft, Stillzeit und bei Säuglingen und Kindern auf.

Calissons. Die Calissons d'Aix sind ein zartes frz. Marzipan-Oblaten-Gebäck.

Callaloo. In ganz Westindien anzutreffende Suppe aus → *Callaloo-Blättern* und Krebsfleisch.

Callaloo-Blätter. Junge Blätter der Dasheen oder → *Taro*-Pflanze, aber auch der als „chinesischer Spinat" bekannten orientalischen Suppenkräuter. Die Blätter sind grün, etwa herzförmig und können bis zu 1 m lang sein, sie schmecken etwas bitter.

Caloric Sweeteners → *Süßstoffe.*

Calvados. Spirituose aus der Normandie. Das Gebiet besitzt den Status A. C. und wird in mehrere Untergebiete gegliedert. Sehr hoch wird das Untergebiet → *Pays d'Auge* eingestuft. Aus Äpfeln wird zuerst auf mechanischem Wege Most gepresst. Durch Vergärung des Mostes entsteht → *Cidre,* der je nach Bezeichnung 1- oder 2-mal in verschiedenen Geräten gebrannt wird. Die gebrannte Spirituose, der Calvados, wird in Holzfässern gelagert und je nach Altersstufe (Etikettenangabe) abgefüllt und verkauft. Folgende Angebotsformen sind auf dem Markt erhältlich: Calvados A.C. → *Pays d' Auge* – wird immer 2-mal gebrannt. Calvados A.C. stammt aus den um Pays d'Auge liegenden Untergebieten. Bei dem in der Bretagne und Maine hergestellten Apfelbranntwein → *Eau de vie de Cidre* handelt es sich nicht um Calvados (Abb. 23).

Calzone. Fladen aus Brotteig im Ofen gebacken mit einer Füllung aus frischem Büffelmilchkäse (Mozzarella), Quark, geriebenem Parmesankäse, Schinken, Petersilie, Pfeffer und Basilikum. Eine neapolitanische Spezialität.

Camargue-Reis. → *Roter Camargue-Reis.*

Cambalou. Name des Berges über dem Dorf Roquefort. Entstanden aus einem Felsrutsch während des mittleren Jura (vor 200 bis 300 Millionen Jahren), der zu einem Spaltensystem („Fleurines") im Kalkstein führte. Durch die Fleurines strömt das ganze Jahr über frische und feuchte Luft (konstante Temperatur und Luftfeuchtigkeit), die die Entstehung des Roquefortkäses begünstigen.

Camembert. Erfinderin dieses Käse aus dem Dorf Camembert bei Vimontiers im Departement Orne war Marie Harel (1791). 1955 wurde festgelegt, welche Camembert der Aufschrift „Echter..." tragen dürfen. Camembert wird mittlerweile weltweit produziert, da sein Name nicht mehr geschützt ist. Zur Herstellung benötigt man Vollmilch, die abgetropft, gesalzen und mit Penicillium album besprüht wird. Bis der Käse fertig ist, vergehen etwa sechs Wochen. Ist der Teig durchgereift, elastisch und weich, entfaltet er erst richtig sein Aroma, das an frische Pilze erinnert.

Camina. Rotweintraube. Kreuzung: Portugieser × Spätburgunder.

Campari. Dieses aus Kräutern, Zitrusfrüchten, Alkohol, Wasser und Farbstoffen hergestellte Getränk wurde nach seinem Erfinder Caspari Campari (1867) benannt. Mit künstlichem Farbstoff, deshalb in Deutschland auf der Getränkekarte deklarierungspflichtig.

Campbeltown. Whiskystadt in Schottland, vor allem für Malt-Whisky.

Abb. 23 Calvados – Produktionsgebiete

Canache regional auch → *Ganache*. **Grundkrem** bestehend aus Sahne und → Kuvertüre im Verhältnis 1:2. Dazu wird die Sahne kurz aufgekocht, dann die zerkleinerte Kuvertüre zugegeben, anschließend so lange gerührt bis eine glatte Masse entsteht. Canache dient als Füllung für Petits Fours, Torten und Pralinen.

Canadian Whisky. Aus Mais, Roggen, Weizen und Gerste hergestellt und zweimal kontinuierlich bis auf 90 % Vol. Alkoholgehalt gebrannt. Der Feinbrand ist dadurch sehr mild im Geschmack. Die durchschnittliche Lagerungsdauer in Holzfässern (evtl. gebrauchte Bourbonfässer) beträgt zwei bis sechs Jahre.

Canapé *(frz.: canapé, m.)*. Exakt geschnittene oder ausgestochene kleine – auch geröstete – Weißbrotschnitten, die mit entsprechendem Belag – besonders zu Empfängen – serviert werden. → *Sandwiches*.

Canestrato. Ein fester Schafsmilchkäse aus Italien, der in Holzkörben reift.

Cannelon *(frz.: cannelon, m.)*. Geriefte Backform.

Canneloni. Italienische Landesküche. 10 cm lange Nudelteigröllchen werden mit einer Fleischfarce gefüllt, mit Tomatensauce übergossen und mit geriebenem Käse überbacken.

Cannoli. Knuspriger Teig gefüllt mit süßem Quark und kandierten Früchten. Es ist eine charakteristische Süßspeise aus Sizilien.

Cantara. In Spanien übliches Volumenmaß für Wein. Es entspricht 16,133 l. → *Arroba*.

Canthaxanthin. Gelber Farbstoff, der in der Natur nur in Pfifferlingen und bei einigen Meeresfischen vorkommt.

Cantina Sociale → *WZG* in der BRD.

Capataz. Spanische Bezeichnung für Kellermeister.

Capilotade. Geflügelreste in kleine Scheiben oder Stücke schneiden, mit Sauce Italienne, der feingeschnittene Champignons zugefügt sind, vermengen und nach dem Erwärmen mit feinen Kräutern bestreuen (nach Escoffier). Capellum; lat. Haar. Eine Art des → *Salmis* anderer (alter) Name hierfür.

Capisanti *(ital.: capisantè)*. Muschelartige Schalen aus Steingut und Silber, die zum Anrichten von Speisen dienen.

Capotes. Qualitätsstufe der → *Kapern* (9–10 mm).

Cappuccino. Starker heißer Kaffee mit schaumiger Milch, der evtl. mit Kakaopulver bestreut wird.

Capsaicin. Bestandteil des Gewürzpaprikas und des Chillies, das den scharfen Geschmack bestimmt.

Capucines. Qualitätsstufe der → *Kapern* (8 bis 8,5 mm).

Caquelon *(frz.: caquelon, m.)*. Feuerfestes Gefäß aus Ton, in dem Fondue zubereitet wird.

Carafe *(frz.: carafe, w.)*. Gefäß, in dem Wasser oder Wein angeboten wird.

Carbocool-Schneerohr. Durch Entspannung von tiefkalter, flüssiger Kohlensäure (CO_2) beim Austritt durch feine Düsen entsteht schlagartig ein tiefkalter CO_2-Schnee mit einer Expansionskälte von 194 K (–78,9 °C). Neben den thermodynamischen Eigenschaften des cryogenen (kälteerzeugenden) Mediums kommen auch seine bakteriostatischen Eigenschaften zur Geltung. – Schnellkühlung von Lebensmitteln als Vor-, Zwischen- oder Nachkühlung (auch in unterstützender Form bei Stoß-, Saison- oder Notbetrieb); – Schutzkühlung bei Verarbeitungsprozessen wie Mahlen, Kneten, Rühren oder Mischen; – Produktabkühlung zur Weiterverarbeitung in Produktionslinien. CO_2-Schnee ist eine absolut sichere Fertigkälte mit hoher Kältereserve und lang anhaltender Kühlwirkung. Er ist „trocken", d. h. er hinterlässt keine Nässe. Er ist absolut geschmacksneutral, führt nicht zu Gefrierbrand und verdrängt Luftsauerstoff.

Carboxylgruppe. Oxydierte Alkoholgruppe, chemisch sehr reaktionsfähig.

Carcasse. Gerippe, Rumpf vom Geflügel, auch Gräten vom Fisch.

Carde. Kleine, ital. Artischockensorte.

Carême, Antonin (1784 bis 1833). Berühmter frz. Koch, der eine Vielzahl von Gerichten kreierte, die seinen Namen tragen.

Cargo-Reis. Halbrohreis, enthülster Reis, Braunreis.

Carignan. Rote Traubensorte, vorwiegend im Süden Frankreichs angebaut. Sie wird für Tafelweine und süße Dessertweine verwendet.

Carnival. Ein Sommersalat zum Pflücken. Er erbringt auch in der warmen und trockenen Jahreszeit gute Ernten. Der Carnival hat grüne, löwenzahnartige, mit rötlicher Einfärbung, feste Blätter. Lange Haltbarkeit kennzeichnet diese Sorte.

Carolines. Warmes Vorgericht aus Brandteig in Form von Eclairs, gefüllt mit einem Püree von Geflügel, Zunge, Wild und Gänseleber, teilweise auch kalt gereicht (Escoffier).

Carpaccio. Ital. Küche. Hauchdünne, rohe Rindfleischscheiben mit Zitronensaft und Öl, meistens vom Filet.

Carrageen. *Irländisches Moos, Irisch Moos, Perlmoos, Knorpeltang.* Ein Polysaccharid; aus Rotalgen gewonnener Quellstoff. Der Name leitet sich von der irischen Küstenstadt Carrageen ab. Die Alge wächst vor den Küsten von Irland, England, Frankreich und Spanien. Quillt in heißem Wasser, bildet beim Erkalten eine feste Gallerte. Bei kalter Verarbeitung mit Genusssäuren bilden sich irreversible Verbindungen.

Carte du jour *(frz.: carte du jour, w.).* Tageskarte, mit der Tagesspezialitäten angeboten werden.

Casa vinicola. Ital.: Weinhandlung.

Cashew. Nussart des Cashewbaums. Die am Baum wachsenden Äpfel sind Scheinfrüchte, an den Apfelstielen wachsen die nierenförmigen Nüsse, die eigentliche Steinfrucht. (Als Fruchtsaftzusatz und für Kompott).

Cash-Flow. Andere Bezeichnungen: net cash-flow, cash income, cash earnings. Kennzahl für die Finanzkraft einer Unternehmung. Er kennzeichnet die finanziellen Mittel, die ein Unternehmen im Rechnungszeitraum zur Verfügung hatte, um zu investieren, Schulden zurückzuzahlen und Gewinne auszuschütten. Zur Ermittlung des cash-flow gibt es verschiedene Methoden. So kann der Unternehmer selbst bei einer internen Analyse rechnen (direkte Methode):

  Ertrag, der zu Einzahlungen führte
− Aufwand, der zu Auszahlg. führte
= cash-flow.

Bei externen Analysen stehen für diese Rechnung nicht genügend Informationen zur Verfügung, deshalb verwendet man die indirekte Methode. Dabei ergibt sich der cash-flow.

Jahresüberschuss
+ Aufwendungen, die nicht Auszahlungen wurden
− Ertrag, der nicht zu Einzahlg. führte
= cash-flow.

Zu den hier addierten Aufwendungen gehören z. B. **a)** Abschreibungen, **b)** Einstellungen in Rücklagen und Rückstellungen, **c)** Periodenfremde Aufwendungen. Zu den zu subtrahierenden Erträgen gehören z. B. **a)** Auflösungen von Rückstellungen und Rücklagen, **b)** periodenfremde Erträge.

Cask Strenght. Diese zwei Wörter (deutsch: Fassstärke) stehen auf dem Etikett von → *Whisk(e)y*, der nicht wie üblich vor dem Abfüllen auf Trinkstärke (ca. 40 % Vol.) herabgesetzt, sondern mit dem Alkoholgehalt abgefüllt wurde, mit dem er die Reifezeit abschloss. Teilweise werden auch die Einzelfass-Abfüllungen, sog. „Single Barell", evtl. mit Jahrgangsabgabe abgefüllt. Die Alkoholstärke beträgt ca. 50–60 %Vol. Eine absolute Rarität aus Schottland.

Cassareep. Aus frisch geriebenen Kassavewurzeln gepresster Saft, der reduziert und als Bindemittel und Würze in Trinidads „Pfeffertopf" Verwendung findet.

Cassata. Ital. Eisspezialität. Unter die Eismasse – meist aus → *Rahmspeiseeis* bestehend – werden Eischnee (Meringue-Masse), kandierte Früchte, mit Alkohol getränkte Mandelmakronen, Nüsse, Krokant u. a. untergehoben, in Formen gefüllt und gefroren.

Casserole *(frz.: casserole, w.).* Kasserolle.

Cassés. Frz. Olivensorte mit winzigem Stein.

Cassislikör. Aromatischer, etwas herber Fruchtsaftlikör aus schwarzen Johannisbeeren. Der Saft wird oft auch angegoren verwendet. Bei min. 20 l Johannisbeersaft auf 100 ccm des Fertigproduktes und mind. 22 g → *Extrakt* in 100 ccm beträgt der Mindestalkoholgehalt 25 % Vol. Das Wort „cassis" ist ein frz. Ausdruck für die schwarze Johannisbeere, der auch für einen in Frankreich erzeugten Likör benutzt wird. Dieser Likör wird durch das Ansetzen schwarzer Johannisbeeren, Branntwein und Zucker gewonnen.

Cassolet *(frz.: cassolet, m.).* Förmchen, die zum Anrichten insbesondere feiner Ragouts dienen.

Cassonade. Rohzucker, brauner Zucker.

Cassoulet. Frz. Eintopfgericht mit tomatierten weißen Bohnen und Hammel-, Gänse- und Schweinefleisch. Regional unterschiedlich mit Weißbrotkrumen überbacken.

Castel del Monte. Ital. Wein aus der Provinz Apulien, wird als Rotwein, Weißwein und Rose angeboten. Er ist trocken und delikat. Er darf nach drei Jahren Lagerung als → *Riserva* bezeichnet werden.

Catalanas → *Porron.*

Catalogna. Salat zur Familie der Zichorien gehörend. Die Blätter sind dem Löwenzahn im Aussehen ähnlich. Der Geschmack ist bitter und aromatisch. Der C. kommt von Herbst bis zum Frühjahr aus Süditalien, wo der Salat auch wie Spinat oder Lauchgemüse zubereitet wird.

Caterer → *Catering.* Unternehmer oder Unternehmen, die Catering betreiben (Abb. 24).

Catering. Catering bedeutet allgemein die Lieferung, Versorgung oder Bereitstellung von Speisen und Getränken zum sofortigen Verzehr. In dieser weiten Definition schließt der Begriff auch die ganze Gastronomie ein. Da diese jedoch ihre Leistungen ohne Auftrag, auf eigenes Risiko für einen anonymen Markt bereitstellt, unterscheidet sie sich sehr wesentlich von den → *Caterern i. e. S.,* die ihre Leistungen auf den Gebieten der Einzel-, Gemeinschafts-, Groß-, Außer-Haus- und Individualverpflegung immer im Auftrag eines anderen erbringen. Auftraggeber kann ein einzelner Haushalt ebenso sein wie eine Kommune, eine Anstalt des öffentlichen Rechts, Religionsgemeinschaften oder Veranstaltungsträger. So vielfältig wie die Auftraggeber sind auch die Leistungen, deshalb verfügen Catering-Unternehmen meist über sehr umfangreiche → *Logistikabteilungen* wie z. B. Marketing, Planung, Organisation u. a. Ihre Leistungen erstrecken sich normalerweise auf die folgenden Bereiche: **a)** Kleinhaushaltscatering – Getränke-, Menü- und Party-Service für Einzelhaushalte, **b)** Alternativhaushalts-Catering – Verpflegung für Wohngemeinschaften, Handwerker-Haushalte, Selbsthilfegruppen u. a., die eine Großfamilie ersetzten, **c)** Großhaushalts-Catering – z. B. für Pflegeheime, Internate, Haftanstalten, **d)** Sozial-Catering – für Betriebe, Krankenhäuser, Schulen, Verkehrsbetriebe oder Großveranstalter, **e)** Systemgastronomie – wo Caterer neben anderen Gastronomiebetrieben Raststätten, Kasernenkantinen, Messerestaurants, Freizeitzentren u. a. versorgen. → *Auftragsgastronomie* → *Sozialgastronomie* (Abb. 24).

Cateringgesellschaft. Unternehmen, das im Auftrag von Dritten entweder Verpflegung liefert oder eine Verpflegungsdienstleistung anbietet.

Cava → *Spanischer Schaumwein.*

Cavaillon-Melone. Stammt von der „Charentais-Melone" ab. Das sind mehrere Variationen: Védrauté, Precoce du Roc, Hermès, Alfha. Sie kommen aus den Regionen Vaucluse, Bouches-du-Rhône und Var. Aus-

Catering (= Auftragsgastronomie)
(frz.: restauration collective; engl.: contact catering)

Verpflegungsbereitstellung
Produktionsbetriebe stellen die Verpflegung bereit bzw. liefern sie an z. B. bei:
– Universitätsmensen
– Betriebs- u. Industriekantinen
– Flugcatering-Zentralen
– Bahncateringbetrieben
– Schiffscateringbetrieben
– Veranstaltungs- u. Party-Service
– Fernverpflegung (rollender Mittagstisch u. Ä.)

Versorgungsleistung
Dienstleistungsbetriebe übernehmen die Leistungen im Verpflegungsbereich z. B.:
durch Betreiben von Kantinen und Kasinos in Bank-, Industrie- u. a. Betrieben oder Heimstätten und Behörden

Abb. 24 Catering

sehen: Kugelige Form, 10–12 cm Durchmesser; gelbgrünliche, glatte Haut; breite, grünliche Längsstreifen. Genau genommen gibt es den Gattungsbegriff „Cavaillon-Melone" nicht. Der hat sich im Laufe der Zeit eingebürgert, weil sich ursprünglich die Gegend von Cavaillon für diese Melonenart einen Namen gemacht hat. Beweis für ein gutes Aroma sind die durchgehend breiten dunkelgrünen Längsstreifen. Leicht lösbarer Stil gibt Hinweis auf den Reifegrad.

Caviste *(frz.: caviste, m.).* Kellermeister, der für die Getränke verantwortlich ist.

Cayenne *(Chilies).* Ein dem Paprika ähnliches Gewürz, das aus Beerenfrüchten eines in tropischen Gebieten Amerikas (Cayenne) und Afrika heimischen Nachtschattengewächses gewonnen wird. Die Früchte haben eine Länge von einigen Zentimetern, sind goldgelb bis dunkelrot und werden entweder unzerkleinert oder gemahlen verwendet. Wie Paprika enthält Cayennepfeffer Kapsaizin, was den scharfen Geschmack begründet. Der Cayenne gehört zur Familie Solanacecie und ist in den Arten Cápsicum frutéscens, Cápsicum baccátum und Cápiscum fastigiátum bekannt.

Cazzoeula. Auch Cazzuola. Ein Gemisch von Schweinefleisch und Schwarten mit Wirsingkohl geschmort. Eine Spezialität aus der Lombardei (Italien).

Cellophan-Nudeln. Feine, durchsichtige Nudeln aus der Stärke grüner Mungbohnen.

Cellulose. Das am weitesten verbreitete Gerüstpolysaccharid. Mensch und fleischfressende Tiere besitzen keine Enzyme, um C. abzubauen, sie wirken bei ihnen als → *Ballaststoffe.* Mikroorganismen können C. zu Glucose abbauen.

Cendré. In Asche gewalzter oder mit Asche (Pflanzenkohle) bestreuter Weichkäse oder Bleu. Cendres sind trockener als Käse ohne Ascheüberzug, sie reifen langsamer und sind länger haltbar.

Cephalopoden (Kopffüßler) → *Tintenfisch.*

Cerealien. Sammelbegriff für Getreide: Weizen, Roggen, Hafer, Gerste, Mais, Hirse. Der Name ist von der römischen Göttin des Ackerbaus → *Ceres* abgeleitet.

Cereals → *Ceres.*

Cerebro-Salz. Tafelsalz mit geringem Zusatz von Kalzium und Natriumphosphat. Es klumpt nicht, da es Wasser nicht anzieht.

Ceres. Altrömische Göttin des pflanzlichen Wachstums. Ableitungen: engl. cereals = Mahlprodukte wie Haferflocken, Mais- und Weizenschrot und dergleichen, die mit heißer Milch bzw. Rahm gereicht, meist mit Zucker zum Frühstück gegessen werden. Zerealien: Getreideprodukte.

Cerignola. Italienische Olivensorte mit hartem Fruchtfleisch und leicht säuerlichem Geschmack.

Cevapčiči. Serbische Spezialität. Pikant gewürzte Hackfleischwürstchen auf dem Holzkohlengrill zubereitet. Mit rohen Zwiebelringen, Tomaten, Peperoni, Gewürzgurken und Oliven serviert.

Cevze. Türkische Bezeichnung für eine Stielkanne, in welcher der Türkische Mokka zubereitet wird.

Ceylon-Tee. Aus Sri Lanka. Der Aufguss aus dieser Sorte ist stark, von hellbrauner Farbe und würzig-herb im Geschmack.

Chablis. Weinbaugebiet im Norden von Burgund, ca. 1200 ha groß. Auf kalkreichem Boden wächst die Rebsorte → *Chardonnay*. Chablis ist ein weltberühmter Weißwein, trocken ausgebaut und – je nach Jahrgang – von unterschiedlicher Qualität. Er wird in vier Qualitätsstufen angeboten: **a)** Grand Cru Chablis – sieben Lagen, **b)** Premier Cru Chablis – 29 Lagen, **c)** A. C.-Chablis, **d)** Petit Chablis. Die Qualitätsstufen **a)** bis **c)** müssen aus Chardonnay-Trauben hergestellt werden.

Chablisklassifizierung → *Burgund-Klassifizierung.*

Chabrot. In der Gasgogne gebräuchlicher Ausdruck für eine meist klare Suppe, die mit Rotwein vermischt wird.

Chafing-Dish. Ein Gerät zum Warmhalten von Speisen mit Hilfe eines Wasserbades, das mit Strom oder Spiritusgelee heiß gehalten wird. Die Benutzung erfolgt bei Büfetts, Stehempfängen, Frühstücksbuffets und Ähnlichem.

Chaine de Rôtisseur. Frz. Bruderschaft von ausgezeichneten Köchen.

Chais. Überirdische Hallen, in denen Cognac in Holzfässern gelagert wird.

Chalonnais. Weinbaugebiet in Burgund, ein Untergebiet des Dep. Saône et Loire südl. vom Dep. → *Côte d'Or.* Hier werden Rotweine, Weißweine und Schaumweine produziert. Die bekanntesten Weinbezeichnungen sind: Givry (Rotwein und Weißwein), Mercurey (Rotwein und Weißwein), Rully (Rotwein und Weißwein und Schaumwein).

Chambertin → *Côte de Nuits.*

Chambord. Henri Graf v. Ch. (1820–1883), Herzog von Bordeaux, frz. Thronprätendant Heinrichs V. Klass. Garnitur z. B. Karpfen Chambord.

Chambrieren. *(Frz. chambre (m) = Zimmer),* bedeutet: Temperieren. Hauptsächlich Rotwein wird durch rechtzeitiges Aufstellen im Raum, in dem getrunken wird, auf Zimmertemperatur gebracht. Gleichzeitig soll sich auch das → *Depot,* Trub absetzen. Auch: Käse auf Zimmertemperatur bringen, also den Käse etwa eine Stunde vor dem Verzehr aus dem Kühlschrank (Keller) holen.

Champagne → *A. C.-Gebiet* im nördlichen Frankreich; rd. 130 km östlich von Paris, in dem vor allem die weltberühmten Schaumweine Champagner produziert werden. Weniger bekannt sind die stillen Weine (Rot- und Weißweine) aus diesem Gebiet. Der erste „Champagner" wurde ca. um das Jahr 1700 bekannt. Als „Erfinder" wird der Mönch Dom Perignon aus dem Kloster Haut Villers

Champagner-Herstellung

geehrt. Er hat als erster eine Cuvée gemischt und damit die Grundweine bestimmt. Außerdem benutzte er als erster Kork als Flaschenverschluss für Schaumweine. Dom Perignon ist bis heute ein Schutzpatron des Champagners. Die Weinbaufläche ist ca. 26 000 ha groß. Der Boden besteht vorwiegend aus Sedimentgestein; Kreidegrund, auf dem eine lockere, 20 bis 25 cm dicke Humus- und Lehmschicht lagert. Zum Champagne-Gebiet gehören 250 Gemeinden. An der Champagnerproduktion sind ca. 14 300 Winzerbetriebe, ca. 150 Winzergenossenschaften und ca. 120 Champagner-Häuser beteiligt. Die Anbauzone ist begrenzt und wird in drei Hauptgebiete aufgeteilt: **a)** Reimser Berge, **b)** Marnetal, **c)** Weißer Hang, **d)** Aube, **e)** Haute Marne. In diesen Hauptgebieten sind 10 Grand Crus-Lagen, 41 Premier Crus-Lagen und 200 Deuximes Crus-Lagen eingeschlossen.

Champagner. Gesetzliche Vorschriften: **a)** nur aus dem begrenzten Anbaugebiet, **b)** nur aus drei zugelassenen Traubensorten, **c)** nur vier Rebschnittmethoden sind erlaubt, **d)** Hektarertrag ist festgelegt, **e)** Zuckergehalt der Trauben ist festgelegt, **f)** Mostertrag beim Keltern ist limitiert, **g)** nur die natürliche Flaschengärung ist genehmigt, **h)** Lagerungsdauer ist vorgeschrieben, **i)** Etiketten müssen mit einer Erzeugernummer versehen sein, **j)** auf dem Teil des Naturkorkens, der in der Flasche steckt, muss der Name „Champagne" stehen und gegebenenfalls der Jahrgang, **k)** Champagnerexport ist nur in Flaschen erlaubt; jede Flasche muss zum Export beim Champagner-Gesamtverband angemeldet werden. **l)** alle Vorgänge, die zum Champagner führen, müssen in der Champagne stattfinden, **m)** Weine aus anderen Anbaugebieten dürfen in den Champagne-Kellereien nicht gelagert werden, **n)** alle diese Bestimmungen müssen zugleich erfüllt sein.

Champagner-Etikett. Vorgeschrieben sind folgende Angaben: **a)** die Aufschrift Champagne, **b)** die Marke oder der Name des Champagner-Hauses, **c)** Die Kontrollnummer des Erzeugers plus zwei Buchstaben, die auf die Herkunft des Champagners deuten: 1) N.M. = von einem Champagner-Haus bereitet, 2) M. A. = Spezialabfüllung (z. B. für Hotels als Hausmarke), 3) R.M. = von einem Champagner-Winzer bereitet, 4) CM. = Abfüllung einer WZG, **d)** Geschmacksangabe, evtl. Jahrgang.

Champagner-Flaschengrößen.

Bezeichnung	Flasche	Inhalt Liter
Quark	1/4	0,2
Demi	1/2	0,375
Bouteille	1/1	0,75
Magnum	2/1	1,5
Jeroboam	4/1	3,0
Methusalem	8/1	6,0
Salmanazar	12/1	9,0
Balthazar	16/1	12,0
Nebukadnezar	20/1	15,0

Champagner-Herstellung, **a)** Lese: Es werden nur gesunde Trauben verarbeitet. Vor jeder Lese wird der Mindestalkoholgehalt im Wein, den der Most erbringen muss, und die Höchstmenge des Hektar-Ertrages vom Champagner-Gesamtverband festgelegt. Im Durchschnitt beträgt die Höchstmenge des Ertrages 8000 kg pro Hektar, kann aber – je nach Qualität des Lesegutes – auch höher liegen, **b)** Pressen: Aus 150 kg Trauben dürfen höchstens 100 Liter Most gepresst werden. Daher kommen in eine Presse 4000 kg Trauben, und bei Erhalt von genau 2050 Litern Most wird das Keltern unterbrochen. Der dann weiter ausgepresste Most wird destilliert, **c)** Ausbau zum Stillwein. Nach ca. drei Wochen ist der Most zum Wein vergoren = I. Gärung. Der Wein wird wie üblich ausgebaut, eingelagert und geprüft, **d)** Die weitere Verarbeitung erfolgt nach der Methode Champenoise (Flaschengärung), die sechs Schritte umfasst: 1) Eine → Cuvée wird zusammengestellt. Eine Ausnahme bildet der Jahrgangs-Champagner. Hier werden nur Weine aus verschiedenen Lagen, jedoch

135

Champagner-Rosé

desselben Jahrgangs vermischt. 2) II. Gärung. Dem Cuvée wird Hefe und in Wein aufgelöster Rohrzucker, die sog. Fülldosage, zugegeben. Die Fülldosage dient der Einleitung der II. Gärung. Danach wird auf Flaschen abgezogen. In den verschlossenen Flaschen, die in Kellern waagerecht gestapelt werden, findet die II. Gärung statt, die drei bis vier Monate dauert. Durch die Umwandlung des Zuckers in Alkohol und Kohlensäure entsteht im Innern der Flasche ein Gasdruck von 6 bar. 3) Es folgt das Reifen durch weitere Lagerung von drei bis fünf Jahren (vorgeschrieben ist ein Jahr). Während der Lagerungsdauer bei 10 °C und der vorausgegangenen Flaschengärung verbindet sich die Kohlensäure mit dem Wein und die Hefereste sammeln sich an der Innenwand der Flasche. 4) Beim nachfolgenden Rütteln werden die Hefereste durch Drehen und Aufrichten der Flaschen in einem Rüttelpult in Richtung Flaschenhals bewegt. Das Rütteln wird von Hand oder maschinell vorgenommen. 5) Der nächste Arbeitsvorgang ist das → *Degorgieren*. Die im Flaschenhals befindlichen Hefereste müssen entfernt werden. Dazu wird der Flaschenhals in eine Gefrierlösung getaucht. Danach wird die Flasche geöffnet, wobei der zum Eisklumpen gefrorene Satz durch den Druck herausgeschleudert wird. 6) Die durch das Degorgieren verlorene Menge Wein, etwa 5 bis 6 ml, wird durch Zugabe der Versanddosage ausgeglichen. Die Versanddosage besteht aus einer Mischung von Zucker im Wein und dient gleichzeitig der Geschmacksbestimmung von herb bis süß. Danach wird die Flasche mit einem Naturkorken verschlossen und auf Reinheit des Inhalts überprüft.

Champagner-Rosé. Bei der → *Cuvée* wird dem weißen Wein etwas roter Wein zugegeben oder man lässt den Most der blauen Trauben noch etwas mit den Schalen in Verbindung, bis der bestimmte Farbton erreicht ist.

Champagner-Traubensorten. Nur drei Rebsorten sind zugelassen, und zwar: Pinot Noir (blau) bringt Bukett, Pinot Meunier (blau) bringt Körper, Chardonnay (weiß) bringt Feinheit. Für eine Flasche Champagner werden ca. 1,5 kg Trauben gebraucht.

Champagner-Zange. Eine Universalzange, mit der man schwer herausziehbare Korken aus der Champagnerflasche ziehen kann.

Champerot. In der Gasgogne gebräuchlicher Ausdruck für Kaffee, der mit Rotwein vermischt wird.

Champignon. Pilz, der als Wiesenchampignon (klein, weiß) und als frz. Champignon (bräunlicher Hut) auf den Markt kommt. Geeignet als Beilage, bes. zu Kalbfleisch, für Soßen und roh geschnitten in Salaten.

Changement *(frz.: changement, m.).* Änderung der Bestellung durch den Gast, auch Zimmerwechsel-Anweisung.

Chapatis. Indische Fladenbrote.

Chapeau de marc. Tresterhut bei der Maischegärung für Rotweine. Entweder wird dieser ständig mit gärendem Most-Wein übergossen oder nach unten getaucht. Zweck dieser Maßnahme ist die vollständige Farbausbeute aus den Beerenschalen.

Chapelure. Frz. Bezeichnung für Semmelbrösel.

Chaptalisieren. Zuckerung von Traubenmost vor der Gärung zur Erhöhung des Alkoholgehaltes. Das Verfahren ist in allen europäischen Weinbaugebieten für bestimmte Qualitätsgruppen zugelassen. Der Name geht auf Jean Antoine Chaptal, Innenminister unter Napoleon III, zurück.

Charcoal Mellowing. Bezeichnung für einen Prozess, der bei der Herstellung von Bourbon Whisky angewandt wird. Feinbrand wird über Holzkohle aus Ahornholz filtriert. Das Ergebnis ist ein sehr weiches Destillat.

Charcuterie. Ist in Frankreich der Sammelbegriff für alle Arten von Pâtés, Rillettes, Schinken und Würstchen aus den unterschiedlichen Regionen.

Chardonnay. Weißweintraube, sie zählt zu den besten Sorten der Welt. Aus der Chardonnaytraube werden bekannte Weißweine wie → *Chablis* und → *Champagner* blanc de blanc produziert. Seit 1991 ist diese Rebsorte in die Sortenliste Deutschlands aufgenommen worden und wird seitdem in Deutschland angebaut. Die Chardonnaytraube wurde lang der Burgunderfamilie zugerechnet. Sie wird auch heute noch oft zusammen mit weißem Burgunder im gemischten Satz angebaut. Die Sortenunterschiede sind gering, zeigen sich vor allem an den Blättern und später an den Trauben. Diese sind klein bis mittelgroß, grünlich bis bernsteinfarben. Chardonnay ist eine selbstständige Traubensorte.

Charente. Weinbaugebiet im Südwesten Frankreichs, das vom Fluss Charente durchflossen wird. Unter der Bezeichnung → *Cognac* ist dieses Gebiet weltweit bekannt.

Charente-Brennwein. Aus dem Charentegebiet stammender Wein, der mit Cognac aufgestärkt (23 % Vol.) wurde. Der aus dem Charente-Brennwein in Deutschland hergestellte Weinbrand darf nicht als Cognac bezeichnet werden.

Charlotte, a) Sammelbegriff für eine Gruppe warmer Süßspeisen. Dazu werden gebutterte zylindrische Formen mit Streifen von Weißbrot, Biskuit oder Waffeln ausgekleidet und mit Früchten, Fruchtpürees, Cremes gefüllt und gebacken. **b)** Kalte Charlotten. Zylindrische Form wird mit Löffelbiskuits ausgelegt und mit → *Bayerischer Creme* gefüllt. Nach dem völligen Erkalten wird die Charlotte gestürzt, z. B. Russische Charlotte.

Charmat-Verfahren → *Großraumgärung*.

Charolais. Frz. Rinderrasse aus dem Masif Central, berühmt durch Weidewirtschaft. Schlachtzeit nach 24 Monaten. Rinder werden nie gemolken, die Milch dient der Aufzucht der Kälber.

Charta-Riesling. Zusammenschluss von Weingütern aus dem Anbaugebiet Rheingau. Charta Riesling muss folgenden Ansprüchen genügen: **a)** zwei organolytische Prüfungen vor und nach der Abfüllung; **b)** 100 % aus Rieslingtrauben; **c)** 7,5 % Säure; **d)** 9–18 g/l Restzucker (halbtrocken); **e)** Oechslegrade, Qb A 65 °Oe Kabinett und Spätlese 78 °Oe; **f)** die geprüften Weine dürfen nicht vor dem 01.10. des auf die Ernte folgenden Jahres in den Verkauf gebracht werden. Alle Charta-Weingüter haben zu unterschreiben, dass sie sich an die „Spielregeln" dieser Prüfungsordnung halten. Ein römischer Doppelbogen auf dem Etikett ist ein optisches Zeichen für den Verbraucher.

Chartreuse. Geschützter Name für einen frz. Kräuterlikör, der aus einer Vielzahl von Auszügen verschiedener Kräuter und Extrakten besteht, z. B. Angelikawurzeln, Curaçaoschalen, Ingwer, Zitronenmelisse, Zimt, Nelken usw. Chartreuse ist ein süßer Likör von gelber (45 % Vol.) oder grüner (53 % Vol.) Farbe → *Kartäuser*.

Chasselas. Eine Bezeichnung für die Traubensorte Gutedel, im Elsass und in der Schweiz gebräuchlich.

Château. Frz. Bezeichnung für Schloss, unter der vor allem Bordeauxweine verkauft werden. Château muss aber nicht Schloss bedeuten; es kann auch die Bezeichnung für Weingut oder Kelterhaus sein.

Chateaubriand. Francois René Vicomte de Chateaubriand (1768–1848) war Schriftsteller und Staatsmann. Ihm zu Ehren erfand sein Küchenchef das „Chateaubriand". Eine doppelte Lendenschnitte vom Rind in Gewicht von 380–420 g wird im Ganzen gebraten und am Tisch des Gastes tranchiert – für zwei Personen. Auf vorgewärmter Platte mit jungem Gemüse und Schlosskartoffeln anrichten. Dazu eine sc. béarnaise oder sc. madere servieren.

Chateauneuf-du-Pape. Rotwein aus dem Gebiet Côtes-du-Rhône, aus mehreren (bis zu 13) weißen und roten Traubensorten gemischt. Auf Grund dessen gibt es große Geschmacksunterschiede bei den Weinen der verschiedenen Winzer. Chateau-neuf-du-Pape-Rotweine sind kräftig, schwer und erreichen einen Alkoholgehalt von ca. 13 % Vol. Eine selten angebotene Form ist Chateau-neuf-du-Pape als Weißwein.

Chatrieren. Das Herausziehen des Darmes von lebenden Krustentieren, vornehmlich Krebsen und Garnelen. In den meisten Ländern verboten.

Chaudeau. Warmer Weinschaum.

Chaud-froid. Kalte, gegarte Fisch- oder Fleischspeise mit Sauce chaude-froide überziehen. Weiß und braun.

Chausse de cambalou. Felsenhöhlen des Cambalougebirges auf der Nordseite der Hochebene von Lazarc in Frankreich, wo der Roquefortkäse bis zur Genussreife gelagert wird.

Chayote (Syn.: *Christophence, chuchu, xuxu*). Ein runder oder birnenförmiger weißer bis dunkelgrüner tropischer Kürbis. Kann glatt oder runzelig sein, ist manchmal mit weichen Stacheln bedeckt. Die Größe variiert von 7–20 cm. Das feste, knackige Fleisch hat kaum Eigengeschmack. Verarbeitung wie Zucchini.

Checkliste. Eine Prüfliste, die eine Reihe von Kontrollfragen enthält, mit deren Hilfe man einen Arbeitsablauf oder einen Zustand (z. B. gereinigte Zimmer) prüfen kann. Sie sind im Hotelbetrieb ein ausgezeichnetes Organisationsmittel. Hinzu kommt noch, dass sie die Einarbeitung erleichtern und eine Unterlage für durchgeführte Kontrollen sind. Sollen Checklisten erstellt werden, muss man prüfen, welche Routinearbeiten zweckmäßigerweise damit rationalisiert werden sollen. Zunächst kann ein grober Umriss entwickelt werden, der nach Erprobung zu praktikablen Listen führt.

Chef de Cuisine. Küchenchef, der die Küchenbrigade leitet. I. d. R. obliegen ihm folgende Aufgaben: **a)** Personaleinsatzplanung in der Küche, **b)** Überwachung des Arbeitsablaufs, **c)** Einkauf von Frischwaren, **d)** Warenannahmekontrolle, **e)** Mitwirkung bei Produkt- und Sortimentsgestaltung, **f)** Aufsetzen der Speisekarte und der Tagesgerichte, **g)** Durchführung kulinarischer „Aktionen", **h)** Einhaltung der Kalkulation, **i)** Überwachung der Arbeitssicherheit, **j)** Überwachung der Hygiene-Vorschriften, **k)** Kontrolle der Ausbildung Auszubildender, **l)** Schulung der Mitarbeiter seiner Abteilung.

Chef d'Etage (Zimmerkellner) ist verantwortlich für den Zimmerservice in einem Hotel. Er wird häufig von einem Commis d'Etage (Jungkellner) unterstützt.

Chef de garde. Koch, der die „Wache" in der Küche eines gastronomischen Betriebes übernimmt. Er überbrückt die geschäftsschwachen Zeiten, insbesondere nachmittags.

Chef de partie. „Abteilungskoch" in der Küchenbrigade eines gastronomischen Betriebes. Ihm sind → *Commis* und → *Apprenti* zugeordnet. (Chef Saucier, Chef Entremetier, u. a.).

Chef de rang. Stationskellner. Er betreut eine → *Station* (= Revier) in einem Restaurant. Ihm unterstellt sind zugeteilte — *Commis de rang*, evtl. ein → *Demichef*. Der Chef de rang muss ein erfahrener Fachmann sein, der nicht nur das Servieren, sondern auch das Tranchieren und Flambieren beherrscht. Er nimmt des Weiteren die Bestellungen der Gäste entgegen und kassiert. Ferner ist er für die praktische Ausbildung der Azubi verantwortlich und ist Stellvertreter des → *Oberkellners* (→ *Maître d'Hôtel*).

Chef de reception. Leiter der Empfangsabteilung eines Hotels. I.d.R. obliegen ihm folgende Aufgaben: **a)** Personaleinsatzplanung, **b)** Überwachung des Arbeitsablaufs, **c)** Bearbeitung der Reservierungen und Zimmerdisposition, **d)** Überwachung der Gästebuchhaltung, **e)** Überwachung der Kassenabteilung, **f)** Regelung von Gästereklamationen, **g)** Erledigung von Mahnungen, **h)** Entscheidung über Scheckannahme, **i)** Erstellung der Belegungsstatistik, **j)** Kontrolle der Frühstücksbuchungen, **k)** Informationsdienst für Gäste, **l)** Kontrolle der Ausbildung Auszubildender, **m)** Schulung der Mitarbeiter seiner Abteilung.

Chef de salle. Restaurantfachkraft im Speisesaal, insbesondere in Pensionen und Ferienhotels.

Chef de service (auch chef de restaurant). Restaurantdirektor, auch 1. Oberkellner.

Chefinformation. Unter dem Titel „Chefinformation" kann jeder Hotel- und Gaststättenbetrieb, der seine Buchführung über die DATEV abwickelt, eine Kurzinformation über den Stand seines Unternehmens erhalten. Es handelt sich hierbei um eine → *betriebswirtschaftliche Auswertung,* wie sie aus den Zahlen der Buchführung monatlich geliefert werden kann. Die Information enthält Aussagen über die Umsatz- und Kostenstruktur, den Warenbereich und die Liquidität sowie eine Reihe von 8 Kennziffern: **a)** Leistung je Vollbeschäftigter, **b)** Personalkosten je Vollbeschäftigter, **c)** Umsatz je Sitzplatz, **d)** Kapazitätsauslastung Betten, **e)** Beherbergungserlös je belegtes Bett, **f)** Kapazitätsauslastung je Zimmer, **g)** Beherbergungserlös je belegtes Zimmer, **h)** Aufenthaltsdauer je Gast.

Chef-Steward. Dem Chef-Steward ist die Abteilung „Stewarding" unterstellt. Aufgaben: **a)** Aufstellung des Dienstplanes für die Abteilung (meist wöchentlich), **b)** Einweisung des Personals, **c)** Sorge für die Sicherheit seiner Untergebenen, **d)** Anforderung der Reinigungspräparate, **e)** täglicher Rapport über Personalsituation. Stand der Reinigung, Bruch, **f)** Bereitstellung, Lagerung und Ausgabe des Materials (Geschirr, Gläser, Silber), **g)** Budgetplanung für seinen Bereich, **h)** Inventur in seinem Bereich (meist halbjährlich), **i)** Ausarbeitung von Vorschlägen und Methoden zur Vermeidung von Bruch. Der Chef-Steward ist meist unmittelbar dem Wirtschaftsdirektor unterstellt. Zu seiner Hilfe hat er u. U. einen ihm unterstellten Vormann, den → *Steward*.

Chemiefasern → *Gewebearten*. Chemiefasern sind Textilfäden oder Textilspinnfasern, die mit chem. Hilfsmitteln aus natürlichen oder synthetischen Ausgangsstoffen hergestellt werden. Zwei Hauptgruppen sind zu unterscheiden: **1)** Chemiefasern auf Cellulosebasis, die aus dem natürlichen Rohstoff Cellulose (meist aus Holz) hergestellt werden. Man unterscheidet: **a)** Viskose (frz. Rayon), verwendet für Teppiche, Dekostoffe, Decken u. Möbelstoffe; **b)** Kupferoxidammoniakverfahren für Kupferseide (Cupronfaser). Diese Faser findet sich in Kleidern und Teppichen; **c)** Acetatverfahren, die Faser findet sich in Gardinen, aber auch in Mischgeweben mit Wolle. Alle diese Fasern sind schmutzabweisend, pflegeleicht, aber empfindlich gegen Hitze. **2)** Synthetische Chemiefasern, zwei Gruppen: **a)** Polymere, die durch Polymerisation entstehen und als Spinnlösung verarbeitet werden; **b)** Polymere, die aus Polykondensation entstehen (Polyamid, Polyester) die im Schmelzspinnverfahren verarbeitet werden. Die vielfältigen Chemiefasern finden sich in der Kleidung, in Bettwäsche und Teppichen, meist in Mischung mit Wolle, Baumwolle oder anderen synthetischen Fasern. Diese Faser ist leicht, wetterbeständig, knitterarm. Sie läuft nicht ein und nimmt wenig Wasser auf, sodass sie schnell trocknet.

Chemische Backtriebmittel → *Ammonium*, → *Natron*, → *Backpulver*, → *Pottasche*, → *Hirschhornsalz*.

Chemisieren. Auskleiden von Formen mit Aspik, auch mit Eis (Eisbomben). Sülzkotelett-Formen, Becher-Formen usw. Überziehen mit Aspik, der gerade kurz vor dem Stocken ist. Durch das Chemisieren wird der Form eine äußere Wandung verliehen, das Nahrungsmittel wird begrenzt haltbar gemacht.

Chenas (Beaujolais). → *Cru* von → *Beaujolais*; ein bukettreicher Rotwein.

Cherimoya → *Annonen*.

Cherry Brandy. Ein Fruchtsaftlikör von besonderer Art, im Wesentlichen aus Kirschsaft, Kirschwasser, Zucker oder Stärkesirup, Sprit und Wasser hergestellt. Kirschwasser und Kirschsaft müssen Geruch und Geschmack des Cherry Brandys bestimmen. Zugaben von Essenzen und Riechstoffen, die einen höheren Gehalt an Kirschwasser vortäuschen, sowie künstliche Färbung sind nicht erlaubt. Mindestalkoholgehalt 25 % Vol. bei mind. 22 g Extrakt in 100 ml; sonst bis 32 % Vol. Mindestgehalt an Kirschwasser zwei Liter reiner Alkohol, an Fruchtsaft 20 Liter je 100 Liter Likör.

Cheschtene. Schweizer Ausdruck für Kastanien.

Cheshire. Britischer Kuhmilchkäse in drei Grundsorten – mit rascher, mittlerer und später Reifung. Der Käse wird aus einer Mischung von abends und morgens gemolkener Milch und einem Färbemittel hergestellt. Als Farbstoff wird gewöhnlich Annatto verwendet, der aus einer südamerikanischen Frucht stammt. Der C. ist ein fester Käse von zylindrischer Form. Ø 35,5 cm; Gewicht zwischen 22 und 32 kg.

Chester. Unrichtige Bezeichnung für → *Cheshire*.

Chèvre. Frz. für Ziege auch für Ziegenkäse.

Chianti D.O.C.+G. Ital. Anbaugebiet für fast ausschließlich Rotweine. Es umfasst ca. 70 000 ha Anbaufläche und liegt zwischen Florenz und Siena. Die Bereitung des Chianti ist nur in den Traubenerzeugungszonen sowie einigen angrenzenden Gemeinden zulässig. Der Name ist geschützt. Bei der Zubereitung werden rote und weiße Traubensorten in bestimmter Zusammensetzung gemischt. Aus dem umfangreichen Angebot ist die Bezeichnung → *Classico* für Weine aus der ältesten Chianti-Zone, dem Zentrum der Toscana, und Chianti Rufina aus der nördlich liegenden Zone gleichen Namens hervorzuheben. Für besseren Chianti wird die Bordeauxflaschenform sowie Bezeichnungen wie → *Riserva*, Vecchio, → *Superiore* benutzt.

Chiboust-Creme. Konditorencreme mit italienischer Meringe-Masse versetzt.

Chi'Chu. Chinesische Reisschleimsuppe aus Langkornreis und Milchreis mit Hühnerbrühe gekocht. Einlage: feine Streifen von Kohlrabiblättern und Kopfsalat.

Chick-Peas → *Kichererbsen*.

Chicon → *Witloof*.

Chicorée. In Belgien auch → *Witloof* genannt. Chicoree gehört zur Gattung der Korbblütler und zur Art der Wegwarte. Aus dieser Pflanze wird der Chicorée gezogen. Im ersten Wachstumsjahr entwickelt Chicorée → *(Zichorie)* eine tiefgehende Pfahlwurzel (Kaffeewurzel) und eine Blattrosette, im zweiten Jahr einen hohen, harten blühenden Stengel. Die rübenartigen Wurzeln werden nach dem Ausgraben in ein lockeres Erdbeet gegeben. Der Boden wird in der Wachstumszeit ständig beheizt und mit warmem Wasser versorgt. Die Pflanzen wachsen in völliger Dunkelheit und gegen jeden Luftzug abgeschirmt heran. Chicorée enthält zahlreiche Mineralstoffe: Den Bitterstoff Intylin (→ *Inulin),* Glykoside, Kautschuk, Fettsubstanzen, Proteine, Mineralsalze, Vitamine B, C, P und K.

Chiffonade. Sauerampfer und Kopfsalat in Streifen geschnitten. Als Einlage in „Grießsuppe Leopold" oder als Bestandteil für „Erbsen auf französische Art".

Chili con carne. Nationalgericht der Mexikaner, bestehend aus roten Bohnen, (grünen) Chilies und Hackfleisch.

Chilies. In gemahlenem Zustand auch → *Cayenne-* oder *Guineapfeffer* genannt, sind eine kleinfrüchtige Abart des Paprikas, und zwar hauptsächlich Capsicum fruteceus. Wie der Name sagt, sind sie in der französisch-südamerikanischen Kolonie Cayenne (Guayana) beheimatet, doch werden sie auch viel in Afrika und Ostasien angebaut.

Chilisoße. Soße aus Cayennepfeffer, Salz, Essig und einigen anderen Gewürzen in kleineren Mengen. Sie wird in China sehr scharf und in Indonesien etwas milder zum Würzen verwendet.

Chinakohl gehört zur Familie der Kreuzblütler. Er wird auch Pekingkohl, Blätterkohl oder Kochsalat genannt. Chinakohl wird in länglichen und runden Kopfformen angebaut. Er hat keinen strengen Kohlgeschmack, sondern ist im Vergleich zu anderen Kohlarten zart, knackig und frisch. Der Chinakohlkopf sollte fest geschlossen und die Schnittfläche des Strunks nur geringfügig verfärbt sein. Er kann bis zu sieben Tage im Kühlschrank aufbewahrt werden. Chinakohl ist durch seinen Gehalt an Senfölen gut bekömmlich. Er ist reich an Vitamin C.

China-Tee. Meist als grüner Tee in vielen Variationen angeboten, z. B.: Räuchertee, Gunpowder = zu einer Kugel gerollter grüner Tee.

Chinesische Mischung (Tee). Bei dieser Mischung sind nur chinesische Teesorten untereinander vermischt.

Chinesische Persimone → *Kaki.*

Chinesische Quitte → *Kaki.*

Chinesischer Senfkohl → *Pak-Choi.*

Chinesische Stachelbeere → *Kiwi.*

Chinois *(frz.: chinois, m.).* Spitzsieb, das beim Passieren von Flüssigkeiten, insbesondere von Suppen und Soßen, benutzt wird.

Chiroubles → *Cru* von → *Beaujolais,* der am besten vom Fass getrunken werden sollte. Dieser Wein besitzt ein feines Aroma und ist zu hellem Fleisch ein geeigneter Begleiter.

Chlor (Cl). Mengenelement (empfehlenswerte Zufuhr 3 bis 5 g/Tag). Bestandteil des Kochsalzes (Natriumchlorid). Sorgt für die Aufrechterhaltung des osmotischen Druckes und ist Bestandteil der Salzsäure im Magensaft.

Chloridwässer müssen mehr als 200 mg Chlorid pro Liter enthalten. Chlorid kann mit dem Kürzel „Cl" bezeichnet werden. Meist sind solche Wässer auch reich an Natrium. Sie erinnern im Geschmack an frisches → *Quellwasser,* begünstigen die Verdauung und fördern die Bildung von Magensäure. Bei Nierenleiden sollten allerdings von Chloridwasser keine größeren Mengen getrunken werden, da es Körperwasser bindet.

Chloroplastin. Ein Gerüsteiweiß. Das Gitter, in dem der *(griech.: chloros = grün)* grüne Pflanzenfarbstoff, das Chlorophyll enthalten ist.

Chmeli-Suneli. Grusinische Kräutermischung, die gedünstetem Fleisch, Hackfleisch und Gemüsegerichten einen würzigen und delikaten Geschmack verleiht. Sie besteht aus je einem Teil Dillkraut, Basilikum, Bohnenkraut und Koriander-, Sellerie-, Petersilien-, Pfeffer-, Minze- und Lorbeerblättern sowie aus etwas Safran und Rosmarin.

Choesels. Belgisches Gericht aus der Bauchspeicheldrüse vom Rind und Kalb, denen man noch Ochsenschwanz, Hammelbrust und Kalbsniere beifügt. Dieses Schmorgericht bereitet man mit Zwiebeln, einem großen Kräuterstrauß und → *Lambic-Bier*. Das Gericht wird mit Madeira verfeinert und mit mehligen Kartoffeln als Beilage serviert.

Cholecalciferol. Wissenschaftlicher Name für Vitamin D_3.

Cholesterin. Gehört zu den Lipoiden (fettähnliche Stoffe) und zur Stoffklasse der Sterine. In seinem Molekülaufbau hat es keine Ähnlichkeit mit Fetten oder Phosphatiden. Die Kohlenstoffketten sind nicht wie bei den Fettsäuren gestreckt, sondern schließen sich zu mehreren Ringen zusammen. Cholesterin kommt in Verbindungen mit Neutralfetten in tierischen Lebensmitteln vor. Im menschlichen Körper ist Cholesterin ähnlich wie → *Lecithin* am Aufbau der Zellwände beteiligt. Es liefert außerdem den Grundbaustein zum Aufbau von Sexual- und Nebennierenhormonen. Aus Cholesterin kann der Körper mit Hilfe der UV-Strahlen des Sonnenlichtes das Vitamin D selbst bilden. Die für den Fettabbau wichtigen Gallensäuren werden ebenfalls aus Cholesterin hergestellt. Der Name kommt von „Chole", griechisch die Galle. Ein hoher Cholesterinspiegel im Blut ist ein Risikofaktor bei der Entstehung von Herz- und Kreislaufkrankheiten.

Cholin. Stickstoffverbindung mit fettähnlichem Charakter. Bestandteil des Lezithins, Leberschutzstoff. Ergibt bei Fäulnis durch Wasserabspaltung ein tödlich wirkendes (lähmendes) Gift.

Chorizo. Spanische Wurst für landestypische Eintöpfe (Olla podrida, Puchero). Sie ist geräuchert und aus grobgehacktem Schweinefleisch. Mit Knoblauch, süßen roten Chillies und scharfem Paprika gewürzt.

Choron. Alexandre Etienne Ch. (1772–1834). Frz. Musiktheoretiker. Klass. Garnitur z. B.: Choron-Soße.

Chou de Milan. Frz. Ausdruck für Wirsingkohl, Savoyer Kohl, Welschkohl, auch chou frisé.

Chow-Chow. Chinesischer Name für Senfpickles, so genannte Picalillies.

Chräbeli. Schweizer Anisgebäck.

Chriesi. Schweizer Ausdruck für Kirschen.

Christophene → *Chayote*.

Christstollen. Weihnachtliches Hefegebäck, erstmals nach einem bischöflichen Privileg von den Bäckern in Naumburg/Saale im frühen Mittelalter hergestellt. Dresdner Christstollen seit 1400 nachweisbar, zuerst Striezel genannt.

Chromoproteide *(griech.: chromos = Farbe)*. Farbeiweißstoffe wie Myo- und Hämoglobin.

Chubess Marouk. Papierdünnes Fladenbrot, das im Libanon auf einer heißen Platte gebacken wird.

Chufas → *Erdmandeln*.

Chüngel. Schweizer Ausdruck für Kaninchen.

Chunmee. Teebezeichnung in China, Formosa, Japan, Indien; kleines geschnittenes Blatt, hell- bzw. dunkelgrün; teilweise mit Kreide/Talkum eingepudert.

Chutney. Stückige Würzsaucen mit Früchten (z. B. Mango-Chutney), die einen pikantsüßlichen, aber auch scharfen Geschmack aufweisen. Sie dienen als Beilage zu Fisch- und Fleischspeisen der indischen/asiatischen Küche.

Chüttene. Schweizer Ausdruck für Quitten.

Ciabata. Aus Italien stammendes Weißbrot von flacher, länglicher Form, mit lockerer, großporiger Krume und knuspriger Rinde. Der Teig sollte Olivenöl enthalten.

Cidre. Frz. Apfelwein, meist aus der Normandie oder Bretagne. Cidre ist auf dem Markt in zwei Angebotsformen erhältlich: trocken oder lieblich. Aus Cidre wird → *Calvados* gebrannt.

Ciernikis. Russische Landesküche. Passierter Quark wird mit Mehl, Eiern, Butter, Salz, Pfeffer und Muskat verarbeitet, zu Kugeln geformt und diese in Salzwasser pochiert. Oft mit brauner Semmelbutter gereicht.

Cilantro (Culantro, chinesische Petersilie). Aromatisches Kraut, im Aussehen der glattblättrigen Petersilie ähnlich, aber von schärferem Geschmack (Latein-Amerika), ersatzweise Koriander.

Cime Di Rapa. Italienisches Gemüse – Broccoli-ähnlich. Von Januar bis März verfügbar.

Cimier. Frz. Ausdruck für Rücken mit Sattelstück vom Wild. Im Deutschen „Ziemer". Cimier de chevreuil = Rehrücken; Cimier de cerf = Hirschrücken; Cimier de faon = Hirschkalbsrücken.

Cinquieme Cru. Fünfte Qualitätsstufe für → *Médoc*-Weine.

Cinsault. Rote Rebsorte, die vor allem an der Rhône in Frankreich angebaut wird.

Ciro D.O.C. Einer der ältesten Weine Italiens, angeboten als Rotwein und Rose. Mindestalkoholgehalt 13,5 % Vol. Ciro eignet sich vorzüglich für Bratengerichte. Die Bezeichnung → *Superiore* setzt eine mind. dreijährige Lagerung voraus.

Ciseaux à poisson. Frz. Ausdruck für Fischschere.

Ciselieren. 1) Einschneiden der Schwarte (der Schweinekeule oder bei Stücken hiervon) a) zur Entspannung (Kollagen des Fleisches zieht sich beim Erhitzen ohne Wasser zusammen), b) zur Ermöglichung des Fettaustrittes, c) zur Beschleunigung des Garprozesses; 2) Einkerben von Fischen a) siehe 1c), b) um das ungleichmäßige Reißen der Haut zu verhindern.

CIVC *(Centre d'Information Vin de Champagne).* Halboffizielles Organ, das Winzer und Champagnerhersteller vertritt und den Champagner in der Welt bekannt macht.

Civet. Frz. für Wildragouts, die mit Blut gebunden sind. Civet de lièvre = Hasenpfeffer.

Clafoutis. Landestypische Süßspeise in Frankreich (Limousin). Eine Art Fruchtflan mit Kirschen. In eine Backschüssel gibt man entsteinte Kirschen; darüber eine Masse: Eigelb, Eischnee, Puderzucker, Milch, Mehl, Sahne, Kirschwasser. Backen.

Claires. In Marennes (Charente) veredelt man die Austern nach Abschluss des Wachstums und vor dem Verkauf in so genannten „Claires", in Salzwasserteichen. Eine in diesen Teichen lebende Algenart verleiht den Austern einen besonderen Geschmack und eine grünliche Farbe. Für die „Fires de claires" werden je 20 Austern pro Quadratmeter zwei Monate lang ausgelegt; für die „speciales de claires" 5 Austern pro Quadratmeter vier Monate lang.

Clairette de Die

Clairette de Die. Leicht schäumender französischer Wein aus dem → *Côtes-du-Rhône*-Gebiet. Ältester mousierender Wein, dessen Schäumen von selbst entsteht. „Die" ist ein Nebenfluss der Rhône. Die Geschichte des Weines ist sehr alt und reicht bis zu Zeiten des Kaisers Augustus zurück.

Clam-Muschel. Sie gehören zur gleichen Familie wie die → *Palourdes*. Man kann sie roh essen oder, wie es in den USA üblich ist, als Suppe (Clam chowder). Diese Muschel stammt aus Amerika und wurde zufällig 1914 in die Charente eingeschleppt. Auch Juno-Muscheln genannt. → *Venusmuschel*.

Clamart. Klass. Garnitur benannt nach einem Dorf bei Paris (z. B. Erbsen Clamart).

Clarea. Aus Weißwein hergestellte → *Sangria*.

Classic. Ab Jahrgang 2000 zulässige Profilbezeichnung für Qualitätsweine bestimmter Anbaugebiete. Voraussetzungen:
- strenge Auswahl gebietstypischer Rebsorten
- Mostgewicht 1 % Vol. über dem Mindestmostgewicht der jeweiligen Rebsorte
- Gesamtalkohol mind. 12 % Vol. Mosel-Saar-Ruwer mind, 11,5 % Vol.
- Erzeuger- oder Gutabfüllung oder Erzeuger-Kooperationen mit mind. einjähriger Bindung
- Classic-Profil wird bei der Vergabe der amtlichen Prüfnummer überprüft
- Etikettierung: QbA, Jahrgang, keine Geschmacksangabe, Angabe der Rebsorte in Verbindung mit der Bezeichnung Classic
- Geschmacksrichtung: Der Restzucker darf maximal 15 g/l betragen und den Säuregehalt nicht um das 2fache übersteigen.

Classico. Ital. Weine mit dieser Bezeichnung stammen aus dem Zentrum und der besten Gegend eines bestimmten Gebietes, z. B. Chianti.

Clavelinflasche (N-Form). Für Weine → *Vins Jaunes* du Jura (Inhalt: 62 cl).

Clefs d'or. Internationale Vereinigung der Hotelportiers.

Clevener. 1) Bezeichnung für die Burgunder Rebe, vor allem im → *Elsass* **2)** In der badischen Ortenau Bezeichnung für den Traminer. Weitere Bezeichnungen: Klevener, Klävner, Clavner.

Climat. Einzellage. Diese Bezeichnung ist in Burgund für besonders gute Weinlagen mit Reben höchster Qualität gebräuchlich. Climat ist mit → *Premier Cru* gleichzustellen.

Cloche *(frz.: cloche, w.).* Ovale oder runde „Glocke" für Platten und Teller aus Leichtmetall (auch Silber), mit der Gerichte abgedeckt und während des Transports zum Gast warmgehalten werden.

Clos. Frz. für einen Weinberg mit Umfassungsmauern; bedeutet heute aber auch Weingut. Burgunderweine mit der Angabe Clos zählen zu den besten. Clos ist mit → *Grand Cru* gleichzusetzen.

Clos de Vougeot → *Côte de Nuits*.

Clous de Girofle. Frz. Ausdruck für Gewürznelken.

Clovisse → *Palourdes*.

Cluburlaub. Besondere Urlaubsform mit hohem Freizeit- und Sportangebot in Clubs wie Club Mediterrane oder Robinson-Club. Zielgruppe sind junge, sportliche Gäste.

CMA. Centrale Marketinggesellschaft der deutschen Agrarwirtschaft, verleiht z. B. Gütesiegel für Bierprodukte.

Cobalamin. Wissenschaftlicher Name für Vitamin B_{12}.

Cobbler → *Longdrink.* Sie werden in großen Gläsern mit viel Eisstücken (Roheis) serviert und bestehen aus Likör, Südwein, evtl. → *Grenadine,* Soda und viel Früchten, die nach Möglichkeit frisch sein sollten. Zu Cobblers wird ein Löffel gereicht.

Cobol. *(Common Business Oriented Language);* eine für Deutschland in DIN 66028 festgelegte → *Programmiersprache* für den kaufmännischen Bereich.

Coca-Cola. Weltbekannte coffeinhaltige Limonade, hergestellt nach dem Rezept des Apothekers Dr. John S. Pemberton in Atlanta (USA) im Jahre 1886.

Cochenille. Rotes Färbemittel. Die Substanz, die den intensiven Farbstoff „Karmin" enthält, wird aus dem getrockneten Weibchen der Schildlaus hergestellt. Früher oft zum Färben von Lebensmitteln benutzt.

Cochin. „Teehafen" an der Küste für die südindischen Tees aus den Gebieten → *Nilgiri* und Travancore.

Cocido. Spanisches Wort für Schmorgericht.

Cocktails. Der Name dieser Getränkegruppe stammt aus Mexiko. Durch den Hahnenkampf und die bunten Schwänze der kämpfenden Hähne wurden die Getränkemischer inspiriert, etwas Buntes, Schönes und Feuriges ins Glas zu bringen. Cocktails sind Mischungen von Branntweinen, Likören, Frucht- und Pflanzensäften.

Coco Paimpolais. Der Name bezeichnet eine halbtrockene Bohnenart, die um 1930 in der Bretagne eingeführt wurde. In den Côtes-du-Nord und im Finistère werden auf 1200 ha jährlich 10000 Tonnen angebaut. Die „Coco Paimpolais" ist an ihrer fleischigen Schote, die fünf bis sieben Kerne enthält, zu erkennen und an ihrer strohgelben, violett durchzogenen Farbe. Wegen der Empfindlichkeit der Kerne werden die Bohnen vom 15. August bis 15. Dezember von Hand geerntet. Die „Coco Paimpolais" hält sich sehr lange und lässt sich gut einfrieren. Ist ganzjährig zu erhalten, reich an Eiweiß, Mineralstoffen und B-Vitaminen. Sie wird als Vorspeise, in Ragouts (Cassoulets) oder als Beilage angeboten.

Cocotte *(frz.: cocotte, w.).* Rundes oder ovales Geschirr aus feuerfestem Porzellan und Glas.

Codex Alimentarius. Die gemeinsam von FAO und WHO eingerichtete Joint FAO/WHO Codex Alimentarius Commission hat zur Erleichterung des internationalen Handels und zur Verbesserung des Verbraucherschutzes weltweit gültige Handelstandards und Qualitätsnormen für Lebensmittel ausgearbeitet und sie in einem Codex Alimentarius als Codex-Standard veröffentlicht.

Codieren. Im Ausbildungsbereich das Umsetzen des Bedeutungsgehaltes einer Information in eindeutige Zeichen (Fachausdrücke) → *Decodieren.*

Coeur. *Frz. Herz,* bedeutet in der Fachsprache des Brennmeisters → *Mittellauf.*

Coffein. Pharmakologisch wichtiger Stoff, der sich vor allem in Kaffeebohnen, -blättern, Teeblättern und in Kolanüssen befindet. Gewonnen wird Coffein aus Teeblättern (1,5 bis 3,5 % C.) und bei der Herstellung von entcoffeiniertem Kaffee. Als Genussmittel wird es vor allem wegen seiner Belebung von Herz und Kreislauf eingesetzt.

Coffey Still. Gerätebezeichnung zur → *kontinuierlichen Destillation;* genannt nach dem Konstrukteur Alneas Coffeys; auch → *Patent Still.*

Cognac

Cognac. Die in dem Gebiet der → *Charente* liegende Kleinstadt Cognac wurde durch die Herstellung des Branntweines aus Wein gleichen Namens berühmt. Erste Destillation 17. Jahrhundert. Holländische und englische Händler hatten den Einfall, Weine aus der Charente, die wegen ihres schwachen Alkoholgehaltes für den Transport ungeeignet waren, zu destillieren. Das Destillat wurde in England mit Wasser verdünnt und so getrunken. Der Name Cognac ist seit 1909 in Frankreich eine geschützte Herkunftsbezeichnung, die nach dem Versailler Vertrag von allen Ländern mit Ausnahme von Russland und Spanien anerkannt wird. Seit 1974 darf Cognac aus Frankreich nur in Flaschen nach Deutschland eingeführt werden. Das „Bureau National Interprofessionel du Cognac" ist der Dachverband, welcher die Einhaltung der gesetzlichen Bestimmungen, die alle Schritte der Produktion, des Handels etc. regeln, überwacht. Es gibt zur Zeit ca. 242 Cognac-Hersteller; Ca. 70 000 Winzer bewirtschaften ca. 90 000 ha Rebfläche (Abb. 25).

Cognac-Alter. Das Mindestalter für einen Cognac beträgt zweieinhalb Jahre Fasslagerung und wird durch drei Sterne auf dem Etikett bestätigt. Dieses Alter bezieht sich auf den jüngsten Anteil der Mischung. Im Durchschnitt ist Drei-Sterne-Cognac fünf bis neun Jahre alt. Bezeichnungen wie „Monopole" oder „Selektion de Luxe" = jüngster Anteil der Mischung mind. zweieinhalb Jahre Fasslagerung. V.S.O.P und alle Kombinationen aus diesen vier Buchstaben sowie „Reserve" = jüngster Anteil mind. viereinhalb Jahre Fasslagerung. X.O., „Extra", „Napoleon", „Vieille Reserve", „Vieux" = jüngster Anteil mind. sechseinhalb Jahre Fasslagerung. „Antique", „Gordon d'argent",

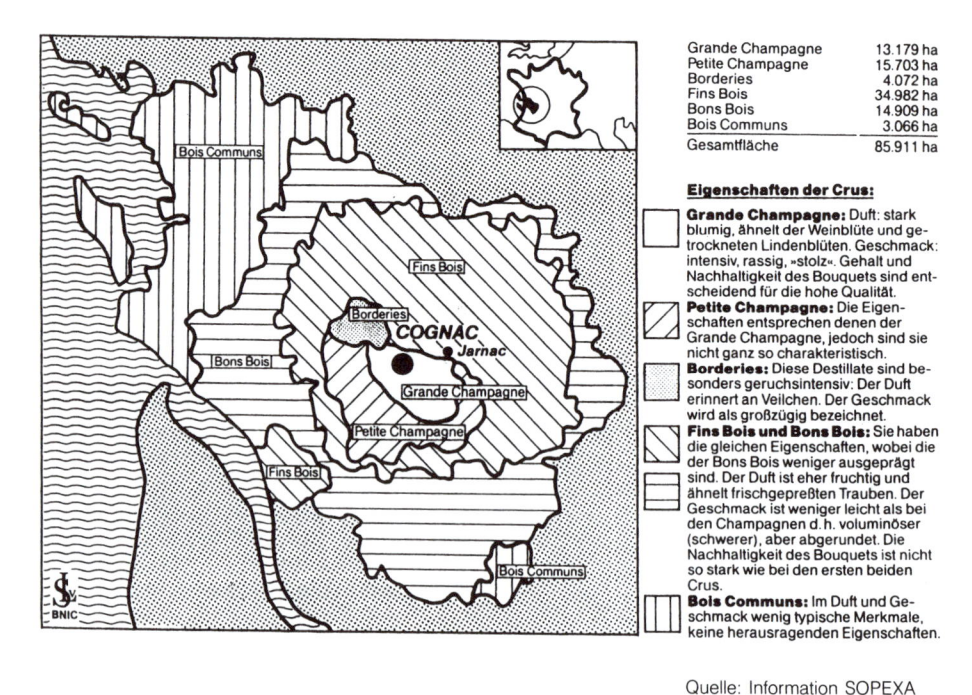

Grande Champagne	13.179 ha
Petite Champagne	15.703 ha
Borderies	4.072 ha
Fins Bois	34.982 ha
Bons Bois	14.909 ha
Bois Communs	3.066 ha
Gesamtfläche	85.911 ha

Eigenschaften der Crus:
Grande Champagne: Duft: stark blumig, ähnelt der Weinblüte und getrockneten Lindenblüten. Geschmack: intensiv, rassig, »stolz«. Gehalt und Nachhaltigkeit des Bouquets sind entscheidend für die hohe Qualität.
Petite Champagne: Die Eigenschaften entsprechen denen der Grande Champagne, jedoch sind sie nicht ganz so charakteristisch.
Borderies: Diese Destillate sind besonders geruchsintensiv: Der Duft erinnert an Veilchen. Der Geschmack wird als großzügig bezeichnet.
Fins Bois und Bons Bois: Sie haben die gleichen Eigenschaften, wobei die der Bons Bois weniger ausgeprägt sind. Der Duft ist eher fruchtig und ähnelt frischgepreßten Trauben. Der Geschmack ist weniger leicht als bei den Champagnen d.h. voluminöser (schwerer), aber abgerundet. Die Nachhaltigkeit des Bouquets ist nicht so stark wie bei den ersten beiden Crus.
Bois Communs: Im Duft und Geschmack wenig typische Merkmale, keine herausragenden Eigenschaften.

Quelle: Information SOPEXA

Abb. 25 Cognac. Die sechs Anbaugebiete (Crus) und die Eigenschaften der Weindestillate

"Hors d'age" sind Altersangaben ohne staatliche Kontrolle, die von den Herstellern für Spitzenprodukte verwendet werden.

Cognac-Gebiet. In Westfrankreich an der Atlantikküste liegt das → *A.O.C.*-Gebiet Cognac. Es wird in vier Untergebiete geteilt: **a)** Charente, **b)** Charente Maritime, **c)** Deux Sevres im Norden, **d)** Dordogne im Süden. Außerdem werden sechs Spitzenlagen klassifiziert, die jeweils eigene Charakteristik aufweisen und nach dem Kalkgehalt des Bodens eingestuft werden. Die besten Lagen heißen: **1)** Grand Champagne, **2)** Petite Champagne, **3)** Borderies, **4)** Fins Bois, **5)** Bons Bois, **6)** Bois Ordinaires. Seit 1938 sind diese Lagen gesetzlich begrenzt.

Cognac-Gesetz. Die Bedingungen, die zu erfüllen sind, um Anrecht auf die Bezeichnung „Cognac" zu haben: **1)** Anbaugebiet: Der Wein für den Cognac stammt ausschließlich aus dem gesetzlich festgelegten Anbaugebiet (Verordnung vom 1.5.1909). **2)** Weinbaugebiet: Bestehend ausschließlich aus weißen, in der Verordnung vom 15.5.1936 aufgeführten Rebsorten. Bei der Verwendung von Untergebietsbezeichnungen sind folgende Werte zu beachten: **a)** Hauptsorten (90% des Gesamttrebbestands): Ugni blanc, Folie Blanche, Colombard. **b)** Zusatzrebsorten (maximal 10%): Blanc Ramé (Meslier St. François), Jurançon Blanc, Montils, Sémillon, Sélect. **3)** Weinbereitung: Verordnung vom 15.5.1936: Jeglicher Zusatz von Zucker ist verboten; beim Keltern ist der Gebrauch der kontinuierlichen Hubschnecken untersagt. **4)** Destillation: **a)** Charentaiser Verfahren – Raubrand (Brouillis) und erneuter Durchlauf (Feinbrand); **b)** Verwendung der traditionellen charentaiser Brennblase, deren Fassungsvermögen maximal 30 hl betragen kann; **c)** Maximaler Alkoholgehalt des Destillats: 72%. **5)** Lagerung und Alterung: Alterung ausschließlich in „goldgelben" Lagern (Chai jaune d'or), in denen einzig Cognac gelagert wird, **a)** Ausschließlich in Eichenholzfässern (aus den Limousin- oder Tronçaiswäldern). **b)** Kontoführung und Alterskontrolle durch das → *BNIC*. **c)** Mindestalter für einen Cognac, der in den Verkehr gebracht wird: Konto 2 (mindestens 30 Monate). **6)** Handelsregelungen: **a)** Jeglicher Zusatz von Stoffen ist verboten, außer: **b)** Herabsetzung der Trinkstärke (40% Vol.) mit destilliertem Wasser; **c)** Zusatz von Karamel (2% Vol.). **7)** Regelung für den Gebrauch der Verkaufsbezeichnungen: Der ministerielle Erlass vom 22.12.1955 bestimmt das jeweilige Mindestalter der Cognacs, die für die traditionelle Komposition der verschiedenen Cognac-Qualitäten verwendet werden.

Cognac-Herstellung. Erfolgt im Winter nach der Weinlese des folgenden Jahres und muss bis 31.3. abgeschlossen sein. Nach der Lese wird ein stiller Wein mit ca. 7,5% Vol. Alkohol und 10 g/l Säure produziert. Dieser Wein darf nicht mit fremden Stoffen behandelt werden. Der Wein wird mit dem Heferest in die Brennblase eingeführt und erhitzt. Das übliche Brennverfahren in Cognac teilt sich in zwei Brennstufen. Bei dem ersten Erhitzen wird ein → *Rohbrand* gewonnen, der ca. 28% Vol. Alkohol stark ist. Bei dem zweiten Erhitzen wird ein Feinbrand gewonnen, wobei der Vor-Nachlauf vom Mittelstück getrennt wird. Für die Trennung und Reinheit ist ganz allein der Brennmeister (sein Geschmack) zuständig. Der reine, wasserklare Mittellauf wird in Holzfässer umgepumpt und überirdisch gelagert. Der Feinbrand reift zuerst in neuen Fässern und verliert am Anfang schneller an seiner Stärke. Nach und nach wird er umgepumpt in ältere Fässer und weiter gelagert, bis die gewünschte Qualität entstanden ist. Bei der Lagerung verdunstet ca. ein Drittel der Gesamtmenge. Nach der Ablagerung wird der Cognac mit Wasser vermischt, und ein Verschnitt aus den einzelnen Fässern, Jahrgängen, Lagen gemischt, bis vorgegebene Qualität und Geschmack entstanden sind. Nach der Abfüllung in Flaschen verändert der Cognac seine Eigenschaften nicht mehr.

Cognac-Rebsorten

Cognac-Rebsorten. Die meist angebauten Rebsorten in Cognac sind Folie Blanche, Ugni Blanche, Colombard und St. Emilion. Für ca. 3 cl Cognac werden ca. 1 kg Trauben benötigt.

Cola-Limonaden. Getränke mit Coffeingehalt zwischen 6,5 bis 25 mg pro 100 ml enthalten. → *Coca-Cola.*

Colbert. Jean Baptiste C. (1619–1683), frz. Staatsmann. Klass. Garnitur z. B. Seezunge Colbert.

Cold-Shortening-Effect. Er entsteht beim Schockkühlen von kleinen Tierkörpern (Kälber, Schafe). Weil das Fleisch bereits vor Eintritt der Totenstarre sehr rasch abkühlt, verkürzen sich die Muskelfasern so stark, dass dieses Fleisch auch nach der Reifung ziemlich zäh ist.

Cole Slaw. Amerikanischer Krautsalat mit Karottenstreifen und Mayonnaise.

Colheitase. Im Fass gereifter Tawny (Portwein).

Colin → *Seehecht.*

Collage. Färben von Spirituosen mit genehmigten Stoffen.

Collé. Mit Gelatine versetzte Masse oder Soße, mayonnaise collée.

Collecteurs. Je nach Zuchtgebiet werden die Austern auf sogenannten „Collecteurs" angesiedelt, die Dachziegel, Schieferplatten oder auf Drähten aufgereihte Austernschalen oder Coquilles St. Jacques-Schalen sein können. Von hier aus können die Austern später eingesammelt und in die → *Parcs* gebracht.

Colombard. Rebsorte aus Frankreich, angebaut in den Gebieten → *Cognac,* → *Armagnac.*

Colombines. Stamm: *colombe* = *Taube*. Warmes Vorgericht, das in Parmesan paniert und ausgebacken wird (Kroketten). Auch ausgestochene Grießmasse (Gnocchi romain), die mit einem → *Salpikon* gefüllt wird, einen Deckel aus gleicher Masse aufgesetzt und mit Käse gratiniert.

Columbia River Salmon → *Quinnat.*

Columm-Still oder Continued-Still. Fraktionierte Destillation, d. h. sehr genaue Trennung von Flüssigkeiten (Alkoholen) mit verschiedenen Siedepunkten. Unerwünschte Bestandteile werden abgetrennt. Das Resultat ist sehr reiner Alkohol.

Combi-Dämpfer (Auch Heißumluft-Dämpfer). Vielseitiges Kombinations-Gargerät. Feuchte (druckloser Dampf) und trockene (Heißluft) Hitze als Garmedien in ein Gerät vereint. Einsetzbar einzeln, nacheinander oder kombiniert. Zum Dämpfen, Dünsten, Brühen, Blanchieren, Pochieren. Garziehen, Quellen, Vakuumgaren, Auftauen, Regenerieren, Konservieren, Sterilisieren, Schmoren, Braten, Grillen, Gratinieren, Backen etc.

Commis. Gehilfe, der einem „Chef" unterstellt ist: **a)** Commis de cuisine = Kochgehilfe, **b)** Commis de rang = Gehilfe im Restaurant.

Commis de rang. Berufsbezeichnung für einen Jungkellner, der meistens mit einem → *Chef de rang* zusammenarbeitet. Seine Aufgaben bestehen in der Erstellung des → *Mise en place,* dem Aufdecken der Tische, der Sorge für das Heranbringen der Speisen und Getränke, je nach Bestellung. Er ist das Verbindungsglied zwischen den Ausgabestellen und dem Servicetisch.

Commis la suite. Ein Jungkellner, der für die Verbindung zwischen den Ausgabestellen und den Servicetischen zuständig ist. Der Commis la suite hat meistens keinen Kontakt mit Gästen.

Communard. 1) Getränk aus Creme de Cassis (2 cl) und Passe Tout Grain, das gut gekühlt in einem bauchigen Glas serviert wird. 2) Abteilungskoch in einer großen Küchenbrigade, der für die Herstellung des Personalessens verantwortlich ist. Oft auch Leiter der Personalkantine in einem Betrieb.

Compte/Konto. Über die Lagerung der Eaux-de-vie führt das → *BNIC* genau Buch. Das Register der Alterskonten geht von eins bis sechs und ermöglicht eine genaue Bestimmung der verschiedenen Cognac-Qualitäten (***/V.S., V.S.O.P., X.O.).

Concasser. Zerstoßen, zerschneiden (poivre concassé = gestoßener Pfeffer, tomate concassée = Tomatenwürfel).

Conch. Auf den westindischen Inseln anzutreffende große, essbare Schneckenmuschel; ihr festes Fleisch wird vor Verwendung in Salaten und Eintopfgerichten gewöhnlich durch Klopfen mürbe gemacht. In Westindien allgemein wie „Konk" ausgesprochen.

Conchieren. Verfahren bei der Herstellung von Schokolade, bei dem alle Bestandteile (Kakaomasse, Kakaobutter, Zucker) zerrieben und zu einer homogenen Masse verarbeitet werden. Dazu werden die Rohstoffe oberhalb der Schmelztemperatur der Kakaobutter, bei 32–34 °C, in einem kontinuierlichen, mechanischen, 48- bis 72-stündigen Bearbeitungsprozess zerrieben und geschliffen. Alle Rohstoffe werden dabei in kleinste Partikel zerlegt. Die Schokolade erhält einen zarten Schmelz und der Wassergehalt wird verringert.

Conchiglie. Ital. Muschelnudeln, in verschiedenen Größen.

Conchylikultur. Conchyliologie – die Wissenschaft von den Muscheln – und cinchylisch, das Adjektiv für Kalksteine, die fossile Muscheln oder ihre Abdrücke enthalten. Die Conchylikultur umfasst die Aufzucht aller essbaren Muscheln: die Austernzucht (Ostrêikultur), die Muschelzucht (Mytilikultur), die Kultur von Jakobsmuscheln (Pectinilikultur). Ein Schlüsselbegriff erhellt diesen ganzen Bereich: der Conchylikulteur ist der „Bauer des Meeres".

Concierge *(frz.: concièrge, m.).* Alter Begriff für → *Portier,* auch Pförtner.

Condé, Louis Prince de (1621–1686). Frz. Feldherr. Klass. Garnitur z. B. Rahmsuppe Condé.

Condèglasur. Hohes Eiweiß mit Puderzucker zu einer geschmeidigen Masse verarbeitet. Vor dem Glasieren des Gebäckes werden feingehackte Mandeln zugefügt.

Condéreis. Süßspeisenreis: Rundkornreis mit Milch, Vanille und abgeriebener Zitronenschale garen, Zucker zufügen und unter die heiße Masse Butter und Eigelb ziehen. Warm oder kalt mit Fruchtsoße servieren.

Condrieu A.C. Aus der seltenen weißen Traubensorte → *Viognier* werden in dem zu → *Côtes-du-Rhône* gehörenden Gebiet die berühmtesten Weißweine Frankreichs (ca. 200 Hektoliter jährlich) hergestellt.

Conducteur *(frz.: conducteur, m.).* Alter Begriff für den Mitarbeiter des Empfangspersonals, der den Außendienst versah (Besorgungen, Botengänge, Betreuung von Reisegruppen bei Stadtbesichtigungen u. a. m.).

Confiseur. Zucker-Bäcker. In großen Hotelbetrieben ist er für die Herstellung aller Zuckerwaren, Pralinen und des Kleingebäcks verantwortlich.

Confit. Stücke von der Gans oder der Ente, seltener auch von der Pute, die im eigenen Fett gegart und eingelegt sind. Neben der Bezeichnung „Confit" ist auch immer die Fleischsorte anzugeben, also Confit d'Oie (Gans), Confit de Canard (Ente) oder Confit de Dinde (Pute). Die Heimat des Confit ist

Conkies

der Südwesten Frankreichs. Früher wurden dort Gänse und Enten hauptsächlich wegen der begehrten Leber gezüchtet. Die Bauern verkauften die Leber, das Geflügelfleisch aßen sie selbst. Und damit es sich hielt, wurde es zu „Confit" verarbeitet. Nur Keulen und Flügel mit dem anhängenden Brustfleisch dürfen verwendet werden. Das Geflügel muss gut gemästet und nach dem Schlachten ausgeblutet sein.

Conkies. Mit gehacktem Fleisch, Rosinen, Kokusnuss und Gewürzen vermischtes Maismehl, in Bananenblätter gewickelt und gegart. Eine traditionelle Spezialität von Barbados.

Consejo. Vereinigung von Winzern und Bodegabesitzern im spanischen Jerez; gibt Sherry für Export frei.

Consommé → *Kraftbrühe.*

Consorzio. Örtliche italienische Winzervereinigung mit gesetzlichem Status.

Conti, François Louis Prince de (1664–1709). König von Polen. Klass. Garnitur z. B. Rahmsuppe Conti.

Continued-Still → *Columm-Still.*

Contrefilet. Roastbeef, Rippenstück vom Rind. Österreich: Beiried.

Convenience Food. Lebensmittel mit einer höheren Fertigungsstufe als Rohwaren. Im Vergleich mit letzteren beinhalten sie eine bestimmte industrielle Vorleistung. Das vereinfacht die Weiterverarbeitung in der Küche, macht sie bequemer. Man unterscheidet vier Gruppen: **1)** Küchenfertige Produkte (teilweise bearbeitet). Sie können unmittelbar zubereitet bzw. einem Kochprozess unterzogen werden. Beispiele: Rohe, aber geschälte Kartoffeln, Tiefkühl-Rohware bei Gemüse, Fleisch, Geflügel, Fisch. **2)** Halbfertige Produkte (bearbeitet zum Fertigkochen). Hierzu gehören jene Angebote, die nur noch einen verkürzten Garprozess benötigen. Beispiele: Panierte Fischfilets, Maultaschen, Brüherzeugnisse, Suppen und Saucen in getrockneter Form, frische oder gefrorene pomme frites. **3)** Fixfertige Produkte (fertig zur Aufbereitung). Diese Nahrungsmittel können unmittelbar oder nach kurzem Erhitzen portioniert werden, der Garprozess ist bereits abgeschlossen. Beispiele: Instantprodukte, Nasskonserven wie Eintopfgerichte, TK-Fertiggerichte. **4)** Verzehrfertige Produkte (konsumreif). Sie sind in punkto Zubereitung und Portionierung fertig zum Verzehr. Beispiele: Bonbons, Kaugummi, Klein- und Knabbergebäck, Joghurt und Eiscreme in Portionspackungen, Pudding, Quark. Vorteile der Convenience food: Flexibilität bei Nachfrageschwankungen, Qualitätskontinuität, Saisonunabhängigkeit, geringer Abfall, schnelle und genaue Kostenkontrolle. Mit dem Einsatz von Convenience food reduziert sich in der Küche hauptsächlich der Arbeitsaufwand. Aus betriebswirtschaftlicher Sicht sind vorgefertigte Lebensmittel dann sinnvoll, wenn die Kosteneinsparungen größer sind als die Preisdifferenz zwischen Convenience-Food-Produkten und Rohware.

Cookies. Typisch amerikanische süße Plätzchen. Das Wort Cookie stammt vom niederländischen „Koekje", was soviel wie kleiner Kuchen bedeutet. Denn es waren die ersten niederländischen Siedler, die die Cookies mit nach Amerika brachten. Schokoladen- und Rosinen-Haferflocken-Cookies („Chocolate chip" und „Oatmeal Raisin" Cookies) sind besonders beliebt.

Coolers. Getränke bestehend aus einer gewünschten Spirituose (Cognac), Zitronensaft und Läuterzucker. Sie werden in einem Shaker geschüttelt, in → *Tumbler* gesiebt und mit → *Ginger-Ale* aufgefüllt.

Cool-Vent-System. Geregelte Kälteabgabe durch Cool-Vent-Trocken-Eis-Gebläse. Wie der Name sagt (Cool = kalt, Vent = Wind) saugt ein starker Ventilator die Luft aus dem

Laderaum an und leitet sie über das Trockeneis. Dabei wird sie abgekühlt und wieder in den Laderaum zurückgeführt. Die gezielte Kälteabgabe wird durch ein Thermostat gesteuert. Bei Überschreitung der Solltemperatur schaltet der Thermostat den Ventilator an und nach Erreichen der Solltemperatur wieder ab.

Copita. Ein spezielles Sherryglas aus Spanien.

Coquard-Presse. Traditionelle Traubenpresse in der → *Champagne*.

Coquille *(frz.: coquille, w.)*. Muschel zum Anrichten von → *Ragouts* und warmen und kalten Vorgerichten.

Coquille Saint Jacques → *Jakobsmuschel*.

Corail. Gonaden (Geschlechtsmerkmale) weiblicher Krustentiere, die ungegart schwarzgrün, gegart korallenrot sind. Bei Jakobsmuscheln wird der orangefarbene Rogen ebenfalls Corail genannt. Corail mit Butter vermischt → *Bindemittel* für Fonds.

Corbieres → *Languedoc*.

Cordial-Medoc. Likör, dessen Alkohol mind. zu 20 % aus Weindestillat stammt plus Fruchtextrakte und/oder Drogenauszüge. Der Alkoholgehalt beträgt mind. 38 % Vol.

Cordon Bleu. Mit gekochtem Schinken und Emmentaler Käse gefülltes Kalbsschnitzel, das paniert und in Butter gebraten wird. Cordon bleu – auch blaues Band, woran in Frankreich der „Orden vom heiligen Geist" getragen wurde, aber auch eine Bezeichnung in Frankreich für eine sehr gute Köchin, die bei einem Küchenmeister gelernt und eine Prüfung absolviert hat.

Cornas A.C. Kleine Weinbauregion an der → *Côtes-du-Rhône*. Hier werden hauptsächlich Rotweine produziert.

Corned beef. Im eigenen Saft, gepökeltes, in Dosen konserviertes Rindfleisch.

Cornet(s). Gefüllte kleine Tüten, oft aus → *Blätterteig*.

Cornflakes. Maisflocken. Sind entkeimte und vermahlene, gedämpfte, gequetschte und geröstete Maiskörner. Meist werden Sirup, Malzextrakt, Salz, manchmal auch Vitamine zugesetzt.

Cornichon. Eingelegte, kleine Gewürzgurken.

Corn Whiskey (USA). Bourbon. Mind. 80 % Maisanteil.

Corona. Zigarrenmaß (Länge: von 140–152 mm, Ringmaß: 42–44 mm.) Rauchgenuss für ca. 45 Minuten.

Coronilla. Gehört zur Guavenfamilie. Sie ist von blassgelber bis grünlicher Farbe. 100 g Fruchtfleisch enthalten 217 Joule und haben einen sehr hohen Vitamin-C-Gehalt.

Corporate Identity, Unternehmensidentität. Das Erscheinungsbild als Ganzheit zur Identifikation der Zielgruppen in der Öffentlichkeit und im Betrieb.

Corruda. Wildwachsender Spargel. Grasartiges Aussehen – Grünspargel. Darf nicht geschält werden. Alte Bezeichnung „Steinspargel".

Corton-Charlemagne → *Côte de Beaune*.

Corynebakterien. Sie fördern die Bildung der → *Rotschmiere* auf jenen Käsesorten, die mit einem in Salzwasser getränkten Tuch abgerieben werden. Der Belag wird abgebürstet oder man lässt ihn trocknen.

C.O.S. Abkürzung für drei Begriffe aus dem Lateinischen: C. für Color = Farbe, 0. für Odor = Duft, S. für Sapor = Geschmack. Für Feinschmecker eine wichtige Formel,

Cost-Benefit-Analyse

die sich auch mit „erst prüfen, dann trinken" ausdrücken ließe.

Cost-Benefit-Analyse. Eine ursprünglich in der Finanzwissenschaft angewendete Kosten-Ertrags-Analyse, bei der dem Aufwand für ein Projekt die späteren Erträge gegenübergestellt werden. Heute wird diese Analyse auch als Wirtschaftlichkeitsanalyse für die Absatzvorgänge verwendet. Als Kosten-Ertrags-Analyse kann durch die Gegenüberstellung der Kosten einer Maßnahme und deren Erlösen im Nachhinein auch eine Kontrolle erfolgen. Im Voraus, wo man mit erwarteten Erlösen arbeiten muss, kann die Methode zur Entscheidungshilfe werden.

Cost-center. Betriebsabteilung i. S. einer Kostenstelle.

Costoletta alla Milanese. Kalbfleischscheiben mit Knochen, paniert und in Butter gebraten. Gericht der italienischen Küche.

Costoletta alla Valdostana. Kalbfleischtasche in geschlagenem Ei und geriebenem Brot gewälzt, mit einer Füllung aus Käse (→ *Fontina)* und Schinken in Butter gebraten.

Cot. Andere Bezeichnung für die → *Auxerroistraube* in → *Cahors.*

Côte. Berghang, Hügel. In der Weinsprache der Franzosen ist Côte ein geographischer Hinweis. Beispiel → *Côte Rôtie* oder → *Côte de Beaune.*

Coteaux. Frz. „Hügelkette". Bei der Weinetikettierung ein geographischer Hinweis, z. B. → *Coteaux Champenois.*

Coteaux Champenois. Begriff für Stillweine aus der → *Champagne.* Sie sind als Rotweine oder Weißweine auf dem Markt.

Côte de Beaune. Bereich von Burgund, südlich der → *Côte de Nuits* im Dep. → *Côte d'Or,* Herstellung von Rotwein und Weiß-

wein. Die bekanntesten Weinbezeichnungen sind: Aloxe-Corton, Corton-Charlemagne, beide als Rot- und Weißwein erhältlich, Montrachet (Weißwein), Pommard (Rotwein und Weißwein), Volnay (Rotwein).

Côte de Beauneklassifizierung → *Burgunder-Klassifizierung.*

Côte de Brouilly. → *Beaujolais* oder → *Cru* von → *Beaujolais,* ein körperreicher Rotwein, als Begleiter zu Wildgerichten geeignet.

Côte de Nuits. Weinbauregion in Burgund gehört zum Bereich der → *Côte d'Or.* Hier gibt es 22 Spitzenlagen für berühmte Rotweine, wie Chambertin, Chambolle-Musigni, Romanée-La Tache, Romanée-Conti, Romanee-Richebourg, Clos de Vougeot.

Côte de Nuitsklassifizierung → *Burgunder-Klassifizierung.*

Côte d'Or. Landschaft der früheren Grafschaft Burgund mit bekannten Lagen für Burgunderweine. Die Côte d'Or wird in zwei Gebiete aufgeteilt. Nördlich befindet sich die → *Côte de Nuits* und südlich die → *Côte de Beaune.*

Côtes de Provence. Uraltes Anbaugebiet an der Mittelmeerküste Frankreichs, zwischen Marseille und Nice. Bereits die Griechen pflanzten in diesem Gebiet die ersten Trauben an. Das Gebiet ist geteilt in vier → *A.O.C.*-Zonen und drei → *V.D.Q.S.*-Zonen. Provence-Weine sind meist eine Mischung aus vielen Traubenarten. Aus dem Weinangebot sind die Prov. Roses die bekanntesten.

Côtes-du-Rhône. A. C.-Weinanbaugebiet in Frankreich, dessen Weinberge sich entlang des gleichnamigen Flusses zwischen den Städten Vienne und Avignon erstrecken, eine der ältesten Weinbauregionen Frankreichs. Im Norden werden vor allem Rotweine hoher Qualität produziert, im

Süden meistens gute Tischweine. Von Norden nach Süden sind folgende bekannte Lagen anzutreffen: → *Côte Rôtie*, → *Condrieu A. C.*, *Château Grillet*, → *Hermitage A. C.*, → *Crozes Hermitage*, → *Châteauneuf-du-Pape*, → *Tavel*, → *Lirac*, → *Saint Péray*. Im Gebiet der Côte-du-Rhône wird eine große Anzahl alter Rebsorten angebaut, z. B. Syrah, Grenache, Cinsault (blaue Reben) oder Viognier, Ugni Blanc und Marsanne (weiße Reben). Die Weine werden nicht selten aus mehreren Rebsorten verschnitten. Besonderheit dieses Gebiets: Rebstöcke wachsen ohne Unterstützungsvorrichtung.

Côte Rôtie A. C. Rotwein aus dem Norden des Anbaugebietes → *Côtes-du-Rhône*, aus Syrah-Trauben.

Cotriade. Bretonische Fischsuppe.

Cotto. Gekochter (d. h. konzentrierter Most-Wein). Spezialität einiger Gebiete in Italien.

Couenne. Frz. Ausdruck für Schwarte, meist vom Schwein.

Couleur → *Zuckerkulör*.

Coulis. Ursprünglich Bezeichnung für alle Soßen, später nur für Bratensaft. Eine weitere Bedeutung war eine dicke Mehlsoße, die zur Verbilligung der Mayonnaise zugesetzt wurde. Heute werden als Coulis konzentrierte Säfte oder Pürees von Rohstoffen wie Obst, Gemüse, Schalentieren, Wild und Geflügel serviert. Sie dienen als Soße.

Coupe 1. *(frz. coupe w.).* Becher oder Schale, die zum Anrichten von Speiseeis verwendet wird. **2.** Mischung von Cognac-Eaux-de-vie unterschiedlichen Alters und Lagen.

Courgette → *Zucchini*.

Couronne *(frz. en couronne).* Im Kranz anrichten.

Court-Bouillon. Würzsud, in der Übersetzung „kurze Brühe". Wasser mit Weißwein oder Essig, hellem Wurzelgemüse und Gewürzen. Dient vorwiegend zum Garen von Fischen und Krustentieren.

Couscous. Nordafrikanisches insbesondere marrokanisches Nationalgericht aus Hartweizengrieß oder Hirse. Für die Zubereitung benutzt man eine Couscousière – ein Kupfertopf mit einem Aufsatz, dessen Boden erbsengroße Löcher hat. Zum Couscous gibt es verschiedene Zutaten wie Hammelfleisch oder/und Geflügel, Gemüse, Fisch. Wenn Couscous die Rolle einer Süßspeise spielt, wird er wie ein heißer Getreidebrei mit Mandeln, Datteln und Rosinen versehen und mit Zucker bestreut.

Couteau Cannelé. Frz. Ausdruck für Buntmesser, kanneliert.

Couvert, *(frz. couvert, m.).* Das für ein bestimmtes Gericht oder eine Speisefolge gerichtetes Tafelgerät (Porzellan, Bestecke, Gläser, Servietten, u. a.).

Couverture → *Kuvertüre*.

CR. Consejo Regulador – verwaltet die Einhaltung von Weinstatuten bzw. Gesetzen in Spanien.

Cranberry. Große Moosbeeren, die mit Heidelbeeren, Preisel- oder Kronsbeeren verwandt sind. Die Heimat der zumeist gezüchteten „cranberries" ist das nordöstliche Nordamerika, aber auch gewerblicher Anbau in Polen und Holland. Form und Farbe: Ovale Beeren, Schale hellrot bis kräftig dunkelrot mit weißlichen Stellen. Fruchtfleisch rosaweiß. Verwendung wie Preiselbeeren, aber auch zum Rohessen.

Crapaud. Französische Bezeichnung für den großen Frosch, den man auf Domenica und Montserrat (Karibik) antrifft, wo er auch „Berghuhn" genannt wird und als große Delikatesse gilt.

Crasheis (-Apparat). Crasheis ist zerkleinertes Roheis, welches für verschiedene Bargetränke benutzt wird → *(Frappé)*. Die Crasheis-Herstellung erfolgt mit einem Spezialbereiter oder durch Zerkleinerung von Eiswürfeln mit Hilfe einer Serviette und eines Eishammers.

Crayfish, auch Crawfish. Der Süßwasseredelkrebs wird in England „Crayfish" genannt, die Amerikaner wenden dagegen das Wort „Crawfish" an. Letzteres bedeutet jedoch in der englischen Terminologie „Languste". Beim Ankauf von ausländischen Konserven mit dem Aufdruck „Crawfish" muss man sich also erst vergewissern, ob sie aus dem britisch-englischen Sprachraum, dazu gehört auch Australien, oder aus dem US-amerikanischen kommt.

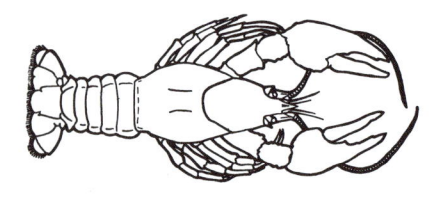

Cream → *Sherry*-Angebotsform; sehr süß im Geschmack, gehaltvoll und dunkel oder hell in der Farbe. Cream wird auf der Basis → *Oloroso*-Sherry und Zugabe von süßem Most der Pedro Ximenez-Traube hergestellt. Man reicht diesen Wein zum Dessert und zu feinem Gebäck und Kaffee.

Crémant. Bezeichnung für schäumende Weine aus Frankreich für die Gebiete Burgund, Loire, Alsace und Bordeaux. Für Champagne darf diese Bezeichnung seit 1993 nicht benutzt werden.
In Dtl.: Zusätzliche Kennzeichnung für Qualitätsschaumweine bestimmter Anbaugebiete in Verbindung mit dem Namen des bestimmten Anbaugebietes z. B.: Crémant Mosel.
Voraussetzungen:
– mindestens 9 Monate Lagerung auf der Hefe

– traditionelles Gärverfahren
– max. 100 l Most aus 150 kg Trauben
– max. 150 mg/l SO_2
– max. 50 g/l Restzucker. Für die best. Anbaugebiete Ahr, Mittelrhein, Mosel-Saar-Ruwer, Nahe und Rheinhessen Ist der max. Restzuckergehalt auf 20 g/l, für die Pfalz auf 15 g/l festgelegt.

Crémant d'Alsace. Gattungsbezeichnung für schäumende Weine aus dem → *Elsass*. Hergestellt nach der Champagnermethode.

Crema Zola. Italienische Bezeichnung für Käse aus zwei verschiedenen Käsesorten; Gorgonzola und Mascarpone, schichtförmig angeordnet.

Crème de Cacao. Brauner oder weißer, dickflüssiger und zuckerreicher Likör mit einem feinen Vanillegeschmack. Crème de Cacao wird aus dem Destillat gerösteter und geschroteter Kakaobohnen hergestellt. Mindestalkoholgehalt: 25 % Vol.

Cremeeis-Eiercremeeis. Mindestens 50 % Vollmilch, auf ein Liter Vollmilch mindestens 270 g Vollei oder 90 g Eigelb. Kein zusätzliches Wasser. → *Speiseeis-Verordnung*.

Crème fraîche *(frz.: crème fraîche, f)*. Leicht gesäuerter Rahm mit einem Fettgehalt von mindestens 30 %. Inhaltsstoffe einer 40%igen crème fraîche pro 100 g: 2,1 g Protein, 40,5 g Fett, 2,3 g Kohlenhydrate ergeben 406 kcal.

Crêpes. Kleine hauchdünne → *Pfannkuchen*, die durch Ei, Sahne und zerlassene Butter verfeinert werden. Milch oder Sahne werden mitunter teilweise durch kohlensäurehaltiges Mineralwasser ersetzt.

Crêpinettes. Netzwürstchen; Vorspeisen in Form kleiner Würstchen, die anstatt in einem Darm in Schweinenetz eingehüllt und auf dem Rost gegart werden. Die Masse ähnelt der Nürnberger Wurst, aber auch von Wildgeflügel, Geflügel, Hammel, Kalb und Trüffeln, seltener von Fisch und Krustentieren.

Criadera. Fassreihe im Solera-Verschnittverfahren beim → *Sherry.*

Crieur *(frz. der Schreier).* Ausdruck für den Auktionator in den Fischversteigerungshallen.

Crispsalat. Aus Holland kommende Variante des Eisbergsalates. Bei dem Crisp handelt es sich um einen noch nicht ausgewachsenen Eisbergsalat mit weniger festem und kleinerem Kopf sowie lockerem, gekräuselten Umblatt.

Crocin. Gelb-roter Farbstoff des Safrans.

Croissant. Hörnchen aus → *Plunderteig,* selten aus → *Blätterteig.*

Cromesquis. Fleischkrusteln. Grobe, pikant abgeschmeckte Fleischmasse wird nach dem Erkalten in Streifen geschnitten, in Schweinenetz oder in dünne Eierkuchen gehüllt. Hierauf zieht man sie entweder durch Backteig oder paniert sie, in der Friture ausbacken. Warmes Vorgericht zu russischen → *Sakuski.*

Croquembouche, wörtlich: im Munde krachen (Croque-en-bouche). Franz. Süßspeise (Hochzeitskuchen), die pyramidenförmig angerichtet ist. Kandierte Früchte und mit Nougatcreme gefüllte Profiteroles werden nach dem Aufbau mit Karamelzucker übergossen. Meist als Süßspeise auf dem Büfett oder auf dem Dessertwagen.

Crosnes du Japon → *Stachys.*

Crottin de Chavignol. Ziegenkäsespezialität aus der frz. Gemeinde Chavignol, die im Loiregebiet in der Nähe von Sancerre liegt.

Croûte Fleurie (Pâte molle à croûte fleurie) – mit blühender Rinde, frz. Bezeichnung für Weichkäse mit Weißschimmelrinde.

Crusted Port

Croûte Lavée (Pâte molle à croûte lavée) Weichkäse mit gewaschener Rinde.

Crozes Hermitage. Zur Côtes-du-Rhône gehörender Weinbaubereich benachbart mit → *Hermitage.* Auch hier werden Rot- und Weißweine produziert. Sie sind den Hermitagen-Weinen ähnlich.

Cru. Häufig mit Hochgewächs übersetzt. Verständlicher ist jedoch der Vergleich Cru = Lage. Fast alle Spitzenweine Frankreichs werden mit einer Lage, einem Cru, bezeichnet.

Crus Artisans. (Handwerk) Nach den → *C. Bourgeois* weitere Qualitätsstufe für diese und preiswerte Bordeaux-Weine, selten benutzt.

Crus Bourgeois. (Bürgerlich) Nach den → *Crus Bourgeois-Superieurs* nächste Qualitätsstufe für Bordeaux-Weine. Diese Angabe ist nicht an einen Bordeaux-Bereich gebunden.

Crus Bourgois-Superieur. Nach den → *Crus Exceptionnels* weitere Qualitätsstufe für Bordeaux-Weine. Die Angabe ist nicht an einen Bereich gebunden.

Crus Exceptionnels. (Außergewöhnlich) Nach den ersten bis fünften Crus weitere Bezeichnung für Bordeaux-Weine der gehobenen Qualität. Diese Bezeichnung ist nicht an einen Bordeaux-Bereich gebunden.

Crus Paysans. (Bäuerlich) Bezeichnung für die kleinste Qualitätsstufe (Landwein) aus dem Bordeaux-Anbaugebiet, nicht häufig benutzt.

Crustas. Für diese Getränke wird der Glasrand mit einem Salz- oder Zuckerrand versehen. Die Grundzutaten werden in einem Shaker geschüttelt, in das präparierte Glas gesiebt und mit einer Garnitur versehen.

Crusted Port → *Vintage Port.*

155

C.T.C. Produktion von Tee; Teeherstellungsart. Ein verkürzter Produktionsprozess, bei dem Wert auf ein einheitliches Blatt und einen schnell färbenden und kräftigen Aufguss gelegt wird. C: Crushing = zermahlen; T: Tearing = zerreißen; C: Curling = rollen.

Ctenoidschuppen. Kammschuppen der barschartigen Fische.

Cubas de Calor. Betontanks mit Innenbeschichtung und einem Fassungsvermögen von ca. 20 000 bis 50 000 l für die große Mengenproduktion von → *Madeira* Weinen. Im Tank befindet sich eine Heizschlange aus Metallrohr, die den Wein auf ca. 40–50 °C erwärmt.

Cuire à vapeur. Dämpfen mit Deckel. Prinzip: Durch Dampferzeugung garen. 1) Ohne Druck: Schwerer Deckel und Siebboden oder Gitterrost. Wasser oder Fond nur bis unterhalb des Kochgutes. 2) Mit Druck: Nasser Dampf (Dampfkochtopf) oder trockener Dampf (Steamer). Bester Betriebsdruck 0,4 bis 0,5 atü. Sehr schnelle Garmethode. Temperatur: 200 bis 220 °C.

Cul Ma O Loh. Ursprüngliche Bezeichnung eines typisch mongolischen Nomadengerichtes entspricht einem Fondue Chinois; die korrekte Bezeichnung sollte heißen: Feuertopf auf mongolische Art. Auch die Koreaner (Sinsul-lo), die Chinesen (Dim-loh) und die Japaner (Shabu Shabu) haben dieses Gericht übernommen. Es gibt keine festen Regeln, wie ein mongolisches Cul ma o loh zusammengesetzt sein muss, Fleischarten wie Yak, Kamel, Pferd, Wild, Wildgeflügel, Geflügel oder auch Fisch können benutzt werden. Alles Wurzelgemüse, Lauch, Kartoffeln, Zwiebeln, Kürbis, Auberginen, Paprika, Tomaten, Blattgemüse, Trocken- oder Frischobst. Kräuter und Würzung bestehen vorwiegend aus Salz, Musai, Tupa, Jasmin, Lorbeer und Fenchel sowie typischen Wiesen- und Steppenkräutern. Welche Zusammenstellung man auch immer trifft, müssen Fleisch und Gemüse in nicht mehr als 3 x 4 cm dünne Scheibchen geschnitten werden. Ausgenommen Fische. Kleine lässt man ganz, größere schneidet man in gefällige Stücke. Blatt- und Zartgemüse wird nur gezupft oder gebrochen. Alles ist in ausreichenden Mengen sehr bunt und dekorativ auf einer Platte angerichtet. Der Cul ma o loh (ähnlich einer glatten Napfkuchenform) wird mit gewürztem Wasser und der Schlot mit glühender Holzkohle gefüllt. Sobald das Wasser zu sieden beginnt, werden die einzelnen Fleisch- und Gemüsesorten in dem Fond gegart.

Culotte. Schwanzstück vom Rind (1 Hft).

Cumarin (Syn.: *Tonkabohnencampher*). Enthalten in Blüten und Blättern von vielen Gras- und Kleearten sowie in → *Waldmeister* und → *Tonkabohnen*. Cumarin wirkt blutgerinnungshemmend. Nach der geltenden AromenVO (Stand Juli 2004) ist bei der Verarbeitung von Produkten, die Cumarin enthalten, die zulässige Höchstmenge von 2 mg/kg/Lebensmittel (Fertigerzeugnis) zu beachten. Cumarin ist ein gesundheitsgefährdender Stoff, der aufgrund wissenschaftlicher Erkenntnisse zu Leberschädigungen und kanzerogenen Wirkungen führen kann.

Cumberland, Ernst August (1845–1823). Herzog von Braunschweig und Lüneburg, klass. Garnitur z. B. Cumberland-Soße: kalte Würzsoße auf der Basis von Johannisbeergelee mit einer Reduktion aus Portwein/ Rotwein, Orangen- und Zitronensaft, Orangenzesten, mit Cayenne und englischem Senf abgeschmeckt.

Cumin → *Kreuzkümmel*.

Cups → *Bowlen*.

Curaçao. Gattungsbezeichnung für Liköre, welche unter Verwendung der Schalen der pomeranzenartigen Curaçao-Frucht, die hauptsächlich auf der holländischen Insel Curaçao angebaut wird, hergestellt werden.

Curcuma (Syn.: *Turmeric, Gelbwurz, Kurkuma, Safran des indes*). Curcuma sind die getrockneten und gemahlenen Wurzelknollen einer vor allem in Indien angebauten Pflanze der Ingwergewächse. Der Geschmack ist scharf, leicht säuerlich und herb. Wichtigster Bestandteil des Curry, in Indien, Pakistan und Indonesien sehr viel als Einzelgewürz verwendet. Es färbt sehr stark gelb. Man würzt mit Curcuma: Fischgerichte, Salate, Ragouts, Reisgerichte und Saucen.

Curriculum. Bezeichnung für Lehrplan **a)** mit Themenangaben, **b)** mit methodischem Weg, **c)** mit Kontrollmöglichkeiten.

Curry. 1) Blätter eines asiatischen Baumes, die getrocknet oder frisch dort zum Würzen von Fleisch, Fisch und Reis verwendet werden. 2) Gewürzmischung, die aus Indien stammt und meist als Pulver in den Handel kommt. Sie enthält u. a.: Kardamon, Koriander, Curcuma, Kreuzkümmel, Muskatblüte, Nelken, Pfeffer, Zimt. Mit ihr werden die gleichen Speisen gewürzt.

Cursarellu. Weichkäsespezialität aus Schafmilch (Korsika).

Curuba. Kolumbianische Passionsfrucht mit einer 10 cm langen, ovalen Form. Grüne bis gelbliche Schale und orangefarbenem geleeartigen Fruchtfleisch. 100 g Fruchtfleisch enthalten nur 104 Joule.

Custard. Süßer Eierstich, der in England und USA als Dessert gegessen wird, vanilliert = Vanille-custard, ähnlich dem crème caramel.

Cut-throat-Forelle. Kennzeichen: auf beiden Seiten der Kehle ein langer, blutroter Streifen. Sie stammt aus dem Westen Nordamerikas. Auch in Europa in Teich- und flusswirtschaft gehalten und gezogen. → *Forelle*.

Cuvaison. Ausdruck aus Bordeaux für → *Mazeration*. Die festen Bestandteile der Rotweinmaische bleiben nach der Vergärung ca. 3 Tage bis zu einigen Wochen im jungen Wein, um alle Geschmacksstoffe vollständig auszulaugen. Die Dauer ist vom Jahrgang abhängig. Eine kürzere Verweildauer bedeutet frühere trinkreife Weine.

Cuvée. **a)** Erster streng regulierter Pressvorgang der Weintrauben in der Champagne. Aus 4000 kg Trauben werden 2050 l Most oder 2000 l Wein erstellt. Der Most der 1. Pressung ist qualitativ hochwertig. **b)** Als Cuvée wird eine Mischung von Grundweinen bezeichnet, die aus verschiedenen Rebsorten, unterschiedlichen Jahrgängen und Lagen stammen können. Ziel dieser Mischung ist gleichbleibende Qualität bzw. auch Geschmack.

Cuvée Close. Andere Bezeichnung für die → *Charmat*-Methode bei der Schaumweinherstellung.

Cyclamat. Kalorienarmer Süßstoff. 1937 entdeckt. 30 Mal süßer als Zucker. Wirkt synergistisch in Verbindung mit anderen kalorienarmen Süßstoffen (diese Süßstoffkombinationen sind süßer als die Summe der einzelnen Süßstoffe).

Cyclocerk. Wissenschaftlicher Ausdruck für gerundete Schwanzflosse bei Fischen.

Cycloidschuppen. Rundschuppen, häufigste Schuppenform der Süßwasserfische.

Cynarin. Bitterstoff (erst 1954 entdeckt), der der Magenschleimhaut gut tut und bei Erkrankungen der Leber heilend wirkt. Cynarin ist Bestandteil der Artischocke. Artischockensaft wird für Heilmittel und zur Herstellung von Apéritif Cynar und Magenbitter verwendet.

Cypriniden. Sammelbegriff für karpfenartige Weißfische. Eine artenreiche Fischfamilie, über 30 Arten in Mitteleuropa, die sich in 19 Gattungen untergliedert.

D

Daikon. Japanischer weißer Rettich.

Dalken → *Liwanzen.*

Dalkenpfanne. Pfanne mit runden Vertiefungen, ähnlich einer Spiegeleierpfanne.

Damnum. Differenz zwischen Auszahlungs- und Rückzahlungsbetrag bei Darlehen. Dieser Abschlag entspricht dem Disagio bei Anleihen.

Dampfbad. Heute in vielfältiger Form von Wellness-Hotels angeboten. Hierzu gehören: **a)** Irisches Bad mit feuchter Warmluft von etwa 50 Grad (ohne Nebel); **b)** Römisch-irisches Bad mit einer Temperatur von 42–45 °C und 80–100 % Luftfeuchtigkeit; **c)** Russisches Bad (Banja) wo bei 40 bis max. 50 °C und hoher Luftfeuchtigkeit durch Begießen heißer Ofensteine Nebel entsteht und durch leichtes Schlagen auf die Haut die Durchblutung weiter gefördert wird; **d)** Russisch-römisches Bad mit 3 nacheinander zu nutzenden Räumen (1. Raum: 54 °C, geringe Luftfeuchtigkeit, 2. Raum: Heißluft von 68 °C und geringe Luftfeuchtigkeit, 3. Raum: Dampfraum mit 45–48 °C und Nebel); **e)** Türkisches Bad (Hamam) mit Warmluftraum (40°) mit einem Steintisch zur Seifenmassage und Heißlufträumen (50°) bei hoher Luftfeuchtigkeit, aber ohne Nebel; **f)** Arabisches Bad (Resulbad) wo Schlamm bei ca. 50 °C auf der Haut leicht antrocknet und durch zunehmende Luftfeuchtigkeit (erzeugt durch warmen Nieselregen, Tropendusche oder Dampfschub) bei steigender Raumtemperatur (bis 55°) wieder abgelöst wird; **g)** Und die schonende Alternative für Gäste mit Bluthochdruck: Sanarium oder Caldarium mit Warmluft von 45–60 °C und Luftfeuchtigkeit von 50–60 % bzw. das ganz milde Tepidarium mit angenehmen 30–40 °C.

Dampfbier. Obergäriges Bier; 11–14 % Stammwürze; höhere Gärtemperaturen bei der Herstellung.

Dämpfen → *Cuire à vapeur.*

Dampfkammerbrot. In Dampfkammern oder Backröhren bei strömendem Dampf gebackenes Brot. z. B. → *Pumpernickel.*

Dampfl. Österreichische Bezeichnung für mit Milch und Zucker angerührte Hefe.

Damwild → *Wild,* in Feld Waldgebieten lebendes Schalen-/Haarwild mit ca. 1 m Höhe, dessen männliche Tiere Schaufeln tragen. Gewichte: Hirsch ca. 65 kg; Alttier ca. 34 kg.

Dancy. Neugezüchtete Zitrusfrucht. Früchte haben eine ausgeprägte rote Farbe. Sie sind klein bis mittelgroß mit glatter Oberfläche und sehr leicht schälbar. Das Fruchtfleisch ist tief orangenfarbig, zart, herb-süß im Geschmack und mit einigen Kernen. Angebotszeit ab Mitte Januar.

Dänisches Frühstück. Auch Caroline-Frühstück genannt, wurde von Ernährungswissenschaftlern proteinreich und kalorienbewusst – je nach ausgeübter Tätigkeit – zusammengestellt.

Dänischer Plunder → *Plunderteig,* bei dem je 500 g Hefeteig 250–300 g Butter eingezogen (touriert) werden, im Gegensatz zum deutschen Plunderteig, bei dem nur 150–200 g Butter je 500 g Hefeteig eingezogen werden.

Danziger Goldwasser. Gattungsbezeichnung für einen stark würzigen, wasserhellen Likör, in dem Stückchen von echtem Blattgold schwimmen. Danziger Goldwasser wurde bereits vor 400 Jahren in Danzig hergestellt und wird auch noch heute in Polen produziert und unter dem Namen „Zlatewoda" verkauft. Dieser Likör ist eine Komposition aus Rosenblüten, Orangenblättern und Gewürzen. Charakteristischer Bestandteil ist jedoch das echte Blattgold.

Daon Salam. Indonesischer Ausdruck für Lorbeerblätter.

Dariole *(frz.: dariole, w.)*. Kleine Becherform.

Darjeeling (Gebiet). Stadt im Staat Westbengalen in Indien. Sie liegt auf einer Vorkette des östlichen Himalajas 2185 m ü. NN und nordwestlich von Assam. Darjeeling ist Indiens bedeutendstes Teeanbaugebiet. Teeaufguss: besonders feines Aroma. → First Flush: leicht, blumig, heller Aufguss. Second Flush: schwerer, kräftiger, würziger Aufguss von dunkler Farbe.

Darlehen (§§ 607–610 BGB). Bei einem Darlehen erhält der Darlehensnehmer vertretbare Güter oder Geld mit der Verpflichtung, die Güter in gleicher Art, Güte und Menge bzw. den gleichen Geldbetrag zurückzuerstatten. Ein Darlehen kann unentgeltlich oder mit Kosten verbunden sein.

Darmperistaltik. Eigenbewegungen des Darms zum Weitertransport des Speisebreis. Durch eine ballaststoffreiche Ernährung mit hoher Wasserbindungskapazität wird das Volumen des Speisebreis vergrößert, die Darmperistaltik verbessert und die Ausscheidung von unverwertbaren Nahrungsbestandteilen beschleunigt.

Darne. Ursprünglich Fischschnitte. Mittelstück von Rundfischen. Als „Darne de Saumon" – garniertes Lachsmittelstück.

Darren. Stufenloses Trocknen des Grünmalzes bei Temperaturen zwischen 55–105 °C. Das Darren ist wichtig für die Haltbarkeit des Malzes, das Malzaromas und die Malzfarbe.

Darrmalz. Ca. 14 Tage gelagerter Biergrundstoff. Die Farbe des Darrmalzes kann die Bierfarbe, die Menge des verwendeten Darrmalzes den Alkoholgehalt des Bieres beeinflussen.

Dartois. *(Altfranzösisch auch D'artois)*. Blätterteiggebäck: 1) als hors d'œuvre – kleine Blätterteigstreifen mit Fischfarce und Sardellen belegt, mit Teig abgedeckt und gebacken. 2) Wie 1), jedoch mit Mandelcreme gefüllt. Artois war eine Grafschaft im Nordwesten Frankreichs.

Dash. Ein Tropfen, Alkoholika oder Würzflüssigkeit, zum Würzen verschiedener Getränke. → *Bar-Maße.*

Dash Bottle. Englische Bezeichnung für eine Spezialflasche, die mit einem Spritzkork versehen ist. Sie beinhaltet Flüssigkeiten, z. B. → *Angosturabitter,* mit denen Bargetränke abgespritzt (gewürzt) werden.

Dashi. Klare Suppe aus getrockneten → *Bonito*-Flocken und Meeresalgen. Das in Japan handelsübliche Instantdashi wird aus katsuobushi (pulverisierter getrockneter Bonito) und kombu (Seetang) hergestellt. In der japanischen Küche ist dashi unentbehrlich, denn es wird nicht nur als Suppe serviert, sondern auch als Brühe für alle möglichen Gerichte und als Grundlage für Dipsoßen gebraucht.

DATEV = Datenverarbeitungsorganisation der steuerberatenden Berufe in der Bundesrepublik Deutschland, bietet u. a. Programme für Buchführung, Kostenrechnung, Steuerberechnung und die Auswertung mit der sog. „Chef-Information", die dem Unternehmer einen Überblick über die Geschäftssituation vermittelt. Auch gastronomische Betriebe können über ihren Steuerberater von diesem Angebot profitieren.

Datteln. Bereits vor 5000 Jahren wurde die Dattel in ihrer Heimat Mesopotamien kultiviert. Seit 200 Jahren ist die Dattelpalme in Kalifornien heimisch. Mittlerweile wird sie in fast allen tropischen Gebieten der Erde angebaut. Die besten und bekanntesten

Datteln sind die Muskatdatteln aus Nordafrika. Frisch und getrocknet sind die Verwendungsmöglichkeiten fast unbegrenzt. In den Ursprungsländern werden Datteln auch zu Mark, Paste, Schnaps und Wein verarbeitet.

Daube. Geschmortes Gericht in der frz. Küche. Hauptsächlich von Schlachtfleisch, das in einer hermetisch geschlossenen, feuerfesten irdenen oder anderen Kasserolle bereitet wird (daube de boeuf).

Dauerbügelfrei. Mit den Verfahren Koratron, Siroset u. a. werden Wollartikel behandelt, um sie bügelfrei zu machen.

Dauererhitzung → *Pasteurisieren.*

Dauphin. Frz. Thronfolger. Klass. Garnitur z. B. Dauphin Kartoffeln.

Davidis, Henriette (1800–1876). Kochbuchautorin, „Praktisches Kochbuch für die gewöhnliche und die feine Küche" (man nehme ...) von 1841–1848 Leiterin der Mädchenarbeitsschule in Sprockhövel.

Davidoff, Zino. „Zar der Zigarren" vermarktet Exil-Zigarren und „Cognac Davidoff Classic".

DBU (Deutsche Barkeeper Union). Vereinigung von Barkeepern in fast allen Teilen der Welt, die ihren Mitgliedern folgende Leistungen anbietet: Organisiert Wettbewerbe, sorgt für Nachwuchskräfte, schult in fachlicher Hinsicht, hält zu Getränkefirmen Kontakte, hilft Arbeitsplätze im Inland und Ausland zu vermitteln, organisiert regelmäßige Meetings.

D. E. (Spanien). Denominacion Especifica ist eine spezifische Bezeichnung und schützt diejenigen Produkte, die aus einem bestimmten Gebiet stammen, für die entweder ein konkretes Rohmaterial oder ein festgelegtes Produktions- oder Verarbeitungsverfahren verwendet wird. Anders als im Falle der Herkunftsbezeichnung muss das Produkt nicht notwendigerweise die drei zuletzt genannten Bedingungen vereinen.

Dead-Line. 1. Begriff für den letztmöglichen Zeitpunkt für Änderungen und Annullierungen eines Auftrags (wird vertraglich festgelegt). **2.** Spätester Anreisezeitpunkt, um das Hotelzimmer noch sicher zu erhalten.

Debitoren. Schuldner. Eine besondere Form der Debitoren im gastgewerblichen Betrieb stellen die Restanten dar, gegen die aufgrund bereits erbrachter Leistungen schon Forderungen bestehen, die aber erst bei Abreise beglichen werden.

Debut. Der → *Neue (Wein)* bzw. neuer Jahrgang. → *Beaujolais* Primeur.

Deckrot. Rotweintraube. Kreuzung: Ruländer × Färbertraube (Teinturier). Der Wein hat sehr hohe Farbintensität. Sehr guter → *Deckwein,* kein selbständiger Rotwein.

Deckungsbeitragsrechnung. Auch direct costing, marginal costing. Im Gegensatz zur Kalkulation geht man dabei von den Erlösen aus. Von diesen werden nur die den Produkten direkt zurechenbaren Kosten abgezogen. Der verbleibende Rest = Deckungsbeitrag, ist der Teil, den das Produkt zur Deckung der Fixkosten beiträgt. Durch Zusammenfassung von Produktgruppen, Abteilungen usw. kann jeweils der Teil der direkt zurechenbaren Kosten einbezogen werden, sodass sich in mehreren Stufen bis zum Betriebsergebnis rechnen lässt. Die Deckungsbeitragsrechnung ist ein Instrument der Unternehmensführung und Kontrolle.

Deckwein. Tiefgefärbter Rotwein, der zur Farbverstärkung farbschwachen Rotweinen zugesetzt wird. In früheren Jahren verwendete man dazu Rotweine aus südlichen Ländern. Dies ist für Qualitätsweine verboten (für Tafelwein im Rahmen der EG erlaubt). Durch Anbau von Neuzüchtungen (Färber, Kolor) und Anwendung moderner Kellerei-

Decodieren

verfahren (Maischeerhitzung) versucht man den Mangel an Farbe auszugleichen.

Decodieren. Entschlüsseln (Verstehen) des Bedeutungsgehaltes einer Information, die durch eindeutige Zeichen (Fachausdrücke) gegeben wird. → *Codieren.*

Deduktion. Ableitung des Besonderen aus dem Allgemeinen (zur Beweisführung) **a)** Pädagogisches Verfahren für Lehrer und Ausbilder (deduktive Methode), **b)** Verfahren der Ideenfindung, die vom Allgemeinen zum Einzelnen führt. Gegensatz → *Induktion.*

Degenfisch → *Schwarzer Degenfisch.*

Deglacieren. Ablöschen mit einer Flüssigkeit (Wein, Wasser, usw.). Abgelöscht werden meist Soßenansätze.

Dégorgeoirs. Spezialbecken für Austern, die mit gefiltertem Meerwasser gefüllt und bei Ebbe wieder entleert werden. In diesem Wechsel zwischen Wässern und Trockenheit „lernt" die Auster schnell, bevor sie zum Verkauf gelangt, ihre Schalen hermetisch abzuschließen. Auf diese Weise behält sie ständig Wasser in ihrer Schale und kann dabei bei entsprechender Kühlhaltung bis zu drei Wochen außerhalb des Wassers überleben (zwischen 3 und 8 °C).

Degorgieren. a) Wässern, besonders Hirn, Bries und Herz, um das enthaltene Blut herauszuziehen, **b)** Entfernen des Hefeansatzes aus der Flasche. → *Champagner-Herstellung.*

Degraissieren. Abschöpfen von Fett bei Soßen und Suppen, Fett abschneiden von rohem Fleisch.

Degressive Abschreibung. Abschreibungsmethode mit fallenden Beträgen. → *Abschreibung.*

Dégustation *(lat.: degusto = probend).* Sensorische Prüfung von Getränken.

DEHOGA → *Berufsverband,* Arbeitgeberverband. Deutscher Hotel- und Gaststättenverband; er vertritt die Interessen seiner Mitglieder in der Öffentlichkeit, ist Repräsentant des Gastgewerbes, fördert die Berufsaus- und -fortbildung. Er vertritt sowohl → *Beherbergungsbetriebe* wie → *Bewirtungsbetriebe.* Der DEHOGA ist im Rahmen der Tarifverhandlungen Tarifpartner.

Dekantieren. Umfüllen eines Rotweins, aus der Weinflasche in eine Weinkaraffe. Damit soll der Trub, sofern gebildet, vom Rotwein getrennt werden. Aber auch Rotweine, die keinen Trub enthalten, werden evtl. dekantiert, um sie mit Sauerstoff anzureichern. Sie entfalten dadurch ihr volles Bukett.

Délayer. Überführen einer mehr oder weniger festen Masse in einen flüssigen Zustand durch Hineinarbeiten einer Flüssigkeit.

Delcredere *(ital.: = „auf Glauben").* **a)** Bürgschaft, Rückversicherung, Gewährleistung für die Zahlung von Verbindlichkeiten. **b)** Begriff des Rechnungswesens für Wertberichtigungen zu Kunden- und Wechselforderungen, wenn mit dem vollen Eingang nicht zu rechnen ist.

Delegation. Übertragung (management by delegation = Führungsmodell) von Aufgaben (Verantwortung), Rechten und Befugnissen (Vollmacht) auf vertrauenswürdige Mitarbeiter. Es entsteht die Verantwortlichkeit für den jeweiligen Stelleninhaber → *Funktionsträger.* Die Kontrolle erstreckt seitens des Vorgeordneten, der delegiert, auf die fachliche und persönliche Qualifikation, auf die Aufgaben und die Rechte. Vorteile: **1)** Der Vorgeordnete verzettelt sich nicht in Routinearbeiten, **2)** das Vertrauensverhältnis zwischen Vorgeordnetem und Nachgeordnetem verbessert sich, **3)** die Initiative des Nachgeordneten und sein Verständnis für betriebliche Notwendigkeiten erhöhen sich, **4)** das Gefühl persönlichen Zwangs wird abgebaut durch das Empfinden, nicht nur Objekt, sondern Subjekt des

Betriebsgeschehens zu sein, **5)** die betrieblichen Kosten werden reduziert. Nachteile: **1)** Die Rangordnung des Betriebes wird nicht abgebaut, sondern noch stabilisiert, **2)** es werden oft nur Routinearbeiten delegiert, **3)** die Aufgaben werden vorwiegend vertikal delegiert, die horizontale Abstimmung wird vernachlässigt, **4)** die Stellenbeschreibungen sind oft zu statisch und stellen die Flexibilität in Frage, **5)** der Instanzenweg ist zu schwerfällig.

Dellestage. Der Tresterhut wird bei der Maischegärung abgepumpt und mit gärendem Most überflutet. So hat die gärende Rotweinmaische ständigen Kontakt mit den Traubenschalen. Dadurch wird ein Maximum an Extraktion erzielt.

Demerara-Zucker. Braune Zuckersorte mit relativ grober Körnung.

Demeterbrot → *Schnitzerbrot*.

Demeterteigwaren → Teigwaren, deren Weizenmahlerzeugnisse ausschließlich aus Demeterweizen (biologische Düngung, kein Einsatz von Pflanzenschutzmitteln) stammen.

Demi-Chef *(frz.: demi = halb)*. Bezeichnung für Köche und Restaurantfachkräfte, die sich in der Rangebene zwischen → *Commis* und → *Chef de Cuisine* bzw. → *Chef de rang* befinden.

Demi-Chef de rang. Wörtlich übersetzt bedeutet diese Berufsbezeichnung „Halbchef". Im Prinzip handelt es sich um eine Zwischenstufe. Der → *Commis de rang* hat die nächste Stufe seiner Laufbahn erreicht und wird als Demi-Chef de rang auf die Aufgaben des → *Chef de rang* vorbereitet. Er kann für eine kleine → *Station* zuständig sein, die er selbständig, evtl. mit einem → *Commis de rang*, führt. Des Weiteren kann ein Demi-Chef de rang die Vertretung des → *Chef de rang* übernehmen.

Demi-Glace. Gebundene braune Grundsauce.

Demi Sec → Geschmacksangabe für Champagner und Schaumwein. Bedeutet 5–8 % Zucker oder Zuckergehalt 33–50 g/l. Bei deutschen Erzeugnissen ist demi sec gleich der Angabe „halbtrocken" (medium).

Demoiselles de Cherbourg. Französischer Ausdruck für bretonische Hummer von 300–350 g Gewicht.

Demoulieren. Eine Speise aus der Form stürzen.

Denaturierung *(denaturieren = entnaturisieren)*. Gerinnung von Eiweiß. Bei der Gerinnung verlieren Eiweißstoffe die Fähigkeit, sich zu lösen. Durch Hitze geronnenes Fleisch- und Klebereiweiß ist leichter verdaulich. Der Eiweißstoff der Milch gerinnt bei Einwirkung von Säure (Kasein). Die Denaturierung durch Hitze ist auch vom Feuchtigkeitsgehalt abhängig. In Lebensmitteln, die sehr wenig Wasser enthalten, gerinnt Eiweiß erst bei 90 °C.

Dephlegmation. Abkühlung bei der Destillation. Beim Erhitzen der alkoholhaltigen Flüssigkeit verdampft ein Gemisch aus Alkohol und Wasser; durch Dephlegmation wird der Dampf wieder verflüssigt.

Depot. 1. Verwahrungsort für Wertpapiere bei der Bank. **2.** Ablagerung bei Weinen, besonders bei körperreichen alten Rotweinen; kein Qualitätsmangel, sondern ein Zeichen von langer Flaschenlagerung und Flaschenreife.

Dépouiller. Gebundene Suppen oder Saucen durch anhaltendes Kochen zum Ausscheiden von Fett bringen.

Derby, Edward George (1865–1948). Earl of Derby, engl. Staatsmann und Kriegsminister. Ein Vorfahr begründete 1780 das

Pferderennen von Epson. Klass. Garnitur z. B. Masthuhn Derby.

Designer food. Nahrung, die aus Marketing-Gründen umgestaltet, neu kombiniert oder mit entsprechenden Grundstoffen angereichert wird. Schlagwort: „Natur aus zweiter Hand". Nestlé prägte 1986 den Begriff „Künstliche Natürlichkeit". Ab 2000 gehören auch gentechnisch veränderte Lebensmittel zu Designerfood.

Desodorierend. Geruchshemmend. Bei Wäsche, Futterstoffen u. a. führt „Hantzing" zur Reduzierung der pathogenen Mikroorganismen.

Désosser. Ausbeinen, Fleisch vom Knochen lösen.

Dessécher. Abtrocknen, abtropfen lassen.

Dessertweine. Auch → *Südweine,* Likörweine oder → *Süßweine.* Dessertweine können süß oder trocken ausgebaut werden. Dessertweine können auf folgende Art und Weise hergestellt werden: **1.** nur aus Trauben, z. B. Trockenbeerenauslese, **2.** Zusatz von süßem Traubensaft, **3.** Zusatz von über Feuer eingedicktem Traubensaft, **4.** Zusatz von Alkohol zum Wein oder Most, **5.** Zusatz von eingedicktem Most und Alkohol zum Wein.

Destillation. Abgeleitet von dem lat. Wort *destillare,* d. h. abtropfen. Ein Verfahren, bei dem eine Flüssigkeit verdampft, die Dämpfe abgeleitet und durch Kühlung verdichtet werden. Das entstandene Kondensat wird aufgefangen. Destillation wird hauptsächlich bei der Spirituosenherstellung angewendet, um Alkohol von Wasser zu trennen.

Destille. „Schnapsstube". Lat. destilla = Tropfen. → *Desitallation.*

Destilliertes Wasser. Chemisch reines Wasser durch Destillation gewonnen. Für Trinkzwecke ist es hauptsächlich wegen der fehlenden Mineralstoffe nicht geeignet. Es wird aber z. B. bei der Herstellung von Spirituosen an Stelle von Trinkwasser gebraucht.

Détroquage. Wenn sich Austern an den → *Collecteurs* festgesetzt haben und 6 Monate bis 1 Jahr alt sind, werden sie voneinander getrennt, um weiterwachsen zu können, diesen Vorgang nennt man „détroquage".

Deutsche Härtegrade. Messzahl der Wasserhärte in d°.

 $4 d°$ = sehr weich
 4–8 d° = weich
 8–12 d° = mittelhart
 12–18 d° = ziemlich hart
 18–30 d° = hart
 30 d° = sehr hart.
 1 g Kalziumoxyd auf 100 l Wasser oder 0,714 g Magnesiumoxyd auf 100 l Wasser = 1 °d = 10 mg CaO/l.

Deutsche Hotelklassifizierung → *Hotelklassifizierung.*

Deutsche Weinanbaugebiete (b. A.). **1.** Ahr **2.** Hessische Bergstraße, **3.** Mittelrhein, **4.** Mosel-Saar-Ruwer, **5.** Nahe, **6.** Rheingau, **7.** Rheinhessen, **8.** Pfalz, **9.** Franken, **10.** Württemberg, **11.** Baden, **12.** Saale-Unstrut, **13.** Sachsen.

Deutscher Blätterteig → *Blätterteig,* bei dem die mit Mehl angewirkte Butter in den Grundteig eingeschlagen wird. Danach erfolgt das → *Tourieren.*

Deutscher Pfannkuchen. Eireicher dickerer → *Pfannkuchen,* auf dem Herd anbacken, wenden, in der Röhre fertig garen.

Deutscher Service. Beim deutschen Service werden die Beilagen in Schüsseln zum Herumreichen eingesetzt. Das Fleisch wird entweder portionsgerecht auf Tellern angerichtet und von der rechten Seite serviert oder von einer Platte auf die vorher eingesetzten und vorgewärmten Teller von links vorgelegt.

Diese Servicemethode ist häufig in gut bürgerlichen Gaststätten gebräuchlich.

Deutscher Whisky. Besteht aus importiertem schottischen Malt Whisky, der mit deutschem Feinkorndestillat verschnitten wird oder auch gänzlich in Deutschland aus einheimischen Rohstoffen gewonnen wird, inkl. Lagerung.

Deutsches Sago → Kartoffelsago.

Deutsches Wein-Institut (DWI). Sitz in Mainz, Aufgabe des Instituts ist die Information über Weine, Pflege der Weinkultur u. a.

Deutsches Weinsiegel. Gütezeichen. Wird von der Deutschen Weinsiegel-Gesellschaft m.b.H., Frankfurt, für Weine verliehen, die von einer neutralen Weinfachkommission geprüft wurden. Die Prüfung erstreckt sich auf Farbe, Klarheit, Bukett, Geschmack und charakteristische Eigenschaften des Anbaugebietes, sowie auf Einhalten der Bestimmungen des Weingesetzes. Die Bewertung erfolgt nach dem Punkte-System → *Amtliche Prüfungsnummer.* Bevor das Deutsche Weinsiegel verliehen wird, müssen die Weine bereits die amtliche Qualitätsprüfung erfolgreich absolviert haben. → *Halbtrockene* Weine erhalten ein grünes, → *trockene* Weine ein gelbes und liebliche ein rotes Weinsiegel.

Deuxieme Cru. Zweite Qualitätsstufe für Médocweine.

Devisen → *Wechselkurse.* Guthaben und Forderungen in fremder Währung im Gegensatz zu Sorten, unter denen man das Geld in fremder Währung versteht, wie sie in den Sortenkassen der Gastronomiebetriebe geführt werden.

Dextrine. Wasserlösliche Abbauprodukte der Stärke. Beim Rösten trockener Stärke auf 160 bis 200 °C erhält man Röstdextrine, beim Erhitzen mit Säure die Säuredextrine. Sie entstehen z. B. beim Herstellen einer →

Roux (Mehlgeschmack geht verloren) und bei der Krustenbildung (D. sind für den Glanz verantwortlich) beim Rösten und Backen.

Dextrose (Syn.: Glucose, Traubenzucker). Monosaccharid in allen süßen Früchten, im Honig, meist von Fructose begleitet. Baustein hochmolekularer Polysaccharide und in der belebten Natur wichtigstes und am weitesten verbreitetes Kohlenhydrat.

Dezentralisation. Organisationsform, bei der eine Übertragung von Entscheidungs- und Initiativbefugnissen auf nachgeordnete Funktionsträger vorgenommen wird. → *Einkaufs-Dezentralisation.*

DFD-Fleisch. Starke Qualitätsabweichungen von der Art des → *PSE*-Schweinefleisches sind beim Rindfleisch selten zu beobachten. Häufiger wird aber beim Rindfleisch ein andersartiger Qualitätsverlust bemängelt, der darin besteht, dass das Fleisch eine dunkle, klebrige Beschaffenheit zeigt. Dieses Fleisch ist ernährungsphysiologisch einwandfrei und dank des geringen Saftaustritts beim Erhitzen für die Zubereitung gut geeignet. Seiner geringen Säuerung wegen ist es aber nicht so lange lagerfähig wie stärker gesäuertes Fleisch normaler Qualität. Daneben ist der Geschmack des zubereiteten Fleisches weniger ansprechend. Auch bei Schweinen ist das Auftreten von DFD-Fleisch, allerdings nur in geringerem Maße, zu beobachten. Offenbar steht das vermehrte Anfallen von DFD-Rindfleisch mit der zunehmenden Tendenz, Jungbullen zu schlachten, im Zusammenhang. Jungbullen können unter Umständen vor dem Schlachten in den Zustand starker Erregung geraten, was nachweislich zur Bildung von DFD-Fleisch führt. DFD ist die Abkürzung von dry – firm – dark. Deutsch: trocken – fest – dunkel. Farbe: dunkler, Konsistenz: fester, Saftigkeit: leimiger, Zartheit: verbessert, Geruch, Geschmack: abweichend, pH1: 6,2–6,7, pH24: mehr als 6,0–6,2. *Hygienische Eigenschaften:* Keimgehalt: höher, Haltbarkeit: geringer. *Technologische Eigenschaf-*

Diabetes mellitus

ten: Salzaufnahmevermögen: vermindert, Wasserbindungsvermögen: höher, Extrahierbarkeit von Muskeleiweiß: verbessert, Emulgierbarkeit: verstärkt, Farbbildung und Farbhaltung: unverändert. Nachteile: Der Gewichtsverlust ist höher als bei normalem Fleisch mit pH-Wert 5,6–6,0. Die Haltbarkeit ist stark reduziert. Nicht geeignet zu: Rohwurst, Pökelwaren, geeignet für: Brühwurst, Kochschinken, Kasseler, Bratenfleisch, Grillfleisch (verminderte Haltbarkeit).

Diabetes mellitus (Syn.: Zuckerharnruhr, Zuckerkrankheit), Chronloch, £. l. erbliche Stoffwechselkrankheit. Bauchspeicheldrüsenhormon Insulin wird vermindert abgesondert.

Diabetiker-Bier. Meist untergärig; 0,75 g Kohlenhydrate in 100 ml; hoher Alkoholgehalt von 3 bis 6 % Vol.

Diabetiker-Brot → *Spezialbrot,* das mit Getreideeiweiß angereichert ist. Diabetikerbrot muss nach der VO über diätetische Lebensmittel (§ 12 Abs. 1) mindestens 30 % weniger an Kohlenhydraten enthalten als ein vergleichbares normales Brot, höchstens 45 % i. Tr. Es wird in Kastenformen gebacken, hat eine stumpfbraune, gewölbte Oberfläche. Die Kruste ist stark ausgebildet, die Krume sehr locker.

Diabetiker-Kost. Diabetiker-Lebensmittel erleichtern dem Zuckerkranken, seine Diät einzuhalten. Der Verbraucher erkennt sie an der Aufschrift „zur besonderen Ernährung bei Diabetes mellitus im Rahmen eines Diätplanes".

Diabetikerwein. Etikettangabe: „für Diabetiker geeignet – nur nach Befragen des Arztes" Weine, die diese Bezeichnung aufweisen, müssen besondere analytische Anforderungen erfüllen: höchstens 4 g/l Glukose, höchstens 20 g/l Gesamtzucker, höchstens 150 mg/l gesamte schweflige Säure, höchstens 12 % Vol. vorhandener Alkohol. Übersteigt der Gesamtzuckergehalt 4 g/l muss dieser in Glucose und Fructose aufgeglie-

dert sein. Außerdem muss der Brennwert des Alkohol und der physiologische Gesamtbrennwert, jeweils auf einen Liter berechnet, auf dem Etikett angegeben werden.

Diablotins. Teufelsnocken. **1.** Gnocchi alla romana Masse mit Cayenne abgeschmeckt. **2.** Eine Welsh Rarebit-Masse auf Toast, gratiniert, in verschobene Vierecke (Rauten) geschnitten. Beilage zur Suppe. **3.** Eine Art Schokoladenbonbon.

Diamant Baok. Eine kleine, in Nordamerika vorkommende Schildkröte, die von den Amerikanern wegen ihres Wohlgeschmackes sehr geschätzt wird.

Diät. Besondere Kostform, berücksichtigt durch spezielle Zusammensetzung, Zubereitung oder veränderte zeitliche Verabreichung die verminderte Funktionsfähigkeit erkrankter oder nicht völlig intakter Organe.

Diätbrot. Spezialbrot, das der Verordnung über diätetische Lebensmittel entspricht. Als Diätbrote werden angeboten: Natriumarme Brote, Glutenfreie (weizeneiweißfreie) Brote und kohlenhydratverminderte Brote.

Diäten, Bilanzierte → *Bilanzierte Diäten.*

Diätetische Lebensmittel. Diätprodukte unterliegen der Diäten-Verordnung. Sie müssen im Gegensatz zu normalen Lebensmitteln immer einen besonderen Ernährungszweck dienen. Das ist dann der Fall, wenn sie besonderen Ernährungserfordernissen entsprechen. Von der Norm abweichende Ernährungsbedürfnisse haben z. B. Zuckerkranke oder Personen mit Mangelerscheinungen, Stoffwechselstörungen oder Überempfindlichkeiten gegen einzelne LM und/oder deren Bestandteile, aber auch Säuglinge und Kleinkinder, Schwangere und Stillende. Zu den diätetischen LM gehören auch Kochsalzersatz, die Zuckeraustauschstoffe Fruktose, Mannit, Sorbit und Xylit und die Süßstoffe Saccharin und Cyclamat.

Diätprodukte → *Diätetische Lebensmittel.*

Diät-Teigwaren. Teigwaren besonderer Art. 1. für Diabetiker: Gehalt an Kohlenhydraten um 20 % niedriger, 2. für Patienten mit Zöliakie aus glutenfreien Stoffen (Mais oder/und Reisprodukte).

Dickblut → *Blutplasma.*

Dicke Bohnen (Syn.: *Acker-, Pferde-, Sau-, Puffbohnen*). Stammen aus Vorderasien, sind aber weltweit verbreitet. Ihre behaarten Hülsen lassen sich nicht essen. Die jungen Samen werden gerne als Gemüse zubereitet, die älteren zu Eintöpfen. Die dicken Bohnen finden vorwiegend in der rheinisch-westfälischen Landesküche Verwendung. Die Bohnen bestehen zu 55 % aus Kohlenhydraten und zu 23 % aus Proteinen.

Dicksaft. 1) Zwischenprodukt bei der Zuckergewinnung, entsteht durch Verdampfung des → *Dünnsaftes.* 2) Auch von Apfel- oder Birnensaft, der durch Wasserentzug eingedickt wird (5–7 l Saft liefern 1 Liter Dicksaft). Da dabei nicht nur die Fruchtsüße konzentriert wird, sondern auch die typischen Aromastoffe der Früchte erhalten bleiben, eignen sich Dicksäfte vor allem zum Süßen von Fruchtaufstrichen, Desserts, Kompott und Müslis. Ihre Süßkraft ist etwas geringer als die von Honig.

Didaktik *(griech. didaskein = Unterrichtslehre).* Sinngebung, Ziele, Inhalte des Lehrens und Lernens, Fragen: Was? Wozu?, Theorie der bildenden Begegnung von Personen und Sachen. Daraus ergeben sich Bildungsinhalte und Bildungsaufgaben.

Dienstbesprechung. Unter dem Zeichen der Befehlsautorität stehende Anweisung, die von einem Vorgeordneten auf eine Gruppe von Mitarbeitern übertragen wird und mit der eine bereits getroffene Entscheidung verbindlich zur Kenntnis gegeben und die Durchführung einer beschlossenen Maßnahme veranlasst wird.

Dienstgang. Ein Dienstgang liegt im Gegensatz zur → *Dienstreise* dann vor, wenn aus dienstlichen oder beruflichen Gründen eine Tätigkeit in einer Entfernung vom Arbeitsplatz durchgeführt wird, wobei die Entfernung weniger als 15 km beträgt. Eine steuerliche Anerkennung des Tatbestandes erfolgt nicht mehr.

Dienstgespräch. Unter dem Zeichen der Befehlsautorität stehende Anweisung, die von einem Vorgeordneten auf einen bestimmten Mitarbeiter übertragen wird und mit der eine bereits getroffene Entscheidung verbindlich zur Kenntnis gegeben wird und der Mitarbeiter darüber informiert wird, was er zur Erledigung in seinem Delegationsbereich wissen muss, um selbstständig handeln zu können.

Dienstreise → *Dienstgang.* Eine Dienstreise liegt vor, wenn ein → *Arbeitnehmer* aus beruflichen Gründen (eine Geschäftsreise, wenn ein Selbständiger aus geschäftlichen Gründen) in einer Entfernung von mehr als 15 km von seinem ständigen Arbeitsplatz vorübergehend tätig wird. Die anfallenden Kosten sind i. d. R. Reisekosten, die teilweise vom Arbeitgeber ersetzt werden. Wo das nicht der Fall ist oder für die Übersteigung können vom Arbeitnehmer → *Werbungskosten* in begrenzter Höhe geltend gemacht werden. Bei Selbständigen gehören die Aufwendungen zu den → *Betriebsausgaben.*

Dienstplan. Synoptische Aufstellung des eingesetzten Personals und dessen Dienstzeiten für einen Bereich in einem bestimmten Zeitabschnitt.

Dienstvertrag (§§ 611–630 BGB). Ein Vertrag, der sich auf Dienste gegen Entgelt richtet.

Dienstwohnung → *Gästehaus,* Logis.

Digerat. Auszug, → *Digestion.*

Digestif

Digestif. Verdauungsförderndes Getränk, meistens als Abschluss eines Menüs gereicht → *Apéritif.*

Digestifwagen *(digestif = die Verdauung fördernd).* Zusammenstellung der Spirituosen, die sich nach dem Essen und zu Kaffee eigenen. Hierzu gehören: Weinbrand, Cognac, Armagnac, Obstbranntweine und Eau de vie, Marc, Grappa und Liköre auf einem schmalen Wagen. Wegen des Aromas wird grundsätzlich ungekühlt serviert – nur auf Wunsch des Gastes wird gekühlt serviert. Im Bankett-Service gehen Digestif-Wagen mit Kaffee und Petits-fours-Service sowie Zigarrenservice synchron.

Digestion *(lat.: trennen).* Das Auslaugen von löslichen Teilen aus einem Stoff mit einem Lösungsmittel (Alkohol) unter Anwendung von Wärme. Digerat ist das Ergebnis einer Digestion. Digerat = Auszug (Aromastoffe).

Digitale Abschreibung → *Abschreibung.*

Diglyceride → *Fette,* Zwischenprodukte beim Fettabbau.

DIHK („Deutscher Industrie- und Handelskammertag"). Dachorganisation aller Industrie- und Handelskammern im Bundesgebiet und Westberlin und der deutschen Außenhandelskammern (weltweit). Aufgaben: **a)** Sicherung und Förderung der Zusammenarbeit der Kammern, **b)** Erfahrungsaustausch, **c)** Wahrung der Belange der gewerblichen Wirtschaft, **d)** Wahrung der Interessen der gewerblichen Wirtschaft gegenüber den Behörden und sonstigen Instanzen.

Dijon-Senf → *Senf* aus Dijon.

Dim Sum. Kantonesisch: „Kleine Happen, die das Herz berühren" und den Gaumen erfreuen. Als Dim Sum werden die Gerichte des chinesischen Frühstücks bezeichnet. Das sind gefüllte Teigtaschen, die gedämpft, gekocht, gebraten und frittiert angeboten werden. Der Teig ist meistens mit Reismehl hergestellt. Eine Vielzahl von kleinen Gerichten mit langer chinesischer Tradition. Sie werden in Teehäusern, auf Märkten, auf der Straße, in Restaurants angeboten. Die fingerfertig geformten Teigtäschchen, verspielten Röllchen oder winzigen Bällchen, in denen sich klein geschnittenes Gemüse, Fleisch oder Fisch und/oder Garnelen verbergen, werden nach Belieben im Bambuskörbchen gedämpft oder in heißem Fett gebacken. Eine süße Variante wird ebenfalls angeboten: Kleine Kuchen mit Pudding und Kokosnussfüllung oder lauwarmes Hefegebäck mit süßer Füllung. Zu den würzigen Dim Sum serviert man einfache Saucen auf Basis einer wenig süßen Sojasauce, wie es die Japanische ist.

Dinkel *(triticum spelta).* Zählt botanisch zu den Weizenarten. Schon ca. 3000 v. Chr. als Kulturpflanze im südwestlichen Teil Asiens wie in Palästina, Syrien, Iran bis hin nach Äthiopien beheimatet. Er verbreitete sich dann viel später bis nach Mitteleuropa, wo er im südwestdeutschen Raum angebaut wurde. Nur noch geringe Flächen werden mit dieser alten Getreideart bestellt. Dinkel wird nach seinem Hauptanbaugebiet auch „Schwabenkorn" genannt. Das Dinkelkorn ist schmaler als das Weizenkorn. Seine Farbe ist goldgelb mit leicht rötlichem Einschlag. Die Backfähigkeit ist mit der des Buchweizens (Brotweizen) vergleichbar. Dinkel wird in der Küche wie Weizen zubereitet. Seine Kochzeit ist etwas kürzer. Der Kohlenhydratgehalt des Dinkel und seine Kombination von Fett und Phosphor stärken vor allem das Nerven-Sinnes-System des Menschen.

Dinkelweizen → *Grünkern.*

Dinner. Engl. Bezeichnung für das Abendessen, das in England, Frankreich und Amerika eine Hauptmahlzeit ist.

Dipper (Eiskrem-Dipper). Ein löffelartiges Gerät für eine Anwendung bei Speiseeis (Portionieren). Der Dipper aus Aluminium ist leicht zu handhaben und bewirkt beim Anzug durch das Speiseeis einen Aufrolleffekt zu ganzen Kugeln. Glyzerin im Hohlraum des Gerätes leitet die Handwärme bis zur Schale, so dass die jeweilige Eiskugel ohne mechanischen Abstreifer aus dem Gerät fällt.

Dips. Kalte oder warme Saucen von zarter, cremiger Konsistenz, die immer pikant abgeschmeckt werden. Man serviert sie in kleinen Schalen oder Gläsern. Frisches Gemüse oder Cracker werden eingetaucht (dippen – stippen, engl.: to dip). Zum Dippen eignen sich: roher Staudensellerie, zarte Möhren, Paprikaschoten, Fenchelstücke, Zucchinistreifen, Blumenkohlröschen, Scampi, Shrimps, Muscheln, Cocktailwürstchen.

Directeur de cuisine. Küchendirektor. Leiter einer großen Küchenbrigade bedeutender Hotelbetriebe oder Leiter mehrerer Küchen in Hotelkonzernen.

Directeur de restaurant. Restaurantdirektor, verantwortlich für den gesamten Bewirtungsbereich in einem Hotelbetrieb. Zu seinen Aufgaben gehören außerdem: Einstellung des Servicepersonals, Menüabsprachen mit Veranstaltern, Repräsentation des Betriebes, Pflege des Gästekontakts, Erstellung der Ausbildungspläne, Überprüfung des Ausbildungsstandes, Planung von Personalschulungen, Mitbestimmung bei der Erstellung von Speise- und Getränkekarten, Planung von Verkaufsförderungsmaßnahmen. Restaurantdirektor ist die höchste Position innerhalb der → *Kellnerbrigade*.

Direktionsrecht. Weisungsbefugnis des Arbeitgebers, die Arbeitsleistung des Arbeitnehmers nach Art, Ort und Zeit näher zu konkretisieren als das normalerweise im Tarif- oder Arbeitsvertrag erfolgt. Dazu gehört auch das Rügerecht, wenn der Arbeitnehmer seine Pflichten nicht gewissenhaft wahrnimmt. → *Abmahnung*.

Direktorial-Instanz (Direktorial-System). Organisationsform, bei der die Leitung des Betriebes in der Hand einer Person liegt, die die letzte Verantwortung zu tragen hat (Ein-Personen-Stelle, Singular-Instanz).

Direktträger. Kreuzungen von amerikanischen und europäischen Rebsorten mit dem Ziel, die Unempfindlichkeit der amerikanischen Rebsorten gegen tierische und pflanzliche Schädlinge mit den besonderen geschmacklichen Vorzügen der europäischen Rebsorte zu verbinden.

Direktwerbung → *Werbung*. Die im Hotelgewerbe am häufigsten angewandte Form der Werbung, die sich mit guten Werbeträgern (Prospekten, Briefen, Werbemappen) an den potenziellen Gast direkt wendet.

Disaccharid. Doppelzucker, aus zwei Einfachzuckern (Monosacchariden) durch Abspaltung von Wasser aufgebaut, einfachste Vertreter der Oligosaccharide. Die wichtigsten sind: → *Saccharose*, → *Maltose*, → *Lactose*, Cellobiose (Produkt der Cellulosespaltung), Trechalose (in Pilzen) und Gentiobiose (in Gemüse).

Disagio → *Agio*, → *Damnum*. Abschlag (Gegensatz: Agio = Aufgeld). Er kommt vor bei festverzinslichen Wertpapieren, die unter Kurs ausgegeben werden dürfen.

Diskont. Vorwegabzug von Zins beim Verkauf von Wechseln vor Fälligkeit, wobei die Bank nach der kaufmännischen → *Zinsrechnung* den Zins zwischen dem Ankaufstag und dem Fälligkeitstag berechnet und vom Wechselbetrag abzieht.

Diskontierung. Verkauf von Wechseln vor Fälligkeit, meist an die Bank. Der Zins, der für die Zeit zwischen Verkauf und Fälligkeit berechnet wird, ist der → *Diskont*.

Diskothek. Unterhaltungsbetrieb als Treffpunkt für junge Leute. Geboten werden moderne Musik, Tanzgelegenheit und Getränke. Dabei wird sich für die Unterhaltung der Technik so weit wie möglich bedient. Das umfasst die folgenden vier Bereiche: **a)** Tontechnik – Plattenspieler, Mischpulte, Verstärker, Tonboxen u. a., **b)** Lichtsteuerung – zur Kombination von Lichteffekten, **c)** Beleuchtung – die Verwendung von Lichteffekten als Kontrast zu den Tonelementen, **d)** Spezialeffekte – Wasserfälle, Laser, bewegliche Tanzflächen u. a.

Diskriminierungsverbot. Obwohl jeder Betreiber eines gastgewerblichen Betriebes aufgrund der Vertragsfreiheit entscheiden kann, mit wem er einen Vertrag abschließt und mit wem nicht, sollte keinesfalls – auch nicht zum Schutz des eigenen Betriebes – ein Pauschalverbot für bestimmte Rassen oder Nationalitäten u. Ä. ausgesprochen werden. Darin könnte ein Verstoß gegen Art. 3 des Grundgesetzes, der die Diskriminierung einer Person wegen ihrer Rasse, Heimat, Religion oder Herkunft verbietet, gesehen werden.

Display. Verkaufsfördernde Werbemittel, die an Ort und Stelle aufgestellt werden. Hierzu gehört ebenso der Tisch in der Hotelhalle, der Informationen über eine Aktion enthält, wie Aufhänger, Tischaufsteller, Plakate am Eingang, Haftkleber u. Ä.

Dissimilation. Umkehrvorgang der Assimilation (→ *Photosynthese*) zur Energiegewinnung (Zellatmung).

Ditali. Ital. kurze Röhrchennudeln, die in kräftige Suppen wie Minestrone passen.

Diversifikation. Ausdehnung des Leistungsangebots einer Unternehmung mit dem Ziel der Markterweiterung, des Risikoausgleichs, der Umsatz- oder/und Gewinnsteigerung. Das geschieht z. B. dadurch, dass eine Brauerei neben Bier auch andere Getränke in ihr Programm aufnimmt oder ein Hotel zum bisherigen Angebot ein Café eröffnet.

Dividende. Teil des Gewinnes, den eine Aktiengesellschaft an ihre Aktionäre ausschüttet. Sie wird angegeben in Prozent auf den Nennwert der Aktie.

Divisionskalkulation. Einfachste Form der → *Kalkulation,* bei der die Kosten durch die Anzahl der hergestellten Stücke dividiert werden.

Djahe. Frischer Ingwer der indonesischen Küche.

Djinten. Indonesischer Ausdruck für Kümmel.

DLG (Deutsche Landwirtschafts-Gesellschaft; 1884 gegründet). Durch die DLG werden Weinprämierungen ausgerufen. Bei erfolgreicher Teilnahme werden der „große Preis extra", Gold-, Silber und Bronzemedaillen sowie Urkunden an prämierte Weine verteilt. Gleichzeitig verleiht die Gesellschaft das Deutsche Weinsiegel.

DLG-Qualitätsprüfungen sind freiwillige Leistungswettbewerbe der deutschen Land- und Ernährungswirtschaft. Sie bilden eine partnerschaftliche Selbsthilfe und werden ohne staatliche Subventionen durchgeführt. Bei den Prüfungen handelt es sich um sensorische Qualitätsprüfungen. Stichprobenhaft kommen chemische, physikalische und mikrobiologische Untersuchungen dazu.

Döbel *(frz.: cabot, chevaine; engl.: chub)* Auch: *Aitel* oder *Rohrkarpfen.* Flussfisch Europas und Kleinasiens, 30 bis 60 cm lang und bis ca. 3 kg schwer. Wohlschmeckend, aber grätenreich.

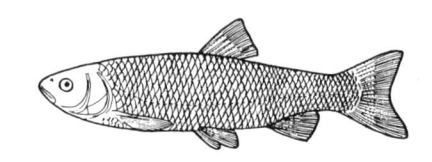

D.O.C. *(Denominazione di origine controllata)* Bezeichnung für ital. Weine mit kontrolliertem Ursprung, vergleichbar mit dem deutschen Qualitätswein b. A. oder dem frz. → *A.O.C. Zzt.* gibt es in Italien ca. 212 anerkannte D.O.C.-Gebiete.

D.O.C.+Garantita. Diese Bezeichnung ist nur sehr wertvollen ital. Weinen vorbehalten, die noch strengeren Prüfungen als → *D.O.C.-Weine* unterliegen.

Dodine de canard. Eine halbe Stopfente, ausgenommen und entbeint wird wie ein Rollbraten geschnürt. Vorteil dieser Methode: Brust und Keule brauchen die gleiche Garzeit, außerdem bessere Portionierungsmöglichkeit.

Dolan → *Chemiefasern.*

Dolde. Die Dolde des → *Hopfens* beinhaltet Bierwürzstoffe, das Lupulin oder Hopfenmehl, außerdem Harze, Öle, Tannin, Bitter- und Gerbstoffe.

Dôle. Rotwein aus dem Schweizer Kanton Wallis, der meist aus Spätburgunder- und Gamaytrauben hergestellt wird. Das Mindestmostgewicht liegt bei 86 °Oe. Werden diese Oe° nicht erreicht, wird Dôle unter der Bezeichnung → *Goron* verkauft. Goron ist auch eine andere Bezeichnung für Gamay.

Dolmas. Gefüllte Weinblätter, rouladenähnlich. Füllung mit Hackfleisch und Reis. Gericht der türkischen und griechischen Landesküche. Auch mit Kohlblättern hergestellt.

Domaine. Frz. Bezeichnung für einen Weinbetrieb, der ausschließlich aus eigenen Weintrauben, im eigenen Betrieb Wein herstellt.

Domina. Rotweintraube, Züchtung der Bundesforschungsanstalt für Rebenzüchtung, Geilweilerhof/Pfalz. Kreuzung: Portugieser × Spätburgunder.

Domino → *Würfelzucker.*

Donaulachs → *Huchen.*

Döner. → *Kebab*, frisch geröstetes Kalb- und Lammfleisch, vorher mariniert. Am vertikalen Drehspieß (türk. döner = drehen). Mindere Qualität: Döner aus Hackfleisch (bis zu 60 % erlaubt).

Doornkaat. Kornbranntwein mit 38 % Vol. Alkoholstärke, der durch eine weitere, eine dritte Destillation des Kornfeinbrandes unter Zufügung von Würzstoffen hergestellt wird.

Doppelbockbier. Meist untergärig und dunkel; lt. Gesetz mind. 18 % Stammwürze. Namen enden mit den Buchstaben „ator", z. B. „Kuluminator". Das stärkste Bier der Welt enthält 27 % Stammwürze.

Doppelkorn. Kornbranntwein mit einem Alkoholgehalt von mind. 38 % Vol.

Doppellender. Kalb, das durch besonders sorgfältige Mast eine auffallend starke Ausbildung der Muskulatur an den Hinterschenkeln (Doppel-Lende), an Rücken und Schulter aufweist.

Doppelmagnum. Flaschengröße mit dem 4fachen Inhalt der 0,75 l-Flasche = 3 l; auch „Jeroboam" genannt.

Doppelsalzverfahren. Entfernung überschüssiger Säure beim Wein durch Zugabe von kohlensaurem Kalk.

Doppelstück. Fassmaß mit 2400 l Inhalt.

Dorada. Auch *Goldbrasse,* → *Brasse.* Meerfisch mit weißem Fleisch.

Doria. Adelsgeschlecht aus Genua. Andrea D. (1468–1560) von Kaiser Karl V zum obersten Marine-Admiral ernannt. Klass. Garnitur z. B. Kraftbrühe Doria.

Dorlestan → *Chemiefasern.*

Dornfelder. Rotweintraube, Züchtung der Staatlichen Versuchs- und Lehranstalt Weinsberg, Kreuzung aus Helfensteiner × Heroldrebe. Farbstarke, fruchtige Weine.

Dornhai *(frz.: aiguillat, engl.: porbeagle).* Bei einer Länge von 1–1,20 m erreicht das Tier ein Gewicht von ca. 12–15 kg. Er lebt in Tiefen um 400 m und hat an der Rückenflosse einen Stachel; daher der Name Dornhai. Lebensraum: der Nordatlantik, die Nordsee und das Mittelmeer. Die geräucherten Bauchlappen werden als *Schillerlocken* verknuft, das ausgelöste Rückenfleisch des Dornhais als *Seeaal* in den Handel gebracht. Bei Wärmeeinwirkung entwickelt sich schnell ein Ammoniakgeschmack und -geruch. Beides ist nicht gefährlich, es verschwindet von allein wieder.

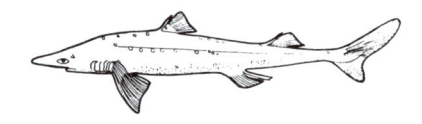

Dorsa. Rotweintraubensorte, Neuzüchtung der Staatlichen Versuchs- und Lehranstalt Weinsberg. Kreuzung aus Dornfelder und Cabernet Sauvignon.

Dortmunder Typ. Untergäriges Bier; 12–13 % Stammwürze; bekannt als Export; hell, im Geschmack zwischen Münchener und Pilsner.

D.O.S. *Denominazione di origine simplice* oder auch *Vino tavola* – sind Begriffe aus dem ital. Weingesetz. Bei Weinen mit diesen Bezeichnungen handelt es sich um einfache Tafelweine nach den EG-Vorschriften, die in Italien 80 % der Produktion in Anspruch nehmen. D.O.S. muss nicht mindere Qualität bedeuten.

Dosage. Zugabe bei der Schaumweinherstellung. → *Champagner.*

Dost. Wilder Majoran. Dost wirkt appetitanregend, galletreibend und entzündungshemmend. Die in ihm enthaltenen Gerbstoffe verhindern Durchfall. Dost eignet sich daher ganz besonders zum Würzen von fetten Speisen.

Douilles. Frz. Ausdruck für (Spritz-)Tüllen.

Doux → Geschmacksangabe bei → *Champagner* und Schaumwein. Bedeutet 8–15 % Zucker/l oder über 50 g Zuckergehalt in 1 l. Bei deutschen Erzeugnissen ist „doux" gleich der Angabe „süß".

Drachenfisch. Auch Petermännchen *(frz.: grande vive, dragon de mer, m.; engl.: weever).* Schlanker Fisch mit braun-blau gestreiftem Rücken (seitlich gelblich) und weißem Bauch. Gräbt sich als Grundfisch in den sandigen Meerboden im Atlantik von Bergen bis Westafrika, auch im Mittelmeer, in der Nordsee und selten der Ostsee. Wird ca. 30–35 cm groß. Spreizt im Todeskampf die Stacheln und verspritzt Gift. Kleine Art: Zwergpetermännchen *(frz.: petite vive; engl.: lesser weever)* wird nur ca. 10–20 cm groß. Beide dienen in der Hauptsache zu Fischsuppe (Bouillabaisse-Fisch), können aber auch geräuchert gegessen werden.

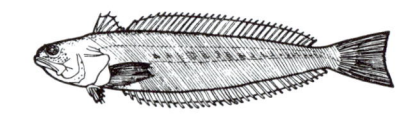

Dragun. Bertramblätter, Estragon.

Drahtkorb → *Agraffe.*

Dralon → *Chemiefasern.*

Drambui *(→ Honiglikör).* Wird in Schottland aus altem Whisky, Honig und Kräuterauszügen hergestellt. Alkoholstärke: 40 % Vol.

Dreimänner. In vielen Gegenden Bezeichnung für den Traminer (Weißweintraube). An der Nahe wird der → *Veltliner* als Dreimänner bezeichnet.

Drei-Sterne-Angabe → *Cognac-Altersangaben.*

Dressieren, a) Binden mittels Faden und Dressiernadel, hauptsächlich angewandt bei Geflügel. **b)** In Form bringen von Massen. Man benutzt hier einen Dressierbeutel (Spritzbeutel), um beispielsweise Kartoffelpüree oder eine Duchesse-Masse zu dressieren (vgl. Aufspritzen von Sahne).

Dressing. Englisch/amerikanische Bezeichnung für Salatsaucen. Thousand Island: Mayonnaise, Paprika, Chilisauce, geschnittene rote und grüne Paprikaschoten. Russischer: Thousand-Island-Dressing, zuzüglich gehackter roter Rüben, Schnittlauch, Petersilie, wenig Kaviar. French: Olivenöl, Weinessig, Salz, Pfeffer, frz. Senf. Princess: Olivenöl, Weinessig, Salz, Pfeffer, steifgeschlagener Eischnee. Plaza: Estragonessig, Olivenöl, Senfpulver, Chilisauce, Chutney, Salz. Chiffonade: Olivenöl, Weinessig, Pfeffer, Salz, gehackte rote Rüben, gekochtes Eigelb, Petersilie. Escoffier: Zitronenmayonnaise, Escoffier-Würzsauce, Chilisauce, Paprika, Schnittlauch. Lorenzo: Olivenöl, Weinessig, Pfeffer, Salz, Chilisauce, engl. Senfpulver, Knoblauch.

Drumsticks. Engl. Ausdruck für Geflügelunterschenkel.

Drusen. Bodensatz, der sich nach der Gärung am Boden des Fasses absetzt und durch → *Abstich* entfernt wird.

Dry *(engl. trocken).* Bedeutet bei Schaumweinen „trocken" (17–35 g/l Zucker), bei Spirituosen höheren Alkoholgehalt.

Duales Ausbildungssystem. Zweigleisige Berufsausbildung in der Bundesrepublik Deutschland, wobei die Vermittlung der Fachpraxis überwiegend in den Ausbildungsbetrieben, die Vermittlung der Fachtheorie überwiegend in der → *Berufsschule* erfolgt.

Dubarry. Jeanne Bécu de Barry, gen. Dubarry (1743–1793), Geliebte Ludwig XV, (hingerichtet). Klass. Garnitur z. B. Rahmsuppe Dubarry.

Dubiose. Zweifelhafte Forderungen.

Dubonnet. Frz. Produkt; → *Apéritif* auf Weinbasis mit einem Alkoholgehalt von 16-18 % Vol. Dubonnet wird aus mit Alkohol „stummgemachtem" Traubensaft und Weinen des → *Roussillon* bereitet und mit Kräutern Südfrankreichs und bitteren exotischen Pflanzen aromatisiert. Zur Reifung benötigt dieser Apéritif zwei Jahre. Er ist als roter und als trockener, weißer Dubonnet im Handel.

Duft. Weinansprache, mit der Nase wahrgenommener Gesamteindruck. Man bezeichnet damit ein angenehmes Bukett.

Dulse. Algenart. Angebaut an der bretonischen und normannischen Küste.

Dumas, Alexander D. (1802–1870). Marquis Davy de la Pailletrie, Romancier und Feinschmecker, Sohn eines napoleonischen Generals und der Enkelin einer Mulattin aus Haiti. Klass. Garnitur z. B. Seezunge Dumas.

Dumping. Waren in ein anderes Land zu einem Preis zu exportieren, der unter dem Preis liegt, der für den Inlandsmarkt gilt.

Dunder. Alkoholfreier Rückstand, der bei der ersten Destillation der Rumproduktion entsteht. Wegen der vorhandenen Aromastoffe wird dieser Rückstand in bestimmten Mengen bei der Destillation zum Feinbrand zugegeben.

Dünkli. Schweizer Ausdruck für getrocknetes, dünn geschnittenes Brot.

Dünnsaft. Zwischenprodukt bei der Zuckergewinnung, gereinigter Zuckersaft vor dem Eindampfen. → *Dicksaft*

Dunst

Dunst. Zwischenerzeugnis bei der Vermahlung von Getreide zu Mehl. Der Feinheitsgrad liegt zwischen → *Grieß* und → *Mehl*. Dunst findet vorwiegend in der Industrie Verwendung.

Dünsten → *Etuver*.

Durchlässigkeit. In der Ausbildung **a)** horizontal: Wechsel von beruflichen in allgemeinbildende Bereiche; **b)** vertikal: Aufstieg von einer Stufe des Bildungswesens in die nächst höhere.

Durchrieseln. Vorgang während der Blütezeit der Trauben, bei der die Fruchtansätze infolge ausbleibender Befruchtung absterben.

Düssel. Altbier aus dem Düsseldorfer Raum; stark gehopft.

Dust. Teestaub, der bei der Teeproduktion anfällt, mindere Qualität.

Duxelles (richtig: d'Uxelles = Louis Chalon de Bled, Marquis d'Uxelles [17. Jahrhundert]). Nach ihm wurde eine Füllsel benannt, die aus fein gehackten Schalotten, Champignons, Petersilie, Tomaten, Schinken und feiner Fleischfarce besteht. (Bes. Anwendung: Lendenbraten Wellington).

D-Wert. Hitzeresistenzwert einzelner Keimgruppen. Er gibt an, wie lange eine bestimmte Temperatur gehalten werden muss, um 90 % der diesem Wert zugeordneten Mikroorganismen abzutöten.

d'Yquem → *Sauternes*.

DZT. Deutsche Zentrale für Tourismus.

E

E = Europa, „e" erscheint auf Weinetiketten in Verbindung mit der Mengenangabe, sofern die verwendete Flasche den Vorschriften der Europäischen Union entspricht.

Earl Grey Tee. Teesorte, aromatisiert durch natürliches Pflanzenöl der Bergamottbirne.

Early Landed. Cognacs, die bald nach der Destillation in alten Eichenfässern nach England verschifft, dort gelagert und später als Jahrgangscognacs angeboten werden (z. B. Fa. Hine). Abfüllungsland ist England.

Easy Peeler. Engl. easy = leicht, to peel = schälen. Bezeichnung für leicht zu schälende Zitrusfrüchte.

Eau de vie de Cidre. Apfelbranntwein, der wie → Calvados aus → Cidre gebrannt wird, jedoch eine einfachere Qualität aufweist. Er stammt aus der Bretagne, Haute-Normandie und Seine-Maritime und wird ohne besondere Vorschriften im kontinuierlichen Brennverfahren hergestellt. Das Anrecht auf die Bezeichnung „Réglementée" setzt eine sensorische Prüfung voraus. Eine bestimmte Dauer der Fasslagerung ist nicht vorgeschrieben.

Eau de vie de Vin. Allgemeine französische Bezeichnung für → Branntwein bzw. → Weinbrand.

Eberesche (Syn.: Vogelbeere). Die „Wilde Vogelbeere" ist über ganz Eurasien und Nordwestafrika verbreitet. Sie besitzt saure Früchte, deren Würzwert schon die Römer kannten. Die „Süße Vogelbeere", eine Mutante, stammt wahrscheinlich aus Böhmen. Die Früchte sind reich an Vitamin C (bis zu 500 mg in 100 g frischen Vogelbeeren), sie enthalten ferner Carotin, etwa 14 % Sorbit, zahlreiche organische Säuren, wie Apfel-, Sorbin- und Parasorbinsäure, Gerb- und Bitterstoffe, Pektin. Verwendet werden die Vogelbeeren in erster Linie zur Herstellung von Fruchtsäften, Kompotten, Pasten und Marmeladen. Vogelbeeren nimmt man auch als würzende Zutat zu Soßen und zu Wildbret, insbesondere zu Wildgeflügel oder als Beilage zu fetten Braten. Im Elsass bereitet man aus ihr einen kräftigen, würzigen Schnaps. Man kann auch einen heilkräftigen Likör aus ihr herstellen.

EBLY. Ein vorbehandeltes Produkt von Zartweizen.

Echalote d'Egypte → Rockenbolle.

Echalote d'Espagne → Rockenbolle.

Echaudé. Kuchen von gebrühtem Teig. Echaude à la meringue → Spritzkuchen.

Echine. Französischer Ausdruck für das Kammstück (Nacken) vom Schwein (auch Wildschwein).

Echte Nelkenwurz (lat.: Géum urbánum Linné). Anspruchslose Krautpflanze, wächst an schattigen Plätzen. In der Küche wird der bitter schmeckende Wurzelstock als Gewürz verwendet. Sein Geruch nach Zimt und Gewürznelke ist auffällig. Durch seinen großen Gehalt an ätherischem Öl ist er zum Aromatisieren von Glühwein und Likören geeignet.

Echter Arrak. Bei dieser Angebotsform von → Arrak wird → Original-Arrak im Inland auf eine Trinkstärke von ca. 40 % Vol. Alkohol herabgesetzt.

Echter Rum → Original Rum, der im Inland auf eine Trinkstärke von ca. 40 % Vol. Alkoholgehalt herabgesetzt wird.

Eclair(s) → Blitzkuchen, → Liebesknochen. Brandteig stangenförmig aufdressiert, nach dem Backen mit → Fondant glasiert und mit Sahne, meist Mokkasahne, gefüllt. Eclairs ohne Zucker finden in der kalten Küche zu Vorspeisen und Würzbissen Verwendung.

Ecumer *(frz.: écumer).* Abschäumen, (écume = Schaum).

Ecumoir *(frz.: écumoir),* Schaumlöffel.

Edelbranntweine. Besonders wertvolle Trinkbranntweine, die sich durch Güte, Materialwert, Lagerung und Reifung erheblich von den Durchschnittserzeugnissen unterscheiden. Die als „edel", „fein", „Tafel" u. ä. bezeichneten Branntweine müssen einen Mindestalkoholgehalt von 38 % Vol. aufweisen.

Edelenzian. Ein aus der Maische vergorener Enzianwurzeln gewonnenes Destillat, das lange gelagert wird. Dieser Branntwein ist im Handel kaum erhältlich.

Edelfäule. Durch → *Botrytis cinerea* bei befallenen reifen Trauben entstehende Fäule.

Edelgewächse → *Elsass.*

Edelkorn. → *Kornbranntwein* mit einem Alkoholgehalt von mind. 38 % Vol.

Edelreis. Auf Amerikanerreben gepfropfte Reiser von europäischen Rebsorten.

Edelzwicker. Qualitätswein aus dem Anbaugebiet → *Elsass.*

Effektivverzinsung. Die tatsächliche Verzinsung eines Kapitaleinsatzes unter Berücksichtigung aller Kosten. Die drei wichtigsten Fälle sind: **1.** *Effektiver Zins bei Skonto;* Lautet eine Zahlungsbedingung: Zahlbar innerhalb eines Monats mit Abzug von 2 % Skonto, in drei Monaten netto Kasse, so wird der Skonto für die vorzeitige Zahlung um zwei Monate gewährt. Diese 2 % Skonto entsprechen einem Jahreszinssatz von 24 %. **2.** *Effektivverzinsung bei Wertpapieren;* wird ein Wertpapier im Nennwert von 10,– € zum Kurs von 120 bei 0,50 € Kosten erworben, beträgt der Gesamtaufwand 12,50 €. Eine 5%ige Dividende, die auf den Nennwert gewährt wird, beträgt 0,50 €. Bezogen auf den Einsatz der 12,50 € entspricht das 4 % effekt. Verzinsung. **3.** *Rendite bei Häusern:* Hierbei stellt der Rohertrag, also die Mieteinnahmen abzüglich aller Kosten, die Verzinsung des eingesetzten Eigenkapitals dar.

Effiler. Hobeln. Das Schneiden oder Hobeln in Scheibchen von Mandeln, Nüssen, Orangeat usw.

Egalisieren. Ausgleichen. Destillate, die zur Reifung in vielen verschiedenen Eichenholzfässern lagern, entwickeln sich geringfügig unterschiedlich. Um diesen Unterschied auszugleichen, werden die Destillate während der Lagerzeit mehrmals in große Bottiche umgefüllt, vorsichtig vermischt und danach wieder in die Fässer zurückgeleitet (→ *Weinbrand-Herstellung).*

Egg-Noggs. Kaltes oder warmes Getränk. Sie bestehen aus Eigelb, einer gewünschten Spirituose oder Likör, evtl. Zucker, Sahne, Milch. E. N. werden geschüttelt. Bei warmen E. N. werden Eigelb, gewünschte Spirituose und Läuterzucker verrührt, und unter weiterem ständigen Rühren wird heiße Milch zugegeben.

Egli. Kleiner Barsch aus dem Genfer See oder dem Bodensee.

Egoutter *(frz.: égoutter).* Abschütten, abtropfen lassen.

Ehegatten-Verträge. In vielen Bereichen gibt es Verträge zwischen Ehegatten. Im Hotel- und Gaststättengewerbe sind bes. zwei Arten von Bedeutung: **a)** Verträge über Mitunternehmerschaft, nach denen ein Ehegatte Teilhaber im Unternehmen des anderen Ehegatten ist, z. B. in einer KG. **b)** Arbeitnehmerverträge, nach denen eine Ehegatte Arbeitgeber des anderen ist. Der Arbeitgeberehegatte erzielt durch die Lohnzahlung eine Minderung von Gewerbe- und Einkommensteuer, da der Lohn als →

Betriebsausgabe den Gewinn mindert. Alle Verträge zwischen Ehegatten sind ernsthaft abzuschließen und exakt durchzuführen, damit sie steuerlich anerkannt werden.

Ehrenfelser. Weißweintraube, Züchtung der Hessischen Lehr- und Versuchsanstalt für Wein-, Obst- und Gartenbau, Geisenheim/Rheingau, Kreuzung: Riesling × Silvaner. Die Traube wurde nach der Ruine Ehrenfels bei Rüdesheim benannt. Sie bringt fruchtige, rieslingähnliche Weine mit feiner Säure hervor.

Ehrentrudis *(Spätburgunder, Weißherbst).* Badische Rosé-Qualitätsweine mit Prädikat aus der Rebsorte Blauer Spätburgunder aus dem Bereich Kaiserstuhl-Tuniberg. → *Herkunftstypenweine.*

Eichblattsalat. *(Frz. feuilles de chêne)* Salat, der diesen Namen wegen der eichblattförmigen Blätter hat. Auch Eichlaubsalat. Im Freiland angebaut, von Mai bis Oktober erhältlich. Nussähnlicher Geschmack. Soll schnell verarbeitet werden, da er auch im Kühlhaus nur etwa einen Tag frisch bleibt.

Eichgesetz. Gesetz über das Maß- und Eichwesen; bestimmt, dass grundsätzlich alle im Geschäftsverkehr verwendeten Messgeräte geeicht sein müssen.

Eichpflicht. Zum Schutz der Verbraucher bestimmt das → *Eichgesetz,* dass alle im Geschäftsbereich verwendeten Messgeräte unter die Eichpflicht fallen. Als Ausnahmen hiervon gelten: a) Messgeräte für Speisezutaten, b) Geräte zum Füllen von → *Schankgefäßen.*

Eichstrich. Maße und Messgeräte werden gekennzeichnet und obliegen der Kontrolle und Verantwortung des Staatlichen Eichamtes. Der Füllstrich an → *Schankgefäßen* wie Gläsern und Karaffen muss vom Benutzer, z. B. Gastwirt, auf seine Richtigkeit geprüft werden. Schankgefäße müssen den Füllstrich in bestimmten Maßen und Abstand vom Glasoberrand tragen. Er muss waagerecht und dauerhaft angebracht sein.

Eier. Unter Eiern versteht man im gesetzlichen Sinn ausschließlich Hühnereier. Andere Eier dürfen nur unter deutlicher Kennzeichnung der Vogelart in den Handel kommen, sie unterliegen nicht den für „Eier" geltenden Vorschriften. Die Frische eines Eies ist an der Höhe der Luftkammer erkennbar (je frischer das Ei, desto kleiner ist die Luftkammer) und wird in Güteklassen ausgedrückt. Innerhalb der Güteklassen werden die Eier nach / Gewichtsklassen sortiert. Eier, die direkt vom Erzeuger ab Hof oder auf dem Wochenmarkt gekauft werden, sind von diesen Regelungen ausgenommen. Eierspeisen werden häufig als Zwischengerichte, kalte Vorgerichte, als Beilagen und ebenso als Spezialplatten serviert. Man unterscheidet einige Grundmethoden der Zubereitung: **a)** Weiche Eier = oeufs à la coque **b)** wachsweiche Eier = oeufs mollets **c)** Rührei = oeufs brouillés **d)** Omelett = Omelette française **e)** gestürzte Eier = oeufs moulés **f)** Eier im Näpfchen = oeufs en cocottes **g)** Verlorene Eier = oeufs pochés **h)** Gebackene Eier = oeufs frits **i)** Spiegeleier = oeufs sur le plat **j)** Hartgekochte Eier = oeufs durs. Darüber hinaus sind Eier Grundlage zum Lockern, Binden, Emulgieren und Klären von Nahrungsmitteln und Speisen. Die Zusammensetzung des Hühnereies ist ungefähr folgende: Protein 13%, Fett 12%, Mineralsalze 2%, Wasser 73%. Andere angebotene Eier sind → *Gänse-,* → *Wachtel-,* → *Möwen-,* → *Perlhuhn-,* Puten-, → *Fasanen-,* Rebhuhn-, → *Bantam-,* seltener → *Straußen-,* Schildkröten- und nur für den privaten Gebrauch → *Enteneier.* Kiebitzeier stehen unter Naturschutz. Herkunftsbezeichnung → Anhang A10.

Eiercremeeis → *Cremeeis.*

Eierfrüchte → *Aubergine.*

Eierlikör. Unter Verwendung von Hühner-Eigelb, Alkohol und Zucker hergestellter Likör. Die verwendeten Eier dürfen weder haltbar gemacht, noch in Kühlräumen unter +8 °C gelagert worden sein. Das Eigelb hingegen darf vor der Verarbeitung zum Eierlikör pasteurisiert oder mit Alkohol konserviert werden. Der Zusatz von Farbstoffen, Eiersatzstoffen, Verdickungsmitteln, Frischhaltemitteln und Milch ist verboten. Eierlikör enthält mind. 240 g Eigelb pro Liter. Mindestalkoholgehalt 14 % Vol.

Eigentum. Die rechtliche Herrschaft über eine Sache. Eigentum ist das stärkste Recht an einer Sache. Der Eigentümer kann mit der Sache nach Belieben verfahren, solange er damit nicht das Wohl der Gemeinschaft schädigt oder die Rechte anderer verletzt.

Eigentumsübertragung. Zur Übertragung von → *Eigentum* von einer Person auf eine andere bedarf es: **a)** der Willenserklärung, bei der sich die Partner einig sein müssen, dass das Eigentum übergehen soll = *Einigung* und **b)** der *Übergabe*, d. h., einer Handlung, aus der sichtbar wird, dass das Eigentum übergeht. Bei beweglichen Sachen kann die Übergabe ersetzt werden durch: Vereinbarung eines Besitzkonstituts (§ 930 BGB) oder Abtretung eines Herausgabeanspruchs (§ 931 BGB). Bei unbeweglichen Sachen wird die Einigung bei gleichzeitiger Abwesenheit (Notar, Grundbuchamt) erklärt = *Auflassung* und weil keine körperliche Übergabe möglich ist, eine *Eintragung* ins → *Grundbuch* vorgenommen.

Eigentumsvorbehalt. Mit der Klausel „Die Ware bleibt bis zur vollständigen Zahlung Eigentum des Verkäufers" spricht der Verkäufer einen Eigentumsvorbehalt aus, der ihm das Recht gibt, die Ware zurückzufordern, wenn der Käufer nicht zahlt. Eine solche Sicherung des Liefererkredites ist deshalb problematisch, weil der Eigentumsvorbehalt untergeht, bei: **1)** Verarbeitung **2)** Vermengung und Vermischung **3)** Einbau oder **4)** Verkauf an gutgläubigen Dritten. Um diese Gefahr abzuwenden, versucht sich der Lieferer zu schützen, indem er den Eigentumsvorbehalt ausdehnt durch: **a)** erweiterten Eigentumsvorbehalt – Ausdehnung auf weitere Güter im Lager des Käufers; **b)** Saldo- bzw. Kontokorrent-EV – Eigentumsvorbehalt trifft alle gelieferten Sachen, bis sämtliche Ansprüche aus der Geschäftsverbindung gezahlt sind; **c)** verlängerter Eigentumsvorbehalt – Verpflichtung des Lieferers, auch seinen Käufern den Eigentumsvorbehalt aufzubürden.

Eigenverbrauch. Begriff aus dem Umsatzsteuerrecht. Eigenverbrauch liegt vor, wenn ein → *Unternehmer* im Inland: **a)** Gegenstände aus seinem Unternehmen, wie z. B. Waren, Speisen entnimmt; **b)** sonstige Leistungen, wie z. B. Arbeitnehmer beschäftigt oder PKW nutzt für Zwecke, die nicht im Rahmen des Unternehmens liegen (private u. a.) oder wenn er Aufwendungen macht, die nach § 4 Abs. 5 EStG bei der → *Gewinnermittlung* ausscheiden (Repräsentationsaufwendungen), sowie bei bestimmten Leistungen an Anteilseigner, Gesellschafter oder Mitglieder der Gesellschaft. Der Eigenverbrauch unterliegt der Umsatzsteuer. Ausgenommen sind Geldentnahmen, steuerfrei sind Entnahmen von Grundstücken und Wertpapieren. Die → *Bewertung* der Entnahmen erfolgt mit dem → *Teilwert*. Der Eigenverbrauch darf nicht verwechselt werden mit den → *Privatentnahmen*.

Eihaltige Liköre. Liköre, die unter Verwendung von Eiern (100 g Eigelb im Liter) hergestellt sind. Zusätze von Farbstoffen und Verdickungsmitteln (mit Ausnahme Hühnereiweiß) sind nicht erlaubt. Alkoholgehalt mind. 14 % Vol. Zu den eihaltigen Likören zählen „Mokka mit Ei" und „Schokolade mit Ei". Sie gehören zu der Gruppe der → *Emulsionsliköre*.

Einbrenne → *Roux*.

Einfacheiskrem. Speiseeis, hergestellt wie → *Eiskrem,* jedoch mit einem geringeren Gehalt an Milchfett. Einfacheiskrem enthält mindestens drei Hundertteile Milchfett, Vanillin darf verwendet werden.

Einfachzucker → *Monosaccharide.*

Einheitswert. Einheitlicher Steuerwert eines Vermögens, der vom Finanzamt ermittelt und dem → *Steuerpflichtigen* mit dem Einheitswertbescheid mitgeteilt wird. Er hat den Zweck, dass das Vermögen für alle in Betracht kommenden Steuern, wie z. B. Grund- und Erbschaftssteuer gleich behandelt wird.

Einkauf → *Beschaffung.*

Einkaufs-Aufgaben, a) Planung des Bedarfs, b) Beobachtung des Marktes, c) Einholung von Angeboten, d) Prüfung der Angebote, e) Abschluss von Verträgen, f) Bestellung der Waren, g) Terminkontrolle der Lieferungen, h) Wareneingangskontrolle, i) Rechnungskontrolle, j) Erstellung von Einkaufsstatistiken, k) Führung von Eingangsbüchern.

Einkaufs-Dezentralisation. Beschaffung des Bedarfs durch jede einzelne Beschaffungsstelle im Betrieb (Hotelabteilungen) oder durch jeden Betrieb eines Konzerns. Vorteile: **a)** Abstimmung des Bedarfs auf die Betriebe (örtlich), **b)** bessere Ausschöpfung der ortsgebundenen Angebote, **c)** schnellere Willensbildung, da weniger Entscheidungszentren und langwierige Instanzenwege entfallen, **d)** Berücksichtigung besonderer Kundenwünsche am Orte, **e)** oft größere Frische der Waren, **f)** Entlastung der Leitungsorgane von dezentralisierbaren Entscheidungsaufgaben, **g)** Stärkung der Initiative und des Verantwortungsbewusstseins der beteiligten Mitarbeiter (Nähe zum Markt und zum Lieferanten), → *Einkaufs-Zentralisation.*

Einkaufs-Dispositionen. Alle Entscheidungen, die im Rahmen der Einkaufstätigkeit getroffen werden müssen, um diesen Bereich optimal zu gestalten. Dazu gehören: *Sortiments-Disposition,* → *Mengen-Disposition,* → *Zeit-Disposition,* → *Bezugsquellen-Disposition,* → *Preis-Disposition.*

Einkaufs-Zentralisation. Beschaffung des Bedarfs in Form der Zusammenfassung mehrerer Beschaffungsstellen (z. B. Getränke für die Bar und verschiedene Restaurants) im Betrieb oder mehrerer Betriebe eines Konzerns (z. B. Getränke, Material für Housekeeping für alle Hotels einer Kette) unter einem Einkaufszentrum. Vorteile: **a)** Guter Überblick über den Gesamtbedarf, **b)** Kostenersparnis, da größere Mengenabnahme, **c)** geringere Verwaltungskosten, da nur wenige qualifizierte Fachkräfte notwendig, **d)** intensive Kontrollmöglichkeit, **e)** klare Disposition der finanziellen Mittel, **f)** Entlastung der nachgeordneten Funktionsträger, **g)** Einfluss auf Qualität, Art und Produktionseigenschaften der Ware (Herstellung spezieller Erzeugnisse), → *Einkaufs-Dezentralisation.*

Einkommen. Das Einkommen spielt in vielen wirtschaftlichen Überlegungen eine Rolle, so z. B. als Einkommen eines Arbeitnehmers, eines Haushaltes, als Volks- oder Welteinkommen. Im Gastgewerbe ist der Begriff „Einkommen" wichtig als Grundlage der Einkommen- oder Körperschaftsteuer. Nach § 2 EStG ist das Einkommen die Summe aller → *Einkünfte* aus den sieben → *Einkunftsarten,* korrigiert um die Verluste aus diesen Einkunftsarten und vermindert um Sonderausgaben und außergewöhnliche Belastungen. Das tatsächlich zu versteuernde Einkommen ergibt sich erst nach Abzug weiterer → *Freibeträge.*

Einkommensteuer. Steuer auf das → *Einkommen* natürlicher Personen, die aufgrund der Veranlagung durch das Finanzamt erhoben wird. Eine Ausnahme bilden hierbei: **a)** die Lohnsteuer, die im Quellenabzugsver-

Einkünfte

fahren erhoben wird und **b)** die Kapitalertragsteuer auf Einkünfte aus Kapitalvermögen. Rechtsgrundlage für die Einkommensteuer ist das Einkommensteuergesetz (EStG), Bemessungsgrundlage ist das zu versteuernde Einkommen. Die Berechnung der Steuer erfolgt mittels eines Tarifes, nach dem höhere Einkommen auch höher besteuert werden.

Einkünfte. Nettoerträge oder Reineinkünfte aus den sieben → *Einkunftsarten*, d. h. die Einnahmen sind bereits um die abzugsfähigen → *Betriebsausgaben* bzw. → *Werbungskosten* korrigiert.

Einkunftsarten. Die Quellen, aus denen dem → *Steuerpflichtigen* → *Einkünfte* zufließen. Das EStG kennt folgende Einkunftsarten: (§ 2 Abs. 1 EStG) **a)** Einkünfte aus Land- und Forstwirtschaft, **b)** Einkünfte aus Gewerbebetrieb, **c)** Einkünfte aus selbstständiger Arbeit, **d)** Einkünfte aus nicht selbstständiger Arbeit, **e)** Einkünfte aus Kapitalvermögen, **f)** Einkünfte aus Vermietung und Verpachtung, **g)** sonstige Einkünfte. Die Einkunftsarten a) bis c) sind die Gewinneinkunftsarten, da sich bei diesen die Einkünfte (= Gewinne) errechnen aus → *Betriebseinnahmen* / → *Betriebsausgaben* (→ *Gewinnermittlung)*. Die Einkunftsarten d) bis g) sind die Überschusseinkunftsarten, bei denen sich die Einkünfte als die Differenz zwischen Einnahmen und Werbungskosten ergeben.

Einlage, a) Jede Art von Zuführung von Geld, Sachgütern oder Rechten in das Betriebs-Vermögen, **b)** Bezeichnung für Garnitur, bes. Suppen- und Soßeneinlagen.

Einmanngesellschaft. Kapitalgesellschaft, deren Anteile in einer Hand sind. Von der Gründung an ist das bei der GmbH möglich, bei allen anderen Gesellschaften kann das auch durch nachträglichen Ankauf geschehen. Eine neue Form ist die sog. „Ich-AG".

Einstandspreis → *Kalkulation,* auch: Bezugspreis; Nettoangebotspreis und Maßstab für die Bewertung der Gegenstände im Warenlager.

  Angebotspreis
− Rabatt
= Zieleinkaufspreis
− Skonto
= Bareinkaufspreis
+ Bezugskosten
= Bezugs- oder Einstandspreis.

Einstellungsgespräch → *Vorstellungsgespräch.*

Einstufung. Es wird immer wieder versucht, die Qualität eines Restaurants, der Hotels oder gar der Reisebusse festzustellen und in ein System zu bringen, das für den Verbraucher eine Richtlinie sein soll. So gibt es für Busse Sterne für die Belüftung, die Garderobenaufbewahrung, Speisen, Getränke und WC. Aber auch bei Hotels werden Sterne benutzt und bei Restaurants Kochmützen oder Bestecke, deren Anzahl den Wert kennzeichnen soll. Alle diese Bewertungssysteme sind sehr unterschiedlich, so dass der Gast doch letztlich herausfinden muss, welchem Standard die Anzahl der gegebenen Sterne oder Punkte entspricht. Im Regelfall kann davon ausgegangen werden, dass die oberste Kategorie mit 5 Sternen versehen ist. Vom → *DEHOGA* wurde die Deutsche → *Hotelklassifizierung* mit 5 Sternen und 5 Sternen-Luxus entwickelt.

1-2-3-Teig. Mürbeteig aus einem Teil Zucker, zwei Teilen Butter und drei Teilen Mehl.

Einzahlungen. Geldzuflüsse in ein Unternehmen, die den Zahlungsmittelbestand (Kasse und Bank) erhöhen.

Einzelbewertung → *Bewertung.*

Einzelkosten. Direkt dem Produkt (Kostenträger) zurechenbare → *Kosten*.

Einzellage → *Lage*.

Einzelversetzungsplan. Festlegung einer bestimmten Reihenfolge der von jedem Auszubildenden zu durchlaufenden Ausbildungsstationen auf der Grundlage des → *Betrieblichen Ausbildungsplans*.

Eisauflauf. Soufflé glacé, hat nur den Namen mit einem Soufflé gemeinsam. Der Rand einer Soufflé-Form wird mit einer Pergament- oder Alufolie-Manschette etwas erhöht. Die Form wird bis zum Papierrand mit → *Rahmspeiseeis* gefüllt und gefroren. Nach dem Gefrieren wird die Manschette entfernt und die Bräunung durch Bestäuben mit Kakao imitiert.

Eisbock. Der Alkoholgehalt dieses Bieres wird durch Ausfrieren von Wasser erhöht.

Eisbombe. Eine halbkugelförmige Eisbombenform wird etwa 1 cm dick mit Eis ausgestrichen und dann mit → *Rahmspeiseeis* gefüllt und gefroren.

Eischwer. Österr. Ausdruck für das Gewicht von 60 g, so schwer wie ein (frisches) Ei.

Eisdiele. Auch oft als Eiscafé bezeichnete → *Bewirtungsbetriebe*, die vorwiegend Eis und kalte Getränke anbieten, daneben aber auch Kaffee und Kuchen.

Eisen (Fe). Übergangselement von den Mengen- zu den Spurenelementen (empfehlenswerte Zufuhr 12 mg/Tag bei Männern und 18 mg/Tag bei Frauen), enthalten in Fleisch (besonders Leber), Getreide, Hülsenfrüchten. Eisen ist Bestandteil des Hämoglobins (roter Blutfarbstoff), der Atmungsfermente und des Myoglobins (Muskelfarbstoff). Erhöhter Bedarf während der Schwangerschaft und Stillzeit.

Eisenkraut → *Verbena*.

Eiserner Bestand. Mindestbestand an Waren oder Material (Rohstoffen), der für die ständige Betriebsbereitschaft notwendig ist und bei normalem Geschäftsbetrieb nicht angetastet werden soll. Er wird mit einem → *Festwert* bewertet.

Eishammer. Wird in der Bar benutzt, um große Eisstücke zu zerkleinern.

Eiskonfekt. Industriell hergestellt. Besteht hauptsächlich aus Kokosfett, Zucker und stark entöltem Kakaopulver. Der kühlende Effekt kann durch einen Gehalt an → *Dextrose* oder Pfefferminzöl gesteigert werden. Eiskonfektstücke dürfen ein Einzelgewicht bis zu 20 g aufweisen.

Eiskorn → *Kornbranntwein*, mit einem Alkoholgehalt von mind. 38 % Vol.

Eiskrem. Speiseeis, das auf besondere Art durch Pasteurisieren, Homogenisieren, Stehenlassen bei niedriger Temperatur und Gefrieren, aus technisch reinem weißen Verbrauchszucker und Milch, Magermilch, Buttermilch, Sauermilch, Joghurt, Kefir, Sahne oder Butter sowie frischem Obstfleisch oder Obsterzeugnissen oder natürlichen Geschmacks- oder Geruchsstoffen, gegebenenfalls Wasser, zuweilen unter Verwendung einer geringen Menge Stärkemehl, Tragant, Obstpektin oder Gelatine hergestellt ist. Fruchteiskrem enthält 8, sonstige Eiskrem mindestens 10 Hundertteile Milchfett.

Eisliköre. Liköre, die dazu bestimmt sind, mit Eis vermischt getrunken zu werden. Extraktgehalt ist 30 g in 100 ml und Alkoholstärke 35 % Vol.

Eispunsch. Leichtgefrorenes Fruchteis mit Wein, Sekt oder Spirituosen, vermischt mit → *Meringue*masse.

Eissoufflé → *Eisauflauf*.

Eistee

Eistee. Kalter Tee, der mit Eis im Glas serviert wird.

Eiswein. Nach der Änderung des Weingesetzes 1983 gilt: Sofern die Öchslegrade des Prädikats Beerenauslese erreicht werden, ist Eiswein ein selbständiges Prädikat. Das Lesegut muss auf natürliche Art und Weise gefroren sein und gefroren von Hand gelesen und gekeltert werden.

Eiswette. Jährliches, traditionelles Treffen Bremer Kaufleute und Bürger in der „Glocke" mit strengem Zeremoniell (Smoking, Frack, geistreichen Ansprachen, kulinarischem Hintergrund). 1829 wurde unter Freunden gewettet, ob die Weser am Dreikönigstag zugefroren sei oder nicht. Geprüft wird das in jedem Jahr durch eine formell gekleidete Abordnung integerer Bürger am Weserstrand. Ein Schuster muss probeweise aufs Eis, um die Tragfähigkeit festzustellen.

Eiweiß → *Proteine.*

Eiweißbedarf. Die geringste Menge an verwertbarem Eiweiß, die dem Körper löslich (Speicherung ist nicht möglich) zugeführt werden muss, beträgt beim Erwachsenen 0,8 g Eiweiß/kg Körpergewicht; davon sollte mindestens ein Drittel tierisches Eiweiß sein, um den Bedarf an → *essenziellen Aminosäuren* zu decken.

Eiweißglasur. Rohes Eiklar mit Puderzucker, eventuell unter Zugabe von etwas Zitronensaft, zu einer geschmeidigen Masse verarbeitet.

Eiweißkrankheiten. Folge langdauernder einseitiger Ernährung mit biologisch minderwertigem Nahrungseiweiß (pflanzlich, z. B. Getreide). Der Mangel an → *essenziellen Aminosäuren* ist besonders gefährlich im Kleinkindalter. Symptome: Schwellung von Gesicht, Beinen und Leber, Durchfall, Anämie, Knochenerweichung.

Eiweißstoffwechsel *(Proteinstoffwechsel).* Unter Einfluss der Salzsäure werden die Proteine im Magen denaturiert und anschließend von den eiweißspaltenden Enzymen Pepsin und Kathepsin zu größeren Bruchstücken abgebaut. Die endgültige Aufspaltung bis zu den Aminosäuren erfolgt mit Hilfe von Trypsin (aus der Bauchspeicheldrüse) im Dünndarm. Nach der Resorption werden die Aminosäuren über die Pfortader in die Leber transportiert. Dort werden sie zu körpereigenen Proteinen umgebaut und in die Körperzellen transportiert. Im Gegensatz zu den Fetten und Kohlenhydraten können Proteine nicht gespeichert werden, sondern werden sofort verbraucht: bei Normalzufuhr im → *Baustoffwechsel* und bei Überschuss im Energiestoffwechsel.

Elastin. Strukturprotein, das Hauptprotein der elastischen Fasern wie Bänder, Sehnen, Arterienwände und Bronchien. Unlöslich im Wasser, keine Hitze- bzw. Säuredenaturierung, sehr schwer angreifbar durch → *Proteasen,* gelbe Farbe.

Elbling. Weiße Rebsorte, die vor allem an der Mosel angebaut wird und zu den ertragreichsten Sorten gehört. Weine werden meist zur Sektherstellung verwendet.

Elegant. Weinansprache, Wein mit feinem Duft und Rasse.

Elektronische Datenverarbeitung (EDV). Technik, die zur Lösung komplizierter Probleme herangezogen wird. Der Einsatz der EDV erfordert eine systematische Analyse der Betriebsabläufe und eine EDV-gerechte Organisation, sowie die Abstimmung von *Hardware* (→ *Zentraleinheit,* periphere Einheit und Zusatzgeräte) und *Software* (Gesamtheit der Steuerungs- und Arbeitsprogramme) auf die betrieblichen Erfordernisse. Aus Kostengründen gehen viele gastgewerbliche Betriebe heute zur EDV über. Auf dem Markt werden Systeme angeboten, die speziell auf den Bedarf der Branche abgestellt sind. So können alle wesentlichen

Emulgatoren

Vorgänge von der Annoncierung eines Gastes bis zur Rechnungserstellung und der buchhalterischen Erfassung mit EDV erfolgen. Kalkulationen lassen sich ebenso durchführen wie Lagerkontrollen oder Speisekartenauswertungen. Barzahler und Debitoren des Tagesjournals können ohne weiteres den einzelnen Leistungsgruppen zugeordnet werden und ermöglichen eine sinnvolle Statistik, Gäste- oder Betriebsanalyse. Die Vorteile solcher Systeme sind: **a)** schnellere Abwicklung der Tätigkeiten in allen Bereichen, **b)** sichere und häufigere Informationen der Unternehmensführung, **c)** verbesserte Grundlagen für die Entscheidungen, **d)** Zeit- und damit Kostenersparnis.

Elisen-Oblaten-Lebkuchen. Die Bezeichnung „Elisen-Lebkuchen" ist nur üblich für Oblaten-Lebkuchen, die in der Teigmasse nicht weniger als 25 % Mandeln und/oder Haselnuss- oder Walnusskerne oder eine Mischung davon enthalten. Eine Mitverwendung anderer Ölsamen ist verboten. Der Mehlgehalt beträgt höchstens 10 %.

Elsass oder *Alsace*. Ein A.C.-Weinbaugebiet im Osten Frankreichs, das sich zwischen Straßburg und Mühlhausen parallel zum Rhein erstreckt. Im 17. Jh. größtes Weinbaugebiet in Europa. Heute mit einer Rebfläche von 13 000 ha liegt der Jahresertrag bei ca. 900 000 hl; davon 99 % Weißwein. Die Weine aus dem Elsass werden nach den Rebsorten benannt, aus denen sie hergestellt worden sind und in typische Flaschenformen, den sog. Pistolenflaschen, auch Flûtes, abgefüllt. Die im Elsass angebauten Rebsorten werden in gewöhnliche Gewächse und Edelgewächse aufgeteilt. Zu den gewöhnlichen Gewächsen gehören Reben wie → *Chasselas*, Goldriesling und Knipperle. Edelgewächse sind Riesling, Silvaner, Gewürztraminer, Tokay d'Alsac, Pinot Blanc, Muscat d'Alsace, Auxerrois und Clevner. Aus den gewöhnlichen Gewächsen werden Tafelweine, aus den Edelgewächsen Qualitätsweine gekeltert. Sehr bekannte Mischungen aus dem Gebiet sind → *Zwi-*

cker und → *Edelzwicker*. Auch der Elsässer Schaumwein ist ein Begriff. Er wird unter der Bezeichnung Crémant d'Alsace verkauft. Elsässerweine haben durch ihren Geschmack und ihre Charakteristik unter den frz. Weißweinen eine Sonderstellung. Sie sind fruchtig, trocken und enthalten einen höheren Säureanteil als Weißweine aus den übrigen frz. Gebieten.

Elternzeit. Seit 01.01.2001 die Bezeichnung für den ehem. Erziehungsurlaub. Für ab diesem Datum geborene Kinder können Eltern je Kind 3 Jahre Elternzeit beanspruchen. Sie kann gleichzeitig oder nacheinander in Anspruch genommen werden. Maximal 1 Jahr ist sogar verschiebbar bis zwischen das 3. und 8. Lebensjahr des Kindes.

Emilia-Romagna D. O. C. Weinbaugebiet in Italien. Einer der ältesten hier hergestellten Weine → *Gutturnio* (RW) war schon zur Zeit des Kaisers Julius Cäsar berühmt.

Emincer *(frz.: émincer)*. In feine Scheiben schneiden. Züricher Geschnetzeltes – émincé de veau.

Emmer, Zweikorn, Gerstendinkel. Vor unserer Zeitrechnung wichtigste Getreideart. Bespelzte Weizenart, heute selten, meist zu Graupen verarbeitet.

Empirisch. Aus der Erfahrung abgeleitet (Empirie = Erfahrung, Empirismus = Erkenntniswissenschaft allein auf Erfahrungsgrundlage aufgebaut).

Emporte-Piece. Verschiedenförmige Ausstecher für Pâtisserie oder Gardemanger.

Emulgatoren. Oberflächenaktive Stoffe, die die abstoßenden Kräfte zwischen zwei untereinander nicht mischbaren Phasen (Öl/Wasser) vermindern oder aufheben und durch Erniedrigung der Grenzflächenstauung die Ausbildung von → *Emulsionen,* → *Suspensionen* und Schäumen ermöglichen. Emulgatoren spielen eine große Rolle bei

Emulsion

der Herstellung von feinen Backwaren (ermöglichen → *All-in-Verfahren*), Speiseeisherstellung, Mayonnaise, Dressing, Fettcremes, Süßwaren, Fett. Zu den Emulgatoren gehören: → *Lecithine*, Mono- und Diglyceride von Speisefettsäuren, auch verestert mit Genusssäuren (z. B. Essig-, Milch-, Wein-, Zitronensäure) Polyglycerinester, Propylenglycolester.

Emulsion. Feinverteilung von Fett im Wasser bzw. umgekehrt. Die Stabilität einer E. ist u. a. abhängig vom Verteilungsgrad (je feiner, die Tröpfchen, umso stabiler), von der Emulgatorzugabe, der Temperatur und der mechanischen Beanspruchung.

Emulsionsliköre. Unter Verwendung von Eiern, Sahne, Kaffee, Mokka und Schokolade hergestellt. Sämtliche Zutaten werden bei der Herstellung homogenisiert. Vorgeschriebener Alkoholgehalt bei mind. 22 g Extrakt in 100 ml = 14 %. Zu Emulsionslikören gehören z. B. → *Eierlikör,* → *Schokoladen-* → *Milch-* und → *Sahnelikör,* → *Mokka mit Sahne* etc.

Enchilada. Gericht aus der mexikanischen Küche; → *Tortillas* aus Maismehl mit einer Füllung (Geflügel, Meeresfrüchte u. a.).

En Couronne *(frz.: en couronne).* Speisen kranzförmig anrichten.

En daube. → *Daube.* Im Schmortopf.

Endivie → *Witloof.*

Endogen. Auf (Vererbungs-)Anlagen zurückzuführen, aus Vererbung hervorgegangen.

Endokarp. Fruchtinneres (Zitrusfrüchte) → *Marmelade.*

Energiebedarf. Der Energiebedarf ist abhängig vom Alter, Gewicht, Körperbau, Geschlecht, dem Klima und der Arbeitsleistung. Er wird in Kilo-Joule (kJ) gemessen. 1 kcal = 4,186 kJ. Der tägliche Energiebedarf setzt sich aus Grundumsatz und Leistungsumsatz zusammen. Grundumsatz: Durchschnittliche Energiemenge, die der Mensch bei völliger Ruhe, liegend, 12 Stunden nach der letzten Nahrungsaufnahme, bei einer Raumtemperatur von 20 °C benötigt. Die Energie wird für den Blutkreislauf, die Atmung und den Grundstoffwechsel benötigt. Die Höhe des Grundumsatzes errechnet sich: 4,2 kJ je Kilogramm Körpergewicht und Stunde. Arbeitsumsatz: Richtet sich nach der Schwere der zu leistenden Arbeit. Täglicher Energiebedarf bei verschiedenen Tätigkeiten (Abb. 26). Über 60 % der deutschen Bevölkerung üben eine leichte körperliche Arbeit aus und nur 12 % eine mittelschwere Arbeit.

Tätigkeit		70 kg/25 Jahre	58 kg/25 Jahre
völlige Ruhe	rund	7 100 kJ	6 280 kJ
leichte körperliche Arbeit, z. B. Büroarbeit, Friseur	rund	10 800 kJ	9 200 kJ
mittelschwere Arbeit, z. B. Pkw-Fahrer, Hausfrau	rund	14 000 kJ	12 100 kJ
schwere Arbeit, z. B. Maurer (Balletttänzerin)	rund	17 000 kJ	12 000 kJ
Schwerstarbeit	rund	20 000 kJ	

Abb. 26 Energiebedarf

Energiesparmaßnahmen. In Gastronomiebetrieben können Energiesparmaßnahmen wesentlich zur Kostensenkung beitragen. Es kommen in Betracht: **a)** richtiger Einsatz der Temperaturregler und der Nachtabsenkung, **b)** Abdichten von Fenstern, Türen und Fugen, **c)** Hartschaumplatten oder reflektierende Folien hinter den Heizkörpern, **d)** Innenisolation der Rolladenkästen, **e)** Isolation von Kellerdecken und Dachböden, **f)** Wärmedämmung an Innenwänden auf der Wetterseite. Teurer sind die folgenden Maßnahmen: **a)** Außenisolierungen (Wärmedämmfassaden), **b)** Isolierglasfenster, **c)** moderne Heizkessel, **d)** Wärmepumpen, **e)** Solarkollektoren. Steuerersparnisse und Zuschüsse aufgrund des Energiespargesetzes können helfen, die Kosten zu senken.

Energiestoffwechsel. Gesamtheit aller energieliefernden chemischen Reaktionen im Stoffwechsel. Für die Erhaltung der Lebensvorgänge wird im Organismus ständig Energie aus Nahrungsmitteln und Körpersubstanz gewonnen, die für chemische Reaktionen, Transport- und Muskelarbeit, sowie zur Erhaltung der Körpertemperatur notwendig ist.

Engelswurz → Angelika.

Englisch-amerikanisches Frühstück. Wird meist später eingenommen, dafür aber sehr ausgiebig. Kaffee, Tee, Säfte, Eiswasser, Konfitüren, Eier, Porridge, Steaks, Schinken, viele Brotsorten, Kuchen usw. Amerikaner wünschen die Getränke unportioniert serviert. Das anglo-amerikanische Frühstück gleicht dem Frühstücks- oder Brunch-Büfett. Es wird meistens in größeren Hotels angeboten.

Englische Creme. Dazu wird Eigelb mit Zucker verrührt, Milch mit Vanille zum Kochen gebracht und unter ständigem Rühren unter die Eigelb-Zuckermasse gegeben. Das Ganze wird bis zur Rose abgezogen. So kann die „Creme" bereits als Soße verwendet werden. Bei einer weiteren Garmethode wird die bis zur Rose abgezogene Masse, unter Zugabe eines Geschmackstoffes, in gebutterte Soufflé-Formen gefüllt und im Wasserbad gegart. Nach dem Erkalten wird sie gestürzt.

Englische Mischung (Tee), besteht aus Ceylon- und Darjeeling-Tee.

Englischer Service. Es werden alle Gänge vom Beistelltisch serviert, nachdem sie dem Gastgeber präsentiert wurden. Sämtliche Gänge, auch Suppen, werden dann portioniert, auf Tellern angerichtet und aufgetragen. Nachservice erfolgt durch Vorlegen. Vor 1900 wurden alle Speisen gemeinsam auf den Tisch gebracht.

Enoyauteur. Instrument für manuelles Entsteinen von Kernobst und Oliven.

En papillote, (papillote, f., *frz. Papierwickel*). In Papier eingeschlagen garen. Meist wird im geöffneten Papier angerichtet.

En Place *(frz.: en place).* Bei Bestellungen durch den Gast anstatt der Kartoffelbeilage Reis oder Ähnliches.

Entbarten. Bei Muscheln (Austern) den Bart (Kiemen) entfernen, weil hier das Wasser gefiltert wird (Schmutz) oder auch die Brut aufbewahrt wird. Bei Miesmuscheln die Haft- oder Byssusfäden von der Schale entfernen.

Entdeckendes Lernen. Lernform mit Aufgabenstellungen, die neue Lösungstaktiken erfordern.

Ente. Die junge Ente – le caneton – noch nicht fünf Wochen alte Tiere, auch: petite cane; canardeau; canette. Die Güte hängt von einer sachgemäßen Fütterung ab. Besonderer und berechtigter Wertschätzung erfreut sich die Vierländer Ente. Als Jungenten im Alter von 10 bis 12 Wochen sind sie bereits zu Pfingsten bevorzugte Saisonbraten. Sind Enten 5 bis 6 Monate alt, so kommen sie zur Zwangsmast in kleine Mastkäfige oder werden bei sorgfältiger Fütterung und Bewegungseinschränkung im Freien gemästet. Ihr Gewicht beträgt sodann 2 bis 3 kg. Von den verschiedenen Hausenten stehen die zur Mast besonders gut geeigneten „Pekingenten" an erster Stelle, es folgen die Nanteser Enten und, von Feinschmeckern gesucht, jene aus dem Gebiet von Rouen (Frankreich). Diese werden nicht wie sonst üblich durch Halsschnitt getötet, sondern buchstäblich erstickt. Man bezweckt damit, dass das Blut im Tier bleibt. (Anmerkung: Diese Art der Tötung ist aufgrund des Tierschutzgesetzes in Deutschland streng verboten.) → *Wildente*.

Enteneier. Für Enteneier, die häufig Krankheitserreger (z. B. Salmonellen) enthalten, gelten besondere Vorschriften (Verordnung über Enteneier). Danach muss auf jedem einzelnen Ei durch eine Kennzeichnung (Stempel) in ovaler Umrandung mit lateinischer Schrift von mindestens 3 mm Höhe „Entenei! 10 Minuten kochen" aufgedruckt sein. Entenei darf zur Verhütung von Gesundheitsschädigungen nicht roh oder weich gekocht verzehrt und nicht zur Herstellung von Puddings, Mayonnaise, Rührei, Setzei, Pfannkuchen, Torten, Schaumspeisen (Creme), Speiseeis und ähnlichen Zubereitungen verwendet werden, bei deren Herstellung nicht eine ganze Masse durchdringende Erhitzung auf mindestens 100 °C mindestens 10 Minuten lang gewährleistet ist. Verbrauch von Enteneiern ist in der Gastronomie nicht erlaubt.

Entenmuschel. Auch Schlüsselschnecken genannt. Vorkommen am Atlantik, wie auch am Mittelmeer. Im Midi nennt man sie Arapedes. Frisch vom Felsen unter Algen gesammelt schmecken sie roh. Sonst gart man sie in wenigen Sekunden auf dem Rost in ihrer Schale.

Entertainment → *Parks*.

Entgelt. Gegenwert für eine Lieferung oder sonstige Leistung eines Unternehmers. Das Entgelt ist die → *Bemessungsgrundlage* der → *Umsatzsteuer*. Es umfasst alles, was ein Leistungsempfänger oder für ihn ein Dritter aufbringen muss, um eine Leistung zu erhalten. Ändert sich das Entgelt nachträglich, z. B. durch Rabatt, Skonto, Verzugszinsen ändert sich auch die Umsatzsteuer.

Entkeimungsabfüllung → *Abfüllungssysteme*.

Entkoffeinierter Kaffee. Darf lt. Gesetz nicht mehr als 0,8 % Koffein enthalten. Der Koffeinentzug wird beim Rohkaffee durch Einwirkung von Wasserdampf, CO_2 oder Lösungsstoffe, z. B. leichtes Benzin, vorgenommen. Geschmackseinbußen treten nicht auf.

Entnahme. Verwendung von Wirtschaftsgütern des Betriebsvermögens oder Nutzung betrieblicher Leistungen für betriebsfremde insbesondere private Zwecke.

Entomophagie. Griech., wissenschaftlicher Name für Insektenfresserei. Ernährungsphysiologisch gesehen ist Insektenfleisch fast so nahrhaft wie rotes Fleisch oder Geflügel. So enthalten 100 g afrikanische Termiten 610 Kalorien, 28 g Proteine und 46 g Fett, die gleiche Gewichtsmenge Nachtfalterlarven enthält fast 375 Kalorien, 46 g Proteine und 10 g Fett. Wenn man das Trockengewicht nimmt, bewegt sich bei Heuschrecken der Anteil von Protein zwischen 42 und 76 % und der Anteil Fett zwischen sechs und 50 %.

Entonnoir *(frz.: entonnoir, m)*. In der Hotelküche verwendeter Trichter.

Entrahmte Milch. Sie darf einen Fettgehalt von höchstens 0,3 % haben. Wärmebehandlung, Verpackung und Kennzeichnung entsprechen der → *Vollmilch*. Entrahmte und teilentrahmte Milch können mit Milcheiweiß angereichert werden. Die Milch wird pasteurisiert oder ultrahocherhitzt oder sterilisiert angeboten.

Entrappen. Abtrennen der Beeren (Trauben) von den Stielen (Kämmen).

Entre Deux Mers. Bereich von Bordeaux. In diesem großen Bereich zwischen den Flüssen Garonne und Dordogne werden vor allem trockene Weißweine produziert. Aus der großen Menge (410 000 hl jährlich) ragt keine Spitzenlage heraus. Die Weißweine aus E.D.M. passen sehr gut zu Meeresfrüchten.

Entremetier. Abteilungskoch in einer Küchenbrigade, der für die Zubereitung aller Gemüse, Gemüsegarnituren, der warmen Eierspeisen, Kartoffelbeilagen, Teig- und Reisgerichte und gegebenenfalls der Suppen und Diätgerichte verantwortlich ist.

Entremets. Kleine Zwischengerichte, die nach der klassischen Speisenfolge nach dem Bratengang (rôt) serviert werden: Entremets de douceur, Entremets sucré, Entremets de fromage, Entremets de légumes.

Entscheidungsbaum *(decision tree, Th. Bayes).* Baumdiagramm als Entscheidungshilfe für absatzwirtschaftliche Probleme, in welches die Erwartungswerte für unterschiedliche Absatzstrategien eingehen. Dabei werden die voraussichtlichen Wirkungen jeder Absatzstrategie (z. B. verkaufte Mengen, Umsatz usw.) mit einem Ertragswert angesetzt, der mit einem Wert für die Eintrittswahrscheinlichkeit (Wertwahrscheinlichkeit) multipliziert wird. Die sich so für die einzelnen Strategien ergebenden Werte sind alternative Erwartungswerte. Die Strategie mit dem höchsten Erwartungswert wird dann als optimale Strategie ausgewählt.

Entwicklungstypen. Grundformen durch sich wandelnde Eigenschaften mit deutlichen körperlichen und seelischen Veränderungen, die der Mensch im Laufe der Entwicklung durchläuft. Stufen und Phasen der Entwicklung sind fließend, Lebens- und Entwicklungsalter brauchen also nicht übereinzustimmen (Retardation = Entwicklungsverzögerung, Akzeleration = Entwicklungsbeschleunigung). Man unterscheidet im Allgemeinen: Frühe Kindheit (0–6), mittlere Kindheit (6–12), Pubertät und Adoleszenz (12-17), frühes Erwachsenenalter (18–35), mittleres Alter (35–60), späteres Leben (nach 60 Jahren). Die Altersangaben sind Durchschnittszahlen.

Enzianbranntwein oder Gebirgsenzian. Spezialbranntwein, gewonnen aus der Maische vergorener Enzianwurzeln ohne jeden Geschmacks- und Zuckerzusatz und ohne Färbung. Er entsteht entweder aus einer Mischung von → *Edelenzian* (5 %) und neutralem Sprit oder einem Destillat aus Enzianwurzelmaische, dem vor dem Brennvorgang neutraler Alkohol zugesetzt wurde. Mindestalkoholgehalt 38 % Vol.

Enziangetränke. In Frankreich produzierte Aperitifs mit einem Alkoholgehalt von 16 % Vol. Die Herstellung erfolgt aus mazerierten Enzianwurzeln, deren Saft zu Enziangeist destilliert wird. Dem Enziangeist werden Brände zahlreicher Aromapflanzen zugefügt. Enzianaperitifs können pur auf Eiswürfeln oder mit Tonic-Wasser, Zitronen- oder Orangenscheiben serviert werden. Weitere Variationen sind Mischungen mit Cassis und trockenem Weißwein, Anisbrand, Zitronensirup oder Fruchtsaft. Zu den bekanntesten Enzianaperitifs gehören → *Suze* und Aveze.

Enzyme (Syn.: *Fermente*). Biokatalysatoren, gehören chemisch gesehen zu den → *Proteinen,* werden in der lebenden Zelle gebildet und beschleunigen ermöglichen chemische Reaktionen im Organismus bei normalen Temperaturen. E. sind art- und wirkungsspezifisch, d. h. im Stoffwechsel bewirkt jedes E. nur bei einem bestimmten Stoff eine bestimmte Reaktion. Die Enzymaktivität ist stark abhängig von der Temperatur, dem pH-Wert, dem zur Verfügung stehenden freien Wasser und von Hemmstoffen. Enzyme werden meist ab 50–60 °C inaktiviert. → *Lipasen,* → *Amylasen,* → *Proteasen.*

EO → *Griechenland* – Weinqualitäten.

Epadon. Schwertfisch. Gleiche Zubereitungsmöglichkeiten wie für Schellfisch oder Kabeljau.

Epais. Dick. Épaisse tranche – dicke Scheibe.

Epazote (Pazote). Kräftig aromatische, zerbröckelte, getrocknete Kräuterblättchen, die für mexikanische Tortilla-Gerichte und Bohnen Verwendung finden.

Epigramme. Spottgedicht. Gastronomisch stets zwei verschiedene Fleischteile, fast immer von Lamm oder Hammel. Das Epigramm setzt sich zusammen aus einem englisch panierten Kotelett und einem Stück braisierter Brust, welche ausgebeint, unter der Presse erkaltet, kotelettförmig oder in länglicher Herzform zugeschnitten und englisch paniert ist. Kotelett und Brust werden sautiert oder gegrillt. Die Epigramme erhalten hauptsächlich Pürees oder eine Gemüsegarnitur als Beigabe (→ *Escoffier*).

Epikureer. Ursprünglich Vertreter der Lehre des griechischen Philosophen Epikur, dem Philosophie die „Kunst des Glücklichwerdens" bedeutete und der mit seinen Schülern den verfeinerten Lebensgenüssen zugetan war. In römischer Zeit wurde Epikureer fälschlicher Weise als „reine Genussmenschen" abgetan. Heute ist der Begriff wieder eher positiv belegt.

Epoisses. Weichkäse aus Burgund. Wird aus der Milch der Kuhrasse „pie rouge de l'Est" hergestellt und mit schwarzem Pfeffer, Nelken und Fenchel gewürzt. Der Käse wird zusätzlich mit Marc de Bourgogne behandelt.

Equilac. Native Stutenmilch zur diätetischen Unterstützung.

Erbbaurecht. Grundstücksgleiches Recht, wonach jemand berechtigt ist, auf oder unter fremdem Boden ein Bauwerk z. B. ein Hotel oder eine Garage zu errichten. Erbbaurechte werden im → *Grundbuch* eingetragen. Sie können wie Grundstücke belastet oder verpachtet werden. Man kann sie gegen eine einmalige Leistung oder eine laufende Leistung (Erbpachtzins) erwerben.

Erbe → *Erbschaftsteuer*. Eine Person, die nach dem Ableben einer anderen Person (= Erblasser) in deren Rechte und Pflichten eintritt (Gesamtnachfolge = Universalsukzession).

Erbengemeinschaft → *Erbschaftsteuer*. Treten mehrere Erben gemeinsam eine Erbfolge an (Gesamtnachfolge), so erben sie gemeinsam das Vermögen als ganzes und können nur gemeinsam darüber verfügen (Gesamthand). Dessen ungeachtet kann aber jeder Erbe die Auseinandersetzung fordern. Solange keine Auseinandersetzung erfolgt, wird das Erbe gemeinsam genutzt und verwaltet. Bei Auseinandersetzungen im Rahmen großer Vermögen (große Hotels z. B.) ist daran zu denken, dass u. U. stille Reserven zu Tage treten, die dann zu einer höheren Besteuerung führen. Für die Besteuerung wird jedem der Bruchteil zugerechnet, in dem er am Erbe beteiligt ist.

Erbette. Syn. Bietoline. Ital. Gemüsesorte, die Spinat oder Mangold ähnelt und wie diese verarbeitet wird.

Erbschaftsteuer. Eigentlich Erbschaft- und Schenkungsteuer, da sie den unentgeltlichen Erwerb unter Lebenden und von Todes wegen besteuert. Steuerpflichtig ist der Erbe. Die Erbschaftsteuer kennt eine Reihe von Freibeträgen, bes. für die nächsten Verwandten, und nach Verwandschaftsgrad und Erbhöhe gestaffelte Steuersätze (von 7–50 %). Um die Belastung durch die Erbschaftsteuer zu vermindern, kann für einen zukünftigen Erben eine → *Erbschaftsversicherung* abgeschlossen werden.

Erbschaftsversicherung. Die Erbschaftsversicherung hat den Zweck, die Mittel für die Erbschaftsteuer, die bei großen Vermögen eine beträchtliche Belastung sein kann, bereitzustellen. Heute ist es nur noch möglich, dass der Erblasser die Versicherung abschließt, bei der der Erbe Versicherungsnehmer ist. Dadurch fällt die Versicherung nicht in den Nachlass. Dafür muss der zukünftige Erbe jedoch die Beiträge zahlen.

Erbwurst. Von einem Berliner Koch namens Grünberg „erfunden". (Erbsmehl, Speck, Zwiebeln, Salz, Gewürze).

Erdapfel. Süddeutsch für Kartoffel.

Erdbeere. Die Erdbeere gehört zur großen Familie der Rosengewächse und ist eine Scheinfrucht. An und für sich ist sie keine Beere. Die eigentlichen Samen sind die vielen kleinen Nüsschen auf der roten Oberfläche. Eine Erdbeere enthält etwas über 5 % Fruchtzucker, dazu verschiedene Basen, Säuren, Eisen, Kalium, Kalzium, Phosphor, viel Vitamin C, B_1 und B_2. Der Nährwert ist gering, der Genusswert hoch. Hat auch eine lindernde Wirkung bei Harnsteinen, Nieren- und Blasenleiden. Man unterscheidet unter den über die ganze gemäßigte Zone der Erde bis hinauf in den Lapplandsommer vorkommenden Urformen sechs Arten, von denen drei in Europa wildwachsend vorkommen: **1)** die Walderdbeere, **2)** die Muskatelererdbeere, **3)** die Hügelerdbeere.

Erdbirne → *Topinambur.*

Erdmandel (span.: *Chufas,* engl.: *Tiger Nut,* frz.:*amande de terre*). Spanische Feldfrucht, die in Valencia angebaut wird. Sie wird zur Zubereitung des Erfrischungsgetränkes → *Horchata* benötigt. Die Erdmandel gehört zu der botanischen Familie der Riedgrasgewächse (bot.: Cyperaceae). Die von Arabern nach Südeuropa gebrachte Chufanuss (Chufas) ist eine ausdauernde Staude mit unterirdisch wachsenden Ausläufern (bot.: Rhizomen), ähnlich wie die Kartoffel. Der mandelartige Geschmack war ausschlaggebend für ihren Namen. Die nur eichelgroßen Chufas besitzen eine runzlige, braune bis schwarzbraune Haut, die man vor dem Zubereiten großzügig abschälen muss. Erdmandeln haben einen hohen Anteil an Ballaststoffen und ungesättigten Fettsäuren, außerdem Biotin und Rutin.

Erfolgssicherung. Prinzip der E. (pädagogischer Grundsatz), zur Feststellung der Leistung eines Auszubildenden. Beurteilung und Bewertung offen und kurzfristig, nicht öffentlich. Durch Üben und Wiederholen dem Vergessen der Kenntnisse und Fertigkeiten entgegenwirken.

Erfüllungsgehilfe. Person, deren sich der Schuldner zur Erfüllung seiner Verbindlichkeiten bedient. Für ein Verschulden des Erfüllungsgehilfen haftet der Schuldner wie für eigenes Verschulden (BGB § 278). Im gastronomischen Betrieb sind die Mitarbeiter Erfüllungsgehilfen des Wirtes, wenn zwischen dem Wirt und dem Gast ein Vertrag besteht, bei dessen Erfüllung der Gehilfe im Auftrag des Wirtes tätig wird. → *Verrichtungsgehilfe.*

Erfüllungsort. Ort, an dem eine Leistung zu bewirken ist. Regelmäßig Wohnsitz des Schuldners, bei Kaufleuten der Sitz ihrer gewerblichen Niederlassung. Der Erfüllungsort ist maßgebend für die Zuständigkeit eines bestimmten Gerichts bei Klageerhebung → *Gerichtsstand.*

Erfüllungsstörungen. Häufiger Fehler im → *Kaufvertrag,* der dann auftritt, wenn ein Vertragspartner seinen Pflichten nicht nachkommt (Abb. 27).

Ergebniskonten. Die Ergebniskonten werden beim Jahresabschluss verwendet. Das Gesamtergebnis wird in der → *Gewinn- und Verlustrechnung* ausgewiesen. Diesem „Hauptergebniskonto" sind mehr oder weniger Ergebniskonten vorgeschaltet. Zumindest wird das neutrale Ergebnis, das alle

Ergocalciferol

```
                        Erfüllungsstörungen
            ┌───────────────┴───────────────┐
      auf Seiten des Verkäufers      auf Seiten des Käufers
      ┌────────┴────────┐             ┌────────┴────────┐
  mangelhafte      Lieferungs-     Zahlungs-        Annahme-
   Lieferung         verzug         verzug           verzug
                  der andere Vertragspartner hat folgende Rechte wahlweise
```

a) Umtausch	a) Bestehen auf	a) Zahlung verlangen	a) Annahme
b) Minderung	Lieferung mit oder	mit Ersatz der Mahn-	verlangen
c) Wandlung	ohne Schadensersatz	kosten sowie Verzugs-	b) Lagerung auf
d) Schadensersatz	b) Rücktritt vom	zinsen (4% nach	Kosten des Käufers
	Vertrag	BGB, 5% nach HGB)	c) Rücktritt
			d) Notverkauf bei verderblicher Ware
			e) Selbsthilfeverkauf nach Androhung

Abb. 27 Erfüllungsstörungen

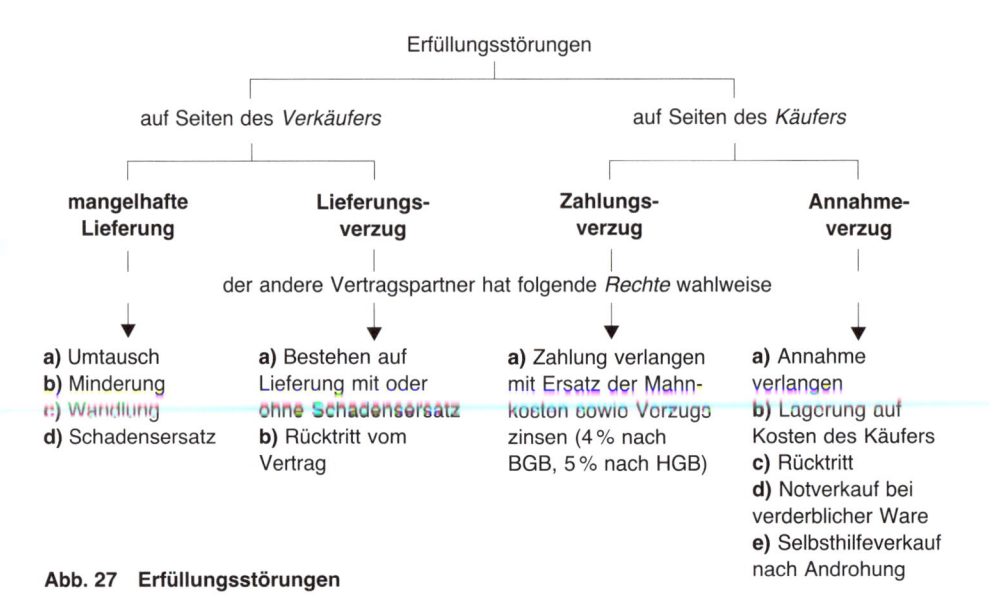

neutralen Aufwendungen und Erträge aufnimmt, vom Betriebsergebnis, in dem Kosten und Erlöse gegenübergestellt werden, getrennt. Um einen besseren Einblick in die Entstehung des Betriebserfolges zu bekommen, ist es zweckmäßig, für verschiedene Teilbereiche des Unternehmens, je ein Betriebsergebnis so z. B. für Küche, Keller/ Restaurant und Beherbergung auszuweisen. Bei EDV-Buchführung ist es kein Problem, noch mehr Betriebsergebnisse für die einzelnen Teilbereiche (Profit-Center), zu führen.

Ergocalciferol. Wissenschaftlicher Name für Vitamin D_2.

Ergonomie *(gr.: „ergon" = Werkzeug, Hilfsmittel, Glied).* „Lehre von der Arbeit". Maßnahmen zur optimalen Anpassung betrieblicher Einrichtungen und Arbeitsabläufe an die menschliche Leistungsfähigkeit unter Berücksichtigung der Erkenntnisse der → *Arbeitsphysiologie* und → *Arbeitspsychologie.* (Optimale Arbeitsbedingungen am Arbeitsplatz, Minderung bzw. Ausschaltung von Störfaktoren, wie z. B. Geräuschein-wirkungen, Lichtverhältnisse, Vibrationen, Temperatur, Farbgebung am Arbeitsplatz.) Ihr Ziel ist ein wirtschaftlicher Einsatz der menschlichen Arbeit bei gleichzeitiger Humanisierung der Arbeit. Sie bedient sich dabei der → *Antropometrie.*

Erhaltungsaufwand. Im Gegensatz zum → *Herstellungsaufwand* handelt es sich beim Erhaltungsaufwand um Aufwendungen, die gemacht werden müssen, um ein Gebäude in seinem Zustand zu erhalten (ohne es zu verbessern oder seine Substanz zu mehren). Hierunter fallen alle Instandsetzungsarbeiten und Reparaturen mit dem Ziel, die bisherige Nutzung beizubehalten. Im Regelfall werden sie als → *Betriebsausgaben* bzw. → *Werbungskosten* im Jahr des Anfalls abgesetzt. Bei größerem Erhaltungsaufwand für Gebäude, die nicht zum Betriebsvermögen gehören, kann der Aufwand auch über mehrere Jahre verteilt werden. Aus Vereinfachungsgründen unterstellen die Finanzämter bis zur Höhe von 2100,– € je Baumaßnahme Erhaltungsaufwand, darüber Herstellungsaufwand.

Erholungsheim. In landschaftlich schönen Gebieten gelegene → *Beherbergungsbetriebe*, die mit dem Ziel, die Gesundheit zu regenerieren, meist von religiösen oder sozialen Institutionen, aber auch von Betrieben für ihre Betriebsangehörigen geführt werden.

Erholungszeit → *Arbeitszeit*.

Erlebnisgastronomie. Doppeldeutiger Begriff. Eigentlich eine Gastronomie, bei der mehr als reine Verpflegung geboten wird. So z. B. bei einem Rittermahl mit Darbietungen. Heute unkorrekterweise auch für eine besonders gehobene Gastronomie verwendet, bei der Essen und Trinken als Gesamterlebnis gesehen wird. → *Gastgewerbe*.

Erlöse. Gegenleistungen, die das Unternehmen für seine Leistungen am Markt erzielt. Es handelt sich dabei immer um Nettowerte, das heißt also ohne Umsatzsteuer.

Ersatzbeschaffung. Beschaffung eines neuen Wirtschaftsgutes, das an die Stelle eines durch höhere Gewalt (Brand, Hochwasser usw.) ausscheidenden Wirtschaftsgutes im → *Betriebsvermögen* tritt. Dagegen spricht man von Ersatzinvestition, wenn verbrauchte Güter ersetzt werden.

Erstes Gewächs. Seit Ernte 1999 Klassifizierung bei Rheingauer Weinen. Voraussetzungen: **a)** Vergabe nur durch den Rheingauer Weinverband **b)** Vergaberichtlinien sind ähnlich mit den Bestimmungen für → *Selection* **c)** Klassifizierte Rebflächen und zwei Geschmacksgruppen trocken für → *Qualitätsweine* und edelsüße für Prädikatsweine.

Ertrag → *Rechnungswesen*. Reinvermögensmehrung setzt sich zusammen aus → *Erlösen* und neutralen Erträgen.

Ertragswert → *Unternehmenswert*; spielt bei der Bewertung ganzer Unternehmen (z. B. zwecks Verkauf eines Hotels) eine Rolle. Er ist der Barwert der zukünftig erwarteten Erfolge. Geht man dabei von einer unendlichen Lebensdauer aus, ergibt sich der Ertragswert (EW) als der Barwert einer ewigen Rente.

$$EW = \frac{E}{i}$$

$$i = \frac{p}{100}$$

i = Kapitalisierungszinsfuß, ausgedrückt in Dezimalbruch, also 6 % = 0,06, E = Zukunftserfolg

Erwartungsverhalten. Grundeinstellung des Vorgeordneten den Mitarbeitern gegenüber. Gesamtheit an Verhaltensäußerungen, in denen sich die optimistische bzw. pessimistische Grundhaltung des Vorgeordneten niederschlägt (Zuversicht hinsichtlich der Möglichkeiten und Fähigkeiten des Mitarbeiters).

Erzeuger. Im Sinne des Weingesetzes ist, wer die Weintrauben aus in seinem unmittelbaren Besitz stehenden Rebflächen geerntet hat.

Erzeugerabfüllung (Wein). Diese Angabe darf von einzelnen Betrieben oder WZG (Winzergenossenschaften) verwendet werden, wenn folgende gesetzliche Bestimmungen erfüllt sind: Für das betreffende Produkt müssen die verarbeiteten Weintrauben aus dem Besitz des genannten Betriebes stammen, dort zum Wein verarbeitet und im gleichen Betrieb abgefüllt werden.

Escabeche (Escabescia). Das Wort bedeutet „eingelegt" und bezeichnet eine spanische und portugiesische Art der Zubereitung von Fisch, Meeresfrüchten, Geflügel oder Wildgeflügel. Die Rezepte unterscheiden sich, typisch ist jedoch, dass die Speisen gegart und dann in einer Essigmarinade eingelegt werden. Wird kalt serviert.

Escalopieren. In kleine Schnitzel schneiden.

Escariol. Zur Endivienfamilie gehörende Salatpflanze. Ihre hellgrünen Blätter sind extrem hochgewachsen, glatt und an den Rändern fein gezahnt *(lat. serriola = kleine Säge)*, kräftiger Geschmack.

Escoffier, Auguste. Kochkünstler und Reformer. 1846 als Sohn eines Hufschmiedes im französischen Städtchen Villeneuve-Loubet (→ *Fondation Auguste Escoffier*) geboren. Seine Karriere begann Escoffier mit der Lehrzeit im „Restaurant Français" in Nizza, das seinem Onkel gehörte. Von da aus führte ihn sein Weg nach Paris, Cannes, Nizza, Luzern, London, New York, Kopenhagen und Monte Carlo. Hier starb er, hochverehrt und ausgezeichnet als Offizier der französischen Ehrenlegion am 12.02.1935. Escoffier war stets voller Ideen. Er revolutionierte die Küche und ihre Ämter. Er veränderte die Voraussetzungen für jeden Gang der großen Menüs und vereinfachte die Methode des Servierens. Die Gerichte durften nur aus besten und qualitativ hochwertigen Zutaten hergestellt werden. Ein weiterer wichtiger Punkt seiner Reformen war, dass größter Wert auf das Servieren „heißer" Speisen gelegt wurde. Er wurde zum Schöpfer moderner Menüs. Er formierte auch die → *Küchenbrigade.*

Escovitch. Die jamaikanische Version des → *Escabeche* mit Fisch.

Espresso. Starker, unter Dampfdruck, schnell zubereiteter Kaffee *(ital.: caffé espresso = ein auf „ausdrücklichen" Wunsch hergestellter Kaffee; espresso = ausgedrückt)*. Auch Bezeichnung Espresso-Lokale.

Essenzielle Aminosäuren. Sie können vom tierischen und menschlichen Organismus nicht synthetisiert werden, müssen mit der Nahrung zugeführt werden. Sie sind für die → *biologische Wertigkeit* der Proteine verantwortlich: Valin, Leucin, Isoleucin, Methionin, Lysin, Phenylalanin, Threonin und Tryptophan.

Essenzielle Fettsäuren. Ungesättigte → *Fettsäuren,* die vom Körper nicht synthetisiert werden können, und mit der Nahrung zugeführt werden müssen.

Essig. Speisewürze und Konservierungsmittel. In Frankreich meist Weinessig (auch als Spezialität der Weinregionen) mit 7–8 % Säure. In Deutschland wird normalerweise Essig mit 20–100 % Wein und nur 5 % Säure angeboten. Besonderen Essig gibt es mit Gewürzen, aus Beeren, aus Sherry oder den ital. Balsamico (→ *Balsamessig*).

Essigstich. Veränderung des Weines durch erhöhte Bildung von Essigsäure. Sie wird durch Bakterien der Acetobacter-Gruppe verursacht. Diese Essigbildner sind bereits auf der Traube vorhanden. Ihre Vermehrung im Wein wird durch Sauerstoff, erhöhte Temperatur und geringen Alkoholgehalt begünstigt.

Esskastanien → *Maronen.*

Ester. Chemische Verbindung aus Alkohol und organischen Säuren. Es sind Geruchs- und Geschmacksstoffe.

Est! Est!! Est!!! D.O.C. Weinbauzone, die nördlich von Rom, in der Provinz → *Latium* liegt. Der hier gewonnene Weißwein, der trocken, lieblich oder halbtrocken sein kann, darf nur auf vulkanischem Boden wachsen. Er wird im Wesentlichen aus Trauben der Sorten → *Trebbiano* und Malvasia erzeugt. Als „Asciutto" ist er leicht süßlich und eignet sich hervorragend für Fischgerichte, als „Abboccato" wird er gern als Dessertwein benutzt. Mindestalkoholgehalt 11 % Vol.

Estose. Alterungsmittel für Spirituosen.

Estouffade. Braunes Ragout, bestehend aus größer geschnittenem Rindfleisch, welches nach dem Sautieren mit Rotwein (Bandol rouge) gedämpft wird. Hierzu kommen roh in Butter geschwenkte Champignons, Perlzwiebeln und entsteinte Oliven.

Estragon. Aus den Steppen Südrusslands und Mittelasiens stammt diese ausdauernde Staude mit schmalen, zarten graugrünen Blättern. Die Blätter und Zweigspitzen bilden frisch ein aromatisches Gewürz. Bekannt ist auch Estragon-Essig als würziger Salatessig. → *Bertramskraut.*

Etagen-Office. Dient als Organisations-, Beschickungs-, Überwachungs- und z.T. Lagerraum für die Etage. Es dient der Hausdame zur Weitergabe von Anweisungen an die Zimmermädchen (z. B. Dienstpläne) ebenso wie für die gesamte Organisation der Etagenarbeit.

Etagenservice. Die gesamte Bestellung wird komplett (warme Speisen auf Rechaud) auf das Zimmer getragen oder mit Hilfe eines Servicewagens gefahren. Je nach Umfang der Bestellung wird im Zimmer des Gastes ein Tisch gedeckt. Auch der Servierwagen kann als Tisch dienen. Diese Serviceart erfordert ein sehr diskretes Verhalten des Personals.

Etagere. Dreistöckiger, meist versilberter Ständer für Feingebäck „Petits Fours".

Etamine *(frz.: étamine, w).* Passiertuch (aus Nessel).

Ethnofood. Speisen und Gerichte aus fremden Ländern, um die Urlaubserinnerungen im nationalen Bereich aufzufrischen. Etnische Minderheiten etablieren sich in Deutschland und bieten ihre Landesküchen an.

Ethylalkohol → *Äthylalkohol.*

Ethylen. Schwach riechendes, natürliches Gas, das Obst und Gemüse entströmt.

Etikett – Wein, (frz.: etiquette). Heute ein notwendiges Hinweisschild auf fast allen Produkten. Weinetikett: Obligatorische Angaben: Nennvolumen, Abfüller- oder Versenderangabe, Erzeugerstaat bei Export, Angabe Rotling oder Rosé, das b. A., Qualitätsstufe, A.P.Nr, Bezeichnung des Prädikats und Bereichs, Angabe Rot- oder Weißwein bei Tafelwein. Die genannten Angaben müssen auf dem Etikett in bestimmter Buchstabengröße passend für die jeweilige Qualitätsstufe aufgedruckt sein. Fakultative Angaben z. B. Marken, Waren- oder Phantasiebezeichnung, Schloss, Domäne, Weingut, Weingutbesitzer, Gesamtalkoholgehalt, Verbraucherempfehlungen, Geschmacksangaben, Rebsorte, Jahrgang, Angaben zu Auszeichnungen, Prämierungen, die Qualitätsangabe Weißherbst, engere geographische Bezeichnung, Informationen über die Geschichte des betreffendes Betriebes, Behältnisnummer. Diese Etikettenangaben dürfen auch auf Zusatzetiketten angebracht sein.

Etikettierungspflicht. Rechtliche Grundlagen: Verordnung (EU) Nr. 2392/89 (100) des Rates zur Aufstellung allgemeiner Regeln für die Bezeichnung und Aufmachung der Weine und der Traubenmoste vom 24.7.1989 (ABl. Nr. L 232 S. 13); Weinverordnung (251) – WeinVO – in der Fassung der Bekanntmachung vom 4.8.1983 (BGBl. I S. 1078): **1)** Keine Flasche ohne Etikett (vgl. Art. 41 VO [EU] Nr. 2392/89). Zum Zeitpunkt des Inverkehrbringens muss jedes Behältnis mit einem Nennvolumen von 60 Litern oder weniger etikettiert sein. Das gilt für Tafelwein und Qualitätswein b. A. **2)** Befreiung von der Etikettierungspflicht (vgl. § 13 WeinVO). Befreit von der Etikettierungspflicht sind Erzeugnisse, die a) zwischen zwei oder mehreren Anlagen oder **b)** zwischen den Rebflächen und den Weinbereitungsanlagen ein und desselben Betriebes in der gleichen Gemeinde befördert werden, c) Traubenmost und Wein in Mengen bis zu 15 Litern pro Partie, der nicht zum Verkauf bestimmt ist sowie d) Traubenmost und Wein, der zum Eigenverbrauch in den Familien des Erzeugers und seiner Angestellten bestimmt ist. Anmerkung: Ein gefüllter Wein, der von einem anderen an der Vermarktung Beteiligten bezogen ist, muss vor dem Transport etikettiert werden; die Etikettierung darf nicht erst im Betrieb des anderen erfolgen.

Etna Bianco. Ital. Weißwein aus der Umgebung des Ätna. Ein strohgelber Wein von feinem Bukett und einem trockenen, frischen und harmonischen Geschmack. Mindestalkoholgehalt 11,5 % Vol.

Etuver *(frz.: étuver).* Dünsten, ein Garen in einem geschlossenen Geschirr. Letzte, schwächste Stufe des Dünstens. In Fettstoff, ohne Flüssigkeitszugabe. Warten, bis sich gebildete Flüssigkeit reduziert hat. Je nach Gericht nachher noch nötige Flüssigkeit zugeben. Anwendungsbereich: Für Fische, kleine Schlachtfleischstücke, Gemüse und Früchte.

EUHOFA. Heute EUHOFA-International, ursprünglich eine europäische, seit 1980 eine internationale Vereinigung der Hotelfach- und Hotelberufsfachschulen. Die Vereinigung beschäftigt sich mit der Aus- und Weiterbildung sowie allen dazugehörigen Problemen. Ihr jährlicher Kongress steht jeweils unter einem aktuellen Thema.

EU-Nummern. Im Bereich der Europäischen Union gültige Kennzeichnung von → *Zusatzstoffen,* → *E-Nummern* (s. Anhang A3).

EURHODIP. Association pour la délivrance des diplômes européens d'hôtellerie. Vereinigung der führenden europäischen Hotelfachschulen, die sich um die Qualität der Ausbildung und die Anerkennung europäischer Management-Diplome für das Hotel- und Gaststättengewerbe bemüht.

Euter. Milchdrüse der Kuh. Muss gründlich gewässert und weich gekocht werden. Paniert und gebraten = „Berliner Schnitzel".

Eutrophologie. Lehre vom bekömmlichen Essen. Entwickelt bestimmte Lehrsätze, so u. a.: Der psychische Einfluss auf die Verdauung und den Stoffwechsel spielt eine große Rolle, deshalb sollen Diskussionen und Streitigkeiten bei Tisch vermieden werden.

Eutypiose. Rebkrankheit, die durch einen mikroskopisch kleinen Pilz namens Eutypio Lata verursacht wird. Befallene Stöcke werden verbrannt.

Evaporieren. Verdampfen, verdunsten, kondensieren, evaporierte Milch = durch Verdampfen eingedickte Milch.

Event/Eventmanagement. Event = engl. Begriff für Ereignis, Veranstaltung; im Tourismus und Hotel- und Gaststättengewerbe auf jede Art von Veranstaltung angewendet. Das Eventmanagement (ungenau zuweilen auch als Fallmanagement bezeichnet) bezieht sich auf Veranstaltungen jeglicher Art von Seminarwochen über Kongresse bis hin zu Bällen, Modeschauen, Messen oder Sportveranstaltungen. Eventmanagement umschließt folgende Teilgebiete: **1)** Beratung: einschl. Marktanalyse, Zielgruppen- und Konkurrenzanalyse. **2)** Konzeption/Kreation: zuständig für die Entwicklung und Planung von der Idee über das Eventdesign bis zur Eventpräsentation einschl. der notwendigen Materialien, Medien, audiovisuellen Technik, Raumbelegung, Teilnehmerbeförderung und dem gastronomischen Service. **3)** Koordination: Diese Aufgabe obliegt dem Projektmanager (Koordinator). Er ist für die gesamte Organisation und Abwicklung zuständig und koordiniert mit Hilfe der Logistik alle Teilbereiche und Abläufe. Ihm beigeordnet ist die *Medienregie*, die für die Präsentationen und die Bereitstellung der Technik verantwortlich zeichnet, und der *Datenservice*, der für die Aufarbeitung computerunterstützter Präsentationen zuständig ist.

Existenzgründung → *Betriebseröffnung.* Zur Existenzgründung im Gastgewerbe gehören eine Reihe von wesentlichen Voraussetzungen, die im Folgenden in Gruppen zusammengefasst werden: **a)** persön-

Extruder

liche Voraussetzungen: Geschäftsfähigkeit, Gesundheit und Arbeitsbereitschaft, Flexibilität und Risikobereitschaft, Durchsetzungsvermögen und Führungsqualitäten, Kreativität und Lernbereitschaft; **b)** fachliche Voraussetzungen: Aus- und Fortbildung sowie Praxiserfahrung, Branchenkenntnis; **c)** finanzielle Voraussetzungen: notwendige Eigenkapitalhöhe zur Existenzgründung, Möglichkeiten, die Finanzierungslücke durch Fremdkapital oder andere Finanzierungshilfen zu decken und die daraus entstehenden Lasten zu tragen (→ *Finanzierungsmöglichkeiten*). Daneben sind die folgenden Informationen unbedingt nötig: **a)** Kenntnisse der Marktsituation am Standort hinsichtlich Nachfrage und Konkurrenz, **b)** Kenntnis über die Eignung des geplanten Objekts hinsichtlich baulicher Gegebenheiten, Einrichtung, gesetzlicher oder behördlicher Anforderungen, **c)** Überblick über evtl. notwendige Umbauten und Renovierungen sowie deren Kosten, **d)** Höhe der Anlaufkosten, **e)** Vertragsrechtliche Kenntnisse (Pacht-, Kauf- und Brauereiverträge).

Exogen. Von außen verursacht (Umwelt, Gesellschaft). Gegensatz: → *Endogen*.

Extra. Altersangabe für Cognac wie → *Napoléon*.

Extra Sec. → *Geschmacksangabe* bei Champagner, Schaumwein. Bedeutet 1,5 bis 2 % Zucker/l oder Zuckergehalt 12 bis 20 g/l. Bei deutschen Erzeugnissen ist Extra Sec gleich der Angabe „sehr trocken" (extra dry).

Extra Vergine. Erste Qualitätsstufe für italienisches Olivenöl, kalt gepresst.

Extrakt. Nichtflüchtige Stoffe, die beim Erhitzen auf 100 °C nicht verdampfen. Beim Wein sind dies Kohlenhydrate, Stickstoffverbindungen, Mineralsalze, Gerb und Farbstoffe. Körperreiche, wuchtige Weine sind extraktreicher als leichte, spritzige Weine. Rotweine sind im Allgemeinen gehaltvoller an Extraktstoffen als Weißwein.

Extrinsisch. Von außen gelenkte – insbesondere durch die Gesellschaft – dem Individuum zuteil werdende Anreize in Form der Belohnung, aber auch von Sanktionen.

Extruder. Ein dem Fleischwolf ähnliches Gerät mit einer „Schneckenpresse".

F

Faber. Weißweintraube. Züchtung der Landesanstalt für Rebenzüchtung Alzey in Rheinland-Pfalz. Züchter Georg Scheu; Kreuzung: Weißer Burgunder × Müller-Thurgau. Die Weine sind fruchtig und frisch, mit leichtem Muskatbukett.

Fachgehilfe(-gehilfin) im Gastgewerbe. Anerkannter Ausbildungsberuf im Hotel- und Gaststättengewerbe (Ausbildungsdauer: 24 Monate, Prüfung vor der Industrie- und Handelskammer)

Fachhochschule. Einrichtung des tertiären Bildungsbereichs. Eingangsvoraussetzung ist die Fachhochschulreife, die mit dem Abschluss der 12. Klasse des Gymnasiums, dem Abschluss an einer Fachoberschule und – sofern Zusatzprüfungen bestanden wurden, auch nach dem Fachschulbesuch absolviert werden kann.

Fachhochschule für Touristik. Die Fachhochschulen für Touristik mit Fachbereich Gastronomie befinden sich z. B. in Heilbronn, München und Worms. Studieren können dort Personen, die die Fachhochschulreife nachweisen. Praxis ist nicht Voraussetzung. Die Absolventen schließen ihr Studium als Betriebswirt (FH) ab.

Fachoberschule. Schulart im berufsbezogenen Bereich, die als Eingangsvoraussetzung den Realschulabschluss (Fachschulabschluss) verlangt (11. und 12. Klasse). Sie vermittelt die Fachhochschulreife, die zum Besuch der → *Fachhochschule* berechtigt.

Fachschule. Weiterführende Schule, die einer beruflichen Spezialausbildung dient. Gaststättengewerbe: **a)** Fachschule für Gastronomie (einjährig), **b)** Fachschule für das Hotel- und Gaststättengewerbe (zweijährig), **c)** Fachschule für Sommeliers (einjährig).

Fachstab. Unterstützungsorgan verschiedener Abteilungen im Betrieb (eine Gruppe von Spezialisten berät die Linie und hilft ihr, die Tätigkeit effektiver zu gestalten). → *Persönlicher Stab.*

Factoring. Beim Factoring zieht nicht der leistende Unternehmer, sondern ein anderer, der „Factor" (meist eine Bank) die Forderungen ein. Man unterscheidet: **a)** echtes Factoring, **b)** unechtes Factoring. Beim echten Factoring ist der Faktor der Käufer der Forderung. Für den ursprünglichen Lieferer bestehen dann keine Rechte mehr auf die Forderung. Vorgehen: Ein Rechnungsdurchschlag wird der Bank eingereicht, die dann den Betrag, meist unter Abzug von 10 bis 20% (für evtl. Ausfall) auf dem Konto gutschreibt. Außerdem übernimmt die Bank die Debitorenbuchführung und das Mahnwesen. Für diese Dienstleistungen berechnet sie eine Gebühr zwischen 0,5 und 2% des Nennwertes.

Fadenziehen bei Brot. Brotkrankheit, die in der warmen Jahreszeit 2–3 Tage nach dem Backen im Weißbrot, in ungesäuertem oder schwach gesäuertem Brot auftritt. Sie wird durch den Kartoffelbazillus (Bacillus Mesentericus) hervorgerufen, der im Erdboden vorkommt und über das Getreide in das Mehl gelangt. Die hitzebeständigen Sporen des Bazillus überdauern den Backprozess und keimen bei günstigen Lebensbedingungen (Feuchtigkeit, Wärme) aus. Beim Schneiden des Brotes bemerkt man zwischen den Scheiben dünne weiße Fäden. Das Brot hat einen obstähnlichen Geruch und einen unangenehmen Geschmack.

Fagara → *Szechuan Pfeffer.*

Fahrlässigkeit. Eine schwache Erscheinungsform von Schuld. Fahrlässig handelt, wer die im Verkehr erforderliche Sorgfalt außer Acht lässt.

Fahrtkosten. Aufwendungen für Fahrten, die dann bedeutend sind, wenn sie im beruf-

Faisandage

lichen oder betrieblichen Interesse unternommen wurden. Sie sind Teile der → *Reisekosten*. Beim Unternehmer gehören die Fahrtkosten für Geschäftsreisen und die Fahrten von der Wohnung zum Betrieb zu den → *Betriebsausgaben*. Bei Arbeitnehmern können Fahrtkosten für → *Dienstreisen*, aber auch für die Fahrten zwischen Wohnung und Arbeit anfallen. Sie sind bei ihm Werbungskosten, wenn oder soweit sie nicht von seinem Arbeitgeber ersetzt werden. Die steuerliche Absetzbarkeit wird jeweils vom Steuerrecht bestimmt.

Faisandage. Ausdruck für „haut goût" beim Fasan.

Faktenwissen. Unterste Stufe im → *kognitiven* Lernbereich (abrufbereites Wissen).

Falafel. Orientalische „Knödel" aus Kichererbsen, auch Bohnen, Poree mit Zwiebeln, Koriander, Knoblauch, Kreuzkümmel, Salz; in Öl ausgebacken. Israelisches Nationalgericht.

Fälligkeit. Zeitpunkt, in dem eine Leistung zu erbringen ist, z. B. eine Lieferung oder Zahlung.

falsche Lende = Buglende, falsches Filet, Schulterfilet, Judenfilet. Langgestreckter Muskel in der Schulter (Bug) bei allen Schlachttieren und Schalenwild. Die falsche Lende wird oft verwechselt mit der Fricandeau-Rolle, die ein Teil der Keule ist.

Fancy Drinks. Phantasiegetränke, je nach Belieben und Geschmack zusammengestellt.

Fannings (Tee). Als Fannings werden die beim Sieben anfallenden kleinen Teilchen des Teeblattes bezeichnet. Mit zunehmender Produktion von Tee-Aufgussbeuteln haben die Fannings an Bedeutung gewonnen.

Fan Yong. Unparfümierter schwarzer Tee aus China mit niedrigem Tanningehalt.

Farce *(Syn.: Füllsel, Fülle)*. Rohes oder gegartes feingehacktes (gewolftes) oder gestoßenes Fleisch, Geflügel oder Fisch, mit Butter, eingeweichtem Brot, Eiern und/oder Sahne angerührt. Oft danach passiert.

Farcieren. Füllen – mit einer Masse (Farce) ein Nahrungsmittel füllen (Geflügel, Fisch, Galantinen). Farce-Klößchen – quenelles.

Farfalle. Ital. Pastaschleifchen-Nudeln.

Farinages. Mehlspeisen, Nudeln, Makkaroni, Spaghetti, Spätzle.

Fariner. In Mehl wenden.

Faro. D.O.C.-Rotwein, der zu den besten Weinen → *Siziliens* zählt. Die Produktionszone liegt im nord-östlichen Teil des Landes; im Geschmack trocken, harmonisch und charakteristisch, von mittlerem Körper, Mindestalkoholgehalt 12 % Vol.

Färse. Ausdruck für ein über ein Jahr altes Kalb bis zum ersten Kalben.

Fasan *(faisan, m; poule faisane, w.; faisande)*. Auch gemeiner Fasan oder Edelfasan. Das Fleisch wird zu den wohlschmeckendsten unter allem Geflügel gerechnet. Dem wilden Tier wird der Vorzug gegeben; der würzige Geschmack fehlt dem „zahmen" Fasan. Er wird ca. 80 cm lang, 75 cm breit und verfügt über eine Schwanzlänge von 40 cm. Junge Fasane schmecken am besten mit Luftspeckscheiben umwickelt und gebraten; ältere Tiere, durchaus nicht minderwertig, werden gedämpft und u. a. zu → *Salmis* und Pasteten, kalt und warm verarbeitet.

Fasaneneier. Sie sind blassrosa, etwa so groß wie → *Wachteleier* und können wie diese verwendet werden.

Fastfood *(engl.)* Schnell-Verpflegung. Meistens standardisierte Speisen, die schnell hergestellt und in Schnellgaststätten, die in der Regel einfach, aber zweckmäßig ausgestattet sind, abgegeben werden. (Kioske, Cafeterias, Essbars, Bahnsteig-Verpflegung u. a.).

Fastfood-Restaurant. Schnellgaststätte mit niedriger bis mittlerer Preislage. 40 % takeout, Verweildauer zwischen 30 und 60 Minuten. Angebot: Hähnchenteile, Hamburger, Pizza etc.

Fauler Teig → *Blätterteig,* der in Folge häufigen Tourens und Ausrollens den größten Teil seiner Triebkraft verloren hat.

Faulgeschmack. Durch mangelnde Kellerhygiene verursachter, unangenehmer Geschmack beim Wein.

Faulser = Traubenschimmelgeschmack, hervorgerufen durch schimmeliges Lesegut. Nicht zu verwechseln mit dem → *Botrytis-Ton.*

Fauna *(lat).* Tierwelt.

FC *(Floating cannery).* Schwimmende Konservenfabrik. „FC"-Aufdruck auf Fischkonserven, wenn die Ware bereits an Bord des Fangschiffes verarbeitet wurde.

Fecule. Ausdruck für Kartoffelmehl.

Federbettbehandlung. Zur Lockerung der Füllung wird das Federbett (auch Kissen) geschüttelt. Ein Lüften von 1–2 Std. täglich bewirkt das Abtrocknen der Nachtfeuchtigkeit. Das kann bei offenem Fenster im Zimmer geschehen. Federbetten dürfen nie der Sonne ausgesetzt werden. Klopfen und Saugen sind ebenso schädlich.

Federbetten. Zudecken aus → *Inlett* mit Einschütte aus Federn oder Daunen von Enten oder Gänsen. Um die Gleichmäßigkeit der Federverteilung zu erreichen, werden Karostepp, Teileinnahten oder Stege verwendet. Um das richtige „Bettklima" zu erreichen, ist die Größe und Füllmenge wichtig. Die Länge muss erlauben, dass der Schläfer ausgestreckt liegen kann, die Breite, dass er sich bewegen kann. Die Standardgrößen liegen bei 140 × 200 und 200 × 210 cm. Die Füllung (bei 140 × 200) sollte zwischen 1,5–2 kg liegen.

Federspargel *(Asparagus plumosus).* Für Blumensträuße häufig verwendete Zierpflanze.

Federweißer. Junger Wein.

Federwild → *Wild.* Im Gegensatz zum Haarwild das Wild, das ein Federkleid trägt. Die wichtigsten sind: **a)** Wildhühner, → *Rebhuhn,* **b)** → *Wildtauben,* **c)** Entenvögel → *Wildenten,* **d)** → *Schnepfen* **e)** → *Rallen.*

Feedback *(engl.).* Rückkoppelung. Soll-Ist-Vergleich → *Kontrolle.*

Fegato alla Veneziana. Kalbsleber in leicht gebräunten Zwiebeln, Petersilie, Öl und Butter sautiert. Italienische Landesküche.

Feige. Eine aus Syrien stammende Frucht, die birnenförmig ist und im Reifezustand eine violette Schale hat. Frisch passt sie ausgezeichnet zu Desserts und Vorspeisen. Sie kommt jedoch meist getrocknet auf den Markt.

Feigenkaffee. Kaffee-Ersatz aus gereinigten, gerösteten Feigen.

Feijoa. Exotische Frucht aus Brasilien, in der Form der Avocado ähnlich, mit großem

Kern und weißem bis lachsfarbenem Fleisch und grünlicher Schale. Sie schmeckt sehr süß und würzig.

Feinbackwaren, Feingebäck, Feine Backwaren. Durch Backen, Rösten, Trocknen oder andere technologische Verfahren aus hierzu geeigneten Rohstoffen hergestellte Erzeugnisse, die sich von Brot dadurch unterscheiden, dass ihr Gehalt an rezepturmäßig zugesetzten Fettstoffen und/oder Zuckerarten mindestens zehn Teile auf 90 Teile Getreidemahlerzeugnisse und/oder Stärken beträgt. Feinbackwaren enthalten Zutaten, die die sensorischen Eigenschaften und den Nährwert mitbestimmen. Auszug aus den Richtlinien für Feine Backwaren: Mindestmengen auf 100 kg Getreidemahlerzeugnisse und/oder Stärke, wenn in der Gebäckbezeichnung auf nachstehende Zutaten hingewiesen wird: Butter: 10 kg oder 8,2 kg Butterreinfett, keine einen Buttergeschmack vortäuschenden Aromen. Milch: Vollmilch oder rückverdünnte Milchkonzentrate – 40 l für Hefe-Feinteige, 20 l für Nicht-Hefeteige. Eier: 400 Hühnereier von durchschnittlich 45 g oder 400 Eidotter von 16 g oder entsprechende Menge Eiprodukte. Rosinen, Korinthen, Sultaninen, kandierte Früchte: 30 kg (lufttrocken). Kakaohaltige Fettglasur: Auch bei Kenntlichmachung nicht zulässig bei Baumkuchen, Biskuit, außer Mohrenköpfe, Florentiner und bei besonderen Qualitätshinweisen wie „extra fein", „ff" usw.

Feinbrand. Gereinigtes, verstärktes Endergebnis des zweiten Brennvorganges (→ *Branntweinherstellung*). Er wird aus → *Roh-/ Rauhbrand* unter Ausscheidung von → *Vor- und Nachlauf* gewonnen und auch als Mittelstück bezeichnet.

Feinlernziel. Unterrichtsziel, das durch den Ausbilder oder Lehrer in der Unterrichtspraxis oder Unterweisung bestimmt wird (nicht im Lehrplan angegeben). Lernziel mit engem Handlungsspielraum, großer Eindeutigkeit und leichter Kontrollierbarkeit. → *Richtlernziel*, → *Groblernziel*.

Feinsprit (extrafein), lt. Bundesmonopolverwaltung: extrafein filtrierter Alkohol ca. 97 % Alkoholstärke; sonst wie → *Primasprit*.

Feintalg. Rohtalg wird geschmolzen, von den Grieben getrennt, dann zum Erstarren gebracht: Feintalg. Er schmilzt bei 45 °C und wird zum Kochen, Braten und Backen verwendet. Feintalg besteht aus festen Fettkristallen (von Palmitin und Stearin), zwischen denen weiches Fett (Olein) liegt. Das Gemisch von Palmitin und Stearin heißt „Margarin" (von *griech. margaron* = Perle), woraus das Begriffswort Margarine gebildet worden ist.

Felchen → *Renken*.

Feldsalat *(frz.: mâche, engl.: lambs lettuce)*. Feldsalat gibt es als groß- und kleinblättrige Sorten. Er wird auch Lammsalat, Sonnenwirbel, Rapunzel, Nüssli- oder Ackersalat genannt. Von den großblättrigen Sorten werden nur die Blätter verwendet, während bei den kleinblättrigen Sorten die ganze Pflanze verwendet wird. Feldsalat sollte frisch, grün und im Wurzelbereich feucht sein. Feldsalat ist energiearm, aber vitamin- und mineralstoffreich.

Fendant *(Syn. für* → *Gutedel, in der Schweiz gebräuchlich). Schweizer Wein.* Er wird aus der → *Chasselastraube* hergestellt. Die Bezeichnung Fendant ist gesetzlich geschützt. Fendant wird angeboten als: Fendant courant – einfache Qualität, Fendant de choie – mittlere Qualität, Fendant und Gemeinde oder Lagenbezeichnung – höchste Qualität.

Ferncatering → *Versorgungsgastronomie*.

Ferienheim. Beherbergungsbetrieb zur Erholung, der meist für Kinder gedacht ist.

Ferienhotellerie → *Beherbergungsbetriebe*. Von Ferienhotellerie spricht man, wenn sich Hotels zum überwiegenden Teil mit ihrem Angebot an länger verweilende Feriengäste wenden.

Fermentation Malo-Lactic → *biologischer Säureabbau.*

Fermier. Bezeichnung für Produkte, die auf einem Bauernhof hergestellt bzw. erzeugt worden sind. Käse immer aus Rohmilch.

Fertigpackung besteht aus einem Erzeugnis und der Umschließung, in die das Erzeugnis verpackt ist.

Fertigungsgemeinkosten → *Gemeinkosten,* → *Kosten.*

Festwert. Ein bei der → *Bewertung* des → *Vermögens* verwendeter Wert für ein Wirtschaftsgut oder eine Gruppe von Gütern, der über mehrere Jahre gleichbleibt. Er muss nach den → *Grundsätzen ordnungsgemäßer Buchführung* bestimmt werden. Er erleichtert die → *Inventur,* da bei Festwert nur alle 3 Jahre eine körperliche Inventur durchzuführen ist. Zulässig ist das Festverfahren nur: **a)** für abnutzbare Güter des Anlagevermögens und **b)** für Roh-, Hilfs- und Betriebsstoffe, wenn der Bestand dieser Güter in Größe, Wert und Zusammensetzung nur geringfügig schwankt. Das kann der Fall sein bei Geschirr, Wäsche, Gläsern oder Bestecken. Im Umlaufvermögen entspricht diese Methode der Bewertung eines eisernen Bestandes.

Feta. Griechischer Lakekäse. Er ist einer der ältesten Käse. Seine Herstellung wurde bereits im 8. Jahrhundert v. Chr. beschrieben. Nach einer EU-Verordnung ist Feta seit 2002 – mit einer Übergangsfrist von 5 Jahren – ein herkunftsgeschützter Käse aus Griechenland. Es handelt sich um einen Schafskäse, mitunter mit geringer Ziegenmilchzugabe. Die Zugabe von Kuhmilch ist nicht erlaubt. Der gesäuerte und mit Lab versetzte Bruch wird gepresst und frisch oder nach einigen Tagen in eine 5 bis 15%ige Salzlake oder Molke eingelegt und gereift.

Fetaartige Käse werden derzeit noch weltweit aus Kuhmilch hergestellt. Fetakäse ist weiß, weich und ohne Rinde. Er kommt in der Lake meist in Stücke geschnitten in den Handel.

Fett. Der von Wasser und Eiweiß befreite, durch Erhitzen, Abpressen oder Zentrifugieren gewonnene Anteil des Fettgewebes von Schwein oder Rind. Chemisch: Fette sind Verbindungen, die sich aus Glycenn und verschiedenen Fettsäuren zusammensetzen. Der grundsätzliche Aufbau dieser als Triglyceride bezeichneten Verbindungen ist bei tierischen und pflanzlichen Produkten gleich. Art und Stellung der Fettsäuremoleküle am Glycerinmolekül entscheiden über die Konsistenz und auch über die Verdaulichkeit eines Fettes.

Fettammer → *Ortolan.*

Fettbedarf. Darüber lassen sich keine genauen Angaben machen. Faustregel: 25 bis 35 % des Energiebedarfs soll durch Fett gedeckt werden, das entspricht etwa 1 g Fett/kg Körpergewicht.

Fettbegleitstoffe. Diese Verbindungen kommen stets zusammen mit tierischen bzw. pflanzlichen Fetten vor. Da sie wie die Fette in Wasser unlöslich und auch in ihren sonstigen physikalischen Eigenschaften den Fetten ähnlich sind, werden sie bei der Fettgewinnung mit aus dem Gewebe extrahiert und sind somit in den Fettzubereitungen und Streichfetten enthalten. Fettbegleitstoffe haben chemisch einen völlig anderen Aufbau als die Fette. Ihre Bedeutung für die menschliche Ernährung ist von unterschiedlichem Interesse. Aus der Gruppe der Phosphatide wären die → *Lecithine* zu erwähnen, die unter anderem in der Lebensmitteltechnologie als Emulgatoren z. B. bei der Margarine- und Mayonnaiseherstellung eine Rolle spielen. Zu den Stearinen gehört das vornehmlich in tierischen Fetten vorkommende → *Cholesterin.*

Fette

Fette. Glycerinester höherer → *gesättigter* und → *ungesättigter* Fettsäuren. F. sind neutrale Verbindungen, die durch Veresterung des dreiwertigen Alkohols → *Glycerin* mit maximal drei Fettsäuren entstehen, wobei die Glyceride entsprechend ihrem Veresterungsgrad als Mono-, Di- bzw. Triglyceride bezeichnet werden. Die natürlich vorkommenden F. sind fast ausschließlich Triglycendgemische mit verschiedenen → *Fettsäuren* und → *Lipoiden*. Eine Einteilung der F. erfolgt entweder entsprechend ihrer Herkunft in tierische und pflanzliche F. oder entsprechend ihrer Konsistenz in feste und flüssige F. Pflanzliche F. kommen hauptsächlich als Reservestoffe in Früchten und Samen vor und sind flüssig: z. B. Palm-, Kokos-, Oliven-, Erdnuss-, Mais-, Lein-, Sonnenblumenöl. Tierische F. werden meist im Fettgewebe, um Organe oder im Knochenmark abgelagert. Sie sind meist fest: z. B. Butter, Schmalz, Talg. F. sind leichter als Wasser, in Wasser nicht, wohl aber in Äther, Benzol und warmem Alkohol löslich. Durch den hohen Siedepunkt (Butterfett ~ 160 °C, Schweineschmalz ~ 200 °C, Palmkern- und Sojaöl ~ 235 °C) stellen F. gute Wärmeüberträger für die Küche dar. Bei mehrmaligem Erhitzen bzw. Erhitzen über den Siedepunkt (Rauchpunkt) tritt eine Zersetzung der F. ein, wobei gesundheitsschädliche Stoffe (z. B. Acrolein) entstehen. F. können mit Hilfe von Emulgatoren (z. B. Eiweiß in der Milch oder Eigelb in der Mayonnaise) emulgiert, d. h. fein verteilt werden. → *Emulsion.* F. haben für den menschlichen Organismus folgende Bedeutung: **1)** als hochwertiger Brennstoff, **2)** als Träger der fettlöslichen → *Vitamine,* → *essenziellen Fettsäuren* und → *Lipoide,* **3)** als Vorrats- und Schutzstoffe **a)** gegen Druck und Stoß, **b)** gegen Wärmeverluste.

Fettgehaltsstufen (Käse). Man unterscheidet in Deutschland:
Magerstufe unter 10 % F. i. Tr.,
Viertelstufe mind. 10 % F. i. Tr.,
Halbfettstufe mind. 20 % F. i. Tr.,
Dreiviertelstufe mind. 30 % F. i. Tr.,
Fettstufe mind. 40 % F. i. Tr.,
Vollfettstufe mind. 45 % F. i. Tr.,
Rahmstufe mind. 50 % F. i. Tr.,
Doppelrahmstufe 60–85 % F. i. Tr.

Fettgewebe. Ist überwiegend Fett enthaltendes Gewebe, das vom Fleisch abgetrennt worden ist oder aus dem Bereich der Körperhöhlen, jedoch nicht vom Darm oder Gekröse stammt.

Fettglasur. Überzugsmasse für Backwaren, bestehend aus Kakao, Zucker und Fetten wie Kokosfett, Erdnussfett u. a. Kakaobutter findet keine Verwendung.

Fettheringe. Sind den Matjesheringen ähnlich, aber hartgesalzen, mit über 20 % Salzgehalt.

Fett i. Tr. (= Fett in der Trockenmasse). Bei Käse wird kein absoluter Fettgehalt, sondern lediglich der Fettanteil in der Trockenmasse angegeben. Um den absoluten Fettgehalt festzustellen, wird der Anteil der Trockenmasse mit dem Fett in der Trockenmasse multipliziert und ergibt so den absoluten Fettanteil, auf 100 g berechnet. Der Käse-Verordnung liegen zwei Einteilungsprinzipien zugrunde, die eine Systemisierung erst ermöglichen, nämlich die Fettgehaltsstufen und die Käsegruppen. Für die Eingruppierung eines Käses in eine Käsegruppe ist der Wassergehalt in der fettfreien Käsemasse maßgebend, für die Zuordnung zu einer Fettstufe der Fettgehalt in der Trockenmasse (F. i. Tr.). Käse setzt sich entsprechend seinem Ausgangsprodukt Milch aus Fett, Eiweiß, Milchzucker, Mineralstoffen, Vitaminen und Wasser zusammen. Alle Bestandteile zusammen bezeichnet man als Käsemasse. Zieht man von der Käsemasse das Wasser ab, erhält man die Trockenmasse, die sich wiederum in Fett und fettfreie Trockenmasse aufteilen lässt.

Fettlösliche Vitamine. Dazu gehören die → *Vitamine* A, D, E, K.

Fettsäuren. Bestandteil der → *Fette*. F. gehören zur Gruppe der Carbonsäuren und unterscheiden sich im Wesentlichen durch ihre Kettenlänge und die Anzahl der Doppelbindungen. Natürliche Fettsäuren haben immer eine gerade Anzahl von Kohlenstoffatomen (4–24). Gesättigte Fettsäuren besitzen keine, ungesättigte Fettsäuren (→ *essenzielle Fettsäuren*) mindestens eine Doppelbindung (einfach und mehrfach ungesättigte Fettsäuren entsprechend ihrer Anzahl an Doppelbindungen);

Gesättigte Fettsäuren:
Buttersäure C_3H_7COOH
Capronsäure $C_5H_{11}COOH$
Caprylsäure $C_7H_{15}COOH$
Caprinsäure $C_9H_{19}COOH$
Laurinsäure $C_{11}H_{23}COOH$
Myristinsäure $C_{13}H_{27}COOH$
Palmitinsäure $C_{15}H_{31}COOH$
Stearinsäure $C_{17}H_{35}COOH$

Ungesättigte Fettsäuren:
Ölsäure $C_{17}H_{33}COOH$
Linolsäure $C_{17}H_{31}COOH$
Linolensäure $C_{17}H_{29}COOH$
Arachidonsäure $C_{19}H_{31}COOH$

Fettstoffwechsel. Die Spaltung der Fette in Glycerin und Fettsäuren erfolgt erst im Dünndarm durch → *Lipasen* der Bauchspeicheldrüsen. Diese Spaltung wird durch die vorangehende Emulsionsbildung durch den Gallensaft beschleunigt. Dabei sind Fette mit kurzen bzw. ungesättigten Fettsäuren leichter spalt- und resorbierbar. Glycerin und Fettsäuren werden schon während der Resorption in der Darmwand wieder zusammengesetzt und über die Lymphgefäße in die Blutbahn oder in die Fettdepots transportiert. Fett wird nur dann für Hungerperioden gespeichert, wenn es nicht zur Energiegewinnung benötigt wird.

Fettuccine → *Tagliatelle*.

Feuerwehrabgabe. Abgabe, die von einigen Gemeinden in Hessen, Bayern und Baden-Württemberg den Männern in der Gemeinde auferlegt wird, die feuerwehrdienstpflichtig sind, aber keinen Feuerwehrdienst verrichten. Es handelt hierbei um eine Abgabe an die Gemeinden zur Ergänzung und Erneuerung der Feuerschutzgeräte. Man bezeichnet sie auch als Feuerschutzabgabe.

Feuerzangenbowle. Alkoholhaltige, gezuckerte heiße Rotweinbowle. Zuckerhut auf einer Zuckerzange mit Rum getränkt und angezündet, sodass der Zucker und Rum in die Bowle tropft.

Feuilles de Chene → *Eichblattsalat*.

Fiaker Kaffee → *Wiener Kaffee* ohne Schokoladenraspeln, aber mit einem Schuss Rum oder Kirschwasser.

Fiasco *(Pl.: Fiaschi)*. Alte Flaschenform für Chiantiweine, rundbauchig, strohumhüllt.

Ficeler. Mit dünner Schnur binden.

Ficin. Pflanzliches Enzym aus dem Milchsaft des Feigenbaumes. Verwendung ähnlich → *Bromelain*.

Filata-Käse. Gebrühter Knetkäse. Ein Herstellungsverfahren, bei dem der gesäuerte, in Stücke geteilte Bruch durch wiederholtes Übergießen mit heißem Wasser oder heißer Molke eine plastische Struktur erhält. Nach dieser Behandlung lässt sich der Teig gut kneten, zu Strängen ziehen und formen. Der Name kommt von filare = ziehen. Typischer Vertreter dieser Käsegruppe sind Mozarella und Provolone.

Filet d'eau. Einige Tropfen Wasser. Rezeptangabe.

Filieren. Zerlegen von Fischen, Entgräten und Portionieren. Krustentiere, wie Hummer oder Langusten werden jedoch → *tranchiert*.

Filtration (Getränke). Mit Hilfe von verschiedenen Filtern werden Getränke wie Wein, Saft, Bier etc. blank filtriert, d. h. von Verunreinigungen befreit. Benutzt werden meistens Kieselgur-, Membranen- und Zellulosefilter. Häufiges Anwenden der Filtration verteuert die Produktion. Die Anwendungshäufigkeit wird vom Gesetzgeber nicht geregelt.

Finanzamt. Unterste Verwaltungsbehörde im Bereich der Finanzverwaltung. Als örtliche Behörde ist sie die Stelle, mit der die meisten Steuerpflichtigen in Berührung kommen, so z. B. in Verbindung mit der Einkommen- oder Körperschaftsteuer und der Kfz-Steuer.

Finanzierung. Bereitstellung von Mitteln zum Zwecke der Investition (Beschaffung von Produktionsfaktoren). Bei der Gründungsfinanzierung ist das Kapital für die Errichtung neuer Betriebe und bei der Erweiterungsfinanzierung für die zur Erweiterung notwendigen Betriebsmittel bereitzustellen. Die laufende Finanzierung schließt alle Ansprüche ein, die durch die laufende Leistungserstellung entstehen. Im Fall einer → *Sanierung* werden die Mittel zur Umorganisation und zur → *Rationalisierung* benötigt. Im Hinblick auf die Finanzierungsquelle unterscheidet man: *Außenfinanzierung,* bei der die Finanzmittel der Unternehmung von außen zufließen. In Form der Eigenfinanzierung handelt es sich dabei um Einlagen des oder der Unternehmer, die zu Eigenkapital werden. In Form der Fremdfinanzierung handelt es sich um die Zuführung von Fremdkapital (→ *Kapital)* z. B. durch Kredite, Hypotheken oder Obligationen. *Innenfinanzierung,* bei der die Mittel aus dem Unternehmen selbst kommen. Die wichtigste Form ist die Selbstfinanzierung durch zurückbehaltene → *Gewinne.* Weitere Mittel können durch Rationalisierung oder verdiente → *Abschreibung* bereitgestellt werden (Abb. 28).

Finanzierungsgrundsätze → *Finanzierung,* **a)** Jede Finanzierung muss rentabel sein, **b)** zur Vermeidung von Zahlungsunfähigkeit sind die Fristigkeiten zu beachten, **c)** die Wahl der Finanzierungsart soll die Konjunkturlage berücksichtigen, **d)** Anlagevermögen soll mit Eigenkapital oder mindestens mit langfristigem Fremdkapital finanziert werden, **e)** kurzfristiges Fremdkapital kann aus dem Umsatz, langfristiges muss aus dem Gewinn zurückbezahlt werden, **f)** besondere Beachtung verdient die Grenzrentabilität, die → *Rentabilität* der neuen Kapitalschicht.

Finanzierungshilfen. Als Finanzierungshilfen stehen auch den gastronomischen Betrieben eine Reihe von Möglichkeiten zur

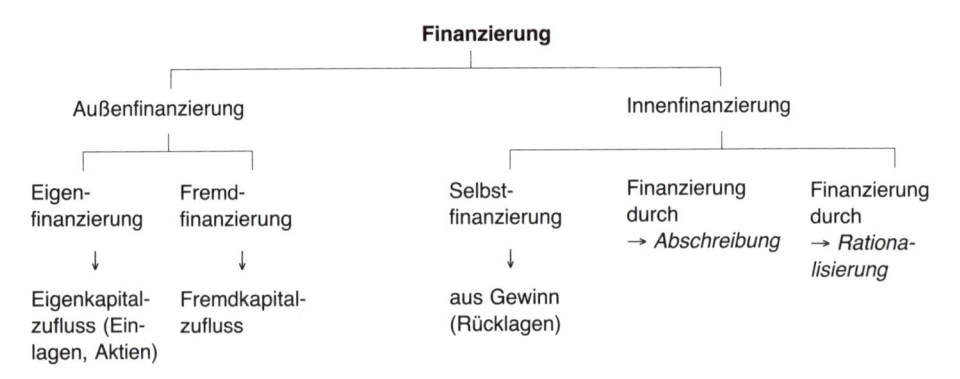

	Finanzierung			
Außenfinanzierung		Innenfinanzierung		
Eigenfinanzierung	Fremdfinanzierung	Selbstfinanzierung	Finanzierung durch → *Abschreibung*	Finanzierung durch → *Rationalisierung*
↓	↓	↓		
Eigenkapitalzufluss (Einlagen, Aktien)	Fremdkapitalzufluss	aus Gewinn (Rücklagen)		

Abb. 28 Finanzierung

Finanzplan

Erlangung öffentlicher Mittel zur Verfügung. Da die Vorschriften aufgrund ihres wirtschaftspolitischen Charakters einem ständigen Wandel unterworfen sind, empfiehlt sich die Überprüfung im konkreten Fall. Hier können die Hausbanken Informationen liefern.

Finanzierungskosten. Allgemein versteht man hierunter die Kosten der Kapitalbeschaffung und der Kapitalnutzung. Das bezieht sich sowohl auf Eigen- wie auf Fremdkapital. Im engeren Sinne sind unter Finanzierungskosten die Kosten zu verstehen, die bei der Beschaffung von Fremdkapital anfallen. Hierzu gehören: Kosten der Beratung, Provisionen für Banken und Makler, Gebühren für Zuteilung oder Bereitstellung. Beurkundung oder Eintragungen, sowie Umsatzprovisionen.

Finanzierungsmöglichkeiten bei Existenzgründung. Für die Finanzierung einer Existenzgründung dienen zunächst Eigenmittel aus Geld- oder Sachvermögen. Dazu können Mittel kommen aus Beteiligungen, Eigenkapitalhilfeprogrammen oder aus Investitionszulagen und -zuschüssen. Dabei kann es sich um Bundes- oder Landesmittel handeln. Über die Möglichkeiten informieren die Banken und eine jährlich erscheinende „Zeitschrift für das gesamte Kreditwesen".

Finanzplan → *Planungsrechnung.* Der Finanzplan ist ein Teil der Planungsrechnung, eine Vorschau (Budgetierung), in die neben Aufwand und Ertrag auch Zahlungsmittel und Kreditmittel einbezogen werden. Um das erste Zahlenmaterial zu gewinnen, kann aus den Bilanzen zweier aufeinander folgender Jahre eine Bewegungsbilanz erstellt werden. Daraus lässt sich eine Planbilanz ableiten. Ebenso kann eine Plan-Gewinn- und Verlustrechnung aufgestellt werden. Aber auch vereinfacht kann nach folgendem Schema vorgegangen werden:
1) Zusammenstellung der Planausgaben a) ordentliche Ausgaben für Material- und Wareneinkäufe, Löhne, Gehälter, Sozialaufwand, Mieten, Pachten, Versicherungen, Instandhaltungen und Fremdleistungen, Steuerzahlungen (laufende und Nachzahlungen), Zinsaufwand, Werbung, evtl. an Beteiligte zu leistende Beträge, sonstige ordentliche Aufwendungen; b) außerordentliche Ausgaben für Grundstücke und Gebäude, Investitionen in die Betriebs- und Geschäftsausstattung, Tilgung von Krediten, Darlehensvergaben, Sonstige. 2) Zusammenstellung der Mittel, a) flüssige Mittel: Kasse, Postscheck, Banken, b) ordentliche Einnahmen aus Erlösen für Küche, Keller, Beherbergung und sonst. Leistungen, Vorauszahlungen, Miet- und Pachteinnahmen, Zinseinnahmen, sonstige ordentliche Erträge, c) außerordentliche Einnahmen aus Kredit- und Darlehensaufnahmen, Rückzahlungen von Darlehen oder gewährten Krediten, Anlageverkäufe, Steuererstattungen. Subtrahiert man von der Summe aus Zahlungsmittelbeständen und Einnahmen die Summe der Ausgaben, ergibt sich ein Überschuss (Ersparnis) oder eine Unterdeckung, die dann das Kontokorrentlimit angibt. Eine solche Finanzplanung ist nur sinnvoll, wenn sie laufend kontrolliert wird. Deshalb empfiehlt sich neben der Planrechnung, die Spalten der Istrechnung und der Abweichung zu führen. Die Planungsrechnung kann über ein ganzes Jahr laufen. Bei vielen Betrieben des Hotel- und Gaststättengewerbes ist es daneben aber notwendig, kürzere Zeitabstände zu planen und zu kontrollieren. Die Länge dieser Perioden hängt von den saisonalen Schwankungen im Betrieb ab. Der Finanzplan dient auch der Vorbereitung von Unternehmensentscheidungen. Hierfür werden alle zukünftigen Einzahlungen und Auszahlungen aufgezeichnet, wobei genau auf die Fälligkeit abzustellen ist. Zweckmäßig ist bei größeren Häusern auch eine Untergliederung in finanzielle Verantwortungsbereiche, damit eine bereichsweise Kontrolle möglich ist. Folgende Grobgliederung kann als Grundlage für Aufbau und Reihenfolge dienen (Abb. 29).

Finanzverwaltung

	1. Quartal 19..			2. Quartal 19..			usw.		
Investitionen	Abteilungen			Abteilungen			Abteilungen		
in:	F & B	Sales	usw.	F & B	Sales	usw.	F & B	Sales	usw.
– Grundstück u. Gebäude									
– Maschinen u. Anlagen									
– sonstige Sachanlagen									
– Vorratsbeschaffung									
– sonst. Umlaufvermögen									
Finanzbedarf									
Deckungsmittel *verdiente Abschreibung* – liquide Mittel – Kapitalerhöhung, Rücklagen u. Gewinnvortrag – langfr. Fremdkapital – kurzfr. Fremdkapital									
Summe Deckungsmittel									
Über- bzw. Unterdeckung									

Abb. 29   Finanzplan

Finanzverwaltung. Alle Behörden, die die Verwaltung von Steuern und Abgaben in Bund und Länder durchführen (Abb. 30).

Finanzwissenschaft. Teil der Wirtschaftswissenschaft; Untersuchungsobjekt umfasst alles, was mit öffentlichen Finanzen in Verbindung steht.

Fine Bourgogne. Weniger bekannter Weinbrand aus dem Gebiet Bourgogne, der oft aus Hefetrub nach dem 1. Abstich destilliert wird. Die Herstellung wird gesetzlich überwacht.

Fine Champagne. Die Bezeichnung bestimmt, dass die Trauben für die Cognacproduktion zu 50 % aus der → *Grande Champagne* stammen müssen. Der Rest muss aus der Petite Champagne sein.

Fines. Qualitätsstufe der Kapern (11 bis 12 mm).

Fines de claires → *Claires*.

Fines de Zeeland. Imperialaustern, die seit 1870 in der Provinz Zeeland – südliche Küstenlandschaft der Niederlande – gezüchtet werden.

Länderbehörden		Bundesbehörden	
Länderfinanzminister		Bundesminister der Finanzen	oberste Ebene
Oberfinanzdirektionen			mittlere Ebene
Finanzämter		Zollämter	untere Ebene

Abb. 30   Finanzverwaltung

Fines Herbes. Frz. Kräutermischung aus Estragon, Kerbel, Petersilie, Schnittlauch u. a., die zu Soßen, Suppen, Fleisch, Wild, Geflügel und zu Omeletts verwendet wird.

Fines-Herbes Suisse. Schimmelpilzkäse mit Kräutern. Eine dem Camembert ähnliche Spezialität aus der Schweiz.

Fingerfood. Appetithäppchen, Canapés, Dominos, Savourys, zu deren Verzehr kein Besteck notwendig ist. Bei Veranstaltungspausen, Partys und Empfängen gereicht.

Fino. Sherry-Angebotsform; immer trocken, hell in der Farbe; besitzt viel Florhefegeschmack, wenig Säure, Mandelaroma und wird am Ende der Herstellung (Solerasystem) auf ca. 18 % Vol. Alkoholgehalt aufgespritet. Fino eignet sich vor allem als Apéritif. Man serviert ihn leicht gekühlt.

Fins Bois → *Cognac-Gebiet.* Der Geschmack des Eau-de-vie dieser Anbaulage ist fruchtig und nachhaltig. Der Duft ist stärker ausgeprägt als bei den Champagnes und erinnert an gepresste Trauben. Diese Eigenschaften verleihen dem Eau-de-vie eine besondere Qualität.

Firma → *Gesellschaft.* Die Firma ist der Handelsname des Vollkaufmanns, der ins → *Handelsregister* eingetragen wird, unter dem er handelt, klagt und beklagt werden kann. Zum Firmennamen können Personennamen (Personenfirma) oder Sachbezeichnungen (Sachfirma) verwendet werden.

Firmenwert → *Geschäftswert.*

Firne. Veränderung des Weines durch die Alterung. Die Weine verlieren dabei ihre Frische.

First Dholl nennt man Teeblätter nach dem ersten Rollen, die zur Ia-Qualität zählen. Second Dholl (Third) – je nach weiterem Rollvorgang.

First Flush. Teesorte, nach der Winterpause geerntet, bestehend aus Blattknospe mit 2 Blättern.

Fische. Unterscheidungsmöglichkeiten:

Süßwasserfische	Salzwasserfische
Schuppenfische	Hautfische
Rundfische	Plattfische
Edelfische	Konsumfische
Knorpelfische	Knochenfische
Anadrome	Katadrome
(leben im Salz-	(leben im Süß-
wasser, laichen	wasser, laichen
im Süßwasser)	im Salzwasser)
z. B. Lachs	z. B. Aal

Beim Frisch-Fisch ist das Angebot heimischer Fische aus Flüssen und Seen infolge der Umweltverschmutzung sehr zurückgegangen. Doch Importe aus EG-Ländern und skandinavischen Ländern lassen keine Engpässe aufkommen. Bei einzelnen Fischarten hängt der Geschmack stark von der Jahreszeit ab. Folgende Fische sind ohne qualitative Einbuße das ganze Jahr über zu essen: Rotbarsch, Seelachs, Lengfisch, Merlan (Wittling), Schellfisch und Heilbutt. Merkmale des Fleisches im Gegensatz zu Warmblütern: **a)** weiße Farbe, **b)** hoher Wassergehalt (65–90 %), **c)** leichter verderblich. Hauptsächlicher Nährwert: hochwertiges Eiweiß. Erkennungszeichen frischer Fische: **a)** Kiemen hellrot, **b)** Geruch an den geöffneten Kiemen muss frisch sein, **c)** Augen klar und durchsichtig, **d)** Fleisch fest und elastisch, **e)** leicht von Gräten lösbar, **f)** sinken, wenn sie in Wasser gelegt werden, **g)** leuchtender Glanz der Oberfläche.

Fischereiberechtigung. Recht, in einem örtlich begrenzten Gebiet eines Binnengewässers (Bach, Teich) zu fischen. Sie beruht auf einem Eigentumsrecht, das verpachtet werden kann. So können Hotels ihre Gewässer zur Fischzucht nutzen, aber auch als zusätzliches Angebot an ihre Gäste zum Fischen freigeben.

Fitou. Frz. Rotwein-Region im Gebiet → *Languedoc* mit A. C.-Status. Fitous sind kräftige, aus mehreren Traubensorten gemischte Rotweine.

Fixkosten → *Kosten*.

Fizzes bestehen immer aus Zitronensaft, einer Spintuose und Läuterzucker. Sie werden geschüttelt, in → *Tumbler* gesiebt und mit Soda aufgefüllt. Die meist benutzte Spirituose ist Gin.

Flageolets. Hellgrüne Bohnenkerne werden meistens in Konserven angeboten.

Flambieren. 1) Vorbereitende Arbeit bei Geflügel. Die am Flügel befindlichen Haare werden entfernt. 2) Zubereitungsart, bei der Speisen mit Alkohol begossen und abgebrannt werden.

Flambierrechaud (réchaud) gibt es in verschiedenen Ausführungen als Tischgerät (mit Gas oder Spiritus angetrieben) oder als Flambierwagen mit Gasantrieb. Die Geräte dienen zum Zubereiten von Speisen, Desserts am Tisch des Gastes. Diese Arbeiten sind häufig mit → *Flambieren* verbunden.

Flamm(en)kuchen *(frz.: la tarte flambée)*. Hefeteig mit Zwiebeln, Speck, Crème fraîche und geriebenem Käse auf dem Blech im Holzkohlenofen knusprig gebacken. (Version der Pizza im Elsass).

Flammeri. Kalte Süßspeise, bei der ein Stärkeprodukt (Grieß, Sago, Kartoffelmehl, Grütze) mit Zucker und Flüssigkeit (Milch, Fruchtsaft, Wein) zum Kochen gebracht wird. Nach dem Ausquellen werden Eigelb und Eischnee unter die noch heiße Masse gehoben. Der Flammeri wird in nasse Förmchen gefüllt und nach dem Erkalten gestürzt.

Flan. 1) Gemüsepürree, das mit Eiern und Sahne gebunden wurde; 2) auch Süßspeise.

Flankieren. Anrichteweise, bei der die Beilagen (z. B. Gemüse und Kartoffeln) auf der Platte, auf der der Hauptrohstoff (z. B. Fleisch) angeordnet ist, liegen. → *A part*.

Flaschenetikett *(frz.: „etiquette"*, → *Etikett)* hatte am französischen Hof eine große Bedeutung. Es handelte sich um einen Zettel, auf dem in bestimmter Reihenfolge alle bei Hofe zugelassenen Personen nach Herkunft und Qualifikation vermerkt waren. Später wurden auch Getränke mit Hilfe von Etiketten Qualität und Herkunft gekennzeichnet.

Flaschengärung (Schaumwein) → *Champagner-Herstellung*.

Flaschengrößen. Rechtliche Grundlagen. Fertigpackungsverordnung (340) – FPVO – vom 18.12.1981 (BGBl. I S. 1585). Zugelassene Flaschengrößen (vgl. Anl. 1 zur FPVO). Folgende Flaschengrößen (Nennvolumen) sind für die Füllung mit Wein zugelassen: 0,10; 0,25; 0,375; 0,50; 0,75; 1,00; 1,50; 2,00; 3,00; 4,00; 5,00; 6,00; 8,00; 9,00; und 10,00 Liter. Nur für die Versorgung von Luftfahrzeugen, Seeschiffen und Eisenbahnzügen oder für den Verkauf in Duty-free-shops: 0,187 l.

Flaschenspargel. Im 19. Jh. zum Patent angemeldetes Verfahren, weißen Spargel durch Aufsetzen einer Flasche möglichst lang zu erhalten. Wird vereinzelt noch heute in Frankreich als besondere Delikatesse gezogen, insbesondere auch wegen der oft bizarren Formen, die sich in der Flasche durch „Umwachsen" ausbilden.

Flavedo. Bezeichnung für den äußeren, meist gelben bis orangefarbenen, ätherische Öle enthaltenden Teil der Zitrusfruchtschale.

Flavontech. Patentiertes technisches Gerät aus Australien, das aus Wein ungewünschte Geschmacks- und Geruchsstoffe entfernen, Schwefelsäure reduzieren, Alkohol entziehen und Essenzrückgewinnung betreiben kann.

Flavor. Auditiver Eindruck bei der Degustation, Zusammenwirken von Geruch, Geschmack und Tasteindruck.

Fleckentfernung. Alle Textilien, von Gardinen bis zum Teppich, besonders aber die Wäsche werden immer wieder durch die unterschiedlichsten Flecke verunreinigt. Zur Entfernung der häufigsten vorkommenden Flecken sind zu verwenden: (Abb. 31)

Fleck- und Schmutzabweisend. Verschmutzungen werden vom Stoff weniger leicht aufgenommen oder sind einfacher wieder zu entfernen. Veredelungsverfahren sind Scotchgard, Oleofobol u. a.

Fleischbeschau, (auch Fleischuntersuchung). Alle Teile eines geschlachteten Tieres einschließlich des Blutes sind sofort nach dem Schlachten auf ihre Genusstauglichkeit zu untersuchen. Die Fleischuntersuchung kann unterbleiben bei Hauskaninchen und bei erlegtem Haarwild, **a)** wenn keine Verdachtsmomente vorliegen und **b)** wenn das Fleisch zum eigenen Gebrauch bestimmt ist.

Fleischbeschau/Haarwild → *Fleischhygiene VO/Haarwild.*

Fleischbeschaustempelung. Schlachttiere werden lt. Fleischbeschaugesetz vor und nach der Schlachtung von einem amtlichen Beschauer untersucht, um sicherzustellen, dass nur einwandfreies Fleisch für den menschlichen Genuss in den Verkehr gebracht wird. Verantwortlich für die Durchführung der Untersuchung ist der Schlachttierbesitzer. Das amtlich untersuchte Fleisch wird mit Färb- oder Brandstempel gekennzeichnet. → *Anhang A5.*

Fleischeiweiß. Als F. gelten die von geschlachteten warmblütigen Tieren stammenden Stickstoffverbindungen. Sie ergeben sich aus der Differenz zwischen → *Gesamteiweiß* und der Summe aus →

Fleckenart	entfernen mit
Bier	
Dosenmilch	
Kaffee, Kakao	
Cognac, Likör	
Milch	warmem Wasser
Obst	unter Zusatz
Parfüm	von Feinseife
Schlagsahne	
Rot- und Weißwein	
Blut	mit kaltem Wasser auswaschen
Ei	mit Burnuslösung
Chlorophyll, Gras	mit Spiritus oder Alkohol ausreiben
Kugelschreiber, Öl- und Lackfarbe	Benzol oder Seifenwasser
Nagellack	Nagellackentferner ohne Aceton
Tinte	Tintenentferner
Urin	kaltem Essigwasser
Wachs, Paraffin, Stearin	mit Löschblatt ausbügeln

Abb. 31 Fleckentfernung

Fremdeiweiß und → *fremden Nichteiweißstickstoffverbindungen.* Zum Fleischeiweiß gehören besonders → *Bindegewebseiweiß* und → *Muskeleiweiß.*

FleischhygieneVO/Haarwild. Gesundheitsbedenkliche Merkmale bei erlegtem Haarwild: I. Befunderhebung beim „Erlegen": **1.** Abnorme Verhaltensweisen, **2.** Störungen des Allgemeinbefindens, **3.** Lähmungen und Krämpfe, **4.** Lahmheiten, **5.** andere Verletzungen als durch Schuss, **6.** sonstige sinnfällige Veränderungen, **7.** Anzeichen für natürlichen Tod. II. Befunderhebung beim „Versorgen": **1.** Schwellungen und Vereiterung der Hoden, **2.** Schwellungen der Gelenke, **3.** Leber- und Milzschwellungen, **4.** Darmentzündungen, **5.** Nabelentzündungen, **6.** Gasbildung im Magen-Darm-Kanal mit Verfärbung der inneren Organe, **7.** Geschwülste und Abszesse in den inneren Organen oder der Muskulatur, **8.** Fremder Inhalt in den Körperhöhlen mit Verfärbung von Bauch- und Brustfell, **9.** Verklebungen oder Verwachsungen von Organen mit Bauch- oder Brustfell, **10.** Abmagerung und Muskelschwund, **11.** Abweichungen in Farbe, Geruch und Konsistenz, **12.** Offene Knochenbrüche.

Fleischkraut → *Zuckerhut.*

Fleischschmalz. Bezeichnung für ausgelassenes, reines Rinderfleischfett, das bei gut genährten Tieren oftmals als Oberflächenfett von den Fleischstückchen abgetrennt wird.

Fleischseparator. Spezielle Maschine mit der durch Pressen oder Zentrifugalkraft Fleisch vom Knochen gelöst wird → *Separatorenfleisch.*

Fleischsuppe → *Convenience Food.* Besteht aus eingedickter Fleischbrühe unter Zusatz von Fett, Gewürzen, Kräuterauszügen und Kochsalz. Die Erzeugnisse müssen pro Liter einen Mindestgehalt von 72 mg → *Kreatinin* (Fleischbasen) aufweisen und dürfen einen bestimmten Kochsalzgehalt nicht überschreiten.

Fleischtraube. Auch Einmachtraube, frühere Pfälzer Bezeichnung für den Blauen Trollinger – Rotweintraube.

Fleischuntersuchung → *Fleischbeschau.*

Fletrie → *Mifletrie.*

Flétri. Bezeichnung für einen stark süßen Wein aus eingeschrumpften Trauben im Aostatal und in der Schweiz.

Fleur de sel. Besondere Meersalzqualität.

Fleur du Maquis. Auch Brindamour genannt. Ein korsischer Weichkäse aus pasteurisierter Schafsmilch in Pfefferkraut und Rosmarin gewälzt.

Fleurie-Beaujolais → *Cru* von → *Beaujolais;* nach dem → *Moulin-a-Vent* der zweitbeste Beaujolais. Eine der besten Lagen aus der Gemeinde Fleurie ist La Madone.

Fleurines. Frz. Bezeichnung für die Felsspalten im Kalkgestein (des Berges → *Cambalou),* durch die natürliche, frische und feuchte Luft in die Keller strömt (nach dem okzitanischen Wort „florir" = schimmeln).

Fleurons. Blätterteiggebäck meist in Halbmondform, selten in Dreiecks- oder Fischform. Sie dienen als Beilage zu hellen Ragouts, Gerichten mit hellen und dunklen Saucen.

Fliegentraube. Syn. für → *Silvaner,* in Österreich gebräuchlich. Der Name lässt sich von „Vitis apiana", Apis = Biene herleiten.

Flipchart. Moderne Arbeitshilfe für Gespräche, Seminare und Konferenzen. Ihr mobiler Einsatz erleichtert die Verwendung. Es handelt sich dabei um einen großen Schreibblock, der auf einer Grundplatte montiert wird, wobei die Grundplatte meist auch beschreibbar ist. Sie können nicht nur zur eigenen Verwendung dienen, sondern auch zur Ergänzung der Ausstattung der Konferenzräume. Zur Wahl stehen: **a)** Flipcharts zur Befestigung an der Wand, **b)** Flipcharts auf Ständern, **c)** Tischflipcharts, **d)** Miniflipcharts (für die Tasche), **e)** Reiseflipcharts mit Koffer.

Flips → *Shortdrinks,* die aus Eigelb, einer Spirituose oder Likör, evtl. Zucker bestehen. Flips werden geschüttelt oder gemixt und in einem Flipglas unverlängert serviert.

Floating Island. Süßspeise in verschiedenen Ausführungen, bei der kleine Klößchen aus Eischnee in Milch, Vanillesoße u. a. gegart werden.

Floats. Gebratene Hefefladen, eine zu Stockfisch-Beignets gereichte Spezialität Trinidads.

Floc de Gascogne. Ein Produkt aus → *Armagnac* und Traubensaft, ähnlich wie → *Pinot de Charente.* Die Alkoholstärke beträgt etwa 16 bis 18 % Vol. Im Angebot gibt es „Floc blanc" und „Floc rouge".

Flockensago → *Sago.*

Flomen. Beim Schwein zwischen Bauchfell und innerer Bauchmuskulatur liegende Fettgewebe.

Flöns. Rheinländische Bezeichnung für Blutwurst.

Florentiner. Dünnes Mandelgebäck bestehend aus gehobelten Mandeln, Orangeat, Zitronat, Zucker, Honig, Sahne, Butter. Nach dem Backen werden die fladenartigen Florentiner mit Kuvertüre überzogen.

Florida Stechpalme → *Brasilianischer Pfeffer.*

Flöte – Flötenglas. Hohes, schmales Sektglas.

Flottenverhältnis. Das Verhältnis zwischen Wäsche und Wasser in der Waschmaschine. Für opt. Wäschepflege sollte es 1 : 5 sein, d. h. 1 kg Wäsche zu 5 Liter Wasser.

Flowery (Tee). Aus dem Englischen – blumig – d. h. der Tee besitzt ein besonders blumiges Aroma.

Flüchtige Säuren sind im Wein neben anderen Säuren in geringen Mengen vorhanden. Sie setzen sich aus Essigsäure und einigen höheren Fettsäuren zusammen. 0,2 g/l bis 0,4 g/l werden während der Gärung gebildet. Als verdorben gelten Weißweine ab einem Gehalt von 1,1 g/l und Rotwein ab 1,2 g/l flüchtiger Säure.

Fluff. In der „Teefachsprache" Bezeichnung für Teedust *(engl.: dust = Staub).*

Flugente → *Barbarie-Ente.*

Fluidisation. Erscheinung, die entsteht, wenn Festkörperteilchen von einigermaßen einheitlicher Größe und Form einem aufwärtsgerichteten Luftstrom ausgesetzt werden. Das Prinzip der Fluridisation wird hauptsächlich im Verfahren für das industrielle Tiefgefrieren von Gemüse angewendet.

Fluktuation. In der Gastronomie spielt der ständige Personalwechsel (= Fluktuation) eine besondere Rolle. Einerseits ist der Wechsel für die Arbeitnehmer zur Erweiterung ihres Wissens notwendig, andererseits bedeutet er für den Betrieb zusätzliche Kosten für Inserate, Bearbeitung der Bewerbungen, für Vorstellungen und Einarbeitung. Deshalb ist die Kenntnis der Fluktuation wichtig; ebenso der Vergleich mit branchenüblichen Größen. Man errechnet:

$$\text{Fluktuationskoeffizient} = \frac{\text{Wechsel} \times 100}{\text{Beschäftigte}}$$

Dabei sind die Wechsel als Abgänge zu verstehen, die jeweils durch neue Mitarbeiter ersetzt werden. Bei Trennung der Bereiche nach:

Fluktuationsgründe

a) Abgängen, also:

$$\text{Fluktuation} = \frac{\text{Abgänge} \times 100}{\text{Belegschaft}}$$

und **b)** Zugänge, also:

$$\text{Fluktuation} = \frac{\text{Zugänge} \times 100}{\text{Belegschaft}}$$

kann man erkennen, ob mit der Fluktuation ein Personalabbau oder eine Aufstockung einhergehen.

Fluktuationsgründe. Motive, die den Mitarbeiter veranlassen, seine Tätigkeit im Betrieb aufzugeben oder eine Beschäftigung aufzunehmen (Personalwechsel): **a)** Entgeltpolitik, **b)** Arbeitszeitregelung, **c)** Mitarbeiter-Einführung, **d)** Kooperation mit Kollegen, **e)** Führungsverhalten Vorgeordneter, **f)** Informationsverhalten des Betriebes, **g)** Interessenvertretung, **h)** Arbeitseinsatz, **i)** Aufstiegs- und Fortbildungsmöglichkeiten, **j)** Identifizierung mit dem Betrieb, **k)** Wegelänge und Wegekosten, **l)** Familiäre Gründe.

Fluktuationskosten. Kosten, die dem Betrieb durch Personalwechsel entstehen, **a)** Anlernkosten, **b)** Zusätzliche Lohnkosten, **c)** Verlust an Fertigungszeit, **d)** Erhöhter Ausschuss, **e)** Größere Unfallquote, **f)** Kosten für Personalbüro, **g)** Kosten für Lohnbuchhaltung, **h)** Kosten für ärztliche Untersuchungen, **i)** Insertionskosten, **j)** Schulungskosten, **k)** Einstellungskosten, **l)** Testkosten.

Flunder. Ein naher Verwandter der Scholle, an der Küste Frankreichs, Hollands, Belgiens und in der Ostsee zu Hause; wie die Scholle nur im Durchschnitt kleiner, ca. 30 cm; dunkle Flecken und dornartige Warzen. Sodann findet man noch Blendlinge, das sind Bastarde zwischen Schollen und Flundern.

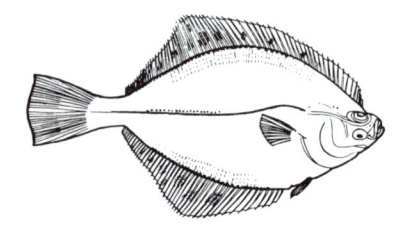

Fluor (F). Spurenelement (empfehlenswerte Zufuhr 1 mg/Tag). F. fördert die Härtung des Zahnschmelzes und wirkt daher als Kariesprophylaxe.

Fluoridiertes Speisesalz. Fluoridiertes und → *jodiertes Speisesalz* ist seit September 1991 auf dem deutschen Markt. Der Fluoridgehalt (Kaliumfluorid) darf 250 mg pro kg Speisesalz nicht überschreiten, der Jodgehalt liegt bei 10–15 mg pro kg Speisesalz (und damit niedriger als bei reinem Jodsalz). Ziel der Speisesalz-Fluoridierung ist die Prophylaxe und Verhütung von Karies.

Flussbarsch *(frz.: perche, engl.: perch).* Artverwandt dem Zander, sehr viel kleiner, max. Länge von 50 cm und 3 $\frac{1}{2}$ kg Gewicht. Er hat etwa 6–9 dunkle Querbinden, rote Flossen und schwarzen Fleck am Hinterrand der Rückenflosse. Er ist billiger als der Zander.

Flüssigrauch entsteht durch die Kondensation von frisch entwickeltem Räucherrauch. In Europa wird Buchenholz, in den USA überwiegend Hickoryholz verwendet. Die wohl deutlichste Unterscheidung zum konventionellen Rauch ist die, dass bei der Kondensation die teerige Phase des Rauchs (krebserregende Stoffe) entfernt wird. Alle haltbarkeitsverlängernden, aroma- und geschmackgebenden Eigenschaften stehen, wie beim konventionellen Rauch, unverändert zur Verfügung. In Anlagen mit Flüssigrauch-Vernebelungssystemen oder in umgebauten, erweiterten konventionellen Rauchkammern wird mittels feiner Düsen der Flüssigrauch in der geschlossenen Anlage feinst vernebelt und in gleicher Weise wie beim konventionellen Rauch auf die Fleischwaren übertragen.

Flüssigzucker. Konzentrierte, wasserhelle oder karamelisierte → *Saccharose* – oder Saccharose/ → *Invertzucker*lösung. Nach der Zuckerartenverordnung ist Flüssigzucker eine wässerige Lösung von Saccharose und 3 % i. Tr. Invertzucker und mindestens 62 % Trockenmasse.

Flûte *(frz.)*. Flöte. **1.** Dem → *Baguette* ähnliches, stangenförmiges Weißbrot. Es ist kleiner und schmaler, dadurch wird der Krustenanteil erhöht. **2.** Tulpenförmiges Champagnerglas.

Fogasch *(Fogas, Fogosch)*. In ungarischen Gewässern lebende Zanderart.

Foie gras → *Gänseleber*.

Foin (Fromage au foin). In Heu eingehüllter oder mit Heu verzierter Käse.

Fokussierung, Isoelektrische. Untersuchungsmethode von Fleischsaft zur Erkennung der Tierart.

Folle Blanche. Rebsorte aus Frankreich, angebaut in den Gebieten → *Cognac*, → *Armagnac*.

Folsäure. Vitamin. Vorkommen in dunkelgrünem Gemüse, Fleisch, Leber, Cerealien, Milch, Hefe. Folsäure ist wasserlöslich, hitzestabil, lichtempfindlich. Sie ist zusammen mit Vitamin B_2 an der Bildung der roten Blutkörperchen und an enzymatischen Reaktionen und bei dem Eiweißstoffwechsel beteiligt.

Foncieren. Den Boden einer Form mit Teig auslegen.

Foncierteig. Mürbeteig (Auslegeteig).

Fond *(frz.: fond, m.)*. Eine bei der Zubereitung von Nahrungsmitteln entstehende ungebundene Flüssigkeit (Grundbrühe), die zur Herstellung von Suppen und Soßen dient.

Fondant. Schmelzglasur von frz. fondre = schmelzen. Konzentrierte Zuckerlösung, die durch Kochen und → *Tablieren* eine feinkristalline, zähweiche Konsistenz erhält. Herstellung: Zucker und Wasser im Verhältnis 2:1 unter ständigem Rühren zum Kochen bringen. Bei 113 °C werden 10 % (vom Zuckergewicht) Stärkesirup zugesetzt und auf 118 °C erhitzt. Die fertig gekochte Lösung abschrecken und auf 37 °C abkühlen. Dann auf einer Marmorplatte mit Handspatel oder in der Anschlagmaschine so lange bearbeiten, bis die Lösung geschmeidig ist, Glanz und die weiße Farbe erhält. Diesen Vorgang bezeichnet man als tablieren. Fondant dient als Gebäckglasur und Pralinenfüllung.

Fondation Auguste Escoffier. Stiftung zu ehren Escoffiers (Kaiser der Köche), errichtet durch Joseph Donon in Escoffiers Geburtshaus in Villeneuve-Loubet Village, wo sie sich zusammen mit dem „Musée Escoffier et de l'art culinaire" befindet. Neben der Erinnerung an Escoffier hat die Stiftung vor allem das Ziel, die französische Kochkunst und die jungen Chefs durch Seminare und Veranstaltungen zu fördern.

Fond d'artichaut. Artischockenboden.

Fondu. Französischer Ausdruck für Schmelzkäse.

Fondu au marc. Schmelzkäse aus Savoyen (Frankreich), der mit Weintraubenkernen umhüllt ist und daher auch „Fondue aux Raisins" genannt wird.

Fondue. Schweizer Nationalgericht. Hierzu wird in einem Caquelon (niedriger Keramiktopf), der mit einer Knoblauchzehe ausgerieben ist, geraffelter Käse (meist Mischungen von Emmentaler und Greyerzer oder Freiburger Vacherin) erhitzt. Weißwein wird dazu gegeben und mit Maizena, das mit Kirschwasser verrührt ist, wird die nunmehr flüssige Masse nicht zu stark gebunden. Würzen mit Pfeffer und geriebener Muskat-

Fonduta

Nuss. Vorbereitete Brotwürfel werden mit Fonduegabeln in das Fondue getaucht. Der Caquelon steht dabei leise köchelnd auf einem Spirituskocher. Meist trinkt man zum Fondue Weißwein, aber auch Tee findet dazu viele Anhänger.

Fonduta. Italienische Form des Fondue unter Verwendung von → *Fontina*. Der geraffelte Käse wird in heiße Milch gegeben, zu der später in Weißwein verquirlte Eier und feingehackte weiße Trüffel beigefügt werden. Typisch piemontesisches Gericht.

Fontina. Aus Kuhmilch hergestellter italienischer Hartkäse. Ähnlich dem Greyerzer, hat jedoch einen etwas sahnigeren und säuerlichen Geschmack, ist strohfarben und mild. Er kommt in zylinderartiger Form auf den Markt. Das italienische Gesetz bestimmt, dass Fontina ausschließlich im Aostatal hergestellt werden darf (Valle D'Aosta).

Foodsystem. Das Gesamtsystem der Zusammenführung von Gütern und Leistungen zum Zweck einer Verpflegungsleistung.

Forderung → *Bilanz*. Eine Forderung ist das Recht des Gläubigers, eine Leistung zu fordern. Die Leistung kann Sachleistung, Dienstleistung, Geldleistung oder das Unterlassen sein. Geldforderungen sind in der → *Bilanz* nach ihrer Bonität zu aktivieren. Leistungsforderungen erscheinen unter den → *Rechnungsabgrenzungsposten*. Sie sind nach handels- und steuerrechtlichen Vorschriften zu bewerten.

Forelle → *Bachforelle (frz.: truite, w., engl.: trout)*. Begehrter Süßwasserfisch aus der Familie der Salmoniden – lebt in kalten, sauerstoffreichen Gebirgsflüssen. Länge bis zu 40 cm, Gewicht bis zu 3 kg. Heute vielfach in Forellenzuchtanstalten gehalten. Dafür am geeignetsten: Regenbogenforelle, 1880 von Amerika eingeführt, schnellwachsend und weniger anspruchsvoll gegenüber der Wasserbeschaffenheit. Angeboten als Speisefisch im Gewicht von 250 bis 300 g. Lachsforelle *(frz. truite saumonée)* lachsähnlich, bis zu 140 cm Länge und 30 kg Gewicht. Bevorzugte Gebiete: Seen des Alpen- und Voralpenbereiches (Bodensee, Chiemsee, Walchensee).

Fore Shank. Englischer Ausdruck für Vorderhaxe.

Formaggio. Italienischer Ausdruck für Käse.

Formelle Gruppe. Auf der Grundlage der Verwirklichung des Betriebszieles von der Unternehmensführung geplante Gruppe (Küchenbrigade, Servicebrigade, u. a.). *Informelle Gruppe*.

Formosa-Tee. Hauptsächlich → *Oolong-Tee*.

Forta. Weißweintraube, Züchtung der Bundesforschungsanstalt für Rebenzüchtung, Geilweilerhof/Pfalz. Kreuzung: Madeleine Angevine × Silvaner. Extraktreiche Weine mit angenehmer Frucht und Säure.

Fortbildung. Erweiterung des Wissens, der Kenntnisse und Fähigkeiten in einem bereits erlernten und ausgeübten Beruf. Sie kann erfolgen durch zusätzliche Lehrgänge, die von externen Trägern angeboten werden. Viele Betriebe wenden sich auch an bestimmte, für die Fortbildung zuständige Institutionen, um dort ihre Mitarbeiter schulen zu lassen. Andere führen eigenbetriebliche Fortbildungsmaßnahmen durch.

Foudres. Große Holzfässer über 100 hl Inhalt, die z. B. in der → *Côte-du-Rhône* benutzt werden.

Four *(frz.: four, m.)*. Ofen (au four = Zubereitung im Ofen) → *überbacken*.

Fourme. Frz. Form. Allgemeine Bezeichnung für viele Käse aus Zentralfrankreich. Aus dem lat. forma: fourme, formage, fromage.

Foxton (Fuchsgeschmack) → *Hybriden.* Kreuzungen aus europäischen und amerikanischen Urreben, leiden oft an diesem als Weinfehler angesehenen Geruch. Er erinnert an den Geruch eines Fuchses.

Fragearten. Mittel der Impulsgebung im Rahmen des Verbalverhaltens, insbesondere eines Ausbilders: **a)** Erkundungsfragen (dienen der Feststellung der vorhandenen Kenntnisse – „Bestandsaufnahme"), **b)** Kontrollfragen (dienen der Feststellung, inwieweit vermittelter Stoff aufgenommen und verstanden wurde – „Rückmeldung"), **c)** Prüfungsfragen (dienen der Feststellung der über einen längeren Zeitraum vermittelten Kenntnisse – „Kenntnismeldung"), **d)** Entwicklungsfragen (dienen der Vermittlung des Stoffes durch Impulsgebung von Teilziel zu Teilziel – „Schrittfragen"), **e)** Begründungsfragen (dienen der Feststellung, ob Kausalitäten verstanden worden sind – „Warum-Fragen"). Zu vermeiden sind Kettenfragen und Suggestivfragen (Das Fragewort steht am Anfang einer Frage).

Fragebogen-Methode. Verfahren – insbesondere bei Betriebs- und Organisations-Analysen – durch schriftliche Befragung der Mitarbeiter den Ist-Zustand betrieblicher Vorgänge zu ermitteln und Schwachstellen im Betriebsablauf zu erkennen und abzustellen. *Vorteile:* **1)** Umfassende „Momentaufnahme" des Betriebes, **2)** Kostengünstig, **3)** Leicht auswertbar (Vergleiche), **4)** Schnell, schriftlich fixierte Ergebnisse. *Nachteile:* **1)** Unruhe und Unsicherheit unter den Mitarbeitern, **2)** Oft zu standardisierte Fragen, die in vielen Fällen nicht zutreffen, **3)** Falsches Ausfüllen, **4)** Insbesondere in Gruppen „Absprachen". → *Betriebsanalyse,* → *Organisations-Analyse.*

Fraktionierte Sterilisation. Auch *Tyndallisation* genannt. Vorgang: Nach dem Sterilisieren bei 100 °C lässt man das Konservierungsgut auf 20 °C abkühlen und lagert es zwischen einem und sieben Tagen, um Sporen auskeimen zu lassen. Dann wird nochmals bei 100 °C sterilisiert, um die aus den Sporen entstandenen Keime abzutöten.

Franchising. Eine Art Lizenz-System, das 1892 bereits von Coca-Cola entwickelt wurde, aber erst nach 1955 stärker zum Tragen kam. Es handelt sich um einen Vertrag zwischen selbstständigen Unternehmern, bei dem einer, der Franchise-Geber, einem anderen (Franchise-Nehmer) gestattet, von ihm entwickelte Leistungen (z. B. Restaurantart, Hoteltyp) anzubieten. Der Franchise-Nehmer zahlt dafür ein Entgelt. Ihm wird dafür erlaubt, Warenzeichen, Schutzrechte, Lokalart und Ausstattung des Lizensgebers zu verwenden. Meist steht ihm auch noch ein weiteres Paket, wie z. B. Werbung, Schulung, PR, Nutzung des EDV-Systems zur Verfügung. In der Gastronomie erlangt der Franchisenehmer dabei vielfältig die Vorteile der Kettengastronomie oder der Systemgastronomie, ohne die Vorteile der individuellen Gastronomie zu verlieren. Da damit die Existenzgründung erleichtert wird, kann das System auch als Mittelstandsförderung angesehen werden. Für den Franchise-Geber ist es eine Möglichkeit, sich schneller auszudehnen. Beispiele für Franchising sind: McDonald's, Holiday-Inn, Radisson.

Frangipane. **1)** Panade aus Butter und Eigelben zum Verfeinern von Fisch- und Geflügelfarcen. **2)** Füllkrem für Torten. Mandelbackwerk.

Franken. Bestimmtes Weinanbaugebiet zwischen Aschaffenburg und Schweinfurt an den Südhängen des Mains und seiner Nebentäler gelegen. Bundesland Bayern, Rebfläche: ca. 6000 ha. Haupttrebsorten: Silvaner, Müller-Thurgau, Riesling, Blauer Spätburgunder.

Frankenbiere. Untergäriges Bier; durchschnittlich 11–14 % Stammwürze; malzreiche Biere in vielen speziellen Variationen wie z. B. Rauchbier aus Bamberg.

Frankfurter. Aus reinem magerem Schweineschinkenfleisch hergestellt; paarweise abgegebene Würstchen mit eigenem Reinheitsgebot. Fleischmasse wird in Schafsdärme gefüllt, über Buchenholz kalt geräuchert. Durchmesser: 24 mm. Länge. 18–20 cm. Vermutlich seit 1562 produziert, vom Frankfurter Metzger Lahner nach Wien „verschleppt".

Fränkisches Gütezeichen (→ *Amtliche Prüfnummer für Wein*). Wird vom Fränkischen Weinbauverband für Weine aus dem Anbaugebiet Franken vergeben. Voraussetzungen: Behälter: max 8 l Inhalt: Erreichung einer höherem Punktezahl als bei der Vergabe von A.P.Nr. Nach neuer Bewertung sind 3 R bzw. Qualitätszahl 3 notwendig.

Franzbranntwein. Trinkbranntwein darf seit 1938 nicht mehr unter der Bezeichnung „Franzbranntwein" angeboten werden. Heute wird Franzbranntwein im Allgemeinen als Körperpflegemittel bei Einreibungen etc. verwendet.

Französischer Blätterteig. → *Blätterteig*, bei dem der Grundteig in die mit Mehl angewirkte Butter eingeschlagen wird. Das Tourieren erfolgt danach.

Französischer Service. 1) neuzeitlich – Bestecke, nur Gabeln und Löffel, umgekehrt auflegen. Die Beilagen werden in dekorativem Geschirr eingesetzt; das Fleisch auf Hauptplatten im Raum tranchiert, wieder zusammengelegt und auf vorher eingesetzte Teller vorgelegt. Bei Beilagen und Saucen ist das Bedienungspersonal behilflich. 2) altfranzösisch – Alle Gänge werden am Tisch gruppenweise eingesetzt, d. h. kalte und warme Vorspeisen, danach das Hauptgericht, die Beilagen, Kompotte, Gemüse; später die gesamte Patisserie, warm und kalt. Warme Speisen werden auf Rechauds gestellt. Die Auswahl des Menüs muss der Serviceart angepasst sein.

Französisches Brot → *Baguette*.

Frappé. Bargetränk, für das ein hohes Glas mit klein gestoßenen Eiswürfeln gefüllt wird, die man dann mit Likör übergießt. Das verwendete gestoßene Eis wird als → *Crasheis* bezeichnet.

Frappieren. Stark abkühlen, eine Methode, bei der Weine aber auch Fruchtsäfte mittels Roheis schnell stark abgekühlt werden.

Frascati. D.O.C.-Weißwein aus der Umgebung von Rom. Angeboten wird er meist als trockener Weißwein mit mind. 11,5 % Vol. Alkohol und 1–3 % Restsüße. Bei einer Restsüße von 3–6 % wird er als süß (Connellino) verkauft. Superiore und Jahrgang sind Hinweise auf Qualität, auch als → *Spumante*, → *Amabile*.

Free-Flow-Restaurant. Selbstbedienungs-Restaurant mit Verkaufszonen zwischen Küche und Gastraum. Die Selbstbedienungsbüfetts bieten dem Gast ein reiches Angebot an → *Fast-Food*-Produkten. Der Gast passiert eine Kasse, ehe er am Tisch des Gastraumes Platz nimmt.

Freeze-Drying. Gefriertrocknen → *Trocknen*.

Freibetrag. Begriff aus dem Steuerrecht. Betrag, der im Gegensatz zur → *Freigrenze* aufgrund bestimmter Vorschriften immer von der Besteuerung frei bleibt.

Freie schweflige Säure. Teil der zugesetzten schwefligen Säure, der nicht im Wein gebunden wird.

Freigeschobenes Brot. Teigstücke werden frei nebeneinander in den Ofen geschoben, so dass sich an den Brotlaiben ringsherum eine gleichmäßig ausgeprägte Kruste bilden kann.

Freigrenze. Begriff aus dem Steuerrecht. Betrag, bis zu dem Steuerfreiheit besteht. Im

Gegensatz zum → *Freibetrag* wird bei Überschreitung der Grenze der gesamte Betrag versteuert.

Freisamer. Weißweintraube, Züchtung des Staatlichen Weinbauinstituts Freiburg. Kreuzung: Silvaner × Ruländer. Der Wein ist geschmacksneutral, extraktreich mit Rasse.

Freizeit. Zeit, in der ein Arbeitnehmer nicht in der Arbeitsstätte oder dem Weg dorthin bzw. ein Selbständiger nicht für seinen Betrieb tätig ist. Die in den letzten Jahren immer stärker zunehmenden Freizeiten bei der Masse der Arbeitnehmer führten dazu, dass immer mehr Freizeitbeschäftigungen wie Sport, Lesen, Sammeln, Malen, Werken u. a. betrieben werden. Wichtig ist diese Freizeitbeschäftigung für die Freizeitindustrie, zu der neben den Herstellern und Verkäufern von Hobby- und Freizeitartikeln auch die Reiseveranstalter und das Hotel- und Gaststättengewerbe gehören. Sie bieten bes. Leistungen zur Erholung, Entspannung und Unterhaltung. Immer mehr treten aber auch Angebote für weitere Freizeitbeschäftigungen hinzu, wie z. B.: **a)** Feriendörfer, **b)** Wanderwege, **c)** Freizeitparks, **d)** Sportangebote, **e)** handwerkliche, künstlerische und bildende Kurse, **f)** Freizeitgestaltung im Hotel. Da sich die Zielgruppen nach Alter, Einkommen und Neigungen sehr stark unterscheiden, sollte bei der Planung eines Angebots an Freizeitaktivitäten sehr sorgfältig auf die Bestimmung der Zielgruppen geachtet werden. Betriebe, die sich hier besonders spezialisiert haben, beschäftigen dazu → *Freizeitgestalter*.

Freizeitgestalter. Personen, die in Organisationen oder Hotels angestellt sind und deren Aufgabe es ist, Programme für Freizeitgestaltung auszuarbeiten und durchzuführen. Das kann sowohl im Rahmen von Programmen eines Ortes oder einer Stadt geschehen, als auch in Hotels, die sich besonders auf diesen Bereich spezialisieren. Der Freizeitgestalter erarbeitet dann einen Plan, nach welchem die Interessierten sich an verschiedenen Veranstaltungen beteiligen können, so z. B. an sportlichen Veranstaltungen, an Kursen (Malen, Werken, Fotografieren u. Ä.), an gesellschaftlichen Veranstaltungen, Lesungen, Führungen usw., wobei aber auch daran gedacht ist, dass die mit ihren Eltern reisenden Kinder teilweise mit, teilweise aber auch ohne ihre Eltern beschäftigt werden.

Freizeitindustrie → *Freizeit*.

Fremdeiweiß → *Beffe*. Dieses stammt nicht von Schlachttieren. Hierzu gehören Fiklar, Milcheiweiß, Sojaeiweiß und Weizeneiweiß.

Fremdenheim → *Pension*.

Fremde Nichteiweißstickstoffverbindung. Stoffe mit einem hohen Stickstoffgehalt. Sie stammen nicht von Schlachttieren und werden bevorzugt durch Eiweißhydrolyse gewonnen. Es sind Abbauprodukte von Eiweiß und Zusatzstoffe wie → *Nitrit*

Fremdenverkehr. Fremdenverkehr i. e. S. umfasst den Nah-, den Ausflugs-, den Erholungsfremdenverkehr und den Tourismus; i. w. S. schließt er auch die Geschäftsreisenden ein. Fremdenverkehr wird aber immer nur auf mehrtägige Reisen bezogen. Die unterschiedlichen Personengruppen stellen auch unterschiedliche Ansprüche. So bevorzugen: Junge Leute: Ausruhen, Strand, Sport und Geselligkeiten; Personen mittleren Alters: Wandern, Ausflüge, Beschäftigungen für ihre Kinder und Sehenswürdigkeiten; ältere Menschen: Gesundheitspflege und Erholung, zuweilen Unterhaltung. Aufgrund der unterschiedlichen Interessen haben sich die vielfältigsten Tourismusformen herausgebildet. Hierzu gehören: **a)** Individualtourismus im Gegensatz zu Gesellschafts- oder Gruppenreisen, wozu auch Studien-, Kongress- und andere Reisen gehören, **b)** In- und Auslandstourismus, wobei der Prestigetourismus mit dem Wohnen in Schlössern oder den Reisen in die Karibik und zu einer Safari eine bes.

Fremdenverkehrsabgabe

Rolle spielt, **c)** Camping- und Caravantourismus. **d)** Urlaub auf dem Bauernhof, **e)** Bootsurlaub, → *Schiffsreisen* **f)** FKK-Urlaub, **g)** Sozialtourismus, der es weniger vermögenden Personen ermöglicht, z. B. in Feriendörfern oder Heimen Urlaub zu machen. Wichtig für Institutionen und Personen, die mit dem Tourismus beschäftigt sind, sind „incoming" (Personen, die in den Ort kommen) und das „Outgoing" (Personen, die wegreisen), wovon für den gastronomischen Betrieb natürlich die anreisenden Personen interessanter sind. Als Maßzahl für die Bedeutung des Fremdenverkehrs in einem Ort wird die Zahl der Übernachtungen auf die Bevölkerung bezogen. Für sich alleine ist sie aber Maßstab bei Überlegungen hinsichtlich Kapazitätserweiterungen von Hotels. Dabei spielt auch die Verweildauer eine Rolle, also die Zahl der Übernachtungen. → *Tourismuswirtschaft;* Anhang A4

Fremdenverkehrsabgabe → *Kurtaxe.*

Fremdenverkehrsstatistik. Für die Fremdenverkehrsplanung und die Hotellerie wichtige Statistik über die Zahl der Touristen, die Zahl der Besucher, ihre Aufenthaltsdauer und ihre Herkunft. Sie wird i. d. R. von allen Gemeinden erstellt, wird aber auch vom stat. Amt übernommen.

Fremdenverkehrswerbung → *Werbung.* Die Fremdenverkehrswerbung hat zwei Aspekte: **a)** die Möglichkeiten für Auslandsreisen aufzuzeigen, **b)** ein Gebiet oder eine Landschaft inländischen und ausländischen Gästen als Urlaubs- oder Erholungsgebiet vorzustellen. Als wichtigste Inhalte soll die Fremdenverkehrswerbung umfassen: **a)** Möglichkeiten, das Reiseziel zu erreichen, **b)** Umfang und Art der gebotenen Unterkunft, **c)** Angebote im Verpflegungsbereich, **d)** Zusatzangebote am Zielort einschl. der Transportmöglichkeiten.

Fremdstoffe. Laut Lebensmittelgesetz „Stoffe, die den betreffenden Lebensmitteln nach Art und Menge und von Natur aus oder auf Grund herkömmlicher physikalischer Behandlungsverfahren nicht eigen sind und als Bestandteil des Lebensmittels mitgegessen, -getrunken, -gekaut... werden." Fremdstoffe teilt man ein in Additive (F., die bestimmungsgemäß zugesetzt werden, z. B. Farbstoffe, künstliche Geschmacksstoffe, Konservierungsmittel) und Kontaminanten (F., die unbeabsichtigt in die Lebensmittel gelangen, z. B. Verunreinigungen).

Frequenz → *Kapazitätsmessung,* → *Belegung.*

Friandises. Feines Backwerk

Frijoles. Bohnen mit Speck (Mexiko).

Frijol Negro. Kleine schwarze Bohnen, nicht größer als 1 cm. Sie sind in Nord- und Südamerika beheimatet und mit den Feuerbohnen verwandt.

Frikandeau *(frz.: fricandeau, m.).* Langgestreckter Fleischmuskel aus der Keule von Schlachttieren. Gut geeignet als Bratenstück.

Frikassee *(frz.: fricassée).* Weißes Ragout, bes. aus Geflügel, Kalb und Lamm. Die Fleischwürfel werden angeschwitzt, mit einer Soße gebunden, in der der Garprozess erfolgt → *Blanquette.*

Frire → *Fritieren.*

Frische Matjes. Noch nicht geschlechtsreife Heringe, gibt es ab Mitte Juni fast nur in nächster Nähe der Heringsfischer-Häfen. Denn die frühen Matjes haben noch nicht die Konsistenz für die Haltbarmachung – und wenn man sie tiefgefriert, sind sie nach gültiger Deutung nicht mehr frisch.

Frischkäse. Ungereifte Käse, die im Wesentlichen durch Milchsäuregewinnung gewonnen werden. Man unterscheidet mehrere Arten, die in ihrer Konsistenz verschieden sind: Pastöse Frischkäse sind die einzelnen Fettstufen des Speisequarks sowie Rahm- und Doppelrahmfrischkäse.

Frischkäse-Zubereitungen. Mischungen aus Quark, Rahmfrischkäse, Doppelrahmfrischkäse oder Cottage Cheese mit Früchten oder Gewürzen, Kräutern oder anderen beigegebenen Lebensmitteln. Dieser Anteil darf 30 % nicht übersteigen. Zur Haltbarkeitsverbesserung werden Frischkäse-Zubereitungen häufig einer Wärmebehandlung (Pasteurisieren bei 70 bis 72 °C) unterworfen. Damit das Milcheiweiß bei dieser Temperatur nicht gerinnt, müssen Bindomit tel zugemischt werden.

Frisée. Gehört zur Endivienfamilie. Verästelte, stark gezackte Blätter, die im Außenbereich kräftig grün und weiter innen immer hellgelber werden. Die Köpfe werden vier bis fünf Tage vor der Ernte nach oben zusammengebunden. Klassisches Anbaugebiet ist Südeuropa, heute auch Deutschland, obwohl Frisee sehr kälteempfindlich ist. Der Geschmack ist leicht bitter.

Frist. Zeitabschnitt, nach dessen Ablauf ein Recht nicht mehr in vollem Umfang wirksam ist oder nicht mehr geltend gemacht werden kann. So kann bei Ausschlussfristen ein Recht nicht mehr geltend gemacht werden (z. B. kein Einspruch gegen einen Steuerbescheid mehr, wenn die Rechtsmittelfrist verstrichen ist). Wichtig sind die Verjährungsfristen, nach denen eine Forderung nicht mehr eingeklagt werden kann (bei Steuerforderungen sogar untergeht).

Fritots *(frz.: frire = backen).* Kleine, in Fett gebackene Speisen.

Frittieren. Backen in einem Fettbad (friture) ohne Deckel. Prinzip: Durch Tauchen in Öl oder Fett garen. Fallende Hitze vermeiden, sonst nimmt Backgut zuviel Fett auf. Daher kleine Quanten pro Backvorgang eintauchen. Anwendung: Für Fische, Schlachtfleisch, Geflügel, Gemüse, Kartoffeln, Krapfen, verschiedene Süßspeisen. Temperatur: 160 bis 180 °C.

Fritz Gabler → *Gabler, Fritz.*

Fritz-Gabler-Schulverein e. V. Gemeinschaft der Förderer der Fachschule für das Hotel- und Gaststättengewerbe in Heidelberg (Fritz-Gabler-Schule).

Frivolités. Feine, leichte, ausgesuchte Leckerbissen.

Frizzante. Perlende Weine, Etikettenangabe bei ital. Weinen, z. B. ist → *Lambrusco* ein leicht schäumender Wein.

Froglegs → *Longfiller-Zigarre.*

Fromagair. Käseklimaschrank zum Bevorraten hochwertiger und empfindlicher Käsesorten. Die relative Luftfeuchtigkeit beträgt im Fromagair rund 90 %. Im Gerät wird die Luft ständig bewegt und über ein Aktivkohlefilter geruchsneutral gehalten.

Fromages Appellation d'Origine Contrôlée. Kontrollierte Ursprungsbezeichnung für ausgezeichneten französischen Käse. Diese Bezeichnung ist in erster Linie eine Garantie für die Echtheit eines Produkts in Bezug auf seine geographische Herkunft (auch bei anderen französischen Produkten wie – Wein, Geflügel usw.). Die kontrollierte Ursprungsbezeichnung ist aber auch Ausdruck für seine Originalität in qualitativer Hinsicht. Dazu kommen traditionelle Herstellungsverfahren, die ebenfalls strengen gesetzlichen Vorschriften unterliegen. Der → *Roquefort* ist der bekannteste unter den Käsen mit Appellation d'Origine Contrôlée und der erste Käse mit kontrollierter Ursprungsbezeichnung überhaupt.

Fronsac. Frz. Weinbereich im Anbaugebiet → *Bordeaux.* Es ist mit → *Pomerol* benachbart und bringt gute Rotweine auf den Markt. Der beste und bekannteste ist der Rotwein aus der Lage Canon-Fronsac.

Frontignan A.C.

Frontignan A.C. Frz. Weinbaugemeinde in der Nähe vom Hafen Sête an der Mittelmeerküste. Frontignans sind bekannte Dessertweine aus der Muscattraube; erhältlich auch unter der Bezeichnung Vin doux naturel.

Frottierwäsche → *Wäsche,* → *Wäscherei.* Pro Gast werden zwei Handtücher und ein Bade- oder Duschtuch benötigt. Dazu kommen die Vorleger (Bad und Bett) und zuweilen Duschvorhänge und Bademäntel. Material ist Frottier mit beidseitigem Flor, aber auch Frottier mit einer Grundkette in Mischgewebe, dessen Haltbarkeit höher ist. Der Flor muss wegen der Saugfähigkeit immer aus Baumwolle bestehen.

Fruchtaromaliköre → *Fruchtliköre.* Mindestalkoholgehalt 30–32 % Vol. Diese Liköre erhalten ihren charakteristischen Geschmack aus Früchten oder Fruchtteilen, nach denen sie benannt sind. Künstliche Aromatisierung ist nicht erlaubt. Die Bezeichnung „Triple" oder → *„Triple sec"* darf nur für Liköre aus Zitrusfrüchten mit mind. 35 % Vol. Alkoholstärke benutzt werden. Die Herstellung erfolgt aus → *Grundlikör,* Destillaten, Edelbranntwein und Essenzen, die mittels → *Mazeration* (Kaltauszug) oder → *Digestion* (Warmauszug) gewonnen werden. Fruchtaromaliköre aus Ananas, Brombeeren, Erbeeren, Kirschen, Johannisbeeren, Heidelbeeren und Himbeeren dürfen in ihrer Bezeichnung den Namen der Frucht nicht verwenden. Dieses Verbot gilt nicht, wenn das Produkt wasserklar ist (z. B. Maraschino).

Fruchtbrandy → *Fruchtliköre,* Mindest-Alkoholgehalt 30 % Vol. Fruchtsaft-Fruchtaromaliköre dürfen als Brandy bezeichnet werden, wenn sie einen Anteil von Obstbranntwein (mind. 5 l auf 100 l 40 % Vol. starkem Obstbranntwein aus der namengebenden Frucht) enthalten. Beispiel: Kirschbrandy oder Edelkirschlikör.

Fruchteis. Speiseeis, das aus technisch reinem weißen Verbrauchszucker, Wasser und frischem Obstfruchtfleisch oder Obsterzeugnissen, natürlichen Geschmacks- und Geruchsstoffen, zuweilen auch unter Verwendung von Ei, Milch, Magermilch, Buttermilch, saurer Milch, Joghurt, Kefir, einer geringen Menge Stärkemehl, Tragant, Gelatine oder Obstpektin, Weinsäure, Zitronensäure oder Schalenaroma hergestellt ist. Zur Herstellung werden mindestens 20 Hundertteile frisches Obstfruchtfleisch oder Obstmark oder Obstsaft, bei Zitroneneis mindestens zehn Hundertteile Zitronenmark oder Zitronensaft verwendet.

Fruchteiskrem → *Eiskrem* mit acht Hundertteilen Milchfett.

Fruchtliköre. Teilen sich lt. Gesetz in → *Fruchtsaftliköre,* → *Fruchtaromaliköre,* → *Fruchtbrandy.*

Fruchtnektar. Erzeugnis, bei dessen Herstellung nur → *Fruchtsaft,* konzentrierter Fruchtsaft, Fruchtmark aus frischen Früchten, entmineralisiertes Wasser, Zucker, 20 g/l, oder Honig, 20 g/l, verwendet werden dürfen. Die Zugabe von CO_2 ist genehmigt; muss jedoch bei mehr als 2 g/l auf dem Etikett bzw. der Verpackung angegeben werden. Nektare, die aus Pfirsichen oder Birnen hergestellt sind, dürfen Zitronensaft, 5 g/l, oder Zitronensäure enthalten. Je nach Fruchtart beträgt der Mindestfruchtgehalt 25–50 %. → *Fruchtsaftverordnung.*

Fruchtsaft ist ein Getränk aus 100%igem Saft mit oder ohne Fruchtgehalt und ohne jegliche chem. Zugaben. Zucker darf zugegeben werden (15 g/l) und ist deklarationspflichtig. Die Herstellung erfolgt direkt aus gepressten frischen Früchten (mit oder ohne Fruchtfleisch) oder aus Fruchtkonzentraten (2-, 3-, 4-, 7fache Konzentrierung), die mit entmineralisiertem Wasser auf die ursprüngliche Menge verdünnt werden. Angaben auf dem Etikett: „naturreiner Saft", „Direktsaft", „Fruchtsaft aus Fruchtkonzentrat" dürfen verwendet werden, sofern zutreffend. Wenn Fruchtsäfte zusätzlich gezuckert werden, muss das auf dem Etikett angegeben werden. Das Gleiche gilt bei Kohlensäurezusatz von mehr als 2 g/l. *Ausnahme:* Apfelsaft darf nicht gezuckert werden.

Fruchtsaftgetränke. Wie → *Nektar* Erzeugnis, das durch Mischen von Fruchtsaft, Zucker, Wasser und zuweilen durch Zusatz von Genusssäuren hergestellt wird. Der Fruchtsaftgehalt liegt üblicherweise weit unter dem der Nektare. Fruchtsaftgetränke werden mit oder ohne CO_2-Gehalt angeboten. Der Mindestgehalt an Fruchtsaft ist vom Gesetzgeber vorgeschrieben. Er beträgt bei Fruchtsaftgetränken aus **a)** Zitrusfrüchten 6 %, **b)** Kern-, Traubenobst 30 %, **c)** sonstigen Früchten 10 %.

Fruchtsaftliköre. → *Fruchtliköre,* Mindest-Alkoholgehalt 25 % oder 32 % Vol. (falls Extraktgehalt weniger als 22 g in 100 ml beträgt). Benennung nach der Fruchtart, die den Geschmack des Stoffes prägt. Vorgeschriebener Anteil an → *Fruchtsaft* 20 %. Herstellung: aus vorgefertigtem Grundlikör und naturreinem oder konzentriertem Fruchtsaft aus saftreichen Früchten.

Fruchtsaftverordnung. Mindestgehalt an Fruchtsaft und/oder Fruchtmark in % bei: **a)** Früchten mit saurem Saft zum unmittelbaren Genuss nicht geeignet: schwarze Johannisbeeren 25 %, Pflaumen 30 %, Sauerkirschen 35 %, Heidelbeeren 40 %, Aprikosen 40 %, Brombeeren 40 %; **b)** Früchten mit zum unmittelbaren Genuss geeignetem Saft: Äpfeln 50 %, Birnen 50 %, Pfirsiche 45 %, Zitrusfrüchte 50 %.

Fruchtsirup. Grundsätzlich aus einer Fruchtart hergestellt. Bei Kirschsirup ist als Färbemittel Himbeersaft (10 %) genehmigt. Mischen von Obst innerhalb einer Obstgruppe ist möglich, z. B. Zitrus – Orange – Mandarine.

Fruchtsuppen. Kalte Suppen für heiße Jahreszeit. Zusammensetzung: **a)** Flüssigkeit: Fruchtsäfte, Wein, Schaumwein, Mineralwasser Bier, Milch, Buttermilch u. a., **b)** Bindemittel: Sago, Tapioka, Reismehl, Stärkeprodukte (Maizena), Grieß, Lebkuchen, Schwarzbrot, u. a., **c)** Geschmacksstoffe: Zimt, Zucker, Vanille, Zitrone, Nelke, Spirituosen u. a., **d)** sonst. Zugaben: Früchte, Mandeln, Nüsse, Makronen, Biskuit, Schnee-Eier, Zwieback, u. a.

Fructose. Laevulose, Fruchtzucker = *Monosaccharid.* Sie kommt frei in vielen Früchten und im Honig, gebunden im Disaccharid Saccharose (Rohr-, Rübenzucker) und in Polysaccharid → *Inulin* vor; besitzt von allen Zuckerarten höchste Süßkraft.

Frühburgunder. Blauer Frühburgunder, Rotweintraube. Vermutlich eine Mutation aus dem → *Blauen Spätburgunder.* Die Weine haben eine hellrote Farbe, sind leicht und süffig. Syn.: → *Magdalenentraube,* → *Augusttraube,* → *Jakobstraube,* → *Madeleine Noir.*

Frühpubertät. Phase der Reifezeit Jugendlicher. Beginn bei ca. 12 Jahren, bei Mädchen bis ca. 13,6, bei Jungen bis ca. 13,3 Jahren. Merkmale: Geschlechtsreifung, Längenwachstum, Zerfall der → *Motorik,* Labilität des Gefühlslebens, Schwankungen, Unkonzentriertheit, Aktivitätsverlust, Auflehnung gegen Fremdeinfluss, Abkapselung, Aufsässigkeit, Trotz, Erlebnishunger – besonders auf Verbotenes gerichtet, Sachinteressen verlieren sich.

Frühstücksarten → *Dänisches Frühstück,* → *Englisch-amerikanisches Frühstück,* → *Holländisches Frühstück,* → *Kontinentales Frühstück,* → *Russisches Frühstück.*

Fruits du sud. Südfrüchte: Ananas, Bananen, Datteln, Feigen, Granatäpfel, Kaki, Mango, Melonen.

Frustration *(lat. frustra = vergebens).* Erwartungsenttäuschung (Wunschversagung), die insbesondere bei Konflikten in Erschei-

Frustrationstoleranz

nung tritt (Bedürfnisse, Motive bleiben unbefriedigt).

Frustrationstoleranz. Abwehrmechanismus auf Frustrationen = Rückschläge und Niederlagen lernt der Mensch zu erdulden.

Fuchsgeschmack. Unangenehmer, an nassen Fuchsbalg erinnernder Geschmack. → *Foxton.*

Fuder. Vorwiegend an der Mosel gebräuchliche Mengenangabe für ca. 1000 l. Der Begriff Fuder entstand aus dem althochdeutschen Wort für Wagenlast = Fuodar.

Fugu. Kugelfisch. Wird in Japan roh als Delikatesse verzehrt. Bei unsachgemäßer Behandlung der Leber und der Eierstöcke tritt das gefährliche Gift „Tetro Totoxin" (TTX) ins Fleisch; der Fisch darf deshalb nur von Fachleuten bearbeitet werden, die darüber eine besondere Prüfung abgelegt und das Zertifikat erhalten haben.

Führungsanweisung → *Management by delegation.* Während in der → *Stellenbeschreibung* klargestellt wird, welche fachlichen Aufgaben ein Stelleninhaber im Rahmen des ihm übertragenen Delegationsbereiches selbst zu erfüllen hat, wird in der Führungsanweisung das Verhalten von Vorgeordneten und Mitarbeitern auf allen Ebenen im Sinne der Führung im Mitarbeiterverhältnis verbindlich geregelt: **a)** Darstellung des Wesens der Führung im Mitarbeiterverhältnis und ihrer grundlegenden Unterschiede gegenüber autoritärer Führung; **b)** Grundregeln der Anwendung von → *Delegation,* Übertragung von Aufgaben (Verantwortung) und Befugnissen (Vollmacht); **c)** Darlegung der Pflichten der Vorgeordneten und der Nachgeordneten (Handlungs- und Führungsverantwortung); **d)** Zielsetzung und Anwendung von → *Mitarbeiterbesprechung,* → *Mitarbeitergespräch,* → *Dienstbesprechung* und → *Dienstgespräch;* **e)** Grundsätze von Dienstaufsicht und Erfolgskontrolle (Beurteilungs- und Kritikgespräch); **f)** Informationsgrundsätze; **g)** Aufbau und Grundsätze des → *Linien-Stab-Systems;* **h)** Regelung der organisierten Stellvertretung; **i)** Regelung von Beschwerden und Beschwerdeweg, ebenso Dienstweg.

Führungsstil. Art und Weise einer Führungskraft, Willensbildung und Willensdurchsetzung im Betrieb zu bewirken. Das Führungsverhalten wird durch sinnvolle → *Organisation,* → *Delegation* und → *Motivation* gekennzeichnet.

Führungstechniken → *Mitarbeiterführung.* Hierunter versteht man ganz bestimmte Techniken zur Führung der Mitarbeiter. Zu diesen gehören: **a)** Informieren: Anordnungen und Änderungen müssen so rechtzeitig bekanntgegeben werden, dass der einzelne Mitarbeiter genügend Zeit hat, sich darauf einzustellen, z. B.: Küche und Bankettbereich rechtzeitig von Veranstaltungen unterrichten, Hausdamen der An- und Abreisen rechtzeitig mitteilen. Wichtig ist dabei, dass die Information auch den vorgeschriebenen Weg geht. Falsche → *Informationswege* verderben das Betriebsklima, **b)** Anerkennen und Tadeln: Lob und Tadel sollen als Motivation in angemessenem Verhältnis stehen. Zum Tadeln ungenügender Leistungen ist ein Korrekturgespräch angebrachter als ein Tadel, damit der Arbeitnehmer seine Fehler erkennt. Lob sollte auch bei gleichbleibend guten Leistungen zur Motivation angewendet werden, **c)** Unterweisen: Unterweisung (→ *Arbeitsunterweisung).* Der Vorgesetzte soll richtig unterweisen oder einweisen, damit der Mitarbeiter seine Kräfte in dem neuen und ungewohnten Arbeitsgebiet nicht unnötig verschleißt. **d)** Kontakte aufbauen: Der Vorgesetzte soll über den einfachen Grußkontakt hinaus Gespräche führen, die sich jedoch hauptsächlich auf betriebliche Belange beziehen sollen. Das schließt Fragen nach dem persönlichen Befinden nicht aus, um dem Mitarbeiter das Gefühl zu geben, dass er ernst genommen wird. Das Eindringen in die Privatsphäre sollte vermieden werden, es sei denn, es muss vermutet werden, dass durch die Privatsphäre Leistungsminderungen erzeugt werden, **e)** Lösungen von Mitarbeiterproblemen: muss der Vorgesetzte einmal in einen Streit eingreifen oder ein anderes Mitarbeiterproblem lösen, so bedarf das der besonderen Rücksichtnahme auf den oder die Mitarbeiter, damit er sich vorstellen kann, was in diesen vorgegangen sein könnte. Das dient dem besseren Verständnis. Dann lässt sich das Problem selbst in mehreren Schritten wie folgt lösen: **1)** Sachverhalt analysieren und beurteilen, **2)** Fehlerquellen abstellen, evtl. neue Ziele formulieren, **3)** die aus der Korrektur hervorgegangenen neuen Anforderungen festhalten und die Erreichung der neuen Ziele überprüfen.

Fülldosage. Dient der Einleitung der II. Gärung bei der → *Champagner-Herstellung* und besteht aus Hefe und in Wein aufgelöstem Rohrzucker.

Füllstrich → *Eichstrich*.

Fumet. Frz. Ausdruck für konzentrierte Flüssigkeit; extraktartig, meist durch Einkochen (Reduzieren) gewonnen. Besonders bekannt: Fumet de poisson, fumet de gibier = Reduzierte → *Fond*arten vom Fisch bzw. Wild.

Function Sheet Formular, auch Checkliste für die Anwendung z. B. beim → *Bankett*. Es beinhaltet Angaben wie: Adressen, Preise, Personenzahl, Menüteile, Dekoration, Tabak etc.

Fund (§§ 965–984 BGB). Viele Gegenstände werden in Hotel- und Gaststättenbetrieben zurückgelassen. Es ist zunächst zu unterscheiden in: **a)** absichtlich hinterlassene Güter, **b)** liegengelassene Güter (sie sind nicht verloren), **c)** verlorene Güter. *Liegengelassene Sachen:* Wer liegengelassene Sachen in einem Hotel entdeckt, muss sie (meist über den Empfang) abliefern. Sie sind vom Wirt als Besitzer (oder seinem Vertreter) mit derselben Sorgfalt aufzubewahren wie eigene Sachen. Er ist dem Gast zur Herausgabe verpflichtet. Das kann in dem Fall, in dem der Gast bekannt ist, durch Aushändigen oder durch Nachsenden (nicht immer zu empfehlen!) geschehen. Ist der Gast unbekannt, wird die Sache nach 6 Monaten der Polizei übergeben, die sie dann als Fund behandelt. Der Entdecker hat nur das Recht auf Kostenersatz. *Fundsachen:* Nur verlorene Sachen können gefunden werden. Verloren ist eine Sache, wenn sie zufällig und unwillentlich abhanden kam und der Verlierer nicht weiß, wo sie sich befindet. Der Finder nimmt die Sache an sich und hat folgende Pflichten zu wahren: **a)** Anzeigepflicht, wonach er den Verlierer oder Eigentümer – soweit möglich – oder die Behörde (Fundbüro) unter Angabe der Fundumstände benachrichtigt. (Kann bei Wert unter 10,– € unterbleiben), **b)** Verwahrungspflicht, wonach eine sorgfältige Aufbewahrung zu erfolgen hat, wenn die Sache nicht verderblich oder die Aufbewahrung mit zu hohen Kosten verbunden ist. Sie kann der Behörde zur Aufbewahrung übergeben werden, **c)** Haftung für Vorsatz und grobe Fahrlässigkeit: **d)** Herausgabepflicht gegenüber dem Verlierer mit befreiender Wirkung. Ablieferungspflicht, sie besteht auf Anordnung der Behörde. Der Finder hat folgende Rechte: **a)** Ersatz für Aufwendungen, die der Finder notwendigerweise für die Aufbewahrung und die Auffindung des Verlierers macht, **b)** Finderlohn in Höhe von 5 % des Wertes bis zu 500,– € und 3 % für den übersteigenden Wert, **c)** Eigentumserwerb, wonach der Finder 6 Monate nach der Anzeige des Fundes Eigentum an dem Fund erwirbt, es sei denn, der Verlierer ist ihm zu dem Zeitpunkt bekannt. Bei Sachen im Wert bis 5,– € beginnt die Frist mit dem Fund.

Fungizide. Fungizide werden als Pflanzenschutzmittel zur Bekämpfung pilzlicher Schaderreger eingesetzt.

Funktion. Der gesamte Komplex einer bestimmten Art von Tätigkeit (Verrichtung), der zu dem Zweck zusammengefasst ist, bestimmte Zuständigkeiten einer betrieblichen Leistungseinheit zuzuordnen → *Funktionsträger.*

Funktionale Erziehung. Unbeabsichtigte Prägung des Menschen, insbesondere des Jugendlichen, durch die Umwelt, wobei der Vorbildwirkung große Bedeutung zukommt (Gegensatz: → *Intentionale Erziehung).*

Funktionendiagramm. Organisationshilfsmittel in graphischer Darstellung, die die Funktionsverteilung, insbesondere der Abteilungsleiter, bei der Erfüllung der laufenden Sachaufgaben verdeutlicht. Als Koordinationsplan wird festgehalten, wer ausführt, entscheidet, kontrolliert und wem Mitsprache-, Vorschlagsrecht und Stellvertretungsrechte zustehen (Abb. 32).

Funktion Sheet. → *Function Sheet Formular.*

Funktions-System. Vertikale Organisationsform, die eine Gliederung nach Funktionen vorsieht und bei der die Kompetenzen für Routinearbeiten von den Funktionen wahrgenommen werden. Es bestehen nur generelle Regelungen. Wichtig: klare Abgrenzung der Befugnisse einzelner Funktionsträger → *Linien-System.*

Funktionsträger. Mitarbeiter, der eine bestimmte betriebliche Stelle innehat und mit entsprechenden Aufgaben (Verantwortung) betraut und mit festgelegten Rechten und Befugnissen (Vollmacht) ausgestattet ist. → *Stellenbeschreibung.*

Furmint. Traubensorte aus Ungarn für die Herstellung von Tokayerwein.

Fürst-Pückler-Eis → *Rahmspeiseeis,* in den Farben schwarz-weiß-rot, schwarz = Rahmeis mit Schokolade, weiß = Rahmeis mit Maraschino, rot = Rahmeis mit Erdbeeren. Das Eis wird schichtweise, nachdem es mit getränkten Mandelmakronen versetzt wurde, in der Reihenfolge Erdbeer – Maraschino – Schokolade in Formen gefüllt und gefroren. Die Eisspezialität wurde Hermann → *Fürst von Pückler-Muskau* gewidmet.

Fürst von Pückler-Muskau, Hermann (1785–1871). Verfasser kulturgeschichtlicher Reiseberichte, berühmter Gartenkünstler. Das Fürst-Pückler-Eis ist nach ihm

Sachaufgaben	Stellen						
	Direktor	Personalchef	Oberkellner	Küchenchef	Empfangschef	Hausdame	usw.

A = Ausführung, E = Entscheidungsrecht, K = Kontrolle, M = Mitspracherecht, S = Stellvertretung, V = Vorschlagsrecht

Abb. 32 Funktionendiagramm

benannt. Es ist eine Kreation eines Konditormeisters Schulz aus Lausitz.

Fuselöle. Alkohol begleitende Stoffe, die sich bei dem Brennvorgang nicht oder nur schwer von den Destillaten trennen lassen. Sie bestehen aus höheren Alkoholen. In kleinen Mengen sind sie in jeder Spirituose vorhanden, wobei sie nicht zur Qualitätsminderung beitragen. Die Bezeichnung „fuselfrei" auf dem Etikett ist nicht erlaubt.

Fusil. Frz. Ausdruck für Abziehstahl *(dt. = Gewehr),* langes Glasröhrchen, mit dem in Frankreich z. B. Weinbrand aus einem Fass herausgeholt wird, um ihn zu verkosten.

Fusion. Verschmelzung zweier oder mehrerer Unternehmen zu einem neuen Unternehmen. Fusionen erfolgen, um einen größeren Marktanteil zu erhalten, rationeller werben zu können, gemeinsame Reservierungen durchzuführen und ganz allgemein zur Stärkung der eigenen Wettbewerbskraft. Für die Bewertung der aufzunehmenden Unternehmen werden meist Neubewertungen vorgenommen, bei denen die stillen Reserven aufgelöst werden.

Fußbodenbeläge → *Reinigung.* An die Fußbodenbeläge eines Hotels werden besondere Anforderungen gestellt, da sie stark strapaziert und mehr verschmutzt werden. Zur Verwendung kommen: **a)** Holzfußböden aus Hobeldielen (heute seltener) meist in Fichtenholz, die einen hohen Pflegeaufwand erfordern, oder als *Parkett,* das leicht zu verlegen und wie alle Holzböden fußwarm, elastisch, wärmedämmend, gut für die Akustik und durch die Versiegelung pflegeleicht ist. **b)** Kunststoffbeläge meist aus PVC (Polyvenylchlorid-Basis) in Bahnen oder Platten mit organischen oder mineralischen Füllstoffen. Sie sind strapazierfähig und pflegeleicht, **c)** Keramische Platten in Küchen, Arbeits- und Kühlräumen, aber auch in rustikal gehaltenen Räumen mit polierten feinkeramischen Platten. Sie sind besonders haltbar und pflegeleicht, **d)** Textilbeläge, deren Qualität von vielen Faktoren, wie z. B. Faserqualität, Warenart (Velour, Schlingen), Untergewebe und Unterlage, Dichte und Höhe sowie Gewicht der Polfasern abhängt. Die Lebensdauer beträgt ca. 8 Jahre (bei Hartböden mindestens 10 Jahre). Sie sind jedoch wirtschaftlicher als die Hartböden, weil eine flächenmäßig größere Verlegung und vor allem der geringere Reinigungsaufwand Kosten sparen.

Fußbodenreinigung → *Reinigung.*

F-Wert. Konservenherstellung heißt, Mikroorganismen durch Erhitzen abzutöten. Die Abtötung der Keime ist rechnerisch zu erfassen, man bringt dabei die Erhitzungstemperatur und die Erhitzungszeit in Beziehung. Das Maß für die Abtötung wird als F-Wert bezeichnet.

G

Gabelhuhn. Junges Rebhuhn, das erst die äußersten Schwanzfedern geschoben hat, sodass der Schwanz einer zweizinkigen Gabel gleicht.

Gabelfrühstück. Erweitertes Frühstück mit erlesenen kalten und warmen Speisen, zu deren Verzehr Messer und Gabel notwendig sind. Herkunft: Mme. Hardy bot Ende des 18. Jahrhunderts den Abgeordneten der verfassungsgebenden Versammlung gegenüber der „Comédie italienne" in Paris ein „déjeuner à la fourchette", das sich bei den Diplomaten größter Beliebtheit erfreute.

Gabler, Fritz (1876–1953). Gründer der nach ihm benannten Fachschule für das Hotel- und Gaststättengewerbe Heidelberg – langjähriger Besitzer des Hotels „Europäischer Hof" in Heidelberg.

GAD. Gastronomische Akademie Deutschlands e.V., gegründet 1959 von Eugen Lacroix und Water Bickel. Versteht sich als kompetentes Gremium für: Kultur und Geschichte der Gastronomie, Kochkunst, Tafelkultur, fachbezogene Wissenschaft und Bildung. Dazu beantworten Fachausschüsse Fragen. Die GAD führt literarische Wettbewerbe für Autoren und Verleger, Speisekarten-Wettbewerbe, Fortbildungs-Seminare für Lehrer an berufsbildenden Schulen und betriebliche Ausbilder durch und unterhält die Carl-Friedrich-von Rumohr-Stiftung.

Gadides. Zu dieser Fischfamilie gehören der Kabeljau (Dorsch), Schellfisch, Wittling (Merlan), Pollack, Seelachs (Köhler), Leng, Blauleng, Lumb (Brosme).

Gaisburger Marsch. Gaisburg – Stadtteil von Stuttgart. Kräftige Rindsbouillon mit Fleisch, Spätzle, Kartoffelschnitz und abgeschmälzten Zwiebeln.

Galactose *(Schleimzucker).* Monosaccharid, der vor allem in → *Lactose* und → *Hemicellulosen* vorkommt.

Galantine. Rollpastete mit einer raffinierten Farce gefüllt. Als Umhüllung dient ausgebeintes Fleisch mit der Haut (Ente, Poularde, Wachtel, Lammschulter), in ein Tuch gehüllt und in konzentriertem Fond pochiert. Bei den moderneren Herstellungsverfahren werden Formen mit dem entbeinten Fleisch ausgelegt, mit der Farce gefüllt, abgedeckt und indirekt pochiert. Nach dem Erkalten wird die Galantine mit Sauce chaude froide (Sulzsoße = Soße mit Aspik) überzogen.

Galette. Fladen (keltisch). Leichter, runder, kleiner Portionskuchen, teilweise auch aus Plunder- oder Blätterteig. Aber auch: Galettes de pommes de terre – kleine Kartoffelkuchen, ähnlich pommes macaire.

Galettes. Bretonische Crêpes aus Buchweizenmehl, meist mit würzigen Füllungen.

Galgant. Wurzel der vorwiegend in China, Thailand, auch Indien angebauten Staude. Galgant kommt ganz, geschnitten und in Pulverform in den Handel. Der Geschmack erinnert an → *Ingwer* und ist leicht bitter. Verwendung als Gewürz, besonders in der indonesischen Küche, bei der Likörherstellung und für Lebkuchen.

Gallimafree. Gascogner Gericht (Französische Provinz). Von Taillevent: Eine gebratene Poularde wird tranchiert, in Gänsefett nachgebraten, der Saft unreifer Trauben, gemahlener Ingwer und etwas Melasse dazugegeben.

Gallisieren → *Nasszuckerung* → *Anreicherung.*

Galloway. 1) Schottische Rinderrasse; **2)** Schottische Austernart.

Gamay – Gamay noir. Französische Rotweintraube. Hauptanbaugebiet ist das

Gamba

Beaujolais. Sie wird dort sortenrein ausgebaut und liefert fruchtige, tanninarme Weine mit angenehmer Säure. Die Weine sollen jung getrunken werden. Auf Granitböden wachsen Weine von hervorragender Qualität. Weitere Anbaugebiete: Maconnais, Château-Neuf-du-Pâpe, Loire, Schweiz.

Gamba. Spanische Bezeichnung für blassrote, großwüchsige Geiselgarnelen, mit schmalem Rücken und weicher Schale, im Mittelmeer vorkommend. Sie gehören zur Familie Penaeidae (Riesengarnelen).

Gambrinus. Schutzpatron aller zünftigen Brauer. Volkstümlich: „Entdecker des Bieres", „Jan primus", Johann I, Herzog von Brabant, Löwen und Antwerpen (1250–1294), Ehrenvorsitzender der Brüsseler Brauergilde.

Gammon. Bezeichnung aus dem Englischen für den gesamten Hinterlauf eines Schweines, nachdem er gepökelt wurde. Wird dieses Fleisch gekocht und kalt serviert, ist die Bezeichnung engl. ham = gekochter Schinken.

Gämse. (Gams; frz.: le chamois, m.) Gamswild, eine in Europa, z. T. auch in Asien lebende Antilopenart mit Größen von 80–100 cm und Gewichten von 40–50 kg. Die engere Heimat der Gämsen sind die Alpen, sie leben ferner in den Gebirgen der Pyrenäen, Dalmatiens, Griechenland, auf den Karpaten und im Kaukasus. Das Fleisch hat einen würzigen Eigengeschmack.

Gamswild. → *Gämse.*

Ganache → *Canache.*

Gangfisch → *Renke.*

Ganoidschuppen. Schuppenart der Störe.

Gans – richtig Hausgans. Eines der am frühesten domestizierten Nutztiere. Alle Rassen lassen sich auf die Graugans zurückführen. Gänse sind Herdentiere, leben jedoch in Einehe. Zur artgerechten Haltung sind Wasser und Wiesen erforderlich. Die Mast erfolgt etwa 4 Wochen vor dem Schlachten. Die wichtigsten Rassen sind: Pommersche Gans. Es ist eine sehr genügsame Rasse. Hauptvertreter in Osteuropa. Toulouser Gans: nach Toulouse in Südfrankreich benannt, eine schnellwüchsige, in der Aufzucht empfindliche Rasse. Sie eignet sich besonders zur Gewinnung der Stopfleber → *foie gras.* Emdener Gans: eine anspruchslose, genügsame Gans. Von diesen Rassen gibt es viele Unterarten. Frühmastgans bis 5 Monate alt, dann je nach verwendetem Futter Mastgans-Hafermastgans. Nur bis zu einem Jahr ist das Fleisch schmackhaft, danach sollte es in der Gastronomie nicht mehr verwendet werden. Das Gewicht soll 7 kg nicht überschreiten. Martinsgans. Zum Martini (11.11.) wurden traditionell die ersten Gänse geschlachtet. Diese Bezeichnung, ebenso Weihnachtsgans, ist bezeichnungsrechtlich ohne Bedeutung. Spickgans, pommersche Spickgans – geräucherte Gänsebrust.

Gänseblümchen *(lat: Béllis perénnis Linné).* Blütezeit während des ganzen Jahres. Als Gewürz und Beigabe zu Suppen gut verwendbar. Hierfür werden nur die Blattrosetten und Blütenknospen gesammelt. Auch ein Heilkraut, da es entzündungshemmende Wirkstoffe und Vitamine besitzt.

Gänseeier. Sie sind weiß und ihr Gewicht schwankt zwischen 160 bis 200 g. Ihre Verwendung finden sie vor allem im hart gekochten Zustand, ferner als Omelett, Rührei und zum Backen. Sie gleichen im Geschmack den → *Enteneiern,* schmecken leicht ölig und sollten immer frisch sein. Gänseeier werden im Frühjahr und Sommer vereinzelt verkauft.

Gänseklein *(Gansjung, Gänsegekröse) – abatis d'oie* – besteht aus den Flügeln, den abgebrühten Pfoten, dem Magen, Herz und Kopf mit Hals, wird mit Wurzelgemüse gekocht, mit Nudeln oder Reis eintopfartig oder in weißen und braunen Soßen zu Tisch gegeben. Auch die sauber geputzte Haut des Ganshalses wird mit einer Fleisch-, Leber- oder Semmelfarce, auch mit Reis gefüllt und gedünstet.

Gänseleber, a) Rote Fleischleber von ungemästeten Gänsen, verwendet wie Kalbsleber, **b)** Fettleber (le foie gras) von gemästeten Gänsen. In Frankreich, dort wiederum im Elsass und Landes, wird die Lebermast intensiv durchgeführt, wobei Fettlebergewichte von 1,5 kg und mehr erzielt werden. Der Mittelpunkt der Gänseleberfabrikation war Straßburg im Elsass.

Ganseljunges. Österreichischer Ausdruck für Gänseklein.

Gänseschwarzsauer. Spezialgericht von Gänseklein als Ragout, mit Blut und/oder geriebenem Pfefferkuchen gebunden.

Gänsestopfleberprodukte. *Produkte aus 100 % Gänsestopfleber:* mit oder ohne Trüffel, ohne Speckrand und ohne Farce. Sie können gehandelt werden unter dem Namen: „Foie gras d'oie au naturel" oder falls es ein Entenstopfleberprodukt ist: „Foie gras de canard au naturel". Die Vermischung von Gänsestopfleber und Entenstopfleber ist bei diesem Produkt verboten. Produkte aus 75 % Stopfleber heißen entweder **1)** Roulade **2)** Suprême **3)** Terrine **4)** Tombeau **5)** Bloc **6)** Lingot **7)** Massif **8)** Parfait **9)** Pâté **10)** Pavé **11)** Rocher **12)** Rondeau **13)** Rouleau. Produkte mit einem Mindestanteil von 50 % Stopfleber: sie werden gehandelt als: Pâté de foie d'oie. Aber die Bezeichnung „Foie gras" als „Stopfleber" ist hierbei verboten. *Produkte zwischen 15 % und 20 % Leberanteil:* hier handelt es sich immer um Pürees.

Gänseweißsauer *(oison).* Hierzu verwendet man magere, fleischige Gänse, die mit Gemüse in einem gut gewürzten Fond, unter Beigabe von reichlich gewässerten und blanchierten Kalbsfüßen, gegart werden. In diesem Fond lässt man das Fleisch auch erkalten. Der gut entfettete Fond dient zur Herstellung eines mit Essig abgeschmeckten Aspiks (Gelatinebeigabe ist, entsprechend der Geleefestigkeit, erforderlich).

Ganymède. Mundschenk der Götter, Liebling des Jupiters (Zeus), Schutzpatron der Gastronomen.

Garage. Ein Hotel kann seinen Gästen kostenlos Stell- oder Garagenplätze zur Verfügung stellen. Werden diese Plätze gegen Entgelt zur Verfügung gestellt, sind die Einnahmen, die daraus zufließen, Betriebseinnahmen, die Garagenkosten Betriebsausgaben. Die Leistung, die durch diese Parkmöglichkeit erbracht wird, ist keine Vermietung, sondern eine Nebenleistung, und damit unterliegt sie der Umsatzsteuer wie die Hauptleistung.

Garam Masala. Indische Mischung aus getrockneten Gewürzen, die zusammen gemahlen werden.

Garantie. Zusicherung des Leistenden, dass eine Ware oder eine Lieferung oder eine sonstige Leistung zum Zeitpunkt der Leistung und noch eine weitere von Leistenden bestimmte Zeit die ihr zugesicherte Eigenschaft besitzt. In dieser Zeit werden Mängel kostenlos vom Lieferer beseitigt (Autos).

Garantiert traditionelle Spezialität → *g.t.S.* EU-Verordnung, die Schutz vor Nachahmungen bieten soll: Nicht an eine geographische Region gebunden. Geschützt werden traditionelle Rohstoffe, Zusammensetzung oder Verfahren. Beispiel: → *Serrano-Schinken,* reift 210 Tage.

Garbanzos (Syn.: *Kichererbse, chick-peas, pois chiche, Kicherling, Platterbse).* Keine eigentliche Erbse, sondern die Samen eines einjährigen, bis 1 m hohen Krautes aus der Familie der Schmetterlingsblütler, das im östlichen Mittelmeer beheimatet ist. Von brauner, schwarzer, rötlicher oder gelblichweißer Farbe, etwas herb-bitterlich im Geschmack. Vor dem Kochen müssen die Kichererbsen eingeweicht, danach ziemlich lange gekocht werden.

Garbure. Provençalische Landesküche. Dialektausdruck für den frz. Pot au feu. Die reichlichen Fleischteile und diversen Gemüse werden gesondert gereicht. Die Bouillon wird davor mit gerösteten Weißbrotscheiben serviert.

Gardemanger. Abteilungskoch in einer Küchenbrigade, der für die Zubereitung der kalten Gerichte, der kalten Soßen, der Salate, kalten Beilagen und Erstellung kalter Büfetts verantwortlich ist. Ihm obliegt ferner die Fleisch- und Geflügelvorbereitung und die Aufsicht über die Kühlhäuser.

Garderobenhaftung. Der Beherbergungswirt haftet für eingebrachte Sachen. Hierbei gibt es keine Befreiung von der Haftung. Der Schank- und Speisewirt dagegen haftet nicht für die Garderobe des Gastes, auch nicht, wenn er eine Garderobe einrichtet. Allerdings gibt es hiervon auch Ausnahmen, nämlich: **a)** wenn die Garderobe außerhalb des Gastraumes ist und der Gast keine Möglichkeit hat, selbst auf die Garderobe zu achten, **b)** wenn die Garderobe entgeltlich oder unentgeltlich in die Obhut des Wirtes oder seines Personals gegeben wird, und es trifft diese ein Verschulden für Schäden oder Verlust.

Garnelen *(frz.: crevette, w., engl.: shrimp, prawn).* Krustentiere (langschwänzige Krebse), meistens im Küstengewässer gefangen. Tiefseegarnele: Grönland-„Krabbe" *(engl. prawn)* Vorkommen im Nordatlantik oder Nordpazifik in großen Tiefen, ganz oder geschält als Konserve oder Präserve angeboten. Geißelgarnele: Krustentier *(engl. blue shrimp, gigant tiger prawn),* Vorkommen an den Atlantikküsten Afrikas, sowie Mittel- und Südamerikas, mit und ohne Schale, auch tiefgefroren angeboten.

Garrafoes. Ballonglasflaschen mit ca. 20 l Inhalt, in denen ein qualitativ hochwertiger → *Madeira* gelagert wird.

Garstufen. Bleu (frz.), rare (engl.), stark blutig, blau (deutsch): Nur für dunkles Schlachtfleisch, der austretende Fleischsaft ist dunkelrot, etwa 45 °C Fleischtemperatur. Saignant (frz.), medium-rare (engl.), blutig: für dunkles Schlachtfleisch, der austretende Fleischsaft ist rötlich, etwa 50 °C Fleischtemperatur. A point (frz.), medium (engl.), halb/mittel: Nur für dunkles Schlachtfleisch und Wild, der austretende Fleischsaft ist rosa, etwa 60 °C Fleischtemperatur. Bien cuit (frz.), well-done (engl.), durch: Für dunkles Schlachtfleisch, für Kalb- und Schweinefleisch und Geflügel, der austretende Fleischsaft ist klar und hell. Fleischtemperatur von 70 °C bis 85 °C.

Gartenkresse. Sehr kleine Kresseart, die wegen des ausgeprägten Geschmacks meist nur als Garnitur verwendet wird.

Gartenrestaurant → *Bewirtungsbetriebe.*

Gartenwirtschaft → *Bewirtungsbetrieb* mit überwiegender Gästebewirtung im Garten oder im Freien.

Garum → *Liquamen.*

Gärung. Alkoholische Gärung, chemischer Umwandlungsprozess, der durch ein Enzym der Hefe, die Zymase, ausgelöst wird. Dabei wird Trauben- und Fruchtzucker in Alkohol (Äthylalkohol) und Kohlendioxid gespalten. Summenformel für den Vorgang:

$$C_6H_{12}O_6 \rightarrow 2\ C_2H_5OH + 2\ CO_2$$

Traubenzucker　　　Alkohol　　　Kohlendioxid

Neben Alkohol und Kohlendioxid entstehen bei der Gärung des Weines: Glycerin, Milchsäure, flüchtige Säuren, Duft- und Geschmacksstoffe und höhere Alkoholarten (Fuselöle). Die Gärung muss gezügelt verlaufen, d. h. bei normalem Gärverlauf bei Weißweinen in 8–14 Tagen bei Temperaturen von +12–14 °C, bei Rotweinen bei +17–25 °C. Bei stürmischer Gärung und starker Erwärmung verflüchtigen sich wertvolle Inhaltsstoffe, Duft- und Geschmacksstoffe des Jungweines. Sehr zuckerreiche Moste von Beeren- und Trockenbeerenauslesen können monatelang gären. Die hohe Zuckerkonzentration wirkt konservierend. Unter Umständen werden → *Osmotolerante Reinzuchthefen* zugesetzt. Trotz dieser Reinzuchthefen können bei diesen Weinen nur Teilmengen des Traubenzuckers vergoren werden. Dem Wein bleibt ein hohes Maß an natürlicher Restsüße erhalten. Der Alkoholgehalt ist ebenfalls mit ca. 5,5 bis 6 % Vol., gering. Bei 15 bis 17 % Vol. = 120–140 g/l Alkohol kommt die Gärung zum Stillstand. Die Hefezellen sterben ab. Der Verlauf der Gärung, die Gärführung, nimmt maßgeblichen Einfluss auf die spätere Qualität des Weines. Daher wird zur Sicherung einer optimalen Alkoholausbeute und Vorbeugung von Bukettverlusten der Gärverlauf durch kellertechnische Maßnahmen gesteuert. Dies sind: Vorklärung des Mostes, Kühlung, Vergärung im Drucktank.

Gastarbeiter. Gastarbeiter sind ausländische → *Arbeitnehmer,* die ihren Wohnsitz oder gewöhnlichen Aufenthalt in Deutschland haben. Sie unterliegen der Lohnsteuer und haben ein Recht auf einen Lohnsteuerjahresausgleich. Sie benötigen eine Aufenthaltsgenehmigung, die von der Ausländerbehörde ihres gewöhnlichen Aufenthaltsortes ausgestellt wird. Diese kann vor und nach der Einreise erteilt werden. Außerdem benötigen sie, um arbeiten zu können, eine Arbeitserlaubnis, die von den Arbeitsämtern ausgestellt wird. Ausnahmen gelten für Ausländer aus den EU-Staaten.

Gästebuchführung → *Buchführung.* Fasst alle Aufzeichnungen zusammen, die unmittelbar mit der Aufnahme und Betreuung der Gäste in Verbindung stehen. Heute meist EDV-Aufzeichnungen, auch wenn die einzelnen Teile noch als „Buch" bezeichnet werden. Zur Gästebuchführung gehören vor allem: **a)** das Reservierungsbuch (Agenda), das die Reservierungen aufnimmt und an den Zimmerbelegplan abgibt; **b)** Zimmervermietungs- oder -belegplan, in dem die Belegung festgehalten wird; **c)** Logisbuch, das die Ankunfts- und Abreiseaufzeichnungen aufnimmt; **d)** ein Gästejournal oder eine Gästekartei, die häufig mit dem Logisbuch gekoppelt sind; **e)** Aufzeichnungen über die Telefonabrechnungen; **f)** das Wäschebuch, soweit Gästewäsche gesäubert wird; **g)** ein Kassenbuch für die Barabrechnungen. Verpflegungsleistungen, die nicht in Form von Pension vereinbart sind und die nicht bar bezahlt werden, Rechnungsbelege aus dem Verpflegungsbereich. Gleiches gilt auch für Verbrauch aus → *Minibars.* Mit diesen Aufzeichnungen ist der Gast von Ankunft bis Abreise mit allen ihm zur Verfügung gestellten Leistungen erfasst.

Gästehaus. Gästehäuser werden meist von großen Betrieben geführt und dienen der Beherbergung von Betriebsangehörigen oder Geschäftsfreunden. → *Betriebsausgaben* sind die Kosten für Gästehäuser dann, wenn die für die Geschäftsfreunde geführten Häuser am gleichen Ort wie der Betrieb sind.

Gasteria. Göttin der Gastronomie. → *Brillat Savarin* bezeichnet sie als Muse der Kochkunst.

Gästetypen. Im Rahmen des Fremdenverkehrs unterscheidet man die Gäste hinsichtlich ihrer Präferenzen in **a)** Wandertyp, **b)** Spaziergänger, **c)** Sporttyp, **d)** Strandtyp, **e)** Erholungsuchende, **f)** kulturell interessierte Gäste. Nach Persönlichkeitsmerkmalen, die für die Behandlung der Gäste wichtig sind, unterscheidet man: **a)** anspruchsvolle Gäste, **b)** gebildete Gäste, **c)** eilige Gäste, **d)** gesprächsfreudige Gäste, **e)** selbstbewusste Gäste, **f)** sparsame

Gästezimmer

Gäste. Da selten ein Typ rein vorkommt, kann der Gast nur immer ungefähr in eine Gruppe eingeordnet werden, was seine Behandlung erschwert.

Gästezimmer. Während man unter Gasträumen alle Räume versteht, die den Gästen zugänglich sind, bezeichnet man als Gästezimmer die Wohn- und Schlafräume der Gäste. Je nach der Ausstattung mit Schlafgelegenheiten sind zu unterscheiden **a)** Einzelzimmer, die mit einer Schlafgelegenheit ausgestattet sind, **b)** Doppelzimmer, die für zwei Personen Schlafgelegenheiten enthalten, wobei die Betten i. d. R. zusammenstehen oder Doppelbetten sind, **c)** Zweibettzimmer, die gleichfalls zwei Schlafgelegenheiten enthalten, wobei diese aber nicht zusammenstehen müssen. **d)** Drei- und Mehrbettzimmer sind seltener. Die Zimmerausstattung erfolgt nach verschiedenen, aber meist gleichzeitig zu beachtenden Kriterien: **a)** Anspruch der Gäste, **b)** Sicherheitsgesichtspunkte, **c)** Raumbedarf, **d)** Finanzierungs- und Wirtschaftlichkeitsüberlegungen. Außerdem hat jedes Gästezimmer drei Grundfunktionen zu dienen und vereint deshalb auch drei Bereiche in einem Raum: **a)** den Schlafbereich, **b)** den Wohn-, Aufenthalts- und Arbeitsbereich, **c)** den Sanitärbereich. Für jeden dieser Bereiche gibt es Minimalanforderungen. Jede über das Minimalmaß hinausgehende Ausstattung ist ein zusätzliches Angebot, mit dem das Haus im Rahmen des Marketingmix wirbt, um sein Angebot von dem der Konkurrenz abzuheben (Beispiele: Föhn, elektr. Zahnbürste, Minibar usw.). → *Gastzimmer-Standardausrüstung.*

Gästezimmerschlüssel → *Schlüssel.* Der Aufbewahrungsort für Gästezimmerschlüssel befindet sich am Empfang oder von diesem getrennt in seiner unmittelbaren Nähe. Dort empfängt der Gast den Schlüssel und liefert ihn wieder ab. Die Schlüsselanhänger haben mehrere Funktionen. Sie zeigen die Zimmernummer an, erleichtern das Auffinden, verhindern versehentliche Mitnahme und dienen im Notfall auch als Rücksendeadresse. Sie sollten so gestaltet sein, dass Verletzungsgefahr vermieden und Türbeschädigung verhindert wird. Moderne Schlüsselanlagen arbeiten mit einem Kartensystem, wobei jede Schlüsselkarte einen anderen Code erhält und dieser gewechselt wird, wenn ein neuer Gast das Zimmer bezieht. So kann ein Höchstmaß an Sicherheit für den Gast geboten werden.

GastG = Gaststättengesetz.

Gastgewerbe. Gewerbliche Beherbergung und Verpflegung von Gästen. Die Bereitstellung der Leistungen erfolgt hierbei ohne direkten Auftrag für einen anonymen Markt. Diese Form der „freien" Gastronomie *(engl.: public catering; frz.: restauration commerciafe)* umschließt folgende Teibereiche: **a)** *Verpflegungsgastronomie* mit Speisewirtschaften (Gaststätten, Ausflugsrestaurants, Speziairestaurationen); Schankwirtschaften (Bier- und Weinlokale, Spezialausschankbetriebe, Cafés, Milchbars, Eisdielen); Fast-Food-Betriebe (Schnellrestaurants, Systemgastronomie, Imbißbetriebe, Snackbars, Nebenbetriebe des Handwerks wie z. B. Metzgereien); **b)** *Beherbergungsgastronomie* = Hotellerie mit den Beherbergungsbetrieben (Gasthöfe, Pensionen, Hotels, Herbergen) und internationalen Zentralen (Hotelgesellschaften und Vereinigungen, Hospizgesellschaften, Hotelbetriebsgesellschaften) sowie Beherbergungsgroßbetrieben (über 100 Betten); **c)** *Erlebnisgastronomie* in Form der Unterhaltungsgastronomie (Musikbetriebe, Diskotheken, Showbetriebe, Amusementbetriebe, Bars, Tanzbetriebe) Veranstaltungsbetriebe (Spielkasinos, Rennbahnbetriebe, Erlebnisparks, Freizeitparks, Festhallen, Veranstaltungshäuser); Hallengastronomie (Zelte, Messen, Stadt- und Kulturhallen).

Gasthof → *Beherbergungsbetriebe.*

Gastronomische Akademie Deutschlands e. V. (GAD). Gegründet 1959 von

Eugen Lacroix und Walter Bickel. Versteht sich als kompetentes Gremium für: Kultur und Geschichte der Gastronomie, Kochkunst, Tafelkultur, fachbezogene Wissenschaft und Bildung. Dazu beantworten Fachausschüsse Fragen. Die GAD führt literarische Wettbewerbe für Autoren und Verleger, Speisekarten-Wettbewerbe, Fortbildungs-Seminare für Lehrer an berufsbildenden Schulen und betriebliche Ausbilder durch und unterhält die Carl-Friedrich-von Rumohr-Stiftung.

Gastrosophie. Wissenschaft von der Tafelkultur und Feinschmeckerei.

Gaststätte. Oberbegriff für einen Teil der → *Bewirtungsbetriebe,* bei denen die Verabreichung von Speisen im Vordergrund steht.

Gaststättenerlaubnis → *Konzession.* Erlaubnis zum Betrieb einer Gaststätte (gem. § 2 GastG), die unter Vorlage der notwendigen Unterlagen bei der zuständigen Behörde zu beantragen ist. Als vorläufige Gaststättenerlaubnis (n. § 11 GastG) dient sie der Erhaltung der Betriebskontinuität und des reibungslosen Übergangs bei Inhaberwechsel. Sie ist stets eine Erlaubnis auf Widerruf und erzeugt kein Recht auf eine endgültige Erlaubnis. Sie soll nicht für länger als drei Monate erteilt werden, ist aus wichtigem Grund aber verlängerbar. Das gleiche gilt bei der vorläufigen Stellvertretererlaubnis.

Gastwirt. Gastwirt ist, wer einen Gaststättenbetrieb in der Form des Beherbergungsbetriebes betreibt, d. h. er bietet Fremden eine Übernachtungsmöglichkeit (z. B. Pensionsinhaber, Hotelier).

Gastzimmer-Standardausrüstung. Die Standardausrüstung der Hotelzimmer ist von Hotel zu Hotel verschieden, nähert sich jedoch bei Hotels der gleichen Klasse immer mehr einander an. Das gleiche gilt auch für die Nasszellen. In allen Fällen kann sie in drei Gruppen eingeteilt werden. **a)** Einrichtung mit Beleuchtung. Hierzu gehören im Zimmer: Schlafgelegenheit, Sitzgelegenheit, Schreib- oder Toilettentisch, Nachtschränke, Decken- und Teilbeleuchtung, Kleiderschrank oder Garderobenteil, Kofferablage und Zusatzangebote, wie Telefon, Minibar, Fernseher, Bilder, Hosenbügler, Radio, Wecker etc. Für das Bad sind das: Wanne oder Dusche, evtl. Bidet, Toilettenbecken, Handtuchhalter, Hocker, **b)** Kleininventar. Im Zimmer: Papierkorb, Aschenbecher, Schreibmappe, Gläser, Öffner, Kleiderbügel, Telefonbuch u. Ä. Im Bad: Aufsteller für Rasierer, Föhn, Abfallkorb, Toilettenbürste mit Halter, Rutschunterlage für Wanne oder Dusche, Zahngläser, Zahnbürste, **c)** Kleinmaterial. Im Zimmer: Bettwäsche, Bettvorleger, Informationen über Telefonbenutzung, Adressaten für Gästewünsche, Hausangebote u. a., Streichhölzer, Nähzeug, Manikürmäppchen, Wäschebeutel usw., Feuerinstruktion, Notausgangshinweis, Hänger für „Nicht stören", Notizblätter, Bestellkarten für Frühstück, Bleistift oder Schreiber usw. Im Bad: Frottier- und Badetücher (je nach Gästezahl), Badevorlage, Toilettenpapier, Seife, Duschgel, Kosmetikpapier, Hygienebeutel, Duschhaube usw.

Gattungsbezeichnungen. Spirituose, die unter einer Gattungsbezeichnung, z. B. → *Allasch,* → *Berliner Kümmel,* → *Münsterländer,* → *Stonsdorfer,* → *Kroatzbeere,* → *Danziger Goldwasser,* → *Schwedenpunsch,* → *Curaçao,* → *Steinhäger* etc. angeboten wird, muss in ihrer Geschmacksrichtung und Zusammensetzung den dieser Gattung zugeordneten Merkmalen entsprechen.

Gauss'sche Kurve (Glockenkurve, Normalverteilungskurve im Rahmen der Mitarbeiter-Beurteilung). Der Mathematiker Karl Friedrich Gauß, 1777–1855, stellte durch Massenbeobachtungen fest, dass die meisten Beurteilten sich um den Mittelwert gruppieren. Größere Abweichungen von diesem Wert sind seltener. Extreme Abweichungen sind sehr selten. Diese „Gesetzmäßigkeit" veranschaulichte Gauß bei Einteilung von neun Wertstufen. Der

Beurteiler kann bei seinen Beurteilungen, die von der Kurve abweichen, möglicherweise erkennen, ob zu nachsichtig, zu kritisch oder zu durchschnittlich beurteilt wurde in einer Kurve, wobei 9 die höchste, 1 die geringste Wertstufe kennzeichnet.

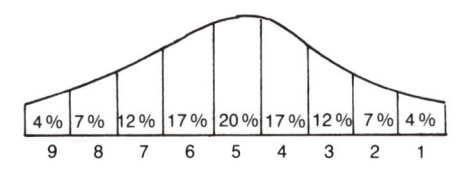

4%	7%	12%	17%	20%	17%	12%	7%	4%
9	8	7	6	5	4	3	2	1

Gavottes. Bretonische Hohlhippen.

Gayette. Provençalische Landesküche. Kleine Leberwürstchen im Schweinenetz pochiert, kalt aufgeschnitten und als Vorgericht serviert.

Gazeuse. Frz. Bezeichnung für kohlensäurehaltige Getränke wie Limonaden, Wässer etc.

Gazpacho. Kalte Gemüsesuppe; meist aus Tomaten, Zwiebeln und gehacktem Gemüse.

GdL. Glucono-delta-Lakton, ein Kohlenhydrat, pH-Wert senkend bei Rohwurst, Umrötungshilfsmittel bei engkalibrigen Brühwürsten.

Gebietsberufsschule. Berufsschule, oft als Landesberufsschule mit → *Blockunterricht*. Vorteile: **a)** Wöchentliche An- und Abfahrten der Schüler aus entlegenen Gebieten fallen fort, **b)** Bildung von Fachklassen möglich, **c)** Einsatzmöglichkeiten der Lehrer sind besser zu organisieren, **d)** Schulische Einrichtungen können besser ausgelastet werden, **e)** Bessere Einstellung der Schüler auf längere Lernphasen.

Gebirgsbrimse. → *Brimse.*

Gebühren. Gebühren sind wie Steuern und Beiträge Zwangsabgaben an ein öffentliches Gemeinwesen. Gebühren sind dann zu zahlen, wenn der Bürger eine Leistung provoziert.

Geflügel. Man unterscheidet Hausgeflügel und → *Wildgeflügel.* Zu dem Hausgeflügel rechnet man folgende Artgruppen: Hühner, Puten, Haustauben, Gänse, Enten. Die Anforderungen für frisch geschlachtetes Geflügel: Die Tiere sollen fleischig sein. Die Körperhaut soll von feiner Beschaffenheit sein, natürlichen Glanz haben und frei von Geruch sowie ohne blutunterlaufene oder bläuliche, grünliche Streifen sein. Krankhaft veränderes Geflügel sowie Tiere mit gefülltem Kropf oder mit Kropfschnitt sollen nicht verwendet werden. Das geschlachtete Geflügel soll trocken gerupft werden (Ausnahmen: Backhühnchen und Junghühner). Die Behandlung von Geflügel mit Antibiotika (Tauchflüssigkeit) ist in Deutschland verboten, ebenso bei Importgeflügel. Vor dem Verpacken soll das Geflügel mindestens 12 Stunden auskühlen und in Form gebracht werden. Die Behältnisse sollen möglichst nur eine Lage mit zwei Reihen enthalten und mit Pergamentpapier ausgelegt sein. Frisches Schlachtgeflügel wird für kurze Lagerzeit am zweckmäßigsten im Kühlraum bei 0 bis +2 °C auf Stellagen aufbewahrt. Einlegen in Kühlschränke ist nicht zu empfehlen wegen der sich bildenden Feuchtigkeit. Man unterscheidet beim Hausgeflügel folgende Arten: **a)** Hühner (Qualitätsstufe A oder B). **1)** Küken, nicht über acht Wochen alt, Gewicht zwischen 0,200 und 0,400 kg; **2)** Jungmasthähnchen, nicht über zehn Wochen alt, männlich oder weiblich, Knorpelteile nicht verknöchert, biegsames Brustbein, glatte Haut, nicht über 1,450 kg; **3)** Junges Suppenhuhn, Legehenne, nicht älter als 20 Monate. **4)** Suppenhuhn, Legehenne, älter als 20 Monate. **5)** Poularde, junges Masthuhn, nicht älter als vier Monate, männlich oder weiblich, noch nicht geschlechtsreif, Knorpelteile sind zum Teil verknöchert, Brustbein wenig biegsam, Haut glatt, Gewicht über 1,450 kg. **6)** Poulets, junge gemästete Hennenküken, Gewicht von 0,750 kg bis 1,500 kg. **7)** Kapaune, junge verschnittene, gemästete Hähne, Gewicht von 1,600 bis 3,000 kg. **b)** Puten, Puter. Truthennen, -hähne (auch Turkeys, Indians oder Welschhahn) zeichnen sich durch weißes Fleisch und Vollfleischigkeit aus. **1)** Puten, Gewicht von 3,500–6,000 kg, **2)** Puter, Gewicht von 5,000–12,000 kg. **3)** Baby-Puter, Gewicht bis 3,000 kg. Puter und Puten sollen nicht älter als ein Jahr sein, **c)** Junge Tauben, zum Braten, Gewicht 0,600 kg bis 0,800 kg, ältere Tauben zu Fonds, **d)** Gänse. Man unterscheidet Mastgänse von den Frühmastgänsen. Frühmastgänse sind zu Weihnachten auf dem Markt, Mastgänse von Februar bis Juni. Besonders geschätzt ist die hiesige Hafermastgans (einjährig, fett, gemästet, bis zu 8 kg schwer), **e)** Junge Ente, Gewicht 1,300–1,700 kg; Ente, Gewicht 1,800–2,600 kg. Es sind Haus- oder Farmenten.

Gefrierbrand. Sensorische Veränderungen an verpacktem, gefrorenem Fleisch. Die Veränderung ist erkennbar an strohiger Textur und ranzigem Geschmack. Entsteht durch überhöhten Wasserverlust der Gewebeteile.

Gefriergeschwindigkeit. Der Gefrierweg eines Lebensmittels in Zentimeter pro Stunde (cm/h). Sehr langsames Gefrierverfahren: unter 0,2 cm/h; langsames Gefrierverfahren: 0,2 bis 1 cm/h; schnelles Gefrierverfahren: 1 bis 1,5 cm/h; sehr schnelles Gefrierverfahren: über 5 cm/h.

Gefrierpunkte – Alkohol.

Konzentration	Gefrierpunkt
10 % Vol.	– 3 °C
20 % Vol.	– 7,6 °C
30 % Vol.	– 15,3 °C
32 % Vol.	– 16,8 °C
38 % Vol.	– 22,3 °C
40 % Vol.	– 24 °C
50 % Vol.	– 31,4 °C

Gegenprobe. Bei Überprüfung von Gaststättenbetrieben durch das Gewerbeaufsichtsamt, den Wirtschaftskontrolldienst, die chemische Landesuntersuchungsanstalt, das Gesundheitsamt, das Veterinäramt muss der Prüfer bei Lebensmittelproben einen Teil der Probe (Gegenprobe) amtlich verschlossen oder versiegelt zurücklassen, um dem Gastwirt oder seinem Lieferanten die Möglichkeit zu geben, einen Gegengutachter (amtlich zugelassener Sachverständiger) auf eigene Kosten mit der Prüfung des Lebensmittels zu beauftragen. → *Gewerbeaufsicht,* → *Wirtschaftskontrolldienst.*

Gegerstertes Brot Angeschobenes Roggenmischbrot mit 20–30 % Weizenmehlanteil, die Oberfläche wird durch Abflämmen = Gerstern marmoriert.

Gehalt → *Arbeitslohn.*

Geidost → *Molkenkäse.*

Geisenheimer Erde. Alte Bezeichnung für → *Bentonit.*

Geißfuß → *Giersch.*

Geistrohr. Rohr, das sich zwischen Helm und Kühler der Destillieranlagen befindet. Kupferrohr, durch das der Alkoholwasserdampf in den Kühler geleitet wird.

Geiztrieb. Unfruchtbarer Austrieb an der Rebe. Die Triebe werden im Verlauf des Sommers entfernt (ausgeizen).

Gekörnte Brühe. Besteht aus getrockneter Brühpaste, deren Grundstoff Speisewürze, Fette, Gemüse und Gewürze sind.

Gelatine. Durch Denaturierung, in unterschiedlichen Verfahrensweisen, aus Kollagen gewonnen. Das Kollagen wird aus Knochen und Häuten von Schlachttieren gelöst. Gelatine quillt in kaltem Wasser, löst sich bei 30 °C auf, verfestigt sich beim Abkühlen zu

Gelbe Siegel

einem geschmacksneutralen, durchsichtigen Gel.

Gelbe Siegel. Bestätigung für Cognac-Behälter. Sie garantiert die Echtheit, Qualität und die Etikettenangaben. Sie wird von → BNIC vergeben an alle aus dem Cognacgebiet ausgeführten Flaschen und Verpackungen.

Gelber Muskateller → *Muskateller.*

Gelbreife → *Milchreife.*

Gelbschmiere. Sie entsteht durch Oberflächenbehandlung der Rinde bei Käse, ähnlich wie bei der → *Rotschmiere.*

Gelbwurz → *Curcuma.*

Geldvermögen. Das Geldvermögen setzt sich zusammen aus: Zahlungsmittel (Kasse, Bank) + sonstige Geldforderungen (Forderungen, Besitzwechsel usw.).

Geldwerter Vorteil → *Sachbezug.*

Gelee. 1) Streichfähige, gallertartige Zubereitung aus Fruchtsäften von einer oder mehreren Früchten und Zuckerarten. Die Verfestigung erfolgt durch die in den Früchten enthaltenen Pektine. Gelee extra enthält mindestens 450 g Saft auf 1000 g Endprodukt. Bei schwarzen Johannisbeeren, Hagebutten und Quitten ist ein Fruchtsaftanteil von 350 g vorgeschrieben. Gelee einfach muss 350 g Saft auf 1000 g Endprodukt enthalten, schwarze Johannisbeeren, Hagebutten, Quitten 250 g Fruchtsaft auf 1000 g Endprodukt. Der Zusatz von Citrus- und Apfelpektinen als Geliermittel ist erlaubt. 2) Gallert durch Auskochen von Fleisch, Schwarten, Kalbskopf hergestellt, Aspik.

Gelee-Marmelade. Marmelade, bei der die unlöslichen Bestandteile entfernt wurden oder nur noch in Form von kleinen Anteilen feingeschnittener Schale vorhanden sind.

Geleepilz → *Wolkenohrpilz.*

GEMA. Gesellschaft für musikalische Aufführungen und mechanische Vervielfältigungsrechte. Sie vertritt die Autorenrechte und vergibt die Aufführungsrechte, für die der Aufführende eine Gebühr zahlen muss. Gema-Gebühren fallen auch dann an, wenn ein Hotel eine eingebaute Radioanlage mit Musik oder Sendungen beschickt. Der Gaststätten-Inhaber hat die gebührenpflichtige Genehmigung einzuholen, wenn er selbst eine Kapelle beschäftigt. Im Übrigen ist immer der Veranstalter verantwortlich. Bei öfter durchgeführten Veranstaltungen kann mit der GEMA ein Pauschalbetrag vereinbart werden (Tarife für GEMA-Gebühren sind bei den Bezirksdirektionen und ihren Außenstellen erhältlich).

Gemeiner Wert → *Bewertung.* Wert, der aus der Stellung eines Gutes am Markt abgeleitet wird. Es ist der Wert, der im gewöhnlichen Geschäftsverkehr bei Veräußerung des Gutes zu erhalten wäre.

Gemeinkosten → *Kosten.* Gemeinkosten fallen für alle Leistungen eines Betriebes oder einen Teil davon gemeinsam an. Es gibt Material-, Fertigungs-, Verwaltungs- und Vertriebsgemeinkosten. In der Vollkostenrechnung werden sie mit Hilfe von Schlüsseln auf die Kostenstelle verteilt, um so Zuschläge für die Verrechnung auf die Produkte zu gewinnen. → *Betriebsabrechnungsbogen.*

Gemeinschaftswerbung. → *Werbung,* auch Kollektivwerbung; eine Werbung, zu der sich mehrere Personen oder Betriebe und Institutionen zusammenschließen. Sie kann sich z. B. auf Hotel-Kooperationen beziehen, indem mehrere Häuser an unterschiedlichen Orten, die von der Art her vergleichbar oder ähnlich sind, gemeinsam werben (z. B. Romantik-Hotels, Schloss-Hotels). Sie ist auch geeignet, um für einen Ort, ein Gebiet oder ein gemeinsames Angebot (z. B. Wanderwege i. V. mit Übernachtungen in verschiedenen Hotels) zu werben.

Gemüse. Essbare Pflanzenteile von meist einjährigen, kultivierten oder wild wachsenden Pflanzen. Für 17 Gemüsearten gibt es Güteklassen, die im gesamten EU-Bereich gültig sind. Für weitere 11 Gemüsearten ist die Einstufung nach deutschen Handelsklassen möglich. Die Bewertungen gelten für das „Äußere" der Gemüsearten, sie müssen ganz, gesund, sauber, frisch und frei von fremdem Geruch und Geschmack sein. Einzelne Güteklassen bzw. Handelsklassen bedeuten: „Extra" = auserlesene Ware, „Handelsklasse I" = hochwertige Ware, „Handelsklasse II" = gute Ware, „Handelsklasse III" = Haushalts-/Industrieware.

Gemüsebananen *(plátanos).* Früchte eines Bananengewächses, in der Form einer Obstbanane ähnlich, aber größer und nicht so süß, müssen vor dem Genuss gekocht werden. Reifen von grün über gelb bis dunkelbraun heran. Sie werden auch Mehlbananen, Planten oder Kochbananen genannt.

Gemüseportulak. Hat einjährige, bis zu 40 cm hohe, saftig-fleischige, hellgrüne Blätter, die einen leicht säuerlichen, würzigen Geschmack aufweisen. Verarbeitet werden nur die Blätter, nicht die Stiele. Die fleischigen Blätter sind bis zu einer Woche haltbar.

General Manager *(frz.: directeur général, m.),* wörtlich: Generaldirektor, meistens Geschäftsführender Direktor eines großen Hotels, auch abgekürzt GM.

Genever. Wacholder-Kornbranntwein aus Holland. Maische aus Mais, Roggen, Darrmalz wird zum Mautwein vergoren und gebrannt. Danach werden Würzstoffe zugegeben und nochmals gebrannt. Im Angebot gibt es zwei Arten: alten Genever mit stark ausgeprägtem Korn-Wacholdergeschmack und jungen Genever mit mildem Geschmack.

Genfer Schema. Ein in Genf entwickeltes Schema der → *Arbeitsbewertung.*

Genfood. Lebensmittel, die genetisch manipuliert werden (Mais, Tomaten) oder kennzeichnungspflichtige Produkte enthalten (Soja) oder bei deren Herstellung gentechnische Verfahren eine Rolle spielen (Hefen bei der Vergärung von Wein). Zulassungsbestimmung in der Novel-Food-Verordnung.

Gennes. Burgundisches Wort für Trester.

Genossenschaft → *Unternehmensformen.* Zusammenschluss natürlicher oder juristischer Personen zur Förderung der Wirtschaften ihrer Mitglieder. Es gibt Erwerbs-, Wirtschafts- und Kreditgenossenschaften. Für alle soll die Gewinnzielung nicht im Vordergrund stehen.

Geographische Bezeichnungen bei deutschem Wein: Zur Angabe der Herkunft des Weines oder der zu seiner Herstellung verwendeten Erzeugnisse sind als geographische Bezeichnungen nur zulässig: § 10 Weingesetz **a)** in die Weinbergsrolle eingetragene Namen von Lagen und Bereichen; **b)** Namen von Gemeinden und Ortsteilen; **c)** Namen von bestimmten Anbaugebieten, Weinbaugebieten und Untergebieten; **d)** das Wort „deutsch"; **e)** durch Rechtsverordnung nach Absatz 9 zugelassene Bezeichnungen (z. B. Badisch Rotgold, Affentaler, Spätburgunder, Liebfrauenmilch, Ehrentrudis, Spätburgunder). Für Tafelwein dürfen die Namen von bestimmten Anbaugebieten und Lagen nicht verwendet werden.

Geordnete Gruppe, auch soziale Gruppe. Menschen mit persönlichen Beziehungen untereinander. Merkmale: **a)** Gruppenbewusstsein: „Wir-Gefühl", **b)** Gruppenziel: gemeinsam verfolgte Absichten, **c)** Gruppennorm: soziale Verhaltensweisen; → *Interaktion.*

Geranienton. Weinfehler, im Geruch erkennbar. Ursache ist der Sorbinsäureabbau durch Bakterien und dem Zusammenwirken mit SO_2.

Gerbsäure. Andere Bezeichnung für → *Gerbstoffe*.

Gerbstoffe. Gruppe von chemisch nicht einheitlich aufgebauten Stoffen. Sie gleichen sich nur in der Wirkung, sie gerben Leder und haben einen bitteren Geschmack und wirken zusammenziehend auf die Schleimhäute des Mundes. Gerbstoffe kommen in erheblichen Mengen in Kämmen, Hülsen und Kernen der Trauben vor. Außerdem in schwarzem Tee und der schwarzen Johannisbeere. Bei Rotweinen, die auf der → *Maische* vergoren werden, kann der Gerbstoffgehalt bis auf 1–2,5 g/l ansteigen.

Gerichtsstand. Ist gleichzeitig der → *Erfüllungsort*, d. h. er ist maßgebend für die Zuständigkeit des Gerichtes bei Klageerhebung. Bei Nichtlieferung ist es der Ort des Verkäufers, bei Nichtbezahlung der Ort des Käufers. Bei Abzahlungsgeschäften ist der Gerichtsstand immer am Ort des Schuldners = Käufers.

Geriebener Teig – Pastetenteig. Dazu wird Butter – früher Schmalz – mit Mehl zerrieben, anschließend wird Wasser und Kochsalz, eventuell Eigelb, zugegeben und durch kurzes Kneten ein Teig hergestellt. Er soll vor der Verarbeitung ruhen.

Geringfügige Beschäftigung. → *Aushilfskräfte* → *Teilzeitbeschäftigung*. Auch „Minijobs" genannt. Eine solche Beschäftigung liegt vor, wenn die regelmäßige Beschäftigung 15 Wochenstunden und das Entgelt 400,- € (seit 01.04.2003) nicht übersteigt. Bis zu diesen **Schwellenwerten** fallen für den Arbeitnehmer weder Steuern noch Versicherung an, wenn der Arbeitgeber pauschal 12 % für die Rentenversicherung entrichtet und der Arbeitnehmer keine sonstigen Einkünfte hat. Der Arbeitnehmer arbeitet entweder mit Steuerkarte oder legt eine Steuerfreistellungsbescheinigung des Finanzamtes vor. Der Arbeitgeber kann unter Verzicht auf diese Vorlage die Lohnsteuer mit 20 % → *pauschalieren*. Dazu kommt noch Solidaritätszuschlag und Kirchensteuer. Grundsätzlich gilt, dass Geringfügig-Beschäftigten-Verträge Arbeitsverträge sind und die Arbeitnehmer hinsichtlich ihrer Rechte insbesondere des Urlaubsanspruchs den Vollzeit- und Teilzeitkräften gleichgestellt sind.

Geringwertige Wirtschaftsgüter = GWG → *Abschreibung* GWG sind bewegliche Güter des → *Anlagevermögens*, deren → *Anschaffungs-* oder → *Herstellungskosten* ohne Umsatzsteuer den Wert von 410,- € nicht übersteigt. Sie können im Jahr der Anschaffung voll abgeschrieben werden, wenn sie selbständig nutzbar sind.

Germ. Österreichisch-böhmischer Ausdruck für Hefe.

German writing. Originell geformter Bewuchs auf dem Hummerpanzer und den Scheren, hervorgerufen durch die Gehäuse von Dreikantwürmern. Der Ausdruck „german writing" wird von den irischen Fischern benutzt und ist offensichtlich an die verschnörkelten Buchstaben der alten deutschen Frakturschrift angelehnt. Die Qualität des Hummerfleisches wird durch den Bewuchs nicht beeinträchtigt, lässt sogar darauf schließen, dass sich der Hummer schon lange nicht mehr gehäutet hat, deshalb sehr fleischig ist.

Gersterbrot. Gerstelbrot. Spezialbrot, Roggen- oder Roggenmischbrot. Die Teigstücke werden gleich nach dem Aufarbeiten kurzzeitig einer starken Hitze ausgesetzt, in der Regel mit einer offenen Gasflamme abgeflämmt. Dadurch bilden sich typische Aromastoffe und das Brot erhält eine pergamentartige Haut.

Geruchs- und Geschmacksstoffe. Aromastoffe *Allgemeines Vorkommen* **A)** mehr oder weniger in allen Nahrungsmitteln, denen sie ihren typischen Geschmack geben; **B)** konzentriert in Gewürzen und Küchenkräutern. *Arten von Aromastoffen und ihre Besonderheiten:* **a)** *Natürlich vorkommende Aromastoffe* **1)** *Ätherische Öle* in Zwiebeln, Knoblauch, Kümmel, Anis, Melisse, Muskat, Schalen von Südfrüchten – sie sind sehr leichtflüchtig und lichtempfindlich, deshalb sollte man Gewürze sehr gut verschlossen und dunkel aufbewahren; klein geschnittene Küchenkräuter bis zum Verbrauch zudecken. **2)** *Fruchtsäuren* besonders in Zitrusfrüchten, säuerlichem Obst, Wein, z. B. Zitronensäure und Äpfelsäure, sie sind sehr hitzeempfindlich, wasserlöslich und alkohollöslich. **3)** *Bitterstoffe* besonders in Enzian, Zwiebeln, Chicoree, Radicchio, Endivien, Bittermandeln, z. B. Coffein, einige Aminosäuren, sie sind z.T. wasserlöslich. **4)** *Gerbstoffe* in Traubensaft, Rotwein, schwarem Tee, Heidelbeeren, Gerbsäuren sind Verbindungen, die Eiweiße fällen, sie ziehen die Schleimhäute zusammen, sie wirken gegen Durchfall. **b)** *Durch besondere Behandlung entstandene Aromastoffe* **1)** *Röststoffe* durch Hitzezufuhr bei Kaffee, Brot- und Kuchenkruste, gebratenem Fleisch, Kartoffeln, gerösteten Suppeneinlagen, sie sind meist leicht flüchtig. **2)** *Gärungsprodukte* in Wein, Bier, Sekt, Sauergemüse, Sauermilch, z. B. Alkohol, Milchsäure. **3)** *Reifungsprodukte,* Käse, Wein, Rohwurst, Aminosäuren und deren Abkömmlinge. **4)** *Räucherprodukte,* Wurst, Fleisch, Käse, Fisch. **c)** *Synthetische Aromastoffe,* Vanillin, Rum-Aroma, Backaroma.

Gervais. Doppelrahm-Frischkäse (60 % F. i. Tr.). 1850 von Charles Gervais erfunden. Der Käse besteht aus Vollmilch, französischen Aromakulturen und Sahne. Der Gervais macht wie alle Frischkäse keine Reifung durch, enthält alle Wirkstoffe der frischen Milch, das Sahnefett ist homogenisiert und das Eiweiß aufgeschlossen.

Gesamtalkohol. Summe des tatsächlich vorhandenen Alkohols, der bei der Vergärung des im Wein befindlichen Restzuckers entstehen würde.

Gesamteiweiß. Summe der Stickstoffverbindungen im Fleisch. Ergibt sich aus dem Vergleich des Gehaltes an Rohprotein (Stickstoffgehalt × 6,25) mit dem Gehalt an organischem Nichtfett (= Differenz zwischen 100 und der Summe aus den Prozenten an Wasser, Fett und Asche). Gesamteiweiß bestimmt den Wert eines Fleischproduktes und setzt sich zusammen aus: → *Fremdeiweiß,* → *Fleischeiweiß* und → *Fremden Nichteiweißstickstoffverbindungen.*

Gesamtumsatz, a) Allgemein: der Umsatz des gesamten Unternehmens; **b)** Begriff aus dem Umsatzsteuerrecht. Danach gehören zum Gesamtumsatz: 1) Lieferungen und sonstige Leistungen, 2) steuerfreie Umsätze nach § 4 Ziff. 1–6 UStG, 3) steuerfreie Umsätze für die nach § 9 UStG auf die Steuerbefreiung verzichtet wurde (Option), 4) besondere Umsätze im Interzonenhandel, Luftverkehr mit Berlin u. Ä. **c)** Energieumsatz bei Arbeitsleistung; sie setzt sich zusammen aus → *Grundumsatz* und → *Leistungszuwachs.*

Gesamtversetzungsplan. Zusammenfassung der → *Einzelversetzungspläne* = → *Ausbildungsplatz-Belegungsplan* (Abb. 33).

Gesättigte Fettsäuren → *Fettsäuren.*

Geschäftsfähigkeit. Die Fähigkeit, rechtswirksame Geschäfte abzuschließen. Sie setzt ein bestimmtes Maß an Vernunft voraus. Deshalb hat der Gesetzgeber folgende Einschränkungen vorgenommen: *geschäftsunfähig* sind: **a)** Kinder unter 7 Jahren, **b)** wegen Geisteskrankheit Entmündigte, **c)** Geisteskranke; *beschränkt geschäftsfähig* sind: a) Personen, die das 7., aber noch nicht das 18. Lebensjahr vollendet haben, b) wegen Trunksucht, Verschwendungssucht oder Geistesschwäche entmündigte Personen; *voll geschäftsfähig* sind: Perso-

Geschäftsführung ohne Auftrag

Azubi	Beruf	Ausbildungsjahr 20..													
Monate		Januar				Februar				März				April	
Wochen		1	2	3	4	1	2	3	4	1	2	3	4	1	2	3	4
Schulz	Koch	E	E	E	E	S	S	S	S	S	S	S	S	S	S	–	–
Maier	Koch	–	–	–	–	G	G	G	G	G	G	G	G	G	G	G	G
Krause	Koch	S	S	S	S	E	E	E	E	E	E	S	S	–	–	–	–

E = Entremetier, G = Gardemanger, S = Saucier

Abb. 33 Gesamtversetzungsplan (Ausbildungsplatz – Belegungsplan)

nen, die das 18. Lebensjahr vollendet haben. Sie können grundsätzlich alle → *Rechtsgeschäfte* abschließen. Die volle Geschäftsfähigkeit ist auch Voraussetzung für das Führen einer → *Gaststätte*.

Geschäftsführung ohne Auftrag (§§ 677–687 BGB). Sie liegt vor, wenn eine Person für eine andere handelt, ohne von dieser dazu beauftragt zu sein. Dabei hat sie die Geschäfte so zu führen, wie es den Interessen oder dem vermutlichen Willen des Vertretenen entspricht. Für Schäden, die dabei entstehen, haftet der Geschäftsführer ohne Auftrag nur bei Verschulden und grober Fahrlässigkeit. Er hat Anspruch auf Auslagenersatz (im Hotel z. B. bei Krankheit oder Tod eines Gastes).

Geschäftsgrundstücke → *Vermögen*. Bebaute Grundstücke, die zu mehr als 80 % einem gewerblichen oder betrieblichen Zweck dienen.

Geschäftsreise → *Dienstreise*.

Geschäftsübernahme → *Geschäftsübertragung*.

Geschäftsübertragung. Eine Geschäftsübertragung kommt im Hotel- und Gaststättengewerbe dort vor, wo die jüngere Generation den elterlichen Betrieb übernimmt. Oft handelt es sich hierbei um eine unentgeltliche Übertragung und damit um eine vorweggenommene Erbfolge. Bedeutend ist dabei,

dass im Gegensatz zu einer Betriebsveräußerung die stillen Reserven nicht realisiert werden. Somit entsteht kein Veräußerungsgewinn. Das Gleiche gilt für den Erbfall, da der Erbe gleichfalls den Betrieb zu den bis dahin geführten Buchwerten übernimmt. Werden jedoch Teile des Erbes veräußert, um evtl. Miterben auszuzahlen, werden dabei automatisch die stillen Reserven realisiert und führen zu steuerpflichtigen Veräußerungsgewinnen. Haben die Erben jedoch den Betrieb zunächst gemeinsam geführt, müssen sie sich diesen Gewinn zurechnen lassen. Zu beachten ist, dass bei Betriebsübernahmen, bei denen die Eltern von den Kindern eine Rente erhalten, diese nicht als Betriebsausgabe abgezogen werden kann, da es sich bei den Eltern um unterhaltsberechtigte Personen handelt. Bleiben dagegen die Eltern noch im Betrieb und erhalten eine Entschädigung für ihre Tätigkeit, so sind diese Aufwendungen abzugsfähige Betriebsausgaben. Zu beachten ist für die Übernehmenden auch, dass sie mit dem Verfügungsrecht über das Vermögen auch voll in die Haftung eintreten.

Geschäftsveräußerung → *Geschäftsübertragung*.

Geschäftswert. Der Geschäftswert wird auch Firmenwert, Goodwill, Kapitalisierungsmehrwert oder Façonwert genannt. Er ist die Differenz zwischen dem Wert, der durch Verkauf des Betriebes erzielt wird oder erzielt werden könnte (Unterneh-

Geschäftswert = Unternehmenswert / Reproduktionswert
oder
Geschäftswert = $\dfrac{\text{Substanzwert} + \text{Ertragswert}}{2}$ / Reproduktionswert

Abb. 34 Geschäftswert

menswert), und der Summe der Vermögenswerte (Reproduktionswert). Der Firmenwert wird durch verschiedene Faktoren bestimmt. Im Hotel- und Gaststättenbetrieb spielen folgende Faktoren eine Rolle: **a)** der Standort hinsichtlich Klima, landschaftlicher Schönheit, Verkehrszugang, Kulturangebot, Sehenswürdigkeiten u. a., **b)** der gastronomische Ruf u. U. Name in Verbindung mit Hotelkette u. Ä., **c)** Atmosphäre des Hauses – Zimmerausstattung, Galuäume usw., **d)** Konkurrenzsituation, **e)** evtl. auch Pachtdauer u. a. Vereinbarungen (Bierlieferungsvertrag) (Abb. 34).

Geschein. Austrieb der Rebe im Frühjahr mit deutlichem Ansatz der Traube.

Geschenke. Geschenke sind unentgeltlich übertragene Werte. Zu unterscheiden sind: **a)** Geschenke an Personen, die nicht Arbeitnehmer sind (z. B. Geschäftsfreunde). Sie bleiben steuerfrei, soweit sie 40,– € im Wirtschaftsjahr beim einzelnen Empfänger nicht übersteigen. Nach § 4 Abs. 5 EStG sind sie Betriebsausgabe, **b)** Geschenke an → *Arbeitnehmer*, z. B. Jubiläumsgeschenke oder Gelegenheitsgeschenke. Sie sind beim Unternehmer Betriebsausgaben. Beim Empfänger bleiben Gelegenheitsgeschenke steuerfrei und Jubiläumsgeschenke teilweise.

Geschmacksangaben (Restzucker) für schäumende Weine in der EU:

Geschmacksangabe	Restzuckergehalt
brut natural, naturherb, pas dosage, dosage zero	weniger als 3 g/l
extra brut, extra herb	0–6 g/l
brut, herb	unter 15 g/l
extra dry, extra trocken	zwischen 12–20 g/l
sec, trocken, dry	17–35 g/l
demisec, halbtrocken	33 – 50 g/l
doux, sweet, süß	über 50 g/l

Geschmacksverstärker. Stoffe, die den Geschmack oder Geruch von Lebensmitteln hervorheben, ohne selbst einen besonderen Eigengeschmack zu besitzen, z. B.: Glutaminsäure, Glutamate.

Geschützte geographische Angabe → *g. g. A.* EU-Verordnung, die Schutz vor Nachahmungen bieten soll: Produkt muss in einem bestimmten Gebiet erzeugt und/oder verarbeitet und/oder hergestellt werden. Beispiel: Lübecker Marzipan.

Geschützte Ursprungsbezeichnung → *g. U.* EU-Verordnung, die Schutz vor Nachahmungen bieten soll: Höherer Anspruch als bei → *g. g. A.*, weil die Ressourcen, Verarbeitung und Herstellung in einer bestimmten Region gewährleistet sein müssen. Beispiel: Lüneburger Heidschnucke.

Geschwellte. Schweizer Ausdruck für Pellkartoffeln.

Gesellschaft des Bürgerlichen Rechts (BGB Gesellschaft). Eine nicht rechtsfähige Personenvereinigung, die wirtschaftliche oder ideelle Zwecke verfolgen kann.

Gesellschafter. Person, die an einer Personen- oder Kapitalgesellschaft beteiligt ist.

Gesellschaft mit beschränkter Haftung (GmbH) → *Unternehmensformen.* Eine Kapitalgesellschaft mit mindestens 25 564 € gezeichnetem Kapital. Sie kann von einer oder mehreren Personen gegründet werden. Die Haftung der Teilhaber beschränkt sich auf ihre Einlage. Als Kapitalgesellschaft

Gesetzliche Rücklage

ist sie eine juristische Person. Geschäftsführung und Vertretung liegen in den Händen von einem oder mehreren Geschäftsführern, die nicht Teilhaber sein müssen. Zur Gründung ist ein notarieller Vertrag und die Eintragung ins Handelsregister nötig.

Gesetzliche Rücklage → *Rücklagen.*

Gespräch, als Führungsmittel → *Mitarbeiterbesprechung,* → *Mitarbeitergespräch,* → *Dienstbesprechung,* → *Dienstgespräch,* → *Rundgespräch,* → *Kritikgespräch,* → *Beurteilungsgespräch.*

Gest → *Hefe.*

Gestattung → *Konzession.* § 12 GastG gibt die Möglichkeit, statt der → *Konzession* eine Gestattung auszusprechen. Diese erleichterte Form der Erlaubniserteilung ist jedoch nur aus besonderem Anlass und vorübergehend möglich (z. B. Altstadtfest). Sie wird stets auf Widerruf erteilt. Bei unentgeltlichen Abgaben von Proben (z. B. auf der Messe) genügt die Gestattung, nicht allerdings, wenn das im Rahmen einer Werbeveranstaltung geschieht.

Gesundheitliche Betreuung nach dem Jugendarbeitsschutzgesetz. Um Jugendliche beim Übergang in das Berufsleben gegen Gefahren für ihre Gesundheit und ihre körperliche und geistige Entwicklung zu schützen, enthält das Jugendarbeitsschutzgesetz Vorschriften über eine gesundheitliche Betreuung der Jugendlichen während der ersten Zeit ihrer Ausbildung und beruflichen Tätigkeit. Die Rechtsgrundlage für diese gesundheitliche Betreuung und die damit verbundenen ärztlichen Untersuchungen bilden folgende Vorschriften: *Das Gesetz zum Schutz der arbeitenden Jugend* (Jugendarbeitsschutzgesetz) vom 12.4. 1976 (BGBl. I S. 965). *Die Verordnung über die ärztlichen Untersuchungen nach dem Jugendarbeitsschutzgesetz vom 2. 10.1961* (BGBl. I S. 1789) i. d. F. der Verordnung zur Änderung der Verordnung über die ärztlichen Untersuchungen nach dem Jugendarbeitsschutzgesetz vom 5. 9. 1968 (BGBl. I S. 1013).

Gesundheitsschutz → *Hygiene.* Zum Schutz der Gesundheit gibt es für das Gastgewerbe vielfältige Vorschriften, da die Übertragung von Krankheiten und Seuchen durch Lebensmittel leicht möglich ist. Hierzu gehören: **a)** das → *Beschäftigungsverbot* nach dem Bundesseuchengesetz, das durch Ländergesetze ergänzt wird und auch den Inhaber selbst trifft, **b)** die Untersuchungspflicht vor Antritt der Beschäftigung nach dem Bundesseuchengesetz, **c)** das Beschäftigungsverbot in einzelnen Bundesländern, für Personen, die noch andere „gefährliche Tätigkeiten" ausüben (z. B. Altwarenhandel, Knochenhandel, Tierkörperverwertung u. Ä.). Daneben stehen viele Vorschriften des Lebensmittelrechtes.

Getränkebezugsvertrag. Vertrag zwischen Gastwirt und Getränkehersteller oder -lieferer, der die Bedingungen der Belieferung mit Getränken auf längere Sicht regelt. Besondere Form: → *Bierlieferungsvertrag,* → *Alleinbezugsvereinbarung.*

Getränkeleitungen → *Schankverordnung.*

Getränkesteuer → *Steuerarten.* Seit dem 12. Jh. bekannte örtliche Verbrauchsteuer, deren Verwaltung und Aufkommen den Gemeinden zusteht. Sie wird nur noch in ganz wenigen Bundesländern und dort auch nicht mehr in allen Gemeinden erhoben. Ihr unterliegen: **a)** Wein, weinhaltige und weinähnliche Getränke einschl. Sekt, **b)** Trinkbranntwein, **c)** Mineralwasser, **d)** Aufgussgetränke wie Kaffee, Tee etc., soweit sie zum Verzehr an Ort und Stelle gegen Entgelt verabreicht werden. Bier unterliegt nicht der Getränkesteuer! Die Getränkesteuer wird unterschiedlich hoch erhoben.

Gewebearten. Gewebearten werden nach der Bindung, der Zusammensetzung und zuweilen nach Herkunft bezeichnet. Im Folgenden werden deshalb einige im Gaststättengewerbe häufig auftretende Gewebearten alphabetisch aufgeführt. Atlas: meist Seidenstoffe mit Atlasbindung, daher glatte glänzende Oberfläche (Gästewäsche, Abendkleider); Biber: ein- oder zweiseitig geraute Baumwollgewebe in Leinen- oder Köperbindung für Betttücher und ganze Bettbezüge; Damast: Gewebe aus allen Fasern mit Atlasbindung, die eine Musterung erzeugt; Dowlas: starke Baumwollgewebe in Leinenbindung (Berufskittel); Frottier: Gewebe mit Kettschlingen ein- oder beidseitig, meist aus Baumwolle, bei Walkfrottier mit hohen Schlingen, die durch Walken bes. weich werden, für Handtücher, Badetücher, Bademäntel; Gerstenkorn: Gewebe aus Baumwolle, Leinen oder Zellwolle, die durch die Webart eine Struktur erhalten, die einen bes. Trockeneffekt hat (Hand- und Trockentücher); Halbleinen: Gewebe aus Baumwollketten und Leinenschuss in Leinenbindung mit mindestens 30 % Leinengarn; bes. Art: Gemindener Linnen, leinenähnliche Gewebe aus Baumwolle und kotonisiertem Flachs. Geeignet für: Tischdecken, Wäsche, Kleider, Handarbeitsstoffe; Haustuch: Baumwollgewebe mit starken Fäden in Leinenbindung (Bettwäsche); Inlett: leichte Baumwollgewebe meist in Köperbindung (auch Atlas) zum Aufnehmen der Federn; Kreton: mittelstarke Baumwollgewebe in Leinenbindung für Schürzen, Dirndl und als Decostoffe; Leinen: Sammelbegriff für Gewebe aus Flachs (Tisch- und Bettwäsche); Linon: Baumwollgewebe aus feinen Fäden mit Leinenbindung (Bettwäsche); Satin: Gewebe mit Atlasbindung in verschiedenem Material, aus Baumwolle als Bettsatin, meist gestreift für Bettwäsche.

Gewerbeaufsicht → *Arbeitsschutz*. Die Gewerbeaufsicht hat die Aufgabe, die Einhaltung aller zum Schutz der Arbeitnehmer und evtl. anderer Personen erlassenen Vorschriften zu kontrollieren. Die Gewerbeaufsichtsbeamten und die staatlichen Gewerbeärzte der Gewerbeaufsichtsämter sind jeweils für einen bestimmten Bezirk zuständig. Diese Behörden sind den Regierungspräsidien unterstellt. Daneben dient der Vollzugsdienst (Kripo und Schutzpolizei) auch dieser Aufgabe im Falle von Ermittlungen zu Strafverfahren. Für die Kontrolle der Einhaltung von Vorschriften zur Unfallverhütung sind die Aufsichtsbeamten der Berufsgenossenschaft zuständig. Die Kontrollen werden von den einzelnen Beamten durchgeführt. Zur Durchsetzung der Vorschriften können Zwangsgelder erhoben werden. In schweren Fällen ist auch die Einstellung des Betriebes möglich.

Gewerbebetrieb. Der Begriff des Gewerbebetriebs ist in den verschiedenen Rechtsvorschriften unterschiedlich gefasst. Die Gewerbeordnung (§ 1 GewO) definiert den gewerbepolizeilichen Verwaltungsbegriff. Das Handelsrecht (§ 1 HGB) stellt auf die 7 Grundhandelsgewerbe ab und definiert damit weiter als die GewO. Die weiteste Definition ist die des Steuerrechts. Für Einkommen- und Gewerbesteuer ist ein Gewerbebetrieb gekennzeichnet durch: **a)** Selbstständigkeit (eigene Zeiteinteilung, eigenes Risiko), **b)** Nachhaltigkeit (Wiederholungsabsicht), **c)** Beteiligung am Wirtschaftsverkehr, **d)** Gewinnerzielungsabsicht. Im Bereich der Umsatzsteuer tritt an die Stelle der Gewinnerzielungsabsicht die *Einnahmenerzielungsabsicht.*

Gewerbeordnung (GewO). Rechtsvorschrift, die die Generalformel des Grundgesetzes, dass der Betrieb eines Gewerbes jedem gestattet ist, grundsätzlich bestätigt, aber durch bestimmte Ausnahmen beschränkt. Diese dienen meist dem Schutze der Allgemeinheit. Die Gewerbeordnung gilt für: **a)** handwerkliche und industrielle Produktion, **b)** wirtschaftliche Dienstleistungen. Damit hat sie auch Geltung für das Hotel- und Gaststättengewerbe, das zu den genehmigungspflichtigen Gewerben gehört.

Gewerblicher Rechtsschutz. Zum gewerblichen Rechtsschutz gehören: **1)** *Markenschutz* schützt Marken- oder Warenzeichen

Gewerkschaft

zur Unterscheidung eigener von fremden Produkten; Dauer 10 Jahre, verlängerbar (Gütezeichen dagegen bezeichnen Qualität, werden von Verbänden geführt und verliehen). **2)** *Patentschutz* schützt Erfindungen und Herstellungsverfahren; Schutz nach Anmeldung in Dtl. und Europa, 17 Jahre, in USA nach Erteilung. 12 Jahre Auswertungsrecht als Lizenz. **3)** *Musterschutz* als Gebrauchsmusterschutz für Arbeitsgeräte oder Gebrauchsgegenstände von meist geringer Erfindungshöhe; Schutz 3 Jahre, einmal verlängerbar. Als Geschmacksmusterschutz für künstlerische Formen und Dekorationen. Schutz höchstens 15 Jahre. **4)** *Wettbewerbsschutz* schützt durch verschiedene Vorschriften gegen unlauteren Wettbewerb.

Gewerkschaft. Arbeitnehmervertretung, meist nach Berufsgruppen gegliedert, aber auch berufsübergreifend (z. B. Angestelltengewerkschaft). Vertreter der Arbeitnehmerseite bei Tarifverhandlungen. Mitgliedschaft erwirbt man durch Eintritt.

Gewinn → *Buchführung,* → *Gewinnermittlung.* Der Gewinn ist die Differenz zwischen Ertrag und Aufwand. So wird er in der Erfolgsrechnung am Ende eines Wirtschaftsjahres ermittelt.

Gewinnbeteiligungen. Es gibt sie als Tantiemen und neben festen Gehältern (z. B. der Geschäftsführer einer Brauereigaststätte hat ein festes Gehalt und daneben noch einen umsatzabhängigen Prozentsatz). Die Gewinnbeteiligung gehört zum steuerpflichtigen Lohn.

Gewinneinkünfte → *Einkunftsarten.*

Gewinnermittlung → *Einkunftsarten,* → *Betriebsvermögen.* Dient im Einkommensteuerrecht der Ermittlung der Einkünfte aus den ersten drei → *Einkunftsarten.* Gleichzeitig ist sie Basis für die Besteuerung nach dem Körperschaftssteuergesetz. Nach dem EStG gibt es folgende Gewinnermittlungsarten: *Betriebsvermögensvergleich:* **a)** nach § 4 1 EStG als Teilvermögensvergleich für Land- und Forstwirte, Gewerbetreibende und Selbständige, soweit sie nicht zur Buchführung verpflichtet sind und auch freiwillig keine Bücher führen; **b)** nach § 5 EStG als totaler Betriebsvermögensvergleich für Gewerbetreibende, die zur Buchführung und zu regelmäßigen Abschlüssen verpflichtet sind (→ *Buchführungspflicht)* oder die freiwillig Bücher führen. Sie haben auch handelsrechtliche Vorschriften zu beachten. *Einnahme-Ausgabe-Rechnung* nach § 4 Abs. 2 EStG. Eine vereinfachte Gewinnermittlung, die den Gewinn als Differenz zwischen den Betriebseinnahmen und → *Betriebsausgaben* ermittelt.

Gewinnmaximierung → *Unternehmensziele.*

Gewinnrichtsätze. Jährlich geben die Finanzverwaltungen Gewinnrichtsätze heraus, die sie auf der Grundlage der Betriebsergebnisse zahlreicher Unternehmen ermittelt haben. Sie dienen der Finanzverwaltung als Hilfsgrößen für die Überprüfung der Betriebsergebnisse. Sie werden für die Schätzung nicht buchführender Betriebe verwendet, aber auch für die Schätzung in den Fällen, in denen sich zu große Abweichungen von den Richtsätzen ergeben. Für das Hotel- und Gaststättengewerbe werden sie für drei Betriebstypengruppen jährlich herausgegeben, wobei sie nach Bundesländern unterschiedlich sind. Es werden herausgegeben: **a)** der Rohaufschlag **b)** der Rohgewinnsatz, **c)** der Halbreingewinnsatz und **d)** der Reingewinnsatz, in von Hundert des wirtschaftlichen Umsatzes.

Gewinn- und Verlustrechnung → *Rechnungswesen.* Die Gewinn- und Verlustrechnung (GuV) ist ein Teil des Jahresabschlusses und dient der Erfolgsermittlung. Durch die Gegenüberstellung von Aufwendungen und Erträgen ergibt sich als Saldo der → *Gewinn* (negativ: Verlust). Formal schreibt das Aktiengesetz eine Staffelform vor, die aber nur für die Kapitalgesellschaften bindend ist. Deshalb wird in vielen Unternehmen nach wie vor die Kontenform vorgezogen.

S	GuV	H
Periodenaufwand	Periodenerträge	
Gewinn	(Verlust)	

Gewürze → *Küchenkräuter.*

Gewürzkörner → *Piment.*

Gewürzliköre → *Kräuter-, Gewürz- und Bitterliköre.*

Gewürztraminer. Syn. für → *Roter Traminer.*

Gewürztraube. Syn. für → *Weißer Riesling.*

g.g.A. → *Geschützte geographische Angabe.*

Ghee. Butterschmalz aus Büffel- oder Kuhmilch. Wird in der indischen Küche in einigen Landesteilen anstelle des Pflanzenöles benutzt. (Speisen nach Kaschmir-Art, mogulische Küche, Sikh-Küche). Gebräuchlich ebenfalls in Afrika und im mittleren Osten. Samna = ägyptische Bezeichnung, Misli = ostasiatische Bezeichnung.

Gianduja. Schweizerische Bezeichnung für eine nugatähnliche Masse. Grundrezept: ⅓ geröstete Haselnüsse oder Mandeln mit ⅓ Zucker zerrieben und ⅓ flüssiger Kuverture.

Gibelet. Bretonisches Geflügelragout.

Gibelotte. Bretonischer Kaninchenpfeffer mit Weiß- oder Rotwein.

Giersch. Auch Geißfuß genannt. Ein gemeines Unkraut, das sich mit flachen Wurzeln im Gebüsch oder an halbschattigen Stellen ausbreitet. Die fein gezahnten Blätter schmecken wie Spinat, sie enthalten viele Proteine. Erntezeit ist März bis Mai. Verwendung zu Gemüse, Suppen und evtl. im Salat.

Gigondas A.C. Weinbauregion im Süden der Côtes-du-Rhône. Die Rotweine sind kräftig und passen gut zu Fleischgerichten und Käse.

Gimblette. Kleines Ringgebäck mit Mandeln auf Mürbe- oder Blätterteigbasis (Frankreich).

Gin. Wacholderbranntweine. Hergestellt wird er aus Wacholdersprit und Korn oder aus Wacholdergeist auf Kornbasis und Zusatz von Würzstoffen aus Kümmel, Kardamom, Koriander etc. Mindestalkoholgehalt 38% Vol., bei der Angabe → *Dry* 40% Vol. Alkoholstärke. Gin ist farblos, wasserhell.

Ginger Ale. Limonadenartiges Getränk aus England mit Ingwergeschmack. G.A. ist alkoholfrei und beinhaltet CO_2.

Ginjo Zukuri. Japanische Angebotsform für einen → *Reiswein* erster Qualität.

Ginnan. Japanische Ginkgo-Nüsse.

Ginseng. Kraftwurz, Lebenswurzel. In Korea und Nordchina vorkommendes Araliengewächs. Mit Phantasie können die gespaltenen Wurzelenden an menschliche Wesen erinnern. Daher und wegen der Inhaltsstoffe gilt die Wurzel in Asien als Allheil- und Suchtmittel.

Gioddu. Getränk aus Ziegenmilch (Italien).

Gitzi. Schweizer Ausdruck für junge Ziege.

Glace. Frz. = Eis. 1) Speiseeis 2) Zuckerglasur 3) stark eingekochter Fond. Die Glace muss nach dem Erkalten erstarren und schnittfest sein z.B.: glace de viande, glacede volaille.

Glacier. Abteilungskoch in einer großen Küchenbrigade, der für die Herstellung aller Eisgerichte verantwortlich ist.

Gläs. Feine Risse (Haarrisse), die sich bisweilen bei Hartkäse bilden. Sie schaden weder dem Geschmack noch der Güte des Käses.

Glasaal. Nach 4jährigem Aufwachsen im Sargassomeer tritt der junge Aal als „Glasaal" die Einwanderung in die Flüsse an. Wird dann als „Steigaal" bezeichnet. Größe: fingerlang.

Gläser. Auswahlkriterien: Die in der Gastronomie verwendeten Gläser müssen bes. Eigenschaften haben. Hierzu gehören: a) Brillanz, Stoß- und Kratzfestigkeit, um dauerhaft glänzendes Aussehen zu behalten; b) Temperatur-, Lichtbeständigkeit und Farbneutralität, um im Lauf der Zeit keinen Änderungen zu unterliegen; c) Standfestigkeit und einwandfreier Mundrand; d) Getränkegerechte Formgebung, um das Getränk voll zur Wirkung zu bringen; e) gut sichtbare Fülloptik und problemlose Ersatzbeschaffung; f) Pflegeleichte Form und Spülmaschinenresistenz, um Wiederverwendung zu sichern.

Glasnudeln. Sehr dünne und zarte Fadennudeln. Sie werden aus Stärke von Reis, Weizen, Mungbohnen und Sojabohnen hergestellt. Durch einen kurzen Garprozess werden die Nudeln glasig-transparent.

Glasur. Glänzender Überzug bei Gebäck und Süßspeisen. In der Hauptsache wird dazu temperierter → *Fondant* benutzt, außerdem → *Condéglasur*, Eiweißglasur, Kuvertüre.

Gleichaltrigengruppe. Zusammenschluss Jugendlicher des gleichen Alters, insbesondere in der → *Spätpubertät*. Beginnende Lösung Jugendlicher von der Familie und Hinwendung zu Gleichaltrigen (Entwicklungsnotwendiger Vorgang), da der Jugendliche das Erfahrungsfeld der Freiheit benötigt, um zu „erproben".

Gliederungszahlen → *Statistik*. Verhältniszahlen, bei denen ein Teil oder Teile zum Ganzen in Prozenten ausgedrückt werden (z. B. Energiekosten zu den Gesamtkosten).

Globuline. Eiweißkörper, enthalten in: Fleisch, Fisch, Hülsenfrüchten, Getreide. G. sind wasserunlöslich, dagegen gut löslich in Salzlösungen. Sie gerinnen bei Säurezugabe und Temperaturen ab 70 °C, gutes Wasserbindevermögen.

Gloria. Weißweintraube. Kreuzung: Silvaner × Müller-Thurgau.

Glucose *(Traubenzucker, Blutzucker, Dextrose)*. Wichtigstes frei oder gebunden vorkommendes Monosaccharid. Sie stellt im Blut (0,06–0,1 %) die allgemeine Durchgangsstufe aller am → *Kohlenhydratstoffwechsel* beteiligten Kohlenhydrate dar. Als Primärprodukt der Photosynthese kommt sie frei in fast allen süßen Früchten (Trauben, Äpfel, Kirschen usw.), in Honig, Nektar, Pilzen und Algen vor, gebunden in Di- und → *Polysacchariden*. G. ist leicht vergärbar, z. B. zu Alkohol und verschiedenen Säuren, wie Essig-, Milch- und Buttersäure. G. („Stärkezucker") kann technisch durch längeres Erhitzen von Stärke mit verdünnten Säuren gewonnen werden.

Glücksspiele → *Automaten*. Spiele mit reinem Zufallserfolg, bei denen der Spieler keinen Einfluss auf das Ergebnis hat. Sie unterliegen der Gewerbeordnung (Spielrecht) und den zusätzlich von den einzelnen Ländern erlassenen Verordnungen. Sie bedürfen immer der → *Konzession*. Im engeren Sinne versteht man unter ihnen bestimmte Kartenspiele, Roulette u. a. Spiele. Diese unterliegen i. d. R. der → *Spielbankabgabe* und evtl. weiteren Steuern.

Glügose. Heißes Wintergetränk aus verrührten Eiern, einem Spritzer Rum und Zitronensaft, mit etwas Zucker vermischter → *Gose*.

Glühwein → *weinhaltige Getränke*. In Rot- oder Weißwein werden Nelken, Zitronenschale, Zimtstange, Zucker gegeben, bei einer Temperatur unter 100 °C erwärmt und in feuerfestes Glas gesiebt.

Glumse. Ostpreußischer Ausdruck für Quark.

Glutamat. Das Natrium-Salz der Glutaminsäure, einer Aminosäure, Baustein des Eiweißes. Der deutsche Chemiker von Ritthausen hat 1866 diese Aminosäure im Gluten (Eiweißart) des Weizens gefunden und gab ihr darum diesen Namen. 1908 fand ein japanischer Wissenschaftler, dass das Natriumglutammat die Geschmacksempfindungen intensiviert. Er erkannte auch gleich die wirtschaftliche Bedeutung dieses Wirkstoffes, und unter dem Namen „Aji-no-moto" kam eine Würzsoße auf den Markt, die im Wesentlichen diese Natriumsalze der Glutaminsäure enthielt. Glutamat erregt die verschiedenartigen Papillen unserer Zunge, und damit ist der Mensch in der Lage, besser, deutlicher zu schmecken. Das Glutamat – als kleines stabförmiges Kristall im Handel – fördert nicht nur das Eigenaroma der Speisen, es betont auch Salz und Gewürze sowie Kräuter.

Gluten → *Klebereiweiß*.

Glutenfrei lt. Rezeptur. Diese Produkte enthalten laut Rezeptur keine glutenhaltigen (Protein Gluten/Kleber) Zutaten. Bei industriell gefertigten Lebensmittelprodukten kann ein Übergang von Spuren nicht mit absoluter Sicherheit ausgeschlossen werden.

Glutenfreies Brot (Kleberfreies Brot, Stärkebrot). Diätbrot für Zöliakie-Kranke. Hergestellt unter Ausschluss von Mehlerzeugnissen des Weizens, des Roggens, des Hafers und der Gerste. Aus Mais- oder Reisprodukten oder anderen Stärkearten hergestellt. Als Teigbindemittel dient Fruchtkernmehl.

Glycerin. Ölsüß, dreiwertiger Alkohol $(C_3H_5(OH)_3)$. Es ist in reinem Zustand eine farblose, dicke, süßliche Flüssigkeit. Sie mischt sich mit Wasser und Alkohol in jedem Verhältnis und setzt den Gefrierpunkt des Wassers erheblich herab. Glycerin verleiht dem Wein Vollmundigkeit und Körper. Bestandteil der → *Fette*. Glycerin wird bei der Spirituosenherstellung als mildes Süßungs- und Abrundungsmittel zugesetzt.

$$CH_2 - OH$$
$$|$$
$$CH\ \ - OH$$
$$|$$
$$CH_2 - OH$$

Glykogen. „Tierische Stärke", das Reservekohlenhydrat des tierischen Organismus. G. ist aus Glucose aufgebaut, wird in der Leber und in der Muskulatur gespeichert.

Glykosidasen → *Enzyme*, die Kohlenhydrate spalten. G. gehören zu den Hydrolasen, d. h. sie lagern Wasser ein. Die wichtigsten G. sind: Amylasen, Maltase, Saccharase, Glucosidase, Emulsin.

Glykoside. Pflanzenstoffe, die durch Kondensation eines Zuckers mit einem Aglucon entstehen. Glycoside spielen in Lebensmitteln als Geschmacks- und Geruchsstoffe eine große Rolle: z. B. Amygdalin in Bittermandeln, Sinigrin in schwarzem Senf und Meerrettich, Glucovanillin in Vanilleschoten.

GmbH. → *Gesellschaft mit beschränkter Haftung* → *Unternehmensformen*.

GmbH u. Co. KG → *Unternehmensformen*. Mischgesellschaftsform, bei der eine GmbH Vollhafter einer KG ist, wodurch die Haftung eingeschränkt wird, da der Vollhafter nur noch mit seinem Betriebsvermögen haftet.

GMP

Die ausgeschütteten Gewinne unterliegen:
a) bei der GmbH der Körperschaftsteuer,
b) bei den Kommanditisten der Einkommensteuer.

GMP. Abkürzung für „Good Manufacturing Practice", was soviel bedeutet wie sichere Herstellungspraxis. Sie gewinnt immer mehr an Bedeutung, insbesondere im Hinblick auf die diversen Lebensmittelskandale und die damit verbundene Sensibilisierung des Verbrauchers und das Gesetz der Produkthaftung. GMP ist als die Arbeitsweise zu beschreiben, bei der in der Produktion nichts mehr dem Zufall überlassen bleibt – weder der Prozess, noch die Technologie, das Personal oder das erzeugte Produkt. Damit ist GMP die notwendige Voraussetzung für ein wirksames Qualitätssicherungssystem. Dabei beginnt die GMP schon beim Einkauf der Rohstoffe und Zutaten, geht dann über die Aufstellung der Rezeptur in den Bereich der Produktion, findet dort ihren Niederschlag unter anderem auch in der „Good hygienic practice" und endet mit der Verpackung und dem Inverkehrbringen des Erzeugnisses.

Gnagi. Schweizer Ausdruck für gepökelte Schweinshaxe.

Gobo. Eine Art Schwarzwurzel, die als Gemüse in Japan sehr geschätzt wird.

Godard. a) keltisch: Faulpelz, auch Leckermaul, **b)** Benjamin Godard, frz. Komponist 1849 bis 1895, **c)** Garnitur: Klößchen, Hahnenkämme, Lammbries, Hahnennierchen, Zunge, Champignons und Trüffel.

Godiveau *(frz.: goder),* mehrfach durcharbeiten, auch falten. *Veau = Kalb.* Farce aus 2 Teilen Kalbfleisch, 3 Teilen Kalbsnierenfett, Eiern und Sahne.

Gold und Silber. Hamburger und holsteinische Regionalküche. 1 Teil Möhren, 1 Teil grüne Erbsen, 2 Teile Saubohnen, zusammen gekocht mit Rindfleisch. Kartoffeln werden extra gereicht.

Goldbarsch *(auch Rotbarsch, frz.: rascasses du nord, engl.: red fish).* Der Fisch ist sehr stachelig, von roter Farbe, und beim Filieren entsteht ein Verlust von 50–60 %. Das Fleisch ist fest und saftig, von ganz zart rosa Farbe. Zum Pochieren und Braten geeignet.

Goldbrasse → *Brasse.*

Golden (Tee). Hinweis auf goldbraune Blattspitzen → *Tips.* Diese Bezeichnung wird nur bei Darjeeling- bzw. Assamblatttee verwendet.

Goldlachs *(lat: Argentina silus).* Gehört zur Familie der Lachsarten. Er wird in Tiefen von 200 bis 600 m, aber auch bis zu 1000 m im Nordatlantik gefunden. Seine Länge beträgt etwa 30–45 cm. Fettgehalt 0,2 bis 1,2 %. Verarbeitung als Filet und Ganzfisch in roher und geräucherter Form. Sein weißes Fleisch fester Struktur. Im Geschmack herrscht jedoch eine Komponente vor, die an Gurken- oder Kartoffelsalat erinnert und die auch dem Stint eigen ist. Da der Geschmack nicht unbedingt jedem zusagt, kann der Goldlachs nicht generell als Kochfisch empfohlen werden. Versuche haben jedoch gezeigt, dass durch geeignete Gewürze und Marinaden dieser stintähnliche Geschmack überdeckt werden kann.

Goldschlägerhäutchen → *Butten.*

Goldwasser. Gewürzlikör, die als charakteristisches Merkmal Bestandteile von Blattgold in der Flasche aufweisen. Alkoholgehalt mind. 38 % Vol. Lt. Gesetz darf die Bezeichnung Goldwasser für ein Erzeugnis nur dann benutzt werden, wenn es nach der Art des → *Danziger Goldwassers* hergestellt wurde.

Goma. Japanische schwarze und weiße Sesamsamen.

Goma-Abura. Japanisches Sesamöl.

Gomairi-Hatagorashi. Eine pikante Beilage aus rotem Pfeffer, Blattgemüse und Sesamsamen, das bei einer japanischen Mahlzeit zu Reis serviert wird. Vergleichbar den Sambals der indonesischen Küche.

Gomasio. Ein Gewürz der japanischen Küche aus schwarzem Sesamsamen, grobem Salz und Glutamat.

Gombo → *Okra.*

Gonaden. Geschlechtsmerkmale der Fische: ♂ = Milch; ♀ = Rogen.

Goodwill → *Geschäftswert.*

Gordon d' argent. Altersangabe für Cognac, → *Antique.*

Gorella. Frühe Erdbeersorte, die wegen ihrer Transportfestigkeit vom Erwerbsanbau geschätzt wird und hohe Erträge bringt. Die Früchte sind groß und fest, aber wenig aromatisch.

Gorgonzola. Italienischer Edelpilzkäse aus Kuhmilch. Den Namen trägt er nach einer Gemeinde, in der die Wanderhirten mit ihren Herden zu überwintern pflegten. Sie kamen aus den Weidegebieten von Bergamo und Como und waren bekannt für ein wohlschmeckende, vollfette Milch. Es wurde bevorzugt die Milch von zwei Melkungen vermischt. Oft wurde dem Käse im Anfangsstadium eine in besonderen Kulturen gewonnene Edelpilzart beigegeben, ähnlich der des französischen → *Roquefort*käses. Gorgonzola wird meistens in zylindrischer Form mit einem Durchschnittsgewicht von 6–12 kg in den Handel gebracht. Der Geschmack ist pikant. Die Reifung dauert ca. 2–4 Monate. Der Fettanteil in der Trockenmasse beträgt mindestens 48 %. Die hauptsächlichen Erzeugergebiete sind die Provinzen oder das Umland von Bergamo, Brescia, Como, Cremona, Cuneo, Mailand, Novara, Pavia und Vercelli. Die Käsesorten und ihre Ursprungsnennungen sind durch ein italienisches Gesetz geschützt.

Goron. 1) Name eines Weines (deklassierter → *Dôle,* der den gesetzl. Mindestanforderungen für Dôle hinsichtlich der Öchslegrade des Traubenmostes nicht genügt); 2) Bezeichnung für eine alte Rotweinrebe aus Unterwallis.

Gose. Obergäriges Bier, 1599 bereits als „Goslar-Gose" bekannt.

Goujon. a) Fischart, deutscher Name: Gründling, b) Zubereitungsart = en goujon. Fischfilets in kleine Streifen geschnitten, frz. Panierung, in der Friture gebacken z. B. Filets de sole en goujon. c) Schneideart für Sole Murat (Seezunge).

Gourmand → *Gourmet.*

Gourmet *(frz.: gourmet, m.).* Feinschmecker – im Gegensatz zum gourmand, der nicht nur die Qualität, sondern auch die Quantität liebt, mangeur = Esser, der nur die Quantität sieht.

Gouvernante *(frz.: gouvernante, w.),* → *Hausdame.*

Grahambrot → *Spezialbrot.* Nach dem amerikanischen Arzt Graham benanntes Vollkornbrot aus geschrotetem Weizen. Die Lockerung des Teiges erfolgt durch wilde Hefen. Die Kruste ist dünn.

Grain-Whisky. Auch → *Lowland-Whisky,* seit 1860 in ganz England und Schottland aus verschiedenen Getreidearten, vorwiegend aus Mais, Hafer und Roggen, hergestellt. Gemälzte und ungemälzte Körner werden *nicht* über Torffeuer geräuchert. Dadurch ist Grain-Whisky sehr mild im Geschmack.

Gran. Altes Feinmaß. Mit Gran wird in der Küche eigentlich nicht gerechnet. Es ist oder war ein Feinmaß für Diamanten und Perlen

249

oder ein Medizinalgewicht, das sogenannte Apotheker-Gran. In diesem Fall wird es mit 0,06 g angegeben.

Grana. Baustein des Chlorophyllkorns.

Grana Padana. Italienischer Käse, ähnlich dem Parmesankäse und auch mit gesetzlich festgelegtem Produktionsgebiet. Ursprungsschutz nach einem Dekret von 1955. Das Schwergewicht der Erzeugung von Grana Padana liegt in der Region Venezien. Der Name Grana leitet sich aus der Beschaffenheit des Käses ab. Zu deutsch heißt Grana das Korn und die Körnigkeit ist das Typische in der harten, gut reibefähigen Masse.

Grand Cru. In Burgund die beste Weinqualität. Grands Crus sind die Spitzenlagen, die auch die strengsten Qualitätsanforderungen erfüllen müssen. Die Bezeichnung → *Clos* ist dem Grand Cru gleichgestellt. In Bordeaux wird diese Bezeichnung in der Verbindung Premier Grand Cru (Classes) angewendet, wobei auch hier die Spitzenqualität gemeint ist. Grand Cru heißt „Große Lage (Gewächs)".

Grande Champagne. Cognac. Der Duft des Eau-de-vie ist stark blumig und ähnelt der Weinblüte, getrockneten Lindenblüten und trockenen Weinranken. Der Geschmack ist intensiv und rassig. Im Mund werden noch lange eine Weichheit und Stolz empfunden.

Grande Fine Champagne. Cognac, der zu 100% aus aus Trauben, die aus dem Cognac-Gebiet „Grande Champagne" stammen, hergestellt wird.

Grandes Marques. Eine Vereinigung, der etwa 26 Champagner-Marken/Häuser angehören.

Grand Marnier. Ein Likör aus Frankreich, der auf Basis von Cognac, Orangen Pomeranzenauszügen hergestellt wird. Die Familie Marnier-Laposalle produziert seit 1828 diesen Likör vor allem in den Angebotsformen Rouge und Jeanne. Je nach Cognacqualität entstehen auch wertvollere Angebotsformen.

Grand-Vieille-Reserve. Altersbezeichnung für Cognac entspricht → *Napoleon*.

Grand vin. Frz. Etikettenangabe für „großer Wein", jedoch ohne spezifische Bedeutung. Diese Angabe ist gesetzlich nicht geschützt.

Granita → *Granité*.

Granité *(Granita),* Eispunsch. Dazu werden Wein, Sekt, Saft von säurereichen Früchten schwach gesüßt und in einem flachen Gefäß im Tiefkühler gefroren. Durch den geringen Zuckergehalt gefriert das Eis kristallin. Die Größe der Körnung des Eises lässt sich durch den Zuckeranteil oder durch Bearbeitung während des Gefrierprozesses beeinflussen. Das Granité wird in Gläsern angerichtet.

Grappa. Italienischer → *Tresterbranntwein* aus Weintrester.

Grappillage heißt die alte Sitte, die Privatpersonen in vielen französischen Anbaugebieten erlaubt, nach der Lese die am Stock verbliebenen Trauben einzusammeln; z. Z. verboten.

Gras double. Frz. Ausdruck für Kutteln, auch Tripes.

Graskarpfen → *Amur*.

Grasshopper (Cocktail). $1/4$ Creme de Menthe grün, $1/2$ Creme de Cacao weiß und $3/4$ Rahm zusammen mit viel Eis im Shaker kräftig schütteln und in ein kurzes Glas seihen.

Gratiner *(frz.: gratiner).* Gratinieren ohne Deckel. Prinzip: überkrusten oder überbacken unter dem Salamander oder im Backofen mit nur sehr starker Oberhitze. Eine

Abart ist das Abflämmen für bestimmte Süßspeisen. Anwendungsbereich: für Fische, Fleisch, Geflügel, Gemüse, Kartoffeln und Teigwaren. Temperatur 250 bis 300 °C.

Grauer Burgunder. Syn. für → *Ruländer.*

Grauklevener. Syn. für → *Ruländer.*

Graupen. Entspelzte und rund geschliffene Gerste – oder seltener Weizenkörner. Eiförmig geschliffene Gerste wird als → *Rollgerste,* klein und kugelig geschliffen als → *Perlgraupen* bezeichnet.

Grauschimmel → *Botrytis cinerea.*

Graves. Weinregion in → *Bordeaux,* die Verlängerung des → *Médocs* in den Süden. Hier werden Rot- und Weißweine produziert. Die Weißweine sind im nördlichen Teil des Gebiets trocken, im Süden süß. Graves hat eine eigene Klassifizierung von 1959, die 21 Weine erfasst. Der beste Rotwein ist der Château Haut Brion aus der Gemeinde Pessac.

Gravesklassifizierung → *Bordeaux-Klassifizierung.*

Gray. Der Wert der Strahlendosis bei Lebensmittelkonservierungen durch Strahlenbeschuss wird in Gray, bzw. in Kilogray (kGy) gemessen. Die Dosis, die notwendig ist, um ein Produkt völlig keimfrei zu machen (Abtötung von Bakterien und Viren) beträgt etwa 100 kGy. Sie ist 10 000mal höher als die tödliche Dosis für den Menschen. Eine Dosis von 10 kGy reicht aus, um bestimmte Mikroorganismen abzutöten, bei Obst und Gemüse die Reife zu verzögern oder das Keimen von Kartoffeln und Zwiebeln zu verhindern. Durch die Bestrahlung wird das Lebensmittel selbst nicht radioaktiv, doch die Bestrahlung verändert den Nährstoffgehalt. Wichtige Vitamine gehen verloren, ungesättigte Fettsäuren werden verändert oder zerstört, Eiweißstoffe zersetzt.

Grenache. Rote Rebsorte aus Frankreich, vor allem an der Rhône und im Gebiet Rousillon angebaut. Diese Rebsorte, die auch als Alicante bezeichnet wird, bringt alkohol- und bukettreiche Weine.

Grenadierfisch *(lat.: Macrourus rupestris).* Gehört zur Familie der Langschwänze, die der Familie der Dorscharten nahesteht. Er lebt in Wassertiefen von 600 bis 1000 m. Sein Verbreitungsgebiet erstreckt sich von Großbritannien über Irland, Grönland und Labrador bis Neufundland. Maximale Länge 1 m. Charakteristisch für den Grenadier ist der plumpe Kopf und der sich zu einem langen Schwanz verjüngende Körper. Die Schwanzlänge beträgt etwa 50 % der gesamten Körperlänge. Das Fleisch des Grenadierfisches ist weiß und sehr wohlschmeckend. Fettgehalt von 0 % bis max. 1,4 %.

Grenadin = Kugel, aber auch abgeleitet von *frz.: grain* = Korn. Früher Herzstück des Kalbsfrikandeaus und gespickte Kalbsnussstücke in Faustgröße. Auch Kalbsmedaillons mit Trüffeln, Zungen- und Eiweißstreifen gespickt.

Grenadinesirup. Roter, dickflüssiger Sirup aus Granatäpfeln, der in der Bar als Färb- und Geschmacksspender bei vielen Mischgetränken verwendet wird. Früher Grundstoff für Grenadinelimonade.

Griblette. Kleine, auf dem Rost gebratene Fleischschnitte.

Grick. In der Schweiz, in Schwaben und im Elsass beliebtes Gericht aus Herz, Lunge, Leber, Nieren, Milz und den Füßen vom Kalb. Im Elsass auch „Kenk".

Grieben. Bindegewebeanteile, die beim „Auslassen" (Erhitzen mit wenig Wasser) von Fettgewebe zurückbleiben.

Griechenhorn → *Okra.*

Griechenland (Wein)

Griechenland (Wein). Weinqualitäten lt. Gesetz
OPAP – Onomasias Proelefsis Anoteris Piotitas = Qualitätswein vergleichbar mit → QbA
OPE – Onomasias Proelefsis Elenchomenis = Qualitätsweine – Likörweine
TO – Topikas Oinas = Landweine
EO – Epitrafezios Oinos = Tafelweine

Griechisch Heu → Bockshornklee.

Grieß. Nach der Körnung unterscheidet man feinen, mittleren und groben Grieß. Die wichtigsten Sorten: Weichweizengrieß, der besonders für Suppe, Brei und Pudding geeignet ist. Hartweizengrieß, der für Aufläufe und Klöße bevorzugt wird. Fertiggrieß, vorbehandelt, um die Zubereitungszeit zu verkürzen. Kindergrieß besteht aus Weichweizengrieß mit Vitaminzusätzen und Geschmackszutaten, wie Vanille u. a. Angeboten wird auch Maisgrieß (Kukuruz). Unter „Grieß" versteht man die gröberen oder feineren, rundlichen oder kantigen Bruchstücke, die von den Schalen und dem pulverförmigen Mehl möglichst befreit sind.

Griffiges Mehl. Eigenschaft eines Mehles, die beim Reiben zwischen Daumen und Zeigefinger körnige Bestandteile fühlen lässt. Es entspricht im Mahlgrad etwa dem Dunst. Dieses Mehl hat besonders gute Backeigenschaften.

Grill. Gas- oder elektrisch – auch mit Holzkohle betriebener Bratrost, auf dem Gerichte (Grilladen) durch Unterhitze gegart werden.

Grillardin. Abteilungskoch in einer großen Küchenbrigade, der – häufig im direkten Kontakt mit dem Gast – im Grillrestaurant für alle Gerichte, die auf dem Rost zubereitet werden, verantwortlich ist (Beilagen und Garnituren werden aus der eigentlichen Küche geliefert).

Griller *(frz.: griller)*, Grillieren. Prinzip: Rösten auf dem Eisenrost. Sehr bekömmliche Garart. Lebensmittel nur leicht einölen. Anwendung: Ähnlich wie beim Sautieren. Für kleinere und mittlere Fleischstücke, Geflügel, kleinere Fische, Krustentiere, Kartoffeln. Temperatur: 220 bis 250 °C.

Grillet (château). Kleinstes → *A. C.-Gebiet* Frankreichs mit 1,4 ha Rebfläche im Gebiet Côtes-du-Rhône. Der hier aus → *Viognier*-Trauben erzeugte Weißwein Château Grillet ist eine echte Rarität. Der Jahresertrag von ca. 20 hl wird in numerierten Flaschen abgefüllt. Der Wein ist trocken und körperreich.

Griottes. Frz. Weichselkirschen.

Grob entsehntes Rindfleisch. Rindfleisch mit Bindegewebe- und Fettgewebegehalten, wie sie bei der Verarbeitung nicht übermäßig muskelarmer Rinderhälften ohne Filet und Oberschale nach Entfernen der groben Sehnen und größeren Fettgewebeansammlungen zu erwarten sind. Fleisch mit höheren Bindegewebe- und Fettgewebegehalten wird entsprechend ausgeschnitten.

Groblernziel. Nach Zielklassen (Wissen, Können, Erkennen, Werten) eingeteilte „Endpunkte" von Lernprozessen, beschrieben in zielonentierten Lehrplänen. = Lernziele mit mittlerem Handlungsspielraum, mittlerem Grad der Eindeutigkeit und mittlerer Kontrollierbarkeit. → *Richtlernziel*, → *Feinlernziel*.

Grog. Heißes Getränk aus Wasser, Zitronensaft und einer Spirituose – je nach Geschmack – Rum, Arrak oder Whisky und Zucker. Grog wird in feuerfesten Gläsern serviert.

Großer Ballen. Phase während des → *Zuckerkochens*. Temperatur des Zuckers 122 °C bzw. 98 °R. Handprobe zur Feststellung der Viskosität: Zucker in Eiswasser tropfen lassen. Zwischen den Fingern lässt sich eine festere Kugel rollen.

Großer Bruch → *Starker Bruch.*

Großhaushaltscatering. Verpflegungsleistungen für Großhaushalte.

Großlage → *Lage.*

Großraumgärung. Durchführung der II. Gärung bei der → *Schaumwein-Herstellung* in druckfesten Großbehältern. Die Cuvée wird mit Zusatz von Zucker und Hefe zum zweitenmal in verschlossenen Tanks vergoren. Durch einen Siebboden oder spätere Filtration wird der vergorene Schaumwein vom Heferest befreit. Nach der vorgeschriebenen Lagerungsdauer wird im Gegendruckverfahren auf Flaschen abgefüllt. In Frankreich nennt man dieses Verfahren nach seinem Erfinder → *Charmat-Verfahren*. Eine weitere deutsche Bezeichnung ist Tankgärung.

Großverpflegung. Versorgung von Großhaushalten mit Speisen und Getränken. Unter Großhaushalten ist dabei z. B. an Kindergärten, Schulen, Krankenhäuser und Kantinen zu denken. Die Versorgung kann vor Ort oder im Rahmen des → *Catering* erfolgen.

Grouse. In Schottland beheimatetes Moorschneehuhn. Die Grouse haben im Gegensatz zu den Schneehühnern ganzjährig ein dunkelbraun geflecktes Federkleid, werden 38 bis 40 cm groß und wiegen ca. 500 bis 700 g.

Grude. Altdeutscher Ausdruck für heiße Asche.

Gruesas. Qualitätsstufe der Kapern (13–14 mm).

Grümmel. Aromatischer, gestoßener brauner Kandis.

Grundbuch. **1)** Verzeichnis der Grundstücke mit Angabe über Lage, Größe, Eigentum und Belastung, die getrennt werden in: **a)** dingliche Lasten, wie z. B. Dienstbarkeiten oder Erbbaurechte, **b)** Hypotheken, Grundschulden, Rentenschulden. **2)** Begriff aus der → *Buchführung.* Dient zur Aufzeichnung der Geschäftsfälle mit Buchungssätzen, auch: prima nota.

Grunderwerbsteuer. Besteuert den Erwerb von unbebauten und bebauten Grundstücken und wird nach dem Wert der Gegenleistung bemessen.

Grundformen des Lernens, **a)** Lernen unter zufälligen Bedingungen „En-passant-Ausbildung = Im „Vorübergehen", **b)** Lernen unter nicht zufälligen Bedingungen. Geplantes Lernen = systematisch gestaltet durch Unterweisung und Unterricht.

Grundlikör. Flüssigkeit aus Wasser, einer bestimmten Spirituose, geklärtem Läuterzucker, Glucose, evtl. → *Glycerin* und einem bestimmten → *Aromastoff.*

Gründling *(frz.: goujon; engl.: gudgeon).* Maximal 15 cm langer graugrüner Fisch, der in fast ganz Europa als Standfisch in fließenden Gewässern lebt. Grätenreicher Fisch, der meist gebacken wird.

Grundpfandrechte. Im → *Grundbuch* eingetragene Belastung von Grundstücken → *Hypothek* und → *Grundschuld.*

Grundsatzbildung. Definitive Regelung immer wiederkehrender Fragen und Handlungen im Betriebsgeschehen. Forderungen: **a)** dauerhaft, aber flexibel genug, um sich veränderten Gegebenheiten anzupassen, **b)** allgemein verbindlich, **c)** klar und unmissverständlich formuliert (Vokabeln der Mitarbeiter benutzen!), **d)** entsprechende Mitarbeiter (insbes. Abteilungsleiter) bei der Erarbeitung mitwirken lassen → *Planungsregelkreis.*

Grundsatz ordnungsmäßiger Buchführung und Bilanzierung. Alle Form- und Inhaltsvorschriften für Buchführung und Bilanzierung. Die Forderung wird im Han-

Grundschuld

dels- und Steuerrecht erhoben. Grundsatz sollte sein, dass die Buchführung und Bilanzierung ihren Zweck erfüllt und aussagefähig ist. Einen Anhaltspunkt, was darunter zu verstehen ist, geben: **a)** die praktische Übung, **b)** die Gesetzgebung (Handels- und Steuerrecht), **c)** ergänzende Verordnungen und die Rechtsprechung. Gemeinhin werden folgende Anforderungen gestellt: **a)** die Buchungen sollen vollständig, chronologisch und zeitnah sein, **b)** die Buchführung soll in der Landesprache geführt werden, **c)** gebucht wird mit Tinte, Dauerschreiber oder Maschinenschrift, **d)** Unlesbarmachen ist verboten, daher keine Radierungen, Tipp-ex o. Ä. (bei Streichungen, sodass die Zahl leserlich bleibt), **e)** keine Buchung erfolgt ohne Beleg, und die Verweise müssen den Nachvollzug sicherstellen. Außerdem gehört zu einer ordnungsgemäßen Buchführung: **a)** die Aufbewahrung von Büchern und Belegen (→ *Aufbewahrungspflicht),* **b)** eine systematische Gliederung der Konten nach einem → *Kontenrahmen.*

Grundschuld → *Kreditsicherung.* Wie eine → *Hypothek* ein Grundpfandrecht, jedoch im Gegensatz zu dieser nicht an eine Forderung gebunden.

Grundschule. Schulart im allgemeinbildenden Bereich (Klassen 1–4) für alle Schüler gemeinsam.

Grundsteuer → *Steuerarten.* Eine Realsteuer, deren Aufkommen den Gemeinden zufließt. Ihr unterliegt der Grundbesitz.

Grundstück. Unbebauter oder bebauter, aber begrenzter Teil der Erdoberfläche. Das Eigentum an einem Grundstück wird ins → *Grundbuch* eingetragen. Eine Eigentumsübertragung erfolgt durch Auflassung (gemeinsame Anwesenheit zwecks Willenserklärung beider Partner vor dem Notar) und Eintragung. Der Vertrag wird dabei vom Notar beurkundet. Das Steuerrecht unterscheidet zwischen unbebauten und bebauten Grundstücken. Bebaute Grundstücke können sein: **a)** Mietwohngrundstücke (mehrere Wohnungen), **b)** Geschäftsgrundstücke (betrieblich genutzt), **c)** gemischt genutzte Grundstücke (geschäftlich und zu Wohnzwecken), **d)** Einfamilienhäuser, **e)** Zweifamilienhäuser, **f)** sonstige bebaute Grundstücke (Tennisanlagen, Clubheime u. a.). Der Wert der Grundstücke wird vom Finanzamt ermittelt und mit dem Einheitswert ausgedrückt. Grundstücke unterliegen der → *Grundsteuer.*

Grundstücksbesteuerung. Bei Ancshof fung eines Grundstückes ist Grunderwerbsteuer zu entrichten. Die jährlich zu entrichtende Grundsteuer wird von den Gemeinden berechnet und im Grundsteuerbescheid mitgeteilt. Bei der Veräußerung ist der Veräußerungsgewinn nur dann der Steuer zu unterwerfen, wenn es sich um ein Spekulationsgeschäft handelt. Das ist der Fall, wenn An- und Verkauf in einem Zeitraum von zehn Jahren erfolgen.

Grundstückswert. Grundstückswerte sind aufgrund der Einmaligkeit jeden Grundstücks relativ schwierig zu ermitteln. Das gilt insbesondere für Hotelbetriebe. Folgende Wertmaßstäbe kommen in Betracht: **a)** der Preis, der bei Anschaffung gezahlt wird als Anschaffungswert einschließlich der Nebenkosten, **b)** der Verkehrswert, der durch den Preis bestimmt wird, der zu dem Zeitpunkt, zu dem die Bewertung stattfindet, für das Grundstück erzielt werden könnte, **c)** der Ertragswert, der aus der Differenz zwischen den Erträgen und Kosten (= Rohertrag) ermittelt wird, indem die Roherträge kapitalisiert werden, **d)** der Sachwert, der sich aus den Werten für Boden, Gebäude und Außenanlagen zusammensetzt; Hilfe bieten hier die Kaufpreissammlungen der Gemeindebaubehörden, die somit eine Art Richtwert für bestimmte Lagen darstellen, **e)** der Beleihungswert, der heute überwiegend aus dem Ertragswert abgeleitet wird. Er ist Maßstab für die Höhe der Beleihung mit Hypotheken; erststellige Hypotheken gehen heute i. d. R. bis ca. 60 % des Beleihungswertes.

Grundumsatz. Energie verbrauchende Vorgänge, die zur Aufrechterhaltung aller lebensnotwendigen Körperfunktionen im Ruhestand, 12 Stunden nach der letzten Nahrungsaufnahme bei 20 °C, ablaufen. Abhängig von Geschlecht, Alter, Rasse und Körperoberfläche.

Gründung → *Unternehmensformen.* Entstehung eines Unternehmens **a)** bei Personengesellschaften durch vertraglichen Zusammenschluss mehrerer Personen, mit Aufnahme des Geschäftsbetriebes; **b)** bei Kapitalgesellschaften, gleichfalls durch Zusammenschluss, doch mit Eintragung ins → *Handelsregister* beginnt erst die Rechtsfähigkeit, d. h., die Gesellschaft entsteht. Steuerlich ist unabhängig davon die Gesellschaft mit Aufnahme des Geschäftsbetriebes steuerpflichtig.

Grundvermögen → *Vermögen.* Zum Grundvermögen gehören Grund und Boden sowie die Gebäude mit allen sonstigen Bestandteilen, aber auch Teileigentum, Wohneigentum oder → *Erbbaurechte.*

Grüner Hering. Frischer, ungesalzener Hering.

Grüner Tee. Es handelt sich um einen nicht fermentierten, nur mit heißem Dampf behandelten und getrockneten Tee, aus Japan oder China, der bitter im Geschmack ist.

Grüner Zierfandel. Syn. für → *Silvaner,* in Österreich gebräuchlich.

Grünkern → *Dinkel,* der in der → *Milchreife* geerntet wurde und anschließend gedarrt (getrocknet) wird. Die ersten schriftlichen Zeugnisse von Grünkern stammen aus dem Jahr 1745. Heute gilt Grünkern als fränkische und schwäbische Spezialität. Aus 100 kg Dinkel gewinnt man 75 kg Grünkern. Der Rest sind Spelzen und Staub. Grünkern hat eine olivgrüne Farbe und glänzt leicht. Auffallend ist sein würzig-aromatischer Geruch. Grünkern wird als ganzes Korn angeboten, aber auch als Mehl, Grieß, Graupen, Grütze oder Flocken in den Handel gebracht. Grünkernsuppe ist eine traditionelle Speise in Württemberg. Grünkern ist im Gegensatz zu dem ausgereiften Dinkel nicht backfähig. Seine leichte Verdaulichkeit macht ihn sehr geeignet als Diätnahrung.

Grünkohl wird auch als Braun- oder Krauskohl, Blätter- oder Winterkohl bezeichnet. Grünkohl ist ein beliebtes Wintergemüse, das sein typisches Aroma erst nach der Einwirkung von Frost erhält. Er wird lose oder küchenfertig in Folienbeuteln verpackt von Mitte Oktober bis zum Frühjahr angeboten. Frischer Grünkohl hat eine sattgrüne Farbe. Der Putzabfall liegt etwa bei 30 %. Grünkohl kann im Kühlschrank bis zu fünf Tage aufbewahrt werden. Er ist energiearm, mineralstoff- und vitaminreich. Besonders sein hoher Gehalt an Vitamin C ist hervorzuheben. Grünkohl ist roh ungenießbar und gehört zu den schwerverdaulichen Gemüsesorten. Häufig wird diese Eigenschaft noch durch die Zusammenstellung mit fetten Fleisch- und Wurstwaren verstärkt.

Grünmalz. Eingeweichte, vorgekeimte Gerste mit grünen Keimlingen, die zwecks Haltbarmachung gedarrt werden müssen.

Grünspargel. Bis Mitte des 18. Jh. ausschließlich erzeugter Spargel, heute vor allem in Südfrankreich und den USA (Kalifornien). Seit 1965 verstärkter Anbau auch in Deutschland, später auch in den Niederlanden. Der Grünspargel wird ca. 15 bis 20 cm über dem Boden gestochen; durch Lichteinwirkung ist der oberste Teil der Sprosse grün, der Geschmack deutlich herber als der des Bleichspargels, die Vitaminanreicherung größer. Grünspargel hat einen sehr geringen Flächenertrag (3 Pflanzen je qm). Ein Kilo Grünspargel hat etwa die doppelte Anzahl Stangen wie Bleichspargel. Durch den Chlorophyllgehalt ergibt sich ein hoher diätetischer Wert. Kulturdauer 10 bis 15 Jahre; Erntebeginn im 3. Jahr, Erntezeit Mai bis Juni: Ertrag von 100 Pflanzen

20 bis 30 kg. Inhaltstoffe: in 100 g Grünspargel sind etwa enthalten: 3 g Kohlenhydrate, 0,2 g Fett, 2 g Proteine, 240 mg Kalium, 25 mg Kalzium, 50 mg Phosphor, 1 mg Eisen, 0,3 mg Carotin, 30 mg Vitamin C, 70 mg Ascorbinsäure, 20 Kalorien = 84 Joule.

Gruppe. Ansammlung von Personen, die keine sozialen Bindungen haben (→ *lose Gruppe)*. Die eigentliche Gruppe (→ *geordnete Gruppe)* ist von → *Interaktionen* zwischen den Mitgliedern gekennzeichnet.

Gruppenbewertung → *Bewertung.*

Gruppenführer → *Gruppen-Rangordnung,* → *Interaktion.*

Gruppenmitgliedschaft. Wünsche nach G. **a)** Zugehörigkeitsbedürfnis (Mangel an sozialem Kontakt), **b)** Informationsbedürfnis (Mangel an Kommunikation), **c)** Sicherheitsbedürfnis (Mangel an sozialem Schutz), **d)** Anerkennungsbedürfnis (Mangel an Wertschätzung). Hindernisse für... **a)** ablehnende Haltung einer Gruppe (Exklusivität). **b)** Mangel an Bekanntheit (Kontaktarmut), **c)** abweichende persönliche Merkmale (Alter, Geschlecht, Rasse, Hautfarbe, Nationalität, Konfession, Parteizugehörigket, körperliche Gebrechen u. a.) **d)** Desinteresse (ungeeignete Ziele einer Gruppe).

Gruppen-Rangordnung. Stellenwert des Mitglieds eines Zusammenschlusses von Personen, der durch Leistungsfähigkeit (Tüchtigkeit), aber auch durch Beliebtheit des Einzelnen geprägt wird (Bildung von Gruppenführern).

Grütze. Entspelztes und grob bis fein geschnittenes Produkt der Schälmühle. Zur Grützeherstellung werden Hafer, Gerste, Buchweizen, Hirse und Grünkern verwendet.

Gruyère, Greyezer. Schweizer Hartkäse aus Rohmilch mit mindestens 45 % F. i. Tr. Er reift 4 bis 8 Monate, hat wenige erbsengroße Löcher, eine harte, durch Schmierebehandlung feuchte Rinde. Durchmesser ca. 50 cm, Gewicht 20 bis 50 kg, meist mit 35 kg im Handel. Auf der Oberfläche trägt der Käse ein sternförmiges Zeichen mit „Switzerland" und „Gruyère". Der Name wird von der Burg Gruyère im Kanton Fribourg/ Schweiz abgeleitet.

g. t. S. → *Garantiert traditionelle Spezialität*

g. U. → *Geschützte Ursprungsbezeichnung.*

Guacamole. Aus passiertem Avocadofleisch hergestellte kalte Sauce.

Guarkernmehl. *Guaran, Guar, Guargummi,* → *Quellstoffe.* Mehl aus einer geschälten indischen Bohnenart. Anbau in Indien, USA, Pakistan, Polysaccharid. Die wirksamen Bestandteile sind *Poliogalaktomannane.* Guarkernmehl hat ein sehr hohes Wasserbindevermögen, quillt mit Säuren irreversibel.

Guave (frz.: goyave, m.). Früchte der Tropen Mittel- und Südamerikas, vorwiegend aus Mexiko, Peru und Ecuador. Mittlerweile gibt es auch in Kalifornien, Florida, Südafrika sowie im Orient und in Israel große Guaven-Kulturen. Guaven sind rundlich, oval bis birnenförmig und etwa so groß wie ein mittlerer Apfel. Das zarte Fruchtfleisch, das von einer gelblichen Haut umgeben ist, kann weiß, gelb, rosa oder rot sein. Die G. ist sehr reich an Vitamin C, enthält aber auch genügend Vitamin A, Kalzium und Eisen. Die sehr milden, im Geschmack zartsäuerlichen Früchte sind nach dem Entfernen der Kerne vielseitig verwendbar.

Gueridon *(frz.: guéridon, m.).* Beistell-Tisch im Restaurant, 80 × 40 cm.

Güfa. Gesellschaft zur Übernahme und Wahrnehmung von Filmvorführungsrechten erteilt die Genehmigung zu Filmvorführungen für das von ihr betreute Repertoire. Sie ist notwendig für die Vorführung von Video-Filmen.

Guglhupf (Syn.: *Gugelhupf, Gugelhopf*). Napfkuchen aus gerührtem Hefeteig, in geriefter, hoher Form gebacken. Oft mit einem hohen Zylinder in der Mitte. Er wurde einst von Marie-Antoinette nach Frankreich gebracht.

Gummeli. Schweizer Ausdruck für Kartoffeln – auch Härdöpfel.

Gummi Arabicum. Gummifluss eines tropischen Akazienbaumes oder -strauches (Afrika, Indien, Australien). Die Pflanzen werden in den Monaten Dezember bis Juni angeritzt. Das austretende Gummi (Kautschukgummi – der Gummi) erhärtet. Es entstehen gelbe bis braunrote Körner oder Klumpen. Gummi Arabicum ergibt im Wasser gelöst eine schäumende und klebende Masse. Chemisch handelt es sich um ein zusammengesetztes → *Polysaccharid.*

Gunpowder → *China-Tee.*

Gustatorische Eindrücke → *haptische Eindrücke.* Gustatorische Eindrücke sind solche, die man bei der Degustation von Weinen mit Zunge, Mund und Rachen wahrnimmt. Man unterscheidet dabei: Anfangs-, Haupt- und Nachgeschmack.

Gutachten. Sachkundige, objektive Stellungnahme zu strittigem Sachverhalt. Aufbau eines Gutachtens: **a)** Auftrag mit Erwähnung des Auftraggebers, **b)** Sachverhaltsschilderung in kurzer, prägnanter Zusammenfassung und Aufgabe des Gutachters, **c)** Untersuchung, **d)** Ergebnis.

Gutachter. Unabhängige, unparteiliche Person mit Sachkenntnis, deren Aufgabe es ist, zur Klärung eines Sachverhalts durch ein Gutachten beizutragen. Zu strittigen Fragen im Hotel- und Gaststättengewerbe werden oft die Fachleute von den Hotelfachschulen herangezogen.

Gutedel. Weißer Gutedel – Weißwein- und beliebte Tafeltraube mit geringer Verbreitung in der Schweiz, im Elsass und im badischen Markgräflerland. Die Weine sind leicht, mild und bekömmlich. Syn.: → *Chasselas,* → *Fendant.*

Gutenborner. Weißweintraube. Kreuzung: Müller-Thurgau × Chasselas Napoleon.

Gütezeichen → *gewerblicher Rechtsschutz.* Zeichen für eine bestimmte Qualität, wie z. B. Wollsiegel, Schwurhand bei Leinen, die von Verbänden oder Gütegemeinschaften, denen zu führen gestattet werden, die die Qualitätsanforderungen, die an das Zeichen geknüpft werden, dauerhaft erfüllen.

Gütezeichen beim Wein. Nach dem Weingesetz von 1971 sind zugelassen: → *Deutsches Weinsiegel* Rot, Gelb für trockene Weine und Grün für halbtrockene Weine; → *Gütezeichen* für badische Qualitätsweine. Herkunftsbezeichnungen für Pfälzer Weine aus den Bereichen Südliche Weinstraße und Mittelhaardt. Ebenfalls zugelassen sind Medaillen und Preise der durch Länderverordnungen geregelten Landes- bzw. Gebietsweinprämierungen, sowie die Bundesweinprämierung der DLG.

Gutscheinwerbung → *Werbung.* Werbung, bei der in Verbindung mit Briefen, Anzeigen oder Handzetteln ein Gutschein ausgegeben wird. Diese Methode wird häufig bei der Einführung neuer Produkte verwendet. Sie lässt sich auch in der Gastronomie als Aktion anwenden, um den Gast anzuregen, das Haus zu besuchen.

Gutturnio. Ein trockener D.O.C.-Rotwein aus der italienischen Region Emilia Romagna. Alkoholgehalt 12 % Vol.

G. u. V.-Rechnung → *Gewinn- und Verlustrechnung.*

GVL. Gesellschaft zur Verwertung von Leistungsschutzrechten. Sie vertritt die Aufführungsrechte der Künstler. Die Gebühr wird mit der → *Gema*-Gebühr eingezogen.

Gymnasium. Schulart im allgemeinbildenden Bereich (Klassen 5–13). Sie gliedert sich in die Sekundarstufe I (Klassen 5–10) und in die Sekundarstufe II (Klassen 11–13). Man spricht auch von „Mittelstufe" und „Oberstufe" des Gymnasiums. Die Normalform des Gymnasiums führt nach dem Besuch der 13. Klasse mit der Reifeprüfung (Abitur) zu allgemeiner Hochschulreife und berechtigt zum Besuch von Universitäten.

Gyros. Am vertikal aufgestellten Drehspieß gegrilltes Fleisch, das von außen abgesäbelt wird. Griech. gyros = Rundgang. Ursprünglich erstes Fastfood-Gericht griechischer Gastarbeiter.

H

Haarwild. → *Wild.*

Habilieren. Zum Kochen und Braten vorbereiten.

HACCP-System. Hazard Analysis and Critical Control Points. Mit Hilfe dieses Systems sollen Lebensmittelunternehmen in die Lage versetzt werden, die für die Lebensmittelsicherheit kritischen Punkte im Prozessablauf festzustellen und dafür Sorge zu tragen, dass angemessene Sicherheitsmaßnahmen festgelegt, durchgeführt, eingehalten und überprüft werden. Diese Forderung stellt eine grundlegende Neuerung in Bezug auf die Hygienevorschriften dar.

Hackfleisch. → Anhang A5

Häckerle. Hackfleisch, auch Häckerle vom Hering (Salzheringe mit Räucherspeck, Zwiebeln, Äpfeln, Eiern) kalt, wie Tatar gegessen.

Haddock. Gesalzener und geräucherter Schellfisch, bei den Engländern als Frühstücksgericht beliebt.

Haferflocken. Durch Schälen der gereinigten Haferkörner, Aufquellen durch Wasser oder Dampf, Ausrollen und Trocknen des gequollenen Hafers stellt man Haferflocken her. Angeboten werden: Großblattflocken, Kernige Flocken, Kleinblattflocken, Hafermehl, Instantflocken.

Haftpflichtkasse des Deutschen Hotel- und Gaststättengewerbes. Sitz: Darmstadt. Haftpflichtversicherung – Versicherungsverein auf Gegenseitigkeit – bietet Gastronomen und Hoteliers Versicherungs- und Rechtschutz für alle Haftungsrisiken, die sich aus einem Hotel- und Gaststättenbetrieb ergeben.

Haftung → *Haftung des Gastwirts,* → *Fund,* → *Garderobenhaftung.* Die Haftungsverpflichtung kann durch Vertrag oder Gesetz begründet sein. Zu den wichtigsten Fällen gehören: **a)** Schadenshaftung als gesetzliche Pflicht für verursachte Schäden einzustehen, die durch eigenes Verschulden oder das eines Erfüllungsgehilfen verursacht wurden, **b)** Gefährdungshaftung als gesetzliche Haftpflicht für Schäden, die auch ohne Verschulden entstanden sein können, **c)** Delikthaftung für Schäden aufgrund unerlaubter Handlung oder Verstoß gegen ein Schutzgesetz (z. B. Strafgesetz, PolizeiVO), **d)** Schuldenhaftung für Verbindlichkeiten, **e)** Haftung aus dem Kaufvertrag, bes. bei → *Erfüllungsstörungen,* wobei für eigenes Verschulden, Vorsatz und Fahrlässigkeit, seltener für Zufall zu haften ist. **f)** Haftung der Gesellschafter der verschiedenen → *Unternehmensformen,* **g)** → *Haftung des Gastwirts* **h)** Haftung bei Fund, **i)** Haftung bei unerlaubter Handlung, ungerechtfertigter Bereicherung und Geschäftsführung ohne Auftrag.

Haftung des Arbeitgebers. Die Haftung des Arbeitgebers gegenüber dem Arbeitnehmer kann basieren auf: **a)** Vertrag (auch für vor- oder nachvertragliche Pflichten), **b)** unerlaubter Handlung, z. B. Verletzung von Arbeitsschutzgesetzen oder **c)** als Gefährdungshaftung, die jedoch im Fall des Arbeitsunfalles eingeschränkt ist.

Haftung des Beherbergungswirtes. Die Haftung des Beherbergungswirtes ist in den §§ 701 bis 703 BGB geregelt. Sie trifft nur denjenigen, der gewerbsmäßig Fremde beherbergt (also nicht Schank- und Speisewirte). Die Haftung beginnt mit der *Aufnahme* des Gastes und erstreckt sich auf *eingebrachte Sachen.* Aufgenommen ist ein Gast bereits, wenn er am Bahnhof einem Mitarbeiter des Hotels sein Gepäck übergibt; aufgenommen sind auch seine Begleitpersonen, die im gleichen Haus übernachten. Gleichfalls sind Gäste, die nur ein Tageszimmer mieten, aufgenommen. Alle Gäste blei-

Haftung des Gastwirts

ben aufgenommen, wenn sie für kurze Zeit verreisen und das Gepäck im Haus lassen. Nicht aufgenommen sind dagegen Personen, die nur für ein Frühstück oder eine Mittagsmahlzeit eingekehrt sind. Eingebracht sind die Sachen eines Gastes, sobald sie dem Wirt oder seinem Mitarbeiter übergeben sind. Das kann schon am Bahnhof sein und gilt auch für vorausgesendetes Gepäck. Die Einbringung endet erst mit der Abreise des Gastes, nicht mit dem Ende des Beherbergungsvertrages (z. B. noch einschließlich der Beförderung zum Flughafen). Bei Tod eines Gastes endet die Einbringung erst, wenn die Erben die Sachen abholen. Liegengelassene Sachen sind nicht mehr eingebracht, unterliegen aber einer Verwahrungspflicht (→ *Fund*). Der Beherbergungswirt haftet für Verlust, Zerstörung oder Beschädigung der Sachen. Er muss den Schaden ersetzen. Schadenersatz tritt aber dann *nicht* ein, wenn der Schaden entstanden ist durch **a)** den Gast selbst, dessen Begleiter oder eine von ihm aufgenommene Person, **b)** durch die Beschaffenheit der Sache oder **c)** höhere Gewalt (ein von außen wirkendes, unvermeidbares Ereignis; nicht aber durch das Hotel verursachter Brand). Die Haftung erstreckt sich außerdem auf **a)** Fahrzeuge (Autos, Motorräder, Fahrräder, nicht Krankenstühle und Kinderwagen), **b)** Sachen in Fahrzeugen (Achtung: bei Verwahrungsvertrag für das Fahrzeug gilt Haftung auch für die Sachen im Auto), **c)** lebende Tiere. Bei Mitverschulden des Gastes kürzen die Gerichte den Schadenersatz jeweils nach Grad des Mitverschuldens. Dagegen haftet der Berherbergungswirt unbeschränkt, wenn ihn oder seine Mitarbeiter ein Verschulden trifft. Die weitere Haftung (nach § 701 BGB) ist jedoch nicht unbegrenzt. Der Höchstbetrag ist der hundertfache Beherbergungspreis für 1 Tag. Der Wirt haftet jedem Gast gegenüber bis zu diesem Höchstbetrag, auch wenn mehrere gemeinsam in einem Zimmer übernachten. Es gilt dabei natürlich der Übernachtungspreis pro Person, und zwar der Endpreis ohne Zuschläge (bei Gruppen der entsprechende Anteil), jedoch mindestens 600,– € und höchstens 3500,– €. Sie gilt für jede Person, auch bei Mehrfachbelegung der Zimmer. Für Geld, Wertpapiere und Kostbarkeiten ist der Höchstbetrag 800,– € (§ 702 BGB). Der Anspruch des Gastes erlischt, wenn er dem Wirt nicht rechtzeitig Anzeige von dem Verlust oder Schaden macht (§ 703 BGB). Die Haftung kann von Seiten des Wirtes nicht ausgeschlossen werden, wohl aber kann der Gast dem Gastwirt die Haftung im voraus erlassen. Dieser Erlass bedarf der Schriftform, um wirksam zu sein. Besondere Vorschriften gelten für Geld, Wertpapiere, Kostbarkeiten und andere Wertsachen. Sie muss der Beherbergungswirt zur Aufbewahrung übernehmen, wenn sie nicht zu groß, in der Relation zur Art des Hauses zu wertvoll sind.

Haftung des Gastwirts → *Haftung des Beherbergungswirts,* → *Fund,* → *Garderobenhaftung.* Im Gegensatz zur Haftung des Beherbergungswirtes, der für die eingebrachten Sachen seines Pensionsgastes haftet, haftet der Schank- und Speisewirt nur bei Verschulden. Er haftet für die Garderobe auch dann, wenn seitens des Personals ein Verschulden vorliegt. Werden Sachen in Verwahrung genommen, tritt die Schadenshaftung ohne Verschulden ein. → *Schadenshaftung des Wirtes.* Die Haftung ist allerdings dann unbeschränkt, wenn der Schaden durch den Gastwirt selbst oder sein Personal verursacht wurde, oder wenn es sich um verwahrte Sachen handelt. Das gleiche gilt, wenn eine Verwahrung abgelehnt wurde, obwohl der Beherbergungswirt zur Verwahrung verpflichtet gewesen wäre. Für lebende Tiere, Fahrzeuge und Gegenstände in Fahrzeugen ist die Haftung gesetzlich ausgeschlossen. Außerdem trifft den Gastwirt noch die → *Schadenshaftung des Wirtes.*

Haftung des Hoteliers → *Haftung des Beherbergungswirts.*

Hagebuttenmark → *Hiffenmark* → *Hägermark*. Scheinfrucht verschiedener Rosenarten. Diese werden halbiert und die Kerne und Härchen entfernt. Die Schalen werden mit Zucker angereichert und getrocknet oder zerkleinert und mit Zucker zu Mark verarbeitet.

Hagelzucker. Ausgesiebter grobkörniger Zucker, jedes Korn besteht aus einer Vielzahl von zusammengeballten Kristallen.

Hägenspott. Friesische und holsteinische Landesküche. Erbsenpüree, unter das man farciertes Pökelfleisch mischt und reichlich → *Panaché*.

Hägermark → *Hagebuttenmark, Hiffenmark*.

Hahnenkämme *(frz.: crêtes de coq, f.)*. Die Hahnenkämme legt man zuerst einige Stunden in kaltes Wasser, lässt sie in diesem Wasser auf dem Feuer warm werden, reibt mit einem Tuch die Haut ab und legt sie wieder in kaltes Wasser, bis sie ganz weiß sind. Dann gart man sie in gesalzenem mit Mehl abgezogenem Wasser. Die Hahnenkämme werden meistens zu Garnituren verwendet (auf Finanzmannsart – à la financière) und bilden nur ausnahmsweise eigene Gerichte (ä la Villeroi, à la Gentilhomme).

Hajdu. Ungarischer Kuhmilch-Käse.

Hakusai. Chinakohl in der japanischen Küche.

Halászlé. Szegeder Fischsuppe mit größeren Stücken, meist Fogosch (eine Zanderart im ungarischen Balaton-See), Hecht, Karpfen, Paprika und Tomaten mit saurer Sahne.

Halbfelche → *Renke*.

Halbfeste Schnittkäse. Käse, die weicher als → *Schnittkäse* – fast so weich wie Weichkäse – sind und im Unterschied zu den Weichkäsen von innen nach außen reifen. Nach der deutschen Einteilung liegt der Mindestgehalt an Trockenmasse zwischen 45 und 60 %. Das deutsche Angebot an halbfesten Schnittkäsen umfasst Butterkäse, Steinbuscher, Edelpilzkäse, Weißlacker und Geheimratskäse.

Halbleinen. Nach § 5 Textilauszeichnungsgesetz eine Mischung aus Leinen und Baumwolle, wobei je nach Gewichtsanteil unterschiedliche Kennzeichnungen vorgesehen sind.

Halbtrocken. Geschmacksangabe bei Wein. Der unvergorene Restzucker darf höchstens 18 g im Liter, jedoch nicht mehr als 10 g über dem Gesamtsäuregehalt, betragen (Formel: Säuregehalt + 10). Bei Champagner, Schaumwein → *demi sec* = Restzuckergehalt zwischen 33 und 50 g/l.

Halloumi. Auf Zypern aus Kuhmilch hergestellter weißer Käse, schmilzt beim Erhitzen nicht, deshalb zum Braten und Grillen geeignet.

Ham → *Gammon*.

Hamburger. Gebratenes Hacksteak zwischen zwei Brothälften (→ *Fastfood*). Im 19. Jahrhundert von deutschen Auswanderern von Hamburg nach Amerika „gebracht".

Hamilton, Lady H. (1765–1815). Geliebte des Admirals Horatio Nelson, britische Botschafterin in Italien. Klass. Garnitur z. B. Seezunge Hamilton.

Hammelhoden. Frühere Bezeichnung für die Blaue Trollinger Traube in der Pfalz – Rotweintraube.

Handelsbilanz → *Bewertung*. Unter dem Begriff Handelsbilanz fasst man die externen Bilanzen zusammen, die nach handelsrechtlichen Vorschriften aufgestellt werden. Sie dienen als Teil des → *Jahresabschlusses* der Information Außenstehender und dem Schutz der Gläubiger. Gliederung und

Handelsklasse

Bewertung richten sich nach handelsrechtlichen Vorschriften.

Handelsklasse. Maßstab für den Gütegrad von Produkten. Sichert einen gesetzlich festgelegten Standard der Produktqualität. Wird bes. bei landwirtschaftlichen Produkten verwendet, z. B. Eier, Butter, Käse, Kartoffeln u. a.

Handelsregister. Amtliches Verzeichnis der Vollkaufleute, das beim Amtsgericht geführt wird, in dessen Bezirk sich der Sitz der Unternehmung befindet. Aufgezeichnet werden alle wichtigen Rechtsverhältnisse, die für ein Unternehmen von Bedeutung sein können. Hierzu gehören u. a. → *Firma,* Name des oder der Inhaber, Art und Ort des Geschäftes. In Abteilung A werden Einzelunternehmen und Personengesellschaften, in Abteilung B die Kapitalgesellschaften erfasst.

Handelsspanne. Differenz zwischen Bezugs- und Verkaufspreis in Prozent des Verkaufspreises ausgedrückt. Auch bezeichnet als Rohgewinnsatz.

Handelsvertreter. Selbständiger Gewerbetreibender, der für andere Unternehmer Geschäfte vermittelt oder in deren Namen abschließt.

Handlungsbevollmächtigter → *Bevollmächtigter.*

Handlungsvollmacht (§§ 54–58 HGB). Vollmacht, die zu allen gewöhnlichen Geschäften berechtigt, die ein bestimmtes Handelsgewerbe mit sich bringt. Sie ist nicht so umfassend wie die → *Prokura.* Zum äußerlichen Unterschied zeichnet der Handlungsbevollmächtigte auch mit „i. V + Name". Als Arten sind zu unterscheiden: **a)** Generalvollmacht (Normalfall), die von einer Person im oben erwähnten Umfang ausgeübt wird, **b)** Artvollmacht, die den Inhaber zu einer bestimmten Art von Geschäften berechtigt (z. B.: den Kassierer zum Kassieren der Gästerechnung), **c)** Spezialvollmacht, die nur für die Ausübung eines Rechtsgeschäfts verliehen wird (z. B.: Ein Angestellter erhält die Vollmacht, bei der Auslieferung eines kalten Büffets die Rechnung gleich zu kassieren).

Handrefraktometer → *Refraktometer.*

Handwerkskammer. Körperschaft des öffentlichen Rechts, Organisationen aller Handwerksbetriebe eines bestimmten Bezirks. Dachorganisation: Deutscher Handwerkskammertag (Bundesebene). Aufgaben: **a)** Wahrung der Interessen des Handwerks, **b)** Unterhaltung einer Schlichtungsstelle, **c)** Überwachung der Ausbildung, **d)** Kontrolle der Eignung der Ausbildungsbetriebe, **e)** Führung des Verzeichnisses der Ausbildungsverhältnisse, **f)** Bearbeitung von Berufsausbildungsverträgen, **g)** Durchführung von Gesellen- und Meisterprüfungen.

Hanneton, Soupe de. Südfranzösische Maikäfersuppe.

Hanseatische Biere. Seefahrtbier; besteht wegen der Haltbarkeit aus starkem Malzextrakt.

Happy hours. „Glückliche Stunden". Erstmals an den Bars in Amerika wurden Büroangestellten Drinks vor der Geschäftszeit der Restaurants zu reduziertem Preis angeboten, um die Umsätze zu erhöhen.

Haptische Eindrücke. → *gustatorische Eindrücke.* Mit haptischen Eindrücken bezeichnet man bei der Weindegustation das Mundgefühl. Das meint den Tasteindruck mit Zunge, Mundhöhle und Rachen, aber ohne den Geschmacksreiz.

Hariso. Afrikanischer Vogelpfeffer.

Harissa. Scharfe Paste aus rotem spanischen Pfeffer, Kreuzkümmel und Zitrone (nordafrikanische Küche). Auch in Pulverform.

Härtegrad des Wassers. Maßeinheit für den Gehalt an Calcium- und Magnesiumsalzen. In Deutschland entspricht ein Härtegrad (1 °d) 10 mg Calciumoxid pro Liter. Die Kenntnis der Härtegrade ist im Hotel von Bedeutung, besonders für die Herstellung von Aufgussgetränken, für die Spülküchen und die Wäscherei. → *Deutsche Härtegrade.*

Hartes Wasser. In der Brauwirtschaft Wasser über 16 deutsche Härtegrade.

Hartkäse. Käse, die aus einem festen bis sehr festen Käseteig bestehen. Wegen ihrer langen Reifungs- und Lagerzeit (mehrere Monate bis zu einigen Jahren) erreichen sie einen sehr hohen Trockenmassegehalt von mindestens 60 % und sind sehr lange haltbar. Je länger die Reifezeit, um so ausgeprägter wird der Geschmack. Hartkäse gibt es mit ausgeprägter Lochbildung, wie Emmentaler, Bergkäse, Greyerzer und Appenzeller. Zur Gruppe der Hartkäse ohne Lochbildung gehören der Parmesan und der Chester. Bei Letzterem wird der Käsebruch in besonderer Weise mechanisch bearbeitet.

Hartwegstraube. Rotweintraube, ganz vereinzelt in Württemberg noch angebaut, auch Tauberschwarz genannt.

Harusame. Japanische feine Nudeln aus Bohnenstärke, die durch Einweichen und Kochen durchsichtig werden.

Hase → *Wild.* Eigentlich Feldhase; Haarwild; Nachttier, das tagsüber ruht; lebt in Feldgebieten; wird ca. 70 cm lang. Gewicht: zwischen 2 und 5 kg. Typisches Kennzeichen: dunkle bis schwarze Löffelspitzen.

Haselhuhn *(Rothuhn – la gelinotte).* In nordeuropäischen Waldungen und Russland lebendes Wildgeflügel. Gefieder: rostrotgrau und weiß gefleckt, Kehle ist weiß und braun gefleckt, Füße braun, Schnabel ist schwarz. Um den etwas scharfbitteren Geschmack zu mildern, mindestens $1/2$ Tag in rohe Milch legen.

Hashweh. Arabische Küche. Mittelgrob gehacktes Lammfleisch, mit Zwiebeln und Petersilie ansautiert. Mit gehackten Pinienkernen vermischt. Füllung für arabische Kibbi.

Hatelet *(frz. hâtelet, m.).* Zierspieße, die besonders bei kalten Platten, aber auch bei größeren Fleischstücken (z. B. Rücken) im Rahmen von Banketts verwendet werden.

Hauptabschlussübersicht → *Buchführung.* Die Hauptabschlussübersicht (auch Betriebsübersicht) gehört nicht eigentlich zur Buchführung, sondern dient der Vorbereitung des Abschlusses. Sie wird als Abschlusstabelle aufgestellt, wenn alle laufenden Buchungen durchgeführt sind. Es werden dann die Summen der Kontenseiten in einer Summenbilanz erfasst und zu einer Saldenbilanz verarbeitet. Es folgen die Umbuchungen, die dem vorbereitenden Abschluss entsprechen. Hier liegt die Hauptaufgabe der Hauptabschlussübersicht. Jetzt lassen sich nämlich noch Fehler korrigieren und für die Unternehmensführung leichter bilanzpolitische Entscheidungen treffen (z. B. hinsichtlich der Abschreibung). Die HÜ wird dem Finanzamt eingereicht, da es auch hierdurch einen besseren Überblick erhält.

Hauptbuch → *Buchführung.*

Häuptelsalat. Österreichischer Ausdruck für Kopfsalat.

Hauptlese. Durch den Leseausschuss festgelegter Zeitraum, während dem die Trauben gelesen werden. Je nach Rebsorte wird die Lese zu unterschiedlichen Zeiten freigegeben. Danach können die anmeldepflichtigen → *Spätlesen* geerntet werden. → *Auslese,* → *Beerenauslese* und Trockenbeerenauslesen können durch Selektion bereits während der Hauptlese gewonnen werden. Der Termin für die Hauptlese wird durch die

Reife der Trauben und den Witterungsverlauf bestimmt.

Hauptschule. Schulart im allgemeinbildenden Bereich (Klassen 5–9). Sie gehört zur Sekundarstufe I und zählt zu den weiterführenden Schulen.

Hausdame. auch: Gouvernante. Die Hausdame hat als Grundausbildung i. d. R. Hotelfachfrau (ehem. Hotel- und Gaststättengehilfin) gelernt. Ihr Bereich ist die Etage (Haushalt, Housekeeping). Sie ist der Direktion direkt verantwortlich. Unterstützt wird sie in großen Häusern von der Hausdamenassistentin und/oder den Etagenhausdamen. Für die diesen unterstellten Arbeitnehmer trägt sie gleichfalls die Verantwortung. Die Hausdame ist verantwortlich für: **a)** gute Zusammenarbeit mit der Direktion bes. bei der Budgetierung der Anschaffungen und für Personaleinstellung in ihrem Bereich. Darüber hinaus hat sie Personalveränderungen wie Krankheit oder Urlaub und Besonderheiten ihres Bereiches an die Direkten zu melden; **b)** gute Zusammenarbeit mit dem Empfang (Rezeption) bes. im Zusammenhang mit der Betreuung der Hotelgäste. Die Hausdame muss rechtzeitig die Zimmerbelegungen und Abreisen erfahren und ihrerseits sofort für Reinigung sorgen und anschließend die Freimeldungen unverzüglich durchgeben. Es empfiehlt sich täglich ein Zwischenbericht, etwa zur Mittagszeit. Differenzen zwischen dem → *Tagesbericht* und dem → *Logisbuch* sollten sofort ausgeräumt werden. Der Rücklauf der Prüf- oder Checklisten für Minibars u. a., sollte so früh wie möglich erfolgen. Für Sonderwünsche und die Behandlung der → *VIPs* erhält die Hausdame zweckmäßiger Weise eine Liste vom Empfang und meldet dort dann den Vollzug zurück, **c)** gute Zusammenarbeit mit dem Hausmeister wegen der Instandhaltung und notwendiger Reparaturen; **d)** Sauberkeit, → *Hygiene* und Pflege, Schmuck und Instandhaltung der Zimmer und Bäder, der Empfangshalle und der Publikumsräume, der Gänge und Toiletten sowie der Arbeitsbereiche wie Office, Personalräume mit Toiletten und Waschräumen, aber auch der Lagerräume. Im Einzelnen gehören zur Tätigkeit der Hausdame folgende Aufgaben: **1)** *im Personalsektor* **a)** Zusammenarbeit mit der Direktion bei Einstellungen, **b)** Einführung neuer Mitarbeiter einschl. der Bereitstellung der Arbeitsgeräte, des Arbeitsplatzes, der Umkleidegelegenheit und der Kleidung, aber auch das Einweisen und Trainieren und die Schulung sowie die Kontrolle der Arbeitsweise; **c)** Aufstellung der Dienst- und Arbeitspläne, der Urlaubspläne und der Arbeitsablaufpläne; wobei die arbeitsrechtlichen Vorschriften zu beachten sind; **d)** Erfassung und Meldung personeller Veränderungen wie Krankheit und Urlaub; **e)** Schulung der Mitarbeiter sowie Planung und Überwachung der Ausbildung der dem Bereich zugeteilten Auszubildenden. **2)** *Kontrolle und Überwachung* erstrecken sich sowohl auf den personellen wie auf den sachlichen Sektor. Hierbei sind alle routinemäßigen und besonders anfallenden Arbeiten zu überwachen. Das Gleiche gilt für Einarbeitung und Ausbildung. Dazu kommt die Kontrolle des Zustands und des Umfangs der Bestände an Wäsche, Kleininventar, Geräten bis hin zu Reinigungsmitteln, Papier oder Kleinmaterial. Besonders wichtig ist die Verwahrung der Schlüssel, damit dem Gast größtmögliche Sicherheit gewährleistet werden kann. Außerdem sind alle Räume, für die die Hausdame zuständig ist, zu überprüfen, bes. die Zimmer (Sicht- und Funktionskontrollen). **3)** *Planung* in Zusammenarbeit mit der Direktion, wo es um das gesamte Budget, Neuanschaffungen oder Anschaffungen über bestimmte vorgegebene Wertgrenzen geht oder bei Investitionen, die die Tätigkeit der Hausdame tangieren, wie z. B. Gardinen, Teppichböden u. Ä. Selbständige Planung obliegt der Hausdame z. B. für den Personalbereich, wenn es um Arbeitseinsatz- und Arbeitsablaufpläne geht, bei der Planung der Mitarbeiterschulung, bei der Planung der Routinearbeiten oder der Sonderreinigungen, aber auch bei Festlegung von Art und Zeitpunkt des Wäscheaustauschs, der Ausgabe der Personalwäsche oder der Bestückung des Etagenoffices oder der Zimmermädchenwagen. **4)** *Organisation und Verwaltung.* Hier fallen an: **a)** Inventarisierung. Kontrolle, Reparatur, Nachforderung und evtl. Neukauf von **aa)** Wäsche einschl. der Personalwäsche und Uniformen, **ab)** Maschinen und Geräten, **ac)** Kleininventar, **ad)** Putzmittel und Kleinmaterial für den Bereich, **b)** Ausgabe und Aufzeichnung der Aus- und Rückgabe von Personalwäsche und Uniformen, **c)** Kontrolle des Wareneingangs der für den Bereich bestellten Waren und Magazinverwaltung, **d)** Anschaffungen **da)** bei Wäsche, Geräten und Kleininventar meist bis zu einem bestimmten Höchstwert, **db)** von Blumen für den Etagenbedarf, **dc)** von Putzmitteln; **e)** Erfassung und Aufzeichnung der Fundsachen und deren weiterem Verbleib, **f)** Rückmeldung der Durchführung der Sonderwünsche und VIP-Behandlung, **g)** Aufstellung des Tagesberichts und statistischer Unterlagen f. d. Budget (z. B. Zimmermädchenstatistik u. a.). **5)** *Gästebetreuung.* Grundsätzlich gehört hierzu die Sorge um freundliche und aufmerksame Bedienung der Hotelgäste, die Abwicklung von Sonderwünschen und die besondere Behandlung der VIPs, aber auch die Entgegennahme von Reklamationen und Beanstandungen und die Aufnahme von Anregungen der Gäste und deren Weiterleitung.

Hausdamenreport → *Tagesbericht der Hausdame.*

Hausen. Süßwasserfisch, der zur Familie der Störfische gehört. Körper haiförmig, mit fünf Längsreihen von Knochenschildern bedeckt. Schwanzflosse mit verlängertem Oberlappen, Flossen durch Knorpelstrahlen gestützt. Das zahnlose, kleine Maul kann rüsselförmig vorgestreckt werden, Bartfäden abgeplattet, reichen zurückgelegt bis zur Maulöffnung. Rogenlieferant (Kaviarherstellung). Vorkommen: Besonders im Schwarzen und Kaspischen Meer und deren Zuflüssen.

Hausenblase. Innere Haut der Schwimmblase der verschiedenen Störarten (Hausen, Beluga). Die frischen Blasen werden aufgeschnitten und gewaschen und die geeignete, innere weiße Haut zu einem Klärmittel verarbeitet. Als Klärmittel wird Hausenblase meistens nur in Küchen nördlicher Länder, z. B. in Russland, verwendet. Sonst findet sie hauptsächlich Verwendung in Weinkellereien als Klärmittel für Weine.

Haushaltsüberwachung. Gegenüberstellung der Zahlen des Haushaltsvoranschlags und der Zahlen der Buchhaltung (Ist-Zahlen) auf Einnahmen und Ausgaben-Seite, um mögliche Unregelmäßigkeiten aufzudecken. → *Haushaltsvoranschlag.*

Haushaltsvoranschlag. Gegenüberstellung der zu erwartenden Einnahmen und der zu erwartenden Ausgaben für eine bestimmte Rechnungsperiode (Sollzahlen, Planzahlen, Vorgabe). → *Haushaltsüberwachung,* → *Budget.*

Hausmarke. Unter dieser Bezeichnung werden vor allem in Hotels, aber auch in Restaurants Schaumweine angeboten. Es kann sich dabei durchaus um ein Qualitätsprodukt handeln, da große Sektfirmen zum Teil auch ihren Markensekt mit dem Etikett bestimmter Hotels und Restaurants liefern.

Haustrunk, *Tresterwein.* Rechtliche Grundlagen: Verordnung des Ministeriums für Arbeit, Gesundheit und Sozialordnung zur Übertragung von Zuständigkeiten auf dem Gebiet des Weinrechts und zur Zulassung der Herstellung von Tresterwein (364) vom 28.5. 1974 (GBl. S. 226): **1)** *Definition:* Unter Haustrunk im Sinne des WeinGes. ist das aus Traubentrestern im Erzeugerbetrieb hergestellte alkoholische Getränk zu verstehen. **2)** Für seine Herstellung gelten folgende Vorschriften (vgl. Art. 2 AVOBaWü vom 28.5.1974): **a)** die Herstellung von Tresterwein ist ausschließlich im Erzeugerbetrieb zulässig, **b)** er darf nur zur Selbstversorgung der Familie des Winzers verbraucht werden, c) der Beginn der Herstellung ist bei der Chemischen Landesuntersuchungsanstalt anzumelden, die für den Regierungsbezirk zuständig ist, in dem der Tresterwein hergestellt wird, d) die Behältnisse, in denen der Tresterwein aufbewahrt wird, sind deutlich mit der Aufschrift „Haustrunk" zu versehen, e) die Menge des Tresterweines ist im Kellerbuch zu vermerken.

Haut Armagnac. Kleinstes der drei Armagnacgebiete. 600 ha Rebfläche.

Haut Brion. Weingut in Pessac, in der frz. Weinregion → *Graves* im Bordeaux-Gebiet. Die Weine des Châteaus Haut Brion zählen zu den ersten fünf Premiers Crus des Bereichs → *Médoc*.

Haut-Goût. Strenger Wildgeruch und -geschmack durch sehr langes Abhängen, bei Wildgeflügel → *Faisandage*.

Haut Médoc → *Médoc*.

Havanna. Gelten als exklusivste Zigarren der Welt; aus kubanischem Tabak mit großem Bukett und niedrigem Nikotingehalt. Teuer, weil auf den cif-Wert ad valorem (cif = cost, insurance, freight = Preis einschl. aller Kosten und Versicherungen bis zum Eintreffen im Überseehafen/ad valorem = dem Wert nach) ein Zoll von 47 % erhoben wird. Dazu kommt Tabaksteuer von ca. 19 % und die Umsatzsteuer auf den Warenwert einschl. Zoll und Tabaksteuer. Angebotene Formen: CLLOS = Zigarillos, C = Corona Format, CZ = Corona-Format mit Zöpfchen, S = spitzer Kopf, spitzes Ende, H = handgerollt, m = maschinengefertigt, P = Panetela-Form. Gewicht liegt zwischen 3 g (Zigarillo) und 14 g (Romeo y Julieta Churchill) aber auch 4 g bei sehr hochwertigen Zigarren. Angebotssorten: **1)** preiswerte (Selection Cubana u. Caney) **2)** Mittel-Genre (Partages, Ramón Allones, Romeo y Julieta, H. Upman u. a.) **3)** Luxusmarken (Montecristo, Davidoff, La Gloria Cubana) handgerollt.

Hecht *(frz.: brochet, m.; engl.: pike)*. Europäischer Flussfisch. Normales Gewicht ca. 2–3 kg. Restaurationsgröße: am besten zwischen 1½ und 2 kg Gewicht. Er hat sehr viele Gräten und eiweißreiches Fleisch. Da er sehr trocken ist, wird er oft gespickt verarbeitet. Einjährige Tiere, die aus verkrauteter Uferregion kommen und deshalb eine hellgrüne Tarnfarbe haben, werden auch als Grashechte bezeichnet. Aus Brackwassergebieten haben sie eine gelbliche Färbung. Sie werden im Alter grau bis braun. Die Zähne sind nach rückwärts gerichtet. Wegen des hohen Eiweißgehaltes ist der Hecht für die Herstellung von Farcen geeignet, auch Hechtklößchen sind beliebt, er kann gedünstet und gebacken werden.

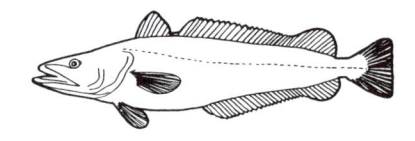

Hechtdorsch → *Seehecht*.

Hefe. 1) → *Backhefe* – auch Bärme, Germ, Gest. Sie besteht aus Zellen der Hefepilze, die zu der Gruppe der Saccharomyces zählen und die die Eigenschaft haben, Zucker in Kohlendioxid und Alkohol zu zerlegen. Zur Verwendung kommt Branntweinhefe aus Reinzuchtstämmen obergäriger Brennereiheferassen. Hefe ist ein Nebenprodukt der Brennerei. Für gewerbliche Zwecke wird sie industriell hergestellt. **2) Weinhefen.** Im Most kommen mehrere Hefearten vor. Die für die Weinbereitung wichtigste Hefe gehört auch zur Gattung Saccharomyces cerevisiae. Ein Ferment dieser Hefe, die Zymase, spaltet Traubenzucker in Alkohol und Kohlendioxid. Sie gehört zur gleichen Art wie die untergärige Bierhefe. Sie hat zum Unterschied zu dieser eine längliche, ellipsenartige Form. Sie ist ebenfalls untergärig, vermag jedoch größere Mengen Alkohol zu erzeugen. Die Weinhefen sind ziemlich unempfindlich gegen Säure. Während der Gärung entstehen durch die Weinhefe wertvolle Geruchs- und Geschmacksstoffe. Die ebenfalls im Most vorkommenden Kahmhefen und Schleimhefen sind zusammen mit Bakterien für die Bildung von flüchtigen Säuren verantwortlich und beeinflussen den Wein nachteilig.

Hefebranntwein. Durch Destillation von Weinhefe oder Obstweinhefe (Produkte, die bei der Weinbereitung anfallen) gewonnener Branntwein. Mindestalkoholgehalt 38 % Vol.; üblich sind 45 bis 50 % Vol. Weinhefebranntwein ist wasserklar, hat einen leicht seifigen Geschmack und enthält reichlich Weinhefeöl. Es wird auch „Gelägerbranntwein" oder „Drusenbranntwein" genannt und zählt zu der Gruppe der Spezialbranntweine.

Hefeflocken sind durch Trocknung haltbar gemachte, leicht verdauliche Hefezellen. Die Hefezelle bietet eine Palette lebensnotwendiger Nährstoffe, wie Aminosäuren, die Vitamine der B-Gruppe sowie Kalium, Phosphor, Magnesium und Eisen.

Hefeteig. Teig aus Flüssigkeit (Wasser, Milch), Mehl, → *Backhefe,* Salz und je nach Verwendung Eier, Butter, Zucker und andere Zutaten. Die Triebkraft beruht auf der Spaltung von Zucker in Alkohol und Kohlendioxid durch das Ferment Zymase in der Hefe.

Hefetrub. Während der Gärung (Most zu Wein) entsteht Hefetrub, der sich nach der Vergärung am Boden des Gärbottichs absetzt. Die weitere Verarbeitung dieses Hefesatzes findet evtl. in den Brennereien statt. → *Hefebranntwein.*

Hefeweizen. Weizenbier mit Heferest; auf Flaschen abgefüllt; Flaschengärung.

Heida (auch Paien). Heida-Gletscherwein, auch Savagnin oder Traminer, kam mit großer Wahrscheinlichkeit mit dem Rückzug der von den Ligurern abstammenden Völker ins Wallis. Bei ihrem Rückzug von der Meeresküste in die Berge durchschritten diese Völker möglicherweise auch die „Franche Comté", wo sie u. a. wohl auch die Savagninrebe kennenlernten, die sie dann im Wallis kultivierten. Auch hier handelt es sich nur um eine Vermutung, die aber die wahrscheinlichste aller Thesen darstellt.

Heidekorn → *Buchweizen.*

Heilbutt *(frz.: flétan, m.; engl.: halibut).* Fisch aus Nordsee, Ostsee und Atlantik. Ein naher Verwandter kommt im nördlichen Teil des Stillen Ozeans vor. Er ist ein schlanker Plattfisch und maximal 3 bis 4 m lang. Er erlangt ein Gewicht von 200 bis 300 kg und ein Alter von 40 bis 50 Jahren. Das Fleisch ist lockerer als das des Steinbutts. Verarbeitung wie Steinbutt.

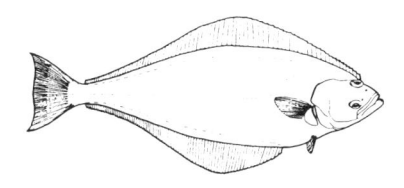

Heilwässer. Die therapeutischen Eigenschaften dieser Wässer müssen medizinisch nachgewiesen sein.

Heinz. Henry John H. gründete 1875 eine Firma, in der „Ketschup-Fertigsoße" (Flaschentomate) hergestellt wurde.

Heißumluftgerät. Das Arbeitsprinzip der Heißumluftgeräte besteht darin, dass heiße und mit hoher Geschwindigkeit ständig umgewälzte Luft allseitig über das Gargut streicht. Die von einem oder mehreren Lüfterrädern angesaugte Luft wird über Heizschlangen in den gut isolierten Garraum geführt. Der Schwadenerzeuger, eine zusätzliche Einrichtung, sorgt für die notwendige Feuchtigkeit, damit der Gewichtsverlust beim Brat- und Backgut gering bleibt.

Heiti. Schweizer Ausdruck für Blaubeeren.

Helfensteiner. Rotweintraube. Kreuzung: Frühburgunder × Trollinger.

Helm. Brennblase des Destilliergerätes, in dem die leicht flüchtigen von den schwerer flüchtigen Alkoholwasserdämpfen getrennt werden.

Helomyza. Kleines bronzefarbenes Insekt, das dicht über trüffelträchtigem Gelände fliegt und sich meistens dort niederlässt, wo sich Trüffel im Erdreich befinden.

Hemizellulose. Sammelbezeichnung für Polysaccharide, die aus verschiedenen Hexosen (Glukose, Mannose, Galaktose) und/oder Pentosen (Arabinose, Xylose) aufgebaut sind. Die H. ist Bestandteil der Membran pflanzlicher Zellen und dient, meist mit Zellulose versetzt, als Stützsubstanz. H. dient häufig als Füllstoff (Ballaststoff) für energiereduzierte Lebensmittel.

Herbes de Provence. Typisch provencalische Kräutermischung mit Thymian, Rosmarin, Lavendel u. a.

Herbizide. Etwa zwei Drittel aller Pflanzenschutzmittel, die heute angewandt werden, sind Herbizide, d. h. Mittel zur Beseitigung von Unkräutern, vor allem im Getreide- und Rübenanbau.

Herbstbuch − Wein. Rechtliche Grundlagen: Weingesetz (250) − WeinGes. − in der Fassung der Bekanntmachung vom 27.8. 1982 (BGBl.I S. 1196); Verordnung des Ministeriums Ländlicher Raum zur Durchführung des WeinGes. (370) -AVO BaWÜ- vom 12.12.1989 (GBl. S. 517): **1)** Führung vorgeschrieben ab Jahrgang 1982: Durch die vierte Änderung des Weingesetzes vom 27.8. 1982 wurde die Einführung einer Herbstordnung verlangt, die bestimmt, dass ein Herbstbuch zu führen ist. Zunächst galt diese Vorschrift nur für Qualitätswein und Qualitätswein mit Prädikat. Durch das sechste Änderungsgesetz vom 11.7. 1989 wurde diese Verpflichtung auf alle Qualitätsstufen ausgedehnt. **2)** Tägliche Feststellung: Täglich müssen Erntemenge und das Mostgewicht festgestellt werden, getrennt nach **a)** Gemarkung, **b)** Lage, **c)** Rebsorte, und zwar von allen Qualitätsstufen. **3)** Verpflichtung des verarbeitenden Betriebes: Zu der Feststellung sind alle Betriebe verpflichtet, die Trauben zu Traubenmaische verarbeiten. **4)** Automatische Feststellung: Werden Menge und Mostgewicht mit automatischen Einrichtungen festgestellt, treten die dabei ausgedruckten oder eingetragenen Daten an die Stelle des Herbstbuches. Voraussetzung ist, dass alle geforderten Daten darin enthalten sind. **5)** Aufbewahrungsfrist: Das Herbstbuch oder die an seine Stelle getretenen Ausdrucke und Eintragungen sind fünf Jahre lang aufzubewahren.

Héricourt. Frz. Küche. In Auflaufform gebackenes Gericht aus Kartoffeln, Zwiebeln und Pökelfleisch.

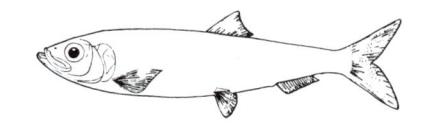

Hering *(frz.: hareng, m.; engl.: herring).* Fanggebiete: Nordsee, Ostsee, Grönland, Island, Nordatlantik, Nordpazifik. Fangarten: Logger-Fischerei − Treibnetze, die über Nacht im Wasser bleiben. Trawler: Schiffe, die Schleppnetze hinter sich herziehen. Die Heringe werden auf See gekehlt, damit sie ausbluten (dabei wird ein Teil der Eingeweide entfernt). **1)** Nach dem Alter unterscheidet man: **a)** *Matjeshering.* Der Name stammt sicherlich von den holländischen Maisjes = Mädchen ab. Es ist ein jungfräulicher Hering, der noch nicht gelaicht hat. Ende Mai, Anfang Juni kommen die ersten frischen Matjes auf den Markt. Meist aus Holland oder Schottland. Der Salzgehalt der Lake darf 20 % *nicht* überschreiten. Der Matjes wird gerne naturell auf gestoßenem Eis serviert, dann mit frischer Butter, neuen Kartoffeln und den ersten neuen grünen Bohnen serviert, **b)** *Vollhering.* Wird meistens im August gefangen, als Milchner (männlich) oder Rogener (weiblich), **c)** *Hohlhering, Leerhering* oder *Ihle.* Am Ende der Heringsaion abgelaichter Fisch. Das Fleisch ist trocken und hart. Billigste Ware. Verwendung oft zu Marinaden und Konserven. **2)** Dem Fang nach unterscheidet man: **a)** See- oder *Herbsthering,* der wohlschmeckend, aber mager ist, **b)** *Frühjahrs-* oder *Küstenhering,* der fetter ist (Fetthering).

Heringsfilet nach Matjesart. Es handelt sich um Filets von normalen Heringen, die nur wenige Stunden gereift und dann mild gesalzen werden. Gerichte aus diesem Produkt dürfen nicht als „Matjesgerichte" deklariert werden.

Heringshai *(frz.: taube, engl.: porbeagle).* Durchschnittliche Länge 1,5–3 m. Eine maximale Länge von 3,5 m bei einem Gewicht von 150–200 kg. Im Gegensatz zum → *Dornhai,* der in größeren Tiefen lebt, hält sich der Heringshai meist in den oberen Wasserschichten, jedenfalls über 150 m Tiefe auf. Der Lebensraum der Heringshaie ist der gleiche wie beim Dornhai. Der Heringshai wird auch als *Kalbfisch* oder *Seestör,* teilweise auch als *Karbonadenfisch* in den Handel gebracht.

Herings-Lappen. Frische Heringe ohne Kopf, Eingeweide und Gräten.

Heringsmarinaden. a) *Kaltmarinaden.* Bismarckhering: Entgrätet, ausgenommen und ohne Kopf. Delikateßhering: Frischer Hering ohne Kopf, nicht entgrätet. Heringsfilet: Entgrätet und gehäutet. Marinierter Hering: Ausgenommener Salzhering mit und ohne Kopf. Rollmops: Salzheringsfilets ohne Kopf und Schwanz, gefüllt und gerollt, Fischmindestanteil 80%. Gabelbissen: Filetrückenstücke in pikanter Marinade. Kronsardinen: Kleine, nicht entgrätete aber ausgenommene Heringe, **b)** *Bratmarinaden.* Bratheringe: Mit und ohne Kopf. Bratheringshappen: Heringsstücke. Bratheringsfilets: Grätenfreie Filets, **c)** *Kochmarinaden.* Gekochte oder gedämpfte Filets oder Fische in den verschiedensten Würzsoßen. Heringssalat: Zusammensetzung beliebig. Gesetzlich vorgeschriebener Fischanteil 20%. Bei der Bezeichnung „feiner Heringssalat" mindestens 25%. Heringsstipp: (Westfalen), Mindestanteil 50% Heringe, max. Anteil von Mayonnaise 20%.

Heringsräucherung. Bückling: Ein heiß geräucherter Hering, der vorher in einer Salzlake gelegen hat, bei einer Temperatur von ca. 80 bis 100 °C geräuchert wurde. Kipper: Ein englischer Frühstücksfisch. Kalt geräuchert, ca. 4–5 Stunden Räucherzeit, bei einer Temperatur von 25 bis 30 °C. Vor dem Räucherprozess vom Rücken her gespalten. Der Kipper darf bei einem englischen Frühstück oder auf einem Frühstücksbüffet nicht fehlen.

Herisson. Vom lat. erinies = der Igel. Anrichteweise in Igelform (z. B.: Birne Helene mit Mandeln so gespickt, dass es an einen Igel erinnert).

Herkunftstypenweine → *Affentaler,* → *Ehrentrudis,* → *Hock,* → *Liebfrauenmilch,* → *Moseltaler* (Abb. 35)

Hermitage. A. C.-Bereich des Weinbaugebietes → *Côtes-du-Rhône,* ca. 143 ha groß, ein flacher Berg, auf dem weiße und blaue Traubensorten angebaut werden. im Allgemeinen werden Hermitage-Rotweine aus den → *Syrah*-Trauben höher geschätzt. Sie sind kräftig und bis zu 15 Jahren lagerfähig.

Heroldrebe. Rotweintraube. Kreuzung: Portugieser × Lemberger.

Hersteller des Weines ist nach dem Weingesetz von 1971, wer den Wein oder den Traubenmost letztmalig einer Gärung unterzogen hat oder ihn, wenn er nach der letzten Gärung verschnitten worden ist, letztmalig verschnitten hat.

Herstellungsaufwand

	Tafelwein	Landwein	Erlaubt zur Bezeichnung von: Qualitätswein	Qualitätswein mit Prädikat
Affentaler	nein	nein	ja	ja
Ehrentrudis	nein	nein	ja	ja
Hock	ja	nein	ja	ja
Liebfrau(en)milch	nein	nein	ja	nein
Moseltaler	nein	nein	ja	nein
Riesling Hochgewächs	nein	nein	ja	ja

Abb. 35 Übersicht – Herkunftsweine

Herstellungsaufwand → Herstellungskosten. Aufwand zur Herstellung eines Wirtschaftsgutes. Im Gegensatz zu → Erhaltungsaufwand erhöht er oder verändert die Nutzungsmöglichkeit wie z. B. der Anbau eines Saales, der Ausbau des Dachgeschosses zu Personalzimmern oder Gästezimmern. Der Herstellungsaufwand wird deshalb über die Jahre der Nutzung verteilt.

Herstellungskosten. Im Rahmen der *Bewertung* von Wirtschaftsgütern des Anlage- und Umlaufvermögens werden vom Betrieb selbst hergestellte Güter mit den Herstellungskosten bewertet. Bei der *handelsrechtlichen Bewertung* dürfen in angemessenem Umfang Abnutzung und Wertminderung sowie angemessene Teile der Betriebs- und Verwaltungskosten, nicht aber die Vertriebskosten eingerechnet werden. *Steuerrechtlich* gehören zu den Herstellungskosten (§ 6 EStG) die Aufwendungen, die durch den Verbrauch von Gütern und die Inanspruchnahme von Diensten für die Herstellung entstehen (Abb. 36).

Herzberg, Frederick. Amerikanischer Motivationsforscher, → *Motivationslehre.*

Herzmuschel. Braungestreifte Muschel in verschiedenen Arten aus dem Mittelmeer und Atlantik, wo sie meist in flachen Küstengewässern vorkommen. Sie werden roh, selten gekocht gegessen. Arten: **a)** große H. *(frz.: bucarde, f.; engl.: cockle),* Größe 3–7 cm; **b)** dornige H. *(frz.: bucarde, epine; engl.: cockle),* Größe 4–5 cm; **c)** gewöhnliche H. *(frz.: coque, m; engl.: cockle),* Größe: 4,5 cm.

In die Herstellungskosten müssen eingerechnet werden:
  Materialeinzelkosten
+ Materialgemeinkosten   = Kosten der Lagerhaltung, des Transportes und der Materialkontrolle,
+ Fertigungseinzelkosten   – einschließlich Sondereinzelkosten
+ Fertigungsgemeinkosten   = Kosten – der Arbeitsvorbereitung
                                      – der Fertigungskontrolle
                                      – der Unfallstation und Unfallverhütung der Fertigungsstätten,
                                      – des Lohnbüros, soweit es die Löhne des Fertigungsbereichs abrechnet.
              Die Gewerbesteuer auf die Lohnsumme und das auf die Fertigung entfallende Gewerbekapital.
              Die Abschreibung der in der Fertigung eingesetzten Anlagen.

Abb. 36 Herstellungskosten (steuerrechtlich)

Hessische Bergstraße. Bestimmtes Weinanbaugebiet zwischen Odenwald und Rhein, südlich Frankfurt gelegen. Rebfläche ca. 450 ha. Hauptrebsorten: Riesling, Müller-Thurgau.

Heterocerk. Wissenschaftlicher Ausdruck für stark unsymmetrische Schwanzflosse bei Fischen (Hai, Stör).

Heuriger. Besenwirtschaft in Österreich, in der vorwiegend junger Weißwein ausgeschenkt wird. Der Wein gleichen Namens wird vom November des Erntejahres bis zum November des Folgejahres angeboten.

Heuristiken. Vorschläge zur Lösungsfindung ohne Gewährleistung exakter Problemlösung.

HGB. Handelsgesetzbuch.

HIC = Hotel Inventory Controller. Ist an Bord von Kreuzfahrtschiffen für alle notwendigen und gewünschten Güter und Waren zuständig und hat deren Versorgung sicherzustellen.

Hichimi Togarashi. Japanisches „Siebenpfeffergewürz". Eine pulverisierte Mischung aus scharfen Senfkörnern, Sesamsamen, Pfefferblättern, Mohn-, Raps-, Hanfsamen und getrockneter Mandarinenschale.

Hierarchie. Rangordnung.

Hiffenmark → *Hagebuttenmark* → *Hägermark*.

hifo → *Sammelbewertung*.

Highballs. Longdrinks aus einer Spirituose, z. B. Whisky, Cognac, Gin oder Rum und Eiswürfeln. Sie werden mit → *Ginger Ale* aufgefüllt und mit einer langen Zitronenspirale serviert.

Hijiki. Eine Meeresalgenart, die von den Japanern als Gemüse gegessen wird. Getrocknet sieht Hijiki aus wie grober schwarzer Draht. muss vor dem Kochen eingeweicht werden.

Hilfsstoffe. Stoffe, die zwar Bestandteil des Erzeugnisses werden, ohne jedoch wert- oder mengenmäßig besonders ins Gewicht zu fallen.

Himbeergeist. Ein Trinkbranntwein, hergestellt aus frischen Himbeerfrüchten, die hauptsächlich durch Alkoholzusatz mazeriert (→ *Mazeration*) und später destilliert werden. Himbeergeist ist farblos, wasserklar und zeichnet sich durch ein feines, ausgeprägtes Aroma aus. Mindestalkoholgehalt 40 % Vol. Bei einem Trinkbranntwein aus dem Destillat von Himbeertrester darf kein Hinweis auf die zur Herstellung verwendete Frucht gegeben werden. Diese Bestimmung gilt entsprechend auch für andere Obstgeiste.

Himmel und Erde. Rheinische Regionalküche. Pürierte Kartoffeln und gedünstete Apfelscheiben werden gemischt und mit gebratenen Blutwurstscheiben und gebratenem Speck angerichtet, geröstete Zwiebeln darauf.

Hippen. Sehr dünnes Gebäck aus einem Teig aus Marzipanrohmasse, Zucker, Eier, Mehl und Sahne. Der sehr dünne Teig wird mit Hilfe einer Schablone etwa 1 mm dick auf gefettete und gemehlte Bleche aufgestrichen und gebacken. Nach dem Backen lässt sich das Gebäck in heißem Zustand beliebig formen.

Hirn *(frz.: cervelle, f; engl.: brain).* Von Kalb, Rind, Hammel und Schwein verwendet. Besonders geschätzt ist Kalbshirn. Zubereitung: kalt wässern, enthäuten, wieder mit frischem Wasser ausschwemmen, 25–30 Minuten in Courtbouillon mit Essig abkochen. Bleibt nur fest, wenn es erst in die Bouillon gegeben wird, wenn diese kocht. Verwendet wird es in dieser Form zu kalten Vorspeisen oder weiterverabeitet.

Hirsch → *Rotwild (frz.: le cerf; engl.: stag, venison).* Weibliche Stücke = Kahlwild (Schmaltiere = Jung- und Alttiere) *(frz.: biche, f; engl.: deer).* Die Kälber werden auch Hirschkalb (m) und Wildkalb (w) bezeichnet. Vielseitig verwendbares Wild; der deutsche Gebirgshirsch wird ca. 135 kg schwer, der Karpatenhirsch kann 6- bis 7jährig bereits über 200 kg wiegen und erreicht Gewichte bis 300 kg. Fleisch von aufgebrochenen Tieren mit einem Gewicht von ca. 50 kg ist kalbfleischähnlich. Im zweiten Lebensjahr (ca. 90 kg) kommt es dem Rindfleisch gleich.

Hirschhornsalz. Backtriebmittel; Doppelsalz. Enthält in der Hauptsache NH_4HCO_3 und $NH_4NH_2CO_2$. → *Ammonium.*

Hiyamugi. Japanische dünne Nudeln (ähnlich der Vermicelles), die meist kalt gegessen werden.

Hocherhitzung → *Pasteurisieren.*

Hochheimer. Synonym für → *weißer Riesling.* Frühere Bezeichnung für Rieslingweine, die nach England ausgeführt wurden.

Hochpasteurisieren. Neues Verfahren zur Verlängerung der Haltbarkeit bei Frischmilch auf zwei bis drei Wochen. Erhitzung der Milch mittels Wasserdampf auf 125 °C. Deutlich verkürzte Erhitzungszeit gegenüber → *Ultrahocherhitzen.*

Höchstbestand. Kennziffer, die den Maximalbestand angibt, d. h. die Menge einer Ware, die sich nach dem Auffüllen des Lagers ergibt (= Optimale Bestellmenge + Mindestbestand).

Hochtemperatur-Kurz-Sterilisation. Je nach Füllgut wird zwischen 121 °C und 140 °C wenige Sekunden bis sechs Minuten lang erhitzt. Man erreicht damit den gleichen Konservierungseffekt wie bei einer Erhitzung zwischen 100 °C und 120 °C bei längerer Konservierungszeit. Allerdings eignet sich diese Methode nicht für empfindliche Füllgüter. So können bei einer Erhitzung über 150 °C Bräunungsreaktionen in den Lebensmitteln auftreten. Obst, Gemüse, Fruchtsäfte, Milch und Suppen werden mit diesem Verfahren gut haltbar gemacht, weil Mikroben und ihre Sporen in einem Arbeitsgang abgetötet werden.

Hochwild – **Hohes Wild.** Historischer Begriff. Die Jagd auf dieses Wild war früher dem hohen Adel (Landesfürsten, Fürstbischöfen) vorbehalten, für alle anderen war das Erlegen dieses Wildes bei sehr hohen Strafen verboten. Dieser Begriff ist in das Bundesjagdgesetz eingegangen. Zum Hochwild zählen alles → *Schalenwild*, mit Ausnahme des Rehwildes, der Auerhahn, See- und Steinadler.

Hock. Englische Bezeichnung für deutsche Weißweine vom Rhein. Der Name ist von dem Weinort → *Hochheim* abgeleitet. → *Herkunftstypenweine.*

Hohlhippen → *Hippen* nach dem Backen zu einer hohlen Rolle von etwa 3 cm Durchmesser formen.

Holandas. Bezeichnung für niedrig gebrannte Weindestillate (Alkoholgehalt 65-70 % Vol.) bei der Herstellung von spanischen Brandys. Holandas werden mit hochgradigen Destillaten verschnitten, erst dann erfolgt die Reifung in Holzfässern.

Holding, a) Reine Vermögensverwaltungsgesellschaften, die die Vermögen ihrer Anleger verwalten und i.d.R. in Kapitalgesellschaften anlegen, b) Geschäftsführende Holdings, die neben der Vermögensanlage auch Geschäftsführungsaufgaben übernehmen.

Holländischer Blätterteig (Blitzblätterteig). → *Blätterteig,* bei dem die Butter in walnussgroßen Stücken unter das Mehl gegeben wird, daraus wird mit Wasser und Salz ein

Teig bereitet. Danach erfolgt das Tourieren, meistens drei einfache Touren.

Holländisches Frühstück. Säfte, Tee, Kaffee, warme und kalte Milch, Buttermilch, diverse Brotsorten, holländischer Zwieback (süßes Spezialgebäck mit Anis), Käse, eine gemischte Aufschnittplatte und Eier. Im Frühjahr gehört zum holländischen Frühstück außerdem noch Matjeshering.

Holothurie (Syn.: *Seewalzen, Trepang, Seegurken, lat: Holothuruidea*). Klasse der Stachelhäuter von langgestreckter, walzen-, gurken- oder kürbisförmiger Gestalt. Die skelettlosen Holothurien bewegen sich auf dem Meeresboden kriechend fort und leben von Kleintieren. Wirtschaftliche Bedeutung besonders in Ostasien. Verwertet wird der Muskel (Mantel), dessen Fleisch durchsichtig ist. Beim Kochen nimmt es eine knorpelige bis gelatinöse Konsistenz an. Das Eiweiß der Seegurke enthält 40–56 % Kollagen. Seegurken werden vorwiegend getrocknet in den Handel gebracht. Sie werden besonders zu Suppen (z. B. Trepang- und Schwalbennestersuppe), Ragouts, Frikassees und Würzen verarbeitet.

Holstein. Friedrich August von H. (1837–1909), Diplomat im Auswärtigen Amt in Berlin, „Graue Eminenz" unter Bismarck. Klass. Garnitur z. B. Kalbsschnitzel Holstein.

Holzgeist → *Methylalkohol.*

Holzofenbrot. Freigeschobenes, im Holzofen bei fallender Hitze gebackenes Brot. Durch die hohe Anbacktemperatur und die lange Backdauer hat das Brot eine kräftige Kruste und ein deftiges, volles Aroma. Im Holzofen, auch altdeutscher Ofen genannt, wird im gemauerten Gewölbe – in dem später das Brot gebacken wird – Holz angebrannt und dann die Aschenreste entfernt. Die Hitze ist in den Steinen gespeichert. Es wird abwechselnd geheizt und gebacken.

Hommos. Auch Humus geschrieben, Bestandteil der arabischen Küche, wird aus lange eingeweichten, gekochten, passierten Kichererbsen zubereitet, die mit → *Tahinek* (libanesisch: Tahine), Olivenöl und Zitronensaft abgeschmeckt werden.

Homocerk. Wissenschaftlicher Ausdruck für gleichmäßige Schwanzflosse bei Fischen.

Homogenisierte Milch. Frischmilch wird unter Druck von 200–300 atü durch feine Düsen gepresst, so dass die Milchfetttröpfchen von 10 μ Durchmesser auf unter 1 μ verkleinert werden. Damit vergrößert sich die Gesamtoberfläche des Milchfetts um über 200 %, sodass es leichter für die → *Emzyme* (Lipase) angreifbar, also besser verdaulich wird. Auch das Casein wird durch Homogenisierung so verändert, dass es bei anschließendem Säurezusatz feinflockig ausfällt und dadurch ebenfalls leichter verdaulich wird.

Homöostase. Normale Stabilität gewisser Körperfunktionen wie Stoffwechsel, Temperatur, Blutdruck, Blut-pH und ihre Verteidigung gegenüber den vielfältigen „Aggressionen" der Umwelt, d. h. Aufbau und Verbrauch halten sich die Waage. Konstanz von Konzentrationen.

Honeybush-„Tee". Der Honeybush wächst auf schwer zugänglichen Zedernbergen. Der Tee ähnelt dem → *Rooibos-Tee* und kommt aus Südafrika auf den Markt.

Honig. Die Honig-Verordnung definiert Honig: „Honig ist der süße Stoff, den die Bienen erzeugen, in dem sie *Nektariensäfte* oder andere, an lebenden Pflanzenteilen sich vorfindende süße Säfte aufnehmen, durch körpereigene Stoffe bereichern, in ihrem Körper verändern, in Waben aufspeichern und dort reifen lassen." Unterscheidung: 1) Nach der Herkunft in Blüten- und Honigtauhonig. 2) Nach der geographischen Herkunft in deutschen und ausländischen

Honigliköre

Honig. 3) Nach der Gewinnung in Schleuderhonig, Scheiben- oder Wabenhonig, Tropf- oder Laufhonig, Presshonig, Seimhonig. 4) Nach dem Verwendungszweck: Speisehonig, Back- oder Industriehonig.

Honigliköre. Unter Verwendung von Honig hergestellte Liköre, mit mind. 25 kg Honig auf 100 l des fertigen Produktes. Der Zusatz von Zucker, Glukosesirup und Zuckercoleur ist erlaubt; verboten sind dagegen Zusätze, die einen höheren Gehalt an Honig vortäuschen könnten. Mindestalkoholgehalt 35 % Vol. Honigliköre werden z. B. unter dem Namen „Bärenfang", „Petzfang" angeboten.

Hopfen. Schlingpflanze, von der nur die unbefruchtete, zapfenartige Fruchtähre – Dolde – der weiblichen Pflanze für die Bierherstellung benutzt wird. Hopfen beeinflusst Haltbarkeit, Aroma, Klarheit und Schaumbildung des Bieres, wobei der Hopfen aus Holztun (Eifel) bes. viele Bitterstoffe hat und der aus der Holletau milder ist.

Hopfenangebot für die Brauereien. Frisch, getrocknet, gepresst, Hopfenpulver, Hopfenextrakt.

Hopfenspargel. Keimlinge von Sprossen der Hopfenpflanze, die wie Spargel zubereitet und genossen werden können. Werden nicht geschält.

Hopfensprossen. Bei der Kultur des Hopfens werden im Frühjahr ein großer Teil der jungen Sprossen entfernt und nur die stärksten Sprossen an der Pflanze belassen. Die jungen Sprossen werden zu Salaten, als Gemüsegerichte und Beilagen verarbeitet. Die aus der Erde geholten, vollständig weißen, überflüssigen Triebe werden gewaschen und vor dem Verarbeiten blanchiert.

Horchata. Erfrischungsgetränk aus Spanien, dessen Grundstoff die → *Erdmandel* liefert.

Hormone. Körpereigene Stoffe, die über die Enzyme in die Stoffwechselvorgänge eingreifen, während Enzyme den Stoffwechsel überhaupt erst ermöglichen (z. B. Adrenalin, Insulin, Thyroxin).

Hors d'age. Altersangabe für Cognac, → *Antique.*

Hors-d'œuvre (m); Vorspeise.

Hors-d'œuvrier. Abteilungskoch in einer großen Küchenbrigade, der für die Herstellung aller Vorspeisen verantwortlich ist.

Horse radish → *Meerrettich.*

Hospiz. Urspünglich ein von Mönchen oder relig. Vereinen geführter einfacher → *Berherbergungsbetrieb*; heute auch schon in der Form von Hotels.

Hot-Boning. Ausdruck bei der Zerlegung von Schlachtfleisch, hauptsächlich bei Rindern. Die Rinder werden nicht mehr nur in zwei Hälften vor dem Verarbeiten gekühlt, sondern sofort, d. h. noch warm zerlegt und gleich vakuumverpackt. Dadurch ergeben sich Vorteile wie: **a)** niedrige Keimzahl und dadurch lange Haltbarkeit (4–6 Wochen), **b)** bessere Fleischfarbe nach dem Reifeprozess, **c)** durch neue Packtechnik mit Tiefziehung/Warmversiegelung kaum Packungen mit mangelndem Vakuum, **d)** wesentlich weniger Fleischsaft in der Packung.

Hotel → *Beherbergungsbetrieb.*

Hotelaufnahmevertrag → *Beherbergungsvertrag,*

Hotelberufsfachschulen. Schulen, die im Gegensatz zu den → *Hotelfachschulen* berufsvorbereitende Schulen sind. Sie werden von Schulabgängern für ein bis drei Jahre besucht. Theoretische und praktische Ausbildung sollen die Abgänger befähigen, im Hotel- und Gaststättengewerbe zu arbeiten.

Hotel-Dispograph. Vermietungssystem, eignet sich besonders dort, wo sich die Aufenthaltsdauer der Gäste auf einen längeren Zeitraum erstreckt und die Reservierungen lange im Voraus erfolgen. Die Einstellung ist die gleiche wie beim Vermietungsplan für ein Kurhotel. Die Zimmernummern laufen vertikal, die Datumseinteilung (Monate/Tage) horizontal. Wird heute weitgehend durch Computer ersetzt.

Hotelfachmann(-fachfrau). Anerkannter Ausbildungsberuf im Hotel- und Gaststättengewerbe (Ausbildungsdauer: 36 Monate). Abschluss als Gehilfe – Prüfung vor der Industrie- und Handelskammer, → *Berufsbild*.

Hotelfachschule. Im Gegensatz zu den → *Hotelberufsfachschulen* dient eine Hotelfachschule der Fortbildung. Sie wird nach Berufsausbildung und anschl. fachspezifischer Praxis besucht. Sie führt in 2 Jahren zum Betriebswirt.

Hotel Garni → *Berherbergungsbetriebe*.

Hoteljournal. Tagebuch, in dem die Leistungen des Hotels an jedem einzelnen Gast tageweise und spartenmäßig eingetragen werden. Spartengruppen: **1)** Personalsparten = Zimmernummer, Personenanzahl, Name, **2)** Leistungssparten = Logis, Bedienungsgeld, Frühstück, Restaurantleistungen, Garagen, Telefon, Diverses, **3)** Verrechnungssparten = Tagesbetrag, Vortrag, Gesamt, Kasse, Abzüge, Übertrag. In den meisten Betrieben werden heute für die Erfassung der Daten Computer eingesetzt.

Hotelkaufmann. Gebräuchliche Berufsbezeichnung für Kaufmannsgehilfen im Hotel- und Gaststättengewerbe, die meist in Groß- und Mittelbetrieben im kaufmännischen Bereich ausgebildet wurden. Die Ausbildungszeit dauert drei Jahre, die Prüfung wird vor der → *IHK* abgelegt.

Hotelketten. Unternehmen mit unterschiedlichen → *Unternehmensformen*, die mehrere Hotels gleicher oder ähnlicher Art in einem Land oder international betreiben. Zu den größten der Welt gehören: Holiday Inn, Sheraton Corp., Ramada und Hilton Hotels Corp. und auf dem deutschen Markt Steigenberger.

Hotelklassifizierung. Als Orientierungshilfe für die Gäste sind fast alle Hotels dieser Welt klassifiziert. Meist verwendet man 1–5 Sterne, wobei man davon ausgehen kann, dass die Qualität von 1 zu 5 Sternen steigt. Darüber gibt es zuweilen noch eine Luxusklasse. Die Kriterien und damit die Einordnung ist jedoch von Land zu Land verschieden und lässt deshalb nicht unbedingt einen direkten Vergleich zu. Während sich die Klassifizierung in Italien und Spanien noch nicht so richtig durchsetzen konnte, kennt Frankreich seit Langem ein exaktes System. Neu gestaltet wird es als Nouveau Norm mit N.N. gekennzeichnet. Es führt 5 Sterne und die Luxusklasse. Großbritannien und Schottland kategorisieren: *****Exceptionel, World class; ****Excellent, ***Very good, **Good und *Fair and acceptable. Für Deutschland wurden die Richtlinien für die „Deutsche Hotelklassifizierung", die auf freiwilliger Basis erfolgt, vom → *DEHOGA* festgelegt. Dabei schloss er sich für die unterste Klasse (ein Stern) an die gesetzlichen Mindestanforderungen an und kategorisiert: *Tourist – für einfache Ansprüche; **Standard – für mittlere Ansprüche; ***Komfort – für gehobene Ansprüche; ****First Class – für hohe Ansprüche; *****Luxus – für höchste Ansprüche.

Hotellerie → *Gastgewerbe*.

Hotelmarketing. Eine Unterform des Dienstleistungsmarketings. Auch hier bilden Marktforschung und Befragungen die Basis. Die Besonderheit, der unbedingt Rechnung zu tragen ist, liegt im Angebot der nicht lagerbaren Dienstleistungen und dem starken Einschlag der subjektiven Bedürfnisse der Gäste.

Hotelordnung

Hotelordnung. Generelle Leitlinie; beschlossen von der IHA 1954; Fasst die wesentlichen Punkte für die Beherbergung zusammen. Dazu gehören: Aufnahme im Hotel (Beherbergungs-, und/oder Bewirtungsvertrag), Rechte des Gastes (Unterkunft und übliche Dienste), Pflichten des Gastes (Schadenshaftung, Ordnung im Hotel, u. a.), Vorausbestellungen von Zimmern (Anzahlung bei Bestellung, Pflicht zur Übernahme bestellter Zimmer, Vertragsverlängerung bei nicht rechtzeitiger Freigabe), Vertragsbeendigung (Ersatz bei vorzeitigem Abbruch, Kündigungsrecht des Hotels), Haftung des Hotels, Pfandrecht, Todesfälle und Verpflichtung der Erben. → *Hotelklassifizierung*.

Hotelporzellan → *Porzellan*.

Hotelprospekt → *Prospekt*, → *Werbemittel*.

Hotel-Reservierungssysteme. Zimmervermietungsplan mit Vorbestellbuch. Wandtafel mit Steckkarten für Tagesdisposition. → *Whitney-System*, → *Hotel-Dispograph*, Empfangscomputer.

Hotel-/Restaurant-Rechnung. Die Rechnung eines Hotel-Restaurants sollte folgende Angaben aufweisen: **1)** Nummer der Rechnung, **2)** Angabe des Betriebes, **3)** Zimmernummer, **4)** Tischnummer, **5)** Datum, **6)** Artikel, Einzelpreis, Gesamtpreis, **7)** Etagenaufschlag, **8)** Nettobetrag, **9)** Mehrwertsteuer, **10)** Inklusivpreis, **11)** Bedienungsgeld, Sektsteuer eingeschlossen, **12)** Unterschrift des Angestellten, **13)** evtl. Name, Adresse und Unterschrift des Gastes.

Hotelzimmer (Auszug aus den gesetzlichen Bestimmungen). Mindestgrößen ohne Bad und WC: 1-Bettzimmer = 8 m^2, Doppelzimmer = 12 m^2. Jeder Schlafraum muss vom Flur aus einen getrennten Zugang aufweisen. In jedem Schlafraum oder in Verbindung mit ihm muss eine – anderen Gästen nicht zugängliche – Waschgelegenheit mit fließendem Wasser vorhanden sein. Alle Türen müssen von innen und außen abschließbar sein. In allen Zimmern müssen Brandschutzhinweise aushängen.

Hotte. Traggefäß für Trauben bei der Weinlese.

Housekeeping. Diese Abteilung umfasst die ganze „Haushaltung". Hierzu gehören: Ordnung, Sauberkeit, Pflege und Schmuck aller Galaräume inklusive der Gästezimmer, aber auch der Gänge, Personalräume und Arbeitsräume. Die Verantwortung für diesen Bereich trägt die → *Hausdame*. Sie ist ihrerseits der Direktion unterstellt und muss mit dieser und der Rezeption eng zusammenarbeiten. In großen Häusern wird sie von der Hausdamenassistentin und/oder den Etagenhausdamen und der → *Wäscheschließerin* unterstützt. Fünf große Aufgabenbereiche können dem Housekeeping zugeordnet werden. **1)** *Personalbereich*. Hierzu gehört der Einsatz und die Überwachung des Zimmerpersonals evtl. auch des Hausdieners einschließlich des Wäschebereichs. **2)** *Kontrolle und Überwachung*. Sie erstreckt sich auf die Arbeitsüberwachung einerseits und die Sachüberwachung andererseits. Es fallen Zimmer-, Gang-, Gastraum-, Pflanzen-, Gerätekontrollen ebenso hierunter wie Bestands- und Magazinkontrollen und die Bereitstellung und Freigabe der Zimmer (→ *Zimmerkontrolle*). **3)** *Planung*. Neben der direkten Personaleinsatzplanung sind mit der Direktion zusammen die Urlaubspläne zu erstellen. Dazu kommen die Arbeitsablaufpläne, die Reinigungspläne, die Pläne für Schulungen der Mitarbeiter und die Ausbildung der dem Bereich zugeteilten Auszubildenden, außerdem die Mitarbeit bei der Planung der Raumgestaltung und bei Anschaffungen. **4)** *Verwaltung und Organisation*. Alle im Plan vorgegebenen Teilarbeiten sind zu organisieren. Daneben sind Bestände zu erfassen und zu ergänzen, Reparaturen zu veranlassen (z. B. an Geräten) und Schäden zu melden. Schulung und Einarbeitung sind zu organisieren. Dazu kommen die notwendigen Aufzeichnungen, die die Hausdame zu führen hat über Bestände und deren Veränderungen, Reparaturen, Gästewäsche, Fundsachen, das Inventar und die Zimmerbereitstellung. **5)** *Gästebetreuung.* Die Betreuung der Gäste erstreckt sich nicht nur auf einwandfreie Zimmerbereitstellung, sondern auch auf die Abwicklung von Sonderwünschen und die Behandlung der *VIPs* sowie die Entgegennahme von Reklamationen.

HSMA. Hotel Sales Management Association. Vereinigung der Sales-Manager.

Huchen *(Donaulachs; frz.: huch (m); engl: huchon).* Lachs, zur Familie der Salmoniden gehörend. Vorkommen: Im Stromgebiet der Donau, in schnell fließenden, sauerstoffreichen und kühlen Gewässern mit steinigem oder kiesigem Grund. Bis 1,5 m Länge und 50 kg Gewicht. Die Flossen sind orangefarbig. Alte Männchen bekommen mit der Zeit eine rote Unterseite und werden deshalb als „Rotfisch" bezeichnet. Das Fleisch des Huchens ist weiß. Sein festes Fleisch schmeckt gut und wird meist wie Lachs verarbeitet. Man soll es nach Möglichkeit nicht frisch verarbeiten. Ausgenommen und leicht gesalzen im Kühlhaus gelagert, gewinnt es an Geschmack.

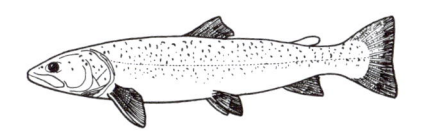

Huhn. Wichtigstes Haustier wegen des Fleisches und bes. der Eier (1 Huhn legt ca. 150 Eier/a). Im Vordergrund steht Frankreich mit La Bresse, von woher in Qualität und Vollfleischigkeit bestes Geflügel kommt; es ist mit einer Plombe „Bresse garantie" versehen. Weiteres vollwertiges Geflügel liefert unter anderem Ain, Châlons, La Flèche, Le Mans, Metz, Périgord, Rouen, Toulouse und die Normandie, ferner die Steiermark (Österreich). Aus dem Gebiet von Mecheln (Belgien) stammen die nicht minder guten „Brüsseler" Masthühner; in gleicher Güte kommen sie aus Holland und der Tschechischen Republik, dem früheren Jugoslawien, Rumänien und Ungarn. Die deutschen Zuchtergebnisse der Vierlanden und des Lüneburger Gebietes sollen besonders erwähnt werden. Unter dem Begriff „Marktware" meldet sich im zeitigen Frühjahr (März) das vier bis sechs Wochen alte Küken – poussin (250 bis 400 g schwer) – bekannt unter dem Namen „Hamburger Stubenküken"; 6 bis 10 Wochen alt (400 bis 500 g) wird es zum Doppelküken poussin gras – unter den gleichen Voraussetzungen wird der Junghahn – le jeune coq (300 bis 500 g) angeboten. Die bedeutendste Rolle unter den Hähnchen spielen die 10 bis 12 Wochen alten und 600 bis 1000 g schweren, bereits mit Körnern gefütterten Brathähnchen – poulet de grain – je nach Verwendungszweck bzw. Preiswürdigkeit werden sie in entsprechendem Gewicht beim Händler bestellt, also z. B. 800 g das Stück. Unter der Bezeichnung „Poulet reine" wird ein gemästetes Huhn, ca. 1,2 kg schwer aus Frankreich auf den Markt gebracht, welches bereits den großen Vorzug hat, dass man es für alle Zubereitungsarten verwenden kann. Das Masthähnchen – poulet gras – ist 1,2 kg schwer und kann Gewichte bis fast 2 kg erreichen. Im Herbst (September) mit einem Alter von drei bis fünf Monaten, und einem Durchschnittsgewicht von 1,25 kg erscheint noch vor der Geschlechtsreife das Jungmasthähnchen – poulardine. Die Krone der Geflügelmast, bzw. -zucht stellen mit fünf bis neun Monaten die Masthühner – poulardes – (alte Bezeichnung: pouie vierge), 1,5 kg bis 2,5 kg schwer und die Masthähne (Kapaune) – le chapon – 1,5 kg bis 2,75 kg und mehr dar. Während in Deutschland nach dem Tierschutzgesetz das Kastrieren der Tiere verboten ist, muss dieses Qualitätsgeflügel des Auslandes nicht unbedingt diesen Eingriffen ausgesetzt worden sein. Unter dem Begriff alte Hühner – poule – 1,5 kg bis 2,5 kg versteht man solche, die abgelegt haben und als sogenannte Suppenhühner in den Handel kommen, alte Hähne – coq – sind geschlechtsreife Tiere.

Huiles vierges → Olivenöl.

Hülsenfrüchte (= Leguminosen) sind die in der menschlichen Ernährung eingesetzten reifen oder halbreifen Samen von Erbsen, Linsen, Bohnen und Sojabohnen. Sie sind reich an Stärke, Ballaststoffen und Eiweiß. Letzteres wird insbesondere durch Getreideeiweiß aufgewertet.

Humanisierung der Arbeitswelt. Hierunter versteht man alle Maßnahmen, die Arbeitswelt durch Veränderung der Arbeitsbedingungen und der Arbeitsgestaltung menschengerechter und menschenwürdiger zu machen. Mögliche Ansatzpunkte: **a)** Gestaltung des Arbeitsplatzes, der Geräte und der unmittelbaren Arbeitsumwelt, was mit Rücksicht auf die physischen und psychischen Möglichkeiten des Menschen zu geschehen hat. **b)** Gestaltung und Variabilisierung der Arbeitszeiten, so dass sie den Arbeitnehmerintentionen entgegenkommen (z. B. durch Gleitzeit, Teilzeit), **c)** Gestaltung der Arbeitsorganisation. Die beiden letzten Gestaltungsmöglichkeiten i. V. mit dem Wunsch, die Arbeitnehmer stärker zu motivieren und dennoch bessere Dienstleistungen anzubieten, haben zu neuen Formen der Arbeitsorganisation geführt. → Ergonomie.

Human relations. Pflege zwischenmenschlicher Beziehungen. In der Gastronomie in zweifacher Weise von besonderer Bedeutung: **a)** innerbetrieblich für das Arbeitsklima, wo mit psychologischen Maßnahmen die Beziehungen zwischen den Arbeitnehmern und zu den Vorgesetzten so harmonisiert werden sollen, dass eine echte Teamarbeit geleistet wird; **b)** im Hinblick auf die Beziehung zwischen Gästen und Personal, wo das Personal wesentlicher Faktor der Vertrauenswerbung beim Gast ist und deshalb einer intensiven Schulung bedarf, um befähigt zu sein, das Verhältnis zum Gast richtig aufzubauen.

Humidor. Fachgerechter Aufbewahrungsbehälter für Zigarren. Feuchtigkeitsregler (Hygrometer) wirken der Austrocknung entgegen (Lat. humidus = feucht).

Huminy. Auch Hominy genannt. Nordamerikanisches Frühstücksgericht, das aus in Milch gekochtem Maisgrieß, Zucker und Rahm besteht.

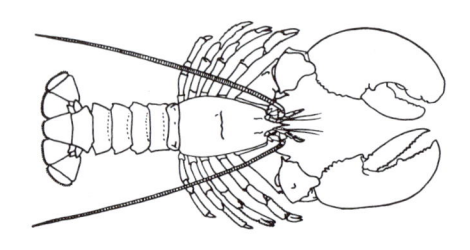

Hummer *(frz.: homard, m.; engl.: lobster).* Saison: ganzjährig; Vorkommen: Felsige Buchten des Atlantiks, Fjorde Norwegens, Küstengebiete Helgolands (selten); Farbe richtet sich nach dem Untergrund: Tarnfarbe: graubraun, kastanienbraun, blau-violett-braun, 25–40 m Tiefe, er wird mittels Reusen oder Körben gefangen. Bei Temperaturen unter +5° keine Nahrungsaufnahme. Bei konstanten Temperaturen von 20–22 °C verendet er. 0,5 kg ist das beste Gewicht = ca. acht Jahre alt. Zwei Scheren, eine meistens schwächer = Spürschere, die andere Schere stark = Kampf- und Brechwerkzeug. Er ist ein Nachttier; ernährt sich von Muscheln und Würmern; sehr langsames Wachstum, jährlich ein- bis zweimaliges Häuten; dabei eine Längenzunahme von 2 cm. Schonvorschrift: Mindestmaß 20–21 cm Länge. *Biologisch extrem:* 75 cm Länge – ca. 4 kg Gewicht. Ca. 200 Jahre alter Hummer, in Amerika gefangen – 14 kg Gewicht, Name – Duke. Häuten: Er frisst sich voll, bis der Panzer platzt, legt sich auf die Seite und windet sich heraus. Da das Blut sich vorübergehend zurückzieht, schrumpfen die Scheren ein und können so durch die Gelenke gezogen werden, deren Öffnung nur $1/9$ des Scherenumfangs beträgt. Verarbeitung: Nach der Lieferung sollten die Hummer sofort verarbeitet werden, um Gewichtsverluste zu vermeiden. Das Zerteilen lebender Hummer ist in Deutschland gesetzlich verboten (Tierschutz). Das Eintauchen der Hummer in kochendes Wasser tötet sie, ohne das Fleisch zu garen. *Wichtig!* Abkochen in viel Wasser, welches richtig kocht; Zugabe von Salz, Kümmel. Ein Hummer von 0,5 kg Gewicht nach dem Aufkochen noch 10 Min. ziehen lassen, dann erkalten lassen im Fond.

Hummi Ferma. Mittelfrühe Erdbeersorte. Sie ist großfruchtig, von süßsäuerlichem Aroma und ist für den Frischgenuss geeignet.

Humpen. Trinkgefäß, griech. kymbos = Gefäß, mhd. humpe = Klumpen. Seit dem 16. Jahrhundert aus der Leipziger Studentensprache.

Humus → *Hommos*.

Hundert Prozent Malt Whisky 100% – Scotch. Bezeichnung für einen Verschnitt aus verschiedenen Single- (Pure-Malt-) Whiskys.

Hundszunge. Ein Plattfisch; Außenseite der Brustflosse schwarze Spitzen, graubraune Färbung, ca. 35–55 cm Länge. Bis zu 2,5 kg schwer. Mindestmaß: 28 cm. Verarbeitung wie bei → *Rotzunge*.

Hungertuch. Während der Fastenzeit Abdeckung des Kirchenaltars, um die Gläubigen zur Buße zu mahnen (… am Hungertuch nagen …).

Hutzelbrot. Hutzeln = gedörrte Birnen. Fruchtbrot, süddeutsche, vor allem württembergische Spezialität aus Hefeteig, getrockneten, klein geschnittenen Früchten (Birnen, Pflaumen, Feigen) Haselnüssen, Rosinen und Gewürzen, besonders Anis, Koriander, in Kastenformen gebacken.

Hutzucker. Nicht ganz gesättigte Zuckerlösung wird in Kegelformen von $\frac{1}{2}$ bis 1 kg Inhalt gefüllt, zentrifugiert, getrocknet.

Huxelrebe. Weißweintraube. Kreuzung: Weißer Gutedel × Courtillier Musqué. Die Weine haben ein dezentes Muskatbukett.

HwO. „Handwerksordnung".

Hybriden. Natürliche und künstliche Kreuzungen von Amerikanerreben mit europäischen Reben. Die Kreuzungen wurden durchgeführt, um die Widerstandsfähigkeit der amerikanischen Reben gegen Pilzkrankheiten und die Reblaus auf die europäischen Reben zu übertragen → *Direktträger*.

Hydratation. Anlagerung der als Dipole wirkenden Wassermoleküle an Ionen, neutrale Moleküle oder Kolloidteilchen. Bei schlachtwarmem Fleisch sind viele Eiweißmoleküle mit negativer oder positiver Ladung vorhanden (Zwitterion). Diese „Pole" ziehen Wassermoleküle an, es kann sich an negativen Polen mit seinem positiven H-Pol, bzw. an positiven Kontaktstellen mit seinem negativen O-Pol anhängen und wird dabei wie von einem Magneten festgehalten.

Hygiene → *Betriebshygiene*. Wissenschaft von der Gesundheit und ihrer Pflege, a) *öffentliche Hygiene* = zur Vorbeugung und Bekämpfung von Seuchen und gemeingefährlichen Erkrankungen und zur Durchführung von Maßnahmen zur Förderung der Volksgesundheit, b) persönliche Hygiene = Körperpflege, gesunde Lebensweise, entsprechende Kleidung, Ernährung, Körperreinigung, Zahnpflege, Leibesübungen.

Hygienefaktoren → *Motivationslehre*.

Hypervitaminosen. Krankhafte Störung, hervorgerufen durch übermäßige Zufuhr von Vitamin A und D.

Hypothek → *Kreditsicherung*. Die Hypothek ist die dingliche Belastung eines Grundstücks (Grundpfandrecht) zur Befriedigung einer Forderung. Sie wird ins Grundbuch eingetragen und wächst dem Grundstückseigentümer bei Ausgleich der Forderung nach und nach als Eigentümergrundschuld zu.

Hyson. Grüner Tee aus China, dessen Herstellung jahreszeitlich bedingt ist.

I

IAS. International accounting system. Herausgeber neuer Bilanzvorschriften für international tätige Unternehmen.

Iberico Schinken. Jamón ibérico, span. Spezialität. Von ost- und südspanischen Freilandschweinen, die mit Gras, Kräutern und Eicheln gefüttert werden. Reifezeit: 24 Monate in Trockenhallen. Danach mit Penicillium roqueforti überzogen.

ICD → *Catering*. ICD ist die Abkürzung für „Industrieverband der Caterer in Deutschland", in dem sich die Caterer 1982 zusammengeschlossen haben, um Öffentlichkeitsarbeit für die Mitglieder zu betreiben.

I.C.O. Zusammenschluss von westlichen Kaffee-Einfuhrländern, die sehr eng mit den kaffeeproduzierenden Ländern zusammenarbeiten. Zweck: Preise und Anbaumengen unter Berücksichtigung des Kaffeekonsums zu stabilisieren.

IGT – indicazione geografica tipica. Italienische Qualitätsbezeichnung für Landweine. Typische geographische Bezeichnung.

IHA. International Hotel Association. Internationale Hotelvereinigung.

IHK → *Kammerbeiträge*, → *Industrie- und Handelskammer*.

Ihlen → *Heringe*, die abgelaicht haben, deshalb mager sind.

Image. Die Gesamtheit der Vorstellungen, die sich eine Person oder mehrere Personen von einer Sache (Gaststätte) gemacht haben; ein Meinungsbild. Das Image wird durch viele externe und interne Faktoren beeinflusst. In der Gastronomie sind folgende Makrofaktoren mitbestimmend **a)** Einschätzung der Gastronomie nach ihren Leistungen, **b)** Einschätzung der Gastronomie nach ihren Arbeitsbedingungen, **c)** Einschätzung der Gastronomie als Investitions- und Erwerbsfeld. Als Einflussgrößen für das Image eines Einzelbetriebes sind bekannt: **a)** das Leistungsangebot des Betriebes, **b)** die gesamte Ausstattung, **c)** der Service, **d)** die Preispolitik, **e)** die Werbung. Die Imagemessung kann u. a. durch Meinungsforschung erfolgen.

Imbottigliato *(messo in bottiglia nell' Origine, del produttore all'origine)*. Weingutabfüllung (ital.).

Imbottigliato nello stabilimento della ditta. In Italien Kellerabfüllung von ...

Immaterielles Anlagegut → *Anlagevermögen*, → *Bilanz*. Güter des Betriebsvermögens, die nicht materieller Natur sind, wie z. B. Forderungen, Anteile, → *Firmenwert*. Sie sind nur aktivierungsfähig, wenn sie entgeltlich erworben sind.

Immersionsbacken. (Syn.: für Frittieren), garen in tiefem, heißen Fett. Immerger = eintauchen, überfluten.

Immersionsverfahren. Hierbei wird Gefriergut in ein Gefrierbad von ca. -15 bis $-25\,°C$ eingetaucht. Als Gefrierflüssigkeit werden Salz- oder Glykollösungen verwendet. Anwendung insbesondere bei Geflügel.

Impala. Ein Wildbret im Körperbau dem Rotwild sehr ähnlich mit bes. großem weißen Spiegel, aber nicht ganz so schwer, eher wie ein Hirschkalb, ca. 60–75 kg Gewicht. Das Impala-Wild ist in Süd- und Südwestafrika beheimatet. Die Impala-Keulen haben ein Schnitt-Gewicht von ca. 6,5 kg, die Impala-Rücken von ca. 5,5 kg je Stück.

Imparitätsprinzip → *Bewertung*.

Imprägnierung. 1) Bei Schaumwein: Zusatz von CO_2 zum Wein unter Anwendung von Druck, um ihm schäumende Eigenschaften zu geben. Diese billigste Herstellungsform wird bei Schaumweinen heute nur selten benutzt. Bei Anwendung ist der Hersteller verpflichtet, auf dem Etikett den Zusatz „mit zugesetzter Kohlensäure" anzubringen. Der entstandene Druck muss bei + 20 °C in verschlossenen Behältern 3 bar betragen. **2)** Bei Textilien: Wasserundurchlässig machen von Geweben und Textilien.

Improvisation. Fallweises Handeln und Treffen außerplanmäßiger Entscheidungen in ungewöhnlichen, neuartig oder unerwartet auftretenden betrieblichen Situationen. Die zu treffenden Maßnahmen können auf Erfahrungen beruhen oder der Intuition entspringen. Sie sind ihrem Wesen nach labil und im Allgemeinen von Unvollständigkeit und Ungenauigkeit gekennzeichnet und sollten daher nur vorübergehend gelten. → *Organisation.*

INAO *(Institute Nationale des Appellations d'Origine).* Dieses Institut ist zuständig für die einzelnen → *A.O.C.-Gebiete* Frankreichs.

Indexzahlen → *Statistik.* Verhältniszahlen, inhaltlich gleiche Zahlen verschiedener Zeitpunkte werden miteinander verglichen, ausgehend von einer Basisgröße (= 100 %). (z. B. Kapazitätsausnutzung 2002 [100 %] und in den folgenden Jahren).

Indische Dattel → *Tamarinde.*

Individualversicherung (Vertragsversicherung, private Versicherung). Beruht auf einem Vertrag zwischen dem Versicherer und dem Versicherungsnehmer, wobei letzterer nicht mit dem Versicherten identisch sein muss. Individualversicherungen können für fast alle Lebensbereiche abgeschlossen werden. Die wichtigsten sind: **1)** *Personenversicherungen:* a) Lebensversicherung auf Erlebens- und/oder Todesfall, b) private Krankenversicherung, c) private Unfallversicherung. **2)** *Sachversicherungen:* a) Einbruchdiebstahlversicherung (Ersatz der entwendeten Gegenstände), b) Feuerversicherung (Schadenersatz bei Feuer, Explosion u. a.), c) Transportversicherung, d) Tierversicherungen (z. B. für Hunde), e) Maschinenausfallversicherung, f) Schlechtwetter- und Hagelversicherung, g) Kraftverkehrsversicherungen wie Unfall-, Kasko- oder Haftpflichtvers. **3)** *Vermögensversicherung:* a) Haftpflichtversicherung, wenn jemand zur Haftung nach Gesetz oder Vertrag herangezogen wird, b) Betriebsunterbrechungsversicherung, c) Kreditversicherung (bei Schäden aus Liefererkrediten), d) Rechtsschutzversicherung.

Individualwerbung → *Werbung.* Besondere Form der → *Direktwerbung,* bei der der potenzielle Gast direkt angesprochen wird. So z. B. per Brief. Diese Methode bietet sich in der Gastronomie an, wenn das Angebot geändert oder erweitert wird, um davon die Stammgäste (z. B. regelmäßige Tagungsgäste) in Kenntnis zu setzen.

Induktion. Aus Einzeltatsachen Allgemeingültiges herleiten = Pädagogisches Verfahren für Lehrer und Ausbilder (induktive Methode). Gegensatz → *Deduktion.*

Induktionsherd. Der Herd wird mit normalem Netzstrom betrieben. Beim Einschalten erzeugt ein elektronisch gesteuerter Generator mittels eines Induktors ein Magnetfeld, welches die darüberliegende Glaskeramikplatte durchdringt. Diese bleibt kalt, da es sich hier bislang noch um elektromagnetische Energie handelt und nicht um Wärme. Erst in den ferritischen Wandungen des auf der Platte befindlichen Kochtopfes wird diese Energie in Wärme umgewandelt. Die hohe Energieeinsparung und die rasche Erwärmung der Speisen liegt darin begründet, dass auch die seitlichen Topfwände Hitze erzeugen, und dass nicht, wie beim konventionellen Kochverfahren üblich, hier Wärme verlorengeht.

Induktives Kochen. Unter einer Glaskeramikplatte liegen Induktionsspulen, die ein magnetisches Wechselfeld erzeugen. Setzt man einen ferromagnetischen Topf (z. B. aus Edelstahl oder Gusseisen) auf diese Kochzone, entstehen im Topfboden Wirbelströme, die als Hitze wirksam werden. Die Kochstelle selbst – da aus Glaskeramik – bleibt kalt und erwärmt sich lediglich durch die Hitze des Topfbodens. Diese Technik ist besonders energiesparend, weil die Hitze erst in dem Augenblick entsteht, in dem der Topf auf die Kochstelle gesetzt wird. Die Energie steht sofort zur Verfügung, es entfällt die übliche Anheizzeit und ein Energieverlust durch Restwärme.

Industrial Engineering. → *Arbeitsstudium*, richtet sich auf die Untersuchung und Analyse von Arbeitsprozessen, mit dem Ziel, zur Erhöhung der Wirtschaftlichkeit des Betriebes beizutragen. Im Gegensatz zum Arbeitsstudium gilt hier die Betrachtung mehr der Rationalisierung, die auf mehrere Abteilungen übergreift, sodass auf dem Arbeitsstudium aufgebaut wird, das sich mehr mit der Erfassung der Teilprozesse beschäftigt.

Industrie- und Handelskammer (IHK). Körperschaft des öffentlichen Rechts mit Pflichtmitgliedschaft aller Unternehmungen der gewerblichen Wirtschaft eines bestimmten Bezirks – ausgenommen sind Handwerksbetriebe – (→ *Handwerkskammer*). Dachorganisation: → DIHK. Aufgaben: **a)** Wahrung wirtschaftlicher Interessen und Beratung der ihr angeschlossenen Betriebe, **b)** Gutachterliche Tätigkeiten bei Behörden und Gerichten (Sachverständige), **c)** Ausstellung von Ursprungszeugnissen, **d)** Verwaltung und Kontrolle der Berufsausbildung und zahlreicher Fortbildungsmaßnahmen.

Industriewasser. Wasser, das von der Industrie in großen Mengen für verschiedene Zwecke benötigt wird; z. B. zur Herstellung, Reinigung, Kühlung etc.

Informationswege. Teil innerbetrieblicher Verkehrswege. Das Informationsnetz eines Betriebes verbindet die organisatorischen Einheiten miteinander, verklammert die Elemente der Aufbauorganisation und schafft die Basis für die Ablauforganisation. Das Informationsnetz lässt ein Kommunikationssystem entstehen, indem die Aufgabenträger als Sender und/oder Empfänger von Informationen am Anfang oder am Ende dieser Informationswege stehen. Die organisatorische Gestaltung des Systems dieser Wege ist abhängig von: **a)** der *Grundlage*, auf der Informationswege gebildet werden; 1) Formelle = bewusst strukturierte, durch in Kraft gesetzte Regelungen, 2) Informelle = ungeplante, durch das Individualverhalten der Mitarbeiter; **b)** der *Durchlässigkeit*; 1) Einseitige = Vom Sender zum Empfänger, 2) Zweiseitige = Vom Sender zum Empfänger und zurück. (Zweiseitige Informationswege sollten vorherrschen, da sie eine größere Genauigkeit gewährleisten; Empfänger haben Möglichkeit zu Rückfragen; Sender haben Möglichkeit zu Kontrollfragen.) **c)** der *Verbindungsart;* 1) Einstufige (direkte) = Verbindungen zwischen Entstehungsort und Bestimmungsort ohne Einschaltung von Zwischenstationen, 2) Zwei- oder mehrstufige (indirekte) = Verbindungen zwischen Entstehungsort und Bestimmungsort mit Einschaltung von Zwischenstationen (Gefahr der Filterung und Verzerrung der Information); **d)** der *Richtung*, 1) Horizontale = Informationsaustausch zwischen Aufgabenträgern der gleichen Ebene des betrieblichen Aufbaus; gewährleisten schnelle Information, da Vorgeordnete nicht eingeschaltet zu werden brauchen. 2) Vertikale = Informationsaustausch zwischen Aufgabenträgern verschiedener Rangstufen des Betriebes (Über- und Unterordnung), Information mit Anweisungscharakter, **e)** den *Inhalten* (Funktionen); 1) Planungsinformationen, 2) Durchführungsinformationen, 3) Kontrollinformationen.

Informationswesen. Zur Durchführung einer sinnvollen → *Öffentlichkeitsarbeit* gehört neben sachgerechter Organisation ein durchdachtes Informationswesen. Im innerbetrieblichen Informationswesen ist eine Art „innerbetriebliche Öffentlichkeitsarbeit" zu leisten,

Informelle Gruppe

damit das Verhalten der Arbeitnehmer dem Ziel der Öffentlichkeitsarbeit entspricht. Als Mittel können eingesetzt werden: **a)** innerbetriebliche Meinungsforschung, **b)** geregelte und kontinuierliche Arbeitnehmerinformation, **c)** Freizeit- und Schulungsprogramme für Arbeitnehmer, **d)** Öffentlichkeitsarbeit für Arbeitnehmer z. B. Wettbewerbsteilnahme oder Pressemeldungen mit Namensnennung der persönlich verantwortlichen Mitarbeiter. Das außerbetriebliche Informationswesen dient der Öffentlichkeitsarbeit und damit der Imagebildung. Es wendet sich an: das Gästepotenzial, die Lieferer, die touristischen Partner, die Administration, die Medien, die Kapitalgeber, die Verbände und Konkurrenten. Da alle diese Gruppen über die Medien erreichbar sind, gehört dazu besonders die → *Medienpflege.*

Informelle Gruppe. Durch gemeinsame Interessen der Mitglieder spontan gebildete Gruppe, mit dem Bedürfnis, die relativ starren Beziehungen der formellen Organisation zu lockern und Raum für persönliche Beziehungen zu schaffen (Fahrgemeinschaft, Sportgruppe im Betrieb u. a.). → *Formelle Gruppe.*

Infrastruktur. Gesamtheit der öffentlichen Güter, die für das Funktionieren einer modernen arbeitsteiligen Wirtschaft notwendig ist und die dazu geeignet ist, die räumliche Wirtschaftsentwicklung eines Gebietes zu verbessern. Im weitesten Sinne gehören dazu: **a)** Institutionelle Teile wie die Verfassung, die Rechtsordnung u. a., **b)** Ma-terielle Teile wie die Energieversorgung, das Verkehrswesen vom Straßen- und Wasserstraßennetz oder Flugnetz bis hin zu Kommunikationseinrichtungen (Telefon, Post, Telex, Internet usw.), die Forschung und Entwicklung, Lehre und Ausbildung und das Gesundheits- und Sozialwesen, **c)** personelle Voraussetzungen wie die ausreichende Zahl qualifizierter Arbeitskräfte. Die Infrastruktur eines Gebietes spielt bei der Standortwahl eine große Rolle, da ohne Verkehrswege z. B. kein Gast anreisen kann.

Inhaltsstoffe deutscher Moste und Weine.

	Most ⌀	Wein ⌀
Wasser	780–850	780–850
Zucker	120–300	je nach Qualitätsstufe
Alkohol	–	80–120
Glyzerin	0,2–3	4–12
Säure	3,5–20	3,5–12
Extraktstoffe	20–30	18–25
Gerbstoffe	bis 0,2	0,1–0,2

	Most ⌀	Wein ⌀
Farbstoffe	bis 0,3	1–2,5
Mineralstoffe	1,5–4	2–3,5
Duft-Bukettstoffe	bis 1	bis 2

(Durchschnittliche Menge in g/Liter).

Ingwer. Wurzel der Ingwerpflanze aus Asien und Südamerika. Sie ist frisch, gemahlen, getrocknet, eingelegt und kandiert im Handel. Ingwer ist Bestandteil vieler Gewürzmischungen (Curry, Garam Masala) und wird ebenso zu Süßspeisen wie zu Fleisch und Geflügel sowie Sushi/Sashimi verwendet.

Inklusivpreis → *Bewirtungskosten,* → *Preisauszeichnungsverordnung.* Im Inklusivpreis sind alle vom Gast zu bezahlenden Teile eingeschlossen. Er berechnet sich:

    Leistungs- oder Warenwert
    einschl. evtl. zu überwälzender
    Verbrauchsteuern
+   Bedienungsgeld
=   Summe
+   Umsatzsteuer
=   Inklusivpreis.

Inlett → *Gewebearten.* Ein festes Baumwollgewebe in Köperbindung zum Aufnehmen der Federn in einem → *Federbett.* Es hat 75–120 Fäden pro cm^2 und durch eine Verfilzung der inneren Schussgarnfäden eine erhöhte Undurchlässigkeit. Altersbrüchiges Inlett muss ersetzt werden, weil es durchlässig wird. Risse aufgrund äußerer

Einwirkungen können vorübergehend mit Pflaster verklebt werden. Inlett ist in schonender Wäsche waschbar.

Innerbetriebliche Stellenausschreibung. Instrument der Personalbeschaffung und Personalführung, die folgenden Zielsetzungen Rechnung trägt: **a)** Erfüllung der Aufgaben von § 93 Betr.Verf.G., **b)** Einsatz der Mitarbeiter entsprechend ihren Neigungen und ihren Fähigkeiten, **c)** Verminderung der Fluktuation, **d)** Nachwuchsförderung. Beteiligt sollen die suchende Abteilung, die Personalabteilung und der Betriebsrat sein.

Innereien. Für die Verarbeitung sind Leber, Niere, Herz, Zunge ohne Schleimhaut, Lunge, Speiseröhre ohne Schleimhaut, Magen und Vormagen ohne Schleimhaut, Gekröse von Kälbern unter 100 kg Lebendgewicht, Schweinemicker, Euter einschließlich ausgebildetem Schweinegesäuge, Milz, aus dem Fleisch entfernte Lymphknoten, Hirn, Rückenmark, Bauchspeicheldrüse und Bries geeignet.

Instandhaltung. Ein Wirtschaftsgut wird, ohne dass es eine Wertsteigerung erfährt, wieder in einen Zustand versetzt, der seine Lebensdauer verlängert und es weiterhin nutzbar macht. Der Aufwand, der zu dieser Instandhaltung (Reparatur, → *Renovierung*) aufgebracht wird, ist i. d. R. als → *Erhaltungsaufwand* anzusehen, kann aber auch anschaffungsnaher Aufwand sein.

Instant. Dehydrierte Nahrungs- und Genussmittel. Nach der Sprüh-, Zerstäubungs- oder Gefriertrocknung werden die wasserfreien Instantpulver raffiniert, agglomeriert, granuliert oder emulgiert, damit sich beim Aufbereiten keine Klümpchen bilden.

Instantmehl. Durch technisches Verfahren verändertes Mehl von grober Körnung, ähnlich dem Dunst. Es nimmt Flüssigkeiten, auch flüssiges Fett, auf, ist leicht schüttbar, rieselfähig und staubfrei.

Instant-Teigwaren. Teigwaren besonderer Art, in Dampf oder kochendem Wasser gegart oder getrocknet, leichtgewichtige, kochfreie Einsatzration.

Instanz. Leitungsfunktion innerhalb der Organisation eines Betriebes mit Entscheidungs- und Anordnungsbefugnissen. → *Instanzen-Gliederung*.

Instanzen-Gliederung. a) Nach der Anzahl der Beteiligten: → *Direktorial-*, Kollegial-Instanz, **b)** nach der Ebene (betriebliche Rangordnung): → *Top-, Middle-, Lower-Management*, **c)** nach der Entscheidung: → *Linien-, Stabsinstanzen*.

Insulin. Hormon der Bauchspeicheldrüse, das den Glucosestoffwechsel und somit den Blutzuckerspiegel reguliert. Mangel führt zu Zuckerkrankheit (Diabetes mellitus).

Integrierter Weinanbau. Abgeschwächte Form des → *Öko-Weinbaus*. Frei interpretiert bedeutet diese Bezeichnung „mit der Natur im Einklang".

Intelligente Lebensmittelverpackungen. Diese VO der EU-Kommission befasst sich mit Materialien, die dazu bestimmt sind, mit Lebensmitteln in Berührung zu kommen. Verpackungen sollen keine Bestandteile freisetzen dürfen, die auf das verpackte Nahrungsmittel übergehen können. Mit „intelligentem" Verpackungsmaterial lässt sich der Zustand verpackter LM permanent überwachen, da die Verpackungssysteme Aufschluss über die tatsächliche Frische des Nahrungsmittels geben.

Intentionale Erziehung. Beabsichtigte, kontrollierte und systematische Prägung des Menschen, insbesondere des Jugendlichen, durch die Umwelt, wobei Unterricht und Unterweisung im Mittelpunkt stehen. (Gegensatz: → *Funktionale Erziehung*).

Interaktion → *Soziogramm*. Wechselbeziehung zwischen Gruppenmitgliedern. Auf

Aktionen folgen Reaktionen, die wiederum Gegenreaktionen auslösen. Die Gruppenmitglieder haben bestimmte Stellungen und genießen bestimmte Wertschätzungen (Status), so die eines Gruppenführers, eines Mitläufers, eines Außenseiters u. a.

Intermediärstoffwechsel. Zwischenstoffwechsel; mit Hilfe des Blutes werden die zu Einzelmolekülen abgebauten Nährstoffe zu den Körperorganen bzw. -zellen transportiert. Die dort enzymatisch gesteuerten Ab-, Um- oder Aufbauvorgänge werden als Intermediärstoffwechsel bezeichnet. Die Endprodukte sind in der Hauptsache Wasser, Kohlendioxid und Harnstoff bzw. Harnsäure.

Interview-Methode. a) Verfahren – insbesondere bei Betriebs- und Organisations-Analysen – durch persönliche Gespräche mit den Mitarbeitern den Ist-Zustand betrieblicher Vorgänge zu ermitteln und Schwachstellen im Betriebsablauf zu erkennen und abzustellen. *Vorteile:* 1) Fragen können individuell gestellt werden (nachfassen), 2) Da persönlicher Kontakt, können Probleme mit den Betroffenen schnell und gezielt geklärt werden. 3) Zeitraubende Rückfragen entfallen. *Nachteile:* 1) Kostenintensiv, 2) Großer Zeitaufwand bei Durchführung und Auswertung, 3) Organisation kann sich während der Durchführung ändern (z. B. Krankheit, Urlaub von Mitarbeitern, innerbetriebliche Umstellungen) → *Betriebsanalyse,* → *Organisationsanalyse,* b) Als Befragungsmethode auch in der empirischen Sozialforschung und der Marktforschung in gleicher Weise verwendet. Es treten die gleichen Probleme auf. Verstärkte Problematik tritt bei Befragungen zum Intimbereich oder Tabubereich durch das „nonresponsing" auf. Erweitert kann die Interviewtechnik hier auch als Gruppeninterview verwendet werden. Problem: Oft erhält man nur die Meinung des Gruppenführers.

Intrinsisch. Von innen gelenkte, insbesondere durch das Individuum selbst gestellte Anreize. → *Extrinsisch.*

Inulin. In Pflanzenknollen wie Topinambur, Dahlienknollen, Zichorienwurzel vorkommendes Kohlenhydrat. Inulin hat stärkeähnliche Eigenschaften. Dient der Gewinnung von Fructose.

Inventar. 1) Auf der Grundlage der → *Inventur* erstelltes Verzeichnis von Vermögen und Schulden. Es gehört zu den Grundsätzen ordnungsmäßiger Buchführung, dieses Inventar zu erstellen. Das Inventar wird in Staffelform geführt und hat die Teile: Vermögen – Schulden = Reinvermögen. Das Reinvermögen entspricht in der Bilanz dem Eigenkapital. 2) Einrichtung

Inventur. Die Inventur ist die körperliche Bestandaufnahme zur Aufstellung des → *Inventars.* Das kann erfolgen: a) durch Stichtaginventur am letzten Tag des Wirtschaftsjahres (Regelfall), b) durch permanente Inventur für Waren, Roh- und Hilfsstoffe, wenn der Bestand in einer Lagerkartei oder Lagerbuchführung festgehalten wird, c) Inventur zu anderen Stichtagen mit einer Fortschreibung oder Rückrechnung zum Bilanztag (nicht länger als drei Monate). → *Permanente Inventur.*

Inventurtechniken. Während die Inventur des → *Anlagevermögens* aufgrund der Anlagenkartei wenig problematisch ist, ist die Bestandsaufnahme des → *Vorratsvermögens* problematischer, zeitraubender und kostspieliger. Deshalb wurden besondere Techniken entwickelt. Grundsätzlich gilt Einzelbewertung und die Inventur wird durch Messen, Zählen und Wiegen vorgenommen. Kann vereinfacht werden durch: **a)** Methodenkombination. Eine Packungseinheit wird gewogen und durch Zählen der Packungen das Gewicht bestimmt (z. B. Mehl) oder der Inhalt einer Packung ausgezählt und durch Wiegen die Gesamtmenge bestimmt (z. B. Schrauben). **b)** indirektes Verfahren. Die Menge wird durch Umrechnung ermittelt, so z. B. bei Öltanks, Weinfässern oder Flaschen, wo vom Flüssigkeitsstand in cm auf die Menge umgerechnet wird, **c)** Schätzung.

Investitionsrechnung

Sie ist dort erlaubt, wo körperliche Aufnahme mit unverhältnismäßigem Aufwand verbunden ist (z. B. Schrott). **d)** Stichproben. Soweit die Stichproben nach anerkannten mathematisch-statistischen Methoden durchgeführt werden, sind sie zulässig. Sie kommen für sehr große Bestände in Betracht, wobei der Fehler höchsten 1 % des Inventurwertes ausmachen darf.

Invertzucker. Süß schmeckender, wasserheller Sirup zu gleichen Teilen aus → *Traubenzucker* (Glucose) und → *Fruchtzucker* (Fructose). Gewinnung: → *Saccharose* wird in Wasser gelöst und mit verdünnter Säure gekocht oder durch Fermente *(Inverte)* gespalten. Invertzucker dreht die Ebene des polarisierenden Lichts nach links, im Gegensatz zur Saccharoselösung. Seine Süßkraft ist etwa $1/4$ geringer als bei Saccharose. In der Natur kommt er in → *Honig* und Blütennektar vor.

Investition. Beschaffung von Vermögenswerten unter Verwendung von Geldmitteln (Kapitalverwendung) (Abb. 37).

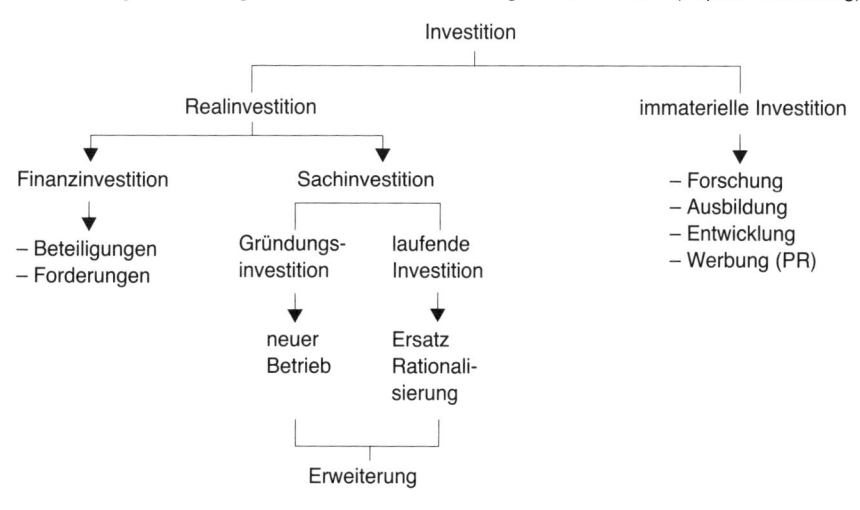

Investitionsrechnung. Entscheidungshilfe bei alternativen Investitionsprojekten, die mit Hilfe der zu erwartenden Einnahmen und Ausgaben (oder Aufwendungen und → *Erträge)* und dem Kalkulationszinsfuß die Wirtschaftlichkeit zu vergleichen sucht. Es gibt folgende Methoden: **1)** *Kapitalwertmethode* (auch Barwert- oder Diskontierungsmethode), wobei alle zukünftigen Einnahmen und Ausgaben mit dem Kalkulationszinsfuß oder einem gewünschten Verzinsungs-Zinsfuß auf den Zeitpunkt unmittelbar vor der Investition abgezinst werden. Die so ermittelten Beträge für Einnahmen und Ausgaben werden subtrahiert. Maßgebend ist der größte positive Überschuss. **2)** *Annuitätenmethode,* bei der die jährlichen Einzahlungsüberschüsse (Annuitäten) verwendet werden. Auch hier wird nach dem erzielbaren Überschuss gefragt. **3)** *Amortisationsmethode,* die danach fragt, in welcher Zeit der investierte Kapitalbetrag wieder zurückgeflossen ist. Die Investition ist sinnvoll, solange der Zeitraum kürzer ist als die Lebensdauer des Gutes. **4)** *Interne-Zinsfuß-Methode,* die den Zinsfuß sucht, bei dem der

Beschaffung von Vermögenswerten unter Verwendung von Geldmitteln (Kapitalverwendung)

Investition
- Realinvestition
  - Finanzinvestition
    - Beteiligungen
    - Forderungen
  - Sachinvestition
    - Gründungsinvestition
      - neuer Betrieb
    - laufende Investition
      - Ersatz
      - Rationalisierung
      - Erweiterung
- immaterielle Investition
  - Forschung
  - Ausbildung
  - Entwicklung
  - Werbung (PR)

Abb. 37 Investition

Kapitalwert (oder die Annuität) Null ist. Eine Investition ist vorteilhaft, wenn der interne Zinsfuß größer ist als der kalkulatorische Zinsfuß. 5) *Kapitalbudget-Methode,* bei der mit → *Operations Research* auch andere als rein finanzmathematische Aspekte zu beachten sind. Man bedient sich meist der linearen Programmierung.

IPR. Indicacao de proveniencia regulamentrada ist die Bezeichnung für die zweite Stufe der Qualitätsweine aus Portugal; ähnlich wie dem französischen → *VDQS.* Es gibt in Portugal ca. 25 Regionen mit diesem Qualitätsstatus.

IQF. Eine Art Qualitätsbezeichnung. Bedeutet *Individually Quick Frozen,* was man übersetzen kann mit: einzeln schockgefrostet. Z. B. Coronas IQF. Bei dieser Ware liegen die Shrimps einzeln, man kann den jeweiligen Bedarf entnehmen, ohne dass ein ganzer Block aufgetaut werden muss.

Irish Coffee. Starker Kaffeeaufguss, 3 cl irischer Whiskey, brauner Zucker und dickflüssige Sahne. Irish Coffee wird meist in feuerfesten Gläsern flambiert und ohne Strohhalm serviert.

Irish Whiskey. Meist aus nicht geräuchertem Gerstenmalz, aber auch aus Roggen, Hafer und Weizen hergestellt. Dieser Whiskey gleicht dem schottischen Grain-Whisky. Nach dem schottischen Muster wird in Nordirland ein Malt-Whisky produziert. Irish Whiskey wird grundsätzlich dreimal auf ca. 83% Vol. Alkoholstärke destilliert und mind. fünf Jahre gelagert. Das Endprodukt wird evtl. nach schottischem Vorbild „geblendet". Die gute Wasserqualität in Irland trägt zu der guten Qualität der irischen Whiskeys bei.

Islay Whisky. Bezeichnung für schottische Whiskys, die von den schottischen Inseln stammen.

Isoelektrischer Punkt. Bei sinkendem pH-Wert schrumpfen die Fleischfasern, die Eiweißgruppen verbinden sich untereinander, die elektrischen Kontaktstellen nehmen ab. Bei pH 5,3 gibt es keine freien elektrischen Kontaktstellen mehr, eine Wasserbindung ist damit nicht mehr möglich, der isoelektrische Punkt (IP) ist erreicht. Erkenntnis: Das Fremdwasser in der Brühwurst wird teils locker, schwammartig von den Fleischfasern festgehalten, teils durch elektrostatische Kräfte fest gebunden. → *Hydratation.*

Isomalt. Ist ein Zuckeraustauschstoff, der aus Haushaltszucker (Saccharose) hergestellt wird. Chemisch gesehen gehört er zur Gruppe der Disaccharidalkohole. Der Geschmack von Isomalt ist rein süß, ohne Neben- und Nachgeschmack, wobei die Süßkraft zwischen 0,45 und 0,6 gegenüber Haushaltszucker = 1 liegt; mit Isomalt hergestellte Erzeugnisse sind für Diabetiker geeignet.

Ist-Umsatz. Begriff aus dem Umsatzsteuerrecht; Gesamtbetrag der vereinnahmten → *Entgelte.*

Italico. Ital. Weichkäse aus Kuhmilch.

Italien – Weingesetz. Die italienische Weingesetzgebung wurde jahrzehntelang missachtet, und immer wieder tauchten Weine mit zweifelhafter Herkunft auf dem Weltmarkt auf. Erst mit Inkrafttreten der Gesetze, über die „denommazione di origine controllata" am 12. Juli 1963, besserte sich die Lage. Heute gibt es ca. 232 D.O.C.- oder D.O.C.+G.-Zonen, aber sie umfassen nur ca. 10% der Gesamtproduktion in Italien. Vino da tavola: Diese Kategorie umfasst Tafelwein jeglicher Herkunft, vor allem Verschnittwein und Wein zur Destillation. Vino da tavola con indicazione geografica *(→ IGT):* Hierunter fallen alle Tafelweine aus einem bestimmten geographischen Gebiet. Auf dem Etikett dürfen Jahrgangsdatum, Ortsbezeichnung, Farbe, Rebsorte oder Weinart angegeben sein. Damit hebt er sich klar vom namenlosen Vino da tavola ab. Vino tipico: Erst 1989 wurde diese Kategorie als Gegenstück zum französischen → „vin de pays" eingeführt. Denommazione di origine controllata D.O.C.: Diese Bezeichnung dürfen Weine von vorgeschriebenen Rebsorten, aus anerkannten Weinbergen innerhalb bestimmter Zonen tragen. Seit 1990 wird der Wein von einer Prüfungskommission auf Aussehen, Farbe, Geschmack und Geruch geprüft. Er unterliegt auch einer chemischen Analyse auf Alkohol-, Säure- und Extraktwert. Denommazione di origine controllata e garantita D.O.C.+G.: Bisher wurden 19 D.O.O. in die Ehrenklasse D.O.C.+G. erhoben (z. B. Barolo, Barbaresco, Brunello di Montalcino, Vino Nobile di Montepulciano, Chianti und Albana di Romagna). Weitere D.O.C.-Zonen stehen im Gespräch, so z. B. Carmignano, Orvieto, Torgiano rosso riserva, Gattmara und Frascati. Neben diesen 5 Kategorien dürfen bei manchen Weinen noch besondere Bezeichnungen verwendet werden. Vino novello: Dieser Wein darf frühestens am 6. November des Jahres der Ernte auf den Markt gebracht werden und muss bis spätestens 31. Dezember in Flaschen gefüllt sein. Der novello muss einen Mindestalkoholgehalt von 11 % Vol. aufweisen und darf höchstens 10 g/l Restzucker haben. Ein novello muss zu 30 % durch Kohlensäuremaischung bereitet sein. Vino spumante: Bezeichnung für Schaumwein der bestimmte Grundanforderungen an Alkoholgehalt und Kohlensäuredruck (2,5 bar) erfüllt. Vino spumante di qualita und D.O.C. spumante nur bei mindestens 6 Monaten Tankgärung oder 9 Monaten Flaschengärung. Die Kategorien von extrem trocken bis süß sind gekennzeichnet durch: dosage, zero, extra brut, brut, extra dry, secco, asciutto, abbocato und dolce. Vino frizzante: Gilt im EG-Recht als Perlwein, wenn er bestimmten Anforderungen an Ausstattung, Alkoholgehalt und Kohlensäuredruck (max. 2,5 bar) erfüllt. Seit 2000 Lagename „Vigna" erlaubt.

Italienische Meringue-Masse. Eiklar wird mit etwa einem Drittel der notwendigen Zuckermenge zu einem steifen Schnee geschlagen. Der restliche Zucker wird zum Flug (112 °C) gekocht und dann in einem dünnen Faden in die Masse einlaufen gelassen.

Italienische Teigwaren-Sorten. Barbine, Barbine verdi, Bucatini, Cappelini, Conchiglie, Conchigliette, Canneloni, Canneloni verdi, Ditalini rigati, Farfalle, Fettucine, Lasagne, Lasagne verdi, Lasagnette ricce, Maccharoni, Penne liscie, Pennete rigate, Ravioli, Rigatoni, Risoni, Sedani, Spaghetti, Spaghettini, Tortelini, Tortelini verdi, Tagliolini, Tagliatelle, Tagliatelli verdi, Tempesta, Vermicelli, Ziti.

Italienische Weine. Italien gilt als klassisches Weinland und steht als Weinexportland an erster Stelle. Es werden Weine aller Art und Geschmacksrichtungen produziert. Dafür stehen ca. 269 verschiedene Rebsorten zur Verfügung. Italiens Weingeschichte ist neben der griechischen eine der ältesten in Europa. Heute werden ca. 2200 Weine produziert. Die meisten ital. Weine bestehen aus einer Traubenmischung, die zum Teil vorgeschrieben ist. Italienische Weine – *Qualitätshinweise,* **a)** Riserva – Wein besserer Qualität, die durch längere Lagerung erzielt worden ist. **b)** Classico – aus dem Zentrum und der besten Gegend eines bestimmten Gebietes wie z. B. Chianti. **c)** Superiore – meistens haben Weine mit dieser Bezeichnung höheren Alkohol-Gehalt als vorgeschrieben. In manchen Gebieten muss solch ein Wein auch länger lagern, **d)** Numerierte Abfüllung – auch das ist ein Hinweis auf bessere Qualität, **e)** Angabe des Jahres – kann über höhere Qualität Auskunft geben, **f)** Flaschengröße – 0,75 l meist Bordeaux-Form ist ein Qualitätsmerkmal bei manchen Weinen, z. B. Chianti. **g)** Gebietswappen – deutet auf ausgesuchte Weingüter, ist aber nicht überall vom Gesetzgeber anerkannt. → *Italien – Weingesetz.*

IVM. Instituto do Vinho da Madeira.

I.V.P.

I.V.P. *Instituto do Vinho do Porto.* Portweininstitut. Kontrolliert und bestimmt den ha-Ertrag im Jahr, die Traubenqualität, Lagerungsdauer, Ein- und Verkauf zwischen Händlern und Winzern, prüft die Qualität des Weines durch ehem. Analyse und Degustation. Als Bestätigung der durchgeführten Kontrolle erhält jede Flasch Portwein eine Banderole mit einer A.P.Nr.

J

Jaboticaba. Exotische Frucht aus Brasilien. Die kirschgroßen Früchte wachsen mit einem kleinen Stiel direkt am Baumstamm. Die Früchte haben eine dunkelrote, fast schwarze und sehr feste Haut, die man nicht mitisst. Darunter sitzt fest mit kleinen Kernen verwachsen, saftiges, süßsäuerliches Fruchtfleisch.

Jackbaumfrucht. Längliche Frucht mit grüner, knotiger Schale von beträchtlicher Größe (bis zu 35 kg). Wächst auf dem Jackbaum, einem ostindischen Brotfruchtbaum. Obgleich die Frucht schlecht riecht, ist das weiche, blättrige, gelbliche Fruchtfleisch süß und kann roh oder gekocht gegessen werden; besonders beliebt in Currygerichten. Die großen weißen Kerne im Inneren erinnern im Geschmack etwas an geröstete Kastanien.

Jack Daniel's Tennesse Whiskey. Ältester amerikanischer Whiskey, der qualitativ zu den besten der USA zählt. Lagerungsdauer mind. fünf Jahre im Holzfass.

Jacobs, Johann. Eröffnete 1895 in Bremen ein „Specialgeschäft in Caffee, Thee, Cacao, Chocoladen und Biskuits". Daraus internat. entwickelt: Jacob's Café.

Jagertee. Seit 1970 Modegetränk der Skifahrer. Schon 1864 von Sebastian Stroh als Mischgetränk mit Kunstrum produziert. Tee mit Essenzen stark aromatisiert und mit Apfel-, Birnen- oder Zwetschgenschnaps, auch Rum, alkoholisiert (12–15 % Vol.)

Jahresabschluss. Abschluss der Buchführungskonten am Ende des Wirtschaftsjahres. Der Jahresabschluss besteht aus → *Bilanz* und → *GuV-Rechnung*. Bei Gesellschaften, die der Publizitätspflicht (z. B. AG) unterliegen, kommt dazu noch Anhang und Lagebericht.

Jahrgangsangabe. Auf dem Etikett ist sie nur zulässig, wenn der Wein zu 85 % aus dem angegebenen Jahrgang stammt.

Jahrgangs-Champagner. Bei Jahrgangs-Champagner stammt die → *Cuvée* nur aus Weinen eines einzigen Jahrgangs.

Jahrgangs-Sekt. Bei inländischem Schaumwein ist die Angabe eines Jahrgangs auf dem Etikett nur dann erlaubt, wenn es sich um Qualitätsschaumwein (Sekt) handelt, bei dem mind. 85 % der verwendeten Weine aus Trauben dieses Jahrgangs stammen.

Jakobsmuschel *(auch Pilgermuschel; frz.: coquille (w.) Saint-Jacques, pèleriner (w.); engl.: scallop).* Eine der größten Muscheln (8–15 cm), aus Atlantik, Mittelmeer und Nordsee, mit ungleichen Schalenklappen, deren gewölbte zu allen Gerichten „in der Muschel" verwendet wird. Zum Öffnen kann man sie auf den Ofen legen. Nach Abheben der oberen Schale kann das Fleisch ausgelöst werden. Es besteht aus der helleren Nuss und dem orangefarbenen Corail. Die Muschel ist am schmackhaftesten, wenn das → *Corail* eine leuchtend orangene Farbe hat (Oktober bis März). Delikat in Weinsoße, überbacken oder gegrillt, auch zu Garnituren für Fischgerichte und innerhalb von Fischpasteten.

Jakobstraube. Jacobitraube, Syn. für → *Blauer Frühburgunder.*

Jamaikapfeffer → *Piment.*

Jamswurzel. Großes, tropisches Knollengemüse, das manchmal bis zu 50 kg wiegen kann. Es hat eine dicke, etwas flaumige Schale. Das Fleisch kann weiß, gelb oder rot sein und ist stärkehaltig und leicht süß.

Jan im Sack. Westfälische und dänische Landesküche. Serviettenkloß von Hefeteig mit blanchiertem Reis, teilweise Graupen, Rosinen und Backpflaumen als Beilage zu Fleisch- oder Schmorgerichten.

Japanische Aprikose → *Kaki.*

Japanischer Pfeffer → *Szechuan Pfeffer.*

Japan-Tee. Meist grüner Tee, weniger ergiebig.

Japonais-Masse. Meringue-Masse mit geriebenen Mandeln.

Järb. Holzreifen, der dem Hart- und Schnittkäse die Form des Laibes gibt.

Jarcebinka. Tschechoslowakischer Fruchtsaftlikör von herbsaurem, oft bitterem Geschmack. Er wird unter Verwendung von Beeren der Eberesche hergestellt.

Jarzebiak. Ebereschenbranntwein, der in Polen hergestellt wird. Seine Farbe ist gelblich getönt. Alkoholgehalt in der Regel 40 % Vol.

Jasmintee. Ein parfümierter Tee. Die Teeblätter des meist schwarzen Tees werden mit Jasminblüten vermischt. Jasmintee schmeckt trotz des süßlichen Aromas bitterfrisch.

Jerez. Anbaugebiet für Sherryweine, ca. 100 km^2 groß, im Südwesten Spaniens an der Mittelmeerküste.

Jeroboam. Flaschengröße mit dem vierfachen Inhalt der 0,75 l-Flasche = 3 l; wird auch Doppelmagnum genannt.

Jerusalem-Artischocke → *Topinambur.*

Jigger → *Bar-Maße.* Messbecher in der Bar; 2–4 cl Inhalt.

Job Description → *Stellenbeschreibung* (Tätigkeitsbeschreibung).

Job enlargement → *Arbeitsorganisatorische Modelle.* Arbeitserweiterung als Mittel der Mitarbeiter-Motivation (nach → *Herzberg).* Um nicht in der Monotonie der Arbeit zu erstarren, wird der Arbeitsinhalt sinnvoll vergrößert und die extreme Arbeitsteilung abgeschafft.

Job enrichment → *Arbeitsorganisatorische Modelle.* Arbeitsbereicherung als Mittel der Mitarbeiter-Motivation (nach → *Herzberg).* Der Mitarbeiter erhält mehr Entscheidungsbefugnisse, plant, organisiert und kontrolliert für die eigene Arbeit.

Job rotation → *Arbeitsorganisatorische Modelle.* Arbeitsplatzwechsel als Mittel der Mitarbeiter-Motivation (nach → *Herzberg).* Der Mitarbeiter wird in festgelegten Rhythmen in mehreren Tätigkeitsbereichen beschäftigt, um seine Flexibilität und sein Verständnis für größere betriebliche Zusammenhänge zu fördern.

Job sharing → *Arbeitsorganisatorische Modelle.* Job sharing ist eine besondere Form der Teilzeitarbeit, wobei ein Ganztagsarbeitsplatz auf zwei Teilzeitarbeitskräfte aufgeteilt wird.

Jod (J). Spurenelement (Bedarf ca. 0,15 mg/Tag), enthalten im Meerwasser und in Fisch. J. dient dem Aufbau des Schilddrüsenhormons und führt bei Mangel zu Kropfbildung. In jodarmen Regionen sollte einem Mangel durch Verwendung von → *jodiertem Speisesalz* vorgebeugt werden.

Jodiertes Speisesalz. Beim jodierten Speisesalz wurde dem Salz Natrium- oder Kaliumjodat zugesetzt. Das im Handel angebotene Jodsalz enthält 15–25 mg Jod pro kg Speisesalz. Jodiertes Speisesalz ist kein diätetisches Lebensmittel und darf sowohl in Einrichtungen der Gemeinschaftsverpflegung/Catering als auch industriell gefertigten LM zugesetzt werden. Eine Kenntlichmachung durch den Hinweis „mit jodiertem Speisesalz" ist notwendig. Die Verwendung von jodiertem Salz trägt dazu bei, die Versorgung der Verbraucher mit diesem wichtigen Spurenelement zu verbessern und Jod-Mangelkrankheiten (Kropfbildung, Basedow-Syndromen) vorzubeugen.

Joghurt *(türk - ja-urt hula,; Podkwassa)*. Eine Art Sauermilch, durch Kochen eingedickt und bei 45 °C mit dem Enzym Maya während 10 bis 14 Std. zu einem dicken Gerinnsel vergoren oder hergestellt mit spezifischen Milchsäurebakterienkulturen (vornehmlich von Lactobacillen bulgaricus und Streptococcus thermosphilus) oder/und kennzeichnungspflichtig angereichert mit Milcheiweißerzeugnissen. Ursprünglich aus dem Balkan mit Schaf-, Ziegen-, Büffelmilch durch Spontansäuerung.

Joghurtbrot. Brot aus unterschiedlichen Mehlen oder Mehl-Schrotmischung hergestellt; der Joghurtanteil ist mindestens 15 l auf 100 kg Mahlerzeugnis. Anstelle Joghurt ist die entsprechende Menge Joghurtpulver zulässig.

Johannisbeeren, rote. Erhielt den Namen, da am Johannistag (24. Juni) reif. Die bei uns angebaute Sorte ist aus verschiedenen Arten entstanden. Dadurch unterscheiden sich die einzelnen Sorten hinsichtlich Wuchsform, Größe und Form der Beeren und im Geschmack. Der Geschmack wird vor allem durch den Säuregehalt bestimmt. Zur Familie der Roten Johannisbeeren gehören auch die Weißen Johannisbeeren, die nur selten angebaut werden und in der Regel süßer sind als rote Sorten.

Johannisbrotkernmehl. Fruchtkernmehl, Karoben, Quellstoff, Polysaccharid. Mehl aus den geschälten und gemahlenen Samenkörnern des Johannisbrotbaumes;

wirksame Bestandteile Polygalaktomannane. Johannisbrotkernmehl hat hohes Quellvermögen. In einem kg verzehrsfertigem Lebensmittel dürfen höchstens 20 g Johannisbrotkernmehl enthalten sein.

Josta-Beeren. Neue deutsche Züchtung. Kreuzung von schwarzer Johannisbeere und Stachelbeere.

Joule. Kurzzeichen J. Gesetzliche Maßeinheit für Arbeit, Energie und Wärmemenge. Joule entspricht der Arbeit bei der die Kraft 1 N längs des Weges 1 m wirkt. Seit 01.01.1977 hat Joule die Maßeinheit Kalorie abgelöst. 1 kcal ≙ 4,1868 kJ

Jubiläumsgeschenke. Geschenke des Arbeitgebers an einen Arbeitnehmer anlässlich a) eines Arbeitsjubiläums, b) eines Geschäftsjubiläums.

Judasohr → *Wolkenohrpilz*.

JugArbSchG. Abkürzung für „Jugendarbeitsschutzgesetz" – Gesetz zum Schutz der arbeitenden Jugend.

Jugendarbeitsschutz. Der Jugendarbeitsschutz bezieht sich auf Jugendliche in der betrieblichen Ausbildung oder als Arbeitnehmer. Basis ist das Jugendarbeitsschutzgesetz. Dieses unterscheidet zwischen Kindern (bis 14 Jahre) und Jugendlichen bis zur Vollendung des 18. Lebensjahres. Kinder dürfen grundsätzlich nicht beschäftigt werden. Ausnahmen gelten hier für leichte Handreichungen in der Landwirtschaft und für künstlerische Veranstaltungen. Auch Jugendliche unter 15 Jahren dürfen nicht beschäftigt werden, es sei denn, im Rahmen eines Ausbildungsvertrages, den sie wegen frühzeitigem Schulabschluss schon beginnen konnten. Auch für die übrigen Jugendlichen bestehen viele Restriktionen. Die Berufsschulpflicht ist zu erfüllen, die Schichtzeit ist begrenzt, besondere Ruhepausen, die Nachtruhe, die 5-Tage-Woche und die Samstags- und Sonntagsruhe sind einzuhalten. Für Gastronomiebetriebe sind einige Sonderregelungen getroffen. So können Jugendliche über 16 Jahren zum Zweck der Ausbildung bis 22.00 Uhr beschäftigt werden und an Samstagen, wobei allerdings monatlich wiederum zwei Samstage frei sein sollen. Auch an Sonntagen ist unter bestimmten Voraussetzungen die Beschäftigung möglich. Die Beschäftigung an Feiertagen ist unter bestimmten Voraussetzungen möglich, jedoch am 25. Dezember, 1. Januar, ersten Osterfeiertag und 1. Mai nicht gestattet. Zum Schutz der Jugendlichen gelten besondere Urlaubsregelungen. Die Zahl der Urlaubstage staffelt sich nach dem Alter, das der Jugendliche zu Beginn des Kalenderjahres hatte.

Jugendgemäßheit. Prinzip der ... (pädagogischer Grundsatz). Berücksichtigung des Entwicklungsstandes des einzelnen Auszubildenden.

Jugendkunde. Teilbereich der Psychologie, insbesondere eingebettet in die Entwicklungs-, Individual-, Sozial-, Betriebspsychologie. Jugendkundliche Kenntnisse helfen Ausbildern und Lehrern, alterstypisches Verhalten von Jugendlichen zu erkennen.

Juleps. Hauptbestandteil dieser Getränke ist die frische Pfefferminzpflanze. In einem Ballonglas wird ein Pfefferminzblatt mit Hilfe eines Barlöffels zerdrückt. Darauf wird die gewünschte Spirituose und viel → *Crasheis* gegeben. Das Ganze wird sehr lange gerührt, bis die Glaswände mit Raureif beschlagen sind. Zuletzt erhält das Getränk eine Garnitur aus frischen Früchten, bei der auch frische Pfefferminzblätter nicht fehlen sollten.

Julienas – Beaujolais. → *Cru* von → *Beaujolais.* Der Wein der besten Lage wird unter der Bezeichnung Château Julienas angeboten. Er ist einer der haltbarsten Crus von Beaujolais.

Julienne. Feine, dünne Streifen von Gemüse, Trüffeln, usw.

Jummaistu. Angebotsform für → *Reiswein* in Japan; es handelt sich um ein reines Reisprodukt.

Juno-Muscheln → *Clam-Muscheln.*

Juristische Person. Personenvereinigung oder Vermögensmasse, die durch Rechtsakt eine eigene Rechtspersönlichkeit erhält. *Juristische Personen des privaten Rechts:* 1) Vereine; 2) Stiftungen; 3) Kapitalgesellschaften (wie die AG, GmbH, kGaA). *Juristische Personen des öffentlichen Rechts:* 1) Körperschaften (z. B. Länder); 2) Anstalten (z. B. BfA); 3) Stiftungen.

Jus. Anstelle der braunen mit Mehl gebundenen Soßen (Sce. demi-glace) und ihrer Ableitungen, wird heute vielfach eine naturelle Soße, die nicht so kompakt und sättigend wirkt, vorgezogen. Es handelt sich hierbei um den von dem jeweiligen Braten „gezogene" Bratensoße = *jus.* Beim Braten entsteht ein Bratensaft, der mit einem braunen Fond angegossen wird. Die Bindung ist sehr schwach gehalten. *Theoretische Entwicklung:* fond de veau (porc, volaille) brun, fond de veau (porc, volaille) lié, jus de veau (porc, volaille) lie.

K

Kabayaki. Auf einem Rost mit Sojasauce gerösteter kleiner Aal (Spießgericht) – japanische Küche.

Kabeljau *(frz.: cabillaud, m., engl.: cod).* Neben dem Hering der wichtigste Nutzfisch. Der Jungfisch bis zu einem Alter von fünf Jahren wird Dorsch genannt (Dorschlebertran). Hauptfanggebiete: die Lofoten, Neufundland, Island und die nordamerikanische Ostküste. Maximale Länge: 1½ Meter. Kennzeichen: helle Seitenlinie und dunkle Flecken auf grünlicher Haut. Von den Holländern eingesalzen, heißt er *Laberdan*. Getrocknet wird er zum *Stockfisch*.

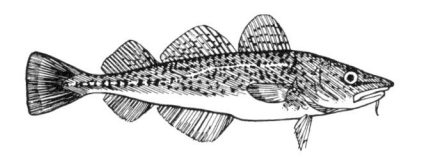

Kabinett → *Qualitätswein mit Prädikat.*

Kachouri. Fritierte Beignets indischen Ursprungs aus → *Kichererbsen*-Mehl und kleingeschnittenen Frühlingszwiebeln.

Kaffee. Es gibt ca. 80 botanische Kaffeesorten; davon haben drei Sorten eine herausragende Bedeutung: Coffea Arabica – 90 % der Welternte, Coffea Robusta – Neuzüchtung aus dem Kongo, Coffea Liberia – Neuzüchtung – geringwertiger Kaffee. Chemische Zusammensetzung: Stärke, Zellulose, Zuckerstoffe, Wachs, Wasser, Eiweiß, Fett, Minerale, Gerbsäure, Koffein. Aussehen der Frucht (= Kaffeebohne) ähnlich der Kirsche, meist zweisteinig. Die einsteinige Frucht, der sogenannte Perlkaffee, ist eine Ausnahme. Weitere Qualitätsbezeichnungen für Kaffeebohnen sind: Ausschusskaffee – minderwertige Bohnen oder Bruchstücke. Flachkaffee zweisamig, normale Qualität, Frost- oder Stinkerbohnen – sehr schlechte Qualität. Name: abgeleitet von kawha (= arab. für pflanzliche Getränke) und dieser von einer Gegend in Abessinien.

Kaffeebaum. Ca. 8–9 m hoch; wächst in ca. 800–2000 m Höhe. Erste Ernte nach vier Jahren. Der Baum trägt ganzjährig → *Kaffeekirschen,* die im reifen Zustand rot sind.

Kaffee-Eis, weißes. Eis, bei dem Sahne und Mokkabohnen über Nacht im Kühlschrank aufziehen. Eigelb, Vollei und Zucker werden im Wasserbad warm geschlagen, dann kalt geschlagen. Die „Mokkasahne" wird aufgeschlagen und unter die Eimasse gegeben. Evtl. mit wenig Mokkalikör vollenden.

Kaffeehaus. Kaffeehäuser oder Cafés sind → *Bewirtungsbetriebe,* in denen meist warme Getränke wie Kaffee, Tee, Schokolade und Kuchen angeboten werden. Daneben wird oft ein Frühstück und kleine Gerichte, zuweilen auch Wein und Bier verkauft.

Kaffeekirsche.
1 Kaffeekirsche
2 Längsschnitt Kaffeekirsche
3 Querschnitt Kaffeekirsche
4 Querschnitt Perlbohne
a Fruchtfleisch
b Kaffeebohne

Kaffeelikör. Unter Verwendung von Kaffee, -extrakt oder -destillat hergestellter Likör. Färbung mit Zuckercouleur ist verboten. Bei einem Extraktgehalt von 22 g in 100 ml muss der Alkoholgehalt mind. 25 % Vol. betragen.

Kaffee, löslicher. Herstellung durch zwei Verfahren möglich: 1) Sehr fein gemahlenes Kaffeemehl wird extrahiert. Der so entstandenen Flüssigkeit wird bei einer Temperatur von 40 °C das Wasser entzogen. 2) Gefriertrocknen bei –70 °C und Vakuum.

Kaffee-Mischungen

Kaffee-Mischungen. Durch das Mischen verschiedener Rohkaffeesorten werden gleichbleibender Geschmack und gleichbleibende Qualität für bestimmte Marken erzielt. Bei Namen, die auf die Herkunft der Sorte deuten, z. B. „Columbia", muss die Mischung 50% Rohkaffee aus der Region enthalten.

Kaffee-Rösten. Rohkaffee wird bei Temperaturen von 200–300 °C geröstet. Dabei verdampft das Wasser, die Bohnen werden spröder, lassen sich besser zermahlen, Zucker karamelisiert, die Farbe der Bohnen wird braun bis dunkelbraun, das Aroma entsteht. Glasieren mit Zucker ist erlaubt. Eine sofortige Abkühlung der Bohnen ist erforderlich. Bevor sie luftdicht verpackt werden, erfolgt eine Auslese nach Farbe und Größe.

Kaffeesahne (Kaffeerahm). Sahneerzeugnis, stets wärmebehandelt (pasteurisiert, ultrahocherhitzt, sterilisiert) auch homogenisiert, mit mind. 10% Fettgehalt.

Kaffeesteuer. Erstmals als Kaffeemonopol unter Friedrich dem Großen 1781 erhoben und 1787 wieder eingestellt. Erneut nach dem 2. Weltkrieg als Bundessteuer auf Roh- und Röstkaffee, auf löslichen Kaffee und auf in das Steuergebiet verbrachte kaffeehaltige Waren.

Kaffee-Zubereitung. Erfolgt durch Aufbrühen, Filtrieren oder Druckverfahren. Der Verbrauch von frisch gemahlenem Kaffeepulver wird mit ca. 7–8 g pro Tasse berechnet. Bei größeren Mengen sollte die Wasserhärte geprüft werden.

Kahm. Auf der Oberfläche des Weines schwimmende weiße → *Kahmhefe* z. B. bei → *Sherry*.

Kahmhefen. Hefen der Gattungen Hansenula, Pichia und Candida, früher unter dem Namen Mycoderma zusammengefasst. Die Hefen sind extraktschädigend und bauen Alkohol ab. Sie sind gegen Schwefel weitgehend resistent.

Kaiserbarsch *(lat.: Beryx subsp.).* Der Lebensraum des Kaiserbarsches liegt in Tiefen von 350–800 m und verläuft etwa von der Nordküste Spaniens entlang Portugals bis hinunter zur Westküste Afrikas unter Einschließung der Azoren, der Kanarischen und der Kapverdischen Inseln. Darüber hinaus wurde der Kaiserbarsch im Nordatlantik vor der norwegischen Küste und in dem Raum Islands gefunden. In Gestalt, Größe sowie seiner leuchtenden Farbe ähnelt der Kaiserbarsch dem → *Rotbarsch*. Der wohlschmeckende Kaiserbarsch bietet keinerlei Verarbeitungsschwierigkeiten und somit vielseitige Vermarktungsmöglichkeiten. Sehr gute Eignung für die Räucherung. Erinnert im Geschmack an geräucherten Heilbutt oder Rotbarsch.

Kaisergranat *(frz.: langoustine, w.; ital: Scampi; engl.: Norway lobster, dublin bay prawn).* Auch Kaiser- oder Kronenhummer genannt; Länge max. 24 cm, normal 15 cm. Aus: Nordsee – Atlantik – Mittelmeer. Nachttier, 40–250 m Tiefe auf weichem Boden. Er ist langsam wachsend; ernährt sich von Kleintieren, Würmern, Krebsen.

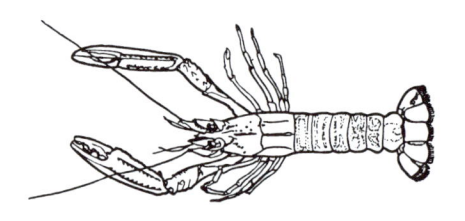

Kaiserschmarrn. Pfannkuchen; Mehl, Zucker, Salz und Eigelb zu einer glatten dickflüssigen Masse verarbeiten, Eischnee unterziehen. In einer Pfanne auf dem Herd anbacken, mit Rosinen bestreuen, wenden, in der Röhre fertig garen. In kleine Stücke zerreißen, kurz ausdünsten lassen, in einer Cocotte anrichten, mit Puderzucker bestreuen, evtl. kurz im Salamander karamelisieren.

Kaisertee o. Hayson → *China Tee*. Blätter werden nicht gerollt, sondern nur gekräuselt.

Kaishiki. Die Kunst in der Küche mit dem Messer umzugehen. Zusammen mit → *Mukimono* ein sehr wichtiger Bestandteil in der Ausbildung japanischer Köche.

Kakao. Die Urheimat des Kakaos ist Mexiko. Mit Hilfe von Gewürzen bereiteten schon die Azteken ein Kakaogetränk zu. Durch spanische Eroberer kam der Kakao nach Europa.

Kakaoanbaugebiete. Feuchtheiße, tropische Gebiete in Mittelamerika, Indien, Sri Lanka, Togo, Ghana, Kamerun (Afrika bringt 75% der Welternte.)

Kakao-Aufbereitung. Nach der Ernte werden die Kakaobohnen einer Fermentation unterzogen, die eine Keimunfähigkeit bewirkt. Die gerbstoffverändernden Vorgänge im Keiminneren führen zur Aromabildung. Danach werden die Kakaobohnen gewaschen und an der Sonne getrocknet. Das Endprodukt heißt Rohkakao. Anschließend werden die Bohnen nach Größe sortiert.

Kakaobaum. Die natürliche Höhe beträgt 15 m; er wird jedoch auf 5–8 m gestutzt und trägt gleichzeitig reife und unreife Früchte. Die Pflanzen sind sehr anfällig gegen Schädlinge und Pilzkrankheiten, verlangen gute Böden, gleichbleibende Wärme, Wind- und Sonnenschutz und werden meist als Mischplantage angebaut. Erster Ertrag nach sechs Jahren bis zu ca. 25–40 Jahren pro Baum jährlich ca. 2 kg trockene Kakaobohnen.

Kakaobohne. In rohem Zustand wegen des zu hohen Gerbsäuregehaltes ungenießbar. Inhaltsstoffe: 55% Fett, 5–10% Wasser, 12–15% Eiweiß, 3–7% Färb- und Gerbstoffe, 1,5% → *Theobromin*.

Kakaobutter → *Rohkakao-Verarbeitung*. Die fertige Kakaobutter ist in flüssigem Zustand hellgoldgelb und klar. Bei der Gewinnung dürfen keine chemischen Mittel oder Fettlösungsmittel benutzt werden. Verboten sind ebenfalls Entsäuerung und Bleichung. Bei gewöhnlicher Temperatur ist die Kakaobutter fest und spröde. Der Schmelzpunkt liegt bei ca. 32–35 °C. Kakaobutter wird bei der Herstellung von Schokolade und Pralinen verwendet. Auch die Kosmetikindustrie und Pharmazie verarbeiten Kakaobutter.

Kakaokuchen → *Rohkakao-Verarbeitung*. Durch mehrmaliges Mahlen des Kakaokuchens entsteht das Kakaopulver.

Kakaolikör. Unter Verwendung von Kakao, Kakaoextrakt oder -Destillat hergestellter Likör. Künstliche Aromastoffe, ausgenommen Vanillin, sowie die Färbung mit Zuckercouleur sind verboten. Bei einem Extraktgehalt von 22 g in 100 ml muss der Alkoholgehalt mind. 25% Vol. betragen.

Kakaomasse → *Rohkakao-Verarbeitung*. Es handelt sich um ein Zwischenprodukt, einen Brei aus Rohkakao, der nach dem Mahlen in beheizten Mühlen entsteht.

Kakaopulver → *Rohkakao-Verarbeitung*. Kakaopulver ist mehrmals gemahlener, entfetteter Kakaokuchen. Es unterliegt folgenden gesetzlichen Bestimmungen: Kakaopulver mit einem Anteil von mind. 20–22% Kakaobutter ist mit der Bezeichnung „schwach entölt" zu versehen. Kakaopulver mit weniger als 20%, aber mind. 10% Kakaobutter muss die Angabe „stark entölt" tragen.

Kaki. Japanisch: „Frucht". Und wer auch Kakifeige, japanische Aprikose, chinesische Quitte, in England chinesische Persimone und in Italien „frutta di loti" sagt, meint den Kakiapfel. Die Israelis nennen ihre Neuzüchtung Sharonfrucht, weil sie aus der fruchtbaren Sharonebene zwischen Tel Aviv und Haifa kommt. Unter der relativ dünnen, glattglänzenden Haut der Frucht sitzt kräftig orangerotes, völlig kernloses Fruchtfleisch,

Kalbfisch

das zunächst hart und schnittfest wie bei einem Apfel, später geleeartig und sehr saftig ist. Schneidet man die Frucht quer durch oder in Scheiben, so zeigt sich ein heller, spitzstrahliger Stern. Der Geschmack der Kakifrucht erinnert leicht an Birne, ein bisschen an Quitte und an Aprikosen und ist insgesamt süß und lieblich. Neben Vitamin C und Calcium enthält sie vor allem einen besonders hohen Anteil an Carotin, wichtig für Wachstum und Sehkraft. Der Kakiapfel entfaltet volle Reife und volles Aroma erst, wenn das Fruchtfleisch weich ist. Vorher geben die Gerbstoffe der Kaki gelegentlich einen eigenartigen, stumpfen Geschmack.

Kalbfisch. Heiß geräucherte, meist scheibenförmige Stücke vom Heringshai.

Kalbsbries → *Bries.*

Kalekutte *(Syn. für Truthenne).* Kalekuttischer Hahn → *Truthahn.*

Kalium (K). Mengenelement (empfehlenswerte Zufuhr 2–3 g/Tag). Enthalten in: Getreide, Hülsenfrüchten, Obst, Gemüse und Fleisch. K. ist Antagonist zu Natrium. Es spielt eine Rolle im Eiweiß-, Kohlenhydrat- und Fettstoffwechsel, bei der Nervenerregung, Muskeltätigkeit und Flüssigkeitsausscheidung.

Kaliumferrocyanid (neue Bezeichnung: *Kaliumhexacyanoferrat [II]*). Zur → *Schönung* des Weines verwendetes Blutlaugensalz.

Kalkulation → *Kostenrechnung,* → *Rechnungswesen.* Innerbetriebliche Preisberechnung zum Zwecke des Angebots und des Vergleiches mit den vom Markt bestimmten Preisen. Sie wird unterschieden nach dem *Zeitpunkt* in Vor-, Zwischen- und Nachkalkulation, nach den *Branchen* in Handels- und Industriekalkulation. Während die Handelskalkulation für Getränke im Hotelbetrieb anwendbar ist, bedarf es bei der Kalkulation der Speisen einer besonderen Kalkulation. Es wird zwar in der Praxis häufig mit einem einzigen Aufschlag gearbeitet. Wo eine entsprechend aufgebaute Kostenrechnung vorliegt, empfiehlt sich aber folgende Rechnung (Abb. 38). Dieses Schema erlaubt auch Speisen, die nicht über das Restaurant geliefert werden ohne den Zuschlag zu berechnen. Wenn nicht wegen Absprachen mit den Abnehmern (Reisebüro u. Ä.) noch besondere Beträge einzukalkulieren sind, ergibt sich der Inklusivpreis durch den Aufschlag von Bedienung und Mehrwertsteuer. Die für die Kalkulation zur Verfügung stehenden Methoden sind: **a)** Divisionskalkulation, bei der die Kosten durch die Anzahl der Produkte geteilt werden; **b)** Äquivalenzziffernrechnung als Abwandlung dieser Methode, wobei die ähnlichen Produkte (z. B. Bierarten) durch Äquivalenzziffern einander angeglichen werden; **c)** Zuschlagskalkulation, die eine Trennung von Einzel- und Gemeinkosten voraussetzt. Die Einzel-

```
  Materialeinzelkosten
+ Materialgemeinkosten (bezogen auf die Einzelkosten) %
= Materialkosten (Stoffkosten)
+ Küchengemeinkosten (bezogen auf die Stoffkosten) %
= Herstellungskosten 1
+ Restaurantgemeinkosten (bezogen auf das Einzelmaterial) %
= Herstellkosten 2
+ Verwaltungsgemeinkosten
= Selbstkosten
```

Abb. 38 Kalkulation

kosten werden den Leistungen direkt zugerechnet, die Gemeinkosten mit Hilfe von Gemeinkostenzuschlägen. Je nach Fragestellung und damit verbundenem Vorgehen ist zu unterscheiden: **a)** Vorwärtskalkulation, **b)** Rückwärtskalkulation (retrograde), **c)** Differenzkalkulation (meist Gewinnkalkulation).

Kalkulationszuschlag → *Rohaufschlag.* Differenz zwischen Bezugs- und Verkaufspreis in Prozent vom Bezugspreis ausgedrückt. Wird auch als Rohaufschlag bezeichnet. Der Kalkulationszuschlag (KZ) erlaubt es, mit einem Zuschlag die Verkaufspreise aus den Einstandspreisen zu errechnen. Zur Vereinfachung der Rechnung kann auch ein Kalkulationsfaktor gebildet werden, mit dem mittels Multiplikation der Verkaufspreis errechnet wird. (KZ 40 %, KF 1,4).

Kalkulatorische Abschreibung → *Abschreibung.*

Kalkulatorische Kosten. → *Kosten,* denen kein Aufwand gegenübersteht, Zusatzkosten. Sie werden eigens für die Kostenrechnung erfasst, um im Rahmen der Kalkulation den „echten" Wertverzehr auf die Produkte zurechnen zu können. Im Rahmen der Buchführung dürfen sie den Gewinn nicht mindern. Hierzu gehören **a)** kalkulatorische Abschreibungen, **b)** Kalkulatorische Zinsen, **c)** Kalkulatorische Miete, **d)** Kalkulatorischer Unternehmerlohn, **e)** Kalkulatorische Wagnisse.

Kalmus. Magenwurz, deutscher Ingwer. Geschältes, weißes bis gelbliches Rhizom (Wurzelstock, unterirdischer Erdspross) 80 cm bis 1 m hohe Pflanze, die in Sümpfen, an Ufern von Bächen und Seen wächst. Kalmus kommt ganz oder in Stücke geschnitten, kandiert oder als Pulver in den Handel. Der typische Geruch und Geschmack beruht auf dem hohen Gehalt an ätherischen Ölen. Kalmus wirkt appetitanregend und verdauungsfördernd.

Kalorienarm. Brennwertverminderte Lebensmittel sind als gesetzliche Regelung in der Nährwertkennzeichnungs-Verordnung zusammengefasst. Kalorienarm: mit geringem Brennwert. Ein Lebensmittelhersteller darf auf den geringen Brennwert „kalorienarm" seines Produktes aufmerksam machen, wenn in – Getränken, Suppen, Brühen nicht mehr als 84 KJ bzw. 20 kcal pro 100 ml – sonstigen Lebensmitteln nicht mehr als 210 KJ bzw. 50 kcal pro 100 g verzehrfertiges Lebensmittel enthalten sind.

Kalorienreduziert. Brennwertverminderte Lebensmittel sind als gesetzliche Regelung in der Nährwertkennzeichnungs-Verordnung zusammengefasst. Kalorienreduziert: mit vermindertem Brennwert. Für brennwertverminderte LM gelten Höchstwerte. Um als „kalorienreduziert" zu gelten, müssen LM mindestens 40 % weniger Kalorien liefern als vergleichbare Produkte. Dabei ist zu beachten, dass bei Fleischerzeugnissen die Analysewerte für das bindegewebseiweißfreie Fleischeiweiß (→ *BEFFE*) im Gesamterzeugnis und im Fleischeiweiß nicht niedriger sein dürfen als in vergleichbaren Erzeugnissen ohne Brennwertminderung.

Kalte Ente. Getränk aus Wein und Sekt, das es im Handel auch fertig zu kaufen gibt. Bereitet man es selbst zu, so gießt man Wein und später Sekt über eine in einem Spezialgefäß eingehängte → *Zitronenspirale.*

Kalterersee. D.O.C.-Wein aus Südtirol, dessen Produktion auf die Provinzen Bozen und Trento begrenzt ist. Mit einem Alkoholgehalt von 11 % Vol. darf dieser Tischwein auch „Auslese" genannt werden. Da große Mengen produziert werden, schwankt häufig die Qualität.

Kaltgärhefen. Reinzuchthefen, die bei Temperaturen von etwa + 6 °C aktiv sind und Most vergären können.

Kaltsterilfüllung → *Abfüllungssysteme.*

Kamaboko. 1. Japanische Fischwurst. 2. Ein traditionelles Gericht aus Japan. Es ist ein Fischgel-Produkt, wobei die Fischmuskulatur mit 2,5–4 % Natriumchlorid vermischt und in einem Mörser zerkleinert wird. Anschließend wird bis kurz unterhalb des Siedepunktes erhitzt und danach wieder abgekühlt.

Kämme. Auch → *Rappen*, Stiele der Weinbeeren. Sie sind besonders → *gerbsäurehaltig* und werden deshalb bei weißen Qualitätsweinen und Rotweinen durch Abbeeren entfernt. Werden die Trauben mit Lesemaschinen geerntet, bleiben die Kämme am Weinstock zurück.

Kammerbeiträge. Beiträge, die zu den meist in der Form von Körperschaften des öffentlichen Rechtes organisierten Berufsvereinigungen zu zahlen sind. Die Hotel- und Gaststättenbetriebe sind in der Regel Mitglieder der Industrie- und Handelskammern.

Kampanien/Apulien. Weine aus diesen Gebieten werden durch die klimatischen Bedingungen, der heißen Sonne um die Landschaft von Neapel, geprägt. Rotweine sind kräftig, Weißweine trocken oder süß mit wenig Säure. Rot- und Weißweine erreichen meist einen Alkoholgehalt von 13 % Vol. Die vor der Küste liegenden Inseln Ischia und Capri sind anerkannte → *D.O.C.-Gebiete*.

Kamtschatkakrabbe → *Königskrebs*.

Kamut. Bei Kamut handelt es sich um eine sehr wohlschmeckende, züchterisch wenig bearbeitete, sehr großkörnige und eiweißreiche Form des Hartweizens. Kamut ist in Kanada als Weizensorte eingetragen und daher als Marke gesetzlich geschützt. K. bezeichnet man auch als „Hochenergie-Weizen". Er enthält 40 % mehr Proteine und knapp 1 % mehr Fett, insbesondere Linol- und Linolensäure als herkömmliche Weizensorten, die etwa 12 % Proteine und 2 % Fett enthalten. Wie alle züchterisch weniger bearbeiteten Weizenformen weist K. eine bessere Verträglichkeit auf.

Kandieren. Tränken von Früchten, Fruchtschalen, Wurzeln und anderen Pflanzenteilen in konzentriertem Läuterzucker. Die Früchte müssen von der Zuckerlösung völlig durchdrungen werden.

Kandisfarin. Ein brauner Zucker mit aromatisch süßem Karamelgeschmack, wird aus braunem Kandissirup gewonnen und vorwiegend zur Herstellung von Süß- und Backwaren verwendet.

Kandiszucker. Große, prismenförmige Zuckerkristalle, die beim Erkalten übersättigter reinster Zuckerlösungen entstehen. Das Auskristallisieren erfolgt an Fäden oder durch Zuckerimpfkristalle. Reiner Kandis ist weiß. Brauner Kandis wird durch Zugabe von → *Zuckerkulör (Couleur)* oder → *Karamel* hergestellt.

Kaneel *(Caneel, Canehl).* Stangenzimt, Zimtstangen. Rinde des Zimtbaumes, der vorwiegend auf den Inseln des Indischen Ozeans und in Südostasien angebaut wird (Ceylon, Madagaskar).

Kannafe. Gehört zu den bekanntesten Süßspeisen in Arabien. Wird aus einem Wassermehlteig hergestellt. Mittels eines speziellen Siebes, das nur eine Reihe Löcher aufweist, wird es mit gleichmäßigem Schwung auf eine etwa $1\frac{1}{2}$ m große heiße Kupferpfanne gespritzt. Dadurch erhält man etwa vermicellestarke Fäden, die 2 cm hoch aufgeschichtet und mit einer Lage Süßmilchkäse bedeckt werden. Eine halbe Stunde im Ofen backen bei mittlerer Hitze. Vor dem Servieren wird das Ganze mit Läuterzucker beträufelt und mit zerstoßenen Pistazien bestreut.

Kanoy. Ein schwarzer, unparfümierter Tee aus Sri Lanka (Ceylon). Er besteht aus kleinen Blättern und ergibt einen schönen, goldgelben Aufguss.

Kantine → *Bewirtungsbetriebe.*

Kanzler. Weißweintraube. Kreuzung: Müller-Thurgau × Silvaner. Die Mostgewichte dieser Traube liegen im langjährigen Mittel um 20 °Oe über dem Müller-Thurgau bei hohem Ertrag. Die Weine haben ein ausgeprägtes Sortenbukett, oft einen Ausleseton.

Kapaun → *Huhn.* Junghahn, der kastriert und gemästet wurde. Er hat bes. zartes und saftiges helles Fleisch und wird ca. 2,5–3,5 kg schwer.

Kapazität. Leistungsvermögen des Betriebes. Als: **a)** maximale Kapazität die höchstmögliche Leistungsfähigkeit aufgrund der technischen und personellen Voraussetzungen, **b)** optimale Kapazität, die Leistungsfähigkeit, die wirtschaftlich am sinnvollsten ist. Sie ist gekennzeichnet durch einen bestimmten → *Kapazitätsauslastungsgrad,* der i. d. R. im Hotelbetrieb um 80 % der maximalen Kapazität angenommen wird.

Kapazitätsauslastung → *Kapazitätsmessung.*

Kapazitätsmessung. Messung der Kapazität und ihrer Auslastung in einem bestimmten Zeitraum, wie z. B. Tag, Woche, Monat, Saison (zwecks Saisonvergleich) oder Jahr (wobei Saisonschwankungen ausgeglichen werden). Im *Hotel* bestimmt in Deutschland die Bettenzahl die Kapazität (das Ausland rechnet mit Zimmern), die zweckmäßigerweise in Übernachtungen gemessen wird. Die *maximale* Kapazität ist dann die höchstmögliche Zahl der Übernachtungen im Zeitraum, die unter Verwendung aller Zusatzbetten erreicht werden kann. Die *Normalkapazität* bezieht sich auf die Bettenzahl ohne Zusatzbetten. Für Vergleiche und Berechnung der Auslastung ist sie Basisgröße. Sie wird für einen *bestimmten* Betrieb errechnet.

Kapazität
= Bettenzahl × Öffnungstage
(Einheit: Übernachtungen)

Die Auslastung ergibt sich dann:
Auslastung (in %)
$$= \frac{\text{tatsächliche Übernachtungen} \times 100}{\text{Normalkapazität}}$$

Der Prozentsatz der Auslastung gibt gleichzeitig die *Beschäftigung* an. Er kann auch für Betriebsvergleiche herangezogen werden. Dabei ist wegen besserer Vergleichbarkeit die Kapazität auf einheitliche Öffnungstage zu beziehen. Man geht dabei i. d. R. von 365 Öffnungstagen aus. Die hiermit errechnete Auslastung wird dann als *Frequenz* bezeichnet. Sie ergibt sich:

Frequenz (in %)
$$= \frac{\text{tatsächliche Übernachtungen} \times 100}{\text{Bettenzahl} \times 365}$$

Wobei wiederum die Bettenanzahl der Normalkapazität verwendet wird. Für den Bankett- und Konferenzbereich lässt sich die Kapazität aufgrund der baurechtlichen Vorschriften und der für bestimmte Zwecke vorgesehenen Bestuhlung ohne Weiteres errechnen. Die Auslastung ergibt sich dann jeweils aus dem Verhältnis der Beanspruchung zur Kapazität. Im *Restaurant* wird die Kapazität von der Zahl der Sitzplätze bestimmt. Für die Berechnung der Kapazität und deren Auslastung muss allerdings beachtet werden, wie oft ein Platz während der Öffnungszeit belegt werden kann. Für diese Betrachtungen werden meist kürzere Zeiträume als für das Hotel verwendet (z. B. Monat). So berechnet man beispielsweise die tägliche Kapazität eines Restaurants, das mittags und abends geöffnet ist und zweifach belegt werden kann, bei 120 Plätzen: 120 × 4 = 480, also:

Kapazität pro Tag
= Sitzplätze × Belegungsmöglichkeit

Von dieser Grundzahl pro Tag kann dann beliebig auf Öffnungstage, Wochen usw. umgerechnet werden. Auch bei Bereichen wie Sauna, Schwimmbad u. Ä. ist die Kapazität auf ähnliche Weise unter Einbeziehung der Benutzungszeit zu ermitteln. So wichtig

Kapern

die Berechnung der Kapazität und deren Auslastung für die einzelnen Teilbereiche auch ist, so wichtig ist sie auch für die Abstimmung der Bereiche. Denn nur, wenn die Kapazitäten einzelner miteinander verbundener Bereiche aufeinander abgestimmt sind, wie z. B. Restaurant- und Küchenkapazität, kann eine insgesamt sinnvolle Auslastung des Betriebes erfolgen.

Kapern. Knospen des Kapernstrauches, der im Mittelmeerraum wächst. Die zuvor getrockneten Knospen können in Salzwasser (ein Salzkapern), in Essig (Essigkapern), aber auch in Öl (Ölkapern) konserviert werden. Aus Südfrankreich kommen die schmackhaftesten Kapern. Dort isst man neben den Knospen auch die eingelegten Früchte des Kapernstrauches (= Cornichons de caprier). Kapern werden meist zum Abschmecken von Soßen verwendet wie z. B. typischerweise bei Königsberger Klopsen, aber auch an Fleisch, Fischen, zu Garnituren und mit Eiern verwendet.

Kapernäpfel. Auch Kapernbeeren. Hierbei handelt es sich um die mit Samen gefüllten Früchte der befruchteten Kapernblüte. Sie sind oval, ungefähr 10–20 mm dick und haben einen ca. 5 cm langen Stängel. Die Kapernäpfel werden gewöhnlich in Salzwasser und Essig eingelegt.

Kapernbeeren → *Kapernäpfel.*

Kapern, falsche. Hierunter versteht man entweder die unreifen grünen Früchte der Sumpfdotterblume (Caltha palustris), einer im Frühjahr sehr häufig auf feuchten Wiesen wachsende Pflanze, oder aber auch die unreifen grünen Früchte der Kapuzinerkresse (Tropaeolum). Diese werden sauber gewaschen, mit Salz bestreut und 24 Std. stehen gelassen. Danach werden sie abgetrocknet und mit vorher gekochten und erkaltetem Weinessig übergossen. Verwendung wie die echten → *Kapern.*

Kapillärsirup → *Stärkesirup* mit 43 °Bé (Baumé), deshalb 43er Sirup, 20 % Wassergehalt und 80 % Trockenmasse. Der Sirup lässt sich zu haarfeinen Fäden ziehen, daher der Name *(lat.: Capillus = Haar).*

Kapital. 1) *Volkswirtschaftslehre:* Produktionsfaktor neben Arbeit und Boden, der die Betriebsmittel – ohne Boden – und die → *Werkstoffe* der Betriebswirtschaftslehre mit umschließt. 2) *Betriebswirtschaftslehre:* hier ist der Begriff sehr vielseitig definiert worden und reicht vom Mittel zur Investition oder Leistungserstellung bis hin zu Güter- und Leistungsvorrat. 3) *Bilanzmäßig:* ist Kapital das monetäre Äquivalent des → *Betriebsvermögens,* also ein abstrakter Begriff. Es zerfällt in: **a)** Eigenkapital, das sich rechnerisch als Differenz zwischen Betriebsvermögen und Schulden ergibt, so dass seine Höhe wesentlich von der → *Bewertung* abhängt. Bei Kapitalgesellschaften (→ *Unternehmensformen)* ist das Kapital eine nominelle Größe. Deshalb gehören zum Eigenkapital die Rücklagen und der Gewinnvortrag (vom Bilanzgewinn nur der Teil, der nicht ausgeschüttet wird.) **b)** Fremdkapital ist der Teil des Kapitals, der dem Unternehmen von außenstehenden Nicht-Teilhabern zur Verfügung gestellt wird (= Schulden).

Kapitalbedarfsrechnung. Eine Rechnung, die die Aufgabe hat, festzustellen, welches Kapital benötigt wird, um das Betriebsvermögen zu finanzieren, und festzustellen, welches Kapital dafür zur Verfügung steht.

Kapitalertragsteuer. Einkommensteuer auf Einkünfte aus Kapitalvermögen, die mit einem Quellenabzugsverfahren ausgestattet ist und die auf die Einkommensteuerschuld angerechnet wird.

Kapitalgesellschaft → *Unternehmensformen.* Kapitalgesellschaften sind juristische Personen, bei denen das Kapital von mehreren, nicht als Mitunternehmer anzusehenden Personen aufgebracht wird, so dass die Kapitalgeberfunktion für sie charakteristisch ist.

Kapsaizin → *Capsaizin.*

Kapstachelbeere → *Physalis.*

Karambole. Die K. oder Baumstachelbeere gedeiht in allen tropischen Ländern, vor allen Dingen in Brasilien. Gehört zur Familie der Sauerkleegewächse. Die Form dieser Beerenfrucht ist so lang wie eine kleine Gurke und die fünf bis sechs scharfkantige Längsrippen hat. Reife: Die Früchte sind reif, wenn das durchscheinende Fruchtfleisch nicht mehr grün, sondern bernsteinfarben ist. Geschmack: Das saftreiche Fruchtfleisch ist sauer – hoher Oxalsäuregehalt. Verwendung: Obstsalat, Mixgetränke, Kompott.

Karamell → *Kandiszucker.* Phase während des → *Zuckerkochens.* Beim Erhitzen einer konzentrierten Zuckerlösung oder beim Schmelzen von Zucker entsteht ab einer Temperatur von 152,5 °C bzw. 122 °C ein Zersetzungsprodukt von unterschiedlich brauner Färbung und typischem Rostgeschmack. Beim Backen und Rösten und beim → *Darren* von Malz entsteht in gewissem Umfang ebenfalls Karamel. Karamel entsteht auch beim Erhitzen anderer Zuckerarten bei verschiedenen Temperaturen.

Karbonade. Etwa fingerdick geschnittene und gebratene Scheiben, oft mit Knochen, aus dem Kotelettstrang des Brustbereiches von Schwein und Kalb. In Norddeutschland auch Schnitten des Steinbeißers, deshalb Karbonadenfisch.

Kardamom. Getrocknete und gemahlene Samenkörner der asiatischen Kardamompflanze. Verwendung: in arabischem Kaffee, zur Gebäckherstellung und zu Fleisch- und Geflügelgerichten.

Karde. (Mz. Kardi, *frz.: cardon, m.*) auch Kardonen genannt. Sehr große spanische Artischocke (Distelgewächs) von der lediglich die Hauptrippen der Blätter verzehrt werden.

Karina. Frische Erdbeersorte. Mittelgroße, wohlschmeckende, feste Früchte.

Karkasse → *carcasse.* Knochengerüst des Geflügels und der Fische.

Karmin → *Cochenille.*

Karotten → *Möhren.*

Karpfen *frz.: carpe, w., engl.: carp).* Ursprünglich aus Asien stammender, heute in ganz Europa lebender Fisch. Neben dem Spiegel-, Schuppen-, Leder- und Goldkarpfen gehören noch folgende Fische dazu: Die Schleie, die Karausche, die Brachse, auch Rotauge genannt. Sie gehören eigentlich zur Gattung der Weißfische, bilden aber eine eigene Gruppe. Die wichtigsten sind der Teich- und der Flusskarpfen. Der Flusskarpfen ist langgestreckter als der Teichkarpfen. Spiegelkarpfen *(frz.: carpe à miroire; engl.: king carp):* Einzelne oder in Reihe stehende Schuppen. Schuppenkarpfen *(frz.: carpe commune; engl. carp commen):* Gleichmäßige Beschuppung. Lederkarpfen *(frz.: carpe coriacée; engl: lether carp):* Ohne Schuppen. Goldkarpfen: Goldschimmernde Schuppen. Gängigstes Gewicht 1–2 kg. Es empfiehlt sich, die Tiere 24 Stunden in Frischwasser zu setzen, damit evtl. Modergeruch verschwindet. *Zubereitungsarten:* Gekocht blau, mit zerlassener Butter, Sahnemeerrettich.(

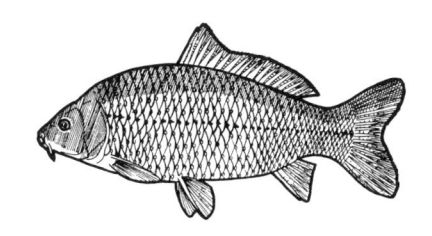

Kartäuser. → *Kräuterlikör;* wird unter Verwendung von wertvollen, aromatischen Auszügen hergestellt. Die ersten Hersteller waren Mönche des Kartäuserordens. Kartäuser wird grün gefärbt und ähnelt dem frz.

Kartell

Produkt → *Chartreuse,* dessen Bezeichnung jedoch gesetzlich geschützt ist.

Kartell. Meist horizontaler Zusammenschluss von Unternehmen auf der gleichen Produktionsstufe; in Deutschland grundsätzlich verboten. Ausnahmen: **1)** *anmeldepflichtige* Kartelle, **2)** *genehmigungspflichtigen* Kartelle. Überwachung obliegt der Kartellbehörde, rechtliche Grundlage: Kartellgesetz.

Kartoffelsago. Deutsches Sago. Herstellung: Kartoffelstärke wird nochmals gewaschen, die Stärke setzt sich ab, das Wasser wird über Filter abgesaugt. Der verbleibende Stärkekuchen wird über Siebe in Stücke von der Größe der Sagokörner zerteilt. Diese werden zu kleinen Kugeln geformt. In rotierenden beheizten Trommeln werden die Körner erhitzt, sodass die Außenflächen der Stärkekörner zu Dextrinen abgebaut werden. Im Anschluss werden die Körner getrocknet. Das Korninnere besteht größtenteils aus → *Quellstärke.* Bei der Verarbeitung von Kartoffelsago, dieses in die kochende Flüssigkeit einstreuen, Kochzeit ca. zehn Minuten. Kartoffelsago oder Deutsches Sago darf nicht als echtes Sago bezeichnet werden. Die Bezeichnungen Sago oder Perlsago sind zulässig. Der Wassergehalt darf 17 % nicht überschreiten. Reinheitsgrad mindestens 97 % Stärke i. T.

Kartoffelstärke. Kartoffelmehl → *Speisestärke* aus zerkleinerten, besonders stärkehaltige Kartoffeln durch Aufschlämmen, Absetzen und vorsichtiges Trocknen durch Kontaktwärme oder Heißluft gewonnenes Produkt. Der Wassergehalt darf 20 % nicht übersteigen. Kartoffelstärke bildet zähe, langklebrige Gele. Die Produkte haben keine glatte Schnittfläche, sind wasserlässig (sondern beim Altern leicht Flüssigkeit ab) und sind klar. Verwendung: Bestandteil von → *Backpulver,* Bindemittel Tortenguss, → *Kartoffelsago* zu → *modifizierter Stärke* → *Quellstärke* und zu → *Glucosesirup.*

Kascha. Gericht aus der russischen Küche. Hierzu wird Buchweizengrütze trocken geröstet, mit Wasser und Salz gegart und mit Butter und Sauerrahm verfeinert.

Käse. Käse wird im Allgemeinen aus Kuhmilch hergestellt. In geringer Menge auch aus Schafs- oder Ziegenmilch, in einigen Teilen der Welt aus Büffelmilch. Die Art der Herstellung von Käse beruht im Prinzip auf dem Vorgang des Sauerwerdens der Milch und deren Gerinnung. Dann scheidet sich die dicke Käsemasse von der dünnflüssigen Molke ab. Das Wort „Käse" stammt vom lateinischen „caseus" ab. Englisch heißt Käse „cheese", holländisch „Kaas". Das französische „fromage" und das italienische „formaggio" stammen von dem Lateinischen „coagulum formatum" ab, was „geformtes Gerinnsel" bedeutet. Die ältesten bildlichen Darstellungen von Milch und Käse stammen von den Sumerern. Am Tempelfries von Ur, der Hauptstadt jenes alten Kulturvolkes zwischen Euphrat und Tigris, befinden sich Figuren von Menschen, die Tiere melken und Käse herstellen. Das war bereits von 6000 Jahren.

Käsebohrer. Gerät in Form eines Korkenziehers zur Prüfung des Reifezustandes der Käselaibe.

Käsegruppen → *Fett i. Tr.*

Käseharfe. Gerät zum Zerkleinern der Käsemasse beim Vorkäsen.

Kasein. Hauptanteil des Milcheiweißes (bei Kuhmilch etwa 75 %); heterogene Gruppe von hitzestabilen Phosphorproteiden. K. gerinnt bei Einwirkung von Säure und/oder Lab.

Käsemasse → *Fett i. Tr.*

Kashkaval. Ungarischer Schafskäse.

Kasino. → *Bewirtungsbetrieb* und Aufenthaltsgelegenheit für Offiziere und höhere Angestellte. An besonders exklusiven Fremdenverkehrsorten (z. B. Baden-Baden) befinden sich Sonderformen, die *Spielkasinos*. Das sind konzessionierte Spielbetriebe, die meist noch mit Gastronomiebetrieben verbunden sind.

Kassationskollegialität. Abstimmungsform im Rahmen der → *Kollegial-Instanz*. Mehrere gleichberechtigte Personen können nur gemeinsam handeln. Wenn eine Person dem Vorhaben der anderen widerspricht, muss die Handlung unterbleiben. Eine Person kann auch die von einer anderen Person getroffene Entscheidung aufheben oder aufschieben. (Kassation = Aufhebung, Absetzung, Ungültigmachen eines Urteils).

Kassave (Syn.: *manihot, maniok, yuca, mandioka, Kassava, arrow-root*). Lange, unregelmäßig geformte Wurzel von mindestens 5 cm Durchmesser mit dunkelbrauner, rauer, rindenartiger Schale und hartem, weißem, stärkehaltigem Fleisch. Die bittere Sorte ist in rohem Zustand giftig (blausäurehaltig). Ausgangsbasis für Tapioka und Maniokmehl. Dieses Mehl wird auch unter der Bezeichnung „Arrow-Root" (Pfeilwurzelmehl) angeboten.

Kassenbestand. Zum Kassenbestand zählen alle Bestände der Haupt-, Neben- und Sortenkassen, aber auch die Portokasse einschließlich der vorhandenen Briefmarken. Evtl. eingelegte Quittungen für Vorlagen oder Vorschüsse sind ebenfalls zu addieren.

Kassenbuch. Normalerweise gilt auch für die Eintragung ins Kassenbuch Einzelaufzeichnungspflicht. Werden nur aufgrund des täglichen Abschlags Sammelbuchungen durchgeführt, sind die Registrierkassenstreifen o. Ä. Bestandteil des Kassenbuchs. Sie unterliegen wie dieses der → *Aufbewahrungspflicht*.

Kassenmanko. Kassenfehlbeträge, die durch falsches Herausgeben in geringem Umfang entstehen können.

Kassensturz. Der Kassensturz dient der Prüfung der Kasse. Der Kassenprüfer nimmt dabei zuerst den Kassenbestand auf (= Kassensturz), um dann die Übereinstimmung mit dem buchmäßigen Bestand festzustellen.

Kastenbrot. Weichgeführter Teig, vorwiegend aus Weizenmehl oder Weizenschrot in Formen gebacken. Der Krustenanteil ist gering (z. B. Kastenweißbrot).

Kastorzucker. Feinkörniger Kristallzucker.

Katadrome. Wanderfische. Leben im Süßwasser und laichen im Salzwasser (Aal).

Kategorien → *Einstufung*.

Kattfisch → *Seewolf*.

Kaufkraft. a) Volkswirtschaftslehre: Gütermenge, die mit einer Geldeinheit gekauft werden kann; Ausdruck des Geldwertes, b) Wirtschaftspraxis: Das den Abnehmern zur Verfügung stehende Geldeinkommen. Dieses ist besonders für Marketingüberlegungen, aber auch für die → *Standortwahl* wichtig.

Kaufmann. A) allgemein: jeder, der eine kaufmännische Tätigkeit ausübt; B) nach Handelsrecht: wer selbständig ein Handelsgewerbe betreibt. Das HGB kennt die folgenden Kaufmannsarten: a) Musskaufmann – wer ein in § 1 HGB genanntes Grundhandelsgewerbe betreibt. Er ist Vollkaufmann, wenn Art und Größe des Betriebes eine kaufmännische Einrichtung erfordern, andernfalls Minderkaufmann. Vollkaufleute sind zur Eintragung ins → *Handelsregister* verpflichtet, Minderkaufleute werden nicht eingetragen, b) Sollkaufmann – wer ein anderes als in § 1 HGB genanntes Gewerbe betreibt, wenn Art und Umfang des Geschäftsbetriebes eine kaufmännische Einrichtung erfordern, z. B. Hotels. Diese sind zur Eintragung ins Handelsregister verpflichtet, c) Kannkaufmann – Nebenbetriebe der Landwirtschaft können durch Eintragung Kaufmann werden, **d)** Formkaufmann alle Kapitalgesellschaften (AG, GmbH, KGaA, eG). Hier besteht Eintragungspflicht, **e)** Scheinkaufmann – wer durch Eintragung ins Handelsregister den Anschein erweckt, Kaufmann zu sein. Er muss den Anschein gegen sich gelten lassen.

Kaufvertrag. Mehrseitiges → *Rechtsgeschäft*, das auf den Austausch von Sachen oder Rechten gegen Entgelt gerichtet ist. Er kommt zustande, indem sich die Partner einigen, dann der Verkäufer dem Käufer die Sache übergibt und übereignet, der Käufer sie annimmt und den Preis bezahlt. Rechtsgrundlage: §§ 433 ff BGB, §§ 343 ff HGB.

Kaviar *(frz.: caviar, m.; engl.: caviar).* Gesalzener Rogen verschiedener Fische. *Fischarten: Hausen* oder *Beluga* = ca. 1200 kg = ca. 4 m Länge; Stör oder *Osietra* = ca. 200 kg = ca. 2 m Länge; *Sevruga – Schergstör – Sternhausen* = 20 kg = ca. 1,50 m Länge; *Schipp – Waxdick* = kleiner als Osietra. Vorkommen: Kaspisches und Schwarzes Meer und deren Zuflüsse. Fangzeit: Winter und Frühjahr, wenn die Fische zum Laichen in die Flüsse ziehen. Der Kaviar hat zwischen 13 und 18 % Fettanteile. Zwischen 23 und 37 % Eiweiß, sowie Spuren von Vitaminen A, B, und D. Phosphor, Calcium und Eisen.

Kaviarsorten: **1)** Sevruga: Sewruga – Scherg, **2)** Beluga: gewonnen vom Hausen – Beluga, **3)** Shippowa: gewonnen vom Schipp-Waxdick, **4)** Osietra: gewonnen vom Stör (Kaspisches Meer) oder Osietra (er hat einen leicht nussartigen Geschmack), sowie vier Sorten, die nicht vom Störfisch stammen: **5)** Botarga – vom Thunfisch, **6)** Keta – vom Keta oder Amurlachs (Botarga und Keta haben rötliche Färbung), **7)** Balajan – von russischen Zanderarten, **8)** Kitzin – von russischen Hechtarten. Qualitätsmerkmale: **a)** Salzgehalt: je schwächer gesalzen, desto besser, **b)** Zusatzbezeichnung: „Malossol" bedeutet: mind. 3 %, max. 4 % Salzgehalt (schwach gesalzen), **c)** Farbe: je heller, desto besser. Silbergrau bis glänzend, **d)** Größe: Je größer die Körner, desto besser, im Durchschnitt ca. 3,5 mm. Kennzeichnung der Dosen: blaue Deckel – Beluga, gelbe Deckel – Osietra, rote Deckel – Sevruga.

Kebab. Türkisches Spießfleisch (→ *Döner*), aber auch Schmorgerichte, insbes. vom Lamm. Beliebtes Fastfood-Gericht.

Kedgeree *(auch: Cadgerie).* Anglo-indisches Fischgericht (Lachs, Kabeljau oder Steinbutt), mit Reis, gekochten Eiern, Zwiebeln und Currysauce.

Keemun. Schwarzer chinesischer Tee mit rauchigem Geschmack, der einen hellen Aufguss ergibt und gut die Verdauung fördert.

Kefen *(Syn.: Schneeerbsen).* In der Schweiz und Süddeutschland Ausdruck tür Erbsenschoten, *frz.: pois mange-tout.*

Kefir. Kephyr *(türk.: tartar und arab.: kef = Wonne).* Kefir ist ein sehr altes, aus Milch hergestelltes Gärungsgetränk, welches seinen Ursprung im nördlichen Kaukasus hat. Kefir enthält alle der Milch eigenen Nährstoffgruppen. Zur Herstellung von Kefir können Vollmilch, Buttermilch oder Magermilch verwendet werden. Die klassischen Ausgangselemente sind die Kefirpilze (Kefirknollen). Der Kohlensäuregehalt macht Kefir leicht moussierend. Die Milchsäure gibt dem Getränk einen erfrischenden Geschmack. Kefir wirkt nahrhaft: 3,5 % Milchfett, 60 Kalorien pro 100 g.

Keftedes *(auch Cenftedes, Cufte oder Kuftes).* Türkische, arabische Landesküche und der der Balkanstaaten. Kleine Klöße aus Hammelfleisch in diversen Saucen, z. B. Dill-, Rahm-, Kerbel- oder Tomatensauce.

KEG-Verschluss (Bierfass). Die zylindrische Zarge des „Systemfasses" ist mit zwei Rollringen und zwei aufgesetzten Bördelringen versehen, die zum Schutz der Fassböden dienen. Das Gewicht des Edelstahlfasses beträgt bei 50 l ca. 13 kg. Die mittlerweile eingeführten Aluminiumfässer wiegen 8,5 kg/50 l. Auch 30-l-Fässer sind verfügbar. Das Keg hat nur eine Öffnung im oberen Boden, in die der Degen mit dem Kegventil eingeschraubt ist. Diese in zwei verschiedenen Bauarten (Flach-, Körper- und Hohlkörperventil) eingeführten Ventile haben die Aufgabe des Reinigens, Füllens und Zapfens. Der Vorteil dieser Vorrichtung besteht darin, dass das Fass auch im entleerten Zustand verschlossen ist und unter CO_2-Druck verbleibt. Ein Austrocknen von Bierresten und der übliche Fliegenbefall wird damit verhindert und die Reinigungsfähigkeit der Fässer erhöht.

Kehlen. Herausnehmen von Kiemen, Darm, Leber und Herz bei Fischen, hauptsächlich bei Heringen.

Keiler. Männl. → *Wildschwein*.

Keimbrot. Zugabe von mindestens 10 % Keimlingsmehl auf die gesamten Mahlerzeugnisse im Teig. Das Keimbrot wird dadurch mit Vitaminen der B-Gruppe und besonderen Fettsäuren angereichert.

Keimen. Aus der eingeweichten Gerste wird auf der Tenne in ca. sieben Tagen → *Grünmalz*. Sauerstoffzufuhr und bestimmte Temperaturen (20 °C) sind notwendig.

Kellnerbrigade. Setzt sich aus folgenden Positionen zusammen: 1) *Directeur de restaurant* (Restaurantdirektor), 2) *Maître d'hôtel* (1. und 2. Oberkellner), 3) *Chef de rang* (Stationskellner), 4) *Demi-chef de rang* (Halb Chef), 5) *Commis de rang* (Jungkellner), 6) *Commis la suite* (Jungkellner), 7) *Chef d'étage* (Zimmerkellner), 8) *Sommelier* (Weinkellner).

Kelogg. Will Keith K. „erfand" mit seinem Bruder John Harvey die breakfast cereals flakes aus gekochten, ausgerollten im Ofen gebackenen Weizenkörnern.

Kelter. (*Lat: calcatare* = stampfen). Traubenpresse.

Keltertrauben. Für die Weingewinnung geeignete Traubensorten im Gegensatz zu Tafeltrauben.

Kemirie. Nussart, die gerieben als Bindemittel für viele indonesische Saucen dient (Erdnusssauce, Rote Sauce).

Kennzahlen. In allen betrieblichen Bereichen dienen Kennzahlen (auch Kennziffern) zur Überprüfung, aber auch als Grundlage der Disposition. Es handelt sich dabei um Zahlen, die sich auf betriebliche Daten beziehen, zwischen denen ein bestimmter Zusammenhang besteht. Folgende Ausdrucksformen sind möglich: 1) Absolute Zahlen: Sie geben zwar eine Vorstellung von der wirklichen Größe, sind aber schwer überschaubar. 2) Verhältniszahlen: Sie werden wegen ihrer leichteren Überschaubarkeit häufiger angewendet. Das können sein: a) *Beziehungszahlen* b) *Prozentwerte*;

$$\frac{\text{absolute Zahl} \times 100}{\text{absolute Zahl}} = ...\%$$

Kennzahlen können sich auf die gesamte Unternehmung beziehen (z. B. deren Wirtschaftlichkeit) oder nur auf Teilbereiche (z. B. Bettenbelegung). In Abb. 39 werden nur einige wichtige Kennzahlen zusammengestellt.

Keratin. Unlösliche Strukturproteine mit hoher Elastizität und Festigkeit, Vorkommen in Epidermis, Haar, Krallen. Hufen, Hörnern, Schuppen und Federn.

Kerner. Weißweintraube. Kreuzung: Trollinger × Riesling. Die Traube bringt frische, rieslingähnliche Weine mit leichtem Muskatbukett hervor.

Kennzahlen (Abb.)

Absatz und Marktforschung

Kaufkraft der Region $= \dfrac{10\,000 \times \text{regionales Einkommen}}{\text{Einkommen der Bundesrepublik}}$

Streuerfolg $= \dfrac{\text{Anzahl der Bestellungen (Gäste)}}{\text{Anzahl der Werbedrucksachen}}$

Werbeelastizität $= \dfrac{\text{Umsatzänderung durch die Werbeaktion}}{\text{Änderung des Werbeaufwandes}}$

Werbewirtschaftlichkeit (Werbeerfolg) $= \dfrac{\text{Werbekosten}}{\text{zusätzliche Bestellungen}}$

oder $= \dfrac{\text{Werbekosten}}{\text{Umsatzsteigerung}}$

oder $= \dfrac{\text{Werbekosten} \times 100}{\text{Reingewinn der Aktion}}$

Bilanz und Erfolgsrechnung

Betriebsvermögensumschlag $= \dfrac{\text{Betriebsertrag}}{\text{Betriebsvermögen}}$

Finanzierung (%) $= \dfrac{\text{Eigenkapital} \times 100}{\text{Fremdkapital}}$

Investierung (%) $= \dfrac{\text{Eigenkapital} \times 100}{\text{Anlagevermögen}}$

Konstitution (%) $= \dfrac{\text{Anlagevermögen} \times 100}{\text{Umlaufvermögen}}$

Liquidität (%)
a) Barliquidität $= \dfrac{\text{flüssige Mittel} \times 100}{\text{kurzfr. Verbindlichkeiten}}$

b) einzugsbedingte Liquidität
$= \dfrac{(\text{flüss. Mittel} + \text{Wertpapiere des Umlaufvermögens} + \text{Forderungen}) \times 100}{\text{kurzfr. Verbindlichkeiten}}$

c) umsatzbedingte Liquidität
$= \dfrac{(\text{flüss. Mittel} + \text{Wertpapiere des Umlaufvermögens} + \text{Forderungen} + \text{Vorräte}) \times 100}{\text{kurzfr. Verbindlichkeiten}}$

d) Liquidität auf lange Sicht $= \dfrac{\text{Umlaufvermögen} \times 100}{\text{Fremdkapital}}$

e) working-capital-ratio $= \dfrac{\text{Umlaufvermögen} \times 100}{\text{kurzfr. Verbindlichkeiten}}$

Rentabilität (%)
a) Rentabilität des Betriebsvermögens $= \dfrac{\text{Betriebsgewinn} \times 100}{\text{Betriebsvermögen}}$

Abb. 39 Kennzahlen

b) Umsatzrentabilität $= \dfrac{\text{Unternehmensgewinn} \times 100}{\text{Umsatz (zu Verkaufspreisen)}}$

c) Unternehmerrentabilität = Eigenkapitalrentabilität $= \dfrac{\text{Gewinn} \times 100}{\text{Eigenkapital}}$

d) Unternehmensrentabilität = Gesamtkapitalrentabilität $= \dfrac{(\text{Gewinn} + \text{Fremdkapitalzins}) \times 100}{\text{Gesamtkapital}}$

Beschäftigung (Auslastung der Kapazität)

Beschäftigungsgrad $= \dfrac{\text{Ist-Beschäftigung}}{\text{Soll-Beschäftigung}}$

$\text{oder} = \dfrac{\text{Ist-Leistung}}{\text{Soll-Leistung}}$

Finanzbereich und Geldverkehr

Fremdkapital-Verzinsung (%) $= \dfrac{\text{effektive Fremdkapitalzinsen} \times 100}{\text{Fremdkapital}}$

Forderungsumschlag $= \dfrac{\text{Umsatz} \times 100}{\text{durchschnittlicher Forderungsbestand}}$

Durchschnittl. Forderungsziel $= \dfrac{360}{\text{Forderungsumschlag}}$

$\text{oder} = \dfrac{\text{durchschn. Forderungsbestand} \times 360}{\text{Umsatz} \times 100}$

Verbindlichkeitsumschlag $= \dfrac{\text{Auszahlungen an Lieferer} \times 100}{\text{durchschn. Verbindlichkeitsbestand}}$

Durchschnittliches Verbindlichkeitsziel $= \dfrac{360}{\text{Verbindlichkeitsumschlag}}$

Investionen und Kapitalbedarf

cash-flow: Jahresüberschuss
Abschreibung und Wertberichtigungen auf Anlagen
Erhöhung langfristiger Rückstellungen
— Erträge aus Auflösungen von Wertberichtigungen und langf. Rückstellungen

cash-flow

oder

Jahresüberschuss
Aufwand, der nicht Auszahlung ist
— Ertrag, der nicht Einzahlung ist

net cash flow from operations
(= Finanzwirtschaftlicher Überschuss = Nettogeldzufluss)

Abb. 39 Kennzahlen (Fortsetzung)

Kennzahlen (Abb.)

cash-flow-Rendite (%) $= \dfrac{\text{net cash flow} \times 100}{\text{Eigenkapital}}$

Investition pro Kopf der Belegschaft $= \dfrac{\text{Investitionsbetrag}}{\text{Anzahl der Beschäftigten}}$

Kapitalbedarf pro XX $= \dfrac{\text{Kapital}}{\text{XX}}$

XX: Belegschaftsmitglied; Fläche m², Zimmer, Betten usw.

Kapitalumschlag $= \dfrac{\text{Umsatz}}{\text{Gesamtkapital}}$

Kapitalumschlagsdauer $= \dfrac{360}{\text{Kapitalumschlag}}$

Return on Investment (Kapitalertragszahl) $= \dfrac{\text{Gewinn}}{\text{Umsatz}} \times \dfrac{\text{Umsatz}}{\text{investiertes Kapital}}$

oder $= \dfrac{\text{Gewinn}}{\text{invest. Kapital}}$

Kosten

Abschreibungskosten (%) $= \dfrac{\text{gesamte Abschreibungen} \times 100}{\text{Gesamtkosten}}$

kalkul. Abschreibungskosten (%) $= \dfrac{\text{kalkul. Abschreibung} \times 100}{\text{Gesamtkosten}}$

Personalkostenanteil (%) $= \dfrac{\text{Personalkosten} \times 100}{\text{Gesamtkosten}}$

leistungsbezogene Personalkosten $= \dfrac{\text{Personalkosten} \times 100}{\text{Umsatz}}$

Planabweichung (%) $= \dfrac{\text{Ist-Kosten} \times 100}{\text{Plankosten}}$

Zinskostenanteil $= \dfrac{\text{Zinsaufwand} \times 100}{\text{Gesamtkosten}}$

Lagerhaltung → *Lager*

durchschnittl. Lagerbestand $= \dfrac{\text{Anfangsbestand} + 11 \text{ Bestände } + \text{Endbestand}}{13}$

Lagerumschlag (Umschlagshäufigkeit) $= \dfrac{\text{Jahresbedarf}}{\varnothing \text{ Lagerbestand}}$

Lagerdauer $= \dfrac{360}{\text{Umschlagshäufigkeit}}$

Abb. 39 **Kennzahlen** (Fortsetzung)

Kennzahlen (Abb.)

Steuerlich relevante Kennzahlen

→ Ist-Umsatz → Soll-Umsatz → wirtschaftlicher Umsatz

Wareneinsatz (%) $= \dfrac{\text{Wareneinsatz (oder Materialeinsatz)} \times 100}{\text{zugehörige Erlöse (Speisenerlöse)}}$

Rohaufschlag $= \dfrac{\text{Rohgewinn} \times 100}{\text{Wareneinsatz}}$

Rohgewinnsatz $= \dfrac{\text{Rohgewinn} \times 100}{\text{Verkaufserlöse}}$

Produktivität und Wirtschaftlichkeit

Produktivität $= \dfrac{\text{output}}{\text{input}}$ oder $\dfrac{\text{Ausbringung}}{\text{Faktoreinsatz}}$

Wirtschaftlichkeit $= \dfrac{\text{Leistung}}{\text{Kosten}}$

Gastronomiespezifische Kennzahlen

a) Beherbergungsbereich

Betten-(Zimmer-)Belegung pro Beschäftigter $= \dfrac{\text{Anzahl belegte Betten (Zimmer)}}{\text{Anzahl Beschäftigte im Beherbergungsbereich}}$

Bettenauslastung (im Jahr) (%) $= \dfrac{\text{Übernachtungen} \times 100}{\text{Bettenzahl} \times 365}$ evtl. auch Öffnungstage genau

Durchschnittl. Aufenthaltsdauer $= \dfrac{\text{Zahl der Übernachtungen}}{\text{Zahl der Ankünfte}}$

Durchschnittl. Beherbergungsertrag pro Zimmer $= \dfrac{\text{Beherbergungserlöse}}{\text{belegte Zimmer}}$

Abbestellungen (%) $= \dfrac{\text{Zahl der Abbestellungen} \times 100}{\text{Zahl der Reservierungen}}$

Doppelbelegungen (%) $= \dfrac{\text{doppelt belegte Zimmer} \times 100}{\text{belegte Zimmer}}$

Anteile best. Gästegruppen (%) (z. B. männl., Singles, best. Landsmannschaft u. Ä.)

$= \dfrac{\text{Anzahl der Gäste einer bestimmten Gruppe (z.B. Ausländer)} \times 100}{\text{Gesamtzahl der Gäste}}$

Anteil der Gäste ohne Reservierung (%) $= \dfrac{\text{Gäste ohne Reservierung} \times 100}{\text{Gesamtzahl Gäste}}$

b) Food and Beverage

Beliebtheitsgrad der Speisen $= \dfrac{\text{verkaufte Portionen einer Speise} \times 100}{\text{Zahl der bedienten Gäste}}$

Abb. 39 Kennzahlen (Fortsetzung)

Kennzahlen (Abb.)

Durchschnittl. Speiseumsatz pro Gedeck (Frühstück, Mittag, Abend) $= \dfrac{\text{Speisenumsatz}}{\text{Gedeckanzahl}}$

Gästewechsel pro Essenszeit (oder Öffnungszeit) $= \dfrac{\text{Zahl der Gäste pro ... Zeit}}{\text{Sitzplätze}}$

Restaurantplätze pro Servicepersonal $= \dfrac{\text{Restaurantplätze}}{\text{Anzahl Servicepersonal}}$

Speisenumsatz pro Gedeck $= \dfrac{\text{Speisenumsatz}}{\text{Gedeckanzahl}}$ (evtl. auch Plätze)

Umsatz pro XX
XX: Gedeck, Sitzplatz, Beschäftigter $= \dfrac{\text{Umsatz}}{\text{Anzahl XX}}$

Getränke in % des Speisenumsatzes (Verhältnis Speisen – Getränke) $= \dfrac{\text{Getränkeumsatz} \times 100}{\text{Speisenumsatz}}$

Abb. 39 **Kennzahlen** (Fortsetzung)

Kernobstbranntweine werden aus frischen, vergorenen Kernobstfrüchten ohne Zusatz von Zucker oder Alkohol gebrannt. Mindestalkoholgehalt 38 % Vol. Als „Obstwasser" (Obstler) darf sich ein Kernobstbranntwein nur dann bezeichnen, wenn er aus Birnen und/oder Äpfeln oder aus den Säften dieser Früchte hergestellt ist.

Keskul. Orientalische Reismehlspeise mit Mandeln.

Ketjap Asin. Indonesische Sojasauce (süß).

Kettenflug. Starker Flug, → *Zuckerkochen.*

kGy → *Gray.*

Kibbi (Kibbe). Arabische Küche; gefüllte Fleischbällchen, der Form nach mit einem kleinen Ei zu vergleichen. Haschiertes Hammelfleisch wird mit der gleichen Menge nicht aufgeweichtem Burghul (Weizengrütze) vermengt. Aus dieser Farce wird mit Hilfe des Fingers ein hoher Hut geformt, der mit → *Hashweh* gefüllt wird. Die Kibbis werden über Holzkohlenfeuer geröstet und mit Zitronenecken serviert.

Kichererbsen → *Garbanzos.*

Kilkis. Norwegische Sardellen, die in einer Salzlake mit Lorbeerblättern eingelegt werden.

Kilojoule (**kJ**), Energieeinheit; Umrechnung 1 kJ $\hat{=}$ 0,239 kcal (→ *Kilokalorie*) → *Joule.*

Kilokalorie (**kcal**), Wärmeeinheit: Eine Kilokalorie ist die Wärmemenge, die benötigt wird, um 1 kg Wasser von 14,5 auf 15,5 °C zu erwärmen. Seit dem 1.1.1978 wurde → *Kilojoule* eingeführt. 1 kcal $\hat{=}$ 4,187 kJ.

King-size → *Betten.*

Kipferl. Österreichische Bezeichnung für Hörnchen.

Kippbratpfanne. Lässt sich universal einsetzen und eignet sich für Pfannengerichte aller Art. Der Tiegel (Guss oder Edelstahl) lässt sich der einfachen Arbeitsweise und der Unfallgefahr wegen mit Hilfe einer Schnecke (oder elektromotorisch) mühelos kippen und der vorhandene Auslauf ermöglicht das restlose Entleeren von flüssigem Kochgut.

Kippers. Englisches Frühstücksgericht. Zur Herstellung von „Kippers" werden die Heringe im Rücken gespalten und 15 Minuten in Salzlake getaucht (gepökelt), hierauf getrocknet und vier bis fünf Stunden geräuchert.

Kir. Mischung aus trockenem Weißwein der Traubensorte →*Aligoté* und → *Cassislikör*. Das Ursprungsgebiet ist die Bourgogne. Namensgeber war Félik Kir, der das Getränk als Bürgermeister von Dijon seinen Gästen anbot.

Kirchenfenster. Schlieren, die sich infolge hohen Glyceringehaltes des Weines an den Gläsern bilden. Auch „Schenkel".

Kir Royal. Ist eine Mischung aus → *Cassislikör* und Champagner/Sekt. → *Kir*.

Kirschliköre → *Fruchtsaftlikör*, z. B. → *Cherry Brandy*, → *Fruchtbrandy*, → *Kirsch mit Rum*.

Kirsch mit Rum → *Fruchtsaftlikör*, hergestellt aus → *Sprit*, Wasser, Kirschsaft, Zucker und → *Rum*. Der Rumanteil ist nicht vorgeschrieben, muss aber geruchlich und geschmacklich deutlich wahrnehmbar sein. Künstliche Färbung ist nicht erlaubt. Mind.-Alkoholgeh. 25 % Vol.

Kirschwasser → *Obstwasser*, aus vergorenen Kirschen durch Destillation hergestellt. Mindestalkoholgehalt 40 % Vol. Die Angabe Schwarzwälder Kirschwasser ist eine Herkunftsbezeichnung. Bei Verwendung dieser Angabe müssen die Kirschen aus dem Schwarzwald stammen und die Herstellung dort erfolgt sein. Diese Vorschrift gilt seit 1963.

Kisselj. Russische Süßspeise ähnlich dem Flammeri. Es wird dazu beliebiges Beerenobst mit Wasser im Mörser zerrieben, dann durch ein Tuch passiert. Die Flüssigkeit wird mit Zucker und Kartoffelstärke gekocht. Die Süßspeise wird meist kalt serviert, zusammen mit kalter Milch oder dicker kalter Sahne.

Kissen. Kopfstütze der Schläfer. Sie bestehen aus Inlett mit Feder- bzw. Daunenfüllung. Dabei sollen die Federn kräftiger sein als bei Oberbetten (→ *Zudecken*). Das Standardmaß ist 80 × 80 cm, seltener 80 × 100 cm. Die Füllung sollte 1–1,25 kg bei 80 × 80 cm betragen, da die Kissen das Kopfgewicht abfedern müssen.

Kiwi. „Chinesische Stachelbeere", kommt heute nicht mehr aus ihrer Urheimat China, sondern aus Neuseeland. Aus China kam sie zwischen 1874 und 1899 als Zierpflanze nach Europa; auf Neuseeland ist sie seit der Jahrhundertwende bekannt. Neuseeland-Kiwis sind etwa eigroß, länglich-oval, haben einen Durchmesser bis zu 5 cm und ein Gewicht von ca. 100 g. Die ledrige Haut ist zunächst grün, bei Reife braun und dicht behaart. Smaragdgrünes Fruchtfleisch umschließt eine hellere Mitte und einen Kranz kleiner, weicher, schwarzer Kernchen, die mitgegessen werden. Kiwis schmecken säuerlichsüß und sind sehr saftig. Sie lassen sich leicht und in unerschöpflichen Variationen zubereiten, als süße oder pikante Vor- und Nachspeisen, als geschmackliche Abrundung von Hauptgerichten, als Salate, Drinks, Konfitüren. 100 g Kiwifruchtfleisch enthalten ca. 120 bis 130 mg Vitamine A und D sowie Kalium und Eisen. Ein weiterer Pluspunkt: Nur ca. 40 Kalorien (165 Joule) pro Kiwi.

Klären, a) Vorgang, bei dem durch → *Zentrifugieren* und Filtern Trübstoffe aus dem Most und Wein entfernt werden. Dem mechanischen Klären geht meist die chemische Behandlung, die → *Schönung* voraus, bei der als Klärmittel Gelatine, → *Bentonit*, Hausenblase, → *Kaliumferrocyanid*, Aktivkohle und weitere besonders zugelassene Stoffe verwendet werden. Die chemischen Zusätze werden vor dem Filtern durch Abstrich entfernt, **b)** Vorgang, bei dem Brühen (Kraftbrühe = Consommé) durch Zu-

Klarer

gabe von Klärfleisch und Eiweiß von Trübstoffen befreit werden.

Klarer. Farbloser, nicht oder nur schwach aromatisierter Trinkbranntwein mit einem Mindestalkoholgehalt von 32 % Vol.; Monopolsprit, der mit Trinkwasser auf Trinkstärke herabgesetzt wurde. „Klarer" wird häufig auch für die Gruppe der wasserhellen Spirituosen verwendet, wie z. B. → Korn, → Gin, → Wacholder, → Obstbranntwein, → Aquavit oder → Steinhäger. Klarer steht jedoch nicht als Oberbegriff über die wasserhellen Spirituosen; es handelt sich vielmehr um einen Trinkbranntwein, an den keine speziellen Qualitätsansprüche gestellt werden.

Klebereiweiße = Gluten (Gliadin und Glutenin), macht den Hauptproteinanteil im Weizen aus. K. sind wasserunlöslich, aber gut quellfähig, wobei sie etwa das 2–3fache ihres Gewichtes an Wasser binden. Eine Denaturierung erfolgt bei 70–80 °C, das gebundene Wasser wird dabei frei. K. sind wichtig für die Teigbereitung und sind an der Krumenbildung mitbeteiligt. Roggenmehle enthalten keine K.

Kleber-Teigwaren. Teigwaren besonderer Art, Weizenkleberzusatz in einer Menge, dass der Gesamteiweiß-Gehalt mindestens 25 % beträgt.

Kleie. Rückstände beim Mahlen des Getreides. Diese enthalten Randschichten des Getreidekornes und den Keimling.

Kleinbetragsrechnung. Begriff aus der Umsatzsteuer (§ 33), umschreibt eine Rechnung mit einem Betrag einschl. der Steuer von nicht mehr als 100,– €. In solchen Rechnungen wird die Umsatzsteuer unter Angabe des Steuersatzes ausgewiesen.

Kleiner Ballen → Schwacher Ballen, → Zuckerkochen.

Kleiner Bruch → Schwacher Bruch, → Zuckerkochen.

Kleinunternehmer. Begriff aus dem Umsatzsteuerrecht (§ 19). Danach gilt: als Kleinunternehmer, dessen Gesamtumsatz im Vorjahr einschließlich USt 17 500,– € (seit 06.11.2003) nicht überstieg und dessen Umsatz im laufenden Kalenderjahr voraussichtlich 50 000,– € nicht übersteigt. Von ihnen wird Umsatzsteuer nicht erhoben. Sie dürfen deshalb auch keine Umsatzsteuer ausweisen und keine Vorsteuer abziehen.

Kleist (= Glattbutt; frz.: barbue, w.; engl.: hass). Naher Verwandter des → Steinbutts. Maximale Länge von 40 bis 60 cm; hat keine Knochenhöcker; dafür ist seine Haut besetzt mit kleinen glatten Schuppen. Er lebt in der Nord- und Ostsee. Er ernährt sich von Grundfischen und größeren Krebsen. In der Gastronomie kommt er wenig oder gar nicht vor.

Kletzenbrot. Österreichisches Weihnachtsgebäck aus gesäuertem Roggenbrotteig – heute meist Hefeteig – dem Dörrobst, Nüsse, Orangeat, Zitronat zugesetzt werden. Als Gewürze werden Anis, Fenchel und Zimt verwendet.

Klingelberger. Syn. für weißer Riesling in der badischen Ortenau. Traube wurde erstmalig im Durbacher Klingelberg angebaut.

Klippfisch. Ausgenommener, gesalzener und getrockneter Magerfisch wie Kabeljau, Schellfisch oder Seelachs (ohne Gräten). Wird wie Stockfisch zubereitet.

Klon (griechisch Zweig); vegetative (ungeschlechtliche) Vermehrung der Nachkommenschaft einer Pflanze. Dies geschieht bei der Rebe durch Stecklinge oder durch Aufpfropfen auf eine andere Rebe.

Klopferbrot. Spezialbrot, hergestellt vorwiegend aus Roggen, der in der Schlagkreuzmühle zertrümmert wurde. Nach modernen Mahlverfahren werden Mehl und Kleie getrennt. Kleie wird im warmen Wasser angeteigt mit enzymatisch wirkenden

Backmitteln versetzt. Die Schalen werden dadurch leichter verdaulich. Dieser Teig wird dem Mehl wieder zugesetzt.

Klosterliköre → *Abtei.*

Kluntje. Nordische Bezeichnung für → *Kandiszucker.*

Knäckebrot → *Spezialbrot,* aus Schweden und Finnland übernommen. Wasserarmes, sprödes Flachgebäck aus 100 % ausgemahlenem Weizen- oder Roggenschrot oder Mischung dieser Schrote. Triebmittel ist Sauerteig oder Hefe. Der Teig wird sehr dünn gehalten, lange und kräftig gerührt. In dünnen Fladen in Wanderöfen bei hohen Temperaturen gebacken.

Knickebein. Bargetränk aus Eigelb (Eierlikör) und Weinbrand, auch flüssige Füllung für Schokoladenwaren. Ein Mecklenburger, seines Ganges wegen „Knickebein" genannt, soll die Mischung aus Schnaps und Eigelb um 1840 als Student in Jena „erfunden" haben.

Knigge. Adolf Freiherr von K. (1752–1796), verfasste aufklärerische Schriften über Tischsitten. 1788: „Über den Umgang mit Menschen". Darlegungen über das Verhältnis zwischen Wirt und Gast.

Knipperle. Elsässische Bezeichnung für die Weißweintraubensorte → *Ortlieber.*

Knochenfett. Von Tieren in fleischverarbeitenden Betrieben aus eigenen Schlachtungen durch Behandlung von frischen und unverdorbenen Knochen im Vakuum bei Temperaturen unter 100 °C und nachfolgendem Abklären gewonnenes Fett. Es ist bei Kochstreichwurst dem Fettgewebe gleichgestellt.

Knollenziest → *Stachys.*

Knoppen. Grobkristalliner → *Raffinadezucker.* Größe bis 6 mm.

Knorr. Carl Heinrich K. eröffnete 1838 in Heilbronn ein „Specereiwarengeschäft", später eine „Chicorien-Caffee-Fabrik und -handlung". Ab 1875: C.H. Knorr Mühlenfabrikate, Fabrik für Suppenstoffe.

Know-how. Das Wissen darum, „wie" etwas zu machen ist. Hierzu gehören alle kaufmännischen, gewerblichen oder technischen Kenntnisse und Erfahrungen, soweit sie nicht durch → *gewerblichen Rechtsschutz* gesichert sind.

Knurrhahn. Salzwasserfisch. Knochenfisch. Arten **a)** grauer K. *(frz.: grondin gris; engl.: grey gurnard),* gelblich-grau mit weißen Punkten, bis 30 cm lang; **b)** roter K. *(frz.: grondin rouge; engl.: red gurnard),* mit roter Rücken- und rötlicher Bauchfärbung, ca. 40 cm lang; **c)** Seeschwalbe *(frz.: grondin per lon; engl.: sea swallow),* mit rötlich-gelbem Rücken, ca. 30–50 cm lang. Weißes schmackhaftes Fleisch, aber viel Abfall. Verwendung: zu Fischsuppen, auch Filet gebraten.

Koagulation. Ausflocken hochmolekularer Stoffe aus ihren meist kolloidalen Lösungen: z. B. Gerinnen von Eiweißstoffen. Man spricht auch von → *Denaturierung.* Geronnenes (gekochtes) Fleischeiweiß vermag kein Wasser zu binden und besitzt außerdem keine Emulgatorwirkung. Gebackenes Lebereiweiß ist nicht mehr elastisch und vermag nicht zu quellen.

Kobalt (Co). Spurenelement, enthalten in Erbsen und Rettich. Wichtig als Bestandteil vieler Enzyme und von Vitamin B_{12}.

Kobe-Beef. Weit über die Grenzen Japans bekanntes Rindfleisch von der Insel Kobe. Es handelt sich um Fleisch von systematisch zur Fettsucht überfütterten Ochsen. Damit die Fettpolster in marmorartigen Schichten in die Muskeln eindringen, werden die Rinder täglich gestriegelt und mit Shochu, einem japanischen Gin, massiert. Zum Mastfutter gehören Reiskleie und Bohnen.

Außerdem bekommen die Wiederkäuer täglich Bier eingeflößt, damit das Fleisch mürbe wird. Der Verkaufspreis ist viermal so hoch wie der des europäischen Rindfleisches.

Köbes. Name für Bier-Kellner in Köln. Vermutlich von „Jakob", „Jacobus" abgeleitet.

Koch (Köchin). Anerkannter Ausbildungsberuf im Hotel- und Gaststättengewerbe. Ausbildungsdauer: 36 Monate, Abschluss als Gehilfe – Prüfung vor der Industrie- und Handelskammer → *Berufsbild*.

Kochkäse. Sauermilchquark, der durch Erhitzen schmelzfähig wird.

Kochkessel. Für größere Mengen einheitlicher Speisen sind Kochkessel unentbehrlich. Es gibt sie mit 20 l bis zu 500 l und mehr Inhalt; in runder wie in eckiger Ausführung. Eine spezielle Ausführung davon ist der Druckkochkessel, den es ab etwa 75 l bis 500 l Inhalt gibt. Er gart mit einem Innendruck von 0,5 bar und einer Temperatur von 110 °C. Auf diese Weise werden kurze Garzeiten erreicht und die Gewichtsverluste wie der Energieverbrauch reduziert.

Kochküche (Auszug aus den gesetzl. Bestimmungen). Mindestfläche: 15 m^2; Mindesthöhe 3 m; in der Kochküche müssen vorhanden sein: Wasseranschluss, Trennung von Handwaschgelegenheit, Spülanlage und Schmutzwasserabfluss. Die Wände müssen bis zu 2 m Höhe mit einem abwaschbaren, glatten, hellen (nicht roten) Belag versehen sein. Der Fußboden muss aus einem leicht zu reinigenden, gleitsicheren und wasserdichten Material bestehen. Bodenabläufe müssen mit einer Vorrichtung, die das Eindringen von Nagetieren verhindert, versehen sein. Be- und Entlüftung müssen zugfrei sein und falls notwendig über das Dach führen; Fenster, die ins Freie führen, müssen mit Fliegengittern versehen sein. Schalter und Steckdosen müssen der DIN-Norm entsprechen und in der Nähe des Arbeitsplatzes leicht zugänglich angebracht sein; Luftwechsel 12–15fach in der Stunde; Beleuchtung muss ausreichend (15 Lux), blendfrei und vor Feuchtigkeit geschützt sein; bei ständig benutzten Arbeitsplätzen muss Durchblick zum Tageslicht gewährleistet sein; in mind. $1/8$–$1/10$ der Grundfläche muss Tageslicht einfallen; Abflussrohre müssen einen Durchmesser von 100 mm aufweisen; die relative Luftfeuchtigkeit sollte 65–85 % betragen.

Kochsalat → *Römersalat*.

Kochsalz. Natriumchlorid, Speise-, Tafelsalz, volkstümlich kurz als Salz bezeichnet. Zur besseren Streufähigkeit werden geringe Mengen Magnesiumchlorid zugesetzt. Kochsalz wird unterschiedlich gewonnen: **a)** Steinsalz: bergmännisch gewonnen durch Brechen, Mahlen und Sieben, in unterschiedlichen Körnungen auf dem Markt. **b)** Siedesalz: Salzlösung wird in offenen Pfannen oder geschlossenen Apparaten unter Hitzeeinwirkung eingedampft **c)** Hüttensalz: Steinsalz, das im Schmelzofen verflüssigt, in Blöcken gegossen und gemahlen wird. **d)** Meersalz: Gewinnung durch Verdunsten von Meerwasser, oft unter Sonneneinwirkung in Salzgärten. Reines Kochsalz ist chemisch immer Natriumchlorid, eventuell mit geringen, gesetzlich zugelassenen Beimischungen wie Jod (3 bis 5 mg/kg). Die verschiedenen Salzarten unterscheiden sich durch die physikalische Bearbeitung. Steinsalz ist in seiner Konsistenz dichter und schwerer löslich. Feinst gemahlenes Siedesalz haftet gut an Lebensmitteln. In Salzgärten gewonnenes Meersalz hat durch sehr langsames Auskristallisieren große, wenig dichte Kristalle. Unabhängig von dem Gewinnungsverfahren haben alle Kochsalzarten die gleiche Würzkraft.

Kochsalzarme Lebensmittel → *Natriumarme Lebensmittel*.

Kochsalzersatz. Kochsalzersatz eignet sich zum Salzen in der natriumarmen Küche. Im Gegensatz zu Kochsalz enthält

Kochsalzersatz überwiegend Kaliumchlorid. Es besteht die gesetzliche Pflicht, den Kaliumgehalt anzugeben und den Warnhinweis anzubringen „Bei Störungen des Kaliumhaushaltes, insbesondere bei Niereninsuffizienz, nur nach ärztlicher Beratung zu verwenden". Kochsalzersatz gibt es auch in jodierter Form (Kennzeichnungspflichtig).

Kochsalzverminderte Lebensmittel → *Natriumreduzierte Lebensmittel.*

Kochstreichwurst → *Kochwurst,* deren Konsistenz im erkaltetem Zustand von erstarrtem Fett oder zusammenhängend koaguliertem Lebereiweiß bestimmt ist. Sofern Kochstreichwurst über 10% Leber enthält, handelt es sich um „Leberwurst".

Kochwerkzeuge. Messerkoffer, Inhalt: 2 Tranchiermesser, 1 Filetmesser, 1 Palette, 1 große Gabel, 1 Officemesser, 1 Ausbeinmesser, 1 Wetzstahl, 1 Buntschneidemesser, 2 Kochmesser. (Abb. 40)

Kochwurst. Hitzebehandelte Wurstware, die vorwiegend aus gekochtem Ausgangsmaterial hergestellt wird. Nur beim Überwiegen von Blut, Leber- und Fettgewebe kann der Anteil an rohem Ausgangsmaterial vorherrschen. Kochwürste sind i. d. R. nur in erkaltetem Zustand schnittfähig.

Koern. Baden-Württembergische Landesküche. Waffeln, im Eisen gebacken, noch heiß über das Rollholz gebogen, teilweise glaciert.

Koextrusionsmaschinen. Maschinen, die es ermöglichen, eine Vielzahl von unterschiedlich geformten und gefüllten Lebensmitteln herzustellen.

Kognitiv. Die Kenntnisse betreffend. Kognitiver Lernbereich in der Ausbildung = Vermittlung der Fachtheorie. → *psychomotorisch,* → *affektiv.*

Kohlendioxid. Gärgas, entsteht u. a. bei der Gärung. Traubenzucker wird dabei im Alkohol und Kohlendioxid gespalten.

Kohlenhydrate. Sehr umfangreiche Klasse von organischen Verbindungen aus Kohlenstoff, Sauerstoff und Wasserstoff. Die K. wurden ursprünglich als hydratisierte Form des Kohlenstoffs aufgefasst $C_n(H_2O)_n$. Dieser Name hat sich erhalten, obwohl heute auch Verbindungen zu den K. gerechnet werden, die eine abweichende Summenformel aufweisen. K. stellen einen Nährstoff für den menschl. Organismus dar und werden von Pflanzen im Verlaufe der → *Photosynthese* gebildet. Einteilung der K. erfolgt **1)** nach der Molekülgröße (bedingt durch die Anzahl der Zuckereinheiten): → *Monosaccharide,* → *Disaccharide,* → *Polysaccharide.* **2)** nach der Anzahl der C-Atome: **a)** Pentosen – fünf C-Atome, **b)** Hexosen – sechs C-Atome. **3)** nach der chemischen Struktur: **a)** Aldosen, mit einer Aldehydgruppe (z. B. → *Glucose,* → *Galactose)* **b)** Ketosen, mit einer Ketogruppe (z. B. → *Fructose).*

Kohlenhydratstoffwechsel. Auf-, Um und Abbau der Kohlenhydrate im Organismus. Soweit die mit der Nahrung aufgenommenen Kohlenhydrate nicht als Monosaccharide vorliegen, werden sie im Mund und im Dünndarm dazu abgebaut und resorbiert. Im Blut werden die Monosaccharide entweder über die Pfortader zur Leber transportiert und zu → *Glykogen* aufgebaut oder in die Zellen transportiert und abgebaut (→ *Dissimilation).*

Kohlensäure. Umgangssprachlich für → *Kohlendioxid.*

Köhler → *Seelachs.*

Kolatschen. Böhmisches Hefegebäck. Den Hefeteig etwa 1 cm dick ausrollen, rund ausstechen, darauf einen Hefeteigring von gleicher Größe aufsetzen. Gehen lassen, nach der Teiggare in die Vertiefung Pflaumenmus füllen, mit Milch bestreichen und backen.

Kochwerkzeuge (Abb.)

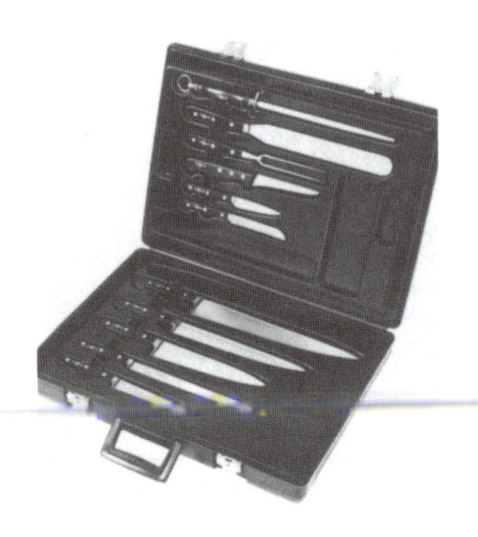

Sautiergabel, 15 cm
Wetzstahl, 25 cm
Kochmesser, 20 cm
Tranchelard, 26 cm
Officemesser, 12 cm

Abbildungen mit freundlicher Genehmigung der Firma Dick, Esslingen

Kartoffellöffel

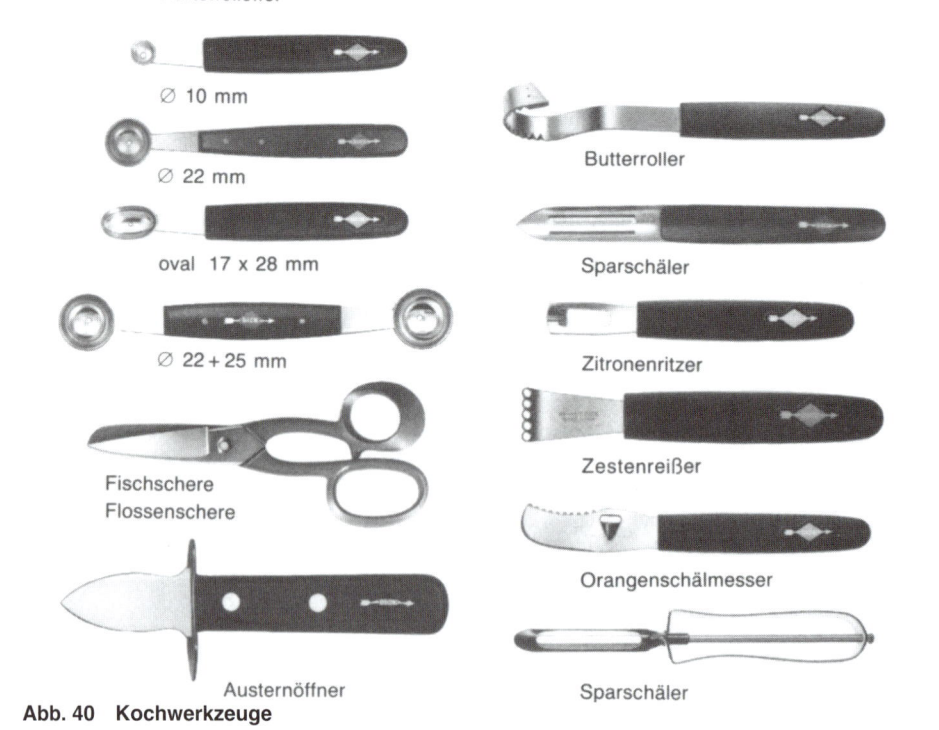

∅ 10 mm

∅ 22 mm

oval 17 x 28 mm

∅ 22 + 25 mm

Fischschere
Flossenschere

Austernöffner

Butterroller

Sparschäler

Zitronenritzer

Zestenreißer

Orangenschälmesser

Sparschäler

Abb. 40 Kochwerkzeuge

Kollagen. Gerüstprotein, ist enthalten in Knochen, Knorpel und Sehnen. K. ist im kalten Wasser nicht löslich, kann aber durch langes Kochen gelöst werden. Aufgrund seiner hohen Wasserbindefähigkeit und Resistenz gegenüber Säuren und Hitze ist K. ein gutes Geliermittel (Gelatine).

Kölle → *Bohnenkraut.*

Kollegial-Instanz (Kollegial-System). Organisationsform, bei der die Entscheidungen von einem Kollegium (Führungsteam) getroffen werden (Mehr-Personen-Stelle, Plural-Instanz). → *Primatkollegialität,* → *Abstimmungskollegialität,* → *Kassationskollegialität.*

Kollektivvertrag. Im Gegensatz zum Einzelarbeitsvertrag, der ein individueller Vertrag ist, gibt es Verträge, die arbeitsrechtliche Beziehungen für ganze Gruppen von Arbeitnehmern und Arbeitgebern regeln. Diese sind Kollektivverträge z. B. → *Tarifvertrag.*

Kolloid. System feinverteilter Makromoleküle. Bei einer kolloidalen Lösung sind die gelösten Stoffe zwischen einem millionstel und zehntausendstel Millimeter groß und können durch Ultrafiltration wieder ausgeschieden werden z. B.: Gelatine, Eiweiß. Im Gegensatz zu echten Lösungen, diese sind nicht durch Filtration zu trennen. z. B.: Zuckerwasser.

Kolmatierter Kork. Naturkorken, bei denen die Poren mit Korkstaub ausgeschmiert und anschließend meist gefärbt werden, um das Aussehen zu verbessern.

Kolor. Rotweintraube. Kreuzung: Blauer Spätburgunder × Färbertraube (Teinturier). Der Wein ist sehr farbintensiv, guter Deckwein, kein selbstständiger Rotwein.

Kolostrum → *Biestmilch.*

Kölsch. Obergäriges Bier; 12 % Stammwürze, wenig CO_2-Gehalt; stark gehopft; sehr hell. Die Herstellung ist auf den Kölner Raum begrenzt.

Kombu. Japanischer Kelp-Tang, im Handel erhältlich in breiten, schwarz-grauen Bändern. Mit Kombu wird → *Dashi* gewürzt und der Reis zum Sushi. Kombu hält sich unbegrenzt. Man legt es auch in Essig und Salz ein und serviert es so als Beilage.

Kommanditgesellschaft (KG) → *Unternehmensformen.* Personengesellschaft, die mindestens von zwei Gesellschaftern gegründet wird. Allerdings muss es sich dabei um mind. einen Vollhafter (Komplementär) und einen Teilhafter (Kommanditist) handeln. Die Vollhafter haften wie die Gesellschafter der → *Offenen Handelsgesellschaft,* die Teilhafter nur mit ihrer Einlage.

Kommando. Weisungsform, die einen gemeinsamen (Kraft-)Einsatz zur gleichen Zeit steuert („Hau ruck!" – „Hebt an!"). Der Kommandogeber muss die Arbeit genau kennen und mitwirken.

Kommisbrot. Während der französischen Besatzung Berlins gab es keine Militärbäckereien. Vom Staat beauftragte „Commissionaires" kauften Brot für die Soldaten in der Stadt ein.

Kommitent. Auftraggeber des Kommissionärs.

Kompensation. Abwehrmechanismus auf Frustrationen = Suchen von Ersatzzielen. (Ein Mitarbeiter verfolgt irgendein Vorhaben mit hohem persönlichen Einsatz, um damit eine erlebte Unzulänglichkeit auf einem anderen Gebiet wettzumachen.)

Komplementär → *Kommanditgesellschaft.*

Kondensmilch. Eine durch Verdampfen von Wasser und durch Sterilisieren haltbar gemachte Milch. Sie wird auch als „Dosenmilch" bezeichnet. Es werden vier Standardsorten angeboten mit einem Fettgehalt von mindestens 15 % bis zur Kondensmagermilch mit 1 % Fett.

Konditorencrème *(Crème pâtissière, f)*. Creme aus Milch, Zucker, Eigelb, Speisestärke.

Konfekt. Sammelbegriff für feine Süßwaren in Bissengröße mit Ausnahme von Pralinen.

Konferenztechnik. 1. Leitsätze und Regeln, nach den in Konferenzen und Mitarbeitervorbesprechungen zu verfahren ist. Gliederung: **a)** Einleitung und Abgrenzung des Themas, **b)** Diskussion, **c)** Festhalten des Zwischenergebnisses, **d)** Folgerungen und Abschluss. **2.** alle technischen Geräte, die heute zur Abwicklung einer Konferenz gehören, vom Flip-Chart über Leinwand, Tongeräte, Fernseher und Computer bis zum Beamer.

Konfitüre einfach. Besteht aus Zuckerarten, Pulpe oder Mark einer Fruchtart oder mehreren Fruchtarten. Die vorgeschriebenen Mindestmengen sind 35 g Früchte pro 100 g Fertigprodukt, bei Quitten, Hagebutten und schwarzen Johannisbeeren 25 g/100 g.

Konfitüre extra. Besteht aus Zuckerarten und aus Pulpe oder Fruchtmark einer Fruchtart oder mehrerer Fruchtarten. Die vorgeschriebenen Mindestmengen sind 45 g Früchte pro 100 g Fertigprodukt, bei Quitten, Hagebutten und schwarzen Johannisbeeren sind es 35 g pro 100 g Fertigprodukt.

Konflikt. „Zusammenstoß" zwischen Personen, wenn deren Motive (Bedürfnisse, Wünsche) sich nicht gleichzeitig durchsetzen lassen bzw. zuwiderlaufen. → *Rollenkonflikt,* → *Motivkonflikt.* Konflikte führen zu → *Frustrationen.*

Konfliktsteuerung. Wie in jedem Betrieb gibt es auch im Hotel- und Gaststättengewerbe Konfliktsituationen wie z. B.: **a)** zwischen betrieblichen Organisationseinheiten (Schwarz-Weiß-Konflikt), **b)** zwischen Stab- und Linienstellen, **c)** aufgrund sozialer, kultureller oder weltanschaulicher Unterschiede, **d)** zwischen Mitarbeitern und Vorgesetzten. Die Reaktionen der einzelnen Mitarbeiter auf Konfliktsituationen können ganz unterschiedlich sein, vom Sich-zurückziehen bis zur Aggression. In allen Fällen muss der Vorgesetzte versuchen, diese Konflikte so zu steuern, dass dem Betrieb kein Nachteil erwächst. Keinesfalls dürfen Gäste damit belästigt werden. Deshalb muss der jeweiligen Situation angepasst der „richtige" → *Führungsstil* angewendet werden.

Königsberger Fleck. Ostpreußisches Gericht aus Kutteln in weißer Sauce, die mit Majoran, Senf, Piment und Essig abgeschmeckt wird.

Königsgutedel. Spielart der → *Gutedel* Tafeltraube.

Königskrabbe → *Königskrebs.*

Königskrebs *(frz.: crabe géant, m; engl.: king crab).* Tiefenbewohner halbarktischer Meere, der zur Gruppe der Spinnenkrebse gehört. Der Rücken ist dunkel-braun, der Bauch gelblich. Durchmesser ca. 50 cm, mit langen Beinen (bis über 2 m). Das kleinere weibliche Tier ist die Königskrabbe. In Europa kommt das Fleisch meist als Dosenkonserve auf den Markt. Es eignet sich für Cocktails und andere Vorspeisen.

Königskuchen. Feinbackware aus einer → *Masse,* die mindestens 20 % Vollei oder eine entsprechende Menge Volleierzeugnisse, 20 % Butter oder entsprechende Menge Reinfett und 20 % kandierte Früchte enthält. Durch den hohen Anteil an kandierten Früchten und Butter erhält der K. eine saftige Krume und bleibt lange frisch.

Konjunktur. Bewegungen des Wirtschaftsgeschehens und ihre Folgen, **a)** Aufschwung, Belebung der Produktion und der

Umsätze, steigende Preise, verbesserte Beschäftigungslage; **b)** Tiefstand, Absatzstockung, gedrückte Preise, Arbeitslosigkeit; **c)** Krise, Preisstürze, Arbeiterentlassungen, Zusammenbruch von Betrieben.

Konkurs. Kann ein Schuldner nicht allen Verpflichtungen gegenüber seinen Gläubigern nachkommen, kann er oder einer seiner Gläubiger Antrag auf Eröffnung eines Konkurses wegen Zahlungsunfähigkeit stellen. Die Rechtsgrundlage für den Konkurs ist die Konkursordnung (KO). Bei juristischen Personen kann der Antrag schon bei Überschuldung gestellt werden. Das zuständige Gericht eröffnet den Konkurs durch Beschluss, wobei das vorhandene Vermögen (Masse) unter gerichtliche Aufsicht (Konkursverwalter) gestellt wird.

Konserven. Lebensmittel, die für kürzere oder längere Zeit haltbar gemacht wurden. Die Haltbarkeitsdauer einer Konserve hängt nicht nur von der Höhe und der Dauer der Sterilisationstemperatur, sondern auch von der Lagertemperatur ab. Typ I: Halbkonserve (lagerfähig sechs Monate bei +5 °C). Typ II: Dreiviertelkonserve (lagerfähig 12 Monate bei +12 °C). Typ III: Vollkonserve (lagerfähig vier Jahre bei +25 °C). Typ IV: Tropenkonserve (lagerfähig ein Jahr bei +40 °C).

Konservieren. Haltbarmachen; Anwendung unterschiedlicher → *Konservierungsverfahren,* um im Sinne der Vorratswirtschaft die Menschen ausreichend mit Lebensmitteln zu versorgen.

Konservierungsstoffe. Chemische Zusatzstoffe. Durch ihre Verwendung werden Mikroorganismen in und auf den Lebensmitteln abgetötet oder im Wachstum gehemmt. Die Haltbarkeit wird verlängert. Die Konservierungsstoffe müssen auf Speise- und Getränkekarten gekennzeichnet werden. → *E-Nummern; (Anhang A3).*

Konservierungsverfahren Maßnahmen zur Haltbarmachung von Lebensmitteln durch physikalische und chemische Verfahren, durch die Mikroorganismen abgetötet oder im Wachstum gehemmt werden. Die Konservierungsverfahren werden zweckmäßig in physikalische und chemische Verfahren unterteilt. In einigen Fällen werden beide Verfahren kombiniert. Physikalische Verfahren: → *Trocknen – Gefriertrocknen* → *Kühlen – Tiefkühlen* → *Pasteurisieren* → *Sterilisieren* → *Bestrahlen* (in Deutschland untersagt). Chemische Verfahren: → *Salzen – Pökeln* → *Räuchern* → *Zuckern* → *Säuern* → *Schwefeln* → *Konservierungsstoffe.*

Konstruktive Veränderung. Abwehrmechanismus auf Frustrationen = Dauerhafte Beseitigung des Anlasses, der zur Frustration geführt hat, durch kontrollierte, zielgerichtete Aktivität (Einsicht, Leistungssteigerung).

Kontaktgefrierverfahren. Für knochenloses Fleisch. Das Gefriergut wird zwischen – 40 °C kalte Metallplatten gelegt und von beiden Seiten gefroren.

Kontaktpflege. Pflicht des Ausbildenden und Ausbilders, an Ausbildungsmaßnahmen andere Stellen zu beteiligen und Aufgabe nicht isoliert wahrzunehmen, **a)** innerbetrieblich: Abteilungsleiter, Betriebsrat, u. a., **b)** außerbetrieblich: Elternhaus, Kammern, Berufsschule, Berufsberatung.

Kontaminanten → *Fremdstoffe.*

Kontenrahmen → *Rechnungswesen.* Der Kontenrahmen ist ein Gliederungsschema für die → *Konten* der Buchführung, das nach dem Dezimalsystem in zehn Klassen von 0–9 aufgebaut ist. Er wurde 1937 als Gemeinschaftskontenrahmen der Industrie (GKR) verbindlich erklärt. Sein Aufbau folgt dem Ablauf der Produktion. 1971 wurde der IKR entwickelt, der dem Abschlussgliederungsprinzip folgt. Der DEHOGA-Kontenrahmen folgt dem IKR. Ein Großteil der Konzerne

Kontinentales Frühstück

verwenden das amerikanische System, the american uniform System of account, der ihnen die Kostenrechnung besonders im Bereich der Teilkostenrechnung erleichtert. Alle Kontenrahmen haben den Vorteil, dass sie die Buchführung systematisieren. → *Uniform System of Accounts.*

Kontinentales Frühstück. Internationaler Begriff für eine Grundform des Hotelfrühstücks. Das kontinentale Frühstück besteht aus einem Getränk nach Wahl (Kaffee, Tee etc.) einem Konfitürensortiment, Honig und Brot-, Brötchenauswahl, Butter oder Margarine.

Kontingent. Vorbestellung mehrerer Zimmer durch einen Veranstalter in der Form, dass der Veranstalter, der ständig mit dem Hotel in Geschäftsbeziehung steht, wiederholt (z. B. je Saison) eine bestimmte Zimmerzahl vorbestellt. Es kann sich aber auch um eine einmalige Vorbestellung handeln. Meist ist hierbei ein Rückäußerungstermin für den Veranstalter von unterschiedlicher Dauer (häufig ca. 8 Wochen) vereinbart. Oft wird dieser Termin als Verfalltermin in den Geschäftsbedingungen geführt. Dennoch

fragen die meisten Hotels zurück, ehe sie stornieren. Wird hierbei Kontingent weiter gehalten, erwarten die Hotels i. d. R. zwischen 2 und 4 Wochen vor Anreise eine weitere Benachrichtigung. Die Art dieser Benachrichtigung ist zu vereinbaren. Es kann sich dabei um die roomlist handeln oder es kann die Zusendung der Voucherkopien vereinbart werden.

Kontinuierliche Destillation. Spirituosen werden zum größten Teil durch eine zweimalige → *Destillation* (1. und 2. Brennvorgang) gewonnen. Das besondere bei der kontinuierlichen Destillation, die z. B. bei der Armagnac-Herstellung angewandt wird, ist der einmalige Brennvorgang. Hierbei fließt der Wein im Brennkolben in entgegengesetzter Richtung zum Branntwein, erhitzt sich, die Alkoholdämpfe werden frei und kondensieren sich im Kontakt mit dem nachströmenden kalten Wein.

Konto. → *Rechnungswesen.* Ein Konto ist eine Rechnung zur Aufzeichnung von Geschäftsfällen. Die linke Seite wird mit „Soll", die rechte mit „Haben" bezeichnet (Abb. 41).

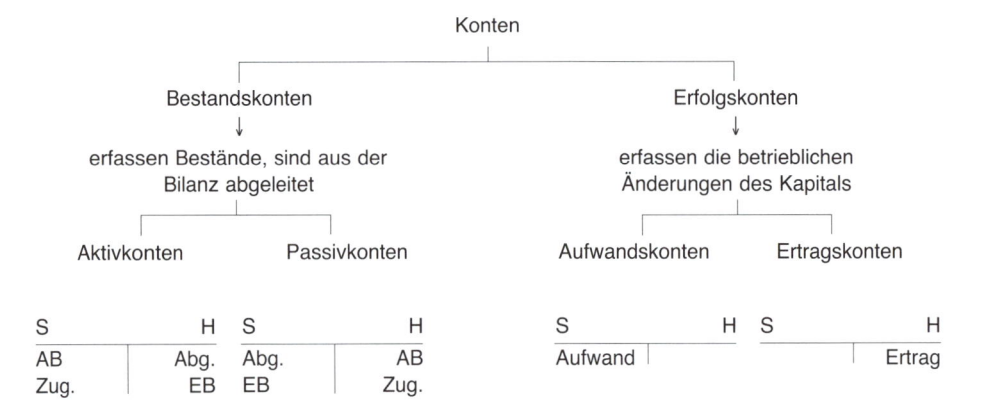

```
                              Konten
                ┌───────────────┴───────────────┐
           Bestandskonten                  Erfolgskonten
                ↓                               ↓
     erfassen Bestände, sind aus der    erfassen die betrieblichen
           Bilanz abgeleitet              Änderungen des Kapitals
         ┌───────┴───────┐              ┌───────┴───────┐
     Aktivkonten    Passivkonten    Aufwandskonten   Ertragskonten
```

S	H	S	H	S	H	S	H
AB	Abg.	Abg.	AB	Aufwand			Ertrag
Zug.	EB	EB	Zug.				

AB = Anfangsbestand, EB = Endbestand, Zug. = Zugang, Abg. = Abgang
Das Privatkonto erfasst die durch private Anlässe erzeugte Kapitaländerung.

Abb. 41 Konto

Kontokorrentkredit. Dieser Kredit wird von den Banken meist kurzfristig gewährt, läuft über ein Konto, das infolge der kurzfristigen Überziehung einen Negativsaldo ausweist und bei Einzahlungen wieder positiv wird. Man spricht deswegen auch vom Konto mit wechselndem Saldo. Meist wird vereinbart: Kreditlimit ... €.

Kontrolle, A) allgemein: *(frz.: contre rôle = Gegenrolle, Gegenliste).* Betriebliche Teilfunktion zur laufenden Überwachung betrieblicher Vorgänge, um organisatorisch-strukturell und exekutiv-personelle Schwachstellen im Betriebsgefüge zu entdecken, um Betriebs- und Erfolgsstörungen zu verhüten und nachhaltig auszumerzen. → *Revision,* → *Feedback,* → *Überwachungsfunktion.* **B)** In Hotel- und Gaststättenbetrieben sind eine Vielzahl von Tätigkeiten und Standards täglich zu kontrollieren. Alle Kontrollen können prinzipiell auf drei Gruppen reduziert werden: 1) *Ablaufkontrollen.* Sie können durchgeführt werden durch: **a)** Beobachtung, **b)** Nachprüfung, **c)** Manöverkritik. 2) *Qualitätskontrollen.* Sie sind wesentlich schwerer durchzuführen, weil sie nicht so leicht zu quantifizieren sind. Als Möglichkeit bieten sich: **a)** Gästebefragung (persönliche Emotion wirkt ein!), **b)** Checklisten (Qualitätsbewusstsein des Durchführenden wirkt ein!) 3) *Rechnungskontrolle.* Hierbei müssen Aufwand und Ertrag möglichst genau erfasst werden, um sie dann gegenüberzustellen.

Konvektionsöfen → *Heißumluftgerät.*

Konversion, a) Umdeutung einer Willenserklärung, die im Sinne des wirklichen Willens der Vertragspartner erfolgen kann, wenn eine Erklärung trotz Fehlerhaftigkeit ausreichende Teile enthält, die den Willen der Vertragspartner erkennen lassen, **b)** Abwehrmechanismus auf Frustrationen = Flucht in die Krankheit (gefühlsmäßige Spannungen und Reibungen, die sich in einer Vielzahl von psychosomatischen Symptomen ausdrücken – gegenseitige Beeinflussung seelischer und körperlicher „Mängel" in Form von Kreislaufbeschwerden, Asthma, Magengeschwüren, u. a.).

Konzentrat. Unvergorene Fruchtgetränke werden zwei-, drei-, vier- bis siebenfach reduziert. Die Konzentration erfolgt nach der Aromaabtrennung durch Wasserentzug bei niedrigen Temperaturen. Für die Fruchtsaftindustrie ist diese Methode wirtschaftlich, qualitätserhaltend, ernteausgleichend und frachtgünstig.

Konzern → *Unternehmenszusammenschluss,* der durch gegenseitige Beteiligungen zustandekommt, so dass die Unternehmen zwar weiterhin rechtlich selbständig bleiben, aber wirtschaftlich aufgrund der Kapitalverflechtung stark beeinflusst werden können.

Konzession → *Gestattung.* Die Konzession ist allgemein eine Erlaubnis. Weil das Gastgewerbe zu den konzessionspflichtigen Gewerben gehört, benötigt jeder, der es ausüben will, eine Konzession/Erlaubnis (§ 2 GastG). Ausnahme hiervon sind die → *konzessionsfreien gastgewerblichen Betriebe.* Grundsätzlich benötigt die Konzession, in dessen Namen und auf dessen Rechnung der Betrieb geführt wird (→ *Stellvertretererlaubnis).* Eine Konzession ist höchstpersönlich und kann nicht übertragen werden, auch nicht durch Erbfall (→ *Weiterführungsrecht).* Betreiben mehrere Personen gemeinsam ein Gastgewerbe, können mehrere Konzessionen nötig sein, wenn mehrere Personen zur Geschäftsführung berechtigt sind (Mitunternehmer). Bei den unterschiedlichen Rechtsformen ergibt sich i. d. R. folgender Konzessionsbedarf (Abb. 42): Die Konzession ist für eine bestimmte Betriebsart in bestimmten Räumen mit Erlaubnisurkunde zu erteilen. Die → *Konzessionserteilung* ist gebührenpflichtig. Bei Übernahme eines bestehenden Betriebes wird i. d. R. die vorläufige Erlaubnis (§ 11 GastG) ohne unmittelbare Überprüfung erteilt, weil noch davon ausgegangen wird, dass der Betrieb den Vorschriften entspricht.

Konzessionsentzug

Unternehmensform	Konzessionsträger	Personen ohne Konzession	Bemerkungen
Einzelunternehmen	Unternehmer		
stille Ges., typische	Unternehmer	stiller Gesellschafter	
stille Ges., atypische	Unternehmer stiller Gesellschafter		
BGB-Ges. (steuerlich: Erwerbsgemeinschaft)	alle Beteiligten	evtl. nicht zur Geschäftsführung berechtigte	Teilhaberkonzession
OHG	alle Beteiligten	evtl. von der Geschäftsführung ausgeschlossene	Teilhaberkonzession
KG	Komplementäre	Kommanditisten	
GmbH, AG, KGaA	die jur. Person	Kapitalgeber	
Verein	Verein		rechtsfähige und nicht rechtsfähige Vereine

Abb. 42 Konzession

Für die Erteilung der endgültigen Konzession erfolgt allerdings nochmals die Überprüfung. Bei einer Neueröffnung gibt es dagegen keine vorläufige Konzession. Hier müssen sich zuerst das Gewerbeaufsichtsamt und die Aufsichtsbehörde von der Ordnungsmäßigkeit überzeugen. In Verbindung mit einer Nutzungsänderung (Wohnung zu Café), ist vorab die Genehmigung der Baubehörde nötig. Die endgültige Konzession wird unbefristet erteilt. Sie erlischt: **a)** wenn der Konzessionsträger seinen Verzicht erklärt, **b)** beim Tod des Konzessionsträgers, **c)** durch Untätigkeit (Frist n. § 8 GastG: ein Jahr). Neben der Konzession sind zuweilen noch andere Genehmigungen nötig, wie z. B. → *Nachtkonzession,* → *Tanz-* oder → *Singspielerlaubnis.*

Konzessionsentzug. Nach § 15 i. v. m. § 4 GastG ist in allen Fällen, in denen sich herausstellt, dass der Konzessionsinhaber unzuverlässig ist, die Behörde *verpflichtet,* die Konzession zu widerrufen. Sie *kann* sie außerdem entziehen, wenn: **a)** der Betriebsinhaber die Betriebsart unbefugt ändert (Restaurant in Bar), **b)** nicht zugelassene Räume verwendet werden, **c)** nicht zugelassene Speisen oder Getränke verabreicht werden, **d)** die gemachten Auflagen nicht erfüllt werden, **e)** unerlaubt ein Stellvertreter den Betrieb führt (→ *Stellvertretererlaubnis),* **f)** Personen beschäftigt werden, für die (§ 21 GastG) ein Beschäftigungsverbot besteht, **g)** der Unterrichtsnachweis (meist binnen sechs Wochen) nicht erbracht wird. Der Betroffene kann gegen diese Entscheidung binnen eines Monats Widerspruch einlegen. Dieser hat normalerweise eine aufschiebende Wirkung, die allerdings durch die Anordnung des sofortigen Vollzugs aufgehoben werden kann. Danach steht noch der Klageweg offen.

Konzessionserteilung. Zur Erlangung einer Konzession muss ein Antrag bei der zuständigen Behörde auf Erteilung einer Gaststättenerlaubnis (gem. § 2 GastG) gestellt werden. Dazu sind einzureichen: **a)** Antrag auf einem Formblatt, **b)** Lageplan (vierfach), **c)** Grundrissplan der gewerblichen Räume (1 : 50 oder 1 : 100, vierfach), **d)** Planbeschreibung (sechsfach), die die Höhen, Fenster u. Ä. enthält, **e)** polizeiliches Führungszeugnis (evtl. auch für Ehepartner), **f)** Auszug aus dem Gewerbezentralregister, **g)** bei juristischen Personen – Auszug aus dem Handelsregister, **h)** Nachweis über die Verfügungsgewalt über die Räume (z. B. Miet-, Pachtvertrag), **i)** Verzichterklärung des Vorgängers bei Übernahme, **j)** Speise- und evtl. Getränkekarte, **k)** Aufenthaltsgenehmigung bei Ausländern aus der EG, bei solchen aus Nicht-EG-Ländern mit Erlaubnis zur selbständigen Tätigkeit. Die Antragstellung hat persönlich zu erfolgen. Wird sie von einem Dritten durchgeführt, benötigt er eine schriftliche Vollmacht. Bei Ordnungsmäßigkeit und Vollständigkeit der Unterlagen wird zunächst eine *Vorerlaubnis* erteilt, die dem Antragsteller erlaubt, das Gewerbe zu beginnen. Die endgültige Erlaubnis erhält er erst nach gründlicher Prüfung. Sie kann nur versagt werden, wenn einer der in § 4 GastG genannten Versagungsgründe vorliegt, d. h. wenn eine persönliche oder sachliche Bedingung nicht erfüllt ist. Diese Voraussetzungen sind: I. *Persönliche:* **a)** Zuverlässigkeit; **1)** ordnungsgemäße und den Gesetzen entsprechende Betriebsführung, **2)** Fürsorge gegenüber Gästen (Räume, Lebensmittelrecht), **3)** Kenntnisse der Grundlagen des Rechts- und Wirtschaftsverkehrs, **4)** Erfüllung öffentlicher Pflichten (z. B. Steuerzahlung), **b)** Erbringen des Unterrichtsnachweises bei Speise- und Schankwirtschaft für jede zu erteilende Konzession und für das Weiterführungsrecht nach Tod des Konzessionsträgers; bei juristischen Personen und Vereinen für die zur Vertretung berufenen Personen. Er kann bei der zuständigen IHK erworben werden. II. *Sachliche:* **a)** Eignung der Räume für die Betriebsart und den Personalaufenthalt; **1)** Gesundheitsschutz der Gäste, **2)** gewerbepolizeiliche Anforderungen, **3)** bau-, feuer- und gesundheitspolizeiliche Anforderungen. Hier sind die Vorschriften über die Mindestanforderungen an die Räume ebenso zu beachten wie die über Lärmschutz, Feuerschutz, Abluft und → *Hygiene.* **b)** Die Verwendung der Räume darf dem öffentlichen Interesse nicht entgegenstehen. Hierbei kommen Vorschriften über Jugendschutz und Lärmschutz ebenso zur Anwendung wie die über → *Sperrzeiten.* Zur Vermeidung von Belästigungen und Beeinträchtigungen kann die Behörde → *Auflagen* machen.

Konzessionsfreie gastgewerbliche Betriebe. Das sind gastgewerbliche Betriebe, die ausnahmsweise erlaubnisfrei sind, d. h. der Betreiber benötigt keine Konzession. Hierzu gehören: **a)** die → *Strauß- oder Besenwirtschaften* der Winzer für den Ausschank eigener Weine; **b)** Kleinbeherbergungsbetriebe, die nicht mehr als acht Gäste gleichzeitig aufnehmen können; **c)** Lebensmittelhandelsgeschäfte, die nach dem sog. „Metzgerparagraph" während der Ladenöffnungszeiten Speisen und alkoholfreie Getränke abgeben, ohne Sitzgelegenheiten anzubieten; **d)** die Abgabe von Speisen und Getränken an Betriebsangehörige; **e)** die Abgabe kostenloser Proben; **f)** der Verkauf alkoholfreier Getränke aus Automaten; **g)** der Verkauf von Milch oder Milchgetränken; **h)** die Abgabe von Speisen und Getränken bei der Beförderung in Bussen.

Kopenhagener Gebäck. Gebäcke aus Blätter-, Hefe-, Plunder- und Strudelteig mit unterschiedlichen Füllungen. Wird ofenwarm serviert.

Koppelungsverbot. Nach § 20 GastG ist es verboten: **a)** die Abgabe von Speisen von der Bestellung von Getränken abhängig zu machen oder bei Nichtbestellung die Speisepreise zu erhöhen; **b)** die Abgabe alkoholfreier Getränke von der Bestellung alkoholischer Getränke abhängig zu machen, wobei auch hier die Preise der alkoholfreien Getränke nicht erhöht werden dürfen, wenn jemand kein alkoholisches Getränk bestellt.

Korallenbeere. Frucht der Spargelpflanze, auch „Teufelstraube" genannt, erbsengroß, ziegelrot bis 8 mm dicke kugelige Beere, in der sich der Spargelsamen (schwarz, 3 bis 4 mm breit, runzelig gestreift) befindet.

Korbbrot

Korbbrot. Freigeschobenes Brot (→ *Backverfahren*). Bei Brot, dessen Teigstücke in Körben garen. Durch die Gare in Körben kann der Teig weicher gehalten werden, was zu einer lockeren Krume führt.

Koriander. Bekanntes Lebkuchengewürz; gemahlene Samen der Korianderpflanze, die in Asien, Afrika und auf dem Balkan wächst.

Korinthen. Kleine, kernlose, schwarze, getrocknete Weinbeeren aus Griechenland.

Kork. Rohmaterial für Flaschenverschlüsse, dessen Vorteile in der Elastizität und Durchlässigkeit (wichtig für Flaschenreife) liegen. Nachteile für den Abfüller: teuer im Einkauf, lässt evtl. Korkgeschmack im Wein zurück, kann von der Korkmotte befallen werden. Dem Kork schadet zu hohe Feuchtigkeit sowie zu hohe Trockenheit. Als Weinflaschenverschluss sowie bei Sekt und Champagner wird Kork mit einem → *Korkbrand* versehen.

Korkbrand. Eingebrannte Markierung, die die Herkunft kennzeichnet. Meist Anschrift oder Kennziffer (Code) des Abfüllers.

Korkeiche. Korkeichenplantagen stehen in den USA, Spanien, Korsika, Algerien, Portugal, Italien. Die Korkeiche liefert das Rohmaterial Kork, welches in der Wein- und Sektindustrie als Flaschenverschluss große Bedeutung hat. Die Bäume werden ca. 150 Jahre alt. Nach ca. 25 Jahren werden sie zum erstenmal abgeschält. Danach alle 10 bis 12 Jahre, wenn sich wieder eine ca. 12 cm dicke Korkschicht gebildet hat.

Korkgeschmack. Die letzte Klärung des Phänomens Korkton steht noch aus. Als Ursachen werden unter anderem genannt: Korkmotte, verschiedene Mikroorganismen, Infizierung bei Lagerung und Transport, Chlorverbindungen beim Waschen und Bleichen, Überschwefelung.

Korn. Abkürzung für → *Kornbranntwein*.

Kornbrand → *Kornbranntwein* mit einem Alkoholgehalt von mind. 38 % Vol.

Kornbranntweine. Lt. Gesetz nur aus Roggen, Weizen, Buchweizen, Hafer und Gerste hergestellte Branntweine. Die Verwendung von anderen Stoffen und Zuckerkulör ist nicht gestattet. Mindestalkoholgehalt 32 % Vol. Korn, aus Weizen hergestellt, ist mild, aus Roggen kräftig und würzig im Geschmack. Bezeichnungen wie „Edelkorn", „Tafelkorn", „Doppelkorn", „Liskorn" und Kornbrand sind nur bei einer Alkoholstärke von 38 % Vol., Altersangaben nur nach sechsmonatiger Lagerung zulässig. Doppelbezeichnungen, wie z. B. „Korn-Kümmel", „Korn-Wacholder", „Korn-Genever" sind nur dann erlaubt, wenn der Alkoholgehalt ausschließlich aus Korndestillat besteht und nur entsprechende Geschmackszusätze benutzt werden. Die als „edel", „fein", „Tafel" u. Ä. bezeichneten Kornbranntweine müssen sich hinsichtlich ihrer Güte, des Materialwertes und ggfs. der Lagerung und Reifung erheblich von den Durchschnittserzeugnissen unterscheiden.

Kornbranntwein-Herstellung. Die stärkehaltigen Getreidekörner werden gereinigt, verschrotet, mit Wasser versetzt und in Dämpfern unter 3 → *bar* gekocht. Es entsteht die Maische. Diese wird im Maischebottich auf ca. 55 °C abgekühlt. Es folgt die Zugabe von feingemahlenem Darrmalz und gärkräftiger Hefe. In Gärbottichen findet der notwendige Gärprozess statt, d. h. der aus der Stärke gewonnene Zucker wird in Alkohol und → *Kohlensäure* umgewandelt. Die vergorene Maische wird in Rohbrenngeräten erhitzt. Alkohol und Duftstoffe des Kornes verflüchtigen sich und werden im Kühler wieder verflüssigt. Es entsteht der → *Rohbrand* und als Abfall die → *Schlempe*. Der Rohbrand wird zum zweitenmal unter Ausscheidung von Vorlauf und Nachlauf (→ *Spirituosenherstellung*, 2. Brennvorgang) gebrannt. Der verstärkte und gereinigte Mittellauf dient als Grundprodukt für die Spirituosenherstellung.

Korona. Mittelfrühe, sehr ertragreiche Erdbeersorte. Die Früchte sind groß, glänzend dunkelrot, regelmäßig kegelförmig geformt mit rotem Fruchtfleisch.

Körper. Gesamtheit der nicht flüchtigen Weinbestandteile.

Körperbehinderte. Personen, deren Erwerbsfähigkeit durch körperliche, geistige oder seelische Gebrechen oder Behinderungen eingeschränkt ist und die bei einer Dauerminderung von 50 % als Schwerbehinderte gelten. Sie spielen im Hotel- und Gaststättengewerbe in zweifacher Weise eine Rolle. **a)** als Arbeitnehmer: Es sollen nach dem SchwbG ein bestimmter Prozentsatz Schwerbehinderte beschäftigt werden, für die besondere Regelungen hinsichtlich Arbeitszeit, Kündigung und Urlaub gelten. Bei Nichteinhaltung dieser Vorschrift ist ein bestimmter Betrag pro Monat zu entrichten. **b)** als Gäste: Für die sollten behindertengerechte Zimmer und Bäder mit möglichst stufen- und hindernisfreien Zugängen angeboten werden.

Körperliche Inventur. Aufnahme der tatsächlichen Bestände durch Messen, Wiegen, Zählen und Schätzen. Führt zum Ist-Bestand, der mit dem Soll-Bestand verglichen wird (→ *Permanente Inventur*).

Körperschaftsteuer. Einkommensteuer der juristischen Personen, Personenvereinigungen und Vermögensmassen.

Koscher *(hebräisch = rein)*, z. B. Fleisch von geschächteten Tieren. Einhaltung der Fertigungs- und Servierregeln in der jüdischen Küche.

Koscherküche. Das Speisegesetz: Doppelte Anzahl von Tischen, auf denen zubereitet wird. Auffällige Trennung der Gebrauchsgegenstände. Verbote: Das Fleisch bestimmter Tiere zu genießen und Tiere zu essen, die nicht nach der gesetzmäßigen Schächtung zubereitet sind (Schechita). Kein Genuss von Blut und von Gerichten, in denen Fleisch und Milch bzw. Fleisch und Milchprodukte vermengt werden. Von Säugetieren gelten als rein: Wiederkäuer mit gespaltenen Klauen; kein Schwein, Hase und Kaninchen. Von Fischen sind nur diejenigen zum Genuss erlaubt, die Flossen und Schuppen haben, keine Aale, Krustentiere. Die Schechita darf nur vom Fachmann ausgeführt werden: **a)** völlige Ausblutung auf schnellstem Weg, **b)** beim Vieh müssen die Organe untersucht werden (Bedika), **c)** dann Siegel, dass das Fleisch rituell geeignet ist – Koscher, **d)** diese Bezeichnung ist eine „Heckscher", **e)** im gegenteiligen Fall ist das Fleisch, „terefa", d. h. zerrissen und ungeeignet, **f)** beim Geflügel wird die Speiseröhre untersucht. Doch auch mit der vorschriftsmäßigen Schächtung allein ist das Fleisch des Tieres noch nicht für die jüdische Küche gebrauchsfertig. Da der Genuss von Blut verboten ist, erfolgt nach der Schächtung die Entfernung der Blutadern und der verbotenen Fettteile (Trebern und Porschen). Nach den Vorschriften der Thora wird das Fleisch noch von der Hausfrau koscher gemacht: das Fleisch wird sorgfältig abgespült und eine halbe Stunde ins Wasser gelegt, dann für eine Stunde von allen Seiten mit Salz bestreut und dann wieder abgewaschen. Die Trennung der Milch- und Fleischgerichte: Fleisch und Milch bzw. aus ihnen hergestellte Gerichte dürfen nicht miteinander in der Zubereitung verbunden und auch nicht zugleich miteinander genossen werden, ja nicht einmal knapp hintereinander. Nach Fleischspeisen mehrere Stunden warten, nach Milchgerichten kürzere Zeit. Auch alle zur Zubereitung der Speisen benützten Gegenstände richten sich nach diesem Gebot – besondere Töpfe, Teller, Bestecke für diese Gerichte. – Extra-Kennzeichnung. Speisen neutralen Charakters: Fisch, Eier, Gemüse – neutrale Gebrauchsgegenstände, die als „pavre" oder „mirnig" angesehen werden. Für Kochanleitungen

(Rezepte) und Küchengegenstände gilt: Koscher ist, was nach den jüdischen Riten verwendet wird. Für Alkohol besteht an sich kein Verbot. Ausnahme: Feiertage. Koschere Weine: Jüdische Weine, von Männern gekeltert.

Koshu. Angebotsform für → *Reiswein* in Japan. Diese Angabe deutet auf längere Holzfasslagerung hin.

Kosten → *Kostenrechnung*, → *Rechnungswesen*, → *Kalkulatorische Kosten*. Bewerteter Verzehr an Gütern und Diensten zum Zweck der zu erstellenden Betriebsleistung (Schmalenbach). Die Kosten werden je nach Zweck der Überlegung verschieden eingeteilt: **a)** nach Art der *Kostengüter* (Kostenarten) in Personalkosten, Materialkosten, Kapitalkosten, Transportkosten usw. **b)** nach *Betriebsfunktionsbereichen* in Beschaffung-, Lager-, Küchen-, Beherbergungs-, Vertriebs- oder Verwaltungskosten, **c)** nach ihrem *Verhalten zum Beschäftigungsgrad* (Rentabilität) in: 1) fixe Kosten, die vom Beschäftigungsgrad unabhängig sind, 2) variable Kosten, die sich mit der Änderung des Beschäftigungsgrades ändern. **d)** nach der *Zurechenbarkeit* auf den Kostenträger in 1) Einzelkosten, die dem Kostenträger (Leistung) direkt zugerechnet werden können (z. B. Material), 2) Gemeinkosten, die dem Kostenträger nicht direkt zugerechnet werden können, weil sie für mehrere Leistungen oder alle Leistungen gemeinsam anfallen. Ihre Verteilung ist nur über Zuschläge möglich, **e)** für die *Kostenrechnung* in 1) Stückkosten als Durchschnittskosten pro produzierter Einheit, 2) Gesamtkosten einer Periode für die gesamte Leistungserstellung, 3) Grenzkosten als zusätzliche Kosten für eine zusätzlich produzierte Einheit, 4) direkte Kosten als die Kosten, die einer Leistung, einer Gruppe oder einer Abteilung zugerechnet werden können, wie man sie im System der Teilkostenrechnung z. B. bei der → *Deckungsbeitragsrechnung* oder direct costing verwendet; **f)** im *Vergleich zum Aufwand* in: 1) aufwendungsgleiche Kosten, wo die Kosten gleichzeitig Aufwand sind, 2) Zusatzkosten = kalkulatorische Kosten, wie die kalkulatorischen Mieten, Zinsen, Wagnisse oder der Unternehmerlohn, die zwar als Kosten in die Kalkulation eingehen sollen, aber gewinneutral zu buchen sind.

Kostenartenrechnung → *Kostenrechnung*. Teil der gesamten Kostenrechnung, die sich mit der Erfassung der angefallenen Kosten und ihrer Unterteilung nach der Art der Gegenleistung befasst. Die Erfassung erfolgt dabei in den Kostenkonten der Buchführung. Es wird untergliedert in: **a)** Materialkosten, **b)** Personalkosten, **c)** kalkulatorische Kosten (bes. Abschreibung), **d)** Zinskosten, **e)** Steuern, Abgaben, Beiträge, **f)** Mieten, Pachten, **g)** Instandhaltung, **h)** Energie, **i)** Haushalts-, Büro-, Werbe- u. a. Kosten. Die Kostenartenrechnung hat die Aufgabe festzustellen, welche Kosten angefallen sind. Meist bedient man sich hierbei in der ersten Stufe einer Reihe von Nebenbuchführungen wie z. B. der Lagerbuchführung, der Anlage-, Lohn- und Gehaltsbuchführung.

Kosten der Vorratshaltung. Wie alle Unternehmen hat auch der Hotelbetrieb Vorräte in den verschiedenen Teilbereichen des Betriebes. Die Kosten dieser Vorratshaltung setzen sich zusammen: **a)** *Beschaffungskosten*. Hierzu gehören die Anschaffungspreise, daneben aber auch die Beschaffungsnebenkosten wie Transport, Verpackung u. Ä. **b)** *Direkte Lagerhaltungskosten*. Hierzu gehört der Zins des in den Beständen gebundenen Kapitals, Miete oder Pacht, die evtl. auf die Lagerräume entfällt, Heizung, Kühlung, Beleuchtung, das Beständewagnis oder die dafür abgeschlossene Versicherung, Löhne und Gehälter der mit der Bestandspflege betrauten Mitarbeiter, sowie die Verluste durch Verderb, Schwund oder Diebstahl, **c)** *Indirekte Lagerkosten*. Das sind die Kosten, die von betrieblicher Seite dem Lager zuzurechnen sind, wie: Abschreibung auf den Gebäudeteil, in dem sich das

Lager befindet, und auf das Inventar, Zinsen für das in der Lagereinrichtung oder in den Kühlhäusern angelegte Kapital sowie die anteiligen Verwaltungskosten. **d)** *Externe Kosten.* Als Kosten, die von außen verursacht werden, sind noch Steuern und Abgaben zu berücksichtigen, die auf das Lager entfallen.

Kosteneinflussfaktoren. Die Faktoren, die Höhe und Zusammensetzung der Kosten eines Betriebes beeinflussen, sind: **a)** die Preise der Produktionsfaktoren; **b)** die Qualität der Produktionsfaktoren, weil sie deren Ausnutzung beeinflussen; **c)** das Produktionsverfahren, weil Organisation und technische Verfahren das Mengengerüst der Kosten bestimmen; **d)** der Beschäftigungsgrad, weil bei höheren Auslastungen eine Kostendegression im Bereich der Fixkosten auftritt; **e)** das Produktionsprogramm, weil dadurch bessere Ausnutzung der Kapazität und des Materials (z. B. bei ähnlichen Speisen) möglich ist; **f)** die Betriebsgröße, die die Ausnutzung bestimmt, soweit es sich nicht rein um eine Multiplikation schon vorhandener Betriebsteile handelt.

Kostenkontrollblatt. Instrument der Kostenkontrolle und zur Kontrolle, ob die durch die → *Budgetierung* vorgegebenen Werte eingehalten werden. Ausgeworfene Prozentsätze ermöglichen einen schnellen Überblick. Folgendes Grundschema kann empfohlen werden (Abb. 43): Werden nur direkt zurechenbare Kosten verwendet, stellt das Abteilungsergebnis auch den Deckungsbeitrag der Abteilung dar. Bei den Umsatzerlösen gehen nur Nettowerte (ohne USt) ein. Für kostenlose Bewirtung von Gästen u. Ä. sind entsprechende Korrekturen durchzuführen.

Kostenkontrolle. Um mit Erfolg das zu realisieren, was durch die → *Kostenplanung* festgelegt wurde, ist eine ständige Kostenkontrolle notwendig. Sie wird durchgeführt, indem man den Plankosten die Istkosten gegenüberstellt.

Kosten-Nutzen-Analyse → *Cost-Benefit-Analyse.*

Kostenplanung. Entscheidet sich ein Hotel- und Gaststättenbetrieb zu einer Kostenplanung, benötigt er einen Kostenstellenplan. Dieser kann aber nur dann entwickelt werden, wenn ein sauber gegliedertes → *Organigramm* mit klaren Abgrenzungen und eindeutigen Zuordnungen vorliegt. Weiter wird für jede Kostenstelle festgestellt bzw. fixiert: **a)** Flächennutzungsplan, **b)** Anlageverzeichnis, **c)** Planbeschäftigung, **d)** Durchschnittlich vorhandene Bestände bzw. Materialeinsatz. Daraus können die Kostenpläne entwickelt werden, wobei jeder Kostenstelle ihre Plankosten getrennt nach Fixkosten und variablen Kosten zugewiesen werden. Auf diese Weise gelangt man zu Beträgen für die geplanten Kosten.

		€		%	
	Monat	aufgelaufener Wert d. Jahres	Monat	aufgel.
Umsatzerlöse – Wareneinsatz – Personalkosten – direkte Abteilungskosten					
Abteilungsergebnis					

Abb. 43 Kostenkontrollblatt

Kostenrechnung

Kostenrechnung → *Rechnungswesen,* → *Kosten.* Teil des betrieblichen Rechnungswesens. Sie hat drei Bereiche: **a)** die → *Kostenartenrechnung,* die die Kosten nach Art der Gegenleistung erfasst; **b)** die → *Kostenstellenrechnung,* die nach dem Verursachungsprinzip die Kosten den Stellen zurechnet, an denen sie entstanden sind; Mittel: BAB; **c)** die → *Kostenträgerrechnung,* die die entstandenen Kosten den Kostenträgern (= Produkte) zurechnet. Neben diesen Hauptaufgaben liefert die Kostenrechnung auch Werte für andere Bereiche des Rechnungswesens sowie für die Steuerung und Kontrolle des Betriebsablaufes. Zu diesem Zweck gibt sie Zahlen ab an die Statistik und die Investitions- und Planungsrechnung. Die Kostenrechnung dient der exakten Erfassung der Kosten und ihrer Verrechnung auf die Leistungen (Kostenträger). Sie hat zwei große Teilgebiete: **I.** *Betriebsabrechnung* als Periodenrechnung mit: **a)** der → *Kostenartenrechnung* zur exakten Erfassung der Kosten, **b)** der → *Kostenstellenrechnung* zur Verteilung der Kosten auf die betrieblichen Verantwortungsbereiche, in denen sie verursacht werden, **c)** die → *Kostenträgerzeitrechnung* als kurzfristige Erfolgsrechnung, die feststellt, welche Kosten in einer Periode für eine bestimmte Leistungsgruppe angefallen sind. **II.** *Selbstkostenrechnung* (→ *Kalkulation),* die als Kostenträgerstückrechnung die auf ein Stück fallenden Kosten ermittelt. Hier unterscheidet man je nach Art und Umfang der verrechneten Kosten: **a)** nach Art der verrechneten Kosten 1) Ist-Kostenrechnung, die mit tatsächlich anfallenden Kosten rechnet; 2) Normal-Kostenrechnung, bei der die Gemeinkosten mit Durchschnittssätzen verrechnet werden, 3) Plankostenrechnung, die mit geplanten Kosten arbeitet, **b)** nach dem Umfang der verrechneten Kosten 1) Vollkostenrechnung, die alle Einzel- und Gemeinkosten verrechnet; 2) Teilkostenrechnung, die i. d. R. nur die direkt zurechenbaren Anteile der Kosten auf den Kostenträger oder die Abteilungsleistung verrechnet; **c)** nach der Art der Berechnung 1) Divisionskalkulation mit einfacher Teilung der Kosten; 2) Äquivalenzziffernrechnung, die mit Wertangleichszahlen arbeitet; 3) Zuschlagskalkulation, die die Gemeinkosten mittels prozentualen Zuschlägen.

Kostenstellenrechnung → *Kostenrechnung.* Für die Kosten, die nicht unmittelbar der Leistung zugerechnet werden können (Gemeinkosten), muss man einen Umweg wählen. Man geht dabei davon aus, dass die Erstellung der Leistungen die Betriebsbereiche unterschiedlich belastet. Darum gliedert man den Betrieb in Kostenstellen (Betriebsbereiche oder Teilbereiche, Cost-center) und stellt fest, welche Kosten dort entstanden sind. Mittels einer Schlüsselung werden die Kosten diesen Stellen zugerechnet. Die Kostenstellenrechnung kann auf Konten erfolgen, geschieht aber heute weitgehend statistisch mittels → *Betriebsabrechnungsbogen (BAB).* Mit seiner Hilfe werden dann die Zuschlagssätze für die Kalkulation ermittelt. Neben diesen vorbereitenden Aufgaben hat der BAB noch eine wichtige eigenständige Aufgabe; er dient der Kontrolle der Gemeinkostenhöhe je Kostenstelle (Abb. 44).

Kostenträgerrechnung. Die Kostenträgerrechnung dient der Zurechnung der Kosten auf die Leistungen (Kostenträger). Als Kostenträgerzeitrechnung ist sie die kurzfristige Erfolgsrechnung, bei der die Kosten während einer Rechnungsperiode für eine bestimmte Leistung oder Leistungsgruppe ermittelt werden. Bei der Kostenträgerstückrechnung (→ *Kalkulation)* steht die Bestimmung der Kosten pro Leistungseinheit im Vordergrund. → *Kostenrechnung.*

Kosttemperatur → *Trinktemperatur.*

Koubeck → *Kibbi.*

Kourabides. Leicht bröckelige Kekse, die zum griechischen Osterfest gebacken werden.

Kraftbrühe

Kostenstelle:	Restaurant			
	Berichtsmonat		auflaufend	
Text:	€	%	€	%
Umsatz netto:				
Speisen				
Getränke				
GESAMT				
Wareneinsatz:				
Speisen				
Getränke				
GESAMT				
Personalaufwand:				
Grundlöhne				
Aushilfen				
Sozialbeitrag				
Sonst.: Pers. Aufw. (Verr.)				
GESAMT				
Direkte Abteilungskosten:				
Wäschereinigung				
Blumen, Dekor.				
Reinigung				
Rest. Artikel				
Druck, Papier				
Instandhaltung				
Ersatz (GWG)				
GESAMT				
Abteilungsergebnis				

Abb. 44 Muster zum Aufbau einer Kostenstellenrechnung

Krabbe *(frz.: crabe, m., engl.: crab)*. Kurzschwanzkrebs (Taschenkrebs, Strandkrabbe). Muskelfleisch wird zu crabmeat verarbeitet und als Konserve angeboten. Irrtümlich werden auch die Nordseegarnelen (Granat) als „Krabben" bezeichnet. → *Garnele*.

Kraftbrühe = Consommé. Kalte entfettete Fleischbrühe (Bouillon) wird mit zerkleinertem, magerem Rindfleisch, z. B. Wade, gewürfeltem Sellerie, Lauch, Karotten eventuell Petersilienwurzel und Hühnereiweiß durch langsames Erhitzen mit anschließendem Abschäumen, Entfetten und Passieren geklärt. Für einen Liter Kraftbrühe rechnet man 200 g Rindfleisch; für eine doppelte Kraftbrühe werden 400 g/l Fleischbrühe benötigt.

Krammetsvogel *(Wacholderdrossel, Schacker; frz.: la grive, genévrière, w.).* Singvogel, ca. 26 cm lang. Auf ihrer Reise nach dem Süden werden die Tiere meist in Schlingen gefangen (in Deutschland ist der Fang verboten). Gebraten, auch am Rost, setzt man sie u. a. auch in ausgehöhlte Calville-Äpfel, stark gewürzt in der kalten und warmen Küche verwendet.

Krankenanstalten. Anstalten, in denen i. d. R. untergebrachte Personen (in geringerem Umfang auch andere ambulant) mit ärztlicher Hilfe Besserung und Heilung ihrer Leiden suchen. Die Verpflegung der dort untergebrachten Personen erfolgt meist durch eigene Großküchen, die der → *Großverpflegung* zuzurechnen sind, oder durch externe Caterer.

Krankmeldung → *Arbeitsunfähigkeitsbescheinigung.* Die Treuepflicht gegenüber dem Arbeitgeber gebietet es dem Arbeitnehmer, sein Krankwerden unverzüglich anzuzeigen. Arbeiter haben nach dem Lohnfortzahlungsgesetz die → *Arbeitsunfähigkeitsbescheinigung* innerhalb von drei Tagen vorzulegen. Andere Fristen können in Tarifverträgen oder Betriebsvereinbarungen vereinbart sein.

Krausbeeren → *Preiselbeeren.*

Kräuter-, Gewürz- und Bitterliköre. Mindestalkoholgehalt 30–32 % Vol. Zur Herstellung dieser Liköre werden Kräuter, Gewürze, Früchte, Drogen, Essenzen, Gerbstoffe, Öle, Bitterstoffe verwendet. Extraktgehalt mindestens 3 g auf 100 ml. Kräuter-Bitterliköre gehören zu den ältesten Likören. Die Herstellung oder Zusammensetzung ist oft streng gehütetes Geheimnis der einzelnen Firmen.

Kräutertee. Teeähnliche Erzeugnisse, die laut Gesetz nur dann als Tee bezeichnet werden dürfen, wenn die Pflanzenart angegeben ist. Die meisten Kräutertees sind alte Hausmittel, oft in Apotheken erhältlich. Am bekanntesten sind der Pfefferminz- und Kamillentee. Sofern vom Hersteller auf der Packung Hinweise auf Heilwirkungen oder Heilerfolge gegeben werden, unterliegt der Kräutertee nicht mehr der Teeverordnung, sondern dem strengeren Arzneimittelgesetz.

Kräuterweine → *Weinhaltige Getränke.* Bei der Herstellung werden Kräuterauszüge oder -extrakte, Zucker und Zitronensäuren und geringe Mengen Zuckerkulör zum Färben verwendet. Zu den Kräuterweinen gehören auch Bitterweine, die man durch das Ausziehen von bitteren Kräutern und Gewürzen erhält.

Kreatin. Charakteristischer Bestandteil des Muskels, vorwiegend als Kreatinphosphat (nicht vor dem vierten Lebensjahr) vorliegend, der neben dem → *ATP* als Energiespeicher zur Verfügung steht. K. wird aus den Aminosäuren Arginin und Methionin synthetisiert. 2 % des K. werden täglich im Muskel in das unverwertbare und harnpflichtige Kreatinin umgewandelt. Die täglich ausgeschiedene Kreatininmenge steht im engen Zusammenhang mit der Muskelmasse des Körpers.

Kreatinin → *Kreatin.*

Krebse *(frz.: écrevisse, w., engl.:* → *crayfish).* Allen Krebssorten gemeinsam ist, dass sie Nachttiere sind, dass sie nicht bei ständigen Temperaturen unter 12 °C leben können und dass sie sich von Würmern, Insekten, Schnecken und Muscheln ernähren. Ebenfalls gemeinsam ist, dass sie zum Kannibalismus neigen, d. h. sie fressen kranke, schutzlose Artgenossen. Im Winter nehmen sie keine Nahrung auf. Bei Gefahr sind sie rückwärts flüchtend. Im ersten Lebensjahr häuten sie sich sieben- bis achtmal. Im zweiten nur noch fünfmal und im dritten nur noch zwei- bis dreimal. Nach Eintritt der Geschlechtsreife, ca. im vierten Lebensjahr, häuten sich die Weibchen nur noch einmal, die Männchen zweimal. Daher werden diese größer. Vorkommen: An Uferzonen von fließenden Gewässern mit kiesigem oder weichem Grund. Vorwiegend aus Griechenland und der Türkei importiert. Früher im Spreewald und der Oder beheimatet. Saison: Mai bis August, also Monate ohne „R". Größen: Suppenkrebse bis 50 g wurden schockweise gehandelt, Solokrebse 60 bis 120 g wurden in kg gehandelt. Die Farbe recht unterschiedlich von schwarz-violett und blaugraubraungelb. Zubereitung der Edelkrebse: Schnelles, flottes Kochen der Solokrebse ca. 4–5 Min. in Kümmelsud, auch in Weißweinsud. *Krebsschwänze:* Die Krebsschwänze werden im Schock gehandelt. Es ist darauf zu achten, dass sie nicht zu stark gesalzen sind. Vor der Verarbeitung kurz wässern, evtl. in Mineralwasser. Bei der Zubereitung ist darauf zu achten, dass die Schwänze nicht aufkochen. Pro Person ca. 15–18 Stück. *Zubereitung:* Krebsschwänze in Dillsoße. Auch als Ragout und in Pasteten. *Kalt:* Als Cocktail oder Salat, auch im zarten Dillgelee. Werden die Schwänze selbst ausgebrochen, so werden die Körper gestoßen und zum Ansetzen von Krebssuppen und Krebsbutter verwendet. Die Nasen „gefüllt als Garniermittel" z. B. für Leipziger Allerlei, Hamburger Krebssuppe und Bisque d'écrevisses.

Kredit *(lat: credere = glauben, vertrauen).* **a)** Überlassung von Geld (Kaufkraft) an einen anderen für eine bestimmte Zeit im Vertrauen auf die Rückzahlung und gegen eine Entschädigung für den eigenen Nutzenentgang in Form des Zinses. **b)** Habenbuchung eines Kontos, **c)** Vertrauen auf Zahlungsfähigkeit einer Person.

Kreditkarten. Die Kreditkarten dienen dem bargeldlosen Zahlungsverkehr, wobei der Kreditkarteninhaber durch Vorlage der Karte dokumentiert, dass die Rechnung von dem Unternehmen beglichen wird, das die Karte ausgegeben hat. Dieses Unternehmen tritt als Schuldner auf. Die Rechnung, die der Gast mit seiner Unterschrift bestätigt, wird dann dem Unternehmen, das die Karte ausgab, eingereicht. Auf diese Weise ersparen sich die Gäste die Mitnahme größerer Geldbeträge und die damit verbundenen Risiken. In der Bundesrepublik Deutschland werden i. d. R. die folgenden Karten verwendet: Diner's Club, American Express, Eurocard und Visa. Betriebe, die Kreditkartenzahlung akzeptieren wollen, schließen einen Vertrag mit dem Unternehmen, das die Karten ausgibt. Für Gastronomiebetnebe ist das oft eine Notwendigkeit, weil Reisende die Karte bevorzugen.

Kreditsicherung. Bei der Aufnahme eines Kredites verlangt der Kreditgeber, abgesehen von einem Blankokredit, der nur an die Bonität des Kreditnehmers geknüpft ist, meist eine Sicherung. Es kommen hierbei in Betracht: **a)** die → *Bürgschaft,* **b)** die *Zession,* **c)** ein → *Pfandrecht,* **d)** die → *Sicherungsübereignung,* **e)** der → *Eigentumsvorbehalt,* **f)** die → *Hypothek,* **g)** die → *Grundschuld.*

Kreditwürdigkeitsprüfung. Jeder Gastronom, der einen Kredit – bes. bei einer Bank – aufnehmen möchte, wird damit rechnen müssen, dass man seine Kreditwürdigkeit prüft. Zu dieser Beurteilung werden meist herangezogen: **a)** Übersicht über die Vermögenslage, **b)** Nachweis der Liquidität, **c)** Rentabilitätsrechnungen, **d)** Prüfung vorhandener Sicherheiten. Bei Sachwertsicherungen kann eine Besichtigung durchgeführt werden. Für die Überprüfung der Vermögenslage wird ein Kreditstatus aus den Bilanzen der letzten Jahre entwickelt. Dabei ist besonders zu berücksichtigen: **a)** die Bewertung (stille Reserven), **b)** Möglichkeiten der Verwertung im Liquidationsfall, **c)** kritische Beständeüberprüfung, **d)** Einflüsse der Privatkonten. Neben der Zahlungsbereitschaft des Kreditnehmers ist auch die Zahlungsmoral des Kreditnehmers und seiner Schuldner von Interesse.

Kremeis → *Cremeeis.*

Kremmargarine. Spezialmargarine zur Herstellung von Krems und Füllungen. Charakteristisch ist die hohe Aufschlagfähigkeit und eine hohe und gleichmäßige Wasserbindefähigkeit. Kremmargarine ist stabil gegen Überschlagen. Sie bleibt bei der Verarbeitung geschmeidig und ist gut zu aromatisieren. Durch den niedrigen Schmelzpunkt hat sie auch als Füllkrem im fertigen Gebäck einen besonders leichten Schmelz.

Kren. Österreichische Bezeichnung für → *Meerrettich.*

Kreosotgeschmack. Hervorgerufen bei Verwendung von frisch mit Kreosot behandelten Rebpfählen oder bei Verwendung von Karbolineum zum Kelleranstrich.

Kreppel. Rheinische Bezeichnung für → *Berliner Pfannkuchen.*

Kresse. Garten- und Brunnenkresse sind die beiden bekanntesten Vertreter der Kresse aus der Familie der Kreuzblütler. Die Gartenkresse kann das ganze Jahr frisch genutzt werden; entweder aus dem Garten oder aus dem Blumentopf auf der Fensterbank. Die Konservierung von Kresse lohnt sich deshalb nicht. Die Pflanze aus dem Vorderen Orient zeigt länglich-eiförmige Blätter; wenn kleine weiße Blüten erscheinen, wird der sonst rettichartige Geschmack ungenießbar scharf.

Kresse, graue *(lat: Lepidium drába Linné).* Anspruchslose Krautpflanze, deren Samen mit ihrem prägnanten Geschmack als Ersatz für Pfeffer dient. Graue Kresse ist an wärmeren Orten auf fast allen Erdteilen anzutreffen. → *Brunnenkresse,* → *Gartenkresse,* → *Küchenkräuter.*

Kreszenz. Nach dem Weingesetz von 1971 nicht mehr zulässiger Begriff für große Weine, aus bedeutenden Weingütern.

Kreuzfahrt → *Schiffsreisen.*

Kreuzkümmel. Asiatische, bes. indische Kümmelart, auch Cumin.

Kreuzung. Biologisches Verfahren zur Gewinnung neuer Rebsorten mit dem Ziel, schädlings- und krankheitsresistente, ertragssichere, unserem besonderen Klima angepasste Pflanzen zu züchten.

Kreuzungszucht. Zur Ausnutzung von Kreuzungseffekten spezieller Eigenschaften, wie Fruchtbarkeit, Fleischbildungsvermögen, asaisonales Brunstverhalten usw. der einzelnen herangezogenen Rassen.

Krickente *(Halb-, Schäck-, Trasselente – la petite sarcelle;* → *Wildente,* → *Wild).* Mitteleuropa und Mittelasien sind die Wohngebiete. Im Herbst sind die kleinsten dieser europäischen Entenarten am besten. Schnelles Ausnehmen nach dem Fang ist eine unbedingte Notwendigkeit, kein Abhängen. Man brät sie in erster Linie naturell, ältere Tiere werden als Braisé zubereitet.

Krill *(tat. Euphansia superba Dana).* Krebstierchen von 5 cm Länge, das in großen Mengen in den Gewässern der Antarktis vorkommt und ein gewaltiges Eiweißreservoir für die Ernährung der Menschheit darstellt. Nach bisherigen Schätzungen können ohne Gefährdung der Bestände jährlich etwa 50–100 Mill. Tonnen gefangen werden, eine Menge, die etwa dem jetzigen Weltfischfang entspricht. Der in der Gestalt der Nordseegarnele ähnelnde Krill lebt in großen Schwärmen an der Oberfläche des Meeres und ernährt sich von Plankton. Der Nährwert des Krillfleisches entspricht dem von Fischen und Krebstieren, wobei besonders die für die Ernährung wichtigen hohen Anteile an essenziellen Aminosäuren und ungesättigten Fettsäuren hervorzuheben sind. Der Eiweißgehalt des Krillfleisches liegt bei ca. 15–16%, der Fettgehalt schwankt in Abhängigkeit von der Jahreszeit zwischen 1 und 5%.

Krimsekt. Russischer Schaumwein, der nach der Champagner-Methode hergestellt wird. Er wird auf der Krim in einer Menge von jährlich 7 Mio. Flaschen produziert. Davon werden ca. 2,8 Mio. Flaschen nach Deutschland importiert. Er ist nur dann echt, wenn er die Bezeichnung „KPbIMCKOE" trägt. Außerdem sind Naturkorken verwendet und die Kennzeichnung: „garantiert Flaschengärung" auf dem Etikett vermerkt. Es gibt ihn in rot und drei weißen Sorten (halbtrocken, trocken, brut).

Kristall-Kümmel → *Kristall-Likör* mit Kümmelgeschmack.

Kristall-Liköre. Liköre, die Zuckerkristalle enthalten; hervorgerufen durch den hohen Gehalt an Zucker, der sich an den Flaschenwandungen kristallisiert. Bekannt ist der → *Kristall-Kümmel.*

Kristallweizen. Weizenbier, filtriert abgefüllt; wird auch als „Champagnerweizen" bezeichnet.

Kristallzucker. Feinkörniger Zucker in unterschiedlicher Kristallgröße. → *Kastorzucker* feinkörnig, *Granulated* mittelkörnig. Korngröße: grobkörnig (grob) – 1,2 bis 2,5 mm, mittelkörnig (mittel) – 0,8 bis 1,2 mm, feinkörnig (fein) – unter 0,8 mm.

Kritik. Beurteilung, Besprechung, Urteil (weder positiv, noch negativ, sondern neutral), im allgemeinen Sprachgebrauch und im betrieblichen Geschehen: **a)** Negative Beurteilung einer schlechten Leistung eines Mitarbeiters: Kritik, **b)** Positive Bewertung einer guten Leistung eines Mitarbeiters: Anerkennung.

Kritikgespräch. Führungsmittel des Vorgeordneten, mit dem Leistungen und Verhalten von Mitarbeitern beanstandet werden, wenn sie den im Interesse des Betriebserfolgs an sie gestellten Anforderungen nicht entsprechen. Falsche Verhaltensweisen sollen korrigiert und Fehlerquellen ausgeschaltet werden. Verlaufsschema: **a)** Kontaktbrücke schaffen, **b)** Tatbestand klären, **c)** Rechtfertigungen anhören, **d)** Gemeinsame Lösung finden, **e)** „Urteil" fällen, **f)** Beendigung des Gesprächs. → *Kritik.*

Kroatzbeere. Im schlesischen Dialekt Brombeere. Kroatzbeere wird als allgemeine Bezeichnung für Brombeerliköre verwandt. Die Bezeichnung „Echte Kroatzbeere" ist geschützt und darf nur von einem einzigen Hersteller benutzt werden.

Krokant → *Karamell* unter Zusatz von Mandeln oder Nüssen.

Kromeskis → *Cromesquis.*

Kronfleisch. Österreichischer und bayerischer Ausdruck für das Zwerchfell des Rindes, das gekocht serviert wird.

KSchG = Kündigungsschutzgesetz.

Kubebenpfeffer. Die getrockneten, unreifen Früchte (Kubeben) des auf den Inseln des indischen Archipels heimischen Strauches Piper cubeba L. Der Kubebenpfeffer ähnelt den Pfefferkörnern, jedoch ist der untere Fruchtteil stielförmig (Stielpfeffer). Dem aromatischen, scharfen Geschmack folgt ein leicht bitterer Geschmack. Kubebenpfeffer dient zum aromatisieren von Likören und ist Bestandteil des Pfefferkuchengewürzes.

Küchenbrigade → *Anhang A7.*

Küchenkräuter. Gewürze, Teile bestimmter Pflanzenarten wie Beeren, Samen, Blüten oder Blätter, deren naturgegebene Würzstoffe zum Würzen der Speisen dienen. Teilweise färben sie gleichzeitig wie z. B. Safran, Zimt, Kurkuma. Außerdem regen sie den Appetit an und fördern die Verdauung. Durch bestimmte Kräuter wie z. B. Dill, Borretsch, Zitronenmelisse u. a. werden dem Körper gleichzeitig Vitamine zugeführt. Im Folgenden werden die wichtigsten Kräuter

Küchenkräuter

Ordnung nach pflanzlicher und geografischer Herkunft:

Art	inländische	ausländische
Frucht- und Samengewürze	Anis, Fenchel, Koriander, Kümmel, Wacholderbeeren, Senfsaat	Pfeffer, Paprika, Piment, Vanille, Muskat, Kardamom, Sternanis, Mohn
Wurzelgemüse	Meerrettich, Zwiebeln	Ingwer, Kurkuma
Blütengewürze	–	Gewürznelken, Kapern, Safran
Rindengewürz	–	Zimt
Kräuter (Blattgewürze)	Küchenkräuter	Lorbeerblätter

Ordnung nach dem vorherrschenden Geschmack:

Geschmack	Gewürz
scharf – brennend	Pfeffer, Paprika, Cayenne, Nelkenpfeffer
beißig – brennend	Meerrettich, Zwiebeln, Senfsaat, Ingwer, Schnittlauch
aromatisch – bitterlich	Majoran, Thymian, Lorbeerblätter, Kümmel, Wacholderbeeren, Muskat, Kardamon, Safran, Knoblauch
aromatisch – süß	Vanille, Gewürznelken, Zimt, Anis, Sternanis, Fenchel, Koriander Honig
aromatisch	Petersilie, Kresse, Liebstöckl, Dill
sauer	Zitronensaft, Weinessig aus Rotwein, Sherry, Champagner, Alkohol – oder aus Obst – Apfelwein, Traubensaft usw.

Abb. 45   Küchenkräuter

zusammengestellt (Abb. 45). Grüne Kräuter und ihre Verwendung in der Küche: *Petersilie:* besonders gut als Begleiter zu Fischfritüren und Teigtaschen (Kromeskis u. Ä.). *Kerbel:* in Suppen als Einlage und auch als Salatbestandteil, Eierspeisen, Fischgerichte. *Estragon:* gehackt in Kräutermischungen für Salat. Gehört in die amerikanische Sauce und Sauce Bearnaise. *Basilikum:* von mächtigem Geruch, empfiehlt sparsame Verwendung. Für französische Gerichte mit „Pistou-Suppe" oder „Pistou-Sauce", für provenzalische Suppen, Minestrone und italienische Nudelgerichte „al pesto". *Rosmarin:* In der leichten Küche, sparsam zu verwenden. In der klassischen Küche für Schweinebraten, Lamm, Ragouts, Geflügel, Marinaden. *Majoran:* Für Kartoffelgerichte, Kräuterbutter, Confits, Salate, Hülsenfrüchte, Kohlgerichte, Blut- und Leberwürste, Käsegerichte, Geflügel. *Minzen:* Krause Minze, Pfefferminz, wilde Minze – für Nachspeisen, Kräutermischungen und vor allen Dingen – Minzsauce – ein Klassiker der englischen Küche für Lamm und Hammel. *Thymian und Quendel:* Bestandteil des Kräutersträußchens, bestimmte Pasteten, Hasen- und Kaninchengerichte, Lamm, verschiedene Braten. *Lorbeer:* auch Bestandteil des Kräutersträußchens, sehr stark, besonders, wenn er frisch verwendet wird – nicht zuviel nehmen, Herzgift! *Fenchel:* Fische gegrillt, Fischsuppen (Bouillabaisse), wird auch als Gemüse „à la Grecque" zubereitet. *Salbei:* bestimmte Gerichte (Saltimbocca), frische dicke Bohnen, Erbsen, Schweinefleisch. *Zitronenmelisse:* Ernte erfolgt vor der Blüte – während und nach der Blüte sind Geruch und Geschmack unangenehm. Salatgewürze und Rohkost, für Kräu-

Kühlen

teressig. *Koriander:* Lachssuppe (sehr sparsam verwenden), für Weihnachtsbäckerei, Wurstgewürz sowie Zwetschgenmus und Rote Beete-Gerichte. *Kresse:* Brunnen- und Gartenkresse, als Salatpflanze, zu Wurst, kalten Fleisch- und Eierspeisen, Suppen. *Liebstöckl:* für Fleisch-, Fisch- und Gemüsebrühen, Saucen und Salate (Maggikraut).

Küchenmaße, alte. In alten Rezeptbüchern sind oftmals Maße angegeben, die heute kaum noch jemand kennt. Ein Lot wird mit 15 bis 16 g angegeben. Mit Gran wird in der Küche eigentlich nicht gerechnet. Es ist oder war ein Feinmaß für Diamanten und Perlen oder ein Medizinalgewicht, das so genannte Apotheker-Gran. In diesem Fall wird es mit 0.06 g angegeben. Weitere nicht mehr gebräuchliche und ausländische Maßangaben sind:

ein Quäntchen	ca. 4 g
ein Deka	ca. 10 g
eine Unze	ca. 28 g
ein Pound	ca. 454 g
eine Libra	ca. 460 g
ein Juch	2,54 cm
ein Fingerbreit	1,85 cm
ein Decher	10 Stück
ein Gros	144 Stück
eine kleine Mandel	15 Stück
eine große Mandel	16 Stück
eine Stiege	20 Stück
eine Metze	1500 g
ein Quart	1²/₁₀ l
ein Deziliter	der 10. Teil von 1 Liter
ein Anker	34,350 Liter
ein Eimer	86,700 Liter
ein Scheffel	54.962 Liter
ein chinesisches Kung Chin	100 g
ein chinesisches Liang	37,783 kg
ein chinesisches Sheng	1,03 Liter
ein japanisches Kan	3,750 kg
ein japanisches Pivo	60,480 kg
ein thailändisches Kätti	60 g
ein thailändisches Tikal	ca. 15 g
ein türkisches Oka	1283 g
ein türkisches Miskal	ca. 5 g
ein türkisches Denk	0,80 g
ein arabisches Rottoli	ca. 276 g
ein ägyptisches Dirhem	ca. 3 g
ein ägyptisches Ratte	ca. 449 g
ein russisches Wedro	12,30 g
ein russisches Pud	16,38 g
ein russisches Funt	ca. 409 g
ein russisches Lot	ca. 13 g
ein indisches Tola	ca. 12 g
ein indisches Ser	933 g
ein indisches Murah (Reis)	391,79 g
ein indonesisches Thel	ca. 40 g

Küchenmaße, ausländische → *Küchenmaße, alte.*

Küchenplanung (Raumbedarf) → *Anhang A6.*

Küchentücher. Zur Verwendung im Küchenbereich gelangen: **a)** Gläsertücher aus reinem Leinen (fusselfrei), **b)** Geschirrtücher aus Halbleinen (strapazierfähig und saugfähig), **c)** Küchenhandtücher, die strapazierfähigen, bunten „Grubenhandtücher" mit hoher Haltbarkeit.

Kuhblume → *Löwenzahn.*

Kühlen. Kaltlagerung – befristete Lagerung von Lebensmitteln bei Temperaturen von 13 °C und ihrem Gefrierpunkt. Je nach Kühlgut sind unterschiedliche Temperaturen zu beachten: Fleischwaren, Geflügel 0 bis 4 °C, Obst, Gemüse 6 bis 8 °C, Eier 5 bis 8 °C. Um die Verderbnisvorgänge zu verlangsamen, sind möglichst niedrige Temperaturen zu wählen. Sie müssen über dem Gefrierpunkt der Lebensmittel liegen. Dieses ist je nach Gehalt an Eiweiß, Salz, Zucker in dem Zellsaft unterschiedlich. Bei den meisten Lebensmitteln liegt er zwischen $-0,5$ und $-3\,°C$. Um Trockenverluste und -schaden zu vermeiden, ist auf die richtige Luftfeuchtigkeit zu achten: 0 °C – 88 % rel. Luftfeuchtigkeit, 4 °C – 75 % rel. Luftfeuchtigkeit. Lebensmittel abdecken, einpacken. Auf Temperaturschwankungen achten, diese führen zu Kondenswasser, das an den Lebensmitteln niederschlägt und das Mikrobenwachstum fördert.

Kukuruz. Anderer Ausdruck für → *Mais* (Donauländer). Auch Welschkorn genannt.

Kulinaristik. Angewandte Kulturwissenschaft, der es um die wechselseitige Aufklärung von Theorie und Praxis geht. Sie beschäftigt sich mit dem Essen, all seinen Erscheinungsformen, seiner Geschichte, dem Umfeld, in dem es stattfindet und der zugehörigen Kommunikation.

Kulitsch. Traditionelle russische Ostertorte mit kandierten Früchten, Rum und Gewürzen.

Kum. Ein Saccharomyces – ein Hefepilz, der erwärmter Stutenmilch (aber auch Yak-, Kamel-, Esel-, Ziegen- oder Schafsmilch) zugesetzt wird. Das fertige Getränk wird von Kirgisen und Mongolen als → *Kumys* genossen.

Kümmelbranntweine. Branntweine mit deutlichem Kümmelaroma, z. B. → *Aquavit*.

Kümmellikörе. Liköre mit deutlichem Kümmelaroma, hauptsächlich → *Allasch* und → *Berliner Kümmel*.

Kumquat *(Syn. für Zwergorange, Zwergzitrone oder Zwergpomeranze)*. Gehört zur Familie der Citrusgewächse, Rutaceae. Herkunft: Heimat China und Vietnam. Anbau heute auch in Japan, Brasilien, Afrika, Nordamerika und in den Mittelmeerländern. Form und Farbe: Pflaumengroß, Schale orangegelb, dünn. Innen Fruchtfleisch mit Segmenten wie bei der Orange und einige Kerne. Verwendung: In Sirup einlegen oder zu Konfitüre kochen, für Mixgetränke und mazeriert im Obstsalat. Rohe Kumquats isst man mit der Schale.

Kumulieren (häufen, anhäufen). Bereits vorhandene Ergebnisse (z. B. bei Wareneinsatzberechnungen) werden gegenwärtigen Ergebnissen zugerechnet, um jederzeit den „augenblicklichen Stand" ablesen zu können. → *ABC-Analyse*.

Kumylac. Vergorene Stutenmilch zur diätetischen Unterstützung.

Kumys *(auch Koumis, Kimis, Koomiss)*. Von den Kirgisen und Baschkiren aus Stutenmilch bereitetes gegorenes Getränk, das meistens unmittelbar nach der Gärung genossen und in Russland als heilkräftig gepriesen wird; daraus kann auch durch Destillation eine Art Branntwein hergestellt werden (Araca).

Kündigung → *Kündigungsschutz*. Die Kündigung ist ein einseitiges Rechtsgeschäft, bei dem durch eine empfangsbedürftige Willenserklärung das Arbeitsverhältnis aufgelöst wird. Sie ist entweder mit einem Termin versehen oder gilt zu nächstmöglichem Termin. Gesetzlich ist sie formfrei. Zweckmäßig ist eine schriftliche Kündigung. Vor jeder Kündigung ist der Betriebsrat zu hören. Der Kündigungsgrund muss nur angegeben werden, wenn der Tarifvertrag das verlangt. Die *ordentliche* Kündigung führt erst nach einer bestimmten Kündigungsfrist zur Auflösung des Vertrages. Die Frist bestimmt sich nach dem Einzelarbeitsvertrag, der Betriebsvereinbarung oder dem Tarifvertrag. Wo diese fehlen, richtet sie sich nach § 622 BGB i. V. mit den Vorschriften des Gesetzes über die Kündigungsfristen. Die *fristlose* Kündigung ist stets eine außerordentliche Kündigung, die zu sofortiger Auflösung des Arbeitsverhältnisses führt. Sie ist nur „aus wichtigem Grund" zulässig (§ 626 BGB). Sie muss binnen zwei Wochen ausgesprochen sein. Was als wichtiger Grund anzusehen ist, wurde durch viele Urteile beschrieben. So gehören z. B. dazu: a) strafbare Handlungen des Arbeitnehmers, b) Verletzung der betrieblichen Ordnung trotz Abmahnung in schweren Fällen, c) Kontinuierliche Arbeitsverweigerung.

Kündigungsschutz → *Kündigung*. Vor ungerechtfertigten ordentlichen Kündigungen wird der Arbeitnehmer durch Gesetz geschützt. Das Kündigungsschutzgesetz enthält die allgemein geltenden Vorschriften. Manche Gruppen der Arbeitnehmer haben darüber hinaus noch besondere Kündigungsschutzvorschriften; so z. B.: Betriebsratsmitglieder, Schwerbehinderte, Wehrpflichtige oder Personen, für die das Mutterschutzgesetz gilt.

Kunsthonig. Besteht aus → *Invertzucker*, Stärkezucker, Honigessenzen und Aromen.

Künstliche Mineralwässer. Alte Bezeichnung lt. Gesetz → *Tafelwasser*, → *Sodawasser*. Wasser, Mineralwasser oder mineralarmes Wasser oder ein Gemisch aus diesen und Salzen oder Sole oder Kohlensäure oder mehrerer dieser Zusätze hergestellte Erzeugnisse. Künstliche Mineralwässer werden auch durch Auslaugen von Mineralstoffen mit Wasser hergestellt. Mineralarme Wässer gelten nicht als künstliche Mineralwässer.

Kupfer (Cu). Spurenelement (empfehlenswerte Zufuhr 2 mg/Tag), enthalten in Innereien, Fleisch, Meerestieren, Getreide und Hülsenfrüchten. Spielt eine Rolle bei der Blut- und Knochenbildung. K. in einer Überdosis führt zum Erbrechen. K. führt bereits in Spuren zur Zerstörung von → *Ascorbinsäure* und zur Beschleunigung der Fettoxidation.

Kupferschönung. Rechtliche Grundlagen: Verordnung (EWG) Nr. 822/87 (3) des Rates über die gemeinsame Marktorganisation für Wein vom 16.3. 1987 (ABl. Nr. L 84 S. 1); Weingesetz (250) – WeinGes. – in der Fassung der Bekanntmachung vom 27.8. 1982 (BGBl. I S. 1196): 1. Beschränkung auf bestimmte Erzeugnisse (vgl. Anh. VI VO (EWG) Nr. 822/87, § 2 WeinVO): Eine Kupferschönung darf nur durchgeführt werden bei a) Wein, b) Schaumwein; nicht jedoch bei a) Trauben oder Maische, b) Traubenmost, c) teilweise gegorenem Traubenmost, d) noch in Gärung befindlichem Jungwein. 2) Behandlungsmenge (VI VO (EWG) Nr. 822/87): Eine Schönung mit Kupfersulfat ist erlaubt bis zu einem Grenzwert von 1 g/l (10 mg/l), sofern der Kupfergehalt des so behandelten Weines 1 mg/l nicht übersteigt. Anmerkung: Es empfiehlt sich, nach jeder Kupferbehandlung eine Blauschönung durchzuführen. Bei einer Behandlung mit 4 mg/l Kupfersulfat kann der Grenzwert von 1 mg/l Kupfer erreicht werden.

Kurheim → *Beherbergungsbetriebe.*

Kurhotel → *Beherbergungsbetriebe.*

Kurkuma → *Curcuma.*

Kurort → *Ortsbezeichnungen.*

Kurpension → *Pension.*

Kurs. Die Werte, die ein Wertpapier (→ *Aktie*) oder eine Auslandswährung an einem bestimmten Stichtag haben. Bei Wertpapieren erfolgt die Kursnotierung für die an der Börse zugelassenen Papiere durch die Kursmakler (amtliche Makler). Für die Bewertung von Wertpapieren im Betriebsvermögen werden vom BdF Kurse ermittelt. Die Kurse für ausländische Währungen sind Wechselkurse, die sowohl für Sorten (Scheine und Münzen) wie für Devisen (z. B. Scheck, Wechsel) gelten. Schwankungen wirken sich im Hotel- und Gastgewerbe einmal in der Sortenklasse aus, zum anderen aber auch bei Verträgen mit ausländischen Reiseveranstaltern.

Kurtaxe. Kurförderungsabgabe oder Fremdenverkehrsabgabe, die in Baden-Württemberg bis 1507 (Baden-Baden) zurückverfolgt werden kann. Sie basiert auf den Kurtaxenordnungen der Gemeinden. Heute trifft sie alle ortsfremden Kurgäste und dient der Erhaltung der Kureinrichtungen.

Kurzzeiterhitzung → *Pasteurisieren.*

Kuta. Amerikanisches Gemüse, von den Indianern seit ihrer Frühzeit gezüchtet. Es gibt viele Arten, die je nach Sorte zwischen Juni und Oktober geliefert werden (Sommerkutas), danach kommen die Herbst- und

Kutter

Winterkutas. Die Sommerkutas sind in der Form walzenförmig wie Zucchini und 15 bis 20 cm lang oder rosettenförmig und 5 bis 10 cm im Durchmesser. In der Farbe sind sie hellgrün oder gelb bis golden. Verarbeitung wie junge Zucchini, aber auch roh als Salat. Die Kutas wurden von vielen Ärzten und Diätspezialisten zum Grundsatz der Diät bei vielen Stoffwechselerkrankungen gemacht. Kutas enthalten keine Säure und üben wegen ihres hohen Gehaltes an alkalischen Elementen wie organischem Kalium einen äußerst günstigen Einfluss auf das Säure-Base-Gleichgewicht im Körper aus. 100 g rohe Kutas: 19 Kalorien, 1,1 g Protein, 0,1 g Fett, 4,2 g Kohlenhydrate, Vitamine und Mineralstoffe.

Kutter *(engl.: to cut = schneiden, zerkleinern)*. Elektrisch betriebene Geräte, mit denen insbesondere Farcen (Füllsel) für Wurst und Pasteten hergestellt werden.

Kuvertüre (Couverture, Schokoladenüberzugsmasse). Schokolade, die in Folge des hohen → *Kakaobutter*anteiles besonders dünnflüssig ist, ein besonderes Fließverhalten zeigt und beim Erkalten mattglänzend erstarrt. Zusammensetzung: mindestens 35 % Kakaomasse, Gesamtanteil an Kakaobutter mindestens 31 %, Zuckeranteil höchstens 50 %. Die auf der Verpackung angegebenen zwei Zahlen geben das Mengenverhältnis von Kakaobestandteilen und Zucker an. Ist eine dritte angegeben, gibt sie den Kakaobutteranteil an.

L

Lab. Ferment (Enzym) aus der Schleimhaut des Labmagens von Jungkälbern, auch Lämmern und Zicklein, das die Gerinnung des → *Kaseins* in der Frischmilch bewirkt.

Label Rouge. Nationales französisches Gütezeichen für landwirtschaftliche, Fleisch- und Molkereiprodukte. Das Label Rouge existiert bislang in Frankreich für 270 verschiedene Produkte – davon 41 regionale Gütezeichen (Stand Juli 1998). Am stärksten verbreitet ist das Label Rouge auf dem Geflügelsektor, wo 20 % der französischen Erzeugnisse unter dem roten Gütezeichen vermarktet werden. Auch bei Charcuterie und Wurstwaren oder Milchprodukten fallen bereits jeweils rd. 5 % der Gesamterzeugung darunter. Das Label Rouge hat in Frankreich einen Bekanntheitsgrad von 78 %.

Laberdan → *Kabeljau*. Am Fangort gesalzener und in Fässern verpackter Kabeljau. Wird auch heute noch in Südeuropa und Südamerika viel verwendet. Vor Gebrauch den Laberdan gut wässern.

Labskaus. Norddeutsches Gericht. Besteht aus in Fässern eingelegtes Pökelfleisch vom Rind und Schwein, Kartoffeln, rote Beten, Salzgurken, Zwiebeln, auch Heringen. Setzei oben auf. Ursprünglich Seefahrergericht.

Lacaune-Schaf. Nach dem Namen des Dorfes Lacaune im Roquefort-Gebiet. Hier ist die Schafsrasse beheimatet, deren Rohmilch zur Herstellung von Roquefort verwendet wird.

Lachs *(frz.: le saumon; engl.: salmon;* auch: *Quinnat, Blaurückenlachs, Meerforelle, Silberlachs, Huchendonaulachs, argentinischer Lachs, Land-Locked-Lachs und Grönlandlachs).* Geburtsstätte ist das Süßwasser, Lebensraum das Meer. Während der Laichzeit wird keine Nahrung aufgenommen, daher verliert der Lachs an Gewicht. Der aufsteigende Lachs dagegen ist fettreich und hellrot im Fleisch = Weißlachs. Je mehr Fett aufgezehrt wird, desto dunkler wird das Fleisch (Kupferlachs). Vorkommen: auf der ganzen Welt.

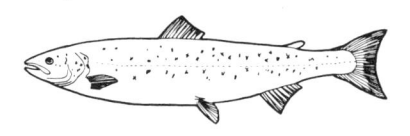

Lachsforelle. Züchtung z. T. aus Bodenseeforellen und solchen aus den Fjorden Norwegens. Rosa Fleischfarbe entsteht durch Fütterung mit Krusten. → *Forelle.*

Lackfarbe. Nach der Geschichte waren Weine aus dem Rheingau, vor allem aus den Betrieben Schloss Johannisberg und Kloster Eberbach, mit Lackfarbetupfern gekennzeichnet. Beispiel Schloss Johannisberg:

himmelblau	= Eiswein/Beerenauslese
goldfarben	= Trockenbeerenauslese
rot	= Kabinett
orange	= außergewöhnlich gute Jahrgänge
rosa	= Auslese
grün	= Spätlese
rosa-gold	= Beerenauslese
gelb	= Qualitätsweine.

Lacrima Christi. D.O.C.-Wein aus → *Kampanien,* der an den Hängen des Vesuvs wächst und als Weiß- und Rotwein angeboten wird. Die Bezeichnung Vesuvio deutet auf höhere Qualität und einen Mindestalkoholgehalt von 12 % Vol.

Lactose. Disaccharid (Glucose+Galaktose), das spezifische Kohlenhydrat aller Milcharten (1,5 bis 7 %). L. ist von geringer Süßkraft und kann von Milchsäurebakterien und Kefir-Hefe (zu Milchsäure) vergoren werden. L. wird aus Molke gewonnen und für Säuglingsnahrung, diätetische Lebensmittel und Backwaren verwendet.

Lactosefrei lt. Rezeptur

Lactosefrei lt. Rezeptur. Diese Produkte enthalten laut Rezeptur keine lactosehaltigen (milchzuckerhaltigen) Zutaten. Bei industriell gefertigten Lebensmittelprodukten kann ein Übergang von Spuren nicht mit absoluter Sicherheit ausgeschlossen werden.

Ladano. Anderer Name für → *Stör*.

Lady Curzon. Marquese of Kedleston, Gattin des britischen Vizekönigs in Indien. An dem im Sinne der Königin Victoria puritanisch geführten Hof war Alkoholgenuss verpönt. Doch die Marquoco liebte einen guten Tropfen und wollte auch bei offiziellen Anlässen nicht darauf verzichten. So soll sie sich ihre Schildkrötensuppe mit Sherry verfeinert haben lassen; um das zu verbergen, ließ sie sich noch eine Sahnehaube auf die Suppe setzen, die mit Currypulver gewürzt wurde.

Ladyfinger → *Okra*.

Lafite Rothschild → *Médoc*.

La Flûte. Frz. Bezeichnung für eine Sektglasform; schmale, hohe Sektflöte.

Lage. Die Lagenamen geben Auskunft über die genaue Herkunft des Weines. Es ist der Weinberg, in dem die Trauben gewachsen sind. Die Besonderheit einer Lage kann durch einmalige Wachstumsbedingungen wie Hangneigung, Boden, Sonnenreflexion durch Wasserspiegelung, Windschatten usw. geprägt werden. Lt. § 10 des Weingesetzes: „Eine Lage ist eine bestimmte Rebfläche (→ *Einzellage)* oder die Zusammenfassung solcher Flächen (→ *Großlage),* aus deren Erträgen gleichwertige Weine gleichartiger Geschmacksrichtung hergestellt zu werden pflegen und die in einer Gemeinde oder in mehreren Gemeinden desselben bestimmten Anbaugebietes gelegen sind. Als Lagenamen darf nur ein Name eingetragen werden, der für eine zur Lage gehörenden Rebfläche herkömmlich oder in das Flurkataster eingetragen ist oder der sich an einen solchen Namen anlehnt. Eine Lage darf in die Weinbergsrolle nur eingetragen werden, wenn sie insgesamt mindestens 5 ha groß ist." Die Lage darf auf dem Etikett nur angegeben werden, wenn der Wein mindestens zu 85 % aus der angeführten Lage stammt. Für Tafelwein/Landwein ist die Angabe der Lage auf dem Etikett nicht zulässig. Rechtliche Grundlagen: Verordnung (EWG) Nr. 2392/89 (100) des Rates zur Aufstellung allgemeiner Regeln für die Bezeichnung und Aufmachung der Weine und der Traubenmoste vom 24.7.1989 (ABl. Nr. L 232 S. 13); Weingocotz (250) – Wein – in der Fassung der Bekanntmachung vom 27.8.1982 (BGBl. I S. 1196); Verordnung des Ministeriums für Ernährung, Landwirtschaft, Weinbau und Forsten über die Eintragung von Lagen und Bereichen in die Weinbergsrolle (380) – AVOBa-Wü – vom 6.4.1971 (GBl. S. 157); Verordnung des Ministeriums Ländlicher Raum zur Durchführung des Weingesetzes (370) – AVO-BaWü – vom 12.12.1989 (GBl. S. 517). **1)** Wahlweise oder gebrauchende Angabe (vgl. Art. 11 VO [EWG] Nr. 2392/89). Die Angabe einer Lage kann wahlweise zur Bezeichnung eines Qualitätsweins und eines Qualitätsweins mit Prädikat verwendet werden. Für die Bezeichnung von Tafel- oder Landwein ist die Verwendung von Lagenamen unzulässig. **2)** Begriff (vgl. § 10 WeinGes.). Eine Lage ist eine bestimmte Rebfläche – Einzellage – oder die Zusammenfassung solcher Flächen – Großlage –, aus deren Erträgen gleichwertige Weine gleichartiger Geschmacksrichtung hergestellt zu werden pflegen, und die in einer Gemeinde oder in mehreren Gemeinden desselben bestimmten Anbaugebietes gelegen sind. Als Lagenamen dürfen nur solche Namen eingetragen werden, die für eine zur Lage gehörende Rebfläche herkömmlich oder in das Flurkataster eingetragen sind oder sich an solche Namen anlehnen. Die Rebfläche muss mindestens 5 ha umfassen; Ausnahmen können zugelassen werden. **3)** Eintragung in Weinbergsrolle (vgl. AVO-BaWü vom 6.4.1971). Die Namen der Lagen sind in der Weinbergsrolle eingetragen, und

Lagerfachkarte

nur diese Namen dürfen verwendet werden. Zuständig für die Eintragung sind die Regierungspräsidien. **4)** Lage- und Gemeindenannen (vgl. § 10 WemGes.). Bei der Wahl eines Lagenamens ist die Gemeinde oder der Ortsteil anzugeben. Erstreckt sich die Lage (Einzel- oder Großlage) über mehrere Gemeinden, so bestimmt die Landesregierung, welcher Gemeindename anzugeben ist. Es ist zulässig, für eine Lage mehrere Gemeindenamen zu bestimmen. **5)** Gemeindeübergreifende Lagen (vgl. § 11, Anl.3 AVOBaWü vom 12.12.1989). Die Namen der Gemeinden und Ortsteile, die In Verbindung mit dem Namen einer gemeindeübergreifenden Lage (Groß- oder Einzellage) verwendet werden dürfen, sind für Baden-Württemberg in der Anlage 3 zu § 11 der AVOBaWü vom 12.12.1989 aufgeführt. **6)** Schreibweise.

Lager. → *Lagerstellen.* Platz oder Räumlichkeit verschiedener Art zur Aufbewahrung der im Betrieb notwendgen Vorräte. Die Organisation kann erfolgen: **a)** zentral – Zusammenfassung in großen Hauptlagern → *Lagerstellen,* **b)** dezentral – Verteilung auf mehrere Teillager mit größerer Nähe zum Bedarfsort (z. B. Lager auf der Etage). Das Lager hat in der Gastronomie vor allem eine Bereitstellungsfunktion. Als Bestimmungsfaktoren wirken sich besonders Bedarf und Haltbarkeit aus. Grundsätzlich ist zu unterscheiden in Lager für den Hotelbedarf, Weinlager und die Magazine und Kühlhäuser für die Küche. Hierbei kann es Zentrallager und/oder dezentrale Lagerung geben.

Lager-Ausgleichsfunktion. Erforderlich, weil sich Erzeugung, Beschaffung und Absatz von Werkstoffen mengenmäßig und zeitlich nur schwer aufeinander abstimmen lassen. **1)** Überbrückungsfunktion (Ausgleich von Schwankungen auf dem Beschaffungs- und Absatzmarkt), **2)** Sicherheitsfunktion (Sicherung einer reibungslosen Produktion durch Schaffung von Mindestbeständen), **3)** Preisausgleichsfunktion (Abfangen von Preisschwankungen), **4)** Rei-

fungsfunktion (Verbesserung der Qualität und der Bearbeitungsmöglichkeiten).

Lagerbestand → *Kennzahlen.* Menge aller Güter, die im Betrieb auf Vorrat gehalten, gelagert werden. Die Höhe des Lagerbestandes wird in € ausgedrückt und spiegelt das investierte Kapital wider (Abb. 46).

Er wird errechnet:
durchschnittlicher Lagerbestand

$$= \frac{\text{Anfangsbestand} + 11 \text{ Monatsbestände} + \text{Endbestand}}{13}$$

Bei der Berechnung solcher Durchschnittswerte wird jeweils durch die Anzahl der eingehenden Einzelbestände dividiert. So z. B. auch:

$$\frac{\text{Anfangsbestand} + \text{Endbestand}}{2}$$

$$\frac{1/_2 \text{ Anfangsbestand} + 11 \text{ Monatsbestände} + 1/_2 \text{ Endbestand}}{12}$$

Abb. 46 Lagerbestand

Lager-Buchführung → *Buchführung.* Eine Nebenbuchführung im Bereich der Materialwirtschaft, die nach den → *Grundsätzen ordnungsmäßiger Buchführung* die Bestände und deren Veränderung erfasst.

Lagerdauer. Kennziffer, die die Zeit zwischen Ein- und Ausgang einer Ware angibt. Berechnung der durchschnittlichen Lagerdauer:

$$\text{Lagerdauer} = \frac{360}{\text{Lagerumschlagsgeschwindigkeit (-häufigkeit)}}$$

→ *Lagerumschlagsgeschwindigkeit.*

Lagerfachkarte. Organisationshilfsmittel für die mengenmäßige Erfassung der Waren-

Lagerkosten

eingänge und Warenausgänge, um die Lagerbestände (z. B. Wein) zu überwachen (an den Lagerfächern angebracht).

Lagerkosten → *Kosten der Vorratshaltung.* Die wichtigsten Kosteneinflussfaktoren sind: **a)** Kosten des durch Lagerbestände gebundenen Kapitals → *Lagerzins;* **b)** Kosten des Lagerrisikos (Verderb, Schwund, Veralterung); **c)** Kosten der Lagerverwaltung (Personalkosten, anteilige Kosten des Rechnungswesens); **d)** Kosten der Lagereinrichtungen (Energiekosten, Instandhaltungskosten, Reinigungs- und Wartungskosten, Raumkosten, Abschreibungen, Versicherungskosten). Berechnungen:

1. Ermittlung des durchschnittlichen *Lagerwertes*

$$\frac{\text{Summe der Inventurwerte}}{\text{Anzahl der verwendeten Werte}}$$

2. Ermittlung des *Lagerkostensatzes*

$$\frac{\text{Lagerkosten} \times 100}{\text{durchschn. Lagerwert}}$$

3. Ermittlung des *Lagerhaltungssatzes*

Lagerkostensatz + Zinssatz (intern oder landesüblich).

Lagerstandort. Forderungen: **a)** Funktionsverbundenheit (kurze, kreuzungsfreie Wege zwischen Lagerstellen und Fertigungs- und Ausgabestellen); **b)** Kontrollfunktion (Überwachungsmöglichkeiten für das lagernde „Vermögen"); **c)** Nutzung des Baukörpers (optimale Gestaltung der Lagerflächen); **d)** Eignung der Räume (Klimatische Verhältnisse).

Lagerstellen → *Lager.* Betriebliche (Raum-)Bereiche, die der Aufbewahrung von Roh-, Hilfs- und Betriebsstoffen und Betriebsmitteln dienen, um die Zeit zwischen Eingang und Verbrauch zu überbrücken. Je nach Lage, Hoteltyp und Größe sind vorzusehen: **a)** Konservenlager, **b)** Kartoffellager, **c)** Gemüselager, **d)** Vorkühlraum, **e)** Kühlraum, **f)** Tiefkühlraum, **g)** Bierkeller, **h)** Weinkeller (für Weiß- und Rotwein), **i)** Spirituosenlager, **j)** Wäschelager, **k)** Lager für Mobiliar, **l)** Lager für Reinigungs- und Putzmaterial, **m)** Lager für Porzellan, Glas, Silber, Bestecke, **n)** Lager für Büromatenal, **o)** Lager für Dekorationsmaterial, **p)** Lager für technische Geräte, **q)** Lager für Betriebsstoffe, **r)** Lager für Leergut, **s)** Lager für Abfall.

Lagerumschlagsgeschwindigkeit (-häufigkeit). Kennziffer, die angibt, wie oft Menge oder Wert des durchschnittlichen Lagerbestandes in einem Jahr umgeschlagen (umgesetzt) werden. Berechnung:

$$\frac{\text{Warenumsatz(-einsatz)}}{\text{durchschnitt. Lagerbestand}}$$

→ *Lagerbestand.*

Lagerung der Wäsche → *Wäschelager.*

Lagerung des Geschirrs → *Stewarding.* Geschirr und Gläser müssen zur Vermeidung von Bruch sachgemäß gelagert werden. Außerdem soll es wie Küchen- und Tafelsilber, Tabletts und andere Gegenstände so gelagert werden, dass eine Kontrolle leicht möglich ist. Das erleichtert auch die (meist halbjährliche) → *Inventur.* Es empfiehlt sich, bei Tellern in 25er Blocks, bei Tassen in 4er-Blocks und bei allen anderen Gegenständen in 10er-Blocks zu lagern.

Lagerzins. Kennziffer für das durchschnittlich für die Lagerbestände investierte Kapital. Berechnung:

$$\frac{\text{Jahreszinsfuß} \times \text{durchschn. Lagerdauer}}{360}$$

oder:

$$\frac{\text{Jahreszinsfuß}}{\text{Umschlagshäufigkeit}}$$

Lait Entier. Frz. Ausdruck für Vollmilch, d. h. nicht entrahmte Milch.

Laitier. Bezeichnung für einen Käse, der von einer Käserei hergestellt wird.

Lakritze. Zuckerware, hergestellt aus einem Gemisch von eingedicktem Saft der → *Süßholzwurzel*, Zucker und Mehl (auch Gelatine), geruch- und geschmackgebenden Stoffen sowie Zuckerkulör zum Färben.

Laktobazillen. Milchsäurebakterien, die durch pH-Wertsenkung bei der Fleischreifung mitwirken.

Lakto-Ovo-Vegetarier. Vegetarier, die lediglich alle Stoffe vom toten Tier ablehnen, aber vom lebenden Tier akzeptieren, daneben Obst, Salat und Gemüse, auch Butter, Käse, Milchgerichte, Eier und Honig essen. Lakto = Milch, Ovo = Eier.

Lambic-Bier. Brüsseler selbstgärendes Bier. Es benötigt die Luft der belgischen Hauptstadt, um sich entfalten zu können, genauer gesagt, den sehr speziellen Mikrobenflor, der sich dort entwickelt. Zu seiner Herstellung, die nur zwischen dem 15. Oktober und dem 15. Mai vonstatten geht, werden 60 % Gerstenmalz und 40 % unbehandelter Weizen benötigt. Zum Hopfen verwendet der Brauer überständigen, drei Jahre alten Hopfen; keine Hefezugabe. Die Gärung beginnt automatisch, wenn der Sud auf einer Kühlunterlage mit den Mikroorganismen der Luft in Berührung kommt. Lambic wird häufig zur Herstellung belgischer Gerichte verwendet.

Lambrusco D.O.C. Aus zwei Traubensorten hergestellter Rotwein, der immer sehr jung angeboten wird, trocken oder lieblich ist und dadurch mit hohen CO_2-Gehalt, leicht schäumend auf den Markt kommt. Es ist ein sympathischer, junger Tischwein, der bei ca. 16 °C getrunken werden soll.

Laminieren. Mehrmaliges Ausrollen und Zusammenlegen von Teig, damit sich der Kleber (Eiweißstoff/Proteine) besser ausbilden kann.

Landjäger. Rohwurst, durch längere Kalträucherung stark abgetrocknet und gut haltbar. Für → *Picknicks* geeignet.

Landwein, deutscher. Gesetzliche Bestimmungen: darf ausschließlich nur aus Weintrauben der angegebenen Herkunft bereitet werden; der natürliche Mindestalkoholgehalt muss etwa 4 °Oe über dem für in der jeweiligen Region festgesetzten Wert für Tafelwein liegen; der Restzuckergehalt darf den für die Geschmacksrichtung – halbtrocken – höchstzulässigen Wert nicht übersteigen; seit 1984/85 auch → *trocken*.

Languedoc/Rousillon. Frz. Weinbaugebiete zwischen Marseille und Perpignan entlang der Mittelmeerküste. Hier wird eine Vielzahl von Weinsorten produziert. Dabei handelt es sich um Massenware, d. h. Konsumweine der Qualitäten → *V.D.Q.S.*, → *Vin d'Pays* und → *Vin de table*. V.D.Q.S.-Gebiete sind z. B. Corbiéres, Minervois, Côteaux du Languedoc und du Gard. Bekannte Weine dieser Gebiete sind u. a. → *Frontignan*, → *Vin de Sable*, → *Limoux-Blanquette*. Einige dieser Weine und Schaumweine wie z. B. → *Fitou* oder → *Lunel, Limoux-Blanquette* werden mit dem Status → *A. C.* angeboten.

Languste *(frz.: langouste, w, engl.: main lobster/rock lobster/spring lobster, crawfish).* Ähnlichkeit mit Hummer; ohne Scheren; dafür lange Fühler; Rücken ist stachelig. Fanggebiete: Felsengrund in 50–100 m Tiefe, Mittelmeer, Indischer Ozean, England, Irland. Länge 50 bis 60 cm max.; dabei

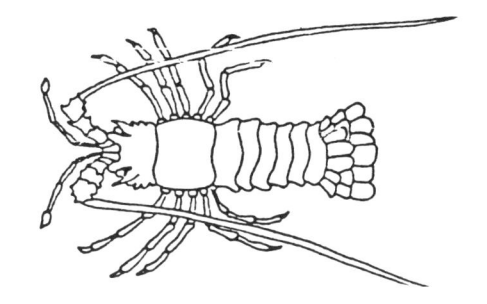

Langustinos

ein Gewicht von 5 kg. Frisst hauptsächlich Weichtiere. Verarbeitung: Gerichte wie beim Hummer.

Langustinos. *Frz.: langostinos; engl.: langostinos.* Sie ähneln im Aussehen dem Kronenhummer. Sie werden *nur* vor der Küste Chiles gefangen, gehören zu der Gattung der Furchenkrebse. Bei normalen Garnelen ist die Ausbeute 23–25 %, beim Furchenkrebs lediglich 6–8 % des Gesamtgewichts.

Lapacho-„Tee". Tee aus der Rinde von Bäumen, die in den Regenwäldern Argentiniens, Mexikos und Brasiliens wachsen. Die Baumrinde wird abgeschält und wächst wieder nach. Die gepellte, getrocknete innere Baumrinde muss ca. 20 Min. gekocht werden. Der Aufguss beinhaltet kein Koffein, aber viele Mineralstoffe und Spurenelemente wie z. B. Jod, Barium, Eisen, Kalium etc. In der Indiosprache heißt der Lapachobaum „Baum des Lebens".

La part des anges. Frz. Anteil der Engel. Während der Lagerung verdunsten aus den Eichenholzfässern in der Cognac-Region jährlich durchschnittlich 4 % des Alkohols, das entspricht 23 Millionen Flaschen à 0,7 l, d. h. dass in Cognac pro Jahr doppelt soviel verdunstet wie nach Deutschland exportiert wird.

Lapilli. Mulden im vulkanischen Boden, in denen einzelne Rebstöcke wachsen, z. B. auf Lanzarote.

Lardieren. Spicken mittels Speckstreifen, die mit einer Spicknadel (→ *Lardoire)* in das Fleisch eingezogen werden.

Lardoire *(frz.: lardoire, w.).* Spicknadel, mit der insbesondere Fleischstücke mit Fett angereichert werden.

Late bottled vintage port – LBV. → *Portwein* nach etwa 5 Jahren Holzfasslagerung. Auf dem Etikett erscheint das Jahr der Abfüllung.

Laterne des Aristoteles → *Aristoteles-Laterne.*

Latium – Umbrien.

Latour → *Médoc.*

Lattich → *Römersalat.*

Latwerge. Alter Ausdruck für ein gemischtes, aus dem Obstmark und dem Obstsaft meist verschiedener Fruchtarten ohne Zucker stark eingekochtes Obsterzeugnis.

Laubschnitt. Arbeit im Weinberg im August bis September mit dem Ziel, die Reben zu durchlüften, die Lichteinwirkung zu verbessern und die Wuchshöhe zu regulieren.

Laugenbrezel → *Brezel.*

Laugengebäck. Backwaren aus hellem Weizenmehl, verschieden geformt (→ *Brezel,* → *Sticks),* die vor dem Backen in verdünnte Natronlauge (höchstens 4 % Natriumhydroxid) getaucht und zuweilen noch mit Salz oder Kümmel bestreut werden.

Läuterzucker. Gereinigte (geläuterte) Zuckerlösung von unterschiedlicher Dichte. Die Dichte wird mit einer Senkwaage nach Grad → *Baumé (Bé)* gemessen. Die Mess-

Dichte	Zuckermenge auf 1 l Wasser	Wassermenge auf 1 kg Zucker
10 °Bé	330 g	3 l
12 °Bé	400 g	2,6 l
15 °Bé	500 g	2 l
17 °Bé	660 g	1,5 l
22 °Bé	1000 g	1 l
28 °Bé	1820 g	0,55 l
30 °Bé	2000 g	0,5 l
32 °Bé	2220 g	0,45 l
34 °Bé	2660 g	0,375 l

skala dieser Zuckerwaage reicht von 0–50°. Die Zuckerkonzentration lässt sich bestimmen, indem man entweder auf 1 l Wasser eine bestimmte Zuckermenge oder auf 1 kg Zucker eine bestimmte Wassermenge zusetzt. Kalte Lösungen zeigen 2 bis 5 °Bé mehr an. Zuckerlösungen von mehr als 34 °Bé lassen sich nur bei Temperaturen von über 50 °C erzielen.

Lavanos. Sind eine in der Charente-Maritime sehr häufige, zweischalige Muschelart. Man isst sie roh oder kurz mit Schalotten in Butter und Weißwein gedünstet.

Lay. Häufige Endung, besonders bei Lagenamen der Mosel. Lay = Felsen, Berg, Schiefer.

Layout. Rohentwurf für eine Gestaltung von Werbetexten oder anderen Werbemitteln. Eine Art Arbeitsanweisung für den Graphiker oder Werbegestalter. Auch die erste Vorlage als Muster eines Werbemittels; z. B. von Prospekten, Speise- und Getränkekarten und anderen Werbemitteln.

Layoutplan. Plan, der zur optischen Darstellung der Einrichtungs- und Ausrüstungsgestaltung z. B. der Küche dient. Das geschieht meist unter Verwendung von Rasternetzen. Die Wege können mit Linien oder Klebebändern gekennzeichnet werden. Zeichenschablonen oder Klebesymbole werden für Einrichtungsgegenstände und Maschinen verwendet.

Lean-Management. Begriff aus der Industrie, bedeutet in erster Linie Personalabbau und Hierarchieverkürzung, die aber nur in Verbindung mit neuen Organisationsstrukturen, Just-In-Time-Produktion und besserer Ausnutzung des vorhandenen Mitarbeiterpotenzials durchführbar sind.

Leasing. Der Gedanke, Investitionsgüter zu mieten statt zu kaufen, beginnt schon bei der Vermietung des ersten Telefons durch Bell im Jahre 1877. Umfangreicher wird das Leasinggeschäft mit der Vermietung der Datenverarbeitungsanlagen ab 1910. Grundsätzlich handelt es sich um Miet- oder Pachtverträge, evtl. gekoppelt mit Ratenkauf. Man kann dabei die folgenden Formen unterscheiden: **1)** *Operate-Leasing* als einen Mietvertrag im eigentlichen Sinne mit kurzfristiger Kündigungsmöglichkeit von beiden Seiten. Er wird verwendet für Güter, deren Nutzung kürzer ist als ihre technische Lebensdauer, meist solche, die technisch schnell veralten (z. B. DV-Anlagen). **2)** *Finance-Leasing,* bei denen eine unkündbare Grundmietzeit vereinbart wird, die kürzer als die betriebliche Nutzungsdauer ist (z. B. Pkw). **3)** *Spezial-Leasing* ist eine Sonderform des Finance-Leasing, bei dem die Gegenstände auf den Leasingnehmer zugeschnitten sind und ihr Einsatz nach der Grundmietzeit auch nur bei ihm sinnvoll ist (z. B. Herdeinheit).

Leasingwäsche → *Leihwäsche.*

Lebendbeschau → *Schlachttieruntersuchung.*

Lecithin (Lezithin). Im Aufbau ähnelt das Lecithin noch sehr stark den Triglyzeriden. Das Glycerin ist hierbei mit zwei Fettsäuren verbunden, statt der dritten Fettsäure finden wir jedoch eine Phosphorsäure und eine Base. Lecithin besitzt sowohl einen fettfreundlichen, als auch einen wasserfreundlichen Pol. Daher kann es Fette in wässrigen Lösungen in fein verteilter Form halten. Es wirkt als Emulgator. Im menschlichen Körper ist Lecithin notwendig für den Aufbau von Zellmembranen. Es kommt häufig in Nerven- und Gehirnzellen vor. Lecithin wird in ausreichenden Mengen vom Körper selbst gebildet. Es muss daher im Gegensatz zu den mehrfach ungesättigten Fettsäure nicht mit der Nahrung zugeführt werden. Lecithin kommt in pflanzlichen und tierischen Lebensmitteln vor. Lekithos heißt griechisch „Eigelb", die Lecithine finden sich im Eigelb, in der Muskelfaser, besonders im Herzmuskel.

Lecithin-Teigwaren. Eifreie Teigwaren besonderer Art, mit mindestens 4,5 g Lecithin-Zusatz/kg Getreidemahlerzeugnis. Durch Lecithin entstandene Gelbfärbung, daher Ware als gefärbt zu kennzeichnen.

Leeftijden. Bezeichnung für die Reife- und Altersstufen von holländischem Käse.

Legieren. Binden → *Legierung.*

Legierung (von Saucen). Bindung herstellen, a) durch Eigelb und Sahne (Liaison), b) Bindung mittels Sahnen, c) Legierung mittels Blut (z. B. Schwein/Fisch/Wild), d) Legierung mittels passierter Stopfleber, e) Bindung mittels Gemüsepüree, f) Bindung durch Butter/Crème fraîche, g) Bindung mit Brot/Lebkuchen.

Legumier. Abteilungskoch in einer großen Küchenbrigade, der für die Herstellung aller Gemüsegerichte und deren Soße verantwortlich ist.

Leguminosen. Hülsenfrüchte, für die Ernährung wichtige Pflanzen. Von den L. werden entweder die unreifen Hülsen gegessen, die Gemüsecharakter haben, oder aber die getrockneten Samen, die wichtige Träger pflanzlicher Eiweißstoffe sind. Von Erbsen, Linsen und Bohnen wird der getrocknete Samen gegessen, von Erbsen und großen Bohnen auch der unreife Samen. Die unreifen Hülsen werden von Bohnen und von Feuerbohnen verwendet. Folgende L. spielen in der Ernährung ebenfalls eine sehr große Rolle: Erdnüsse und Sojabohnen. Die meisten Leguminosen enthalten toxische Stoffe, die erst durch Erhitzen zerstört werden.

Lehrgang. Aneinanderreihung bestimmter Unterweisungsthemen mit Angabe der Lernziele → *Lernziel.*

Lehrherr → *Ausbildender.*

Lehrling → *Auszubildender (Azubi).*

Lehrlingsrolle → *Verzeichnis der Ausbildungsverhältnisse.*

Lehrmeister → *Ausbilder.*

Lehrvertrag → *Berufsausbildungsvertrag.*

Leihe (§§ 598–606 BGB). Ein Leihvertrag richtet sich auf die unentgeltliche Überlassung einer Sache (auch eines Grundstücks, nicht aber eines Rechts). Der Entleiher hat dabei die Erhaltungskosten für die Dauer zu tragen und darf sie nur vertragsgemäß nutzen.

Leihwäsche. Wie in vielen Bereichen besteht auch für die Versorgung mit Wäsche heute die Möglichkeit, sich des Leasings zu bedienen, d. h. sich die Wäsche zu leihen. Es gehört dazu ein Vertrag mit einer Leihfirma (Leasinggeber), in dem genau festgelegt ist, wann welche Wäsche zu liefern ist. Waschen und Ausbessern geht dabei zu Lasten der Leasingfirma. Diese Möglichkeit erspart dem Hotelinhaber oder Gaststättenbesitzer die Anschaffung der Wäsche und damit die Kapitalbindung, aber auch die Kosten für die Wäschepflege (Investition und laufende Kosten) und hilft ihm das Personalproblem zu lösen. Dafür muss er sich allerdings zu den Wäschearten entscheiden, die ihm die Firmen – heute in reicher Auswahl – anbieten. Manche Firmen bieten die Möglichkeit, den Umlaufstock auf das Zweieinhalbfache der Auslastung zu beschränken und für Mehrbedarf die Garantie der sofortigen Beschickung. Berechnet wird nach Schmutzwäsche. Dazu kommt meist noch eine Fortschreibung, die dem Unternehmer die Inventurarbeiten erspart. Was im Einzelnen günstiger ist, muss jeder Gastwirt ausrechnen. Wer besonderen Wert auf gezeichnete Wäsche als Merkmal des Hauses legt, wird schwer einen Partner finden.

Leinen → *Gewebearten.* Leinen wird aus den Stengelfasern des Flachs gewonnen. Es ist leicht glänzend, relativ reißfest, kochfest, aber wenig elastisch. Leinen fusselt nicht (Gläsertücher!), kühlt, ist luftdurchlässig, weist Schmutz ab und nimmt gut die Feuchtigkeit auf. Neben reinem Leinen kommt es heute meist in Mischgeweben auf den Markt. Nach seinen Eigenschaften ist es besonders gut geeignet für alle Trockentücher, Bett- und Tischwäsche. Es ist zu beachten, dass sie gegen hochkonzentrierte Laugen ebenso empfindlich ist wie gegen hohe Temperaturen und gegen Kalkablagerungen.

Leinsamen. Samen der Flachspflanze, Vorstufe zum Leinöl (Verdauungshilfe).

Leipziger Allerlei. Gewürfelte Mohrrüben, Sellerieknolle und weiße Rüben, Vierecke von grünen Bohnen, grüne Erbsen, Spargelköpfe und Morcheln, jeder Teil für sich gegart, abgetropft, gemischt, in Butter geschwenkt, gewürzt, mit Krebssauce gebunden. Mit Krebsschwänzen, Grießklößchen und Fleurons garniert.

Leistungslohn → *Lohnformen.* Eine Lohnform, die für messbare Leistungen angebracht ist und danach berechnet wird.

Leistungsverhalten. Verhalten, das die Arbeitsleistung des Mitarbeiters kennzeichnet, wie Arbeitsquantität, Arbeitsqualität, Arbeitstempo, Belastbarkeit, Ausdauer u. a. Ziel: Ausschöpfung der Leistungsfähigkeit des Mitarbeiters – Hilfsmittel zur Erreichung optimaler Lohn- und Gehaltsgerechtigkeit.

Leistungszuwachs. Energieverbrauchende Stoffwechselvorgänge, die zusätzlich zum → *Grundumsatz* ablaufen.

Leitfaden zur betrieblichen Berufsvorbereitung. Ein im Frühjahr 1983 vom Bundesausschuss für Berufsbildung des DEHOGA verabschiedeter Leitfaden, der den Betrieben die betriebliche Berufsvorbereitung von Berufsanfängern erleichtern soll, indem er Fertigkeiten und Kenntnisse der Betriebsbereiche vorgibt, die den Anfängern vermittelt werden sollen. Dabei wird von 9–12 Monaten Dauer ausgegangen und eine Relation zwischen Schwerpunktteil und übergreifendem Teil von 2 : 1 fixiert. Im Einzelnen sind die folgenden Inhalte fixiert (Abb. 47).

Leitungsgehilfen. Sammelbegriff für die Unterstützungs- und Entlastungsorgane der → *Linien-Instanzen.* Sie sind intellektuelle und physische Leitungsverstärker. Ihre Aufgaben leiten sich aus den Leitungsaufgaben der → *Linie* ab.

Lemberger *(Syn. f. Blauer Limberger).* Rotweintraube.

Lenkungsverhalten. Art und Maß der Lenkung innerhalb des Arbeitsgeschehens durch den Vorgeordneten (Erteilung von Anweisungen, Geben von Erklärungen, Kontrolle und Steuerung des Arbeitsprozesses).

Lenz-Moser. Österreichischer Weinfachmann, nach ihm wird die Hoch- und Weitraumerziehung der Reben benannt.

Lernphasen, a) Begegnung, b) Besinnung, c) übende Mitarbeit.

Lernziel. Exakte Formulierung des am Ende eines Lernvorgangs gewünschten Endverhaltens (Bedingungen und Maßstab zur Kontrolle des Lernerfolgs sollten angegeben sein). Einteilung: → *Richtlernziele,* → *Groblernziele,* → *Feinlernziele.*

Lesearten. 1) Vorlese – Lese aller kranken und beschädigten Trauben, damit die gesunden Trauben besser reifen können. 2) Hauptlese = Allgemeine Lese von Tafelwein bis Kabinett 3) Spätlese – nach der Hauptlese – Beginn wird von einer Kommission (Leseausschuss) festgelegt. Spätlesen sind anmeldepflichtig. Die Trauben müssen in vollreifem Zustand geerntet werden. 4) Auslese – nur vollreife Trauben (auch Edelfaule), unter Aussonderung aller kranken und unreifen Beeren, dürfen verwendet werden. 5) Beerenauslese – nur → *Edel-*

Leitfaden zur betrieblichen Berufsvorbereitung (Abb.)

Rahmenplan
A. Allgemeiner und schwerpunktübergreifender Teil

Unterweisungsgegenstand	Unterweisungsinhalt
Das Gastgewerbe	Aufgaben des Gastgewerbes Volkswirtschaftliche Bedeutung des Gastgewerbes Betriebsarten des Gastgewerbes
Der gastgewerbliche Betrieb	Organisatorischer Aufbau des gastgewerblichen Betriebes Betriebsabteilungen des gastgewerblichen Betriebes Zusammenwirken der einzelnen Betriebsabteilungen
Das Personal im gastgewerblichen Betrieb	Aufgabengebiete des Personals Gesetzliche und tarifliche Bestimmungen Entlohnungsformen Hygiene Arbeitsschutz und Unfallverhütung
Die Arbeit im gastgewerblichen Betrieb	Arbeitsräume Arbeitsgeräte und Maschinen Arbeitsvorbereitung (Mise en place) Arbeitstechniken Fachausdrücke Umgang mit Gästen Zusammenarbeit im Betrieb

B. Schwerpunktbereiche
1. Küche

Unterweisungsgegenstand	Unterweisungsinhalt
Lebensmittel und Speisen	Warenkunde Lagerung von Lebensmitteln Garungsarten Speisefolge Speisekarten
Vor- und Zubereitung einfacher Speisen	Vorbereitung der Lebensmittel Zubereitung von Aufgussgetränken Zubereitung einfacher Speisen Anrichten und Garnieren von Speisen
Reinigungs- und Pflegearbeiten	Reinigungs- und Pflegemittel und deren Anwendung Reinigung und Pflege von Spezialräumen, Einrichtungsgegenständen und Maschinen Spülen von Geschirr und Gläsern

Abb. 47   Leitfaden zur betrieblichen Berufsvorbereitung

Leitfaden zur betrieblichen Berufsvorbereitung (Abb.)

2. Restaurant und Büfett

Unterweisungsgegenstand	Unterweisungsinhalt
Speisen und Getränke	Warenkunde Lagerung von Getränken Speisefolgen und zugehörige Getränke Speise- und Getränkekarten
Arbeiten am Büfett	Vorbereitungsarbeiten für den Ausschank Getränkeausgabe Zubereitung von Aufgussgetränken
Servieren von Speisen und Getränken	Stellen und Eindecken der Tische Arbeitstechniken im Service Einfache Gerichte servieren Bonierung und Abrechnung
Reinigungs- und Pflegearbeiten	Reinigungs- und Pflegemittel und deren Anwendung Reinigung und Pflege der Restaurationsräume Nachpolieren von Geschirr und Gläsern

3. Hotel

Unterweisungsgegenstand	Unterweisungsinhalt
Reinigung und Pflege der Räume	Reinigungs- und Pflegemittel und deren Anwendung Reinigung und Pflege der Betriebsräume, Gästezimmer und Nassräume
Reinigung und Pflege der Wäsche	Waschmittel und deren Anwendung Wäschepflege und Wäscheverwahrung Waschformen und -grade Fleckenbehandlung Plätten der Tisch- und Bettwäsche Ausbessern der Wäsche
Reinigung und Pflege des Mobiliars und von Pflanzen	Reinigungs- und Pflegemittel und deren Anwendung Reinigung und Pflege der Einrichtung Pflanzenentstaubung und -pflege Dekorieren von Räumen und Tafeln
Dienst am Gast	Entgegennahme und Beförderung des Gepäcks Entgegennahme und Ausführung einfacher Gästewünsche Botengänge

Abb. 47 Leitfaden zur betrieblichen Berufsvorbereitung (Fortsetzung)

faule oder wenigstens überreife Beeren dürfen verwendet werden. **6)** Trockenbeerenauslese – nur weitgehend eingeschrumpfte

→ *Edelfaule* Beeren dürfen verwendet werden. Ist wegen besonderer Sorteneigenschaft oder besonderer Witterung ausnahmsweise keine Edelfaule eingetreten, genügt auch Überreife der eingeschrumpften Beeren. 7) → *Eisweinlese* – Weintrauben müssen auf natürliche Weise gefroren sein.

Lesegut. „Aus eigenem Lesegut", diese Bezeichnung darf von demjenigen gebraucht werden, der den Wein ausschließlich aus von ihm erzeugten Weintrauben hergestellt und ihn abgefüllt hat. Ist ein Wein nicht vom Erzeuger hergestellt oder von ihm abgefüllt worden, ist die Kennzeichnung „aus dem Lesegut" unter Hinzufügung des Namens (Firma) des Erzeugers zulässig, sofern die zur Herstellung des Weines verwendeten Weintrauben ausschließlich vom angegebenen Erzeuger stammen und dieser einwilligt.

Levadas. Bewässerungskanäle auf der Insel Madeira in der Länge von ca. 2000 km.

Leverage-Effekt. Die Steigerung der Eigenkapitalrentabilität, die durch erhöhten Einsatz von Fremdkapital entsteht. Die Rentabilitätssteigerung kommt dabei dadurch zustande, dass der Fremdkapitalzinsfuß niedriger ist als der interne (im Betrieb verdiente) Zinsfuß.

Levraut. Frz. Ausdruck für jungen Hasen.

Levure. Frz. Ausdruck für Hefe oder Germ.

LFF → *Liquid-Freon-Freezend.*

Lichenin. Reservekohlenhydrat in Flechten und Haferschleim.

Liebesknochen → *Eclair(s).*

Liebfrauenmilch. Wein aus den Anbaugebieten: Rheinpfalz, Rheinhessen, Nahe und Rheingau. Der Wein muss folgende Voraussetzungen erfüllen: den Anforderungen eines Qualitätsweins entsprechen; ein Ausgangsmostgewicht von mind. 60 °Oe aufweisen; von lieblicher Art und überwiegend aus der Traube Kerner, Riesling, Silvaner, Müller-Thurgau hergestellt und von der Geschmacksart dieser Rebsorten bestimmt sein; „Liebfrauenmilch" darf keine Rebsortenangabe tragen; die vier Anbaugebiete für „Liebfrauenmilch" sind keine selbstständigen b. A., deshalb dürfen Erzeugnisse aus diesem Raum wahllos miteinander vermischt werden. → *Herkunftstypenweine.*

Liebig, Justus von L. (1803–1873). Chemie-Professor, erfand den Fleischextrakt (glace de fiande) und das Backpulver.

Liebstöckel. Auch Maggikraut genannt. Der Name Liebstöckel wird wohl durch mundartliche Abwandlung der griechischen Bezeichnung „Libistikon" entstanden sein. Das weist darauf hin, dass die Mittelmeerküste als Heimat des Liebstöckels anzusehen ist. Ursprünglich stammt die Pflanze wahrscheinlich aus Persien. Geruch und Geschmack der Pflanze sind sehr intensiv. Liebstöckel verleiht Fleisch-, Fisch- und Gemüsebrühen Wohlgeschmack, wenn Blätter oder Wurzel längere Zeit mitgekocht werden. Auch bei der Zubereitung fleischloser Gerichte kann man durch vorsichtige und nicht zu häufige Verwendung von Liebstöckel Abwechslung schaffen.

Liederkranz. Amerikanischer Vollrahmkäse, ähnlich der Art des Limburgers.

Lieferungsverzug → *Erfüllungsstörungen.*

Lieferung und sonstige Leistung. Diese Begriffskombination entstammt dem Umsatzsteuerrecht, das auf diese Weise die gesamte Leistung unterteilt, indem es körperliche Leistungen als Lieferung bezeichnet und alle anderen als sonstige Leistungen. Lieferungen und sonstige Leistungen unterliegen dann der Umsatzsteuer (§ 1 UStG), wenn sie: **a)** von einem Unternehmer, **b)** im Rahmen seines Unternehmens, **c)** im Erhebungsgebiet, **d)** gegen Entgelt ausgeführt werden.

Liegengelassene Sachen → *Fund.*

Lifo. Abkürzung für „last in first out". Es handelt sich hierbei um eine Methode der → *Sammelbewertung.*

Ligament. Schlossrand bei Muscheln.

Light (Bier) → *Alkoholreduziertes Bier.*

Lignine. Ein Extrakt des Eichenholzes, der dem Eau-de-vie seine Farbe gibt und zur Entwicklung des Bouquets beiträgt.

Liköre. Lt. der gesetzlichen Definition sind Liköre → *Spirituosen* mit Zusätzen von Zucker (evtl. → *Glycerin, Glycol*), aromatischen Stoffen, Pflanzen- und Fruchtauszügen, → *ätherischen Ölen* und Drogen. Der vorgeschriebene Alkoholgehalt beträgt (mit Ausnahmen) 32% Vol. Als Mindestextraktgehalt sind 10 g auf 100 ml vorgeschrieben (in der Regel enthalten sie 22 g). Bei der Likörherstellung dürfen keine künstlichen Aromastoffe, außer Vanillin, verwendet werden. Gruppen: **1)** Fruchtliköre, (→ *Fruchtaromaliköre,* → *Fruchtsaftliköre,* → *Fruchtbrandys*), **2)** → *Kräuter-, Gewürz- und Bitterliköre,* **3)** → *Emulsionsliköre,* **4)** → *Kakao-, Kaffee-, Teeliköre,* **5)** Sonstige Likörarten, wie → *Honiglikör,* → *Danziger Goldwasser.*

Likörweine → *Dessertweine.*

Limberger. Blauer Limberger: Rotweintraubensorte. Die Traube bringt frische, rassige, nicht zu alkoholreiche Weine mit deutlichem Gerbstoffgehalt hervor. Der Anbau ist in Deutschland auf Württemberg beschränkt. Seine besten Weine kommen vom Neusiedler See (Österreich). Syn.: → *Lemberger.*

Limestonewater. Name des Wassers mit dem → *Bourbon Whiskey* bereitet wird. Dieses besondere Wasser ist für → *Bourbon Whiskey* unerlässlich.

Limfjord Kaviar. Syn. für „Deutscher Kaviar" vom Seehasen.

Limonade. Getränk mit oder ohne CO_2, mit Fruchtessenzen und Genusssäuren angereichert (evtl. Farbstoffen). Weitere Bestandteile sind Wasser und Zucker. Bei Verwendung von Fruchtsaft muss mindestens $1/2$ der Menge des Fruchtsaftes vorhanden sein, die bei Fruchtsaftgetränken vorgeschrieben ist. Der Name stammt aus dem italienischen Wort „*Limonata*" – *Lemona* = *Zitrone.* Ursprünglich also Zitronensaft und Wasser und Zucker.

Limousin-Eiche. Sie wird für die Herstellung von Cognac- und Barriquesfässern weltweit sehr geschätzt.

Limousineichen-Fässer. In den Wäldern nördlich des Weinbaugebietes Cognac wachsen die Limousin-Eichen, deren Holz von Bedeutung für die Cognac-Herstellung ist. Nachdem das Holz fünf Jahre gelagert wurde, werden aus den Brettern manuell Fässer mit 320 Liter Inhalt gefertigt. Die Holzeigenschaften beeinflussen die Cognac-Qualität in Farbe und Geschmack.

Limoux-Blanquette – **A.C.** Bezeichnung für Schaumweine aus dem → *Languedoc-Gebiet.*

Lindenblättrige Traube. Traubensorte aus Ungarn für die Herstellung von Tokayerwein.

Lindwerden. Schleimigwerden der Weine, besonders anfällig sind junge säurearme Weine.

Linguine. Ital. lange, dünne Nudeln, ähnlich den Spaghetti.

Linien-Aquavit. Spirituose → *Aquavit,* der über den Äquator transportiert worden ist (s. Etikett – Datum und Schiffsname). Zweck dieser Reise ist, eine Beschleunigung des Alterungsprozesses zu erreichen.

Linieninstanz

Linieninstanz. Aufgabenträger im → *Linien- System,* der das Recht hat, Anweisungen zu erteilen.

Linien-Stab-System → *Weisungsformen.*

Linien-System → *Betriebsorganisation.* Vertikale Organisationsform, bei der jeder Mitarbeiter nur einen direkten Vorgeordneten hat und von diesem Anweisungen erhält. Obgleich der Instanzenweg häufig zähflüssig und schwerfällig ist und die Verantwortung mit steigender Rangebene zunimmt, zeichnet sich das System durch klare Kompetenzabgrenzung aus und vermeidet Leerlauf, Doppelarbeit, Überschneidungen und damit auch Spannungen und Reibungen unter den Funktionsträgern. → *Funktions-System.*

Linksdrehende Milchsäure → *Rechtsdrehende Milchsäure.*

Lipasen. Fettspaltende → *Enzyme.*

Lipide → *Fette* und fettähnliche Stoffe (→ *Lipoide).*

Lipoide. Fettbegleitstoffe, die den Fetten in kleinen Mengen beigemischt sind. Dazu gehören Phosphate, Sterine, Carotinoide, Cerebroside, Wachse (höhere Kohlenwasserstoff-Fettsäuren und andere Stoffe).

Liquamen. Eine im alten Römerreich hergestellte Tunke, die auch „Garum" oder „Oenogarum" genannt wurde. Man hat in Pompeji Gefäße gefunden, deren Inschriften das beurkunden. Diese Tunke war der Grundstock für die meisten Gerichte. Folgende Herstellung nach einer alten Überlieferung ist bekannt: Fettfische, wie Salm, Neunaugen, Alsen, Sardinen oder Heringe werden mit folgenden getrockneten Kräutern: Dill, Koriander, Fenchel, Sellerie, Bohnenkraut, Salbei, Raute, Minze, Brunnenkresse, Liebstöckel, Flohkraut, Quendel, Majoran und Salz jeweils schichtweise in ein Fass gegeben. Mit einem Deckel verschließen, sieben Tage stehen lassen. Danach tagelang gerührt, passiert und mit gutem Wein (1 : 8) vermischt. Danach gibt man wieder getrocknete Kräuter, Bockskleesamen, Pfefferkörner, Nelken und Zimt dazu. Die Flüssigkeit wird mit Honig versetzt und eingekocht. Danach wird das Liquamen geklärt und nach dem Erkalten in einem gut verschlossenen Gefäß bis zum Gebrauch (würzen) aufbewahrt.

Liquidation. Verflüssigung des Betriebsvermögens. Je nach → *Unternehmensform* gelten unterschiedliche Vorschriften. Es kann sich dabei um Einzelveräußerung der Werte des Betriebsvermögens handeln, wenn kein Käufer mehr bereit ist, den Betrieb als Ganzes zu kaufen, oder um eine Gesamtveräußerung. Die Liquidation ist eine freiwillige Auflösung der Unternehmung. Ihr Beginn und ihr Ende werden ins Handelsregister eingetragen.

Liquidationswert. Wert, der bei der Veräußerung eines Wirtschaftsgutes des Betriebsvermögens oder der Summe dieser Werte für das Unternehmen ermittelt wird.

Liquid-Freon-Freezend. Ein Verfahren des industriellen Tiefgefrierens (LFF). Hier wird das Gefriermittel Freon direkt auf das unverpackte Produkt gesprüht. Beim Kontakt mit dem Produkt verdampft das Gefriermittel und wird wieder an einem Kühlkörper verflüssigt, der an eine konventionelle Kälteanlage angeschlossen ist.

Liquidität. Liquidität bedeutet „Flüssigkeit". Gemeint ist die Zahlungsfähigkeit. Es werden verschiedene Formen und Grade unterschieden. Überliquidität liegt vor, wenn zu viel flüssige Mittel gehalten werden. Unterliquidität liegt vor, wenn die flüssigen Mittel so gering sind, dass nur noch mit Verzögerung gezahlt werden kann; Illiquidität bedeutet Zahlungsunfähigkeit. Der Liquiditätsgrad wird anhand von Kennziffern bestimmt, die alle verschiedene Variationen der Relation Umlaufvermögen zu Fremdkapital hinsichtlich der Fristigkeit darstellen. Neben den

Man unterscheidet:
Liquidität 1 (Barliquidität)

$$= \frac{\text{flüssige Mittel} \times 100}{\text{kurzfristige Verbindlichkeiten}}$$

Liquidität 2 (Einzugsbedingte Liquidität)

$$= \frac{\text{flüssige Mittel} + \text{Forderg.} + \text{Wertpap. d. UV} \times 100}{\text{kurzfristige Verbindlichkeiten}}$$

Liquidität 3 (Umsatzbedingte Liquidität)

$$= \frac{\text{fl. Mittel} + \text{Forderungen} + \text{Wertpap. d. UV} + \text{Fert. u. unf. Erz.} \times 100}{\text{kurzfristige Verbindlichkeiten}}$$

Liquidität 4 (Liquidität auf lange Sicht)

$$= \frac{\text{gesamtes Umlaufvermögen} \times 100}{\text{gesamte Verbindlichkeiten}}$$

Abb. 48 Liquidität [%]

Prozentsätzen können auch absolute Werte errechnet werden. Außerdem kann die Liquidität als Staffelrechnung durchgeführt werden. In dieser Form stellt sie immer einen Deckungsgrad dar. Die Umkehr der Formel, bei der das Fremdkapital auf die flüssigen Mittel bezogen wird, gibt den Verschuldungsgrad an (Abb. 48).

Lirac. Frz. Weinbaugemeinde mit → *Tavel* der Côtes-du-Rhône benachbart. Die hier produzierten Roséweine erreichen nicht die Qualität ihres berühmten Nachbarn.

Listral → *Bordeaux*.

Litschi *(Syn. für Lychee, Litschipflaume, chin. oder japanische Haselnuss).* Familie der Seifenbaumgewächse, Sapindaceae. Heimat China, wächst heute in Indochina, Siam, Australien, Indien, Südafrika, Madagaskar und Mauritius. Litschis wachsen büschelweise bis zu 30 Stück an einem Büschel, an hohen Halbsträuchern. L. haben eine raue, spröde Schale, die sich eindrücken und glatt von der Frucht abheben lässt. Darunter befindet sich saftiges Fruchtfleisch, weißlich und glasig. Es umschließt einen großen ungenießbaren Kern. Form und Farbe: Kugelig rund oder leicht oval, etwa taubeneigroß. Schale rosa oder zinnoberrot, nach einiger Zeit braun.

Liwanzen. Auch böhmische Dalken genannt. Süßspeise aus Hefeteig, der in einer „Liwanzenpfanne" rund ausgebacken wird. Form von Macaire-Kartoffeln. Die Liwanzen werden meistens mit Topfen (Quark), Heidelbeeren oder Powidl (Pflaumenmus) gefüllt oder nur mit Zucker (und Zimt) bestreut.

Lizenz. Normalerweise hat der Patentinhaber das alleinige Recht zur Nutzung seines Patentes. Gibt er einem anderen dieses Nutzungsrecht weiter, spricht man von Lizenz.

Lobby. In bestimmten Bereichen beeinflussende Interessengruppe.

Lobster. Englische Bezeichnung für → *Hummer*.

Lockerungsmittel (Backtriebmittel). Stoffe, die eine Lockerung von Teigen bewirken. → *Biologische Lockerungsmittel:* → *Hefe,* → *Sauerteig;* → *chemische Backtriebmittel:* → *Ammonium,* → *Natron,* → *Backpulver,* → *Pottasche.*

Locorotondo D.O.C. Neben → *Martina Franca* ist dieser ital. Weißwein in der Gegend von Brindisi von Bedeutung. Seine Eigenschaften, trocken, zart, 11 % Vol. Alkoholgehalt, machen ihn zu einem guten Tischwein.

Lodges. Weinkeller eines Portweinhauses.

Löffelbiskuit. Biskuitmasse mit dem Spritzbeutel zu kleinen Stangen, deren Enden etwas verdickt sind, auf Pergamentpapierstreifen aufdressieren, mit Zucker bestreuen und backen.

Logel

Logel. Traggefäß für Trauben während der Weinlese. In der Pfalz gebräuchliches Maß von 40 l.

Logis. Wohnung, Unterbringung, Unterkunft, Zimmer, Beherbergungsabteilung im Hotel.

Logisbuch. Schriftliche Aufzeichnung in unterschiedlichen Formen, heute meist mittels EDV über die Übernachtungen (Ankünfte, Abreisen).

Logistikabteilungen. Unter Logistik versteht man das militärische Nachschubwesen. Heute haben große gastronomische Betriebe eine Reihe von Verwaltungsabteilungen, die man als Logistikabteilungen bezeichnet. Dazu gehören: **1)** Verwaltungsabteilung – mit Datenverarbeitung, Rechts- und Finanzbereich; **2)** Sales- und Marketingabteilungen – die ebenso Marktforschung wie Verkauf und Verkaufsförderung betreiben; **3)** Planungs- und Organisationsabteilungen – für die Gestaltung der Arbeitsabläufe und des Betriebes; **4)** Einkauf, Lagerhaltung und Kontrolle – für Beschaffung und Materialflusskontrollen; **5)** Technische Abteilungen – für den gesamten technischen Bereich einschl. der Einhaltung der Sicherheitsvorschriften; **6)** Personal- und Ausbildungsabteilungen, die mit allen Personalfragen und/oder den Ausbildungsfragen befasst sind.

Logger-Matjes. Matjesheringe, die mit Loggern (schnelle Küstensegelschiffe) gefangen werden und aufgrund der relativ geringen Ladekapazität und Ausrüstung sofort angelandet werden. Wirtschaftlich keine Bedeutung mehr.

Lohneinsatz, wirtschaftlicher. Wert der Dienstleistungen zur Leistungserstellung. Berechnung:
Jahresbruttolohn
– Löhne des Managements
– Löhne für zeitweilige Nichtleistung (Urlaub, Lohnfortzahlung)
– Löhne für unberechnete Leistungen (Gästeeinladung, Reklamationen)
– Erziehungsbeihilfen der Auszubildenden
+ Lohnwert für Leistung des Unternehmers und der mitarbeitenden Familienangehörigen (soweit nicht enthalten)
= wirtschaftlicher Lohneinsatz.

Lohnformen → *Tronc*. Obwohl in allen Bereichen die Lohnhöhe nach der Arbeitsanforderung bestimmt ist, gibt es doch verschiedene Durchführungsarten. **1)** *Zeitlohn* ist dort angebracht, wo die Leistung nicht ohne weiteres quantifizierbar ist, wie z. B. bei Kontroll- und Verwaltungsaufgaben oder im Dienstleistungsbereich. Im Hotel- und Gaststättengewerbe, wo die Dienstleistung im Vordergrund steht, verwendet man fast ausschließlich diese Lohnform. Leistungsanreize können durch Prämien oder Troncs gegeben werden. **2)** *Leistungslohn* ist jede Lohnart, die auf exakter Leistungsmessung beruht.

Lohnfortzahlung. Eine soziale Sicherung für Arbeitnehmer, besteht darin, dass ihnen für bestimmte Ausfallzeiten Lohn bezahlt wird. Hierzu gehören: **a)** die Lohnfortzahlung im Krankheitsfall für sechs Wochen, **b)** Lohnzahlungsverpflichtung für werdende Mütter in der Zeit des Beschäftigungsverbotes von sechs Wochen vor und acht Wochen nach der Geburt, **c)** Lohnzahlung für den jährlichen Erholungsurlaub nach dem Bundesurlaubsgesetz. Außerdem gehen manche Tarifverträge noch über diese Regelung hinaus.

Lohnkonto. Nach § 41 EStG muss der → *Arbeitgeber* für jeden → *Arbeitnehmer* ein Lohnkonto führen. Es hat folgenden Inhalt: **a)** persönliche Daten, **b)** Steuerfreibeträge lt. → *Lohnsteuerkarte* und Geltungszeitraum, **c)** Hinweis auf eventuell vorliegende Bescheinigungen über Lohnsteuerfreiheit aufgrund Doppelbesteuerungsabkommen mit Geltungsdauer. Bei jeder Lohnzahlung sind auf dem Lohnkonto die Eintragungen vorzunehmen. Das erfolgt heute mittels EDV.

Lohnpfändung. Kommt ein Arbeitnehmer seinen Zahlungsverpflichtungen nicht nach, kann der Gläubiger beim zuständigen Vollstreckungsgericht einen Antrag auf Lohnpfändung stellen. Bei ordnungsgemäßem Antrag wird das Gericht den Pfändungsbeschluss erlassen. Der Arbeitgeber hat dann die Lohnpfändungsbestimmungen einzuhalten. In der Praxis bedient man sich statt der Pfändung häufiger der Überweisung zur Einziehung aufgrund eines gerichtlichen Überweisungsbescheides, der auf die gleiche Weise erlangt werden kann.

Lohnsteuer → *Lohnsteuerjahresausgleich.* Die Lohnsteuer ist eine besondere Form der → *Einkommensteuer.* Sie besteuert die Einkünfte aus nicht selbstständiger Arbeit und wird im Quellenabzugsverfahren erhoben, d. h. der laufende Lohnsteuerabzug erfolgt durch den Arbeitgeber, der die einbehaltenen Beträge an das Finanzamt abführt. Zur Berechnung dienen Lohnsteuertabellen, die alle normalerweise zu beachtenden Verminderungen enthalten. Es gibt neben dem Abzug der Lohnsteuer auch die Möglichkeit der Pauschalierung der Lohnsteuer, so z. B. bei → *geringfügiger Beschäftigung* (→ *Aushilfskräfte).*

Lohnsteueraußenprüfung. Die Einbehaltung und Abführung der → *Lohnsteuer* wird vom Finanzamt überprüft. Dafür ist das Finanzamt zuständig, in dessen Bezirk die Lohnbuchhaltung des Betriebes erfolgt. Dabei prüfen Beamte des Finanzamtes beim Unternehmer neben der Lohnbuchhaltung auch die dazugehörenden → *Lohnsteuerbelege.*

Lohnsteuerbelege. Belege, die der Arbeitgeber über die Höhe der Lohnsteuer ausstellt. Hierzu gehören: **a)** Lohnzettel. Das sind vom Arbeitgeber auszustellende Lohnbescheinigungen, **b)** Lohnsteuerbescheinigungen. Diese werden meist durch das Ausfüllen des vorgesehenen Abschnitts auf der Lohnsteuerkarte realisiert.

Lohnsteuerjahresausgleich. Weil die Lohnsteuer eine Jahressteuer ist und aufgrund des – meist monatlichen – Abzugs eine Differenz entstehen kann, steht dem Arbeitnehmer das Recht auf einen Lohnsteuerjahresausgleich zu. Bei mehr als 20 Arbeitnehmern ist der Arbeitgeber verpflichtet, diesen durchzuführen; bei weniger Arbeitnehmern kann er ihn durchführen. Allerdings ist damit dem Arbeitnehmer das Recht nicht genommen, einen Lohnsteuerjahresausgleich vom Finanzamt durchführen zu lassen, wenn er weitere abzugsfähige Aufwendungen hat, die bisher noch nicht berücksichtigt sind. Das Finanzamt führt den Lohnsteuerjahresausgleich jedoch nur auf Antrag durch.

Lohnsteuerkarte. Dokument, das die wesentlichen Fakten zur Erhebung der Lohnsteuer enthält. Ausgeschrieben von den Gemeinden und bis spätestens 30.10. des Vorjahres zuzustellen. Sie ist vom Arbeitnehmer dem Arbeitgeber zu Beginn des Arbeitsverhältnisses und dann laufend zu Beginn jedes Jahres vorzulegen. Der Arbeitgeber hat sie aufzubewahren bis jeweils zum Jahresende. Sie gehen nach der Eintragung des Lohns, der Steuern und evtl. weiterer steuerrelevanter Daten entweder an das Finanzamt oder werden dem Arbeitnehmer zwecks Lohnsteuerjahresausgleich oder Einkommensteuererklärung auf dessen Wunsch hin ausgehändigt.

Lohn- und Gehaltstarifvertrag. Teil des → *Tarifvertrages,* in dem Löhne und Gehälter des fest besoldeten Personals, der Prozentempfänger, der Auszubildenden und des Aushilfspersonals festgelegt sind.

Lohnwäscherei → *Außer-Haus-Wäscherei.* Wäscherei, die es gegen Entgelt übernimmt, Wäsche zu waschen.

Loire. Fluss in Frankreich. Bekanntes Tal für Gemüse, Obst, Wein, Champignons und Käse. Die A.C.-Weinregionen in der Provinz „Süd-Bretagne" sind: Anjou, Saumur und Touraine. Alle Weine sind leicht und fruchtig.

Lokalverbot

Sie werden auf 50 000 ha Rebfläche angebaut. Rebsorten: Cabernet franc, Pineau de la Loire (= Chenin blanc), Sauvignon, Gamay, Cot, Grolleau und Vouvray. Daneben: Chasselas für weißen Pouilly-sur-Loire. Rosé-Weine kommen aus Anjou und Saumur. Das Loire-Tal ist neben der Champagne Frankreichs zweitgrößter Hersteller von Schaumweinen. Das Gebiet liegt an beiden Ufern des Flusses Loire (1000 km lang) und umfasst 15 → *AC-Bereiche*. Die wichtigsten von Westen nach Osten sind: → *Pouilly sur Loire*, → *Sancerre*, → *Touraine*, → *Vouvray*, → *Anjou*, → *Saumur*, → *Muscadet*.

Lokalverbot → *Beherbergungsvertrag*. Jeder Betreiber eines gastgewerblichen Betriebes kann grundsätzlich ein Lokalverbot aussprechen. Er braucht dabei keinerlei Grund anzugeben. Betritt derjenige, für den das Verbot ausgesprochen wurde, dennoch das Lokal, macht er sich des Hausfriedensbruchs schuldig. Man sollte trotz des Rechts der Vertragsfreiheit aber auch an das Gebot der Gastlichkeit denken. Wenn schon ein Lokalverbot ausgesprochen werden muss, dann ist Ruhe und Sachlichkeit zu empfehlen, um nicht in die Gefahr zu kommen, jemanden zu beleidigen oder zu diskriminieren (→ *Diskriminierungsverbot*).

Lollo. Blattsalat. Blattrosetten nicht geschlossen, es gibt daher keine Kopfbildung. Der Lollo hat einen leicht nussigen Geschmack. Zu der Gattung gehören u. a. die aufgeführten Sorten, die sich wie folgt unterscheiden: Lollo Rosso/Rossa – kompakte Rosette mit dunkelroten, fein gekrausten Blatträndern; Lollo Bionda – kompakte Rosette mit gelbgrünen, gekrausten Blatträndern; Struwwelpeter/Grand Rapids hellgrün, gekraust: Rubin – dunkelbraun-rot, gekrauste Blätter, offene Büschel.

Lombok. Pfefferschote, Grundlage vieler indonesischer Sambals.

Londonderry. Charles Steward Vane, Marquis of Londonderry (1778–1854), engl. General und Diplomat. Klass. Garnitur z. B. Fasanenkraftbrühe Londonderry.

London Dry. → *Gin* oder Dry Gin; ungesüßte Gins.

Longan. Exotische Frucht aus Südchina, Indochina und Indien. Verwandt mit → *Litschi*, mit orangegelber Schale, mitunter bräunlich verfärbt. Im Handel meist als Dosenfrüchte erhältlich.

Longfiller Zigarre. Besteht aus sog. *Froglegs*. Das sind entrippte ganze Tabakblätter, die im Gegensatz zu Shortfillers aus gerissenen Tabakblättern bestehen. Longfiller werden von Hand, Shortfiller dagegen maschinell gerollt. Longfiller müssen nicht immer eine gleiche Festigkeit aufweisen, dürfen jedoch keinen ungleichmäßigen Brand haben.

Longdrinks. Klassische Mixgetränke, die mit Soda, Saft oder Limonaden verlängert werden. Longdrinks, „lange Getränke", werden in hohen Gläsern serviert.

Loosbrot. Spezialbrot: Vollkornbrot aus geschrotetem Roggen, ohne Sauerteig, nach längerem spontanen Garprozess gebacken. Brote zeichnen sich durch gute Schnittfestigkeit und leichte Verdaulichkeit aus.

Losanges. Raute oder Rhombus. Schneideform für Gemüseeinlagen, Teigwaren und Biskuit, auch → *Diablotins*.

Lose Gruppe. Gebilde, das zwei oder mehrere Personen umfasst, die persönliche Eigenschaften, aber keine sozialen Beziehungen zueinander haben. → *Geordnete Gruppe*.

Loth. Ehemals in Deutschland gebräuchliches Maß. 32 Loth gehen auf 1 Pfund. 1 Loth entspricht $16\,{}^2/_3$ Gramm.

Loup de mer → *Wolfsbarsch*.

Love in Disguise. Englische Küche: „Verhüllte Liebe". Gespicktes Kalbsherz wird mit Kalbsfarce → *maskiert* und in zerdrückten Fadennudeln paniert. In Butter gebraten.

Löwenzahn *(frz. dent-de-lion, pissenlit,* Syn. *Kuhblume, Kettenblume).* Gelbblühende, mehrjährige Pflanze. Der L. dient vielfach als Wildgemüse, indem die Blätter von jungen Pflanzen als Salat verzehrt oder wie Spinat zubereitet werden.

Lower-Management → *Management-Pyramide.*

Lowland-Whisky → *Grain-Whisky.*

LTP – Tee Produktion. Tee Gewinnungsmethode mit dem (nach dem Erfinder benannten) Loune Tea Processer. Durch Messer werden Teeblätter klein zerschnitten. Das Endprodukt wird meistens für Teebeutel benutzt.

Lübecker National. Ein Kohlrübeneintopf mit Schweinefleisch und Gänsepökelfleisch.

Lucca, Pauline (1841–1908). Berühmte Sängerin in Berlin, betörte durch ihre Stimme und ihre schönen Augen. Klass. Garnitur: Lucca-Augen.

Luftfeuchtigkeit. 1. absolute. Größtmögliche Menge Wasser, welche von der Luft aufgenommen werden kann, 2. relative. Der Prozentsatz des in der Luft enthaltenen Wassers, in bezug auf die → *absolute Luftfeuchtigkeit.* Relative Luftfeuchtigkeit im Fleischkühlraum 85%, im Gemüsekühlhaus 80–90% zur Vermeidung des Austrocknens.

Luftgefrierverfahren. Raumtemperatur – 30 °C bis – 45 °C. Luftbewegung 2–4 m/sec, durch die starke Luftbewegung wird ein rasches Frieren erreicht. Luftfeuchte um 95%.

Luftgeschmack. Durch Lufteinfluss hervorgerufener Geschmack bei Wein, der entfernt an gedörrtes Obst erinnert. Er wird hervorgerufen durch die Oxidation von Alkohol zu → *Aldehyd.*

Luftkurort → *Ortsbezeichnungen.*

Luftraumsteuer. Gebühr, die von manchen Gemeinden (z. B. Heidelberg, Berlin) in unterschiedlicher Höhe dafür erhoben wird, dass ein Transparent in den Gehweg hineinragt oder eine bestimmte Nutzungstiefe überschreitet.

Luftspeck. Gesalzener, aber ungeräucherter Speck, der an der Luft getrocknet wird. Da kein Eigengeschmack, eignet er sich auch ausgezeichnet zum → *Spicken.*

Luganighe. Kleine Tessiner Kochsalami.

Lukullus. Durch Reichtum und schwelgerische Gastmahle bekannter römischer Feldherr (114–57 v. Chr.).

Lumache. Syn.: kleine „Schneckenhäuser" aus Nudelteig. Ital. für Schnecken.

Lumpia Goreng. Gefüllte, asiatische Frühlingsrollen. Crêpes herstellen und mit einer Füllung aus Sojabohnenkeimlingen, Huhn- oder Schweinefleisch, Bambussprossen, Krabben und Gewürzen belegen. Die Crêpes einrollen und in der Fritüre knusprig backen.

Lunch *(engl. Mittagessen),* jedoch keine Hauptmahlzeit wie in Deutschland, sondern eine Zwischenmahlzeit. Nach einem ausgiebigen Frühstück pflegen die Anglo-Amerikaner im Allgemeinen einen Lunch zu sich zu nehmen, der aus kleinen Speisen oder Sandwiches besteht.

Lunel. Frz. Weinbaugemeinde im Gebiet → *Languedoc,* die durch gleichnamige Dessertweine aus der Rebsorte Muscat de → *Frontignan* bekannt ist.

Lurenzeichen

Lurenzeichen. Gütezeichen auf dänischem Exportkäse.

Lustbarkeitssteuer → *Vergnügungssteuer.*

Lutter. Roh- oder Raubrand, eine fuselhaltige Flüssigkeit mit geringem Weingeistgehalt; das Ergebnis des 1. Brennvorganges. → *Spirituosenherstellung.*

Lüttge Lage. Hannoversche Bezeichnung für je ein Glas Bier (0,4 l) und Schnaps (0,02/ 32 %Vol.) Zwischen Daumen und Zeigefinger kommt das Glas Bier, zwischen Zeige- und Mittelfinger das Schnapsglas. Zum Trinken wird so angesetzt, dass der Schnaps in das Bierglas laufen kann.

Luxardo. Kirschlikör, auch als Maraschino di Zara bekannt. Im Prinzip handelt es sich um eine verbesserte Form von → *Maraschino.* Im 19. Jh. verbesserte Girolamo Luxardo die Brennmethode des Maraschinolikörs.

Lychees → *Litschi.*

Lycra → *Chemiefasern.*

Lymeswold. Weicher Edelpilzkäse aus Großbritannien. Neue Entwicklung

Lyophilisation. Gefriertrocknen → *Trocknen.*

M

Macadamia. Aus Australien stammende Nussart, 2–3 cm groß, cholesterinfrei, mandelartiger Geschmack. Die Nuss wurde nach Dr. John Macadam, Sekretär der Society of Victoria, benannt.

Macédoine. Buntfarbig gemischtes Gemüse oder auch Obst.

Maceration Pelliculaire. Verfahren bei der Weißweinherstellung. Leicht angequetschte Trauben werden auf ca. 7 °C abgekühlt und so vor dem Vergären maceriert. Durch diese Handhabung, die hauptsächlich im Süden Frankreichs angewendet wird, ist eine größere Aromaausbeute möglich.

Mache Coquille. Zarte, kleine Feldsalat-Röschen. Angeboten von Oktober bis Anfang Dezember. Anbaugebiet: Gegend von Nantes. Diesen zartaromatischen Minifeldsalat unterstützt man mit einem ebenso zarten Dressing, keine schweren Essige oder Öle verwenden. Mache coquille ist ideal als Unterlage für kleine Feinschmeckereien wie Wachtelbrüstchen oder Gänseleber.

Mâconnais. Südlich von → *Chalonnais* im Weinbaugebiet → *Burgund* werden hauptsächlich Weißweine produziert. Sie sind trocken und körperreicher als Chablisweine und werden vor allem unter den Bezeichnungen Màcon-Superiore, Màcon-Village, Pouilly-Fuissé, Pouilly-Loche und Saint-Veran verkauft.

Madeira. Die zu Portugal gehörende Insel hat ca. 3200 ha Rebfläche, terrassenförmig angebaut. Madeiraweine wurden früher mit Schiffen nach Indien und zurück gefahren, um eine schnellere Reifung zu erzielen. Herstellung: Der Most gärt in offenen Behältnern. Durch Unterbrechung des Gärprozesses durch Zugabe von Weinsprit wird – wie bei → *Portwein* – die gewünschte Restsüße erreicht. Eine beschleunigte Reifung wird durch Lagerung in überirdischen Hallen erzielt, die durch direkte Sonnenbestrahlung eine Temperatur bis zu 50 °C erreichen. Hier wird der Madeirawein ca. 3–6 Monate gelagert. Danach erfolgt bei normalen Temperaturen eine weitere Lagerung von 2–3 Jahren. Während dieser Zeit wird der Wein nach dem → *Solerasystem* verschnitten und aufgespritet. Madeira in Goldfarbe zählt zu den besten. Der Alkoholgehalt beträgt ca. 20 % Vol.

Madeira-Angebotsformen. a) Malvasier oder Malsmey ist die edelste und beste Angebotsform, süß und dickflüssig, nur aus Malvoisie-Trauben gekeltert, b) Bual-Madeira ist leichter, rauchig im Geschmack, nach gleichnamiger Rebsorte benannt. c) Sercial-Madeira, ebenfalls nach der Rebsorte benannt, ist trocken, mild im Geschmack, mit 16–19 % Vol. Alkoholgehalt und ca. sechsjähriger Lagerung, d) Verdelho-Madeira aus gleichnamiger Rebsorte ist medium, halbtrocken im Geschmack und kann auch als Aperitif gereicht werden.

Madeira-Typen. Auf den Madeira-Flaschen sind die folgenden autorisierten Bezeichnungen zu finden: a) Finest, Choice, Selected usw. Diese Bezeichnungen, meist mit einem Markennamen zusammen, kennzeichnen die niederste Stufe. Der Wein muss mindestens drei Jahre alt sein. Auf den Flaschen darf keine Traubensorte erwähnt werden; meist stammt der Wein aus der roten Negra mole, der „Hure von Madeira", b) Reserve – Over five years old. Ein Blend oder eine Assemblage; die verwendeten Weine müssen mindestens fünf Jahre alt sein. Es ist die jüngste Kategorie, die eine Sortenbezeichnung auf dem Etikett haben darf, c) Special oder Old Reserve – Over ten years old. Ein Blend oder eine Assemblage; die verwendeten Weine müssen aber mindestens zehn Jahre alt sein, d) Extra Reserve – Over 15 years old. Ein Blend, wie oben, Mindestalter der assemblierten Weine über 15 Jahre, e) Vintage. Jahrgangs-Madeira, aus Trauben eines einzigen Jahres und einer Traubensorte, muss während mindestens 20 Jahren in Eichenfässern und dann noch zwei Jahre in Flaschen gelagert haben, bevor er in den Verkauf gelangen darf. Vintage Madeira muss seit 1979 für die D.O. Madeira auf der Insel selbst auf Flaschen gezogen und mit dem numerierten „Selo de Garantia Madeira" versiegelt sein. Früher wurde er oft in Fässern exportiert und am Bestimmungsort abgefüllt, f) Solera stammt aus einem Fass, das, wie beim Sherry, laufend mit Wein aus derselben Rebsorte und Qualität, aber aus jüngeren Linien aufgefüllt wird. Das Jahr auf der Flasche entspricht der ersten Fassfüllung. Jährlich dürfen dem Fass nur ein Zehntel entzogen werden, und zwar nur solange, bis der ursprüngliche Inhalt erschöpft ist, also nach zehn Jahren. Gilt bei alten Weinen als die Perfektion des Madeira, heute etwas in Verruf geraten.

Madeleine. Französisches Feingebäck. Feine Sandmasse in Muschelform gebacken.

Madeleine Noir. Syn. für *Blauer Frühburgunder.*

Madonna → *Liebfrauenmilch,* ursprüngliche Lage für Liebfrauenmilch in der Stadt Worms um die Liebfrauenstiftskirche. Inh. Fa. Valckenberg.

Magdalenentraube. Syn.: für → *Blauer Frühburgunder.*

Maggi, Julius. Schweizer Unternehmer, legte anlässlich der 1. schweizerischen Kochkunstausstellung 1885 in Zürich mit der Auszeichnung „Diplom 1. Klasse" für seine Erbsteigwaren-Suppenmehle den Grundstein für das weltbekannte Unternehmen „Maggi-Suppen und Suppenwaren".

Maggikraut. Süddeutsche und schweizerische Bezeichnung für → *Liebstöckel.*

Magnesium (Mg). Mengenelement (empfehlenswerte Zufuhr 250–300 mg/Tag), enthalten in Getreide, Nüssen, Milch, Fleisch und Hülsenfrüchten. Mg. spielt beim Knochenaufbau, der Muskelkontraktion und als Aktivator vieler Enzyme eine Rolle.

Magnum. Flaschengröße mit dem zweifachen Inhalt der Normal-Flasche, also 1,5 l.

Magsamen. Andere Bezeichnung für Mohn.

Mahnung. Einseitig empfangsbedürftige Willenserklärung, mit der der Gläubiger den Schuldner auffordert, die geschuldete Leistung zu erbringen.

Mährische Spatzen. Böhmisches Gericht aus Schweinefleisch mit Majoran, Knoblauch und Kümmel.

Mai-Kraut → *Waldmeister.*

Maillard-Reaktion. Benannt nach dem französischen Biochemiker Louis Camille Maillad (1878 –1936). Reaktion von Kohlenhydraten (Zuckerstoffmolekül) und dem stickstoffhaltigen Teil des Proteinmoleküls. Diese Moleküle reagieren chemisch miteinander bei Erhitzung bestimmter Lebensmittel ohne Wasser. Beide Moleküle verbinden sich zu einem Großmolekül. Die M.-R. ist für den Bräunungsgeschmack vieler Lebensmittel verantwortlich (Brotkruste, Zwiebeln, Fleisch).

Maintenance-Seeker. Personen (Mitarbeiter), die von außen (→ *extrinsisch),* von der Umwelt motiviert worden sind. Persönlichkeit, die flexibel und anpassungsfähig ist. Hat geringes berufliches Interesse und braucht eine straff gegliederte Organisation – bewegt sich nach → *Maslow* auf den unteren vier Bedürfnisstufen; nach → *Herzberg* sind für ihn nur die Hygienefaktoren wichtig → *Motivation-Seeker*

Maintenon, Françoise d'Aubigné (1635-1719), Marquise de M. Heimliche Gemahlin

Ludwigs XIV. Klass. Garnitur z. B. Seezunge Maintenon.

Mais (Syn.: *Kukuruz, Welschkorn, Türkischer Weizen*). Neben Weizen und Reis ist Mais das wichtigste Getreide. Hauptanbaugebiet und Ursprungsland ist Amerika, aber auch Ungarn, Serbien, Kroatien, Türkei und Italien sind Erzeugerländer. Aus den USA und den Donauländern stammt der gelbe oder weiße gemeine Mais. Der Zuckermais kommt aus den USA, der italienische Mais ist rötlich gefärbt. Die Maiskolben *(engl.: corn on cob)* und Maiskörner werden als Gemüse verwendet, Maisstärke (Mondamin) als Bindemittel für Suppen, Saucen, Puddings. Maisgrieß für → *Polenta*. Maismehl zum Backen von Brot und Fladen (Tortillas), wie zum Beispiel in Mexiko. Maisöl wird aus Maiskeimen gewonnen. Für die Margarineherstellung von großer Bedeutung.

Maische. In Traubenmühlen zerkleinerte Trauben. Bei Rotweinen werden die Kämme vorher entfernt (entrappen). Die Maische wird bei Weißweinen sofort gekeltert. Bei Rotweinen erfolgt die Kelterung nach der Gärung. Der rote Farbstoff der Traube, das → *Oenin*, befindet sich in der Schale (Ausnahme Färbertrauben). Er wird durch Alkohol oder durch Hitze gelöst.

Maischeerhitzung. Kellertechnisches Verfahren bei dem Rotweinmaische in besonderen Durchlauferhitzern (Maischeerhitzern) in der Regel auf 50–70 °C, selten höher, erhitzt wird. Die Hitzeeinwirkung kann bis sechs Stunden dauern. Dabei wird die äußere farbstoffführende Zellschicht der roten Trauben zerstört und der enthaltene Farbstoff wird gelöst. Nach dem Keltern und Abkühlen auf 18 °C wird der Most mit Reinzuchthefe vergoren. Bei zu hohen Arbeitstemperaturen kann ein Teil des Traubenzuckers karamelisieren, was zu dem unerwünschten Kochgeschmack führt.

Maischegärung. Gärung vor der Kelterung. Sie findet bei der Rotweingewinnung Anwendung, um den in der Schale befindlichen, alkohollöslichen roten Farbstoff auszulaugen. Werden Rotweintrauben nach dem Mahlen sofort gekeltert, erhält man weiße oder blassrosa gefärbte Weine.

Maisöl. Aus Maiskeimen gewonnenes Öl. Abfallprodukt aus der Stärke- und Grießproduktion. Für die Ölproduktion trennt man zuerst den Maiskeim vom Maiskorn. Danach geht man in derselben Weise vor wie beim → *Raps-* und *Sonnenblumenöl*. 1,8 bis 2 kg Maiskeime geben einen Liter Maisöl.

Maisstärke → *Speisestärke*. Gewinnung: Quellung des Mais im warmen Wasser (ca. 50 °C), als technisches Hilfsmittel werden geringe Mengen schweflige Säure zur Loslösung des Klebereiweißes und als Oxidationshemmer eingesetzt. Danach erfolgt die Zerkleinerung auf Prallmühlen. Das Ergebnis sind Bruchstücke des Kornes, der Keimling, Fasergewebe und Eiweißteilchen. In Separatoren wird der Keimling entfernt. Das anfallende Zwischenprodukt nennt man Mühlenstärke. Diese enthält noch Kleberanteile und Faserreste. Durch erneutes Zentrifugieren werden aufgrund des unterschiedlichen spezifischen Gewichtes Stärke, Eiweiß und Fasern getrennt. Die ablaufende Stärkemilch wird im Vakuum zur Feuchtstärke vorentwässert und dann durch Kontaktwärme oder Heißluft auf 12–14 % Wassergehalt getrocknet und zerkleinert. Maisstärke ist weiß, mitunter schwach gelblich, nach dem Erhitzen in Flüssigkeiten über ca. 70 °C bilden sich schnittfeste Gele mit kurzem Muschelbruch. Maisstärke ist deshalb die für Speisestärke bevorzugte Stärke. Verwendung: Flammeris, Puddingpulver, Krempulver, Bindemittel. Eine spezielle Maiszüchtung, der *Waxymais,* hat einen erhöhten Amylopektingehalt. Dadurch weicht die Waxymaisstärke im Quellverfahren von normaler Maisstärke ab. Sie liefert zarte, transparente Gele.

Maitrank. Ein → *Maiwein*, der zusätzlich mit Säften und Früchten gemischt wird.

Maître de Chais/Kellermeister

Maître de Chais/Kellermeister. Der Maître de Chais wacht über die Reife und Entwicklung seiner Eaux-de-vie. Er ist verantwortlich für das Vermählen von Eaux-de-vie verschiedenen Alters und Anbaulagen zu „seinem" Cognac.

Maître de cuisine. Küchenmeister. Koch, der sich vor der Industrie- und Handelskammer einer Meisterprüfung unterzogen hat und als → *Chef de cuisine* oder als → *Chef de partie* in der Küchenbrigade eines gastronomischen Betriebes tätig ist.

Maître d'Hôtel *(frz.: maître d'hôtel, m.).* Früher: Haushofmeister, heute: Oberkellner. Der Oberkellner leitet und überwacht sämtliche Restaurantarbeiten. Er ist zuständig für die Dienstpläne, den Ausbildungsverlauf der Azubis, für Inventar und Geräte im Restaurant, für Tischreservierungen, die Beratung der Gäste und Menüabsprachen. Des Weiteren erstellt er – zusammen mit anderen Abteilungsleitern – die Speise- und Getränkekarten. In Großbetrieben kann die Funktion des Oberkellners aufgeteilt werden, z. B. in: Oberkellner-Bankettabteilung, Oberkellner-Frühstücksservice, Oberkellner-Restaurant, Oberkellner-Etagenservice. Der Maitre d'Hôtel ist jedoch meistens der erste Oberkellner, dem die Abteilungs-Oberkellner als sog. zweite Oberkellner unterstellt sind.

Maiwein. Laut Weingesetz ein aromatisiertes Getränk, das aus Wein und Zusatz von Waldmeisterkraut gemischt wird.

Makkaroni. Röhrenförmige Nudel. Marco Polo soll sie aus China nach Italien gebracht haben. In der „Columbia Encyclopedy" wird der Begriff Makkaroni so erklärt: Nahrung, die die Chinesen vor Jahrtausenden speisten und die mit der mongolischen Invasion nach Deutschland eingeführt wurde. Erst später verbreiteten sich die Makkaroni in ganz Europa. Das Wort Makkaroni stammt aus Sizilien. Die Bezeichnung ist aus dem sizilianischen Dialekt „Maccaruni" abgeleitet. Maccari bedeutet zerdrücken, also Mehl mit Kraft kneten. Die Bezeichnung „Maccaruni" ist u. a. der Kern einiger Sprichwörter wie z. B.: Maccaruni senza Sali = Nudel ohne Salz – also eine „doofe Person".

Makrele *(frz.: maquereau, m., engl.: mackerel).* Fanggebiet der Makrele: die Nord- und Ostsee, im Mittelmeer und im Schwarzen Meer. Zebraartige Streifen über den Rücken laufend. Meist gebraten, aber auch zur Herstellung von Farcen. Bekannter mariniert als frisch verarbeitet, weil das Fleisch schnell verdirbt.

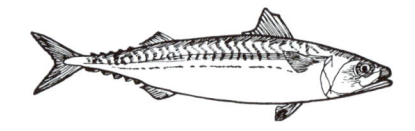

Makrobiotik. Unter diesem Namen entwickelte der Japaner George Ohsawa, der 1966 in Paris starb, eine Ernährungslehre. Sie geht davon aus, dass alles in der Welt dem Zusammenwirken zweier Kräfte ihre Existenz verdankt. Man könnte sich diese als Plus und Minus vorstellen. Nach Ohsawas Lehre heißen die Kräfte Yin und Yang. Kraft, Energie, Hitze und Bewegung fallen z. B. unter den Begriff Yang. Luft, Kühle, Geist unter Yin. Im Bereich des Lebendigen stehen Mensch und Tier auf der Yang-Seite, alles pflanzliche Leben aber ist dem Begriff Yin zugeordnet. Aus diesen Überlegungen leitet sich diese Ernährungslehre ab. Da Gegensätzliches sich im Leben anzieht, so sollte man bei der Nahrungsaufnahme darauf Rücksicht nehmen. Weil der Mensch, wie die Tiere, dem Yang-Begriff zugeordnet ist, kann Fleisch als Nahrung nicht das gesuchte Gegensätzliche für ihn sein. Er wird also, wenn er sich dieser Anschauung anschließt, zum Vegetarier. Dazu kommt die Empfehlung, der sogenannten höchstentwickelten Form pflanzlichen Lebens, dem Getreide, den absoluten Vorzug zu geben. Sein Anteil an der Ernährung sollte 60–70 % betragen. Die restlichen 30–40 % können mit Gemüse und Hülsenfrüchten gedeckt werden. Milch und Milchprodukte sind bei dieser Ernährungsart nicht gefragt, mit der Begründung, Milch sei die „Säuglingsnahrung" für Kälber. Von Früchten hält die Makrobiotik ebenfalls wenig. Diese werden als Bestandteil eines Spielchens der Natur bezeichnet, das sie mit uns treibt: Mit schönem Aussehen und saftigem Fruchtfleisch lockt sie zum Genuss, bezweckt damit aber nur die Verbreitung der meist unverdaulichen Samen. Da sich die Anhänger dieser Ernährungsweise nicht als absolute Vegetarier ausgeben, kann auf ihren Speisezettel auch hie und da ein Fisch-, Geflügel- oder Fleischgericht Aufnahme finden. Allerdings sollte das eine Ausnahme sein. Bei den Cerealien wird denen, die im eigenen Land gedeihen, der Vorzug gegeben. In Europa steht Roggen an erster Stelle, gefolgt von Gerste, Weizen und Hafer.

Makronen. Feingebäck aus → *Marzipanrohmasse* und höchstens der gleichen Menge Puderzucker und mindestens 10% des Gesamtgewichtes Hühnereiklar.

Malaga. Gleichnamige spanische Stadt und Weinregion in Andalusien. Der hier produzierte süße Dessertwein wird nach dem Prinzip der → *Strohweine* hergestellt, d. h. die Beeren werden nach der Lese an der Sonne angetrocknet. Malagawein besteht aus einer Traubenmischung und enthält einen Alkoholgehalt von ca. 16 % Vol. Im Handel ist er unter verschiedenen Typenbezeichnungen erhältlich: Malaga dulce color = sehr dunkel, sehr süß; Malaga blanco dulce = goldfarben, sehr süß; Malaga semidulce = sowohl hell wie rot, halbsüß; Malaga Lagrima = goldfarben oder braun, sehr süß; Malaga blanco sec = blaßgelb, herbsüß; Malaga Moscatel = bernsteinfarben, weiniger Geschmack; Pedro-Ximenez – dunkelbraun mit rötlichem Schimmer, süß, delikat; Malaga Rome = rot und weiß, mit Alkohol aufgespritzt; Malaga Pajarete = rot und weiß, mit Alkohol aufgespntet auf 15–20 % Vol.; Tintillo de Malaga = rot, auf 15–16 % Vol. Alkoholgehalt gespntet.

Malbec. Rotweintraube, die vorwiegend in dem französischen Anbaugebiet → *Bordeaux* (→ *Médoc)* steht.

Malinger. Früher gelber Malinger. Weißweintraubensorte mit geringer Verbreitung in der Oberhaardt, Rheinpfalz. Beliebte Tafeltraube mit sehr früher Reife. Die Weine sind von geringer Qualität. Der Anbau erfolgt nur wegen der frühen Reife. Er liefert den Liebhabern des neuen Weines den ersten → *Federweißen.*

Malmsey. 1. Engl. Bezeichnung für die Rebsorte → *Malvasia.* 2. Qualitätsbezeichnung für → *Madeiraweine.* Malmsey bedeutet goldgelb, süß.

Malolaktische Gärung → *Biologischer Säureabbau.*

Malossol. Qualitätsbezeichnung für → *Kaviar* = wenig gesalzen (malo = wenig, sol = Salz).

Maltit. Zuckeraustauschstoff, der aus Mais- oder Kartoffelstärke hergestellt wird. Chemisch gesehen handelt es sich um einen Disaccharidalkohol. Maltit ist fast so süß wie Haushaltszucker (0,9 : 1), wobei der Süßgeschmack rein und ohne Nachgeschmack ist.

Maltose *(Malzzucker)* → *Oligosaccharide.* Disaccharid (zwei Moleküle Glucose). M. stellt neben → *Dextrinen* das End- bzw. Zwischenprodukt der enzymatischen Spaltung von Stärke (besonders in keimenden Samen) und Glykogen dar. Der reichliche Gehalt im Darrmalz begründet die Bezeichnung als „Malzzucker". M. tritt bei der Kohlenhydratverdauung auf, sie wird großtechnisch durch enzymatische Stärkeverzuckerung zu Malz-, Pilz- und Bakterienanalysen (→ *Amylase)* gewonnen und zur Alkoholherstellung verwendet.

Malt-Whisky. Im schottischen Highland seit ca. 1494 hergestellt. In ca. 114 Brennereien wird zuerst Gerste gemälzt und über Torf-

Malvasia

feuer geräuchert (gedarrt). Danach folgt die Einmaischung, Vergärung und ein zweimaliger Brennvorgang. Nach einer Lagerzeit von mind. drei Jahren darf der Whisky in Flaschen abgefüllt und verkauft werden.

Malvasia. Bezeichnung für eine sehr alte Weinrebe, die schon in vorchristlicher Zeit, z. B. in Griechenland, angebaut wurde. Sie bringt meist aromatische, schwere, süße Weine und wird heute in Italien, Frankreich und auf der Insel Madeira angebaut.

Malz. Vorwiegend aus Gerste oder Weizen, im Ausland auch aus Reis oder Mais, hergestellt. Nachdem das Getreide eingeweicht wurde, kommt es zum Keimen auf die Tenne. Anschließend wird es gedarrt. Das Mälzen ist wichtig für die Stärkespaltung.

Malzbier. Obergäriges Schankbier; 5 % Stammwürze; mit Zuckerzusatz; wird auch als Malztrunk bezeichnet.

Malzgewinnung. Steuerung der biologischen Vorgänge mit der Aufgabe, unlösliche Stoffe (Stärke) in wasserlösliche Form zu bringen. Die Malzgewinnung gliedert sich in drei Abschnitte, dem → *Weichen,* → *Keimen* und → *Darren.*

Malzkaffee. Kaffee-Ersatz aus gemälzter, gerösteter Gerste.

Mameliga → *Polenta.*

Mammei. Große, den Mangos verwandte tropische Frucht mit dicker brauner Schale und orangerotem, süßem Fruchtfleisch, das roh oder gekocht gegessen werden kann.

Management. Unternehmungsführung, auch Leitung betrieblicher Organisationen (→ *Organisator*). → *Management als Institution,* → *Management als Funktion,* → *Management als Lehre.*

Management als Funktion. Umfasst alle Aufgaben, die die Führung eines Betriebes mit sich bringt (Das Führen).

Management als Institution. Umfasst eine bestimmte Gruppe von Personen, die → *Management-Funktionen* ausüben (Die Führungskräfte).

Management als Lehre. Umfasst alle Methoden, der sich Führungskräfte bedienen (die Inhalte und Ziele des Führens).

Management buy out → *MBO.*

Management by creativity. Führung des Unternehmens durch Kreativitätstraining (insbesondere für das → *Top Management),* um betriebliche Probleme zu lösen. Methoden: → *Brainstorming,* → *635-Methode,* → *Synektische* Methode, → *morphologische* Methode, → *Deduktive* Methode.

Management by delegation. Führung eines Unternehmens durch Übertragung von Aufgaben und Befugnissen auf die unterste Rangstufe der betrieblichen → *Hierarchie,* um möglichst viele Mitarbeiter im Rahmen des ihnen übertragenen Delegationsbereiches Entscheidungen treffen zu lassen und ihr Verantwortungsbewusstsein zu erhöhen. Der unmittelbare Vorgeordnete kontrolliert, greift aber nur ein, wenn sich Mängel und Fehler einstellen. Grundlagen organisatorischer Art: → *X-Y-Theorie,* → *Stellenbeschreibung,* → *Führungsanweisung.*

Management by exception. Aus dem amerikanischen übernommener Begriff für Unternehmensführung mittels Aufgabendelegation. Dabei soll die Unternehmensleitung dadurch entlastet werden, dass die mittlere Führungsebene eigenverantwortlich Aufgaben übernimmt und abwickelt. Führung eines Unternehmens nach dem Ausnahmeprinzip. Die Führungstechnik beruht auf Entscheidungen in Normal- und Ausnahmefällen, die klar festgelegt werden müssen. Eindeutige Richtlinien für normale Entscheidungen, die im mittleren und unteren Management völlig selbständig erledigt werden, müssen aufgestellt, die Mitarbeiter kontrolliert und die Tatbestände festgelegt werden, bei denen das obere Management eingeschaltet werden muss.

Management by motivation. Führung eines Unternehmens durch Bedürfnisbefriedigung auf der Grundlage der → *Motivationstheorien* von → *Maslow* und → *Herzberg*. (Die Führungskraft muss die → *Motivstruktur* der Mitarbeiter kennen, um durch Anreizvergabe zu erreichen, dass Mitarbeiter aus eigenem Antrieb mehr leisten).

Management by objectives. Amerikanischer Begriff für die Unternehmensführungstechnik, die wie → *Management by exception* Führungsaufgaben auf die mittlere Führungsebene überträgt, wobei die einzelnen Aufgabenträger aber stärker kooperieren. Führung eines Unternehmens durch Zielvereinbarung auf der Grundlage eindeutig formulierter Unternehmensziele, aus denen klare Teilziele mit Bereichs-, Abteilungs- und Gruppenleitern gemeinsam erarbeitet werden, die als Soll-Werte vorgegeben und an den erreichten Ist-Werten gemessen werden. Vorgeordnete kontrollieren nicht die Maßnahmen, sondern prüfen, ob die vereinbarten Ziele erreicht wurden.

Management by system. Führung eines Unternehmens durch Systematisierung der Arbeitsabläufe. Die Führungstechnik basiert auf Systemsteuerung, durch die sämtliche Arbeitsabläufe in eine Verfahrensordnung eingebunden werden (z. B. werden aufeinander folgende Verwaltungsarbeiten netzplanartig aufeinander abgestimmt). → *Mis.*

Management-Funktionen. Führungsaufgaben, die durch den → *Management-Regelkreis* veranschaulicht werden.

Management-Gitter. Veranschaulicht, dass ein Manager (Führungskraft) – in einer bestimmten Unternehmensfunktion eingesetzt – im Rahmen seiner Tätigkeit alle Unternehmensfunktionen wahrzunehmen hat (Abb. 49).

Management-Pyramide. Grafische Darstellung der Führungsebenen in der betrieblichen Hierarchie, wobei die Einordnung von der Größe und Struktur des Unternehmens abhängig ist (Abb. 50).

Management-Regelkreis. → *Management-Funktionen* sind nicht mit den Unternehmens-

MF = Management-Funktion, UF = Unternehmens-Funktion

MF \ UF	Beschaffung	Lagerung	Fertigung	Absatz	Finanzierung	Personalwesen
Zielsetzung			→			
Planung		→				
Entscheidung	↓					
Realisierung	↓					
Kontrolle						

Abb. 49 Management-Gitter

Management-Regelkreis

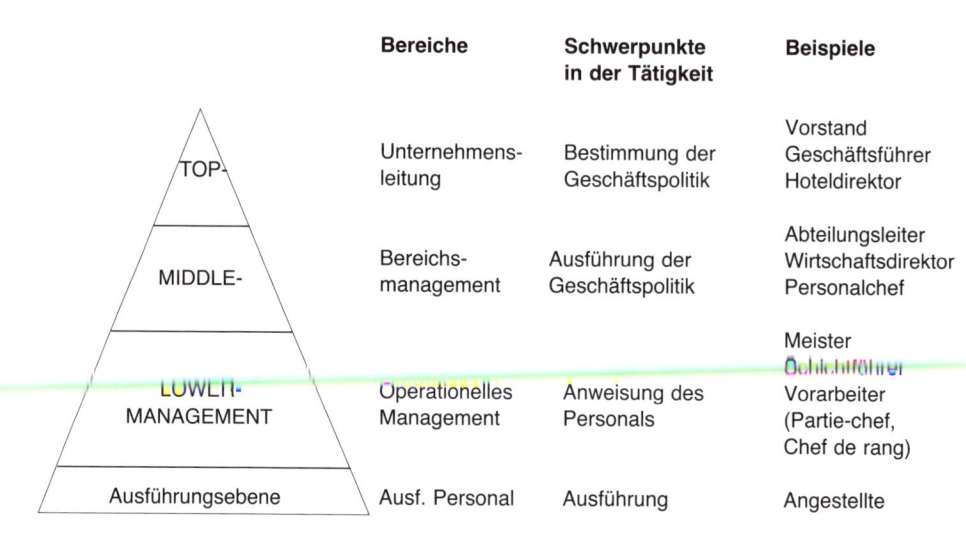

	Bereiche	Schwerpunkte in der Tätigkeit	Beispiele
TOP-	Unternehmensleitung	Bestimmung der Geschäftspolitik	Vorstand Geschäftsführer Hoteldirektor
MIDDLE-	Bereichsmanagement	Ausführung der Geschäftspolitik	Abteilungsleiter Wirtschaftsdirektor Personalchef
LOWER- MANAGEMENT	Operationelles Management	Anweisung des Personals	Meister Schichtführer Vorarbeiter (Partie-chef, Chef de rang)
Ausführungsebene	Ausf. Personal	Ausführung	Angestellte

Abb. 50 Management-Pyramide

funktionen gleichzusetzen, obwohl beide in einem ursächlichen Zusammenhang stehen (→ *Management-Gitter*). Management-Funktionen müssen in einer bestimmten Reihenfolge stehen, da sie die logische Schrittfolge mit Management-Prozess darstellt: **1) Zielsetzung:** Mitwirkung bei der betrieblichen Zielsetzung auf jeder Management-Ebene (→ *Management-Pyramide*). Genaue Formulierung der Teilziele, die erreicht werden sollen (Soll-Wert-Festlegung), um in der Phase der **2) Planung:** jede Möglichkeit gedanklich durchzuspielen, die geeignet ist, das Ziel zu erreichen, um schließlich durch die **3) Entscheidung:** endgültig jene Möglichkeit zur Erreichung des Zieles auszuwählen, die als die beste erkannt worden ist. Sind diese Phasen abgeschlossen, wird zur **4) Realisierung:** übergegangen, in der die Arbeit zur Verwirklichung des Zieles beginnt. Für die Führungskraft bedeutet dies: a) Organisieren (→ *Aufbauorganisation,* → *Ablauforganisation),* b) Aktuelles Eingreifen, 1) Mitarbeiter müssen zu einer bestimmten Tätigkeit veranlasst werden (→ *Motivation,* → *Anweisung),* 2) Neue Mitarbeiter müssen eingewiesen werden (→ *Mitarbeitereinführung),*

3) Mitarbeiter müssen unterwiesen werden (→ *Unterweisung,* → *Unterricht).* Läuft die Arbeit zur Erreichung des Zieles, so folgt die **5) Kontrolle:** in der geprüft wird, ob die Arbeit auch in optimaler Weise zielgerichtet ist (Vergleich des Soll-Wertes mit dem Ist-Wert) → *Feedback.* Die Kontrolle kann zur Folge haben, dass es zu neuer **6) Zielsetzung:** kommt und der Prozess von vorn beginnt.

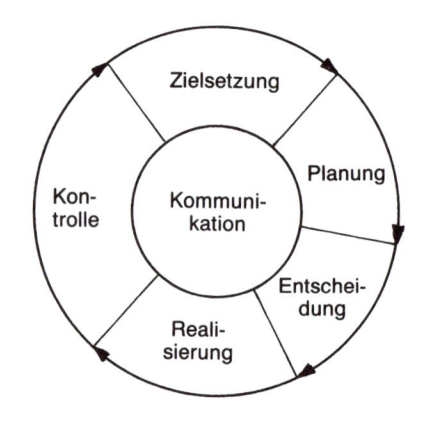

Manchego. Span. Schafs-Hartkäse von Schafen (= Manchega) aus der Region La Mancha in Castilien. Jung = 2 Mon. gelagert (corade) u. gereift = 9–12 Mon. gelagert.

Mandarin. Frz. Produkt, das zu der Getränkegruppe der → „Amer"-Aperitifs zählt. Mandarin wird aus neutralem Alkohol, verschiedenen Essenzen, Orangen- und Zuckeraufguss hergestellt. Alkoholgeh. 20 % Vol.

Mandelnugat → Nugat.

Mandelöl. Dünnflüssiges, durch Pressung aus süßen Mandeln gewonnenes Öl. Es ist von gelblicher Farbe, klar und geruchlos und von typisch mildem Geschmack. Mandeln enthalten 45 bis 55 % Öl.

Mangelhafte Lieferung → Kaufvertrag, → Erfüllungsstörungen. Eine mangelhafte Lieferung liegt vor, wenn die Lieferung nicht der vertragsmäßig vereinbarten Leistung entspricht. Ein Gattungsmangel (z. B. Rheinwein statt Mosel) ist eine Anderslieferung und keine mangelhafte Lieferung. Bei beiderseitigem Handelskauf ist die Geltendmachung der Rechte an unverzügliche Prüfung und Rüge gebunden. Bei versteckten Mängeln sind diese unverzüglich nach Erkennen – jedoch längstens innerhalb von sechs Monaten – zu rügen (Abb. 51).

Mangeln. 1) Tätigkeit, ein Vorgang zum Trocknen und Glätten von Wäsche mittels eines Spezialgerätes. **2)** Geräte (Einz. = Mangel) zum Glätten und Trocknen der Wäsche mittels heizbarer Rollen mit bestimmtem Druck. Während die traditionell zur Wäsche verwendeten Fasern wie Baumwolle und Leinen stets gemangelt werden müssen, werden heute „bügelleichte" und „pflegefreie" Materialien angeboten. Hierzu gehören die hochveredelte Baumwolle und die → Chemiefasern oder die Mischgewebe aus ihnen. Allerdings wird man bei → Objektwäsche auch bei diesen Fasern nicht auf das Mangeln verzichten können, da dem Gast weder ungemangelte Tischwäsche noch solche Bettwäsche zugemutet werden kann. Es hängt allerdings wesentlich von der Art der Faser und auch den Geräten ab, wie oft ein Stück gemangelt werden muss. Bei den Geräten gibt es verschiedene Ausstattungen von einer bis zu sechs Rollen. Bei Einrollengeräten sind meist zwei oder mehr Durchläufe nötig, was zu höheren Arbeitskosten führt. Eine Verteilung der Leistung

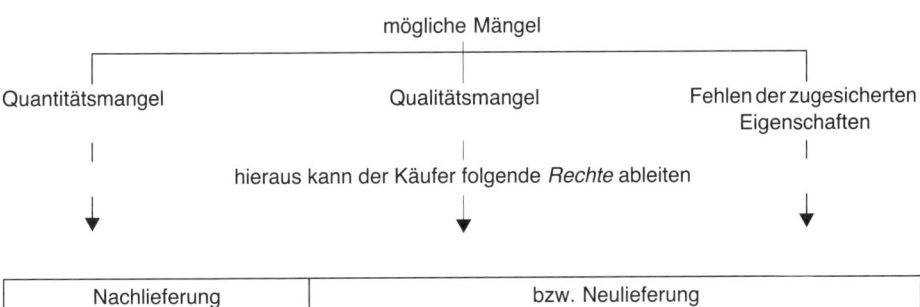

mögliche Mängel

Quantitätsmangel	Qualitätsmangel	Fehlen der zugesicherten Eigenschaften

hieraus kann der Käufer folgende *Rechte* ableiten

Nachlieferung	bzw. Neulieferung	
Wandlung = Rücktritt vom Vertrag		
Minderung = Preisnachlass		
wegen Nichterfüllung	Schadenersatz nur bei arglistiger Täuschung	ohne bes. Anlass

Abb. 51 **Mangelhafte Lieferung**

Mängelrüge

auf mehrere Rollen erspart einen zweiten Durchlauf. Dabei lässt sich mit zunehmender Rollenzahl die Geschwindigkeit steigern und teuere Arbeitszeit sparen.

Mängelrüge → *Erfüllungsstörungen.* Formfreie, empfangsbedürftige Willenserklärung, mit der die Mängel einer Lieferung vom Käufer dem Verkäufer angezeigt werden. Meist wird gleichzeitig das Recht geltend gemacht, das der Käufer in Anspruch nehmen will. Die mangelhafte Ware ist aufzubewahren.

Mangold. Unterart der Runkelrübe. Ist ein spinatähnliches Gemüse, das entweder als Schnitt- oder als Rippenmangold angebaut wird. Die Stiele werden von der Haut befreit.

Mangostane. Die Heimat der Mangostane ist Malaysien. Wird in den Monsungebieten Asiens und in den Tropen der Neuen Welt angebaut. Die Früchte haben die Größe eines kleinen Apfels und sind oben und unten abgeplattet. Die dicke, lederartige Haut ist violett bis rotbraun, am Stielansatz trägt sie einen wulstigen Blattkranz. Unter der ca. 5 mm dicken Haut schneeweißes Fruchtfleisch, in fünf Fächern unterteilt. In das Fruchtfleisch eingebettet sind große schwarze Kerne, sie werden nicht gegessen. Das Fruchtfleisch ist angenehm süß und aromatisch.

Maniere *(frz.: manière, w.)* – *à la* manière de = auf (nach) Art und Weise von ... Anwendung bei Garnituren.

Maniok-Mehl. Feines, krümeliges Mehl, das aus dem getrockneten Wurzelfleisch des bitteren Kassavastrauches hergestellt wird. Tapioka wird aus Maniok hergestellt. → *Kassave.*

Mannequin. Ein Traubenkorb, der bei der Weinlese benutzt wird. Diese Bezeichnung ist besonders in der → *Champagne* gebräuchlich.

Mannit. Polyalkohol, Vorkommen in Braunalgen, Früchten, Gemüsen, Kräutern, besonders in der *Manna*-Esche. Hieraus wurde er früher gewonnen. Heute wird M. aus → *Invertzucker* oder Glukose hergestellt. Süßkraft etwa 60 % von Saccharose. Nur als Zusatz in industriell gefertigten Produkten im Handel.

Man-o-Min. Indianischer Ausdruck für → *Wildreis.*

Manteltarifvertrag. Rahmentarif, Teil des → *Tarifvertrages,* in dem allgemeingültige Arbeitsbedingungen geregelt werden (Arbeitszeit, Mehrarbeitsvergütung, Ruhetage, Feiertagsarbeit und -vergütung, Urlaub, Urlaubsgeld, Ausbildungszeit, Garderobe, Berufswäsche u. a.).

Manzanilla. a) Sherry-Angebotsform; ein besonders leichter Sherry aus der Küstennähe. b) Kleine, zartschalige spanische Olive mit haselnussähnlichem Geschmack. Manzanilla = Äpfelchen.

Manzanilla Pasada. Alter → *Manzanilla,* ähnlich dem → *Amontillado* Fino, strohgelb bis hellgolden. Im Geschmack erinnert er an Mandelaroma.

Maracuja. Tropische Passionsfrucht mit einem aromatischen feinfruchtigen, pikantsauren Saft, der sich gut zur Herstellung naturtrüber Fruchtliköre eignet.

Maräne. Sehr variable Formengruppe der Gattung Coregonus, die teils als anadrome (in Süßwasser laichende) Wanderfische, teils als stationäre Süßwasserfische arktische Gebiete des Eismeeres, die Flüsse Nordeuropas, Asiens und Nordamerikas bewohnt. Die seitlich zusammengedrückten heringsartigen Fische mit blaugrauem Rücken und silberglänzenden Seiten sind durch eine Fettflosse als Salmoniden (Lachsartige) gekennzeichnet. Wirtschaftliche Bedeutung hat auch der Kaviar der M.

Maraschino. Ein Kirschwasserlikör, hergestellt unter Mitverwendung des Kirschbranntweins aus der vergorenen Dalmatiner Sauerkirschenart, Marasca. Maraschino wird bei der Herstellung von Mischgetränken und als Duft- und Aromaspender in der Pâtisserie verwendet. Die ursprüngliche Heimat des Maraschinos ist Kroatien, Bosnien und Slovenien. Heute wird dieser Likör jedoch hauptsächlich in Italien hergestellt.

Marc. 1. In Frankreich benutzte Bezeichnung für → *Tresterbranntwein*. 2. In der Champagne Ausdruck für Maßeinheit. 1 „Marc" sind 4000 kg Trauben, die beim Keltern in die Presse gegeben werden. → *Champagner-Herstellung.*

Marc Vins (Jura). Eine Spezialität, die im Gebiet Jura aus → *Tresterbranntwein* und Traubenmost hergestellt wird.

Marette. Dünne Scheiben von trockenem, französischem Weißbrot; Beilage zur → *Bouillabaisse.*

Marengo. Vorort von Alessandria/Italien, wo Bonaparte am 14. Juni 1800 die Österreicher besiegte. Klass. Garnitur z. B.: Hühnchen Marengo

Margarine. Der Begriff „Margarine" entstand in Anlehnung an „Margaron". Das bedeutet „Perle". 1869 beauftragte Napoleon III. den Wissenschaftler Hippolyte Mège-Mouriés billige Butter herzustellen. Der „Entdecker" gab dem Produkt seiner Forschungen den Namen auf Grund seines „perligen" Aussehens. M., der Butter ähnliches Erzeugnis und wie diese eine Wasser-in-Fett-Emulsion. Hergestellt vorwiegend aus pflanzlichen Ölen und Fetten mit Zusatz von entrahmter Milch. Bei der Herstellung werden ca. 19 % Wasser und/oder entrahmte Frischmilch in der verwendeten Fettkomposition (80 %) gleichmäßig verteilt. Die ferner zugesetzte Trockensubstanz (1 %) enthält Lecithin (als Emulgator), die Vitamine A und D sowie Provitamin A, 0,1 % bis 0,2 % Salz.

Margaux → *Médoc.*

Mariage. „Hochzeit", „Vermählung". In der Fachsprache das Vermischen von Destillaten verschiedener Lagen und Jahrgänge, um Duft, Geschmack und Qualitätsanforderung des Endproduktes zu erreichen.

Mariensteiner. Weißweintraube. Kreuzung: Silvaner × Rieslaner (Silvaner × Riesling). Die Weine sind rassig, mit betonter Säure, körperreich.

Marillen. Österreichisch-oberböhmischer Ausdruck für Aprikosen. Auch Armenierpflaumchen genannt.

Marillenbrand → *Aprikosenbranntwein.*

Marinaden, a) Trockenmarinade: Zusammenstellung verschiedener Gewürze dem Zweck entsprechend (Kalbsbrustgalantine). **b)** Nassmarinade: Zusammenstellung verschiedener Gewürze mit einer Säure (Essig, Zitrone), **c)** Heißmarinade: Nassmarinade, in heißem Zustand.

Marinbeef wird aus Fischen hergestellt, die üblicherweise nur zu Fischmehl für Tiernahrung verarbeitet werden. Damit sollen neue Quellen geschaffen werden, um die Weltbevölkerung ausreichend mit tierischem Eiweißen zu versorgen. Dieses Fischprodukt ist fettfrei und hat keinen fischartigen Geruch oder Geschmack.

Marinieren. Beizen, ansäuern – kann auch Zubereitungsart sein (siehe einfache Salate – Kopfsalat). Man mariniert, um **a)** den Geschmack zu verbessern oder besonderen Geschmack zu verleihen (Sauerbraten), **b)** Fleisch (Rind, Wild, das von Natur kernig ist) mürber zu machen, **c)** Farbe zu geben bzw. zu verstärken oder zu halten (Rotkohl, Salate, Äpfel), **d)** zu konservieren (meist nur begrenztes Haltbarmachen – Fischmarinaden).

Markenwein. Verschnitt großer Weinmengen mit dem Ziel, über einen längeren Zeitraum einen Wein mit annähernd gleichem Geschmack und gleichbleibender Qualität auf den Markt zu bringen.

Marketing. Begriff aus dem anglo-amerikanischen Sprachgebrauch für die Vermarktung der Leistungen, also für umfassende → *Absatzpolitik*. Dabei fließen kreative Elemente aktiv in der Weise ein, dass nicht mehr passiv wartend auf Abruf produziert wird, sondern Impulse gebende und beeinflussende Strategien im Hinblick auf eine gegebene Marktsituation entwickelt werden. Dabei werden alle betrieblichen Überlegungen dieser absatzorientierten Denkweise untergeordnet und das → *absatzpolitische Instrumentarium* im gleichen Sinne eingesetzt.

Marketingfunktionen → *Absatz*.

Marketing-Instrumente → *absatzpolitisches Instrumentarium*, → *Öffentlichkeitsarbeit*.

Marketingkonzeption. Marktorientierte Zusammenstellung von Maßnahmen, um dem Abnehmer (Gast) die Leistungen optimal zuzuführen. Dabei geht man meist in mehreren Stufen vor. 1) Zielsetzung wie z. B. Umsatzsteigerung, Erringung eines bestimmten Marktanteils, Gewinnung einer bestimmten Gästegruppe (Grobziele). 2) Überprüfung des augenblicklichen Zustandes (Ist), um festzustellen, welche Strategien weiterverwendet werden können, welche geändert werden müssen, so u. a. Werbebriefe, Anzeigen usw. auf Erfolg prüfen. 3) Festlegung von Feinzielen unter Beachtung der vorher ermittelten Ergebnisse wie z. B.: a) Bestimmung zusätzlicher Aktionen oder Angebotsänderungen, b) Bestimmung weiterer Zielgruppen, c) Entwicklung alternativer Strategien (Marketing-Mix) und Bestimmung der optimalen Kombination zur Zielerreichung. 4) Konkrete Planung der letztlich anzuwendenden Strategien wie z. B. Werbeart, Preisplanung, Aktionsplanung, Zeitplan. 5) Durchführung. 6) Kontrolle des Erfolgs und Feststellung der Gründe bei eventuellen Abweichungen.

Marketing-Management. Die Person oder Personengruppe, die eigenverantwortlich Marketing durchführt. Das kann der Unternehmer selbst sein, eine Abteilung (z. B. Sales) oder ein Beauftragter. Oft wird diese Tätigkeit auf externe Firmen verlagert, die auf Marketing spezialisiert sind.

Marketing-Mix. Kombination mehrerer Instrumente des → *absatzpolitischen Instrumentariums* zur bestmöglichen Erreichung des angestrebten Absatzzieles.

Marketingmodelle. Wie in vielen Bereichen der Wirtschaft werden auch im Bereich des Marketing Modelle verwendet, um Auswirkungen darzustellen oder Entscheidungshilfen zu geben. Man unterscheidet: **a)** Beschreibungsmodelle, die die Marktsituation beschreiben, **b)** Erklärungsmodelle, mit deren Hilfe man die Wirkung eingesetzter absatzpolitischer Instrumente zu erklären sucht, **c)** Entscheidungsmodelle, die Wahrscheinlichkeiten und Erwartungen über die Wirkung eingesetzter Instrumente enthalten und als Entscheidungshilfen dienen sollen. Man kann aber auch nach dem Grad der Sicherheit unterscheiden in: **a)** Modelle unter Unsicherheit (spieltheoretische Modelle), **b)** Modelle unter Risiko (Stochastische Modelle und Simulationsmodelle), **c)** Modelle unter Sicherheit (deterministische Modelle). Man soll bei der Verwendung dieser Modelle stets beachten, dass es sich um Denkmodelle handelt und deshalb diese nicht überbewerten.

Marketing-Politik → *Absatzpolitik*.

Marketingstrategien. Zusammenstellung von absatzpolitischen Instrumenten zu einem Marketing-Mix mit dem Zweck, die gesetzten Absatzziele durch möglichst optimale Kombination dieser Instrumente zu erreichen.

Marktanteil. Zur Ermittlung des Marktanteils betrachtet man die gesamte Nachfrage und errechnet daraus den Anteil, der durch das Unternehmen befriedigt wird. Der Marktanteil wird in seiner Höhe beeinflusst von: **a)** Faktoren, die das Unternehmen selbst beeinflussen kann (endogene). Hierbei werden zur Beeinflussung alle Mittel der Absatzförderung eingesetzt, **b)** Faktoren, die das Unternehmen nicht beeinflussen kann (exogene) wie z. B. die Wirtschaftsentwicklung, Veränderungen der Nachfrage- oder Konkurrenzstruktur aber auch politische Veränderungen (z. B. Visumzwang vermindert die Einreise bestimmter Ausländergruppen, Geldwertänderungen).

Marktforschung. Mit wissenschaftlichen Mitteln durchgeführte Marktuntersuchung zur systematischen Beschaffung von Informationen über den Markt. Ermittelte Daten können sein: **a)** Gästeschichtung in einem Gebiet, **b)** Gästegewohnheiten und deren Veränderungen, **c)** Marktaufnahmefähigkeit, **d)** Geschmacksänderungen, Modeeinflüsse u. a. Gründe für Bedarfswandlung (Motivforschung), **e)** Konkurrenzsituation, **f)** Einflüsse der allgemeinen Wirtschaftslage auf das Gästeverhalten. Es ist zu unterscheiden in: **1)** Marktanalyse als die einmalige Marktuntersuchung, **2)** Marktbeobachtung – die laufende Beobachtung mit Hilfe in bestimmten Zeitabständen wiederholter Analysen. Je nachdem, welche Unterlagen verwendet werden, unterscheidet man in beiden Fällen nochmals in: **a)** Schreibtischforschung (desk research), auch als Sekundärforschung bezeichnet, bei der die Informationen aus bereits vorhandenem Zahlenmaterial (z. B. aus der Buchführung aus statistischen Berichten usw.) erarbeitet werden, **b)** Feldforschung (field research), auch Primärforschung bezeichnet, bei der die Informationen durch Befragungen, Beobachtungen, Zählungen oder Experimente direkt bei den Betroffenen (Adressaten, Befragten) erhoben werden.

Marktlücke → *Marktnische.*

Marktnische. Im Gegensatz zur Marktlücke, wo in der Regel kein Angebot für einen bestimmten Bedarf existiert, spricht man von einer Marktnische, wenn das Angebot auf dem Absatzmarkt eines Unternehmens nicht ausreicht, die Nachfrage zu decken. Eine Marktnische kann entstehen durch Änderung von Lebensgewohnheiten (mehr Personen suchen sonntags ein Restaurant auf, oder durch erhöhte Freizeit wird ein größeres Freizeitangebot verlangt).

Marktsättigung. Ein Zustand des Marktes, bei dem die Nachfrage weitgehend befriedigt ist. Bei Gütern des täglichen Bedarfs, wie sie das Hotel- und Gaststättengewerbe anbietet, folgen den Sättigungsphasen schnell wieder Nachfragephasen. Außerdem kann durch geschickte Programmgestaltung (z. B. bestimmte Speisefolgen, Freizeitangebote) die Erreichung des Sättigungspunktes hinausgeschoben werden.

Marktsegmentierung. Eine absatzpolitische Zerlegung des gesamten Absatzmarktes in Teilmärkte nach bestimmten Gesichtspunkten z. B. nach Gästegruppen. Das geschieht beispielsweise, wenn für ruhige Zeiten Rentner und ähnliche zeitunabhängige Gäste angesprochen werden. Dabei werden die potenziellen Gäste nach Verhalten und Ansprüchen differenziert, weil die Ähnlichkeit ihres Verhaltens und ihrer Ansprüche auch die werbliche Ansprechbarkeit vereinheitlicht.

Marmelade. Besteht aus Zuckerarten, Pulpe, Mark, Saft, Auszügen oder Schale von Zitrusfrüchten unter Verwendung von mindestens 200 g Zitrusfrüchten, davon mindestens 75 g Endokarp (Fruchtinneres) pro 1000 g Erzeugnis. Gewachste Zitrusfrüchte dürfen nicht verwendet werden.

Marmite *(frz.: marmite, w.).* Große Töpfe, die in der Küche zum Ansetzen von Brühen und Fonds benutzt werden; auch Synonym für „Kochende Bruderschaft".

Maronen, auch Esskastanien genannt, gehören zur Familie der Nüsse. Sie wachsen in einer grünen Hülle heran. Maronen sind reif, wenn sie vom Baum fallen, die grüne Hülle aufspringt und die Kerne herausfallen. Sie enthalten hohe Anteile an Phosphor, Magnesium, Calcium und Eisen. Ihr sehr hoher Kaliumgehalt wirkt entwässernd.

Marron. Australischer Flusskrebs.

Marsala. Ital. Weine, die meistens süß, jedoch als „Marsala vergine" auch trocken ausgebaut werden. Aus den Provinzen Palermo und Trapani. Das Klima ist besonders trocken, der Boden kalk- und tonhaltig. Marsala wird aus den drei zugelassenen Rebsorten Cataratto, Grillo und Inzolia erzeugt. Bei den süßen Marsalaweinen wird der Most mit eingedicktem Traubensaft versetzt. Nach dem Vergären wird dem fertigen Wein Sifone, ein mit Weinsprit stumm gemachter Most aus getrockneten Trauben zugegeben. Die vorgeschriebene Lagerzeit im Fass beträgt zwei Jahre. Marsala ist in vier Angebotsformen auf dem Markt: **a)** Marsala-Fino, kaum Restzucker, ca. 5 % und 17 % Vol. A. **b)** Marsala-Superiore ist ca. 18 % Vol. A. stark und etwas süßer, ca. 10 % Restsüße. **c)** Marsala-Vergine hat 18 % Vol. A. und keinen Restzucker, trockene Form, **d)** Marsala-Speciale wird immer mit verschiedenen Stoffen gemischt oder aromatisiert wie z. B. mit Chinin, Banane, Eigelb etc.

Marsanne. Weiße Rebsorte in Frankreich, die in dem Gebiet → *Côte du Rhône* angebaut wird.

Marshmallows. Farbige amerikanische Spezialität aus Gelatine und Zucker, die wie Bonbons gegessen oder zum Dekorieren verwendet wird.

Martina Franca D.O.C. Ein begrenztes Weinbaugebiet um Brindisi. Der gleichnamige Wein ist ein guter, weißer Tischwein mit mind. 11 % Vol. Alkoholgehalt.

Märzenbier – Festbier. Vollbier, lt. Gesetz 15 % Stammwürze; nach der Überlieferung „das im März gebraute Bier"; wird heute vor allem für Bierfeste, z. B. Münchner Oktoberfest, Cannstatter Volksfest gebraut.

Marzipan (Marci panis = Brot des Heiligen Marcus). Produkt aus einem Teil → *Marzipanrohmasse* und einem Teil Zucker (Puderzucker) einschließlich höchstens 3,5 % → *Stärkesirup*.

Marzipanrohmasse. Produkt aus geriebenen süßen Mandeln und Zucker. Zur Verstärkung des Mandelgeschmackes dürfen höchstens 12 % Bittermandeln verwendet werden. Zusammensetzung: 28 % Mandelöl, höchstens 17 % Wasser, 35 % Zucker, höchstens 10 % Invertzucker.

Märzveilchen *(lat.: viola odoráta Linné)*. Blütezeit im Frühling. Die Blüten des Veilchens wurden früher wegen ihres starken Dufts zum Aromatisieren von Essig und noch heute zum Kandieren benutzt. Auch wurde aus den Blüten ein Veilchensirup hergestellt, der als Hustenmittel Verwendung fand. Veilchenblätter sind eine Beigabe zu Frühlingskräutersuppen.

Masalas. Individuell zusammengestellte Gewürzmischungen der indischen Küche.

Mascarpone. Italienischer Frischkäse aus Vollmilch und frischer Sahne. Bestandteil vieler Desserts.

Mashi. Arabische Küche; warme Vorspeise oder als Gemüsegang. Auberginen, Tomaten und Zwiebeln werden mit einem feingeschnittenen Lammragout gedünstet.

Masken. Kopfschwarten des Schweines bzw. Kalbes mit anhaftendem Fett-, Binde- und Muskelgewebe.

Maskieren *(frz. masquer)*. Ein Fleischstück mit einer feinen Farce bedecken, auch: ein Gericht mit einer dicken Sauce überziehen.

Maslow, Abraham Harald. Amerikanischer Psychologe → *Motivationslehre.*

Masse. Durch Rühren und Schlagen hergestelltes schaumiges bis kremiges Gemisch aus unterschiedlichen Zutaten. Eier und Zucker, gelegentlich Butter sind die Hauptbestandteile. Mehl, teilweise durch Weizenstärke oder andere Stärke ersetzt, tritt in den Hintergrund. Das Backen erfolgt in Formen oder Ringen (Biskuitböden) oder zu bestimmten Formen aufdressiert (Löffelbiskuit). Die Lockerung erfolgt durch Backpulver oder durch eingeschlagene Luft im Eischnee.

Massenträger. Rebsorten mit besonders hohem Ertrag.

Maßgeblichkeitsprinzip → *Bewertung.* Das Einkommensteuergesetz verpflichtet diejenigen, die zur → *Buchführung* verpflichtet sind oder freiwillig Bücher führen, das Betriebsvermögen nach den „handelsrechtlichen Grundsätzen" zu ermitteln (§ 5 EStG.). Diese Bindung der Steuerbilanzansätze an die Ansätze in der Handelsbilanz bezeichnet man als Maßgeblichkeitsprinzip.

Master-Key → *Schlüssel;* → *Passepartout.*

Mastix. Aromatisches Harz einer Pistazienart, schmeckt wie Lakritze und ähnelt im Aussehen kleinen, unregelmäßig geformten Kieselsteinen (arabische Küche).

Mastix-Verfahren. Ein Herstellungsverfahren alkoholischer Getränke, die mit Harz des Pistazienstrauches, Fenchel, Anis und anderen Gewürzen gefertigt werden. Dieses Verfahren wird häufig in Griechenland angewendet. Erzeugnisse tragen den Namen: Mastika oder Mastiko.

Materialeinsatz, wirtschaftlicher. Der zum Zweck der Veräußerung verarbeitete Teil des Materials. Berechnung (ohne Steuer) dient der Kontrolle (Verprobung bei Betriebsprüfung). Berechnung:

Materialbestand am Anfang des Rechnungszeitraumes
+ Materialeingang
− Materialbestand am Ende des Rechnungszeitraumes
− unentgeltliche Materialabgaben an Personal
− Material für unentgeltliche Abgaben an Gäste
− Eigenverbrauch
− Materialverluste (Verderb, bei Waren auch Bruch)
= wirtschaftlicher Materialeinsatz

Materialgemeinkosten → *Kosten.*

Materiallisten → *Auftragsbestätigung.* Listenförmige Zusammenstellungen aller für eine Veranstaltung notwendigen Geschirr-, Glas-, Besteck- und sonstigen Teile, die es dem → *Stewarding* erlauben alles rechtzeitig bereitzustellen. Deshalb sollten sie auch Angaben über Zeit, Ort und Art der Veranstaltung und Personenzahl sowie über die Rückgabe der angeforderten Materialien enthalten.

Mate-„Tee" (Aufguss). Getrocknete Blätter des Erva-Mate-Baumes werden durch die Wirkung von heißem Wasser ausgelaugt. Der Aufguss wird aus kleinen Kürbisfläschchen getrunken. Das Getränk, dessen anregende Wirkung bereits den Inkas bekannt war, beinhaltet ca. 0,5 bis 1,5 % Koffein. Es ist auch unter dem Namen „Jerba", „Herba" bekannt. Mate-Tee wird hauptsächlich in Südamerika konsumiert.

Matignon. Eine feinblätterig, in verschobene Vierecke geschnittene → *Mirepoix,* welche hauptsächlich für Fonds und kurzen Sud gebraucht wird. Auch für Dämpf- und Dünstgerichte.

Matjes → *Hering.* (Syn.: Junghering, frz.: hareng vierge, engl.: matie). Er ist ein Hering im alljährlich wiederkehrenden Vorfruchtbarkeits-Stadium. Wenn er nach den mageren

Matratzen

Wintermonaten wieder reichlich Futter findet, ist er im Frühsommer prall gefüllt mit zartem Fett, leichtem Eiweiß und wertvollen Wuchsstoffen. Noch bevor er daraus Milch oder Rogen bildet, heißt er Matjes. Die offizielle Definition besagt etwa, dass der Matjes ein Hering in bestem Ernährungszustand sei, der mindestens 12% Fett im Filet und höchstens 14% Salz im Gewebewasser habe. Denn zum Matjes gehört auch die milde Salzung, um das zarte Fleisch zu schonen. Außerdem muss er zur vollen Entfaltung von Geschmack und Aroma etwa acht Wochen biologisch reifen, wie das bereits früher in der Fasslake auf See begann. Es werden unterschieden: Junge Matjes, → Frische Matjes, → Logger-Matjes, → Heringsfilet nach Matjesart. Name „Matjes" abgeleitet, von Maisje, holl. Mädchen.

Matratzen. Für die → Betten in Hotels werden heute überwiegend einteilige Matratzen verwendet. Sie sind entweder mit Schaumstoff gefüllt oder es sind Federkernmatratzen. Während die ersteren weniger kosten, sind die letzteren haltbarer. Deshalb ist die Entscheidung für die eine oder die andere Art meist eine Kostenfrage.

Matsutake. Eine Art japanische Steinpilze.

Matze. Dünnfladiges Passahbrot der Juden, aus Mehl und Wasser ohne Säuerung gebacken.

Matzoth Konghel. Matzengebäck zum hebräischen Passah-Fest, eine Art Pudding, mit Malzzucker und Gewürzen bereitet.

Mauerwein. In Nordbaden anzutreffende Bezeichnung für Weine, die in eingefriedeten Weingärten geerntet wurden.

Mauke. Mundartlich für Kartoffelmus oder Quetschkartoffeln in der Oberlausitz.

Maultasche. Gefüllte Teigtasche, schwäbisch, bes. in der Fastenzeit. Aus Russland (Piroggen) oder aus Italien (Ravioli) stammend.

Mäuseln. Schwer erkennbarer Weinfehler. Ursachen sind: Geringe Säuremenge, hoher → pH-Wert, hohe Gärtemperatur, unzureichender SO_2-Gehalt. Oft wird der Mäuselton mit → Böckser verwechselt.

Mauviettes. Französischer Ausdruck für Lerchen, auch alouettes genannt.

Maza → *Mezzeh*. Eine Art arabische Vorspeise. Es handelt sich um 30 bis 40 verschiedene Zutaten, in der Hauptsache → Hommos (Humus), → Mutabel, gekochter → Burghul, grüne und schwarze Oliven, Fleischspießchen, geschälte Gurken-, Tomaten- und Karottenscheiben, angemachte Auberginenscheiben. Begriff abgeleitet von „Mesa/Meza", was im Libanon „große, gemeinsame Tafel" bedeutet.

Mazagran. Aus dem arabischen Sprachbereich. **1)** Gefrorener Kaffee, der mit Kardamom und Vanille oder Orangenblüten parfümiert wird. Als Sorbet. In Mazagran-Bechern serviert. **2)** Warmes Vorgericht in Tartelettesform, Hülle und Deckel aus Duchesse-Kartoffelmasse, Füllung ein Salpikon, mit Eigelb bestrichen, glasiert.

Mazdaznan-Ernährung. Bei dieser Ernährung handelt es sich um eine lakto-vegetabile Kostform. Eine ihrer Grundlagen ist der Abwechslungsreichtum, der eine einseitige Ernährung verhindert. Während sich die naturphilosophischen Ideen der Mazdaznan-Ernährung (Dualismus, Persönlichkeitsfaktoren, Elektrismus, Magnetismus) der Beurteilung der Naturwissenschaft bzw. vor ihr als unbeweisbar abgelehnt werden, können der Mazdaznan-Ernährung bei der Einhaltung einer abwechslungsreichen Kost die allgemeinen Vorteile einer lakto-vegetabilen Ernährung bescheinigt werden. Die Verbreitung dieser Ernährungslehre geht in erster Linie auf Otoman-Zar-Adusht-Hamish, bürgerlich: Otto Hanisch, zurück.

Mazeration. Ein aus dem Lateinischen abgewandelter Ausdruck für Auslaugen, Erweichen. Bei der Mazeration werden die Aromastoffe aus Drogen mittels Sprit oder einem Sprit-Wasser-Gemisch ohne Erwärmung herausgezogen. Die Mazeration, auch Kaltextraktion genannt, wird von den Spirituosenherstellern benutzt, um die Erzeugnisse mit Aromastoffen anzureichern.

MBO. = Management buy out. Ein in den 1980er Jahren entstandenes Modell zur Vermeidung eines Konkurses oder des Verkaufs eines Geschäftsbereiches. Dabei übernehmen die Mitarbeiter das Unternehmen oder Teile davon bei Festlegung einer neuen Unternehmensform (meist GmbH). Sie übernehmen – bei gegebener Kapitaldeckung – die Rechte und Pflichten des Vorgänger-Unternehmens und führen es weiter. Das System funktioniert nur, wenn Banken, Kunden und Lieferer mit dem „neuen" Unternehmen einverstanden sind.

Medienpflege. Die Medienpflege ist ein wichtiges Mittel der → *Öffentlichkeitsarbeit,* da Presse, Rundfunk und Fernsehen zur Imagebildung wesentlich beitragen können. Es empfiehlt sich eine regelmäßige Versorgung mit Neuigkeiten, die aber keine Werbetexte sein sollten. Artikel mit Bildern über neue Aktionen u. Ä. sind am wirksamsten. Am wichtigsten ist aber der persönliche Kontakt mit den zuständigen Personen und den maßgeblichen Institutionen.

Médoc. Selbstständiges Untergebiet des Weinbaugebietes → *Bordeaux,* unterteilt in Bas Médoc und Haut Médoc. Bas Médoc bringt einen leichten Wein ohne größere Bedeutung. Haut Médoc ist berühmt für seine hervorragenden Rotweine und seine Klassifizierung von 1855, nach der die Weine in bis fünf Premiers Crus eingestuft sind. Insgesamt sind in diesem Gebiet 61 Weine klassifiziert. Die ersten Premiers Crus sind: Château Lafite Rothschild, Château Mouton, Château Latour, Château Margaux, (Château Haut-Brion → *Graves).* Danach folgen die zweiten bis fünften Premiers Crus. Fachleute sind heute mit der Klassifizierung nicht mehr einverstanden. Unbestritten sind die ersten fünf Crus.

Médoc-Klassifizierung → Bordeaux-Klassifizierung.

Meeraal *(frz.: anguille de mer, w.; engl.: congre)* → *Aal.* Naher Verwandter unserer Flussaale; hält sich aber nur im Meer auf. Er kann bis 2 m lang werden. Er ist aber daher lange nicht so fein im Geschmack. Er wird in den Mittelmeerländern vielfach für Spezialgerichte verwendet, beispielsweise in Bouillabaisse.

Meerbarbe *(frz.: rouget, m.; engl.: barbet)* → *Barbe.* Salzwasserfisch, ähnlich dem Rotbarsch, jedoch schlanker, kleiner und nicht ganz so stachelig. Bestandteil der Bouillabaisse.

Meeresdattel. Sie ist im Mittelmeer zu Hause, ist durch ihre Form der Miesmuschel nahe und lebt auf dem Felsengestein. Man isst sie roh, kann sie aber auch nach den verschiedenen Rezepten für Miesmuscheln zubereiten.

Meeresmandel. Muschelart. Man findet sie während des ganzen Jahres an der Atlantikküste, besonders in der Bretagne. Man isst sie roh.

Meerforelle → *Lachs.* Salzwasserfisch.

Meerrettich *(engl.: horseradish; frz.: raifort, m).* Über die Ableitung der ersten Silbe „Meer" ist man sich nicht völlig einig. Wahrscheinlich ist hiermit das angelsächsische Wort für „Mähre", also Pferd, gemeint, denn vermutlich wollte man in früheren Zeiten das genießbare vom ungenießbaren Gemüse unterscheiden – wie z. B. auch Saubohne oder Rosskastanie – indem man vor den Eigennamen des Gemüses noch einen Tiernamen setzte. Die etwas knorrige Wurzel ist gar nicht so leicht anzubauen, denn der

Meertrübeli

Meerrettich treibt zwar Blüten, bildet aber keinen Samen aus. Die Fortpflanzung erfolgt über eine komplizierte Abtrennung junger Wurzeltriebe. Seine Erntezeit ist von September bis Oktober. Meerrettich wird auch Kren genannt (Süddeutschland und Österreich). Sein Vitamin-C-Gehalt ist doppelt so hoch wie der der Zitrone, darüber hinaus besitzt er die lebenswichtigen Vitamine B_1 und B_2 sowie die Mineralstoffe Kalium und Kalzium. Die scharfe Vitaminwurzel hat auch antibiotische Wirkung, die auf ihren hohen Anteil an natürlichen Senfölen zurückzuführen ist, die auch für den scharfen Geschmack und den intensiven Geruch verantwortlich sind.

Meertrübeli. Schweizer Ausdruck für Johannisbeeren.

Mehl. Staubfein vermahlene Getreidekörner (bes. Roggen und Weizen). Wichtiges Nahrungsmittel, enthält neben ca. 70 % Kohlenhydrate u. a. Proteine (Kleber), Salze, Vitamine, deren Anteil mit der Verwendung der Schalenrandschichten durch stärkere Ausmahlung steigt. Die Mehltypen-Nummer gibt den Aschegehalt und damit den Ausmahlungsgrad an. Zwischen- bzw. Nebenprodukte bei der Mehlherstellung sind Dunst, Grieß, Schrot und Kleie.

Mehlieren. In Mehl wenden – kein Panieren! Weißes Fleisch und Fisch wird mehliert, um das Nahrungsmittel nach außen hin abzuschließen, ihm zusätzliche Farbstoffe zu verleihen (Mehl wird beim Bratprozess braun).

Mehltau. → *Oidium* – echter Mehltau auch Äscherich. Pilzkrankheit, Mitte des vorigen Jahrhunderts aus Nordamerika eingeschleppt. Mehltaupilze können während der Vegetationszeit Blätter, Gescheine und Triebe befallen. Sie überziehen die Pflanze mit einem mehligen, aus Pilzfäden bestehenden Belag. Stark mit Mehltau befallene Trauben können bei dem Wein einen unangenehmen Schimmelgeschmack geben. Er wird mit Schwefelpulver bekämpft.

Mehltype. Aschegehalt von 100 g wasserfreiem Mehl in Milligramm ausgedrückt.

Mehrwertsteuer → *Umsatzsteuer.*

Meinungsführer. Personen unter den Gästen (Nachfragern), die bereit sind, besondere oder neue Angebote schnell aufzugreifen (Konsumpioniere) und ihre Meinung darüber ihren Bezugsgruppen mitzuteilen. Sie machen auf diese Weise eine für die Gastronomie unverzichtbare Mund-zu-Mund-Propaganda. Die Wirkung dieser Werbung hat eine hohe psychologische Wirkung, da mit der Meinungsäußerung des Meinungsführers keine Verkaufabsicht verbunden ist. Sie ist umso größer, je stärker die Anerkennung des Meinungsführers ist, die er in seiner Gruppe genießt.

Melange. Kaffee mit viel Milch, evtl. Zugabe von Schlagsahne.

Melanoidine. Röstbitterstoffe, die bei trockener Hitzeinwirkung auf Eiweiß in Verbindung mit Kohlenhydraten entstehen.

Melanzani. Ital. Ausdruck für → *Auberginen.*

Melasse (aus Zuckerrohr). Ein bei der Zuckerfabrikation anfallender zäher Rückstand von schwarzbrauner Farbe. Melasse wird u. a. vergoren und zu Alkohol destilliert. Das Destillat ist → *Rum.*

Melba. Nelly, eigentlich Helen Porter Mitchell (1861–1931), australische Sängerin. Klass. Garnitur z. B. Pfirsich Melba.

Meldebestand. Höhe des Lagerbestandes, bei der durch Meldung – meist an den Einkauf – eine neue Bestellung eingeleitet wird. Der Meldebestand ist so berechnet, dass bis zum Eintreffen der neuen Lieferung kein Fehlbestand entsteht.

Meldebestand

$$= \left[\frac{\text{Verbrauch}}{\text{pro Tag}} \times \frac{\text{Tage der}}{\text{Lieferzeit}}\right] + \begin{array}{l}\text{eiserner}\\\text{Bestand}\end{array}$$

Er kann in der Lagerkurve wie folgt gekennzeichnet werden:

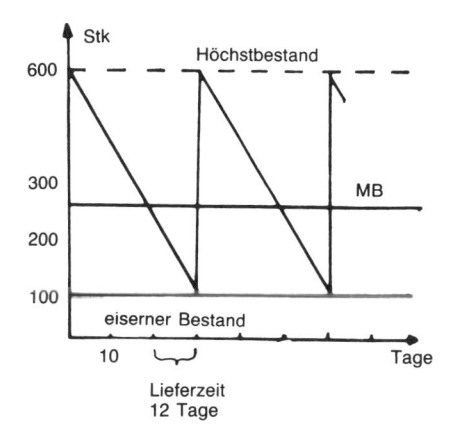

```
Stk
600 ┤- - - Höchstbestand - - -
      \      \      \
300    \      \      \    MB
200 ────\──────\──────\──────
100      \      \      \
      eiserner Bestand
      10  └─┬─┘                Tage
         Lieferzeit
         12 Tage
MB = Meldebestand
```

Meldewesen. Grundlage ist das Meldegesetz. Danach hat der *Gast* folgende Pflichten: **a)** am Tag der Ankunft einen *besonderen Meldeschein* handschriftlich auszufüllen, **b)** diesen zu unterschreiben, **c)** darin Angaben zu machen über den Tag der Ankunft und voraussichtliche Abreise, Familienname und gebräuchliche Vornamen, Tag der Geburt, Anschrift und Staatsangehörigkeit, **d)** Aufführung eines mitreisenden Ehegatten auf dem gleichen Schein, **e)** Angabe der mitreisenden Kinder unter 18 Jahren (Anzahl genügt). Bei Reisegesellschaften von mehr als 10 Personen ist der Reiseleiter verpflichtet, den Meldeschein mit Zahl der Reisenden und Herkunftsland auszufüllen. Der *Beherbergungswirt* hat folgende Pflichten: **a)** den Gast darauf hinzuweisen, dass er den Meldeschein handschriftlich auszufüllen hat und darauf einzuwirken, dass er das tut. Weigert sich der Gast, braucht er das nicht mehr anzuzeigen, **b)** die besonderen Meldescheine ein Jahr vor unbefugter Einsicht gesichert aufzubewahren und sie für die Einsicht durch die Meldebehörde bereitzuhalten, **c)** gegebenenfalls bei Verlangen der Meldebehörde dieser auszuhändigen, **d)** die besonderen Meldescheine nach Ablauf eines Jahres (Aufbewahrungspflicht) zu vernichten, **e)** Bei Gästen, die länger als zwei Monate bleiben, dafür zu sorgen, dass sie ihrer allgemeinen Meldepflicht genügen (Anmeldung unter Vorlage der Abmeldebestätigung). Fremdenverkehrsverzeichnisse brauchen nicht mehr geführt zu werden. (Länder- und Gemeindebestimmungen beachten!)

Melieren. franz. mêler = (ver)mischen (ver)mengen, Fachausdruck für vorsichtiges Unterheben von Eischnee, geschlagener Sahne, Mehl u. Ä. unter empfindliche Massen.

Melis. Veraltete Bezeichnung für gemahlenen gelbstichigen Verbrauchszucker. Der Name leitet sich von Melita, dem früheren Namen der Insel Malta ab.

Melitta. Heute bekannter Markenname für Kaffeefilter. Leitet sich ab von Melitta Bentz, die 1908 den Rundfilter und 1935 den Schnellfilter für Kaffee erfand.

Melone. Frucht mit sehr saftigem Fleisch und einem leicht zu entfernenden Kerngehäuse in unterschiedlichen Arten. Wassermelonen sind außen grün und innen rot. Sie werden in der Gastronomie weniger verwendet als: Honigmelonen (außen gelb und länglich); Ogen-M. (runder und eher kremfarben) und Chartenaise-M. (etwas größer und außen grün), die alle gut zu Schinken als Vorspeise passen.

Menage *(frz.: ménage, m.).* Gestell mit Pfeffer, Salz, Essig, Öl und anderen Gewürzen für den Gast auf dem Restauranttisch.

Mengen-Disposition. Festlegung der Warenmengen, die der Betrieb benötigt. Folgende Merkmale werden berücksichtigt: **a)** Lagerfähigkeit der Waren (Haltbarkeit), **b)** Lagermöglichkeiten (Raumkapazitäten, Eignung), **c)** Finanzierungsmöglichkeiten (Liquidität), **d)** Sicherheitsstreben (→ *Mindestbestände),* **e)** Preiserwartungen (→

Rabatt, → *Skonto),* **f)** Lagerkosten (Zinsen → Lagerkosten, **g)** Bestellkosten (Fixe Kosten pro Bestellung).

Mengenelemente → *Mineralstoffe,* die in größeren Mengen im Organismus vorkommen. Dazu gehören: Natrium, Kalium, Calcium, Magnesium, Chlor und Phosphor.

Menü *(frz.: menu, m.).* Aufzeichnung der Gänge einer Speisefolge.

Menüdienste → *Catering.*

Mercerisieren. Verfahren, um Baumwolle Glanz und erhöhte Festigkeit zu verleihen.

Mercurey → *Chalonnais.*

Merguez. Spezielle Wurst aus Rind- und Hammelfleisch (auch Lammfleisch), die in Aussehen und Zusammensetzung Bratwurst entspricht. Die Merguez stammt ursprünglich aus Nordafrika und Spanien. Sie ist in der Regel in dünnkalibrige Schafsaitlinge gefüllt. Charakteristisch ist ihr würziger Geschmack: Sie wird mit sehr viel Paprika, Knoblauch, Pfeffer, Cumin und anderen herzhaften Gewürzen verfeinert. Auch Chilies werden ausgiebig verwendet. In diesem Fall unterscheidet man die Merguez in Merguez doux oder Merguez forte. Der hohen Dosis von Paprika, Chillies und Carmin de Cochenille als Farbstoff entsprechend ist die Wurst kräftig rot gefärbt. Man verzehrt sie gebraten oder gegrillt, meist mit Zugabe von Harissa (Chilipaste). Teilweise wird Merguez auch mit Schweinefleisch hergestellt, darf dann aber nicht als „echte Merguez" bezeichnet werden.

Méridon d'écrevisses. Klassische französische Küche. Eine Kuppelform, die mit Butter ausgestrichen wird und erkaltet. In den Buttermantel wird ein Dekor von Trüffeln, Kräutern und Krebsschwänzen fixiert. Als Füllung ein Butterreis mit Krebsen (ausgebrochen), Trüffeln, etwas Krebsbutter, gestürzt, Sauce cardinale als Umlage.

Meringue → *Baiser.*

Merlan. Als Weißer → *Wittling* bekannt. Zeichnet sich durch feines, zartes Fleisch aus. Der Merlan hält sich in Küstennähe in Tiefen bis zu 200 m auf und erreicht in der Nordsee eine Länge von 40 cm. Er ernährt sich von Garnelen, Schwimmkrabben, Kleinhering, Sandaal und Stintdorsch. Sein Verbreitunsgebiet erstreckt sich auf den ganzen Atlantik, von der Straße von Gibraltar bis zu den Lofoten. Der Merlan enthält 18,4 % Eiweiß und nur 0,5 % Fett. Er eignet sich zum Kochen, Braten, Backen und Dünsten sowie zur Herstellung von Farcen.

Merlot. Rote Rebsorte, die häufig angebaut wird. Die Weine aus dieser Rebe sind körperreich und voll. Eine Spielart dieser Traube ist die Weißweinrebe Merlot blanc; jedoch ohne größere Bedeutung.

Merlot Blanc → *Merlot.*

Mesclun. Salatmischung von ausschließlich grünen Salaten, worunter auch wilde Sorten vertreten sind. Ursprünglich von der Côte d'Azur. Zusammenstellung häufig: Roquette, grüner Löwenzahn, Kerbel, Trevise, kleiner Kapuzinerbart, Pousse de Frisée und Endivie.

Messbecher → *Jigger.* In der Bar sollte grundsätzlich mit einem Messbecher gearbeitet werden. Er besteht aus zwei Teilen mit den Maßeinheiten 2 cl und 4 cl. → *Barmaße.*

Messbescheid → *Steuerbescheid.*

Met. Germ. „Honigwein"; Heute: Honig und Wasser (1 : 2).

Metabolismus. Stoffwechsel. Die gesamten Vorgänge des Abbaus und der Umwandlung von Substraten (Nahrungsmittel, Sauerstoff) sowie des Zerfalls und Ersatzes der Körperbestandteile.

Methode Ancestrale. Andere Bezeichnung für → *Methode Rurale*.

Methode Champenoise → *Champagner-Herstellung*.

Methode Rurale. Bei der Schaumweinherstellung wird hier der Most direkt zum Schaumwein vergoren. Alte Herstellungsart für Schaumweine, die z. B. in den Anbaugebieten Côtes du Rhône und Piemont Anwendung findet.

Methodik *(Griech.: methodos – Unterrichtsanweisung)*. Verfahren, Mittel des Lehrens und Lernens. Fragen: Wie? Womit? Der bewusst eingeschlagene Weg, der zum Ziel führt, die Lösung eines Problems bringt oder eine bestimmte Lösungsmöglichkeit aufzeigt.

Methodo Classico. In Italien anstatt der → *Methode Champenoise* im Gebrauch.

Methusalem. Flaschengröße mit dem 8fachen Inhalt der Normal-Flasche, also 6 l.

Methylalkohol (Methanol). Darf lt. Gesetz in Trinkbranntweinen nicht vorhanden sein, kommt aber vor allem in Trester- und Obstbranntweinen in sehr geringen Mengen vor. Aus technischen Gründen ist eine vollkommene Ausscheidung bei der Branntweingewinnung nicht möglich. Methylalkohol ist giftig und kann je nach der aufgenommenen Menge zu Gesundheitsschäden führen.

Metternich. Clemens Fürst von M. (1773–1859), österr. Staatsmann. Klass. Garnitur z. B. Kalbsrücken Metternich.

Metze. Ehemals in Deutschland gebräuchliches Maß, entspricht 3 Pfund.

Meule. Bezeichnung für frz. Hartkäse, die in großen Formen hergestellt werden (Dimensionen, die an Mühlräder erinnern), z. B. Beaufort, Emmental, Comte.

Meyerbeer, Giacomo (1791–1864). Eigentlich Jakob Meyer Beer, Opernkomponist und preuß. Generalmusikdirektor, Klass. Garnitur z. B. Rumpsteak Meyerbeer.

Mezcal. Destillierte → *Pulque*, die spanische Ursprungsbezeichnung für → *Tequila*. Bei Mezcal werden die Agavenherzen nicht im herkömmlichen Sinne in Öfen bei ca. 60 °C 24 bis 36 Stunden gegart, sondern in einer mit Steinen ausgelegten Grube geröstet und anschließend zerkleinert und gepresst.

Mezzeh → *Maza*.

Michelsrebe. Tafeltraube, aus zwei Spielarten des Rieslings gezüchtet.

Mi-Chèvre. Ziegenkäse, der mit höchstens 75 % Kuhmilch vermischt worden ist. Reine Ziegenmilchkäse tragen den Aufdruck „pur chèvre".

Micker. Fettgewebe zwischen den Därmen des Schweines.

Middlecut. Englisches Wort für → *Mittellauf*.

Middle-Management → *Management-Pyramide*.

Midi. Bezeichnung für das südfrz. Weinbaugebiet, das die Gebiete Provence, → *Languedoc/Rousillon* einschließt. Vins du Midi ist ein Sammelbegriff für Weine einfacher Qualität aus Südfrankreich.

Mie de Pain (Mitte des Brotes). Entrindetes, geriebenes Weißbrot.

Miesmuschel *(auch: Pfahlmuschel, Moor- und Schlammmuschel; frz.: moule, w.; engl.: mussel)*. In allen Meeren vorkommend. 50 kg Muscheln ergeben je nach Qualität 7–12 kg Muschelfleisch. Saison: Oktober bis April. Muscheln von den Haltefäden be-

Miete

freien, sorgältig waschen. Tiere mit offener Schale auslesen; Vergiftungsgefahr!

Miete (§§ 535–580 BGB). Die entgeltliche Überlassung einer Sache zum Gebrauch. Der zugrundeliegende Vertrag ist ein Mietvertrag zwischen Mieter und Vermieter, der nur dann der Schriftform bedarf, wenn er sich auf Grundstücke bezieht und für länger als ein Jahr abgeschlossen wird. Gemietet werden können: **a)** bewegliche Sachen (Autos, Schreibmaschinen, Wäsche, Kühlschränke), **b)** unbewegliche Sachen (Wohnungen, Häuser, Geschäftsräume). Der Vermicter hat den Gebrauch zu gewähren, der Mieter den Mietzins zu zahlen und den Mietgegenstand nach Ablauf der Mietzeit in ordnungsgemäßem Zustand zurück geben. Eine besondere Form der Miete ist das → Leasing.

Mietkauf → Leasing.

Mietvertrag → Miete.

Mietwohngrundstück. Begriff entstammt dem Bewertungsrecht und wird in gleicher Weise bei verschiedenen Steuerarten verwendet. Es handelt sich um ein bebautes Grundstück, das zu mehr als 80 % Wohnzwecken dient, aber nicht Ein- oder Zweifamilienhaus ist. Das heißt also, es handelt sich um Mehrfamilienhäuser. Der Wert solcher Mietwohngrundstücke wird i. d. R. nach dem Ertrag berechnet (Ertragswertverfahren; seltener Sachwertverfahren).

Mifletrie. Bezeichnung für Walliser Weine aus überreifen eingeschrumpften Trauben, meist aus den Traubensorten Malvoisie, Johannisberg, Amigne, → Riesling. Der als → Fletrie bezeichnete Wein ist süßer als Mifletrie ohne gesetzliche Grundlage. Ab 4 g Restzucker je Liter besteht in der Schweiz Deklarationspflicht.

Migration. Aus jedem Material, ob Glas, Keramik, Metall oder Kunststoff, entweichen Spuren, die in Füllgüter übergehen können. Man nennt das „Migration". Für die Zulassung eines Stoffs für Lebensmittel muss sichergestellt sein, dass keine für die Gesundheit des Menschen schädliche Stoffe übergehen. Bei Einweggeschirr lässt sich eine Migration in der Regel nicht nachweisen. Sie liegt in jedem Fall unterhalb der Geschmacks- und Geruchsschwelle.

Mijotieren. Bei ganz schwacher Hitze schmoren oder dünsten.

Mikroben, mesophile. Mikroben, die sich bei mittleren Temperaturen von 30 bis 35 °C am besten vermehren. Sie zeigen bei über 45 °C und bei unter 15 °C deutlich verlangsamtes Wachstum. Über 48 °C und unter 8 °C können sie sich nicht mehr vermehren. Die meisten Mikroben sind mesophil, insbesondere Darm- und Bodenbakterien, Hefen und Schimmelpilze.

Mikroben, psychotrophe. Mikroben, die sich zwischen 10 und 15 °C am besten vermehren, bezeichnet man als psychotroph (kälteliebend). Einige Vertreter dieser Gruppe können auch bei Gefriertemperaturen und sogar bei −12 °C noch wachsen, wenn auch sehr langsam. Bei −25 °C stellen sie ihr Wachstum ein (Botulimus-Bazillus).

Mikroben, thermophile. Mikroben, die sich bei Temperaturen zwischen 50 und 55 °C am besten vermehren, bezeichnet man als thermophil (wärmeliebend). Sie brauchen für ihr Wachstum mindestens 40 °C Wärme und stellen erst bei über 65 °C ihr Wachstum ein. Einige Arten der Milchsäurebakterien gehören zu den thermophilen Mikroben.

Mikrowellen. Unsichtbare elektromagnetische Wellen, die zu den nicht ionisierenden Strahlen gehören. Für Mikrowellen im Kochbereich wird weltweit die Frequenz von 2450 Megahertz (MHz) verwendet. Zu den nicht ionisierenden Strahlen gehören ebenfalls Radio- und Fernsehwellen, Infrarot- und gewöhnliches Licht. Bei genügender Intensität bewirken solche Wellen lediglich einen Temperaturanstieg. Diesen rein physikalischen (thermischen) Effekt hätten Mikrowellen auch außerhalb eines Mikrowellengerätes.

Mikrowellengerät. Beim Mikrowellenkochen entsteht die Wärme im Lebensmittel selbst. Das Herzstück eines jeden Mikrowellengerätes ist eine Senderöhre, das Magnetron. Hier entstehen die Mikrowellen und von hier aus werden sie in den Garraum geleitet. Von Metallen werden Mikrowellen reflektiert. In Nahrungsmitteln, können Mikrowellen eintreten und versetzen deren Moleküle in Schwingungen; dadurch entsteht Wärme, die das Kochgut erhitzt. Dieser Prozess hört bei jedem Funktionsunterbruch des Magnetrons sofort auf.

Milch. 1. Im Allgemeinen versteht man darunter Kuhmilch. Als Sorten werden angeboten: → *Rohmilch,* → *Vorzugsmilch,* → *Vollmilch,* → *Teilentrahmte Milch* und → *Entrahmte Milch.* Milch enthält die Hauptnährstoffe: 3,5 % Fett, 4,7 % Milchzucker, 2,8 % Kasein, 0,7 % Albumin (beides Proteine) und 0,7 % Mineralsalze. Weiter enthält Milch die Vitamine der fettlöslichen Gruppe A, D, E, F (essenzielle Fettsäuren), K und die wasserlöslichen Vitamine B und C, außerdem 87 bis 88 % Wasser. 2. (Milcher, Milke, Midder, Schweser, Bries, Broschen, *frz. ris de...). Bes.* vom Kalb und Lamm = ris de veau, ris d'agneau. Thymusdrüse = Wachstumsdrüse, unter dem oberen Teil des Brustbeins liegend, die ab dem zweiten Lebensjahr eine Rückbildung durchmacht.

Milchbar. → *Bewirtungsbetrieb,* in dem vorzugsweise Milch und Milchgetränke angeboten werden.

Milchlikör. → *Emulsionslikör* unter Verwendung von Milch, meist auch Eigelb, hergestellt. Verdickungsmittel und Stärkesirup sind nicht zugelassen. Mindestalkoholgehalt: 14 % Vol.

Milchner. Geschlechtsreifer männlicher Fisch.

Milchreife. Reifezustand von Getreide: Das Getreidekorn reift langsam heran. Zunächst ist das Innere des Korns noch milchig-weiß und halbfest, dann wird es wachsartig fest und gelb, danach erreicht es seine endgültige Festigkeit und Farbe. Der erste Reifezustand ist die Milchreife, gefolgt von der → *Gelbreife* und → *Vollreife.* Erntet man ein Getreidekorn in der Milchreife, so ist es ganz weich und natürlich auch nicht lagerfähig. Es schmeckt sehr aromatisch und ist leichter verdaulich, da es noch nicht so kompakt und verfestigt wie das ausgereifte Korn ist.

Milchsäurestich. In säurearmen Weinen auftretende Krankheit. Die Weine haben einen an Sauerkraut erinnernden Geruch und einen sauren kratzenden Geschmack. Verursacher sind verschiedene Milchsäurebakterien.

Milchspeiseeis. Enthält mindestens 70 % pasteurisierte, sterilisierte oder abgekochte Vollmilch. Bei Verwendung von fermentierten Milchsorten (Joghurt, Kefir) an Stelle von Milch müssen der Milchfettgehalt und die fettfreie Trockenmasse dem Gehalt der Vollmilch entsprechen.→ *Speiseeisverordnung.*

Milch-Teigwaren. Teigwaren besonderer Art, mit mindestens 20 g Milchtrockenmasse entsprechender Menge Milch oder Milchpulver pro kg Getreidemahlerzeugnis.

Milchzucker → *Lactose.*

Milder Senf. Der Unterschied zum → *scharfen Senf* besteht darin, dass man dem milden Senf die Senfkorn-Hülsen belässt und nicht passiert. Außerdem enthalten die milden Senfsorten weniger Trockenextrakt. Sein Anteil darf jedoch nicht unter 20 % liegen. Diese Senfsorten werden auch gelber Senf, grüner Senf, brauner Senf oder violetter Senf genannt. Die bekannteste frz. milde Senfsorte ist die „moutarde à l'ancienne",

Millésime

das bedeutet „auf alte Art". Hier werden verschiedenfarbige Senfkörner zur Herstellung verwendet.

Millésime. Bezeichnung für → *Jahrgangs-Champagner.* Die Cuvée dieses Champagners besteht aus dem Verschnitt von Weinen verschiedener Lagen, nur eines einzigen, besonders guten Jahrgangs. Bei Millésime ist fünf Jahre Lagerung auf dem Hefesatz vorgeschrieben. Auch bei frz. Wein verwendet.

Milostärke. Sorgnumstarke. Aus verschiedenen Hirsearten gewonnene Stärke. Sie hat ähnliche Eigenschaften wie die → *Maisstärke.*

Milou-Pro. Mehl aus Baumwollsamen. Proteinanteil 60 %. Das Produkt besitzt eine braune Farbe und einen nussigen Geschmack. Durch Hinzufügen von 10 % „Milou-Pro" erhöht sich z. B. beim Brötchen der Protein-Gehalt um 50 % gegenüber einem herkömmlichen Brötchen. Durch die erhöhte Wasseraufnahme von „Milou-Pro" bleibt das Backgut länger frisch.

Mindestbestand. Kennziffer für den Bestand, der permanent im Lager vorhanden sein muss und nicht unterschritten werden darf, es sei denn, **a)** dass die geplante Beschaffungszeit überschritten werden muss, **b)** dass der tatsächliche Warenverbrauch größer ist als der geplante. Ermittlung: MiB = Tagesverbrauch (Ø Bedarf) × Sicherheitszuschlag in Tagen (Sicherheitstage).

Mindestmilchfettkonzentration (MMFK). Lebensmittelrechtliche Verordnung für die Speiseeisherstellung. Rahmeis (Parfait): 18 % MMFK, Milchspeiseeis: 2,45 % MMFK, Eiskrem: 10 % MMFK, Fruchteiskrem: 8 % MMFK, Einfacheiskrem: 3 % MMFK.

Mineola. Neugezüchtete Zitrusfrucht. Eine Kreuzung der Duncan-Grapefruit und der Dancy-Tangerine. Sie ist bei uns ab Anfang Januar zu haben. Die Frucht hat in etwa die Form einer Glocke und ist fast so groß wie eine Apfelsine. Die Schale ist glatt, mitteldünn und von dunkelroter Farbe. Das Fruchtfleisch ist kernarm, orangenfarbig, zart, saftig, sehr aromatisch und kräftig-herb im Geschmack.

Mineralstoffe. Anorganische Bestandteile des Körpers und der Nahrung, die bei der Verbrennung als Asche meist in Form von Mineralsalzen zurückbleiben. Der Gehalt im menschlichen Organismus beträgt ca. 5 %, davon in den meisten Organen 1 % und im Skelett 25 %. Nach ihrem mengenmäßigen Vorkommen werden die M. in → *Mengenelemente* und → *Spurenelemente* unterteilt.

Mineralwasser → *natürliches Mineralwasser.*

Minervois. Frz. Weinbaugebiet mit dem Status → *V.D.Q.S.,* das zu der Region → *Languedoc* gehört. In diesem Gebiet werden Rot- u. Weißweine und Roses produziert. Die Weinbautradition reicht zurück bis zur Römerzeit. Bei ca. 18 000 ha Rebfläche beträgt die durchschnittliche Jahresernte ca. 600 000 l Wein. Die Weine bestehen aus einer Rebenmischung von → *Carignan,* → *Grenache* und → *Cinsault.* Sie sind körperreich und kräftig und reifen lange.

Minibar. Zusatzangebot mit werbendem Charakter. Heute in den meisten größeren Hotels in jedem Zimmer vorhanden. Es ist zu überdenken, ob der Einbau selbst finanziert wird oder ob ein Leasingvertrag abgeschlossen wird. Die Aufstellung von Minibars bedarf einer täglichen genauen Kontrolle, um nicht durch unbezahlte Entnahmen Verluste zu erleiden. Heute werden auch schon Minibars mit Selbstkontrolle angeboten.

Minijobs. → *geringfügige Beschäftigung.*

Mint Jelly. Im Handel erhältliches Pfefferminzgelee; passt als Beilage zu Lamm- und Hammelfleischgerichten.

Mint-Sauce. Pfefferminzsauce, passend zu Hammel- und Lammfleischbraten. → *Spezialsaucen.*

Minze. Gattung der Lippenblütler. Von den in Deutschland heimischen Arten sind häufig zu finden: Acker-, Wasser-, Ähren-, Ross- und Poleiminze. Die Minzearten bilden zahlreiche Bastardformen, von ihnen ist wirtschaftlich wichtig die Pfefferminze, wegen ihres Gehaltes an ätherischem Öl (Menthol). Eine Form der Pfefferminze mit krausen Blättern ist die Krause Minze.

Mirabeau, Honoré Gabriel Riquetti Graf M. (1749–1791). Präsident der frz. Nationalversammlung. Klass. Garnitur z. B. Rumpsteak Mirabeau.

Mirepoix. Röstgemüse. Bestehend aus würfelig geschnittenen Zwiebeln, Lauch, Karotten, Sellerie, Knoblauch, zerdrückten Pfefferkörnern, Lorbeer, Thymian. Wie beim → *Bouquet Garni* werden auch hier mehrere Arten von Mirepoix verwendet, welche sich nach dem Gericht richten. Weiße Mirepoix für Kremsuppen, Braten-Mirepoix für braune Grundsaucen, Braten.

Mirin. Japanische Bezeichnung für einen sehr süßen → *Reiswein,* der fast ausschließlich zum Kochen verwendet wird. Die Alkoholstärke beträgt ca. 8 % Vol. (normaler Reiswein 15 % Vol.).

Mirliton. Gefüllte Blätterteigtörtchen, bekannt: „Mirliton de Rouen", mit einer Royal-Masse gestockt.

MIS. Abkürzung für „Management-Informations-System". Besondere Form des → *Management by System,* bei dem Computer steuern und dafür sorgen, dass Führungskräfte schnell und umfassend mit aktuellen Informationen interner und externer Art versorgt werden, um Entscheidungen sicher treffen zu können. Datenbänke und Datenstationen gewährleisten im Bedarfsfall den Abruf erwünschter Informationen.

Mischbrote. Brot, das von Mischungen aus Mahlerzeugnissen des Weizens und des Roggens hergestellt wird. Die Namensgebung erfolgt nach dem überwiegenden Mehlanteil: Roggenmischbrot mehr als 50 % Roggenmehl. Die Bezeichnung Mischbrot ohne Mehlangabe besagt, dass 50 % Roggen- und 50 % Weizenmehl verwendet wurde.

Mischsatz. Rebfläche, auf der verschiedene Rebsorten angebaut werden.

Mis (oder Mise) en bouteille au Chateau. Hinweis auf eine Abfüllung auf dem Weingut des Erzeugers. Diese Bezeichnung garantiert die Echtheit des Weines. Vor allem Bordeauxweine werden unter dieser Bezeichnung angeboten.

Mis en bouteille au Domaine (→ *mis en bouteille au Chateau).* Gleiche Aussage, aber hauptsächlich in Burgund benutzt.

Mis en bouteille dans nos Caves, bedeutet, dass der Wein von einem Händler in seinen Kellereien abgefüllt worden ist. Die Kellereien müssen nicht in Anbaugebieten liegen, aus denen der Wein stammt.

Mise en place. Wörtlich übersetzt: „an den Platz gelegt". In der Praxis heißt Mise en place jedoch Vorbereiten, Bereitstellen von Material, Geräten etc. Diese Vorbereitungen, die Mise en place, sind notwendig, um das Arbeiten perfekt durchführen zu können.

Misli → *Ghee.*

Miso. Japanische Sojabohnenpaste, die aus dem gesalzenen Gärungsprodukt gekochter Sojabohnen, gekochten Weizens oder Reises besteht. Die wichtigsten Sorten sind „aka miso" und „shiro miso". Dicke japanische Suppen basieren meist auf mit miso verrührtem → *Dashi.*

Mistelas. Frz. Ausdruck für Traubensäfte, die mit Alkohol stumm gemacht worden sind.

Mistellen

Die Gärung des Traubensaftes wird durch den Zusatz von Alkohol unterbrochen, „stumm" gemacht. Durch die Unterbrechung bleibt die gewünschte Restsüße erhalten.

Mistellen. Moste, denen soviel Alkohol zugesetzt wurde, dass eine Gärung ausbleibt. Sie enthalten etwa 15 bis 18 % Vol. Alkohol. Sie dienen als Grundweine für Aperitifs und Südweine.

Mitarbeiterbesprechung → *Mitarbeitergespräch.*

Mitarbeiterbeurteilung. Betriebliches Führungsmittel der Unternehmensleitung für einen rationellen Mitarbeitereinsatz, für sinnvolle Mitarbeiterförderung und gerechte Lohn- und Gehaltsbemessung. I. *Arten:* **a)** Rhythmische: Erfolgt zu festgelegten Zeitpunkten für eine bestimmte Gruppe, um Entwicklungsstand, Förderungsmaßnahmen und Einsatzmöglichkeiten zu überprüfen, **b)** Sporadische: Erfolgt aus konkretem Anlass (Ablauf der Probezeit, Beförderung, Gehaltserhöhung, Ausscheiden u. a.) und bezieht sich auf einen bestimmten Mitarbeiter. II. *Stufen:* **a)** Beobachtung: Leistung und Verhalten des Mitarbeiters werden kontinuierlich erfasst, **b)** Beschreibung: Aufzeichnung der beobachteten Eindrücke: 1) freie Beschreibung = Individuelle Beurteilung auf einem Blankobogen, 2) gebundene Beschreibung = Genormte Beurteilung auf einem Formbogen (Fragebogen), 3) Mischform = Beurteilung auf einem Formbogen, der Erläuterungen zulässt, **c)** Bewertung: Klassifizierung nach vorgegebenen Bewertungsmerkmalen und Bewertungsstufen auf der Grundlage des → *Anforderungsprofils.* III. *Fehler:* **a)** durch Individualverhalten des Beurteilers: 1) Extreme Maßstäbe (Milde, Durchschnitt, Strenge), 2) Halo-Effekt (Überstrahlungseffekt, dominierender Eindruck eines Einzelmerkmals), 3) Furcht vor Beurteilungsgespräch, 4) Zeitdruck, 5) Mangelnde Schulung, 6) Einfluss gegenwärtiger Stimmungslage, 7) Kritikloser Rückgriff auf frühere Beurteilungen, 8) Rückgriff auf Beurteilungen anderer, 9) Einfluss von Gefühlen (Sympathie, Antipathie), 10) Vorurteile (Gruppen, Rassen, Nationalitäten u. a.), 11) Gruppenegoismus (Einstellung, dass Mitarbeiter der eigenen Gruppe die besten sind), **b)** durch Beurteilungsmethode: 1) freie Beschreibung (Wichtiges wird bewusst oder unbewusst vergessen), 2) Methode mit zu geringer Differenzierung (zu wenig Bewertungsstufen), **c)** durch Umwelteinflüsse 1) Disharmonische Gruppenstruktur, 2) Familiäre Schwierigkeiten, 3) Augen-blickliche außergewöhnliche Situation, 4) Störfaktoren am Arbeitsplatz.

Mitarbeitereinführung. Betriebliche Maßnahme, die gewährleisten soll, dass neue Mitarbeiter möglichst schnell produktiv tätig werden (Leistungsfähigkeit), die Kosten des Personalwechsels gering gehalten werden (Fluktuationsrate), Mitarbeiter sich im Betrieb wohlfühlen (Betriebsklima) und sich in die Arbeitsgruppe integrieren (Gruppendynamik).

Mitarbeiterführung. Führungstechnik, die wesentlich zum Erfolg der Unternehmung beiträgt. Geht man davon aus, dass Kompetenz und Verantwortung sich immer entsprechen sollen, wenn einer Person oder einer Instanz eine Aufgabe übertragen wird, sollten folgende *Grundsätze* der Mitarbeiterführung beachtet werden: **1)** Genaue Festlegung von Aufgaben und Kompetenzen der Mitarbeiter, damit diese wissen: a) was sie tun sollen, b) mit welchen Maßstäben ihre Arbeit gemessen wird, c) wem sie verantwortlich sind, d) wem gegenüber sie weisungsbefugt sind. **2)** Zuweisung von Aufgaben, die den Fähigkeiten des Mitarbeiters entsprechen, damit dieser weder über- noch unterfordert ist. **3)** Schaffung von Transparenz, damit die Arbeitnehmer eine Übersicht über ihren Arbeitsbereich und die Eingliederung derselben haben. **4)** Übertragung von Verantwortung, die einhergeht mit Entscheidungsbefugnissen. Dazu ist eine genaue Abgrenzung zur Vermeidung von Überschneidungen notwendig. Als Arbeitshilfe dient hierbei die → *Stellenbeschreibung,* bei der gleichzeitig darauf zu achten ist, dass Vorgesetzte zu ihrer Entlastung delegieren können. Im Rahmen der Mitarbeiterführung kommt dem Vorgesetzten jeweils die Aufgabe zu, die ihm anvertrauten Mitarbeiter zur Leistung und zur Erfüllung ihrer Aufgaben zu motivieren. Das setzt ganz bestimmte Verhaltensnormen voraus, die unter dem Begriff → *Führungstechniken* zusammengefasst werden.

Mitarbeitergespräch. Unter dem Zeichen der Gesprächsautorität stehende Aussprache zwischen einem Vorgeordneten mit Handlungs- und Entscheidungsverantwortung und einem bestimmten Mitarbeiter mit Informations- und Beratungsverantwortung.

MitbestG. Abkürzung für „Mitbestimmungsgesetz".

Mitbestimmung. Teilnahme der Arbeitnehmer an unternehmerischen Entscheidungen. Grundlagen für die Mitbestimmung sind fixiert im Betriebsverfassungsgesetz, Mitbestimmungsgesetz und Montan-Mitbestimmungsgesetz. Danach haben Arbeitnehmer das Recht, einen Betriebsrat zu wählen. Ein Zwang, einen Betriebsrat zu wählen, besteht nicht. Das Gesetz sieht vor, dass in Betrieben mit mindestens fünf ständig wahlberechtigten Arbeitnehmern ein Betriebsrat gewählt wird. Die Zahl der Betriebsratsmitglieder wird durch die Zahl der Arbeitnehmer bestimmt. Die Zusammensetzung soll der Zusammensetzung der Belegschaft entsprechen. Der Betriebsrat hat die Aufgabe, darüber zu wachen, dass Gesetze zugunsten der Arbeitnehmer eingehalten werden.

Mitonnieren. In Flüssigkeit langsam verkochen lassen.

Mittellauf → *Spirituosenherstellung* (2. Brennvorgang).

Mittelrhein. Bestimmtes Weinanbaugebiet, zwischen der Nahemündung und Koblenz gelegen, die Täler des Siebengebirges sind eingeschlossen. Rebfläche: ca. 480 ha, 2 Bereiche. Hauptrebsorten: Riesling, Müller-Thurgau, Spätburgunder.

Mixen/Schütteln. Durch das Mixen mit Hilfe eines Elektromixers wird eine bessere Emulsion erzielt. Bei Getränken, die als Bestandteile Sahne oder Eier enthalten, ist wegen einer möglichen Überschäumung jedoch Vorsicht geboten. Auch bei dieser Mixtechnik ist es wichtig, das Getränk nicht verwässern zu lassen. Beim Mixen von Hand oder mittels eines Handmixbechers (zweiteilig) schüttelt man so lange, bis der Becher leicht mit Reif beschlagen ist, jedoch nicht zu lange, damit sich kein Vakuum bildet. Bei starker Vakuumbildung lässt sich der Becher nur sehr schwer öffnen.

Mixed pickles. In Essig eingelegtes Gemüse.

MLC. Abkürzung von „Meat and Livestock Commission", die 1967 von der britischen Regierung ins Leben gerufen wurde. Die MLC hat die Aufgabe, die Produktion und das Marketing von britischen Rindern, Schafen und Schweinen sowie deren Fleisch zu verbessern.

MMFK → *Mindestmilchfettkonzentration.*

Mobilität. Beweglichkeit. In der Ausbildung, **a)** Förderung der horizontalen Mobilität (Umstellungsbereitschaft), **b)** Förderung der vertikalen Mobilität (Aufstiegsbereitschaft).

Mock. Unecht, vorgetäuscht (mock-turtle soup = falsche Schildkrötensuppe, die mit Kalbskopffleisch hergestellt wird).

Mockturtle-Soup. „Falsche Schildkrötensuppe." Braune Kalbskopfsuppe.

Modifizierte Stärke. Stärkeerzeugnis, dessen natürliche Eigenschaften durch besondere Behandlung verändert wurden. Die wichtigsten Behandlungsverfahren sind:

Mofongo

1. physikalisch: Durch Hitzeeinwirkung (Dampf) **2. enzymattisch:** durch stärkeabbauende Enzyme **3. chemisch:** durch Einwirkung von Säuren. Modifizierte Stärke wird meist als Verdickungsmittel oder Stabilisator verwendet. Chemisch modifizierte Stärke zählt zu den Zusatzstoffen.

Mofongo. Gericht der karibischen Küche aus scharf gewürzten, gekochten und pürierten halbreifen → *Gemüsebananen*.

Mohn. Der Name der alten Kulturpflanze (mittelhochdeutsch „mähen", althoch deutsch „maho") hängt zusammen mit griechisch „mekon" = Mohn und mit der slawischen Sippe von russisch „mak" = Mohn. Der den Germanen, Slawen und Griechen gemeinsame Pflanzenname ist wahrscheinlich in sehr alter Zeit aus einer Mittelmeersprache entlehnt worden. Der Handel unterscheidet schwarzen und weißen Mohn. Während der schwarze, auch blauer genannt, in Küche, Bäckerei und Konditorei verwendet wird, geht der weiße fast ausschließlich in die pharmazeutische Industrie. Mohn sind die kleinen rundlichen Mohnsamen. Man baut ihn vor allem in Mittel- und Südeuropa und in Asien an. Dort nennt man ihn Garten- oder Schlafmohn, weil er eine einschläfernde Wirkung hat. Die vielen Samenkörnchen findet man in einer rundlichen Kapsel, die einige Kammern aufweist. Aus dem Samen gewonnenes Mohnöl enthält etwa 40 bis 55 % Fett. Mohnöl als Speiseöl stammt von der ersten kalten Pressung.

Möhren zählen zu den Wurzelgemüsen und werden auch als Mohrrüben, Wurzeln, Karotten, Gelbe Rüben, Rüben oder Rübli bezeichnet. Sie sind gelb bis orangerot und schmecken, durch ihren Gehalt an Fruchtzucker und ihren saftignussigen Biss, roh ganz ausgezeichnet. Speisemöhren werden nach ihrer Form unterschieden. Möhren nennt man die länglichen, walzen- bis kegelförmigen Exemplare. Karotten sind kurz und rundlich gedrungen. Nach Anbau- und Erntezeit teilt man die Möhren in Frühmöhren, Sommermöhren und Spät- oder Dauermöhren. Möhren können im Kühlschrank bis zu acht Tagen aufbewahrt werden. Sie sind energiearm, weil sie leicht verdaulich und gut bekömmlich sind, weshalb sie gern in der Kinder- und Krankenernährung eingesetzt werden. Möhren sind das Gemüse mit dem höchsten Carotingehalt, der Vorstufe von Vitamin A. Die Zugabe von Fett erhöht die Carotinaufnahme im Körper.

Mohrendutte. Syn. für *Blauer Trollinger*

Mohrenkopf. Kleines halbkugelförmiges Biskuitgebäck, das mit Kochschokolade überzogen ist und in der Regel mit gekochter Vanillekrem gefüllt wird.

Mokka. a) Getränk – Stark geröstete Mokkabohnen werden zu Pulver fein gemahlen, aus dem ein starker Mokkaaufguss zubereitet wird. Je nach Tassengröße verwendet man 8 bis 15 g Pulver. **b)** Mocca – eine Hafenstadt am Roten Meer (Jemen), die als Kaffeeumschlagplatz dem Getränk den Namen gab, **c)** Mocca – eine botanische Kaffeesorte, kleiner, rundbohniger Kaffee aus Abessinien.

Mokka mit Sahne → *Emulsionslikör* mit einem besonders starken Kaffeeaufguss oder -extrakt und zehnprozentiger Kaffeesahne. Mindestanteil an Sahne 10 % Vol., Mindestalkoholgehalt 25 % Vol. Mokkaliköre müssen sich von anderen Kaffeelikören durch ein besonders starkes Aroma und besondere Geschmacksfülle unterscheiden.

Mole Poblano. Mexikanische Pfefferschotensauce mit Mandeln, Rosinen und Schokolade, für Geflügel (vorwiegend Puter) und Schweinefleischgerichte.

Molkenkäse. Sie werden hergestellt, indem man der Molke Wasser entzieht und dann Sahne, Butter oder andere Milchbestandteile zusetzt. Die bekanntesten Sorten sind die Ziegerkäse im Alpengebiet (aus Kuhmilch), Mysost, Geidost in Skandinavien und

Ricotta und Mascarpone in Italien. Der Mysost wird außer aus Kuhmilch auch noch aus Rentier- oder Ziegenmilch hergestellt.

Mollusken. Gehören zur Gruppe der Weichtiere, wie Schnecken, Muscheln und Tintenfische. Alle Mollusken sind wirbellose Tiere, deren Körper sich in vier Abschnitte unterteilen lässt: den Kopf, der die Mundöffnung und oft hochentwickelte Sinnesorgane wie Tentakel (Fühlarme) und Augen trägt; den muskulösen Fuß, der der Fortbewegung dient; den Eingeweidesack mit den meisten vegetativen Organen und den Mantel, der die Kiemenhöhle umschließt und die Schale abscheidet. Die Atmung erfolgt bei den Weichtieren durch Kiemen oder durch eine lungenartige ausgebildete Mantelhöhle. Mit Ausnahme der Austern sind die Mollusken getrenntgeschlechtlich.

Moltons *(frz.: molton, m.)*. Flauschige, filzartige Tischbeläge, die meistens abnehmbar sind. Name nach der Stoffart Molton. Die Molton-Tischunterlage gewährleistet geräuschloses Abstellen auf der Tischplatte, schützt die Tischplatte vor dem Verkratzen und vor Feuchtigkeitsringen.

Monbazillac. Likörartige Weißweine. Sie sind den → *Sauternes*-Weißweinen und den deutschen Trockenbeerenauslesen sehr ähnlich. Ein Liter Most muss mind. 221 g natürlichen Traubenzucker aufweisen. Monbazillac ist ein Untergebiet des → *Bergerac* im Südwesten Frankreichs, westlich von → *Bordeaux*.

Monopol. a) Eine Marktform, bei der auf einer Marktseite nur ein Partner steht. **b)** Öffentliche oder gesetzliche Monopole entstehen, wenn durch Rechtsvorschriften monopolistische Verhältnisse geschaffen werden (z. B. Tabak- oder Schießpulvermonopol), **c)** Finanzmonopole, die Sonderformen der öffentlichen Monopole (z. B. Branntweinmonopol).

Monosaccharid. Einfachzucker (Gegensatz zu → *Polysaccharid*) → *Zucker*. Natürliche Monosaccharide sind meist Pentosen oder Hexosen, die durch eine unverzweigte Kohlenstoffkette gekennzeichnet sind. Die wichtigsten M. siehe Abb. 52.

Monovitigno-Grappa. Grappa, der aus dem → *Trester* einer einzigen Traubensorte gebrannt wird.

Monreales. Laut EU-Qualitätsnormen eine Clementine mit mehr als 10 Kernen – auch Clementinen Monreales. Wegen der Kernhaltigkeit praktisch kein Import in die Bundesrepublik Deutschland.

Montagne (Fromage de Montagne) – Bergkäse. Ursprünglich von den Hirten der Pyrenäenhochtäler aus Schafsmilch hergestellt. Auch Bezeichnung für andere auf Almen gemachte Käse.

Montieren. Eine Sauce oder Suppe mit Butter aufschlagen.

Montmorency. Frz. Stadt im Dep. Seine-et-Oise, bekannt durch den Kirschenanbau. Klass. Garnitur z. B. Kirschkuchen Montmorency.

Montrachet → *Côte de Beaune*.

Montravel. Weinbaugebiet im Südwesten Frankreichs, das zu → *Bergerac* gehört. Hier werden trockene, frische Weißweine unter 4 g/l Restzucker produziert.

Morgon → *Cru* von → *Beaujolais*, meistens als Verschnitt von Händlern im Angebot. Dieser Wein schmeckt nach einem Jahr Lagerung am besten.

Morio-Muskat. Weißweintraube, Kreuzung: Silvaner × weißer Burgunder. Weine aus reifen Trauben sind wuchtig und haben kräftiges Muskatbukett.

Mornay

I. Aldopentosen

(1)		C	H	(1)		C	H	
			‖				‖	
			O				O	
(2)	H —	C —	OH	(2)	H —	C —	OH	
(3)	HO —	C —	H	(3)	H —	C —	OH	
(4)	HO —	C —	H	(4)	H —	C —	OH	
(5)		CH_2OH		(5)		CH_2OH		
	L(+)-Arabinose				D(−)-Ribose			

(1) C H
     ‖
     O
(2) H — C — OH
(3) HO — C — H
(4) H — C — OH
(5) CH_2OH
    D(+)-Xylose

II. Aldohexosen

(1) C H
     ‖
     O
(2) H — C — OH
(3) HO — C — H
(4) H — C — OH
(5) H — C — OH
(6) CH_2OH
    D(+)-Glucose

(1) C H
     ‖
     O
(2) HO — C — H
(3) HO — C — H
(4) H — C — OH
(5) H — C — OH
(6) CH_2OH
    D(+)-Mannose

(1) C H
     ‖
     O
(2) H — C — OH
(3) HO — C — H
(4) HO — C — H
(5) H — C — OH
(6) CH_2OH
    D(+)-Galactose

III. Ketohexose

(1) CH_2OH
(2) C = O
(3) HO — C — H
(4) H — C — OH
(5) H — C — OH
(6) CH_2OH
    D(−)-Fructose

Abb. 52 Monosaccharide, natürliche (Fischersche Konfigurationsformeln)

Mornay. Philippe (1549–1623), Seigneur de Plessis-Marly M. frz. Staatsmann. Klass. Garnitur z. B. Mornay-Soße.

Morphologie. Wissenschaft von Form und Gestalt, Verfahren zur Ideenfindung (Produkte werden in Einzelteile – Elemente – zerlegt, für sich selbst betrachtet, variiert, kombiniert und neue Produkte entwickelt).

Mortier *(frz.: mortier, m.).* Mörser, in dem Farcen (Füllsel) hergestellt werden. Heute: Mixgeräte und → *Kutter.*

Moscato di Siracusa D.O.C. Dessertwein aus Moscato-Trauben. Moscato di Siracusa hat mind. 15 % Vol. Alkohol, ist goldgelb und angenehm süß.

Mosel-Saar-Ruwer. Bestimmtes Weinanbaugebiet zwischen Hunsrück, Eifel und Schiefergebirge, entlang der Mosel und deren Nebenflüsse Saar und Ruwer gelegen. Außer Saar in Rheinland-Pfalz gelegen. Rebfläche: ca. 9750 ha, 6 Bereiche. Hauptsorten: Riesling, Müller-Thurgau, Elbling (Sektherstellung) Kerner.

Motivationslehre

Moseltaler → *Herkunftstypenweine.*

Mösslinger Schönung → *Blauschönung.*

Most. Saft der frisch gepressten Trauben, vor der Gärung. Nach Beginn der Gärung spricht man von Federweißem.

Mostarda. Kandisfrüchte, die in Saft konserviert werden, dem Senfessenz beigefügt ist. Je nach Senfgehalt gibt es extra-scharfe, scharfe und delikate Säfte. Am bekanntesten sind die Erzeugnisse aus Cremona und Mantua (Italien). In Cremona verwendet man eine Mischung von ganzen (Kirschen, Mandeln, Pflaumen), halbierten oder geviertelten Kandisfrüchten (Melonen, Kürbissen, Pfirsiche, Aprikosen). In Mantua verarbeitet man Apfelscheiben und -stücke, gelegentlich zusammen mit kandierten Schalen.

Mostgewicht. Spezifisches Gewicht des Mostes. Es wird in Grad Öchsle (°Oe) angegeben. Es gibt an, um wieviel Gramm ein Liter Most mehr wiegt als ein Liter Wasser bei gleicher Temperatur. Aus den Öchslegraden lassen sich die Zuckeranteile annähernd berechnen. Man teilt dazu das Mostgewicht durch 4 und zieht dann 3 für vorhandene Nichtzuckerstoffe ab, z. B. 80 °Oe: 4 = 20 – 3 = 17 % Zucker. Das Mostgewicht gibt auch Anhaltspunkt für den späteren Alkoholgehalt im Wein. Es entspricht etwa dem Gramm Alkohol im Liter Wein. Ein Most mit 75 °Oe enthält nach der Gärung 75 g Alkohol in einem Liter Wein. Bei höheren Öchslegraden ist der Alkoholgehalt etwas höher, bei niederen Öchslegraden niedriger.

Mostwaage. Öchsle-Waage – Erfinder war Ferdinand Öchsle. Er lebte 1774 bis 1852 in Pforzheim. Die Mostwaage ist ein Aräometer (Dichtemesser), eine Senkspindel mit der das → *Mostgewicht* ermittelt wird. Dazu wird die Spindel in den Most eingetaucht. Je zuckerärmer (leichter) der Most ist, um so tiefer taucht sie ein. Bei der Skala stehen deshalb die hohen Zuckergrade unten. Gemessen wird das spezifische Gewicht des Mostes, wobei die „1" vor dem Komma einschließlich diesem und den etwaigen Nullen vor dem Dezimalrest weggelassen werden. Bei 80° Öchsle wiegt ein Liter Most bei 20° C 1,080 kg, das spezifische Gewicht ist 1,080. Das → *Mostgewicht* kann auch mit dem → *Refraktometer* ermittelt werden.

Motel → *Beherbergungsbetriebe.*

Motivation. Alle Maßnahmen, die auf der Grundlage der Kenntnis der Motivstruktur (Aufbau und Dringlichkeit) eines Mitarbeiters ergriffen werden, um durch Anreizvergabe zur Bedürfnisbefriedigung beizutragen (Verhaltenslenkung). Motivation soll sowohl dem Betrieb als auch dem Mitarbeiter ein Höchstmaß an Erfolg und Zufriedenheit garantieren. → *Motivationslehre.*

Motivation-Seeker. Personen (Mitarbeiter), die von innen (→ *intrinsisch),* aus sich selbst heraus motiviert sind. Starke Persönlichkeit, selbstbewusst, eigensinnig – bewegt sich nach → *Maslow* auf der höchsten Bedürfnisstufe – nach → *Herzberg* von Motivatoren beeinflusst. → *Maintenance-Seeker.*

Motivationslehre. I. (nach → *Herzberg).* Auch „Zwei-Faktoren-Theorie" oder „Motivator-Hygiene-Theorie". Einteilung der → *Bedürfnisse* in zwei Gruppen: **a)** Vermeidungsbedürfnisse (nach Herzberg „Hygienefaktoren"): 1) Beziehungen zu Vorgesetzten, 2) Beziehungen zu Kollegen, 3) Führungstechnik, 4) Organisation, Management, 5) Arbeitsbedingungen, 6) Arbeitsplatzsicherheit, 7) Privatleben, **b)** Entfaltungsbedürfnisse (nach Herzberg „Motivatoren"): 1) Selbstbestätigung durch Anerkennung, 2) Selbstbestätigung durch Erfolgserlebnisse, 3) Verantwortung, 4) Beförderung. Hygienefaktoren beugen gegen Arbeitsunzufriedenheit vor, sie machen den Mitarbeiter kurzfristig zufrieden. Fehlen sie ganz, entsteht Unzufriedenheit. Sie bilden die Basis für die Motivatoren. Motivatoren bauen auf Hygienefaktoren auf, wirken langfristig. Fehlen sie, entsteht keine Unzufriedenheit,

Motivationstheorien

> 5 *Kreativitätsbedürfnisse:* Wunsch nach Eigengestaltung im Arbeitsprozess, Entfaltung individueller Fähigkeiten und Funktionsmöglichkeiten, Verwirklichung des eigenen Leistungsvermögens.
>
> 4 *Differenzierungsbedürfnisse:* Wunsch nach Achtung, Stärke, Kompetenzen, Status, Einfluss, Aufstiegsmöglichkeiten.
>
> 3 *Soziale Bedürfnisse:* Wunsch nach Zugehörigkeit, soziale Anerkennung, Freundschaften. Leistungsbestätigung durch Gruppen.
>
> 2 *Sicherheits- und Schutzbedürfnisse:* Wunsch nach persönlicher Sicherheit, Abwendung von Gefahren, Schutz von Besitz und Eigentum, sicherer Arbeitsplatz. Altersvorsorge. Unfallschutz.
>
> 1 *Physiologische Bedürfnisse:* Wunsch nach körperlichem Wohlbefinden, humane Arbeitsplatzbedingungen, Wohlbefinden am Arbeitsplatz. Stillung der Bedürfnisse: Durst, Hunger, Ruhe, Bewegung, Erholung, Schlaf und Sexualität.

Abb. 53 Bedürfnishierarchie

wenn Hygienefaktoren positiv erfüllt sind. Herzberg trennt von der Bedürfnishierarchie (Motivationslehre nach Maslow) die Kreativitätsbedürfnisse (5. Stufe) und definiert zwei Persönlichkeitstypen → *Motivation-Seeker,* → *Maintenance-Seeker.* Die Lehre von Herzberg soll beweisen, dass Arbeitszufriedenheit und dadurch engagiertes Leistungsverhalten **a)** aus der erbrachten Leistung und der Arbeit selbst, **b)** aus der Fähigkeit zum Lösen schwieriger Aufgaben und aus der damit verbundenen Anerkennung, vermehrten Verantwortung und Erweiterung des Kenntnisstandes resultiert und dass **c)** motiviertes Leistungsverhalten immer Ziele zum Gegenstand hat, die der Mensch noch nicht erreicht hat, aber gerne erreichen möchte. Arbeitsunzufriedenheit rührt von Faktoren her, die mit den Arbeitsbedingungen, der Arbeitsgruppe, dem Arbeitslohn oder dem Vorgesetzten zu tun haben. Arbeitsvereinfachung und Arbeitsteilung zerstören jede Motivation. Sie hat Monotonie, Verdrängung jeglicher Herausforderung und persönlichen Einsatzes sowie Zerstörung der Selbstwertschätzung zur Folge. Herzberg: Ein Mitarbeiter kann am besten motiviert werden, wenn die Arbeit und der Arbeitsprozess den Fähigkeiten und Interessen des Mitarbeiters angepasst sind. Die Anpassung kann erreicht werden durch →

Job rotation, → *Job enlargement,* → *Job enrichment.* **II.** (nach → *Maslow):* Wissenschaftliche Erkenntnis, dass menschliche Motive nicht gleichrangig sind, sondern in unterschiedlichen Dringlichkeitsstufen in Erscheinung treten. Maslow hat die Bedürfnisstufen in einer *Bedürfnishierarchie* veranschaulicht (Abb. 53). Maslow stellt den Grundsatz auf, dass sich die menschlichen Bedürfnisse von der Stufe 1 über 2, 3 und 4 bis zur Stufe 5 entwickeln, und zwar so, dass zunächst die Bedürfnisse der untersten Stufe befriedigt sein müssen, ehe der Mensch eine höhere Stufe anstrebt. Wann die Bedürfnisse einer Stufe befriedigt sind, bestimmt sich aus der Motivstruktur des einzelnen Menschen. Die Bedürfnisse der unteren Stufen (materielle) sind heute größtenteils befriedigt, so dass sich die → *Motivation* verstärkt auf die oberen Bedürfnisse (immaterielle) erstrecken muss.

Motivationstheorien. Wissenschaftlich erarbeitete Lehren, insbesondere von → *Maslow* und → *Herzberg,* auf deren Grundlage sich die Befriedigung der Bedürfnisse von Mitarbeitern vollzieht.

Motivatoren → *Motivationslehre.*

Motivator-Hygiene-Theorie → *Motivationslehre.*

Motive. Vielschichtige menschliche Beweggründe (Bedürfnisse) materieller und immaterieller Art, die bestimmte positive oder negative Verhaltensweisen menschlichen Handelns bewirken, je nachdem, ob die Motive (Wünsche, Sehnsüchte) befriedigt werden oder nicht. Menschliches Verhalten ist also motiv-(bedürfnis-)gebunden. Das Erkennen der Motivstruktur des einzelnen Menschen ist Voraussetzung für eine sinnvolle → *Motivation.*

Motivforschung → *Marktforschung.* Teilgebiet der Marktforschung, die bewusste und unbewusste Motive für das Verhalten der Marktteilnehmer (Gäste) mit Hilfe der Erkenntnisse der Psychologie und Soziologie erforscht.

Motivkonflikt. Unvereinbarkeit mehrerer auf einen Menschen einwirkender Motive (Entscheidung zwischen zwei oder mehreren Bedürfnissen, die für einen Menschen gleichermaßen anziehend oder abstoßend wirken).

Motivstruktur → *Motivationslehre.* Aufbau und Zusammensetzung individueller Bedürfnisse eines Mitarbeiters, die bekannt sein müssen, um ihn durch sinnvolle Anreizangabe zu höherer Leistung aus eigenem Antrieb anzuhalten. → *Bedürfnis-Spektrum.*

Motorik. Bewegungsabläufe. Motorische Fähigkeiten = Fähigkeiten für Bewegungsleistungen. Beim Jugendlichen in der → *Frühpubertät* häufig „Zerfall der Motorik" = unkontrollierte, unausgeglichene, ungesteuerte Bewegungsabläufe.

Moule à Manqué. Runde Tortenform mit hohem, oben geweitetem Rand, wie eine Timbale-Form.

Moule à Nid. Spezial-Friture-Löffel, so genannte „Nestchen-Form". Der Nestbacklöffel ist vom Küchenchef Rudolf Bordolo-Abondi in Frankfurt a. M. erfunden worden.

Moulin-a-Vent → *Cru* von → *Beaujolais,* der „König" der Beaujolais-Weine, körperreich, fruchtig und frisch. Er eignet sich zur Lagerung und passt gut zu Wildgerichten.

Moulis → *Bordeaux.*

Moussaka. Balkan. Hammelhachee mit Mark von gedünsteten Auberginen. Eine Kuppelform ausgelegt mit Hachee, dazwischen gebackene Scheiben von Auberginen, schichtweise. Im Ofen backen, stürzen und mit Jus servieren. Oft auch mit Joghurt überbacken.

Mousse. Frz. Begriff für Schaum; lockere Nachspeise. Am bekanntesten „Mousse au Chocolat". Besteht aus brauner oder weißer Schokolade, Eiern, Zucker, Gelatine und Sahne mit Cognac.

Mousseux. Frz. Bezeichnung für Schaumwein.

Moussierpunkt. In den Boden von Sektgläsern eingeschliffene Raustelle, an der sich die Kohlensäure leicht löst.

Mouton → *Médoc.*

Möwe. Fischer-, Seemöwe, Meerrabe *(frz.: mouette, f.).* Zu den über die ganze Erde verbreiteten Vögeln rechnet man ca. 80 verschiedene Arten. Ältere Tiere gelten nur im hohen Norden als wichtiges Nahrungsmittel, jung dagegen sind sie allerorts beliebt. Viel wichtiger als das Fleisch sind die Eier, die als Ersatz für die Kiebitzeier regen Absatz finden. Für alle Arten von Eierspeisen lassen sich → *Möweneier* verarbeiten; da saisonbedingt, werden sie auch konserviert.

Möweneier *(frz.: œufs de mouettes, m, pl.).* Sind in den Frühjahrsmonaten nicht nur an der Küste, sondern auch im Binnenland auf dem Markt. Es werden die Eier der so genannten Mantelmöwe, Silbermöwe und Lachmöwe gesammelt. Möweneier kocht man, kalt angesetzt, 15 Minuten. Sie sind grünlich gefärbt und mit schwarzen oder schwarzbräunlichen Flecken bedeckt. Der Dotter hat eine rotgelbe Farbe. Das Eiweiß hat im gekochten Zustand eine schwach grünliche Farbe. Möweneier enthalten nicht selten Salmonellen.

Mozartkugel. Praline mit Nugat-Marzipankern in dunkle Schokolade gehüllt. 1890 von dem Salzburger Konditor Paul Fürst zu Ehren des großen Sohns der Stadt produziert.

Mozzarella. Italienischer Büffelmilchkäse. Auch mit Kuhmilch gemischt. Er hat einen weichen Teig, der in Süditalien, Latium und der Campania aus Dickmilch hergestellt wird. Er muss frisch genossen werden, hat eine unregelmäßige Kugelform und ein Gewicht von 225 bis 450 g. Sein weißer, weicher und gleichzeitig fester Teig schmeckt mild und angenehm säuerlich.

Mozzarella in Carrozza. Brotscheiben ohne Kruste mit Milch angefeuchtet, paniert und paarweise mit einer Scheibe frischem Büffelkäse (→ Mozzarella) in der Mitte gebraten. Es ist eine neapolitanische Spezialität.

MTD → Belegungsstatistik.

Muffelwild → Wild. Waldtier aus der Gruppe der Boviden mit einer Schulterhöhe von ca. 70 cm. Gewicht: ca. 35 bis 40 kg.

Muffins. Englische, kleine, warme Hefeteigbrötchen, die zum Tee gegessen werden. Sie werden in einer Spezial-Muffin-Pfanne (ähnlich der Setzeierform) gebacken. Zu den Muffins serviert man Butter und Marmelade.

Muggine. Meeräsche aus dem Mittelmeer, deren Eier (Rogen des weiblichen Fisches) nach alter handwerklicher Tradition noch in den inneren Eiertaschen gesalzen und getrocknet werden. Kommt auch als „Mittelmeerkaviar" in den Handel und wird fein gerieben oder in dünne Scheiben geschnitten zu Nudelgerichten/Risottos serviert. Das Produkt wird ganz in ovaler, länglicher Form vakuumverpackt und mit Wachs überzogen.

Mukimono. Die Kunst des Gemüseschnitzens in Verbindung mit außergewöhnlichen Gemüsearrangements in der japanischen Küche. Ein sehr wichtiger Bestandteil in der Ausbildung japanischer Köche.

Mulard-Enten. Eine in China seit Jahrhunderten übliche Kreuzung zwischen Wild- und Hausente wurde durch Professor Ram Moar jetzt zu einem neuen israelischen Zuchtgeflügel. Durch künstliche Befruchtung werden pro Entenweibchen jährlich 180 bis 200 „Mollards" (auch Moullards) gezogen. Gegenüber Hausenten sind sie widerstandsfähiger, stärker und unempfindlicher gegen Witterungseinflüsse. Nach acht Wochen erreichen Mollards bereits ein Gewicht von 1,3 bis 1,7 kg, bei längerer Mast auch bis 3,5 kg. Die Leber ist leichter und heller als Gänseleber und enthält weniger → Cholesterin.

Müllerrebe. Rotweintraube mit geringer Verbreitung in Württemberg und Nordbaden. Die Müllertraube wird als Mutation des Blauen Spätburgunders angesehen. Syn.: Schwarzriesling, → Pinot Meunier.

Müller-Thurgau. Rebe, 1882 von Prof. Dr. H. Müller aus Thurgau (Schweiz) gezüchtet. Kreuzung zwischen Riesling und Silvaner. Heute umstritten. Nach Dr. Eichelsbacher fehlt das Erbgut des Silvaner. Danach soll die Traube dem Formkreis Riesling-Muskateller-Gutedel entstammen. Die Bezeichnung Riesling × Silvaner ist nach heutigem Saatgutrecht nicht mehr statthaft. Frühreifende Traube mit geringen Lageansprüchen, gute Ertragstreue, harmonische Säure und angenehmer Muskatton.

Multaner. Weißweintraube. Kreuzung: Riesling × Silvaner.

Mumme → *Braunschweiger Mumme.*

Münchner Typ. Untergäriges Bier; 11 bis 14 % Stammwürze; ursprünglich dunkel; heute hell; recht malzig, schwächer gehopft.

Munihoden. Schweizer Ausdruck für Stierhoden.

Münster/Munster-Gérommé. Weicher Rotschmierkäse mit mindestens 45 % Fett i. Tr. Als → *Artisanalkäse* aus Rohmilch, sonst aus pasteurisierter Kuhmilch hergestellt. Der Käse stammt von der Milch der Vogesen-Kühe, einer im 18. Jahrhundert aus Skandinavien eingeführten Rinderrasse. Er wird im Elsass im Münstertal und in den Tälern von Orbey und Lapoutroie und bei Gérardmer hergestellt. 1978 erhielten die beiden Käse gemeinsam das AOC-Gütesiegel (Appellation d'origine controllée). Während der Reifezeit verändert sich der Käse von weich und geschmeidig bis zu fließend in vollreifem Zustand. Er entwickelt dabei seinen strengen, typischen Geruch.

Münsterländer. Gattungsbezeichnung für einen einfachen Trinkbranntwein mit Kornaroma. Er braucht weder ein Kornbranntwein zu sein noch Kornbrand enthalten. Münsterländer-Korn dagegen ist eine reine Herkunftsbezeichnung für einen Kornbranntwein, der im Münsterland hergestellt sein muss.

Münsterländer-Korn → *Münsterländer.*

Muntjak. Kleine, ursprüngliche Hirschart, die in Vorder- und Hinterindien, Südchina und Borneo beheimatet ist.

Muräne *(frz.: morenge, m; engl.: morene).* Salzwasserfisch. Verarbeitung wie Aal. Kein Blut oder Teile von Eingeweiden verwenden, da beides giftig.

Murat, Jochim (1765–1815). König von Neapel, Schwager Napoleons I., erfolgreicher Feldherr. Klass. Garnitur z. B. Seezunge Murat.

Muscadelle. Eine weiße Traubensorte, weltweit verbreitet. Sie erbringt buketreiche Weißweine, die entweder trocken oder süß ausgebaut werden. Die Muscadelle wird auch als „Verschnitttraube" benutzt, d. h. Weine aus dieser Traubensorte sind oft ein Bestandteil einer Rebsortenmischung. Sie verleiht dem Verschnitt subtile Süße.

Muscadet-Großplant. → *V.D.Q.S.-Weinqualität* eines Muscadets aus dem → *Gebiet* der → *Loire*; hergestellt aus der Rebsorte → *Folle Blanche.* Ein trockener Weißwein, der kalt mit ca. 11 °C getrunken werden sollte.

Muscadet/Nantais. Trockene Weißweine, die zu Meeresfrüchten ausgezeichnet passen. Die Region liegt im Westen des Anbaugebietes → *Loire.* Die Lage „Sevre et Maine" ist die berühmteste. Muscadet-Weine werden oft mit der Zusatzbezeichnung → *Sur lie* angeboten; die verwendete Rebsorte heißt Melon de Bourgogne.

Muscarin. Gift des Fliegenpilzes. Ruft Zusammenziehen der Pupillen, vermehrte Speichelabsonderung, Leibschmerzen, Pulsverlangsamung und Durchfall hervor.

Muscat. Weiße Rebsorte, die unter verschiedenen Bezeichnungen weltweit angebaut wird. Beispiel → *Muscadelle.* Muscat werden häufig sehr süße Weine genannt.

Muscat d'Alsacienne. Elsässer A.C.-Muskatellerwein, der einzige Trockene unter den französischen Muskatellern.

MuSchG. Abkürzung für Mutterschutzgesetz.

Muskatblüte. Auch: Macis, Mazis: Gewürz, getrocknete, gemahlene Samenschale der Muskatnuss.

Muskateller. Gelber Muskateller. Weißweintraubensorte mit geringer Verbreitung in Deutschland. Der Anbau erfolgt als besondere Spezialität zu Verschnittzwecken. In den übrigen weinbautreibenden Ländern der Welt ist er eine bedeutende Rebsorte. In Italien dient er zur Gewinnung schwerer Dessertweine, in Frankreich unterstützt er das Bukett des Sauternes, ebenso verbessert er den ungarischen Tokajer, dem Riesling verleiht ein Schuss mehr Stil. Der Wein ist leicht, rassig mit feinem Muskatbukett.

Muskatnuss. Getrocknete Samenkerne des Muskatbaumes aus Indien, Mexiko, Tansanien und Indonesien. Verwendung vorwiegend an Suppen und Brühen.

Muskat-Ottonel. Weißweintraubensorte. Geringe Verbreitung in Deutschland wegen der Ertragsunsicherheit. Anbau verbreitet im Burgenland (Neusiedler See) und Elsass. Weine haben ein besonders feines Bukett.

Muskatreibe. Gehört auch zur Ausrüstung der Bar. Einige Getränke werden mit geriebener Muskatnuss serviert.

Muskau → *Fürst Pückler.*

Muskeleiweiß. „Bindegewebseiweißfreies Fleischeiweiß" (→ *BEFFE*). Dafür gilt die Differenz zwischen → *Gesamteiweiß* und der Summe aus → *Fremdeiweiß,* → *Fremden Nichteiweißstickstoffverbindungen* und → *Bindegewebseiweiß.* Das Muskeleiweiß ist für die Ernährung besonders wertvoll. Sein Anteil am Gesamteiweiß eines Fleischproduktes lässt auf den tatsächlich verarbeiteten Muskelfleischanteil schließen.

Muskelstimulation. Auch Elektrostimulation genannt. Ein Verfahren zur Verbesserung der Qualität von Kalbfleisch. Bei diesem Prozess wird das Fleisch vor dem Abkühlen unter Einsatz eines Geräts Stromstößen von wechselnder Spannung ausgesetzt. Grundlage der Muskelstimulation ist die Beobachtung, dass Fleisch bei rascher Abkühlung zäh wird, da sich das Muskelgewebe schneller als gewöhnlich zusammenzieht („Kaltschrumpfen"). Durch den Stimulationsprozess wird dieser Vorgang unterbunden: Das Fleisch bleibt zart und bekommt eine klarere, hellere Farbe.

Müslichrut. Schweizer Ausdruck für Salbeiblätter.

Mutabel sind im Ofen gegarte Auberginen, die enthäutet, fein gehackt und mit Zitronensaft und mit Tahinek gewürzt sind.

Mutterschutz. Im Rahmen des Frauenarbeitsschutzes spielt das Mutterschutzgesetz eine zentrale Rolle. Es gilt für alle im Arbeitsverhältnis stehenden Frauen außer: **a)** Selbstständigen, **b)** arbeitgeberähnlich Tätigen, **c)** Familienmitarbeiter, **d)** Beamten u. a. Es soll besonders werdende und stillende Mütter vor Schäden bewahren. Deshalb enthält es eine Reihe von Vorschriften zu **a)** den Beschäftigungsarten, **b)** Beschäftigungsverboten, **c)** zur Entlohnung oder Entschädigung, **d)** zur Pausenregelung und der Elternzeit.

Mykotoxine. Giftige Stoffwechselprodukte von bestimmten Schimmelpilzen *(Mykos =* griech. Fortpflanzung durch Sporen). Der gefährlichste ist der gelbe Gießkannenschimmel Aspergillus flavus. Er produziert das krebserregende Aflatoxin. Das Gift bildet sich im *Myzel* (Fadengeflecht) des Schimmels und wird an das Lebensmittel abgegeben. Das unsichtbare Myzel kann das gesamte Lebensmittel durchdringen, deshalb verschimmelte Ware beseitigen. Außer bei Gelee und Konfitüren, der hohe Zuckergehalt verhindert die Giftproduktion.

Myosin. Muskelprotein, das mit → *Actin* zusammen die Muskelfilamente bildet.

Mysost → *Molkenkäse.*

Mytilikultur → *Conchylikultur.*

N

Nachgärung. Langsam und still verlaufender Prozess nach der Hauptgärung. Während der Nachgärung entwickeln sich noch Geschmacks- und Bukettstoffe.

Nachkalkulation → *Kalkulation.*

Nachtarbeit. → *Sonn-, Feiertags- und Nachtarbeit.*

Nachtkerze. Zweijähriges Kraut, das im ersten Jahr eine Wurzelknolle ausbildet und im zweiten Jahr eine gelbe, duftende Blüte trägt. Die Knollen, die genießbar sind und im Herbst des ersten oder im Frühjahr des zweiten Jahres gesammelt werden, sollen 1614 aus Amerika importiert worden sein. Die Wurzelknolle eignet sich zur Zubereitung von Salaten und Gemüse.

Nachtkonzession. → *Konzession.* Verkürzung der Sperrzeit, also eine Verlängerung der Öffnungszeit. Sie wird nur ausnahmsweise gewährt. Wichtig dabei, dass: **a)** besondere örtliche Verhältnisse (z. B. Vergnügungsviertel) oder **b)** ein öffentliches Bedürfnis vorliegt. Die Behörde hat bei der Erteilung einen Ermessensspielraum. Sie muss allerdings Vor- und Nachteile pflichtgemäß sorgfältig überprüfen.

Nachtlokale → *Unterhaltungsbetriebe.*

Nagelholz. Man wählt die Rolle vom Frikandeau. Das Fleisch wird wie das → *Neuenahrener Rauchfleisch* gepökelt und nach dem Abwaschen in eine dünne durchgepökelte Speckscheibe eingeschlagen. Dann überzieht man es mit einem Cellophandarm bzw. Schrumpfdarm. Damit dieser gut anliegt, hält man das überzogene Fleisch erst kurz über Wasserdampf und räuchert es dann im Warmrauch goldgelb.

Nägeli. Schweizer Ausdruck für Gewürznelken.

Nageoires. Flossen von Fischen (frz.).

Nahe. Bestimmtes Weinanbaugebiet, Nahe und Nebentäler in Rheinland-Pfalz gelegen. Rebfläche ca. 4300 ha, 1 Bereich, Haupttrebsorten: Riesling, Müller-Thurgau, Scheurebe, Spätburgunder.

Nährstoff. Stoffe, die zur Erhaltung der Körperfunktionen notwendig sind: → *Eiweiß,* → *Fett,* → *Kohlenhydrate,* → *Wasser,* → *Mineralstoffe,* → *Vitamine.*

Nährstoffbedarf. Folgende Tagesmengen werden je Kilogramm Körpergewicht empfohlen: 1 g Eiweiß, 0,7 bis 0,8 g Fett, 6 bis 7 g Kohlenhydrate, 30 bis 40 g Wasser, Vitamine, Mineralsalze.

Nährstoffdichte. Die Nährstoffdichte gibt an, wie hoch der Gehalt an lebensnotwendigen Nährstoffen in einem Nahrungsmittel ist, bezogen auf den Energiegehalt.

Nahrungsbestandteile. 1) essenzielle N.; essenzielle Amino- und Fettsäuren, Mineralstoffe und Vitamine; 2) austauschbare N.: Fette, Kohlenhydrate, Proteine, 3) unverwertbare N.: Cellulose, Färb-, Geruchs- und Geschmacksstoffe.

Naissan. Austernlarven, die sich festgesetzt haben (evtl. Kollektoren).

Nalesnikis. Russische und polnische Landesküche. Käsekrusteln. 1) Hefeteig mit passiertem Quark und Butter (vermischt) füllen. Kleinste Ballen als Pfannkuchen durch Backteig ziehen, in der Friture ausbacken. 2) Dünne Eierkuchen mit Kräuterquark füllen, rollen, in längliche Stücke schneiden, panieren, in der Friture ausbacken.

Namenko. Sehr kleine, wild wachsende Pilze mit schlüpfriger feuchter Oberfläche (Japan).

Nami-no-Hana. Wörtlich: Tränen der Blume. Das Kochsalz der japanischen Küche.

Napoléon. Altersangabe bei Cognac, bedeutet 6 1/2 Jahre Holzfasslagerung für den geringsten Anteil der Mischung. Ø-Alter 25-30 Jahre. Darüber hinaus wird amtlich nicht überwacht. Diese Altersangabe wird auch bei Armagnac benutzt.

Napperon. Deckserviette mit den Maßen 80 × 80 cm, die dazu dient, wenig verschmutzte Tischdecken gebrauchsfähig zu machen.

Nappieren. Überziehen mit einer Soße, die dicker gehalten ist als eine normale Soße. Nappiert werden die Speisen, die anschließend meist gratiniert werden.

Nasi. Indonesische Bezeichnung für Reis (gekocht).

Nasi Goreng. Indonesische Bezeichnung für gebratenen Reis.

Nassverfahren – Rohkaffee. Verfahren, das bei der Rohkaffeebereitung angewendet wird. Es werden die Kaffeekirschen im Wasser zum Quellen gebracht. Das Fruchtfleisch wird danach entfernt. Anschließend findet eine Fermentation statt, bei der Aromastoffe intensiviert und Gerbstoffe abgebaut werden. Der fermentierte Rohkaffee muss durch nochmaliges Waschen von Schleim befreit und an der Sonne getrocknet werden. Die ausgetrockneten Rohkaffeebohnen werden von evtl. Resten des Fruchtfleisches gesäubert. Ergebnis ist der → *Pergamentkaffee*.

Nasszuckerung. Seit 1985 generell verboten. Dem Most wurde eine Wasser-Zuckerlösung zugegeben. Dadurch wurde bei niedrigen Öchslegraden die Qualität des Weines gesteigert. Benannt auch Gallisieren nach dem Erfinder Gall.

Natives. Englische Austernsorte, z.T. auch in Frankreich erhältlich.

Natives Olivenöl. Offizielle Bezeichnung für Olivenöl von einwandfreiem Geschmack, dessen Gehalt an freien Fettsäuren, berechnet als Ölsäure, höchstens 2 g je 100 g beträgt.

Natives Olivenöl extra. Offizielle Olivenöl-Bezeichnung von einwandfreiem Geschmack, dessen Gehalt an freien Fettsäuren, berechnet als Ölsäure, höchstens 1 g je 100 g beträgt.

Native Stärke. Durch den Gewinnungsprozess nicht veränderte Stärke. Sie besitzt ihre natürlichen Strukturen und Eigenschaften → *modifizierte Stärke*.

Natrium (Na) → *Mengenelement* (empfehlenswerte Zufuhr 2–3 g/Tag). Aufnahme erfolgt meist in Form von Kochsalz (Natriumchlorid), ist aber ebenfalls Bestandteil vieler Hilfs- und Zusatzstoffe, die bei der Verarbeitung von Lebensmitteln zugesetzt werden (z. B. Natriumglutamat, -cyclamat, -phosphat, -nitrat, usw.). Die Hauptaufgaben von N. liegen in der Regulierung des Wasserhaushaltes (osmotischer Druck), des Säuren-Basengleichgewichtes und der Zellmembrandurchlässigkeit (für Nährstoffe). Eine Überversorgung kann zu Bluthochdruck und zu einer Überbelastung von Nieren und Herz führen. Ein Mangel äußert sich in allgemeiner Schwäche, Übelkeit. Durchfall, Muskelkrämpfen und Blutdruckabfall.

Natriumarme Lebensmittel. Zu den Produkten mit geringem Kochsalzgehalt zählen natriumarme und streng natriumarme Lebensmittel. Wegen ihres niedrigen Natriumgehaltes werden sie vor allem in der Diättherapie bei Bluthochdruck eingesetzt. Natriumarme L. dürfen max. 120 mg Natrium pro 100 g verzehrfertiges L. enthalten. Sie werden als „natriumarm" mit dem möglichen Zusatz „kochsalzarm" gekennzeichnet. Bei Getränken (ausgenommen bei natürlichem Mineralwasser) ist dieser Hinweis bei höchstens 2 mg Natrium/100 ml erlaubt. Diätprodukte mit bis zu 40 mg Natrium pro 100 g dürfen als „streng natriumarm" bezeichnet werden. Zusätzlich ist die Angabe „streng kochsalzarm" zulässig.

Natrium-, Calciumcyclamat. Künstlicher Süßstoff mit ca. 35facher Süßkraft gegenüber Saccharose. Natrium- bzw. Calcinsalz der Cyclohexysulfaminsäure, wasserlösliche, weiße, geruchlose, rein süß schmeckende Kristalle. Hitzeempfindlich. Werden in sauren Lebensmitteln nicht aufgespalten. ADI-Wert bis 11 mg pro kg Körpergewicht. Um eine höhere Süßkraft ohne geschmackliche Nachteile zu erreichen, werden Mischpräparate aus Saccharin und Cyclamat im Verhältnis 1:10 hergestellt. Das Produkt ist etwa 90mal süßer als Saccharose.

Natriumreduzierte Lebensmittel. Da diese Lebensmittel (LM) relativ viel Natrium enthalten, sind sie vor allem zur Vorbeugung und weniger zur Behandlung von Bluthochdruck (Hypertonie) geeignet. Der Gesetzgeber hat Höchstwerte nur für solche LM festgelegt, die im besonderen Maße zu der Natriumaufnahme beitragen. Für den Hinweis auf verminderten Kochsalzgehalt bei LM gibt es für die Formulierung keine gesetzlichen Vorschriften.

Natron. Chemisches Triebmittel – Natriumbicarbonat, $NaHCO_3$.

Natto. „Sojakäse" aus gekochten, fermentierten Sojabohnen (35 bis 40 °C, 24 Std.).

Naturalrabatt → *Rabatt.*

Naturfasern. Fasern, die aus den verschiedensten Bereichen der Natur genommen werden. Sie werden nach ihrem Ursprung in drei Gruppen eingeteilt: **a)** mineralische Naturfasern; **b)** tierische Naturfasern, zu denen einerseits die → *Seide,* andererseits die verschiedenen Haare und → *Wollen* gehören, wie z. B. Schafwolle, Ziegen- und Kammhaar oder Angorawolle; **c)** pflanzliche Naturfasern, die aus Stengeln und Pflanzenhaaren genommen werden. Hierzu zählen: Sisal und Kokos für die schwer brennbaren Dekostoffe, Jute, Hanf und Flachs (→ *Leinen*) wie Kapok für Matratzen oder → *Baumwolle.*

Naturherb (bei Champagner und Schaumwein) → *brut.*

Natürlicher Alkoholgehalt. Alkoholmenge, die sich ohne zusätzliche Anreicherung aus in der Traube vorhandenem Zucker bilden kann.

Natürliches kohlensäurehaltiges Wasser → *natürliches Mineralwasser.*

Natürliches Mineralwasser. Anforderungen lt. VO von 1984: unterirdischer Ursprung; ursprüngliche Reinheit, bestimmte ernährungsphysiologische Wirkung auf Grund des Gehalts an Mineralstoffen und Spurenelementen; amtlich anerkannt; frei von Krankheitserregern; Quelle und Vorräte müssen vor Umwelteinflüssen geschützt werden; darf von SO_2, Eisen, CO_2 befreit werden; Verbot der Zugabe von Zusatzstoffen; Verbot der Entkeimung; muss am Quellenort abgefüllt und in vorgeschriebene Behälter verpackt werden. Weitere mögliche Bezeichnungen sind: Natürliches Mineralwasser mit eigener Quellen-CO_2 versetzt; natürliches kohlensäurehaltiges Wasser. Zusatzbezeichnungen: → *Säuerling, Sprudel.*

Natürliches Mineralwasser mit CO_2 versetzt → *natürliches Mineralwasser.*

Natürliches Mineralwasser mit eigener Quellen-CO_2 → *natürliches Mineralwasser.*

Naturwein oder naturreiner Wein. Die Benutzung dieser Bezeichnungen sind seit 1971 untersagt. Sog. Naturwein im eigentlichen Sinne gibt es nicht, da Wein zur Haltbarmachung mit Schwefel behandelt wird.

Navarin. Klass. Garnitur. Nach der griech. Stadt Navarino (Pylo) – Seeschlacht zwischen engl.-frz.-russ. und der türkisch-ägyptischen Flotte. Ein frz. Kochmaat soll ein Hammelragout (navarin de mouton) zubereitet und so benannt haben.

Navel. Kernlose Orangensorte.

Navicula Ostrearia. Lat. Name für eine winzig kleine Alge mit blauem Pigment, verleiht Austernfleisch den typischen grünen Schimmer und würziges Aroma. Die Algen gedeihen nur in der Region Marennes-Oléron (Frankreich).

Nebbiolo. Eine rote Rebsorte, die in Italien die besten Rotweine bringt. Sie wird hauptsächlich in → *Piemont* angebaut und ist für → *Barolo* vorgeschrieben.

Nebukadnezar. Flaschengröße bei Champagner mit dem 20fachen Inhalt der Normalflasch, also 15 l.

Negociant-Eleveur. Heißt Weinhändler, der oft wenige Monate alten Wein aufkauft und ihn so lange lagert (evtl. verschneidet), bis er verkaufsfähig ist.

Negociat-Recoltant. Frz. Etikettenangabe für selbst vermarktenden Winzer.

Nektar. Von Bienen gesammelter Blütensaft.

Nektarinen. Kreuzung aus Pfirsich und Aprikose. Ihre Heimat ist Asien. Sie sind pfirsichgroß, glattschalig, Kern wie bei Pfirsichen. Der Geschmack ist aromatisch, etwas weinsäuerlich, ähnlich wie Pfirsich. Importe aus den Mittelmeerländern, Südafrika, Mittel- und Südamerika. Die Farbe der Früchte ist gelb-rot bis tiefdunkelrot.

Nelkenpfeffer → *Piment.*

Nelkenwurz → *Echte Nelkenwurz.*

Nelson, Horatio (1758–1805). Engl. Admiral, Sieger von Trafalgar. Klass. Garnitur z. B. Kalbsrücken Nelson.

Nescafé. Löslicher Pulverkaffee (schonende Gefriertrocknung), seit 1938 auf dem Markt. Name abgeleitet von → *Nestlé*.

Nesselrode, Karl Robert Graf von N. (1780–1862). Russ. Staatsmann und Feinschmecker. Klass. Garnitur z. B. Eisbombe Nesselrode.

Nestlé, Henri (Heinrich). Frankfurter Apotheker, gründete 1866 in Cham/Schweiz die erste Fabrik für Kondensmilch und produzierte Kindermehl, heute internat. bekannte Lebensmittelmarke.

Nettolohn. Betrag, den der Arbeitnehmer nach Abzug der Steuern und der Anteile für die Sozialversicherung ausgezahlt erhält.

Netzplantechnik. Mittel der Planung, Steuerung und Kontrolle von Tätigkeitsabläufen (z. B. einer Herstellung oder von Marketingprojekten, Eröffnungsphasen usw.). Der Netzplan ist eine Verfeinerung des Flussdiagramms. Er zeigt graphisch die logische Aufeinanderfolge der einzelnen Tätigkeiten, wobei die Strecken eine genaue Richtung für das Fortschreiten angeben. Die genauen Zeitangaben (meist durch Streckenlängen) stellen dabei genau nebeneinander und nacheinander auszuführende Tätigkeiten dar. Verknüpfungspunkte stellen das Zusammenführen oder ein Treffen zu einem bestimmten Zeitpunkt dar. Sie sind oft die kritischsten Stellen in einem Netzplan.

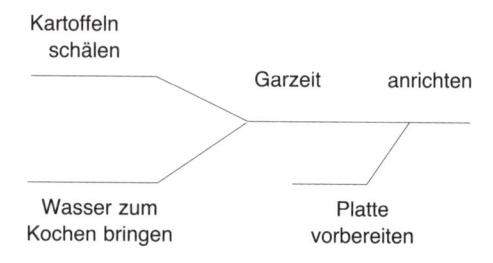

Kartoffeln schälen

Garzeit   anrichten

Wasser zum Kochen bringen

Platte vorbereiten

Neue (Wein), der. Der Begriff „Der Neue" ist eine wahlweise zu gebrauchende Angabe;

er darf jedoch nur zur Bezeichnung von → *Landwein* verwendet werden, also weder zur Bezeichnung von → *Tafelwein* noch von Qualitätswein b. A. Voraussetzungen: **a)** der Wein muss aus Trauben eines einzigen Erntejahres gewonnen sein, **b)** das Erntejahr ist anzugeben, **c)** er darf nur zwischen dem 10. November des Erntejahres und dem 15. Januar des der Ernte folgenden Jahres an Letztverbraucher abgegeben werden. Auch andere Bezeichnungen sind erlaubt: Premiore, Erstling, → *Debüt*. Diese Begriffe sind jedoch oft warenzeichenrechtlich geschützt. Rechtliche Grundlagen: Verordnung (EWG) Nr. 3201/90 (100a) der Kommission über Durchführungsbestimmungen für die Bezeichnung und Aufmachung der Weine und Traubenmoste vom 16.10. 1990 (ABI. Nr. L 309 S. 1); Weinverordnung (251) -WeinVO- in der Fassung der Bekanntmachung vom 4.8.1983 (BGBl. I S. 1078): **1)** Wahlweise zu gebrauchende Angabe (vgl. Art. 14 VO [EWG] Nr. 3201/90, § 8b WeinVO). **2)** Sonstige Begriffe: Frankreich – Vin nouveau, Vin primeur; Spanien – Vino nuevo, Vini joven; Italien – Vini novello, Vini giovane; Griechenland – Vin jeune, Vin nouveau (in griechischen Buchstaben); Portugal – Vino novo. Anmerkung: Die Begriffe „Premiere" und „Erstling" wurden von der Weinkontrolle beanstandet, während „Debüt" als zulässig angesehen wurde. Bei Verwendung derartiger Begriffe sei darauf hingewiesen, dass diese i. d. R. warenzeichenrechtlich geschützt sind.

Neuenahrener Rauchfleisch (nach Art). Oberschale und das Kugelstück von jüngeren, ausgemästeten Rindern. Die Fleischstücke werden mit einer Salzmischung eingerieben. Für diese Salzmischung wählt man pro 500 g Kochsalz 5 g Salpeter. Dann lässt man die Fleischstücke in der sich nunmehr bildenden Naturlake etwa 14 Tage durchsalzen. Sobald das Rauchfleisch dann durchgepökelt ist, lässt man es noch eine knappe Woche lang durchbrennen, wäscht es dann in lauwarmem Wasser ab und lässt es an der Luft trocknen. Im Allgemeinen überzieht man es vorher jedoch erst noch mit einem Cellophandarm. Anschließend kommt das Fleisch in den Warmrauch.

Neugewürz → *Piment*.

Neutraler Aufwand und Ertrag. Aufwand und Ertrag beziehen sich auf das gesamte Betriebsvermögen. Während der Aufwand eine Minderung des Betriebsvermögens ist, ist der Ertrag eine Mehrung desselben. Den Teil des Aufwands, der durch die betriebliche Leistungserstellung verursacht wird, bezeichnet man als → *Kosten*. Ertragsanteile, die durch die Veräußerung der betrieblichen Leistung entstehen, sind → *Erlöse*. Die Differenz zwischen Ertrag und Erlös ist der neutrale Ertrag und die Differenz zwischen Aufwand und Kosten ist der neutrale Aufwand.

Neuzüchtung. Etikettangabe an Stelle der Traubensorte für zugelassene neugezüchtete Reben vor der amtlichen Namengebung. Bekannte Neuzüchtungen sind: → *Scheurebe*, → *Huxelrebe*, → *Morio-Muskat*, → *Bacchus*, → *Kerner*, → *Faber* u.v.a.

Nevers-Eiche. Eichenholz aus Nevers ist besonders für Barriquesfässer geeignet.

NGG. Gewerkschaft Nahrung, Genuss, Gaststätten. Interessenvertretung der Arbeitnehmerseite. Tarifpartner des → *DEHOGA*.

Nichtabnutzbare Wirtschaftsgüter → *Anlagevermögen*.

Nichtigkeit. Bei Nichtigkeit ist ein → *Rechtsgeschäft* von Anbeginn an nicht zustandegekommen, weil es einen wesentlichen Fehler hatte. Gründe für die Nichtigkeit können sein: **a)** Geschäftsunfähigkeit oder beschränkte Geschäftsfähigkeit (§§ 105, 108 BGB), **b)** geheimer Vorbehalt (§ 116 BGB), **c)** Scheingeschäft nach § 117 BGB, **d)** Scherzgeschäft nach § 118 BGB, **e)** Verstoß gegen ein gesetzliches Verbot (§ 138 BGB), **f)** Formmangel (§ 125 BGB).

Nichtselbständige Arbeit

Nichtselbständige Arbeit. Nichtselbständige Arbeit leistet eine Person, die in einem Arbeits- oder Dienstverhältnis steht und die an die Weisungen des Arbeitgebers gebunden ist. Ihre Einkünfte unterliegen der Lohnsteuer, die im Quellenabzugsverfahren vom Arbeitgeber eingehalten werden.

Nidel *(Nidle, Nytlä)*. Schweizer Ausdruck für Sahne. Nidel, geschwungen – steifgeschlagene Sahne.

Niederstwertprinzip → *Bewertung*. Das Niederstwertprinzip ist ein Bewertungsprinzip, bei dem zum Schutz Externer der Anschaffungswert bzw. ein von ihm abgeleiteter Zeitwert mit dem am Stichtag geltenden Tages- oder Börsenwert verglichen und der niedrigere der beiden Werte verwendet wird. Gilt für das aktivierte Vermögen das *strenge Niederstwertprinzip, muss* der niedrigere Wert verwendet werden.

Niederwild. Historischer Begriff. Die Jagd auf diese Wildarten war nicht nur den Landesfürsten vorbehalten, auch Nichtadlige durften es erlegen. Nach dem Bundesjagdgesetz ist Niederwild alles Wild, das nicht zum → *Hochwild* zählt, z. B: Rehwild, Hase Kanin, Fasan, Rebhuhn, Schnepfe, Ente.

Niedrigtemperaturofen. Auch Beef-Ofen genannt. Vorwiegend für große Rindfleischstücke (Roastbeef) und Lammkeulen geeignet. Der Bratverlust beträgt 10 bis 15 Prozent. Das Fleisch bleibt sehr saftig und wird zarter, je länger (zur Aufbewahrung) es im Ofen bleibt. Alle Arten von Braten lassen sich mit dem Ofen herstellen; die Brattechnik produziert jedoch keinen Fond. Der Ofen, den es in unterschiedlichen Größen gibt, arbeitet mit 220 Volt und nach einem patentierten Ringheiz-System. Eine Kabelheizung liegt dicht unter dem Garraum. Die einzelnen Kabel geben relativ geringe Hitze ab. Nur durch ihre Gesamtlänge können die notwendigen Temperaturen erreicht werden. Durch die große Fläche wird eine „weiche" Wärme erzeugt, die sich zudem auch gut steuern lässt. Der Bratvorgang erfolgt im Ofen in zwei Phasen: Nach einer Bratphase mit 120 °C schließt sich eine Reifephase von 60 °C an. In der Reifephase setzt die Mürbung des Fleisches ein. So kann auch wenig abgehangenes Fleisch eingesetzt werden. Der Übergang von der Gar- auf die Reifephase setzt automatisch und langsam ein. So kann der Prozess des Absinkens schon rund eine Stunde dauern. Die besten Ergebnisse lassen sich nach einer mehrere Stunden umfassenden Reifephase erzielen. Bei 00 °C kann anschließend das Fleisch im Ofen oder unter einer Wärmelampe bis zu 24 Stunden servierfertig gehalten werden. Für die Bedienung des Ofens gibt es drei Steuerelemente für die Gartemperatur, die Reife- und Warmhalte-Temperatur und eine Zeitumschaltung von Gar- auf Warmhaltebereiche. Der Reife- und Warmhaltezyklus muss manuell beendet werden, da dann auch das gesamte Fleisch dem Ofen entnommen werden sollte. Dies ist auch aus hygienischen und mikrobiologischen Gründen erforderlich. Das zubereitete Fleisch hat keine Kruste und ist nicht so heiß wie gewohnt. Während wie sonst üblich das Fleisch mit 80 bis 85 Grad serviert wird, lassen sich mit dem Niedrigtemperaturofen nur 60 Grad erreichen.

Nießbrauch. Durch Vertrag oder Erbe kann verfügt werden, dass ein anderer die Nutzung einer Sache oder eines Rechtes haben soll. Dann spricht man von Nießbrauch.

Nigari → *Tofu*.

Nikolauswein. Alte Bezeichnung für Weine, deren Trauben am 6.12. gelesen werden. Nach dem Weingesetz von 1971 nicht mehr zulässige Bezeichnung.

Nilgiri. Bedeutendes Teeanbaugebiet im Südwesten Indiens. Hier und auf der benachbarten Anamalai- und Mudi-Hochebene wird ein Tee geerntet, der dem → *Ceylon-Tee* sehr ähnlich und im Frühjahr sehr aromatisch ist. Er wird gern für Mischungen verwendet.

Nitrit (= E250). Salz einer salpetrigen Säure, z. B. NaNO$_2$ (Natriumnitrit). Reines Nitrit ist gesundheitsschädlich. Es gibt keinen Ersatz. Herstellung, Vertrieb und Anwendung von Nitrit in der Fleischwirtschaft werden durch das Nitritgesetz geregelt und überwacht. Nitrit hemmt unerwünschtes Keimwachstum, schränkt Fäulnisvorgänge ein, erzielt Pökelfarbe und Geschmack, verhindert weitgehend das Ranzigwerden der Fette.

Nitritpökelsalz. Ein gleichmäßiges Gemisch aus Kochsalz und 0,4 bis 0,5 % Natriumnitrit. Nitritpökelsalz (NPS) ist wasserziehend. Das NPS neigt dazu, sich zu entmischen, indem der Nitritanteil nach unten sinkt. NPS muss trocken, kühl und gut verschlossen aufbewahrt werden. Vor der Entnahme gut umschaufeln. Herstellung, Vertrieb und Anwendung von NPS in der Fleischwirtschaft und Gastronomie werden durch das Nitritgesetz geregelt und überwacht.

Noblessa. Weißweintraubensorte. Kreuzung: Madeleine Angevine × Silvaner.

Nobling. Weißweintraube. Kreuzung: Silvaner × Gutedel. Die Weine sind fruchtig und körperreich.

Noilly Prat. Wermutwein aus Frankreich, der seit 1800 hergestellt wird. Grundlage: leichte, trockene Weißweine, die lange Zeit in der Sonne reifen und dadurch einen typischen Altersgeschmack und Bernsteinfarbe erhalten. Dem Wein wird → *Mistela,* kleine Mengen Fruchtessenzen und eine Mischung aus verschiedenen Pflanzen und Kräutern zugegeben. Alkoholgehalt 16 % Vol. Der trockene (extra dry) weiße Noilly-Prat enthält 18 % Vol. Alkohol.

Non. Flaches Zwiebelbrot aus Zentralasien.

Non caloric sweeteners → *Süßstoffe.*

Noni. Auch indischer Maulbeerbaum genannt *(lat. Morinda Citrifolia)* ist eine drei bis sechs Meter hohe immergrüne Pflanze, die hauptsächlich in der Südsee auf den Polynesischen Inseln heimisch ist. Ihre weißlichen bis blassgrünen ca. 12 cm langen, ovalen Früchte wurden bereits vor mehr als 2000 Jahren von den Kahunas, den heilkundigen Medizinmännern Polynesiens, gegen vielerlei Beschwerden eingesetzt. Wissenschaftliche Studien belegen, dass die Noni-Frucht den 800fachen Enzymgehalt gegenüber der Ananas und außerdem 150 gesundheitsfördernde Inhaltsstoffe hat. Der dabei entdeckte Vorläuferstoff des Xeronins (Enzym) wurde Proxeronin genannt.

Non Nati. Ital. Ausdruck für Ährenfische, die wegen ihres durchscheinenden Aussehens wie „nicht geboren" – non nati – aussehen.

Nonpareilles. Qualitätsstufe der Kapern (bis zu 7 mm).

Nordhäuser. → *Gattungsbezeichnung* für einen einfachen Kartoffel- oder Getreidesprit mit Gewürzauszügen von Pomeranzenschalen, Nelken und Zimt. Mindestalkoholgehalt 32 % Vol. Nordhäuser wird in Nordhausen im Harz hergestellt.

Nori. In flachen Meeresbuchten wird der Purpurtang Nori angebaut, nach der Ernte in der Sonne getrocknet und schließlich zu dünnen Blättern gepresst. Knusprig geröstet wird Nori als wohlschmeckende Hülle verwandt für Reiskekse oder für die gesäuerten Reisportionen, die in Japan überall als Imbiß angeboten werden. Nori wird auch wegen seines hohen Gehaltes an Mineralien und Vitaminen als Speisewürze gebraucht. Nori findet ebenfalls in der koreanischen Landesküche Verwendung.

Notwendiges Betriebsvermögen → *Betriebsvermögen.*

Nougat → *Nugat.*

Nouidade Port → *Vintage Port.*

No-show-Rechnung

No-show-Rechnung → *Beherbergungsvertrag.*

Noyau. Ein in Frankreich produzierter Likör aus Aprikosenkernen.

Nugat (Nougat). Produkt aus Haselnüssen oder gerösteten Mandeln, Zucker und evtl. Kakaoerzeugnissen, z. B.: → *Kakaomasse,* → *Kakaobutter,* → *Kakaopulver,* → *Kuvertüre.* Vorgeschriebene Inhaltsstoffe: → *Mandelnugat:* 28 % Fettgehalt (Mindestgehalt), 2 % Wasser (Höchstgehalt), 50 % Zucker (Höchstgehalt). → *Nussnugat:* 30 % Fettgehalt (Mindestgehalt), 2 % Wasser (Höchstgehalt), 50 % Zucker (Höchstgehalt). Zur Geschmacksgebung sind geringe Zusätze von Sahne und Milchpulver erlaubt.

Nussnugat → *Nugat.*

Nutzenschwelle. Die Nutzenschwelle oder der → *Break-even-Point* ist der Punkt, von dem ab ein Unternehmen in die Gewinnzone gelangt. Unter der Voraussetzung linearer Kostenkurven wird er wie folgt dargestellt (Abb. 54).

Nutzungsdauer → *Abschreibung.* Die Nutzungsdauer ist die Zeit, in der ein Gegenstand genutzt werden kann. Für einen Unternehmer sind zwei Formen der Nutzungsdauer wichtig: **a)** die technische Nutzungsdauer ist die Zeit, in der ein Gegenstand ohne größere technische Mängel benutzt werden kann; **b)** die wirtschaftliche Nutzungsdauer dagegen ist die Zeit, in der es wirtschaftlich sinnvoll ist, eine Sache zu nutzen. Die Nutzungsdauer ist auch maßgebend für die → *Abschreibung.* In den → *Abschreibungstabellen* wird dabei von einer betriebsgewöhnlichen Nutzungsdauer ausgegangen.

Nutzwild → *Wild.*

Nylon → *Chemiefasern.*

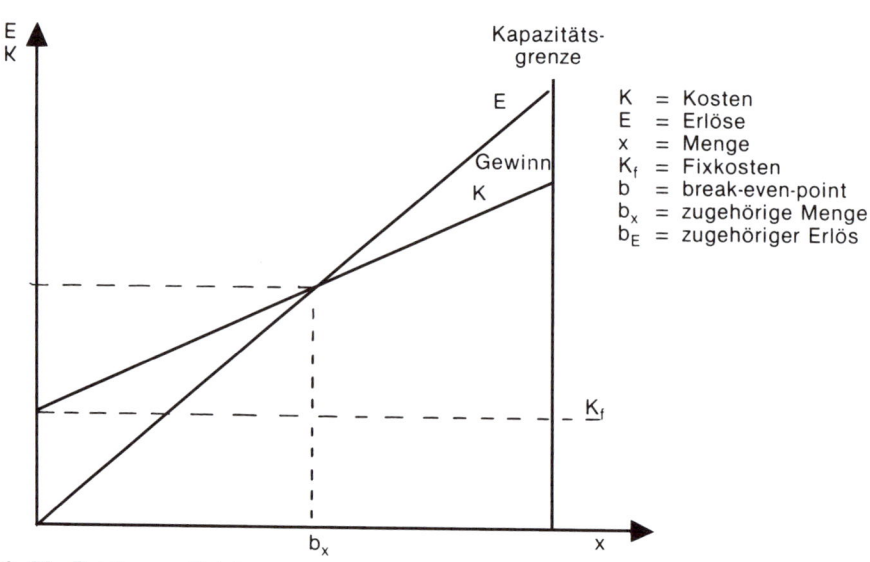

K = Kosten
E = Erlöse
x = Menge
K_f = Fixkosten
b = break-even-point
b_x = zugehörige Menge
b_E = zugehöriger Erlös

Abb. 54 Break-even-Point

O

Oaked. Wein, ausgebaut im Stahltank mit zerkleinertem Eichenholz. → *Barrel fermented.*

Obatzter. Bayr. Spezialität, Mischung aus reifem Camembert und Doppelrahmfrischkäse, vermengt mit Butter, Eigelb, Kümmel, Paprikapulver, Zwiebeln und etwas Weißbier.

Obergärige Hefe. Reinzuchthefe (Saccharomyces Cerevisiae); steigt nach dem Vergären an die Oberfläche und wird dort fast vollständig abgehoben.

Oberkellner → *Maître d'Hôtel.*

Obers. Süddeutsche und österreichische Bezeichnung für Sahne – Schlagobers = geschlagene Sahne.

Objektivität. Gütemerkmal „Sachlichkeit" Vorurteilslosigkeit. Voraussetzung für einen objektiven Test ist, dass persönliche Einflüsse seitens des Prüfers ausgeschaltet werden. Die Objektivität bezieht sich sowohl auf die Testdurchführung als auch auf die Testauswertung. Unter objektiver Testdurchführung versteht man z. B. gleiche Fragestellung für alle Testteilnehmer. Unter objektiver Testauswertung versteht man, dass für alle Testergebnisse die gleichen Maßstäbe bzw. Richtlinien angesetzt werden.

Objektwäsche → *Wäsche.* Im Gegensatz zur Haushaltswäsche versteht man unter Objektwäsche die Wäsche, die in Krankenhäusern, Sanatorien und Hotelbetrieben verwendet wird, d. h. die Wäsche der Großverbraucher. An diese Wäsche müssen ganz andere Anforderungen gestellt werden als an Haushaltswäsche. Die Beurteilung erfolgt in erster Linie vom Gesichtspunkt der Wirtschaftlichkeit aus.

Oblaten-Lebkuchen, feine runde. Im Gegensatz zu den → *Elisen-Lebkuchen* wird bei dieser Sorte mit einem geringeren Kernanteil und mit mehr Mehl gearbeitet. Nach den Leitsätzen für Dauerbackwaren ist mit mindestens 7 % Ölsamengehalt zu arbeiten. Glasiert und schokoladenüberzogen.

Oblaten-Lebkuchen, unglasierte. Mit einem Kernanteil von ca. 21 %, der Mehlanteil liegt bei ca. 17,5 %.

Oblaten-Lebkuchen, weiße. Bestehen aus einer relativ stark gewürzten Biskuitmasse mit Haselnüssen. Der Mehlanteil kann bis zu 40 % betragen. Alter Tradition zufolge gibt es für weiße Lebkuchen keinen Schokoüberzug und keine Zuckerglasur. Er wird nur in eckiger Form auf den Markt gebracht.

Obligatorische Etikettenangaben. Etikettenangaben, die für ein Produkt gesetzlich vorgeschrieben sind. → *Etikett.*

Obsoleszenz *(obsolet = veraltet, ungebräuchlich)* Bezogen auf betriebliche Leistungen bedeutet das, dass diese veraltet sind und nicht mehr so gerne oder gar nicht mehr vom Markt angenommen werden. Das ist z. B. der Fall, wenn aufgrund von Mode- und Geschmackswandlungen die Ausstattungen der Hotelzimmer nicht mehr dem gegenwärtigen Gästegeschmack entsprechen oder den heutigen Anforderungen nicht mehr genügen. Falls hier in absehbarer Zeit dann keine Anpassung erfolgt, „stirbt das Produkt ab", d. h. zunächst werden die Preise sinken, bis zuletzt niemand mehr bereit ist, die Leistung zu erwerben.

Obst. Sammelname für alle Arten genießbarer Früchte. Von mehrjährigen Pflanzen; kultiviert oder wildwachsend. Meist wohlschmeckend, zuckerhaltig und fleischig-saftig. Zu Obst zählen auch die Samenkerne mehrerer Arten von Schalenfrüchten. Duft und Geschmack des Obstes regen den Appetit an. Für neun Obstarten gibt es Güte-

Obstbranntweine

klassen: „Extra" = auserlesene Ware, „Handelsklasse I" = hochwertige Ware, „Handelsklasse II" = gute Ware, „Handelsklasse III" = Haushalts-/Industrieware. Die Wertmaßstäbe gelten für das „Äußere" der Ware; die Früchte müssen ganz, gesund, reif, frei von fremdem Geruch und Geschmack sowie sorgfältig gepflückt sein.

Obstbranntweine werden aus vollen, vergorenen Früchten oder deren Saft oder aus frischen, unvergorenen Früchten ohne jeglichen Zuckerzusatz oder Zugabe von Alkohol anderer Art hergestellt. Die Bezeichnung „Obstbranntwein" weist nicht auf eine Obst- oder Beerenart hin und ist deshalb für Branntweine aus mehreren Obstarten zulässig. Falls der Branntwein ausschließlich aus *einer* Fruchtart gewonnen wird, darf er in seiner Bezeichnung den Namen der betreffenden Frucht enthalten, z. B. Kirschwasser, Zwetschgenwasser, Williamsbirnenbrand u. a. (Mindestalkoholgehalt 40 % Vol.). **a)** Steinobst: Kirschen, Zwetschgen, Mirabellen, Pflaumen, Aprikosen, Pfirsiche u. a. **b)** Beeren: Heidelbeeren, Himbeeren, Brombeeren, Johannisbeeren, Erdbeeren, Vogelbeeren u. a., **c)** Kernobst: Sortenreine Birnen und Äpfel.

Obstbrennerei. Sie stellt Branntwein durch Destillation von Obst (Stein-, Kernobst), Beeren, Most, Wein, Weinhefe, Wurzeln (Enzian, Ingwer, Kalmus, Tompinambur) oder Rückständen her. Sie werden als → *Abfindungsbrennereien* oder → *Verschlussbrennereien* geführt. Der Hersteller kann, wenn er die Steuer an die Zollbehörde entrichtet hat, den Branntwein selbst veräußern.

Obstgeist → *Spirituose,* die aus zuckerarmen Früchten, meist durch Anwendung der → *Mazeration* hergestellt wird. Es dürfen nur zugelassene Fruchtarten oder -säfte verwendet werden. Zuckerzusatz und Färbung sind verboten. Mindestalkoholgehalt 40 % Vol.

Obstler → *Kernobstbranntwein.*

Obstsekt. Zulässige Bezeichnung für → *schaumweinähnliche Getränke.*

Obstwasser → *Obstbranntweine,* die durch Destillation der vergorenen Maische (ohne Hefezusatz) von Steinobst, Beeren und sortenreinen Äpfeln oder Birnen gewonnen werden. Bei einem → *Kernobstbranntwein* darf die Bezeichnung Obstwasser nur dann benutzt werden, wenn ein deutlicher Hinweis Zusatz auf dem Etikett darauf hinweist, dass dieser nur aus Birnen/Äpfeln oder deren Säften hergestellt wurden.

O.C. → *Zimmerstatus.*

Ochsenaugen, a) Anderer Ausdruck für Spiegeleier, **b)** Gebäckart.

Ochsenschlepp. Österreichischer Ausdruck für Ochsenschwanz.

Öchsle, Ferdinand (1774–1852). Mechaniker aus Pforzheim; führte die nach ihm benannte Mostwaage zur Feststellung des → *Mostgewichtes* ein.

Öchslewaage → *Mostwaage.*

Odin. Organisationsdienst für nachgehende Untersuchungen. Eine Institution der gewerblichen Berufsgenossenschaften in der Bundesrepublik Deutschland, die eine teils an die Unternehmer, teils an die Berufsgenossenschaften gerichtete Forderung ist, die in der Unfallverhütungsvorschrift „Arbeitsmedizinische Vorsorge" konkretisiert ist. Danach ist sicherzustellen, dass sich Versicherte auch nach Ausscheiden aus einer Beschäftigung „mit Überschreiten der Auslöseschwelle für krebserzeugende Gefahrstoffe" ärztlichen Untersuchungen unterziehen können. Für diesen Personenkreis ist Odin eingerichtet worden.

Oecotrophologie. Studium der Ernährung und Hauswirtschaft. Das Wort setzt sich zusammen aus: Oeco = Hauswirtschaft, Tropho = Ernährung, Logos = Vernunft.

Oenologie. Wissenschaft von der Weinbereitung (Weinbaukunde), Anbau, Pflege, Schädlingsbekämpfung usw.

Oenanäther. Weinöl, in der Trubhefe enthalten. Die Oenanäther sind wertbestimmende Bestandteile bei der Weindestillation.

Oenin. Roter Traubenfarbstoff, chemisch zur Gruppe der Anthocyane gehörend.

Oenogarum → *Liquamen.*

Oetker, Dr. August (1862–1918). Entwickelte und vermarktete das von Liebig erfundene Backpulver in Bielefeld 1891 „Backin". Autor vieler Kochbücher für Hausfrauen.

O.F.C. Bei Canadian Whisky verwendete Bezeichnung. O = Old, F = Fine, C = Canadian.

Ofenschlupfer. Schwäb. Süßspeise aus Semmeln, Mandeln, Zucker, Zimt, Nelken, Rosinen, Eiern und Milch, im Ofen gebacken.

Offene Handelsgesellschaft (OHG) → *Unternehmensformen.* Eine Personengesellschaft, in der sich mehrere Personen zum gemeinsamen Betrieb eines Handelsgewerbes zusammengeschlossen haben. Jeder Teilhaber haftet dabei **a)** unbeschränkt (mit der Einlage und dem Privatvermögen), **b)** unmittelbar (der Gläubiger kann sich an jeden Teilhaber direkt wenden), **c)** solidarisch (jeder für die gesamten Schulden, auch für die von anderen eingegangenen Verbindlichkeiten). Jeder Teilhaber hat Geschäftsführungs- und Vertretungsbefugnis. Einschränkungen hierbei wirken nur im Innenverhältnis. Das Gesellschaftsvermögen wird von den Teilhabern aufgebracht und gehört diesen gemeinsam (Gesamthandvermögen) → *Vermögen).* Das HGB sieht eine Gewinnverteilung von 4 % auf die Einlage und den Rest nach Köpfen vor, die dann zum Zuge kommt, wenn der Vertrag nichts anderes vorsieht.

Öffentlichkeitsarbeit (Public-Relations). Kommunikatives → *Marketing-Instrument.* Im Gegensatz zur Werbung, die sich auf das Produkt richtet, zielt die Öffentlichkeitsarbeit darauf ab, das Bild (Image) eines Unternehmens in der Öffentlichkeit positiv darzustellen. Beim gastronomischen Betrieb ist hierunter weniger die Öffentlichkeit allgemein, sondern mehr das Gästepotential zu verstehen. Diesem Personenkreis soll mittels Öffentlichkeitsarbeit das Ansehen und der gute Ruf des gastgewerblichen Betriebes eingeprägt werden, der Bekanntheitsgrad (Publizität) soll gesteigert und Sympathie und Vertrauen erzeugt werden. Mit der Öffentlichkeitsarbeit kann der gastronomische Betrieb – bei dem es sehr viel mehr auf immaterielle Leistungen ankommt – sehr viel besser eine Differenzierung von Konkurrenzbetrieben vornehmen als mit reiner Produktwerbung. Die Öffentlichkeit setzt eine vorab fixierte → *Unternehmensidentität* (Corporate Identity) voraus, die erst die Basis für das zu erzeugende Bild ist. Zur Durchführung der Öffentlichkeitsarbeit sind folgende Mittel einsetzbar: **a)** Gästebetreuung, **b)** innerbetriebliches Informationswesen, **c)** Pressearbeit und Medienpflege, **d)** Eigenveranstaltungen, **e)** Auswertung der eingesetzten Mittel im Hinblick auf ihre Effizienz.

Office. In der Fachsprache Bezeichnung für einen bestimmten Raum, in dem alle Vorbereitungsarbeiten vor dem Servicebeginn durchgeführt werden, wie z. B. das Säubern und Auffüllen der → *Menagen,* das Polieren der Gläser, das Sortieren und Polieren der Bestecke etc. Außerdem werden im Office alle Materialien und Geräte aufbewahrt.

Ohrmuschel → *Armenauster.*

Oidium. Lat.: → *Mehltau.*

OIV. Internationales Amt für Reben = Office International de la Vigne et du Vin. Gründung 1924 zur Prohibitionszeit in den USA, um auf die positiven Wirkungen des Weinkonsums aufmerksam zu machen. Heutige Aufgaben: Statistiken, Austausch wissenschaftlicher Forschung, Veranstaltungstätigkeit. Stand 2001: 44 Mitgliedsstaaten; Amtssprache ist Französisch.

Öko-Wein (Ökologische Weine) → *Naturwein.*

Öko-Weinbau. Im EU-Weinrecht ist dieser Begriff nicht optimal definiert, jedoch als Angabe erlaubt. Die meisten Öko-Weinbetriebe sind Mitglieder eines Öko-Verbandes wie z. B. BÖW, DEMETA, ECO VIN und richten sich bei ihrer Produktion nach den strengen Regeln dieser Verbände.

Okra (Syn.: Eibisch, → *Ladyfinger,* → *Gombo,* Gumbo, Rosenpappel, → *Bamia,* → *Griechenhorn,* Kuiabos). Gehört in die Familie der Malvengewächse, zu der Gattung Hibiscus. Okra ist eines der ältesten Gemüse. Seine Verwendung lässt sich bis in das 2. Jahrhundert vor der Zeitrechnung zurückverfolgen. Seine Heimat ist Abessinien. Sklaven brachten ihn auf die Karibischen Inseln und Amerika. Verbreitet in ganz Afrika, Ostindien und auf dem Balkan (Türkei). Der Eibisch braucht Sonne zum Wachsen. Das einjährige Kraut wird bis zu 2 m hoch. In den Blattachsen sitzen die hellgelben Blüten. Die anschließend wachsenden Samenkapseln haben die Form von langgezogenen Pfefferschoten, sie werden etwa fingerlang. Man erntet sie noch unreif. Beim Kochen geben die Früchte Schleim ab. Der Geschmack ist neutral, er erinnert etwas an Stachelbeere und ist eine Spur herb.

Öle. Bei Zimmertemperatur flüssige Fette (bei Herkunft von Seetieren als Trane oder Fischöl bezeichnet). Der Schmelzpunkt der Fette wird von am Aufbau beteiligten → *Fettsäuren* bestimmt. Mit steigendem Anteil an → *ungesättigten Fettsäuren* sinkt der Schmelzpunkt der Fette bzw. umgekehrt.

Oleomargarin. Aus → *Feintalg* abgepresstes weiches Fett, das für manche Margarine verwendet wird. Es ist gelblich, geruchlos, von mildem Geschmack, erstarrt zu einer butterartigen Masse bei 32–34 °C. Der Pressrückstand heißt Presstalg oder Rinderstearin und wird für Seife und Kerzen verwendet.

Oleoresine. Möhrenextrakt, zum Färben von Lebensmitteln – bei Mayonnaise, zur Vortäuschung eines höheren Eigehaltes.

Olfaktorische Eindrücke. Eindrücke bei der Geruchsbestimmung der Weindegustation am Beginn, in der Mitte und am Ende.

Oligosaccharide. Gruppe von Zuckerarten, die durch Zusammenlagerung von zwei oder mehreren Monosaccharidmolekülen zu einem größeren Molekül entstehen. Es sind vor allem Di- und Trisaccharide. Disaccharide ($C_{12}H_{22}O_{11}$). In der Natur als Rohr-, Rüben-, Milch- und Malzzucker vorkommend. Der Rohr- und Rübenzucker ist dabei ein nicht reduziertes Disaccharid, zusammengesetzt aus Glucose und Fructose. Milchzucker (Lactose) setzt sich aus einem Molekül Galaktose und einem Molekül Glucose zusammen. Malzzucker kommt besonders in keimendem Getreide vor (Gerstenmalz). Zusammensetzung aus zwei Molekülen Traubenzucker. Trisaccharide ($C_{18}H_{32}O_{16}$) ähneln den Disacchariden, bekannt ist die in der Zuckerrübe vorkommende Raffinose.

Öligwerden. Weinkrankheit, vorwiegend bei jungen Weinen, mit wenig Säure und Gerbstoff. Die Weine haben eine dickflüssige, schleimig-zähe Beschaffenheit.

Olive. Frucht des Ölbaums; verarbeitet zu Olivenöl oder ganz bzw. entkernt mit Füllung

(Paprika, Mandel) eingelegt; erhältlich als grüne und schwarze Oliven.

Olivenöl. Öl aus dem Fruchtfleisch und dem Kern der Oliven. Über 150 verschiedene Olivenbaumarten sorgen in den verschiedenen Ländern für die Geschmacksvielfalt. Der Ursprung des Olivenbaums liegt in der Gegend des östlichen Mittelmeeres. Heute wie damals ist der Mittelmeerraum das klassische Anbaugebiet. Dort wachsen weit über die Hälfte der weltweit 800 Millionen Olivenbäume. Bei sorgfältiger Pflege werden Olivenbäume einige hundert Jahre alt und in Einzelfällen bis zu 20 Meter hoch. Die ersten Früchte trägt er je nach Baumart nach etwa 4–10 Jahren. Im Schnitt trägt ein Olivenbaum pro Jahr ca. 20 Kilogramm Oliven, was am Ende ungefähr 3–4 Litern Olivenöl entspricht. Die gesammelten Früchte werden gewaschen und zwischen Mahlsteinen zu einem ölhaltigen Brei zerquetscht. In ländlichen Betrieben wird dieser Brei auf runden Platten zu einem Turm aufgeschichtet. Durch diese Pressung fließt dann langsam das Öl heraus. Die Herstellung wird aber zunehmend automatisiert, dabei kommen hydraulische Pressen zum Einsatz. Der ausgepresste Saft der Olive enthält neben dem Öl auch noch einen großen Anteil Fruchtwasser. Durch Stehenlassen schwimmt das leichtere Öl obenauf und kann anschließend abgeschöpft werden. Einfacher ist das Zentrifugieren (Abschleudern), dabei werden die Phasen sehr viel schneller getrennt. Ein besonderer Genuss sind die hochwertigen Öle aus der ersten Pressung. Seit dem 1.1.1990 gelten für Olivenöl verbindliche Bestimmungen zur Deklarierung. Es gelten folgende Qualitätsnormen: Olivenöl der 1. Güteklasse trägt die Aufschrift „Natives Olivenöl extra" oder olio extra vergine (I) huile vierge extra (F). Das Öl wird durch sanfte Pressung gewonnen, der Anteil der freien Fettsäuren darf höchstens 1 g auf 100 g Öl betragen. Freie Fettsäuren sind keineswegs schädlich, sie verleihen dem Öl aber einen kratzigen Geschmack, deshalb dient ihre Konzentration auch als Qualitätskriterium. Olivenöl der 2. Güteklasse wird deklariert als „Natives Olivenöl". Dieses Öl wird stärker gepresst, und sein Anteil freier Fettsäuren darf 2 g auf 100 g Öl nicht überschreiten. Es wird in Deutschland allerdings sehr selten angeboten. Olivenöl der 3. Güteklasse darf sich nur schlicht „Olivenöl" nennen. Dieses Öl kann unter Zuhilfenahme chemischer Lösungsmittel extrahiert und raffiniert worden sein. Zur Geschmacksverbesserung und natürlichen Farbgebung wird oftmals natives Olivenöl beigemischt.

Olivenöl extra, natives → *Natives Olivenöl extra.*

Olivenöl, natives → *Natives Olivenöl.*

Olmützer Quargel. Sauermilchkäse, der ausschließlich in der Magerstufe hergestellt wird. Der Käse wird als Stangenkäse in Deutschland in den Handel gebracht. Olmützer Quargel kommt durch Gelb- und Rotschmierebakterien zur Reifung. Feste Masse, gelbe, etwas klebrige Oberfläche. Der Geschmack ist pikant.

Oloroso → *Sherry-Angebotsform;* süßer als Fino (kann auch trocken sein), besitzt eine goldgelbe Farbe, einen Nussgeschmack, wenig Florgehalt. Oloroso wird zu Beginn des → *Solerasystems* auf ca. 20 % Vol. Alkoholgehalt aufgespritet. Oloroso eignet sich zu herzhaften und süßen Knabbereien.

Ölrauke → *Rauke.*

Omami. (das) Begriff aus Japan, hinter dem sich eigentlich „Eiweißgehalt" verbirgt. In Deutschland wird er zur Qualitätsmessung bei Apfelviez (i. S. von größter Vollkommenheit) verwendet.

On the Rocks. Getränke auf oder mit Eiswürfeln zu servieren.

Oolong-Tee

Oolong-Tee. Halbfermentierter Tee aus China. Die Blattränder sind braun; das Innere des Blattes bleibt grün.

Opap → *Griechenland* – *Weinqualitäten*.

OPE → *Griechenland* – *Weinqualitäten*.

Operationsanalytische Planungstechniken (Operations Research). Die Vorbereitung von Führungsentscheidungen mit Hilfe mathematischer Methoden und Modelle. Unter Anwendung der EDV können dabei unterschiedliche Modelle durchgespielt werden, um die günstigste Lösung zur Erreichung des gesteckten Ziels zu finden. Man verwendet neben statistischen Verfahren bes. die lineare und die nichtlineare Programmierung sowie die dynamische Programmierung für Modelle mit mehreren Planungsperioden. Für das zu untersuchende Entscheidungsfeld wird dabei eine Zielfunktion und die Nebenbedingungen mit Gleichungen bzw. Ungleichungen fixiert und das Optimum gesucht. Solche Untersuchungen können sich z. B. richten auf: **a)** den optimalen Weg zur Gewinnmaximierung, **b)** die optimale Lagergröße oder Bestellmenge, **c)** die bestmögliche Engpassausnutzung (Warteschlangenmodell), **d)** optimale Terminplanung (Netzplanmodelle), **e)** mögliche Marketingstrategien unter Beachtung der Konkurrenzsituation (Spieltheorie-Modelle).

Operations Research → *operationsanalytische Planungstechniken*.

Oportorebe. Syn. für *Blauer Portugieser*, Rotweintraube, in Österreich gebräuchlich.

Optima. Weißweintraube. Kreuzung: (Silvaner × Riesling) × Müller-Thurgau. Die Weine sind elegant, rassig mit duftigem Bukett.

Optimale Bestellmenge. Sie liegt dort, wo die → *Lagerkosten,* insgesamt (= Lagerhaltungs- und Bestellkosten) am günstigsten sind. Dabei ist zu bedenken, dass mit zunehmender Lagerung die Lagerkosten steigen, die Beschaffungskosten aber durch Mengendegression sinken. Deshalb hängt die opt. Bestellmenge neben den Preisen pro Stück auch von den Jahresbeschaffungsmengen, dem Lagerhaltungssatz und den indirekten Beschaffungskosten (fixe Auftragskosten) ab (Abb. 55).

Option. Ein Wahlrecht, das es auf vielen Rechtsgebieten gibt. **a)** Im Umsatzsteuergesetz, wenn nach § 4 Steuerbefreiung gilt, wobei man das Recht hat, zur Regelbesteuerung zu optieren, **b)** wenn der Pächter ein Recht hat auf späteres Übernehmen eines Hotels oder einer Gaststätte, **c)** Inhaber von Wandelschuldverschreibungen das Recht haben, diese nach Wahl später in Aktien zu tauschen, **d)** noch nicht bestätigte Anfrage über die Möglichkeit einer Gruppenunterbringung zu einer bestimmten Zeit. Vereinbart wird dabei ein Termin, bis zu dem eine endgültige Klärung erfolgen soll. Beim Überschreiten des Termins wird rechtlich die Option wertlos. Allerdings fragen die meisten Hotels zurück, um sich zu vergewissern oder eine → *Reservierung* einzuleiten. → *Kontingent.*

Orange (Tee). Wurde in China für mit Orangenblüten parfümierten Tee verwendet. Eine weitere Deutung bezieht den Begriff auf das niederländische Königshaus Oranien – das „königlich" wird mit „besonders gut" gleichgesetzt. → *Pekoe.*

Orangeat. Kandierte Schale der Bitterorange oder Pomeranze. Die Schalen werden zur Konservierung zuerst in Salzwasser gelegt und dann in konzentrierter Zuckerlösung gegart.

Oregano *(auch Dost).* Wilder Majoran. Heimat ist Italien, Mexiko und Nordamerika. Das Gewürz eignet sich besonders für Tomaten- und Fischgerichte.

Organigramm. Darstellung des betrieblichen Aufbaus durch grafische Veranschaulichung (Organisations-Schema s. Orga-

Die Ermittlung kann auf drei Wegen erfolgen:
1) graphisch

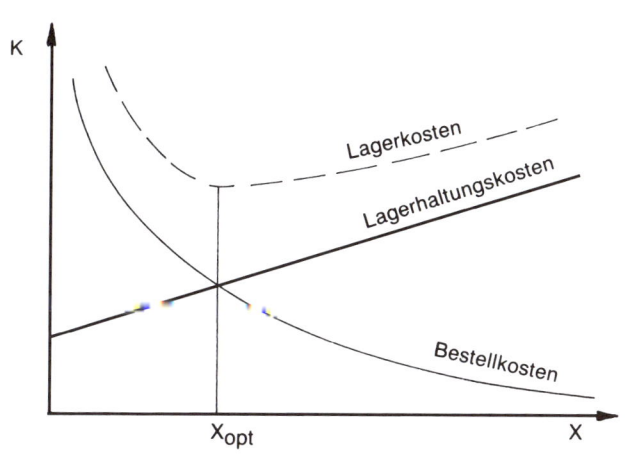

[Diagramm: K über x, mit Kurven Lagerkosten, Lagerhaltungskosten, Bestellkosten, Minimum bei x_{opt}]

2) durch Probieren, indem mit alternativen Bestellmengen gerechnet wird.
3) mittels der folgenden Formel:
optimale Bestellmenge:

$$x_{opt} = \sqrt{\frac{200 \times \text{Jahresbedarf} \times \text{feste Bezugskosten pro Bestellung}}{\text{Einstandspreis pro Stück} \times \text{Lagerhaltungssatz}}}$$

Abb. 55 Optimale Bestellmenge

nigramm im Anhang A 11) → *Betriebsgliederungsplan*, → *Stellenplan*, → *Stellenbesetzungsplan*.

Organisation → *Betriebsorganisation*. **a)** Vorgang des Organisierens, bei dem ein Plan in die betriebliche Wirklichkeit umgesetzt wird, **b)** Zustand der Zuordnung von Menschen und Betriebsmitteln zur Erreichung des Unternehmensziels. Bei einer Neugründung gibt der Plan die Sollwerte, nach denen organisiert wird. Bei bestehenden Betrieben geht man stufenweise vor: *Ist-Aufnahme:* Es wird zuerst eine Analyse des gegebenen Zustandes hinsichtlich Aufgabenverteilung, Arbeitszuordnung, Raum und Arbeitszeit durchgeführt. *Soll-Entwurf:* Anschließend wird als Synthese die → *Aufbau-* und → *Ablauforganisation* konzipiert. *Realisation und Kontrolle.* Anschließend wird der Sollentwurf in die Praxis umgesetzt. Mit dem Soll-Ist-Vergleich werden Kontrollen durchgeführt, die u. U. nochmals zu Anpassungen und Korrekturen führen können.

Organisations-Abstrakta. Organisationshilfsmittel in Form von Sinnzeichen, Kennzeichen, Symbolen oder → *Piktogrammen* (auch farblich). Durch sie sollen **a)** eindeutige Begriffe geschaffen, **b)** Schreibarbeit erspart, **c)** Sortier- und Ordnungsmöglichkeiten sichergestellt, **d)** etwaige Geheimhaltung gewährleistet werden. Forderungen: **a)** leichte Herstellbarkeit, **b)** gute Einprägsamkeit, **c)** eindeutige Ausdruckskraft (Erkennbarkeit).

Organisationsanalyse → *Organisation*. Beobachtung und Untersuchung der bestehenden Organisationsform eines Betriebes oder seiner Teilbereiche (Feststellung des Ist-Bestandes). Entwicklung von Sollwert-

Vorstellungen und Verwirklichung notwendiger positiver Verfahren: → *Beobachtungs-Methode*, → *Fragebogen-Methode*, → *Interview-Methode*. Konkrete Ziele: → *Arbeitsvereinfachung*, → *Arbeitsüberwachung*, → *Arbeitsleistungsstandards*, → *Arbeitsplatzbesetzung*.

Organisationshandbuch. Nachschlagewerk und Informationsmittel für alle Mitarbeiter eines Betriebes, als Zusammenfassung von Beschreibungen der Verwaltungsorganisation (allgemeingültig zu regelnde Tatbestände werden als Mußvorschriften schriftlich festgehalten). Neben dem Handbuch für die Gesamtorganisation werden auch Handbücher für Teilbereiche des Betriebes zusammengestellt, so Handbuch für Personalwesen, Handbuch für Absatzorganisation u. a. *Forderungen an die Zusammenstellung:* **a)** Einheitliches System der Terminologie, **b)** Übersichtliche Gliederung, **c)** Klare typographische Darstellung, **d)** Vermeidung von Wiederholungen und Überschneidungen, **e)** Aktualität (Möglichkeiten von Änderungen), **f)** Herausgabe durch eine zentrale Stelle des Betriebes. *Inhalt:* **a)** Chronik des Betriebes, **b)** Betriebliche Ziele und Grundsätze, **c)** Sinn und Zweck des Handbuches, **d)** Beschreibung der Aufbau- und Ablauforganisation, **e)** Graphische Darstellungen (Lagepläne, → *Organigramme)*, **f)** → *Stellenbeschreibungen*, **g)** → *Führungsanweisung*, **h)** Muster von → *Vordrucken*, gesetzlichen Bestimmungen, **i)** Aufstellung der Organisationshilfsmittel.

Organisationsmittel, technische. Mittel, die der Durchführung organisatorischer Maßnahmen dienen. *Ziele und Bestimmungsgrößen:* **a)** Kostenziel: Anschaffungskosten (Amortisation) und Betriebskosten (z. B. Löhne, Energie), **b)** Organisatorisches Ziel: Kapazität (Typ mit einer entsprechenden Leistungsfähigkeits-Nutzung), Technische Daten (Materialart, Lebensdauer, Zeitfaktor), Betriebssicherheit (VDE-geprüft?), Betriebshygiene (Reinigungsmöglichkeiten), Wartung, Reparaturhäufigkeit (Ersatzteile?), Leichte Einarbeitung und Bedienung, **c)** Humanitäres Ziel: Unangenehme Arbeitsplatzumgebung, Unfallschutz (TÜV-geprüft), **d)** Terminziel: Zeitpunkt der Einsatzbereitschaft einer Maschine.

Organisator. Träger besonderer betrieblicher Aufgaben, die ermittelt, geplant, sorgfältig und verständlich formuliert und durch rechtzeitige und umfassende Unterweisung der zur Durchführung eingesetzten Organisationstätigen realisiert werden müssen (Neben dem Allround-Organisator gibt es Spezialisten für bestimmte Organisationsbereiche, wie Materialwirtschaft, Produktion, Absatz, Rechnungswesen, Personalwesen). Den anspruchsvollen Organisator müssen folgende Eignungsmerkmale auszeichnen: **1)** Sachkenntnis: Abhängig von den Sachzielen des Betriebes, **2)** Intuitive Gestaltungskraft: Gefühlsmäßige Erkenntnis des Wesentlichen und Ausprägung der gewonnenen Ideen (kreatives Handeln) durch Vorstellungsvermögen (produktive Phantasie) zur Wirklichkeit (Lösungsmöglichkeiten), **3)** Kontrollierte Begeisterungsfähigkeit (Ausstrahlungs- und Überzeugungskraft), **4)** Konstruktiv-kritische Einstellung, **5)** Fähigkeit zum analytischen und logischen Denken, **6)** Objektivität und Wahrheitsliebe (Glaubwürdigkeit und Vertrauen), **7)** Technisches Verständnis, **8)** Vielseitige Erfahrung (auch Wille, künftig die Erfahrungen anzureichern), **9)** Rhetorische Begabung, **10)** Kooperationsbereitschaft, **11)** Psychologische Begabung (Führung von Mitarbeitern), **12)** Durchsetzungsvermögen (Willensstärke und Beharrlichkeit).

Original-Arrak. Importierter Arrak ohne jegliche Veränderung im Inland; meist hochprozentig.

Original-Rum, der mit einer Alkoholstärke von ca. 80 % Vol. eingeführt und ohne Zusätze oder Veränderung angeboten wird.

Orion → *Chemiefasern*

Österreich

Orlando. Neugezüchtete Zitrusfrucht. Kreuzung zwischen Grapefruit und Tangerine. Sie wird bei uns ab etwa Mitte Januar angeboten. Die Frucht ist mittelgroß, hat eine helle bis orangenfarbige dünne Schale. Das Fruchtfleisch ist saftig, mildsüß im Geschmack und kernlos.

Orlow, Orloff. Nikolai Alexewitsch Fürst O. (1820–1885), russ. Gesandter in Paris. Klass. Garnitur z. B. Kalbsrücken Orlow.

Ortega. Weißweintraube. Kreuzung: Siegerrebe (Madeleine Angevine × Gewürztraminer) × Müller-Thurgau. Die Weine haben ein der Siegerrebe ähnliches Bukett.

Ortlieber. Früher gelber Ortlieber, früher in der Pfalz, im Elsass und in Württemberg schwach verbreitete Weißweintraubensorte. Im Elsass wird der Wein als → *Knipperle* bezeichnet.

Ortolan. Fettammer. Schon in der ital. und frz. Renaissanceküche eine Delikatesse. In europ. Gärten verbreiteter kleiner Vogel, etwa in der Größe eines Buchfinken. Kopf und Hals sind olivfarben, die Kehle gelb. Zubereitung warm (wie → *Schnepfen)* und kalt (wie → *Wachteln).* Ortolane sind EG-weit geschützte Vögel.

Ortsbezeichnungen. Gemarkung, z. B. Wein aus einer Gemarkung, aus einer Gemeinde; zweitkleinste geographische Angabe. Nach Gemarkung folgt die Lagenbezeichnung.

Orvieto D.O.C. Trockener Weißwein aus gleichnamiger italienischer Gemeinde, der sehr bekannt ist. Er enthält mindestens 11 % Vol. Alkohol und eignet sich bestens zu Fischgerichten.

Oryza Sativa. Biologische Bezeichnung für Reis. Es gibt etwa 8 000 Sorten.

Osiris. Weißweintraube. Kreuzung: Riesling × Rieslaner (Silvaner × Riesling). Osiris war der Weingott der Ägypter. Die Weine sind rieslingähnlich.

Osmotischer Druck. Druck, der von gelösten Teilchen ausgeübt wird. Je höher die Konzentration, desto höher der osmotische Druck. Im Organismus wird ein Ausgleich geschaffen, konzentrierte Lösungen werden verdünnt, bis etwa der osmotische Druck des Blutes erreicht ist.

Osmotolerante (Osmophile). Hefen, Reinzuchthefen. Sie sind besonders widerstandsfähig gegenüber hohem osmotischen Druck und dadurch in der Lage, zuckerreiche Moste zu vergären.

Osso Buco. *(Osso = Knochen)* Kalbshaxenscheiben mit Tomaten, Gemüse, Bouillon und wenig Weißwein geschmort (italienische Landesküche). „Alla gremolata" = die fertigen Kalbshaxenscheiben mit Petersilie, Knoblauch und feingehackter Zitronenschale (ungespritzt) bestreuen.

Österreich. Bekannte Gebiete: Wachau, Kremstal, Kamptal, Weinviertel, Thermenregion, Carnuntum, Neusiedlersee, Burgenland, Steiermark. Häufig angebaute Rebsorten: Weiße Sorten: Grüner Veltliner, Welschriesling, Müller-Thurgau, Muskat-Ottonel, Traminer. Blaue Sorten: Zweigelt, Blaufränkisch, St. Laurent, blauer Burgunder Fläche: ca. 48 500 ha; Qualitätsstufen lt. Gesetz: KMW (→ *Öchsle-Bezeichnung)*

mind.	14°	Tafel- bzw. Tischwein
mind.	15–19°	Qualitätswein
ab	17°	Kabinett
ab	19°	Spätlese
ab	21°	Auslese
ab	25°	Beerenauslese
ab	25°	Eiswein
ab	25°	Strohwein-Schilfwein
ab	27°	Ausbruch
ab	32°	Trockenbeerenauslese

Eine wichtige Aussage für die Qualität der Weine haben die Etikettangaben: **Ried** =

Österreicher

Einzellage, **Bergwein** = Hangneigung über 26 %.

Österreicher. Syn. für → *Silvaner*.

Österreich – Weinbauregionen. Die Weinbauregionen Österreichs und die Hauptrebsorten: *Niederösterreich* (Gesamtrebfläche 34 000 ha). Weinbaugebiete: **1)** Wachau (1 400 ha), **2)** Kamptal-Donauland (7 000 ha), **3)** Donauland-Carnuntum (4 000 ha), **4)** Weinviertel (18 000 ha), **5)** Thermenregion (3 000 ha). Rebsorten (weiß): Grüner Veltliner (45 %), Müller Thurgau, Welschriesling, Frühroter Veltliner, Riesling. Rebsorten (rot): Blauer Portugieser (9 %), Zweigelt. *Burgenland* (Gesamtrebfläche 21 000 ha). Weinbaugebiete: **1)** Neusiedlersee (11 000 ha), **2)** Neusiedlersee-Hügelland (7 000 ha), **3)** Mittelburgenland (2 000 ha), **4)** Südburgenland (500 ha). Rebsorten (weiß): Grüner Veltliner (19 %), Welschriesling (12 %), Müller-Thurgau. Rebsorten (rot): Blaufränkisch (12 %), Zweigelt, Cabernet Sauvignon, Merlot. *Steiermark* (Gesamtrebfläche 3 000 ha). Weinbaugebiete: **1)** Südsteiermark (1 500 ha), **2)** Weststeiermark (500 ha), **3)** Süd-Ost-Steiermark (1 000 ha). Rebsorten (weiß): Welschriesling (12 %), Müller-Thurgau, Muskat Ottonel, Sauvignon blanc, Riesling, Traminer, Chardonnay (Morillon). Rebsorten (rot): Blauer Wildbacher (Schilcher). *Wien* (Gesamtrebfläche 700 ha). Rebsorten (weiß): Grüner Veltliner (26 %), Riesling, Müller-Thurgau, Weißburgunder, Neuburger. Rebsorten (rot): Zweigelt (4 %), St. Laurent, Blauer Portugieser.

Ostfriesische Mischung (Tee), besteht aus kräftigem Assam-Tee und mildem indonesischen Tee.

Ostreikultur → *Conchylikultur*.

Ouillage. Im französischen Sprachgebrauch übliche Bezeichnung für den Ausgleich des Verdunstungsverlustes in Fässern und Flaschen mit Weinen gleicher Qualität.

Ovári. Ungarischer Käse auf Kuhmilch-Basis.

Ovipar. Befruchtung der Austerneier außerhalb der Muschel. Die „tiefe" Auster gibt ihre Eier ins Wasser ab, die noch unbefruchtet sind, sobald sie in die Einatmungskammer gelangen. Durch heftiges Schlagen mit der Schale werden die Eier einige Zentimeter fortgespült. Die Befruchtung mit männlichen Samen wird der Wasserströmung überlassen. Gegensatz dazu → *Vivipar*.

Ovo-lacto-vegetabil. Form der vegetarischen Ernährung. Neben pflanzlichen Lebensmitteln werden auch Ei, Milch und deren Produkte (wie z. B. Käse in jeder Form) verwendet.

Ovo-Lacto-Vegetarier essen nichts von toten Tieren, also kein Fleisch und Fisch. Tierische Produkte (Milch = Lacto, Milchprodukte, Eier = Ovo) sind erlaubt. Die meisten Vegetarier gehören dieser Gruppe an.

Ovoverdin. Braungrüner Farbstoff im Panzer von Krustentieren, mit dem orangen Pflanzenfarbstoff Carotin verwandt. Beim Erhitzen der rohen Krustentiere spaltet sich Ovoverdin und der neue rote Farbstoff Astaxanthin entsteht.

Oxalis (Syn.: *Sauerklee).* Eine in Südamerika beheimatete Pflanze, deren Wurzelknollen ein schmackhaftes Gemüse abgeben. Sie werden in Salzwasser gekocht und mit Rahm zubereitet. Man gibt sie auch gefüllt und gratiniert oder als Püree unter dem Namen „Püree Brésilienne".

Oxford. Klass. Garnitur, benannt nach der engl. Stadt Oxford (z. B. Oxford Soße).

Oxhoft. Altes Weinmaß mit regional unterschiedlichem Inhalt von 200 bis 240 l.

Oxidation. Chemische Reaktion mit Sauerstoff. Sie ruft beim Wein unerwünschte Ver-

Oxytocin

änderungen wie Luftgeschmack und Firne hervor.

Oxytocin. Eine Kuh ist erst melkbereit, wenn das Milchentleerungshormon Oxytocin durch bestimmte Reize (optische und akustische Eindrücke in Verbindung mit dem Melken, Reinigen des Euters) aus der Hirnanhangdrüse ausgeschüttet wird und durch den Blutkreislauf in das Euter gelangt. Die Wirkung des Hormons Oxytocin wird aufgehoben durch ein Hormon der Nebenniere (Adrenalin).

P

Pacht. Bei der Pacht überlässt der Verpächter dem Pächter eine Sache oder ein Recht zur Nutzung, wobei ein Fruchtziehungsrecht mit eingeschlossen ist. Die Pacht ist entgeltlich. Das gilt auch für einen verpachteten Gewerbebetrieb. Auf die Pacht werden die Vorschriften der Miete (§§ 581 bis 597 BGB) angewendet. Zur Begründung einer Pacht bedarf es eines Vertrages zwischen Verpächter und Pächter. Man beachte dabei: **I.** *Form.* Wenn zu dem zu verpachtenden Betrieb Grundstücke und gewerbliche Räume gehören und der Pachtvertrag für länger als ein Jahr abgeschlossen wird, bedarf es der Schriftform. **II.** *Inhalt.* Folgende Punkte sollten im Pachtvertrag exakt festgehalten werden: **a)** Pachtgegenstand mit genauer Beschreibung der Lage, Flächengröße und Räumlichkeiten, **b)** Pachtdauer, **c)** Pachtzins mit Höhe und Fälligkeit; er kann vereinbart werden als: 1) Festpacht (ein bestimmter Betrag im Monat), 2) Umsatzpacht (ein bestimmter Prozentsatz des Umsatzes, auch gespalten, üblich wie z. B. 8 % auf Speisen und Getränke, 20 % auf Beherbergungsumsatz), 3) Mischform (ein Teil als Festpacht, ein Teil Umsatzpacht), 4) Garantiepacht (Umsatzpacht mit Höchst- und Mindestgrenze). Sie sollte getrennt für gewerbliche Räume und eventuell Wohnräume erfasst werden und die Vereinbarung über die Umsatzsteuer enthalten. **d)** Kündigungsmöglichkeiten und Vorschriften über Vertragsänderungen, **e)** Bauerhaltung, Inventarnutzung, Instandhaltung, Reparatur und Erneuerung und die Pflichten, die dabei auf Pächter und Verpächter fallen, einschließlich der möglichen baulichen Veränderungen, **f)** Aufteilung von Steuern und Lasten (Versicherung, Abgaben u. Ä.), **g)** Behördliche Auflagen (baurechtliche, gewerberechtliche), Berufsgenossenschaften, **h)** Öffnungszeiten (zumutbare, Verbot von Betriebsferien u. Ä.), **i)** Vor- oder Ankaufsrecht in der Pachtdauer, **j)** Unterverpachtung (erlaubt oder versagt), **k)** Konkurrenzklausel für den Verpächter, **l)** Verpächterpfandrecht, **m)** Vorschriften über die Fortführung der Firma, **n)** Übernahmebedingungen für die Lagerbestände, **o)** Weitergabe einer Getränkebezugsverpflichtung (Bierlieferungsvertrag) und eventuell andere Bindungen, **p)** Konzessionsfrage. Der Verpächter hat dem Pächter die Betriebsräume zum Gebrauch zu überlassen und für einen geeigneten Zustand zu sorgen. Der Pächter hat den Betrieb fachgerecht und nach kaufmännischen Grundsätzen zu führen (Treuepflicht). Nach der Beendigung der Pachtdauer hat er den Pachtgegenstand in ordnungsgemäßem Zustand zurückzugeben.

Pacossieren. Fachausdruck für pürieren, zerkleinern und moussieren von tiefgefrorenen Lebensmitteln mittels speziellem Pacojet (mechanisches Gerät).

Paddy. 1) Rohreis, nicht enthülst, 2) auch → *Irish Whiskey-Marke.*

Paidol. Schweizer Ausdruck für Maizena.

Paien. → *Heida,* ein Wein aus der Schweiz.

Paillard. Flachgeklopftes Minutensteak aus dem Filet oder dem Rücken. Paillard de bœuf, Paillard de veau, seltener vom Lamm.

Pak-Choi. Auch Paksoi genannt oder chinesischer Senfkohl, ist ein dem Chinakohl ähnliches Blattstielgemüse aus Südostasien und gehört zur Familie der Kreuzblütler. Pak-Choi ist in vielen Varianten zu haben. Auffallend sind die mangoldähnlichen, weißen, knackigen, etwa 3 cm breiten Blattrippen. Pak-Choi wird meistens grob gehackt wie Wirsingkohl oder Chinakohl zu Gemüse verarbeitet. Hauptanbaugebiete sind die Niederlande, USA und Frankreich.

Paksoi → *Pak-Choi.*

Palatschinken. Österreichische Bezeichnung für sehr dünne → *Pfannkuchen,* die im Allgemeinen mit Konfitüre gefüllt, zusammengerollt und mit → *Puderzucker* bestreut serviert werden. Besonderheit → *Topfenpalatschinken,* bei denen die Füllung aus Quarkmasse besteht.

Palette *(frz.: palette, w.).* Zum Wenden und Anrichten gebräuchliches, biegsames mit abgerundeter Spitze aus Metall bestehendes Handwerkzeug des Koches.

Palmenherzen (Syn.: *Palmito, Palmenmark).* Zartes Herzmark einer in Brasilien wildwachsenden Palmenart. In Deutschland wird Palmenmark in Dosen angeboten, *engl.: = Heart of Palm, frz.: = Coeur de Palmier.* Palmenmark ist Bestandteil vieler kalter Vorspeisen, aber auch warm und als Einlage in Suppen findet es eine vielseitige Verwendung.

Palmito → *Palmenherzen.*

Palmkohl (frz.: Chou palmiste, m). Kohlart, die dem Grünkohl gleich ist.

Palo Cortado → *Sherry-Herstellung.*

Palourdes (Syn.: *Flachmuscheln).* Sie werden am Mittelmeer Clovisse genannt. Man findet sie während des ganzen Jahres am Atlantik sowie am Mittelmeer.

Panaché. Aus dem Französischen, eigentlich gemischt. In diesem Sinne verwendet bei gemischtem Salat, gemischtem Eis usw. Auch bei Getränken handelt es sich um eine Mischung von Wein und süßem Sprudel. In der Küche versteht man darunter in Würfel geschnittenen mageren Speck oder Dörrfleisch angebraten und dann geschnittene rohe Zwiebel dazugeben, zusammen weiterbraten, bis die Zwiebel glasig sind. Diese Schmelze wird z. B. zum Erbsenpüree gegeben → *Hägenspott.*

Panade. Lockerungs- und Bindemittel für → *Farcen,* Hackfleisch, das zu Braten, Hacksteaks usw. verarbeitet werden soll (eingeweichte Semmel, Ei, Grieß usw.).

Pan-Bagna. Provenzalisches Brot mit Sardellen, Tomaten, Zwiebeln und Oliven gefüllt.

Panela. Harter, dunkelbrauner kolumbianischer Zucker in länglicher Laibform.

Panettone. Traditioneller ital. Weihnachtskuchen. Am bekanntesten aus der 1150 gegründeten Bäckerei „Le Tre Marie" nahe dem Mailänder Dom.

Panforte *(it.: Fichi e Noci).* Italienische Weihnachtsspezialität aus Nüssen und Feigen. Schon im 13. Jahrhundert in Sienna hergestellt.

Panhas. Landesküche in Westfalen und Niederrhein. Gekochtes Rind- und Schweinefleisch passieren, farcieren und mit wenig Brühe aufkochen. Salz, Pfeffer und Nelkenpulver. Zu dieser Masse Grütze oder Buchweizen, kochen bis ausgequollen. Die Masse muss sich vom Topf lösen. In Formen erkalten lassen, stürzen, in Scheiben schneiden, braten. Dazu teilweise geröstete Zwiebeln und Apfelscheiben, oft auch mit Blutzugabe hergestellt.

Panieren. Umgeben eines Nahrungsmittels mit einer Panierung, nicht → *Panade.* Man unterscheidet: **a)** Panierung nach Wiener oder Deutscher Art: Bestandteile: Mehl, Ei, Semmelmehl. Beispiel: Schnitzel nach Wiener Art, **b)** Panierung nach französischer Art: Bestandteile: Mehl, Bier (bei Süßspeisen Wein), Öl, Salz, Zucker (Bräunung), geschlagenes Eiweiß. Letzteres möglichst erst kurz vor der Verwendung des Teiges zugeben. Der Teig wird Bier- oder Backteig genannt (pâte à frire). Anwendung: Fisch, beignets, Gerichte mit einem Backteig und der Tomatensoße tragen die Garnitur „Orly", **c)** Panierung nach englischer Art: Bestandteile: Mehl, Ei, frisches geriebenes Weißbrot (mie de pain), geklärte Butter. Anwendung: bei zarten Fleischstücken, Fisch, **d)** Panierung nach italienischer Art: Bestandteile: Mehl, Ei, geriebener Käse. Anwendung:

Piccatas, e) Panierung in einer Eihülle. Man paniert Nahrungsmittel, um sie nach außen hin abzuschließen, sie saftig zu halten und ihnen zusätzliche Geschmacksstoffe zu verleihen.

Pankreatin. Enzym aus der Bauchspeicheldrüse des Schweins gewonnen, zum Einsatz zur Produktion von Lebensmitteln und Tabletten (Kreon).

Panna cotta ital. = gekochte Sahne. Aus Italien stammende Süßspeise. Dazu werden Sahne und Milch je zur Hälfte mit Zucker und Vanille gekocht, eingeweichte Gelatine zugegeben, passiert und in Former gefüllt, gekühlt und dann gestürzt.

Pannobile. Zusammenschluss von Winzern Österreichs im Burgenland. Pannobile Weine sind seit 1992 auf dem Markt. Die Rotweine sind aus Zweigelt- und/oder St. Laurenttrauben, die Weißweine aus Grauburgunder-, Neuburger-, → *Chardonnaytrauben* hergestellt. Barriqueausbau ist Pflicht.

Pansen. Magen der Wiederkäuer, auch Kaldaunen genannt.

Pantothen. Wissenschaftl. Name für Vitamin B_5.

Panzarotti. Gebratene Taschen aus Brotteig mit einer Füllung aus Schweinefleisch, Eiern, Käse, Sardinen und Tomaten.

Papain. Fleischzartmacher *(engl.: meat tendenzer)* in Pulverform, der aus dem schleimigen Inneren (Milchsaft) der unreifen → *Papaya* gewonnen wird. Papain ist ein eiweißspaltendes Enzym, dessen Wirkung bei der Fleischbehandlung erst nach 15 Minuten bis über eine Stunde eintritt. Bei gewerblich abgegebenem Fleisch oder Fleischwaren, die durch Papain zart gemacht worden sind, muss die erfolgte Behandlung kenntlich gemacht werden.

Papillote. Papierhülle; en papillote = in der Papierhülle garen.

Papaya. Frucht aus Mittelamerika; mit süßem Ingwer-Aprikosen-Geschmack, die gern zu Obstsalat, aber auch zu exotischen Gerichten verwendet wird.

Papin'scher Topf. Der französische Physiker Enis Papin schuf diesen ersten brauchbaren Dampfdrucktopf. Der erste „Papin'sche Topf" mit verschraubtem Deckel und verstellbarem Sicherheitsventil war schwer und unhandlich, aber er hielt einen Druck von 6 bar Absolutdruck aus, und es entstanden Temperaturen von fast 160 °C.

Paprika, a) Schoten, die es in grün, rot und gelblich-weiß gibt. Sie können roh als Salat, aber auch gegart gegessen werden, z. B. in Ratatouille oder gefüllt, **b)** Gewürz aus roten Schoten eines in Ungarn, Nordamerika und Südeuropa angebauten Nachtschattengewächses gewonnen. Ursprüngliches Herkunftsgebiet ist Mittelamerika. Die getrockneten und anschließend gemahlenen Schoten werden als Gewürz für Fleisch- und Fischgerichte verwendet. Den scharfen Geschmack verdankt die Paprikaschote ihrem Gehalt an Alkaloid Kapsaizin.

Paradeiser. Österreichischer Ausdruck für Tomaten.

Paradis. Ort in den Cognac-Lagerhallen, wo die ältesten Cognac-Bestände und Raritäten verwahrt werden.

Parakasein. Unlöslicher Eiweißstoff, der durch Abscheidung der Käsemasse durch Lab entsteht.

Parcs. Eingezäunte Meeresgrundstücke, in denen Austern heranwachsen. Entweder werden die Austern auf dem Meeresboden ausgestreut oder in Nylontaschen gefüllt, die dann auf tischartige Gestelle gelegt werden. Im Mittelmeer benutzt man Holzstäbe, am Atlantik Schieferplatten. → *Parks*.

Parfait

Parfait. 1. Feinkosterzeugnis, ähnlich den → *Pasteten,* aber ohne Teigkruste, zumeist aus Fleisch oder Fisch. Überwiegen andere Bestandteile wie Eier, Milch oder Zutaten pflanzlicher Herkunft, so muss dies aus der Bezeichnung deutlich hervorgehen (z. B. Kartoffel-Paprika-Parfait). **2.** Eine hochwertige Speiseeiszubereitung mit mind. 80%igem Milchfettanteil wird auch als Parfait bezeichnet, meist benannt nach der vorherrschenden Geschmackszutat (z. B. Grand Marnier Parfait).

Parfümieren. Eine Speise oder ein Getränk mit einer aromatischen Flüssigkeit würzen.

Parfümierter Tee. Durch Zugabe von beispielsweise: Jasmin, Rosen, Vanille aromatisierter Tee.

Parieren. Zustutzen, zuschneiden. Fleisch wird beispielsweise vor der Zubereitung pariert, d. h. von Sehnen und Häuten (Roastbeef, Hasenkeule, Rehrücken) befreit.

Pariser Brot. Ewas größeres → *Baguette.*

Pariser Wurst. Österreichischer Ausdruck für Zervelatwurst.

Parkett → *Fußbodenbeläge.* Eine besondere Art von Holzfußboden, dessen Güte der DIN-Norm 280 entsprechen muss. Die Qualität richtet sich nach Holzbeschaffenheit und -sortierung, Bearbeitung und Feuchtigkeitsgehalt. Heute wird fast nur noch Fertigparkett verlegt, wobei die Versiegelung bereits vor der Anlieferung erfolgt. Die Eigenschaften sind wie bei allen Holzböden. Dazu kommt noch eine leichtere Pflege. Für rustikale Räume kann amerikanisches Bohlenparkett verwendet werden. Hierzu werden dunkel gebeizte Eichenbohlen mit Kunstharzkleber auf Sperrholzplatten aufgebracht. Zum Schutz empfiehlt sich eine Hartwachsschicht.

Parkhaus → *Garage.*

Parks/Parcs. Großflächig angelegte Anlage, in der Gäste ihre Freizeit verbringen können. Formen: **a)** Ferienparks: Umfassende Hotelanlagen mit erweitertem Freizeitangebot (z. B. Center Parc) **b)** Entertainment Parks/Freizeitparks: Umfassende Erlebnisparks mit großem Spiel- und Unterhaltungsangebot fast immer mit Gastronomieangebot und häufig mit ergänzendem Hotelangebot (z. B. Europapark). **c)** Themenparks sind meist nach Themen aufgesplittete Freizeitparks (z. B. Disney, Safaripark), die einem bestimmten Thema gewidmet sind.

Parmaschinken. (Gesetzlich geschützter Name) Hinterschinken vom „Kratzschwein" stammend, d. h. von Tieren, die auf dem Hof und nicht in einer Zuchtanstalt groß geworden sind. Die Herkunft der Schweine spielt keine Rolle, so dass sich der Einzugsbereich der Schinkenanlieferung auf einen Umkreis von mehr als 100 km erstreckt. Der Beginn der Schinkenproduktion ist den Käsereien von Parma zu verdanken. Dort hat man in früheren Zeiten Schweine gehalten, die von der anfallenden Molke ernährt wurden. Angeregt durch ähnliche Verfahren in anderen Gegenden, hängte man im Herbst die eingesalzenen Schinken zur Trocknung ins Freie. Es zeigte sich, dass die klimatischen Verhältnisse im engen Umkreis von Parma ungewöhnlich sind. Nur in dem sich nach Norden erstreckenden Tal des Parma, besonders in der Gegend um Langhirano, strömt ein gleichmäßiger, aufwärtssteigender Wind vom Tyrrhenischen Meer, durch den der Schinken einzigartig reift. Nach ca. einem Jahr bekommt er sein Markenzeichen eingebrannt: die Herzogskrone von Parma. Parmaschinken wird nur gesalzen und luftgetrocknet. Hauchdünn geschnitten, entfaltet er sein Aroma.

Parmentier, Anton August (1737–1813). Agronom mit Verdiensten um den Kartoffelanbau. Klass. Garnitur z. B. Kartoffelsuppe Parmentier.

Parmigiano Reggiano. Italienischer Hartkäse. Ein halbfetter Käse aus Kuhmilch, der sehr langsam reift. Um 1 kg Käse herstellen zu können, benötigt man 16 l Milch. Zur Käsebereitung wird die am Abend und am Morgen gemolkene Milch verwendet, in einem Zeitraum zwischen dem 15. April und dem 11. November eines Jahres. Die Käselaibe sind zylindrisch mit leicht abgeflachten Seiten, die Maße zwischen 18–24 cm Höhe und 36–45 cm Durchmesser. Gewicht ca. 30 kg, jedoch nie weniger als 24 kg. Der Käse ist außen dunkelfarben und ölig und innen strohgelb. Bezeichnend sind der zarte, pikante Duft und das etwas strenge Aroma. Der Käse hat kaum sichtbare Poren. Im Erzeugergebiet wird Wert auf eine langsame, aber natürliche Reifung über mindestens zwei Sommer hinweg gelegt. Neben dem Angebot als Frischkäse ist er auch als Reibkäse verwendbar. Sein Fettgehalt beträgt mindestens 32 % i. d. Tr. Haupterzeugungsgebiete sind die Provinz Bologna, Modena, Parma und Reggio Emilia.

Parstock. Die höchstens anfallende Zahl eines Artikels (z. B. Teller, Gläser), die dann benötigt wird, wenn in allen Abteilungen eines Gastbetriebes Hochbetrieb herrscht. Er errechnet sich aus dem Höchstbedarf aller Abteilungen zuzüglich eines Lagerprozentsatzes von i. d. R. 20 %. Beispiel für benötigte Weingläser:

Bankett	1200
Restaurant	600
Bar	160
Roomservice	240
	2200
20 % Lagerzuschlag	440
Parstock	2640

Parthenokarpie. Jungfernfrüchtigkeit. Fruchtbildung ohne vorangegangene Befruchtung der weiblichen Eizelle durch die männliche Samenzelle.

Party Service → *Catering.* Unternehmen, die sich mit Außer-Haus-Lieferungen beschäftigen und „Gesellschaften" mit warmem Essen, kalten Büfetts u. a. beliefern. Auf Wunsch werden Geschirr, Tischwäsche, Dekorationen und Bedienungspersonal gestellt → *Traiteur.*

Pascalines *(Pascal = Ostern, frz.: pâques).* Hier Geflügelfarceklöße in Eiform, denen man zur Hälfte eine Gnocchi-romain-Masse zugefügt hat. In Bouillon pochiert, mit Trüffelscheiben belegen und mit Sauce Mornay gratinieren. Auch „pascaline d'agneau" – gefülltes Osterlamm. „Pascaline de veau" – Ostergericht von Kalbfleisch.

Paskhazis Tvarogu. Russisches Gebäck, das nur zu Ostern angefertigt wird. Auch „Passcha" genannt. Zwei Teile Quark mit einem Teil Smetana (russische saure Sahne) und $\frac{1}{4}$ Teil Butter, Zucker, Zitrone und Vanille passieren und vermischen. Eine besondere Halbform wird mit einem Mousseline (Tuch) ausgekleidet, die Masse eingedrückt und mit einem Gewicht beschwert. Lagerzeit $1\frac{1}{2}$ Tage. Nach dem Stürzen wird mit Rosinen, Datteln, Mandeln, Pistazien, Zitronat und Orangeat garniert.

Passcha → *Paskhazis Tvarogu.*

Passepartout. Hauptschlüssel, dessen Inhaber und Verwendung im Schlüsselplan des Hotelbetriebes einzutragen ist.

Passe Pierre. Grüne Algen von der bretonischen Küste mit zarter Konsistenz. Saison: März bis Anfang September.

Passieren, durchseihen – Soßen oder Suppen durch ein Tuch (etamine), Durchschlag (passoire) oder Spitzsieb (chinois) geben, um „Ansatzstoffe" zu entfernen.

Passoire *(frz.: passoire, w.),* Durchschlag. Passiergerät mit grober Durchlöcherung. Mit Hilfe von Passiergeräten werden flüssige und feste Stoffe voneinander getrennt.

Pasta asciutta

Pasta asciutta. Italienischer Sammelname für alle Nudelgerichte, die als eigenständige Gerichte mit Sauce meistens als Vorspeise gereicht werden.

Pasta e fagioli. Eine Suppe aus Venetien, hergestellt aus Bohnen (fagioli) und Nudeln. Sie wird lauwarm oder kalt serviert.

Pastete. Der vieldeutige Begriff ist vom ital. „pasta" – Teig, Masse, Paste – abgeleitet, der in Frankreich zu „pâté" (aus dem altfranzösischen Wort *Paste* entstand) und in Deutschland schließlich zu Pastete wurde. Die Pastete ist ein vorzugsweise in einer Teigummantelung gebackenes, hochwertiges, schnittfähiges Backerzeugnis mit einer Füllung (Farce) aus Schlachtfleisch, Fisch, Schalen- und Krustentieren, Wild und Geflügel, verfeinert mit Pilzen (Trüffeln) und Pistazien und/oder mit einer Einlage, die abhängig ist vom Hauptbestandteil, versehen. Für Pasteten hat nur die „pâte" das Recht auf diesen Namen, wenn es sich um eine Zusammenstellung pikanter Zutaten unter einer Teigdecke handelt.

Pastetenteig → *geriebener Teig.*

Pasteur, Louis (1822–1895). Frz. Bakteriologe, Erfinder des Konservierungsverfahrens „pasteurisieren" = keimarm machen durch Erhitzen.

Pasteurisieren → *Pasteur, Louis.* Konservierungsmethode, bei der man die Lebensmittel bis auf 85 °C erhitzt. Dadurch sind die Keime zwar nicht abgetötet, aber ihre Wirkung wird eingeschränkt, so dass das Pasteurisieren zu einem keimarmen Produkt führt. Da der Erhitzungsbereich unter 100 °C liegt, ist das Pasteurisieren eine sehr schonende Konservierungsmethode verschiedener Lebensmittel, insbesondere für Milch und Obstsäfte, wenn diese nur für kurze Zeit haltbar gemacht werden sollen. Milch wird 30 Minuten auf 62 bis 65 °C erhitzt. Während dieser Dauererhitzung werden insbesondere Vitamine geschädigt. Deshalb arbeiten moderne Pasteurisationsverfahren mit höheren Temperaturen, aber kürzeren Zeiten. Bei der Kurzzeiterhitzung wird 30 bis 40 Sekunden auf 71 bis 74 °C und bei der Hocherhitzung 10 Sekunden auf mindestens 85 °C erhitzt.

Pastinak. Gehört zu den Umbelliferen (Doldengewächse). Pastinak ist eine möhrenähnliche, außen gelblich bis bräunliche, innen weißliche Pfahlwurzel. Der Geruch ist angenehm aromatisch, der Geschmack etwas süßlich und gewürzhaft. Heimat Europa, Anbau als Wintergemüse vor allem in England, Belgien und USA. Nährstoffreich. Die Knollen eignen sich für Pot-au-feu sowie für alle Zubereitungen, welche für die Karotten und Kohlrabi Gültigkeit haben.

Pastirna. Getrocknetes Schaffleisch aus den Balkanstaaten.

Pastis. a) → *Anisbrand,* der sein Aroma aus Süßholz und Lakritzenwurzeln erhält, **b)** Der Name kommt aus dem Italienischen (pasticcio) und heißt in der Provence und im Languedoc soviel wie Pastete, nämlich pâté. Pastis ist im Küchenbereich eine Art Biskuitteig mit Armagnac als Treibmittel, Zucker, Milch, Orangenblütenwasser und etwas flüssiger Butter, die den Teig nach der klassischen Pâtisserieregel zu einer „leichten Sandmasse" werden lässt. Man backt diese Masse in Formen bei mittlerer Hitze.

Patamares → *Socalcos.*

Pata Negra Schinken. Luftgetrockneter spanischer Schinken aus Beständen inländischer Schweine, die halbwild sind und sich ausschließlich von Korkeicheln ernähren. Pata Negra bedeutet soviel wie schwarzer Hut. Kleine Schinken mit einer Mindestreifezeit von 24 Monaten.

Pâte á chou → *Brandteig.*

Pâte Molle (Fromage à pâte molle). Frz. Bezeichnung für Weichkäse (pâte = wörtlich „Teig").

Patent → *Gewerblicher Rechtsschutz.*

Patent Still. Verfahren bei der Herstellung von Grain-Whisky in Schottland. Es bedeutet: Unter Druck kochen, 2 × kontinuierliches Brennen.

Patiencen. Französisches Mandelgebäck, Konfekt.

Pâtissier *(frz.: pâtissier, m.).* Abteilungskoch in einer Küchenbrigade, der für die Herstellung aller Süßspeisen und Garnituren verantwortlich ist (Küchenkonditor).

Patisson. Auch Bischofsmütze genannt. Dieses Gemüse gehört zur Familie der Kürbisse, ist zartfleischig und wird neuerdings in Süddeutschland und in der Schweiz angebaut.

Pattes rouge. Signalkrebse. Gut ausgebildete Scheren und Schwänze. Vorkommen im Rhonetal und in der USA, vereinzelt wieder in Österreich, ganz selten in Deutschland. Ecrevisses pattes rouges.

Pauillac. 1) Gemeinde im Departement Gironde, bekannt für ausgezeichnetes Milchlamm. 2) frz. Weinbaugemeinde in → *Bordeaux.*

Pauschalierung/Pauschalbesteuerung. Eine Pauschalierung ist eine vereinfachte Berechnung anstelle komplizierter Berechnungsverfahren. Als Pauschalbesteuerung kommt sie vor: **a)** bei der Einkommensteuer von Personen, die aufgrund eines Zuzugs unbeschränkte Steuerpflicht begründen (längstens 10 Jahre). **b)** bei der Lohnsteuer für → *geringfügig Beschäftigte* → *Teilzeitbeschäftigte* (Aushilfen) **c)** außerdem kann der Eigenverbrauch eines Gastwirts nach jährlich neu festgesetzten Sätzen pauschaliert werden.

Pavé de foie gras *(frz.: pavé, m. – Ziegelstein, Pflasterstein),* hier Form eines Ziegelsteines. Gänseleberparfait mit Geleewandung, gestürzt. Auch pavé de bœuf: Steaks aus der Rinderhüfte oder dem *Entrecôte* geschnitten.

Pavé de moyaux. Käse aus der Normandie, am besten in den Monaten November bis Juni. Ziegelartige Form.

Pays d'Auge. Gebiet im Zentrum des Dep. → *Calvados.* Aus diesem Gebiet stammen die besten Calvados-Brände, die unter Pays d'Auge als höchste Qualitätsstufe angeboten werden. An die Rohprodukte und Herstellung werden besonders hohe Anforderungen gestellt. Das Produkt wird vom → *Cidre* bis zum fertigen Erzeugnis durch Proben und Kontrollen laufend überwacht.

Pecharmant. Weinbaugebiet im Bereich des → *Bergerac*s. Hier werden Rotweine von hoher Qualität produziert. Sie erreichen nach ca. drei Jahren Lagerung eine optimale Qualität.

Pecorino. Scharfer italienischer Hartkäse aus Schafsmilch.

Pectinilikultur → *Conchylikultur.*

Pedro Ximenez (PX). Im spanischen Weinbaugebiet Jerez angebaute Rebsorte. Sie ist ein Bestandteil aller süßen → *Sherrys.*

Pekoe (Tee). Das Wort stammt aus dem Chinesischen und bedeutet „weißer Pflaum"; es bezeichnet die jungen, noch zarten Blätter des Teestrauches. Die Begriffe „Pekoe" und „Orange Pekoe" werden heute als Gradbezeichnung des Tees verwendet.

Pektine. Polysaccharide. Pektine befinden sich als Begleiter der Cellulose in Rüben und Früchten. Sie besitzen entsprechend ihrem hohen Molekulargewicht gute Gelierkraft, die vor allem beim Einkochen mit Zucker in Erscheinung tritt. Pektine werden verwendet für Konfitüren, Marmeladen, Gelees, Fruchtsoßen, Tortenguss, Schaummassen, Säuglingsnahrung. → *Schönen* von Wein.

Pele-Mele. Bunt durcheinandergemischt (frz.).

Pelmenj Sibirskije. Sibirische Mundtaschen. Nudelteig wie für Ravioli, ausgerollt, mit Farce von Schinken, Haselhuhn oder Wildgeflügel. Nach Abkochen mit Butter, Zitronensaft und/oder Fleischglace beträufeln, mit Petersilie bestreuen.

Pemmikan. Aus der Indianersprache: Brot der Not. Pemmikan war eine „Fleischkonserve" der nordamerikanischen Indianer, hergestellt aus dem Fleisch der Büffel. Als besonders schmackhaft galt die Zunge und der mit Fett durchwachsene Fleischkörper des Widerristes. Das Fleisch der erlegten Büffel wurde von den Indianern in Streifen geschnitten, an der Luft oder im Rauch getrocknet und mit Steinhämmern zerklopft, mit heißem Fett übergossen und in rohlederne Behälter verpackt. Pemmikan gehörte, eine Zeitlang in Blechbüchsen verschlossen, auch zur Ausrüstung der Nordpolexpeditionen. In Südamerika heißt die gleiche Fleischkonserve → *Tassajo*.

Penicillium Camemberti und Candidum. Schimmelpilz für die Herstellung von Weichkäse mit Weißschimmel.

Penicillium Cladosporium. Kleinlebewesen, Schimmelpilze, die in den Lagerräumen des Cognac auftreten. Der Torula Compniacensis-Schimmelpilz wächst dagegen außerhalb der Lagerhallen. Die Pilze ernähren sich von der Alkoholverdunstung.

Penicillium Roqueforti. Mikroskopisch kleiner Pilz, der auf einer Mischung von Roggen- und Weizenbrot gezüchtet wird. Notwendig zur Herstellung von → *Roquefortkäse*.

Penite → *Polyol*.

Penne. Eine Art Maccaroni, diagonal geschnitten, in verschiedenen Größen erhältlich.

Pension, a) Pensionen sind → *Beherbergungsbetriebe*, in denen Fremde längere Zeit wohnen, daher auch oft „Fremdenheime" genannt werden, die außer der Übernachtung meist auch Frühstück, Mittag- und Nachtessen bieten, **b)** Privatrechtliche oder öffentliche Versorgungsrente aus einem früheren Arbeitsverhältnis.

Peperoni. Unreife, grüne Früchte des Chillipfeffers.

Pepperoni. Schnittfeste Rohwurst, aus sehnenreichem Rindfleisch, fettgewebereichem Schweinefleisch und Fettgewebe, geräuchert.

Pepsinwein. Arzneiwein, mit dem im Magen vorkommenden Ferment Pepsin.

Pergamentkaffee. Die vorletzte Stufe bei → *Nass-/Trockenverfahren* ergibt den Pergamentkaffee. Die getrocknete Kaffeebohne ist mit einer silbergrauen Haut (Pergamenthaut) umgeben, die entfernt werden muss. Danach spricht man von → *Rohkaffee*.

Pérignon, Dom. Frz. Mönch und Kellermeister des Klosters Haut Villers (Champagne), der als „Erfinder" des Champagners angesehen wird.

Périgord. Hauptstadt des frz. Departements Dordogne, bekannt durch Trüffelanbau und -handel. Klass. Garnitur auch Perigueux z. B. Trüffel-Soße.

Peristaltik → *Darmperistaltik*.

Perkolation *(Lat: percolare = durchseihen)*. Verfahren zum Ausziehen von Pflanzenstoffen, Aromastoffen; wird hauptsächlich bei der Spirituosenherstellung angewendet.

Perle. Weißweintraube. Kreuzung: Gewürztraminer × Müller-Thurgau. Die Traube bringt leichte, milde und blumige Weine hervor.

Perles du Nord. Syn. für „Deutschen Kaviar" vom Seehasen.

Perlgraupen. Entspelzte, klein und kugelig geschliffene Gerste.

Perlhuhneier. Sie sind braungefleckt mit roten Punkten, am besten schmecken sie weich- oder hartgekocht (3–5 Min.), abgekühlt und geschält in grünem Salat.

Perlon → *Chemiefasern.*

Perlwein. Hergestellt als Tafel- oder Qualitätswein und als solche im Angebot. Gesamtalkoholgehalt mind. 9 % Vol., vorhandener Alkoholgehalt mind. 7 % Vol., Überdruck mind. 1 bar bis 2,5 bar mit max. 260 mg/l SO_2. Für Perlwein mit b. A.-Qualität muss eine APNr. zuerkannt und das bestimmte Anbaugebiet auf dem Etikett deklariert werden.

Permanente Inventur → *Inventur.* Laufende Inventur anhand der Aufschreibungen z. B. im Lager.

Pernod. Ein frz. → *Anisbrand,* der bereits 1805 von Henri-Louis Pernod und Söhnen hergestellt wurde. Pernod ist als „Pernod 45" ein farbiger Anisbrand mit einem hohen Gehalt an Aromapflanzen und als „Pastis 51" ebenfalls farbig, jedoch mit Süßholzzusatz.

Peronospora. Von Nordamerika eingeschleppte Pilzkrankheit bei Reben. Der Pilz befällt das Laub und die Beeren. Diese werden dadurch am Wachstum gehindert, sie schrumpfen und ergeben lederartig harte Beeren (Lederbeeren).

Persikumkerne. Von der harten Schale und der Samenhaut befreite Aprikosenkerne, zur Herstellung von → *Persipanrohmasse.*

Persimone → *Kaki.*

Persipan. Produkt aus 1 Teil → *Persipanrohmasse* und höchstens 1,5 Teile Zucker

(Puderzucker). Ausreichende Kennzeichnung ist Vorschrift.

Persipanrohmasse. Produkt aus geschälten, entbitterten geriebenen Pfirsich- oder Aprikosenkernen und Zucker. Der Wassergehalt darf höchstens 20 %, der Zuckergehalt 35 % betragen. Zur leichteren chemischen Unterscheidung müssen 0,5 % Stärke zugesetzt werden. Im Zuckeranteil dürfen bis 10 % → *Invertzucker* enthalten sein. Je kg Rohmasse dürfen bis zu 1,5 g Konservierungsstoffe verwendet werden. Der Zusatz muss vom Hersteller deklariert werden.

Personalakte. Für Personalakten sind die Berichte des Arbeitgebers über Leistungen oder die Beurteilungen nach pflichtgemäßem Ermessen so abzufassen, dass sie ein objektives Bild des Arbeitnehmers ergeben. Jeder Arbeitnehmer hat ein Recht auf Einsichtnahme. Er kann dabei den Betriebsrat hinzuziehen. Eine Berichtigung kann er nur dann fordern, wenn die Berichte nicht sachgemäß sind. Dann hat er allerdings zu beweisen, in welchen Punkten der Bericht unrichtig ist (BetrVerfG).

Personalbedarfsplanung. Ermittlung der für die Erfüllung des Betriebszwecks erforderlichen Mitarbeiter nach Eignung (qualitativ), Anzahl (quantitativ), Stellen (räumlichorganisatorisch) und Zeitpunkten (Einstellungstermine). Man unterscheidet kurzfristige, mittelfristige und langfristige Personalplanung.

Personalbedarfsrechnung.
Schema:
    Gegenwärtiger Personalbestand
– Personalabgänge
+ Personalzugänge
= zu erwartender Personalbestand
+ zu planende Einstellungen
   (Ersatz- und Zusatzbedarf)
= Geplanter Personalbestand

Personalbeschaffung

Personalbeschaffung. Bereitstellung des für die Erfüllung des Betriebszwecks erforderlichen Leistungsfaktors „menschliche Arbeitskraft" auf der Grundlage der → *Personalbedarfsplanung.*

Personalbeschaffungsmöglichkeiten. 1) betriebsintern: → *Innerbetriebliche Stellenausschreibung.* **2)** betriebsextern: → *Außerbetriebliche Stellenausschreibung,* a) Arbeitsverwaltungen, b) Ausländische Arbeitsmärkte, c) Personalbeschaffungsreisen, d) Allgemeinbildende Schulen, e) Fachschulen, Lehrgänge, f) Gemeindeorganisationen, g) Kunden, Gäste, h) Mitarbeiter-Empfehlungen, i) Organisations- und Personalberater, j) Lieferanten, Geschäftsfreunde.

Personalbogen. Mittel der Bewerberauslese und -einstellung in Form eines Fragenkataloges über die persönlichen Verhältnisse und die beruflichen Kenntnisse und Fähigkeiten eines Stellenbewerbers, um im Vergleich mehrerer Kandidaten über Einstellung und Verwendungsmöglichkeiten im Betrieb zu entscheiden.

Personalmarketing. Ebenso wie man im Bereich der Beschaffung von Sachgütern heute den Begriff Einkaufsmarketing benutzt, hat man auch diesen Absatzbegriff auf das Personalwesen übertragen und versteht darunter den Aufbau einer systematischen und sinnvollen Personalauswahl und Personalbesetzung. Folgende Teilbereiche werden dazugerechnet: **a)** Stellenbeschreibung mit Über- und Unterstellung, Aufgaben, Pflichten und Rechten sowie der Verantwortung, **b)** Anforderungsprofile (fachliche und persönliche Faktoren), **c)** Verträge (Eintritt, Probezeit, Urlaub, Arbeitszeit, Kündigung, Entgelt, Versicherung und Altersversorgung, sonstige Sozialleistungen), **d)** Abfassung werbewirksamer und sinnvoller Inserate, **e)** Behandlung der Bewerbungen.

Personalplanungsarten, a) Ersatzbedarf: bedingt durch Ausscheiden von Mitarbeitern oder nicht mehr ausreichender Qualifikation, **b)** Zusatzbedarf: bedingt durch Kapazitätsausweitungen oder Änderungen von Arbeitsbedingungen, **c)** Personaleinschränkungen: bedingt durch Veränderungen auf dem Markt oder Rationalisierungsmaßnahmen des Betriebes.

Personalplanungseinflüsse, a) betriebsinterne Leistungspläne der Abteilungen, Öffnungszeiten des Betriebes und der Betriebsteile, Auftragserteilungen, Saisonspitzen und -flauten, durch Zeitstudien ermittelte Vorgabezeiten, vorausbestimmbare Fehlzeiten, Krankheits- und Unfallstatistik, voraussehbare Veränderung der Belegschaft (Alter, Beförderung, Versetzungen, Heirat, Schwangerschaft, Einberufung zum Wehrdienst, Schulbesuch, bestandene Abschlussprüfungen u. a.), **b)** betriebsexterne: Arbeitsmarktentwicklung, Arbeitszeitordnung, Sozialgesetzgebung, Tarifentwicklung.

Personalschlüssel → *Schlüssel.*

Personalunterkunft → *Gästehaus.*

Personalwesen. a) Betriebsabteilung (Stelle), **b)** alle Maßnahmen wirtschaftlicher und sozialer Art, die den Mitarbeiter und die Personalpolitik des Betriebes zum Inhalt haben.

Personengesellschaft → *Unternehmensformen.* Gesellschaften, bei denen die Teilhaber Mitunternehmer sind.

Persönlicher Stab. Personengebundenes Unterstützungsorgan im Betrieb. (Der persönliche Stab assistiert lediglich einer einzigen Führungskraft). – Assistenten – persönliche Referenten → *Fachstab.*

Perude. Obstbranntwein aus Früchten, die aus einer Kreuzung zwischen Kirschen und Pflaumen entstanden. Herstellungsgebiet ist die Umgebung von Basel.

Pessac. Frz. Weinort in Graves, der vor allem durch den ersten Premier Cru Château → *Haut Brion* bekannt ist.

Pesto. Eine Sauce aus frischem Basilikum, Knoblauch, Parmesankäse und Öl. Spezialität aus Ligurien (Italien). Verwendung für Nudelgerichte und Suppen.

Petermännchen → *Drachenfisch.*

Petersilie. Der Doldenblütler Petersilie wird auch Peterle, Suppenkraut oder Bittersilche genannt. Sie ist in den südöstlichen Mittelmeerländern beheimatet und ist heute das am meisten verbreitete Küchenkraut. Unterschieden werden krausblättrige und glattblättrige Petersilie und Wurzelpetersilie. Die Pflanze ist zweijährig und bildet im ersten Jahr eine niedrige Blattrosette, deren Blätter von Juni bis zum Winter geerntet werden können. Im zweiten Jahr wächst ein langer, kantiger Stengel, der im Juni/Juli grünlichgelbe Doldenblüten ausbildet. Die Samen sind giftig und sollten deshalb nicht verwendet werden. Fast während des ganzen Jahres steht frische Petersilie zur Verfügung. Petersilie kann sowohl getrocknet, als auch eingefroren werden. Wurzelpetersilie, die in Suppen eingesetzt wird, hält sich über Winter in einer Sandkiste im Keller.

Petit Dejeuner. Frz. Bezeichnung für Frühstück. Das frz. Frühstück ist im Allgemeinen sehr einfach und gleicht dem → *Kontinentalen Frühstück.*

Petite Fine Champagne. Diese Bezeichnung darf seit 1978 für einen Cognac benutzt werden, der aus Trauben hergestellt ist, die ausschließlich aus der Lage Petite Champagne stammen.

Petits Bateaux. Kleine Boote der frz. Kutterfischerei, die im 50- bis 70-Meilen-Bereich der Küste arbeiten. Die Boote müssen ihren Fang bis 18 Uhr in der Auktionshalle abliefern, sonst wird der Fang erst am nächsten Tag versteigert und darf sich nicht mehr „petits bateaux" nennen, was eine finanzielle Einbuße zur Folge hat. Petits-bateaux-Fischerei bedeutet Frischfischanlandung.

Petits Fours. Sehr kleines Backwerk. Es werden dazu dünne, mit verschiedenen Likören getränkte Biskuitböden mit feinen Krems gefüllt, in unterschiedliche Formen geschnitten oder ausgestochen und mit → *Fondant* oder Kuvertüre überzogen und phantasievoll garniert.

Petit-Verdot. Rote Rebsorte in Frankreich, vor allem in → *Bordeaux* angebaut.

Petoncles. Kleine französische Jakobsmuscheln.

Petzfang → *Honiglikör.*

Pfahlmuschel → *Miesmuschel.* Weichtier mit zweiklappiger Schale, wichtigste essbare Muschel, die an den europäischen und amerikanischen Küsten lebt und in Holland, Spanien und Frankreich gezüchtet wird.

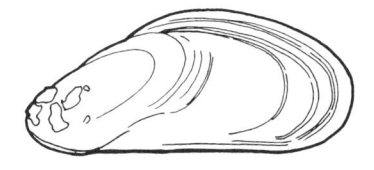

Pfalz. Bestimmtes Weinanbaugebiet in Rheinland-Pfalz an den Hängen des Pfälzer Waldes gelegen, im Norden südlich von Worms beginnend bis zum Weintor in Schweigen an der Grenze zum Elsass. Rebfläche: 23 400 ha. Hauptrebsorten: Riesling, Müller-Thurgau, Kerner, Burgundersorten, Dornfelder.

Pfandrecht → *Kreditsicherung,* → *Besitz,* → *Eigentum.* Ein dem Eigentumsrecht nahes Recht, wobei ein Recht oder eine Sache durch Übergabe zur Sicherung einer Forderung benutzt wird. Bei Ausfall der Forderung hat der Inhaber des Pfandrechtes das Recht, sich aus dem Pfand zu befriedigen, d. h. er kann es verkaufen. Ein Pfandrecht kann durch Vertrag entstehen oder aufgrund des Gesetzes, wie z. B.: **a)** für den Gastwirt (§ 704 BGB), **b)** für den Vermieter

(§ 559 BGB), **c)** für den Verpächter (§ 585 BGB), **d)** für den Pächter (§ 580 BGB) – jeweils für eingebrachte Sachen. Bei Grundstücken spricht man von *Grundpfandrechten*, die ins Grundbuch eingetragen werden müssen, weil eine Übergabe nicht möglich ist. Zu den Grundpfandrechten gehören: **a)** die → *Hypothek*, **b)** die → *Grundschuld*.

Pfandrecht des Gastwirts. Aus dem → *Beherbergungsvertrag* bestehende Forderungen, die sich auf die Miete für die Räume und die Gegenleistung für die sonstigen zur Befriedigung der Gästewünsche erbrachten Leistungen einschließlich der Auslagen erstrecken und vom Gast nicht vertragsgemäß erbracht werden, sind durch Pfandrecht gesichert. Dem Gastwirt steht deshalb ein Pfandrecht an den eingebrachten Sachen des Gastes zu (§ 704 BGB). Dieses erstreckt sich auch bei Verträgen mit Schutzwirkung für Dritte nur auf die dem Gast selbst, der Vertragspartner ist, gehörenden Sachen. Sie müssen diesem auch wirklich gehören, denn ein gutgläubiger Erwerb ist nicht möglich. Allerdings kann ein Pfandrecht an unpfändbaren Sachen (§§ 704 i. V. m. 559, 580 BGB) geltend gemacht werden. So kann der Gastwirt zwar der Entfernung des gesamten Gepäcks des Vertragspartners widersprechen, nicht aber der zeitweiligen Entfernung einzelner Stücke.

Pfandrecht des Vermieters → *Miete*, → *Pfandrecht*. Der Vermieter hat für seine Forderungen aus einem Mietverhältnis ein gesetzliches Pfandrecht, das sich aber nur auf die Sachen erstreckt, die dem Mieter gehören und nicht etwa dessen Ehefrau oder Kindern. Er kann sein Recht durch Klage evtl. auch durch Selbsthilfe wahrnehmen, indem er die Entfernung der Sachen verhindert bzw. deren Herausgabe fordert, wenn sie ohne sein Wissen entfernt wurden.

Pfändung → *Pfandrecht*. Die Pfändung dient der Befriedigung von Forderungen, die der Schuldner nicht ausgeglichen hat. Sie wird auf Antrag vom Gericht durchgeführt, das einen sog. pfändbaren Titel ausstellt. Das Finanzamt kann in bewegliches Vermögen selbst vollstrecken. Da auch Rechte und Forderungen pfändbar sind, ist es möglich, auch den Lohn eines Arbeitnehmers pfänden zu lassen. Dabei ist zu beachten, dass der Gepfändete weiter existieren muss, deshalb gibt es nicht pfändbare Güter, die entweder zum Leben oder zum Erwerb des Unterhaltes nötig sind.

Pfändungsschutzvorschriften. Alle Vorschriften, die eine Kahlpfändung vermeiden sollen. Deshalb nimmt die Zivilprozess-Ordnung (ZPO) bestimmte Güter und Werte von der Pfändung aus. Hierzu gehören u. a.: **a)** Sachen des persönlichen Gebrauchs, **b)** Nahrung, Feuerung und Beleuchtung für vier Wochen, **c)** Trauringe, Brillen, Körperersatzteile, aber auch **d)** Geschäftsbücher und Geräte, die zum Geschäftsbetrieb nötig sind. Für die Lohnpfändung sind Lohnteile wie 50 % des Mehrarbeitsentgelts, Treuegelder, Weihnachtsgelder, Aufwandsentschädigungen u. Ä. ganz ausgenommen; bedingt pfändbar sind Renten u. Ä. Bezüge. Außerdem gibt es Pfändungsgrenzen für das Arbeitseinkommen (§ 850 c ZPO).

Pfannkuchen. Masse aus Milch, Mehl, Eiern, Salz, je nach Verwendungszweck etwas Zucker, in der Pfanne beidseitig gebacken. → *Crêpes*, → *Palatschinken*, → *Deutscher Pfannkuchen*, → *Kaiserschmarrn*, *Speckpfannkuchen*, → *Blinis (Plinsen, Plinzen)*.

Pfeffer. Der Pfefferstrauch trägt seine johannisbeergroßen Beeren in Rispen, die – ähnlich wie Johannisbeeren – herunterhängen. Blüte und Ernte liegen etwa drei Monate auseinander, so dass dreimal im Jahr geerntet werden kann. Schwarzer und Weißer Pfeffer – beide stammen von demselben Strauch. Den Schwarzen Pfeffer gewinnt man aus den unreifen, noch grünen Beeren, die nach der Ernte getrocknet werden, wodurch sie ihre typisch schwarzbraune Farbe und die runzelige Oberfläche bekommen. Weil das Fruchtfleisch und die Haut der Pfefferbeere mit eintrocknen, bleibt der volle Piperingehalt bestehen, und der Schwarze Pfeffer schmeckt brennend scharf. Wird die unreife Beere dagegen gefriergetrocknet oder eingelegt, handelt es sich um Grünen Pfeffer. Für Weißen Pfeffer lässt man die roten Beeren ausreifen, wässert sie nach der Ernte und entfernt durch Reiben und Spülen Haut und Fruchtfleisch. Durch das Schälen sind die Weißen Pfefferkörner etwas kleiner, kugeliger und glatter als die schwarzen. Der Weiße Pfeffer schmeckt aromatischer und milder als schwarzer Pfeffer. Daneben gibt es auf dem Markt noch den Roten Pfeffer → *Rosa Pfeffer*.

Pfefferkraut. → *Bohnenkraut*.

Pfefferl. Syn. für → *Weißer Riesling*.

Pfefferminze. → *Minze*.

Pfeffer, Peruanischer → *Rosa Pfeffer*.

Pfeilwurz. engl.: → *Arrowroot*.

Pfeilwurzelmehl → *Kassava*.

Pferdebohne. Syn. für Saubohne. → *Dicke Bohnen*.

Pfirsich Melba. Eisgericht kreiert von A. Escoffier. Übersetzung des handschriftlich überlieferten Originalrezeptes: „Reife, weiche Pfirsiche mit weißem Fleisch einige Sekunden in kochendes Wasser geben, sofort in eisgekühltes Wasser legen und schälen. Die Pfirsiche auf eine mit Zucker bestäubte Platte setzen und kühlhalten. Sollten die Pfirsiche nicht genug reif sein, so gebe man sie in eine flache Kasserolle oder in eine Kupferpfanne, bedecke sie mit einem leichten Sirup, pochiere sie während einiger Minuten und lasse sie im Sirup erkalten. Die Pfirsiche auf einer Lage besten Vanilleeises anrichten und mit einem gezuckerten Himbeerpüree überziehen. Nach Belieben einige frische, geschnittene Mandeln beifügen, jedoch niemals getrocknete verwenden. Pfirsich Melba weist absolut keine Dekoration auf, vor allem keine Schlagsahne. Eine einfache Süßspeise, jedoch vorzüglich und leicht zu servieren."

Pflanzenfette. Sie werden durch Pressen von Samen und Ölfrüchten als Öl gewonnen. Der Fettgehalt liegt unterschiedlich zwischen 40 bis 60 %. Später wird das Gut gereinigt und kommt als Öl oder aber in gehärtetem Zustand in den Handel (Kokosfett). Dann liegt der Fettgehalt bei 99 %.

Pflanzenkohle. Zieht während der Reifung Feuchtigkeit aus dem Käse.

Pflanzenöl. Öle, die aus der Frucht und/oder der Pflanze hergestellt werden, **a)** durch Pressen wie native (kalt gepresste) Öle, die sehr empfindlich gegen Hitze sind; **b)** durch Raffinieren. Diese Öle sind heller und haltbarer. Sie werden meist noch gefiltert, um ungewollte Stoffe zu entfernen. Zu diesen Ölen gehören Nussöle, Kernöle, Soja- und Olivenöl.

Pflanzenschutzmittel-Höchstmengenverordnung. Zum Schutze des Verbrauchers vor Rückständen von Pflanzenschutz-, Dünge-, Futter- und Schädlingsbekämpfungsmitteln sowie von Tierarzneimitteln sind strenge gesetzliche Regelungen erlassen worden, vor allem im „Lebensmittel- und Bedarfsgegenständegesetz" (LMB) sowie in der „Pflanzenschutzmittel-Höchstmengenverordnung". In dieser VO sind für eine große Anzahl von Wirkstoffen Höchstmengen festgesetzt worden, die bei der Abgabe von Lebensmitteln an den Verbraucher nicht überschritten werden dürfen. Die Höchstmengen sind so niedrig bemessen, dass sie auch selbst im Fall der lebenslangen Aufnahme gesundheitlich unbedenklich sind (AID Bonn 1982). Bei der Festsetzung dieser Mengen werden allerdings besondere Verzehrsgewohnheiten nicht berücksichtigt. Die Höchstmengen beziehen sich nur auf

Pflegesymbole

die Durchschnittsbevölkerung. Erfasst werden auch die Zwischen- und Abbauprodukte, soweit sie von gesundheitlicher Bedeutung sind. Das Zusammenwirken verschiedener Schadstoffe im menschlichen Organismus kann derzeit wegen der bisher noch fehlenden wissenschaftlichen Grundlage nicht berücksichtigt werden (AID Bonn 1982).

Pflegesymbole. Die heutige Vielfalt der Materialien ermöglicht es kaum noch, die Grundstoffe zu erkennen und richtig zu behandeln. Deshalb geben die Hersteller mit den Pflegesymbolen eine Pflegeanweisung (Abb. 56).

Pflichten des Ausbildenden → *Berufsausbildungsvertrag.* Der Ausbildende verpflichtet sich, **a)** *Ausbildungsziel:* Dafür zu sorgen, dass dem Auszubildenden die Fertigkeiten und Kenntnisse vermittelt werden, die zum Erreichen des Ausbildungszieles nach der → *Ausbildungsordnung* erforderlich sind, und die Berufsausbildung nach den beigefügten Angaben zur sachlichen und zeitlichen Gliederung der Ausbildung (→ *Betrieblicher Ausbildungsplan*) so durchzuführen, dass das Ausbildungsziel in der vorgesehenen Ausbildungszeit erreicht werden kann, **b)** *Ausbilder:* Selbst auszubilden oder einen persönlich und fachlich geeigneten Ausbilder ausdrücklich damit zu beauftragen und diesen dem Auszubildenden jeweils schriftlich bekanntzugeben, **c)** *Ausbildungsordnung.* Dem Auszubildenden vor Beginn der Ausbildung die Ausbildungsordnung (soweit noch nicht vorhanden das → *Ausbildungsberufsbild*) kostenlos auszuhändigen, **d)** *Ausbildungsmittel:* Dem Auszubildenden kostenlos die Ausbildungsmittel, insbesondere Werkzeuge, Werkstoffe und Fachliteratur zur Verfügung zu stellen, die für die Ausbildung in den betrieblichen und überbetrieblichen Ausbildungsstätten und zum Ablegen von → *Zwischen- und Abschlussprü-*

INTERNATIONALE SYMBOLE
für die Pflegebehandlung von Textilien

Waschen (Maschinen- bzw. Handwäsche) Symbol: Waschbottich	95 Normalwaschgang	95 Schonwaschgang (waschtechnisch mildere Behandlung z. B. pflegeleicht)	60 Normalwaschgang	60 Schonwaschgang (waschtechnisch mildere Behandlung z. B. pflegeleicht)	40 Normalwaschgang	40 Schonwaschgang (waschtechnisch mildere Behandlung z. B. pflegeleicht)	30 Handwäsche	nicht waschen
Chloren Symbol: Dreieck	chloren möglich							nicht chloren
Bügeln: Symbol: Bügeleisen	⬚⬚⬚	⬚⬚	⬚					⬚
Chemischreinigen Symbol: Reinigungstrommel	Ⓐ normale Kleidung	Ⓟ normale Kleidung	Ⓟ reinigungstechnisch empfindliche Kleidung	Ⓕ normale Kleidung	Ⓕ reinigungstechnisch empfindliche Kleidung	⊗ nicht chemisch reinigen		
	Der Kreis sagt, ob in organischen Lösemitteln gereinigt werden kann oder nicht. Die Buchstaben sind lediglich für die Chemischreinigung bestimmt und geben einen Hinweis für die in Frage kommenden Reinigungsarten. Als Lösemittel kommen in Betracht:							
	allgemein übliche Lösemittel	Benzin oder Perchloräthylen			nur Benzin			

Ein Kleid aus bunter Viskose könnte z. B. folgendes Etikett tragen: 〚30〛 ⬚ Ⓐ

Abb. 56 Pflegesymbole

Pflichten des Auszubildenden

fungen, auch soweit solche nach Beendigung des Berufsausbildungsverhältnisses und in zeitlichem Zusammenhang damit stattfinden, erforderlich sind, **e)** *Besuch der Berufsschule und von Ausbildungsmaßnahmen außerhalb der Ausbildungsstätte:* Den Auszubildenden zum Besuch der Berufsschule anzuhalten und freizustellen. Das gleiche gilt, wenn Ausbildungsmaßnahmen außerhalb der Ausbildungsstätte vorgeschrieben oder durchzuführen sind, **f)** *Berichtsheftführung:* Dem Auszubildenden die Berichtshefte (→ *Ausbildungsnachweise)* für die Berufsausbildung kostenfrei auszuhändigen und die ordnungsmäßige Führung durch regelmäßige Abzeichnung zu überwachen, soweit Berichtshefte im Rahmen der Berufsausbildung verlangt werden, **g)** *Ausbildungsbezogene Tätigkeiten:* Dem Auszubildenden nur Verrichtungen zu übertragen, die dem Ausbildungszweck dienen und seinen körperlichen Kräften angemessen sind, **h)** *Sorgepflicht:* Dafür zu sorgen, dass der Auszubildende charakterlich gefördert sowie sittlich und körperlich nicht gefährdet wird. **i)** *Ärztliche Untersuchungen:* Von dem jugendlichen Auszubildenden sich Bescheinigungen gemäß JuArbSchG darüber vorlegen zu lassen, dass dieser **1)** vor Beginn der Ausbildung untersucht und **2)** vor Ablauf des ersten Ausbildungsjahres nachuntersucht worden ist – Gesundheitliche Betreuung nach dem JuArbSchG. **j)** *Eintragungsantrag:* Unverzüglich nach Abschluss des → *Berufsausbildungsvertrages* die Eintragung in das → *Verzeichnis der Berufsausbildungsverhältnisse* bei der zuständigen Stelle (Kammer) unter Beifügung der Vertragsniederschriften und – bei Auszubildenden unter 18 Jahren – einer Fotokopie der Ärztlichen Bescheinigung über die Erstuntersuchung gemäß JuArbSchG zu beantragen; entsprechendes gilt bei späteren Änderungen des wesentlichen Vertragsinhaltes, **k)** *Anmeldung zu Prüfungen:* Den Auszubildenden rechtzeitig zu den angesetzten Zwischen- und Abschlussprüfungen anzumelden und für die Teilnahme freizustellen sowie der Anmeldung zur Zwischenprüfung bei Auszubildenden unter 18 Jahren eine Fotokopie der ärztlichen Bescheinigung über die erste Nachuntersuchung gemäß JuArbSchG beizufügen.

Pflichten des Auszubildenden → *Berufsausbildungsvertrag.* Der Auszubildende hat sich zu bemühen, die Fertigkeiten und Kenntnisse zu erwerben, die erforderlich sind, um das Ausbildungsziel zu erreichen. Er verpflichtet sich insbesondere, **a)** *Lernpflicht:* Die ihm im Rahmen seiner Berufsausbildung übertragenen Verrichtungen und Aufgaben sorgfältig auszuführen, **b)** *Berufsschulunterricht, Prüfungen:* Am Berufsschulunterricht und an Prüfungen sowie an Ausbildungsmaßnahmen außerhalb der Ausbildungsstätte teilzunehmen, für die er freigestellt wird, **c)** *Weisungsgebundenheit:* Den Weisungen zu folgen, die ihm im Rahmen der Berufsausbildung vom Ausbildenden, vom Ausbilder oder anderen weisungsberechtigten Personen, soweit sie als weisungsberechtigt bekannt gemacht worden sind, erteilt werden, **d)** *Betriebliche Ordnung:* Die für die Ausbildungsstätte geltende Ordnung zu beachten, **e)** *Sorgfaltspflicht:* Werkzeug, Maschinen und sonstige Einrichtungen pfleglich zu behandeln und sie nur zu den ihm übertragenen Arbeiten zu verwenden, **f)** *Betriebsgeheimnisse:* Über Betriebs- und Geschäftsgeheimnisse Stillschweigen zu wahren, **g)** *Berichtsheftführung:* Ein vorgeschriebenes Berichtsheft (Ausbildungsnachweis) zu führen und regelmäßig vorzulegen, **h)** *Benachrichtigung:* Bei Fernbleiben von der betrieblichen Ausbildung, vom Berufsschulunterricht oder von sonstigen Ausbildungsveranstaltungen dem Ausbildenden unter Angabe von Gründen unverzüglich Nachricht zu geben und ihm bei Krankheit oder Unfall spätestens am dritten Tag eine ärztliche Bescheinigung zuzuleiten, **i)** *Ärztliche Untersuchungen:* Soweit auf ihn die Bestimmungen des JuArbSchG Anwendung finden, sich gemäß dieses Gesetzes ärztlich **1)** vor Beginn der Ausbildung untersuchen zu lassen, **2)** vor Ablauf des ersten Ausbildungsjahres nachuntersuchen zu lassen und die Bescheinigung hierüber dem Ausbildenden vorzulegen → *Gesundheitliche Betreuung nach dem JuArbSchG*, → *Pflichten des Ausbildenden*.

Pfropfrebe. Durch die „Erfindung" der Pfropfrebe um ca. 1900 wurde die Reblausplage fast ausgeschaltet. Die Beobachtung, dass die Reblaus in Europa an den Rebwurzeln und in Amerika am Blattwerk Schaden anrichtete, führte dazu, die Wurzeln von amerikanischen Reben mit europäischen Reben durch Aufpfropfen zu verbinden. Das Ergebnis, die Pfropfrebe, ist resistent gegen Reblausbefall. Die einzelnen Teile der Propfrebe werden bezeichnet als **a)** Unterlagenrebe, **b)** Edelreiser. Durch Aufpfropfen verändert sich die Edelreisereigenschaft nicht. Aufgepfropfte Reben bleiben nur eine „Generation" gegen die Reblaus resistent. Die Ableger sind wieder anfällig. Unterlagenreben sind z. B. Vitis Riparia, Vitis Labrusca etc. oder Kreuzungen aus den amerikanischen Reben Sori, Teleki, Geisenheim/26. Edelreiser sind bekannte europäische Reben wie Riesling, Silvaner, Ruländer etc. oder deren Kreuzungen Kerner, Scheurebe etc.

Phaseanen. Sehr alter Name für → *Fasanen*. Benannt nach dem Fluss Phasis am Schwarzen Meer.

Phasin. Giftige Stickstoffverbindung in Hülsen und Samen von rohen Bohnen. Wird beim Kochen zerstört, beim Trocknen allerdings bleibt es erhalten, daher müssen auch getrocknete Bohnen vor dem Verzehr gegart werden.

Phenole. Bezeichnung für Substanzen aus Farb-, Gerbstoffen und Tanninen. Es sind etwa 8 000 verschiedene Verbindungen bekannt, z. B. Catechin, Quercetin. Ein Unterschied wird zu Mono-Polyphenolen gemacht, die z. B. im Wein für Duft und Aroma verantwortlich sind.

Phosphor (P). Mengenelement (empfehlenswerte Zufuhr 0,8 g/Tag), enthalten in Milch, Fleisch und Getreide. Phosphor ist als Bestandteil der Phosphorsäure als Phosphat wichtig für die Energieübertragung im Stoffwechsel und den Ablauf des Kohlenhydratstoffwechsels. Außerdem kommt es in Knochen und Zähnen vor. Während der Schwangerschaft und Stillzeit sowie bei Kleinkindern ist der Bedarf erhöht.

Photosynthese *(Assimilation)*. Vorgang, bei dem Pflanzen mit Hilfe von Sonnenenergie und Chlorophyll (Blattgrün) aus energiearmen anorganischen Stoffen (Kohlendioxid und Wasser) energiereiche organische Stoffe (Kohlenhydrate) aufbauen (Abb. 57).

pH-Wert. Messwert dafür, wie sauer oder alkalisch ein Stoff reagiert oder ob er sich neutral verhält. In Wasser ist immer ein sehr kleiner Teil der Moleküle in Ionen gespalten, in positive Wasserstoff-(H)-Ionen und in negative Hydroxyl-(OH)-Ionen. In chemisch reinem Wasser liegen die H-Ionen und die OH-Ionen in gleicher Menge vor. Es reagiert neutral. Fügt man eine Säure hinzu, so kann man feststellen, dass die Menge der H-Ionen zunimmt, während die OH-Ionen weniger werden. Gibt man eine Lauge hinzu, so verringert sich die Menge der H-Ionen und die OH-Ionen nehmen zu. Anhand der H-Ionen-Konzentration kann man somit ermitteln, wie die Stoffe reagieren. Ein Liter reines Wasser enthält 1/10 000 000 g H-Ionen. Um die Schreibweise zu vereinfa-

$$6\ CO_2\ +\ 6\ H_2O\ \xrightarrow[\text{gibt}]{\text{Sonnenenergie}}\ C_6H_{12}O_6\ +\ 6\ O_2$$

Kohlendioxid + Wasser → Traubenzucker + Sauerstoff

Abb. 57 Photosynthese

chen, nimmt man die Anzahl der Nullen im Nenner und schreibt: pH (pH-Wert) 7. pH ist die Abkürzung für potentia hydrogenii, (potentia, lat. = die Gewichtigkeit; hydrogenii, lat. – des Wasserstoffes). Bei neutraler Reaktion liegt also pH 7 vor. Der saure Bereich liegt unter pH 7, der alkalische Bereich über pH 7. Je stärker eine Säure ist, um so niedriger ist der pH-Wert. Joghurt hat z. B. pH 4,5, abgehangenes Fleisch pH 6. Mit Hilfe von Indikatorpapier kann man den pH-Wert messen. Das sind Papierstreifen, die einen Farbstoff enthalten. Je nach Konzentration der Säure oder Lauge verändert sich der Farbton. Zur genauen pH-Messung gibt es elektrische pH-Meter.

Phyllochinon. Wissenschaftlicher Name für Vitamin K.

Physalis. *(Syn. Kapstachelbeere, Ananaskirsche, engl.: Cape-goose-berry).* Familie der Nachtschattengewächse, Solanaceae. Ähnlichkeit mit den Lampionpflanzen (botanisch Physalis). Nahe Verwandte sind die Erdkirsche oder Erdtomate aus Nordamerika und die Juden- oder Blasenkirsche, die in Ostasien und Norditalien anzutreffen sind. Herkunft der Physalis ist Südamerika. Heute verbreitet in Vorderindien, Java, Australien, Kenia und Südafrika. Form und Farbe: Kirschgroße Beeren, grünlichgelb, in einer lampionähnlichen bastfarbenen Hülle. Reifegrad erreicht, wenn die Beeren völlig gelb sind, vorher etwas sauer, ansonsten entfernt an Ananas erinnernd.

Physiologische Milchsäure → *Rechtsdrehende Milchsäure.*

Picalilli. Mit Senf eingelegte Mixed Pickles italienischer Herkunft.

Picardan. Alte, wenig gebrauchte Bezeichnung für die Traubensorte Clairette.

Picholine. Kleine, längliche französische Olivensorte mit grünem, kräftigem Fleisch und vollaromatischem Geschmack. → *Olive.*

Picknick. Verzehr von Speisen und Getränken im Freien bei einem Ausflug; frz. piquenique, piquer = picken, nique = Kleinigkeit; engl. picnic.

Picon. Gehört zu der Getränkegruppe der → *„Amer"-Aperitifs.* Er besteht aus neutralem Alkohol, Orangenschalendestillat, aus Enzian und Chinarinde, in Alkohol gelöst, Zucker und Karamel. Alkoholgeh. 21 % Vol. Picon ist ein frz. Erzeugnis.

Pie. Englischer Ausdruck für Pasteten, die in tiefen Schüsseln, mit einem Spezialteig verschlossen, gebacken werden. Die Füllungen können aus Fleisch, Fisch, Geflügel, Gemüse oder Obst bestehen (apple-pie).

Piemont. Eine D.O.C.-Provinz in Italien, bekannt hauptsächlich durch sehr gute Rotweine, Schaumweine und Vermouths.

Piffchen. In Rheinhessen übliche Bezeichnung für ein Weinglas mit 0,1 l Inhalt → *Remis'chen.*

Pigeage. Herstellung einer Traubenmaische mit den Füßen durch Unterstampfen der festen Bestandteile.

Pikkolo, auch Piccolo. 1) Markenrechtlich für zwei Sektkellereien geschütztes Markenzeichen. 2) Markenrechtlich für eine Sektkellerei geschütztes Bildzeichen für die $1/4$-Flasche. Allgemein wird unter dieser Bezeichnung eine $1/4$-Flasche Sekt, Schaumwein, verstanden.

Piktogramm. Von engl.-amerikan. *picture = Bild* → *Organisations-Abstrakta.*

Pilaw (Pilaff). Orientalisches Reisgericht, dem häufig das Fleisch (Lamm/Hammel) beigefügt wird.

Pilézucker, unregelmäßig zerschlagene, grobe Stücke von Plattenzucker. Von frz. *pilé = zerstoßen.*

Pilgermuschel → *Jakobsmuschel.*

Pilieren. Gewürze, Kräuter, Karkassen usw. im Mörser zerstoßen, zerreiben und zerquetschen.

Pillkaller. Ostpreußisches Getränk/Gericht. Eiskalter Korn, der mit einer Scheibe Leberwurst, die mit Senf bestrichen ist, serviert wird. Man steckt die Leberwurst in den Mund und lässt den Korn darüberlaufen.

Pilsner Typ. Untergäriges Bier; 11 bis 14 % Olammwurze, stärker gehopft; benannt nach der Stadt Pilsen; meist getrunkene Biersorte; Etikettierung in Deutschland: Pilsner und Name der Brauerei oder Pils-Phantasienamen.

Piment *(Syn.: Neugewürz, engl.: allspice, Nelkenpfeffer, Jamaikapfeffer, Gewürzkörner, Englisch-Gewürz, Allgewürz).* Dieses Allround-Gewürz schmeckt und riecht ein bisschen nach Pfeffer, nach Gewürznelken, nach Muskat und Zimt. Piment stammt aus Südamerika. Das Gewürz wurde von den Begleitern des Christoph Kolumbus nach Europa mitgebracht. Sie fanden Piment in Westindien, später auch in Mexiko, wo die Azteken die Pimentkörner – neben Vanille – zum Würzen ihres Nationalgetränks Chocolada gebrauchten. Erst im 17. Jahrhundert wurde Piment in Europa bekannt. Das Wort Piment stammt von dem spanischen Wort pimienta = Pfeffer. Im Mittelalter benannte man mit Pimenta auch viele andere Gewürze. Die beste Piment-Qualität kommt heute aus Jamaika.

Pimpinelle (Pimpernell, Bibernell, engl.: Little Burnet, frz.: Pimpernelle, f, bot.: Sanguisorba minor). Zum Würzen der ausdauernden, bis zu 50 cm hohen Staude verwendet man die grünen (gefiederten) Blätter. Die Pflanze hat rote Blütenkugeln. Der Geschmack ist mild mit leicht nussartigem Aroma. Pimpinelle gehört zu den Kräutern für die Frankfurter Grüne Sauce und eignet sich ebenfalls für grüne Salate, Kräuterbutter, Kräuterquark und Gurkengemüse.

Pineau de Charentes. Produkt aus Cognac und Traubensaft aus dem Cognacgebiet. Cognac von ca. 60 % Vol. Alkoholstärke wird mit Traubensaft auf 16 bis 20 % Vol. Alkoholstärke verschnitten. Eine mindestens einjährige Lagerung ist vorgeschrieben. Nach der Ablagerung findet eine chemische Analyse und Sinnenprüfung statt. Sofern die Qualität in Ordnung ist, erhält das Produkt die Garantie-Marke → *Gelbe Siegel* vom → *BNIC* und darf in den Verkehr gebracht werden. P. Ch. eignet sich vorzüglich zum Apéritif.

Pinienkerne. Samen aus zapfenartigen Fruchtständen einer Kiefernart aus den Mittelmeerländern. Sie liefert etwa 2 cm große Samen.

Pinot. Bezeichnung für eine große Rebenfamilie. In Deutschland heißt die Rebe Burgundertraube. Zur Pinotfamilie zählen im Einzelnen folgende Rebsorten: **a)** Spätburgunder = in Frankreich Pinot Noir, **b)** Müllerrebe = in Frankreich Pinot Meunier, **c)** Weißburgunder = in Frankreich Pinot Blanc, in Italien Pinot Bianco, **d)** Ruländer oder Grauburgunder = in Frankreich Pinot Gris, in Italien Pinet Grigio.

Pinotage. Rebkreuzung, die ca. 1925 von Prof. Perold an der Universität Stellenbusch geschaffen wurde; besteht aus → *Pinot Noire,* → *Cinsaulttrauben.* Die zuletzt genannte Traubensorte wurde in Südafrika zu der damaligen Zeit als → *Hermitage* bezeichnet. Der Name Pinotage wurde aus Pinot und Hermitage abgeleitet.

Pinot Blanc. Frz. Bezeichnung für die Weißburgundertraube. Im Elsass werden aus der Pinot Blanc Weißweine hergestellt und unter der gleichen Bezeichnung auf den Markt gebracht. Dieser Wein ähnelt dem Silvaner, hat aber mehr Körper. Er passt gut zu Gänseleber oder Fleisch.

Pinot Meunier. Blaue Rebsorte; frz. Bezeichnung für die → *Müllerrebe*, die auch unter Schwarzriesling oder Samtrot bekannt ist. In Frankreich wird sie vor allem in Burgund und in der Champagne angebaut.

Pinot Noir. Blaue Rebsorte, frz. Bezeichnung für blauen Spätburgunder.

Pipe. Holzfass im Portogebiet mit einem Fassungsvermögen von 534 l; ursprünglich aus Mahagoniholz gefertigt.

Piperin → *Pfeffer.*

Piquette. In Frankreich Bezeichnung für die Pressrückstände aus Trauben, aber auch aus Äpfeln oder anderem Obst, die mit Wasser und Zucker aufgefüllt, vergoren und destilliert werden; auch Haustrunk genannt.

Piquieren. Spicken mittels Speckkeilen, die in das Fleisch eingesteckt werden, z. B. Rinderbraten.

Piroggen. Auch Piroschki. Sammelname für leichte, pastetenartige kleine (Piroschki) und größere (Piroggen) Gebäcke, die in Russland und Osteuropa als Vorgericht oder zur Suppe gereicht werden. Füllungen mit Ei, Fisch, Kohl, Pilzen oder Fleisch, auch Geflügel. Meist aus Hefeteig, seltener Plunder- oder Brandteig.

Pisang. Indonesischer Ausdruck für Bananen. Auch: Pisangfeige.

Pissaladiere. Provenzalische Torte mit Zwiebeln, Oliven und Sardellen.

Pissenlit → *Löwenzahn.*

Pistazien. Einsamige Steinfrucht des immergrünen Strauches (auch Baumes) Pistácia véra L., der im östlichen Mittelmeergebiet heimisch ist. Die Samenkerne (Pistazienkerne) sind ca. 2 cm lang, gelb- bis grünfarben und besitzen eine dreikantige Form. Umhüllt werden sie von einem bräunlich-violetten bis grünlich-gelb gefärbten Samenmantel.

Pistou → *Küchenkräuter.*

Pitahaya. Tropische Frucht. Die gelbe, manchmal auch rot gefärbte Pitahaya ist etwa 10 cm lang mit kakteenartigen Wülsten. Das Fruchtfleisch ist weißlich; die rote Frucht dagegen hat eine glatte Schale und leuchtend rotes Fruchtfleisch.

Pittanchiusa. Spezialität aus Süditalien, arabischen Ursprungs, im 11. Jahrhundert von Sarazenen nach Italien gebracht. Bis heute Weihnachtsgebäck in Calabrien. Zarte Teigschnecken aus Weizenmehl, Wein, Honig, Mandarinenaroma, gefüllt mit Mandeln, gehackten Rosinen und Nüssen.

Pizza. Ital. Teigwarenspezialität. Belegte Teigfladen. Anthony J. Pizza (ital. Einwanderer) gründete 1949 in Calumet (Illinois) die A. J. Pizza Product Corporation und produzierte in umgebauter Molkerei die erste Tiefkühlpizza in den USA.

Pizzoccheri. Schwarze Bandnudeln aus → *Buchweizen* mit Kartoffeln, Kohl, Spinat und Rüben gekocht. Die Nudeln werden zusammen mit den Gemüsen abgeschüttet und anschließend mit → *Fontina,* Butter, Knoblauch und Salbei gewürzt. Eine Spezialität der Valtellina (Italien).

Placoid-Schuppen. Schuppenart der Haie und Rochen, die von Ober- und Unterhaut gebildet werden.

Plafond *(frz.: plafond, m.).* Randblech, das zum Garen, insbesondere für Fischgerichte benutzt wird.

Plankosten. Nach einem Normalablauf vorausberechnete Kosten für die Zukunft, die als zu erreichende Leitlinie bzw. Obergrenze gelten. Sie werden bei der → *Budgetierung* festgelegt.

Planmäßige Abschreibung

Planmäßige Abschreibung → *Abschreibung*.

Planung. Die gedankliche Vorwegnahme künftiger betrieblicher Geschehnisse, die den Vollzug (Verwirklichung durch → *Organisation*) betrieblicher Vorgänge sicherstellen soll. Da die Vorausschau (Prognose) im Allgemeinen mit zunehmendem Zeitraum mehr und mehr an Schärfe verliert, müssen Planung und Durchführung einer laufenden → *Kontrolle* unterzogen werden, um der Gefahr möglicher Fehlentwicklungen zu begegnen und sich veränderten Gegebenheiten anzupassen. Die Maßnahmen der Planung werden im → *Planungsregelkreis* veranschaulicht. Bei der Planung wird der zukünftige Betriebsablauf vorgedacht. Dabei werden anzustrebende Soll-Werte festgelegt. Um eine Transformation in die Betriebsrealität zu ermöglichen, muss die Planung folgende Anforderungen erfüllen: **a)** Alle Teilbereiche einbeziehen (Vollständigkeit), **b)** Mengen und Werte möglichst genau erfassen (Genauigkeit), **c)** schnell an Änderungen anpassen (Flexibilität), **d)** alle innerbetrieblichen Abhängigkeiten einbeziehen (Integration). Planung beginnt vom Absatzbereich her, wo auf der Kenntnis der Marktsituation oder der Marktforschung der Absatzplan festgelegt wird (im Gaststättenbetrieb z. B. durch Speisekarte u. a.). Daraus wird der Produktionsplan und daraus der Beschaffungsplan abgeleitet (z. B. mit Hilfe der Rezepturen). Je langfristiger die Vorausplanung ist, je grober sind die Strukturen. Daraus werden dann genau detaillierte Kurzzeitpläne für alle Bereiche abgeleitet (z. B. Absatz-, Produktions-, Beschaffungs-, Personaleinsatz-, Marketing-, Investitions- und Finanzplan). Alle Teilpläne müssen aufeinander abgestimmt sein und ständig an sich ändernde Umstände angepasst werden.

Planungsrechnung. → *Rechnungswesen*. Eine auf der Basis der von Buchhaltung und Statistik erarbeiteten Zahlen durchgeführte, in die Zukunft gerichtete Schätzungsrechnung des erwarteten Betriebsablaufs. Dabei werden Planwerte für Aufwand und Ertrag und andere wichtige Betriebsgrößen wie z. B. Materialeinsatz Küche oder Personalkostenanteil an den Gesamtkosten ermittelt. Je umfangreicher die Tätigkeiten eines Hotelbetriebes sind, desto umfangreicher ist die Planung und um so komplizierter wird sie. Für diese komplizierten Planungsrechnungen bedient man sich heute der mathematischen Entscheidungsmodellle des Operations-Research (→ *Operationsanalytische Planungstechniken*), (Abb. 58).

Planungsregelkreis. Veranschaulichung der Maßnahmen, die die Planung kennzeichnen.

Plat à sauter *(frz.: plat à sauter, m.)*. Bratpfanne, Stielpfanne.

Plattfische. Charakteristisch für alle Plattfische ist die seitlich stark zusammengedrückte Körperform. Diese Fische schwimmen in der Seitenlage. Dabei verlagern sich die Augen nach rechts oder links, je nachdem, welche Körperseite nach oben gerichtet und damit zur Augenseite bestimmt wird. Innerhalb jeder Art ist diese Umwandlung an eine bestimmte Gesetzmäßigkeit gebunden.

Plinsen → *Blinis*.

Plombière a) *(frz.: plombière, w.)*. Form, in der Eisbomben gefroren werden, **b)** Creme-

436

Plunderteig

Eine einfache Aufstellung kann nach folgendem Grundschema aufgebaut werden:

		Vorperiode		Planperiode (Budget) €
		€	%	
Erträge	– Materialeinsatz			
Bruttoergebnis	– Personalkosten Lohn der Festbesoldeten Aushilfslöhne Sozialleistungen sonstige			
Zwischensumme	– Abteilungskosten Heizung Reinigung Wäscherei Instandhaltung Dekoration Ersatz von GWG			
Zwischensumme	– Betriebskosten Versicherung Büro- und Verwaltungskosten Werbung sonstige			
Rohbetriebs- ergebnis	– Anschaffungskosten bzw. Abschreibung Grund und Gebäude Maschinen und Anlagen Betriebs- und Geschäftsausstattung sonstige (Mieten, Pachten etc.)			
Zwischensumme	– Finanzierungskosten Zinsen sonstige			
Betriebsergebnis				

Abb. 58 Planungsrechnung

eismasse, der man nach dem Gefrieren noch bis zu $1/3$ geschlagene Sahne unterzieht und in Figurenformen nachfriert.

Plötze *(frz.: gardon, m, engl.: roach)*, auch Rotauge. Süßwasserfisch, zu den Karpfenartigen *(Cipriniden)* gehörend, grätenreich. Die Plötze kann bis zu 30 cm lang werden und etwa 200 g schwer.

Plumpudding. Englische Weihnachtssüßspeise. Sie besteht aus Nierenfett, Mehl, geriebenem Weißbrot, Rosinen, Korinthen, Rohzucker, Eiern, Zitronat, Orangeat, entkernten Malagatrauben, Gewürze, Weinbrand, Rum, Sherry. Der Teig muss einige Tage ruhen und reifen. In Formen längere Zeit kochen. Zum Servieren wird er mit Würfelzucker belegt und mit Rum oder Arrak flambiert.

Plunderteig → *Hefeteig,* in den ähnlich dem → *Blätterteig* Butter eingeschlagen wird und der anschließend mehrmals ausgerollt und zusammengeklappt (touriert) wird. Er erhält dadurch eine blättrige Beschaffenheit. Verwendung: Croissant, Königsberger Kranz.

Plural-Instanz → *Kollegial-Instanz.*

Pochieren. Garen unter dem Siedepunkt, nicht zudecken. Prinzip: Langsam bei 65 bis 80 °C in Flüssigkeit oder Wasserbad garen. Schonender Garprozess. Anwendungsbereiche: **1)** Direktes Pochieren: Gargut kommt mit Flüssigkeit in Berührung, a) Gargut gart im eigenen Saft (Schmorgerichte), b) In viel Wasser (verlorene Eier), c) Ansatz in kaltem Fond (große Fische, Galantinen). 2) Indirektes Pochieren: Gargut kommt nicht mit Flüssigkeit in Berührung, a) Eierstich, Pudding, b) Beeftea, c) Aufläufe.

Podkwassa → *Joghurt.*

Pofesen. Auch Povesen. Kleine Semmeln in Scheiben, rechteckig geschnitten. Vertiefung einschneiden zur Füllung einer Farce (Hirn, Leber). In Ei getaucht und in der Friture ausgebacken. Suppeneinlage.

Poissonnier. Abteilungskoch in einer großen Küchenbrigade, der für die Herstellung aller Fischgerichte, deren Garnituren, für Fischsuppen und Fischsoßen verantwortlich ist. Ihm obliegt auch die Überwachung der Fischlagerung.

Poissonnière *(frz.: poissonnière, w.),* Fischkoch- und -serviergerät mit hochstellbarem Einsatz (z. B. für das Blaukochen und Servieren von Forellen). Besondere Form hat die turbotière (von turbot = Steinbutt) = Rautenform.

Pökelhilfstoffe. Stoffe zur Förderung der Umrötung während des Pökelvorganges. Dazu werden verwendet: **1.** Zuckerstoffe in Form von Einfach- und Doppelzucker oder aus Mischungen daraus. Menge ca. 2 % der Kochsalzmenge. Zucker unterstützt die Säurebildung und führt zur pH-Absenkung. **2.** Ascorbinsäure = reines Vitamin C oder Na-Ascorbat = Salz der Ascorbinsäure. Diese Stoffe bewirken eine schnellere und erhöhte Stickoxidbildung und fördern so die vollständige Umrötung und stabilisieren das Pökelrot. **3.** Clucono-deltalacton. Pökelhilfsstoffe wirken nur in Verbindung mit Nitrit. Sie dürfen nicht dem Nitritpökelsalz oder dem Salpeter zugesetzt werden.

Pökeln. Ursprünglich gleichbedeutend mit Salzen. Kochsalz (NaCl) wirkt erst bei hohen Konzentrationen entwicklungshemmend auf die unerwünschte Tätigkeit der Mikrobenorganismen. Die Verlängerung der Haltbarkeit besteht in der Senkung des aw-Wertes durch Entzug des Wassers. Daneben führt die Kochsalzzugabe zur Aktivitätsminderung fleischeigener Enzyme. Eine geringe Menge Kochsalzzugabe kann das Wachstum bestimmter Mikroorganismen beschleunigen, die für die so genannte biologische Sanierung von Lebensmitteln erwünscht sind. Pökeln: Behandeln von Fleisch und Fleischerzeugnissen mit → *Nitritpökelsalz = NPS,* Umrötestoffen und Pökelstoffen. Der Grund für die Verwendung von NPS liegt in der Empfindlichkeit des Fleischfarbstoffes Myoglobin gegen Hitze, Sauerstoff und Licht. Das im Schlachtfleisch in Spuren enthaltene Blut mit seinem Hämoglobin ist ebenfalls in geringem Maße farbgebend. Myoglobin und Hämoglobin enthalten beide das sauerstoffbindende und eisenhaltige Hämoglobin. Im lebenden Organismus bindet Hämoglobin Sauerstoff und Kohlendioxid. Um eine Sauerstoffanlagerung und damit das Grauwerden des Schlachtfleisches zu verhindern, wird dem Hämoglobin Stickstoffmonoxid (NO) – kurz Stickoxid – angelagert. Myoglobin wird in Nitrosomglobulin = Pökelrot abgebaut. NO wird aus dem Nitrit des Nitritpökelsalzes freigesetzt. Kurz die Verbindung von Stickoxid mit Myoglobin ergibt Pökelrot. Zugelassene Pökelstoffe (Umrötungshilfsmittel) fördern die Umrötung von Fleisch und Wurstwaren, dazu gehören: Zucker, Ascorbinsäure. Das gepökelte Fleisch erhält die typische rosa Farbe. Pökelvorgang (Tab.). *Pökelarten:* **1.** Trocken-

Polaris Merzerisierverfahren

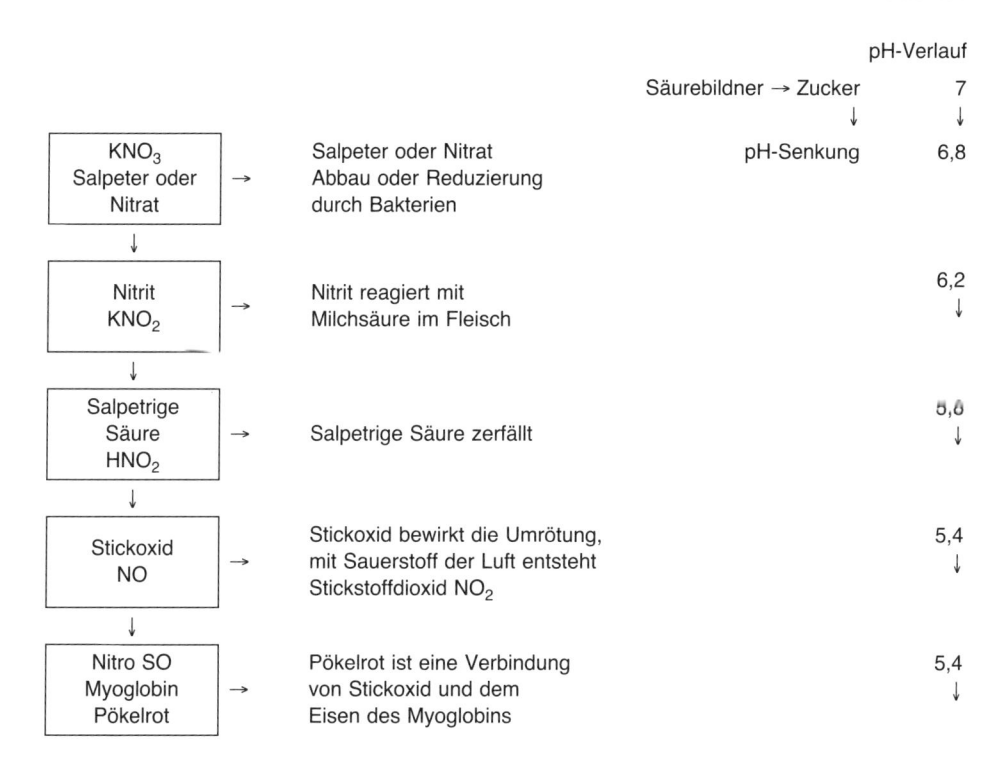

			pH-Verlauf
		Säurebildner → Zucker	7
		↓	↓
KNO_3 Salpeter oder Nitrat	→	Salpeter oder Nitrat Abbau oder Reduzierung durch Bakterien	pH-Senkung 6,8
↓			
Nitrit KNO_2	→	Nitrit reagiert mit Milchsäure im Fleisch	6,2 ↓
↓			
Salpetrige Säure HNO_2	→	Salpetrige Säure zerfällt	5,6 ↓
↓			
Stickoxid NO	→	Stickoxid bewirkt die Umrötung, mit Sauerstoff der Luft entsteht Stickstoffdioxid NO_2	5,4 ↓
↓			
Nitro SO Myoglobin Pökelrot	→	Pökelrot ist eine Verbindung von Stickoxid und dem Eisen des Myoglobins	5,4 ↓

Abb. 59 Pökelvorgang

pökelung: Fleisch wird mit Nitritpökelsalz oder einem Gemisch aus Kochsalz und Salpeter eingestreut oder eingerieben. Anwendung bei Knochenschinken, Rohschneidern und Wurstfleisch. Gewichtsverlust 6–15 %. 2. Nasspökelung, *Lakepökelung:* Nitritpökelsalz und Pökelstoffe werden in kaltem, abgekochtem Wasser gelöst. Die Lösung wird als Lake bezeichnet. Die Dichte wird mit einer *Baumé-Waage* gemessen. 3. Spritzpökelung, Schnellpökelung: Die Lake wird in die Adern oder in das Gewebe eingespritzt. Die Umrötung erfolgt von innen nach außen. Gewichtszunahme 6–8 %. 4. *Vakuum-Pökelung* kann bei allen Pökelarten angewandt werden. Im Unterdruck werden die Fleischzellen gelockert, vergrößert und dadurch durchlässiger für die Lake. Der Pökelvorgang wird beschleunigt (Abb. 59).

Poelieren. Hellbraundünsten mit Deckel im Ofen. Prinzip: Mit Fettstoff im Ofen bei schwacher Hitze zugedeckt langsam im eigenen Saft unter zeitweisem Begießen garen. Deckel entfernen, wenig Fond oder Wein beigeben und Farbe nehmen lassen. Anwendungsbereich: Für Geflügel und zarte (helle) Schlachtfleischstücke.

Polaris Merzerisierverfahren. Ein für Hotelwäsche weiterentwickeltes Merzerisierverfahren. Verbessert das Aussehen, indem es die Faser glänzender und damit die Jacquardmuster besser hervortreten lässt. Vereinfacht die Pflege und vermindert das Einlaufen. Das Gewebe wird fleckabweisender, die Waschlauge kann besser in die Strukturunterbrechungen des Gewebes eindringen, dadurch schnellere Entfernung von Fett und

Schmutzteilchen; glattere Oberfläche und damit geringere Bügelzeit.

Polenta. Ital. Nationalgericht. Brei aus Maismehl oder Maisgrieß mit Salz. Nach Erkalten in fingerdicke Scheiben schneiden und mit geriebenem Käse backen. In Rumänien und Ungarn unter dem Namen „Mameliga" bekannt.

Polizeistunde → *Sperrstunde.* Sperrzeit-Zeitraum, in dem die Ausübung des Schankgewerbes untersagt ist = Gaststätten ge schlossen gehalten werden müssen. Gründe: **a)** im Interesse der Volksgesundheit, **b)** Bekämpfung des Alkoholmissbrauchs, **c)** Arbeitsschutz, **d)** Schutz der Anwohner von Gaststätten. Die Festsetzung wird landesrechtlich geregelt. Der Gaststätteninhaber ist verpflichtet, **a)** den Gästen die Polizeistunde bekanntzugeben, **b)** nach Eintritt der Polizeistunde keine Speisen und Getränke mehr auszuschenken, **c)** die Gäste zum Verlassen der Gaststätte aufzufordern („Schonfrist" = eine Viertelstunde), **d)** im gegebenen Fall (Zuwiderhandlungen) die Polizei zu benachrichtigen. Polizeistunden-Verlängerungen bzw. -Verkürzungen gewähren auf Antrag die Gemeindeverwaltungen oder Polizeibehörden.

Pollack. Kabeljauartiger Fisch, wie Schellfisch, Kabeljau und Seelachs. Der Pollack wird bis zu einem Meter lang und lebt ausschließlich im Atlantischen Ozean frei schwimmend oder in Bodennähe, bis in 200 m Tiefe in Küstennähe. Er unterscheidet sich wesentlich in der Größe von seinen pazifischen Artgenossen, dem Pollock. Der Pollack hat Ähnlichkeit mit dem Köhler (Seelachs), jedoch ist das Maul immer rötlichweiß und die Seitenlinie stark gebogen. Sein französischer Name ist „Le lieu jaune", auch „Lyr" genannt.

Poltern. Beim Poltern (Tumbeln) werden Fleischstücke in einer sich drehenden Trommel hochgeschoben und „poltern" zurück auf den Trommelboden. Anwendung bei gepökelten Fleischstücken, da sich durch das Poltern die Muskelfasern der Fleischstücke lockern und durch die Aktivierung des Eiweißes eine bessere Wasserbindung erreicht wird. Die Pökelstücke sind zart und saftig und zeigen eine gute Bindung.

Polverones. Staubgebäck. Zartes spanisches Feingebäck arabischen Ursprungs, von wo es vor ca. 1000 Jahren nach Spanien gebracht wurde.

Polyacryl → *Chemiefasern.*

Polyamid → *Chemiefasern.*

Polyester → *Chemiefasern.*

Polyfructosane. Reservekohlenhydrat in Gräsern.

Polyol. Mehrfachalkohol, entsteht durch einfache chemische Reaktion (Reduktion) aus einem Zucker. Polyole schmecken sehr häufig süß, wegen ihres Stoffwechsels werden die wichtigsten Vertreter den Kohlenhydraten zugerechnet. Mannit, → *Sorbit* und Xylit sind als Zuckeraustauschstoffe im Gebrauch. Chemisch gehören sie zur Gruppe der mehrwertigen Alkohole (Begriff hat nichts mit der Wertigkeit allgemein zu tun!), bei denen mit der Zahl der Hydroxylgruppen die Wasserlöslichkeit steigt. Im Nahrungsmittelbereich sind besonders Glycerin und die höheren Alkohole wichtig. Es gibt:

a) zweiwertige A. (Gykole), deren einfachster Vertreter ist *Äthylenglycol:*

$$H_2C - OH$$
$$|$$
$$H_2C - OH$$

eine farblose, ölige Flüssigkeit mit süßlichem Geschmack.

b) dreiwertige A. = *Glycerin,* das als Baustein aller tierischen Fette und pflanzlichen Öle 1779 zuerst im Olivenöl entdeckt wurde (Scheele):

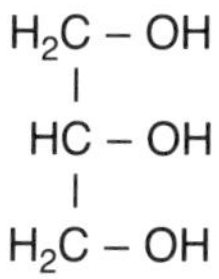

Polysaccharide

H$_2$C – OH
|
HC – OH
|
H$_2$C – OH

Eine farblose, sirupähnliche süßliche Flüssigkeit, die neben zahllosen anderen Verwendungen zur Frischhaltung bei der Tabakveredelung Anwendung findet.

c) vierwertige A. (Erythrit), das nur in drei isomeren Formen existiert, wovon ausschließlich eines in der Natur und zwar in Algen vorkommt, das *Mesoerythrit:*

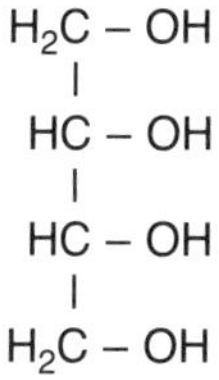

H$_2$C – OH
|
HC – OH
|
HC – OH
|
H$_2$C – OH

d) fünfwertige A. (Penite), von dessen 4 existierenden isomeren Formen nur *Adonit* in der Natur gefunden wurde

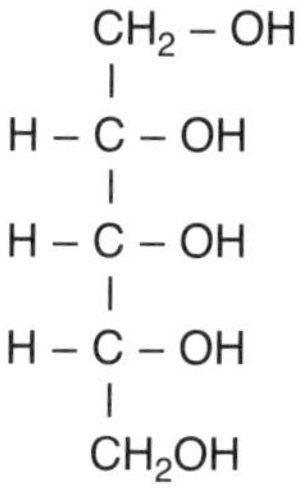

CH$_2$ – OH
|
H – C – OH
|
H – C – OH
|
H – C – OH
|
CH$_2$OH

Der Zuckeraustauschstoff *Xylit* wurde nur synthetisch hergestellt

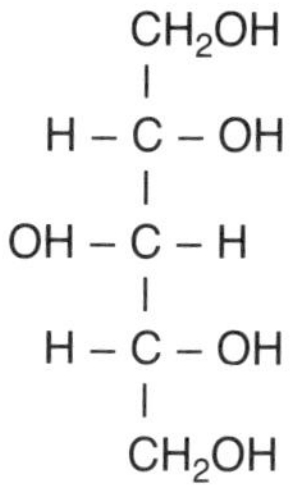

CH$_2$OH
|
H – C – OH
|
OH – C – H
|
H – C – OH
|
CH$_2$OH

e) sechswertige A. (Hexite), von denen zehn isomere Formen bekannt sind. Die drei wichtigsten sind:

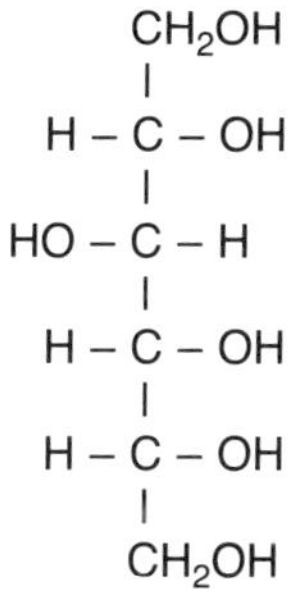

CH$_2$OH
|
H – C – OH
|
HO – C – H
|
H – C – OH
|
H – C – OH
|
CH$_2$OH

D-Sorbit in Vogelbeeren

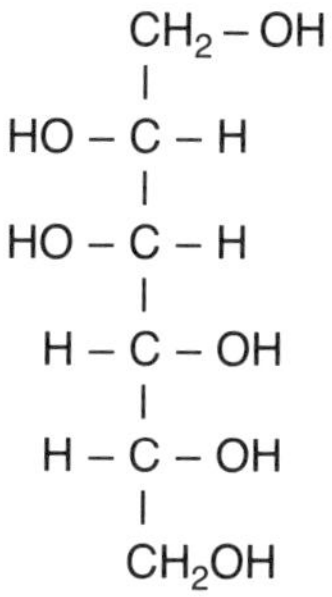

CH$_2$ – OH
|
HO – C – H
|
HO – C – H
|
H – C – OH
|
H – C – OH
|
CH$_2$OH

D-Mannit in Manna-Esche

CH$_2$OH
|
H – C – OH
|
HO – C – H
|
HO – C – H
|
H – C – OH
|
CH$_2$OH

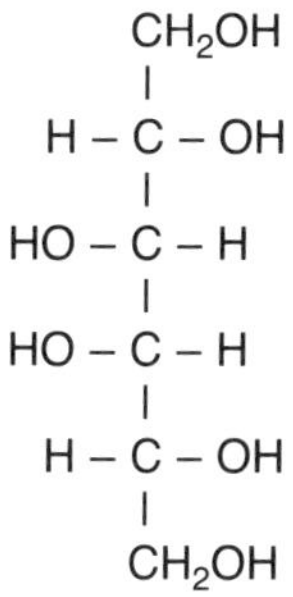

D-Dulcit in Dulcitmanna

Polysaccharide. Makromoleküle, die entstehen durch Kondensation von 30 bis über 1000 Monosaccharideinheiten. Polysaccharide kommen als sehr resistente Gerüstsubstanzen (→ *Cellulose,* → *Pektine,* Lignin, Chitin, Hemicellulosen) und als chemisch oder enzymatisch leicht resorbierbare Speichersubstanzen vor (→ *Stärke,* → *Glykogen,* → *Inulin).* Dazwischen liegen Schleime vieler Algenarten (Agar-Agar, Carrageen) und Dickungsmittel wie Tragant und Alginate. Polysaccharide besitzen keinen süßen Geschmack, sind im Wasser nur schwer und dann kolloid oder gar nicht löslich und nicht direkt vergärbar. Die meisten Polysaccharide haben die Summenformel $(C_6H_{10}O_5)n$. Sie haben andere chemische und physikalische Eigenschaften als → *Mono-* und → *Oligosaccharide.* Die wichtigsten Polysaccharide sind: a) *Cellulose,* das am häufigsten vorkommende Kohlenhydrat, Gerüstsubstanz der Zellwände der Pflanzen (fast rein in Baumwolle, Hanf, Jute u. a.). Bedeutend ist Cellulose für die Textil- und Papierindustrie (→ *Naturfasern)* sowie bei der Äthanolgewinnung durch Holzverzuckerung, b) *Glycogen,* das im Gegensatz zu Cellulose das Kohlenhydrat des tierischen Organismus ist, wo es in Leber und Muskeln gespeichert wird, c) *Stärke,* das Kohlenhydrat, das in Pflanzen durch Assimilation (→ *Photosynthese)* entsteht, und sich dort in kleinen weißen Körnchen ablagert. In dieser Form kann die Pflanze es nicht transportieren. Sie löst es aber enzymatisch (über Glucose und Maltose) auf um es an andere Stellen (z. B. Knollen) zu transportieren und dort wieder aufzubauen zu Stärke. Die Stärkekörner bestehen aus 80 % Amylopektin und 20 % Amylose. Stärke wird aus Kartoffeln und Getreide sowie Mais und Reis gewonnen, meist durch Zerkleinern und Auswaschen. Weitere wichtige Polysaccharide sind: d) *Chitin,* das im Aufbau der Cellulose ähnelt, kommt in Steinpilzen vor. e) *Hemicellulosen,* die in Zellwänden vorkommen, sind meist mit Cellulose vergesellschaftet. Ihr Hauptbestandteil ist „Pflanzengummis", ein Gemisch aus Polysacchariden. f) → *Inulin,* ein pflanzliches Kohlenhydrat (→ *Oligosaccharide).* g) → *Pektine,* die aus D-Galacturonsäure aufgebaut sind, leicht gelatinieren, aus Früchten, Knollen und Stengeln gewonnen werden. Ihre Fähigkeit, bei Anwesenheit von Säure und Zucker Gallert zu bilden, nutzt man bei der Marmelade- und Geleeherstellung. Hierzu kommen noch die Cellulosenitrate und die Gruppe der halbsynthetischen Fasern (→ *Chemiefasern),* wie Rayon, Acetatseide u. a.

Pomeranzen. Bitterorange, Zitrusfrucht. Anbau in Mittelmeerländern, Süd- und Mittelamerika, Ostafrika. Die Früchte haben eine sehr dicke Schale und saures Fruchtfleisch. Sie sind zum unmittelbaren Genuss nicht geeignet.

Pomerol. A.C.-Gebiet liegt gegenüber von → *Médoc.* Pomerol Rotweine werden nicht klassifiziert, wie es in den anderen Bereichen Bordeaux üblich ist. Zu den besten Rotweinen Pomerols gehört Château Petrus. Pomerols Rotweine erinnern an → *Médoc* durch Feinheit und an St. Emilion durch Feuer.

Pony Whisky. Bezeichnung für eine halbe Portion Whisky, d. h. 2 cl.

Pörkelt. Ungarische Nationalgerichte, die einem gulyás sehr ähnlich sind, jedoch leicht papriziert, dafür stärker tomatiert, außer Fleisch kommt auch Fisch in Frage; zur Soße wird etwas Mehl verwendet, so dass die Gerichte sämiger als ein gulyás sind.

Porridge. Ein Haferflockenbrei, der von Anglo-Amerikanern meist zum Frühstück verlangt wird.

Porron (Weintrinkkaraffe). Eine in bestimmten Regionen Spaniens, vor allem in Katalanien, häufig verwendete Karaffe aus Glas, deren langer Trinkschnabel am Bauch der Karaffe beginnt und gleichzeitig nach oben und außen verläuft. Der Wein wird aus der Karaffe getrunken, indem man sie eine Handbreit vom Mund entfernt hält, den Arm langsam ausstreckt und einen Strahl heraus laufen lässt, was ein Gefühl der Frische vermittelt. Porron-Trinkkaraffen sind seit ca. 300 Jahren bekannt.

Portwein-Herstellung

Portier (Tages-, Nachtportier). Überwacht das Kommen und Gehen aller Gäste, leitet Hoteldiener und Pagen (besonders im Rahmen der Gepäckbeförderung) an, erteilt Auskünfte über Fahrpläne, Sehenswürdigkeiten, Bauwerke, Museen, festliche Veranstaltungen, Theater und Konzerte, verteilt, sortiert den Posteingang und besorgt etwaige Nachsendungen. Tätigt Auslagen für die Gäste. Besondere Anforderungen: Fremdsprachenkenntnisse, Menschenkenntnis, umfassendes geographisches und verkehrstechnisches Wissen, persönlicher Takt.

Portugal. Weinanbaufläche: ca. 300 000 ha. Bekannte DO-Gebiete: Alentejo, Algarve, Bairrada, Beiras, Bucelas, Colares, Dao, Duaro, Lafoes, Ribateo, Sefubal, Trasos-Montes, Vinho Verde. Rebsorten **a)** weiße: Loureiro, Alvarinho, Arinto, Azal, Fernao-Pires. **b)** blaue: Touriga, Nacional, Touriga, Fracesa, Tinta Roriz, Baga, Tempranillo, Castelao Frances, Cao.
Gesetzliche Qualitätsstufen:
Vinho de Mesa = Tafelwein
Vinho Regional = Landwein
VQPRD = Qualitätswein unterer Abstufung
DOC = Qualitätswein der gehobenen Stufe
Etikettenangaben mit wichtiger Qualitätsaussage:
Quinta = Erzeuger oder auch Lage
Reserva = längere Lagerung im Fass bzw. in der Flasche

Portugieser. Blauer Portugieser, Rotweinrebe. Lieferant von Konsumqualitäten. Seine weite Verbreitung verdankt der Portugieser seiner Anspruchslosigkeit hinsichtlich Lage und Boden und seiner Fruchtbarkeit. Die Weine sind hellrot und zeichnen sich durch frische Säure aus. Die Herkunft ist nicht Portugal, sondern in Niederösterreich oder Ungarn zu suchen. Syn.: *Oportorebe, Voslauer,* → *Blaue Feslauer Traube,* → *Badener.*

Portulak. Die Familie der Portulakgewächse besteht aus rund 30 Gattungen und über 300 Arten. Als Salat oder Gemüse werden jedoch nur Gemüse- oder Gewürzportulak sowie Winterportulak genutzt. Der Gemüseportulak hat bis zu 40 cm hohe, saftigfleischige Stengel, an denen runde bis eiförmige Blätter wachsen, die einen leicht säuerlichen, würzigen Geschmack aufweisen. Verarbeitet werden nur die Blätter. Geschmack von Winterportulak nicht so kräftig.

Portwein. Portweinanbaugebiet ist seit 1756 begrenzt. Im Jahre 1918 werden die festgelegten Grenzen für Portwein nochmals bestätigt. Über die Portweinproduktion wacht die staatliche Institution do Vinho du Porto → *I.V.P* Winzer und Händler müssen Mitglieder der I.V.P sein. Portwein darf nur aus dem Gebiet des Dourotales stammen. In diesem Gebiet ist vorwiegend Schieferboden. Der Anbau von den zugelassenen Traubensorten (ca. 26 Sorten rot und weiß) wird durch sehr steile Hänge erschwert.

Portwein-Angebotsformen. Sie werden bestimmt durch den Geschmack des Weines, trocken bis süß, durch den erreichten Farbton, dunkelrot bis Goldfarbe, durch die verwendeten Trauben, rot und weiß und zuletzt durch Art und Dauer der Lagerung. Grundangebotsformen sind: → *Wood Port Tawny,* → *Wood Port Ruby,* → *Vintage Port,* → *White Port.*

Portwein-Herstellung. Bei der spät im Herbst stattfindenden Traubenernte ist eine Auslese vorgeschrieben. Qualitativ schlechtere Trauben werden zur Destillation verkauft. Der sanft ausgepresste Traubensaft wird nur bis zur Erreichung der gewünschten Restsüße vergärt. Hat der nicht gärende, unfertige Wein die gewünschte Restsüße erreicht, wird er in Holzfässer (Pipofässer) umgepumpt. Diese Fässer mit 520 l Inhalt enthalten alten Weinsprit. Durch die Vermischung des gärenden Weines und des Weinsprits wird die Gärung sofort beendet und die gewünschte Restsüße bleibt erhalten. Nach ca. einem halben Jahr, evtl. nach zwei Jahren, wird der Wein an Weinhändler verkauft und auf dem Fluss Douro in die Stadt Vila Nova, die gegenüber dem Hafen Porto liegt, gebracht. Der Händler darf den Wein nur in einem Stadtbezirk in eigenen Lagerhallen weiter ausbauen. In den Hallen, in denen Weine verschiedener Jahrgänge, Bereiche und Traubensorten lagern, wird eine → *Cuvée* gemischt, aufgespritet, wenn notwendig bis auf eine Alkoholstärke von 20 %Vol., und entweder weiter im Holzfass gelagert oder je nach Qualität auf Flaschen abgezogen. Nur ein Drittel der gesamten gelagerten Menge darf jährlich abgefüllt werden. Ein Portwein wird bis zu einem Alter von zehn Jahren als jung bezeichnet. Ab zehn Jahren gilt er als ein alter Portwein, gleichgültig, ob er im Holzfass oder in der Flasche gereift ist. Die gesamte Herstellung/Lagerung wird von → *IVP* überwacht.

Porzellan. Eine aus tonmineralhaltigen Rohstoffen gearbeitete Keramikart, mit einer Glasur, deren Zusammensetzung im Wesentlichen der von Glas entspricht. Porzellan erkennt man an seiner *Transluzenz,* dem Durchscheinen beim Halten gegen Licht. Zu unterscheiden sind: **a)** Hartporzellan *(frz.: Pâte dure, f., engl.: hardpast)* mit 50 % Kaolinanteil und Feldspatglasur, woraus sich eine hohe Oberflächenhärte ergibt. Bei Färbung mit Metalloxyden entstehen die Unterarten: Kobaltporzellan (blau), Seladonporzellan (grünlich), Rosaporzellan und schwarzes Porzellan. **b)** Weichporzellan (auch Knochenporzellan, Bone China; *frz.: Pâte tendre, f., engl. soft paste)* mit einem 50–65%igen Anteil an Knochenasche oder Phosphaten und 15–30 % Pegmatit, sowie wesentlich niedrigeren Kaolinanteilen, **c)** Frittenporzellan (Sêvre) ist eigentlich kein Porzellan, sondern eher eine Glasschmelze, **d)** Bisquitporzellan ist die Bezeichnung für unglasiertes gebranntes Porzellan.

Postenaufteilung (Küche) → *Küchenbrigade* (Anhang A7).

Postmix-Anlagen (Abk. POM). Das Fertigprodukt wird im Zapfhahn durch Mischung von Sirup und mit Kohlensäure angereichertem Wasser hergestellt. Der Einsatz der Postmix-Zapfanlagen empfiehlt sich bei hohem Abverkauf von Getränken.

Potagier. Abteilungskoch in einer großen Küchenbrigade, der für die Herstellung aller Suppen und deren Garnituren verantwortlich ist.

Potenzieller Alkoholgehalt. Entsteht, wenn bei der Weinherstellung natürlicher und angereicherter Zucker vollständig vergären würden.

Potstills. Bezeichnung für ein Verfahren bei der → *Malt-Whisky*-Herstellung in Schottland. Es besteht aus zweimaligem Brennen.

Pottasche. Chemisches Treibmittel = Kaliumcarbonat (K_2CO_3). Pottasche eignet sich als Lockerungsmittel nur für Teige, die Säure enthalten (Lagerteig von Lebkuchen). Durch die Einwirkung der Säure auf die Pottasche entwickelt sich Kohlendioxid, das die Lockerung bewirkt.

Pouilly-Fuisse → *Mâconnais.*

Pouilly sur Loire. Trockener Wein mit einem Alkoholgehalt von 9 % Vol. Dieser Loire-Weißwein wird auch mit der Bezeichnung Fume verkauft. Dominierende Traubensorte ist → *Chasselas.*

Poule de Barbarie. Anderer Name für Pintade oder Perlhuhn. Ursprünglich westafrikanischer Fasanenvogel.

Pourpière. Salat von den Blättern der Sumpfdotterblume (Caltha palustris).

Pourriture Noble → *Botrytis Cinerea,* Edelfäule. Aus den edelfaulen Trauben wird eine hohe Weinqualität hergestellt. z. B. → *Beerenauslese,* Trockenbeerenauslese, → *Sauternes*-Weine, → *Tokajer Aszu* etc.

444

Pousse-Café. Ein Pousseglas wird mit verschiedenen Flüssigkeiten, z. B. Sirups, Liköre, nach und nach gefüllt. Sie bilden im Pousseglas einzelne Schichten. Die Kunst der Zubereitung besteht darin, ein Vermischen der Flüssigkeiten zu vermeiden, wobei es wichtig ist, das spezifische Gewicht der einzelnen Zutaten zu wissen.

Pousse-Rapiere. Ein Getränk aus Schaumwein und → *Floc de Gascogne.*

Powidl. Österreichisch-böhmischer Ausdruck für Pflaumenmus.

ppm. Maßeinheit zur Bestimmung der Rückstände von Pestiziden in Lebensmitteln. 1 Milligramm pro Kilogramm. 1 ppm (parts per million) = 1 mg/kg = 0,000001 kg/kg. Beispiele: 1 Roggenkorn in 50 kg Weizen; 1 m der Strecke Kiel – Salzburg (1000 km); 1 Pf. von 10 000 Mark. Gehalt eines Zuckerwürfels aufgelöst in 2700 Litern Flüssigkeit.

ppq. Maßeinheit. 1 Picogramm pro Kilogramm. 1 ppq (parts per quadrillion) = 0,000000000001 g/kg (q – quadrillion, engl. für Billiarde).

ppt. Maßeinheit. 1 Nanogramm pro Kilogramm. 1 ppt (parts per tnllion) = 1 mg/1 000 t = 0,001 → ppB = 0,000001 → *ppm* = 0,000000000001 kg/kg (t = trillion, engl. für Billion). Beispiel: 1 Roggenkorn in 50 000 t Weizen; 0,4 mm der Strecke Erde – Mond (ca. 384 500 km).

PR *(angl.-amerik. = public relations =* → *Öffentlichkeitsarbeit).* Schaffung von Vertrauen für den Betrieb in der Umwelt. Stärkung des Images durch gezielte PR-Maßnahmen. Förderung eines positiven Meinungsbildes in der Öffentlichkeit.

Prager Schinken. Geschützte Kennzeichnung, böhmische Spezialität von Zuchtschweinen, zart gepökelt, gekocht, oft im Brotteig gebacken

Praline. Gefüllte, bissengroße Schokoladenerzeugnisse nach Comte du Plessin Pra(s)lin (1598–1675), Marschall von Frankreich; dessen Koch ihm zu Ehren die Praline kreierte.

Präriehuhn *(La poule de prairie, le huppecol; Heidehuhn).* Waldhuhn der Steppen und Ebenen; schmale Federbüschel hängen vom Hals herab und unterscheiden es dadurch von anderen Waldhühnern.

Präserven. Darunter versteht man durch Salzen, Pökeln, Räuchern, Säuern oder mit Hilfe chemischer Konservierungsmittel haltbar gemachte, besonders hitzeempfindliche Lebensmittel. Präserven müssen kühl gelagert (höchstens 6 °C) werden. Die Bestände sind laufend zu überwachen (Haltbarkeitsfrist!).

Praxisnähe. Prinzip der... (pädagogischer Grundsatz). Behandlung von Themen und Arbeitsvorgängen, die heute und vermutlich in der Zukunft relevant sind mit der Überzeugung, dass das Gelernte in der Praxis verwertbar ist. Bedingt: Modernisierung der Ausbildungspläne und Anpassung an die Anforderungen der Praxis.

Preisauszeichnung. Nach der Verordnung über die Preisangaben (PreisangabenVO) müssen alle, die dem Endverbraucher Waren oder Leistungen anbieten, die Preise einschließlich sonstiger Preisanteile und der Umsatzsteuer (ohne Abzug von Rabatt) angeben. Das gilt auch für die gastgewerblichen Betriebe, deren Inhaber verpflichtet sind: **a)** für Speisen und Getränke Preisverzeichnisse in genügender Anzahl aufzulegen dem Gast diese vor Annahme der Bestellung und auf Verlangen bei der Abrechnung vorzulegen, **b)** neben dem Eingang Preisverzeichnisse für die wesentlichen Getränke und regelmäßig angebotenen Speisen sowie Gedecke und Tagesgerichte anzubringen.

Preisdifferenzierung

Preisdifferenzierung. Sie liegt vor, wenn für ein Produkt oder eine Leistung unterschiedliche Preise zu zahlen sind. Man geht dabei von dem Gedanken aus, dass es Gästeschichten gibt, die den üblichen Preis gerade noch bereit sind zu zahlen, und andere, die ihn nicht mehr zahlen können oder wollen. Durch → *Marktsegmentierung* trennt man diese Käuferschichten voneinander. Je nachdem, welcher Gesichtspunkt zur Differenzierung führt, unterscheidet man: **a)** personelle Preisdifferenzierung, **b)** sachliche Preisdifferenzierung, **c)** räumliche Preisdifferenzierung, **d)** zeitliche Preisdifferenzierung. Die zeitliche Preisdifferenzierung führt zu den Saisonpreisen im Gastgewerbe. Sachliche Differenzierung liegt vor, wenn Reisegruppen oder Absatzmittler wie Reisebüros besondere Preise erhalten. Bei Vergünstigungen für Mitglieder des Konzerns handelt es sich um personelle Differenzierung.

Preis-Disposition. Vergleich der Angebotspreise verschiedener Lieferanten auf der Grundlage der Bezugskalkulation. Schema:
  Brutto-Menge
− Mengenabzüge (Tara)
= Netto-Menge × Listenpreis pro Einheit
= Listeneinkaufspreis
− Lieferantenrabatt
= Zieleinkaufspreis
− Lieferantenskonto
= Bareinkaufspreis
+ Bezugskosten
= Bezugs-(Einstands-)Preis

Preiselbeeren, auch Krausbeeren genannt, sind die roten Wildfrüchte eines immergrünen Zwergstrauchs. Deutsche Preiselbeeren wachsen auf saurem, armen Boden. Preiselbeeren werden nicht erwerbsmäßig angebaut. Sie haben einen herbsauren Geschmack, sind frisch kaum genießbar, sondern müssen verarbeitet werden. Den Preiselbeeren ähnlich sind die großfruchtigen Moosbeeren, die mittlerweile häufig angeboten werden. Preiselbeeren kommen ohne Stiele auf den Markt. Gute Qualitäten sind sorgfältig gepflückt, so dass wenig Fruchtsaft verlorengeht. Sie sollten sofort verarbeitet werden. Preiselbeeren enthalten Pektin, Fruchtsäuren, Gerbsäuren und nennenswerte Mengen Vitamin C.

Preisminderung bei Mangel. Erwirbt ein Käufer ein Gut, ohne dass ihm dessen Mangel bekannt ist, und verlangt er nachträglich Preisminderung, wenn ihm der Mangel bekannt wird, errechnet sich die Preisminderung aus der Proportion zwischen dem Preis des Gutes ohne Mangel und dem gezahlten Preis. Beispiel: Wert des Gutes ohne Mangel: 900,− €, Wert auf Grund des Mangels: 600,− €, Kaufpreis, der jedoch vom Käufer gezahlt wurde, der den Mangel nicht kannte: 750,− €. Berechnung der Preisminderung:
900 : 600 = 750 : x

$$\frac{600 \times 750}{800} = 562,50 \ €$$

daher eine Minderung von
750 − 562,50 = 224,50 €.

Preisnachlass. Eine Minderung des Preises aus unterschiedlichen Gründen, so z. B. Mängeln, vorzeitiger Zahlung oder bestimmter Abnahmemengen.

Preispolitik → *Absatzpolitisches Instrumentarium*. Alle Maßnahmen, die ein Unternehmen ergreift, um mittels der Preise seinen Absatz zu steigern, den Umsatz zu erhöhen und den Gewinn zu steigern. Im Gaststättengewerbe und im Hotelgewerbe wird die Preispolitik genau wie in anderen Bereichen neben anderen Instrumenten in das Marketing-Mix eingebaut. Dabei ist der Besonderheit des Hotel- und Gaststättengewerbes Rechnung zu tragen. Voraussetzung für den Einsatz des Preises als absatzpolitisches Instrument ist die Kenntnis des Absatzbereiches und der Ausgabenneigung der Gäste, die Beachtung der hohen Markttransparenz und der hohen Nachfrageelastizität. Deshalb muss der Gastronom sich

Prinzipien der Preisfindung

		informell, keine Preispolitik	passiv – Marktanpassung		aktiv – nach wirtschaftl. Aspekten	
			konkurrenz-orientiert	nachfrageorientiert		kostenorientiert
				Testpreis	psychol. P.	
Merkmale		Schätzung	abgeschriebener Konkurrenzpreis	Test mit Prüfung der Reaktion	orientiert an Preisvorstellung der Gäste	Meist auf Vollkostenbasis. Besser: auf Teilkostenbasis
Vorteile		einfach durchführbar	Ermittlung einfach	Schlussfolgerung möglich	oft nur kleine Korrekturen nötig	Kostendeckung gewährleistet; kein Anlass zur Kostensenkung
Nachteile		Kostendeckung gefährdet	kann für eigenes Haus falsch sein	dauernde Anpassung wirkt unglaubwürdig	Kostendeckung zu wenig beachtet	Umkehr des Prinzips „Der Markt bestimmt den Preis"

Sinnvoll: Preisdifferenzierung unter Beachtung aller Prinzipien

Abb. 60 Preispolitik

klar sein über die Preisfindungskriterien und das Prinzip, nach dem er seinen Preis bestimmen will. Folgende Übersicht soll ihm dabei helfen (Abb. 60).

Premier Cru. Für Burgunderweine bedeutet diese Bezeichnung die zweite Qualität nach dem Grand Cru. Die Bezeichnung Climat entspricht Premier Cru. In Bordeaux heißen die besten Weine aus dem Bereich Médoc Premiers Crus. In anderen Bereichen des Bordeaux-Anbaugebietes werden die Spitzenweine Premiers Grands Crus (Classes) genannt.

Premix-Anlagen. Ein Fertigprodukt wird in Premix-Anlagen mit CO_2 angereichert und gezapft (z. B. Cola).

Pre-Opening. Voreröffnungsphase eines neu erstellten Hotels, in der vom „ersten Spatenstich" über die Grundsteinlegung und das Richtfest bis zur offiziellen Betriebseröffnung alle technischen, räumlichen, personellen und organisatorischen Maßnahmen geplant werden. Die Betriebseröffnung vollzieht sich spontan mit der Fertigstellung des Gebäudes (hard-opening) oder allmählich (soft-opening).

Pré-salé *(frz.: Salzwiese),* Qualitätsbezeichnung für Hammelfleisch. Durch die Nahrungsaufnahme in Küstennähe ist das Fleisch der Tiere besonders herzhaft und würzig (mouton de pré salé).

Presskork. Korkrindenteile und Korkteile werden granuliert und anschließend verklebt, gepresst.

Presstalg → *Oleomargarin.*

Prêt-à-manger. Frz. Begriff für „Fastfood".

Primärforschung → *Marktforschung,* auch: unmittelbare Erhebung, field research; Methode der Marktforschung, die Informationen und Entscheidungsunterlagen durch direkte

Primärgruppe

Erhebung und die Beschaffung neuer Daten erarbeitet.

Primärgruppe. Kleinere Gruppe, in der jedes Gruppenmitglied jedes andere Gruppenmitglied kennt – unmittelbare Verbindung (Arbeitsgruppe, Familie) → *Sekundärgruppe*.

Primär-Motive. Bedürfnisse des Individiuums, die von Geburt an vorhanden sind.

Primasprit. Lt. Bundesmonopolverwaltung: mind. 96,4 % Vol. Allenhuilyehalt, max. 0,2 % Vol. Methylalkohol; max. 4 mg/l Fuselöl.

Primatkollegialität. Abstimmungsform im Rahmen der → *Kollegial-Instanz*. Ein Mitglied des Kollegiums ist „primus inter pares" (Erster unter Gleichen). Er führt den Vorsitz und entscheidet bei Stimmengleichheit.

Primeurs. Bezeichnung der ersten reifen Früchte und Gemüse, welche die Saison bietet; auch übertragen auf Wein.

Printe. Lebkuchengebäck mit aufgedruckten Heiligenbildern. Lat. premere = aufdrücken; frz. empreinter = eindrücken; (Aachener Printen).

Prinzipien der Unterweisung, a) Prinzip der Aktivität: Hinführung des Auszubildenden zur Selbständigkeit und Selbsttätigkeit, **b)** Prinzip der Praxisnähe: Überzeugung, dass das Gelernte in der Praxis verwertbar ist. **c)** Prinzip der Jugendgemäßheit: Keine körperlichen und geistigen Überforderungen, Eingehen auf den Jugendlichen und berücksichtigen, dass der Entwicklungsstand von Auszubildendem zu Auszubildendem sehr unterschiedlich sein kann, **d)** Prinzip der sachlichen Richtigkeit: Der Ausbilder muss „über dem Stoff stehen". (Fundiertes fachliches Wissen und Können des Ausbilders), **e)** Prinzip der Anschauung: Bewusstes, eindringliches, absichtliches und allseitiges Erfassen mit allen Sinnen, **f)** Prinzip der Erfolgssicherung: Dem Vergessen entgegenwirken und helfend und korrigierend eingreifen. Durch Üben und Wiederholen soll das Gelernte gefestigt werden, **g)** Prinzip der Wahl des richtigen Ausbildungsstils: Charakteristische persönliche Ausprägung der Unterweisungstätigkeit des Ausbilders.

Privatentnahme → *Entnahme*.

Privatkonto → *Konto*. Ein Konto, das während des Rechnungszeitraums (Wirtschaftsjahres) die Entnahmen und die Einlagen des Unternehmers aufnimmt. Es ist ein Unterkonto des Kapitalkontos.

Privatschule → *Schule*. Schulen, die von privaten Personen oder Institutionen eigenverantwortlich geführt werden, wobei die geforderten Befähigungen vorliegen müssen. Im Hotel- und Gaststättengewerbe spielen solche Schulen besonders als Hotelberufsfachschulen zur Vorbereitung auf den Beruf eine Rolle.

Probezeit. Lt. BBiG muss die Probezeit mindestens einen Monat und darf höchstens drei Monate betragen. Arbeitstechniken und Arbeitsverhalten sollen nur an typischen Tätigkeiten des Ausbildungsberufes geprüft werden, um die Eignung des Auszubildenden exakt zu erkennen.

Produkt-Differenzierung. Teil des Marketing-Instrumentariums, bei dem eine Abgrenzung von andern Anbietern durch Produktgestaltung erfolgt, um neue Gästegruppen zu gewinnen. Das kann im Hotel- und Gaststättengewerbe durch Unterschiede in der Ausstattung, der Qualität von Speisen und Getränken oder die Darbietung der Leistungen erfolgen. Die Durchführung erfolgt in der Regel, die unterschiedlichen Wünsche der Gäste zu erfüllen (z. B. Sporthotel, Golfhotel). Im Restaurant liegt Produktdifferenzierung schon dann vor, wenn ein Menü anders zusammengestellt wird oder bei einem Gericht die Beilagen variiert werden.

Produkt-Elimination. Teil des Marketing-Instrumentariums → *Produktgestaltung.* Streichung von Angebotsteilen, die wenig gefragt sind, – z. B. durch Revision der Speise- und Getränkekarte.

Produktgestaltung → *Absatzpolitisches Instrumentarium.* Maßnahmen zur Gestaltung der einzelnen angebotenen Produkte sowie des Produktbuketts der Gastronomie (Menü in Anrichteform, Serviceart usw.). Wichtig ist dabei, dass das Haus mit seiner Ausgestaltung mit zum Produkt gehört, da irrationale Faktoren (z. B. Wohlbefinden, Gemütlichkeit) sehr stark davon bestimmt werden und damit die ganze Atmosphäre auf die angebotenen Speisen und Getränke zurückwirkt.

Produktionsfaktoren. Betriebliche Produktionsfaktoren sind die Mittel, die eingesetzt werden, um die betriebliche Leistung zu erstellen. Man unterscheidet drei Hauptgruppen: **a)** Betriebsmittel wie z. B. Maschinen, maschinelle Anlagen usw., die langfristig dem Betrieb zur Nutzung zur Verfügung stehen, **b)** Werkstoffe; sie werden unterteilt in 1) Rohstoffe, die der Hauptbestandteil der Produkte sind, 2) Hilfsstoffe, die nur in geringen Mengen in die Produkte eingehen, 3) Betriebsstoffe, die zur Herstellung zwar notwendig sind, aber nicht letztlich Bestandteil des Produktes sind (z. B. Energie), **c)** Arbeit. **d)** Dispositiver Faktor. Er umfasst die Unternehmensleitung im engeren Sinne einschließlich der Planung und Organisation.

Produktivität. Messzahl der Wirtschaftlichkeit des Produktionsprozesses. Grundsätzlich handelt es sich dabei um die folgende Verhältniszahl:

$$\text{Produktivität} = \frac{\text{Ausbringung}}{\text{Einsatz}}$$

$$\text{Input-Output-Relation} = \frac{\text{Output}}{\text{Input}}$$

Je nach den verwendeten Größen ergibt sich eine andere Aussage. So z. B.: Technische Effizienz, wenn die Werte in physikalischen Einheiten wie Meter, Kilogramm usw. eingesetzt werden. Wertmäßige Wirtschaftlichkeit, wenn bewertete Größen eingehen. Hier spielt besonders die Kostenwirtschaftlichkeit eine Rolle:

$$\text{Kostenwirtschaftlichkeit} = \frac{\text{Erlöse}}{\text{Kosten}}$$

Interessant sind aber auch Betrachtungen, bei denen die Ausbringung zu bestimmten Produktionsfaktoren ins Verhältnis gesetzt werden; z. B.:

Produktivität der Arbeit

$$= \frac{\text{Ausbringung}}{\text{Materialeinsatz}} \text{ oder}$$

$$= \frac{\text{Erlöse}}{\text{Lohnkosten}}$$

Produktivität d. Materialeinsatzes

$$= \frac{\text{Ausbringung}}{\text{Materialeinsatz}} \text{ oder}$$

$$= \frac{\text{Erlöse}}{\text{Materialeinsatz}}$$

Die letzte Formel wird in Umkehrung und Prozentrechnung im Gaststättengewerbe ebenso verwendet wie die Berechnung der Arbeitsproduktivität. Ergibt sich z. B. für die Produktivität (Wirtschaftlichkeit) des Materialeinsatzes der Wert 3, so entspricht das einem Materialeinsatz von $33\frac{1}{3}\%$.

Produkt-Modifizierung. Teil des Marketing-Instrumentariums → *Produktgestaltung.* Weiterentwicklung vorhandener Erzeugnisse und Dienstleistungen.

Produktpolitik. Wichtiges Element der Absatzpolitik; alle Maßnahmen zur Auswahl, Planung, Gestaltung und Vermarktung der von einem Hotel- und Gaststättenbetrieb bereitgestellten Güter und Dienste. Die Problematik ergibt sich hierbei aus der besonderen Struktur der Hotel- und Gaststätten-

Produkt-Restaurierung

Voraussetzungen	Strategien	Instrumente

Kenntnisse der Bedürfnisse der zukünftigen Gäste
– Grundbedürfnisse (Wohnung, Kleidung, Nahrung)
– Zusatzbedürfnisse (Komfort, Geltungsbedürfnis, Bequemlichkeit)
– Nebenleistungsbedürfnisse (Autowäsche, Kartenbesorgung, Kreditgewährung, Schuhputzen)
	– Produktinnovationen (neue Produkte auf den Markt bringen)
	– Produktvariation (Veränderung der bisher angebotenen oder auf dem Markt befindlichen Produkte)
	– Produktelimination (bisherige Produkte aus dem Markt nehmen)
		– Betriebsgröße und Betriebstyp geprägt von
		  Standort
		  Unternehmensform
		  Zweck bei bestehenden Häusern weniger variabel. Bei Erweiterung beachten! (Zielgruppenabhängigkeit!)
		  Betriebsbereitschaft im Jahr, Monat, Tag, abhängig von:
		  Faktor Arbeit
		  Betriebstyp
		  Gesetzgeber
		– Sortimentsgestaltung (Programmstrategie), nach Gästewunsch zusammengesetztes Angebot von Speisen, Getränken, Zimmerausstattungen etc.
		– Diversifikation Marktausweitung für bestehende und neue Angebote

Abb. 61 Produktpolitik

betriebe, bei denen das Haus und seine Atmosphäre schon zum Produkt selbst gehören. So beginnen Produktpflege und der zugehörige Kundendienst schon mit den Räumen selbst. Erst wenn die Voraussetzungen bekannt sind, können die Strategien festgelegt und die einzusetzenden Instrumente bestimmt werden. Folgende Möglichkeiten stehen zur Verfügung (Abb. 61).

Produkt-Restaurierung. Teil des Marketing-Instrumentariums → *Produktgestaltung.* Schaffung neuer Erzeugnisse und Dienstleistungen (Produkt-Erneuerung).

Profit-Center (engl. für Kostenstelle) im Sinne der → *Deckungsbeitragsrechnung.*

Profiteroles. 1) → *Brandteig* haselnussgroß aufdressieren, in der Röhre backen, dienen als Suppeneinlage. Nach dem Backen können die Profiteroles gefüllt werden. **2)** → *Brandteig* walnussgroß aufdressieren, in der Röhre backen, dann von unten mit Crèmes, Sahne oder Fruchtpürees füllen.

Programmierte Aufgaben (Prüfungen) Im Gegensatz zu konventionellen Aufgaben, die selbst bearbeitet werden, müssen Auswahlantworten als richtig oder falsch erkannt und gekennzeichnet werden (Multiple-choice-Verfahren). **a)** Vorteile: 1) In kurzer Zeit kann ein größeres Spektrum von Lerninhalten getestet werden. 2) Die Auswertung ist rationeller, da Korrekturlasten reduziert werden. 3) Die Bewertung ist vergleichbarer und wenn inhaltlich gültig (Validität) und verläßlich (Reliabilität) objektiver. 4) Leistungsschwächere, insbesondere sprachlich ungewandte Kandidaten werden begünstigt. 5) Der Prüfer wird zu eindeutiger Fragestellung und Antwortvorgabe gezwungen, **b)** Nachteile: 1) Sprachliche Gewandtheit und Ausdrucksfähigkeit wird durch passives

Sprachverständnis ersetzt. 2) Ausgeprägte Qualifikation und großer Zeitaufwand bei der Erstellung der Aufgaben. 3) Darstellung und Beurteilung von Zusammenhängen ist für den Kandidaten nur in beschränktem Maße möglich. 4) Leistungsstarken Kandidaten wird die Chance genommen, ihr wahres Wissen und Können zu zeigen. 5) Das Abfragen von Wissen (Lernziel niedriger Ordnung) steht im Vordergrund. 6) Es entstehen Irrtümer bei der Auswertung durch Computer. 7) Oft werden Teillösungen nicht anerkannt. 8) Rate- und Erinnerungstechnik werden gefördert. 9) Kommunikationssysteme unter den Kandidaten trüben die Objektivität. 10) Abschreibegefahr ist groß.

Prokura → *Bevollmächtigter*. Nach dem HGB die umfassendste Vollmacht, die nur von Vollkaufleuten erteilt werden kann. Sie berechtigt die Inhaber (Prokuristen) zu gewöhnlichen und außergewöhnlichen (außergerichtliche und gerichtliche) Geschäften, die ein Handelsgewerbe mit sich bringt. Der Prokurist zeichnet mit einem Zusatz, der erkenntlich macht, dass der Prokurist handelt. Solche sind: p.p. oder ppa. Formen der Prokura sind: **a)** Einzelprokura, der Normalfall, bei dem der Prokurist alleine handelt und für alle Handelsgeschäfte zuständig ist. **b)** Filialprokura, die nur für einen Teilbetrieb (Filiale) erteilt ist. **c)** Gesamtprokura, bei der nur mehrere Prokuristen zusammen handeln können. Die Prokura erlischt durch den Tod des Prokuristen, nicht aber durch den Tod des erteilenden Unternehmers.

Promotionspolitik → *Verkaufsförderung*.

Proof. a) Amerikanisches Alkoholmaß, das genau der Hälfte der deutschen Alkoholgrade entspricht, d. h. 86 Proof sind 43 % Vol. Alkohol. **b)** Englisches Alkoholmaß. 1 englisches Proof entspricht 0,57 % Vol. (0,6 % Vol.) deutscher Alkoholstärke.

Propham. Keimhemmungsmittel für die Lagerung von Kartoffeln.

Prophetenkuchen → *Brioche*.

Proprietaire-Recoltant. Weingutbesitzer/ Erzeuger.

Prosecco D.O.C. Schaumwein aus Italien, der aus der Hauptrebsorte Prosecco in den Gebieten Treviso und Venetien unter strenger gesetzlicher Regelung hergestellt wird. Ursprung der Produktion ist die Gegend um die Gemeinde Valdobbiadene. Auf dem Markt werden angeboten: → *Frizzante* als → *Perlwein*, → *Spumante* als → *Schaumwein*. Die Qualitätsangebotsformen sind IGT-Landweinqualität und D.O.C.-Qualitätswein.

Prosit. „Wohl bekomm's" (es möge nützen), lat. prodesse = nützen; vermutlich aus der Studentensprache.

Prospekt. Werbemittel zur besseren Vermarktung des Hotels. Meist mit Bildern und kurzen Beschreibungen über das Haus, sein Angebot, seine Geschichte und die Lage. Preise werden wegen der schnellen Veränderung i. d. R. nur als Beiblatt mitgegeben.

Proteasen. Enzymgruppe, die nur → *Proteine* abbauen.

Proteide → *Proteine*.

Proteine *(Syn. Eiweißstoffe)*. Grundbausteine sind Aminosäuren. Eiweißkörper enthalten die ehem. Grundstoffe: Stickstoff (N), Kohlenstoff (C), Sauerstoff (O) und Wasserstoff (H). Kommen zu den obengenannten Elementen noch andere Grundstoffe hinzu, spricht man von zusammengesetzten Eiweißstoffen, Proteide. Es sind zum Beispiel Kupfer (Cu), Magnesium (Mg), Phosphor (P) und Eisen (Fe). Der Name Protein kommt von dem griech. Wort protos (= der Erste), weil man annahm, dass Eiweiß unter den Baustoffen für den menschlichen Körper die lebenswichtigste Rolle einnimmt.

Provision (lat. Vorsorge). Vergütung, die jeder Kaufmann ohne Verabredung beanspruchen kann, wenn er in Ausübung seines Handelsgewerbes einem anderen Geschäfte besorgt oder Dienste leistet.

Prüfstellen. Jeder → *Qualitätswein* und → *Qualitätswein mit Prädikat* muss einer Prüfung unterzogen werden. **a)** Prüfstellen in Rheinland-Pfalz: Prüfstelle 1: 56068 Koblenz, Bahnhofplatz 9. Zuständig für: Ahr, Mittelrhein, Nahe, Mosel-Saar-Ruwer (Stadt Koblenz, Landkreis Mayen-Koblenz und Cochem-Zell) sowie für diejenigen Qualitätsweine, die mit keiner engeren Bezeichnung als mit dem bestimmten Anbaugebiet Mosel-Saar-Ruwer bezeichnet werden, **b)** Prüfstelle 2: 54470 Bernkastel, Am Gestade 3. Zuständig für Mosel-Saar- Ruwer (Landkreis Bernkastel-Wittlich). **c)** Prüfstelle 3: 54290 Trier, Ostallee 47. Zuständig für: Mosel-Saar-Ruwer (Landkreis Trier-Saarburg), **d)** Prüfstelle 4: 55232 Alzey, Landwirtschaftshalle. Zuständig für: Rheinhessen und für alle Qualitätsweine mit der Bezeichnung → *Liebfrauenmilch* (Liebfraumilch), **e)** Prüfstelle 5: 67433 Neustadt/Weinstr, Maximilianstr. 12. Zuständig für: Rheinpfalz, **f)** Prüfstelle: 65343 Eltville, Walluferstr. 19. Zuständig für: Rheingau und hess. Bergstraße. **g)** Prüfstelle: 97070 Würzburg, Maiergasse 2. Zuständig für: Franken, **h)** Prüfstelle: 74189 Weinsberg, Postfach 1309. Zuständig für: Württemberg. **i)** Prüfstelle: 79100 Freiburg/Breisgau, Merzhauserstr. 117. Zuständig für: Baden.

Prüfungen → *Zwischenprüfung,* → *Abschlussprüfung.*

Prüfungsanforderungen. Die → *Ausbildungsordnung* enthält die notwendigen Mindestanforderungen zum Ablegen einer Prüfung in einem Ausbildungsberuf. Gesetzliche Grundlage: Berufsbildungsgesetz.

Prüfungsausschuss. Der Auschuss, dem als Mitglieder Beauftragte der Arbeitgeber und der Arbeitnehmer in gleicher Zahl sowie mindestens ein Lehrer einer berufsbildenden Schule angehören, besteht aus mindestens drei sachkundigen Personen. Mindestens zwei Drittel der Gesamtzahl der Mitglieder müssen Beauftragte der Arbeitnehmer und Arbeitgeber sein. Die Mitglieder haben Stellvertreter. Arbeitnehmer werden von den Gewerkschaften (→ *NGG*), Arbeitgeber vom Arbeitgeberverband (→ *DEHOGA),* Lehrervertreter von einer berufsbildenden Schule im Einvernehmen mit der Schulaufsichtsbehörde vorgeschlagen und von der zuständigen Stelle (Kammer) für drei Jahre berufen. Der Vorsitzende und sein Stellvertreter werden aus der Mitte der Mitglieder gewählt. Sie sollen nicht der gleichen Mitgliedergruppe angehören. Der Prüfungsausschuss ist beschlussfähig, wenn zwei Drittel der Mitglieder, mindestens drei, mitwirken. Er beschließt mit der Mehrheit der abgegebenen Stimmen. Bei Stimmengleichheit gibt die Stimme des Vorsitzenden den Ausschlag (→ *Primatkollegialität).*

Prüfungsgrundsätze, a) Dem Prüfling Befangenheit nehmen! **b)** Aufgaben und Fragen präzise stellen! **c)** Nicht nur Kenntnis, auch Verständnis prüfen! **d)** Schwierigkeitsgrad der Aufgaben muss angemessen sein (→ *Ausbildungsordnung)*! **e)** Prüfung darf keine „Abrechnung" sein! **f)** Prüfung nicht unter Zeitdruck durchführen! **g)** Überheblichkeit im Ton und Ironie seitens des Prüfers müssen vermieden werden! **h)** Es dürfen keine „Steckenpferde geritten" werden! **i)** Wenn feststeht, dass Prüfling in einem Bereich nicht beschlagen ist, „Ersatzfrage" übertragen! **j)** Prüfung muss so objektiv und human wie möglich sein.

Prüfungsnummer, amtliche. a) Qualitätszeugnis für Weinbrand; auf dem Etikett verzeichnet. Wird auf Antrag von den Prüfungsbehörden der einzelnen Bundesländer nach Prüfung erteilt. Prüfungskriterien: Klarheit, Geruch, Geschmack, Tönung. **b)** Wein → *amtl. Prüfungsnummer.*

Prüfungsordnung. Der Bundesausschuss für Berufsbildung erlässt für die Prüfungsordnung Richtlinien. Die Prüfungsordnung, die von der zuständigen Stelle (Kammer) erlassen wird, bedarf der Genehmigung der zuständigen obersten Landesbehörde. Die Prüfungsordnung muss die Zulassung, die Gliederung der Prüfung, die Bewertungsmaßstäbe, die Erteilung der Prüfungszeugnisse, die Folgen von Verstößen gegen die Prüfungsordnung und die Wiederholungsprüfungen regeln.

Prüfungsvorbereitung (für → *Prüfungsausschuss*). Folgende Punkte müssen geklärt werden: **1)** Teilnehmerzahl; **2)** Zeit und Dauer; **3)** Ort und Raum; **4)** Technische Vorrichtungen (Geräte, Maschinen); **5)** Kochgeschirre; **6)** Anrichtegeschirre; **7)** Prüfungsform (Menüs, Büfett u. a.); **8)** Prüfungsaufgaben. **9)** Prüfer; **10)** Geldmittel; **11)** Einladung an Ausbildungsbetriebe; **12)** Gruppeneinteilung; **13)** Warenbeschaffung; **14)** Arbeitsplatzgestaltung; **15)** Formulare (Zeitplan, Materialanforderung, Bewertungsbogen, Protokoll); **16)** Personalakten → *Ausbildungsnachweise;* **17)** Gehilfenbriefe; **18)** Gäste; **19)** Service – Personal; **20)** Ansprache – Freisprechung (Lossprechung).

Prüfungswiederholung. Abschlussprüfung kann zweimal wiederholt werden.

Prüfungszeugnis. Der Prüfling hat einen Anspruch auf Ausstellung eines Prüfungszeugnisses durch die zuständige Stelle (Kammer).

Prüfungszulassung. Grundlage für Zulassung zur Abschlussprüfung am Ende der Ausbildungszeit ist die Teilnahme an der → *Zwischenprüfung* und die Führung der vorgeschriebenen → *Berichtshefte.* Über die Zulassung entscheidet die zuständige Stelle (Kammer). Hält sie Zulassungsvoraussetzungen nicht für gegeben, entscheidet der Prüfungsausschuss. → *Ausbildungsverkürzung.*

PSE-Fleisch. Das Zuchtziel mageres Fleisch führt nicht nur zu erhöhter Streßanfälligkeit, sondern auch zu einer damit in Zusammenhang stehenden Beeinträchtigung der Fleischqualität. Stark bemuskelte Tiere weisen in erhöhtem Umfang wässriges, blasses Fleisch auf. PSE ist die Abkürzung von pale-soft-exudative. Das heißt auf deutsch: blass-weich-wässrig. Farbe: heller. Konsistenz: weicher. Saftigkeit: trockener. Farbbildung und Farbhaltung: vermindert. PSE-Fleisch kann eine Stunde nach der Schlachtung durch pH-Wert-Messung festgestellt werden. Es tritt nicht gleichmäßig am ganzen Tierkörper auf, sondern am häufigsten (25 bis 30 %) in Kotelett und Oberschale. Die Muskelstarre tritt viel schneller ein. Der pH-Wert liegt eine Stunde nach der Schlachtung schon unter 5,8. **a)** Nachteile: Der Gewichtsverlust (Abhängeverlust) ist doppelt so hoch wie bei normalem Fleisch. Feuchte Oberfläche = starke Keimvermehrung. Zartheit: verringert. Geruch, Geschmack: abweichend. pH 1: unter 5,8. pH 24: etwa 5,4. GÖFO: unter etwa 40. **b)** Hygienische Eigenschaften: Keimgehalt: niedriger. Haltbarkeit: geringer, **c)** Technologische Eigenschaften: Salzaufnahmevermögen: erhöht. Wasserbindungsvermögen: niedriger. Extrahierbarkeit von Muskeleiweiß: vermindert. Emulgierbarkeit: geringer. Nicht geeignet für: Dosenschinken (starker Geleeabsatz). Nicht geeignet für: Lachsschinken (hoher Gewichtsverlust, schlechte Farbhaltung). Nicht geeignet für: Rohwurst (schlechte Konsistenz, Faltenbildung). Nicht geeignet für: Brühwurst (schlechte Wasserbindevermögen, Farbhaltung).

Psychologischer Dienst. Abteilung der Berufsberatung der Arbeitsverwaltung mit der Aufgabe, durch Test die berufliche Eignung Jugendlicher zu ermitteln.

Psychomotorisch. Die Fertigkeiten betreffend. Psychomotorischer Lernbereich = Vermittlung der Fachpraxis, → *kognitiv,* → *affektiv.*

Psychomotorischer Lernbereich (Psychogen = seelisch bedingt, motorisch = Bewegungsabläufe betreffend). Lernbereich der (beruflichen) Fertigkeiten (Fachpraxis).

Pubertät *(lat.: pubescere = mannbar werden).* Reifealter beim Jugendlichen, gegliedert in Frühpubertät (ca. 12–13,8 Jahre), Spätpubertät (Ende der Frühpubertät bis ca. 16 Jahre) → *Adoleszenz.*

Public-Relations → *Öffentlichkeitsarbeit.*

Pückler → *Fürst von Pückler-Muskau.*

Pudding. *Süßspeise.* In der Heimat des Puddings, in England, tragen eine Vielzahl von unterschiedlichen Süßspeisen diese Bezeichnung. Im Sprachgebrauch der Küche handelt es sich um eine feine butter- und eireiche Masse, meist nach der Art eines Brandteiges hergestellt. Zum Unterschied zum üblichen Brandteig wird hierbei das Eiklar zu einem steifen Schnee geschlagen und unter den Teig gehoben. Das Ganze wird in Spezialformen indirekt pochiert.

Puderzucker *(Staubzucker).* Staubfein gemahlener Raffinadezucker.

Puffreis. Unter Überdruck in der Puffreiskanone erhitzter Reis, der beim Herausschießen durch den plötzlichen Druckabfall aufbläht.

Pulpe. Fruchtfleischanteile, die im Saft verteilt sind → *Fruchtsaftgetränke.*

Pulque. Ursprünglich ein Getränk der Azteken aus dem vergorenen Saft von Agavenherzen zu einfachem → *Tequila.* Erst die spanischen Eroberer haben die Destillation des Saftes eingeführt.

Pumpernickel → *Spezialbrot.* Roggenschrotbrot aus dunklem Roggenmehl nach kräftiger Sauerteiggärung in einem 16- bis 24stündigen Backprozess bei mäßiger Hitze

(110 bis 140 °C) in Dampfkammern hergestellt. Durch die Bildung von Röststoffen und Dextrinen entsteht der typische Geschmack, der zwischen süß, süß-säuerlich, bitter-süß variiert.

Punsch. Getränk aus Wein oder Tee, Zitronensaft, Zucker, Wasser und einer Spirituose, z. B. Rum, Arrak oder Weinbrand. Punsch wird heiß oder kalt getrunken. Kalter Punsch wird mit Saft und die gewünschten Spirituose gerührt, mit Früchten garniert und mit Soda aufgefüllt.

Punschextrakte (Fertigprodukt) → *Spirituosen,* die mit Wasser verdünnt getrunken werden. Sie sind ein Gemisch aus Weingeist, Edelbranntwein, Wein, Fruchtwein, Fruchtsäuren-, -säften, Zucker, Stärkesirup und verschiedenen aromatischen Geschmacksstoffen. Bei einem → *Extraktgehalt* von 22 g in 100 ml ist eine Alkoholstärke von 30 % Vol. vorgeschrieben. Bei der Bezeichnung Rum- oder Arrakpunsch müssen im Gesamtalkoholgehalt mind. 5 % Vol. → *Original Rum* oder 10 % Vol. → *Original Arrak* enthalten sein.

Puntarelle. Feiner römischer Blattsalat, der nur im Winter angeboten wird. Die Stengel, die sehr lang sind und nadelähnliche gezackte Blätter besitzen, rollen sich auf, wenn man sie einschneidet.

Pure Malt (Scotch) → *Single Malt Whisky.*

Pyrethrum *(jap.: shungiku).* Unter dieser Bezeichnung fasst man alle Arten von Chrysanthemen zusammen, die in China und Japan oft als Gemüse gegessen werden (Sukiyaki).

Pyridin → *Spiritus/Brennspiritus.*

Pyridoxol. Wissenschaftlicher Name für Vitamin B_6.

Q

Q, „Das rote Q". Mit diesem Qualitätssymbol „Q" will die österreichische Weinwirtschaft die Aufmerksamkeit der Konsumenten auf alle Qualitäts-,Kabinett- und Prädikatsweine lenken. Möglichkeit, ihre Qualitätsprodukte noch besser hervorzuheben. Der Konsument kann mit einem Griff den Qualitätswein aus dem Weinregal herausfinden. Unter nachstehenden Bedingungen dürfen Häuser, Weinhändler, Weingüter und Winzergenossenschaften dieses Qualitätszeichen verwenden: 1) Das Qualitätszeichen ist ausschließlich für Weine mit staatlicher Prüfnummer bestimmt, ausgenommen jene, welche in Gebinden mit zwei Liter Inhalt (Doppier) abgefüllt sind. 2) Die Abbildung des Qualitätssymbols darf nur in der registrierten Form erfolgen. Abänderungen dürfen weder hinsichtlich Form, Farbe, Ausgestaltung oder am Plazierungsort vorgenommen werden. 3) Eine Verwendung des Qualitätssymbols, insbesondere die Verwendung auf Prospektmaterial, Preislisten etc., ist an die Genehmigung durch die ÖWM gebunden. Der ÖWM steht jederzeit das Recht zu, diese Richtlinie abzuändern, also einzuschränken oder auszuweiten.

QgU. → *Qualitätsstufe* garantierten Ursprungs; Weinqualitätsstufe der EU-Weinverordnung, die mit der → *V.D.Q.S.-Qualität* in Frankreich vergleichbar ist. Die Weinqualität wird amtlich geprüft.

Qualitätsbranntwein aus Wein → *Weinbrand*.

Qualitätsmerkmale und -messung → *Einstufung*.

Qualitätsschaumwein → *Sekt*.

Qualitätsschaumwein b. A. → *Sekt b. A.*

Qualitätsstufen für deutsche Weine. In der Bundesrepublik werden folgende Qualitätsstufen für Weine lt. Weingesetz bestimmt: → *Tafelwein*, → *deutscher Tafelwein*, → *Landwein*, → *Qualitätswein*, → *QgU*, → *Qualitätswein b. A.* (bestimmte Anbaugebiete), → *Qualitätsweine mit Prädikat*: 1. → *Kabinett*, 2. → *Spätlese*, 3. → *Auslese*, 4. → *Beerenauslese*, 5. Trockenbeerenauslese, 6. → *Eiswein*.

Qualitätswein. Qualitätswein bestimmter Anbaugebiete (QbA) nach § 11 des Weingesetzes muss folgende Voraussetzungen erfüllen: 1) Trauben müssen ausschließlich aus zugelassenen oder empfohlenen Rebsorten stammen. 2) Trauben müssen zu 100 % aus dem bestimmten Anbaugebiet stammen und in diesem bestimmten Anbaugebiet zu Wein verarbeitet werden. Übergebietliche Verschnitte sind verboten. 3) Weine erhalten auf Antrag eine → *Prüfungsnummer*. 4) Das Ausgangs- → *Mostgewicht* wird durch Länderverordnung festgesetzt. Es ist je nach Traubensorte im Anbaugebiet verschieden. 5) Der vorhandene → *Alkohol* muss mindestens 7 % Vol. betragen. 6) Der Wein muss im Aussehen, Geruch und Geschmack frei von Fehlern und für die angegebene Herkunft und bei der Angabe einer Rebsorte für diese Rebsorte typisch sein. 7) Dem Wein darf weder konzentrierter Traubenmost zugesetzt werden, noch darf eine Mostkonzentrierung vorgenommen werden. 8) Eine → *Anreicherung* ist zulässig.

Qualitätswein mit Prädikat. Nach § 12 des Weingesetzes: Inländischer Wein darf als Qualitätswein mit Prädikat in Verbindung mit einem der Begriffe Kabinett, Spätlese, Auslese, Beerenauslese, Trockenbeerenauslese und Eiswein nur gekennzeichnet werden, wenn ihm das Prädikat auf Antrag unter Zuteilung einer → *Prüfungsnummer* zuerkannt worden ist. 1) Das Prädikat Kabinett (darf ab 1.1. in Verkehr gebracht werden) wird einem Wein zuerkannt, wenn er die Voraussetzung eines Qualitätsweines erfüllt hat und darüber hinaus die verwendeten Trauben in einem einzigen → *Bereich* geerntet werden, der Alkoholgehalt mindestens 7 % Vol. beträgt und der Wein nicht gezuckert ist. Die vorgeschriebenen Öchslegrade sind durch Landesverordnung geregelt. Sie sind in den Anbaugebieten je nach Rebsorte unterschiedlich, z. B. Rheinpfalz Riesling 73 °Oe, Mosel 70 °Oe. **2)** Spätlese (darf ab 1. 3. in Verkehr gebracht werden): Die Weintrauben müssen in vollreifem Zustand bei einer späteren Lese geerntet werden. Mindestöchslegrade 85° bis 90 °Oe. **3)** Auslese: Nur vollreife Weintrauben unter Aussonderung aller kranken und unreifen Beeren finden Verwendung. Mindestöchslegrade 95° bis 100 °Oe. **4)** Beerenauslese nur edelfaule oder wenigstens überreife Beeren handgelesen finden Verwendung. Der vorhandene Mindestalkoholgehalt ist mit 5,5 % Vol. vorgeschrieben. Mindestöchslegrade 120 bis 125 °Oe. **5)** Trockenbeerenauslese: Nur weitgehend eingeschrumpfte edelfaule Beeren dürfen verwendet werden. Ist wegen besonderer Sorteneigenschaft oder besonderer Witterung ausnahmsweise keine Edelfaule eingetreten, genügt auch Überreife der eingeschrumpften Beeren. Der vorhandene Mindestalkohol ist mit 5,5 % Vol. vorgeschrieben. Mindestöchslegrade 150 °Oe. **6)** Eiswein: Die Weintrauben waren bei der Lese und der Kelterung gefroren. Entsprechend den Öchslegraden der Beerenauslese seit 1984 selbständiges Prädikat.

Quappe → *Trüsche.*

Quart. Ehemals in Deutschland gebräuchliches Maß: 1 Quart entspricht 1 $^2/_{10}$ Liter.

Quatre épices. Gewürzmischung, die man auch „Spice Parisienne" nennt. Sie besteht gewöhnlich aus weißem Pfeffer, Nelken, Ingwer und Muskatnuss. Gemahlener Nelkenpfeffer (Piment, Allspice), der wie eine Gewürzmischung schmeckt, wird zuweilen als Ersatz verwendet.

Quatrieme Cru. Vierte Qualitätsstufe für → *Médocweine.*

Queens. Große, fleischige spanische Olive mit wenig aromatischem Geschmack.

Queen-size → *Betten.*

Quellstärke. Physikalisch → *modifizierte Stärke.* Herstellung: **1)** Stärke mit Wasser (= Stärkemilch) wird über den Verkleisterungspunkt erhitzt und sprühgetrocknet. **2)** Stärkemilch wird auf erhitzten Walzen zu einem dünnen Film aufgebracht und getrocknet. Bei beiden Herstellungsverfahren werden die Produkte gemahlen und gesichtet (= durch verschieden durchlässige Siebe gegeben). Quellstärke quillt in kaltem Wasser: Verwendung zu Kaltpuddings und Backhilfsmittel.

Quellstoffe. Pflanzliche Stoffe mit hohem Quellvermögen, die mit Flüssigkeiten Lösungen von hoher Viskosität bilden oder gelieren. Sie sind nicht oder kaum verdaulich. Zu Quellstoffen zählen: → *Agar-Agar,* → *Alginate,* → *Carragen,* → *Guarkernmehl,* → *Gummi Arabicum,* → *Johannisbrotkernmehl,* → *Pektin,* → *Tragant.*

Quellwasser. Früher als mineralarmes Wasser bezeichnet. Die neue Begriffsbestimmung setzt voraus: Unterirdische Herkunft, Quellenangabe (Name), Angaben über die Art der Aufbereitung und Zusammensetzung lt. Auszug aus der chemischen Analyse.

Quendel. Gewöhnlicher Thymian mit sehr aromatischen Geruch und einem würzigen, herbbitteren Geschmack. Er wird vor allem in der Mittelmeerküche verwendet und steht dem echten Thymian nahe.

Queue. Der Queue wird vom Herzstück des Destillats am Ende der zweiten Destillation abgetrennt und wird nicht zur Herstellung von Eau-de-vie verwandt.

Quiberon. Kleine Austernart von der französischen Atlantikküste.

Quiche. Torte aus Lothringen bzw. dem Elsass (quiche lorraine), als Vorspeise, Zwischengericht oder → *amuse bouche.*

Quillets. Kleine, meist mit Früchten gefüllte Biskuittörtchen.

Quinnat → *Lachs,* zur Familie der Salmoniden gehörend. In den USA auch bekannt als „Spring King" und „Columbia River Salmon". Wird bis 50 kg schwer.

Quinoa. Eine Getreidesorte aus dem Andenhochland Südamerikas, der als traditionellem Nahrungsmittel der Andenbewohner enorme Heilkräfte zugeschrieben werden. Die kleinen gelben, scheibenförmigen Körner sehen aus wie Hirse und sind meist mit einem Grau- oder Blauschleier behaftet. Die Körner müssen vor dem Kochen gründlich gewaschen werden, da sie von Natur aus von einer bitteren Saponinschicht umhüllt sind. Nach reichlichem Waschen werden die Körner mit salzlosem Wasser im Verhältnis 2 : 1 aufgesetzt und zugedeckt 20 Minuten bei milder Hitze ausgequollen. Die kleinen Körner, die auch nach längerem Kochen nicht zerfallen, schimmern wie winzige Perlen und haben den Biss wie Kaviar, weich, aber knusprig. Quinoa gehört zu den Gänsefußgewächsen, Verwandte der Zuckerrübe und Melone. Andere Namen: Reismelde oder Sukaweizen. Nährstoffanalyse weist 16% Proteine, 7% Fett und 64% Zuckerstoffe in Form von Stärke aus.

Quitten gehören zur Familie der Rosengewächse. Sie sind ein Kernobst. Nach ihrer Form unterscheidet man zwei Sorten: Apfel- und Birnenquitten. Birnenquitten sind aromatischer als Apfelquitten. Die Schale der Früchte ist gelb und hat einen Flaum. Geerntet wird die Quitte am besten nach dem ersten Frost. Quitten sind roh nicht genießbar, entfalten aber ihre ganze Aromafülle als Kompott, Konfitüre, Gelee und Mus. Eine alte Tradition ist auch die Herstellung von Konfekt, dem Quittenbrot. Die stark duftenden Früchte sollen alleine gelagert werden. Quitten haben einen hohen Gehalt an → *Pektin*, welches die Verdauung anregt und als Geliermittel genutzt wird. Ihre Apfelsäure hat appetitanregende Wirkung und unterstützt die Gelierfähigkeit der Pektine. Quitten enthalten außerdem vor allem → *Kalium* und → *Vitamin C.*

R

Rabanadas. Korkstreifen, aus denen Korken als Flaschenverschluss ausgestanzt werden.

Rabaner. Weißweintraube. Kreuzung: Riesling Klon 88 Gm x Riesling Klon 64 Gm. Der Wein ist rieslingähnlich.

Rabatt → *Preisnachlass*, der aus verschiedenen Gründen gewährt werden kann. So z. B.: **a)** für Wiederverkäufer, **b)** für Kundentreue, **c)** für Kauf bestimmter Mengen. Er mindert den Ein- bzw. Verkaufspreis. Naturalrabatte bestehen in einer Mehrlieferung. Rechnerisch ergibt sich der Profit durch die erhöhten Erlöse, die den geringeren Einstandswerten gegenüber stehen. Man unterscheidet beim Naturalrabatt: **a)** Draufgabe, bei der die bestellte Menge berechnet und mehr geliefert wird, **b)** Dreingabe, bei der die bestellte Menge geliefert und weniger berechnet wird.

Rabatte de Pommes. Gebackene Apfeltaschen aus Blätterteig (Normandie).

Rabiola. Piemontesischer Schafskäse.

Râble (Lat: ratabulum = Rippe). Das Rückenstück vom Hasen (râble de lièvre) oder Kaninchen (râble de lapin).

Rachitis. Mangelkrankheit von → *Vitamin D*, führt zur Erweichung und Deformierung der Knochen, vor allem bei Säuglingen und Kleinkindern bei ungenügender Vitamin-D-Zufuhr oder durch fehlende Sonneneinstrahlung.

Rackelhuhn. Bastard von Birkhahn und Auerhenne.

Räckling. Isländische Spezialität. In Streifen geschnittener, getrockneter Heilbutt.

Raclette. Rahmiger, halbharter Talkäse aus Kuhmilch. Ein guter Raclettekäse soll mindestens 50 % Fett i. Tr. enthalten und ein mildes, leichtwürziges Aroma besitzen. Ein Laib hat einen Durchmesser von 32–42 cm und ist 6–7 cm hoch. Er wiegt 5–7 kg, hat eine flachzylindrische Form und die Rinde ist rotbraun geschmiert. Die Löcher im Käse sind spärlich und klein. Der Käse erreicht die Konsumationsreife nach einer Lagerung von 2 Monaten. Es gibt 38 verschiedene Raclettekäse. Zur Herstellung einer Raclette wird der Käselaib durch ein leichtes Abschaben der Rinde gereinigt, halbiert und die Schnittfläche so nahe wie möglich an ein heißglühendes Feuer gebracht. Durch die Wärmeeinwirkung beginnt der Käse an der Schnittfläche zu schmelzen und die Masse wird mit einem Raclette-Messer abgestrichen und heiß serviert. Zur Raclette werden Kartoffeln in der Schale, Salzgurken, Cornichons, Perlzwiebeln, Champignons und Mixed Pickles serviert.

Radicchio. Roter, zartbitterer italienischer Salat.

Raffinadezucker → *Zuckerraffination*.

Raffination. Gründliche Reinigung von Rohstoffen, bei der alle Verunreinigungen, störende Begleit-, Geschmacks- und Farbstoffe entfernt werden. Die Raffinationsverfahren richten sich nach dem zu reinigenden Stoff → *Zuckerraffination*.

Ragout (frz.: ragoût), Sammelbegriff für alle Gerichte, bei denen das Fleisch, auch Fisch, in Stücke geschnitten und mit einer Soße gebunden ist.

Rahmspeiseeis, Sahneeis – Fürst Pückler Eis. Enthält mindestens 18 % Milchfett aus der bei der Herstellung verwendeten Sahne (Rahm) → *Speiseeisverordnung*.

Rahnen → *Rote Rübe*.

Rainwater. Bezeichnung eines Madeiraweines, dessen Grundwein aus Verdelho-Trauben stammt mit einem Mindestalter von drei Jahren. Die Traubensorte darf auf dem Etikett nicht angegeben werden. Leichter, halbtrockener → *Madeira-Typ*, der seinen Ursprung einem Zufall verdankt. Auf dem Weg nach Amerika wurde Madeira mit Regenwasser verdünnt.

Raita. Indische Spezialität. Mit Öl gekochtes Gemüse wie Auberginen, Gurken, Karela, Zwiebeln, Kartoffeln, Kichererbsen und Urad, Chana oder Masoor-Dahl. Kurz vor dem Servieren mit dicker, fast quarkähnlicher Milch binden. Kalt mit → *Chapatis* oder warm mit Reis servieren.

Raki. Hauptsächlich in der Türkei hergestellter Branntwein mit starkem Anisgeruch und -geschmack; in der Türkei meist aus Rosinen, auch aus getrockneten Feigen hergestellt mit einer Trinkstärke von 43 bis 50% Vol.

Ralle. Wildgeflügel beheimatet in Sümpfen und Mooren.

Rambutan. Die behaarte, etwa pflaumengroße Rambutan kommt aus Indien, Indochina und von den Philippinen. Inzwischen wird sie auch auf Mauritius, in Ostafrika und in Ecuador angebaut. Die kleinen krausen Haare auf der Schale gaben der R. den Namen, denn in der indonesischen Sprache heißt „rambut" Haar. Im Innern ähnelt R. der → *Litschi*, sie hat weißlich durchscheinendes Fruchtfleisch und einen großen Stein. Verwendung wie Litschi.

Ramequin. Verkleinerung von Rahm = Rahmchens, Rahmkens, Käsetörtchen in Tartelettenform aus Mürbeteig oder Blätterteigresten mit Käsewürfeln und Eierstichmasse ausgegossen, im Ofen gebacken. Auch auf dem Blech gebackene Käsekrapfen aus Brandteig. Ramequin gehören der französischen, Elsässer und Schweizer Küche an.

Ramosas. Kleine gefüllte indische Teigtaschen, die in der Fritüre gebacken werden. Leichter Hefeteig, der mit Gemüse-Kartoffel-Mischung versehen ist.

Randen → *Rote Rübe*.

Rang. Aus dem frz., der Teilbereich eines Restaurants; wird auch → *Station* genannt.

RAP → *Rechnungsabgrenzungsposten*.

Rapieren. Abschaben von Fleisch bei Sehnen und Haut.

Rappen. Stielgerüst der Traube, an deren Stielenden die Beeren sitzen.

Rapsig. Weinansprache, Geschmack, der durch zu starkes Auspressen von unreifen Trauben entstanden ist.

Rapsöl. Die Fabrikation umfasst die folgenden Arbeitsgänge: **1.** Mahlen der Samen, in zwei Phasen, der ersten und der zweiten Pressung. Bei der ersten Pressung werden die verlesenen und gereinigten Samen gemahlen, auf ungefähr 100 °C erhitzt und in einer kontinuierlichen Schraubenpresse gepresst. Das so gewonnene Öl enthält feste Teilchen, die in Zentrifugen- oder Filterpressdurchgängen eliminiert werden, sodass man ein klares, rohes Öl erhält. Zurück bleibt der so genannte Öl- oder Presskuchen, der noch 10 bis 15% Öl enthält. Das Auspressen dieses Rückstandes nennt man die zweite Pressung. **2.** Durch das Raffinieren mit Hilfe verschiedener mechanischer Vorrichtungen wird das Öl klar, geruchlos und haltbar. Aus 2,2 kg Rapssamen erhält man ungefähr einen Liter Öl.

Rare Malt (Whisky). → *Cask Strenght*.

Rassig. Begriff der Weinansprache für Weine mit angenehm hervortretender Säure bei ausgeprägter Eigenart.

Rasteau. A.C.-Gebiet für Dessertweine aus dem Süden der Côte du Rhône.

Rastegais. Russische Hefeteigpastete mit Füllung von Würfelfleisch oder Fisch mit hartgekochten Eiern und Kräutern, warm serviert.

Ratafia. Likörwein aus der → *Champagne*, hergestellt aus Most und Branntwein mit einem Alkoholgehalt von ca. 18 % Vol., als blanc oder rouge im Angebot.

Ratatouille. Seit 1930 bestehendes provenzalisches Gemüseragout. Ursprünglich ein frz. Legionärsgericht, ein Kartoffel-Bohnen-Eintopf. Frz. rata = mieser Fraß und touiller = umrühren.

Rationalisierung. I. Vorgang, bei dem Betriebsabläufe mit Hilfe des Verstandes (lat. ratio) so durchdacht und umstrukturiert werden, dass der bisherige Einsatz der Produktionsfaktoren verbessert wird, dass eine bessere Kosten-Ertrags-Situation (→ *Gewinnmaximierung*) entsteht. Als Möglichkeiten bieten sich an: **a)** Produktveränderungen: Änderung der Menüzusammensetzungen, Verwendung schneller zu verarbeitender Materialien. **b)** Organisatorische Änderungen: Zentralisierung von Lagern, Zusammenfassung von ähnlichen Tätigkeiten an einer Stelle, Zusammenlegung von Abteilungen, Beauftragung von Fremdfirmen z. B. zur Hausreinigung oder einer Lohnwäscherei, Leasingwäsche, Stillegung unrentabler Betriebsteile, **c)** Technologische Verbesserungen: Einsatz neuer Geräte, Maschinen oder von EDV-Anlagen z. B. an der Reception. **d)** Arbeitsintensivierung: z. B. durch Gleitzeiten, Änderung der Schichtzeiten, Veränderung des Leistungs- und Prämiensystems und erhöhte Motivation. II. Abwehrmechanismus auf Frustrationen. Begegnung von Misserfolgen mit Scheinargumenten (Schutzbehauptungen), **a)** Süße-Zitronen-Rationalisierung: Misserfolge werden positive Seiten abgewonnen, **b)** Saure-Trauben-Rationalisierung: Vom Ziel, das nicht erreicht wurde, wird behauptet, es sei nicht erstrebenswert.

Räuchern. Konservierungsverfahren. Behandeln von Fleischwaren, Fisch, selten Käse, mit frisch entwickeltem Rauch aus naturbelassenen Hölzern. Die konservierende Wirkung beruht auf der Senkung des a_w-Wertes durch die vorangegangene Pökelung, die Austrocknung der Oberfläche und auf die bakterizide Wirkung der Rauchbestandteile. Dies sind u. a. Phenole, Kreosol, Essigsäure, Ameisensäure, Methylalkohol, Formaldehyd. Die FleischVO lässt zum Räuchern nur naturbelassene Hölzer, Zweige, Heidekraut, Nadelholzsamenstände (Tannenzapfen), Räuchersalze, Rauchwürzen und Gewürze zu. Das beste Raucharoma liefern Buchen-, Eichen- und Ahornhölzer. Nach Rauchtemperatur unterscheidet man **1)** Kalträucherung 10 bis 25 °C, **2)** Warmrauch 25–50 °C. Verfahren wird selten eingesetzt, z. B. zur Nachbehandlung der Oberfläche von Schinken und Dauerbrühwürsten, **3)** Heißräucherung 50–90 °C. Das Räuchern dient heute vorwiegend der Geschmacksgebung. Eine konservierende Wirkung liegt nur bei Kaltrauch vor.

Raubrand → *Alambic*. 1. Stufe bei der Branntweinherstellung.

Rauke. Auch Ölrauke oder Rougette genannt. Stammt aus der Familie der Kohlgewächse und hat einen würzigen, sesamartigen Geschmack. Rauke wird überwiegend in Frankreich und Italien angebaut.

Raumgliederung. Eine Betrachtung des Marktes, bei der der Gesamtmarkt nach unterschiedlichen Gesichtspunkten in Teilmärkte gegliedert wird. Diese Betrachtung spielt eine Rolle für **a)** die → *Marketingstrategien*, **b)** die → *Standortwahl*. Für die Art der Marktunterteilung können eine Rolle spielen: **a)** Art der Abnehmer und Abnehmerdichte, d. h. die Dichte der möglichen oder potenziellen Gäste und deren Art (Angestellte, Industrie, Gewerbe; **b)** die

Raummeldung

Wirtschaftskraft, d. h. die → *Kaufkraft*, die die Gäste zur Verfügung haben (z. B. Vermögen, Einkommen); **c)** die Verbrauchsneigung, d. h. die Bereitschaft als Gast in den gastgewerblichen Betrieb zu kommen; **d)** die Entwicklungstendenz, d. h. ob es sich um ein Wachstumsgebiet, ein stagnierendes oder entleerendes Gebiet handelt; **e)** die Konkurrenzsituation. Zur Beschreibung des Marktes verwendet man Marktindikatoren.

Raummeldung → *Zimmerstatus*.

Ravier (frz. ravier, m). Glasschale zum Anrichten kalter Gemüse, auch Vorspeisen.

Ravioli. Gefüllte, kleine Nudeltaschen. Füllung ursprünglich nur mit Gemüse, da Fastenspeise. Die Form war rund, heute auch viereckig und halbmondförmig. Nach Meinung vieler Philologen ist der Ausdruck „Ravioli" vom lateinischen „gravis" = voll, schwer, gefüllt, abgeleitet (Graviatät = schwanger).

Raya → *Sherry-Herstellung*.

Rayon. **1.** Einzugsgebiet der Schafsmilch für die Herstellung von Roquefort. Es umfasst den größten Teil der Départements Aveyron und Lozere, den westlichen Teil des Département du Gard, den Norden des Département de l'Hérault und den östlichen Teil des Département du Tarn. **2.** Teilbereich eines Kellners.

Raz el Hanut. Arabisches Mischgewürz mit Kreuzkümmel.

RC. Abkürzung für Recoltant Coopérateur auf dem → *Champagner-Etikett*. Es handelt sich hier um Winzer, die Mitglieder einer Winzergenossenschaft sind und selbst vermarkten.

Realkonzession → *Konzession*.

Realschule. Schulart im allgemeinbildenden Bereich (Klassen 5–10). Sie gehört zur Sekundarstufe I und berechtigt mit dem Abschluss der „Realschulreife, Mittlere Reife, Fachschulreife" zum Besuch einer → *Fachschule*, → *Fachoberschule*. Auch Übertritt in das → *Gymnasium*. Sonst: Eintritt in das Berufsleben.

Rebbeln. Entrappen, Abstreifen der roten Weintrauben vom Stielgerüst.

Rebe. Die Rebengewächse gehören zur Ordnung der Kreuzdorngewächse (Rhamnales) nach Linné, Ordnung: Rhamnales = Kreuzdorngewächse, Familie: Vitaceae = Rebengewächse, Unterfamilie: Vitoideae, Gattung: Vitis L. = Reben, Untergattung: Euvitis = Echte Reben mit ca. 35 Arten. Zu diesen ca. 35 Arten gehören die Europäer- und Amerikanerreben. Art: Vitis Vinifera = Weinrebe, Vitis Silvestris = Rheinische Wildrebe. Verbreitungsgebiet: Nördliche Halbkugel zwischen 30. und 51. Breitengrad. Südliche Halbkugel zwischen 30. und 40. Breitengrad.

Rebhendl. Österr. Ausdruck für → *Rebhuhn*.

Rebhuhn → *Wild*. Frz.: perdrix, f. (grise, rouge); für junge Tiere: perdreau, m. Federwild, das in landwirtschaftlich genutzten Gebieten lebt. Gewicht: 300 bis 400 g. Das Rebhuhn bewohnt Europa, Kleinasien; sein Fleisch, besonders dasjenige junger Tiere, ist sehr wohlschmeckend, zart und saftig. Da das Fleisch fettlos ist, ist es leicht verdaulich und kann auf Grund dieser Eigenschaften ohne Bedenken auch in der Krankenkost Verwendung finden. Während das Rebhuhn im 14. Jahrhundert noch „Fürstenwild", d. h. zur höchsten Jagd gehörig war, fehlt es heute auch in den einfachsten Restaurationsbetrieben nicht. Kennzeichen alter Tiere: Schwarzgrauer Schnabel, stark ausgeprägte rote Augenflecke, graue Füße und ganz typisch das hufeisenförmige, braune Brustschild bei den männlichen Tieren, bei den weiblichen Tieren sind es nur einige rotbraune Flecken. Stets werden Rebhühner nach dem Ausnehmen und Flambieren mit Speckscheiben umwickelt, ältere werden gedämpft (Salmis), diese auch zu Suppen und Musen verarbeitet, während man den jungen Tieren gebraten den Vorrang gibt. Neben dem in unseren Gegenden bekannten grauen Rebhuhn, findet man in den Gebieten Südwest-Europas das französische rote Feldhuhn – perdreau rouge, welches das erste an Größe um die Hälfte übertrifft.

Reblaus. Rebschädling, der zu den saugenden Pflanzenläusen (Aphiden) gehört. Sie wurde Mitte des vergangenen Jahrhunderts aus Nordamerika durch Pflanzenimporte nach Europa eingeschleppt. Sie vernichtete in wenigen Jahren von Frankreich aus die Rebanlagen Europas. Durch den Pfropfrebenbau, bei dem europäische Edelreiser auf reblausresistente amerikanische Wurzeln aufgepfropft werden, kann der Weinbau gedeihen.

Rebschnitt. Zurückschneiden der Reben auf eine oder mehrere Fruchtruten zur Erhaltung der Fruchtbarkeit. Der Rebschnitt nimmt Einfluss auf Menge und Güte der Trauben. Er erfolgt während der Wintermonate Januar bis März vor dem Austrieb.

Rebsortenangabe. Die Angabe einer Rebsorte auf dem Etikett ist fakultativ, wenn der Wein mindestens zu 85 % aus Weintrauben der angegebenen Rebsorte bereitet ist und diese seine Art bestimmt. Zwei Rebsorten dürfen angegeben werden, wenn der Wein vollständig aus Weintrauben der angegebenen Rebsorten bereitet ist. Die Rebsorten sind nach ihrem Mengenanteil in absteigender Folge anzugeben (Bezeichnungs-Verordnung Artikel 15).

Rebsortenkunde → *Ampelographie.*

Rechaud *(frz.: réchaud, m.).* Wärmetisch, besonders an der Speiseausgabe. Die Wärmeplatte wirkt gegen eine zu schnelle Abkühlung der angerichteten Speisen. Im beheizten Unterbau wird das Anrichtegeschirr bereit gehalten. Auch: Tisch-Rechaud, bestehend aus elektrisch beheizten Platten, die dem Warmhalten der Speisen am Tisch des Gastes dienen.

Rechauffieren. Frz. Bezeichnung für das Wiedererwärmen von Speisen.

Rechnung → *Hotel-/Restaurant-Rechnung.*

Rechnungsabgrenzungsposten. Um eine exakte Zurechnung von Aufwand und Ertrag zu der Rechnungsperiode, zu der sie gehören, zu erreichen, bedarf es der Abgrenzung, wenn Zahlung und Aufwand bzw. Ertrag in verschiedenen Rechnungszeiträumen liegen.

Rechnungswesen → *Bilanz,* → *Buchführung,* → *Kontenrahmen,* → *Kostenrechnung.* Das betriebliche Rechnungswesen ist ein Teil der Unternehmensführung. Es hat folgende Aufgaben (Funktionen) zu erfüllen: **a)** alle betrieblichen Vorgänge zu erfassen und zu überwachen, **b)** das Vermögen an einem bestimmten Stichtag zu ermitteln, **c)** den Betriebserfolg für einen bestimmten Zeitraum zu ermitteln, **d)** Zahlenmaterial für Entscheidungen bereitzustellen.

Rechtsdrehende Milchsäure. Auf Sauermilcherzeugnissen sieht man häufig die

Rechtsgeschäfte

Angabe: „Hergestellt unter Mitverwendung von Spezialkulturen mit rechtsdrehender Milchsäure". Die chemische Kurzbezeichnung für diese Milchsäure ist L(+). Daneben gibt es noch die linksdrehende Milchsäure D(–). Diese beiden Milchsäureformen unterscheiden sich bei ansonsten gleicher Struktur wie Bild und Spiegelbild voneinander. Lange Zeit galt, dass der menschliche Organismus nur die rechtsdrehende Milchsäure (sie ist ein wichtiges Zwischenprodukt im Kohlenhydratstoffwechsel) bilden kann. Man bezeichnet sie deshalb auch als → physiologische Milchsäure. Jüngste Forschungen zeigen jedoch, dass mit hoher Wahrscheinlichkeit auch die → linksdrehende Milchsäure ein physiologisches Zwischenprodukt des menschlichen Stoffwechsels ist und nicht nur ausschließlich durch bestimmte Lebensmittel aufgenommen wird. Sie wird mit einer Geschwindigkeit verwertet, die nicht wesentlich unter der von rechtsdrehender Milchsäure liegt. Werden für Sauermilcherzeugnisse keine Spezialkulturen verwendet, die einen besonders hohen Anteil an L(+) Milchsäure bilden, dann entsteht auch D(–) Milchsäure. Diese „normalen" Joghurts, Kefirs usw. sind in ihrem gesundheitlichen Wert deshalb aber nicht schlechter zu bewerten.

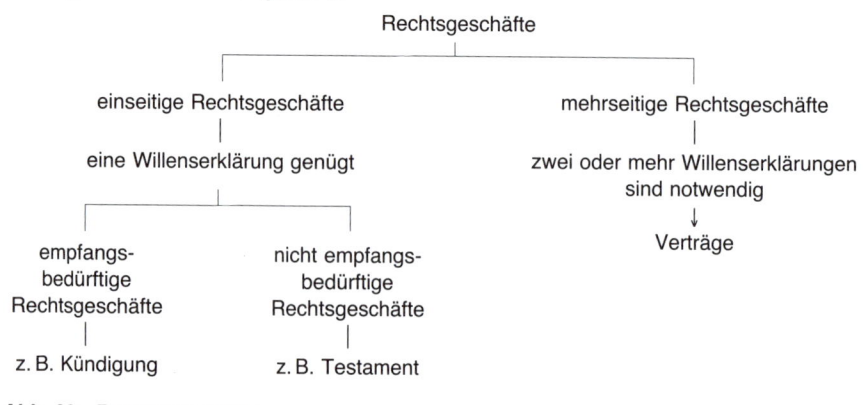

Rechtsgeschäfte. Geschäfte, die darauf abzielen, bestehende Rechtsverhältnisse zu ändern. Sie kommen durch eine oder mehrere Willenserklärungen zustande. (Abb. 62)

Recolte. Jahrgang oder Weinlese; Etikettenangabe (frz.), fakultative Angabe.

Red-Bank-Austern. Irische Austern aus der Gegend von Galway, wild auf natürlichen Muschelbänken wachsend, aber systematische Ernte.

Red Herrings. Ganze Salzheringe, die nach dem Wässern vier bis sechs Wochen geräuchert werden. Durch den lang andauernden Räucherprozess wird eine sehr haltbare Ware erzielt.

Redon → Chemiefasern.

Red-Port. Der einfachste Portwein, dessen Weine aus blauen Trauben verschiedener Jahrgänge stammen.

Reduktionskost. Kostform zur Abmagerung, gleicht in ihrer Zusammensetzung weitgehend der Normalkost, jedoch mit vermindertem Brennwert; sichert das Eiweißminimum und den Bedarf an lebensnotwendigen Stoffen.

Rechtsgeschäfte werden eingeteilt in:

```
                          Rechtsgeschäfte
                                │
              ┌─────────────────┴─────────────────┐
      einseitige Rechtsgeschäfte          mehrseitige Rechtsgeschäfte
                │                                   │
      eine Willenserklärung genügt        zwei oder mehr Willenserklärungen
                │                                sind notwendig
       ┌────────┴────────┐                         ↓
   empfangs-         nicht empfangs-            Verträge
   bedürftige         bedürftige
  Rechtsgeschäfte   Rechtsgeschäfte
        │                 │
   z. B. Kündigung    z. B. Testament
```

Abb. 62 Rechtsgeschäfte

Reduzieren. Vermindern, verringern. Flüssigkeiten werden eingekocht, um sie extraktreicher zu machen.

REFA. Kurzbezeichnung für den 1924 gegründeten „Reichsausschuss für Arbeitszeitstudien". Aufgabe: Ausbildung in Arbeitsstudium und Arbeitswissenschaft zu betreiben. Ausgebildete REFA-Fachleute organisieren die Arbeitsabläufe, den Materialfluss und Betriebsabläufe; sie entwickeln Vorgabezeiten, führen Arbeitsbewertungen durch und entwickeln Lohnabstufungen.

Reformprodukte. Sie werden nach den Anforderungen des Bundesverbandes Deutscher Reformhäuser aus besonders hochwertigen Rohstoffen ohne künstliche Zusatzstoffe hergestellt, schonend verarbeitet und haltbar gemacht. Produkte, die diese Bedingungen erfüllen, werden mit dem Warenzeichen „neuform" versehen.

Refraichieren. Frz. Ausdruck für das Abschrecken von Lebensmitteln mit kaltem Wasser.

Refraktometer. Optisches Messgerät zur Feststellung des → *Mostgewichtes*. Seine Messangaben beruhen auf der Tatsache, dass sich gemäß dem Gehalt einer Flüssigkeit an gelösten Extraktstoffen die Lichtbrechung ändert.

Regenbogenforelle → *Forelle*. Seit 1880 aus Amerika eingeführt, eine sehr rasch wachsende Forellensorte. Sie wird vielerorts in Teichwirtschaft gezogen. Sie ist wesentlich widerstandsfähiger als unsere beheimatete Bachforelle.

Regent. Rotweintraubensorte. Züchtung der Bundesanstalt für Rebenzüchtung Geilweilerhof, Siebeldingen, Pfalz Kreuzung: Silvaner × Müller-Thurgau × Chambourcin).

Regimier *(frz.: régimier, m.).* Abteilungskoch in einer großen Küchenbrigade, der für die Herstellung aller Diätgerichte verantwortlich ist. (Besonders auch in Sanatorien, Krankenhäusern und Ferienhotels).

Regner. Weißweintraube. Kreuzung: Luglienca Bianca x Gamay. Luglienca bianca ist eine weiße Tafeltraube. Sie heißt bei uns Gelbe Seidentraube. → *Gamay* ist eine französische Rotweintraube, die vorwiegend in → *Beaujolais* angebaut wird. Die Weine sind mild, harmonisch mit leichtem Muskatton.

Régnié. 1. Seit 1988 ein Beaujolais mit dem Status → *Cru*. **2.** Gleichnamige Gemeinde.

Regression. Rückzug, vielfach auf erlittene oder empfundene Enttäuschungen → *Frustration*. Der psychologische Kontakt mit der Umwelt wird abgebrochen und jede persönliche Beteiligung abgebaut. Es kommt zur emotionalen Isolation (gefühlsmäßige Abkapselung). → *Aggression*.

Reh → *Wild*, frz.: le chevreuil. Als Nahrung liebt es die Knospen der Eichen, Fichten und Pappeln, grünes Getreide und Ölsaat. Das Fleisch ist von besonderer Zartheit und Wohlgeschmack (Abb. 63)

Rehoboam. Flaschengröße mit dem sechsfachen Inhalt der 0,75 l-Flasche = 4,5 l.

Reichensteiner

Bezeichnungen:

	weiblich	männlich	Gewicht (aufgebrochen)
Das junge Tier	Reh-, Kitzkalb, Kitz	Kitzbock	
Im ersten Jahr	Schmalreh Schmaltier	Schmalrücken Schmalreh Spießbock	6–7 kg
Im zweiten Jahr	Ricke, Hille, Rehgeiß, Rehziege	Gabelbock	10–14 kg
Im dritten Jahr	dto.	dto.	14–20 kg
Ab viertem Jahr	dto.	Bock, guter oder braver Bock	bis 20 kg

Aufteilung des Rehes nach 7 Hauptstücken (7-Teilung)
Beispiele:

	1. Reh		2. Reh		3. Reh	
2 Teile: 2 Keulen	5,8 kg	= 32 %	5,3 kg	= 33,5 %	4 kg	= 28 %
1 Teil: Rücken	2,4 kg	= 13 %	2,2 kg	= 14 %	2,1 kg	= 14,6 %
1 Teil: 2 Blätter	2,9 kg	= 16 %	2,5 kg	= 16 %	2,3 kg	= 16 %
1 Teil: Hals bis einschl. 3. Rippe	2,2 kg	= 13 %	1,7 kg	= 10,7 %	1,9 kg	= 13,4 %
1 Teil: 2 Brüste	2,4 kg	= 13 %	2,2 kg	= 14 %	2 kg	= 14 %
1 Teil: Decke mit Läufen	2,4 kg	= 13 %	1,9 kg	= 12 %	2 kg	= 14 %
	18,1 kg	= 100 %	15,8 kg	= 100 %	14,3 kg	= 100 %

Anmerkung: die Prozentzahlen sind ab- bzw. aufgerundet!

Abb. 63   Reh – Bezeichnungen/Hauptstücke

Reichensteiner. Weißweintraube. Kreuzung: Müller-Thurgau x (Madeleine Angevine x Calabreser-Fröhlich). Der Name geht auf die Burg Reichenstein bei Trechtingshausen zurück.

Reiner Satz. Rebfläche, auf der nur eine Rebsorte angebaut wird.

Reinheitsgebot. Wurde im Jahre 1516 durch Wilhelm IV. erlassen und gilt als ältestes Lebensmittelgesetz. Danach dürfen in Deutschland nur bestimmte Rohstoffe, Wasser, Hefe, Hopfen und Malz (Weizen, Gerste) zur Bierherstellung benutzt werden.

Reinigung (im Hotel) → *Zimmerreinigung*. Die Reinigung der Gästezimmer, der zugehörigen Gänge, der Arbeitsräume und der Toiletten sowie der öffentlichen Räume obliegt i. d. R. den Zimmermädchen. Sie erstreckt sich sowohl auf die täglich durchzuführende Routinereinigung wie auf die über das Jahr nach einem bestimmten Plan durchzuführende → *Spezialreinigung*. Zuweilen werden Teile dieser Arbeiten in den Publikumsräumen auch vom Hausdiener übernommen. Viele Häuser gehen aus Rationalisierungs- und Kostengründen heute dazu über, die Reinigungsarbeiten ganz oder z. T. einer Reinigungsfirma zu übertragen. Das hat den Vorteil, dass das Risiko des Personalausfalls nicht mehr vom Hotel zu tragen ist, eine fest vereinbarte Leistung zu einem festen und daher besser kalkulierbaren Betrag erbracht wird. Die Kontrolle durch die Hausdame gewährleistet dabei eine gleichbleibende Qualität. Viele Hotels kombinieren auch diese Möglichkeiten, so dass: **a)** eine Reinigungsfirma täglich die Personalaufenthaltsräume, Umkleideräume, Toiletten und Waschräume und evtl. das Lagerbüro reinigt, **b)** Der Lagerverwalter für das Lager selbst verantwortlich ist bzw. sein Personal einsetzt, **c)** Das Spülküchenpersonal für Küche, Kühlräume, Küchenmagazin, Spülküche und Office zuständig ist und bei Bedarf auch im Versorgungsbereich (Laderampe) und im Entsorgungsbereich (Müllraum) eingesetzt wird, **d)** Die Zimmermädchen oder Fremdfirmen übernehmen die Etage. → *Sektionen*.

Reinigung der → *Federbetten*. Federbetten sollten in Abständen von drei bis fünf Jahren einer Bettfedernreinigung unterzogen werden. Dabei werden mit Spezialmaschinen die Federn von Staub befreit. Die meisten Reinigungsfirmen erneuern dabei das → *Inlett* und füllen auf. Wo das nicht geschieht, muss nach drei bis vier Reinigungen an Ersatz gedacht werden, da die Hüllen unbrauchbar werden und die Federn ihre Bauschelastizität verlieren.

Reinigung der Fußbodenbeläge. → *Reinigung des Küchenfußbodens*. Die starke Verschmutzung der Fußböden in Hotelbetrieben erfordert eine häufigere Reinigung und besondere Methoden. Sie richtet sich nach der Art der Böden. **a)** Holzböden werden, so weit sie versiegelt sind, feucht gereinigt. Andere müssen täglich gescheuert und poliert werden. Dazu kommt von Zeit zu Zeit ein maschinelles Spähnen und Wachsen (zweckmäßig mit Heißwachs), **b)** Kunststoffbeläge werden täglich feucht aufgewischt und besonders verschmutzte Stellen dabei maschinell gereinigt, mit Emulsion besprüht und wieder poliert. Bei der Grundreinigung werden alle Schmutz- und Pflegemittelreste nass maschinell entfernt, um dann wieder zu wachsen und zu polieren, **c)** Keramische Beläge werden nass gereinigt. Spezialpflegemittel zur Glanzerzeugung sind nur in Galerieräumen anwendbar, nicht in Küche, Kühlhaus oder Arbeitsräumen, **d)** Teppichböden werden je nach Verschmutzung unterschiedlich gereinigt. 1) Bürstensaugen erfolgt bei der Routinereinigung, wobei die Bürstensaugmaschine den Schmutz an die Oberfläche zum Absaugen bringt. 2) Pflegeshampoonieren, wobei der Trockenschaum maschinell eingebürstet und nach etwa zwei Stunden wieder abgesaugt wird. Das geschieht von Zeit zu Zeit bei stark verschmutzten Böden, wie Halle und Rezeption und ist auch als Teilreinigung möglich. 3) Grundshampoonieren als Intensivreinigung für die gesamte Fläche (meist mit Spezialmaschinen mit vertikalen Bürstenwalzen) mit ca. zwei bis drei Gramm Konzentrat/qm. Sie wird nach der Bearbeitung mit der Bürstensaugmaschine vorgenommen. Ein Nasssauger nimmt den verschmutzten Schaum wieder auf. 4) Detachieren für das Entfernen einzelner Flecke, die dann vor dem Shampoonieren mit Shampoo oder Flecklösemittel besprüht werden. Die verwendeten Shampoos sollen einen pH-Wert zwischen 6–7,5 haben, einen Schaumstabilisator, um zu starke Befeuchtung zu vermeiden, und dürfen weder Seife noch solche Mittel enthalten, die den Belag angreifen.

Reinigung des Küchenfußbodens. Die Reinigung des Küchenfußbodens hat täglich nass und nicht während der Produktions- und Ausgabezeiten zu erfolgen. Sie ist ein Teil der Küchenhygiene, da sie den Keimpegel reduziert und Ungeziefer bekämpft. Außerdem mindert sie die Unfallgefahr. Als Geräte sind einsetzbar: **a)** Doppeleimer mit-Presse i.V. mit Mop, **b)** Wasserschieber und Wassersauger, **c)** Reinigungsmaschinen wie Hochdruckreiniger, Einscheibenmaschine oder Scheuer- und Saugautomat. Moderne Reinigungsmittel erleichtern die

Reinigung des Schwimmbades

Arbeit, da sie eiweiß-, stärke- und fetthaltigen Schmutz lösen. Oft sind sie mit Desinfektionsmitteln zur Senkung des Keimspiegels kombiniert. Die täglich verwendeten Mittel sollen zwar schmutzlösend, nicht aber aggressiv gegenüber den Geräten sein. Für die Kalkreinigung werden saure Reiniger – nur bei Bedarf – verwendet (meist Phosphorsäurebasis). Zur Desinfektion kann zusätzlich ein geruchsarmes Mittel eingesetzt werden.

Reinigung des Schwimmbades →
Schwimmbad. Die feuchte Wärme von Schwimmbädern und Saunen begünstigt die Bakterienbildung. Deshalb ist hier Hygiene oberstes Gebot. Folgenden Punkten sollte Aufmerksamkeit entgegengebracht werden: **a)** tägliche Feuchtreinigung aller Bodenflächen, Toiletten, Waschbecken, Sitzgelegenheiten und Lattenroste, **b)** tägliche Desinfektion der gleichen Teile evtl. durch Sprühen oder durch mit Desinfektionsmitteln kombinierten Reinigungsmitteln, **c)** Wasseraufbereitung durch regelmäßiges Flocken, Filtern und Chloren.

Reinigungsmittelkartei. Für die im Haus verwendeten Reinigungsmittel ist es sinnvoll, eine Kartei anzulegen (Abb. 64). Sie wird meist in der zuständigen Abteilung geführt.

Reinigung von Keramikböden. Keramik-Fußbodenbeläge haben eine dichte Oberfläche und benötigen keine besondere Pflege. Dennoch kann ihr Aussehen mit pflegenden Mitteln verbessert werden. Hierzu werden angeboten: **a)** Stein- und Fußbodenöle; sie sind ungeeignet, weil sie die Rutschgefahr durch Bildung einer schmierigen Oberfläche, die noch dazu Staub bindet, mit sich führen, **b)** Kombinationen von Reinigungs- und Pflegemitteln in unterschiedlicher Zusammensetzung: 1) Wisch-Pflegemittel; überwiegend Reinigungsmittel mit geringem Anteil von Pflegemittel werden im Wischwasser verwendet und sind auch geeignet, in Verbindung mit desinfizierenden (und/oder bakteriziden) Zusätzen. Der geringe Anteil von Pflegemitteln hinterlässt einen hauchdünnen Film, sodass erst bei mehrmaliger Anwendung sichtbare Wirkungen erzielt werden. 2) Selbstglanz-Emulsionen haben im Gegensatz dazu einen höheren Anteil an pflegenden Substanzen als an Reinigungsmittel. Beim Trocknen entsteht Glanz, ohne dass nachpoliert werden muss. Sie sind geeignet, um bestimmte stark begangene Stellen auch unverdünnt zu behandeln. Allgemein werden sie verdünnt im Wischverfahren verwendet. 3) Wisch-Wachse enthalten etwa gleiche Anteile pflegender und reinigender Komponenten. Sie sind gut geeignet für Nasswischverfahren und werden meist verdünnt verwendet.

Sie könnte wie folgt aussehen:

Produktname:	Liefergebinde:		Lieferzeit:
	Menge	Preis	
Firma:			sonst. Lieferbeding.

Anwendungs-gebiet	Verdünnung	Ausgabe für	Zusammensetzung	Verträglichkeit		negative Nebenersch.
				allgem.	Haut	

Abb. 64   Reinigungsmittelkartei

Reinzucht. Das Paaren von Tieren der gleichen Rasse mit dem Ziel einer zunehmenden züchterischen Verbesserung wirtschaftlich wesentlicher Eigenschaften.

Reis. Grasgewächs; wird in allen tropischen und subtropischen Gebieten angebaut. China, Japan, Indien, Pakistan, Indonesien, Thailand und Birma sind die Hauptanbaugebiete, hier werden etwa 91 % der gesamten Weltproduktion angebaut. 5 % liefern Europa (Italien, Spanien) und die USA. Man unterscheidet nach der Form drei Sorten: **1)** Langkornreis (Partnareis), **2)** Rundkornreis (Milchreis), **3)** Mittelkornreis. Nach der Art der Bearbeitung des Korns unterscheidet man: **1)** Weißkornreis (geschliffener Reis), **2)** Braunreis (enthülstes Reiskorn, das noch von der Silberhaut umgeben ist. Als Naturreis im Handel, hoher Vitamingehalt), **3)** Schnellkochreis (Weißkornreis, der nach verschiedenen Patenten vorgekocht und wieder getrocknet wird. **4)** Parboiled Reis (wird, noch in der Strohhülse, mit Dampfdruck vorbehandelt. Dadurch bleiben die vielen Vitamine erhalten und der Reis wird besonders kochfest). Die wichtigsten Handelssorten: **1)** Indien. Patnareis: Basmathi (Duftreis), Dera-Dun-Reis (die beiden Sorten haben dünnes, schlankes Korn, unpoliert). **2)** Burmareis. Arracan: weißes, eiförmiges Korn, weich; Moulmein: langes, volles schneeweißes Korn, sehr weich; Bassein: weißes rundliches Korn, mittelfest. **3)** Siamreis: Schlankes, glasiges Korn, hart. **4)** Saigonreis: rundes, mehliges Korn, weich. **5)** Javareis: Länglich geriffeltes, weißes, glasiges Korn, weich. **6)** Japanreis: rundes, glasiges Korn, mittelfest. **7)** Ägyptischer Reis: großes, mehliges Korn, weich. **8)** Amerikanischer Reis. Karolinareis: längliches, kräftig gerieftes weißes Korn, hart; Blue rose: rundliches Korn, mattweiß, kocht äußerlich ab, behält harten Kern. **9)** Mexikoreis: durchscheinend großes Korn, hart. **10)** Italienischer Reis. Vialonereis: großkörnig, rundlich, weich. **11)** Spanischer Reis. Valenciareis: dickes, rundes Korn, weich.

Reisbraugrieß. Bruchreis, der in eine für Brauzwecke besonders geeignete Granulation gebracht wird. Verwendung in der Bundesrepublik nicht zulässig.

Reis Condé → *Condéreis*.

Reisebüroprovision. Vermittlungsprovision, die die Reisebüros für ihre Tätigkeit erhalten/erheben.

Reisekosten. Kosten, die in unmittelbarem Zusammenhang mit Geschäfts- oder Dienstreisen entstehen. Sie sind, soweit sie nicht von dritter Seite vergütet werden, steuerlich begrenzt abzugsfähig.

Reisescheck. Der Reisescheck ersetzt dem Reisenden Bargeld. Er lässt ihn sich von seiner Bank ausstellen und kann ihn dann bei Bedarf bei anderen Banken, bei Verkehrsvereinen oder in Hotels i. V. mit seinem Reisepass und unter Leistung einer zweiten Unterschrift einlösen.

Reisevertragsrecht (§§ 651 a–651 k BGB). Eine am 1.10.79 in Kraft getretene Regelung, die auf Pauschalreisen und Arrangements angewendet wird. Sie beinhaltet folgende wichtige Punkte: **a)** Bei Verhinderung des Vertragspartners (abschließender Gast) ist ein geeigneter Ersatzmann zu akzeptieren, **b)** der anbietende Vertragspartner (z. B. Hotel) gewährleistet die Einhaltung der zugesicherten Eigenschaft des Pauschalangebots und hat bei evtl. Ausfällen für gleichwertigen Ersatz zu sorgen. Gelingt das nicht, muss er eine Preisreduktion akzeptieren, **c)** Bei Mangel hat der Gast ein Kündigungsrecht, das er nach Bitte um Abhilfe ausüben kann, **d)** Es besteht seitens des Gastes ein Recht auf Schadenersatz bei Nichterfüllung, wenn auch keine Abhilfe geschaffen wurde, **e)** Ist der Mangel nicht vom Gastgeber oder seinen Angestellten vorsätzlich oder grobfahrlässig verursacht, kann die Haftung auf den dreifachen Reisepreis beschränkt werden, **f)** Für Rücktritt vor Reisebeginn kann der Veranstalter eine angemessene

Pauschale festlegen, **g)** Abweichende Regelungen zum Nachteil des Gastes sind nicht möglich, **h)** Kündigungen wegen höherer Gewalt sind von beiden Seiten möglich.

Reisflocken. Auf beheizten Walzen zu dünnsten Flocken gepresster Weißreis oder Bruch.

Reisfuttermehl. Die beim Schleifen und Polieren des Reises anfallenden Nachprodukte mit einem Stärkegehalt von mehr als 7 % und einem Protein- und Fettgehalt von mehr als 22 %.

Reiskleber. Kleber (Protein) des Reises, der bei der Gewinnung von → *Reisstärke* anfällt. Wird vorwiegend zur Herstellung von Suppenwürze verwendet.

Reisspeisemehl. Zu Speisezwecken auf Walzenstühlen und Sichtanlagen aus → *Bruchreis* hergestelltes Mehl, das viel in der Kindernährmittelindustrie verwendet wird.

Reisstärke → *Speisestärke*. Hergestellt aus geschältem Bruchreis. Herstellung ähnlich der von → *Maisstärke*. An Stelle (schwefliger) Säure kommt Natriumhydroxid als technisches Hilfsmittel beim Vorquellen zum Einsatz. Reisstärke ist weiß mit dezentem Glanz und zeichnet sich durch große Wasseraufnahmefähigkeit und feste Kleister aus. Verwendung: Bindemittel, Diätetische Lebensmittel, Säuglingskost. Reisstärke findet auch in der Textil- und Kosmetikindustrie Verwendung.

Reis Trauttmansdorff. Reissüßspeise benannt nach Ferdinand, Graf von Trauttmansdorff, 1825–1870, österreichischer Staatsmann.

Reiswein. Getränk aus Reis und Wasser. Als fertiges Produkt enthält Reiswein ca. 15 % Vol. Alkohol. Herstellungszentren in Japan sind Osaka und Kydo. Die Herstellung: Der Reis wird poliert, gewaschen und eingeweicht. Danach wird er eine Stunde mit heißem Dampf behandelt und anschließend abgekühlt. Ein Teil des Reises wird mit Bakterien geimpft. In warmen Hallen bei hoher Luftfeuchtigkeit erfolgt eine Fermentation, die durch Abkühlen unterbrochen wird. Erst jetzt wird Hefe und stufenweise Wasser zugefügt und vergoren. Nach der erfolgten Gärung wird filtriert. Die abgeläuterte Flüssigkeit – Reiswein – wird mindestens $\frac{1}{2}$ Jahr in Holzfässern gelagert. Diese Holzfasslagerung ist für die Reisweinqualität sehr wichtig. Der fertige Reiswein wird auf Flaschen abgefüllt, in denen keine weitere Qualitätssteigerung möglich ist. Beim Einkauf sollte daher das Abfülldatum beachtet werden, das meistens auf dem Etikett vermerkt ist. Reiswein sollte bei 35 °C Trinktemperatur serviert werden. Auf dem Etikett sind folgende Angaben von Bedeutung: → *Mirin*, → *Koshu*, → *Turu Zake*, → *Ginjo Zukuri*, → *Jummaistu*.

Reka-(pitulationsbuch). Verzeichnis, in dem Tages-, Monats- und Jahres-Übersichten in statistischer Form zusammengestellt werden (z. B. Erlöse aus Küchenumsatz, Getränke-Umsatz, Logis-Umsatz).

Rektifikation. Begriff aus der Spirituosenherstellung. Abkühlung und Wiederverdampfung, Verstärkung des Alkoholgehaltes in einem Arbeitsvorgang.

Rektifizieren. In einem Zug mehrfach aufeinander folgendes Destillieren ohne dazwischenliegendes Auffangen des Destillats, wobei Dampf und Kondensat sich unmittelbar berührend im Gegenstrom zueinander geführt werden.

Rektifizierter, konzentrierter Traubenmost. Bezeichnung für konzentrierten Traubenmost, der durch teilweisen Wasserentzug aus Traubenmost durch zugelassene Methoden hergestellt wird und dessen Dichte nicht unter 1,240 g/l liegt. Verwendung findet er in den übrigen Mitgliedsstaaten der EU als Anreicherungs- und

Süßungsmittel. In Deutschland ist die Anwendung bei Land- und Qualitätsweinen b. A. verboten.

Relevé. Innerhalb der frz. Menüfolge das erste Fleischgericht.

Reliabilität. Gütemerkmal „Verlässlichkeit", soll das Ergebnis eines Tests nicht vom Zufall abhängig machen. Dies kann durch eine gezielte Fragestellung, die eine klare Antwort erfordert, ausgeschaltet werden. Testaufgaben sollten deshalb in Probeläufen vorher ausprobiert worden sein.

Religieuse. Knusprige Rinde des heißen → *Raclette*.

Relish. Eine „stückige" Würzsauce, d. h. namensgebende Produkte (Zucchini-Relish, Papaya-Relish, Grüne Tomaten-Relish) sind in kleinen Stücken vorhanden. Relish ist ein englisches Wort und bedeutet Würze. Relishs werden beispielsweise zum gegrilltem Fleisch und/oder gebratenem Fisch angeboten in den Varianten mild, würzig pikant bis feurig scharf.

Remis'chen. An der Nahe übliche Bezeichnung für Gläser mit 0,1 l Inhalt.

Remontage. Bei der → *Rotweingewinnung* wird in → *Bordeaux* der Tresterhut mit gärendem Most/Wein zum Zweck der besseren Farbausbeute überspült.

Remueurs (frz.: der Rüttler). Aufgabe des Rüttlers ist, die sich im Rüttelpult befindlichen Sektflaschen so zu bewegen, dass der Heferest in der Flasche Richtung Flaschenverschluss abfällt.

Rendite. Die → *Effektivverzinsung* eines eingesetzten Kapitals.

Renken. Silberglänzende Fische mit mehr oder weniger langgestrecktem, seitlich zusammengedrücktem Körper, einer Fettflosse und tief eingeschnittenener Schwanzflosse, die auch Felchen genannt werden. Die Renke wechselt den Namen nach den Altersstufen: Im ersten Jahr – Heuerling, im zweiten Jahr – Stubenfisch, im dritten Jahr – Gangfisch, im vierten Jahr – Renke, im fünften Jahr – Halbfelche, im sechsten Jahr – Blaufelche. Die Renken bewohnen vor allem größere, tiefe Seen mit klarem, sauerstoffreichem Wasser. Es kommen aber auch Wanderformen vor, die in Fließgewässern und im Brackwasser (z. B. in der Ostsee) anzutreffen sind. Verbreitung: England, Schottland (Loch Lomond, Loch Aste), Seen des Alpen- und Voralpengebietes, Ostsee, Madüsee, schwedische und finnische Seen, Nordrussland. Renken gehören zu den Salmoniden.

Rentabilität → *Finanzierung*, → *Kennzahlen*. Allgemein die Verzinsung eines eingesetzten Kapitals. Im Zusammenhang mit dem im Betrieb eingesetzten Kapital unterscheidet man:

Unternehmensrentabilität

$$= \frac{(\text{Gewinn} + \text{Fremdkapitalzins}) \times 100}{\text{Gesamtkapital}}$$

als Kennzeichen für die Verzinsung des gesamten eingesetzten Kapitals.

Unternehmerrentabilität

$$= \frac{\text{Gewinn} \times 100}{\text{Eigenkapital}}$$

als Kennzeichen für die Verzinsung des Eigenkapitals des Unternehmers. Eine weitere interessante Zahl für den Unternehmer ist die Umsatzrentabilität:

Umsatzrentabilität

$$= \frac{\text{Gewinn} \times 100}{\text{Umsatz zu Verkaufspreisen}}$$

Rentier *(frz.: renne, m.)*. Wild- und Nutztier, Finnlands, Lapplands, Grönlands und Nordamerikas. Für viele nordsibirische Völker bildet Rentier-Wildbret das Hauptnahrungsmittel. Sämtliche Teile, vor allem von jungen

Reparaturen

Tieren, sind in der Küche bestens verwendbar. Alle für Wild in Frage kommenden Garnituren sind anwendbar, auch die der kalten Küche. Als besondere Spezialität wäre Rentierschinken (gepökelt und geräuchert) zu erwähnen, der dünn aufgeschnitten wird und auf keinem Vorspeisentisch in Schweden fehlen darf.

Reparaturen. Große Hotels haben z. T. eigene Reparaturwerkstätten und -kolonnen, andere bevorzugen Fremdleistungen durch Handwerker. Kleine Reparaturen werden oft auch durch den Hausmeister erledigt. Um eine kontinuierliche Instandhaltung zu gewährleisten, muss festgelegt sein: **a)** wer die Kontrollen durchführt und die Schäden meldet (z. B. der Abteilungsleiter anhand einer Checkliste), **b)** wem die Schäden zu melden sind (z. B. dem Hausmeister), **c)** wie die Schäden zu melden sind (zweckmäßigerweise auf einem Formblatt), **d)** wie im Anschluss an die Meldung weiter zu verfahren ist. Hier kommt in Frage: **1)** Besichtigen und selbst erledigen, **2)** Kostenschätzung und Weiterleitung an Haushandwerker oder externe Handwerker, **3)** nach Schätzung der Kosten ab einer bestimmten Höhe an die Direktion. Es empfiehlt sich mit so vielen Durchschlägen zu arbeiten, wie Personen mit der Abwicklung befasst sind, damit jeder einen Beleg in Händen hat. Nicht zuletzt ist das eine Kontrolle und eine Sicherung des Einzelnen in Haftfällen.

Requita Asparagus. Römische Spezialität mit Honig, in der Spargel zur Haltbarmachung eingelegt wurde.

Reservierung. Verbindliche Zimmerbestellung. Bedarf, um verbindlich zu sein, keiner weiteren Zusätze wie z. B. „fest" oder „garantiert". Diese Handhabung wurde jedoch durch den internationalen Gebrauch insbesondere mit anglo-amerikanischen Hotelketten gelockert. Deshalb werden heute auch in Deutschland solche Bestätigungen oder gar die Deslätigung der Kontenübernahme verlangt. Es kann eine → *No-show-Rechnung* erstellt werden, wenn der Gast nicht anreist. Soll ein Zimmer in jedem Fall auch für eine spätere Anreise (nach 18 Uhr) reserviert bleiben, empfiehlt sich eine Vereinbarung „without deadline". → *Option,* → *Kontingent.*

Reservierungssystem. Meist EDV-gestütztes technisch organisatorisches Hilfsmittel der Marketingstrategie, das hilft, das Buchungspotenzial auszuweiten. Jedes Reservierungssystem sollte einen offenen Zugang haben, d. h. es soll ebenso für den Gast wie z. B. Reisebüros nutzbar sein.

Resorption. Aufnahme von Stoffen (Aminosäuren, Monosaccharide, Glycerin, Fettsäuren, Vitamine, Mineralstoffe, Wirkstoffe und Wasser), durch die Dünndarmwand in die Blut- und Lymphgefäße.

Restaurant → *Bewirtungsbetrieb.*

Restaurantfachmann(-fachfrau). Anerkannter Ausbildungsberuf im Hotel- und Gaststättengewerbe (Ausbildungsdauer 36 Monate). Abschluss als Gehilfe – Prüfung vor der Industrie- und Handelskammer → *Berufsbild.*

Restaurateur. Ursprünglich der verantwortliche Koch für die à-la-carte-Küche, wenn im gleichen Betrieb auch noch Pensionsgäste beköstigt werden.

Restsüße. Unvergorener Zucker im Wein, als Folge von unvollständiger Gärung bei zuckerreichen Mosten. Nur Weine mit einem Ausgangsmostgewicht von über 100 ° Öchsle haben natürliche Restsüße. Der nach Zusatz von Süßreserve (Traubenmost mit weniger als 8 g/l Alkohol) verbleibende unvergorene Zucker wird ebenfalls als Restsüße bezeichnet.

Restwert → *Bewertung.* Wert einer gebrauchten Anlage, der sich ergibt aus dem Anschaffungs- oder Herstellungswert, vermindert um die Abschreibung (Wertminderung).

Retardation (lat.: retardare = verzögern). Verzögerung, insbesondere die Wachstumsverzögerung im Jugendalter (Pubertät). → *Akzeleration,* → *Pubertät.*

Retinol. Wissenschaftlicher Name für Vitamin A.

Retzina. Geharzter Wein aus Griechenland. Die Zugabe von Harz ist eine der ältesten Methoden, Weine haltbar zu machen.

Revenieren. Schnelles Anbraten von Fleisch, sodass das Eiweiß an der Oberfläche sofort gerinnt und kein Fleischsaft austritt.

Revision (lat.: Nachprüfung). → *Betriebsprüfung,* Wirtschaftsprüfung. Bei der Revision werden die betrieblichen Abläufe anhand ihrer Erfassung im Hinblick auf Wirtschaftlichkeit und Vereinbarkeit mit Rechtsnormen und Unternehmenszielen überprüft. Sie umfasst: **a)** die Wirtschaftsprüfung, **b)** die Betriebsprüfung, **c)** die interne Revision als Teil des innerbetrieblichen Rechnungswesens, wie sie besonders in den Konzernen praktiziert wird, wo auf diese Weise die Zentrale die Einhaltung der vorgegebenen Daten und die wirtschaftlichen Sachverhalte bei den ihr angesonnenen Unternehmen prüft.

Rezent. Süddeutsche, auch schweizerisch-österreichische Bezeichnung für gut, aber auch kräftig gewürzt.

Rheingau. Bestimmtes Weinanbaugebiet, südlich des Taunus am Untermain beginnend bis Lorchhausen, in Hessen gelegen. Rebfläche: ca. 3 200 ha, 1 Bereich. Hauptrebsorten: Riesling, Blauer Spätburgunder, Müller-Thurgau.

Rheinhessen. Bestimmtes Weinanbaugebiet im Rheinknie, im Viereck Worms, Mainz-Bingen-Alzey gelegen. Rheinland-Pfalz. Rebfläche: 26 300 ha, Hauptrebsorten: Silvaner, Müller-Thurgau, Riesling, Scheurebe, Bacchus, Portugieser, Dornfelder.

Rheinisches Vollkornbrot – Vollkornbrot rheinische Art. → *Vollkornbrot.*

Rhizom. Wurzelstock, z. B. für Bananen oder Spargel.

Riboflavin. Wissenschaftlicher Name für Vitamin B_2.

Ricard, (frz.) → *Anisbrand,* der von dem Sohn eines Weinhändlers aus Marseille im Jahre 1932 entwickelt und auf den Markt gebracht wurde. Ricard ist ein farbiger Anisbrand mit Süßholzzusatz.

Richtlernziel. Grundrichtung von Lehr- und Lernprozessen. Aus Gesetzen, fachspezifischen Bedingungen (Ausbildungsordnung) vorgegeben = Lernziele mit großem Handlungsspielraum, geringer Eindeutigkeit und schwerer Kontrollierbarkeit. → *Groblernziel,* → *Feinlernziel.*

Richtsätze. Prozentsätze für Rohgewinn und Rohaufschlag, die von der Finanzverwaltung jährlich festgesetzt werden. Die Betriebe werden dabei nach Art und Größe gegliedert. Meist können diese Sätze der Veröffentlichung in der AHGZ entnommen werden. Für den Fall unzureichender → *Buchführung* dienen sie den Finanzbehörden für die Schätzung. Aber auch bei der Außenprüfung verwendet sie das Finanzamt zur Kontrolle, wo sich als Zuschlag auf den Einsatz an Material und Lohn die Umsatzhöhe ermitteln lässt.

Ricotta → *Molkenkäse.*

Ried. Österreichische Bezeichnung für Lage.

Rieslaner. Weißweintraube. Kreuzung: Silvaner x Riesling. Erst bei höheren Öchslegraden sind die Weine gehaltvoll und rassig, unter 90° Öchsle sind die Weine dünn.

Riesling. Echte Sortenbezeichnung → *weißer Riesling.* Spätreifend, stellt hohe Ansprüche an den Boden, doch höchste Ansprüche an die → *Lage.* Einige Synonyme: Johannisberger, Hochheimer, Klingelberger, Pfeffert, Gewürztraube.

Rigatoni. Kurze Röhrchennudeln mit gefurchter Oberfläche.

Rijoa. Spanischer Wein.

Rillettes. Französische Küche. Provence-Dialekt. Feinste Schweinefleischfarce mit Pastetengewürz, evtl. Trüffeln, in Steinguttöpfchen pochiert und danach mit Schmalz ausgegossen. Eine Art Halbkonserve. Dient als Aufstrich für Sandwiches und Canapés. Auch Rillettes von Gans oder Kaninchen, auch gemischt: Gans und Schwein.

Rindenflora. Pilz- oder Bakterienkulturen, die sich auf der Käserinde bilden.

Rinderstearin → *Oleomargarin.*

Rippespeer. Anderer Ausdruck für das Schweinekarree (Rücken), meist geräuchert.

Riserva. Ital. Weine mit dieser Bezeichnung sind von besserer Qualität, die durch längere Holzfasslagerung erzielt worden ist.

Risi-Pisi. Ital. Bezeichnung für Riso con piselli – Reis mit Erbsen.

Risotto. Italienisches Reisgericht, das in vielen Variationen angeboten wird. Dazu wird Rundkornreis z. B.: Arborio oder Vialone, nach dem Anschwitzen durch ständige Zugabe von Flüssigkeit gegart und mit Butterflocken und Parmesan verfeinert. Das Gericht muss breiig, der Reis bissfest „al dente" sein. Risotto wird mit vielen Einlagen oder Zugaben angeboten z. B.: Meeresfrüchte, Safran, Pilze, Gemüse, Zunge, Schinken, Geflügelleber, Fisch.

Rissolen. Kleine gefüllte Blätterteigtaschen, die in der Friture gebacken werden. Als Füllung kann dick gehaltenes Salpikon verwendet werden.

Rissoler. Frz. Bezeichnung für braun und knusprig braten oder backen.

Ritz, César (1850–1918). Schweizerischer Hotelier, Begründer der größten europäischen Hoteldynastie.

Rivaner → *Müller-Thurgau.*

Rivesaltes. A.C. Aufgespriteter Dessertwein aus dem Gebiet Roussillon in Südfrankreich.

Rocambole → *Rockenbolle.*

Rochen (Seefisch – Knorpelfisch). Die mit den Kopf- und Rumpfseiten verwachsenen, stark vergrößerten Brustflossen (Flügel) bilden zusammen mit dem Körper eine Scheibe. Das Maul und die Kiemenöffnungen befinden sich auf der Bauchseite, die Augen und dicht dahinter die Spritzlöcher auf der Rückenseite des Körpers. Die Rochen sind Bodenbewohner und ernähren sich von Fischen, Krebsen und Weichtieren, die sie mit ihren Pflasterzähnen zertrümmern. Von wirtschaftlicher Bedeutung nur zwei Sorten: **1)** Nagelrochen, **2)** Glattrochen. Die Flügel (erweiterte Brustflossen) werden geräuchert als „Seeforelle" angeboten. Leber dient zur Trangewinnung. Frz.: raie. Fachausdruck für Nagelrochen-Flossen: raie bouclée. Größte einheimische Rochenart: Länge Ø von 1–1,5 m, maximal 2,5 m; Gewicht bis zu 100 kg.

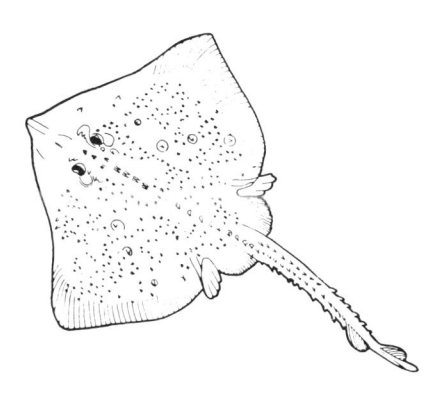

Rockenbolle (frz.: Rocambole, échalote d'Espagne, échalote d'Egypte). Nutzpflanze aus der Familie der Liliengewächse. Zum Knoblauch gehörend, Verwandter der Schalotten.

Rodonkuchen. Napfkuchen aus Rührteig.

Römischer Salat. → Römersalat, frz.: la romaine).

Roggen-Teigwaren. Teigwaren besonderer Art, ausschließlich aus Roggenmehl. Ausmahlungsgrad unter 75 %.

Rogner. Weiblicher geschlechtsreifer Fisch.

Rohaufschlag → Gewinnrichtsätze, Kalkulationszuschlag. Der Rohaufschlag ist die Differenz zwischen Bezugs- und Verkaufspreis (netto) in Prozent des Bezugspreises ausgedrückt. Er wird auch als Kalkulationszuschlag bezeichnet. (Abb. 65)

Rohbrand. Raubrand, Ergebnis nach dem ersten Brennvorgang bei der → Spirituosenherstellung: Eine Flüssigkeit mit einer Alkoholstärke von 40 % Vol. Weil Roh- oder Raubrand nicht genügend Alkoholstärke enthält und unreine Alkohole beinhaltet, muss er nochmals gebrannt werden.

Rohgewinnsatz → Gewinnrichtsätze. Der Rohgewinnsatz ist die Differenz zwischen Bezugspreis und Verkaufspreis (netto) in Prozent vom Verkaufspreis ausgedrückt. Er wird auch als Handelsspanne bezeichnet. (Abb. 65)

Rohkaffee. Nach dem → Nass-/Trockenverfahren wird aus der → Kaffeekirsche Rohkaffee. Rohkaffeebohnen dürfen nicht mehr als 5 % Feuchtigkeit enthalten.

Der wirtschaftliche Rohgewinn ist eine Differenz zwischen folgenden Größen:
- → wirtschaftlicher Umsatz
- – → wirtschaftlicher Materialeinsatz
- – → wirtschaftlicher Lohneinsatz
- = wirtschaftlicher Rohgewinn

Setzt man ihn ins Verhältnis zum Umsatz, erhält man den → Rohgewinnsatz.

$$\frac{\text{wirtschaftlicher Rohgewinn} \times 100}{\text{wirtschaftlicher Umsatz}} = \text{Rohgewinn in \%}$$

Setzt man ihn ins Verhältnis zum wirtschaftlichen → Materialeinsatz (oder Wareneinsatz) erhält man:

$$\frac{\text{wirtschaftlicher Rohgewinn} \times 100}{\text{wirtschaftlicher Materialeinsatz}} = \text{Rohgewinnaufschlag in \%}$$

Abb. 65 Rohgewinn, wirtschaftlicher

Rohkaffee-Qualität. Zu unterscheiden nach: Herkunftsland, Bohnengröße, Form, Farbe, Reinheit, chemische Zusammensetzung, Zeitpunkt der Ernte, Höhe der Plantage, Verhalten beim Rösten.

Rohkakao → *Kakao-Aufbereitung.*

Rohkakao-Verarbeitung. Kakaobohnen werden gereinigt und anschließend bei Temperaturen von höchstens 140 °C geröstet. Dadurch wird das Aroma intensiviert. Nach dem Rösten werden die Bohnen gebrochen, von den Schalenstücken getrennt und durch dreimaliges Mahlen in beheizten Mühlen zu einem Brei verarbeitet. Durch Hitze und Druck wird dieser Brei (Kakaomasse) entfettet. Es entsteht die Kakaobutter, die durch Schleudern oder Filtrieren gereinigt wird. Nach weiterem Fettentzug entsteht der sog. Kakaokuchen. Dieser wird durch mehrmaliges Mahlen zu Kakaopulver.

Rohmilch. Rohmilch wird weder erhitzt noch molkereimäßig bearbeitet, sie darf nur entweder mit Genehmigung direkt vom Erzeuger auf seinem Hof oder als → *Vorzugsmilch* über den Handel an den Verbraucher abgegeben werden.

Rohmilch-Käse. Ein Käse, der aus nicht pasteurisierter Milch nach traditionellem Verfahren hergestellt wird. Die Original-Flora der Milch (Mikrobakterien) gibt dem Käse sein unvergleichliches Aroma. Solche Produkte reifen jedoch schneller als die aus pasteurisierter Milch hergestellten. Deshalb sollten diese Rohmilchkäse nicht länger als eine Woche gelagert werden. Milch, die für die Rohmilchkäse-Herstellung verwendet wird, stammt immer von Kühen bestimmter Rassen (z. B. Le „Mont d'or", die nur aus Milch von Kühen der Rasse Pie Rouge oder Montbeliarde hergestellt wird). Die spezielle Zusammensetzung der Milch trägt zur besonderen Eigenart der Käse bei. Ein weiterer wesentlicher Punkt ist die Fütterung der Tiere: Silo-Futter, fermentiertes Futter oder Konzentrat sind nicht gestattet. Die Ernährung der Tiere ist also ganz natürlich.

Rohrohrzucker. Geklärter und eingedickter Zuckerrohrsaft, der mit Starterkristallen geimpft und nach dem Auskristallisieren zentrifugiert wird. Er enthält noch Mineralstoffe und Melasse.

Rohrzucker. Aus → *Zuckerrohr gewonnener* → *Zucker.*

Rohstoffe. Stoffe, die als Hauptbestandteil in das Erzeugnis eingehen. Sie werden als Einzelkosten erfasst.

Rohwasser. Ein anderer Ausdruck für Oberflächenwasser, das in Wasserwerken aufbereitet und auf Trinkwasserqualität gebracht wird.

Rohwurst. Wurstwaren, die umgerötet, ungekühlt (über +10 °C) lagerfähig sind und in der Regel roh zum Verzehr gelangen. Rohwürste sind streichfähig oder nach einer mit Austrocknung verbundenen Reifung schnittfest. Zucker wird in einer Menge von nicht mehr als 2 % zugesetzt.

Rohzucker. Zwischenprodukt bei der Gewinnung von Rohr- und Rübenzucker. Es ist nicht gereinigter Zucker, der durch anhaftende Melassereste braun und klebrig ist. Dadurch ist eine geringere Haltbarkeit bedingt.

Roi de cailles → *Wachtelkönig.*

Rolle (Rollenspiel). Summe der Verhaltensweisen, die vom Menschen in einer bestimmten sozialen Lage erwartet werden. (Rolle des Vaters, Ehemanns, Staatsbürgers, Steuerzahlers usw.) → *Status.*

Rollenkonflikt. Widerspruch der Normen verschiedener Rollen, die den Rollenträger erheblich belasten können. (Der Rollenträger kann nicht gleichzeitig die Erwartungen zweier „Rollenspiele" erfüllen.)

Rollgerste. Entspelzte und eiförmig geschliffene Gerste → *Graupen.*

Rollmops → *Bismarckhering,* um Gurke und Zwiebel gerollt.

Rollpastete → *Pastete.*

Romanée (Vosne). Gemeinde im Anbaugebiet → *Burgund* Côte de Nuits. Zur Romanée-Gemarkung zählen berühmte Grand Cru-Lagen wie Conti, La Tache, Richebourg, St. Vinvant.

Romanesko. Kreuzung von Blumenkohl und Brokkoli. Hellgrüne, schneckenförmige Spitzen.

Romanow/Romanoff. Russ. Bojaren-Geschlecht. Klass. Garnitur z. B. Erdbeeren Romanow.

Römer. Kugelförmiges, leicht bauchiges Weinglas, urspr. „Rühmer" (= Zunftgefäß für rühmende Trinksprüche), anfangs nur in grüner Farbe, später Mehrschichtfarbrömer mit kostbaren Gravuren.

Römersalat. Dieser rustikale Salat wird auch Römischer oder Romana Salat, Bindesalat, Kochsalat, Sommerendivie oder Lattich genannt. Römersalat hat dünne, feine, längliche Blätter mit einer starken Mittelrippe. Die äußeren Blätter sind dunkelgrün. Innen bildet sich ein zartes Herz. Die aufrecht wachsenden Blätter sind etagenförmig an einem Mittelstrunk angeordnet. Römersalat kann auch als Gemüse, oftmals gefüllt, zubereitet werden. Hauptanbaugebiete sind Österreich, Italien, Holland und Frankreich. Hauptsaison Juni bis Oktober.

Römertopf. Tontopf als Kasserolle mit Deckel. Das Material saugt sich mit Wasser voll, deshalb Garen ohne Fett. Lebensmittel werden schonend gegart, Töpfe sind pflegeleicht.

Römertor. Untergebiet des Tafelweinbaugebietes Oberrhein mit den Bereichen Bodensee, Markgräflerland, Kaiserstuhl-Tuniberg, Breisgau, Ortenau.

Rondini. Tennisballgroßes verwandtes Gemüse der Zucchini und Kürbisse. Das Gemüse stammt vermutlich aus dem subtropischen Afrika. In der frz. Provençe als „Rondini de Nice" auf dem Markt.

Rooibos-Tee. Dieser aus Südafrika stammende Tee enthält kein Koffein und wenig Tannin. Dafür ist der Aufguss reich an Vitamin C, Mineralstoffen und Flavonoiden. Er wird aus Blättern des Rooibos-Strauches aus der Ginsterfamilie gewonnen, hat eine röliche Farbe und leicht süßliches Aroma. Der Tee kann warm oder als guter Durststiller kalt getrunken werden.

Roquefort. Edelkäse, den schon die Römer zur Kaiserzeit vor mehr als 2000 Jahren als Caseus Nemausensis (Käse von Nimes) genossen haben. Über den Ebenen des Languedoc, gegen den Gorges de Tarn zu, im frz. Département von Aveyron, erheben sich die Berge, in denen die Ortschaft Roquefort liegt. Roquefort, genauer Roquefort-sur-Soulzon, hat dem Käse den endgültigen und heute gebräuchlichen Namen „Roquefort" gegeben. 1411 hat König Karl VI. den Leuten aus der Gegend von Roquefort das Herstellungsmonopol für den vielbegehrten Edelkäse zugebilligt. 1925 wurde der Begriff „Roquefort-Käse" in einem staatlichen Statut festgelegt. Der Roquefort muss eine glatte, feste Masse haben, die regelmäßig von grünlichen Adern durchzogen wird, hervorgerufen durch das → *Penicilium* Roqueforti, das man der Schafsmilch mit dem Lab zusetzt (Puder von getrocknetem und total veschimmeltem Gersten-Weizen-Brot). Das Penicillin ist auf bisher unerklärliche Weise in der Atmosphäre der großen Felsenhöhlen des Cambalougebirges (Causse de Cambalou) enthalten, in dem der Roquefort heranreift. Damit der Edelschimmel sich möglichst gleichmäßig entwickelt, durchsticht man den Käseteig während der Reifezeit mit einer dicken Nadel. Der zylindrische Käselaib von 18 cm Durchmesser, 9–10 cm Höhe und rund 2,6 kg Gewicht ist in Metallfolie gewickelt. Er kommt in dieser Form oder in vorverpackten Scheiben in den Handel. Herkunfts- und Qualitätsgarantie ist das Gütezeichen mit dem roten Schaf, das jeder Roquefort trägt. Es besteht aus einer Serie kronenförmig angeordneter roter Ovale. Der Roquefort wird aus nicht entrahmter und nicht pasteurisierter Schafsmilch hergestellt. Er ist einer der nahrhaftesten, kalziumreichsten Käse. Fettgehalt 50–54 % i. Tr. Die Saison des Roquefort dauert von Juni bis Dezember.

Rosa Pfeffer (Rosa Beeren, Peruanischer Pfeffer). Einsamige, blaßgelbe bis korallenrote, pfefferkorngroße Steinfrüchte (Schinusfrüchte) des peruanischen Pfefferbaums. Rosa Pfeffer ist nur ein Pfefferersatz, da in ihm keine Scharfstoffe vom Typ des Peperins enthalten sind, wohl aber ein Aroma, das dem echten Pfeffer nahekommt.

Rosbif. Frz. Schreibweise für Roastbeef.

Roseé de Saignée. → *Rosèwein* aus dem Gebiet → *Languedoc* wird nach folgender Methode bereitet: Nach einer kurzen Maischestandzeit wird der gärende Most abgezogen; auch als bluten bezeichnet (frz.: saignée). Danach wird bei sehr niedriger Temperatur weiter vergoren.

Rosenäpfel. Hagebuttensorte, die sich wegen ihrer besonderen Größe für die Herstellung von Konfitüre eignet.

Rosenkohl, auch Brüsseler Kohl, Brabanter Kohl, Sprossenkohl genannt, gehört zur Familie der Kreuzblütler. Er ist ein typisches Wintergemüse und zählt zu den feinen Kohlarten. Es gibt zwei Sorten: Längliche, dunkelgrüne und locker gewachsene Röschen und rundliche, hellgrüne und fest gewachsene Röschen. Gute Qualitäten haben feste, grüne Röschen. Er schmeckt am besten nach den ersten Frösten. Durch den Frost werden die Zellfasern gelockert, wodurch die Verdaulichkeit des Rosenkohls verbessert wird. Ein Teil der Stärke wird in Zucker umgewandelt. Dadurch erhält der Rosenkohl einen mildsüßen Geschmack.

Rosèwein. Aus Rotweintrauben durch → *Weißkelterung* erzeugte farbschwache, zartrote Weine. Rosèweine gekühlt servieren.

Rosinen werden aus Weintrauben durch Austrocknung an der Sonne hergestellt. 100 kg frische Weintrauben ergeben ca. 20–30 kg Rosinen. Rosinen sind sehr nahrhaft. 1 kg entspricht etwa 3340 kcal. Produktionsländer befinden sich in Südeuropa, Asien und Amerika. Um eine längere Haltbarkeit zu erzielen, werden Rosinen oft mit Schwefel behandelt. Bekannte Rosinenarten: Smyrna: aus großbeerigen weißen Trauben, weicher Kern; Sultanine: eine der bekanntesten Sorten, kernlos; Korinthen: aus blauen Traubensorten, kleinbeerig; Zibeben: am Stock getrocknete Weintrauben.

Rossini, Gioacchino (1792–1868). Opernkomponist und Feinschmecker. Klass. Garnitur z. B. Kleine Lendenschnitte Rossini.

Rostrum. Stirnrandspitze bei Krebstieren (Garnelen, Flusskrebse, Langusten und Hummer).

Rotauge → *Plötze*.

Rotbarbe *(frz.: rouget, m.; engl.: red mullet).* Mittelmeerfisch, bes. an der frz. Küste. Durchschn. 20–30 cm lang. Gut geeignet zum Braten und Grillen, aber auch zum Marinieren.

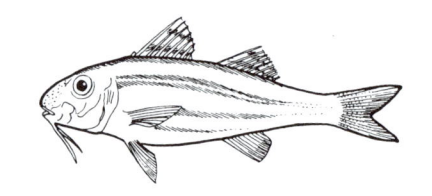

Rotbarsch → *Kaiserbarsch (frz.: rascasse dunord, sebaste; engl.: red fish, norway haddock).* Schwarmfisch der nördlichen Meere, bes. Atlantik. Er gehört nicht zur Familie der Barsche! Er lebt in etwa 1000 m Tiefe, wird 30–50 cm groß und hat ein Gewicht von 1–2 kg. Er hat eine leuchtend rote Farbe und auch sein Fleisch ist rötlich. Er gehört zu den wichtigsten Konsumfischen. Er ist etwas fett. Meist werden die Filets gebraten, pochiert oder gegrillt.

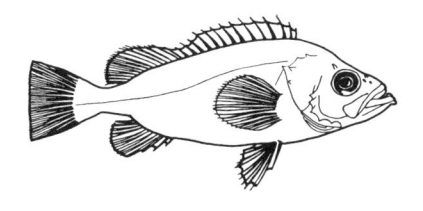

Rotberger. Rotweintraube. Kreuzung: Trollinger x Riesling. Die Weine sind fruchtig, körperreich, hellrubinrot, trollingerähnlich.

Rote Bete → *Rote Rübe.*

Rote Grütze. Ursprünglich wurde Rote Grütze aus roten Beerensäften (Himbeere, Johannisbeere, Brombeere) und verschiedenen Dickungsmitteln hergestellt. Ihr Name kommt von der Grütze, der Gersten-, Buchweizen- oder Hafergrütze, die früher zum Eindicken des Fruchtsaftes verwendet wurde. Heute wird zum Binden der Grütze überwiegend Speisestärke oder auch Sago bzw. Tapioka verwendet. Zur Roten Grütze wird flüssige, frische Sahne oder Vanillesauce gereicht.

Roter Camargue-Reis. Naturreis aus Südfrankreich, nach Richtlinien des kontrolliert-biologischen Landbaues gewachsen. Dieser Reis ist durch eine Laune der Natur, durch Anpassung der Pflanze an die besonderen Bodenverhältnisse und klimatischen Bedingungen selbst entstanden. Der natürliche rote Farbstoff, der dieser Sorte seinen Namen gibt, sitzt in der Reisschale.

Roter Gutedel. Spielart des → *Gutedel.* Weißweintraube mit roter bis grauroter Beerenfarbe. Sehr geschätzte Tafeltraube.

Roter Muskateller. Weißweintraubensorte, eine Mutation aus → *Gelbem Muskateller.*

Roter Traminer → *Traminer.*

Rote Rübe. Gehört zum Wurzel- und Knollengemüse. Neben der Bezeichnung „Rote Rübe" werden in verschiedenen Gebieten auch Namen wie Salatrübe, Rote Bete, Rahne, Randen und Randig gebraucht. Der Saft wird auch industriell als Farbstoff genutzt (Betanin, wenig kochbeständig). Neben den Sorten mit typischer roter Fleischfärbung gibt es heute kurioserweise auch eine weiße Rote Rübe, der der rote Farbstoff fehlt. Sie hat aber die typischen Geschmackseigenheiten. Besondere Bedeutung hat die Rote Rübe als Rohkost (Saft) und als Salat.

Rotes Brot. Brotkrankheit, die durch Mikroorganismen verursacht werden, die sich unter bestimmten Bedingungen im Brot entwickeln und Fäulniserscheinungen hervorrufen.

Rotes Gütezeichen → *Label Rouge.*

Rotfisch → *Huchen.*

Rothschild. Aus Frankfurt stammende Bankiersdynastie. Klass. Garnitur z. B. Auflauf Rothschild.

Rôtir (frz.: rôtir). 1) Größere Fleischstücke im Ofen gebraten (au four), a) Ansatz mit Fett (bei fettarmem Fleisch), b) Ansatz mit Wasser (bei fettreichem Fleisch), 2) Rôtir à la broche – Braten am Spieß, 3) Rôtir à la brochette – Braten am Spießchen. Temperatur: 200–280 °C.

Rôtisseur (frz.: rôtisseur). Abteilungskoch in einer großen Küchenbrigade, der für die Herstellung aller Bratengerichte → *rôtir* und in Fett gebackenen Gerichte → *frire* verantwortlich ist.

Rôtissoire (frz.: rôtissoire, w.). Pfanne zum Braten großer Fleischstücke.

Rotling. Weinart lt. Weingesetz aus einem → *Verschnitt* von Weißwein- und Rotweintrauben oder deren → *Maischen* hergestellt. Ein Verschnitt von roten und weißen Weinen ist verboten.

Rotscheer. Gespaltener → *Stockfisch*.

Rotschmiere. Die bei Weich- und Sauermilchkäse durch bakterielle Oberflächenbehandlung (Bacterium Linens) entstehende Schicht.

Rotweingewinnung. Rotweintrauben werden dazu in den meisten Fällen entrappt, d. h. die Stiele und Kämme der Trauben werden entfernt. Dies geschieht bereits während des Mahlprozesses. Die gemahlenen Beeren werden als → *Maische* bezeichnet. Der rote Farbstoff, das → *Oenin*, ist in der Schale der Beeren. Der Farbstoff wird nur durch Alkohol oder Wärme gelöst. Der durch Gärung entstehende Alkohol löst den Farbstoff. Nach der Maischegärung erfolgt die Kelterung und die Nachgärung im Fass. Bei dem zweiten Verfahren erfolgt die Farbextraktion durch die → *Maischeerhitzung*. Dabei wird die Maische über einen unterschiedlich langen Zeitraum erhitzt (ca. 30 Minuten bis sechs Stunden bei Temperaturen bis ca. 70 °C). Die Dauer der Hitzeeinwirkung hängt von der Höhe der Erhitzungstemperatur und der gewünschten Farbausbeute ab.

Rotwild → *Wild*. Hirsch, Tier und Kalb sind Schalentiere der Gruppe Haarwild, das in bewaldeten Mittel- und Hochgebirgen lebt. Gewichte (aufgebrochen): Jagdbarer Hirsch ca. 110 kg; Alttier ca. 60 kg; Schmaltier ca. 45 kg; Kalb ca. 33 kg.

Rotzunge, echte (*frz.: limande sole, w.; engl.: lemon sole*). Grundfisch der europ. Küsten. Plattfisch, mit der Scholle verwandt und der Seezunge ähnlich. Größe: ca. 30–50 cm, ca. 1 kg. Farbe: Kräftiges Rötlichbraun, zum Unterschied zur Limande ist die Seitenlinie gebogen. Sie dienen gern als Ersatz der wertvolleren Seezunge. Es muss beachtet werden, dass es noch andere Plattfische gibt, die häufig als Rotzunge bezeichnet werden.

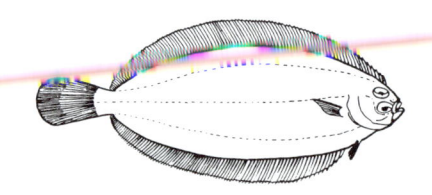

Rotzunge, falsche *(frz.: limande, w.; engl.: greysole).* Fanggebiet: Hauptsächlich vor Island, Nordsee, Norwegen und in der Ostsee. Farbe: Grau bis rötlichbraun, Mindestmaß laut Nordseekonvention: 25 cm. Ihre Seitenlinie verläuft gerade, Gegenstück dazu die sog. Rotzunge.

Rouge Carla. Neue Pflanzenzüchtung. Kreuzung von → *Chicorée* mit → *Radicchio*. Ihre Spitzen zeigen dort, wo die oberen Chicoréeränder normalerweise grün sind, eine tomatenrote Farbe.

Rougette → *Rauke*.

Rouille. Rostfarbene Sauce *(frz. rouille, f. = Rost)*, oftmals Beilage zur → *Bouillabaisse*. Zubereitung: Rohe, abgezogene, rote Paprikaschoten werden mit viel Knoblauch, einer oder zwei rohen Fischlebern (von Fischen, die in der Bouillabaisse Verwendung finden) und einer gekochten, mehligen Kartoffel im Mörser fein zerrieben. Diese breiige Substanz wird mit Salz, Pfeffer und einer Prise Cayenne abgeschmeckt und mit rohem Eigelb sowie gutem Olivenöl zu einer bindenden Sauce aufgerührt.

Roussillon → *Languedoc*.

Roussillon-Village. Qualitätsbezeichnung für Weine aus dem gleichnamigen Weinanbaugebiet in Südfrankreich. Sie schließt 25 Gemeinden ein.

Roux. Mehlschwitze zur Herstellung von Suppen und Saucen (roux blanc = weiße Mehlschwitze, roux blond = blonde Mehlschwitze, roux brun = braune Mehlschwitze).

RS – Rheinhessen-Silvaner. Besondere Angebotsform für einen traditionellen Silvaner aus dem Anbaugebiet Rheinhessen. Dieser Wein muss strengere Anforderungen erfüllen als es für die A.P.Nr. üblich ist.

RTK → *Rektifizierter, konzentrierter Traubenmost.*

Rübstiel → *Stielmus.*

Rücklagen. Bildung der Rücklagen: Aus Jahresüberschuss (+ Gewinnvortrag/Verlustvortrag) zuerst 5 % für gesetzliche Rücklage, danach freie R. (Abb. 66).

Rückstellungen. Passivposten in der Bilanz für eine Verbindlichkeit, deren Höhe und Fälligkeit noch nicht genau bekannt ist. Rückstellungen gehören deshalb zum Fremdkapital.

Rüdesheimer Kaffee. Eine Kaffeespezialität der Fa. Asbach & Co. in Rüdesheim. Kaffeeaufguss, Asbach-Weinbrand, Vanillezucker und dickflüssige angeschlagene Sahne mit Schokoladenraspeln. Rüdesheimer Kaffee wird in Spezialtassen zubereitet und serviert.

Rudjak Manis. Indonesischer Fruchtsalat mit gewürztem Fruchtsirup. Manis = süß.

Ruhezeit → *Arbeitszeit.*

Eigenkapitalteile; man unterscheidet:

Rücklagen

offene Rücklagen
erscheinen als Bilanzposten

gesetzliche
vorgeschrieben bei der AG
5 % des Gewinns, bis 10 % des Grundkapitals erreicht sind
dienen dem Vergleichsausgleich; erweiterte Risikobasis

freie
a) zweckgebundene z. B. für:
– Selbstversicherung
– Ersatzbeschaffung
– Rationalisierung
– Gebäude- oder Anlagenerneuerung
durch HV oder Satzung bestimmt
b) allgemeine

stille Rücklagen
kein gesonderter Bilanzposten, sondern in anderen Posten enthalten. Entstehen durch Unterbewertung der Aktiva oder Überbewertung der Passiva (dann auch als „versteckte" bezeichnet). Entstehen als
– Schätzreserven (AV zu niedrig)
– Ermessensreserven (Entscheidungsspielraum)
– Zwangsreserven (gesetzliche Höchstertvorschriften)

Abb. 66 Rücklagen

Ruländer. Weißweintraube. Wahrscheinlich aus einer Knospenmutation aus dem blauen Burgunder entstanden. Die Zweitbezeichnung → *Graue Burgunder* weist darauf hin. Mit dem → *Weißen Burgunder* und dem → *Blauen Burgunder* bildet er eine Familie. Der Wein hat ein sortentypisches volles Bukett. Syn.: Tokayer, Grauklevener, Pinol fino.

Rum. Spirituose, die aus Zuckerrohr oder Zuckerrohr-Melasse, vor allem auf den Karibischen Inseln, z. B. Kuba, Jamaika, Barbados, aber auch auf Madagaskar hergestellt wird. Ursprünglich wasserklar, durch Zugabe von Zuckercouleur oder Lagerung in Holzfässern braun. Die Lagerung in Holzfässern und der Verschnitt finden in Europa statt. Charakter und Qualität des Rums sind abhängig von: Dauer der Gärung (kurze Gärung = leichter Rum, lange Gärung = schwerer Rum), der verwendeten Hefe, dem Wasser, der Qualität des Ausgangsproduktes, dem Brennverfahren, der Länge der Ablagerung und dem Verschnitt. Geographische Bezeichnungen auf den Verpackungen sind verbindlich, d. h. Jamaika-Rum muss aus Jamaika stammen, Überseerum ist ein Verschnitt aus dem Überseegebiet, Antillen-Rum stammt von den Inseln, die zu den Antillen gehören.

Rumford, Benjamin Graf (1752–1814). Eigentlich Benjamin Thompson, amerik. Physiker, konstruierte Herde mit Zugröhren, Klappen und Schiebern zur Regulierung der Hitze. Klass. Garnitur z. B. Rumford Suppe.

Rumohr, Carl Friedrich von (1785 bis 1843). Kunsthistoriker, Werk: „Der Geist der Kochkunst". Die Gastronomische Akademie Deutschlands e. V. verleiht Persönlichkeiten, die sich um die Kochkunst und deren Verbreitung verdient gemacht haben, den „Karl-Friedrich-von-Rumohr-Ring".

Rum-Verschnitt. Mit neutralem Sprit und destilliertem Wasser vermischter → *Original-Rum*, wobei der Anteil des Original-Rums mind. 5 % betragen muss. Das Wort „Verschnitt" muss auf dem Etikett deutlich lesbar sein.

Rundgespräch. Diskussion zwischen ebenbürtigen Gesprächspartnern der selben hierarchischen oder verschiedener Ebenen des Unternehmens, um Lösungen zu erarbeiten, Erfahrungen auszutauschen, Meinungen zu vertiefen und Standpunkte zur Kenntnis zu bringen (z. B. Zusammenarbeit von → *Stab* und Linie, → *Brainstorming*).

Ruote. Ital. Nudelsorte. Geeignet für Suppen oder zu Saucen, auch unter der Bezeichnung „Pastarädchen" bekannt.

Russische Charlotte → *Charlotte*.

Russische Mischung (Tee), besteht aus Darjeeling-, Ceylon- und milden Chinasorten.

Russisches Durchlaufverfahren. Abwandlung der → *Großraumgärung* für Schaumwein. Bei dem Verfahren wird der Wein/Schaumwein in mehrere in Verbindung stehenden Drucktanks abgelassen. In einigen Tanks befinden sich evtl. Holzspäne. Durch dieses Verfahren nimmt der Wein mehr „Stoffe" auf und erscheint reifer.

Russisches Frühstück. In der heutigen Form mehr als Sektfrühstück bekannt. Es besteht aus diversen alkoholischen Getränken, verschiedenen Fischsorten, Schinken, kleinen Steaks, Kaffee, Tee usw. Zum Sektfrühstück werden häufig verschieden belegte Canapés sowie sog. Hotbits (warme kleine Fleischstücke und scharfe Saucen) angeboten.

Russischer Service. Vorspeisen werden auf einem separatem Tisch aufgestellt. Die Gäste bedienen sich selbst. An der Tafel wird Suppe einzeln serviert. Die Hauptspeisen werden in der Küche portioniert (früher auch zuerst präsentiert), wieder zusammengesetzt, den Gästen präsentiert und danach entweder angeboten oder vorgelegt. Fleisch und Beilagen können auf einer Platte zusammen angerichtet werden.

Rüstermuschel. Eine am Atlantik beheimatete Muschelart, die sehr selten ist. Man findet sie nur noch bei Springfluten.

RVO. Reichsversicherungsordnung (1911). Grundlage der Sozialversicherung (Kranken-, Unfall-, Renten- und Arbeitslosen-Versicherung).

Rybnaja soljanka. Pikante russische Fischsuppe für die die Fische zerkleinert, mariniert und zu Brühe verarbeitet werden. Einlage: grüne Gurken, Kapern, Tomaten, Zwiebelringe, Zitronen, Oliven und Petersilie. Wird serviert mit quarkgefüllten Blätterteigtaschen und Schwarzbrot mit Senf und Salz.

S

Saale-Unstrut. Bestimmtes Weinanbaugebiet, in den Tälern von Saale und Unstrut in vier Bundesländern gelegen: Sachsen-Anhalt, Sachsen, Thüringen, Brandenburg. Rebfläche: ca. 650 ha, 2 Bereiche. Hauptrebsorten: Müller-Thurgau, Silvaner, Kerner, Weißburgunder, Portugieser.

Sabayon (Österr.: Chaudeau; Ital.: → *Zabaione*). Warmer Weinschaum; Wein, Südwein mit Eigelb und Zucker über dem Wasserbad bis zu einer cremigen Konsistenz aufschlagen.

Sabra. Mit Schokolade abgeschmeckter Orangenlikör auf der Basis von Zitrusalkohol; aus Israel. Sabra ist die Kaktusfrucht und bedeutet: ein im Lande geborener Israeli.

Saccharin. Künstlicher Süßstoff. Chemische Bezeichnung Benzoesäuresulfimid. Fein kristallines, weißes Pulver mit etwa 400–500facher Süßkraft von Saccharose (Haushaltszucker). Zur besseren Löslichkeit wird Saccharin mit Natriumhydrogencarbonat versetzt, dadurch wird die Süßkraft herabgesetzt. Saccharin ist koch- und backfest. In Verbindung mit Säure wird Saccharin hydrolitisch gespalten und ruft einen unangenehmen Phenolgeschmack hervor. Die Verwendung ist nach der SüßstoffVO kennzeichnungspflichtig. ADI-Wert = 2,5 mg/kg Körpergewicht.

Saccharose. Rohr- und Rübenzucker, Haushaltszucker, Zucker. Wichtigstes Disaccharid, das durch Kondensation von einem Molekül Glucose und einem Molekül Fructose entsteht. Saccharose stellt neben dem Alkohol das einzige Produkt der Lebensmittelindustrie dar, das in größeren Mengen in chemisch reiner Form aus Zuckerrohr oder Zuckerrüben gewonnen wird. Eine Spaltung von Saccharose erfolgt entweder enzymatisch (→ *Glykosidase*) oder durch Erhitzen mit verdünnten Säuren. Saccharose kristallisiert sehr leicht, schmilzt bei etwa 185 °C unter Zersetzung (Karamelisierung), ist gut wasserlöslich.

Sachbezug. Sachwerte, die einem Arbeitnehmer als Entgelt für seine Arbeitsleistung gewährt werden. Im Hotel- und Gaststättengewerbe gehören hierzu: a) Kost, b) Logis, c) unentgeltliche Arbeitskleidung. Bei höheren Angestellten u. U. auch die Benutzung von Firmenwagen zu privaten Zwecken. Für die Bewertung der Sachbezüge gelten jährlich bestimmte ortsübliche Mittelwerte. Die Sätze werden von den Finanzbehörden bekannt gegeben. (Abb. 67), → *Sachzuwendungen.*

Sacher-Torte. Schokoladentorte, österr. Spezialität, nach Eduard Sacher (gest. 1892), Wiener Traiteur und Hotelbesitzer.

Sachet d'épices. Gewürzsäcklein. Besteht aus verschiedenen Gewürzen und Kräutern, in ein Tüchlein gebunden, an einer Schnur fest gemacht, damit es wieder herausgenommen werden kann. Wird in verschiedenen Fleischarten, Sauerkraut, Suppen (Ochsenschwanzsuppe) oder in Saucen mitgekocht.

Sachkundennachweis. Ein Nachweis der Sachkundigkeit ist zum Schutz der Gäste vom Betreiber einer Gaststätte zu erbringen. Er wird durch eine Belehrung bei der zuständigen IHK erworben.

Sachliche Richtigkeit, Prinzip der... (pädagogischer Grundatz). Vermittlung fachgerechter Kenntnisse und Fertigkeiten auf der Grundlage eines fundierten Wissens des Ausbilders.

Sachsen. Bestimmtes Weinanbaugebiet, Elbtal mit Nebentälern zwischen Pirna und Diesbach-Seußlitz mit Bereich Elstertal. Bundesland Sachsen. Rebfläche: ca. 450 ha, 2 Bereiche, Hauptrebsorten: Müller-Thurgau, Weißburgunder, Riesling, Traminer, Spätburgunder.

Sachzuwendungen

Sachbezüge wie freie Kost und Logis sind geldwerte Güter, als Teile des Lohnes unterliegen sie der Lohnsteuer. Für freie Verpflegung der Angestellten oder Teile davon sind folgende Werte anzusetzen:

Personenkreis		Frühstück €	Mittagessen €	Abendessen €	Verpflegung Insgesamt €
Volljährige Arbeitnehmer	mtl.	42,80	76,50	76,50	195,80
	ktgl.	1,43	2,55	2,55	6,53
Jugendliche und Auszubildende	mtl.	42,80	76,50	76,50	195,80
	ktgl.	1,43	2,55	2,55	6,53

Für mitarbeitende Familienangehörige gibt es besondere Sätze.
Für die Gewährung von unentgeltlichen oder verbilligten Mahlzeiten im Betrieb gelten für alle Arbeitnehmer die folgenden Sätze: Frühstück   1,43 €
                          Mittag-/Abendessen   2,55 €

Hinsichtlich der Gewährung freier Unterkunft gilt für abgeschlossene Wohnungen die ortsübliche Miete.
Bei Unterbringung in einer „sonstigen" Unterkunft gelten für volljährige Arbeitnehmer die folgenden Werte:

Sachverhalt		Unterkunft alte Bundesländer €	Unterkunft neuer Bundesländer €
Unterkunft belegt mit			
1 Beschäftigten	mtl.	189,80	170,00
	ktgl.	6,33	5,67
2 Beschäftigten	mtl.	113,88	102,00
	ktgl.	3,80	3,40
3 Beschäftigten	mtl.	94,90	85,00
	ktgl.	3,16	2,83
Mehr als 3 Beschäftigten	mtl.	7,92	68,00
	ktgl.	2,53	2,27

Für Jugendliche und Auszubildende gelten ebenso wie bei der Aufnahme in den Arbeitgeberhaushalt oder eine Gemeinschaftsunterkunft (z. B. Lehrlingsheim) verminderte Sätze.

Abb. 67   Sachbezugswerte 2003 für Lohnsteuer und Sozialversicherung

Sachzuwendungen. Zuwendungen des Unternehmers an seine Arbeitnehmer, die in Sachwerten, nicht in Geld bestehen. → *Sachbezug.*

Safran. Das kostbarste Gewürz der Welt. Gewonnen wird es aus den frischen Blütennarben der Safranpflanze, die ebenso wie der Krokus, eine Knollenpflanze aus der

Familie der Schwertliliengewächse ist. Die im Mittelmeergebiet beheimatete Safranpflanze entfaltet ihre violetten Blüten im Herbst. Dann ist in den frühen Morgenstunden Erntezeit. Die per Hand gepflückten wertvollen Blütennarben werden an der Sonne, am Feuer oder in Trockenöfen getrocknet. Etwa 100 000 bis 200 000 Narben sind nötig um 1 kg Trockensubstanz zu erhalten. Das sind pro ha Boden je nach Vegetationsjahr lediglich ca. 6–20 kg Safran. Hauptkomponent des Safrans sind der gelbrote Farbstoff Crocin sowie ein ätherisches Öl und der Bitterstoff Pikrocrocin.

Saft. 100 %iger Fruchtsaft, auch aus Konzentrat, mit dem charakteristischen Geschmack, Farbe und Aroma der namengebenden Frucht. Konservierungs-, Farbstoffe und chemische Haltbarmachung sind verboten. Zugelassen ist Zugabe von CO_2, Zucker, Vitamine – deklarationspflichtig!

Sago. Echtes Sago: kugelartig geformtes, durch mechanische Behandlung aus dem Mark der Sagopalme (Metroxylon sagu) hergestelltes Stärkeprodukt. Gewinnung: Die Sagopalme blüht nur einmal während ihres etwa 15jährigen Lebens. In den letzten drei Jahren vor der Blüte sammelt sie im Stamm Stärke, die als Sago gewonnen wird. Vor der Blüte werden die Bäume gefällt und in 1 m lange Stücke gesägt. – Spitze und Basis werden entfernt. Die Teilstücke werden gespalten und das Mark herausgeklopft. Das zerkleinerte Mark wird mit Wasser zu einem Brei verrührt und durch feine Siebe in eine milchige Flüssigkeit (= Stärkemilch) und in Zellwandbestandteile getrennt. Die Stärke setzt sich am Boden der Bottiche ab. Nach mehrmaligem Waschen wird der nasse Stärketeig durch Siebe verschiedener Porenwerte gedrückt. Die herabfallenden Teile werden in heißen Pfannen durch schwingende Bewegung in die runde Form gebracht und dabei so erhitzt, dass die Außenhaut verkleistert (= dextriniert). Das Innere des Sagokornes besteht zum größten Teil aus → *Quellstärke*. Palmensago enthält 13 bis 16 % Wasser und 80–85 % Stärke. Eigenschaften: Sago quillt beim Kochen stark, ist klar. Die äußere Dixtrinhaut verhindert weitgehend ein Zerfallen der Körner, auch beim Erkalten behalten sie ihre Form. Durch die besondere Gleitfähigkeit der mit Sago hergestellten Speisen wird der Eindruck der Kühlung und Frische hervorgerufen, daher ist Sago besonders zur Herstellung von Kaltschalen und Süßspeisen geeignet. Bei der Verarbeitung ist Sago stets in die kochende Flüssigkeit zu streuen. Garzeit ca. 20 Minuten. Es gibt noch einige Palmenarten, die ebenfalls echtes Sago liefern jedoch von geringerer Qualität. Flockensago: Hierbei wird die gereinigte Stärkemilch auf heißen Walzen dextriniert. Weitere Sagoarten: → *Tapiokasago* aus Manihotstärke hergestellt, → *Kartoffelsago*.

Sahne → *Schlagsahne* → *Creme fraîche*.

Sahnelikör → *Emulsionslikör* unter Verwendung von Sahne hergestellt. Der Mindestanteil an Sahne mit 10 % Fettgehalt (Kaffeesahne) muss 15 % betragen. Mindestalkoholgehalt 14 % Vol.

Saibling *(auch Seesaibling, Rotforelle oder Ritter; frz.: omble Chevalier; engl.: sea char).* Fisch der kalten, sauerstoffreichen Seen der Alpengebiete über 2000 m, aber auch in England, Skandinavien, Russland, Japan und Alaska zu finden. Blaugrauer bis brauner Rücken, weißer Bauch, 25 bis 40 cm mit unterschiedlichem Gewicht. Geräuchert eine Delikatesse.

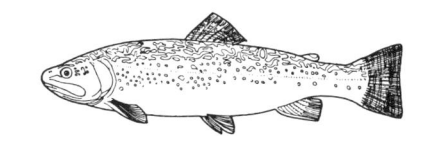

Saint-Amour → *Cru* von → *Beaujolais*. Dieser Wein, der jung getrunken werden sollte, eignet sich gut zu Vorspeisen.

Saint-Emilion. Einer der bedeutendsten Bereiche von → *Bordeaux*, vor allem durch seine Rotweine. Saint-Emilion besitzt eine eigene Klassifizierung aus dem Jahre 1969. Insgesamt werden ca. 84 Weine als beste klassifiziert. Sie sind in Premier Grand Cru Classe (12 Stück) und Grand Cru Classe (72 Stück) aufgeteilt. Zu den besten gehören der Château Ausone und Châeau Cheval-Blanc. Insgesamt werden aus Saint-Emilion ca. 1 000 Weine mit eigener Bezeichnung angeboten. Die Rotweine aus diesem Bereich lassen sich allgemein sehr lange lagern.

Saint Estephe A.C. → *Bordeaux-Gebietsaufteilung*.

Saint-Joseph A.C. Kleine Weinbauregion im Gebiet → *Côtes-du-Rhône*. St.-Joseph-Rotweine sind kräftig und lassen sich gut lagern.

Saint Julien A.C. → *Bordeaux*.

Saint Laurent → *Blauer Saint Laurent*

Saint-Péray A.C. Weinbaugemeinde im Süden des Gebietes Côtes-du-Rhône, bekannt für Schaumweine.

Saint-Raphael. Frz. Produkt, das zu den Bittergetränken zählt. Der Bittergeschmack ist sehr ausgeprägt. St. Raphael wird zum Mixen verwendet und als Longdrink mit Mineralwasser oder Fruchtsaft serviert.

Saisir (fair saisir). Durch große Hitze überraschen, z. B. in heißes Fett eintauchen.

Saisonale Brunst (Brunft). Paarungsbereitschaft, die zeitlich dem Regelfall entspricht. Gegensatz dazu: Asaisonale Brunst.

Saison-Kalender. Verbrauchskalender für jahreszeitliches Kochgut: In den nachfolgenden Aufstellungen ist die Jahreszeit aufgezeigt, in der ein Naturprodukt am besten schmeckt. Es ist die Aufgabe einer verantwortungsvollen Küche, sich mit ausschließlich frischen Produkten so gut wie möglich an diese Zeiten zu halten. Die Qualitätsunterschiede lassen sich an vielen Beispielen verdeutlichen, z. B. Jakobsmuscheln haben nur in den Monaten zwischen Januar und März ein gut ausgebildetes und leuchtendes Corail (Abb. 68).

Saisonpreis. Preis, der auf Grund der Preisdiffrenzierung für eine bestimmte Saison, Haupt-, Zwischen- oder Nachsaison, gilt.

Sake → *Reiswein* → *Mirin*.

Sakuski, auch Sakuska. Sammelname für russische pikante Vorspeisen, die auf speziellen Tischen nach der Art eines kalten Büfetts angeboten werden. Begleitet werden die Speisen, die man oft auch im Stehen einnimmt, von scharfen Schnäpsen. Die Sakuski werden vor der eigentlichen Mahlzeit, aber auch zu beliebiger Zeit, eingenommen. Angeboten werden hochwertige Fische als Salat, in Marinaden und als Räucherware. Kaviar wird nie fehlen, nicht nur in der bekannten Form, sondern auch als mayonnaiseartige Salate aus frischen Fischeiern wie Zander, Hecht, Lachs oder Karpfen. Auch das Spanferkel ist in irgendeiner Form vertreten. Angemachter Schafskäse, hartgekochte Eier, rote Rüben, marinierte Pilze

Kochgut	beste Zeit
Geflügel	
Hühnchen	Juni–Sept.
Masthuhn	Nov.–Jan.
Kapaun	Nov.–März
Puter	Okt.–Jan.
Gänseleber	Okt.–April
Wildgans	Okt.–Dez.
Ente	Juni–Juli
Möweneier	April–Mai
Gemüse	
Spargel	April–Juni
Tomate	Aug.–Okt.
Lauch	Aug.–Nov.

Abb. 68   Saisonkalender

Saisonkalender (Abb.)

Kochgut	beste Zeit	Kochgut	beste Zeit
Artischocke	Mai–Aug.	Hering	Juni–Aug.
Grüne Bohnen	Juni–Aug.	Matjes	Juni
Erbsen	Mai–Juni	Kabeljau	Okt.–April
Gurken	Juni–Juli	Krabbe	Sept.–März-
Hopfenkeime	April–Mai	Krebs	April–Sept.
Karotten	Mai–Okt.	Hummer	Mai–Okt.
Kartoffeln	Juni–Sept.	Karpfen	Okt.–März
Trüffeln	Dez.–Jan.	Limande	April–Aug.
Sellerie	Okt.–Jan.	Lachs	Nov.–Feb.
Morcheln	April–Mai	Lachsforelle	Mai–Juni
Pfifferlinge	Juni–Okt.	Languste	Juni–Sept.
Radieschen	Feb.–Mai	Jakobsmuschel	Jan.–März
Sauerampfer	April–Mai	Makrele	Mai–Aug.
Steinpilze	Juli—Aug.	Merlan	März–Dez.
Blumenkohl	Sept.–Dez.	Renke	April–Juli
Endivien	Mai–Juni	Muschel	Sept.–Feb.
Aubergine	Juni–Aug.	Rochen	Feb.–Juni
Mais	Aug.–Sept.	Seezunge	April–August
Kastanie	Sept.–Nov.	Scholle	Mai–Sept.
Wild		Seeaal	Sept.–Jan.
Reh	Mai–Dez.	Steinbutt	Okt.–April
Hirsch	Okt.–Dez.	Seeteufel	April–Sept.
Wildente	Okt.–Dez.	**Fleisch**	
Fasan	Nov.–Feb.	Hammel	Okt.–März
Frischling	Juli–Aug.	Kalb	März–Sept.
Hase	Okt.–Dez.	Lamm	März–Juni
Kaninchen	Nov.–Febr.	Rind	Dez.–März
Krammetsvogel	Aug.–Dez.	Schwein	Sept.–April
Perlhuhn	März–Juli	Hauskaninchen	Juni–Nov.
Rebhuhn	Sept.–Nov.	**Obst**	
Schneehuhn	Okt.–März	Erdbeeren	Mai–Juni
Waldschnepfe	Okt.–Dez.	Heidelbeeren	Juli–Sept.
Sumpfschnepfe	April–Sept.	Himbeeren	Juni–Juli
Taube	Juli–Nov.	Johannisbeeren	Juni–Juli
Wachtel	Sept.–Okt.	Kirschen	April–Juni
Elche	Juli–Sept.	Pfirsische	Juli–Aug.
Gemse	Aug.–Sept.	Preiselbeeren	Sept.
Fische, Schalentiere, Krustentiere		Weintrauben	Sept.–Okt.
Aalquappe	Jan.–März	Mandarinen	Dez.–März
Aal	April–Sept.	Melonen	Juli–Sept.
Auster	Okt.–April	Grüne Feigen	Juli–Aug.
Barsch	Mai–Sept.	Reineclauden	Aug.–Sept.
Bachforelle	April–Aug.	Pflaumen	Aug.–Okt.
Felchen	Mai–Sept.	Mandeln	Juli–Nov.
Hecht	März–Sept.	Datteln	Aug.–Sept.
Ostsee–Hering	April–Aug.	Birnen	Sept.–Nov.

Abb. 68 Saisonkalender (Fortsetzung)

Saladier

und Gurken, kleine gebratene Fleischklopse und Fleischsalate → *Cromesquis* runden das Büfett in seinem Angebot ab.

Saladier *(frz.: saladier, m.).* Koch, der für die Herstellung aller Salate verantwortlich ist.

Salamander. Früher: Eisenplatte mit Stiel, die im Kohleofen erhitzt wurde und zum Überbacken (Gratinieren) benutzt wurde. Heute: Gas- oder elektrisch betriebenes Gerät, mit Oberhitze, unter der Gerichte überbacken (gratiniert) werden.

Salangane. Ostindische Schwalbe, deren Nester geerntet und zu → *Schwalbennestersuppe* verarbeitet werden.

Salanova. Neu gezüchtete rot-grüne Salatsorte aus Holland, deren Kopf tief eingeschnitten ist, sodass man mit einem Schnitt alle Blätter lösen kann. Dadurch verringert sich der Arbeitsaufwand deutlich. Es fallen kaum Putzverluste an und außerdem verringert die kleine Blattschnittfläche die Oxidation.

Salat. Das Wort „Salat" kommt aus dem lateinischen Wortschatz und bedeutet Salz, da es sich ursprünglich um ein gesalzenes Lebensmittel handelt. Columella, ein Landwirt aus Cadiz, führt in seinem Werk „de re rustica", das 60 n. Chr. erschien, u. a. die verschiedenen Salatarten auf. Er schreibt, dass die Römer den Salat frisch mit Öl, Essig, Wein oder Fischlake und verschiedenen Gewürzen verzehrten, meistens wurde er jedoch in einer Salzlake zusammen mit Bohnen, Dill, Fenchelkraut und Lauch, auch mit Honig eingelegt. Das nannte man „insalata", eine Bezeichnung, die in fast allen europäischen Sprachen erhalten geblieben ist.

Sales promotion → *Verkaufsförderung,* → *absatzpolitisches Instrumentarium.*

Salicorne. Passe-Pierre Algen in konservierter Form, sauer eingelegt.

Salm → *Lachs.*

Salmanazar. Flaschengröße mit dem zwölffachen Inhalt der Normal-Flasche, also 9 l.

Salmis *(altfrz.: salmigondi).* Alte Schreibweise auch ohne „s". Sal = Salz, mis = gesetzt – Partizip perfekt von „mettre", soviel wie am Tisch zubereitetes Gericht. Meist Ente oder Wildgeflügel. Typ: die Rouenaiser Ente – blutig.

Salmonellen → *Salmonellose.*

Salmonellose (Fleischvergiftung). Erreger der Krankheit sind die Salmonellenbakterien, von denen es über 300 Arten gibt. Dazu gehören u. a. die Paratyphuserreger und die Enteritdisbakterien. Salmonellen sind hitzeempfindlich. Sie werden durch Erhitzen abgetötet. Sie kommen daher vorwiegend in Rohware (Fleisch, Tatar, Geflügel) vor. Sie können nachträglich auf andere Lebensmittel übertragen werden. Besonders anfällig sind: Mayonnaise, Kartoffelsalat, Milch, Eipulver. Die Infektion der Ware kann folgende Ursachen haben: **1)** Die Salmonellen können durch eine Infektion des lebenden Tieres (Kontakt, Futter) im Fleisch vorhanden sein. **2)** Sie können durch Dauerausscheider auf die Ware übertragen werden. **3)** Eiternde Wunden bei Personen, die mit Lebensmitteln umgehen. **4)** Mangelnde Hygiene, verseuchtes Wasser, infizierte Maschinen und Geräte. Salmonellen verändern die Ware nicht. Die infizierte Ware ist genussuntauglich und muss vernichtet werden. Krankheit: Inkubationszeit zwei Stunden bis mehrere Tage. Krankheitsbild: Schüttelfrost, Erbrechen, Durchfall, Darmblutung. Die Krankheit verläuft meist gutartig, sie kann jedoch in besonders schweren Fällen zum Tode führen.

Salmoniden. Fettflossenträger. Diese Fettflosse ist eine dicke, strahlenlose Hautfalte auf dem Schwanzstiel zwischen Rücken und Schwanzflosse. Zu dieser Gattung Salmoniden gehören Lachse, Forellen, Felchen,

Renken, kleine und große Moränen, Stint, Bach- und Wandersaibling, amerikanischer Seesaibling. Letzterer, der amerikanische Seesaibling, der bis zu einem Meter lang und bis zu 7–8 kg schwer werden kann, wurde in verschiedenen Seen der Schweiz und Schwedens mit Erfolg eingesetzt und gezüchtet.

Salpikon. Eine Zusammenstellung von Fleisch, Farcen, Champignons, Trüffeln etc., gewöhnlich gekocht und je nach Bestimmung in kleinere oder größere Würfel geschnitten. Ein Salpikon kann aber auch aus einer Sorte Fleisch oder Gemüse, in Würfel geschnitten, bestehen, wie z. B. ein Salpikon von Gänseleber oder ein Salpikon von Trüffel (Escoffier). Speziell zur Füllung von Barquettes, Pasteten, Dariolen, Crustaden, Dartois, Mazagran, Risolees, Tarteletten und Timbalen. Auch Salpikon von Früchten.

Saltimbocca alla Romana. „Spring in den Mund". Kleine Kalbfleischscheiben mit einer Scheibe rohen Schinken und Salbei aufgerollt, aufgespießt, in Butter gebraten und mit Weißwein begossen.

Salumenteria. Italienischer Ausdruck für ein Spezialgeschäft mit Wurst und Schinken.

Salz → *Kochsalz.*

Salzburger Nockerln. Österreichische Süßspeise aus Eischnee, Eigelb, Zucker, Vanille und etwas Mehl. Dazu das Eiweiß mit wenig Zucker zu einem steifen Schnee schlagen, den restlichen Zucker zugeben, das Eigelb und das Mehl vorsichtig unterheben. In einer gut gebutterten feuerfesten Form die Masse pyramidenförmig (in Form der drei Stadtberge von Salzburg) dressieren und etwa vier Minuten in der Röhre backen. Mit Puderzucker bestäubt servieren.

Salzen → *Pökeln.*

Salzhering. Kräftig gesalzener Hering, der vor dem Verzehr gewässert werden muss.

Salzmeter. Durch einen Salzmeter (= Salzgehalt-Messgerät) kann der Salzgehalt von Schinken und Wurst in nur zwei Sekunden absolut genau festgestellt werden.

Sambal. Verschiedene Sambals sind die Grundgewürze der indonesischen Küche. Sambal besteht aus gestoßenen roten Pfefferschoten, ist sehr scharf. Sambal olek = mit Salz gestoßene Pfefferschoten; Sambal badjak = gestoßene Pfefferschoten mit Salz, Krabbenpaste, Zwiebeln, indonesischen Nüssen und indonesischem Zitronenblatt vermischt und in Öl gebacken; Sambal brandal = gestoßene Pfefferschoten mit Salz, Krabbenpaste, Zwiebeln, javanischem Rohrzucker und Tamarinde vermischt und in Öl gebacken; Sambal manis = (manis – süß) wie Sambal badjak, aber mit mehr Zucker; Sambal trassi = gestoßene Pfefferschoten mit Salz und Krabbenpaste. Sambals finden auch in der chinesischen und türkischen Küche Verwendung.

Sambuca. Ein italienischer Likör, der meist mit gerösteten Kaffeebohnen serviert wird. Beliebt als → *Digestif.* Die Kaffeebohnen werden vor dem Trinken zerkaut. Sambuca hat Aroma und Geschmack des Anis und der Holunderblüte (ital. Sambuca = Holunder). Sambuca Negra ist die bereits mit Kaffee versetzte dunkle Variante.

Sambur. Polnische und russische Küche. Fruchtgelee, das beim Erkalten geschlagen und locker und blind wird. Dazu serviert man Kaimak, eine gesüßte Sahne.

Sämling 88. Andere Bezeichnung für → *Scheurebe.*

Sammak *(auch Sumac, Sumach).* Arabische Küche. Säuerlich schmeckendes Gewürzpulver aus dem Samen des Sammak- oder Sumac-Strauches.

Sammelbewertung

Sammelbewertung → *Bewertung*. Eine Ausnahmeregelung, nach der statt der grundsätzlichen Einzelbewertung bestimmte Güter (vertretbare Güter) zusammen bewertet werden dürfen. Als Methoden für die Bewertung des Endbestandes stehen dabei zur Verfügung: **a)** Gewogener Durchschnitt, **b)** Skontraktion, mit gleitenden Mittelwerten, **c)** Lifo (last in, first out), **d)** Hifo (highest in, first out) **e)** Fifo (first in, first out) wobei mit den Preisen der zuletzt beschafften Güter bewertet wird, **f)** Lofo (lowest in, first out).

Samna → *Ghee*.

Samos. D.O.C. Süßwein aus der Muskattraube, der mit Weinalkohol aufgespritet ist. Herkunft: gleichnamige griechische Insel im Ägäischen Meer.

Samosas. Kleine gefüllte indische Teigtaschen, die in der Fritüre gebacken werden. Es wird ein leichter Hefeteig verwendet. Die Füllung besteht fast ausschließlich aus kräftig gewürztem Urad, Chana oder Masoor-Dahl. Auch Kartoffeln, Lammfleisch und grüne Erbsen werden verwendet.

Samowar. Kessel für die Teezubereitung; russ. sam = selbst, varit = kochen (Selbstkochen).

Samtrot. Rotweintraube durch Mutation aus der → *Müllerrebe* entstanden. Durch Klonen wurde der Ertrag und die Qualität gesteigert. Die Weine sind rubin- bis dunkelrot, zart und samtig.

Sanatorium. Beherbergungsbetrieb zur Regeneration der Gesundheit mit ärztlicher Betreuung; meist in klimatisch günstigen Gebieten, wo das Klima die Heilung unterstützt.

Sancerre A.C. Östlicher Bereich an der Loire, bekannt für trockene Weißweine. Sie werden aus der Traubensorte → *Sauvignon-Blanc* hergestellt und erreichen 10,5 % Vol.

Alkohol. Weniger bekannt sind Sancerre-Roses aus der → *Pinot noir-Traube*.

Sancho-Pfeffer. Japanischer Pfeffer, ein Gewürz mit Zitronengeschmack.

San-Daniele-Schinken. Mit Meersalz eingeriebener Hinterschinken, der luftgetrocknet wird. Er wird im Ort San Daniele in der Landschaft Friaul, nicht weit von Udine, hergestellt. Er wird auch unter dem Namen „Kings" verkauft. Im Gegensatz zum → Parmaschinken wird der San-Daniele-Schinken mit dem charakteristischen Fuß geliefert und hat auch eine flachere Form. Sein Markenzeichen ist ein gitarrenförmiger Schinken mit den Initialen SD. Der Schinken findet hauchdünn geschnitten seine Verwendung. Der Name ist gesetzlich geschützt. Die verwendeten Schweinekeulen dürfen nicht unter 9,5 kg wiegen.

Sandmasse. Masse aus Butter, Eiern, Zucker, Mehl und Geschmacksstoff. Mindestanteil: 20 % Butter und 20 % Eier gerechnet vom Endprodukt.

Sandwiches. „Klappbrote" = Zwei dünne Scheiben Weißbrot, die mit Butter bestrichen werden und zwischen denen z. B. Schinken, Käse, Salate, Wurst oder Geflügelfleisch die „Garnituren" bilden. Benannt nach dem englischen Grafen John Montague v. Sandwich (1718–1792), der das Kartenspiel liebte und sich dabei diese „Klappbrote" servieren ließ, ohne seine „Leidenschaft" unterbrechen zu müssen. → *Canapé*.

Sangria. Aromatisches weinhaltiges Getränk, das unter Zusatz von natürlichen Essenzen von Zitrusfruchtextrakten mit oder ohne den Saft dieser Früchte und evtl. Zusatz von Gewürzen, CO_2, Fruchtschalen, auch Fruchtfleisch aus Weiß- oder Rotwein hergestellt wird. Der vorhandene Alkoholgehalt muss weniger als 12 % Vol. betragen. Das Getränk stammt ursprünglich aus Spanien oder Portugal.

Sangrita. Aus Mexiko stammendes Getränk, das zu Tequila getrunken wird.

Sanierung. l.w.S. alle Maßnahmen, die geeignet sind, Mängel an einem Unternehmen zu beseitigen, damit dieses wieder wirtschaftlich arbeiten kann. I.e.S. Angleichung des nominell in der Bilanz der Kapitalgesellschaften ausgewiesenen Kapitals an das tatsächlich vorhandene Vermögen. Ausgleich einer Unterbilanz.

St. Emilionklassifizierung → *Bordeaux-Klassifikation.*

Sanktionsverhalten. Reaktion des Vorgeordneten auf das Ausbleiben oder die Unangemessenheit von Handlungsweisen des Mitarbeiters (Korrekturen durch Ermahnung, Kritik aber auch Anerkennung).

Santa Magdalena D.O.C. Rotwein aus Südtirol, der sehr gut zu Wildgerichten passt. Der Mindest-Alkoholgehalt muss 11,5 % Vol. betragen.

Santosa. Kaffeelikör aus Brasilien mit 26,5 % Vol. Alkohol, der aus Santos-Kaffee hergestellt wird.

Saône et Loire. Ein Departement im Weinbaugebiet → *Burgund,* das zwischen der → *Côte d'Or* und → *Beaujolais* liegt. Es wird in zwei Bereiche, → *Chalonnais* (Nord) und → *Maconnais* (Süd) geteilt.

Sapote. Exotische Frucht aus Mexiko mit zimtfarbener, rauer Schale und weißem, übersüßem Fruchtfleisch. Der Sapote fehlt jede Fruchtsäure und man beträufelt sie zum Essen daher mit Zitronensaft.

Sarah Bernhard(t) → *Bernhard(t).*

Sardelle *(frz.: anchois, m.; engl.: anchovy).* Vorkommen: Atlantik, Mittelmeer, Nordsee, Schwarzes und Kaspisches Meer. Sie ist in fünf Arten geographischer Rassen mit verschiedenen Größen antreffbar, ca. 16 cm lang. Die Filets werden gesalzen als Sardellenfilets gehandelt. Filetiert, mariniert als so genannte Anchovisfilets. Die Sardellen werden mit der Küstenfischerei in Spanien, Portugal, Frankreich und Holland gefangen. Die beste Qualität, die Brabanter Sardelle, wird in frischen Eichenfässern gelagert. Nach sechs Monaten ist sie konsumreif. Die Lagerung beträgt i. d. R. drei bis fünf Jahre.

Sardine *(frz.: sardine, w.; engl.: sardine).* Verwandter der Heringsfische. Eine max. Länge von 26 cm, das würde einem Alter von 15 Jahren entsprechen. Eine Normallänge allerdings von 19 bis 20 cm. Laut EU-Konvention darf nur die Jugendform Sardine genannt werden. Die älteren Tiere werden dann Pilchard genannt. Neu auf dem Markt ist die so genannte südafrikanische Sardine. Nach EU-Norm genannt: Sardin-Pilchard. Es handelt sich hierbei um eine Sardinenart von der afrikanischen Küste. Lebensraum der normalen Sardinen: West- und Südwestküsten Europas, hauptsächlich Mittelmeer. Nächtlicher Fang mit Carbidlampen. Ein spanischer und portugiesischer Exportartikel. Die Spitzenqualitäten sollten möglichst breit sein und in erstklassigem Öl konserviert werden.

Sarkolemm. Kernlose Umhüllung der quergestreiften Muskelfaser, aus Bindegeweben bestehend.

Sarma. Gericht der russischen und der Balkan-Küche. Ganzer gefüllter Kohlkopf mit Fleischfarce und tourniertem Gemüse.

Sarriette. Frz. Ausdruck für Bohnenkraut.

Sashimi. Rohes Fischgericht. Sehr populär in Japan. Wird aus verschiedenen Fischen zubereitet, wie etwa Rotbarsch, Heilbutt, Steinbutt, Kabeljau und Thunfisch, aber auch von Tintenfisch und Abalone. Die Fische müssen absolut frisch sein. Man bewahrt sie in einem Mulltuch eingeschlagen im Kühlschrank auf und man darf sie nur so wenig wie möglich mit den Fingern berühren. Oft wird für Sashimi lebender Fisch vor den Augen des Gastes filetiert. Die Präsentation muss sehr aufwendig und dekorativ sein. Ein gutes Sashimi ist sehr teuer. Garniert wird mit einem Büschel Wasserkresse und Gemüsearten, außerdem Blätter von Kinome, einer Art Pfefferpflanze, ein Büschel Shiso oder Perilla, die gelbe Blume der Papepflanze oder kleine blühende Gurken. Serviert wird Sashimi mit geraspeltem Rettich, japanischem Meerrettich (grünlich) und Sojasauce.

Sate, auch Satih oder Satay. Fleischspießchen mit Geflügel oder Schlachtfleisch der malaiischen oder indonesischen Küche, meist mit scharfer Sauce serviert. Saté ajam = Hühnerspießchen, Saté babi = Schweinefleischspießchen, Saté daging = Rindfleischspießchen.

Saubohnen → *Dicke Bohnen.*

Saucier. Abteilungskoch in einer Küchenbrigade, der für die Herstellung der Soßen, Soßengerichte (Ragouts) und Pfannengerichte verantwortlich ist. Häufig ist er der Stellvertreter des Küchenchefs (sous-chef).

Saucière *(frz.: saucière, w.).* Ein Soßenbehälter von unterschiedlicher Größe aus verschiedenem Material, wie z. B. Porzellan oder Silber.

Saucier-Mat. Diese Entwicklung ermöglicht erstmals die mechanische Herstellung großer Mengen Saucen auf herkömmliche und individuelle Weise. Anstrengendes, manuelles Rühren und Wenden bei der Saucenherstellung oder Ragoutzubereitung wird durch mechanischen Herstellungsprozess ersetzt. Der Saucier-Mat hat eine Schabwendevorrichtung, die die manuelle Tätigkeit um ca. 80% der sonst üblichen Arbeitszeit reduziert. Verschiedene Speisen verlangen beim Garungsvorgang einen spezifisch angepassten Ablauf. Der Saucier-Mat bietet mit der Schabwendevorrichtung drei unterschiedliche Einstellungen: **1.** Kontinuierli-

cher Vorlauf. **2.** Etwa 3 Umdrehungen Vorlauf, dann etwa 90° Rücklauf und wieder Vorlauf. **3.** Etwa 4 Umdrehungen Vorlauf, 20 sek. Anbräunung (Stillstand), dann etwa 90° Rücklauf und erneuter Vorlauf.

Sauen → *Schwarzwild.*

Sauerbrunnen → *Säuerling.*

Sauerdorn → *Berberitze.*

Sauerklee → *Oxalis.*

Säuerling, Sprudel (auch → *Sauerbrunnen*). Voraussetzung: wie → *natürliches Mineralwasser* plus CO_2-Gehalt = 250 mg/l aus einer zugelassenen Quelle ohne weitere Veränderung.

Sauermilchkäse. Lässt man Sauermilchquark reifen, entsteht Sauermilchkäse. Diese Käse kann man als die ältesten der Welt bezeichnen. Auf gewerblicher Grundlage wurden vor etwa 200 Jahren im Harz die ersten Käse dieser Art hergestellt. Sauermilchkäse gibt es mit und ohne Schimmel an der Oberfläche. Sie sind glatt, von goldgelber bis rötlich-brauner Farbe. Allen gemeinsam ist ein deftiger, pikanter, milchsaurer Geschmack und Geruch. Die bekanntesten Sorten sind: Bauernhandkäse, Mainzer Handkäse, Korbkäse, Stangenkäse, Harzer Roller und Olmützer Quargel.

Säuern. Konservierungsmethode. Genusssäuren wie Essig, Milchsäure, Apfelsäure führen zu einer pH-Wert-Senkung. Die in der Praxis angewandte Säurekonzentration führt nicht zu einer vollständgen Ausschaltung der Mikrobentätigkeit, z. B. Sauerbraten, Essiggurken, Essiggemüse. Bei der Haltbarmachung von Gemüsen wird die natürliche Wirkung von säurebildenden Mikroorganismen und die enzymatische Säuerung ausgenutzt. Kohlenhydrate werden zu Essigsäure, Zitronensäure, Apfelsäure und Milchsäure abgebaut, z. B. Sauerkraut, Sauerbohnen. In der Lebensmitteltechnologie wird die Säuerung mitunter in Verbindung von Kulturen bestimmter Mikroorganismen eingesetzt, z. B. Butter, Sauerteig, Joghurt.

Sauerteig. Triebmittel für Teige vorwiegend aus dunklen Mehlen. Es handelt sich um eine Mischkultur von Hefepilzen und Bakterien (Milch- und Essigsäurebakterien), die sich allmählich bei Stehen eines aus Mehl und Wasser bereiteten Teiges ausbildet. Die Hefe löst die Kohlendioxidbildung aus, während die Bakterien zunächst den für die Reinhaltung der Hefekultur günstigsten Säuregrad hervorrufen. Bei günstigen Temperaturen und richtiger Teigführung bilden sich Milchsäure und Spuren von Essigsäure, die Hefe vermehrt sich und führt zur Gärung.

Saumur A.C. Untergebiet des Weinanbaugebiets Loire. Benachbart mit → *Anjou.* Hier werden Weiß- und Rotweine, Roses und Schaumweine produziert. Hauptrebsorten sind weiß Chenin Blanc; blau → *Cabernet Franc.*

Saupoudrer. Mit Salz, Mehl oder Zucker bestreuen.

Säureregulatoren. Stoffe, die den Säuerungsgrad eines Lebensmittels regeln. Das geschieht entweder dadurch, dass noch Säure zugegeben wird, um den Säuregehalt zu verstärken, oder dass alkalische Stoffe zugesetzt werden, die den Säuregrad senken.

Sauter *(frz. sauter).* Braten in der Stielpfanne ohne Deckel. Prinzip: In der Pfanne (Sautoir) schnell anrösten und fertigbraten. Fallende Hitze vermeiden. Vor allem Fleisch zieht sonst Flüssigkeit, wird zäh. Anwendung: Für kleine Fleischstücke (Geschnetzeltes, Koteletts, Schnitzel, Entrecôtes, Steaks usw.), Geflügelstücke, kleinere Fische, Gemüse, Kartoffeln, Temperatur: 160 bis 240 °C.

Sauternes A.C. Bereich des → *Bordeaux* im Süden von → *Graves.* Sauternes-Weiß-

weine sind für ihre Qualität bekannt. Dank eines warmen und feuchten Klimas werden die hier wachsenden Trauben im Herbst mit Edelfäule (Botrytis-Pilz) befallen. Die Lese erfolgt im → *Ausbruchverfahren.* Sauternes-Weine sind den deutschen Trockenbeerenauslesen sehr ähnlich. Das Anbaugebiet wird seit 1855 in 21 Crus klassifiziert. Der Grand Premier Cru ist der weltberühmte Château d'Yquem. Er ist der einzige weiße Cru, der zu dieser höchsten Klasse gehört. Die restlichen 20 Crus werden als erste – zweite Crus angeboten. Sauternes-Weine werden gekühlt getrunken und passen z. B. zu Vorspeisen, Pasteten und Desserts aus Cremes und Eis. Das angrenzende Gebiet → *Barsac* ist ebenso einzustufen wie Sauternes.

Sauternes/Barsac-Klassifizierung → *Bordeaux-Klassifikation.*

Sautoir *(frz.: sautoir, m.).* Halbflache Kasserolle.

Sauvage *(frz.: wildgewachsen).* Oft Namensbestandteil frz. Spirituosen; z. B. Framboise sauvage.

Sauvignon-Blanc. Weiße Traubensorte, in verschiedenen frz. Weinbaugebieten angebaut.

Savarin. Feiner, eier- und butterhaltiger Hefeteig, in kleinen Ringformen gebacken, mit → *Läuterzucker* unter Zugabe von Spirituosen getränkt und → *aprikotiert,* warm und kalt zu servieren. Savarins können mit → *Fondant* oder → *Couverture* überzogen werden, Füllungen erhalten oder mit verschiedenen süßen Soßen serviert werden. Name von → *Brillat Savarin* abgeleitet.

Savoyer Kohl. Syn. für → *Wirsingkohl, Welschkohl.*

Scamorza. Eine „birnenförmige" Käsespezialität aus Italien. Besteht aus Kuhmilch oder Kuh- und Schafsmilch.

Scampi. → *Kaisergranat.*

Scampo. Mehrzahl Scampi → *Kaisergranat.*

Schabzieger. Glarner Kräuterkäse (Schweiz).

Schabzigerklee. Trigonella coerulea oder Blauer Steinklee. Einjährige Pflanze, gedeiht auf allen kleefähigen Böden, die nicht zu nährstoffreich sind. Nach der Ernte erfolgt die schonende Trocknung bei mäßiger Wärme. Der aromatische Geruch entwickelt sich erst nach sorgfältigem Trocknen bei niedrigen Temperaturen. Schabzigerklee würzt deftig aber nicht scharf. Er eignet sich zum Würzen von Quark und Käse, Käsefondue, Teigwaren, Pizza, deftigen Eintöpfen.

Schächten. Aus dem Orient stammende rituelle Form des Schlachtens. Dem Schlachttier wird bei Bewusstsein der Hals bis auf die Wirbelsäule durchtrennt. (Optimale Ausblutung). Es dürfen nur lebende, nicht etwa sterbende oder tote Tiere der Fleischgewinnung zugeführt werden. (Jüdische Küche).

Schadenersatz → *Haftung.* Von Schadenersatz spricht man, wenn einer Person ein ihr entstandener Schaden oder Nachteil zu ersetzen ist, ganz gleich, ob es sich um einen ideellen oder wirtschaftlichen Schaden handelt. Gesetzliche Grundlage §§ 249 bis 255 BGB.

Schadenshaftung des Wirtes → *Haftung des Gastwirts.* Für Schäden, die dem Gast entstehen, haften **a)** der Beherbergungswirt auch für Handlungen seines Personals, fremden Personals und für Zufall, **b)** Schank- und Speisewirte dagegen nur für eigenes oder Verschulden des eigenen Personals. Hierunter fällt **a)** die Haftung aus Vertrag oder Vorvertrag für Schäden 1) aus der Vertragsanbahnung, 2) aus Mängeln der Verkehrssicherheit (z. B. lose Bodenbeläge), 3) aufgrund fehlerhafter Leistungen (z. B. ungenießbare Speisen, fehlerhafte Betten), **b)** Die Haftung aus unerlaubter Handlung, soweit der Schaden durch Widerrechtlichkeit oder Verschulden entstanden ist. Die Haftung erstreckt sich auf einwandfreie Vertragserfüllung durch den Erfüllungsgehilfen (Haftung, wenn Kellner einen Gast verbrennt) und bei Verrichtungsgehilfen (z. B. wenn der Koch zum Einkauf fährt) auf unerlaubte Handlungen. Die Haftung entfällt: **a)** wenn die Sachen nicht mehr eingebracht sind, **b)** den Gast ein Verschulden trifft (Schlüsselverlust), **c)** Schäden durch Personen entstehen, die der Gast selbst ins Hotel bringt, **d)** für Schäden durch höhere Gewalt.

Schaffermahlzeit, Bremer. Die Gepflogenheit geht bis zum Jahre 1545 zurück. Die Mahlzeit, am zweiten Freitag im Februar, galt als Abschiedsfest, das die Kaufleute ihren Schiffskapitänen gaben, ehe sie zum ersten Mal im neuen Jahre wieder in See stechen konnten. Bis 1561 zahlten die Seeleute ihre Mahlzeit selber, danach aber gingen die Kosten zu Lasten der Kaufleute und Reeder. Immer drei von ihnen waren die Schaffer, die mit Unterstützung von sechs Kapitänen dafür verantwortlich waren, Zutaten und Weine heranzuschaffen. Dieses älteste Brudermahl Deutschlands, wahrscheinlich der Welt, hält man alljährlich mit 250 Gästen pünktlich um 15 Uhr in der Festhalle des Bremer Rathauses ab. Die Schaffermahlzeit dauert mehrere Stunden. Silbernes Besteck liegt für jeden Gast auf einem Löschblatt, damit man sich das Besteck nach Fisch für Fleisch selbst reinigen kann. Die Speisefolge steht seit 1545 fest: Bremer Hühnersuppe, Stockfisch mit Senfsauce, Braunkohl mit Pinkel, Rauchfleisch und Maronen, Kalbsbraten mit Selleriesalat, Pflaumen und Äpfeln, Rigaer Butt, Sardellen, Wurst, Zunge, Chesterkäse, Fruchtkorb, Kaffee.

Schafgarbe *(lat.: Achilleá millefólium Linné).* Kraut, aromatisch, mit prägnantem

Geruch. Der würzige, etwas bittere Geschmack macht seine jungen Blätter als Gewürz sehr brauchbar. Als Droge wirkt die Schafgarbe krampflösend im Magen-Darm-Bereich und hat außerdem eine desinfizierende Wirkung, auch als Hustenmittel verwendbar.

Schalenwild (Schalen – Hufe des Schalenwildes). Arten: Elch-, Rot-, Dam-, Reh-, Gams-, Stein-, Muffel- und Schwarzwild. → *Wild*.

Schankgefäße (Auszug aus der Schankgefäßverordnung). Schankgefäße i. S.d. Eichgesetzes sind: 1) Schankgefäße zum Trinken, 2) Schankgefäße zum Umfüllen. Die Bestimmungen des Eichgesetzes sind nicht anzuwenden auf Schankgefäße für 1) alkoholhaltige Mischgetränke, die unmittelbar vor dem Ausschank aus mehr als zwei Getränken gemischt werden. 2) Kaffee-, Tee-, Kakao- oder Schokoladengetränke oder auf ähnliche Art zubereitete Getränke und 3) Kaltgetränke, die in Automaten durch Zusatz von Wasser hergestellt werden. *Nennvolumen:* Schankgefäße zum Trinken sind nur mit einem Nennvolumen von 1, 2, 4, 5 oder 10 Zentiliter oder 0,1, 0,2, 0,25, 0,3, 0,4, 0,5, 1, 1,5, 2 oder 3 Liter zulässig. Schankgefäße zum Umfüllen sind nur mit einem Nennvolumen von 0,2, 0,25, 0,5, 1, 1,5, 2, 3, 4 oder 5 Liter zulässig. *Füllvolumen* ist das Wasservolumen, welches das auf waagerechter Unterlage aufgestellte Schankgefäß bis zur Unterkante des Füllstrichs aufzunehmen vermag. Die zulässigen Minusabweichungen der Füllvolumen betragen **a)** bei Schankgefäßen mit einem Nennvolumen von 1, 2, 4 oder 5 Zentiliter und bei Schankgefäßen aus keramischen Werkstoffen fünf vom Hundert, **b)** bei sonstigen Schankgefäßen drei vom Hundert des Nennvolumens. → *Füllstrich:* Der Füllstrich muss waagerecht verlaufen und mind. 10 Millimeter lang sein; er darf als geschlossener Kreis ausgeführt sein. Der Abstand des Füllstrichs vom oberen Rand des Schankgefäßes muss betragen **1)** bei Schankgefäßen zum Trinken **a)** von Bier und Schaumweinen: mit einem Nennvolumen von weniger als 0,5 Liter mind. 20 Millimeter, mit einem Nennvolumen von 0,5 Liter mind. 30 Millimeter, mit einem Nennvolumen von 1 Liter und mehr mind. 40 Millimeter; **b)** von anderen Getränken: mit einem Nennvolumen von weniger als 0,1 Liter mind. 5 Millimeter, mit einem Nennvolumen von 0,1 Liter oder mehr mind. 10 Millimeter. **2)** bei Schankgefäßen zum Umfüllen mind. 20 Millimeter. **3)** Schankgefäße mit einem Nennvolumen von vier oder zehn Zentiliter dürfen mit einem zweiten Füllstrich zur Kennzeichnung der Hälfte des Nennvolumens versehen sein. **4)** Das Nennvolumen des Schankgefäßes ist in unmittelbarer Nähe des Füllstrichs mit dem Einheitenzeichen cl oder l anzugeben (Volumenangabe). **5)** Der Füllstrich, die Volumenangabe und das Herstellerzeichen müssen leicht erkennbar und dauerhaft sein. Der Füllstrich und die Volumenangabe sind so auszuführen, dass sie auch leicht erkennbar sind, wenn das Schankgefäß in verkehrsüblicher Weise gefüllt ist.

Schankverordnung. 1) *Bierkeller:* sollte in unmittelbarer Nähe der Zapfanlage liegen; Boden aus wasserundurchlässigem, rutschfestem Material mit Abfluss (Neigung) versehen; Wasserhahn im Raum oder in unmittelbarer Nähe; jährlich frischer Anstrich. **2)** *Schankpult:* muss mit einem Ablauf versehen sein; ist täglich zu reinigen; muss mit Namen und Anschrift des Herstellers versehen sein. **3)** *Getränkeleitungen* müssen in der gesamten Länge aus dem selben Stoff gefertigt sein; sichtbar angebracht oder in Schutzrohren geführt werden; frei von Knicken, Quetschungen, Verdrehungen, scharfen Krümmungen sein; parallel in der selben Reihenfolge wie die Zapfhähne laufen; dürfen nicht länger als erforderlich sein; genehmigte Länge ist maximal 10–13 m; der bewegliche Teil der Getränkeleitungen muss durchsichtig sein (Prüfung der Sauberkeit); restloses Entleeren bei beiderseitigem Öffnen muss gewährleistet sein; glatte Innenflächen, gleichbleibender Durchschnitt von 1 cm; Material ist

Schankwirt

vorgeschrieben; Druckminderer, Drucksicherheitsventil (3 bar), TÜV abgenommen; Leitungsstempel muss vorhanden sein: SK 17,07 (SK = Schankanlage, 17 = Firmennummer, 07 = Teilnummer); alle Änderungen und Reparaturen müssen gemeldet werden; Leitungen aus Kunststoff haben eine Zulassungszeit von zwei Jahren. **4)** *Zapfstelle:* muss gut beleuchtet sein; sich in unmittelbarer Nähe der Spülanlage und den Regalen befinden; Gäste sollten das Bereiten der Getränke sehen können; Spülbecken: muss mind. 1500 cm³ Wasser fassen können, als vier Zapfhähne sind zwei Spülbecken vorgeschrieben; ständige Zufuhr von frischem Wasser vom Boden des Beckens aus; Überlauf muss vorhanden sein. **5)** *Anstichvorrichtungen:* sind bei jedem Herausnehmen aus dem Fass zu reinigen; Absperrvorrichtung muss vorhanden sein (für CO_2 und Flüssigkeit); Ersatz-Anstechvorrichtungen müssen bereitliegen (ab drei Fässer = zwei Stück). **6)** *Kohlensäure:* Kohlensäureflasche muss befestigt sein; TÜV geprüft auf 65 bar; sollte vor höheren Temperaturen als 40 °C geschützt werden; Druckminderer und Sicherheitsventil müssen vorhanden sein und geprüft werden.

Schankwirt. Ein Schankwirt bietet Getränke zum Verzehr an Ort und Stelle an.

Scharfer Senf. Der Unterschied zum → *Milden Senf* besteht darin, dass man den scharfen Senf passiert (durchsiebt). Das Entfernen der Senfkornhülsen macht den Senf scharf. Unter den verschiedenen Sorten von scharfem Senf ist der Dijon-Senf der bekannteste. „Moutarde de Dijon" dürfen nur passierte Senfpasten heißen, deren Gehalt an Trockenextrakt (inklusive Salz und Zucker) nicht geringer ist als 28 %. Der Anteil der nach dem Passieren noch verbleibenden Hülsen darf 2 % nicht überschreiten.

Schattenmorellen. Dunkle Sauerkirschsorte, die ihren Namen von Château Morell erhielt, wo diese Kirschsorte erstmalig gezüchtet wurde.

Schaumregulatoren → *Waschmittel.*

Schaumverhüter. Dort, wo bei der Verarbeitung von Lebensmitteln starke Schaumbildung auftritt, werden Schaumverhüter eingesetzt. In der Küche verhindern z. B. einige Tropfen Olivenöl oder ein wenig Butter das Überkochen von Konfitüre. In der Industrie werden ebenfalls Öle und Fett und Fettverbindungen, wie die Mono- und Diglyceride der Speisefettsäuren, verwendet.

Schaumwein, a) Oberbegriff für verschiedene Erzeugnisse aus Wein, die einen vorgeschriebenen Kohlensäuredruck aufweisen. Nach dem Gesetz gelten auch Qualitätserzeugnisse wie → *Sekt* oder → *Champagner* als Schaumwein. Unter der Bezeichnung „Schaumwein" wird in Deutschland gleichzeitig die niedrigste Qualitätsstufe angeboten. Es folgen → *Sekt* oder Qualitätsschaumwein und → *Sekt b. A.* bzw. Qualitätsschaumwein b. A. **b)** Niedrigste Qualitätsstufe für in Deutschland produzierte Schaumweine. Laut gesetzlicher Bestimmungen muss Schaumwein: **1)** aus Wein hergestellt worden sein, **2)** einen Druck von *3* → *bar* bei +20 °C in verschlossenen Behältnissen aufweisen, **3)** nur in Flaschen abgefüllt sein, **4)** einen vorhandenen Alkoholgehalt von 9,5 % Vol. enthalten.

Schaumweinähnliche Getränke sind schäumende Getränke, die aus Obst und Fruchtmost oder -wein (z. B. weinähnlichen Getränken aus Malzauszügen oder Honig) oder aus Mischungen von Kernobstwein, Fruchtwein und anderen Stoffen hergestellt worden sind. Definition nach § 1 des Schaumweinsteuer-Gesetzes. Schaumweinähnliche Getränke i. S. d. Gesetzes sind: **1)** Alkohol- und kohlensäurehaltige aus Obst- und Früchtemosten oder aus Obst- und Fruchtwein hergestellte Getränke. **2)** Sonstige alkohol- und kohlensäurehaltige Getränke, die nach Aussehen oder Geschmack als Ersatz für Schaumweine dienen können, sofern sie bei +20 °C einen CO_2-Druck von mind. 3 → bar aufweisen und beim Einschenken sichtbar perlen.

Schaumwein-Herstellung. Der vorgeschriebene Kohlensäuredruck des Schaumweines kann durch verschiedene Verfahren erreicht werden: **1)** Das älteste Verfahren, das heute kaum noch Anwendung findet, ist die Gewinnung des Drucks durch Vergären von Most zu Schaumwein. Wein und Schaumwein entstehen hier gleichzeitig durch die erste Gärung des Mostes, die ohne Zuckerzusatz in geschlossenen Behältnissen erfolgt. **2)** Das heute gebräuchlichste Verfahren ist die Gewinnung des Drucks durch Vergären von Wein zu Schaumwein durch eine zweite Gärung. Die zweite Gärung kann nach der → „Methode Champenoise" als Flaschengärung oder in großen Behältnissen (→ Großraumgärung) erfolgen. **3)** Gewinnung von Druck durch Zusatz von Kohlensäure. Diese Methode (→ Imprägnierung) wird in Deutschland so gut wie nicht mehr angewendet. Ausgangsstoffe für die Herrstellung von Schaumwein bzw. Sekt sind Tafelweine, Qualitätsweine und Qualitätsweine b. A.

Schaumweinsteuer. Verbrauchsteuer auf Schaumwein und schaumweinähnliche Getränke, deren Steuersatz in € pro Flasche angegeben wird.

Scheibenkorken. Auf → agglomerierte Korken werden an beiden Seiten dünne Naturkorkscheiben aufgeklebt.

Scheinfrucht. Zusammengesetzte Frucht im Gegensatz zur Einzelfrucht, die aus einem Fruchtknoten hervorgeht und später den Samen umschließt. Beteiligen sich Blütenboden oder Blütenachse an der Entwicklung der Frucht, so handelt es sich um eine Scheinfrucht, z. B.: Erdbeere, die Frucht, der Samenträger sind die kleinen gelben Nüsschen, Äpfel und Birnen, die jeweilige Frucht ist das Kernhaus.

Schellfisch *(frz.: aigrefin, m.; engl.: fresh haddock).* Salzwasserfisch. Er wird 50–60 cm lang und erreicht eine maximale Länge von einem Meter bei 12 kg Gewicht. Das würde einem Alter von 20 Jahren entsprechen. Er hat schwarze Seitenstreifen mit einem schwarzen Fleck über der Brustflosse, dem so genannten „Petrusfleck", ein bis drei Bartfäden am Unterkiefer; ist beheimatet in der Nordsee und Barentsee. Er hat zartes, feinblättriges Fleisch und ist daher wenig für Braten und zum Filieren geeignet. Er ist ein Kochfisch, in diesem Fall mit Senfsoße oder Senfbutter serviert. Kleine Fische, die mit der Angel gefangen werden sollten, werden als Angelschellfisch gehandelt. Kaltgeräucherter Schellfisch, dann in Milch gegart, erscheint auf dem englischen Frühstückstisch als „Haddock", auch „finnan haddock" genannt.

Scheurebe. Weißweintraube, Kreuzung aus Silvaner × Riesling. Die Bezeichnung → *Sämling 88* oder kurz S88 ist noch verbreitet.

Schiffsreisen. Beförderung von Personen auf Gewässern. Neben dem reinen Transport auf Flüssen, Binnenseen und in Küstengewässern nehmen touristische Schiffsfahrten an Bedeutung zu. Es gibt sie: **a)** auf Flüssen mit Verpflegung mit und ohne Übernachtung. **b)** auf allen Weltmeeren mit Vollversorgung wie in großen Hotels mit Kreuzfahrtschiffen oder Clubschiffen, die eine stärkere Betonung auf Unterhaltungsprogrammen haben.

Schilcher. Eine steierische Weinrarität. Die Rebsorte Blaue Wildbacher wird auf ca. 200 ha Rebfläche in der österreichischen Steiermark angebaut. Aus dieser regional ältesten Rebsorte wird der Schilcherwein produziert. Die Farbe des säurebetonten Weines (7,5–12 % Säure) reicht von Zwiebelschale bis rubinrot. Im Geschmack ist er kernig und nie weich. Er passt ausgezeichnet zur Jause und gilt als guter Durststiller.

Schillerlocken. 1) Blätterteiggebäck aus dünn ausgerolltem, → *faulem Blätterteig*. Nach dem Backen werden sie mit Sahne gefüllt. Ohne Zucker finden sie als → *Cornets* in der Küche Verwendung. 2) Vom Fisch → *Dornhai*.

Schillerwein → *Rotling aus Württemberg*. Verschnitt von Weißwein- und Rotweintrauben oder → *Maischen,* → *Rotling*. Schillerweine müssen mindestens → *Qualitätsweine* sein und ausschließlich aus dem bestimmten Anbaugebiet Württemberg stammen.

Schimmelpilze. In der Lebensmittelhygiene wichtige Schimmelpilze gehören zu den Gattungen Köpfchenschimmel, Gießkannenschimmel und Pinselschimmel. Sch. wachsen auf fast allen Lebensmitteln. Sie sind sehr genügsam, bevorzugen aber eine saure Umgebung und zuckerstoffhaltige Nährböden. Bis auf wenige Ausnahmen sind Schimmelpilze Lebensmittelverderber. Ausnahme: weißer Edelschimmel für Camembert und Briekäse.

Schinken. Gepökelte Schweinekeule (vorzugsweise Hinterkeule). Besondere Arten → *Parmaschinken* und → *San-Daniele-Schinken*.

Schinken, Bradenham → *Bradenham-Schinken*.

Schinken, Yorker → *Yorker Schinken*.

Schizocerk. Wissenschaftlicher Ausdruck für gegabelte Schwanzflosse bei Fischen.

Schlachtfleisch *(Frischfleisch; frz.: viande de boucherie, f.).* **a)** Begriffsbestimmung:
1) *Fleisch* im Sinne des Fleischbeschaugesetzes vom 29.10. 1940 mit Änderung vom 15.03.1960 und 15.10.1996 sind frische oder zubereitete Teile von warmblütigen Tieren, sofern sie sich zum Genuss für Menschen eignen. Zum Fleisch gehören auch die Fette, Innereien und das Blut. Unter *Fleisch* im gewöhnlichen Sprachgebrauch versteht man das Fleisch der essbaren Körperteile von Rindern, Schweinen, Kälbern und Schafen. Fleisch von anderen Warmblütern wie Wild und Wildgeflügel, Pferden, Hausgeflügel muss als eigenes Fleisch werden, ebenso das Fischfleisch (Kaltblüter). 2) *Frisches Fleisch:* Fleisch ist als frisch anzusehen, wenn es einer auf Haltbarkeit einwirkenden Behandlung nicht unterworfen worden ist oder trotz einer solchen Behandlung die Eigenschaften von Fleisch, das einer solchen Behandlung nicht unterworfen worden ist, im Wesentlichen wiedergewinnen kann. Als frisches Fleisch gilt nicht nur Frischfleisch, sondern auch gefrorenes (Gefrier-), angesalzenes, in Essig eingelegtes, nur oberflächlich behandeltes, auch angeräuchertes Fleisch (nach § 12a des Fleischbeschaugesetzes). Man unterscheidet in der Praxis: rotes (dunkles) Schlachtfleisch, z. B. Rind, Hammel, Ziegen, Schwein und weißes (helles) Schlachtfleisch, z. B. Kalb, Lamm, Ferkel, Kitz, Kaninchen. Die Güte des Fleisches ist abhängig von Alter, Geschlecht und Fütterung der Tiere. Fleischteile werden im Hinblick auf Fleischfarbe, Faser, Fettfarbe und Maserung überprüft. Je nach Tiergattung kann die Fleischfarbe von hellrosa (bei Mastkälbern) bis dunkelrot (bei Bullenfleisch) variieren. Das Fett kann zwischen den Fleischfasern und Muskelbündeln eingelagert sein (marmoriert) oder die Fleischoberfläche abdecken. Die Farbe des Fettes wird mit zunehmendem Alter der Tiere dunkler und reicht von heller, fast weißer Farbe bis zu dunkelgelb. Frisches, einwandfreies freies Fleisch ist fest, elastisch und hat im ausgereiften Zustand einen angenehmen, leicht säuerlichen Geruch. Nach der Güte werden die Schlachttiere in Handelsklassen eingestuft, **b)** Fleischreifung: Frisch ge-

Schlachttierbeschau/Haarwild (Abb.)

Der Anteil der Nährwerte beträgt:
I.   bei Wasser   ca. 45–75 %   stehen immer im umgekehrten
II. bei Fett   ca. 3–35 %   Verhältnis zueinander
III. bei Eiweiß (Albumin,
     Fibrinogen, Kollagen)   ca. 20 %
IV. bei Kohlenhydraten
     (Glykogen)   ca. 1 %
V.   bei Mineralstoffen (Natrium,
     Kalium, Phosphor, Eisen)   ca. 2 %
VI. bei Spurenelementen
VII. bei Vitaminen
     A: besonders in fetten Teilen, Leber;
     B: Muskelfleisch, Innereien: Herz,
        Leber, Nieren
     C: Bries, Hirn, Milz, Niere, Herz
     D: Leber

Abb. 69 Schlachtfleisch

Schlachttier- und Fleischbeschau bei Haarwild

erlegtes Haarwild
Schlachttierbeschau unterbleibt, da nicht möglich
§ 1 Abs. 1 Satz 2 FIBG

nicht erlegtes Haarwild
(= auf andere Weise als durch Erlegen getötet), z. B. Wild aus Gehegen
§ 1 Abs. 1 Satz 1 2. Halbsatz FIBG

Abgabe
unmittelbar an Privathaushalt
Fleischbeschau kann unterbleiben*
§ 1 Abs. 1 Satz 3 Nr. 1 FIBG

Schlachttier- und Fleischbeschau erforderlich

Abgabe
unmittelbar nach dem Erlegen in geringen Mengen an nahegelegene Gasthäuser und Kantinen
Fleischbeschau kann unterbleiben*; das gilt auch für den Handel, soweit er be- oder verarbeitet
§ 1 Abs. 1 Satz 3 Nr. 2 FIBG

Abgabe an Handel
Fleischbeschau ist durchzuführen, soweit nicht be- oder verarbeitet wird
§ 1 Abs. 1 Satz 2 FIBG

* Sofern keine gesundheitsbedenklichen Merkmale festgestellt worden sind

Definition erlegten Haarwildes:
1. Alternative: „durch Abschuß nach jagdrechtlichen Vorschriften getötet", § 3 Abs. 1 Nr. 2 FIBG
2. Alternative: „durch andere äußere gewaltsame Einwirkungen getötet". z. B. Unfallwild. § 3 Abs. 1 Nr. 2 FIBG
3. Alternative: „Fallwild11, § 3 Abs. 1 Nr. 2 FIBG
FIBG = Fleischbeschaugesetz

Abb. 70 Schlachttierbeschau/Haarwild

schlachtetes Fleisch ist zäh, wenig aromatisch, trocken und schmeckt fade. Einige Stunden nach dem Schlachten ziehen sich die weichen, schlaffen Muskelfasern und Muskelbündel des Fleisches zusammen und gehen in den Zustand der Totenstarre über. Beim Prozess des Abhängens finden viele wertsteigernde Veränderungen und Umsetzungen statt, die durch die im Fleisch vorhandenen Enzyme ausgelöst werden. Fleischfasern und Muskelbündel werden entspannt und gelockert, dabei werden Eiweißverbindungen gelöst und teilweise abgebaut. Außerdem wird Milchsäure gebildet, die bei der späteren Zubereitung mittelbar das Zerfallen der Muskelfasern durch Lösung des Bindegewebes und die gute Verdaulichkeit wesentlich beeinflusst. Das Fleisch wird also durch Abhängen „reif". Kalbfleisch braucht nicht lange abzuhängen, weil das Fleisch von jungen Tieren stammt und schnell reift. Das Gleiche gilt für Schweinefleisch, wenn die Tiere im Alter zwischen 6–7 Monaten geschlachtet werden. Rindfleisch, das zum Kochen gebraucht wird, benötigt 3–4 Tage Abhängzeit, zum Schmoren 8 Tage, zum Braten, Kurzbraten oder Grillen muss das Fleisch bis zu 14 Tage abhängen, und zwar umso länger, je älter das Tier war. Beste Kühlraumtemperaturen zum Abhängen und Reifen von Fleisch liegen bei +1 bis +2 °C. Wärmere Temperaturen beschleunigen zwar den Vorgang, wirken sich aber auf die frische Beschaffenheit ungünstig aus. Zu tiefe Temperaturen verlangsamen den Prozess oder unterbrechen die Reifung, **c)** Nährwerte des Schlachtfleisches: Schlachtfleisch liefert hochwertiges Eiweiß. Der Anteil der einzelnen Nährstoffe ist unterschiedlich und richtet sich nach der Tierart und dem jeweiligen Teil. Der Anteil Eiweiß in rotem Muskelfleisch ist bis zu 22 %. Die Eiweißmenge kann in bestimmten Fällen wesentlich geringer sein, wenn das Fleisch verhältnismäßig fett oder stark durchwachsen ist. Das bedeutet: hoher Fettgehalt – niedriger Eiweißgehalt, niedriger Fettgehalt – hoher Eiweißgehalt, außerdem: hoher Fettgehalt – niedriger Wassergehalt,

niedriger Fettgehalt – hoher Wassergehalt. Der relativ hohe Wasseranteil des Fleisches ist am höchsten bei Kalbfleisch und am niedrigsten bei Schweinefleisch. Fleisch enthält, mit Ausnahme der Innereien, fast keine Kohlenhydrate. Die Kenntnis all dieser Dinge ist für den Küchenchef von außerordentlicher Bedeutung, damit eine kreative Menügestaltung auch ein ausgewogenes Angebot an Nährwerten beinhaltet (Abb. 69).

Schlachttieruntersuchung *(Lebendbeschau).* Der Schlachttieruntersuchung unterliegen alle Schlachttiere. Sie kann unterbleiben im Falle einer Notschlachtung. Diese darf nur durchgeführt werden, wenn das Tier infolge eines Unglücksfalles sofort getötet werden muss. Die Schlachttieruntersuchung ist die sachverständige Untersuchung des lebendigen Tieres kurz vor dem Schlachten. Bei Hausschlachtungen kann eine Befreiung von der Schlachttieruntersuchung durch die zuständige Behörde erteilt werden, wenn unter anderem gewährleistet ist, dass das Fleisch ausschließlich im Haushalt des Schlachttierbesitzers und nur für die eigene Familie verendet wird.

Schlackwurst. Schlacke = Weiches. Lockeres.

Schlagsahne *(Schlagrahm).* Ein Produkt, das durch Entrahmen der Milch gewonnen wird, sie muss einen Mindestgehalt von 30 % Fett haben. Günstig für eine gute Schlagfähigkeit ist ein Fettgehalt von 32 bis 34 %.

Schlehenfeuer. Likör mit 38 % Vol. Alkohol aus frostgereiften Schlehen und Rum.

Schleie *(frz.: tanche, w.; engl.: tench)* Fisch, kann bis zu 70 cm lang und 5 kg schwer werden. *Zubereitungsart:* Gekocht, blau mit zerlassener Butter, auch mit Sahnemeerrettich. Gebraten mit brauner Butter, aber auch in dunkelbrauner Butter (beurre noir) mit Rosmarin. Schleie gehören zur Gruppe der Cipriniden.

Schlempe. Abfallprodukt bei der Herstellung von Kornbranntweinen. Es sind die ausgelaugten, festen Bestandteile der → *Maische*.

Schlesisches Himmelreich. Hefe-, Grieß- oder Kartoffelklöße mit Pökelfleisch und Backobst (oft nur Birnen) angerichtet.

Schlossservice. Für jede Station steht ein Servicetisch mit der gesamten mise en place im Raum. Es wird grundsätzlich in weißen Handschuhen serviert. Beim Speiseservice besteht die Aufgabe des Kellners darin, jeweils für einen Gast abzuräumen (z. B. die Vorspeise) und gleichzeitig den nächsten Gang (z. B. Suppe) einzusetzen. Das Hauptgericht wird von Platten angeboten. Nachservice erfolgt nur dann, wenn es der Gastgeber ausdrücklich angeordnet hat. Diese Serviceart gewährleistet einen geräuschlosen Service, ist jedoch sehr personalintensiv. In der Regel bedient ein Kellner ca. sechs Gäste, wobei der Getränkeservice nicht eingeschlossen ist.

Schlüssel. Grundsätzlich ist zwischen den Schlüsseln, die das Personal benötigt, und den Schlüsseln für die Gäste zu unterscheiden. (→ *Gästezimmerschlüssel). Personalschlüssel:* Die Schlüssel, die das Personal für seine Umkleideschränke benötigt, werden vom zuständigen Abteilungsleiter mit der Verteilung der Schränke ausgegeben und bleiben beim Arbeitnehmer. Ein Generalschlüssel hierzu sollte nur in der Direktion hängen. Daneben benötigt das Personal Schlüssel zu den Räumen, in denen die Tätigkeit ausgeübt werden muss. Diese sollen nur dem jeweiligen Personal der Abteilung zur Verfügung stehen. Besonders auf der Etage, wo die Zimmermädchen zu den Gästezimmern Zugang haben müssen, ist sorgfältig darauf zu achten, dass solche Schlüssel nicht verloren gehen (Befestigung an der Kleidung!) oder in falsche Hände geraten, da sonst die Sicherheit der Gäste in Gefahr ist. Sie sind nach Arbeitsschluss beim jeweiligen Abteilungsleiter oder einer anderen zuständigen Person bzw. im Office abzugeben (z. B. Zimmermädchen geben den Schlüssel im Hausdamenoffice ab). Ein Schlüsselverlust ist stets über den Abteilungsleiter der Direktion zu melden. Die Abteilungsleiter haben Generalschlüssel (→ *Master-Key,* → *Passe-Partout)* für die Räume ihrer Abteilung. Hier muss für eine ordnungsgemäße Übergabe im Fall von Vertretungen oder Ablösung gesorgt werden (z. B. von der Hausdame an das Abendzimmermädchen). Es empfehlen sich für alle Schlüssel stets Listen, in denen die Personen erfasst sind, die die Schlüssel besitzen. Gästeschlüssel → *Gästezimmerschlüssel.*

Schlüsselschnecken → *Entenmuscheln.*

Schlüterbrot → *Spezialbrot.* Freigeschobenes Roggen-Vollkornbrot mit ca. 25 % Kleieanteil.

Schmalzfleisch. Bei Schmalzfleisch handelt es sich um ein reines Schweinefleischerzeugnis, das aus zerkleinertem Magerfleisch und Fett hergestellt wird und bis zu 5 % sehr fein gekäuterte Schwarten enthalten darf. Der Fettanteil, einschließlich der sog. Toleranzgrenze beträgt im Allgemeinen bis zu 65 %.

Schmelzkäse. Die Zugabe von Schmelzsalzen bei der Herstellung von Schmelzkäse ermöglicht einwandfreies Schmelzen des Käses ohne Absonderung einzelner Milchbestandteile wie Fett und Molke. Die verschiedenartige Zusammensetzung der Schmelzsalze erlaubt es, dem fertigen Erzeugnis bestimmte, gewünschte Eigenschaften zu geben. Chemisch betrachtet sind die Schmelzsalze Mono- und Polyphosphate sowie Verbindungen der Genusssäuren (Milch-, Zitronensäure). Schmelzsalz darf nur für die Herstellung von Schmelzkäse und Kochkäse verwendet werden.

Schnaps. Volkstümliche Bezeichnung für Trinkbranntweine aller Art, daneben auch

Schnecke

allgemeine Bezeichnung für einfachen → *Korn.*

Schnecke → *Weinbergschnecke.*

Schneehuhn *(Weißhuhn – frz.: lagopède, w.).* Wildgeflügel-Fleisch mit zart bitterem Geschmack, herrührend von der Nahrung, die aus Knospen der Tannen, Weiden und Birken besteht. Die Haut der Hühner ist hart und zäh, weshalb die Vögel auch nicht gerupft, sondern abgezogen werden. Im Winter ist das Federkleid schneeweiß, im Sommer dagegen, der Natur und dem Aufenthalte angepasst, rostbraun und graugelb mit zahlreichen Flecken. Das *Alpenschneehuhn* lebt in Gebieten Süddeutschlands; in den skandinavischen Ländern, in den Hochgebirgen der Schweiz und der Steiermark, sowie im hohen Norden Amerikas. Die Eigentümlichkeit dieses Vogels liegt darin, dass er sich während des Winters zur Nachtruhe bis an den Kopf im Schnee vergräbt und selbst bei starkem Schneegestöber so mehrere Tage in solchen Löchern fast ganz zugeschneit, stillsitzt. In Schlingen und Netzen fängt man die Vögel in den Ländern des Nordens; zum Zwecke des Konservierens hängt man sie zunächst in Rauch und bringt sie dann gefroren zum Versand. Verwendung wie Wildgeflügel, sowie speziell zu Salmis, Fleischpasteten, Schaumbroten u. a. Junge Tiere: schwarzer Schnabel, spitze Schwungfedern, Schädeldecke leicht eindrückbar, unteres Schnabelteil leicht ausreißbar. Alte Tiere: grauer Schnabel, starkbefiederte Beine, abgerundete Schwungfedern.

Schnellgaststätte. → *Bewirtungsbetrieb,* der es den Gästen ermöglicht, ohne hohen Zeitaufwand Speisen und Getränke zu sich zu nehmen. Heute oft als Fast Food- oder Casual Food Restaurant geführt.

Schnepfe → *Wild.* Jagdbares Federwild, die als Zugvögel von März–Okt. (Nov.) in Mitteleuropa vorkommen (manche überwintern). Hierzu zählen: **a)** Waldschnepfe, ca. 15 cm lang, mit Schnabel von ca. 7–8 cm, rotbraun mit grau gefleckten Rücken, **b)** Bekassine (auch; Sumpfschnepfe, Heerschnepfe, Himmelsziege), kleiner als die Waldschnepfe mit orangefarbenem Stoß. **c)** Doppelschnepfe (auch: große → *Sumpfschnepfe,* Mittelschnepfe), ca. drosselgroß mit weißem Stoß. **d)** Zwergschnepfe (auch: Haarschnepfe, kleine Sumpfschnepfe, stumme Bekassine) ca. lerchengroß. Sie ist wie die Doppelschnepfe ganzjährig geschont, **e)** großer Brachvogel (auch: Kronschnepfe). Die größte in Deutschland vorkommende Schnepfe und gleichzeitig der größte europäische Watvogel, mit gelblichbraunem geflecktem Gefieder und gebogenem Schnabel.

Schnepfendreck → *Sumpfschnepfe.*

Schnepfenmus → *Sumpfschnepfe.*

Schnittkäse. Sie sind etwas weicher und saftiger als → *Hartkäse.* Ihr Gehalt an Trockenmasse liegt zwischen 49 und 57 %. Ihre bekanntesten Sorten kommen aus dem nördlichen Mitteleuropa. Dazu gehören: Gouda, Edamer, Trappistenkäse, Tilsiter und Wüstermarschkäse.

Schnittlauch. Der mit den Zwiebeln verwandte Schnittlauch ist ein Liliengewächs und wird auch als Pfannkuchenkraut oder Prieslauch bezeichnet. Zahlreiche röhrenförmige Blätter wachsen 20 bis 30 cm hoch aus einem dicken Wurzelballen. Rötlich-violette Blütenkugeln bilden sich im Juni bis August an langen, festen Stielen. Diese festen Stiele sind zum Verzehr nicht mehr geeignet.

Schnitzerbrot (Syn.: *Demeterbrot*). Roggen- oder Weizenvollkornbrot aus biodynamisch gezüchtetem Getreide.

Schnitzer-Kost. Der Zahnarzt Dr. J. G. Schnitzer entwickelte zwei Kostformen. Die „Schnitzer-Normalkost" unterscheidet sich von der ovo-lakto-vegetabilen Kost nur durch die Verwendung von erst unmittelbar vor dem Verzehr gemahlenem Getreide. Die „Schnitzer-Intensivkost" ist eine eiweißarme, rein pflanzliche Kost, die nur Rohkost erlaubt und als vorübergehende Ernährungsweise gedacht ist.

Schockfrosten. Anwendung von Temperaturen von −30 bis −50 °C bei der Herstellung von Tiefkühlkost. Zur möglichst raschen Überwindung der Zone der maximalen Kristallbildung (−0,5 bis −5 °C) werden die Rohstoffe zwischen +4 und +2 °C vorgekühlt. Alle Lebensmittel enthalten in und zwischen den Zellen Wasser in unterschiedlichen Mengen. In diesem Wasser sind die Stoffe (Salze, Proteine) ebenfalls in unterschiedlicher Konzentration gelöst. Dies hat zur Folge, dass der Gefrierpunkt je nach Produkt bei −0,5 bis −5 °C liegt. Bei Temperaturen von −30 °C wird dieser Bereich sehr schnell durchschritten, bilden sich kleine, feinkörnige Eiskristalle, die die Zellwände des Gefriergutes nicht oder kaum verletzen.

Der Verlust an Zellen beim Auftauen ist gering.

Schockgefrieren → *Tiefkühlkost.*

Schöfigs. Schweizer Ausdruck für Schaffleisch.

Schokoladenlikör. Ein → *Emulsionslikör* unter Verwendung von Schokolade oder Schokoladenpulver hergestellt. Verdickungsmittel und Stärkemittel sind nicht erlaubt. Mindestalkoholgehalt 14 % Vol.

Schokoladenüberzugsmasse → *Kuvertüre.*

Scholle *(frz.: carrelet, m., plie, w.; engl.: plaice, plied)*. Auch als Plattbutt und wegen der rotgelben Flecke auch Goldbutt genannt. Plattfisch der europäischen Atlantikküste, der Nord- und Ostsee. Hauptfanggebiet ist die Nordsee. Größe zwischen 25 und 40 cm. Zwischen den Augen 4–7 Knochenhöcker. Die Augenseite ist bräunlich mit orangefarbenen Flecken, die Blindseite weiß. Für den Fang der Schollen gibt es eine so genannte Nordseekonvention. Man hat sich auf eine minimale Größe von 25 cm geeinigt. Von der Fischindustrie wird die Scholle naturell, als Filet, teilweise auch gefüllt, auf den Markt gebracht. Eignung: am besten zum Backen und Braten.

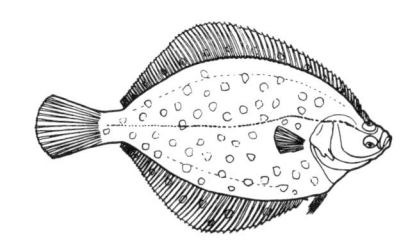

Schönburger. Weißweintraube. Kreuzung: Spätburgunder × IP 1 (IP 1 ist eine italienische Tafeltraube. IP ist der Züchter, I. Pirovano). Der Wein hat ein feines Traminer-Bukett.

Schönen. Klären und Stabilisieren des Weines durch Entzug unerwünschter Bestandteile, durch im Weingesetz ausdrücklich zugelassene Stoffe. Bei dem Schönen handelt es sich um kolloidchemische Vorgänge, bei denen sich die zugeführten Schönungsmittel durch Ladungsaustausch gegenseitig ausscheiden. Sie setzen sich am Boden der Fässer ab und werden durch Abstich und Filtration entfernt. Eiweißtrübungen werden durch Bentonit, dies ist sehr quellfähige Tonerde, durch schweflige Säure und durch Aluminiumhydroxid beseitigt, Metalltrübungen von Eisen und Kupferionen werden durch gelbes Blutlaugensalz = Kaliumhexacyanoferrat beseitigt. Gerbstoffe und Farbstoffe können durch Gelatine und Hausenblase entfernt werden. Fremdgerüche werden mit Aktivkohle entfernt. Schönung nur mit genehmigten Stoffen in genehmigten Mengen, meldepflichtig und Pflicht zum Eintrag ins Kellerbuch.

Schorle. Weinhaltiges Getränk, aus Wein und kohlensäurehaltigem oder stillem Wasser gemischt. Weinanteil über 50 %. Weinschorle wird auch von der Getränkeindustrie fertig gemischt angeboten. Ab 75 % Weinanteil hat ein geographischer Hinweis bei Preisauszeichnung zu erfolgen.

Schorlemorle. Mischgetränke aus Wein und Mineralwasser. Im 18. Jh. „schurlemurle" vermutlich aus der Studentensprache, in Münster für Bier = „scomorrium", in Straßburg = Murlepuff.

Schrobenhausen. Oberbayerische Spargelmetropole. Spargelanbau seit 1912; Sitz des Deutschen Spargelmuseums.

Schrot. Mahlprodukt, grobe Bruchstücke des ganzen Kornes.

Schrotbrot enthält mindestens 90 % Roggen- und Weizenschrot in beliebigen Verhältnissen.

Schrotmalz (Bier). Geschrotetes, abgewogenes → *Darrmalz*, das zur Maische mit Wasser vermischt und auf ca. 60–70 °C erwärmt wird.

Schulen. (Hier: gastronomische Aus- u. Weiterbildungsstätten) Unterschiedliche Schulen dienen der gastronomischen Aus- und Fortbildung. 1) *Berufsfachschulen* können unmittelbar nach Abschluss der allgemeinbildenden Schulen besucht werden. Sie bieten eine Vorbereitung auf die Berufsausbildung im Hotel- und Gaststättengewerbe. 2) *Berufsschulen* sind berufsbegleitende Schulen und werden während der Ausbildung (Lehre) entweder wöchentlich ein- bis zweimal oder in Blöcken besucht. 3) *Fachschulen* sind Weiterbildungsschulen. Hierzu gehören auch die Hotelfachschulen, auch als „Fachschulen für das Hotel- und Gaststättengewerbe" bezeichnet. Ihr Besuch kann erst nach Abschluss einer Ausbildung (Lehre) und anschließender mindestens einjähriger Berufspraxis erfolgen. Sie bilden zum Hotelbetriebswirt aus. Daneben führt Heidelberg noch Fachschulen für Gastronomie und Sommeliers. Die Aufnahme ist hier auch für Hauptschulabsolventen möglich. Abschluss: „Staatlich geprüfter Gastronom" in einem Jahr. Gleichzeitig gilt diese Schule als Praxiszeit für die Meisterprüfung. Alle Hotelfachschulen sind so ausgelegt, dass die Ausbildereignung zuerkannt wird.

Schulp (Syn.: *Sepiaschale*). Kalkschale im Innern mancher Tintenfische (Sepia officinalis).

Schungge. Schweizer Ausdruck für Schinken.

Schupinis. Ostpreußisches Fastnachtsgericht mit geräuchertem Schweinekopf und gelben Erbsen.

Schurwolle. Nach § 4 Textilauszeichnungsgesetz ein Gewebe, – das aus Wolle besteht, für die die Bezeichnung Schurwolle erlaubt ist; – bei dem der Anteil dieser Wolle mind. 25 % des Gewichtes ausmacht; – bei dem die Fasern niemals in Fertigerzeugnissen enthalten waren; – bei dem die Fasern keiner schädigenden Behandlung ausgesetzt wurden.

Schutzaltersbestimmungen. Lt. Unfallverhütungsvorschriften darf die Bedienung und Reinigung von Zerkleinerungsmaschinen, Walzen, Knetmaschinen, Schneidemaschinen, Pressen und ähnlichen gefährlichen Maschinen nur zuverlässigen Personen übertragen werden, die damit vertraut und über 17 Jahre alt sind. Auszubildende dürfen an diesen Maschinen zur Unterweisung unter Aufsicht beschäftigt werden, wenn sie über 16 Jahre alt sind.

Schwabenkorn → *Dinkel.*

Schwacher Ballen. Phase während des → *Zuckerkochens.* Temperatur der Zuckerlösung 120 °C bzw. 96 °R. Handprobe zur Feststellung der Viskosität: Zuckerlösung in Eiswasser tropfen lassen. Zwischen den Fingern lassen sich kleine Kügelchen rollen.

Schwacher Bruch. Phase während des → *Zuckerkochens.* Temperatur des Zuckers 135 °C bzw. 108 °R. Handprobe zur Feststellung der Viskosität: Etwas Zucker in Eiswasser gießen. Der Zucker wird sofort fest, bleibt aber noch etwas klebrig.

Schwacher Faden. Phase während des → *Zuckerkochens.* Temperatur der Zuckerlösung 105 °C bzw. 84 °R. Handprobe zur Feststellung der Viskosität: Zeigefinger und Daumen mit Wasser anfeuchten, vom Rührlöffel etwas Sirup abnehmen. Beim schnellen Öffnen und Schließen der Finger entsteht ein kurz abreißender, kleiner Faden.

Schwacher Flug. Phase während des → *Zuckerkochens.* Temperatur der Zuckerlösung 112,5 °C bzw. 90 °R. Handprobe zur Feststellung der Viskosität: Drahtschlinge in die Zuckerlösung eintauchen, die sich bildende Haut anblasen. Es bildet sich eine Blase, ähnlich einer Seifenblase.

Schwalbennestersuppe. Industriell hergestellte Suppe aus den Nestern der Salangane, einer in Hinterindien, Indonesien und China lebenden Schwalbenart. Die Vögel bauen ihre Nester aus einer Absonderung der Speicheldrüse. Nach der Aushärtung, der Eiablage und dem Schlüpfen der Jungen werden die Nester gesäubert und dann zusammen mit Kalb- und Hühnerfleisch und exotischen Gewürzen gekocht und mit Wein verfeinert. Die Suppe ist in Dosen im Handel.

Schwarzer Bruch. Weinkrankheit: Verfärbung des Weines durch Eisen- und Gerbstoffverbindungen.

Schwarzer Degenfisch *(lat: Aphanopus carbo).* Gehört zur Familie der Haarschwänze und wurde auf Forschungsreisen westlich von Schottland in Tiefen von 800–1000 m gefangen. In seiner Körperform ist er dem Aal ähnlich. Er hat eine Länge von 80–100 cm bei einem Durchmesser von 6–9 cm und einem Gewicht von 1,0–1,5 kg. Bemerkenswert ist der spitz zulaufende schwarze Kopf mit den spitzen starken Zähnen. Die schwarze oberste Hautschicht des Degenfisches ist sehr leicht verletzbar und löst sich während des Fangs teilweise oder ganz ab. Fettgehalt von 0,0 bis 13 %. Dem relativ reichen Vorkommen des wohlschmeckenden Degenfisches steht eine schwierige Verarbeitung entgegen. Die zur Zeit auf dem Markt befindlichen Verarbeitungsmaschinen lassen gegenwärtig noch keine Filetierung mit gleichzeitiger Enthäutung zu. Als Ganz- oder Stückenfisch sowohl in roher als auch in geräucherter Form kann er jedoch angeboten werden.

Schwarzriesling. Syn. für Müllerrebe, in Württemberg gebräuchlich.

Schwarzsauer. Mit Blut gebundenes Gericht, insbes. Gänseschwarzsauer (Ragout).

Schwarzwälder Kirschwasser → *Kirschwasser*.

Schwarzwild → *Wild* (Wildschweine, Sauen). Fast in ganz Deutschland vorkommende Allesfresser. Farbe je nach Vorkommen graubraun bis braunschwarz. Die Tiere können bis 20 Jahre alt werden. Der Keiler (männliches Tier) trägt das „Gewaff" und kann bis 175 kg (auch mehr) schwer werden. Bachen (weibl. Stück) sind wesentlich schwächer, ca. 100 kg. Die gestreiften Jungtiere heißen Frischlinge.

Schwarzwurzeln gehören zur Familie der Wurzelgemüse. Den Namen haben sie von ihrer schwarzbraunen Rinde. Da sie erst ab Oktober auf den Markt kommen, werden sie auch Winterspargel genannt. Gute Qualitäten haben fleischige, gerade, unverletzte Wurzeln. Beim Anschneiden einer Wurzel tritt als Zeichen von Frische sofort ein milchiger Saft aus. Schwarzwurzeln werden gegart zubereitet. Sie haben ein intensives, herzhaftes Aroma.

SchwBeschG. Abkürzung für „Schwerbeschädigtengesetz".

Schwedenpunsch. Gattungsbezeichnung für Likör, der unter Mitverwendung von Arrak und Gewürzauszügen hergestellt wird. Alkoholstärke 25 % Vol. bei einem Extrakt von wenigstens 22 g in 100 ml.

Schwefeln. Im eigentlichen Sinn kein Konservierungsverfahren. Schwefeldioxid wird nicht in der EU-Liste für Konservierungsstoffe geführt. Schwefelverbindungen können sowohl als Konservierungsstoff, als Antioxidationsmittel und als Farbstabilisator verwendet werden. Sind in Lebensmittel mehr als 50 mg Schwefeldioxid je kg enthalten, muss das Lebensmittel mit dem Hinweis „geschwefelt" gekennzeichnet werden.

Schweineschmalz, Deutsches. Das im Inland aus den Fettgeweben von Schweinen wie Liesen (Flomen oder Lünt) Wammenfett, Rückenspeck, Gekrösefett, Netzfett gewonnenes Schmalz, ohne Grieben.

Schweinsohren → *Blätterteiggebäck*, das dünn nach dem Schneiden in der Schnittfläche aufgesetzt gebacken wird.

Schweppe, Joachim Jakob (1740–1821). Gelernter Uhrmacher aus Witzenhausen, entwickelte 1790 in Genf ein Verfahren zur Herstellung des Sodawassers und gründete 1792 einen Herstellungsbetrieb (Chininhaltiges Tonic Wasser – heute „Schweppes").

Schwertfisch → *Epadon*.

Schwetzingen. Bekannte Spargelstadt, Spargelanbau seit dem 17. Jahrhundert, im großen Umfang seit Mitte des 19. Jahrhundert. Liegt im Städtedreieck Mannheim-Heidelberg-Speyer.

Schwimmbad. Schwimmbäder und Whirlpools sind wie Saunen ein Zusatzangebot an den Gast, dessen werbende Wirkung für die Zimmerbelegung nicht unwesentlich ist. Wer seinen Gästen ein Badevergnügen bieten will, sollte a) das Schwimmbad in der Größe der Dimension des Hauses anpassen; b) die → *Reinigung* des Schwimmbades sorgfältig durchführen; c) die Wassertemperatur sorgfältig wählen (Schwimmbad ca. 27°, Whirl-pool unter 40° ca. 36°); d) den pH-Wert des Wassers im Schwimmbad zwischen 6,6 und 7,5 (Whirl-pool zwischen 7,5 und 7,4) halten; e) für tägliche Frischwasserzufuhr von 30 l pro Badegast sorgen;

f) eine gute Umwälzanlage wählen und diese ständig in Betrieb lassen; **g)** regelmäßig das Wasser filtern. Die Arbeit der Filter sollte durch Flocken (Bindung kleinster Schmutzteilchen durch Bindemittel) effektiver gemacht werden; **h)** Chlorung so halten, dass freies Chlor im Schwimmbad mindestens 0,5 mg/l (Whirlpool 1 mg/l) und das gebundene Chlor nicht über 0,3 mg/l beträgt.
→ *Dampfbad.*

Scie à os. Frz. Ausdruck für Knochensäge.

Scorzenera. Alter Ausdruck für → *Schwarzwurzel.*

Scotch Haggis. Spezialität der schottischen Küche. Es ist nicht ganz sicher, ob man Whisky zum Haggis trinkt, oder Haggis zum Whisky isst. Zubereitung: Gereinigter Schafsmagen wird gewässert. Herz, Leber und Lunge vom Hammel werden gekocht und mit Hammelfett ganz fein gehackt. Dann mit Hafermehl, gequollenen Rosinen und Korinthen sowie Gewürzen vermischt. Mit etwas Brühe wird eine geschmeidige Masse hergestellt. Damit füllt man den Hammelmagen und näht ihn sorgfältig zu. Die Kochzeit beträgt zwischen vier und sechs Stunden, unter wiederholtem Einstechen mit der Nadel. Der fertige Haggis wird in Scheiben geschnitten und mit Rübchen serviert.

Scotch Whisky. Diese Bezeichnung ist für Produkte aus Schottland seit 1909 gesetzlich geschützt. Scotch Whisky gibt es in verschiedenen Angebotsformen auf dem Markt, ca. 2000 Sorten, Marken. Schottischer Whisky ist aus Gerstenmalz (Malt-Whisky) und/oder aus ungemälztem Getreide unter Gerstenmalzzusatz (→ *Grain-Whisky*) gewonnen. Im Allgemeinen werden → *Malt-Whisky* und → *Grain-Whisky* geblendet (gemischt). Der Whisky wird längere Zeit vor Auslieferung in Holzfässern gelagert. Schottischer Whisky hat immer einen mehr oder weniger charakteristischen Rauchgeschmack, mit Ausnahme des Grain-Whiskys.

Sec → *Geschmacksangabe* Champagner/Schaumwein. Bedeutet 2–5 % Zucker/l oder Zuckergehalt 17–35 g/l. Bei deutschen Erzeugnissen ist „sec" gleich der Angabe „trocken" (dry).

635-Methode. Verfahren der Ideenfindung. 6 Teilnehmer schlagen zur Problemlösung 3 Lösungen vor, die 5 Mal weiterentwickelt werden. Das verwandte Formular wird von Teilnehmer zu Teilnehmer weitergereicht. Aus den gegebenen Lösungsangeboten werden weitere Lösungsmöglichkeiten entwickelt.

Seeaal → *Dornhai.*

Seeforelle *(frz.: truite lacustre, f.; engl.: lake trout).* Ein blaugrüner bis blaugrauer Fisch von durchschnittlich 50–80 cm Länge mit Flecken in verschiedenen Farben. Bewohner der tieferen Seen im Alpen- und Voralpenland. Gut geeignet für kalte Gerichte; Geschmack ähnelt dem Lachs.

Seegurke → *Holothurie.*

Seehecht *(frz.: colin, m.; engl.: hake).* Ist vor allem südlich von Island, in den Gewässern vor Frankreich und der iberischen Halbinsel anzutreffen. Sie leben in Tiefen von 100–300 m, werden bis zu einem Meter lang und erreichen ein Gewicht von 10 kg. Körper von schwarz-grüner Farbe mit schwarzem Maul. Der Seehecht macht Jagd auf Heringe, Sprotten, Anchovis, Sardinen und Makrelen. Verwandte Arten kommen in größeren Mengen vor der südafrikanischen Küste und in den südamerikanischen Gewässern vor, wo sie mit Schleppnetzen oder Langleinen gefischt werden. Seehecht enthält 17,2 % Eiweiß und nur 0,9 % Fett. Er eignet sich

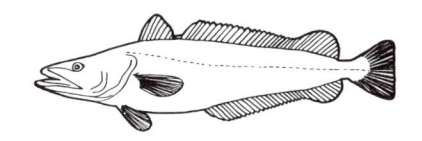

Seeigel

zum Braten, Backen und Dünsten. Sein festes Fleisch dient auch als Ersatz für Räucherlachs.

Seeigel *(frz.: oursin, m.)*. Man findet ihn im Atlantik wie im Mittelmeer im Januar und Februar. Die besten Arten kommen aus Frankreich (Erguy und die Bucht von St.-Brienc) und aus Irland. Sie sind grün oder violett. Seine Stacheln dürfen nicht abbröckeln, tun sie es, ist der Seeigel nicht frisch. Man isst ihn roh oder verwendet ihn zur Herstellung von Seeigel-Butter oder Mayonnaise. Besonders gefragt sind Milch (Sperma) und der Rogen (Eier), der außergewöhnlich proteinhaltig ist und viel Fett enthält. Roh isst man nur die weiblichen Seeigel (orangefarbenes Corail).

Seekohl *(engl.: sea kale)*. Gemüse aus der englischen Küche. Aussehen ähnlich wie Staudensellerie oder Karden. Gleiche Verwendungs- und Verarbeitungsform.

Seelachs (auch *Köhler-* oder *Blaufisch* genannt; *frz.: lien noir, m.; grelin, colin-merlan-noir, m.; engl.: rock salmon, coalfish*). Er ist meist das billigste Filet. Das Fleisch ist fest, von rötlich-braun bis grauer Farbe, hellt aber bei der Zubereitung auf. Hauptsächlich zum Braten und Backen geeignet, da es nicht zerfallen kann. *Er hat mit der Rasse der Salmoniden nichts zu tun.* Er ist ein naher Verwandter des Kabeljaus. Raubfisch, der sogar kleine Haie angreift. Rücken dunkelbraun, Bauch weiß. Wegen seines hässlichen Äußeren wird er meist ohne Kopf angeboten. Sein weißes Fleisch verwendet man zu Fischsuppen (Bouillabaisse-Fisch), aber auch gebraten und gegrillt.

Seeschnecke. Muschelart, die an den Ufern der Insel Re in der Charente-Mantim zu Hause ist.

Seespinne *(auch: Spinnekrebs; frz.: araignee de mer, f.; engl.: spider crab)*. Zehnfüßiges Krebstier mit höckerigem Körper und zwei Scheren. Oberseite gelbliches Rot, Unterseite weißlich. Der Körper wird bis max. 18 cm breit. Fanggebiete: Adria, Mittelmeer, chilenische Küste und Atlantikküste bis zum Kanal. Das gekochte Fleisch wird meist zu Vorspeisen verwendet.

Seeteufel *(frz.: lotte de mer, f., diable de mer, m. oder baudroie; engl.: anglerfish oder monk-tail, sea devil, frog fish)*. Der Seeteufel ist ein Grundfisch mit durchschnittlicher Länge von 50–60 cm; er erreicht eine maximale Länge von 1,50 m, das entspricht einem Gewicht von 20–40 kg. Er ist in der Nordsee und im Atlantik zu Hause. Da er mit seinen Fühlern seine Beute anlockt, heißt er auch *Angler*. Man nennt ihn auch *Forellenstör-Karbonadenfisch*. Er hat einen großen Kopf und zurückklappbare Zähne in einem ungewöhnlich großen, nach oben stehenden Maul. Aus seiner Bauchspeicheldrüse wurde das erste Insulin gewonnen.

Seeveilchen *(frz. violettes)*. Eine Muschelart. Man isst sie roh. Aussehen immer klebrig gelblich, ihr Äußeres ähnelt einer rauen und sehr harten Kartoffel. Sie ist sehr jodhaltig. Man nimmt nur die kleinsten von ihnen (die dickeren sind immer ungenießbar).

Seewalzen → *Holothurie.*

Seewein. Weine aus dem badischen Bereich Bodensee. Regionale Bezeichnung.

Seewolf, gestreifter *(auch: Kattfisch; frz.: loup marin, poisson loup, m.; engl.: seawolf).* Walzenförmiger Fisch des nördl. Atlantiks, graubraun mit dunkleren Flecken (Bänder). Er reicht eine Länge von 1,20 m und ein Gewicht von 4–7 kg. Sein Fleisch ist weiß. Es wird gebraten oder gebacken. Wegen des unschönen Aussehens wird er meist ohne Kopf und u. U. zerlegt gehandelt.

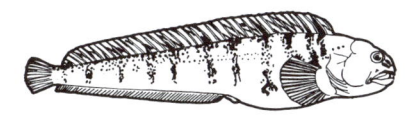

Seezunge *(frz.: sole, w; engl.: sole).* Plattfisch; Kennzeichen der Seezunge: beide Brustflossen hohl entwickelt. Nasenlöcher der Blindseite klein, weit voneinander entfernt. Durchschnittliche Länge: 30–40 cm, bei einem Gewicht um 350 g, bei einem Alter von 4–8 Jahren. Die Seezunge erreicht eine maximale Länge von 60 cm, das entspräche einem Gewicht von 3 kg in einem Alter von etwas über 20 Jahren.

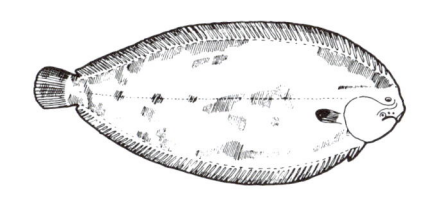

Sehnen. Straffe → *Bindegewebe* (Sehnen einschließlich Sehnenscheiden, Sehnenplatten, Bindegewebehäute und Bänder mit Ausnahme des Nackenbandes des Rindes).

Sehnenarmes Rindfleisch. Skelettmuskulatur des Rindes, die von Natur aus nur sehr wenig Bindegewebe und Fettgewebe enthält (z. B. Oberschale) oder deren Gehalt durch Ausschneiden (Entsehnen) entsprechend verringert worden ist.

Sehnenreiches Rindfleisch. Rindfleisch mit einem Bindegewebegehalt, der höher ist als bei „grob entsehntem Rindfleisch", jedoch niedriger als bei ausschließlicher Verwendung von Beinfleisch, Fleisch, das von grob ausgelösten Knochen abgetrennt wird (Knochenputz- und Kopffleisch).

Sehr trocken (bei Champagner und Schaumwein) → *extra sec, extra dry:* Restzuckergehalt bis max. 20 g/l.

Seide. Naturfaser, die aus den Kokons der Seidenspinner gewonnen wird. Die langen, sehr feinen Fäden werden meist zu Oberbekleidung verwendet. Sie isolieren gut gegen Hitze und Kälte. Im Hotelbetrieb wird sie als Gästewäsche vorkommen. Beim Waschen ist Vorsicht geboten, da Seide licht- und laugenempfindlich ist. Sie sollte mit alkalifreien Waschmitteln behandelt werden. Es empfiehlt sich, Seide erst zu bügeln, wenn sie ganz trocken ist, sonst können Wasserränder entstehen.

Sekt *(Qualitätsschaumwein).* Sprachlich ist „Sekt" aus dem lat. Wort „siccus" (seco) abgeleitet, was „trocken" bedeutet. Ursprünglich wurde mit Sekt ein stiller, süßer Wein aus Spanien bezeichnet. Erst im 19. Jahrhundert wurde Sekt, anfangs in Berlin, später im ganzen Deutschen Reich zur Bezeichnung für Schaumwein. Sekt ist lt. Gesetz eine Qualitätsstufe für Schaumweine, die folgende gesetzliche Bestimmungen erfüllen muss: 1) Die Grundweine müssen mindestens Tafelweine aus Ländern der EG sein, 2) muss eine AP.Nr. erhalten haben (12 Punkte), 3) der CO_2-Druck muss durch eine zweite Gärung entstanden sein, 4) muss bei +20 °C in geschlossenen Behältnissen einen Druck von 3,5 bar aufweisen, 5) muss 180 Tage auf Hefe gelagert sein, 6) muss ab Beginn der zweiten Gärung neun Monate unter CO_2-Druck gelagert sein, 7) muss bei einer Geschmacksangabe

Sekt b. A.

die vorgeschriebenen Werte enthalten, **8)** muss 10 % Vol. vorhandenen Alkohol aufweisen; bei der Angabe einer Rebsorte müssen 85 % der zur Herstellung verwendeten Trauben aus dieser Traubensorte stammen. Die Angabe des Jahrgangs setzt voraus, dass 85 % der → *Cuvée* aus diesem Jahrgang stammt. Eine engere geographische Angabe (Bereich/Lage) kann angegeben werden, wenn mind. 85 % der Cuvee aus dem genannten Bereich/Lage stammen.

Sekt b. A. *(bzw. Qualitätsschaumwein b. A.)* ist eine Qualitätsbezeichnung, seit 1975 statt Prädikatsekt in Anwendung. Sekt b. A. ist die höchste Qualitätsstufe für deutsche Schaumweine. Produkte, die unter dieser Bezeichnung auf den Markt kommen, müssen zu 100 % aus Qualitätsweinen eines → *b. A.* stammen, welches auf dem Etikett genannt werden muss. Die weiteren gesetzlichen Bestimmungen entsprechen der Qualitätsstufe → *Sekt* bzw. *Qualitätsschaumwein.*

Sekt-Bewertung für AP Nr. Bei der Sinnenprüfung werden folgende Merkmale durch Fachleute geprüft: **1)** → *Mousseux,* **2)** Farbe, **3)** Klarheit, **4)** Geruch, **5)** Geschmack, **6)** Abstimmung von Säure-Süße-Alkohol; insgesamt werden 20 Punkte verteilt. Ein Sekt muss mind. 12 Punkte erreichen, ein Sekt b. A. mind. 15 Punkte.

Sektdruckmesser. Apparat zum Messen des Druckes einer Sektflasche.

Sektionen. Um die → *Reinigung* der Etage rationell und gleichmäßig zu gestalten, werden den Zimmermädchen Sektionen zugewiesen. Bei gleichbleibender Belegung könnten auch die Sektionen gleich bleiben. Schwankende Belegungszahlen erzwingen aber oft täglich neue Einteilungen. Eine Hilfe ist es hierbei, wenn die Rezeption bei der Belegung darauf achtet, dass zu weite Wege vermieden werden. Die Einteilung kann so erfolgen, dass die Hausdame die Namen der Zimmermädchen in eine Kopie des Logisberichts einträgt und diesen aushängt oder jedem Zimmermädchen gleich einen Sektionsbericht aushändigt, der mit den Erledigungsvermerken dann an sie zurückläuft. (Abb. 71)

Sektkelch. Glas, in der Form ähnlich der → *la Flûte,* jedoch nicht so schmal und oben konisch zulaufend.

Sektquirl. Holz-, Metall- oder Elfenbeinstab, der am Ende eine sternförmige Kugel trägt. Mit Hilfe von Sektquirlen wird CO_2 aus

Sektionsbericht	Zimmermädchen		(Name)		Datum:	
Zi.-Nr.	Abreisen	bleib. Gäste	frei	Pers.-Zahl	Besonderheiten	Erl./Bem.
101	X			1		
103		X		2	doppelt Seife	
107		X		2		
109		X		2	2. Kissen ein.	
111	X			1		Lampe def.
112					außer Betrieb	
...						
...						
...						
Name Hausdame				Unterschrift Zimmermädchen		

Abb. 71 Sektionsbericht

Schaumwein vertrieben. Die Benutzung ist jedoch eine Unsitte.

Sektsteuer → *Schaumweinsteuer.*

Sekundärforschung → *Marktforschung (auch: Mittelbare Erhebung, desk research).* Eine Form der Marktforschung, die Informationen und Entscheidungsgrundlagen aus bereits vorhandenem Zahlenmaterial erarbeitet. Als Informationsquellen kommen in Betracht: **a)** innerbetriebliche Daten, wie Daten der Kostenrechnung, Buchhaltung, Betriebsstatistik, **b)** außerbetriebliche Daten, wie solche der Statistischen Ämter, Verbände u. a. Institutionen oder aus den Berichten der Bundesbank. Die Auswertung von Ergebnissen der Sekundärforschung kann sein: **1)** Aussagen, die meist graphisch verdeutlicht werden, **2)** Auswertung mittels → *Deckungsbeitragsrechnung,* **3)** Auswertung durch → *break-even-Analysen.*

Sekundärgruppe. Größere Gruppe, in der nicht mehr jedes Gruppenmitglied jedes andere Gruppenmitglied kennt, aber Ziele und Organisation zum „Wir-Gefühl" ausreichen – nur mittelbare Verbindung – (Betriebsgemeinschaft, Mitglieder eines großen Vereins, Fan-Club). → *Primärgruppe.*

Sekundär-Motive. Bedürfnisse des Individuums, die durch Lernprozesse erworben werden.

Selbstkosten. Kosten, die im Betrieb bei wirtschaftlicher Betriebsführung für die Erstellung einer Leistung entstehen. Die Ermittlung erfolgt nach einem der folgenden Schemata:

1) *Handel* (Wein)
    Listenpreis
 – Rabatt

Ziel-Einkaufs-Preis
– Skonto

Bar-Einkaufs-Preis
+ Bezugskosten

Einstands-P. (Bezugs-P.)
+ allg. Verwalt.-Kosten

= Selbstkosten

2) *Industrielle Fertigungen* (Fertiggericht)
Fertigungsmaterial
+ Materialgemeinkosten
+ Fertigungslöhne
+ Fertigungsgemeinkosten

= Herstellkosten
+ Verwaltungsgemeinkosten
+ Vertriebsgemeinkosten

= Selbstkosten

3) *Gastronomie* (Hotelleistungen)
Einzelmaterial
+ Materialgemeinkosten

= Materialkosten
+ Küchengemeinkosten

= Herstellkosten I
+ Restaurantgemeinkosten
+ Beherbergungskosten

= Herstellkosten II
+ Verwaltungs-GK

= Selbstkosten

Von den Selbstkosten gelangt man durch Addition des kalkulierten Gewinns zum Selbstkostenpreis (steuerlich betrachtet).

Selbstständig. Eigenschaft einer Person, die **a)** im Wesentlichen eigene Verantwortung trägt, **b)** eigene Zeiteinteilung und Arbeitseinteilung hat, **c)** das Risiko für ihre Tätigkeit trägt, **d)** das Personal auswählt und entlohnt, sowie dessen Arbeitsweise bestimmt.

Selection. Profilbezeichnung für trockene Qualitätsweine der Spitzenklasse. Voraussetzungen:
– Angabe der Einzellage obligatorisch. Anmeldung der Selektionsparzelle bei den Behörden bis zum 1. Mai des Erntejahres unter genauer Kennzeichnung der Parzelle
– strenge Auswahl gebietstypischer Rebsorten

Selterswasser

- Mindestmostgewicht 90 °Öchsle bzw. Auslesemostgewicht
- Ertragsbegrenzung auf 60 hl/ha
- Handlese
- Geschmacksrichtung: Restzucker darf bei Riesling max. 12 g/l betragen und den Säuregehalt nicht um mehr als das 1,5-fache übersteigen, für die anderen Sorten gilt die Regelung für trocken
- Qualitäts- und Kontrollmaßnahmen bereits im Weinberg
- zur amtlichen Prüfung zusätzliche sensorische Prüfung
- Etikettierung: VDP, Jahrgang, Rebsorte, Einzellage und Selection
- darf erst am 01.09. des dem Erntejahr folgenden Jahres in den Verkehr gebracht werden.

Selterswasser. Ursprüngliche Originalbezeichnung für das Mineralwasser aus dem hessischen Ort Selters. Im Sprachgebrauch werden fälschlicherweise Mineralwässer, die nicht aus Selters-Quellen stammen, oft als Selterswasser bezeichnet.

Seme cicoria. Ital. Teigkörnchen, die in Suppen gegeben werden. Ähnlich wie „Riebele".

Sémillon. Weißweintraube, aus der → *Sauternes-Weine* in → *Bordeaux* hergestellt werden.

Seminarhotel → *Beherbergungsbetrieb*.

Sencha. Teebezeichnung in Japan und Formosa; ein langes grünes Blatt, das einen dünnen Aufguss ergibt.

Senf (Syn.: *Mostrich; frz.: moutarde, w.; engl.: mustard*). Herstellung: Nach der Reinigung werden die Senfkörner zerstoßen und gemahlen, zusammen mit dem Saft unreifer Trauben, mit Rot- oder Weißwein, Traubenmost, Essig, Apfelwein (oder einer Mischung dieser Flüssigkeiten) oder auch mit Wasser, wobei der Wasseranteil nicht mehr als ¾ der Mischung betragen darf, gemischt. Diese Mischung, die zwischen Steinen zermahlen wird, ergibt eine Paste, die durch ein Sieb passiert wird. Nach einem zweiten Mahlprozess gibt man die Masse zum Reifen in Bottiche. Das stark flüchtige ätherische Öl (→ *Sinaibin*) des Senfs muss erhalten bleiben. Je höher der Senföl-Anteil, umso schärfer der Senf. Man unterscheidet zwei Grundsorten, den → *Scharfen Senf* und den → *Milden Senf*. Geschichte: Schon in der Bibel ist die Rede von wildem Senfkorn. Die Ägypter würzten mit zerstoßenen Senfkörnern Speisen, ebenso die Griechen und die Römer. Römische Legionäre brachten den Senf nach Gallien, wo er besonders in der Gegend um Dijon heimisch wurde. Die Herkunft des frz. Wortes „moutarde" ist nicht eindeutig. Einmal heißt es, es ginge auf den Wappenspruch der Herzöge von Burgund „moult me tarde" (vieles lockt mich!) zurück. Eine andere Theorie behauptet, es ließe sich ableiten vom lateinischen „mustum ardens", feuriger Most, frz.: „moût ardent."

Senga Fructarina. Spätreifende Erdbeersorte. Mittelgroße, feste und gut transportfähige Früchte. Sind zur Nass- und Trockenkonservierung geeignet.

Senga Litessa. Mittelfrühe Erdbeersorte. Die Früchte sind mittelgroß, süßsäuerlich mit ausgedehnter Reifezeit.

Senga Precosana. Erdbeersorte, die früh auf dem Markt ist. Diese Sorte liefert süßaromatische, weiche Früchte, die bei feuchter Witterung anfällig für Botrytis sind.

Senga Sengana. Mittelspäte Erdbeersorte. Massenträger, der dunkelrote, säuerlich aromatische Früchte mit rotem Fruchtfleisch liefert, die sowohl zum Frischgenuss, als auch zur Nass- und Trockenkonservierung geeignet sind.

Sensorische Prüfung – Wein → *Amtliche Prüfungsnummer*.

Separator. Kellertechnisches Gerät. Zentrifuge, zur Beseitigung von Trubteilen in Most und Wein.

Separatorenfleisch. Maschineller Knochenputz oder jene Fleischreste, die beim Fleischzerlegen an den Knochen hängen bleiben und durch Nachputzen gewonnen werden. Es sind dies Fleischreste, Bindegewebe, Fettgewebe, Knorpel- und Knochenstücke. Das Separatorenfleisch wird als Verarbeitungsfleisch bei Koch- und Brühwurst mittlerer Qualität zugesetzt. Der Zerkleinerungsgrad macht das Separatorenfleisch sehr keimanfällig. Sein hoher Anteil an Knochenabrieb kann gesundheitsschädlich sein und hygienisch bedenklich. Separatorenfleisch darf nicht zu Rohwurst oder als Hackfleisch verwendet werden. Separatorenfleisch muss sofort verwendet oder tiefgefroren werden. Tiefgefroren innerhalb von drei Monaten zu verwenden.

Separieren → *Separator.*

Sepia. 1. zehnarmiger Tintenfisch, zwei dieser Arme sind als Fangtentakel ausgebildet 2. Farbstoff aus dem Tintenbeutel von Tintenfischen, dient zur Färbung von Teigwaren, Reis u. Ä.

Sepiaschale → *Schulp.*

Septimer. Weißweintraube. Kreuzung: Gewürztraminer × Müller-Thurgau. Die Weine haben ein sehr kräftiges, manchmal raues, an Traminer erinnerndes Bukett.

Serine. Ein anderer Name für die rote Rebsorte → *Syrah.*

Serosa. Die äußerste, glatte Hautschicht des Blinddarms vom Rind, dient als Umhüllung von Fleischerzeugnissen (Lachsschinken, Rinderrauchfleisch) und Wurstwaren. Die Serosa wird auch → *Goldschlägerhäutchen* genannt.

Serpolet. Frz. Ausdruck für → *Quendel.*

Serrano-Schinken. Luftgetrockneter spanischer Schinken, der aus Beständen ausschließlich weißer Schweine entsteht. Insgesamt reifen die Schinken mindestens neun Monate, in der Regel jedoch keinesfalls länger als zwölf Monate. Zwei Zuschnittsformen werden angeboten: „Corte Serrano" und „Corte Redondo". Bei ersterem wird der Schinken unterhalb der Pfote in V-Form entschwartet. Beim „Corte Redondo" wird hingegen die Pfote entfernt, wobei Schwarte und Fett erhalten bleiben.

Servant. Ein Serviertisch (oft Spezialanfertigung). Auf diesem Tisch wird das Mise en place für bestimmte Anlässe (z. B. Frühstück, Mittag-, Abendessen) vorbereitet. Er hat Fächer für Geschirr, Gläser, Servietten etc.

Service-Arten. 1) → *Amerikanischer Service,* 2) → *Deutscher Service,* 3) → *Schlossservice,* 4) → *Französischer Service,* 5) → *Englischer Service,* 6) → *Russischer Service,* 7) → *Büfettservice,* 8) → *Etagenservice.*

Service-Grundregeln. Auszug. Alles, was der Gast vorgesetzt bekommt, wird von der rechten Seite gereicht, mit Ausnahmen von Brotteller und -messer, Gabel, Salatteller, Brot, Butter, Fingerschale, Frühstücksei. Von links wird: Präsentiert, angeboten und vorgelegt. Das Abräumen erfolgt von rechts. Eingedeckt wird in der Regel höchstens für drei Gänge pro Gast. Gedeckabstand – je nach Anlass – 60 bis 80 cm. Vor dem Servieren des Desserts ist der Tisch zu säubern. Damen wird zuerst serviert; der Gastgeber zuletzt bedient. Niemals über Gedecke reichen! Kein Rückwärtsgehen beim Servieren! Überholt wird links; ausweichen immer nach rechts. Bei Flügeltüren stets rechte Seite benutzen!

Servietten. Im Service werden Mund- und Handservietten benötigt. Die gebräuchlichsten Maße sind 50 × 50 cm. Mundservietten benutzt der Gast zum Abwischen der Lippen, des Mundes. Sie können aus verschiedenen Materialien bestehen, Stoff, Zellstoff oder Papier. Handservietten gehören zur Kellnerausstattung. Sie sind eine Hilfe beim Tragen von heißen Gegenständen, um die Hände vor Verbrennungen zu schützen. In einem Betrieb sollten Mund- und Handservietten nicht identisch sein. Sie sollten nicht für Fremdzwecke benutzt werden, z. B. zum Polieren, Putzen, Wischen etc.

Sèvre et Maine → *Muscadet/Nantais.*

Sevruga. Auch Sterlet, zur Familie der Störfische gehörig.

Sfoglina. Italienischer Ausdruck für Nudelhersteller (hausgemachte Produkte).

Shaddock (Syn.: *pomelo*). Dickschalige Zitrusfrucht, aus der die Grapefruit gezüchtet wurde. Sie schmeckt scharf, hat rötliches Fleisch und kam im 17. Jahrhundert auf die karibischen Inseln.

Shaker. Schüttelbecher, in dem alle Cocktails zubereitet werden, die geschüttelt sein müssen. Besteht aus zwei Teilen und dazugehörigem → *Strainer.*

Sharbate. Persische Bezeichnung für Granite.

Sharonfrucht → *Kaki.*

Sharpshooter. Neuer – noch nicht erforschter – Rebschädling, der Blattwerk und Trauben befällt und diese verkümmern lässt.

Shelf stable products. Alle Produkte (Mortadella, Speckwurst, Tiroler) in Gläsern, Dosen, Folien, Därmen, die nur auf +90 °C erhitzt wurden, aber trotzdem bei +20 °C zwölf Monate haltbar sind, weil der a_w-Wert unter 0,95 und der pH-Wert unter 4,5 liegt.

Sherry. Wein, der sich zum Apéritif oder Dessert eignet. Ursprungsland ist Spanien. Die Bezeichnung Sherry ist nicht geschützt,

weshalb auch Sherry-Weine aus Amerika und Südafrika auf dem Markt erhältlich sind. Die Originalität der spanischen Sherrys garantiert eine Banderole über dem Korken. Das spanische Anbaugebiet ist ca. 100 km^2 groß. Zentrum ist die Stadt Jerez. Das Klima ist sehr heiß und wird durch die Meeresnähe beeinflusst. Auf vorwiegend Kalkboden wachsen hauptsächlich die Rebsorten Palomino Fino, Palomino de Jerez und Pedro Ximenez.

Sherry-Angebotsformen (span.). Sherrys aus Spanien werden in fünf verschiedenen Grundformen auf den Markt gebracht, die jedoch nicht exakt festgelegt sind: → *Fino,* → *Oloroso,* → *Amontillado,* → *Manzanilla,* → *Cream.*

Sherry-Herstellung. Lese: Anfang September. Die gelesenen Trauben werden zum Teil auf Grasmatten zum Nachreifen ausgebreitet. PX-Trauben für die süßen Cream-Sherrys bleiben bis zu 14 Tage an der Sonne zum Austrocknen liegen. Gärung: Der größte Teil des Lesegutes wird sofort ausgepresst. Der Most wird in Gärbottichen zum Gären gebracht. Der Most der getrockneten Trauben, der einer schwachen Gärung unterliegt, wird als Süßreserve zurückgehalten. Die normale Gärung verläuft in der ersten Woche sehr stürmisch. Die Fässer sind nicht verschlossen und der junge Wein wird einer langsamen Nachgärung ausgesetzt, die bis Januar andauern kann. Danach ist der Wein trocken und weist eine Alkoholstärke von ca. 12–13 % Vol. auf. Klassifizierung: Nach einer Filtration noch vor der Fassabfüllung findet eine 1. Klassifizierung statt. Die jungen Weine werden aufgeteilt in: **a)** Fino-Basisweine → *Sin Marca klar* mit ansprechendem Körper **b)** Oloroso-Basisweine → *Raya*-Aufspritung: Bei der Abfüllung in Fässern werden die Sin marcas auf ca. 16 % Vol., die Rayas auf ca. 19 % Vol. aufgespritet. Nach der Aufspritung kommen die Weine in das sog. → *Añada -System* (Año = Jahr). Reifung: Die Fässer werden nur bis zu 80 % gefüllt, damit eine große

Sherry-Herstellung

Oberfläche für den Zutritt der Luft vorhanden ist. Während der Reifung bildet sich auf dem alkoholschwachen Sin Marca (Fino) eine Florhefeschicht, von deren Wachstum der Charakter des späteren Finos weitgehend abhängt. In den Raya-Fässern (Oloroso) bildet sich kein Flor, weil der Hefepilz bei einem Alkoholgehalt von mehr als 17 % Vol. nicht wächst. Wegen der direkten Berührung mit dem Sauerstoff verändert der Wein im Fass seine Farbe von hell zu goldfarben. Je nach Entwicklung im Añada-System werden sowohl die Sin-Marca-Weine als auch die Rayas untereinander klassifiziert. Aufteilung der Sin Marcas: **1)** Amontillado Fino – voller Körper. **2)** Amontillado-Weine, die während der weiteren Entwicklung die typischen Fino-Eigenschaften verloren haben und auf 17–18 % Vol. aufgespritet wurden. Aufteilung der Rayas: **1)** Palo Cortado = voller Körper, reiner Duft. **2)** Oloroso = voller Körper, akzeptabler Duft. **3)** Rayas = mindere Qualität. Reifung im Solera System = gesetzlich vorgeschrieben. Solerareifung erfolgt in hohen gut belüfteten Hallen, den Bodegas. Jede Fassreihe besteht aus jeweils einem Sherrytyp. Die in drei oder vier Stufen aufgestapelten Fässer (5202) beinhalten in der oberen Reihe den Jungen-Añada-Sherry und je tiefer zur Bodenreihe jeweils ältere Sherrys. Abfüllung: Aus der Suelo-Reihe (Bodenreife) wird jährlich $1/3$ der Menge zum Verkauf entnommen. Der Mengenverlust wird jeweils aus der darüberliegenden Reihe bis hin zur oberen Reihe ausgeglichen. Bevor der aus der Suelo-Reihe entnommene Wein auf Flaschen abgefüllt wird, erhält er durch einen Verschnitt die gewünschte Geschmacksrichtung. Herstellung der Creams: Die Trauben für die Herstellung der zum Verschnitt benötigten Süßweine liegen vor dem Pressen zum Austrocknen

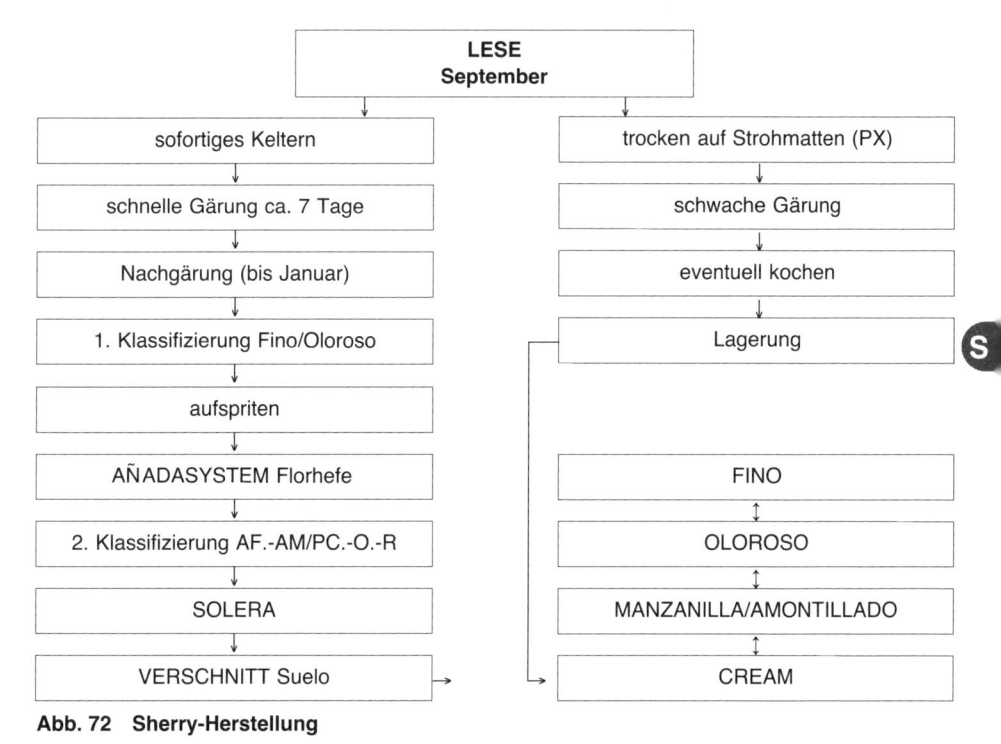

```
                    LESE
                  September
                     ↓
    ┌────────────────┴────────────────┐
    ↓                                 ↓
sofortiges Keltern         trocken auf Strohmatten (PX)
    ↓                                 ↓
schnelle Gärung ca. 7 Tage      schwache Gärung
    ↓                                 ↓
Nachgärung (bis Januar)         eventuell kochen
    ↓                                 ↓
1. Klassifizierung Fino/Oloroso    Lagerung
    ↓                                 ↓
aufspriten                         FINO
    ↓                                 ↑
AÑADASYSTEM Florhefe            OLOROSO
    ↓                                 ↑
2. Klassifizierung AF.-AM/PC.-O.-R   MANZANILLA/AMONTILLADO
    ↓                                 ↑
SOLERA                            CREAM
    ↓
VERSCHNITT Suelo  →  ─────────────┘
```

Abb. 72 Sherry-Herstellung

noch bis zu 14 Tage in der Sonne. Aus den zu rosinenartig geschrumpften Trauben erhält man einen dickflüssigen Sirup. Wegen des hohen Zuckergehalts und der Zugabe von etwas Alkohol wird nicht der gesamte Zucker in Alkohol umgewandelt. Bei der Herstellung von Colorwein wird dem jungen Most ein Drittel konzentrierter Most zugefügt. Durch Aufkochen wird der enthaltene Zucker karamelisiert. Der Wein bekommt eine sehr dunkle Farbe und ein kräftiges Bukett.

Shinshu Cattle. Japanische Rinderrasse in der Region Shinshu, die hauptsächlich mit Äpfeln gefüttert wird und in den Bergen lebt. Das Rindfleisch ist ausgezeichnet marmoriert, sehr mürbe und teuer. Shinshu wird „Japans Dach" oder die „Japanische Schweiz" genannt, liegt 3000 m hoch im Bezirk Nagame. In Shinshu werden außerdem hervorragende Früchte und Gemüse geerntet (Spargel, Aprikosen, Pfirsiche, Weintrauben).

Shirataki. Japanische Nudeln, die Fadennudeln ähneln und aus gelatineartiger Stärke hergestellt werden. Diese Nudeln werden häufig zum → Sukiyaki verwendet.

Shishimi Toogaraski. Scharfes japanisches Mischgewürz aus 7 verschiedenen Gewürzen, u. a. schwarzer Sesam.

Shitake. Japanischer Pilz.

Shoga. Frische japanische Ingwerwurzel.

Shortdrinks. Mischgetränke, oft mit einem stärkeren Alkoholgehalt, weil sie nicht verlängert werden. Kleine Gläser mit wenig Inhalt sind typische Merkmale z. B. Martini-Cocktail.

Shortfiller Zigarre → Longfiller Zigarre.

Shotty. Teespezialität aus Ceylon, bei der die Teeblätter zu einer Kugel gerollt werden.

Sho-You. Flüssiges Gewürz der japanischen Küche, das aus halb Soja und halb Gerste bereitet wird. Beides wird in einem Teig verarbeitet, den man in verschlossenen Gefäßen einige Tage fermentieren lässt. Danach wird der Teig mit gesalzenem Wasser ein bis drei Jahre ausgegärt. Der abgepresste Saft ist der Sho-You, den man in Flaschen oder Pokalen verkauft.

Siam-Ingwer → Galgant.

Sicherheitsbeauftragter. Lt. Reichsversicherungsordnung (RVO) hat der Unternehmer in Betrieben mit mehr als 20 Beschäftigten (unter Mitwirkung des Betriebsrates) Sicherheitsbeauftragte zu bestellen, die als Unfallvertrauensleute der Mitarbeiter im Betrieb dafür sorgen, dass Schutzvorrichtungen regelmäßig benutzt werden, über Unfallgefahren aufklären und die Auflagen der Berufsgenossenschaft realisieren.

Sicherheitsfachkraft. Darf auch ein Meister sein, (abgelegte Prüfung), nach zwei Jahren Praxis oder wenn eine Tätigkeit von 4 Jahren in gleichwertiger Position nachgewiesen werden kann. Jede Sicherheitsfachkraft muss zwei Kurse (A. u. B) und einen Aufbaulehrgang der Berufsgenossenschaft durchlaufen (A u. B je 14 Tage; Aufbaukurse eine Woche). Die Kosten der Ausbildung trägt die Berufsgenossenschaft. Der Lohn wird vom Arbeitgeber gezahlt.

Sicherheitspiktogramm → Anhang A9.

Sicherheitsunterweisung. Systematische, zielgerichtete Erziehung zu sicherheitsbewusstem Verhalten, (Bewusst machen von Gefahren, Beachtung der Unfallverhütungsvorschriften und Hinweis auf familiäre und berufliche Nachteile und Rechtsfolgen). Besonders gefährdet sind Jugendliche (Unkenntnis der Gefahren, Zerfall der → Motorik, Spieltrieb).

Sicherungsübereignung → Kreditsicherung. Eine zur Sicherung einer Forderung durchgeführte Eigentumsübertragung an einer Sache, wobei die Sache im Besitz des ursprünglichen Eigentümers bleibt. Damit hat diese Form der Sicherung den Vorteil, dass der Übereigner weiterhin die Sache benutzen kann (z. B. Maschinen).

Sieden → *Bouillir.*

Siegerrebe. Weißweintraube. Kreuzung aus Madeleine Angevine × Gewürztraminer. Wegen des starken Buketts dient der Wein vorwiegend zum Verschnitt.

Sifone → *Marsala.* Sifone ist ein mit Weinsprit stumm gemachter Most aus getrockneten Trauben, der dem fertigen Wein zugegeben werden kann.

Silberpflege. Die Pflege des Hotelsilbers obliegt i. d. R. einem Silbermann, der der Abteilung → *Stewarding* angehört. Er muss bei der Reinigung des Silbers: **a)** das Silber ca. 15 Minuten in ein Tauchbad mit einem Spezialreiniger legen, **b)** das Silber bei Bedarf anschließend in die Poliermaschine geben, wo es etwa fünf Minuten verbleibt, **c)** anschließend eine Spülung mit fließendem kalten Wasser vornehmen, **d)** erst dann in die Spülmaschine geben.

Silberputzmaschine. Dient der Reinigung von Tafelsilber und Silberplatten. Das geschieht in Trommeln, in denen hochglanzpolierte Stahlkugeln in heißem Wasser mit Polierpulver sanft über die Silberteile gleiten.

Sild. Dänisch für Hering. Etwa 10 cm langer Hering. Er wird auf dem europäischen Markt vorwiegend als Fischkonserve in Öl oder anderen Marinaden angeboten z. B.: Appetitsild.

Silvaner → *Grüner Silvaner.* Weißweintraube. Der Name deutet auf die vermutete Herkunft aus Transsylvanien in Siebenbürgen hin. Synonyme: *Grüner Silvaner, Österreicher, Franken, Frankenriesling, Grüner Zierfandl, Fliegentraube.*

Simonsbrot → *Spezialbrot* aus Roggen oder Weizen. Die Körner werden nach dem Reinigen 6–12 Stunden in Wasser von 50 °C zum Quellen gebracht. Das zum schwachen Keimen gebrachte Korn wird in einer Teigmühle zu einem Teig verarbeitet. Als Lockerungsmittel dient → *Hefe* oder → *Sauerteig.* Das Brot wird in Dampfkammern im Pumpernickelverfahren gebacken, es hat eine dunkle Farbe und keine Kruste.

Sinalbin → *Senf.*

Single Barelli → *Cask Strenght.*

Single Malt Whisky (Scotch). Reiner Maltwhisky aus einem Betrieb unverschnitten. Auch als Pure Malt im Angebot.

Singspielerlaubnis. Nach § 33a Gewerbeordnung (GWO) benötigt der Wirt neben einer → *Konzession* eine Singspielerlaubnis, wenn er folgende Veranstaltungen gewerbsmäßig durchführen will: **a)** Singspiele, **b)** Gesangs- und deklamatorische Vorträge, **c)** Schaustellungen von Personen, **d)** theatralische Veranstaltungen, ohne „höheres Interesse der Kunst oder Wissenschaft". Deshalb fallen die meisten Darbietungen in Unterhaltungsbetrieben unter diese Genehmigungsvorschrift. Die Genehmigung kann mit → *Auflagen* zum Schutz der Allgemeinheit verbunden sein. Sie kann nur versagt werden: **a)** bei Gefahr eines Verstoßes gegen Gesetz und Sitte, **b)** wenn das Lokal den polizeilichen Anforderungen nicht entspricht, **c)** wenn Umwelteinflüsse (Emissionen) oder Belästigungen zu befürchten sind.

Singular-Instanz → *Direktorial-Instanz.*

Sin Marca. Fino-Basisweine werden nach der 1. Klassifizierung Sin Marca genannt.

Sinnenprüfung für Wein (A.P.Nr.) → *Amtliche Prüfungsnummer für Wein.*

Sionon → *Sorbit.*

Sirnikis. Russische, in der Stielpfanne gebratene Plätzchen aus einem Mehlteig mit Quark, Eiern und Zucker.

Sirte. Molke. Flüssigkeit, die die geronnene Milch absondert.

Sirup → *Läuterzucker*.

Sitzordnung. Wenn es vom Gastgeber nicht anders bestimmt wurde, richtet sich die Sitzordnung nach der Art der Veranstaltung, den Gegebenheiten des Raumes und den Tafelformen. Als Hilfe dient ein Tischorientierungsplan. Tische oder Plätze an der Tafel sind auf einem Grundrißplan numeriert gekennzeichnet. Die Namen der Teilnehmer sind alphabetisch geordnet und jeweils mit Tisch- oder Platznummern versehen. Wichtig bei der Erstellung des Planes ist die Zusammenarbeit mit dem Veranstalter. Nach dem diplomatischen Protokoll sitzt der Herr rechts von der Dame oder der Rangniedere links vom Ranghöheren. Ausschlaggebend sind aber auch Status und gesellschaftliche Würde. Die gesellschaftliche Würde wird durch Verwandtschaftsgrad, Alter, Stellung, Titel usw. bestimmt. Die → *VIP-Plätze* an einer Tafel sind je nach Tafelgröße und -form und den Raumgegebenheiten (Tür, Fenster) zu bestimmen. Der Gastgeber sollte von seinem Platz aus den Eingang im Blick haben.

Sizilien. Südlichstes und ältestes Weinbaugebiet Italiens mit einer Weinproduktion von jährlich 8,5 Mio. Hektolitern. Ein bekannter Wein Siziliens ist der → *Marsala*. Das Qualitätsniveau der sizilianischen Weinherstellung wurde in den letzten Jahrzehnten wesentlich angehoben. Weine mit D.O.C.-Prädikat sind z. B. der → *Etna Bianco* und → *Faro*.

Skimming. Ein Schaum, der sich bei der Zuckerherstellung bildet. Bei der Rumherstellung ist er für das spätere Rumaroma zuständig.

Skin-Contakt → *Maceration Pelliculaire*.

Skirting. Tisch-/Büfetttischvorhang, meist aus pflegeleichtem Polyestergewebe. Am Faltenband befinden sich Druckknöpfe oder Klettverschlüsse zum Befestigen. Die Länge der Vorhänge kann nach Wunsch bestellt werden. Für die Aufbewahrung sind Spezialbügel von Vorteil.

Skonto. Preisnachlass bei Barzahlung innerhalb der vertraglich vereinbarten Frist.

Skorbut. Früher Seefahrerkrankheit, Mangelerscheinung von Vitamin C (Ascorbinsäure). Äußert sich in Mattigkeit, Zahnfleischentzündungen und -blutungen bis zum Zahnausfall und Blutungen unter der Haut infolge Brüchigkeit der Blutgefäße und Anämie (Blutarmut).

SK-Stempel → *Schankverordnung*.

Slibovitz → *Zwetschgenbranntwein*, der durch Holzfasslagerung meistens eine gelbliche Tönung zeigt. → *Slivovitz*.

Slings → *Punsch*, warm oder kalt serviert. Bekannte Zubereitungsform: Eine gewünschte Spirituose → *Grenadinesirup*, Zitronensaft, Eiswürfel, Früchte und Soda werden in einem Trinkglas gemischt und mit einem → *Barlöffel* umgerührt. Häufig wird anstatt Soda → *Stilles Wasser* verwendet. Bei heißen Slings werden alle Zutaten in einem Grogglas gemischt, mit heißem Wasser aufgefüllt und evtl. mit heißem Dampf nochmals nachtemperiert. Slings werden auch als Toddies bezeichnet.

Slivovitz *(Serbisch: Sliva = Pflaume)*, aus Serbien stammendes Zwetschgenwasser. Wird es in Deutschland hergestellt, muss es Slibowitz heißen.

Sloe → *Gin*. Eine Ginspezialiät, die mit Schlehen versetzt wird.

Slow Food. Vereinigung der „fröhlichen Genießer", 1986 vom Journalisten Carlo Perini in Barolo gegründet und 1989 in Paris zu einer internationalen Vereinigung gemacht. Beschäftigt sich mit Geschmackserziehung und Produktqualität. Hat 2004 eine Universität in Polenzo gegründet, die 2005 ihre Arbeit aufnehmen soll.

Smolt → *Smoltifikation.*

Smoltifikation. Nachdem Lachs-Setzlinge im Jugendstadium eine Größe von ca. 12–15 cm erreicht haben, durchlaufen sie eine physiologische Veränderung. Äußerlich erkennbar dadurch, dass sie ihr „Jugendkleid" mit dunklen Querstreifen in ein silbriges austauschen. Dieser Vorgang wird in der Fachsprache Smoltifikation genannt, und der auswanderungsfähige Lachs wird Smolt genannt. Der Vorgang der Smoltifikation bewirkt, dass die kleinen Lachse jetzt in der Lage sind, reines Meerwasser – bis zu 34 % Salzgehalt – zu vertragen.

Smorrebrod. Dänisch für Butterbrot. Verschiedene Brotsorten werden mit erlesenen Belägen in großer Vielfalt angeboten. Beläge: Fisch, Garnelen, Schinken, Pasteten, Gänsebrust, Käse.

Smyrna → *Rosinen.*

Snackimbiss. Preiswerte Schnellgaststätte mit kurzer Verweildauer. Ca. 60 % der Gäste nehmen die gekauften Speisen mit (take out). Angebot: Würste, Sandwiches, Pizza, Convenience-Produkte (→ *Convenience Food).*

Soave D.O.C. Ein trockener, weißer Tischwein, mit der Bezeichnung Classico aus ausgesuchten Gemeinden, mit mind. 10,5 % Vol. Alkoholgehalt, passt sehr gut zu Fischgerichten. Die Bezeichnung Recioto di Soave bedeutet süßer Geschmack und mind. 14 % Vol. Alkoholgehalt.

Soba. Japanische, dünne Buchweizennudeln.

Socalcos. Name der Terrassen im Duorotal/Portugal für den Rebanbau, auch Patamares genannt.

Sodawasser → *Tafelwasser.*

Sojabrot. Brot, das unter Verwendung von Sojamehl und/oder Sojaschrot und Trockenkleber hergestellt wird. Es ist eiweißreicher und kohlenhydratärmer.

Soja-Kaviar. Bestandteile: Wasser, Soja-Eiweiß, Soja-Öl, Meersalz, Farbstoff, Zuckercouleur, Gemüsesaft, Gelatine, Verdickungsmittel.

Sojamehl. Zur Herstellung von Sojamehl werden die durch schonendes Dampferhitzen aufgeschlossenen Sojabohnen fein vermahlen. Sojamehl kann in Kombination mit anderen Mehlsorten eingesetzt werden. S. verbessert die Backeigenschaften von Brot und hellem Gebäck. S. dient als „Ei-Ersatz". 1 Eßl Sojamehl und 2 Eßl Wasser entsprechen 1 Ei.

Sojaschnetzel. Produkt aus Sojabohnen, auch Soja „fleisch" genannt, werden nur durch mechanischen Druck und Wärme hergestellt. Chemikalien (Säuren oder Laugen) kommen nicht zum Einsatz. Sojaschnetzel eignen sich dank ihrer fleischartigen Konsistenz gut zur Herstellung von Sauce Bolognese, zu Füllungen, Pfannengerichten oder Lasagne. Es gibt sie als Sojaschnetzel „grob" und „fein". Vor der Zubereitung werden die Schnetzel 5–10 Minuten in Wasser oder Gemüsebrühe eingeweicht. Sie quellen stark auf, es reichen ca. 40–50 g pro Portion.

Sojasoße. Pikante Würzsoße der asiatischen Küche zu Fisch und Fleisch, die durch Fermentation gekochter Sojabohnen hergestellt wird.

Soja-Teigwaren. Eifreie Teigwaren besonderer Art mit Zusatz von mindestens 15% Vollsojamehl, bezogen auf Getreidemahlerzeugnisse, begrenzt haltbar.

Sole. Eine Lösung von Salzen bestimmter Konzentration.

Solei. In salzhaltigem Wasser gekochtes und eingelegtes Ei.

Solerasystem → Sherry-Herstellung.

Soljanka (Russland). Würzige, klare, warme Suppe (nach Art eines Eintopfes) aus angeschwitzten Zwiebeln, mit Salzgurken, Kapern, Tomatenmark und kräftiger Brühe sowie verschiedenen Einlagen. Soljanka gibt es in mehreren Varianten: als Fleischsoljanka, als Geflügelsoljanka, als Wildsoljanka, Fischsoljanka oder Pilzsoljanka.

Soll-Umsatz. Begriff aus dem Umsatzsteuerrecht, Gesamtbetrag der vereinbarten → Entgelte für bewirkte Umsätze.

  Forderungen an Kunden am Jahresende
+ Anzahlungen von Kunden am Jahresanfang
− Forderungen an Kunden am Jahresanfang
− Anzahlungen von Kunden am Jahresende
= Sollumsatz.

Die Berechnung wird ähnlich auch bei der Betriebsprüfung im Rahmen der Verprobung verwendet.

Somen. Japanische sehr dünne Weizenmehl-Nudeln.

Sommelier. Bezeichnung für einen besonders qualifizierten Weinkellner. Sein internationales Profil ist wie folgt gekennzeichnet: **1)** *Funktionen:* **a)** Auswahl der Weine und alkohol. Getränke, die auf die Karte gesetzt werden. Dazu kontaktiert er Produzenten, besucht Weinberge und macht Weinproben. **b)** Lagerhaltung: Kontrolle der Lieferungen, Durchführung von Bestellungen, Kontrolle des Stocks und Organisation des Weinkellers. **c)** Erstellung der Weinkarte zusammen mit dem Küchenchef, um eine optimale Harmonisierung von Speisen und Getränken zu erreichen, **d)** Im Restaurant: Sicherung des korrekten Wein- und Getränkeservices und der bestmöglichen Beratung. **2)** *Geforderte Qualifikationen:* **a)** Ausbildung des Geschmacks, **b)** Geruchs- und Geschmacksempfinden und Voraussicht für die Entwicklung eines Weins, **c)** Beherrschung von Fremdsprachen, **d)** gutes Gedächtnis, **e)** Kontaktfähigkeit, **f)** Ordnungsliebe, **g)** Fähigkeit zu guter Darstellung und Präsentation. **3)** *Ausbildung:* **a)** Gastronomische Grundausbildung (Lehre), **b)** anschl. 1 Jahr Praxis in Gastronomie und Weinbau-/produktion, **c)** Fortbildung zum Sommelier, 1 Jahr an der Fachschule für Sommeliers (in Frankreich: Mention complémantaire sommelierie oder Brevet professionel de sommelier).

Sommelierprüfung – Anforderungen. Alle europäischen Länder kennen Sommelierprüfungen. Trotz größerer Unterschiede muss ein Sommelier in der Prüfung folgendes Kernwissen nachweisen: A) Zuordnung von 2 Weinen zu jedem Gang eines vorgegebenen mindestens 5gängigen Menüs. B) Gästebetreuung bei der Menü- und Weinauswahl anhand von Speise- und Weinkarte. Zu betreuen sind 3 Gäste von denen 1 Gast die Muttersprache des Sommeliers spricht, die beiden anderen je eine andere Fremdsprache. C) Analyse eines unbekannten Weins und dessen Beschreibung in der Muttersprache und einer Fremdsprache. Zu beschreiben sind dabei: visuelle Eindrücke, → *olfaktorische Eindrücke,* → *gustatorische Eindrücke,* → *haptische Eindrücke* und auditive Eindrücke.

Sömmeling. Ein Sommer alter Jungfisch.

Sommerendivie → *Römersalat.*

Sonderurlaub. Unbezahlter Urlaub über das Maß des Jahresurlaubs hinaus. Dient er der längeren Erholung, braucht ihn der Arbeitnehmer dann nicht anzutreten, wenn er krank ist. Er erlangt dann Recht auf Krankenvergünstigung. Dient der Sonderurlaub anderen Zwecken (z. B. zur Heimfahrt bei Gastarbeitern), entsteht kein Anspruch auf Krankengeld, wenn der Arbeitnehmer erkrankt.

Sonderwunschliste. Da die meisten Gäste sich mit ihren Sonderwünschen an den Empfang wenden, ist es zweckmäßig, für die Wünsche der Hotelgäste dort täglich eine Liste anzulegen und diese der Hausdame zuzuleiten. Diese sorgt dann für die Erledigung. Es können hier auch Wünsche bleibender → *VIPs* aufgenommen werden oder die Wünsche nachgetragen werden, die an die Hausdame herangetragen wurden. Es empfiehlt sich eine dreifache Ausfertigung, wovon ein Beleg am Empfang bleibt, zwei zur Hausdame gehen und davon einer nach Erledigung über den Empfang zur Verwaltung (Abb. 73).

Sonnenblumenöl. Die Hülsen der Sonnenblumenkerne werden mit Hilfe von Spezialmaschinen entfernt. Danach werden die Kerne in derselben Weise wie Rapssamen verarbeitet. Zur Herstellung von einem Liter Sonnenblumenöl werden 1,9 bis 2 kg Sonnenblumenkerne benötigt.

Sonnenscheindauer. Für die Weinreben gelten 1300 Stunden als Minimum im Jahr.

Sopexa. Förderungsgesellschaft für frz. Landwirtschaftsprodukte, Sitz in Paris, Deutsches Sopexa-Büro in Düsseldorf.

Sopraffino Vergine. Zweite Qualitätsstufe für italienisches Olivenöl.

Sorbate. Salze der → *Sorbinsäure*.

Sorbet *(Scherbet).* Nicht ausgefrorenes Fruchteis mit Champagner, Sekt, Likör oder Branntwein versetzt, in Gläsern serviert.

Sorbetiere *(frz.: sorbetiere, w.).* Früher: Gefrierbüchse, heute: elektrisch betriebene Geräte (Eismaschine) zur Herstellung von → *Sorbet*.

Sorbinsäure. Zugelassenes Konservierungsmittel. Es handelt sich dabei um eine mehrfach ungesättigte Monocarbonsäure, die im Saft der Vogelbeeren vorkommt.

$CH_3-CH=CH-CH=CH-COOH$

Ihre Eignung als Konservierungsmittel beruht darauf, dass sie das Wachstum von Bakterien, Hefen und Pilzen stark hemmt.

Sorbit. Sechswertiger Alkohol von süßem Geschmack. Es ist in vielen Früchten enthalten, und wird industriell aus Maisstärke

Eine solche Liste könnte folgendermaßen aufgebaut werden:

Sonderwünsche			Datum:	
Zi.-Nr.	Zeit	Wunsch		erl.

Datum: _____		Datum: _____	
Unterschrift: _____	(Reception)	Unterschrift: _____	(Hausdame)

Abb. 73 Sonderwunschliste

durch Hydrierung gewonnen. Süßkraft 50 % von Saccharose, stark hygroskopisch, koch- und backfest. Kommt als Pulver oder Lösung unter dem Namen „Sorbo" oder „Sionon" in den Handel. Von der Lebensmittelindustrie u. a. als Weichmacher in Süßwaren und als Frischhaltemittel bei Backwaren verwendet.

Sorten → *Wechselkurse.*

Sortimentspolitik. Instrument des → *absatzpolitischen Instrumentariums.* Dabei wird das Sortiment den angebotenen Leistungen marktorientiert zusammengestellt. Folgende Gesichtspunkte sind dabei zu beachten: a) Gästestruktur, b) Preishöhe, c) Saisongesichtspunkte (besonders bei Frischwaren).

Sot l'y laisse. (Burgundischer Ausdruck). Runde, zarte Geflügelstückchen (sog. „Filets"). Befinden sich an den Stellen der Karkasse (Carcasse), an denen die Keulen bei gegartem Geflügel mit Drehung abgelöst/ abgetrennt werden.

Sottaceti. Sammelbegriff für italienische Essiggemüse.

Soubise. Charles de Rohan Fürst S. (1715–1787) frz. Marschall und Feinschmecker. Klass. Garnitur z. B. Hammelrücken Soubise.

Souchong (Tee). Chinesische Bezeichnung für die größten im Handel befindlichen Teesorten → *Pekoe* Souchong und Souchong haben ein offenes breites Blatt und sind dünn im Aufguss.

Sou-Fassum. Provenzalisches Gericht. Gefüllte Kohlblätter. Füllung: Hammelfleisch vermischt mit Bratwurstfarce, Speck, Zwiebeln, Knoblauch, Tomaten, blanchiertem Reis und grünen Erbsen. In ein Schweinenetz gehüllt und braisiert.

Soufflé = Schaumauflauf. Frz. soufflé = Hauch, souffler = blasen, mit Luft füllen. Feine luftige, warme Süßspeise. Zur Herstellung wird die Basisflüssigkeit (Milch, Fruchtsäfte, auch Quark) mit Mehlbutter oder Stärke gebunden, dann Eigelb zugegeben und anschließend der Eischnee untergehoben. Diese Masse wird in gebutterte und gezuckerte Soufflé-Formen gegeben und bei steigender Hitze gebacken oder im Wasserbad im Backofen gegart. Soufflés können gestürzt oder in der Portionsform serviert werden.

Soufflé glacé → *Eisauflauf.*

Souper. Bezeichnung für eine französische Gepflogenheit, abends eine Suppe (Eintopf) zu essen. Zum Souper geht man nach dem Theaterbesuch, ca. um 23–1 Uhr, um einen kleinen Imbiss zu sich zu nehmen. Irrtümlicherweise bezeichnet man in Deutschland Souper als Gala-Abend.

Sourdons → *Armenauster.*

Sour Mash. Gärmethode bei Bourbon Whiskey, bei der ein kleiner Teil der Maische mit Hefe zurückbehalten und wieder verwendet wird.

Sous-Chef. Koch, der hauptamtlich (große Küchenbrigade) oder nebenamtlich (kleinere Küchenbrigade) – hier häufig als Saucier – den Küchenchef vertritt.

Sous-vide, cuisson. Vakuumgaren im Heißluftdämpfer. Im Mittelpunkt des Kurzkonservierungssystems „sous-vide" steht ein Heißluftdämpfer (z. B. air-o-steam oder combi-master). Menükomponenten lassen sich in nicht ausgelasteter Arbeitszeit vorbereiten, vakuumverpacken, versiegeln, im Heißluftdämpfer garen, schockkühlen und gekühlt lagern. Fast alle Lebensmittel eignen sich für diese Methode; nur die Würzung und Salzung sollte sparsamer erfolgen als bei konventioneller Garmethode. Im Einzelnen funktioniert das System so: Lebensmittel werden wie gewohnt vorbereitet, geschnitten, gewürzt, eventuell gebuttert, danach in spezielle dreischichtige, hitzebeständige Vakuumbeutel gefüllt, luftleer vakumiert verschweißt. Danach den Beutel mit dem Gargut im Niedertemperaturdampf schonend garen. Wichtige technische Voraussetzung des Heißluftdämpfers: exakte Luftführung mit halber Kraft, sensible Wärmeübertragung mit geringster Temperaturabweichung, über Digitalanzeige gesteuerte Kerntemperaturmessung. Nach dem Garen wird das Gargut auf 0 bis 3 °C abgekühlt und der geschlossene Beutel im Kühlschrank aufbewahrt. Die Wiederaufbereitung erfolgt erneut im Heißluftdämpfer: Wärmeübertragung durch Dampfkondensation auf den Beutel, durch sehr schnelle Luftbewegung wird die Wärme nicht weggeblasen. Ergebnis: Speisenerhitzung, gleichmäßig und durchdringend, in kurzer Zeit bei mittlerer Temperatur. Vorteil dieser Methode: Sie bewahrt Geschmack und Aussehen der Speisen, es gibt keine Kochverluste durch Eindampfen; der Ertrag bei Herstellung und Auswertung von Speisen erhöht sich (Abb. 74).

Soutirage. Vorgang des Umfüllens von Wein von einem → *Barrique* in ein anderes, um den Bodensatz abzutrennen. Ein Verfahren aus dem Gebiet → *Bordeaux*.

Sowmee. Tee aus China, Formosa, Japan, Indien. Offenes, unregelmäßiges Blatt, teilweise Off-Grade der grünen Tee-Produktion.

Sozial abweichendes Verhalten. Verhalten, das von dem, was im Allgemeinen üblich, angemessen, geboten oder vorgeschrieben ist, abweicht.

Sozialgastronomie. Aus dem amerikanischen Sprachraum „social catering" → *Catering*.

Sozialisation. Absichtsvolles, zielgerichtetes und systematisches Bemühen um die Formung eines Menschen durch die Gesellschaft. Der Mensch ist somit ein Produkt eines bestimmten sozial-kulturellen Bildungsprozesses → *Akkulturation*.

Sozialversicherung (Pflichtversicherung) → *Arbeitslohn*. Wer die Voraussetzungen erfüllt, an die das Gesetz die Versicherungspflicht knüpft, ist versicherungspflichtig. Derjenige ist dann meist Mitglied einer Pflichtversicherung. Die Zweige der Sozialversi-

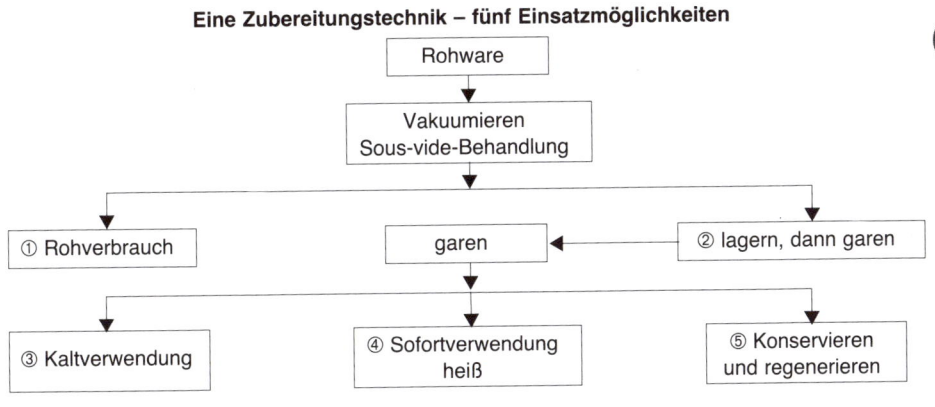

Eine Zubereitungstechnik – fünf Einsatzmöglichkeiten

Rohware
↓
Vakuumieren
Sous-vide-Behandlung
↓
① Rohverbrauch   garen ← ② lagern, dann garen
③ Kaltverwendung   ④ Sofortverwendung heiß   ⑤ Konservieren und regenerieren

Abb. 74 Sous-vide-Behandlung

Sozialversicherungsnachweis

cherung sind: **a)** Krankenversicherung durch die Orts- und Landeskrankenkassen, Betriebs-, Innungs- oder Ersatzkassen. Die Leistungen erstrecken sich auf: **1)** Krankenhilfe, **2)** Vorsorge, **3)** Mutterschafts- und Familienhilfe. **b)** Rentenversicherung der BfA, LVA und verschiedenen Sonderkassen. Die Leistungen sind: **1)** Rente bei Berufs- und Erwerbsunfähigkeit, **2)** Altersruhegeld und Hinterbliebenenrente, **c)** Arbeitslosenversicherung der BfA mit Arbeitslosengeld; **d)** Unfallversicherung der Berufsgenossenschaften mit den Leistungen 1) Heilbehandlung, 2) Übergangs- und Eingliederungshilfe, **3)** Verletzten- und Hinterbliebenenhilfe. Die Beiträge zu den Versicherungen werden in Prozent vom Arbeitslohn erhoben, begrenzt durch die Höhe der Bemessungsgrundlage. Bei Kranken-, Renten- und Arbeitslosenversicherung trägt der Arbeitgeber und der Arbeitnehmer je die Hälfte. Die Unfallversicherungsbeiträge trägt der Arbeitgeber allein.

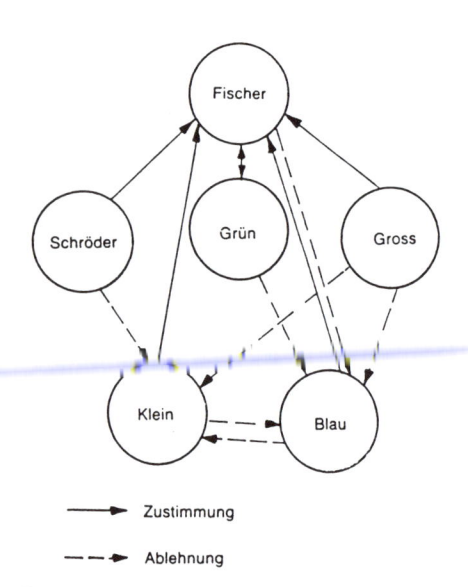

Abb. 75 Soziagramm

Sozialversicherungsnachweis. Wird heute von allen Arbeitnehmern benötigt; mit wenigen Ausnahmen wie Schüler, Beamte, Teilzeitbeschäftigte im Haushalt.

Soziogramm → *Soziometrie*. Graphische Darstellung der Ergebnisse → *soziometrischer Tests* (Abb. 75). Zeigt die zustimmende und ablehnende Haltung von Gruppenmitgliedern untereinander und schafft Gesichtspunkte für die Behandlung einzelner Gruppenmitglieder und die Behebung innerer Arbeitshemmnisse → *Soziomatrix*.

Soziomatrix → *Soziometrie*. Graphische Darstellung der Art und Stärke zwischenmenschlicher Beziehungen der Mitglieder einer Gruppe auf der Basis eines → *soziometrischen Tests*. Beispiel: *Testergebnis:* Fischer wird von fünf Gruppenmitgliedern zustimmend gewählt. Grün wird von einem Gruppenmitglied zustimmend gewählt, Schröder wird weder gewählt noch abgelehnt, Klein wird von drei Gruppenmitgliedern abgelehnt, Groß wird weder gewählt noch abgelehnt, Blau wird von vier Gruppenmitgliedern abgelehnt. *Auswertung:* Fischer spielt in der Gruppe die Rolle des „Stars" = Gruppenführer. Grün spielt in der Gruppe die Rolle des „Unbeachteten". Schröder spielt in der Gruppe die Rolle des „Isolierten". Blau spielt in der Gruppe die Rolle des „Außenseiters" oder des „schwarzen Schafs". Wichtig ist zu wissen, ob beispielsweise als „Auswahlkriterium" die Tüchtigkeit oder die Beliebtheit oder ein anderes Merkmal diente. Das Beispiel zeigt weder ein „Paar" (2 Personen mit gegenseitiger Sympathie ohne Außenkontakt) noch eine „Clique" (mehrere Personen, die nur untereinander positiv werten, nicht nach außen) (Abb. 76).

Soziometrie. Lehre von der Untersuchung und Erfassung informeller Gruppenstrukturen, die in Primärgruppen auftreten (vom amerikanischen Psychiater Jacob Levy Moreno [1892 bis 1974] entwickelt). Auf der Grundlage → *soziometrischer Tests* werden die zwischenmenschlichen Beziehungen

Beispiel:

	Fischer	Grün	Schröder	Klein	Groß	Blau
Fischer		+				−
Grün	+					−
Schröder	+			−		
Klein	+					−
Groß	+			−		−
Blau	+		−			
Ergebnis	5	1	0	−3	0	−4

Abb. 76 Soziomatrix

(Interaktionen) in einer Gruppe untersucht, um Zuneigungen, Abneigungen, Desinteresse u. a. der Gruppenmitglieder untereinander zu erfassen. Die Testergebnisse gestatten es dem Gruppenführer, das Sozialverhalten einzelner Gruppenmitglieder zu erkennen, gegebenenfalls zu verbessern und das gesamte Gruppenbewusstsein zu stärken.

Soziometrischer Test → *Soziometrie.* Nach präzisen Normen konstruierter Fragebogen, der allen Gruppenmitgliedern vorgelegt wird, um die Struktur informeller Beziehungen unter den Gruppenmitgliedern festzustellen. Moreno knüpft an den Test sechs Bedingungen: die Testpersonen ... a) einer Gruppe, die exakt bestimmt sein muss, beschränken ihre Zustimmung und Ablehnung auf die Gruppenmitglieder, b) wählen oder lehnen so viele Gruppenmitglieder ab, wie sie wollen, c) stützen sich bei Zustimmung und Ablehnung auf klar definierte Merkmale, d) werden bei der Beantwortung weder kontrolliert noch beeinflusst, können die gestellten Fragen leicht beantworten, da sie unmissverständlich formuliert werden, e) wissen, dass die Ergebnisse ausgewertet und zur Verbesserung der Gruppenstruktur herangezogen werden. Die Testergebnisse können in Form einer → *Soziomatrix* oder eines → *Soziogramms* graphisch dargestellt werden.

SO_2. Schwefeldioxid; Höchstmengen im Wein sind abhängig von **a)** Weinart, **b)** Restzuckermenge **c)** Weinqualität. Tabelle lt. Gesetz der EU: Weine mit weniger als 5 g/l Zucker: RW – max. 160 mg/L SO_2. WW – max. 210 mg/L SO_2. Weine mit mehr als 5 g/l Zucker: RW – max. 210 mg/L SO_2. WW – max. 260 mg/L SO_2. Ab Spätlese – max. 300 mg/L SO_2. Auslese – max. 350 mg/L SO_2. Beerenauslese, Trockenbeerenauslese, Eiswein – max. 400 mg/L SO_2.

Spaghetti-Kürbis. Neuartige Spezialität in europäischen Gärten. Er stammt ursprünglich aus Japan und ist in den USA bereits weit verbreitet. Der Kürbis wird im reifen Zustand, im Ganzen und ungeschält in Salzwasser ca. 30 Minuten gegart oder im Ofen gebacken. Danach wird der Kürbis halbiert, man kratzt etwa vorhandene Kerne heraus und teilt dann das Fleisch immer in Längsrichtung mit Hilfe einer Gabel in Streifen: Das sind die Kürbis-Spaghetti. Sie können wie Teigwaren mit entsprechenden Saucen serviert oder einfach nur mit Butter und geriebenem Käse durchgeschwenkt werden.

Spanferkel. Milchschweinchen, ahd. spunni, mhd. spünne = Mutterbrust, Muttermilch; spänen = säugen; frz. cochon de lait, m.; frz. lait = Milch.

Spanien

Spanien. Größte Weinanbaufläche der Welt mit ca. 1,3 Mio. ha-Fläche. Bekannte DO-Gebiete sind u.a.: Rioja, Penedes, Jerez, Navarra, Ribera del Duero, Rueda, La Mancha, Malaga, Toro. Rebsorten: 1) Weiße: Vinra oder Macabeo, Malvasia, Garnacha Blanca, Airen, Palomino Fino, Xarel. 2) Blaue: Tempranillo, Garnacha Tinta, Mazuelo, Graciono, Bobal.

Qualitätsstufen lt. Gesetz:
Vino de Mesa VdM = Tafelwein
Vino Comarcal VC = Tafelwein aus bestimmtem Gebiet
Vino de la Tierra VdlT = Landwein
Denominacion de Origen DO = Qualitätswein
Denominacion de Origen Calificada DOCa = Qualitätswein aus qualifiziertem Gebiet (gilt bis jetzt nur für Rioja)

Etikettenangaben mit wichtiger Aussage für Qualität:
Crianza RW 2 Jahre alt; mind. 1 Jahr Fasslagerung
         WW, Ro 2 Jahre alt; mind. ½ Jahr Fasslagerung
Reserva RW 3 Jahre alt; mind. 1 Jahr Fasslagerung
         WW, Ro 2 Jahre alt, mind. ½ Jahr Fasslagerung
Grand Reserva RW 2 Jahre im Fass, mind. 3 Jahre in der Flasche
         WW, Ro mind. 4 Jahre alt, davon mind. ½ Jahr im Fass
Joven junge Weißweine
Vinos de Pago Weine aus Einzellagen

Spanische Birne. → Avocado.

Spanischer Kaviar. → Glasaale werden lebend nach Spanien exportiert. Umschlagsgebiet ist das Baskenland. Kommen die Fische lebend in Spanien an, werden sie zuerst „geschwärzt". Darunter ist eine Beschleunigung der Pigmentierung zu verstehen. Die Tiere werden einige Zeit bei Temperaturen bis zu 18 °C gehalten. In dieser Zeit verfärben sie sich sehr schnell. Ihr Verkaufswert wird dadurch erhöht. Die Glasaale werden dann in Konservenfabriken tiefgekühlt verarbeitet und erhalten den Namen „Spanischer Kaviar".

Spanischer Schaumwein. Seit dem Beitritt Spaniens in die EU dürfen spanische Erzeugnisse den Namen Champagne oder „Champán" nicht mehr benutzen. Die neue Bezeichnung heißt CAVA. Dies bedeutet „aus geeigneten Trauben bereiteter natürlicher Schaumwein, der als Folge einer speziellen Technik eigenes CO_2 enthält, das beim Entkorken der Flasche erkennbaren Schaum bildet, gefolgt von anhaltendem Aufsteigen von Kohlensäurebläschen. Das CO_2 muss aus einer zweiten Gärung im hermetisch verschlossenen Raum, aus natürlichem oder zugegebenem Zucker stammen, und das fertige Produkt muss einen Mindestdruck von 4 atü bei 20 °C aufweisen. Im Penedes werden die Korken zur Unterscheidung der Produktionsmethoden markiert: (nicht mehr in Gebrauch) Stern = Cava: Flaschengärung, Rechteck = Fermentacion en botella → Transvasierverfahren, Kreis = Granvas Großraumverfahren, Ausgefüllter Kreis: keine Angabe über Herstellungsverfahren, Dreieck: Zusatz von Kohlensäure. Geschmacksbezeichnungen: Brut natur: ohne Dosage, brut: trocken, seco: halbtrocken, semiseco: leicht süß, semidulce: süß, dulce: sehr süß.

Spanischer Wind. Anderer Name für → Baisers, wobei der Eischnee auf hölzerne Halbkugeln aufgespritzt und im Wärmeschrank getrocknet wird. Diese getrockneten Halbkugeln werden meist mit Eis oder Schlagsahne gefüllt und zu einer Kugel zusammengefügt.

Spargel gehört zu den ältesten Kulturpflanzen. Asparagus officinalis ist ein Liliengewächs. Den Wohlgeschmack des Spargels haben schon die alten Ägypter gelobt. Man fand in den Gräbern der Pharaonen Abbildungen von ihm, z. B. im berühmten „Grabmal der Nacht" bei Theben, das aus der XVIII. Dynastie (1552–1306 v. Chr.) stammt. Weißer Spargel ist in Deutschland zuerst vom Arzt Johann Casimir 1567 angepflanzt worden. Zu dieser Zeit werden aber auch die ersten Spargelbeete im Lustgarten von Stuttgart erwähnt. Aber schon 1551 hat der Botaniker Hieronymus Bosch über Spargel gesprochen, die „nun auch nach Teutschland kommen". In Deutschland werden weiße Spargel im Raum von → *Schwetzingen, Bruchsal, St. Leon-Rot, Lampersheim, Braunschweig, Ulm, Mainz, Schrobenhausen* sowie der Oberrheinischen Tiefebene, auch in Frankfurt a. O. und in Beelitz angebaut. Stangenspargelinhaltsstoffe: 100 g weißer Spargel enthalten im Durchschnitt: 0,1 mg Vitamin B_1, 0,1 mg Vitamin B_2, 0,5 mg Niazin, 16 mg Kalzium, 35 mg Phosphor, 1,5 g Proteine, 0,004 mg Vitamin A, 16 mg Vitamin C, 0,7 mg Eisen, 15 mg Kalium, 2,5 g Kohlenhydrate. Ernte des Bleichspargels zwischen Ende April und Ende Juni (Johanni, 24. Juni) mit Hilfe spezieller Stechmesser, durch die mit einem Stich die Stange kurz über der freigelegten (Teil-)Wurzel bzw. 15 cm unterhalb des Kopfes (beim → *Grünspargel*) durchtrennt wird. Nach dem letzten „Stichtag" gibt man der Pflanze Gelegenheit zur Assimilation und damit zur Stärkung. Die Spargelertragsdauer wird von der Bodenkraft, der Standweite und insb. auch durch die pflegliche Behandlung beim Stechen beeinflusst; im Allgemeinen bis zu 20 Jahren, der in seiner Entwicklung ungehindert flach wachsende wilde Spargel erreicht infolge ständiger Verjüngung ein praktisch endloses Alter.

Spargelerbse *(Lotus siliqosus)*. Die Triebe dienen als Spargelersatz. Die Bezeichnung Spargelerbse wird auch für in kleine Stücke geschnittenen Grünspargel (in „Erbsengröße") verwendet.

Spargelfliege *(Platyparea poeciloptera)*. Schädling, der seine Eier durch Stich in oder an die Pflanze bringt. Die Maden wachsen im Inneren der Stengel.

Spargelkaffee. Aus Spargelsamen gewonnenes → *Surrogat* für Kaffee, insb. zur Zeit Napoleons I. um 1806 wegen der durch die Kontinentalsperre bewirkten Kaffee-Einfuhr-Reduzierung.

Spargelkohl. Andere Bezeichnung für Broccoli-Gemüse.

Spargelkur. Seit dem Mittelalter gebräuchliche Kur, ausschließlich auf den Genuss von Spargel in verschiedenen Varianten (Sud, Stangen, Salat) aufbauend, sog. „Reinigungskur". Wegen der harntreibenden Wirkung insbesondere adipösen Personen verordnet.

Spargelwhisky. Aus Samen und Beeren gewonnenes Alkoholgetränk, ähnlich dem Whisky aus Getreide. „Mild" bei Gewinnung aus maskulinen Samen, „Herb" bei femininem Rohprodukt.

Spätburgunder. Rotweintraube der obersten Qualitätsstufe. Sie stellt hohe Ansprüche an Lage und Boden. Die Weine sind vollmundig, samtig, mit feinem an Bittermandel erinnerndem Aroma = Burgunderton. Spielarten des Spätburgunders: → *Weißer Burgunder*, → *Ruländer*, → *Müllerrebe*, → *Schwarzriesling*, → *Samtrot*, → *Blauer Arbst*, → *Saint Laurent*.

Spätlese → *Qualitätswein mit Prädikat*.

Spätpubertät. Phase der Reifezeit Jugendlicher. Beginn mit Ende der → *Frühpubertät*, bei Mädchen bis ca. 15,5, bei Jungen bis ca. 16,0 Jahren. Merkmale: Vollendung der Geschlechtsreifung. Suchen nach Vorbildern und Leitbildern, Personeninteresse gewinnt

Spätzle

an Übergewicht. Beginnende Lösung von der Familie – Hinwendung zur → *Gleichaltrigengruppe*.

Spätzle *(Bauernspätzle, Schwäbische, Land-, Jäger-Spätzle).* Teigwaren, besondere, unregelmäßige Form, die den hausgemachten geschabten oder gepressten Spätzle in Form und Verzehreigenschaften ähnlich sind. Daneben gibt es die der „kurzen Ware" zugeordneten Spätzle, ca. 5 cm lang.

Spooinles de alalues ' Claires.

Speck. Das unter der Haut des Schweines liegende Fettgewebe ohne Schwarte, auch mit Resten von Skelettmuskulatur. → *Backenspeck* schließt eingelagerte Speicheldrüsen, → *Bauchspeck* die Brust- und Bauchmuskulatur sowie nicht laktierende Milchdrüsen ein.

Speckfisch. Heißgeräucherte knorpelfreie Stücke vom Grauhai.

Speed-Test. Geschwindigkeitstest, bei dem die erwartete Leistung auf eine bestimmte Zeiteinheit bezogen wird. Findet bei der Auswahl von Bewerbern Anwendung.

Speiseeis – Phantasienamen. Bei speiseeishaltigen Zubereitungen (z. B. Eisbecher nach Art des Hauses, Eisbecher Sommernachtstraum) dürfen Phantasienamen nur verwendet werden, wenn die Speiseeissorten den Anforderungen von Crèmeeis, Fruchteis oder Rahmeis entsprechen. Falls andere Sorten verwendet werden, muss diese Sorte gezeichnet werden.

Speiseeissteuer. Eine Verbrauchsteuer, die von einigen Gemeinden auf Speiseeis erhoben wird.

Speiseeisverordnung = Verordnung über Speiseeis (Abb. 77).

Speiselokal → *Bewirtungsbetrieb,* der vorrangig Speisen anbietet.

Speisestärke. Stärke – Polysachande –. Reservekohlenhydrat im Stoffwechsel der Pflanze. Sie entsteht bei der Kohlenstoffassimilation und wird gewonnen aus: **1)** Getreide (→ *Mais,* Weizen, → *Reisstärke;* **2)** Unterirdischen Pflanzenteilen (→ *Kartoffelstärke,* → *Arrowroot [* = Pfeilwurzelmehl], Kassava, Maranta); **3)** dem Stamm (→ *Sago* der Sagopalme). Eigenschaften der Stärke: weiß, geruchs- und geschmacksneutral, bei

Auszug

§ 5 Kennzeichnung. Speiseeis darf lose gewerbsmäßig nur in den Verkehr gebracht werden, wenn die Verkehrsbezeichnung nach Maßgabe des § 4 der Lebensmittel-Kennzeichnungsverordnung auf einem Schild neben der Ware oder in einem Aushang deutlich lesbar und unverwischbar angegeben ist. Ist das Speiseeis zum Verzehr in der Verkaufsstätte bestimmt, ist die Verkehrsbezeichnung zusätzlich auf der Speisekarte nach Maßgabe des Satzes 1 anzugeben.
Der unterzeichnende amtliche Tierarzt/Die unterzeichnende zuständige Behörde bescheinigt, dass die vorstehend bezeichnete Ware unter Verwendung von Eiprodukten hergestellt worden ist, die
1. aus Betrieben stammen, die nach § 13 Abs. 2 der Eiprodukte-Verordnung anerkannt sind,
2. unter Einhaltung der Bestimmungen der Eiprodukte-Verordnung hergestellt, vorbehandelt, behandelt und befördert worden sind.

(Ort und Datum) (Dienstsiegel) (Amtlicher Tierarzt/zuständige Behörde)

Abb. 77 Speiseeisverordnung

77. Leitsätze für Speiseeis und Speiseeishalberzeugnisse

I. Allgemeine Beurteilungsmerkmale

Begriffsbestimmungen und Herstellungsanforderungen
1. Speiseeis ist eine durch einen Gefrierprozess bei der Herstellung in einen festen oder pastenartigen Zustand, z.B. Softeis, gebrachte Zubereitung, die gefroren in den Verkehr gebracht wird und dazu bestimmt ist, in diesem Zustand verzehrt zu werden; im aufgetauten Zustand verliert Speiseeis seine Form und verändert sein bisheriges Gefüge.
Speiseeis wird insbesondere hergestellt unter Verwendung von Milch, Milcherzeugnissen, Ei, Zuckerarten, Honig, Trinkwasser, Früchten, Butter, Pflanzenfetten, Aromen und färbenden Lebensmitteln. Abhängig von der jeweiligen Speiseeissorte und dem Geschmack werden auch andere Zutaten verwendet.
Bei Herstellung von Eiskrem, Fruchteiskrem, Einfacheiskrem und Eis mit Pflanzenfett werden die Ansätze pasteurisiert und homogenisiert. Nicht pasteurisierbare Zutaten werden den Ansätzen dieser Sorten erst nach der Pasteurisierung zugesetzt. Rücklauf von Ansätzen oder von Speiseeis wird erst nach erneutem Pasteurisieren wieder verwendet.
2. Speiseeis wird auch in Kombination mit anderen Lebensmitteln, z.B. Fruchtsoßen, Überzügen, Spirituosen und Waffeln und in verschiedenen Angebotsformen wie Sandwicheis, Eishörnchen oder Eistorte in Verkehr gebracht.
3. Halberzeugnisse für Speiseeis sind Zubereitungen, die zur Herstellung von Speiseeis, nicht jedoch zum unmittelbaren Verzehr, bestimmt sind.
4. Milch, Milcherzeugnisse
   a) Milch: standardisierte Vollmilch, Milch mit natürlichem Fettgehalt. Anstelle von Vollmilch werden außer Rohmilch auch andere Milchsorten oder Milcherzeugnisse, auch eingedickt oder getrocknet oder mit spezifischen Mikroorganismenkulturen fermentiert (z.B. Sauermilch, Joghurt, Kefir), in einer Menge verwendet, die an Milchfett und fettfreier Trockenmasse dem Gehalt an Vollmilch entspricht.
   b) Sahne (Rahm) mit mindestens 10 Prozent Milchfett oder entsprechenden Mengen eingedickter oder getrockneter Sahneerzeugnisse.
   Bei der Herstellung der in Abschnitt II A Nr. 1 bis 7 beschriebenen Speiseeissorten werden ausschließlich der Milch entstammendes Fett uns/oder Eiweiß verwendet. Hier bleiben natürlicherweise in geschmackgebenden Zutaten vorhandenes Fett und Eiweiß unberücksichtigt. Entsprechendes gilt hinsichtlich Eiweiß bei der in Abschnitt II A Nummer 9 beschriebenen Speiseeissorte.
5. Ei
   a) Vollei
   Vollei: Vollei im Sinne dieser Leitsätze ist die aus dem Inhalt frisch aufgeschlagener Hühnereier mittleren Gewichts (Gewichtsklasse 4) gewonnenen Eimasse oder handelsüblich pasteurisiertes Vollei mit einem Trockenmassegehalt von mindestens 24 Prozent.
   Bei Verwendung von Eiern anderer Gewichtsklassen wird ein etwaiger Mangel an Eigelb ausgeglichen. Vollei wird auch in getrockneter Form verwendet
   b) Eigelb
   Eigelb: Eigelb im Sinne dieser Leitsätze ist das aus dem Inhalt frisch aufgeschlagener Hühnereier abgetrennte Eigelb oder handelsübliches pasteurisiertes Eigelb mit einem Trockenmassegehalt von mindestens 50 Prozent.
   Ein Mangel an Eigelb infolge unzureichender Abtrennung von Eiklar wird ausgeglichen.
   Eigelb wird auch in getrockneter Form verwendet.

Abb. 77 Speiseeisverordnung (Fortsetzung)

Speiseeisverordnung (Abb.)

6. Zuckerarten
   Zuckerarten im Sinne dieser Leitsätze sind alle verkehrsüblichen Zuckerarten.
7. Frucht
   Frucht: Essbarer Anteil von Früchten, auch zerkleinert, Fruchtzubereitungen, Fruchtmark und Fruchtsaft; diese Erzeugnisse werden auch in eingedickter oder getrockneter Form verwendet.
8. Aromen
   Zur Herstellung von Speiseeis werden Aromen nach Maßgabe der Aromenverordnung verwendet.
9. Färbende Lebensmittel
   Die Verwendung färbender Lebensmittel einschließlich der Auszüge aus Lebensmitteln pflanzlicher Herkunft ist üblich.
10. Farbstoffe
    Es werden Farbstoffe nach Maßgabe der Zusatzstoff-Zulassungsverordnung verwendet.
11. Die Verwendung von Stoffen mit stabilisierender, verdickender oder emulgierender Wirkung ist üblich.

II. Besondere Beurteilungsmerkmale

A. Speiseeissorten.
   Die unter den nachfolgenden Verkehrsbezeichnungen (Kursivdruck) in den Verkehr gebrachten Speiseeissorten entsprechen mindestens den dort genannten Anforderungen Prozentangaben beziehen sich auf das Gewicht.
1. Kremeis, Cremeeis, Eierkremeis, Eiercremeeis,
   Kremeis, Cremeeis, Eierkremeis, Eiercremeeis enthält mindestens 50 Prozent Milch und auf einen Liter mindestens 270g Vollei oder 90g Eigelb. Es enthält kein zusätzliches Wasser.
2. Fruchteis,
   In Fruchteis beträgt der Anteil an Frucht mindestens 20 Prozent.
   Bei Fruchteis aus Zitrusfrüchten, anderen sauren Früchten mit einem titrierbaren Säuregehalt im Saft von mindestens 2,5 Prozent, berechnet als Zitronensäure, beträgt der Anteil an Frucht mindestens 10 Prozent.
3. Rahmeis, Sahneeis, Fürst Pückler Eis,
   Rahmeis, Sahneeis, Fürst Pückler Eis enthält mindestens 18 Prozent Milchfett aus der bei der Herstellung verwendeten Sahne (Rahm).
4. Milcheis
   Milcheis enthält mindestens 70 Prozent Milch
5. Eiskrem, Eiscreme
   Eiskrem, Eiscreme enthält mindestens 10 Prozent der Milch entstammendes Fett.
6. Fruchteiskrem, Fruchteiscreme
   Fruchteiskrem, Fruchteiscreme enthält mindestens 8 Prozent der Milch entstammendes Fett und einen deutlich wahrnehmbaren Fruchtgeschmack.
7. Einfacheiskrem, Einfacheiscreme
   Einfacheiskrem, Einfacheiscreme enthält mindestens 3 Prozent der Milch entstammendes Fett.
8. Eis mit Pflanzenfett
   Eis mit Pflanzenfett enthält mindestens 3 Prozent pflanzliches Fett und gegebenenfalls einen deutlich wahrnehmbaren Fruchtgeschmack.
9. „(Frucht)-Sorbet"
   In „(Frucht)-Sorbet" beträgt der Anteil an Frucht mindestens 25 Prozent.
   Bei Sorbets aus Zitrusfrüchten oder anderen sauren Früchten mit einem titrierbaren Säuregehalt im Saft von mindestens 2,5 Prozent, berechnet als Zitronensäure, beträgt der Anteil an Frucht mindestens 15 Prozent. Milch oder Milchbestandteile werden nicht verwendet.

Abb. 77 Speiseeisverordnung (Fortsetzung)

B. **Bezeichnung**
Wird in der Verkehrsbezeichnung der Halberzeugnisse auf eine der in Abschnitt II. beschriebenen Speiseeissorten hingewiesen, erfüllt das nach Zubereitungsanleitung hergestellte Fertigerzeugnis die Anforderungen der angegebenen Speiseeissorte.
Für Speiseeissorten gemäß Abschnitt II A Nrn 2 und 9 können die verwendeten Früchte namengebend sein, wenn sie einzeln oder in der im Namen verwendeten Mischung der Mindestanforderungen genügen, z.B Erdbeereis, Erdbeersorbet.
Bei Speiseeis gemäß Abschnitt II Nummer 4 kann bei überwiegender Verwendung von fermentierten Milchsorten (z. B. Sauermilch, Joghurt, Kefir) anstelle von Milch in der Verkehrsbezeichnung darauf hingewiesen werden, z. B. Joghurteis.

Abb. 77 Speiseeisverordnung (Fortsetzung)

ca. 70 °C verkleisternd. Jedes Stärkekörnchen setzt sich aus Amylopektin (70–80 %) und Amylose (20–30 %) zusammen. Aufgrund des unterschiedlichen Mengenverhältnisses beider Substanzen haben sie unterschiedliche Kocheigenschaften. Kartoffelstärke hat wenig Amylose, führt zu zähem klebrigen Kleister, ist wasserlässig (sondert beim Altern Wasser ab). Getreidestärke hat viel Amylose, führt zu kurzklebrigem Kleister. Beim Erkalten ist er standfest, stürzbar (Flammeri), hat eine glatte Oberfläche und ist nicht wasserlässig.

Speisewagen. Rollendes Restaurant in Zügen, das zu den Nebenbetrieben der Deutschen Bahn AG gehört.

Speisewirt. Person, die ein Gastgewerbe in der Form betreibt, dass er Speisen zum Verzehr an Ort und Stelle verabreicht.

Spekulatius. Süße Gebildebackware, benannt nach dem Kinderbischof „Spekulatius" (Nikolaus). Griech. opiskopein = beschauen, bewachen. Der Bischof hatte mit wachen Augen seine Gläubigen zu hüten.

Sperrstunde/Sperrzeit. Auch als Polizeistunde bezeichnet, aufgrund der Verpflichtung des § 18 des Gaststättengesetzes von den Landesregierungen verordnete Sperrzeiten für Schank- und Speisewirtschaften sowie für öffentliche Vergnügungsstätten. Sie sind in den einzelnen Bundesländern verschieden geregelt. Diese Bestimmungen gelten nicht für das Beherbergungsgewerbe. Ausnahmegenehmigungen sind möglich, sie bedürfen der besonderen → Konzession. Verstöße werden als Ordnungswidrigkeit geahndet.

Spey. Fluss im Hochland von Schottland, an dem sich die meisten Malt-Whisky-Brennereien befinden.

Spezialbranntweine. Begriff für Branntweine aus Wurzeln, Weintrestern, z. B. → Hefebranntweine, Enzian, → Aquavit, → Wodka, → Bittere, → Aufgesetzter.

Spezialbrot. Diese Bezeichnung darf nur verwendet werden, wenn mindestens eine der folgenden Voraussetzungen erfüllt ist: **1)** Verarbeitung von speziell hergestellten Mahlerzeugnissen z. B. Mehle, die alle Bestandteile des Kornes enthalten, **2)** Verwendung von weniger üblichen Zusätzen z. B. Buttermilchbrot, Kümmelbrot, Leinsamenbrot, **3)** Verwendung von anderen als Brotgetreidemehlen z. B. Maisstärke, Johannisbrotkerne, **4)** Anwendung von weniger üblichen Backverfahren z. B. → Pumpernickel.

Spezialfertigkeiten. Fertigkeiten, die für ein bestimmtes Berufsbild angeeignet werden müssen → Berufsbild.

Spezialgerste. Fachliche Bezeichnung für die zum Bierbrauen geeignete Gerste. Sie soll ca. 50–60 % Stärke, 9–12 % Eiweiß ent-

Spezialreinigung

halten, gleichmäßig in Farbe und Größe sein, wenig Feuchtigkeit und gute Keimfähigkeit besitzen.

Spezialreinigung → *Reinigung*. Es handelt sich um eine gründliche Reinigung, die nach einem bestimmten Plan über das Jahr verteilt wird und sich auf Gegenstände erstreckt, die von der Routinereinigung nicht oder nicht genügend erfasst werden oder nicht einer täglichen Reinigung bedürfen. Hierbei kommen wöchentliche, monatliche oder auch Reinigungen in längeren Abständen in Betracht, so z. B.. **a)** wöchentlich: Möbelpolieren, Teppichbürsten, Matratzen drehen, **b)** monatlich: Reinigung der Türen, Fenster, Heizung, Lüftung, Polster, **c)** vierteljährlich: Reinigung des Bettmoltons, **d)** halbjährlich: Reinigung der Gardinen, Duschvorhänge, Übergardinen oder Shampoonieren der Polster, **e)** jährlich: Reinigung der Lampen, Polieren der Holzverkleidung, Reinigung der Federn und Wolldecken und der Tischmoltons. Hierzu sollte ein Plan aufgestellt werden, der die Arbeiten möglichst gleichmäßig über das Jahr verteilt. Die Gegenstände können alphabetisch oder in Gruppen aufgenommen werden. Die Hausdame kann durch x und Datum die Einteilung vornehmen und durch Aushang im Etagenoffice bekanntmachen. (Abb. 78)

Spezialsaucen. Saucen, die nicht von Grundsaucen abgeleitet werden. Spezialsaucen werden selbständig hergestellt (Breadsauce, Mintsauce, Cumberland-Sauce u. a.).

Spezialweine. Aromatisierte Weine, z. B. → *Vermouth;* aufgespritete Weine, z. B. → *Sherry;* schäumende Weine, z. B. → *Sekt;* perlende Weine, z. B. → *Perlwein.*

Spice Parisienne → *Quatre épices.*

Spicer. Gewürzmischer-Maschine aus Edelstahl. Der Mischkessel fasst 50 l und ist leicht austauschbar. Der Spicer übernimmt das Würzen, Marinieren von Fleischstücken, verhindert das Verschwenden von Gewürzen und erzielt durch das geschlossene Mischverfahren ein gleichmäßiges und durchdringendes Würzen. Dadurch wird die Qualität des Gutes erhöht. Der Spicer macht das Fleisch mürbe, bewahrt seinen Saft und eliminiert Gewichtsverluste. Außerdem wird der Spicer in der Salatherstellung verwendet, z. B. werden Kartoffel-, Geflügel- und Blattsalat, Eisalat usw. völlig selbsttätig und gleichmäßig gemischt.

Spickaal. Norddeutscher Name für Räucheraal.

Beispiel für einen Reinigungsplan

Gegenstand	\multicolumn{7}{c}{wöchentlich}	\multicolumn{4}{c}{monatlich und länger}
	Mo	Di	Mi	Do	Fr	Sa	So	Jan. Dat.	Feb. Dat.	März Dat.	April Dat.
Teppichboden bürsten (Maschine)	x										
shampoonieren								x 17.1			
Polster saugen								x 10.1	x 10.2	x 10.3	x 10.4
shampoonieren									x 20.2		
Polsterstühle shampoonieren										x 23.3	
usw.											

Abb. 78   Spezialreinigung

Spicken. Man unterscheidet verschiedene Spickarten: **a)** lardieren – Spicken mittels Speckstreifen und Spicknadel (Rehrücken, Hasenkeule), **b)** bardieren – Spicken mittels Speckscheiben (Barden), die hauptsächlich bei Wildgeflügel auf die Bruststücke gelegt und festgebunden werden, **c)** piquieren – Einschieben von Speckkeilen, Einlegen von Speckstücken (Rinderbraten, Rouladen). Man spickt, um die natürliche Fettarmut des Fleisches (Rind, Wild) auszugleichen, um das Fleisch während des Bratens saftig zu halten. Zum Spicken eignet sich vorzüglich der Luftspeck, gesalzener, aber nicht geräucherter Speck, der an der Luft getrocknet wird. Ihm fehlt der durchdringende Rauchgeschmack, der das zu spickende Fleisch im Geschmack stark beeinflussen würde.

Spielbankabgabe. Eine vom Bruttospielertrag zu entrichtende Abgabe auf Glücksspiele, die – obwohl für gemeinnützige Zwecke bestimmt – meist von den Gemeinden zur allgemeinen Haushaltsdeckung verwendet wird.

Spillänge. Getrockneter schwedischer Lengfisch.

Spinatmatte. Spinatgrün zum Einfärben von Saucen, Suppen, Teigen und Farcen. Rohe Spinatblätter mit einem Messer hacken, in einem Tuch ausdrücken. Den Saft unter Rühren im → *bain-marie* vorsichtig erhitzen, das sich dabei an der Oberfläche bildende Blattgrün (Chlorophyll) abschöpfen und durch ein feines Sieb streichen.

Spinatrüben. Syn. für → *Mangold*.

Spinchiller. Nach Töten, Ausnehmen und Rupfen wird das Schlachtgeflügel in einem gemeinsamen Wasserbad, dem sog. „Spinchiller", gekühlt. Im Spinchiller nimmt das schlachtwarme Geflügel vermehrt Fremdwasser auf und durch das gemeinsame Wasserbad kann es auch zusätzlich zur Übertragung von Salmonellen auf zuvor salmonellenfreie Tierkörper kommen.

Spinnekrebs → *Seespinne*.

Spirituosen. Getränke zum menschlichen Genuss, in denen aus vergorenen zuckerhaltigen Stoffen oder in Zucker verwandelten und vergorenen Stoffen durch Brennverfahren gewonnener Alkohol als wertbestimmender Anteil enthalten ist. Spirituosen sind Trinkbranntweine im Sinne des Branntweinmonopols.

Spirituosen-Altersprädikate. → *Spirituosen*, die mit „alt", „alter" oder ähnlichen Bezeichnungen versehen sind, müssen qualitativ höherwertig sein und eine Mindestlagerzeit von sechs Monaten aufweisen. Bei → *Obstbranntweinen*, die so gekennzeichnet sind, wird ein Jahr Lagerzeit vorausgesetzt, wobei die Lagerzeit als Destillat angerechnet wird. Bei → *Kornbranntwein* und → *Rum* wird ebenfalls die Zeit der Destillat-Lagerung berücksichtigt. „Alter Weinbrand" muss eine Lagerzeit von mindestens einem Jahr aufweisen. Bei → *Weinbrand* schreibt das Gesetz grundsätzlich eine Destillat-Lagerung von sechs Monaten vor. → *Branntwein aus Wein* darf keinen Hinweis auf längere Lagerzeit tragen. Die Bezeichnung V.S.O.R. erfordert bei Cognac und Armagnac eine Lagerzeit von mindestens vier Jahren. Bei deutschen Weinbränden mit dieser Bezeichnung wird eine Eichenholzfasslagerung von mindestens einem Jahr vorausgesetzt.

Spirituosenbezeichnungen. **1)** (brand). Falls die Endsilbe „brand", „brandt", „brannt" oder „brant" in der Bezeichnung einer Spirituose enthalten ist, wurde das Erzeugnis aus Originalalkohol, gewonnen aus Wein, Korn, Stein- und Beerenobst oder sortenreinen Äpfeln und Birnen hergestellt. Der Alkoholgehalt muss mindestens 38 % Vol., bei Erzeugnissen aus Obst mindestens 40 % Vol. betragen. **2)** (echt, echte, Original) → *Gattungsbezeichnungen*, die ursprünglich Herkunftsbezeichnungen waren, werden durch den Zusatz „echt", „echte" oder „Original" wieder zu Herkunftsbezeich-

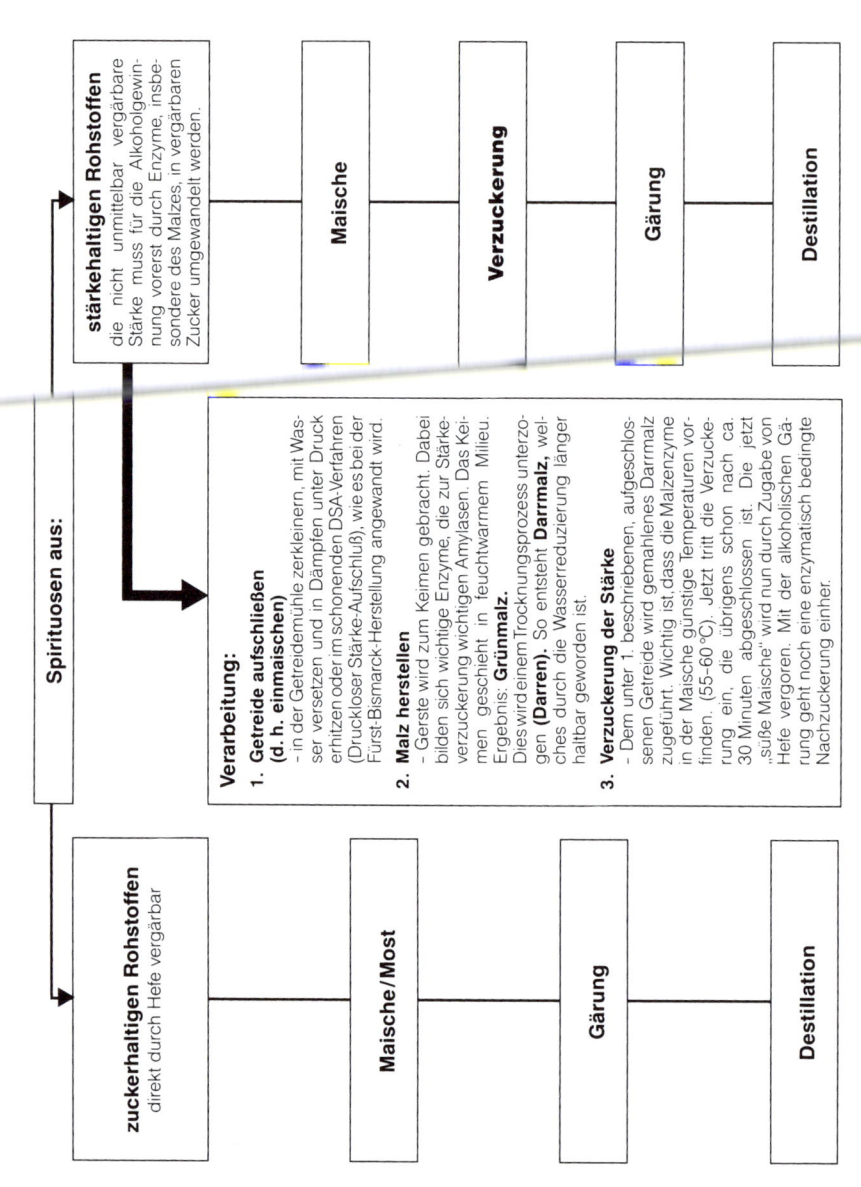

Spirituosen-Rohstoffe (Abb.)

Spirituosen aus:

zuckerhaltigen Rohstoffen – direkt durch Hefe vergärbar

→ Maische/Most → Gärung → Destillation

stärkehaltigen Rohstoffen – die nicht unmittelbar vergärbare Stärke muss für die Alkoholgewinnung vorerst durch Enzyme, insbesondere des Malzes, in vergärbaren Zucker umgewandelt werden.

→ Maische → Verzuckerung → Gärung → Destillation

Verarbeitung:

1. **Getreide aufschließen (d. h. einmaischen)**
   – in der Getreidemühle zerkleinern, mit Wasser versetzen und in Dämpfen unter Druck erhitzen oder im schonenden DSA-Verfahren (Druckloser Stärke-Aufschluß), wie es bei der Fürst-Bismarck-Herstellung angewandt wird.

2. **Malz herstellen**
   – Gerste wird zum Keimen gebracht. Dabei bilden sich wichtige Enzyme, die zur Stärkeverzuckerung wichtigen Amylasen. Das Keimen geschieht in feuchtwarmem Milieu. Ergebnis: **Grünmalz**.
   Dies wird einem Trocknungsprozess unterzogen **(Darren)**. So entsteht **Darrmalz**, welches durch die Wasserreduzierung länger haltbar geworden ist.

3. **Verzuckerung der Stärke**
   – Dem unter 1. beschriebenen, aufgeschlossenen Getreide wird gemahlenes Darrmalz zugeführt. Wichtig ist, dass die Malzenzyme in der Maische günstige Temperaturen vorfinden. (55–60 °C). Jetzt tritt die Verzuckerung ein, die übrigens schon nach ca. 30 Minuten abgeschlossen ist. Die jetzt "süße Maische" wird nun durch Zugabe von Hefe vergoren. Mit der alkoholischen Gärung geht noch eine enzymatisch bedingte Nachzuckerung einher.

Abb. 79 Spirituosen-Rohstoffe

nungen. So muss Steinhäger z. B. unter der Bezeichnung „echter Steinhäger" in Steinhagen hergestellt worden sein. Ausnahmen bilden die mit einer Ortsangabe verbundenen Produktbezeichnungen für die aus den Ostgebieten vertriebenen Unternehmen, die ihre *am jetzigen* Wohnort hergestellten Erzeugnisse weiterhin mit „echt", „Original" bzw. „unverändert" verwenden dürfen.

Spirituosenherstellung. Spirituosen werden durch → *Destillation* von vergorenen alkoholhaltigen Flüssigkeiten aus verschiedenen Produkten, wie z. B. Getreide, Zuckerrohr, Obst, Wacholderbeeren, Wurzeln usw. und aus Brennwein gewonnen. Trinkbranntweine werden extraktfrei oder extraktarm, mit oder ohne Geschmackzutaten hergestellt, Liköre mit Zusatz von Zucker und Grundstoffen oder Essenzen, die aus Destillaten, Extrakten von Pflanzenteilen oder -säften gewonnen werden. Die Herstellung gliedert sich in 1. Brennvorgang, 2. Brennvorgang. Die weitere Verarbeitung, Reifung, Lagerungsdauer richtet sich je nach Art und Beschaffenheit der unterschiedlichen Produkte. *Erster Brennvorgang* ist die einfache → *Destillation* von vergorenen alkoholhaltigen Flüssigkeiten. Das Ergebnis ist → *Rohbrand, Rau*brand oder Lutter; eine Flüssigkeit mit einem Alkoholanteil von etwa 40 % Vol., die neben den erwünschten Aroma- und Geschmacksträgern noch unreine Stoffe enthält. Diese werden in einem *zweiten Brennvorgang* abgeschieden. *Zweiter Brennvorgang:* Hierbei entsteht eine Flüssigkeit, die unterschieden wird in **a)** Vorlauf, verunreinigtes Destillat, vor allem durch Esterstoffe, **b)** Mittellauf, auch „Herzstück" genannt. Den Mittellauf von Vor- und Nachlauf durch Geruchs- und Geschmacksproben zu trennen, gehört zu den schwersten Aufgaben des Brennmeisters, **c)** Nachlauf, verunreinigt vor allem durch schwere, unreine Alkoholarten, beinhaltet jedoch noch Aromastoffe. Der Mittellauf (Feinbrand) ist reinster Trinkalkohol, mitverantwortlich für die Spirituosenqualität.

Spiritus/Brennspiritus. Eine klare, stark alkoholhaltige Flüssigkeit mit Fuselölgehalt. Brennspiritus ist mit Methyläthylketon oder → *Pyridin* vergällt und enthält eine Alkoholstärke von 94 % Vol. Zum menschlichen Genuss nicht geeignet.

Spitzwegerich *(lat: Plantägo lanceoläta Linne).* Die an Waldrändern und auf Wiesen häufig anzutreffende Heilpflanze wird als Verdauung förderndes Mittel verwendet, wirkt außerdem schleimlösend und regelt den Stuhlgang; zu Kräutersuppen und Bechamelsoße, auch zu Fierkuchenteig oder in Butterteig eingewickelt und in Fett gebacken sind die jungen Blätter des Spitzwegerichs zu verwenden.

Splendorreis. Österreichischer Ausdruck für kleinkörnigen Reis; Verwendung vorwiegend für Milchreis.

Spongada *(von: sponge = Schwamm).* Sorbet, das durch Unterziehen von reichlich Eischnee bes. locker ist. Meist i. V. mit Champagner oder Wodka, Kirschwasser übergossen serviert.

Spongata. Weihnachtskuchen aus der Reggio Emilia, mürber Kuchen aus Nüssen, Mandeln, Pinienkernen, Rosinen, Honig und Weihnachtsgewürzen.

Sponsoring. Eigentlich ein Vertrauensverhältnis auf der Basis von Leistung und Gegenleistung, z. B. Förderung einer Institution gegen Imagewerbung für den Sponsor.

Spoom. 1) → *Eispunsch* mit erhöhtem Zusatz von → *Meringue-Masse.* **2)** ähnlich wie → *Spongada,* nur mehr Meringue-Masse verwendet.

Springbock. Wildbret in Größe und Körperbau dem Reh sehr ähnlich, ca. 16–22 kg Gewicht. Das Fleisch ist zart. Der Springbock kommt am häufigsten in der Kap-Provinz und im ehemaligen Deutsch-Südwestafrika vor. Angeboten werden in

Deutschland Keulen, Rücken und Schultern dieser Tiere. Verarbeitung wie alles Reh-, Rot- oder Damwild.

Spring King → *Quinnat.*

Sprit. Bezeichnung für gereinigten → *Spiritus,* der mittels → *Destillation* gewonnen und mit Wasser gemischt wird.

Spritzglasur. Ein dickflüssiger Brei aus Eiweiß, Zitronensaft und Puderzucker; dient vorwiegend zum Verzieren von Torten und Kleingebäck.

Spritzkuchen. → *Brandteig* zu Ringen auf gefettetes Pergamentpapier dressieren, in Fett schwimmend ausbacken mit → *Fondant* glasieren.

Sprossen – Keimlinge. Pflanzensamen. Sprossen entstehen aus den Nährstoffreserven des Samenkornes. Sie benötigen dazu Wärme (ca. 21 °C), Feuchtigkeit und Licht, außer den Dunkelkeimern. Zur Selbstherstellung nur unbehandeltes Saatgut verwenden. Für Sprossen sind die Sa-men folgender Pflanzen gut geeignet: Kresse, Alfalfa, Linsen, Rettich, Senf, Se-sam, Mungbohnen, u. a.

Sprotte *(frz.: sprat, m.; engl.: sprat).* Verwandter des Herings, wird bis 15 cm lang. Die bekannteste Sorte, die „Kieler Sprotte", die oftmals in den Original-Holzkistchen serviert wird. Interessant im Zusammenhang mit der Sprotte ist das norwegische Gesetz, nach dem einjährige Sprotten drei Tage lang zu lagern sind, um den Darm zu entleeren, bevor sie konserviert werden dürfen. Eine Kieler Sprotte ist unausgenommen.

Sprudel → *Säuerling.*

Spumante. Italienische Bezeichnung für schäumende Weine.

Spurenelemente. Mineralstoffe, die im Stoffwechsel in sehr geringer Menge ihre spezifische biologische Wirkung entfalten. Sie sind zum Teil lebensnotwendig (essentiell). Essentielle Spurenelemente: Eisen, Jod, Kobalt, Kupfer, Mangan, Zink, Molybdän. Weitere wahrscheinlich essentielle oder funktionsfördernde Spurenelemente: Fluor, Silicium, Selen.

Squeeze. Auspressen meist von Zitrusfrüchten. Das Ergebnis ist Zitronen- oder Orangensaft.

SSP → *shelf stable products.*

Stab. Organisatorischer Begriff für den Teil der betrieblichen Organisation, in dem Spezialisten die Entscheidungen der Unternehmensleitung durch fachliche Beratung und Vorbereitung unterstützen. → *Stabs-Instanz.*

Stabilisatoren, a) → *Waschmittel,* b) → *Zutatenliste der Kennzeichnungsverordnung.* Die Gruppe der Stabilisatoren ist von der technologischen Seite her schwer zu fassen: Sie stabilisieren ein bestehendes System – beispielsweise eine mit Hilfe eines Emulgators hergestellte Emulsion von Öl und Wasser. „Stabilisieren" ist aber kein feststehender Begriff der Lebensmitteltechnologie. Der Verbraucher kann hinter der Angabe im Prinzip: Emulgatoren, Verdickungsmittel und Geliermittel erwarten, aber auch Säureregulatoren, Phosphate sowie andere Stoffe, die z. B. das Kristallisieren von Speiseeis verhindern, oder Sorbit als „Weichmacher" in Gelatineüberzügen bei Fleischerzeugnissen.

Stabilisieren. Zusätzlich zum Pasteurisieren gibt es die Käse-Stabilisierung, z. B. nach dem schon 1928 von François Paul Renard am Institut Pasteur in Paris entwickelten Verfahren. Dabei werden die Milchsäurebakterien aus dem Milchbruch „ausgewaschen", so dass sich der Käseteig später nicht mehr verändert. Stabilisierter Käse hat eine makellose weiße Schimmelrinde, ist verzehrfertig und hält sich längere Zeit.

Stabsinstanz. Aufgabenträger, die nur innerhalb der Stabsabteilungen das Recht haben, Entscheidungen zu treffen.

Stachys. Japanknolle, Japanische Artischocke (Syn.: *Knollenziest, Crosnes du Japon*). *Crosnes = Gemüsestadt in der Nähe von Paris.* Eine kleine schraubenförmige Knollenfrucht, die im Herbst geerntet wird. Dieses aus Japan stammende Gemüse wird heute auf dem Kontinent in südlichen Ländern kultiviert. Die bräunliche zarte Haut der Stachys wird mit Hilfe von Salz abgerieben, danach werden die Knöllchen blanchiert und meistens „á la crème" serviert (auch in Krebssauce). Die leicht verdaulichen, nährstoffreichen Knollen eignen sich auch für Diabetiker. Der essbare Knollenziest ist ein Verwandter des bei uns verbreiteten Sumpfziest mit 5–7 cm langen, 1–2 cm dicken Knollen.

Städtebauförderung. Staatliche Förderung der Sanierung und des Ausbaus von Städten oder Gemeinden. Grundlage bildet das Städtebauförderungsgesetz. Als Vergünstigungen kommen in Betracht: **a)** Gebühren- und Grunderwerbsteuerfreiheit, **b)** Grundsteuerfreiheit für bestimmte Zeiträume, **c)** Gewerbesteuerbegünstigungen.

Stammwürze. Entspricht – je nach Vergärung – zu ca. $1/3$–$1/4$ dem Alkoholgehalt des Bieres. Einfachbier = 2,5 % Stammwürze, Schankbier = 7,8 % Stammwürze, Vollbier = 11–14 % Stammwürze, Starkbier über 16 % Stammwürze. Beispiel: Ca. 8 % Stammwürze gleich 8 g Extrakt in 100 l Bier.

Standortanalyse. Neben allen anderen Informationen ist für einen gastgewerblichen Betrieb besonders bei der Gründung die Kenntnis über die Attraktivität eines Standorts von besonderer Bedeutung. Gerade diese Betriebe benötigen mehr als alle anderen die Kenntnis über die sozio-ökonomische Struktur des Gebietes, in dem sie sich niederlassen wollen.

Standortwahl. Die Standortwahl eines gastronomischen Betriebes ist weniger eine Kostenfrage als eine Existenzfrage, da der Standort für das Fortbestehen von ausschlaggebender Bedeutung sein kann. Grundsätzlich ist jede Standortwahl unter zwei Gesichtspunkten zu betrachten: **a)** von der Beschaffungsseite, **b)** von der Absatzseite. Im Hinblick auf die → *Beschaffung* muss jeder Betrieb seinen Standort so wählen, dass er sich mit den notwendigen → *Produktionsfaktoren* möglichst kostengünstig versorgt. Von Bedeutung ist die Arbeitsorientierung, denn es spielt eine Rolle, ob genügend vorgebildete Fachkräfte in der Region zur Verfügung stehen oder ob andere Branchenbetriebe oder andere Wirtschaftszweige die Arbeitskräfte an sich ziehen. Auch die Abgabenorientierung kann eine Rolle spielen, da die Verminderung der steuerlichen Belastung durch Steuerbegünstigungen oder Fördermaßnahmen ganz wesentlich zur Kostensenkung und damit zum Fortbestand beiträgt. Im Hinblick auf den → *Absatz* sind jedoch viel umfangreichere Betrachtungen anzustellen, da einmal bereitgestellte Leistungen nicht lagerbar und deshalb unwiederbringlich verloren sind. So sind die Hotel- und Gaststättenbetriebe weitgehend absatzorientiert. Für diese Überlegungen spielen eine Rolle: **a)** die landschaftlichen Gegebenheiten, **b)** die vorhandene Infrastruktur mit möglichst guter Verkehrsanbindung, **c)** das auf die Gästewünsche abgestimmte Produktpaket, **d)** die → *Raumgliederung*.

Stärke → *Polysaccharid* (→ *Glucose)*, Reservestoff der meisten Pflanzen, der in unterirdischen Pflanzenteilen (Kartoffeln) oder in Samen und Früchten (Getreidekörner, Kastanie) gespeichert wird. Stärke liefert den Hauptanteil des Kohlenhydratanteils. Native Stärke besteht aus zwei Komponenten: **a)** Amylose, 200–300 Glucosemoleküle, sind langkettig sehr schwach verzweigt miteinander verknüpft; sie ist in heißem Wasser löslich und verkleistert beim Erhitzen nicht, **b)** Amylopektin (Hüllsubs-

Starker Ballen

tanz) ist wasserlöslich, quellfähig und verkleistert beim Erhitzen, sie besteht im Gegensatz zu Amylose aus verzweigten Ketten von etwa 3 000 Glucoseeinheiten. Der beim Erhitzen von Stärke mit Wasser nach der Quellung entstandene Stärkekleister erstarrt beim Erkalten gelatinös. Stärkelösungen „kristallisieren" nach längerem Stehen wieder aus (Retrogradation). Die verschiedenen Stärkearten können durch Größe, Form, Quell- und Verkleisterungsverhalten unterschieden werden. Durch besondere Gewinnung, Verarbeitung und Zubereitung stärkehaltiger Lebensmittel unt stehen modifizierte Stärken, deren Eigenschaften von den nativen Stärken abweichen. Verwendung als Dickungs- und Geliermittel.

Starker Ballen → *Großer Ballen.*

Starker Bruch. Phase während des → *Zuckerkochens.* Temperatur des Zuckers 144 °C bzw. 115°R. Handprobe: Etwas Zucker in Eiswasser gießen, er muss wie Glas brechen.

Starker Faden. Phase während des → *Zuckerkochens.* Temperatur der Zuckerlösung 107,5 °C bzw. 86 °R. Handprobe zur Feststellung der Viskosität: Zeigefinger und Daumen mit Wasser anfeuchten, etwas Sirup nehmen. Beim schnellen Öffnen und Schließen der Finger entsteht ein längerer Faden.

Starker Flug – Kettenflug. Phase während des → *Zuckerkochens.* Temperatur der Zuckerlösung 116 °C bzw. 93 °R. Handprobe zur Festellung der Viskosität: Drahtschlinge in die Zuckerlösung eintauchen, anblasen. Es bilden sich zusammenhängende Blasen.

Stärkesirup. Der verkleisterte Mehrfachzucker → *Stärke* wird mit stark verdünnter Säure mit Dampfdruck oder mit → *Enzymen* zu → *Traubenzucker,* Malzzucker und → *Dextrinen* abgebaut. Es entsteht ein süßer sirupartiger Saft, der nach der Neutralisation der Säure mehrmals gereinigt und gefiltert wird und auf eine handelsübliche Konzentration von 43° bzw. 45° Bé (Baumé) eingedickt wird. Das Produkt ist ein süßer, blanker, farbloser, zäher Sirup. Bonbonsirup: Sirup mit 45° Bé (deshalb 45er Sirup), 16 % Wassergehalt, 84 % Trockenmasse. → *Kapillärsirup:* Sirup mit 43 ° Bé (43er Sirup), 20 % Wassergehalt, 80 % Trockenmasse. Der Name wird abgeleitet von *lat.: Capillus* = *Haar;* der Sirup lässt sich zu haarfeinen Fäden ziehen.

Stärkezucker. Stärke wird mit Wasser verrührt, im Druckgefäß (Konverter) mit stark verdünnter Säure unter Dampfdruck oder mit → *Enzymen* zu → *Traubenzucker (Glucose),* Malzzucker *(Maltose)* und anderen Zuckerarten aufgespalten. Die Säure wird neutralisiert. Durch Kristalliermaische zu Stärkezucker gefestigt. Seine Süßkraft entspricht etwa 50 % der → *Saccharose* bei leicht bitterem Beigeschmack.

Startkultur. Um den Säuregehalt der Milch zu erhöhen, gibt man ihr eine Milchsäure-Bakterien-Kultur bei.

Station. Eine bestimmte Anzahl von Tischen in einem Restaurant. Für die Betreuung ist der → *Chef de rang* zuständig. → *Rang.*

Statistik, betriebliche. Erfassung und Aufzeichnung einer Gesamtheit von Erscheinungen, die nach bestimmten Merkmalen geordnet werden, mit dem Ziel, Erkenntnisse über die Zusammenhänge zu erlangen und Grundlagen für weitere Entscheidungen zu haben. Die betriebliche Statistik erfasst Werte, die das Rechnungswesen so nicht erfasst, wie z. B. Entwicklung der Lagerbestände, Fluktuation des Personals oder Umschlag pro Tisch, Belegung im Hotel usw. als primäres Zahlenmaterial, das ergänzt wird durch Werte, die das Rechnungswesen liefert. Ermittelt werden eine Vielfalt betrieblicher → *Kennzahlen* wie z. B.: Ren-

statistische Werte

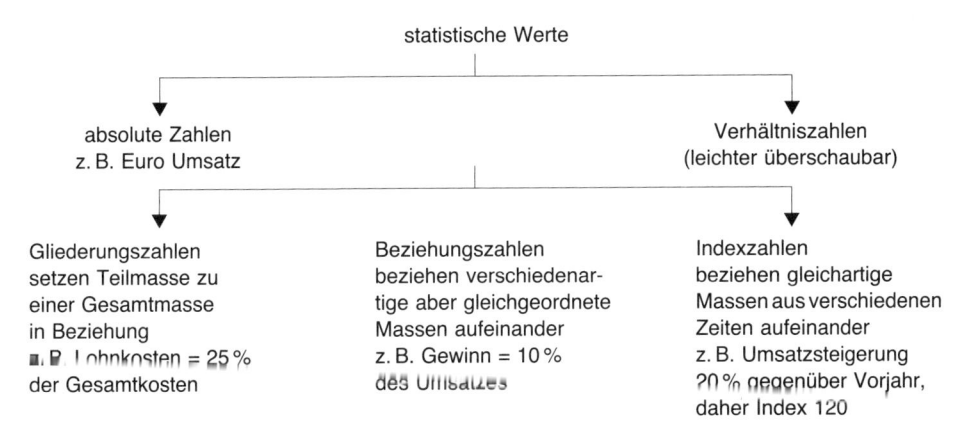

- absolute Zahlen
z. B. Euro Umsatz
- Verhältniszahlen
(leichter überschaubar)

Gliederungszahlen	Beziehungszahlen	Indexzahlen
setzen Teilmasse zu einer Gesamtmasse in Beziehung	beziehen verschiedenartige aber gleichgeordnete Massen aufeinander	beziehen gleichartige Massen aus verschiedenen Zeiten aufeinander
z. B. Lohnkosten = 25 % der Gesamtkosten	z. B. Gewinn = 10 % des Umsatzes	z. B. Umsatzsteigerung 20 % gegenüber Vorjahr, daher Index 120

Zur besseren Überschaubarkeit werden die statistischen Werte meist graphisch dargestellt. Hauptsächlich verwendet man:

Darstellung

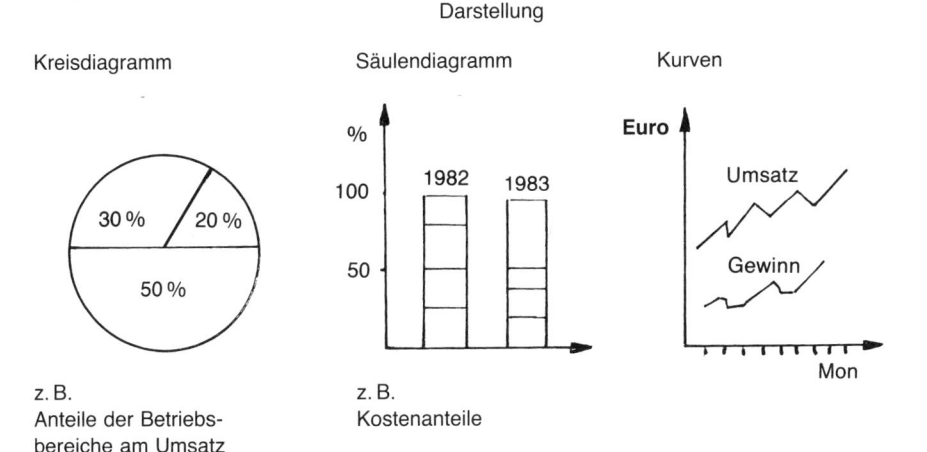

Kreisdiagramm   Säulendiagramm   Kurven

z. B.
Anteile der Betriebsbereiche am Umsatz

z. B.
Kostenanteile

Abb. 80   Darstellung statistischer Werte

tabilität, Wirtschaftlichkeit, Beschäftigungsgrad, Aufenthaltsdauer u. a. Die Darstellung der statistischen Werte kann auf unterschiedliche Weise erfolgen (Abb. 80).

Status. Mehr oder weniger ausgeprägte Wertschätzungen, die an das Rollenspiel eines Menschen gebunden sind → *Rolle*.

Staubzucker *(Puderzucker),* staubfein gemahlene Raffinade.

Staudensellerie. Hat im Gegensatz zu den Knollen ein milderes Aroma. Kann als Salat roh oder als Gemüse gekocht gegessen werden.

Steert. Niederdeutscher Ausdruck für Schwanz (Kalbssteertsuppe).

Steh-Bier-Halle. Meist kleine Bewirtungsbetriebe ohne oder nur mit wenigen Sitzgelegenheiten, in denen Bier oder andere

Steigaal

Getränke, aber auch kleine Speisen angeboten werden.

Steigaal → *Glasaal.*

Steinbeißer – Katfisch – Karbonadenfisch. Vorkommen im Nordatlantik. Den Namen verdankt er dem kräftigen Gebiss. Langgestreckter Körper. Er wird in der Regel 60 bis 70 cm lang, Ausnahmen bis 1,20 m und 25 kg schwer. Kommt meist in Teilen oder geräuchert auf den Markt.

Steinbutt *(frz.: turbot m., engl.: turbot).* Einer der wichtigsten Plattfische. Er hat einen fast kreisrunden Körper ohne Schuppen, dafür große Knochenhöcker, die so genannten Steine auf der schwarzen Seite. Er erreicht eine maximale Länge von 90–100 cm und dabei ein Gewicht von ca. 12 kg. Normale Größe wäre 50–60 cm und 5–6 kg Gewicht. Das würde einem Alter von 5–8 Jahren entsprechen. Der Steinbutt lebt in 20–50 m Tiefe. Er ernährt sich von Sandaalen, Grundeln und Krebstieren sowie von Muscheln. Er wird in der Nordsee, Ostsee, im Mittelmeer und der Atlantikküste gefangen, vorwiegend aber um England. Internationales Mindestmaß: 30 cm Länge. Im Allgemeinen kann gesagt werden, dass der Ostseesteinbutt kleiner als der Nordseesteinbutt ist. Bei der Vorbereitung und Portionierung entsteht ein Verlust von 35–45 %. Der Steinbutt wird als Portion gekocht, gegrillt, gebraten. Als Schaustück für kalte Büfett im Ganzen gefüllt, aufgeschnitten und garniert.

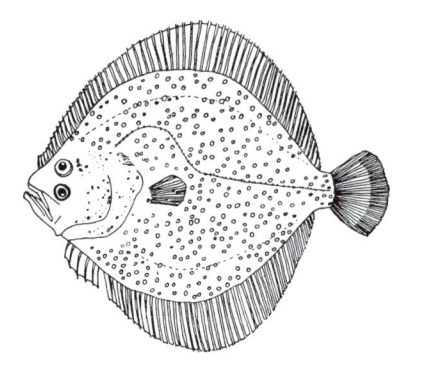

Steinhäger → *Gattungsbezeichnung* für einen Wacholderbranntwein mit mindestens 38 % Vol. Alkoholstärke. Die Angaben „echter" oder „Original" sind nur zulässig, wenn das Produkt vollständig in Steinhagen hergestellt ist. Wacholder → *Lutter* von 15 % Vol. Alkoholstärke und Kornsprit werden zusammen nochmals destilliert, später auf Trinkstärke herabgesetzt und in einer für Steinhäger typischen Flasche aus Steingut abgefüllt.

Steinhuhn *(griechisches Reb-, Berg-, Rothuhn – la bartavelle; perdrix creque),* lebt in den Alpen, in Griechenland, Italien, der Türkei und Vorderasien. In China und Indien sind diese Feldhuhnarten nahezu Haustiere. Kennzeichen: roter Schnabel, blassrote Ständer, grau-braune Federn an der Oberseite, rostgelb sind sie an der Bauchseite, die Augen sind rotbraun, weißer Kehlfleck. Es ist ein beliebtes und schmackhaftes Geflügel, in der Verarbeitung wie Rebhuhn; anzuraten ist, das Fleisch einen Tag in rohe Milch zu legen; spezielle Beilagen sind süßsaurer Kürbis und Preiselbeeren.

Steinmetzbrot → *Spezialbrot,* ein Vollkorn-Roggen-, Vollkorn-Weizen- oder Mischbrot. Das vorgesehene Korn wird im Naßschälverfahren von äußeren holzigen Kornschalen befreit und zu → *Schrot* oder → *Mehl*

vermahlen. Keim, Aleuronschicht und Samenschalen werden nicht entfernt. Gebacken wird in Formen aus Ton mit Blechboden oder viereckigen Blechformen.

Steinspargel → *Corruda.*

Stelle. Allgemeiner Sprachgebrauch: Ort der Aufgabenerfüllung. Kleinste betriebliche Einheit in der Organisationsstruktur mit bestimmten Aufgaben und einer abgegrenzten Verantwortung. → *Stelleninhaber,* → *Funktionsträger.*

Stellenausschreibung. Mittel der Personalbeschaffung durch Anzeigen vakanter Stellen im Betrieb. → *Innerbetriebliche Stellenausschreibung,* → *Außerbetriebliche Stellenausschreibung.* Beteiligung des Betriebsrates bei Anwendung → *Innerbetrieblicher Stellenausschreibungen.* Der Betriebsrat hat Mitbestimmung bei der Festlegung innerbetrieblich auszuschreibender Stellen mit Ausnahme der Stellen von leitenden Angestellten. Er hat keine gesetzlich begründete Mitwirkung bei der Festlegung von Richtlinien für die Durchführung innerbetrieblicher Stellenausschreibungen; Richtlinien für die Auswahl von Bewerbern auf innerbetriebliche Stellenausschreibungen bedürfen der Zustimmung des Betriebsrates (Betr-VerfG §§ 93, 95, 5).

Stellenbeschreibung. Schriftliche Festlegung des Delegationsbereiches eines Mitarbeiters mit konkreter Aufzeichnung aller Aufgaben (Verantwortung), Rechte und Befugnisse (Vollmacht) und den Anforderungen (→ *Anforderungsprofil*) an den Stelleninhaber. Vorteile: **1)** Basis für Stellenausschreibungen, **2)** Grundlage für Lohn- und Gehaltsforderungen eines Bewerbers, **3)** Hilfsmittel für die Einschätzung der Fähigkeiten und Neigungen eines Bewerbers, **4)** Hilfsmittel für die Einarbeitung eines Mitarbeiters, **5)** Eindeutiges Erkennen der Aufgaben der Stelle, **6)** Festlegung der Handlungsfreiheit des Stelleninhabers gegenüber seinen Vorgeordneten, Kollegen und Nachgeordneten, **7)** Mittel der Selbstkontrolle, **8)** Mittel der Mitarbeiterbeurteilung, **9)** Mittel der Mitarbeiterschulung, **10)** Mittel zur autodidaktischen Weiterbildung.

Stellenbesetzungsplan. Graphische Darstellung des betrieblichen Stellengefüges mit Angabe der Namen der Mitarbeiter, die zur Zeit die Stelle innehaben. Auch Vakanzen (ebenso Urlaub, Krankheit) sind ersichtlich.

Stellen-Bestimmungsgrößen. **1)** *Dauercharakter:* Die Aufgaben dürfen nicht nur einmaliger oder vorübergehender Natur sein, sondern müssen sich ohne erkennbare zeitliche Begrenzung wiederholen oder doch zumindest für längere Zeit bestehen, **2)** *Abgrenzbarkeit:* Die Aufgaben müssen gegenüber anderen Stellen sinnvoll abgegrenzt sein, also wirklichen Gliedcharakter haben, damit sich Kompetenzen (Zuständigkeitsbereiche) nicht überschneiden, sondern klar getrennt sind, **3)** *Koordinierbarkeit:* Die Aufgaben dürfen nicht beziehungslos im Stellengefüge stehen, sondern müssen durch Abstimmung und Zusammenarbeit gekennzeichnet sein, **4)** *Subjektunabhängigkeit:* Die Aufgaben werden nicht nach den persönlichen Neigungen und Fähigkeiten einer bestimmten Einzelperson gebildet, sondern für einen gedachten Aufgabenträger. Wenngleich die Stelle durch die Art des Aufgabenträgers charakterisiert wird, ist sie prinzipiell unabhängig vom Wechsel des Stelleninhabers.

Stelleninhaber → *Funktionsträger.*

Stellenplan. Gliederung der betrieblichen Funktionen (Abteilungen) in Stellen (Arbeitsbereiche); notwendige Arbeitsplätze werden nach Bezeichnung und Anzahl graphisch dargestellt. Grundlage für den → *Stellenbesetzungsplan.*

Stellensuche. Hat ein dauernd angestellter oder längerfristig angestellter Arbeitnehmer gekündigt oder die Kündigung erhalten,

Stellette

kann er Freistellung für das Aufsuchen einer neuen Stelle und für eine evtl. notwendige ärztliche Untersuchung verlangen.

Stellette. Ital. sehr kleine Sternchennudeln für Suppen.

Stellvertretererlaubnis. Soll ein Gastgewerbebetrieb durch einen Stellvertreter des Inhabers geführt werden, ist nach § 9 GewO eine Stellvertretererlaubnis nötig. Sie ist auch als vorläufige Erlaubnis möglich. Der Stellvertreter muss dazu die gleichen Voraussetzungen erfüllen wie jeder andere, der eine → Konzession beantragt. Die Erlaubnis ist allerdings davon abhängig, dass bereits eine Betriebserlaubnis besteht. Sie wird dem Erlaubnisinhaber und nicht dem Stellvertreter erteilt. Wird das Stellvertreterverhältnis gelöst, besteht gegenüber der Behörde Anzeigepflicht. Wird diese nicht wahrgenommen, ist das ebenso eine Ordnungswidrigkeit wie die Führung des Betriebes durch einen Stellvertreter ohne die Stellvertretererlaubnis.

Stellvertretung, juristisch → Vollmacht.

Stellvertretung, organisatorisch. Organisierte Übernahme des Delegationsbereiches eines Funktionsträgers bei dessen Abwesenheit durch einen anderen Funktionsträger. Formen: **a)** hauptamtliche = Stellvertreter ohne eigenen Delegationsbereich. Seine Aufgabe besteht allein darin, den Delegationsbereich des Stelleninhabers im Vertretungsfall zu übernehmen, **b)** nebenamtliche = Stellvertreter hat die Aufgabe, neben seinem Delegationsbereich zusätzlich einen anderen Mitarbeiter bei dessen Abwesenheit zu vertreten, **c)** echte = Stellvertreter übernimmt den vollen Delegationsbereich des zu Vertretenden mit allen Aufgaben und Befugnissen, **d)** beschränkte = Stellvertreter übernimmt einen Teil des Delegationsbereiches des zu Vertretenden oder nur einen Teil der Befugnisse innerhalb des zu vertretenden Delegationsbereiches (Hauptamtliche und nebenamtliche Stellvertretung können bei echter und beschränkter Stellvertretung in Erscheinung treten).

Stellvertretungs-Voraussetzungen, a) entsprechende Qualifikation muss vorliegen, **b)** Stellvertretung muss im Betrieb bekannt sein, **c)** Form der Stellvertretung muss festliegen, **d)** Benennung muss rechtzeitig erfolgen, **e)** ausreichende Information muss erfolgen, **f)** Delegation muss ordnungsgemäß übergeben werden, **g)** für zeitliche Freistellung muss gesorgt werden.

Sterilisieren. Konservierungsverfahren, das durch Hitzeeinwirkung Lebensmittel haltbar macht, indem durch Hitzeeinwirkung auch verhältnismäßig hitzeresistente Keime abgetötet werden und die Lebensmittel dadurch keimfrei sind. Das Sterilisieren von Lebensmitteln geschieht in der Lebensmittelindustrie in Autoklaven unter Überdruck. Die Konserven sind luftdicht verschlossen. Durch Sterilisieren hergestellte Konserven bezeichnet man als Sterilkonserven (auch Nasskonserven). Die in solchen Konservendosen oder -gläsern enthaltenen Lebensmittel sind bereits gegart. Jeder Sterilisationsvorgang verläuft in drei Temperaturabschnitten: die Erhitzungsphase (Steigen), die eigentliche Sterilisierung (Halten) und die Abkühlungsphase (Fallen). Die Sterilisationszeit hängt nicht nur von der Temperatur sondern auch vom → pH-Wert und der Art des Füllgutes ab. Sterilisationszeit in Minuten für 1-kg-Dosen:

Konservierungsgut	Wasserbad 100 °C	Autoklav 117 °C
Rindfleisch	240 Min.	100 Min.
Corned Beef	110 Min.	75 Min.
Brühwurst	150 Min.	70 Min.
Suppen	120 Min.	60 Min.

Sterken auch: Stärken. Ausdruck für Jungrinder.

Sternanis. Sternförmige, bräunliche Frucht eines bis 10 m hohen, immergrünen Baumes. Träger des Aromas ist ein brauner Samen im Innern der Frucht. Vorkommen in China. Nicht zu verwechseln mit Anis, einer Doldenpflanze.

Steuer → *Steuern.*

Steuerabzug. Verfahren der Steuererhebung, das auch Quellenabzugsverfahren heißt. Es wird praktiziert bei der Kapitalertragsteuer, bei der die auszahlende Gesellschaft die Steuer einbehält und abführt und bei der Lohnsteuer, bei der der Arbeitgeber die Steuer einbehält und an das Finanzamt abführt. Er haftet deshalb neben dem Lohnempfänger für unzureichend abgezogene Steuer.

Steuerarten. Steuern können nach den unterschiedlichsten Gesichtspunkten eingeteilt werden. Die gebräuchlichste Einteilung erfolgt nach dem Steuerobjekt. Danach ergibt sich folgende Einteilung (Abb. 81).

Steuerbescheid. Verwaltungsakt, durch den einer Person eine bestimmte Steuer auferlegt wird. Diese beruht in der Regel auf einer → *Steuererklärung* des Steuerpflichtigen.

Steuerbilanz. Grundlage für die steuerliche Gewinnermittlung bei Einkommen- und Körperschaftsteuer. Weil es weder eine Vorschrift über die Art der Aufstellung, noch einen Zwang zur Erstellung einer gesonderten Bilanz gibt, genügt es, eine nach steuerlichen Vorschriften korrigierte Handelsbilanz vorzulegen. Die Korrekturen können auch als Anlagen oder Zusätze beigegeben werden.

Steuererklärung. Eine in der Regel auf amtlichen Vordrucken vom Steuerpflichtigen abzugebende Erklärung aller steuerlich relevanten Tatbestände, die zur Feststellung der Bemessungsgrundlage dient. Die einzelnen Steuergesetze bestimmen, in welcher Frist die Steuererklärung abzugeben ist.

Steuermessbescheid. Bescheid, der für die Realsteuern (Grund- und Gewerbesteuer) vom Finanzamt ergeht. Er enthält den Steuermessbetrag, der für die Gemeinden die Bemessungsgrundlage für die Realsteuern ist.

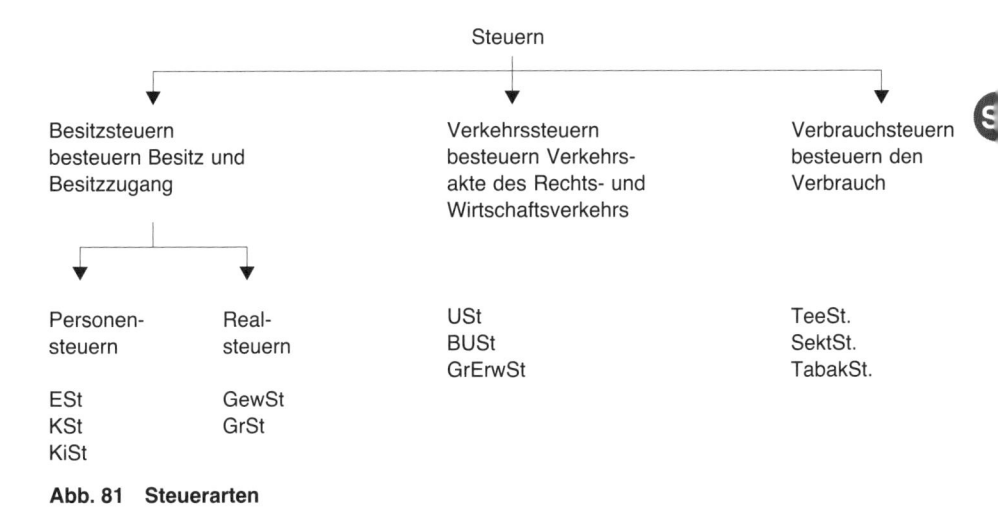

```
                            Steuern
            ┌──────────────────┼──────────────────┐
            ▼                  ▼                  ▼
     Besitzsteuern      Verkehrssteuern     Verbrauchsteuern
     besteuern Besitz und  besteuern Verkehrs-  besteuern den
     Besitzzugang        akte des Rechts- und   Verbrauch
                         Wirtschaftsverkehrs
      ┌─────┴─────┐
      ▼           ▼
  Personen-    Real-            USt              TeeSt.
  steuern      steuern          BUSt             SektSt.
                                GrErwSt          TabakSt.
  ESt          GewSt
  KSt          GrSt
  KiSt
```

Abb. 81 Steuerarten

Steuern → *Abgaben*. Zwangsabgaben, die der Staat oder andere öffentliche Gemeinwesen kraft Hoheitsgewalt erheben.

Steuerpflichtiger. Steuerpflichtiger ist die Person, der von der Steuergesetzgebung eine Pflicht auferlegt wird. Es kann sich bei der Pflicht um die Zahlung einer Steuer handeln, aber auch nur um Einbehaltung und Abführung wie bei der Lohnsteuer oder um eine Buchführungspflicht.

Steuersatz. Prozentsatz, seltener: € Betrag, der auf die Bemessungsgrundlage berechnet wird, um die Höhe der Steuer zu ermitteln.

Steward/Stewardess, a) Bezeichnung für „Servicekraft", insbesondere auf Schiffahrtslinien und bei Fluggesellschaften. **b)** → *Stewarding*. Der Steward ist in der Regel dem Chef-Steward unterstellt. Er ist der Vormann im Stewarding-Bereich. Seine Aufgabe ist die Überwachung und Koordination des Personals in dieser Abteilung. Er kontrolliert den Verbrauch der Reinigungsmittel und deren Bestände, den Einsatz des Personals anhand des vom → *Chef-Steward* aufgestellten Dienstplans und die Sauberkeit in Küche, Spülküche, der Maschinen usw.

Stewarding. Die Aufgaben der Steward-Abteilung sind: **a)** ausreichende Beschaffung von Gläsern, Geschirr und Tafelsilber und die Reinigung dieser Güter, **b)** Reinigung der Wirtschaftsräume, **c)** Reinigung und Pflege der Küchen- und Reinigungsgeräte, **d)** Entsorgung des Küchenbereiches unter besonderer Beachtung der Hygienevorschriften. Geleitet wird die Abteilung von einem → *Chef-Steward*. Ihm unterstehen Tellerwäscher und Topfspüler sowie die Putztruppe einschl. der evtl. Vormänner. Er ist für die Dienst- und Einsatzpläne zuständig und verantwortlich für eine sachgerechte Einweisung, die für hygienische Reinigung, sauberes Geschirr und Vermeidung von Bruch unumgänglich ist. Der Chef-Steward sorgt für reibungslosen Ablauf, wozu zweckmäßige Organisation (Arbeitszuweisung, Zeiteinteilung, Ablaufplan) unabdingbar ist.

Sticks. Dünne Gebäckstangen (Cocktailgebäck). Häufig mit grobem Salz bestreut (Salzstangen).

Stielmus. Rübstiel oder Stielmus ist das Blattgrün der Speiserübe. Sie wird so dicht ausgesät, dass sie lange Blattstiele bildet. Die Rüben bleiben dabei klein. Blätter und Rüben werden bei der Zubereitung abgeschnitten und nur die zarten Stiele werden als Gemüse verwendet. Rübstiel ist ein typisches Frühlingsgemüse und gilt vor allem im Rheinland als Spezialität. Man benötigt pro Person mindestens 250 g als Gemüsebeilage. Die kleinen Pflanzen werden gebündelt auf den Markt gebracht. Qualitativ gute Ware ist am frischen Blattgrün, zarten hellen Stielen und sehr kleinen Rüben zu erkennen. Rübstiel sollte möglichst schnell verarbeitet werden. Es enthält vor allem Vitamin A und C, und auch nennenswerte Mengen an Vitamin B_1 und B_2.

Stielpfeffer → *Kubebenpfeffer*.

Stilles Wasser. Alle Wässer ohne sichtliche Perlung durch das Entweichen von CO_2. Stilles Wasser enthält ca. 2–3 g/l CO_2.

Stint *(frz.: eperlan, f.; engl.: smelt)*. Meerfisch, silber-grau-blauer Fisch von ca. 30 cm Länge und einem Gewicht von 60–100 g. Lebt in Nord- und Ostsee. Paniert zu Garnituren verwendet.

Stockente → *Wildente (Blumen-, Gras-, Moos-, Stoßente – le marlat)*. Stockenten erreichen Längen von ca. 57 cm und Spannbreiten bis zu 1 m; in größeren Mengen in

Südeuropa und in Gebieten Nordafrikas, Asiens und Amerikas vorkommend. Besonders gut eignen sie sich zur Tiefkühlung, um dann, wenn kein Wildgeflügel mehr auf dem Markt ist, verkauft zu werden.

Stockfisch → *Kabeljau, (frz.: morue sechee, f.; span.: bacalao, m.).* Entgräteter und in der Luft getrockneter Kabeljau. muss vor Gebrauch 24 Std. gewässert werden.

Stoffbesitzer Personen, die kein eigenes Brenngerät besitzen, jedoch „Stoffe", z. B. durch Obstanbau. Sie dürfen im Jahr 50 l Alkohol brennen lassen. Dieses Recht gilt nicht für das gesamte Gebiet der Bundesrepublik.

Stoffermittlung. Pflicht des Ausbildenden und Ausbilders, Ausbildungsplätze auszuwählen und dafür Ausbildungsinhalte festzulegen → *Lernziel.*

Stoffvermittlung. Pflicht des Ausbildenden und Ausbilders, Auszubildende planmäßig zu unterweisen und zu unterrichten. → *Unterweisung,* → *Unterricht.*

Stoffwechsel (Metabolismus). Gesamtheit der im Körper ablaufenden chemischen Reaktionen, die zwischen der Nahrungsaufnahme und der Ausscheidung ihrer Abbauprodukte liegen. Kennzeichen des Lebens; dient dem Aufbau und dem Ersatz von Körpersubstanz und der Energiegewinnung. →

Verdauung, → *Resorption,* → *Baustoffwechsel,* → *Energiestoffwechsel,* → *Eiweißstoffwechsel,* → *Kohlenhydratstoffwechsel,* → *Fettstoffwechsel.*

Stonsdorfer. Ursprünglich eine Herkunftsbezeichnung für einen Bitterlikör aus Stonsdorf in Schlesien. Jetzt Gattungsbezeichnung für einen unter Verwendung von Heidelbeeren hergestellten Likör, der sich durch einen süß-bitteren, leicht herben Geschmack auszeichnet. Die Bezeichnung „Echter Stonsdorfer" ist geschützt und einem einzigen Hersteller vorbehalten.

Stör *(frz.: esturgeon, m.).* Fisch aus der Gattung der Acipenser, die zur Familie der Knochenfische gehören. Er kommt in verschiedenen Arten auch unter dem Namen → *Hausen* oder Beluga, Osietra, Schergstör oder → *Sevruga,* Sterlet und Waxdick oder Schipp vor. Er lebt vorwiegend im Schwarzen und im Kaspischen Meer und deren Zuflüssen. Der Sterlet wird bis zu 1,5 m lang bei einem Gewicht von höchstens 150 kg. Der Osietra wird bis zu 2 m lang bei einem Gewicht von 200 kg. Der Hausen, als größter Störfisch erreicht eine Länge bis zu 4 m und ein Gewicht bis 1200 kg. Der Rücken ist graubraun, die Seiten silbergrau, der Bauch weiß. Das Maul springt schalenartig vor. An der Maulunterseite befinden sich vier Bartfäden. Weil er im Süßwasser geboren wird, zählt er zu den Süßwasserfischen. Aus dem Rogen des Störs und der ihm verwandten Arten gewinnt man den Kaviar. Der Hausen liefert die → *Hausenblase* (Schwimmblase), die als Klärmittel bei der Weinbereitung Verwendung findet. Das Rückenmark (Vesiga) wird getrocknet angeboten und zur Herstellung von russischen Fischpasteten (Kulibjaka) verwendet.

Störkalb → *Doppellender.*

Stornierung, a) Rückgängigmachen einer Buchung (z. B. Reise, Zimmerreservierung) → *No-show-Rechnung,* **b)** in der Buchführung durch gegenläufige Buchung durchgeführte Rückgängigmachung einer vorangegangenen Buchung.

Stoss. Schwanzfedern beim Federwild.

Stotzen. Schweizer Ausdruck für Keule (Fleisch).

Stout. Englische obergärige Biergattung. Stout ist Nachfolger des seit 1973 nicht mehr gebrauten Porterbieres. Stout hat ca. 5 % Vol. Alkohol und dunkle Farbe. Im Geschmack kann dieses Bier äußerst bitter sein.

Straight. Bezeichnung bei der Whiskey-Etikettierung. Straight bedeutet soviel wie „echt" oder „rein" oder „unverschnitten".

Straight Bourbon. Whiskey, der einen Mindestanteil von 51 % Mais enthalten muss. Meistens ist es das Produkt aus einem einzigen Betrieb, unverschnitten und mit einer Alkoholstärke von ca. 50 % Vol.

Strainer. Barsieb, durch das Getränke aus dem Rührglas oder Mixbecher in ein Glas geseiht werden.

Straßenverkauf (§ 7 GastG). Wirten ist es grundsätzlich erlaubt: **a)** Speisen und Getränke, die sie auch in ihrem Betrieb verkaufen, **b)** alkoholfreie Getränke und Flaschenbier, **c)** Tabak- und Süßwaren an Personen zu verkaufen, die nicht ihre Gäste sind. Obwohl der Gesetzgeber in diesem Zusammenhang von „bestimmtem Umfang" spricht, kann das weder kontrolliert noch erzwungen werden. Steuerlich ist dieser Verkauf im Hinblick auf die Speisen sogar begünstigt, da er nur dem begünstigten Umsatzsteuersatz unterliegt. Das gilt allerdings nicht für Außer-Haus-Geschäfte, bei denen auch Serviceleistungen, wie in manchen Party-Service-Geschäften, geboten werden.

Strauß *(frz.: l'autruche, f.).* Gekennzeichnet ist er durch seinen langen Hals, den flachen Schnabel und durch die großen, kräftigen Beine. Der Federn wegen wird er auch gezüchtet. Neben dem Fleisch werden von den Eingeborenen auch die Eier, 1–2 kg schwer, mit Vorliebe gegessen. Die Garzeit (hartgekocht) beträgt 40 Minuten. Das Fleisch junger Tiere ist schmackhaft, es wird vor der Zubereitung mariniert und gespickt. Seit 1993 wird in Deutschland Straußenfleisch aus inländischer Züchtung angeboten.

Straußenei. Diese Eier werden in Südamerika, Südaustralien, Afrika oder Neuguinea angeboten. Die Größe des Straußeneies (15 cm lang) entspricht ca. 15–20 Hühnereiern. Durch die Eingeborenen erfolgt das Garen oft so, dass sie das Ei oben geöffnet auf offenes Feuer stellen und so ihr „Rührei" bereiten, im Übrigen kann es wie ein Hühnerei verarbeitet werden.

Straußwirtschaft, auch „Besenwirtschaft", „Kranzwirtschaft". In der Regel in Weinbaugebieten durch den Winzer betriebener – zeitlich begrenzter – Ausschank selbsterzeugter Getränke (Wein, Apfelwein), der den Gästen durch Heraushängen eines Straußes, Besens oder Kranzes angezeigt wird. Gesetzliche Grundlage: Gaststättengesetz.

Stravecchio. Angabe bei italienischen Weinen, bedeutet „sehr alt", „ausgebaut" oder „vollmundig".

Stremel-Lachs. Im Gegensatz zum Räucherlachs, der kalt geräuchert wird, geht der in Streifen geschnittene „Stremel" durch den heißen Rauch. Diese Zubereitungsmethode ist ostpreußischen Ursprungs und verleiht dem Fisch ein ganz charakteristisches Aroma. Erste urkundlich belegte Hinweise auf den „Stremel" gehen auf das Jahr 1782 zurück. Damals wurde in der Region Ostpreußen, Königsberg, Danzig und Westpreußen ein von Fischern in schmale Querstreifen geschnittenes Lachsstück als Stremel bezeichnet. Die Mittel- und Stehgräten des Lachs müssen dabei unbedingt im Stremel belassen werden, damit das Fleisch beim Heißräuchern gestützt wird.

Striezel. Ostdeutsche Bezeichnung für längliches Hefegebäck (Mohnstriezel).

Stroganoff. Nowgoroder Kaufherren, später Grafen, die das Uralland in Sibirien erschlossen und dort lebten. Klass. Garnitur z. B. Filetgulasch Stroganow.

Strohhalm. Trinkhilfe, urspr. aus Roggenstroh, frz. chalumeau, engl. straw, heute: Kunststoffhalm in schützender Papierhülle (Hygiene).

Strohwein. Wein aus Tirol, Spanien, Portugal oder Österreich. Gelesene Weintrauben werden auf Strohmatten ausgelegt, getrocknet zwecks Erhöhung des Zuckergehalts.

Struwwelpeter-Salat → *Lollo.*

Stubenfisch → *Renke.*

Stubenküken. Jungtiere 3 bis 5 Wochen alt, Gewicht 350 bis 400 Gramm. Die Küken wurden in der kalten Jahreszeit früher in der warmen Stube aufgezogen.

Stuhrensuppe. Norddeutschland und Lüneburger Heide. Stuhren = Dialektausdruck für kleine Barsche. Diese werden geputzt und pochiert. Das Fischfleisch wird mit Semmeln und Eiern grob farciert und in Klößchenform pochiert. Aus dem Fond eine weiße Sauce herstellen. Einlage die Fleischklößchen, Petersilie und Kerbel.

Sturm. → *Neuer Wein* aus Österreich; ein nicht filtrierter Traubensaft, der sich in verschiedenen Stärken der Gärung befindet und im Verkauf angeboten wird.

Stuten. Zu viereckigen Kasten gebackener Hefekuchen mit Rosinen und Korinthen.

Su. Japanischer Reisessig.

Subrics. Klassische französische Küche. Aus feiner Kalbs- und Schweinefarce formt man mit farcierter Gänseleber zu gleichen Teilen mit wenig Mehl, Eigelben und Sahne kleine Medaillons, die sowohl gebraten als auch pochiert werden. Auch Reis-Subrics und Gemüse-Subrics.

Substanzwert → *Unternehmenswert.* Wert der betrieblichen Substanz, d. h. der Vermögensteile einer Unternehmung. Da durch die betriebliche Tätigkeit und die damit verbundene Abnutzung ein Teil der Wirtschaftsgüter einen verminderten Wert haben, kommt er in zwei Ausprägungen vor: **a)** als Restwert, wie der durch Abschreibung verminderte Wert in Buchführung und Bilanz erfasst ist, **b)** als Reproduktionswert, dem Wert, den man aufwenden müsste, um genau das Betriebsvermögen oder auch ein Wirtschaftsgut wieder zu beschaffen, das sich im gleichen (abgenutzten) Zustand befindet.

Succotash. Indianischen Ursprungs. Frische grüne Bohnen (oder Limabohnen) werden mit Maiskörnern vermischt, die in Milch gekocht wurden. Gewürzt wird mit Salz, Pfeffer und Cayenne, serviert wird mit flüssiger Butter.

Südtirol-Trentino. Das nördlichste Weinbaugebiet Italiens, bekannt durch Weine, die häufig deutsche Traubenbezeichnungen tragen wie z. B. Traminer, Riesling etc.

Südwein. Sammelbegriff für meist aus den Mittelmeerländern stammende süße Weine, wie z. B. → *Sherry,* → *Portwein,* → *Malaga* und → *Marsala.* Bei der Herstellung wird dabei die Gärung durch Alkoholzugabe unterbrochen; meist wird mit Alkohol verstärkt.

Suffolk-Schinken. Süß gepökelter Schinken, von außen bläulich-schwarz, das Fleisch hat eine kräftige rotbraune Farbe. Pökelung erfolgt in Bier und Zucker.

Sugar Cane → *Zuckerrohr.*

Suisceri. Eigentlich: Cheri Suisse, ein Kirsch-Schokoladenlikör aus der Schweiz.

Sukiyaki. Japanisches Gericht aus Rinderfilet, Frühlingszwiebeln, Tofu, Chrysanthemenblättern, japanischen Pilzen und Sojasauce, Zucker und Sahne. Zu dem fertigen Gericht kommt noch für jeden Gast ein rohes, zerschlagenes Ei.

Sukkade. Kandierte Fruchtschalen, vorwiegend von Zitrusfrüchten stammend.

Sultanine → *Rosinen.*

Sumac → *Sammak.*

Sumach → *Sammak.*

Sumatra → *Zigarrenformen.*

Sumpfschnepfe → *Schnepfe, (frz.: becassine, w.).* Aufenthaltsgebiete sind nasse, dichte Viehweiden, Sümpfe, Moore und dergleichen. Die Nahrung besteht hauptsächlich aus Würmern. Ihre typischen Kennzeichen sind die hohen Ständer und der lange, verhältnismäßig weiche Schnabel, welchen sie zur Nahrungssuche bis tief in die Erde steckt. Meistens werden sie ge-braten, wobei die Zeit der Zubereitungsdauer nicht mehr als 15 bis 20 Minuten, selbstverständlich bardiert, beträgt. Alte Tiere haben einen breiten, vorn abgeplatteten Schnabel, starke Zehennägel und Gelenke, einen ausgeprägten Sporn und harten Brustknochen. Niemals wird man den Kopf entfernen, man zieht ihn nur ab und entfernt außer den Augen aus dem Kopf, nur den unteren Teil des Schnabels, während der obere desselben zum Dressieren (Formgeben) Verwendung findet; außerdem werden die Füße erst unterhalb des Sporns bzw. Spornansatzes entfernt. Eine besondere Delikatesse von den Schnepfen ist der *Schnepfendreck – l'intestins (m) de becasses* – aber von der Waldschnepfe, nicht Sumpfschnepfe, muss er sein. Man versteht darunter die Eingeweide, einschließlich des unverdauten Inhaltes, der nicht nur genießbar, sondern auch anerkannt außerordentlich bekömmlich ist; nicht dazu gehört der Magen. Diese Eingeweide werden mit etwas Speck, wenig eingeweichter Semmel, gewürzt mit Salz, Pilzpfeffer, Muskat, wenig Thymian und Petersilie ganz fein gehackt, oft auch noch durch ein Sieb gestrichen. Diese Masse streicht man ziemlich hoch auf in Butter gefertigte Weißbrotcroutons (Dreieck, Viereck oder Herzform) und gart dies mit Butter beträufelt vorsichtig im Ofen. Solche kleinen Leckerbissen sind zu einem Feinschmeckeressen (Herrenessen) als Vorspeise mit einem Gläschen Sherry oder altem Madeira wirklich gesucht; zu einer gebratenen Schnepfe gehören die Croutons unbedingt als Beilage. *Schnepfenmus: fumet de becasses.* Die Schnepfen werden samt der Eingeweide (nur der Magen wird mittels einer Nadel entfernt) gebraten, hierauf entbeint, das Fleisch mit kräftigem Fond und Sherry abgespritzt feinst gemahlen und gestoßen und mit Eigelben vermischt in Becherförmchen im Wasserbad pochiert und schließlich gestürzt auf Croutons angerichtet. Hierzu gehören „Schnepfencroutons" und eine Trüffelsoße.

Suomalaisleipä. Finnisches Brot aus Hefeteig mit braunem Zucker.

Superiore. Italienische Weine mit dieser Bezeichnung haben meistens einen höheren Alkoholgehalt als vorgeschrieben. In manchen Gebieten muss solch ein Wein auch länger lagern.

Supplement *(frz.: Supplement, m.).* Nachservice, teilweise ohne Berechnung, teilweise mit Berechnung.

Suprême *(frz.: sur = über, prême = primus, das Erste, das Beste – also über das Beste hinaus).* Im Allgemeinen **a)** die entbeinte knochenlose Brust von Geflügel ohne Haut, **b)** eine weiße Sauce von Geflügel mit Liaison. Auch *suprême de turbot* – hier Steinbuttfilet, meist pochiert mit weiterer Garnitur.

Surelevation. Aufzucht von Jungaustern in großmaschigen Taschen auf „Tischen". Dies wird an Küsten mit starken Wellen und Strömungen praktiziert.

Surfines. Qualitätsstufe der Kapern (7 bis 8 mm).

Surimi. Fischprodukt, welches in Japan seit Jahrhunderten hergestellt wird. Eine Fischmasse, ohne Haut und Gräten wird durch Kneten und wiederholtes Auswaschen zu einer weißen Masse verarbeitet. Nach Zugabe von Stärke und Gewürzen kann diese Masse z. B. zu Hummerscheren geformt und gegart werden ebenso kann man „Crabmeat" nachmachen.

Sur lie *(frz.: „auf Hefe").* Etikettenangabe, typisch für Weine aus dem Gebiet Loire. Die Weine haben einen leichten Hefegeschmack.

Surrogat. Ersatz(-stoff), geringere Ersatzware.

Süß (bei Champagner und Schaumwein) → *doux.* Zuckergehalt über 50g/l.

Süßdruck. In der Ostschweiz Bezeichnung für einen Rotwein, der mit kurzer Maischegärung gewonnen wird.

Süßholz. Droge aus getrockneter Wurzel, verwendet für Lakritze und in der Pharmazie.

Süßkraft. Dimensionsloser Süßungsgrad von Zuckern: **1)** bezogen auf Glucose: Lactose 0,55; Sorbit 0,7; Galaktose 0,95; Glucose 1,0; Saccharose 1,45; Fructose 1,65,

2) bezogen auf Saccharose: Lactose 27; Galaktose 32; Maltose 60; Glucose 50; Saccharose 100; Invertzucker 80; Fructose 120.

Süßmost. Bezeichnung für → *Fruchtnektar,* dessen Fruchtanteil ausschließlich aus Fruchtsäften, konzentrierten Fruchtsäften oder aus einem Gemisch dieser beiden Erzeugnisse besteht, die auf Grund ihres hohen natürlichen Säuregehalts zum unmittelbaren Genuss nicht geeignet sind.

Süßreserve. Unvergorener Traubenmost mit höchstens 1 %Vol. Alkohol. Sie wird dem Wein zur Süßung zugesetzt. Hierbei sind gesetzliche Bestimmungen hinsichtlich der Herkunft, der Qualitätsstufe und der Traubensorte, aus der die Süßreserve hergestellt wurde, zu beachten. So darf einer Spätlese nur Süßreserve zugesetzt werden, die aus dem gleichen Bereich stammt und die gleichzeitig die für das Anbaugebiet und die Traubensorte vorgeschriebene Öchslegrade aufweist.

Süßstoff. Künstlich gewonnene Erzeugnisse, die als Süßungsmittel dienen, eine höhere Süßkraft (bis 3 000fach) als Saccharose (Haushaltszucker) und keinen Nährwert haben. Die wichtigsten Süßstoffe sind → *Saccharin,* → *Natrium- und Calciumcyclamat.* → *Aspartam* wird unter Süßstoff geführt. Es handelt sich jedoch um ein natürliches Süßungsmittel. Die Verwendung von Süßstoff ist kennzeichnungspflichtig.

Süßweine. Weine, die ihre hohe Süße durch → *Aufspriten* erreichen, wie z. B. → *Malaga* oder → *Samos D.O.C.* Gesetzlich wird die Bezeichnung „Süßwein" nicht benutzt.

Sushi. Ein bekanntes japanisches Hors d'œuvre. Man unterscheidet zwei verschiedene Arten: Nigiri-sushi und Shirashi-sushi. Nigiri-Sushi wird aus rohem Fisch zubereitet und auf Reispastetchen serviert. Shirashi-sushi besteht aus mit Gemüse und Fisch gemischtem Reis. Sushi-Restaurants kennt man in ganz Japan. Es erfordert großes

Suspension

Können, den rohen Fisch in eine Delikatesse zu verwandeln. Dazu verwendet werden: Thunfisch, Makrelen, Aale, Garnelen, Polypen und verschiedene Sorten von Muscheln. Die Japaner essen Sushi als Appetithäppchen und trinken dazu warmen Reiswein (Sake). Sushi werden als künstlerische Arrangements auf Lacktabletts angeordnet, und der Farbunterschied wird durch dekorative ausgeschnittene Palmblätter, grünes Moos und Blumenblätter noch betont.

Suspension – Aufschlämmung. Verteilung von kleinen, unlöslichen und festen Teilchen in einer Flüssigkeit, z. B. Verrührung von Speisestärke in Flüssigkeit.

Suze, Enzianlikör. Ein bekannter französischer Aperitif, der seit 1868 hergestellt wird. Der „Liquer à la gentiane" enthält 16 % Vol. Alkohol, Couleur, Zucker, Caramel; ein aus Enzianwurzeln hergestellter Bitter-Apentif.

Suzette. Klass. Garnitur benannt nach einer Zofe, die für ihre „Herrin" Eierpfannkuchen aus dem Restaurant Mavieaux holte. Der Maître nannte die Pfannekuchen „crêpes Suzette".

Swapgeschäfte. Börsengeschäfte mit Währung, wobei der Unterschied zwischen Terminkurs und Kassakurs (Kursspanne) zu Gewinn oder Verlust führt. Liegt der Terminkurs unter dem Kassakurs, spricht man von Deport, umgekehrt von Report.

Sweet Mash. Gärmethode bei Bourbon Whiskey, bei der nur mit frischer Hefe vergoren wird.

Syllabub. Milchpunsch – eine Mischung aus Sahne oder Milch und gesüßtem Wein. Man kann ihn auf ein Trifle geben oder als selbständiges Dessert (Creme) auftragen.

Synektik → *Catering*. Studium von kreativen Prozessen von unterschiedlichen Gruppenmitgliedern zur Lösung von Problemen. Probleme werden genannt, besprochen, entfremdet und auf Analogien aus dem biologischen Bereich zurückgeführt („Wie löst die Natur das Problem?").

Synthetische Fasern → *Chemiefasern*.

Synthetischer Alkohol. Darf in der Bundesrepublik nicht für die Spirituosenherstellung benutzt werden. Wird z. B. aus Kohle, Rohöl gewonnen.

Syrah. Rote Traubensorte, deren Ursprung wahrscheinlich in Syrien / Persien zu suchen ist. Die besten Syrah-Weine kommen von der Côtes du Rhône, Südfrankreich, Südafrika und Australien. Die Weine sind dunkelrot, tanninreich mit den Düften nach Lakrize, Leder, Tabak, Veilchen, schwarzen Kirschen, Wildkräutern. Syrahweine sind meist alkoholreich und lange lagerfähig. In Australien wird die Rebsorte als Shiraz bezeichnet.

Systemfoods. Systembezogene → *Convenience-Produkte*.

Systemgastronomie. Weitgehend systematisierte und rationalisierte Restaurants mit mittlerer bis hoher Preislage. Verweildauer ca. 45 Minuten; bis 10 % Take-out. Gegenüber anderen Schnellrestaurants mit Tischbedienung. Angebot: Grilladen, Braten, Fisch, spezielle Teigwaren; z. T. Convenience (→ *Convenience-Produkte),* vor Ort verbessert.

Szechuan Pfeffer. Auch Fagara, japanischer Pfeffer, Blüten- oder Anisspfeffer (frz. : Poivre du Sichuan, engl.: Sichuan Pepper). Ein strauchiger Baum mit scharf riechender Borke und nach Zitrone duftenden Blättern. Er blüht ab dem Frühjahr und aus seinen kleinen blassgrünen Blüten werden die purpurfarbenen Früchte mit dem schwarzen Kern. Der Name kommt ursprünglich aus dem Griechischen und besagt so viel wie Gelbholz. Der kleine Baum wächst in Japan, Korea und Nordchina. Bekannt geworden ist das Gewürz durch die lokale Szechuan-Küche. Die Früchte werden im noch unreifen

Zustand geerntet und dann getrocknet. Mit „echtem" Pfeffer ist dieses Gewürz nicht verwandt. Sein Geschmack ist pfeffrig und beißend scharf. Szechuan Pfeffer ist Bestandteil des chinesischen „5 Gewürz-Pulvers".

T

Tabak. Nachtschattengewächs, Genussmittel, *frz.: tabac (m), engl.: tobacco, span.: tabaco (m)*.

Tabaksteuer. Verbrauchsteuer auf importierte und im Erhebungsgebiet hergestellte Zigarren, Zigaretten, Rauchtabak und Zigarettenhüllen. Sie wird entrichtet, indem der Importeur oder der Hersteller die Steuerwertzeichen (Steuerbanderole an der Packung) bei der Zollbehörde erwirbt und verwendet.

Tabasco. Warenzeichenrechtlich geschützte Bezeichnung für eine scharfe Würzsoße aus USA. Sie wird aus zerkleinerten Chilischoten, Essig und Salz hergestellt und nach dreijähriger Lagerung in Eichenfässern in den Handel gebracht.

Tabbouleh. Arabische Vorspeise; Kaltes Couscous mit Gemüse, insbes. Tomatenwürfeln, Petersilie und Minzeblättern als Salat angemacht.

Tablieren. Arbeitsgang bei der Herstellung von → *Fondant*. Hierbei wird eine auf 118 °C erhitzte und dann auf 37 °C abgekühlte Zuckerlösung mechanisch bearbeitet **1)** mit Handspatel auf einer Marmorplatte, **2)** in Anschlag- oder Knetmaschine. Zweck: Die klare Lösung wird zunächst milchig trüb, weiß und brüchig. Durch weitere Bearbeitung wird die Lösung weich und geschmeidig, erhält Glanz.

Tachine. Bei der Gewinnung von Sesamöl gewonnener ölhaltiger Rückstand. Verwendung in der arabischen Küche.

Tafeldekoration. Zur Tafeldekoration zählen: Blumen, Kerzenständer, Tischläufer, Menü- und Platzkarten, Platzteller, Servietten, evtl. verschiedene Gegenstände aus Porzellan oder Metall. Wichtig für die richtige Wahl der vorgenannten Elemente sind Raumbeschaffenheit und architektonischer Stil, farbliche Abstimmung und der Anlass.

Tafel-Formen. Man unterscheidet folgende Tafelformen: **1)** Blocktafel, **2)** U-Form, **3)** T-Form, **4)** L-Form, **5)** E-Form, **6)** Kammform, **7)** Sternform, **8)** Offene Tafelform (Einzeltische).

Tafelkorn → *Kornbranntwein* mit einem Alkoholgehalt von mind. 38 % Vol.

Tafelrunde. Tischgesellschaft, mhd. tavelrunde, frz. table ronde (f). Die Tafel des Königs Artus war rund, damit kein Ritter vor einem anderen Vorrang hatte. Tafelrunden der → *Gastronomischen Akademie Deutschlands* mit kulinarischem Angebot und geistreichen Gesprächen.

Tafelspitz *(frz. pointe de culotte, f.)*. Wiener Spezialität. Gekochtes Rindfleisch aus der Spitze des Fricandeaus (Unterschale).

Tafelwasser. Kann lt. neuer Begriffsbestimmung aus Leitungswasser durch Zusätze, Aufbereitung hergestellt werden. Die Bezeichnung → *Sodawasser* ist erlaubt.

Tafelwein. Konsumwein, aus dem französischen Weinrecht in das EG-Recht übernommener Begriff. Deutscher Tafelwein muss ausschließlich aus im Inland geernteten Trauben von empfohlenen oder zugelassenen Rebsorten stammen. Die für die Herstellung der Tafelweine verwendeten Moste müssen in der Weinbauzone A einen Mindestalkohol von 5 % Vol., in der Weinbauzone B von 6 % Vol. aufweisen. Die Weine dürfen bis zu einem Alkoholgehalt von 15 % Vol. angereichert werden, müssen jedoch dann mindestens 8,5 % Vol. sowie einen Gesamtsäuregehalt von 4,5 g/l aufweisen. Tafelweine unterliegen keinem Qualitätsprüfverfahren. Als Herkunftsbezeichnung darf eines der bestimmten Anbaugebiete nicht angegeben werden. Für Tafelwein ist die Angabe der → *Lage* auf dem Etikett untersagt. Der Verschnitt von

Tafelwein aus mehreren Weinbaugebieten muss als *Deutscher Tafelwein* gekennzeichnet werden. Verschnitte aus Weinen des EG-Gebietes tragen die Bezeichnung Tafelwein aus Ländern der EG. Für deutsche Tafelweine sind nur folgende geographische Angaben erlaubt: 1. Rhein-Mosel, Ahr, Hess. Bergstraße, Nahe, Rheingau, Rheinhessen, Pfalz, Mittelrhein. 2. Bayern, für Main, Donau, Lindau. 3. Neckar. 4. Oberrhein, Römertor: Südbaden; Burgengau: Nordbaden.

Tafia. Bezeichnung für eine Spirituose aus Zuckerrohr; Ursprungsbezeichnung für → *Rum*.

Tag der offenen Tür. Instrument der Öffentlichkeitsarbeit (→ *PR*). Präsentation der Leistungen und Einrichtungen des Betriebes. *Zielsetzungen:* 1) Motivation der eigenen Mitarbeiter, 2) Imagepflege (auch bei Angehörigen der Mitarbeiter), 3) Aufnahme und Intensivierung der Kontakte zur Öffentlichkeit, 4) Vorstellung bestimmter Einrichtungen und Produkte, 5) Gewinnung neuer Mitarbeiter. *Zielgruppen:* 1) Bevölkerung der näheren Umgebung, 2) Mitarbeiter und deren Angehörige, 3) Gäste, Lieferanten, 4) Bildungseinrichtungen (Abschlussklassen), 5) Presse, Funk, Fernsehen, 6) Verbände, Parteien, Behörden, Gewerkschaften u. Ä.

Tagesbericht der Hausdame. Mit dem Tagesbericht teilt die Hausdame dem Empfang mit, in welchem Zustand sich die von ihr kontrollierten Zimmer befinden (→ *Zimmerstatus, Zimmerkontrolle*). Weil meist die Zimmer bis 12 Uhr zu räumen sind, empfiehlt sich gegen Mittag ein Zwischenbericht. Das Formblatt kann gleich so eingerichtet werden, dass mittels zweier Spalten Zwischen- und Tagesbericht erfasst werden (Abb. 82).

Tagesleistungskurve. Darstellung der Leistungsfähigkeit des Menschen in Abhängigkeit

Beispiel zum Tagesbericht der Hausdame (Hausdamenreport)

1. Etage			2. Etage			3. Etage		
Zimmer-Nr.	12.00	17.00	Zimmer-Nr.	12.00	17.00	Zimmer-Nr.	12.00	17.00
101	1.1	1.0	201	1.0	1.0	301	2.1	2.0
102	0	0	202	0	0	302	2.2	1.0
103	2.0	2.0	203	2.2	2.0	303	2.0	2.0
.								
.								
usw.								
Bem.: 102, 202 Heizungsreparatur					Unterschrift:			

Folgende Zeichen wurden verwendet:
0   Zimmer außer Betrieb
1.0 Zimmer belegt, gereinigt
1.1 Zimmer belegt, noch nicht gereinigt

2.0 Zimmer frei, gereinigt
2.1 Zimmer frei, noch nicht gereinigt
2.2 Zimmer frei, gereinigt, noch Gepäck im Zimmer

Es sind auch andere Zeichen möglich wie z. B.: F = Freigabe, G = sauber, noch Gepäck im Zimmer, 0 = außer Betrieb, = belegt

Abb. 82   Tagesbericht der Haudame (Hausdamenreport)

von der Tageszeit (besonders wichtig bei Ausbildungsmaßnahmen Auszubildender).

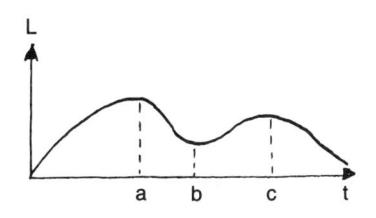

L = Fähigkeit zur Arbeitsleistung t = Tageszeit; a = ca. 11 Uhr; b – ca. 14 Uhr; c – ca. 16 Uhr

Tagesordnung. Regelung der Reihenfolge der in einer Besprechung, Konferenz zu beratenden Punkte. TOP = Tagesordnungspunkte.

Tagine. Arabische/marokkanische Küche. 1) Runde lackierte Tonschüssel mit pyramidenförmigem Deckel zur Herstellung und dem Service des gleichnamigen Gerichts. 2) Gericht, Fleischragout (meist Lamm oder Kalb) mit kräftig gewürzter, stark reduzierter Sauce; zuweilen auch mit verschiedenen Gemüsen.

Tagliatelle. Ital. Bandnudel, aufgerollt oder in Streifen erhältlich. Oft mit Spinat gefärbt. Wird auch Fettuccine genannt.

Tagungsangebot. Tagungs- (und Kongress-)angebote sollen so gestaltet sein, dass die Teilnehmer optimal arbeiten können und sich in angenehmer Atmosphäre entspannen. Dazu gehören: a) *gute Arbeitsatmosphäre.* Tagungsraum 1) in optimaler Größe; 2) mit angenehmer, mittlerer Temperatur; 3) ausgewogener → *Beleuchtung;* 4) sinnvoller Bestuhlung; 5) Schalldämmung. b) *Zusatzräume* oder Ecken für Arbeitsgruppen. c) *Zweckmäßige Vortragstechnik:* 1) Tageslichtprojektor (Folien, Schreiber); 2) Film und/oder Diaprojektor sowie Beamer; 3) Leinwand; 4) Flip-chart mit Schreiber; 5) Tafel, Kreide, Schwamm; 6) Tonband-, Kassetten-, Plattenspieler; 7) genügend elektrische Anschlüsse, 8) Verdunkelungsmöglichkeit, 9) Rednerpult, 10) Mikrofon- und Lautsprecheranlage, **d)** *Weitere ergänzende Technik:* 1) Schreibmaschine, 2) Telefon, Telex, **e)** *gute Umweltbedingungen:* 1) Hinweisschilder zur Tagung. 2) Unterbringung: a) gute Einzelzimmer, b) mit WC und Bad/Dusche, c) mit Telefon, TV; 2) leichte Beköstigung, Tagungsgetränke; 3) genügend Parkmöglichkeiten; 4) Umfeldangebot: a) Umgebung mit Spazierwegen, b) Hallenbad, Sauna u. a., c) Bar, Kegelbahn u. Ä., d) Zeitungsstand, Leseraum u. Ä.

Tahinek → *Tachine.* Arabische Küche; ein öliger Brei, den man bei der Herstellung von Sesamöl aus den Rückständen gewinnt (auch libanesisch: Tahine).

Taille. Der regulierte zweite Pressvorgang der Trauben in der Champagne. Dabei werden genau 500 l Most gepresst. Das Ergebnis gilt als zweitrangige Mostqualität.

Talerkürbis. Eine gurkenartige, ziemlich lange Schlingpflanze, Telfairia pedata, die im tropischen Afrika wächst und mandelartig schmeckt.

Talg. Ausgelassenes Darm- oder Nierenfett vom Rind oder Hammel (selten gebraucht). Im Rohtalg befinden sich Stearin, Palmitin und Olein. Fettgehalt etwa 99 %.

Talmousse. Französisches Vorgericht. → *Ramequins* wird Käsecreme aufdressiert und ausgarniert.

Tamari. Natürliche Sojasauce ohne Fremdzusätze aus ganzen, fermentierten Sojabohnen (Milchsäuregärung).

Tamarillo *(Syn.: Baumtomate),* stammt aus der Andenregion Perus. Sie sind schön rot und geben auf Druck nach. Die dünne Schale muss abgezogen werden, das mildert den bitteren Geschmack. Hoher Vitamin C-Gehalt. Das Obst wird genauso gebraucht

Tamarinde

wie Tomaten. Jetzt in den Tropen der ganzen Welt über 1000 m Höhe verbreitet.

Tamarinde. Der Tamarindenbaum stammt aus Indien und ist in den Tropen und Subtropen verbreitet. Aus seinen gelben Blüten entwickeln sich spröde, zimtfarbene Samenhülsen, ca. 12–20 cm lang. Unter der brüchigen Schale sitzen Kerne, die von einem bräunlichen Fruchtmark umgeben sind. Das Mark dient zur Zubereitung von Sirup, Saft und Mus. Das Mark der Tamarinde ist im Sortiment indischer Gewürze zu finden. Es ist sehr sauer, weil es bis zu 16 % organische Säuren enthält, darunter besonders Weinsteinsäure. Weitere Bestandteile: Fruchtzucker, Pektin, Gummi, Calcium, Eisen, Vitamin A. Tamarinde wird auch indische Dattel genannt und gehört zu der Familie der Schmetterlingsblütler, Leguminosae.

Tambor. Eine exotische Hybride, Kreuzung zwischen einer → *Tangerine* und Orange. Die ursprünglich aus Jamaika stammende Frucht ist etwas abgeflacht und in der Farbe einer Apfelsine ähnlich. Bei einer extrem dünnen Schale weist der Tambor einen ungewöhnlich hohen Saftgehalt auf. Die Hauptangebotszeit beginnt im August und endet im Oktober. Anbaugebiet Südafrika.

Tamis. Französischer Fachausdruck für Haar-(Draht-)sieb.

Tampon *(frz.: le tampon).* Aus Weißbrot, das schwimmend in Fett ausgebacken wird, bestehende Sockel, auf denen Speisen erhaben angerichtet werden (z. B. Tournedos, Medaillons). Die Sockel saugen austretenden Fleischsaft auf und werden vom Gast gegessen.

Tandoori. Indischer Lehmofen, frz. tandouri (m), engl. tandoor; halbkugelig vertiefter, offener Kessel, an dessen Innenseite Fladen gebacken werden. Urspr. aus Kaschmir und Pakistan.

Tangelo (Zitrusfrucht). Kreuzung aus → *Tangerine* und Grapefruit. Die Früchte sind apfelsinengroß und dünnschalig. Hauptsorten in den USA, Südamerika und Israel sind Minneola und → *Orlando*.

Tangerine (Zitrusfrucht). Kleinste Art der Mandarinengruppe. Der Name stammt daher, dass die marrokanische Ernte über den Hafen von Tanger verschifft wurde. Heute sind die Haupterzeugerländer die USA (Sorte Dancy), Israel (Oorte Cleopatra) und Japan (Oorte Mikan).

Tankgärung → *Großraumgärung*.

Tannin. Gerbstoffe, die sich in Wein, vorwiegend Rotwein, Schaumwein, Bier befinden.

Tanzerlaubnis. Die → *Konzession* schließt die Tanzerlaubnis nicht ein, auch dann nicht, wenn sie für ein Tanzlokal erteilt ist. Deshalb muss in den meisten Bundesländern (Länderbestimmungen i. V. m. § 33 c GO) für die Abhaltung von Tanzveranstaltungen zusätzlich eine Genehmigung eingeholt werden. Für einmalige Veranstaltungen genügt eine Einmalerlaubnis, für regelmäßige bedarf es einer Dauererlaubnis. Die Genehmigung kann nur dann versagt werden, wenn die Veranstaltung Sicherheit und Ordnung gefährdet. Andere Gefahren werden mit → *Auflagen* abgewendet. Zum Schutz der Feiertage wird keine Tanzerlaubnis erteilt für: **a)** Sonn- und Feiertage (außer 1. Mai) zwischen 4 und 12 Uhr, **b)** für den Heiligen Abend ab 17 Uhr, **c)** für Ostern ab Gründonnerstag 4 Uhr bis Ostersonntag 12 Uhr, **d)** Volkstrauertag, Buß- und Bettag sowie Totensonntag für die Zeit zwischen 4 Uhr und Tagesablauf. Musikveranstaltungen ohne Tanz unterliegen nicht dieser Genehmigungspflicht, können aber wegen der Störung (Nachbarschaft) verboten werden.

Tapas. Spanische Appetithappen.

Tapenade, auch Tapanade. Provenzalische Würzpaste in unterschiedlicher Zusammensetzung: Knoblauch, schwarze oder grüne Oliven, Sardellen, Olivenöl, Zitrone, Senf, Lorbeer. Alle Zutaten werden im Mörser zerkleinert.

Tapiokastärke (→ *Arrowroot*). Maniok, Mandioka, → *Kassava*, Manihot. Gewinnungsverfahren ähnlich der Kartoffelstärke. Vorwiegend aus den stärkereichen Wurzelknollen eines Strauches, dem Manihot, Eskulenta (Crantz) gewonnene Stärke. Die Wurzelknollen haben eine Länge bis 50 cm (Ausnahmegröße) und i.d. R. einen Durchmesser von 5–10 cm sowie 2–4 kg Gewicht. Gewinnungsverfahren: Die Pflanze enthält das giftige Blausäureglykosid Linamarin, aus dem durch Enzymwirkung Blausäure freigesetzt wird, diese wird durch Hitzeeinwirkung entfernt. Aus Tapioka kann → *Sago* hergestellt werden.

Tara. Gewicht der Verpackung.

Tarama. Aufstrichmasse, die aus geräuchertem Kabeljaurogen, Creme fraiche, Salz, geriebenem Weißbrot ohne Rinde und Öl besteht. Häufig mit rotem Farbstoff und Konservierungsmittel versetzt. Hat ihren Ursprung in der griechischen Küche. In Frankreich in Feinkostgeschäften angeboten.

Tarhonya. Ungarische Teigware. Ein Nudelteig wird aus ½ Weizen- und ½ Gerstenmehl zubereitet. Nach Teigruhe durch sehr grobes Sieb ribbeln oder auf Reibeisen abreiben. Abschmälzen mit Speck, Zwiebeln und Petersilie.

Tarif. Preisverzeichnis, das im Hotel- und Gaststättengewerbe insbesondere Prospekten beigelegt wird.

Tarifautonomie. Lt. Grundgesetz (Art. 9, Abs. 3) ist den Tarifparteien verfassungsmäßig die Kompetenz verliehen, die Arbeitsbedingungen ihrer Mitglieder im Einzelnen zu regeln. Sie sind dabei an Verfassung und auch an Gesetze gebunden (Recht der sozialen Selbstverwaltung – ohne staatlichen Zwang –). → *Tarifvertrag*.

Tarifhoheit → *Tarifautonomie*.

Tarifparteien, auch: Sozialpartner genannt. Tarifparteien sind die Vertragspartner beim Abschluss von → *Tarifverträgen:* für die Arbeitgeberseite der Arbeitgeberverband (DEHOGA), für die Arbeitnehmerseite die jeweilige Gewerkschaft; zuweilen kann die Gewerkschaft auch mit einem einzelnen Betrieb einen Vertrag schließen.

Tarifvertrag. → *Kollektivvertrag* zur Regelung arbeitsrechtlicher Beziehungen. Nach den abschließenden Parteien unterscheidet man: **a)** Verbandstarife, **b)** Firmentarife (nur mit einer Firma abgeschlossen). Nach dem Inhalt unterscheidet man: **a)** Manteltarif – Regelungen für längere Zeit, **b)** Rahmentarif – grobe Regelung der allgemeinen Bedingungen, **c)** Lohntarif – für die Löhne, da diese häufigerem Wechsel unterliegen. Bindung: An den Tarifvertrag sind gebunden: **a)** Arbeitgeber, die den Vertrag geschlossen haben bzw. dem Verband angehören, **b)** Mitglieder der abschließenden Gewerkschaft, jeweils im Geltungsbereich des Tarifvertrages. Dieser kann erweitert werden durch eine Allgemeinverbindlichkeitserklärung. Tarifverträge stehen immer auf dem Boden des Arbeitsrechtes. Sie können die Arbeitnehmer nicht schlechter stellen. Geregelt werden u. a. **a)** Löhne, **b)** Kündigungsfristen, **c)** Überstundenregelungen, **d)** Leistungszulagen und Trennungsentschädigungen, **e)** Vermögenswirksame Leistungen, aber auch **f)** Formvorschriften (z. B. Arbeitsverträge schriftlich), **g)** Abschlussverbote (z. B. nicht mehr als 20 % Auszubildende im Betrieb), **h)** Abschlussgebote (z. B. Wiedereinstellungspflicht nach Streik).

Taro (Syn.: *dasheen, Wasserbrotwurzel).* Essbare, knollenartige Pflanzenwurzel etwa von der Größe einer Kartoffel, mit dunkelbrauner, rindenartiger Schale. Das Fleisch der Tarowurzel kann weiß, grün, grau oder violett sein und schmeckt nussartig. Das Wort „Taro" kann sich auch auf die Blätter der Pflanze beziehen.

Tarragona D.O. Spanischer → *Dessertwein* aus der gleichnamigen Stadt und Weinbauregion. Tarragona ist ein einfacher süßer, tiefroter Wein.

Tartelette *(frz.: la tartelette)*. Kleine, runde Förmchen, die in der Küche und Konditorei zum Backen und Anrichten benutzt werden.

Taschenkrebs. Krabbe aus der Gattung Krustentiere. Charakteristisch: fünf Paar Füße, wovon das vorderste Paar mit Greifzangen oder Scheren ausgestattet ist. Die Kalkabsonderung, die den Körper umschließt, wird während des Wachstums von Zeit zu Zeit abgestoßen. Die Schale des Taschenkrebses erreicht selten eine Breite von 20 cm – Ausnahmen bis 30 cm sind möglich. Das entspricht 4–5 kg. Der Hinterleib ist beim Weibchen breit und rundlich, beim Männchen schmal und zugespitzt. Die Fortpflanzungsfähigkeit setzt erst im Alter von 5–6 Jahren (Schalenbreite ca. 12 cm) ein. Der Fang erfolgt mit Hummerkörben bei einer Köderung mit Frischfleisch. Eine 10 cm breite Krabbe liefert etwa 10 g Fleisch.

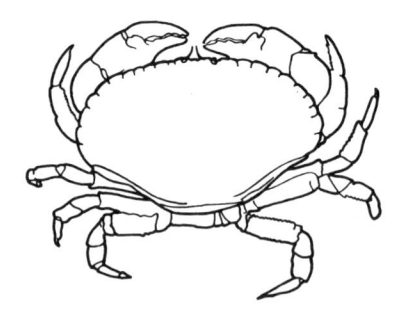

Tassajo → *Pemmikan*. Getrocknetes Rindfleisch aus Südamerika.

Taste-vin. Weinkoster aus Metall, der vor ca. 200 Jahren in Burgund in Gebrauch genommen wurde. In der Dunkelheit des Weinkellers lassen sich die Eigenschaften (Farbe) beim Wein durch die Spiegelung im Tastevin besser erkennen. Ritter des Tastevins = Vereinigung der Weinkenner in Burgund.

Taube *(frz.: le pigeon)*. Alte Tauben, die während des ganzen Jahres zu haben sind, dienen in erster Linie der Krankenkost, zumal das Fleisch vollkommen fettfrei und somit leicht verdaulich ist. Man verwendet das Tier zur Herstellung von Suppen, des Weiteren zum Dämpfen, das Fleisch zu Pastetchen. Wertvoller ist jedoch die junge Taube. *(frz.: le pigeonneau)* (Juli bis November). Importländer sind Italien und Frankreich. An erster Stelle in den Zubereitungen steht das Füllen.

Tauberschwarz. Rotweintraube, ganz vereinzelt in Württemberg angebaut, auch Hartwegstraube genannt.

Tausch. Im weitesten Sinne gehört dazu jeder Austausch von Geld, Sachen, Rechten und Leistungen. Im engeren Sinne versteht man unter Tausch Sachen gegen Geld als den Kauf, sodass ein Tausch nur noch vorkommt als: **a)** Geldtausch: Geld gegen Geld (Kauf von Sorten), **b)** Sachtausch: Sachen gegen Sachen. Das Umsatzsteuergesetz unterscheidet zusätzlich noch den tauschähnlichen Umsatz, der vorliegt, wenn eine Lieferung gegen eine sonstige Leistung getauscht wird.

Tavel A.C. Französisches Weinbaugebiet. Der gleichnamige Rosewein ist als einer der besten Roses aus dem → *Côtes-du-Rhône-Gebiet* weltweit bekannt. Tavel-Wein wird aus den Reben → *Grenache* und → *Cinsault* erzeugt. Er erreicht einen Alkoholgehalt von 12,5 % Vol. und wird im Geschmack als körperreich beschrieben.

Tavola Calda. Sizilianische Form von Imbissstube. Bietet das, was die Einheimischen sehr schätzen und essen: Falso magro = gewürzte Hackfleischpastete, Caponata = Auberginengericht mit Paprika, Tintenfisch, Tomaten, Oliven mit Zucker und Essig. Oder das längsseits aufgeschnittene Weißbrot „ucacciottu", mit heimischer Wurst und Käse gefüllt und kurz geröstet. Oder die „Panelle", kleine, in Öl gebackene Törtchen aus Kichererbsenmehl. Auch pikante Torten aus Gemüse mit Eiern und Käse.

Taylor, Frederick Winslow (1856–1915). Amerikanischer Ingenieur, zerlegte Arbeitsvorgänge in Einzelelemente, führte Zeit- und Bewegungsstudien durch, strebte durch zweckmäßige Gestaltung der Arbeitsmittel die Steigerung der menschlichen Arbeitsleistung an. Er entwickelte das Mehrliniensystem. → Taylorismus.

Taylorismus. Wissenschaftliche Betriebsführung von → Taylor entwickelt, die davon ausgeht, dass die Produktivität der menschlichen Arbeitsleistung durch Anwendung der Gesetze der Mechanik gesteigert werden könne. Ziel: Profitstreben.

TCA. Trichloranisol. Diese chem. Substanz ist nach neuesten Untersuchungen für den → Korkgeschmack im Wein verantwortlich. Sie entsteht durch Schimmelpilze in der Korkrinde bzw. dem Korken.

Teavelope. Teebeutelverpackung aus Oliptohylen-Folie, die dem Licht- und Feuchtigkeitsschutz dient.

Tee. Getränk aus aufbereiteten Blättern des Teestrauches. Das durch Auslaugen der Blätter gewonnene Getränk wirkt – je nach Dauer des Aufgusses – auf den menschlichen Körper anregend bzw. beruhigend. Urheimat des Tees ist China. Nach Europa gelangte er im 17. Jahrhundert. Tee wird fertig nach Europa exportiert. Hier wird er lediglich zu unterschiedlichen Mischungen bei verschiedenen Firmen vermischt. Die Teequalität ist abhängig von verschiedenen Faktoren, wie Klima, Höhenlage der Plantage, Boden, Pflückzeit, Blattart und Teeaufbereitung.

Teeähnliche Erzeugnisse. z. B. aus Kamille, Pfefferminze, Lindenblüte, Hagebuttenfrucht usw. hergestellte Erzeugnisse, die nicht chemisch behandelt werden dürfen. Die Verpackung darf keine irritierenden Zeichnungen, wie z. B. chinesische Schriftzeichen, aufweisen.

Teeanbauländer. Indien, Sri Lanka, Indonesien, Afrika, Russland etc.

Tee-Aufbereitung, a) *Welken:* Die gepflückten Teeblätter werden bei ca. 20–25 °C ca. 12–20 Std. getrocknet = gewelkt Sie verlieren hierbei ca. 50 % Wasser, müssen jedoch noch biegsam bleiben, **b)** *Rollen:* Zweck ist das Brechen, Aufreißen der Zellen, um dem Sauerstoff den Zugang zum Zellsaft zu erleichtern. Vorbereitung für die nachfolgende Fermentation, c) *Fermentation:* Bei gesättigter Luftfeuchtigkeit und einer Temperatur von 35–40 °C verändert sich die Farbe, entsteht das Aroma, Geschmacksstoffe werden löslich, Bitterstoffe schwer löslich. Eine kurze Fermentation hat zur Folge, dass das spätere Getränk dünn, aber scharf im Geschmack wird. Bei langer Fermentation wird das Getränk dick und farbig, **d)** *Röstung:* Bei ca. 95 °C ändert sich nochmals die Farbe, Haltbarkeit wird erzielt. Aus 100 kg Teeblättern entsteht ca. 25 kg fertiger Tee; e) *Sortieren:* Durch Siebböden werden Blatt- und Brokensorten bestimmt.

Teebaum, -strauch. Immergrün, blüht weiß (Blüten haben keine Verwendung); kann wildwachsend bis 20 m Höhe erreichen. Durch verschiedene Schnittmethoden werden die Bäume 1–1,5 m hoch und ca. 80 cm breit gehalten. Erster Ertrag nach ca. 5 Jahren bis zu ca. 25 Jahren. Anbauhöhe liegt zwischen 1000 bis 3000 m über dem Meer.

Teebestandteile. Koffein 1,5–4 %, Tannin oder Gerbsäure 17 %, Zellulose 10 %, Stickstoffsubstanzen 26 %, Fett 1,5 %, Asche 5 %, ätherische Öle 1 %.

Teebeutel. Zufallsentdeckung ca. 1908 in den USA durch Th. Sullivan, einem Teeimporteur. Teebeutel wurden ursprünglich aus Seide hergestellt.

Tee-Eier. Chinesisches Gericht. Tee mit Zitronenschale und Salz brühen. Eier kochen, vorsichtig auf dem Tisch rollen und die Schale brechen. Die Eier im heißen Tee ziehen lassen. Eier abkühlen und schälen.

Tee-Ernte. Je nach Klima und Zone ganzjährig oder mit Winterpause. Geerntet wird in zehntägigem Zeitabstand. Die Teequalität ist vom Zeitpunkt des Pflückens abhängig.

Tee-Ersatz. Teeähnliches Getränk aus Pflanzenteilen. Im Handel erhältlich als Essenz, Pulver.

Teein → *Koffein,* ähnlicher Inhaltsstoff, aber konzentrierter als beim Kaffee.

Teelikör. Unter Verwendung von Tee mit Destillat oder Extrakt oder beidem hergestellter Likör. Künstliche Aromastoffe sowie die Färbung mit Zuckercouleur sind verboten. Bei einem Extraktgehalt von 22 g in 100 ml muss der Alkoholgehalt mind. 25 % Vol. betragen. Da das feine, dezente Aroma des Tees sehr leicht überlagert wird, der Teegeschmack allein aber kaum wahrnehmbar ist, sind Teeliköre sehr selten.

Tee-Mischungen. Das Mischen von verschiedenen Teesorten aus verschiedenen Teeanbauländern ermöglicht Qualitätssteigerung, gleichbleibende Qualität und Geschmack je nach Vorbestellung der Firmen bzw. des Verbrauchers.

Teesorten. a) Broken-Tee entsteht bei der Teeaufbereitung und gilt als qualitativ bessere Sorte, weil nur das feine Blattfleisch verwendet wird. Der Aufguss ist ergiebiger und feiner im Geschmack. F.B.O.P. = Flowery broken orange pekoe auch „Fannings" genannt, beste Qualität. B.O.P. = Broken orange pekoe. B.P. = Broken pekoe.

b) ganze Blätter: *F.O.P.* Flowery Orange Pekoe = Blattriebe. *O.P.* Orange Pekoe = Blattspitzen oder das erste Blatt. *R* Pekoe = 2. und 3. Blatt. *R Souchong* = breiter und größere Blätter. *Souchong* = unterste Blätter. *Bohea* = kleinste Qualität. Vorstehende Sortierungsgrade richten sich nach der Qualität der Blätter, wobei Blattreihenfolge und Alter entscheidend sind.

Teesteuer. Verbrauchsteuer, die alle Arten von Tee aus Pflanzenteilen des Teestrauchs einschließlich der Essenzen und Auszüge besteuert.

Tee-Zubereitung. Ca. 2–3 g Tee je Portion werden mit weichem, kochendem Wasser übergossen. Nach Möglichkeit kein Metallgeschirr verwenden.

Teiladaptierte Milch. Kindernahrung aus Kuhmilchpräparaten von der Industrie angeboten. Der Muttermilch nur teilweise angepasst und bis zum 6. Lebensmonat geeignet.

Teilentrahmte Milch. Fettarme Milch. Ihr Fettgehalt muss mindestens 1,5 % und darf höchstens 1,8 % betragen. Wärmebehandlung, Verpackung und Kennzeichnung sind wie bei der → *Vollmilch.* Die Milch wird pasteurisiert oder ultrahocherhitzt oder sterilisiert angeboten.

Teilwert. Nach § 6 Abs. 1 EStG „der Betrag, den ein Erwerber des ganzen Betriebes im Rahmen des Gesamtkaufpreises für das einzelne Wirtschaftsgut ansetzen würde; dabei ist davon auszugehen, dass der Erwerber den Betrieb fortführt."

Teilzeitbeschäftigung/Teilzeitbeschäftigte. → *Aushilfskräfte* → *geringfügig Beschäftigte.* Arbeitnehmer, deren regelmäßige wöchentliche Arbeitszeit kürzer ist als die eines vergleichbaren vollbeschäftigten Arbeitnehmers. Gründe für den Einsatz von Teilzeitbeschäftigten sind insbesondere Aushilfe für Stoßzeiten, Krankheits- und Urlaubsvertretung oder Nebenerwerbstätigkeit. Die traditionelle Form der Teilzeitbeschäftigung ist die Schichtarbeit. Daneben treten heute u. a.: Arbeit auf Abruf, → *Jobsharing*, freiwillig verkürzte Arbeitszeit (z.B. ½ Arbeitsstelle auf Wunsch des Arbeitnehmers) oder die gedrängte wöchentliche Arbeitszeit (z. B. Vier-Tage-Woche mit 10-Stunden-Tagen). Teilzeitbeschäftigte sind Betriebsangehörige mit allen Rechten und Pflichten. Sie sind auch hinsichtlich des Kündigungsschutzes den anderen Arbeitnehmern gleichgestellt. Für Steuer und Versicherung gelten gegebenenfalls die Vorschriften zur geringfügigen Beschäftigung.

Telefax → *Telekommunikation.*

Telekommunikation. Die Telekommunikation ist eine Nachrichtenübertragung an entfernte Partner mit nachrichtentechnischen Übermittlungsverfahren. Die bedeutendste dieser Technologien ist das Telefon. Mit neueren Technologien sind jedoch weitere Möglichkeiten hinzugekommen. Zum Telefongespräch zwischen zwei Partnern ist die Möglichkeit einer Konferenzschaltung mit mehreren Partnern getreten. Bildfernsprecher können der Kommunikation unter Personen, aber auch der Dokumentenübertragung dienen. Funkfernsprechgeräte machen Kommunikation mit Autos und Schiffen möglich. Dazu kommt der Fernschreibdienst (Telex) und in der erweiterten Form Teletext oder SMS. Zur Übertragung von Fernkopien bedient man sich des Telefax. Datenübertragung muss nicht nur bis zur Endeinheit einer Anlage (Terminal) gehen, sondern kann fernübertragen und ausgedruckt werden wie z. B. bei der Buchführung mit → *DATEV* oder den Konzernzentralen sowie dem Datenfernvermittlungssystem (EDS) der Post. Bildschirme erlauben Fernsehkonferenzen von Personengrupen an verschiedenen Orten. Mit dem Einsatz dieser Geräte ist außerdem eine Fernüberwachung, z. B. des Hoteleingangs, der Produktion oder eines Weltraumfluges möglich. Dazu kommen moderne Formen wie E-Mail und Internet.

Tellerkraut → *Winterportulak.*

Tempeh. Angekeimte und vergorene Sojabohnen, fermentiert mit Schimmelpilzen (30 °C, 24–72 Stunden).

Temperieren von Kuvertüre. Die Kuvertüre besteht aus Kakaomasse und Kakaobutter (mind. 31 %). Bei der Verwendung der Kuvertüre als Überzugsmasse von Gebäck und Pralinen ist das Fließ- und Erstarrungsverhalten von Bedeutung. Die Entmischung der beiden Substanzen führt zum Grauwerden und Glanzverlust. Kakaobutter setzt sich aus verschiedenen Fettsäuren zusammen: Stearinsäure 35 %, Palmitinsäure 25 %, Ölsäure 38 %, Linolsäure 2 %. Diese Fettsäuren haben unterschiedliche Schmelz- und Erstarrungspunkte. Vorgang: Kuvertüre auf 40 bis 50 °C erwärmen, dann auf ca. 25 °C abkühlen, danach langsam auf die Verarbeitungstemperatur bringen:
Bitterkuvertüre: 31–33 °C
Milchkuvertüre: 30–31 °C

Temple. Neu gezüchtete Zitrusfrucht. Sie ist eine Kreuzung zwischen Mandarine und Orange. Sie ist ab Ende Februar in Deutschland im Handel. Die Frucht ist etwa so groß wie eine kleine Apfelsine. Die Schale ist tiefrot, mitteldick bis dick, aber leicht schälbar, das Fruchtfleisch ist nicht kernlos, orangenfarbig, zart und saftig mit relativ hohem Vitamin-C-Gehalt, der Geschmack kräftig bis würzig.

Tempura. Art der Essenszubereitung in der japanischen Küche. Tempura bedeutet „in Fett schwimmend braten". Man verwendet im Allgemeinen Fische, Schalen- und Krustentiere, Gemüsesticks oder Gemüse mit kleiner Oberfläche (grüne Bohnen, Kaiserschoten) auch Chrysanthemenblätter. Das jeweilige Backgut wird in einen Tempurateig getaucht und in der Öl-Frittüre ausgebacken. Die Dipp-Sauce besteht aus Fischbrühe, Mirin und Sojasauce. Der Teig muss dünnflüssig gehalten werden und besteht aus Wasser, Reisstärke, wenig Weizenmehl, Salz und Pfeffer. Wegen der Farbgebung wird häufig → *Curcuma* zugegeben.

Tenareze. Zweitbestes Untergebiet des Armagnacs. Auf ca. 8300 ha Rebfläche, vorwiegend Lehm-Kalkboden, wachsen Trauben, die einen Weinbrand erbringen, der an den Duft von Veilchen erinnert.

Tenderizer. Bei den sog. Zartmachern (Tenderizer) handelt es sich um eiweißabbauende Enzyme, die auch Proteinasen genannt werden. Sie können pflanzlicher (z. B. Papain, Bromelain, Ficin, Macin, Asclepain, Tendrin) oder tierischer Herkunft (Trypsm, Pepsin, Chrymotrypsin) sein. Sie bewirken einen teilweisen Aufschluss der Proteine der Muskulatur und erhöhen so die Zartheit des Fleisches. Lebensmittelrechtlich handelt es sich um Zusatzstoffe, die gemäß § 11 Abs. 3 LMBG aber nicht zulassungsbedürftig sind. Diese Zartmacher sind eiweißhaltige Stoffe. Zu beachten ist die immer noch geltende FleischVO (§ 4 Abs. 1 Nr. 5), nach der keine Fleischerzeugnisse in den Verkehr gebracht werden dürfen, zu deren Herstellung eiweißhaltige Stoffe, die nicht dem Fleisch entstammen, verwendet werden dürfen.

Tenderometer. Spezialgerät der Tiefkühlindustrie, um bei Erbsen den richtigen Reifegrad festzustellen. Danach richtet sich die Erntezeit.

Tendron *(frz.: tendre = zart).* Der vorderste Teil der Kalbsbrust, mit weichen Knorpeln durchsetzt. In Streifen geschnitten, gerollt und → *braisiert.*

Tenira. Mittelfrühe Erdbeersorte. Sehr ertragreich. Feste große Früchte von gutem Aroma und bester Qualität.

Tenne. Halle, in der die eingeweichte Gerste in einer Schicht von ca. 20 cm Höhe bei Temperaturen von 10–25 °C in ca. 7 Tagen zu Grünmalz wird.

Tenside → *Waschmittel.*

Tentakeln. Fangarme der Tintenfische, Seerosen und Quallen, fadenförmige Auswüchse.

Tequila. Mexikanische Branntweinspezialität benannt nach der Ortschaft Tequila im Bundesstaat Jalisco. Tequila wird aus dem Saft der Maguey-Agave hergestellt und mit einer Prise Salz getrunken.

Torrooroo. Riesige Drahtflächen auf denen gepflückte → *Kaffeekirschen* zum Austrocknen ausgebreitet werden. → *Trockenverfahren (Kaffee).*

Terroir. Frz. für Boden, Ackerboden, heimatlicher Boden. Nicht fest umrissener Begriff der Weinansprache. Er bezeichnet die durch typische Eigenschaften des Bodens an den Wein übertragenen Besonderheiten. Dazu zählen: 1. Die Bodenart z. B. Löß, Lehm, Keuper, vulkanisches Gestein usw. Diese ist Grundlage für die Versorgung mit Nährstoffen, insbesondere mit Mineralstoffen und für die physikalischen Eigenschaften wie Luftdurchlässigkeit und Wärmespeicherung. 2. Kleinklima: Jahrestemperatur, Niederschläge, Wind. 3. Lage zur Sonne.

Tête. (= Kopf). Wird wie der → *Queue* (Schwanz) vom Herzstück während der zweiten Destillation separiert. Dieses erfolgt am Anfang der Destillation. In der Alkoholdestillation, vor allem Cognacdestillation, ist Tete der Vorlauf während des zweiten Brennvorgangs, dem Feinbrand.

Teufelstraube → *Korallenbeere.*

Textilauszeichnungsgesetz. Bestimmt die notwendige Auszeichnung für den Handel. Es schreibt grundsätzlich bei allen Textilien die Angabe der Art und das Mischungsverhältnis der verwendeten Fasern vor. Das Gesetz ist den Richtlinien der EU angepasst. Die Angaben sind eine wesentliche Hilfe für die Pflege der Textilien.

Textile Rohstoffe. Fasern, einschließlich Haaren, die sich zum Spinnen eignen oder zu textilen Flächen verarbeiten lassen (also auch Fliese + Filze).

Textilerzeugnisse. Unter Textilerzeugnissen versteht man: Waren, Bezugsstoffe, Teile von Matratzen und Campingartikeln, wärmende Futterstoffe in Schuhen und Handschuhen, Nutzschicht der Fußbodenbeläge, die zu mindestens 80 % ihres Gewichtes aus → *textilen Rohstoffen* bestehen.

Textilien → *Bindung,* → *Gewebearten.* Die heute zu Textilien verarbeiteten Fasern sind grundsätzlich in zwei Gruppen zu unterteilen: **1.** → *Naturfasern* **a)** mineralische, **b)** tierische wie Wolle und Seide, **c)** pflanzliche wie Baumwolle, Flachs, Jute, Sisal u. a. **2.** → *Chemiefasern,* hierzu gehören die Cellulosefasern und die synthetischen Fasern.

Textured-Vegetable-Protein. Aus entfettetem Sojavollmehl wird TVP – Textured-Vegetable-Protein – hergestellt. TVP dient als Fleischersatz, es besteht aus 50 % Eiweiß, 1 % Fett, 32 % Kohlenhydraten, 3 % Cellulose, 6 % Mineralstoffen, 8 % Wasser und Vitaminen. TVP wird so hergestellt, dass es eine ähnlich faserige Struktur wie Fleisch aufweist. Durch den Zusatz von Aromastoffen kann man außerdem TVP in verschiedenen Geschmacksrichtungen herstellen, z. B. als Schweine- oder Rindfleischersatz. TVP enthält biologisch hochwertiges Eiweiß und ist aufgrund des geringen Wassergehalts ohne besondere Lagerbedingungen über einen längeren Zeitraum haltbar.

Texturiertes Sojaeiweiß. Beschaffenheit: In verschiedenen großen Stücken, durch Extrudierung aufbereitetes Sojamehl. Farblos (hellgelblich) oder hellrot, braun und graugelb eingefärbt. Geschmacksneutral oder mit Schinken-, Rindfleisch- und Schweinefleischgeschmack. Lebensmittel-technologische Eigenschaften und Verarbeitung: Nach Hydratation mit der 2–3fachen Wassermenge weist texturiertes Sojaeiweiß eine fleischähnliche Konsistenz auf. Es kann sowohl vor der Weiterverarbeitung mit Wasser versetzt werden oder während der Verarbeitung Feuchtigkeit aufnehmen.

Thalasso. Kurangebot von → *Wellness-Hotels.* Kur unter Verwendung von Sand, Algen, Meerwasser und Meerschlamm und anderen aus dem Meer extrahierten Stoffen. Geht zurück bis zu den Römern, die in geheizten Bädern mit Moorwasser badeten. Wurde im 19. Jahrhundert wieder entdeckt und im 20. Jahrhundert zur Therapie ausgebaut.

Thaumatin. Kalorienarmer Protein-Süßstoff und Geschmacksverstärker. Thaumatin wird aus der westafrikanischen Katemfefrucht (Thaumatococcus daniellii) gewonnen. Etwa 2 000–3 000mal süßer als Zucker. Wird wie jedes andere Protein im Körper umgewandelt. Thaumatin ist stabil in gefriergetrocknetem Zustand, in Wasser und wasserhaltigem Alkohol.

Thaumatococcus Danielli. Eine westafrikanische Frucht, deren Substanz 6150mal so süß wie Zucker ist.

Thea Assamica. (Ur-Teepflanze) oder Assam-Tee. Diese Pflanze wächst, nicht zurückgeschnitten, zum stattlichen Baum von 15 bis 20 Meter Höhe. Sie braucht viel Wärme und ist ein reines Tropengewächs.

Thea Sinensis. (Ur-Teepflanze) oder chinesischer Tee. Diese Pflanze bleibt auch ohne Beschneiden strauchartig und wird höchstens 3–4 m hoch. Sie eignet sich besonders für gemäßigte Zonen und verträgt sogar Frost.

Themenhotel → *Beherbergungsbetriebe.*

Theobromin. In der Kakaobohne enthaltenes Alkaloid, das mit dem Koffein verwandt

Thermalwasser

ist und ähnliche Wirkungen auf den menschlichen Körper zeigt.

Thermalwasser. Wasser, das bei der Förderung mindestens und andauernd 20 °C besitzt.

Thermidor. Klass. Garnitur, benannt nach dem 11. Monat des frz. Revolutionskalenders (z. B. Hummer Thermidor).

Thiamin. Wissenschaftlicher Name für Vitamin B_1.

Thunfisch *(frz.: thon rouge, m.; engl.: tunny fish).* Salzwasserfisch. Größter Makrelenfisch. In Europa wird er hauptsächlich im Mittelmeer gefangen. Durchschnittliche Größe ca. 2 m, mit einem Gewicht um 100 kg. Das Bauchfleisch hat die bessere Qualität. Das übrige Fleisch ist trocken. In Öl eingelegt eine bekannte Konserve. T. muss schnell verarbeitet werden.

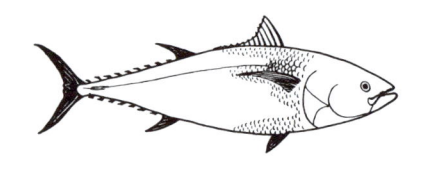

Thunfisch – weiß. Länge 60–70 cm, sein Gewicht ca. 4 kg. Bei einer maximalen Länge von 1,10 m kann er 30 kg schwer werden. Er ist für die Gastronomie wenig oder gar nicht geeignet.

Thymallus thymallus → *Äsche.*

Thymian. Der Lippenblütler Thymian wird auch als Römischer Quendel, Immenkraut und Feldkümmel bezeichnet. Thymian wächst als Halbstrauch bis etwa 30 cm hoch, sein Kraut bleibt im Winter grün, von Mai bis September bilden sich kleine lila-rosa Blüten. Die Pflanze hat aufrechte Äste, eiförmig-spitze, paarweise am Stengel ansitzende Blätter. Es werden verschiedene Thymiansorten unterschieden: **1)** Französischer oder Sommer-Thymian wächst niedrig und ist frostempfindlich, **2)** Deutscher oder Winter-Thymian wächst langsamer und ist widerstandsfähiger. Weitere Sorten sind z. B. Zitronen-Thymian und Feld-Thymian.

Tiefenwasser → *Mineralwasser.*

Tiefgefrieren, tiefkühlen, frosten. Nach den anerkannten Richtlinien: Lebensmittel, die mit einer Temperatur von tiefer als −20 °C eingefroren und bei mindestens −18 °C gelagert werden. Die Gefriergeschwindigkeit soll 1 cm/h betragen. Es ist das nährstoffschonendste Verfahren Lebensmittel für längere Zeit haltbar zu machen. Tiefkühlprodukte sind nicht unbegrenzt haltbar, vor allem fetthaltige Lebensmittel werden ranzig. Lagerdauer einiger Lebensmittel bei −18 °C ohne wesentliche Geschmacksveränderung (Angaben in Monaten): Rindfleisch 9 bis 12, Wild (außer Wildschwein und Ente) 8 bis 10, Schweinefleisch, mager 4 bis 6, Schweinefleisch, fett 3 bis 4, Gans/Ente 3 bis 4, Geflügel 8 bis 10. → *Schockfrosten.*

Tiefkühlkost. Durch Gefrieren haltbar gemachte Lebensmittel. Dabei wird durch schockartiges Gefrieren die kritische Zone zwischen 0 und −5 °C blitzschnell durchlaufen. Die in den Zellen enthaltene Flüssigkeit bildet schlagartig kleine Kristalle, die sich nur wenig ausdehnen und die Zellwände nicht verletzen. Um das schockartige (schnelle) Gefrieren zu ermöglichen, verwendet man Kälte von −40 °C. Nach kürzester Zeit hat der Kern eine Temperatur von −18 °C erreicht. Herstellung: **1)** Auswahl des Saatgutes (Art, Aussaattermine), **2)** Bodenwahl (Beschaffenheit, Düngung), **3)** Bestimmung des Erntezeitpunktes (Messgerät = Tenderometer), **4)** Schneller Transport zum Tiefkühlwerk, **5)** Reinigung der Lebensmittel (Brunnenwasser), **6)** Durchlaufen eines Dampfbades (blanchieren), **7)** Schnelles Abkühlen in kaltem Wasser oder gekühlten Rohrleitungssystemen, **8)** Automatisches Abfüllen (Faltschachteln), **9)** Gewichtskontrolle und Versiegeln der Packungen, **10)** Frieren der Lebensmittel **a)** Tunnelgefrierverfahren, **b)** Kontaktverfahren, **c)** Rüttelgefrierverfahren, **d)** Trockengefrierverfahren, **11)** Lagerung – Tiefkühllager, **12)** Versand – Tiefkühlkette. *Vorteile:* **1)** Täglicher Einkauf wird erspart, wenige Einkäufe im Monat, **2)** Gleichmäßige Qualität (Markenartikelcharakter – überall zu haben), **3)** Gleichmäßige Preise (keine wesentlichen Schwankungen), **4)** Vorratshaltung ohne Verluste (Oemüse), **5)** Keine Fremdstoffe bei der Konservierung durch Kälte, **6)** Hygiene, kein Staub, kein Schmutz, keine Bakterien, **7)** Frische (höherer Nährwert – höherer Vitamingehalt), **8)** Wirtschaftlichkeit (Rohabfall-Kosten der Vorbereitung), **9)** Saisonunabhängigkeit (Erntezeit, Fangzeit), **10)** Arbeitsersparnis (Arbeitskräfte, Zeitersparnis), **11)** Energieersparnis (bedingt, da Kälteenergie sehr teuer), **12)** Langfristige Planung (Tiefkühlkost auf Lager).

Timbale *(frz.: la timbale)*. Becherform, in der gegart (z. B. Spinat-Pudding), gefroren (z. B. Eis-Charlotte) oder angerichtet wird (z. B. Reis).

TIN. Touristische Informations-Norm. Gibt Hinweise für die Kataloggestaltung und Muster für die allgemeinen Geschäftsbedingungen (AGBs) für Veranstalter im Tourismus. Informiert über jeweils aktuelle Klassifizierungssysteme.

Tintenfisch. Man unterscheidet: **a)** Meerpolypen, **b)** Sepien, **c)** Kalmare. Man nennt sie auch Kopffüßler. Während die Sepien im Mittelmeer leben, sind die Kalmare mehr im Atlantik und in der Nordsee zu Hause. Die Kraken haben nur acht Arme und leben vorwiegend im Atlantik. Kalamare und Sepia werden vorbereitet, indem man Arme und Kopf vom Schwanz-Körperteil trennt. Ein etwaiger, intakter Tintensack wird vom Kopf abgelöst und kann zum weiteren Gebrauch beim Kochen aufgehoben werden. Kopf, Fangarme und Eingeweide werden weggeworfen. Octopus bereitet man vor, indem man die schnabelartige Mund- und Analgegend wegschneidet. Der Körper wird von innen nach außen gestülpt und die Eingeweide entfernt.

Tip (Trinkgeld). Abgeleitet aus dem Englischen *to insure promptness*. Früher wurde in den Kaffeehäusern Englands eine Schale für Münzen aufgestellt. Wollte ein Gast schneller bedient werden, warf er einige Münzen in die Schale.

Tippy (Tee). Als „Tip" bezeichnet man die hellen Teile des Teeblattes, also die Blattspitzen junger zarter Teeblätter, die weniger Zellsaft besitzen und sich beim Fermentieren deshalb nicht dunkel färben. „Tips" sind kein besonderes Merkmal für eine außergewöhnliche Qualität.

Tiragelikör. Eine Bezeichnung für Fülldosage (→ *Champagner-Herstellung*, II. Gärung).

Tischorientierungsplan. Dient den Gästen als Orientierungshilfe und ist gleichzeitig eine Hilfe für das Einteilen des Personals. Tische oder Plätze an der Tafel sind auf einem Grundrissplan numeriert gekennzeichnet. Die Namen der Teilnehmer sind alphabetisch geordnet und jeweils mit Tisch- oder Platznummern versehen.

Tischrechaud. Wärmeplatte, die zum Abstellen und Warmhalten von Speisen dient. Tischrechauds sind in verschiedenen Ausführungen auf dem Markt erhältlich, z. B. als Kerzenrechaud oder elektrisch betrieben.

Tischwäsche → *Wäsche*, → *Wäscherei*. Die aus Tischdecken, Tischservietten und Mundservietten bestehende Tischwäsche ist bei klassischer Tischwäsche weiß mit eingewebten Mustern und Satinrand. Sie wirkt elegant und ist besonders für festliche Anlässe geeignet. Meist besteht sie aus Baumwolldamast, seltener aus Mischgeweben. Sie wird gekocht, gestärkt und gebügelt (gemangelt). Veredelte Baumwolle ist dabei pflegeleichter. Immer häufiger wird heute farbige Wäsche gewählt, die aus Trevira besteht und leichter zu säubern ist. Die Einmal-Textiltischdecken konnten sich bis jetzt kaum durchsetzen. Für die Grundausstattung rechnet man ca. fünffache Ausstattung. Allerdings ist das abhängig von der Öffnungszeit und dem Wäscherhythmus.

Titling. Ganzer ungespaltener → *Stockfisch*.

Titration. Maßanalyse zur Bestimmung der Menge eines gelösten Stoffes (Säure beim Wein).

Tivolis. Französische Pâtisserie. Zylinderform mit Fruchtgeleewandung und einem Kern gelierter Sahne in farblichem Kontrast. Früchte können in der Sahne sein. Gestürzt servieren.

Toast. Lat. tostus = gedörrt, getrocknet. Wer beim Essen einen Trinkspruch anbringen wollte, tauchte vorher eine Scheibe geröstetes Brot (= Toast) in sein Glas.

Toddies → *Slings*.

Tofu. Sojabohnenquark. Tofu wurde ca. 164 v. Chr. in China (= Donfu) erstmals von Lin An von Huai-nan, einem chinesischen Prinzen und Alchemisten, hergestellt. Tofu wird wegen seines hohen Proteingehalts auch als „Fleisch des Feldes" bezeichnet. Tofu wird mit Nigari (pflanzliches Gerinnungsmittel) hergestellt und zu Würfeln oder Platten gepresst. Weil Tofu frei von Cholesterin, Lactose, Gluten und Milcheiweiß ist, lässt er sich für fast jede Kostform verwenden. Tofu niemals längere Zeit der Luft aussetzen, entweder im Vakuum lagern oder mit Wasser abdecken.

Tokajer. Dessertwein aus Ungarn, dessen Produktion einer strengen staatlichen Kontrolle unterliegt. Auf dem begrenzten Anbaugebiet werden drei Angebotsformen produziert: Tokajer, Szamarodny, Aszu und Essenzia. Diese Weine werden aus der Furmint-, Muscateller und lindenblättrigen Traubensorte hergestellt. Tokajerweine wurden bereits zur Zeit des Sonnenkönigs als „König der Weine, Wein der Könige" bezeichnet.

Tokajer-Aszu (Ausbruch) → *Tokajer* – die zweitbeste Angebotsform für einen Dessertwein aus Ungarn. Bei der Produktion werden nur stark geschrumpfte, edelfaule Trauben verwendet. Diese durch Botrytis cinerea (Edelschimmelpilz) befallenen und angetrockneten Trauben werden in Butten (Inhalt 24 l, d. h. ca. 12,5–15 kg) gesammelt, zu einem Brei geknetet und so eingemaischt dem Szamarodnywein oder -most zugegeben. Einem Fass (136 l) können 1–6 Butten zugefügt werden. Je mehr Butten, desto höhere Qualität und längere Lagerung (1 Jahr pro 1 Butte). Daraus ergeben sich die Angebotsformen einbuttig, zweibuttig usw.

Tokajer-Essenzia. Wertvollste Angebotsform für Tokajer, die nur aus Ausbruchtrauben erzeugt wird. Der Saft der überreifen Beeren fließt ohne Druckpresse durch das Platzen der Beerenhäute aus den Trauben. Dieser ungepresste Saft mit einem extrem hohen Mostgewicht kommt in Göncer-Fässern nur sehr langsam und schwerfällig zur Gärung, weshalb er mehrere Jahre im Fass bleibt. Qualitativ ist dieser Tokajer vergleichbar mit der Trockenbeerenauslese in Deutschland. Tokajer-Essenz ist auf dem Markt leider kaum erhältlich.

Tokajer-Szamarodny (wie gewachsen) → *Tokajer*. Eine Angebotsform für Tokajerwein, entweder trocken oder süß im Geschmack. Herstellung: Die Traubenlese erfolgt ohne Aussortierung. Die Trauben werden wie gewachsen und naturbelassen verarbeitet. Je nach Jahrgang und Menge der geschrumpften, überreifen Trauben (Beeren) entstehen trockene Weine mit ca. 9 g/l Restsüße oder süße Weine mit ca. 60 g/l Restsüße. Die Lagerdauer beträgt mind. zwei Jahre und erfolgt in Holzfässern mit einem Inhalt von 136 l. Diese verhältnismäßig kleinen Fässer ermöglichen einen größeren Zutritt von Sauerstoff. Auch die besondere, natürliche Mikroflora in den Kellern begünstigt Weinausbau, Geschmack und Qualität.

Tokány. Ungarische Küche, einem Pörkelt sehr ähnlich; das hierzu zur Verwendung kommende Fleisch wird noch kleiner geschnitten und kann mit Pilzen, Erbsen vermischt, auch mit Rahm vollendet werden.

Tokay d'Alsace. Bezeichnung für die Traubensorte Ruländer im Elsass. Tokay d'Alsace hat mit → *Tokajer* aus Ungarn nichts Gemeinsames.

Tokopherol. Wissenschaftlicher Name für Vitamin E.

Tomme. Gebräuchlicher Begriff für viele Käse aus allen Gegenden Frankreichs, in erster Linie aus Savoyen.

Tonicwater → *Bitter-Limonen-Tonic.* Chininhaltige Limonade mit CO_2. Ursprünglich Getränk der Soldaten, in den Tropen, um sie vor Malaria und tropischen Fiebern zu schützen.

Tonkabohne. Würzdroge. Längliche schmale Form mit vanilleähnlichem Geschmack und Geruch. Sie ist der Samen des in Brasilien heimischen Tonkabaumes. Enthält den Aromastoff → *Cumarin* und darf daher nur mit stark eingeschränkter Quantität (2 mg/kg Lebensmittel) für die Herstellung von Lebensmittelzubereitungen (Fertigerzeugnisse) verwendet werden. Gesundheitliche Bedenken: Krebsfördern, Hemmung der Blutgerinnung.

Tonneau. In Bordeaux gebräuchliche Weinfasseinheit (ein Tonneau entspricht vier Barriques à 225 Liter = 900 Liter).

Tonnelier (Fassmacher). Hochqualifizierte Handwerker, die nach alter Tradition die Eichenholzfässer nur mit Hilfe von Feuer und Wasser herstellen.

Topaz. Neu gezüchtete Zitrusfrucht. Kreuzung zwischen Orange und Tangerine. Die Frucht ist so groß wie eine kleine Orange. Die Schale ist hell bis orangefarbig und gut schälbar. Das Fruchtfleisch ist saftig, ausgeprägt bis kräftig im Geschmack und mit Kernen versehen.

Topfengolatschen. Österreichische Küche. Topfen = Quark. Blätterteigsterne mit Füllung von Quark, der mit Zucker, Zitrone, Fi, Vanille und Rosinen versetzt ist. Nach dem Backen glasieren.

Topfenhaluskas. Ungarische Teigtaschen, die mit Quark gefüllt und abgekocht sind. Abgeschmälzt mit Speck, Zwiebeln und Paprika.

Topfenpalatschinken. Dünne → *Pfannkuchen* mit süßer Quarkmasse füllen, zusammenrollen oder -falten und ziegelartig in gebutterte Cocotte setzen, mit süßer Eiermilch übergießen, in der Röhre garen.

Topinambur *(der, das, die; Syn.: Erdbirne, Jerusalem-Artischocke).* Sonnenblumenart mit essbaren Knollen in der Größe kleiner Kartoffeln. Wichtigster Inhaltsstoff: → *Inulin,* eine für Diabetiker geeignete kohlenhydratähnliche Substanz. Der in der Knolle enthaltene Bitterstoff Cynarin fördert die Verdauung und regt die Gallensekretion an. Diesen Bitterstoff enthält auch die → *Artischocke.* Die Zubereitung der T. beschränkt sich in der Hauptsache auf das Kochen, wonach man ihr Rahmsauce beimischt. Außer Frucht- und Traubenzucker enthält die Knolle Silizium, das zum Knochenaufbau benötigt wird und vorbeugend gegen Parodontose wirkt. Für die Küche steht die Topinambur von November bis Mai zur Verfügung. Ihre Bezeichnung als „Schnapskartoffel" hat sie deshalb, weil sie überwiegend zur Herstellung des Topinamburbrandes verwendet wird.

Topinky. Geröstete Scheiben von dunklem Brot mit Knoblauch bestrichen. Prager Küche.

Top-Management → *Management-Pyramide.*

Torchon *(frz.: torchon, m.).* Tuch, das der Koch zum Anfassen, besonders heißer Geräte, benutzt. Torchon wird auch benutzt, um Produkte, die pochiert werden sollen, darin einzuhüllen (z. B. foie gras au torchon).

Torf. Rohstoff zum „Räuchern" von Malz, das für die Whisky-Herstellung in Schottland (→ *Malt-Whisky)* notwendig ist. Torf wird in Irland, Schottland und dazu gehörenden Inseln in verschiedenen Qualitäten gestochen. Er entsteht aus abgestorbene Pflanzen, Moos, Heidekraut, Riedgras und auf den Inseln auch aus Seegras. Die Qualitäten werden durch die Zusammensetzung der Pflanzen, das Alter der Moorlandschaft, durch die Tiefe der Ausstechung und den Anteil an → *Phenolen* bestimmt. (Phenolanteile: 1–5 ppm = 1. Klasse, 10–20 ppm = 2. Klasse, 30–50 ppm = 3. Klasse). Torfanlagerungen sind die Vorstufe der Braunkohle. Vor der Verbrennung muss der Torf getrocknet werden.

Torrones. Spanisches Weihnachtsgebäck, dessen Rezept auf die arabische Zeit zurückgeht. Wird seit 500 Jahren in Alikante hergestellt und war damals nur dem Königshaus vorbehalten. Flaches Gebäck mit Mandeln, Lavendel, Honig, Thymian und Rosmarin.

Tortellini. Typisches Nudelgericht der Emilia (Italien) mit einer Füllung aus Fleisch oder Gemüse und Quark.

Tortiglione. Ital. Spiralnudel.

Tortilla. Mexikanische flache, runde Maisfladen.

Toscana. Provinz in Italien, hauptsächlich durch Weine des Namens → *Chianti* und Chianti Rufino bekannt. Chiantis sind Weine der Rebsorten Saugiovese, Trebbiano, Canariolo, Malvasia.

Touraine A.C. Einer der größten Loire-Bereiche. Hier werden Rot- und Weißweine produziert, wobei die Weißweine sehr hoch geschätzt sind, vor allem unter der Bezeichnung → *Vouvray.*

Tourieren. Einen Blätter- oder Plunderteig ausrollen, zusammenlegen, wieder ausrollen, wieder zusammenlegen = Touren geben. Anzahl des Zusammenlegens richtet sich nach Weiterverarbeitung des Teigs.

Tourismus → *Fremdenverkehr* (Abb. 83)

Tourismuswirtschaft. Umfassender Begriff, der alles umschließt, was in irgendeiner Weise mit dem Tourismus in Verbindung steht. (s. folgendes Schema, Abb. 83)

Tournant. Koch, der in einer Küchenbrigade die Abteilungsköche bei deren Abwesenheit vertritt (organisierte Stellvertretung) → *Stellvertretung.*

Tournieren, a) In Form bringen mittels Office-Messer oder Ausstecher, hauptsächlich bei Gemüse und Kartoffeln; **b)** Gerinnen einer echten Sauce oder auch einer → *Farce.*

Tourteau Fromager. Kuchen mit Ziegenfrischkäse hergestellt. Seine pechschwarze Farbe erhält er durch Backen im sehr heißen Ofen (Charentes).

TQM. Abkürzung für „Total Quality Management". Ein Gesamtqualitätsmanagement, das alle Unternehmensbereiche umfasst. Ein Management der strategischen Planung mit systematischen Zielsetzungen und ihnen angemessenen strategischen Mitteln. Meist erfolgt ein visions-integrierter Jahresplan (Hoshin), der nach Ablauf auf Zielerrei-

Tourismuswirtschaft (Abb.)

Tourismuswirtschaft

Tourismus-Entwicklung
- Standortanalyse
- Konkurrenzanalyse
- Kulturanalyse
- Personalanalyse
- Tourismus-Management
  - Planung
  - Organisation
  - Marketing und Sales

Hospatality Industry Fremdenverkehr/Reisewesen (Tourismusbranchen)
- Reiseverkehrswirtschaft
  - Reiseveranstalter
  - Reisevermittler
  - Kommunale Touristik-Einrichtungen
- Fahrgastbeförderung
  - Bus
  - Bahn
  - Schiff
  - Flug
- Gastronomie
  - Beherbergungsgewerbe
    - Hotels
    - Pensionen
    - Kur- und Rehaeinrichtungen
    - Jugendherbergen
      Eigenbetriebe der Kirchen,
      Kommunen, Vereine etc
    - Resorts und Clubanlagen
    - private Anbieter
  - Verpflegungsbetriebe
    - Restaurants
    - Gastwirtschaften
    - Verpflegungsbetriebe der Krankenhäuser, Kurbetriebe, Unis etc.
    - Systemgastronomie
    - Catering
    - Fast Food Unternehmen
    - sonstige
  - Vergnügungsbetriebe
    - Bars uns Diskos
    - Entertainmentparks/-cities
    - Sonstige
  - Kur- und Freizeitangebote
    - Wellness-Anbieter
    - Fitness Center
    - Sportveranstaltungen
    - Kongresswesen
    - Seminar- und Tagungsbereich
    - Events und Animation
    - Museen
    - Kulturelle Veranstaltungen (verschiedener Träger)

Tourismus-Infrastruktur
- Verkehrsnetz und Tankstellen
- Informationsstruktur
  - Hotels
  - Restaurants
  - Touren
  - Veranstaltungen
  - regionübergreifende
  - kulturelle
  - historische
  - sonstige
- Handel und Produktion
  - Einzelhandel
  - Direktvermarkter
  - Souvenirs
  - landestypische Produkte
  - sonstige
- PR, Sales, Marketing
- Informations-Management und Medienwirtschaft

Abb. 83 Tourismuswirtschaft

chung kontrolliert wird. Wichtige Voraussetzung sind die Analysen. Im Allgemeinen stehen für TQM folgende Werkzeuge zur Verfügung: 1) Affinitätsdiagramm (Darstellung von Gruppenhierarchien mit ähnlichen Ideen), 2) Baum (auch bekannt als Organigramm), 3) Baumdiagramm (Weiterentwicklung der Hierarchie des Baums), 4) L-Matrix-Diagramm (Erfassung der Verhältnisse unter den einzelnen Gruppen), 5) Diagramm Gantt (graphischer Zeitplan, der alle Aufgaben erfasst, die notwendig sind, ein Ziel zu erreichen), 6) FTA = Fehlerbaum-Analyse (Aufzeichnung aller Produkt- und Serviceausfällen mit hierarchischer Verantwortungskennung), 7) Verhältnis-Diagramm (gibt den Grad des Einflusses einer Ursache auf den Effekt und auf das Ziel an) 8) PDPC = Prozess-Entscheidungs-Programm-Diagramm (Aufzeichnung evt. auftretender Hindernisse – Probleme –, die die Zielerreichung behindern, sowie Aufzeichnung der dann durchzuführenden Maßnahmen) 9) Ursachen- und Effekt-Diagramm (Aufzeichnung ähnlich einem Netzpan für die Faktoren, die zu einem Effekt oder der gewünschten Qualität beitragen).

Tr. (Trockenmasse). Wasserfreie Substanz im Käse. → *Fett i. Tr.*

Traditionelle Flaschengärung. Flaschengärverfahren bei der Sektherstellung. Bei diesem Verfahren erfolgt die 2. Gärung in der Flasche. Zur Entfernung der Hefe werden die Flaschen gerüttelt. Dies kann von Hand oder maschinell durchgeführt werden. Dabei setzt sich die Hefe als Depot am Flaschenhals ab. Dieses Depot wird durch Einfrieren im Flaschenhals, nach Öffnen der Flasche, durch CO_2-Druck entfernt.

Tragant *(Traganth, Tragacanth).* Besonderer Pflanzengummi, der aus einer in Vorderasien bis Griechenland heimischen Pflanze gewonnen wird. Dazu werden Blattachsen und Wurzeln angeritzt. Der austretende Saft erhärtet an der Luft. Es handelt sich um ein → *Polysaccharid,* das aus Galaktose, Xylose, Rhamnose, Arabinose und Uronsäure zusammengesetzt ist. Tragant quillt in Wasser stark auf und verhärtet, besonders zusammen mit Puderzucker.

Training. Alle Schulungsmaßnahmen, die der Aktivierung, Steigerung und Stabilisierung der Mitarbeiterleistungen dienen und die betriebsintern bzw. betriebsextern durchgeführt werden.

Traiteur *(frz.: traiteur, m.).* Alte Bezeichnung für Betreiber einer Stadtküche. Heute: Feinkostgeschäfte, die warme Essen, kalte Büfetts u. a. liefern. In Frankreich ein Ausbildungsberuf.

Traminer. Weißweintraube mit geringer Verbreitung, gilt jedoch als Spezialsorte zur Gewinnung von Spitzenweinen. Es ist bis heute ungeklärt, ob der → *Gewürztraminer* mit dem Roten Traminer identisch ist oder als Spielart anzusehen ist. Die Traube stellt hohe Ansprüche an die → *Lage* und benötigt leicht erwärmbare und tiefgründige Böden. Die Weine zeichnen sich durch ein würziges, an Rosenduft erinnerndes Bukett aus. Syn. → *Gewürztraminer,* → *Clevener.*

Tranchelard. Bezeichnung für ein Messer, mit dem man Fleischstücke tranchiert, portioniert.

Tranchieren. Zerlegen von Geflügel, das Schneiden von Fleischstücken in Portionsgrößen, wie z. B. beim Chateaubriand. Die Bezeichnung ist abgeleitet aus dem frz. „Tranche", Scheibe.

Transfer. a) Transferleistung, insbesondere in der Ausbildung, Gelerntes auf Nicht-Gelerntes übertragen – bedingt durch größer werdende Stofffülle und Zeitmangel. Der Ausbilder hat exemplarisch zu unterweisen, **b)** Finanzwissenschaftlich: Leistung ohne Gegenleistung.

Transvasier-Verfahren. Schaumweinherstellung. Lt. Gesetz als Flaschengärung anerkannt. Nach der II. Gärung wird der Inhalt der Flaschen mit dem Heferest in große Tanks abgesaugt. Enthefen und Ansatz von → *Versanddosage* erfolgt im Tank. Rütteln und → *Degorgieren* entfällt.

Trappe *(L'outarde, f.; junge Trappe: l'outardeau).* Mittelgroße bis große Stelzvögel mit großem Kopf und dickem Hals. Der große Vertreter, die *Trappgans,* bis 15 kg schwer werdend, bewohnt Mittel- und Süd-Europa. Verarbeitung erfolgt wie Wildgeflügel.

Trassi → *Bagoong.*

Traubenkerne. Samen der Traube. Sie enthalten 10–20 % Traubenkernöl, 5–9 % Gerbstoffe.

Traubenkernöl. Öl aus den kleinen Kernen der Weintrauben. Die Kerne werden noch feucht oder getrocknet in Brennereien gekauft, die über kontinuierliche Destillieranlagen verfügen, in denen die Kerne abgesondert werden. 7 bis 8 kg Traubenkerne sind für 1 l Öl nötig.

Traubenzucker → *Glucose.*

Trauerente *(frz.: la macreuse).* Einfarbige, schwarzglänzende Tiere des hohen Nordens. Nicht jedermanns Geschmack.

Trauttmansdorff. Ferdinand Graf (1825–1870), österr. Staatsmann. Klass. Garnitur z. B. Reis Trauttmansdorff.

Trebbiano. In Italien angebaute Weißweinrebe. In Frankreich wird sie → *Ugni Blanc* genannt. Weine aus Trebbiano-Trauben sind hell, strohfarben.

Treber. Feste Bestandteile der Biermaische, die nach dem Läutern zurückbleiben. Verwendung als Futtermittel.

Trehalose. Doppelzucker (Disacchand) in Pilzen, Hefen, Algen.

Trend. Richtung des Wirtschaftsverlaufs, die neben den Schwankungen eine insgesamt gesehene Aufwärts- oder Abwärtsrichtung sein kann.

Trennmittel. Lt. Lebensmittelkennzeichnungsverordnung: Die Stoffe, die zu dieser Klasse gehören, wirken auf zwei recht unterschiedliche Weisen: Zum einen trennen sie Lebensmittel von Nichtlebensmitteln (z. B. Brot vom Backblech), zum anderen verhindern sie das Zusammenkleben von festen Lebensmitteln (z. B. Bonbons) oder Pulver (z. B. Salz). Zu den Trennmitteln gehören auch Mittel, die die Rieselfähigkeit erhalten.

Trepang → *Holothurie.*

Trester. Feste Bestandteile, Rückstände der ausgepressten Traubenmaische. Trester wird **1.** als Grundstoff für die Herstellung von Tresterschnaps benutzt. Dazu ist eine Vergärung der Tresterrückstände und Destillation notwendig. In Frankreich wird Tresterbranntwein als → *Marc,* in Italien als → *Grappa* bezeichnet. **2.** als Tresterrückstände einkompostiert und als Düngung für Weinberge benutzt.

Tresterbranntwein. Aus vergorenen Traubentrestern (in der Presse zurückbleibende Stiele, Schalen, Kerne) werden Branntweine hergestellt, deren Alkoholgehalt zwischen 43–50 % Vol. liegt. Vorgeschrieben sind mind. 38 % Vol.

Treuepflicht. Aus dem Arbeitsvertrag erwächst dem Arbeitnehmer eine Treuepflicht seinem Arbeitgeber gegenüber. (Dieser hat dem Arbeitnehmer gegenüber dafür eine Fürsorgepflicht.) Die Treuepflicht beinhaltet, dass der Arbeitnehmer sich für die Interessen des Betriebes einzusetzen hat und alles unterlässt, was diesen zuwiderläuft.

Trichinenschau. Ist ein Teil der → *Fleischbeschau.* Der Untersuchung auf Trichinen unterliegen Schweine, Wildschweine und

Triebmittel

andere Fleisch fressende Tiere sowie Einhufer (z. B. Pferd), wenn deren Fleisch zum Genuss für den Menschen bestimmt ist. Die Untersuchung darf nur in behördlich zugelassenen Laborräumen durchgeführt werden, in denen Geräte und Material vorhanden sind, die eine Untersuchung mit der Verdauungsmethode zulassen. Dazu werden Sammelproben mit Salzsäure und Pepsin behandelt (künstlich verdaut) und danach untersucht. Bei positivem Befund erfolgt Einzeluntersuchung des Fleisches.

Triebmittel → *Lockerungsmittel.*

Triglyceride → *Fette.*

Trinkbranntwein → *Spirituosen.*

Trinkgeld. Teilweise gibt es Trinkgelder, auf die der Empfänger einen Anspruch hat; andere sind freiwillig. So z. B. in der Gastronomie, die vom Gast zusätzlich gegebenen Trinkgelder. Seit 01.01.02 nicht mehr LSt-pflichtig.

Trinktemperatur – *Weintemperatur.* Bier 9–11 °C, Weißwein 6–8 °C, Rotwein jung 14 °C, Rotwein alt 18–20 °C, Rosewein 6–8 °C, trockener Sekt, Champagner 5–6 °C, süßer Sekt, Champagner 6–8 °C, Dessertweine süß 14 °C, klare Schnäpse unter 0 °C, Obstbranntweine 8–10 °C, Weinbrand 18 °C, Liköre ca. 18 °C.

Trinkwasser. Anforderungen: Klar, farb- und geruchlos, sauerstoffreich, frei von krankheitserregenden Bakterien. Zum direkten Genuss, zur Speisebereitung und zur Verarbeitung von Lebensmitteln geeignet. Trinkwaser ist i. d. R. aufbereitetes Wasser (→ *Wasseraufbereitung*). Trinkwasser und Wasserversorgungsanlagen werden von den Gesundheitsämtern überwacht.

Trinkzwangverbot. Ein Gastwirt darf nach § 20 Gaststättengesetz seinen Gast nicht zum Trinken zwingen, indem er die Annahme einer Speisenbestellung davon abhängig macht, dass auch Getränke bestellt werden.

Trionfi. Skulpturen aus geblasenem Zucker.

Tripatina. Eiercreme aus dem Kochbuch des Apicius: „Nimm eine genügende Menge Milch, entsprechend dem Topf, den du verwendest, und vermische Milch mit Honig für einen Milchbrei. Füge 5 Eier auf $1/2$ l oder 3 Eier auf $1/4$ l Milch. Rühre die Eier mit der Milch glatt, passiere die Mischung durch ein Sieb in einen irdenen Topf und lasse sie auf kleinem Feuer kochen. Wenn sie steif ist, bestreue sie mit Pfeffer und serviere."

Triple oder **Triple sec.** Diese Bezeichnung dürfen nur Liköre aus Zitrusfrüchten mit einem Mindestalkoholgehalt von 35 % Vol. tragen.

Trocken. 1) Geschmacksangabe bei Wein: Restzuckergehalt von höchstens 4 g im Liter Wein. Der Restzuckergehalt darf bis 9 g im Liter betragen, wenn der Gesamtsäuregehalt um 2 g/l unter dem Restzuckergehalt liegt. (Formel: Säure + 2). **2)** (Champagner und Schaumweine) → *sec.* Frankenweine nur max. 4 g/l.

Trockeneis. Die handelsübliche Bezeichnung für verfestigtes Kohlendioxid. Es ist ein Sublimat mit einem Tripelpunkt, der bei 5,18 bar und 216,58 K (−56,57 °C) liegt. Unter atmosphärischen Bedingungen ist die flüssige Phase nicht existent. Dies bedeutet, das Trockeneis mit −79 °C rückstandslos verdampft. Der gasförmige Trockeneis-Rohstoff Kohlendioxid (CO_2) wird entweder aus natürlichen Quellen (Quell-Kohlensäure) gewonnen oder fällt bei Verbrennungsvorgängen und chemischen Prozessen (Prozesskohlensäure) an. Zur Trockeneis-Herstellung wird das gasförmige Kohlendioxid zunächst verflüssigt. Das geschieht durch Verdichtung, Abkühlung und Entspannung oder Unterkühlung des Gases. Das flüssige CO_2 wird dann durch Entspannung in den festen Zustand überführt. Trockeneis ist ungiftig,

574

nicht brennbar, geschmacksfrei, geruchlos und bakteriostatisch. Im Vergleich zu Wassereis, welches bezogen auf 273,15 K (0 °C) eine Kälteleistung von 335 kJ/kg abgibt, hat 1 kg Trockeneis die etwa zweifache Kälteleistung von 638 kJ/kg von 1 kg Wasser.

Trockener Reis. Geschliffener, jedoch nicht glasierter Reis.

Trockenhefe. Hefezellen wird durch vorsichtiges Trocknen bei mäßiger Wärme oder im Gefriertrockenverfahren Wasser entzogen. Der Wassergehalt darf höchstens 12 % betragen. Die Lebensfähigkeit wird durch diesen Prozess nicht beeinträchtigt.

Trockenmasse → *Fett i. Tr.*

Trockenverfahren (Kaffee). Die kirschenähnlichen Früchte werden an der Sonne getrocknet. Anschließend wird das vertrocknete Fruchtfleisch maschinell entfernt. Es entsteht der Pergamentkaffee.

Trockenzuckerung → *Chaptalisieren.*

Trocknen. Konservierungsverfahren, bei dem den Lebensmitteln Wasser entzogen wird. Der → a_w-Wert sinkt soweit, dass sich Mikroorganismen nicht mehr vermehren können. Sie werden in den meisten Fällen nicht abgetötet. Besonders Bazillen und Clostridiensporen überstehen den Trocknungsprozess. Enzyme werden nur unvollkommen inaktiviert. Verfahren: **1)** Verdunsten des Wassers der Lebensmittel in flüssigen Aggregatzustand. Ältestes Verfahren, Nährstoffe haltbar zu machen = Sonnentrocknen. Flüssigkeit mit den löslichen Stoffen wandert in die Randschichten und verdunstet dort. Während des Trocknungsprozesses können sich Lebensmittel negativ verändern. Um dies zu verhindern und gleichzeitig den Vorgang zu beschleunigen, werden verschiedene technische Verfahren angewandt wie Wärmezufuhr durch Kontakttrocknung, warme Umluft, Gas, Mikrowelle, Vakuumtrocknen, Sprühwalzentrocknung. **2)** Gefriertrocknung. Gefrier-Vakuum-Trocknen. Sublimationstrocknung. → *Lyophilisation,* → *Freeze-Drying.* Das Wasser in dem zu trocknenden Gut ist gefroren und geht unmittelbar vom festen in den dampfförmigen Aggregatzustand über. Der Vorgang findet unter Vakuum statt. Das Verfahren ist nährstoff- und aromaschonend, Lebensmittel sind unverändert, es ist jedoch infolge der sehr hohen Aufwendungen für Geräte und Energie sehr teuer und nur bei sehr hochwertigen Lebensmitteln anzuwenden, z. B. bei Steinpilzen, Muscheln, Champignons, feinen Gemüsen und Kaffee.

Troisième Cru. Dritte Qualitätsstufe für Médocweine.

Trollinger. Blauer Trollinger, Rotweintraubensorte. Traube hat vermutlich ihre Heimat in Tirol, wo sie Groß-Vernatsch heißt. Hauptanbaugebiet ist Württemberg. Weine haben wegen der deutlichen Säure eine frische und rassige Art. Sie sind hellrot, nur in sehr guten Jahren tiefblau. Trollinger dient oft zur Gewinnung von → *Schillerwein.* Syn.: → *Hammelhoden,* → *Fleischtraube,* → *Mohrendutte.*

Trommelsucht. Beim Heraufholen von Fischen aus großer Tiefe werden durch die sich ausweitende Schwimmblase Augen und Eingeweide herausgedrückt (Rotbarsch).

Tronc → *Lohnformen.* Entlohnungsform, bei der die Angestellten am Erfolg teilhaben. Die Entlohnung nach dem Troncsystem ist als Leistungslohn gedacht. Viele Tarifverträge im Hotel- und Gaststättenbereich knüpfen die Troncverteilung heute an die Tariflöhne. Damit ist aber bei weitem nicht gesichert, dass es sich hierbei um eine echte Leistungsentlohnung handelt. Vielfach kann eine Trennung der Gehälter in Verbindung mit der Verteilung des sog. kleinen Tronc (Trinkgelderbetrag) zu gerechteren Ergebnissen führen. Dabei ist jedoch eine Bewertung der Mitarbeiter notwendig, die von Zeit zu Zeit angepasst werden kann (monatl.). Als Kriterien für die Bewertung sind u. a. denkbar: **a)** Fachkönnen, **b)** Schnelligkeit, **c)** äußere Erscheinung, **d)** Freundlichkeit, **e)** Verkaufsförderung, **f)** geringe Fehler (wenig Geschirrbruch, wenig Reklamationen). Eine Benotung dieser Punkte führt zu einem Gesamtwert je Angestelltem und kann dann eine Rangreihenfolge für den Tronc ergeben. Vorwiegend wird das Troncsystem im Restaurant angewendet. Aber auch andere Bereiche können einbezogen werden. So ist z. B. auch an der Rezeption eine ähnliche Verteilung möglich. Bei der Berechnung der endgültigen Werte handelt es sich immer um eine Verteilungsrechnung auf der Basis der Maßgrößen.

Tronçon *(frz.: le tronçon).* Stummel, Ende, Stück, (Teil-)Abschnitt, Schwanzstück vom Fisch (Rundfisch), aber auch Stück eines beliebigen Lebensmittels, z. B. Fleisch, das länger als breit geschnitten wird.

Tropoline. Ital. gerippte, bandförmige Nudel, die ersatzweise für Spaghetti verwendet werden können.

Trota-Malossol-Kaviar. Kaviar aus Forellenrogen nach russischem Rezept zubereitet; großes Korn von dunkler Farbe (eingefärbt) und mildem Geschmack.

Trüb. Deutsche Bezeichnung für → *Depot.*

Trüffel 1. *(frz.: truffe, m., afrik. terfez, ital. tartufoli).* Der Speisetrüffel (Tuber melanosporum) ist eine Pilzgattung aus der Abteilung der Ascomyzeten und der Familie der Tuberazeen. Wächst unter dem Boden in verschiedenen Tiefen und besitzt einen knollenförmigen, festen, fleischigen Fruchtkörper. Sein Vorkommen ist immer an das Vorhandensein bestimmter Bäume (Eichen, Hain- und Rotbuchen, Kastanien – auch Haselnussstäucher) gebunden. In Burgund wird der kostbare Pilz mit Trüffelhunden, in Perigord mit weiblichen Schweinen (in Russland in früheren Zeiten mit Bären) gesucht. Der Trüffelsucher beobachtet hinweisende kleine Bodenveränderungen (Erhebungen, Risse). Auch eine besondere Fliegenart (Helomyza), ein 1 cm langes bronzefarbenes Insekt, das offensichtlich den → *Trüffelduft* liebt, kann bei der Trüffelsuche dienlich sein. In Europa gibt es etwa 35 → *Trüffelarten,* die besonders in kalkhaltigen Böden in Frankreich, Italien, Deutschland, England, Spanien und Russland gedeihen. Jährliche Ernte etwa 150 l, wobei Frankreich vor Italien und Spanien der größte Lieferant ist. Der schwarze Trüffel wird als „Schwarzer Diamant der Küche" („Physiologie des Geschmacks") bezeichnet. **2.** Pralinenart → *Trüffelmasse*

Trüffelarten, a) Périgord-Trüffel – Schwarze Trüffel aus Périgord/Frankreich, **b)** Norcia-Trüffel – Schwarze Trüffel aus Italien, nach ihrem früheren Ursprungsgebiet genannt, **c)** Piemont-Trüffel – Weiße Trüffel aus Piemont/Italien (auch die „Weißen aus Alba") wachsen in einem Gebiet von nur einigen Dutzend Quadratkilometern und ausschließlich auf einer Höhe von 400 bis 600 m ü.M. (Blassgraues oder gelblich marmoriertes Fleisch mit einem knoblauchähnlichen bzw. meerrettichähnlichen Geschmack.) Weitere Trüffel wachsen in den französichen Departements Gard, Ardeche, Dröme, Vaucluse, Basses-Alpes und Var.

Trüffelduft → *Trüffel* enthalten das Sexualhormon Androst-16-en-3-alpha-ol mit moschusartigem Duft, das ein reguläres Geschlechtshormon der Eber ist. Darum sind zum Trüffelsuchen nur Säue geeignet.

Trüffelmasse. Schokoladenähnliche Zubereitung aus Schokolade, auch Kakaomasse, Zucker und Kakaobutter mit Sahne, Kondensmilch und Butter. Zusatz: Geschmacksstoffe, Rum, Nüsse u. a. Werden in der Pâtisserie als Süßware (Trüffel), insbesondere in Pralinenmischungen angeboten.

Trüsche *(frz. lotte; Quappe, Rutte).* Länge: 20 bis 35 cm. Die Trüsche ist die einzige Art der Dorschfische, die im Süßwasser lebt. Sie hat einen kräftigen aalförmigen Leib. Der Kopf ist mäßig groß, von oben nach unten abgeflacht. Typisch ist der lange Bartfaden am Kinn und die zwei kurzen an den Nasenöffnungen. Das Maul ist mit zahlreichen Zähnen besetzt, die sich wie eine harte Bürste anfühlen. Der Rücken ist oliv bis braun, die Seiten sind dunkel marmoriert, aufhellend gegen den Bauch zu. Fang: in Seen und in kühlen, klaren, fließenden Gewässern. Sie folgt den Forellen bis über 1200 m ü.M. Kulinarische Eigenschaften: mageres, feines, fast grätenloses Fleisch. Eine besondere Delikatesse ist ihre sehr große Leber – in Butter gebraten oder über Eisenkraut-Dampf gegart.

Truthahn *(la dinde, le dindon, le dindonneau,* auch *Puter, Kuhnhahn, Indian, Welscher, türkischer, kalkuttischer und indischer Hahn).* Größter Hühnervogel, bis 1 m hoch und 20 kg schwer. Tiere über 8 kg schwer sollte man zum Braten nicht verwenden. Das Fleisch, vor allem das der Brust, ist schneeweiß bis gelblich, während das der Keulen dunkler ist. Der unterspickte Hals und die Flügel werden des öfteren mit Schweinefleisch verglichen. Zarter und feiner ist das Fleisch der Henne, herzhafter schmeckt das Fleisch des männlichen Tieres.

Tsorba. Türkisches Hammelragout mit Reis vermischt. Garniert mit kleinen Tomaten, Perlzwiebeln und tournierten Kartoffeln.

Tumbeln → *Poltern.*

Tumbler. Glas, evtl. mit → *Füllstrich* versehen, das meist für Whisky und Longdrinks benutzt wird.

Turbotière → *Poissonnière.*

Türkenblut. Ein Mischgetränk aus Rotwein und mind. 25% Sekt, ähnlich wie → *kalte Ente.*

Türkenkorb (Türkenmehl). Schweizer Ausdruck für Mais.

Türkische Erbsen. Deutsche Regionalküche (Hamburg). $1/3$ grüne Bohnen mit $1/3$ Bergamottebirnen kochen. Dazu Pökelfleisch von Rind und Schwein. Leichte Bindung durch eine → *Roux.*

Türkischer Kaffee. Kaffee, der in typischen Gefäßen aus Metall → *„Cevze"* zubereitet wird. Cesve wird mit sehr fein gemahlenem, stark geröstetem Kaffeepulver gefüllt; dazu kommt kaltes Wasser und Zucker. Nach mehrmaligem Aufkochen wird der Kaffee in kleinen Tassen serviert.

Türkischer Weizen → *Mais.*

Turu Zake. Angebotsform für → *Reiswein* in Japan. Diese Bezeichnung bedeutet höheren Alkoholgehalt als üblich.

TVG. Abkürzung für „Tarifvertragsgesetz".

TVP → *Textured-Vegetable-Protein.*

Twarogue. Russische, passierte Quarkcreme für diverse Füllungen.

TWI *(engl.: Training within Industry).* Ausbildung in der Industrie. Unterweisungsmethode für das Aneignen von Fertigkeiten, insbesondere bei der Anlernung neuer Mitarbeiter → *Vier-Stufen-Methode.*

Tyndallisation → *Fraktionierte Sterilisation.*

Typagen. Kaltauszüge von bestimmten Pflanzen und Pflanzenteilen, z. B. Walnüsse, Pflaumen. Sie dienen der geschmacklichen Abrundung verschiedener Spirituosen.

Typenweine in Deutschland. → *Herkunftstypenweine.* **Gesetzliche Grundlagen** VO-EWG Nr. 997/81 (100a) v. 28.3. 1981 – zuletzt geändert durch VO-EWG Nr.

632/ 89 vom 10.3.1989, Wein-VO (251) i.d.F. vom 4.8. 1983 – zuletzt geändert durch VO vom 24. 8.1990, AVOBaWü (370) vom 12. 12. 1989 – zuletzt geändert durch VO vom 18. 9. 1990, AVORhlPf (560) vom 12. 8.1971 – zuletzt geändert durch LVO vom 23. 4. 1986. Die weinbautreibenden Länder können besondere Bezeichnungen zulassen, die auf die geographische Herkunft und die zu seiner Herstellung verwendeten Rebsorten hinweisen. Davon haben Baden-Württemberg, Hessen und Rheinland-Pfalz Gebrauch gemacht. Zum Teil handelt es sich dabei um schon lange Zeit bekannte Begriffe. **Affentaler** (Art. 13 VO-EWG Nr. 997/81, § 13 AVOBaWü vom 12. 12. 1989) ist ein Rotwein der Rebsorte Blauer Spätburgunder aus der Gemarkung Altschweier, den Gemarkungen Bühl, Eisental und Neusatz der Stadt Bühl, der Gemarkung Bühlertal sowie der Gemarkung Neuweier der Stadt Baden-Baden. Der Begriff Affentaler darf nur für Qualitätswein und Qualitätswein mit Prädikat verwendet werden, nicht für Tafelwein oder Landwein. Die Bezeichnung muss lauten „Affentaler Spätburgunder Rotwein". **Ehrentrudis** (Art. 13 VO-EWG Nr. 997/81, § 13 AVOBaWü vom 12. 12. 1989) ist ein Roséwein bzw. Weißherbst der Rebsorte Blauer Spätburgunder aus dem Bereich Kaiserstuhl-Tuniberg. Die Bezeichnung muss lauten: „Ehrentrudis Spätburgunder Weißherbst". Der Begriff Ehrentrudis darf nur für Qualitätswein und Qualitätswein mit Prädikat verwendet werden, nicht für Tafelwein oder Landwein. **Hock** (Art. 13 VO-EWG Nr. 997/81) ist ein Weißwein aus den bestimmten Anbaugebieten Ahr, Hessische Bergstraße, Mittelrhein, Nahe, Rheingau, Rheinhessen oder Rheinpfalz, der aus den Sorten Riesling, Silvaner oder deren Abkömmlingen stammt. Der Begriff Hock kann sowohl für Tafelwein als auch für Qualitätswein und Qualitätswein mit Prädikat verwendet werden. Bei Verwendung des Begriffs für die Bezeichnung eines Tafelweins muss die geographische Bezeichnung „Rhein" angegeben sein. **Liebfrauenmilch oder Liebfraumilch** (§ 8 Wein-VO) ist ein Weißwein der Anbaugebiete Nahe, Rheinhessen, Rheinpfalz und Rheingau, der mindestens zu 70 % von Trauben der Rebsorten Riesling, Silvaner, Müller-Thurgau oder Kerner hergestellt ist. Er muss von der Geschmacksart dieser Rebsorten bestimmt sein und darf nicht mit einer Rebsortenangabe versehen werden. Der Restzuckergehalt muss innerhalb der nach Art. 13 Abs. 6 Buchstabe c der VO-EWG Nr. 997/81 für die Geschmacksangabe „lieblich" zulässigen Spanne liegen. Der Begriff Liebfrauenmilch oder Liebfraumilch darf nur für Qualitätswein und nicht für Tafelwein oder Qualitätswein mit Prädikat verwendet werden. **Moseltaler** (§ 8 Wein-VO) ist ein Weißwein aus dem bestimmten Anbaugebiet Mosel-Saar-Ruwer der ausschließlich aus den Rebsorten Riesling, Müller-Thurgau, Kerner oder Elbling hergestellt ist. Er darf nicht mit einer Rebsortenangabe versehen werden. Der Wein muss einen Restzuckergehalt zwischen 15 und 30 g/l und einen als Weinsäure berechneten Gesamtsäuregehalt von mindestens 7 g/l haben. Er muss darüber hinaus in Geruch, Geschmack und Aussehen gebietstypisch sein. Der Begriff Moseltaler darf nur für Qualitätswein und nicht für Tafelwein oder Qualitätswein mit Prädikat verwendet werden.

Tzuika. Rumänischer Pflaumenbranntwein, aus einer speziellen Pflaumenart, aus vollreifen, süßen und fleischigen Früchten gebrannt. Durch eine vieljährige Lagerung in Eichenholzfässern erhält der Tzuika eine goldgelbe Farbe und ein fruchtiges Bukett. Alkoholgehalt 44,5 % Vol.

U

Uachtar. Das gälische (Irland) Wort für „Sahne". Wörtlich übersetzt „die Spitze".

Überbacken *(frz.: gratiner).* Durch Oberhitze im Salamander = Gratinierapparat.

Überbetriebliche Ausbildung. Berufsausbildung in Lehrwerkstätten, die mehrere Unternehmen gemeinsam unterhalten – auch Austausch der Auszubildenden unter den Betrieben, um alle rechtlich vorgeschriebenen Kenntnisse und Fertigkeiten zu vermitteln.

Überkonformität. Abwehrmechanismus auf Frustrationen. Exakte Befolgung aller Ansprüche, um sich aller Vorwürfe abzusichern.

Überraschungsomelett *(Omelette Surprise).* Die Überraschung liegt darin, dass Eis in einer Hülle aus Biskuit und Omelette-Soufflee-Masse gebacken wird, ohne dass das Eis verläuft. Dazu wird der Boden einer feuerfesten Form mit Biskuit ausgelegt. Dieser wird mit Likör getränkt. Auf diesen Boden werden Eis und eventuell Dunstfrüchte gegeben. Das Ganze wird mit Biskuit abgedeckt, der ebenfalls getränkt wird. Darüber wird Omelette-Soufflee-Masse, das ist steifer Eischnee mit Zucker und wenig Eigelb, gleichmäßig dick dressiert und kurz gebacken. Der Biskuit dient der Isolation. Das Überraschungsomelett wird häufig vor dem Servieren flambiert.

Überschuldung. Liegt vor, wenn die Vermögensteile nicht mehr ausreichen, die Verbindlichkeiten zu decken.

Überwachungsfunktion → *Kontrolle.*

Überzugmittel. Überzug, der die Oberfläche vor stückigen Lebensmitteln gegen Verluste von Qualität und gegen Verderb schützt. Es sind Wachse und Harze, die warm flüssig aufgetragen (gesprüht oder getaucht) werden und beim Erkalten einen festen, elastischen Oberflächenfilm bilden. Zu den Lebensmitteln, die mit derartigen Überzügen versehen werden dürfen, gehören Zitrusfrüchte, Korinthen und Zuckerwaren sowie bestimmte Käsesorten und Wurstwaren. Rohwürste dürfen mit Talkum überzogen werden, einige Käsearten auch mit Kunststoffen.

Udon. Japanische dicke Weizenmehl-Nudel.

Ugli. Zitrusfrucht. Wahrscheinlicher Ursprung Jamaica, aus einer Kreuzung von Tangerine × Grapefruit × Orange. Den Namen (engl.: ugly = hässlich) verdankt sie ihrer rauen, schrumpelighöckerigen, gelbgrünen oder gelbbraunen dicken Schale. Verzehr wie Orange.

Ugni Blanc. Traubensorte, die in den frz. Gebieten → *Cognac,* → *Armagnac* angebaut wird.

UHT-Milch. H-Milch, auch Ultrahoch-Temperatur-Verfahren behandelte Milch, uperisierte Milch (→ *uperisieren).*

Ultrahocherhitzen → *uperisieren.*

Umami. Zusätzlich zu den bekannten 4 Geschmacksrichtungen süß, sauer, salzig und bitter entdeckten und nutzten schon vor Jahrhunderten die Japaner eine von ihnen selbst benannte 5. Geschmacksdimension „Umami", die auf den geschmacksverstärkenden und geschmacksharmonisierenden Wirkung der freien Glutaminsäuren in auserlesenen, getrockneten Pilzen und Fischen basiert.

Umeboshi. Japanische, sauer eingelegte, kleine Pflaumen.

Umkorken. Gute Korken haben eine Verwendungsdauer von 15 bis 20 Jahren. Danach muss der Kork erneuert werden. Ver-

Umlaufvermögen

Beispiel: Analyse aufgrund der augenblicklichen Umsatzzahlen (Rechnung in €)

Artikel	Erlös/EH	Materialeinsatz	Deckungsbeitrag/ EH	verkaufte EH	Deckungsbeitrag gesamt
Schnitzel	15,60	5,40	10,20	50	510,00
Filetsteak	18,10	8,90	9,20	80	736,00
Braten	16,20	5,30	10,90	65	708,50
					1954,50

Gelingt es, die gleiche Absatzmenge durch gezielte Verkaufsmaßnahmen in ihrer Zusammensetzung zu ändern, ist eine Verbesserung des Betriebsergebnisses möglich. Das könnte z. B. so aussehen:

Schnitzel		75	765,00
Filetsteak		40	368,00
Braten		80	872,00
			2005,00

Abb. 84 Umsatzanalyse

dunstete geringe Mengen werden mit jungen gleichwertigen Weinen nachgefüllt und die Flaschen neu verkorkt.

Umlaufvermögen → *Vermögen*.

Umsatz. a) In der Wirtschaftswissenschaft die Menge der abgesetzten Leistungen (Absatz) multipliziert mit den Preisen, b) Im Umsatzsteuerrecht (→ *Umsatzsteuer)* bestimmte Lieferungen und Leistungen.

Umsatzanalyse. Wird mit Hilfe der → *Deckungsbeitragsrechnung* durchgeführt, um aufgrund der Ergebnisse entweder die Produktpalette z. B. Speisenangebote auf der Karte zu ändern oder durch gezielte Verkaufsmaßnahmen die Zusammensetzung des Absatzes zu verändern. Beides geschieht mit dem Ziel einer Verbesserung des → *Betriebsergebnisses* (Abb. 84).

Umsatzsteuer. Verkehrsteuer, die den vom Unternehmer geschaffenen Mehrwert besteuert und die mit einem Vorsteuerabzug ausgestattet ist. Steuerbar sind: **a)** Lieferungen und sonstige Leistungen, **b)** der Eigenverbrauch, **c)** die Einfuhr, **d)** unentgeltliche Leistungen von Körperschaften, Personenvereinigungen und Gemeinschaften an ihre Anteilseigner, Gesellschafter, Mitglieder und Teilhaber. Bemessungsgrundlage ist jeweils das Entgelt, das durch die Gegenleistung bestimmt wird. Neben dem normalen Steuersatz gibt es einen begünstigten Steuersatz in halber Höhe sowie einige Sonderregelungen. Für die Gastronomie sind folgende Besonderheiten von Bedeutung: Der Einkauf von Lebensmitteln unterliegt i. d. R. dem halben Steuersatz (Ausnahmen: Hummer, Krabben u. Ä.). Beim Verkauf zum Verzehr an Ort und Stelle ist dagegen der volle Steuersatz anzuwenden. Das Gleiche gilt für die Beherbergung. Bei → *Außer-Haus-Geschäften* (Verkauf über die Straße) fällt meist der begünstigte Steuersatz an. Für Kantinen gelten besondere Regelungen. Durchlaufende Posten wie Telegrammgebühr, Briefmarken, Kurtaxen, nicht aber Telefon über die Hausanlage, unterliegen nicht der Umsatzsteuer. Gleichfalls zum Entgelt gehört die Schaumweinsteuer. Für den Eigenverbrauch entnommene Speisen dürfen wieder mit dem begünstigten Steuersatz belegt werden. Getränke sind dagegen auch hier voll besteuert. Außerdem sind alle Nebenleistungen genau wie die Hauptleistung, zu der sie gehören, zu besteuern. Das trifft z. B. zu für: **a)** Autostellplätze oder Garagen, die i. V. mit Beherbergung vermietet werden, **b)** Schwimmbadbenutzungen, die im Logispreis enthalten sind, **c)** Benutzungen von Kegelbahnen u. a. Von der geschuldeten Umsatzsteuer kann der Unternehmer die bereits geleistete Vorsteuer abziehen und überweist dem Finanzamt die Differenz (= Zahllast).

Unerlaubte Handlung (§§ 823 ff. BGB). Eine unerlaubte Handlung liegt vor, wenn jemand rechtswidrig, meist vorsätzlich oder fahrlässig in die Rechte eines anderen eingreift und diesem dadurch ein Schaden an Leib, Leben, Freiheit oder Eigentum entsteht. Daneben aber auch, wenn besondere Rechte wie Firmenrechte oder → *gewerbliche Schutzrechte* verletzt werden. Als typische Tatbestände für unerlaubte Handlungen kommen in Betracht: **a)** Verstoß gegen die guten Sitten, **b)** Verletzung der Aufsichtspflicht. Der Schadenersatz soll i. d. R. den vorherigen Zustand wieder herstellen. Wo das nicht möglich ist, tritt Geldersatz an seine Stelle.

Unfallanzeige. Sie ist binnen drei Tagen der zuständigen Berufsgenossenschaft zu erstatten, wenn ein Arbeitnehmer durch einen Arbeitsunfall verletzt wird. Bei tödlichem Unfall ist die Anzeige unverzüglich zu erstatten.

Unfallverhütungs- und Sicherheitsvorschriften im Gastgewerbe (Auszug). *Träger:* Berufsgenossenschaft Nahrungsmittel- und Gaststätten in Mannheim. *Versicherter Personenkreis:* – alle Personen, die bei Mitgliedsbetrieben in einem Arbeits-, Dienst- oder Lehrverhältnis stehen, – die Verwandten des Unternehmers und andere Personen, die vorübergehend oder unentgeltlich beschäftigt werden, – die Unternehmer und ihre im Unternehmen mittätigen Ehegatten kraft Satzung. *Versicherungsfälle:* **a)** Arbeitsunfälle. Unfälle, die sich bei der beruflichen Tätigkeit (auch außerhalb des Betriebes) ereignen, **b)** Wegeunfälle. Unfälle, die sich auf dem direkten Weg von oder zu der Arbeit ereignen (sollen entfallen), **c)** Berufskrankheiten. Krankheiten, die in der BerufskrankheitsVO aufgeführt sind. Im Betrieb sollten vorhanden sein: **1.** Verbandskasten – DIN-Vorschriften (Anzahl, Größe); für alle Mitarbeiter zugänglich; Nachfüllen ist Pflicht. **2.** Anleitung zur Ersten Hilfe. **3.** Verbandbuch (Aufbewahrungspflicht fünf Jahre). *Pflichten des Unternehmers:* Arbeitsplätze, Baulichkeiten, Maschinen und Geräte müssen so gestaltet und unterhalten werden, dass der Arbeitnehmer vor Unfällen, Berufskrankheiten und Gesundheitsgefahren geschützt ist. Der Unternehmer ist verpflichtet, alle Mittel zur Verfügung zu stellen, die als Schutz gebraucht werden. Unfallvorschriften sind bekanntzugeben, auf diese Hinweise hinzuweisen oder hinweisen zu lassen. Die Pflichten dürfen auf Angestellte (schriftlich), d. h. auf Sicherheitsbeauftragte, Sicherheitsfachkräfte übertragen werden. Des Weiteren besteht die Pflicht, die Beiträge zur Unfallversicherung für alle Beschäftigten zu zahlen. *Pflichten des Versicherten:* Sie müssen alle Vorschriften, die zur Arbeitssicherheit dienen, unterstützen, Anweisungen befolgen, Schutzhilfen benutzen, Mängel sofort melden. Pflichten des Betriebsarztes: Er hat die Pflicht, alle Institutionen für Sicherheit und Gesundheit am Arbeitsplatz zu überwachen und zu unterstützen. Der Genuss von Alkohol während der Arbeitszeit, der Pausen, auf dem Heimweg, auf dem Weg zur Arbeitsstätte löscht grundsätzlich Versicherungsansprüche aus (Ausnahmen).

Ungesättigte Fettsäuren. Gruppe der Fettsäuren. Ungesättigte Fettsäuren haben in ihrem Kohlenstoffgerüst mindestens eine Doppelbindung. Gegenüber den gesättigten Fettsäuren niedrige Schmelzpunkte und bessere Löslichkeit in organischen Lösungsmitteln. Ungesättigte Fettsäuren reagieren leicht mit Sauerstoff, daher schneller oxydativer Verderb.

Uniform System of Accounts. Richtlinien für die Vereinheitlichung der Buchführung in den USA, jeweils herausgegeben von der Vereinigung für Hotels und der Vereinigung der Restaurants. Vorschriften für die Erfolgsrechnung und Gewinnermittlung nach dem amerikanischen Recht (Allgemeingültiger Kontenrahmen).

Unterbilanz. Ein bei Kapitalgesellschaften auszuweisender Verlust, der größer ist als die Rücklagen.

Untergärige Hefe. Saccharomyces carlsbergiensis; setzt sich nach der Gärung am Bottichboden ab.

Unternehmen. Die Gesamtheit aller unternehmerischen Tätigkeiten einer Person (Unternehmer) machen zusammen das Unternehmen aus.

Unternehmensberater. Personen und Institute, die Unternehmer, Bereichsleiter u. a. in Fragen der betrieblichen Organisation, Planung, Finanzierung, Kontrolle, der Absatzpolitik oder der Entscheidungsfindung beraten. In fast jedem Bundesland gibt es auf das Gastgewerbe spezialisierte Beratungsfirmen.

Unternehmensformen. Rechtsformen, in denen Unternehmen geführt werden. Neben der *Einzelunternehmung* stehen die *Handelsgesellschaften*, zu denen sich zwei oder mehr Personen zusammengeschlossen haben, um gemeinsam ein Gewerbe zu betreiben. Je nach Art der Kapital- und Arbeitsbeteiligung werden zwei Hauptgruppen unterschieden, die Personen- und die Kapitalgesellschaften. **a)** Personengesellschaften: **1)** Gesellschaft des Bürgerlichen Rechts (BGBGes. §§ 705–716 BGB). **2)** Stille Gesellschaft (§§ 335–342 HGB). Gesellschaft, bei der der Teilhaber nach außen nicht in Erscheinung tritt, so dass der Unternehmer wie ein Einzelunternehmer auftritt. **3)** Die OHG = *Offene Handelsgesellschaft* (§§ 105–160 HGB). Zusammenschluss mehrerer Gesellschafter zu gemeinsamem Geschäftsbetrieb unter einer Firma, wobei alle voll haften. **4)** Die KG = *Kommandit-Gesellschaft* (§ 161–177 HGB). Wo sich im Gegensatz zur OHG Voll- und Teilhafter mit unterschiedlicher Geschäftsführungs- und Vertretungsmacht sich zum gemeinsamen Geschäftsbetrieb zusammenschließen, **b)** Kapitalgesellschaften: **1)** → *GmbH* = Gesellschaft mit beschränkter Haftung. Hierbei leisten die Gesellschafter Einlagen, auf die sich ihre Haftung erstreckt. Die Geschäftsführung liegt in den Händen der oder der Gesellschafter. Die Gesellschafter vertreten ihre Rechte in der Gesellschafterversammlung. **2)** AG = *Aktien-Gesellschaft* (AktGes). Gesellschaft mit eigener Rechtspersönlichkeit, bei der das Kapital von anonymen Kapitalgebern, den Aktionären, durch Aktienkauf aufgebracht wird. Die Organe sind: Hauptversammlung, Aufsichtsrat, Vorstand. **3)** Die KGaA = Kommanditgesellschaft auf Aktien. Eine Mischform; eine KG mit mindestens einem Vollhafter und zusätzlichem Aktienkapital, das von Aktionären gehalten wird.

Unternehmensidentität (Corporate Identity). Die Unternehmensidentität wird bestimmt durch langfristige Leitstrategien im Rahmen des Marketing, aus denen alle weiteren kommunikativen Strategien abgeleitet werden. Die Leitstrategie entwickelt das Bild des Unternehmens, das durch → *Öffentlichkeitsarbeit* vermittelt werden soll. Die Unternehmensidentität schließt das Verhältnis zur gastgewerblichen Umwelt (zum Gast, Lieferer, der Administration u. a.) ein und formt daraus die unverwechselbare Identität des Hotelbetriebes mit der Auswirkung der Imagevertiefung und der Identifikation der Mitarbeiter mit dem Unternehmen oder der Gruppe sowie der Vertrauensförderung bei den Gästegruppen. Als Mittel für die praktische Umsetzung sind die in konzentrischen Kreisen wirkenden Mittel verwendbar: **a)** im Haus selbst: Einrichtungen und Farbkombinationen, Personalbekleidung und Auftreten des Personals, Zimmer- und Tischwäsche, Geschirr und Besteck sowie Gläser, Speise-

und Getränkekarte, **b)** außer Haus in unmittelbarer Umgebung: Leuchtreklame und/oder Schriftzug, Anzeigen, Aufsteller, Sonnenschirme mit Emblem, Baustil, Hotelwegweiser, Eingang und Halle, **c)** im weiteren Umkreis und langfristig wirkend: Briefpapier u. a. mit Emblem oder Schriftzug, Hotelpostkarten und Gästejournal, Streichhölzer und Werbegeschenke und andere Kleinartikel, die der Gast mitnimmt.

Unternehmenswert. Wert einer ganzen Unternehmung, der einerseits vom Wert des vorhandenen Vermögens, andererseits von den zukünftig noch zu erwirtschaftenden Erträgen abhängt. Er ergibt sich:

Unternehmenswert
$$= \frac{\text{Ertragswert} + \text{Substanzwert}}{2}$$

Unternehmensziele. Angestrebte Leitpunkte, die der oder die Unternehmer definieren und die mittels aller eingesetzter Strategien angestrebt werden. Es kommen in Betracht: **a)** Umsatzsteigerung (Erweiterung des Marktanteils), **b)** Einkommenssteigerung (Gewinnmaximierung), **c)** Erlangung einer Machtposition, **d)** Erreichung wirtschaftlichen Ansehens, aber auch weniger mathematisch erfassbare Ziele wie: **e)** der vornehmste Gästekreis, **f)** das erste Haus am Platze usw.

Unternehmenszusammenschlüsse. Zusammenschlüsse von Unternehmen, meist aus marktpolitischen Gründen. Es werden unterschieden: **a)** Kartell: freiwilliger Zusammenschluss rechtlich und wirtschaftlich selbständiger Unternehmen, **b)** Konzern: wirtschaftliche Verknüpfung rechtlich selbständiger Unternehmen, **c)** Trust: Zusammenschluss unter Verlust der rechtlichen und wirtschaftlichen Selbständigkeit, **d)** Konsortium: vorübergehender Zusammenschluss (BGBGes), **e)** Syndikat: Kartell mit gemeinsamem Verkaufskontor, **f)** Pool: Gewinne werden in einem „pool" zusammengefasst und nach Schlüssel verteilt, **g)** Zusammenfassung der Kapitalien der im Trust vereinigten Unternehmen.

Unternehmer. Unternehmer ist, wer eine gewerbliche oder berufliche Tätigkeit selbständig ausübt. Die Merkmale dieser Tätigkeit sind: **a)** Nachhaltigkeit der Tätigkeit; mit Wiederholungsabsicht, **b)** Selbständigkeit; eine Tätigkeit auf eigene Rechnung und Gefahr, **c)** Beteiligung am Wirtschaftsverkehr (z. B. durch ein Büro, Geschäftsräume, Anzeigen oder ähnliche Äußerungen), **d)** Gewinnerzielungsabsicht im Einkommensteuerrecht und bloße Einnahmenerzielungsabsicht im Umsatzsteuerrecht.

Unternehmerlohn. In Einzelunternehmen und Personengesellschaften erhalten die mitarbeitenden Eigentümer keinen Lohn; ihnen fließt der Gewinn zu. Um eine Entschädigung für ihre Tätigkeit zu erwirtschaften, wird der Unternehmerlohn einkalkuliert. Es handelt sich dabei um Zusatzkosten, die gewinneutral zu buchen sind.

Unterricht. Form des geplanten Lehrens und Lernens, wobei die Vermittlung von Kenntnissen (Fachtheorie) im Mittelpunkt steht → *Kognitiver Lernbereich*.

Unterrichtsplan. Bei Einsatz von Werkunterricht Festlegung der Lehrinhalte und Lehrziele in Abstimmung mit praktischer Unterweisung im Betrieb, in der Lehrwerkstatt und mit dem Berufsschulunterricht.

Unterrichtungsnachweis. Zwingende Voraussetzung für die Erteilung einer → *Konzession* zum Betrieb einer Schank- oder Gastwirtschaft ist der Unterrichtungsnachweis. Er kann von der zuständigen IHK erlangt werden und bescheinigt, dass der Inhaber über die für sein in Aussicht genommenes Gewerbe notwendigen lebensmittelrechtlichen Vorschriften unterrichtet wurde. Wechselt ein Gastwirt von einem in den anderen Ort, muss er den Unterrichtungsnachweis für eine neue Konzession in vielen

Fällen wieder neu erbringen. Das Gleiche gilt, wenn er einen weiteren Betrieb eröffnet. Auch ein beauftragter Geschäftsführer muss einen Unterrichtungsnachweis erbringen. Bei juristischen Personen oder Vereinen stellen diese zwar den Antrag, unterrichtet werden aber die zur Vertretung befugten Personen. Die von den Kammern vor Erteilung des Nachweises durchgeführte Unterrichtung wird allgemein als unzureichend für die Führung eines gastgewerblichen Betriebes eingestuft, wenn der Erwerber keine weiteren Kenntnisse und Berufserfahrungen besitzt.

Unterweisung. Form des geplanten Lehrens und Lernens, wobei die Vermittlung von Fertigkeiten (Fachpraxis) im Mittelpunkt steht. → *Psychomotorischer Lernbereich.*

Unterweisungskontrolle. Vergleich der vorgegebenen Sollwerte mit den erreichten Istwerten im Rahmen des Lernprozesses.

Unterweisungsmittel. Erforderliche Lehr- und Lernmittel, die bei der Unterweisung, insbesondere bei Auszubildenden, eingesetzt werden.

Unterweisungsprinzipien. Allgemeingültige pädagogische Grundsätze, die der Ausbilder im Rahmen seiner Tätigkeit zu berücksichtigen hat. Zu ihnen zählen: *Aktivität,* → *Anschauung,* → *Praxisnähe,* → *sachliche Richtigkeit,* → *Jugendgemäßheit,* → *Erfolgssicherung,* → *Ausbildungsstil.*

Unterweisungsregelkreis. Grafische Darstellung der Hauptphasen betrieblicher Unterweisung:

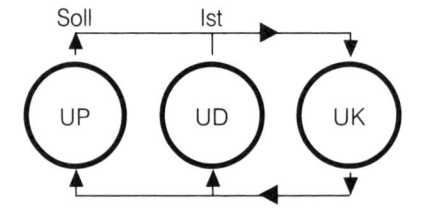

Rückkoppelung –
Überwachung –
Soll-Ist-Vergleich –
Feed Back
UP = Unterweisungs-Planung
UD = Unterweisungs-Durchführung
UK = Unterweisungs-Kontrolle
→ *Unterweisung,* → *Feed-Back.*

Unterweisungsstufen. Lernprozessgerechte Lernstufen. Zu ihnen gehören: **a)** Lernmotivation (Anstoß, Antrieb zum Lernen während des gesamten Lernprozesses), **b)** Lernwiderstand (Schwierigkeiten, Lernbarrieren durch Hilfen und Ratschläge überspringen oder mindern, aber nicht ausschließen), **c)** Einsicht (Lösung der Spannungen durch Erfolgserlebnisse), **d)** Tun (Ergebnisse werden durch Selbsttätigkeit gefestigt), **e)** Behalten – Einüben (Einprägung von Wissen und Beherrschung von Fertigkeiten), **f)** Bereitstellen (Anwendung des Gelernten in der Praxis).

Unterweisungstechniken. Elemente des Unterweisens, die der Ausbilder kombiniert einzusetzen hat. Dazu gehören: Vormachen, vorzeigen, vorführen, besichtigen, abbilden, erklären, vortragen, berichten, fragen, wiederholen, üben, Unterweisungsgespräch führen.

Uperisieren (Ultra-Pasteurisierung, Ultra-Hocherhitzen). Kontinuierlich arbeitendes Entkeimungsverfahren für Milch, die dabei auf 71 bis 85 °C vorgewärmt und dann in einer Druckkammer während 2 bis 3 sec. auf 145 bis 150 °C mit Hilfe von Dampf erhitzt wird. In dieser kurzen Zeit verändern sich das Milcheiweiß und der Milchzucker nicht. Danach wird die Milch in einer Ausdehnungskammer schlagartig auf 100 °C abgekühlt und dabei das in Dampfform zugesetzte Wasser entfernt, nach erfolgter weiterer Kühlung wird die Milch steril abgefüllt. Sie gilt nach der Ausführungsverordnung zum Milchgesetz als Dauermilch und muss mindestens 4 Wochen haltbar sein.

Urlaub. Freistellung von der Arbeit unter Fortzahlung der Bezüge. Deshalb besteht ein Verbot, im Urlaub eine andere Tätigkeit auszuüben, zumal der Urlaub gewährt wird, damit der Arbeitnehmer sich erholt. Die Urlaubsdauer hängt von den Vereinbarungen in den Tarifverträgen ab und richtet sich außerdem nach Alter und Betriebszugehörigkeit. Für verschiedene Gruppen von Arbeitnehmern (z. B. Schwerbeschädigte) gelten noch zusätzliche Vorschriften. Bei Erkrankung im Urlaub werden die mittels ärztlicher Bescheinigung nachgewiesenen Krankheitstage nicht auf den Urlaub angerechnet.

Urlaubsgeld. Eine zusätzlich zur Lohnfortzahlung im Urlaub gezahlte Vergütung. Die Höhe ist in den Tarifverträgen vereinbart.

UTA. Untypischer Alterungston. Bei diesem in der modernen Zeit oft auftretenden Weinfehler sind die Ursachen nicht genau erforscht. Vermutet werden Bodenfehler: Überdüngung, Stickstoffmangel, unreifes Lesegut, Trocken-Nass-Stress der Reben, Oxydation. Dieser Weinfehler ist schwer zu erkennen. Typische Anzeichen sind der Geruch nach Mottenkugeln, schmutziger, nasser Wäsche, der Seifen- und Waschmittelton.

Uxelles → *Duxelles*.

V

Vacherin *(Altfranzösisch: Vachelin).* **a)** La vache – Kuh, daher zuerst ein weicher Kuhmilchkäse. **b)** Als Süßspeise eine Meringue- oder Baiser-Masse als Gitter in runder Tortenform gespritzt und getrocknet. Füllung aus Sahne, Eis, Obstsahne, Maronenmus.

Vacherin Mont d'Or oder Vacherin du Haut-Doubs. Mont d'Or ist ein Bergmassiv im französischen Franche-Comté (1463 m) an der Grenze zur Schweiz. Hier entspringt das Flüsschen Doubs, der zweite Namensgeber des Käses. In 40 Dörfern, die oberhalb 800 m liegen, wird die Milch gewonnen. Vacherin Mont d'Or ist ein Rohmilch-Weichkäse mit weicher, rötlicher, runzeliger Naturschimmelrinde, mindestens 45 % Fett i. Tr. Es ist ein typischer Winterkäse, nur vom 15. August bis 31. März darf die Milch für diesen Käse gesammelt werden. In der übrigen Zeit wird aus der Milch der Comté hergestellt. Der Käse erhielt 1981 die AOC (Appelation d'Origine controlée = geschützte Herkunftsbezeichnung). Die strengen Auflagen schreiben u. a. vor: 2 bestimmte Rinderrassen sind zugelassen, die Tiere dürfen kein Silagefutter (Gärfutter) erhalten, die Milch muss aus der Bergregion über 700 m, stammen, sie muss täglich eingesammelt werden. Der abgetropfte Bruch wird nach dem Herausnehmen aus der Form mit einem Streifen aus Tannenrinde umwickelt. Nach der Reifung von ca. 3 Wochen kommt er in Spanschachteln in den Handel. Mit zunehmender Reifung wird der Käse immer weicher. Zum Verzehr wird die Haut entfernt und der weiche Teig mit dem Löffel gegessen. Der in der Schweiz hergestellte Vacherin Mont d'Or wird aus pasteurisierter Milch hergestellt.

Vaerst. Eugen von V. (1794–1877), Kapitän im preuß. Heer, Schriftsteller, „Gastrosophie" oder „Die Lehre von den Freuden der Tafel".

Vakuumgaren → *sous-vide,* cuisson.

Validität. Gütemerkmal „Gültigkeit", gibt die Genauigkeit eines Tests an. Beispielsweise werden Fähigkeiten getestet, die in der Berufspraxis verlangt werden. Je höher die in der Praxis erbrachten Fähigkeiten und Leistungen vom Testergebnis abweichen, desto geringer ist die Gültigkeit eines Tests.

Valoitin → *Amantin.*

Valpolicella D.O.C. Ein aus → *Venetien* stammender Rotwein, der jung getrunken werden sollte. Zum Anbaugebiet gehörten 20 Gemeinden. Die übergroße Produktion bringt viele Qualitätsunterschiede auf den Markt. **a)** Valpolicella Superiore: mind. 12 % Vol. Alkoholgehalt; aus ausgelesenen Trauben, **b)** Valpolicella Classico stammt nur aus ausgewählten Dörfern, **c)** Valpolicella Recioto: eine meist süße Angebotsform. Zu den besten Valpolicella gehört Valpolicella Valpantena.

Vanderbilt, Cornelius (1794–1877). Amerik. Finanzmann, Universitätsgründer in Nashville. Klass. Garnitur z. B. Hummer Vanderbilt.

Vanille. Frucht einer tropischen Kletterorchideenart. Die bohnenförmigen Fruchtkapseln werden unreif geerntet und einem besonderen Fermentationsverfahren unterzogen. Hierbei entwickeln sich die schwarzbraune Farbe und das typische Aroma. Der wichtigste Geschmackstoff ist das Vanillin (0,75 bis ca. 3 %). Auf der Kapsel, fälschlich als Schote bezeichnet, bilden sich mitunter feine, weiße, nadelförmige Kristallausscheidungen. Es handelt sich um Vanillin, es ist jedoch kein Qualitätsmerkmal. Die Herkunft ist Mexiko, von dort kommen auch die besten Sorten. Weitere Anbauländer: Réunion, (früherer Name Bourbon, daher die Bezeichnung Bourbon-Vanille), Madagaskar, Komoren, Java, Sri-Lanka.

Vanillin. Wichtigster Geschmacksstoff der Vanillekapsel. Es handelt sich um weiße, nadelförmige Kristalle, die in kalten Flüssig-

Vanillelikör

keiten nur schwer löslich sind. Vanillin wird heute meist synthetisch hergestellt und wird dann als naturidentischer Aromastoff bezeichnet. Vanillinzucker ist eine Mischung aus Saccharose (Verbrauchszucker) und mindestens 1 % Vanillin.

Vanillelikör. Likör, bei dessen Herstellung ausschließlich Vanilleschoten verwendet worden sind. Zusatz von Vanillin ist verboten. Mindestalkoholgehalt 30 % Vol. Dieser Likör ist im Handel kaum erhältlich.

Van't Hoffsches Gesetz. Enzyme rufen beim Verderb biochemische Vorgänge hervor. Für chemische Reaktionen gilt das van't Hoffsche Gesetz. Sinkt die Temperatur um 10 °C, dann verlangsamen sich diese Vorgänge um das Zwei- bis Dreifache, Verderbniserscheinungen treten entsprechend später auf. Vereinfacht kann man sagen, dass Lebensmittel zwei- bis dreimal länger halten, wenn die Temperatur um 10 °C sinkt. Bei 20 °C Temperatursenkung bedeutet das bereits sechs- bis neunfache Haltbarkeit, bei 40 °C Temperatursenkung bis zu 81 fache Haltbarkeit.

Varenikis. Russische Ravioli mit einer Rindfleischfarce, abgekocht und abgeschmälzt.

Vatel, François (1631–1671). Haushofmeister des Fürsten Condé (Selbstmord, da bei einem Essen das Fleisch an einigen Tischen etwas knapp war). Klass. Garnitur z. B. Steinbutt Vatel.

Vatruskis. Anderer Name für → *Piroggen,* hier mit Quarkfüllung.

VC → *Zimmerstatus.*

VDP – Vereinigung deutscher Prädikatsweingüter. **a)** nur für Betriebe mit mind. 2 ha Rebfläche bekannter Lagen im Eigenbesitz, **b)** produzieren hauptsächlich Prädikatsweine, **c)** strengere Ansprüche an Qualität, **d)** Selbstkontrolle durch Mitglieder, **e)** Mitgliedschaft auf 5 Jahre begrenzt.

V.D.Q.S. – *Vins délimites de qualité supérieure.* Qualitätsstufe für französische Weine höherer Qualität aus begrenzten Anbaugebieten, die nach der Qualitätsstufe → *A.O.C./A. C.* an zweiter Stelle liegt. Sie ist für Weine vorgesehen, die aus nicht so bekannten Gebieten wie A.O.C./A. C.-Weine stammen, aber kontrollierten Ursprungs sind. Die Kontrollen erstrecken sich über die Rebsorten, den Schnitt und die Pflegemethoden, den Ertrag, den Mindestalkoholgehalt, die Weinbereitungsmethoden und die obligatorische Qualitätskontrolle durch Degustation. Zu V.D.Q.S.-Gebieten gehören z. B. Teile der Gebiete von → *Languedoc,* → *Roussillon, Provence.*

Vegan. Form für eine strikte vegetarische Ernährung, in der alle tierischen Produkte, z. B. auch Honig, abgelehnt werden.

Veilchen → *Märzveilchen.*

Veltliner – grüner Veltliner. Auch Weißgipfler, Manhardsrebe, Hauptrebsorte Österreichs, neuerdings auch in Kalifornien angebaut. Er liefert bei guten Erträgen milde und körperreiche Weine mit typischem Sortenbukett.

Venetien. Landschaftlich schönste Region Italiens; Provinzen um die Stadt Venedig. Bekannte Weine dieses Gebietes sind → *Valpolicella,* → *Bardolino,* → *Soave.*

Venusmuschel. Im Mittelmeer und Atlantik beheimatete Muschel in vielen Arten und Formen. Die bekanntesten sind: Warzige V (frz.: praire; engl.: dam), die rotbraun und 3 bis 5 cm groß ist; braune V (frz.: palourele; engl.: venus-shell), von hellerer Farbe, 5 bis 7 cm und größer; Teppisch-Muschel (frz.: clovisse; engl.: french mussel), von blassroter Färbung und 3 bis 5 cm groß. Alle können roh oder gekocht (wie Pfahlmuscheln) gegessen werden.

Venuswarzen → *Venusmuschel.* Zweischalige Muscheln, die in der Bretagne gezüchtet werden, in der Charente-Maritime aber noch wild vorkommen. Roh haben sie einen Pfeffergeschmack. Gekocht werden sie zäh und verlieren den Geschmack.

Veräußerungsgewinn. Gewinn, der bei der Veräußerung eines Betriebes oder eines Teils davon entsteht. Er errechnet sich:

Veräußerungspreis
– Restbuchwert
– Veräußerungskosten
= Veräußerungsgewinn

Verbandbuch → *Unfallverhütungs- und Sicherheitsvorschriften im Gastgewerbe.*

Verband der Köche Deutschlands e.V. (VKD). Sitz: Frankfurt/M. Berufsverband der Köche. Aufgaben: **a)** Wahrnehmung der fachlichen Interessen, **b)** Förderung des Kochberufes und der Kochkunst, **c)** Unterstützung bedürftiger Mitglieder, **d)** Durchführung fachlicher Vorträge, praktische Kochvorführungen und Fortbildungskurse, **e)** Ausrichtung von Kochkunst-Ausstellungen und Wettbewerben, **f)** Herausgabe der Fachzeitschrift „Küche".

Verbände → *Berufsverbände.* Vereinigungen von natürlichen oder juristischen Personen zur Förderung gemeinsamer Interessen. Folgende Gruppen sind für den Hotel- und Gaststättenbereich bedeutend: **a)** Berufsverbände, deren Angehörige dem gleichen Wirtschaftszweig oder Beruf angehören wie z.B.: → *VKD = Verband der Köche Deutschlands e. V.*, der VSR der DBU oder die Sommelier-Union, **b)** Arbeitgeberverbände wie der → *DEHOGA*, **c)** Arbeitnehmerverbände (Gewerkschaften), **d)** Kammern wie die → *Industrie- und Handelskammer (IHK).*

Verbena. Eisenkraut, wird als Teeaufguss gerne nach den Mahlzeiten getrunken. Es beinhaltet Alkoloide, Bitterstoffe, Glykoside und wirkt harntreibend, immunstärkend, menstruationsfördernd.

Verdauung. Abbau bzw. Umwandlung von z. T. hochmolekularen Nahrungsbestandteilen in eine resorbierbare Form. Die Verdauung erfolgt in den Verdauungsorganen unter Wirkung der Verdauungsenzyme, Magensäure und Gallensaft.

Verdi, Guiseppe (1813–1901). Opernkomponist. Klass. Garnitur z. B. Lendenschnitte Verdi.

Verdicchio del Castelli di Jesi D.O.C. In der italienischen Provinz Ancona zum großen Teil aus gleichnamiger Traubensorte hergestellter, trockener Weißwein mit 12 % Vol. Alkoholgehalt. Dieser Wein kann auch mit dem Zusatz „Classico" angeboten werden.

Verdickungsmittel. In Wasser stark quellende Stoffe. Sie werden in Lebensmitteln verwendet, wo eine sämige Konsistenz erwünscht ist; Suppen, Soßen, Desserts, Füllungen, Cremes usw. Die wichtigsten Verdickungsstoffe, die auch als Gelierstoffe wirken: → *Alginate,* → *Agar-Agar* und → *Carrageene.* Diese Stoffe werden aus Algen extrahiert. Man setzt sie dem Pudding, dem Eis und der Eiskrem, Milcherzeugnissen, Bäckerei- und Konditoreiprodukten sowie Wurstwaren zu. Traganth und Gummi arabicum stammen aus dem Harz von Sträuchern und finden in der Konditorei Verwendung. → *Johannisbrot-* und → *Guarkernmehl* werden aus dem Samen der Hülsenfrüchte gewonnen und z.B. als Bindemittel in der Wurstwarenproduktion sowie als Stabilisatoren für Sahne, Eis und Eiskrems eingesetzt. → *Pektin* kommt von Natur aus im Obst vor. Zusammen mit Wasser, Zucker und Säure bildet Pektin ein festes Gel und gibt Konfitüren und Gelees, Milcherzeugnissen und bestimmten Konditoreiprodukten die entsprechende Konsistenz. → *E-Nummern (Anhang A3).*

Vergine. Dritte Qualitätsstufe für italienisches Olivenöl.

Vergleich

Vergleich. Mittel zur Abwendung eines → *Konkurses*. Er kann durchgeführt werden als: **a)** außergerichtlicher Vergleich, dem alle Gläubiger zustimmen müssen. **b)** gerichtlicher Vergleich, wobei der Schuldner einen Vergleichsvorschlag mit einer Mindestquote von 35 % vorlegen muss.

Vergleichende Werbung → *Werbung*. Eine vergleichende Werbung liegt vor, wenn Bezug genommen wird auf die Angebote der Mitkonkurrenten. Sie ist zulässig, wenn sie wahr, nicht irreführend und nicht herabsetzend ist.

Vergnügungssteuer. Örtliche Verbrauch- und Aufwandsteuer, die auf der Basis von Ländergesetzen erhoben wird. Sie belastet die in einer Gemeide veranstalteten Vergnügungen wie z. B. Theatervorstellungen, Kabarett, Tanzveranstaltungen u. a. Es gibt viele Befreiungen. Die Steuer kann pauschal oder über die Eintrittskarten erhoben werden.

Verjährung. Im kaufmännischen Verkehr versteht man unter der Verjährung allgemein das Kraftloswerden einer Forderung durch Zeitablauf, d. h. nach einer bestimmten Frist kann die Forderung nicht mehr eingetrieben werden, der Schuldner hat die „Einrede der Verjährung". Die maßgebenden Fristen sind: zwei Jahre für Geschäfte mit Nichtkaufleuten – Fristbeginn mit Jahresende, vier Jahre für beiderseitigen Handelskauf, Zinsen, Ruhegehälter u. a. – Fristbeginn mit Jahresende. 30 Jahre beträgt die allgemeine Verjährungsfrist, so z. B. für Darlehen oder aus Forderungen, die auf Urteilen beruhen; diese Frist beginnt mit der Entstehung des Anspruchs. Kürzere Fristen gibt es z. B. bei Gewährleistungsansprüchen (→ *Schadenersatz*).

Verjus. *vert* = *grün*. Frischer, ausgepresster Saft noch nicht reifer Trauben (sauer), zum Verkochen mit Saucen.

Verkaufsfördernde Maßnahmen. Alle Maßnahmen, die im Rahmen der Distributionspolitik geeignet sind, den potenziellen Gästen Kenntnis von der Verfügbarkeit der Leistungen zu übermitteln und diese zum Erwerb der Leistungen zu motivieren. Hierfür steht das gesamte → *Absatzpolitische Instrumentarium* zur Verfügung.

Verkaufsförderung. Der Verkaufsförderung, deren Ziel die Absatzerweiterung ist, dient das gesamte → *Absatzpolitische Instrumentarium;* davon besonders die Werbung, aber auch die Öffentlichkeitsarbeit, bei der Informationswesen und Medienpflege eine besondere Rolle spielen.

Verkehrssicherungspflicht. Pflicht, die jeden trifft, der eine Gefahrenquelle an einem Ort, an dem mit dem Verkehr von Menschen zu rechnen ist, errichtet oder errichten lässt. Mit der Eröffnung eines gastgewerblichen Betriebes trifft sie auch den Wirt. Deshalb hat dieser dafür Sorge zu tragen, dass drohende Gefahren durch geeignete Maßnahmen abgewendet werden. Diese Verpflichtung besteht gegenüber allen Personen, die die Räume befugterweise betreten. Der Wirt muss deshalb für die Verkehrssicherheit **a)** der Räume, die der Allgemeinheit zugänglich sind, **b)** der Zugänge zu den Räumen und dem Grundstück, **c)** der Zugänge zu sonstigen Örtlichkeiten des Grundstücks sorgen. Dabei genügen Sicherungsvorkehrungen, die ein verständiger und vorsichtiger Wirt für ausreichend hält (BGH VersR. 1967, 801). Es ist dabei an die Unterschiedlichkeit der Gäste und unvorsichtiges Verhalten nach Alkoholgenuss zu denken. Aber auch den Gast trifft eine gewisse Sorgfaltspflicht, z. B. bei der Benutzung eines Bades oder dem Betreten dunkler Räume.

Verkehrswert. Preis, der beim Verkauf eines Wirtschaftsgutes im gewöhnlichen Geschäftsverkehr erzielt werden kann. Er entspricht im Steuerrecht dem gemeinen Wert.

Verlust → *Gewinn*. Verlust ist das negative Ergebnis, dass zustandekommt, wenn der

590

Aufwand höher ist als der Ertrag. Steuerlich kann er bei jeder → *Einkunftsart* auftreten.

Vermählung. Mariage; Vermengung verschiedener Wein-Destilate (z. B. unterschiedl. Jahrgänge) zur Erreichung gleichbleibender Qualität.

Vermögen. Unter Vermögen versteht man Geld und geldwerte Güter. Bewertungsrechtlich wird das Vermögen unterteilt in: **a)** Land- und forstwirtschaftliches Vermögen, **b)** Grundvermögen, **c)** Betriebsvermögen und **d)** sonstiges Vermögen (Abb. 85).

Vermögensbildung. Zur Anregung der Vermögensbildung wurden eine Reihe von Erleichterungen geschaffen. Voraussetzung ist, dass eine vermögenswirksame Leistung, also eine Leistung, die das Vermögen mehrt, erbracht wird. Hierbei kommen Leistungen in Betracht, die geleistet werden **a)** als Sparprämien, **b)** als Bausparprämien, **c)** zur Erlangung von Haus- oder Wohnungseigentum, **d)** zum Erwerb begünstigter Arbeitnehmeraktien, **e)** zu Kapitalversicherungen u. a. Zusatzversicherungen. Die Begünstigung kann steuerlicher Natur sein (Abzug als Sonderausgaben), oder in Form von Zulagen (Arbeitnehmersparzulage), soweit bestimmte Einkommenshöhen nicht überschritten werden, gewährt werden.

Vermouth. Im Prinzip handelt es sich bei Vermouth um Moscatoweine, die aufgespritet sind und denen ein Zusatz (Geheimnis der einzelnen Firmen) aus Kräutern, Essenzen zugegeben wird. Der älteste Vermouth wurde 1786 in Torino unter dem Namen „Carpano" angeboten. Hauptherstellungsgebiet: Piemont.

Vermouth dry. Angebotsform von Vermouth. „Dry" = „trocken", d. h. wenig Restsüße in 100 ml. Vermouth Dry ist meist weiß.

Vernatsch auch Groß Vernatsch. → *Trollinger*.

Verprobung. Eine Methode, um festzustellen, ob das Buchführungsergebnis der Realität entsprechen kann. Sie kann zur Kontrolle ebenso verwendet werden wie für die Schätzung. Verschiedene Wege können eingeschlagen werden, so z. B.: **a)** mittels Richtsätzen die Verprobung von Umsatz

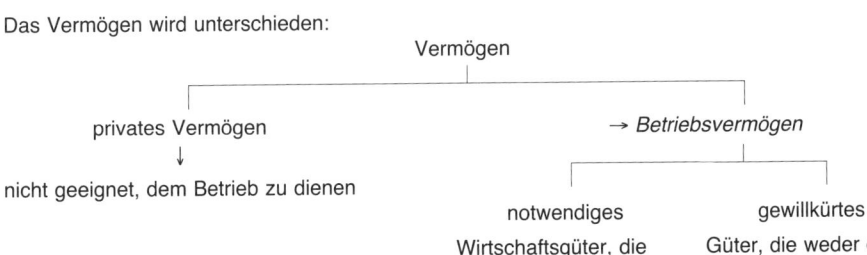

	Vermögen	
privates Vermögen ↓	→ *Betriebsvermögen*	
nicht geeignet, dem Betrieb zu dienen	notwendiges	gewillkürtes
	Wirtschaftsgüter, die dem Betrieb zu dienen bestimmt sind, und die wesentliche Grundlage des Betriebes sind, wie Maschinen, Anlagen, Betriebsgebäude. Sie sind für die private Nutzung ungeeignet.	Güter, die weder eindeutig zum privaten noch zum notwendigen Betriebsvermögen gehören. Hier hat der Unternehmer ein Ansatzrecht, d. h. er kann sie dem Betriebsvermögen zuordnen.

Abb. 85 Vermögen

Verrichtungsgehilfe

oder Gewinn, **b)** mit kalkulatorischen Methoden die Bestimmung des wirtschaftlichen Umsatzes. Die Methoden sind nach Branchen und Betriebsarten notwendigerweise verschieden.

Verrichtungsgehilfe. Vom Wirt beschäftigte Personen sind als Verrichtungsgehilfen anzusehen, wenn zwischen dem Wirt und dem Gast (der z. B. geschädigt wurde) kein Vertrag bestand. Der Wirt muss dem Gast gegenüber haften, jedoch kann er sich von der Haftung befreien, wenn er nachweisen kann, dass er bei der Auswahl des Personals weder vorsätzlich noch fahrlässig gehandelt hat. Erbringt der Wirt diesen Nachweis, so haftet der Verrichtungsgehilfe (BGB § 831). → *Erfüllungsgehilfe.*

Verrieseln. Blütenstaubverlust der Rebe in der Blütezeit ca. Ende Mai, der oft durch Witterungsverhältnisse, z. B. Regenfälle, verursacht wird. Manche Rebsorten neigen dazu, von sich aus leicht Blütenstaubpollen zu verlieren, z. B. Trollinger. Durch den Pollenverlust gibt es keine Befruchtung und später einen sehr geringen Ertrag. Die Rebe ist Selbstbefruchter, eine zwittrige Pflanze.

Versanddosage → *Champagner-Herstellung,* IV. Punkt 6. Die Versanddosage besteht aus einer Mischung von Zucker im Wein, die dem fertig vergorenen Rohschaumwein zugesetzt wird, um die gewünschte Geschmacksrichtung von „herb" bis „süß" zu erreichen. Gleichzeitig dient diese Lösung zum Ausgleich des Volumens, das sich in der Flasche durch degorgieren entstanden ist.

Verschluss-Lohnbrennereien. In diesen Betrieben sind Geräte, Räume, Rohre und sämtliche Behälter amtlich verschlossen. Es handelt sich meist um Großbetriebe. → *Branntweinmonopol.*

Verschnittwein. Sachgemäßes Vermischen verschiedener Weine zum Ausgleich fehlender Bestandteile (Bukett, Farbe, Körper, Alkohol). Weine verschiedener Herkunft und verschiedener Jahrgänge dürfen verschnitten werden, jedoch nur Weißwein mit Weißwein und Rotwein mit Rotwein. Verschnittener Wein darf die Rebsortenbezeichnung nur dann auf dem Etikett tragen, wenn diese Rebsorte 85 % der Gesamtmenge beträgt. Qualitätsweine b. A. dürfen nur mit Weinen aus den gleichen bestimmten Anbaugebieten verschnitten werden. Bei Verschnitten von Qualitätsweinen mit Prädikat müssen die verwendeten Weine zu 100 % aus einem Bereich stammen und mindestens der gleichen Prädikatsstufe angehören.

Versicherung. Jede Versicherung hat den Zweck, das Risiko eines evtl. zukünftigen Schadens abzudecken. Es sind zwei große Teilbereiche zu unterscheiden: **a)** die → *Sozialversicherung* als Pflichtversicherung, **b)** die → *Individualversicherung* als private Vertragsversicherung, die auf einem Vertrag zwischen Versicherer und Versicherungsnehmer basiert. Zur Absicherung des Risikos bieten sich dem Gastronomen folgende Versicherungen an: **1.** Sachversicherung für Betriebsgebäude oder Einrichtung und Arbeitsgeräte. **2.** Feuerversicherung (für das gesamte Eigentum) zweckmäßig i. V. mit einem Zusatz für Feuerfolgeschäden. **3.** Betriebsunterbrechungsversicherung für durch Ausfälle entstehende Kosten. **4.** Einbruch-Diebstahlversicherung (für gestohlene Werte und entstandene Schäden). **5.** Leitungswasserversicherung (für Schäden, wenn Wasser „bestimmungswidrig" ausläuft). **6.** Sturmversicherung (für Schäden und Folgeschäden bei Windstärke 8 und mehr). **7.** Glasversicherung (für Schäden, die beim Reinigen, Dekorieren oder durch Unvorsichtigkeit entstehen). **8.** Haftpflichtversicherung zur Abdeckung von Haftpflichtschäden von Mitarbeitern, Gästen und anderen Personen.

Versicherungsfall. Das Ereignis, das eintreten muss, damit ein Berechtigter eine Leistung aus dem Versicherungsvertrag oder der gesetzlichen Sozialversicherung erhält.

Versicherungsnachweisheft. Der Arbeitnehmer hat den Versicherungsausweis herauszunehmen und dann das Heft dem Arbeitgeber auszuhändigen. Es gehört zu den → *Arbeitspapieren* und wird wie diese behandelt. Es dient dem späteren Nachweis der Versicherung.

Versorgungsgastronomie → *Catering.*

Vertragsarten, wichtige. Neben den besonderen Verträgen für das Gastgewerbe sind die in Abb. 86 genannten Verträge von Bedeutung.

Vertretung. Die Vertretungsmacht hat derjenige, der berechtigt ist, im Außenverhältnis, d. h. gegenüber Dritten eine Firma zu vertreten.

Verwahrungsvertrag. Oft ein Teil des Beherbergungsvertrages, bei dem Sachen im Eigentum des Gastes vom Wirt in Verwahrung genommen werden. Der Wirt haftet für Schäden und Untergang dieser Sachen auch dann, wenn ihn kein Verschulden trifft.

Verzeichnis der Berufsausbildungsverhältnisse (früher „Lehrlingsrolle"). Der Eintragungsantrag erfolgt unverzüglich nach Abschluss des Berufsausbildungsvertrages durch den Ausbildenden bei der zuständigen Stelle (Kammer), die die ordnungsmäßige Durchführung der Ausbildung überwacht.

Vesigha. Rückenmark des Störs. Kommt getrocknet in den Handel und findet Verwendung bei der russischen Lachspastete „Kulibijaka", frz. coulibiac.

Vesuvio. Ital. Weine aus der Umgebung des Vulkans Vesuv. Meistens sind es besonders körperreiche trockene Weißweine, wie z. B. → *Lacrima Christi.*

VG Wort. Vertretung der Rechte von Autoren bei Fernseh- und Rundfunkübertragungen. Das Inkasso dieser Gebühr übernimmt die → *GEMA.*

VHD → *Berufsverband.* Vereinigung der Hoteldirektoren Deutschlands, in dem Hoteldirektoren aufgenommen werden, die Hotels ab einer bestimmten Größe leiten.

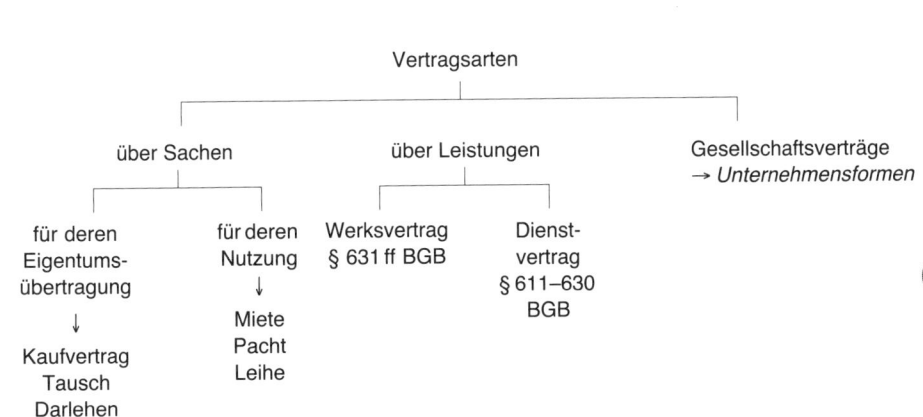

Abb. 86 Wichtige Vertragsarten

Vichy. Frz. Badestadt im Dep. Allier, bekannt durch ausgezeichnetes Mineralwasser.

Vichyssoise. Kalte, passierte Kartoffelsuppe, die mit Hühnerbrühe und Lauch gekocht und mit Sahne und Schnittlauch vollendet wird. Diese Suppe wurde vom chef de cuisine des Ritz-Carlton in New York kreiert.

Video-Film-Vorführung → *Güfa*.

Vide-Pommes. Apfel-Aussstecher. Spezialwerkzeug, um das Kerngehäuse der Äpfel zu entfernen, ohne dass der Apfel zerteilt werden muss.

Vier-Stufen-Methode. → *Arbeitsunterweisung*; Empfohlenes Verfahren im Rahmen der Ausbildung, aber auch für die Anlernung neuer Mitarbeiter. Stufen: **a)** Vorbereitung: 1) menschlichen Kontakt herstellen, 2) zu lernende Ar-beit nennen und vorzeigen (Fertigstück), 3) Vorkenntnisse feststellen, 4) Interesse und Arbeitswillen wecken, 5) körperliche Eignung feststellen, 6) richtig aufstellen (Händigkeit). **b)** Vorführung: 1) oft genug und richtig vorführen, 2) das Wie und Warum erklären (Ursache/Wirkung), 3) schrittweise und deutlich unterweisen, 4) Kernpunkte eindringlich und klar betonen, 5) auf Unfallgefahren und Schäden hinweisen, 6) fragen, ob es versucht werden will. **c)** Ausführung: 1) Arbeit still nachmachen lassen 2) Arbeit erklären lassen, 3) Kernpunkte herausstellen lassen, 4) bei groben Fehlern helfend eingreifen, 5) Erfolg jedesmal sorgfältig nachprüfen. **d)** Abschluss: 1) bestimmten Auftrag erteilen, 2) zu Fragen und Meinungen anregen, 3) ergänzende Erklärungen bringen, 4) Stellvertreter benennen und vorstellen, 5) Anerkennung aussprechen.

Viertelflasche. Schaumweinflasche mit dem Inhalt von 0,2 l. Viertelflaschen sollen nicht länger als sechs Monate gelagert werden.

Vieux. Altersbezeichnung für Cognac, entspricht → *Napoléon*.

Village. Qualitätsbezeichnung für Weine aus besonderen, ausgesuchten Gemeinden in bestimmten Anbaugebieten Frankreichs. Unter der Bezeichnung „Village" dürfen nur Weine verkauft werden, die einen festgelegten Alkoholgehalt aufweisen. Der festgelegte Hektarertrag darf nicht überschritten werden. Beide Bestimmungen werden strenger ausgelegt als bei der Bezeichnung → *A.O.C.* Beispiel: Beaujolais A. C. ist eine kleinere Qualität als Beaujolais Village (34 Gemeinden).

Vinaigrette *(frz. vin = Wein, aigre = sauer).* Kalte Soße aus Essig, Öl, Kräutern, seltener: mit fein geschnittenen Zwiebeln, gehackten Eiern. Geeignet zu Spargel, Kalbskopf, Rinderbrust.

Vin de Paille. Frz. Bezeichnung für „Strohwein". Dieser Wein wird aus Trauben hergestellt, die nach der Lese auf Strohmatten in der Sonne angetrocknet werden. Dadurch verlieren sie einen Teil ihres Wassers, was eine Erhöhung des Traubenzuckergehaltes bewirkt.

Vin de Pays. Ab 1973 als „Landweine" deklariert. Diese frz. Landweine gehören zwar zu der Qualitätsstufe Tafelwein, werden jedoch kontrolliert und als die Elite unter den Tafelweinen bezeichnet. Vin de Pays tragen zur Kennzeichnung einen geographischen Hinweis, meist Name des Dep. und unterliegen folgenden gesetzlichen Bestimmungen: **1)** Herstellung aus Edelgewächsen oder aus für das Dep. typischen Traubensorten. **2)** sie müssen im gekennzeichneten Gebiet gekeltert worden sein, **3)** einen natürlichen Mindestalkoholgehalt aufweisen, **4)** einen analytischen Mindestwert an Säuren enthalten, **5)** geschmacklich durch eine anerkannte Kommission überprüft worden sein und **6)** dürfen keine Ausdrücke auf dem Etikett wie → *Clos* oder → *Château* verwandt werden. Die frz. Landweine schließen die Lücke zwischen den Qualitätsweinen und den anonymen Tafelweinen.

Vin de sable. Sandwein. Ein trockener Weißwein aus der Gegend von Sête in Südfrankreich. Er wird aus Direktreben hergestellt. Dabei werden nach Möglichkeit wenig Schwefel und keine chem. Stoffe benutzt. Diese „Spezialität" eignet sich sehr gut zu Austern.

Vin de table. Tafelweine, die entsprechend den EG-Bestimmungen nicht kontrolliert werden. Zum großen Teil handelt es sich in Frankreich um Markenweine, die gleichbleibende Qualität evtl. gleichbleibenden Geschmack aufweisen. V.d.T. machen ca. 80 % der Weinproduktion aus.

Vin doux naturel (VDN). Französische Bezeichnung für Süßweine, bei denen der Gärprozess durch Zugabe von Weinalkohol gestoppt wird. Dadurch bleibt die gewünschte Restsüße erhalten, z. B. Banyls.

Vinierter Wein → Brennwein.

Vin jaune. Wörtlich „gelber Wein". Dunkler Weißwein, eine Spezialität aus dem frz. Jura. Der Geschmack dieses Weines wird durch eine beabsichtigte Oxidation beeinflusst.

Vin Mousseux. Bezeichnung für frz. Schaumweine, die nicht aus der Champagne stammen.

Vin Nature de Champagne → *Coteaux Champenois.*

Vino da Tavola → *Italien – Weingesetz.*

Vino Frizzante → *Italien – Weingesetz.*

Vino Novello → *Italien – Weingesetz.*

Vino Santo. Aus sonnengetrockneten Trauben bereiteter Wein ähnlich → *Strohwein.*

Vino Spumante → *Italien – Weingesetz.*

Vino Tipico → *Italien – Weingesetz.*

Vintage Port → *Portwein,* der aus Weinen eines bestimmten Jahrgangs hergestellt wird. Er zählt zu den besten Portweinen. Je nach Beschaffenheit des Jahrgangs erfährt er eine längere oder kürzere Holzfasslagerung. Bei längerer Holzfasslagerung nennt er sich Novinade oder Crusted Port, bei kürzerer Zeit Vintage Port. im Allgemeinen wird Vintage Port beim Hersteller bis zur optimalen Ausreifung in Flaschen zurückgehalten. Jünger als zwei Jahre darf kein Portwein verkauft werden.

Viognier. Eine der ältesten Weißweinreben der Welt, die nur in Frankreich in dem Gebiet → *Côtes-du-Rhône* angebaut wird. Diese Traubensorte bringt seltene Spitzenweißweine, die auf dem Markt eine Rarität sind.

VIP. Bedeutende Persönlichkeiten und wichtige Gäste, „very important persons", werden kurz VIPs genannt. Auf ihr Wohlbefinden und gute Unterbringung wird stets besonderer Wert gelegt. Dazu gehört es, **a)** dass die Zimmer nochmals sorgfältig überprüft werden und evtl. notwendige Reparaturen vorgezogen werden, **b)** dass evtl. zusätzliche Reinigungen in den vorgesehenen Zimmern durchgeführt werden, **c)** dass das übliche VIP-Präsent aufs Zimmer gebracht wird, **d)** dass Sonderwünsche erfüllt werden. Sinnvoll ist eine Kartei mit den Wünschen solcher Gäste, wenn sie öfter das Haus besuchen. Noch wichtiger ist, dass die Hausdame rechtzeitig von der Ankunft und den Wünschen dieser Gäste erfährt, um notwendige Arbeiten noch in die Wege zu leiten. Zweckmäßig sind hierfür tägliche VIP-Listen, deren Kopie der Hausdame mit dem Logisbericht zugeht (s. Abb. 87). Für Häuser mit ständig hohem VIP-Anteil hat sie den Nachteil, dass sie aktuelle und später wirkende Angaben enthält. Es empfiehlt sich dann eine Trennung zwischen den beiden Angaben. Für bleibende VIP

VIP-Liste (Abb.)

Beispiel

VIP-Liste vom _____ (Datum) _____

Zimmernr.	von — bis	Name, Beruf	Sonderwünsche	Kategorie	erl.
1. Eintreffend HEUTE					
2. Bleibende					
3. Vorbestellungen					

VIP-Vorbestellung

von _____ bis _____ Zimmer Nr. _____ Kategorie _____
Name: _____ Beruf: _____
Sonderwünsche:

Datum: _____ 1. Zimmerkontrolle Reparatur angefordert am _____
Zeichen: _____ am _____ Sondererledigung eingeleitet am _____
    (Recept.)   Zeichen: _____ Reinigung durchgeführt _____ (Dat.)
                    (Hausd.)   Endkontrolle _____ (Hausdame)

Dazu ein zweites Formular für eintreffende VIP ebenfalls dreifach DIN A4.

Eintreffende VIPs

heute gegen _____ Uhr bis _____ Zimmer Nr. _____ Kategorie _____
Name: _____ Beruf: _____
Sonderwünsche: Erledigungsvermerk

Datum _____ Zeichen (Reception) Erledigt Hausdame
                                              Datum _____ Zeichen _____

Abb. 87 VIP-Liste

kann für Zusatzwünsche täglich eine Liste angefertigt werden, die sich jedoch bei getrennten Blättern erübrigt, da die Wünsche dann auf der *Sonderwunschliste* mit erfasst werden können.

VIP-Plätze. Prominenten und hohen Gästen werden die wichtigsten, besten Plätze an der Tafel zugesprochen. VIP-Gäste genießen häufig einen besonders aufmerksamen Service.

Virgin. Zusatzbezeichnung für „alkoholfrei" bei Bargetränken.

Visitenkartenvermerke. Werden verwendet, um den Zweck des Besuches anzugeben. Es werden benutzt: p. f. = pour féliciter; p. f. n. a = pour féliciter nouvel an; p. c. = pour condoler; p. p. p. = pour prendre part; p.p.c. = pour prendre congé; p. r. = pour remercier.

Vitamin A *(Retinol, Axerophtol).* Vorkommen: Lebertran, Leber, Eigelb. Kann durch Spaltung seiner Vorstufe, des Provitamin A (β-Carotin, Vorkommen: Karotten, Spinat, Petersilie, Eigelb) gewonnen werden. Wirkung: Bestandteil des Sehpurpurs, Förderung der Eiweißsynthese und des Zellwachstums. Mangelerscheinung: Verhornung der Schleimhäute, Nachtblindheit (Verringerung der Hell-Dunkel-Adaptation). → *Hypervitaminose:* Erbrechen, Durchfall, Reizbarkeit, Schleimhautblutungen.

Vitamin B_1 *(Thiamin).* Vorkommen: Aleuronschicht von Getreide, Leber, Schweinefleisch, Hefe; Wirkung: greift als Bestandteil von Enzymen in den Kohlenhydratstoffwechsel ein, Beeinflussung der Schilddrüsenfunktion und Nerventätigkeit, Mangel: → *Beri-Beri.*

Vitamin B_2 *(Riboflavin).* Vorkommen: Aleuronschicht von Getreide, Schweinefleisch, Milch, Eier, Hefe; Wirkung: Bestandteil von Enzymen. Mangel: Hautentzündungen, Schädigung der Schleimhäute.

Vitamin B_6 *(Pyridoxin).* Vorkommen: Hefe, Schweinefleisch, Leber, Kartoffeln, Gemüse. Wirkung: Enzymbestandteil (Eiweißstoffwechsel); Mangel: Hautschädigung und Nervenstörungen.

Vitamin B_{12} *(Cobalamine).* Vorkommen: Leber, Eigelb, Milch, Fleisch, Fisch. Wirkung: beteiligt am Aufbau der roten Blutkörperchen und am Eiweißstoffwechsel; Mangel: perniziöse Anämie.

Vitamin C → *Ascorbinsäure.*

Vitamin D *(Calciferole).* Vorkommen: Lebertran, Eigelb, Butter. Entstehen aus unterschiedlichen Provitaminen unter Einwirkung von UV-Strahlen. Wirkung: Verknöcherung des Skeletts. Förderung der Calcium-Resorption. Mangel: → *Rachitis,* Hypervitaminose. Entkalkung der Knochen, Calciumablagerung in Blutgefäßen.

Vitamin E *(Tocopherole).* Vorkommen: pflanzliche Öle, Eier. Wirkung: verhindert Oxidation der ungesättigten Fettsäuren, Schutz vor Blutungen und Muskelschwund.

Vitamine. Essenzielle Nahrungsbestandteile, die der Körper nicht selbst aufbauen kann (Vita – das Leben, amine – stickstoffhaltige Verbindungen). V. können entweder entsprechend ihrer Löslichkeit in fettlösliche Vitamine (→ *Vitamin A,* → *Vitamin D,* → *Vitamin E,* → *Vitamin K*) und wasserlösliche Vitamine (Vitamin-B-Komplex, → *Vitamin C*) oder entsprechend ihren Aufgaben in Schutz-Vitamine (Vitamin A, C, D und E) und Regelstoffe (Vitamin-B-Komplexe, Vitamin K) eingeteilt werden. Die noch gebräuchliche Bezeichnung der Vitamine mit Großbuchstaben wird mehr und mehr durch Eigennamen ersetzt. Vitamine stehen funktionell den Enzymen und Hormonen nahe und sind somit für den → *Stoffwechsel* unentbehrlich. Eine Vitamin-Unterversorgung durch einseitige Ernährung führt zu unspezifischen Mangelerscheinungen (Hypervitaminose) → *Avitaminose,* → Hypervitaminose. Der Bedarf an einzelnen Vitaminen ist abhängig von Alter, Klima, körperlicher Belastung, Gesundheitszustand, Ernährungsform, Schwangerschaft und Stillzeit. → *Vitaminverlust.*

Vitamin F. Alte, irrtümliche Bezeichnung für → *essenzielle Fettsäuren,* die keine Vitaminwirkung haben.

Vitamin K. *(Phyllochinon).* Vorkommen: Spinat, Grünkohl, Leber. Wirkung: Regelung des normalen Ablaufs der Blutgerinnung; Mangel: Verzögerung der Blutgerinnung.

Vitamin M. (Veraltet) → *Folsäure.*

Vitaminsalze. Eine Mischung aus Speisesalz, Kräutern und bestimmten Vitaminen. Die zugesetzte Vitaminmenge ist in der Regel so bemessen, dass mit einer täglichen Aufnahme von 1,25 g des Vitaminsalzes der halbe Tagesbedarf der zugesetzten Vitamine gedeckt werden kann.

Vitaminverlust. Abhängig von Lagerzeit, Einfluss von Hitze, Sauerstoff und Licht sowie bei der Verarbeitung vom Auslaugeffekt. Um den Vitaminverlust möglichst gering zu halten, sollte auf Folgendes geachtet werden: möglichst kurze Lagerzeit, Aufbewahrung kühl, dunkel und verschlossen, Nahrungsmittel kurz, kalt, unzerkleinert in wenig stehendem Wasser waschen, kurze Garzeiten wählen, langes Warmhalten von Speisen vermeiden.

Vivipar. Die Befruchtung der Austerneier innerhalb der Mutteraustern. Im Gegensatz zu der Befruchtung → *Ovipar.* Die „flache" Auster behält ihre Eier nach dem Ausstoßen in der Einatmungskammer. Dort werden sie vom männlichen Samen befruchtet, der mit der Strömung des Atem- und Nahrungswassers hereingetragen wird. Nach acht bis zehn Tagen sind die Eier zu Larven herangewachsen und werden ausgestoßen.

VKD → *Verband der Köche Deutschlands e. V.*

Vogelmiere. Niedriges, zartes Kraut mit kleinen Blättchen und sternartigen, weißen Blüten. Es wächst überall im Garten und schmeckt mild mit einem Hauch von Säure. Ernte: April bis September. Verwendung: Gehackt in Salaten oder als Gemüse.

Vol-au-vent. Große Blätterteig-Hohlpastete, die in verschiedenen Formen hergestellt wird und mit feinem Ragout gefüllt wird. Der französische Küchenchef Carême hat sie erfunden, so soll sein Gehilfe Blätterteig statt des üblichen Pastetenteigs genommen und beim Öffnen des Ofens erschrocken ausgerufen haben: „Maitre, il vol au vent!" (Meister, sie fliegt in den Wind!). Aus dem flachen Teig war ein hoher Turm geworden.

Vollhering. Voll entwickelter Hering, mit Rogen oder Milch gefüllt.

Vollkornbrot. Brotsorte, die sämtliche Bestandteile des Getreidekornes enthält. Vollkornbrot rheinische Art. Roggenvollkornbrot, mit hohem Roggengrobschrot-Anteil, → *freigeschoben,* mit glänzender Oberfläche, grob gekörnt mit sichtbaren Schrotpartikelchen. Geschmack mild sauer. Vollkornbrot Holsteinische Art. Brot mit hohem Roggenfeinschrot-Anteil. Angeschoben oder in Kasten gebacken, mit gut gelockerter, elastischer Krume und kräftig säuerlichem Geschmack.

Vollkornschrot. Mahlprodukt, das alle Bestandteile des Kornes, grob zerkleinert, enthält.

Vollmacht. Im Geschäftsverkehr benötigt derjenige, der stellvertretend für einen anderen handelt, eine Vollmacht. Das HGB kennt zwei Arten der Vollmacht, deren Beschränkung fast nur im Innen- nicht im Außenverhältnis wirkt: **a)** die → *Prokura,* **b)** die → *Handlungsvollmacht.*

Vollmilch. Es gibt zwei Sorten: **a)** Vollmilch mit natürlichem Fettgehalt, der aber mindestens 3,5 % betragen muss, **b)** Voll-milch mit eingestelltem Fettgehalt von 3,5 %. Vollmilch muss in einem Milchbearbeitungsbetrieb einer Wärmebehandlung unterzogen worden sein. Pasteurisierte Milch wird lose, überwiegend aber in verkaufsfertiger Verpackung (Flaschen, Tüten, Schlauchbeutel) angeboten. Vollmilch muss auf den Verpackungen gekennzeichnet sein. Neben dem Namen der Molkerei muss der Abfülltag oder das Datum ersichtlich sein, bis zu dem sie gekühlt mindestens haltbar ist. Wenn die Milch homogenisiert worden ist, muss in der Kennzeichnung darauf hingewiesen werden. Die Milch wird auch ultrahocherhitzt oder sterilisiert angeboten.

Vollreife → *Milchreife.*

Vollreis. Weißreis mit geringem Bruchgehalt.

Vollrohrzucker. Ist der natürliche braune Zucker. Das Zuckerrohr wird ausgepresst, gefiltert und zu Sirup eingekocht. Beim Abkühlen bilden sich Kristalle, die anschließend gemahlen werden. Vollrohrzucker ist ähnlich leicht einsetzbar wie weißer Zucker, hat jedoch einen leicht karamellartigen Eigengeschmack.

Vollwert-Ernährung. Eine Ernährungsweise, in der *ernährungsphysiologisch wertvolle* Lebensmittel schmackhaft und abwechslungsreich zubereitet werden. Sie besteht vornehmlich aus pflanzlichen Lebensmitteln – Vollgetreide, Gemüse und Obst, möglichst aus *kontrolliertem Anbau* – sowie Milch und Milchprodukten. Etwa die Hälfte der Lebensmittel wird als Frischkost (unerhitzt) verzehrt; Fleisch und Eier spielen eine untergeordnete Rolle. Vollwert-Ernährung unterscheidet sich von üblicher Mischkost durch das Vermeiden übertriebener Be- und Verarbeitung von Lebensmitteln und trägt zu bestmöglicher körperlicher und geistiger Leistungsfähigkeit bei sowie zu sinnvoller Widerstandskraft gegenüber ernährungsbedingten Gesundheitsstörungen. Vollwert-Ernährung ist eine Synthese von bewährten Erfahrungen und wissenschaftlichen Erkenntnissen.

Vollwertige Produkte. Diese sollen nach einer Definition der Deutschen Gesellschaft für Ernährung (DGE) alle lebensnotwendigen Nährstoffe enthalten. Im strengen Sinne trifft die Bezeichnung jedoch aus ernährungswirtschaftlicher Sicht auf kein Lebensmittel und auch nicht auf die Muttermilch zu, weil diese wegen ihres Eisenmangels auf Dauer zu Blutarmut und Bleichsucht führt.

Volnay → *Côte de Beaune.*

Volumenprozente. Vol.- %. Raumprozente, Raumhundertteile. Volumenprozentangaben sind nur in Verbindung mit einer zugehörenden Temperatur eindeutig. Angabe Vol.- % ist gleich der Angabe °A, d. h. Grad Alkohol.

Vorbild. Personenbezogene Erziehungsfunktion, die in zunehmendem Maße das Weltbild und die Lebensführung, des heranwachsenden Individuums, bestimmen. Vorbilder legen den Grundstein für Selbstgestaltung, Selbstbewertung und Einordnung in die Gesellschaft in positiver und negativer Hinsicht.

Vordruck. Auch „Organisationsverbinder" genannt. Bei Erarbeitung muss geprüft werden, **a)** ob bestehende Vordrucke noch aktuell sind, **b)** ob vorhandene Vordrucke weiterbenutzt werden können, **c)** ob der Vordruck einem Dauerbedürfnis entspricht, **d)** ob das Prinzip der Einfachheit berücksichtigt wurde, **e)** dass der Vordruck nicht spontan eingeführt wird, **f)** welchen Zweck der Vordruck haben und welche Stellen er durchlaufen soll, **g)** welches Format der Vordruck haben soll, **h)** ob der Vordruck der Beanspruchung entspricht, **i)** ob der Vordruck handschriftlich oder mit der Maschine ausgefüllt werden muss, **j)** ob der Vordruck schreibgewandten oder schreibungewandten Mitarbeitern vorgelegt wird, **k)** ob der Vordruck mit Durchlaufvermerken oder Durchschriften ausgestattet werden muss, **l)** ob Anweisungen zur Bearbeitung aufgedruckt werden müssen.

Voressen. Schweizer Ausdruck für Fleisch-Ragout.

Vorhandener Alkoholgehalt. Bezeichnung der vorhandenen Menge von Alkohol in Grad oder % Vol., die sich in einem Liter eines fertigen Produkts befindet. Pflichtangabe auf Etiketten.

Vorratsvermögen → *Vermögen*. Das Vorratsvermögen besteht aus: **a)** Werkstoffen, das sind: 1) Rohstoffe – Hauptbestandteil einer Sache; 2) Hilfsstoffe – nur in geringen Mengen im Gut vorhanden (z. B. Leim zum Tisch); 3) Betriebsstoffe – notwendig zur Herstellung, aber im Gut nicht nachweisbar (z. B. Energie), **b)** unfertige Erzeugnisse, **c)** Fertigerzeugnisse, **d)** Waren (fertig von anderen bezogen).

Vorschuss. Lohnvorauszahlung, die im Gegensatz zum → *Abschlag* gezahlt wird, ohne dass bereits eine Leistung erbracht wurde. Sie stellt deshalb eine sonstige Forderung dar. Sie bleibt auch dann eine Forderung auf Geld, wenn der Empfänger nicht durch nachfolgende Arbeit ausgleicht.

Vorstellungsgespräch. Dient der Vorauslese bei Bewerbungen. Zu berücksichtigen bei der **1)** Vorbereitung: **a)** Kein Gespräch ohne Vorbereitung (auch zeitlich), **b)** vorhandene Bewerbungsunterlagen analysieren, **c)** Besonderheiten, Unvollständigkeiten, Unverständlichkeiten notieren, **d)** Gesprächsteilnehmer festlegen, **e)** Termin rechtzeitig festsetzen, **f)** entsprechende betriebliche Stellen informieren, **g)** Zuhörer ausschalten, **h)** Unterlagen für den Bewerber bereitlegen, **i)** „Leitfaden" für das Interview aufstellen. **2)** Durchführung: **a)** Kontaktbrücke schaffen, **b)** so viele Informationen wie möglich fordern, **c)** dem Bewerber alle Informationen über den Betrieb geben, **d)** betriebliche Ziele und Anforderungen nicht zu früh bekanntgeben, **e)** viele kurze Fragen stellen, die längere Antworten herausfordern, **f)** nicht in Examenston verfallen, eher Plauderton anwenden, **g)** Suggestiv- und Kettenfragen vermeiden, **h)** Zeit zum Antworten lassen, **i)** keine Fragen stellen, die aus den Bewerbungsunterlagen hervorgehen, **j)** Ergänzungsfragen stellen, **k)** keine Kritik vorbringen (Abwehrstellung), **l)** unqualifizierten Redefluss taktvoll bremsen, **m)** Schweigesituationen überbrücken, **n)** Gespräch zur rechten Zeit in positiver Atmosphäre beenden. **3)** Nachbereitung: **a)** Beobachtungsergebnisse verschiedener Interviewer sammeln und vergleichen, **b)** Ergebnisse kritisch auswerten, **c)** entscheiden, **d)** Ablehnung taktvoll vorbringen, ohne Kontakte zu brechen, **e)** Benachrichtigungen nicht verzögern, **f)** Zwischenbescheide geben, **g)** Bewerbungsunterlagen ordentlich zurücksenden, **h)** Vorstellungskosten regeln.

Vosne Romanée → *Romanée*.

Vorsteuer → *Umsatzsteuer*.

Vor- und Nachlauf → *Spirituosenherstellung* (2. Brennvorgang).

Vorzugsmilch. Amtlich überwachte Milchsorte, die in ihrer natürlichen Beschaffenheit mit unverändertem Fettgehalt roh in den Verkehr gebracht wird. Besonders strenge Anforderungen werden an den Gesundheitszustand der Kühe, an die laufende Überprüfung und an die Beschaffenheit der Milch, an Behandlung, Verpackung und Beförderung gestellt. Der Gesundheitszustand des Personals wird ebenfalls überwacht.

Vöslauer. Blauer Portugieser. Rotweintraube aus der Gegend des Badeortes Vöslau in Niederösterreich.

Voucher *(engl. voucher = Zeuge, Zeugnis, Nachweis, Beleg).* Ein für eine bestimmte Person (Gast) – oft nach Vorausbezahlung z. B. bei einem Reisebüro – ausgestellter Beleg für ein bestimmtes Hotel, das die Zimmerbestellung damit bestätigt hat und den genannten Betrag bei der Erstellung der Gastrechnung anzurechnen hat.

Vouvray. A. C.-Gebiet in → *Touraine.* Hier werden u. a. gute Schaumweine produziert und unter der Bezeichnung Petillant angeboten. Weißweine sind trocken im Geschmack aus der Traubensorte Chemin-Blanc.

V.Q.P.R.D. Vini di qualita prodoti in regioni determinate oder auch vini tipice (viti). Begriffe aus dem ital. Weingesetz, die Landweinen aus Italien wie z. B. Chianti vorbehalten sind. Bei guter Qualität kann diese Bezeichnung dem → *D.O.C.* gleichgestellt werden.

V.Q.P.R.D. Abkürzung für Vin de qualite produits dans des regions determinees. Diese Qualitätsbezeichnung ist dem deutschen Qualitätswein b. A. gleichzustellen, wird jedoch in Frankreich selten benutzt. Meistens wird die Bezeichnung → *V.D.Q.S.* verwendet.

V.S. (Very Superior)***. Cognac darf nicht in den Verkauf kommen, bevor er nicht mindestens zweieinhalb Jahre in Eichenholzfässern gealtert ist. Wenn das jüngste Destillat nicht viereinhalb Jahre alt ist, wird der Cognac als V.S. oder *** eingestuft.

V.S.O.P. Very Superior Old Pale, eine Bezeichnung, die die Engländer den alten Cognacs zu den Zeiten gaben, als sie die Hauptabnehmer für Cognac waren. Diese Bezeichnung deutet auf das Alter von $4\frac{1}{2}$ Jahren in Holzfässern für den jüngsten Anteil der Mischung. Durchschnittsalter ist 10–20 Jahre. Alle anderen Kombinationen aus diesen vier Buchstaben bedeuten das gleiche Alter.

VSR. Verband der Serviermeister und Restaurantfachkräfte e. V. Sitz in Frankfurt. Dient der Interessenvertretung seiner Mitglieder und fördert diese in beruflichen und gesellschaftlichen Belangen.

W

Wacholder. Branntwein, der aus Sprit und/oder Korndestillat unter Zusatz von Wacholderdestillat oder Wacholderlutter hergestellt wird. Wacholderdestillate müssen durch Destillation von Wacholderbeeren gewonnen sein. Der Zusatz von Wacholderöl ist nicht erlaubt. Geringe Mengen anderer Würzstoffe sowie Zucker (bis zu 0,5 g in 100 ml) dürfen beigegeben werden. Mindestalkoholgehalt 32 % Vol. *Wacholdergeist* wird ausschließlich aus dem Destillat der vollen Wacholderbeere gewonnen und mit Wasser auf Trinkstärke herabgesetzt. Mindestalkoholgehalt 38 % Vol.

Wacholderbranntweine → *Steinhäger*, → *Genever*, → *Gin*, → *Wacholder* gehören zur Gruppe der Wacholderbranntweine.

Wacholdergeist → *Wacholder.*

Wachstum. Entwicklungsfaktor beim Kind und Jugendlichen. Unumkehrbare Zunahme der körperlichen Substanz im Laufe der Entwicklung. Messbar in Körpergröße und Körpergewicht.

Wachtel. Dem Rebhuhn ähnlicher, aber wesentlich kleinerer Hühnervogel mit sandbraunem, dunkelgestreiftem Gefieder und gelbem Strich auf dem Kopf und über den Augen. Ständer ungefiedert, gelb bis rötlich. Keine Jagdzeit, wird gezüchtet.

Wachteleier. Sie sind beige gesprenkelt, ihre Größe beträgt etwa ein Drittel eines Hühnereies, sie werden hart- oder weichgekocht, geschält und für Salate, Vorspeisen verwendet, eingelegt oder in Aspik eingesetzt. Auch konserviert angeboten.

Wachtelkönig *(frz.: Roi de cailles, m.).* Ein Vogel von dunklerem Braun, der Ordnung der Rallen zugehörig. Längsgefleckt, kleiner als das Rebhuhn, in Mitteleuropa beheimatet. Zubereitungen wie Rezepte für die Wachtel.

Waerland-Kost. Benannt nach dem Finnen Aare Waerland. Karge Kost, bei der Kartoffeln eine besondere Rolle zukommt, viel getrunken wird und neben Ablehnung aller Genussmittel (Tabak, Alkohol, Kakao, Tee, Kaffee) strenge Lebensregeln für Tageseinteilung, Körperbewegung und Schlaf gelten. Seine Lehre geht davon aus, dass im menschlichen Dickdarm nützliche Gärungsbazillen und schädliche Fäulnisbazillen sind. Die Fäulnisbazillen sollen durch tierische Lebensmittel begünstigt werden, die Gärungsbazillen durch Pflanzenkost.

Wakame. Algenart. Lange, gekräuselte und getrocknete japanische Seetangfasern.

Waldmeister *(frz.: Asperule, m.;* Syn.: *Maikraut, Maiblume, Möhsch, Meusch).* Wild wachsendes Würzkraut in Mittel-, Ost- und Südeuropa. Das Kraut wird gerne als Grundlage für die „Maibowle" eingesetzt. Geschmacksgebende Komponente ist das → *Cumarin.* Wegen gesundheitlicher Bedenken ist die gewerbsmäßige Verwendung für andere Lebensmittel verboten. Waldmeister darf nicht zur Herstellung von Essenzen verwendet werden.

Waldorf. Hotel in New York (erbaut 1931) Klass. Garnitur z. B. Waldorf Salat.

Waldschnepfe. Berg-, Brach-, Busch-, Dorn-, Holz-, Stein-, große Schnepfe → *Sumpfschnepfe,* → *Schnepfe.*

Walewska. Marie (1789–1817). Polnische Komtess, Geliebte Napoleons I. Klass. Garnitur z. B. Seezunge Walewska.

Waller → *Wels.*

Walley-Pollock → *Alaska-Pollock.*

Walnuss auch Welschnuss. In vielen Zuchtformen angebotene Steinfrucht des Nussbaumes. Seine Herkunft ist Südeuropa, ursprünglich aus China und Indien kommend. Der Samenkern ist zweigeteilt,

Walnussöl

hat eine unebene Oberfläche und ist mit einer dünnen Samenhaut umgeben. Diese schmeckt bei frischen Nüssen bitter. Der Kern ist je nach Sorte von einer unterschiedlich harten Schale umgeben. Sehr dünnschalige Sorten werden als Papiernüsse bezeichnet. Neben den ganzen Nüssen in der Schale werden auch Hälften gehandelt. Bei sachgerechter Lagerung – kühl, luftig und trocken – können Nüsse bis zu einem Jahr verarbeitet werden. In vielen Gegenden, besonders in der Pfalz, werden grüne Nüsse angeboten. Dazu werden unreife Nüsse um den Johannistag (21.06.), ehe sich im Innern die harte Schale gebildet hat, geerntet. Sie werden stark gewässert und in einer Zuckerlösung mit Gewürzen gekocht. In dieser Lösung müssen sie vor dem Verzehr einige Zeit aufbewahrt werden. Durch den Bearbeitungsprozess wird der grüne Farbstoff völlig zerstört. Die Nüsse werden schwarz. In dünne Scheiben geschnitten dienen sie u. a. als Beilage zu Pasteten, gekochtem Ochsenfleisch und gebratenem Wild. Nährstoffgehalt: Fett 50 bis 60 %, Eiweiß 15 bis 16 %, Kohlenhydrate ca. 13 %, Wasser ca. 7 %, Mineralstoffe, Phosphor, Calcium, Eisen in geringen Mengen, Natrium, Vitamine B, C und Provitamin A.

Walnussöl. Wird aus Walnusskernen hergestellt. Die Nüsse werden im Erntegebiet von Hand geschält. Damit die Nüsse nicht ranzig werden, lagert man sie bei 4–5 °C. Gewinnung: In der Ölmühle zermahlt man die Kerne zu einer Paste. Die Paste wird in gusseiserne Bottiche mit verriegeltem Abfluss gefüllt und unter ständigem Rühren auf eine geringe Temperatur erwärmt. Sobald die Paste goldgelb ist und der Nussgeschmack hervortritt, wird sie in andere Bottiche umgegossen und gepresst. Das so gewonnene topasfarbene Öl wird dekantiert und durch Baumwolltücher oder Spezialpapier gefiltert. Für die Herstellung von 1 l Öl braucht man 2 kg Walnusskerne.

Walterspiel, Alfred (1881–1960). Berühmter Koch und Kochbuchautor, wurde als „deutscher Escoffier" apostrophiert.

Wan-tan (auch → *Won-tan*). Chinesische Küche. Kleine, dünne quadratische Teigplatten (8 cm) aus Weizenmehl, Eiern und Wasser, die gefüllt und zu Säckchen oder/und Täschchen gefaltet werden. Mit verschiedenen Füllungen (Garnelen, Schweinefleisch, Geflügel, Kohl) angeboten. Wan-Tans werden frittiert oder in der Suppe serviert.

Warabi. Japanischer essbarer Farn.

Warenannahme. Betriebsabteilung, die den Wareneingang kontrolliert. Geprüft werden die Waren auf Qualität, Quantität, Art, Zustand, Verpackung, Preis und Übereinstimmung mit der Bestellung. Geprüft werden auch die Begleitpapiere (z. B. Lieferscheine, Rechnungen). Letzte Phase: Verteilung der Waren auf die → *Lagerstellen*. Zweckmäßig: Vereinbarung von Anlieferungszeiten.

Wareneingangsbuch. Nach § 143 AO sind gewerbliche Unternehmer grundsätzlich verpflichtet, den Wareneingang gesondert aufzuzeichnen. Das geschieht im Wareneingangsbuch, in dem alle Waren, die zum Weiterverkauf bestimmt sind, mit **a)** Warenart, **b)** Tag des Erwerbs, **c)** Lieferer, **d)** Menge und Preis aufgezeichnet werden. Das Wareneingangsbuch unterliegt der Buchführungspflicht als Teil der Buchführung. Die Buchform kann durch andere geeignete Aufzeichnungen (EDV) ersetzt werden: **a)** der Wert der verkauften Waren zu Einstandspreisen (= Bezugspreisen) (z. B. Wein), **b)** der Wert des eingesetzten Materials bei hergestellten und verkauften Gütern (z. B. für Speisen), gleichfalls bewertet zu → *Einstandspreisen*. Um die Wirtschaftlichkeit einer Produktion oder des Verkaufs zu ermitteln, führt man → *Wareneinsatzkontrollen* durch. Es besteht ein enger Zusammenhang zwischen Wareneinsatz, Erlösen und Rohgewinn oder → *Rohaufschlag*.

Wareneinsatzkontrolle. Eines der wichtigsten Elemente der Wirtschaftlichkeitskontrolle. Das gilt besonders für den Küchenbetrieb. Soll sie sinnvoll sein, setzt sie voraus: **a)** Information über die Verkaufszahlen der verschiedenen Speisen auf Grund einer Verkaufsanalyse, **b)** eine daraus abgeleitete Soll-Wareneinsatzplanung, **c)** exakte Trennung zwischen Lagerung und Verbrauch (am besten mit Materialentnahmescheinen). Zum besseren Soll-Ist-Vergleich empfiehlt sich die tägliche Erfassung des wertmäßigen Wareneinsatzes. Bevor weitere Rechnungen durchgeführt werden können, muss der Wert des Wareneinsatzes korrigiert werden um den Wert der Essen, für die keine Erlöse gegenüberstehen (eingeladene Gäste, Personal). Die Wirtschaftlichkeit ergibt sich dann:

Wirtschaftlichkeit des Wareneinsatzes

$$= \frac{\text{Sollkosten}}{\text{Istkosten}}$$

Wobei sich für Planeinhaltung der Wert 1 und für größere Sparsamkeit Werte unter 1 ergeben. In Verbindung mit den Nettoerlösen wird ermittelt:

$$\text{Wareneinsatz in \%} = \frac{\text{Wareneinsatz} \times 100}{\text{Erlöse}}$$

Dieser Wert soll für Küchenmaterial zwischen 30 und höchstens 35 % liegen, keinesfalls höher.

Warenunterschiebung. Warenunterschiebung liegt vor, wenn dem Gast anstelle der bestellten Ware, bestimmten Qualität oder Marke eine andere Ware, Qualität oder Marke vom Wirt geliefert wird. Drei Formen sind zu unterscheiden: **a)** Erkennbare Warenunterschiebung. Beispiel: Der Gast bestellt Coca Cola und erhält eine Flasche Pepsi Cola, **b)** Irreführende Warenunterschiebung. Beispiel: Ein Gast bestellt ein Export einer bestimmten Sorte und erhält ein Export einer anderen Brauerei im Glas serviert, so dass er äußerlich nicht erkennen kann, dass es sich um eine andere Sorte handelt, **c)** Betrügerische Warenunterschiebung. Beispiel: Ein Gast bestellt einen Cognac und erhält aus einer Originalflasche eine mindere Qualität ausgeschenkt. Meist geht das einher mit dem Verkauf zum höheren Preis für die Originalqualität mit dem Zweck der Bereicherung. Grundsätzlich ist jede Warenunterschiebung nach § 1 UWG unzulässig. Im Extremfall liegt Betrug (§ 263 StGB) vor. Außerdem verstoßen betrügerische und irreführende Warenunterschiebung gegen § 13 UWG, der irreführende oder unzulässige Angaben über Beschaffenheit oder Herkunft der Waren untersagt.

Warmabfüllung (Wein). Einfacher und sicherer als die kaltsterile Abfüllung. Temperatur von 55 °C reicht in Verbindung mit dem im Wein vorhandenen Alkohol aus, um alle weingefährlichen Hefen und auch Bakterien zu töten. Die Erhitzung erfolgt in einem Plattenapparat, der einen schnellen Wärmeübergang gewährleistet. Regelarmaturen verhindern eine unnötige Wärmebelastung des Weins. Warm zu füllende Weine müssen besonders gut eiweißstabilisiert werden, damit durch die Erwärmung keine Eiweißtrübungen entstehen.

Wartezeit → *Arbeitszeit.*

Wasabi. Grüner scharfer Meerrettich in Pulverform, der mit kaltem Wasser zu einer Paste verrührt wird (Japan).

Waren		Erlöse	
Anfangsbestand	**Wareneinsatz**	**Wareneinsatz**	Erlöse
Zugang	Endbestand	Rohgewinn	

Abb. 88 Wareneinsatz, Zusammenhang

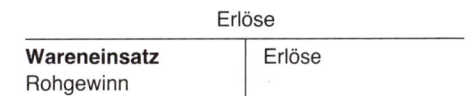

Wäsche

Wäsche → *Textilien,* → *Gewebearten,* → *Pflegesymbole.* Den Hauptanteil der Wäsche im Hotel- und Gaststättenbetrieb bildet die → *Objektwäsche:* Bettwäsche, → *Tischwäsche* und → *Frottierwäsche,* die als textiles Gestaltungsmittel auch wesentlich zur Atmosphäre des Hauses beiträgt. Für die Entscheidung, welche Wäscheart verwendet werden soll, spielen eine Rolle: **a)** Wirtschaftlichkeit (kosteneffektive Pflege, Wäschegebrauchswert), **b)** Wohlbefinden der Benutzer (optimales Mikroklima des Bettes), **c)** Lebensdauer (Reißfestigkeit), **d)** Maßbeständigkeit (geringer Krumpfwert), **e)** Aussehen. Viele Häuser bleiben bei der weißen Wäsche, die i. d. R. preisgünstiger und problemlos nachlieferbar ist. Der Trend zu farbiger Wäsche hängt meist mit dem besonderen Gestaltungswillen zusammen.

Wäschebedarf. Richtet sich nach Art und Größe des Hauses. So ist neben der Zahl der Tische auch wichtig, ob ein Haus Frühstück, Mittagstisch und Abendessen bietet (oder nur Halbpension). Normalerweise rechnet man 3fache Ausstattung. Bei Herausgeben der Wäsche (→ *Außer-Haus-Wäsche*) in eine Lohnwäscherei bedarf es eines höheren Bestandes als bei eigener Wäscherei. Man rechnet fünffach. Bei Leasingwäsche kann der Umlaufbestand auf das 2½fache reduziert werden (evtl. zuzüglich eines Sicherheitsprozentsatzes von 10–20 %). Dabei kann sogar von der Durchschnittsbelegung ausgegangen werden, weil die Leasingfirmen bereit sind, kurzfristig Mengenanpassungen durchzuführen.

Wäschebehandlung. Die Behandlung der Wäsche richtet sich nach dem Material (→ *Gewebearten, Textilien*). Baumwolle, Leinen und Halbleinen können gekocht werden. Auch Polyester ist kochbar, während Dralon nur bei 30 °C gewaschen wird. Alle Materialien sind waschmaschinenfest. Der schmutzabweisende Charakter von Trevira erspart u. U. ein bis zwei Spülgänge. Dralon muss nass aufgehängt werden, ein Bügeln ist nicht unbedingt nötig. Alle anderen Materialien werden mehr oder weniger lang im Tumbler getrocknet, gebügelt oder gemangelt.

Wäschebeschaffung. Grundsätzlich bestehen zwei Möglichkeiten für den Gastronomen, sich mit der notwendigen Wäsche zu versorgen: Leasingwäsche (→ *Leihwäsche*) und Kauf. Beim Kauf sollte die Wäsche keinesfalls im privaten Handel beschafft werden, da nur Hersteller von Spezialwäsche Produkte haben, die allen Anforderungen im Hotel- und Gaststättengewerbe gerecht werden. Die Beschaffungsmengen hängen von Hausgröße und -art ab. Die Bestückungszahlen liegen zwischen 1,5- und 7facher, im Durchschnitt 3–5facher Bestückung. Soll die Wäsche im Leasingverfahren besorgt werden, muss mit einer Verleihfirma einen Vertrag abgeschlossen werden, der die Anlieferung der benötigten Mengen zu den Anfallzeiten gewährleistet. Die Leasingfirmen bieten heute im Bereich der Tischwäsche schon verschiedene Farben, bei Bettwäsche meist weiß. Der Vorteil dieser Beschaffungsart liegt darin, dass die Kosten für Wäscherei, Reparatur, Bügeln oder Mangeln, wobei bes. die Personalkosten wesentlich ins Gewicht fallen, vermieden werden. Grundsätzlich geht Waschen und Reparieren zu Lasten der Leasingfirma. Bedarfsschwankungen können heute schon kurzfristig angepasst werden.

Wäschebeschließerin. Die Wäschebeschließerin untersteht i. d. R. der Hausdame. Sie ist zuständig für die Pflege der gesamten Wäsche des Hotels, des Restaurants und der einzelnen Abteilungen. Sie leitet die → *Wäscherei.* In der Wäscherei organisiert sie den Arbeitsablauf von der Schmutzwäscheannahme über das Sortieren, Waschen, Trocknen, Bügeln bis zum Ausbessern, Ausliefern und Einsortieren. Sie ist verantwortlich für den Personaleinsatz, die Maschinenüberwachung und die Verwaltung der Waschmittel. Für ausgehende Gästewäsche fertigt sie die Wäschezettel mit Preisen aus, die dem Gast und der Buchführung zugehen. Sie verwaltet das Wäschelager. Sorgt dort für die sachgemäße Lagerung und den roulierenden Einsatz der Wäsche. Sie führt mindestens einmal jährlich eine Inventur durch und sorgt für die Ergänzung des Bestandes. Das kann durch Zukauf, den sie selbst durchführt oder der auf Anforderung durchgeführt wird, geschehen. Teilweise wird aber auch in ruhigen Zeiten Wäsche aus Meterware selbst hergestellt.

Wäscheeigenschaften. Hotelwäsche muss ganz besondere Eigenschaften haben, da die Anforderungen, die an sie gestellt werden, vielfältig sind: **a)** gute hygienische Eigenschaften, **b)** Griff und Optik, **c)** Maß- und Formbeständigkeit, **d)** Wirtschaftlichkeit durch Haltbarkeit, Strapazierfähigkeit und pflegeleichte Ausstattung, **e)** Weißgraderhaltung oder Farbechtheit, **f)** Hautverträglichkeit und gut für das Bioklima, **g)** Erhältlich in allen Standardgrößen, **h)** nachlieferbare Standardmuster, **i)** Hotelverschluss (Bogenriegel statt Knopfleiste). → *Pflegesymbole.*

Wäschekontrollen. Wäschekontrollen sind in mehrfacher Hinsicht notwendig. Zur Erhaltung eines einwandfreien Bestandes ist zu kontrollieren und beschädigte Teile sind zu reparieren oder auszusortieren. Für das Herausgeben der Wäsche (→ *Außer-Haus-Wäsche)* sind die Kontrollen beim Ausgang und Eingang der Wäsche durchzuführen. Die wichtigste Kontrolle ist die Wäsche-Inventur. Sie dient der Bestandsfeststellung, der Erfassung der Verluste und ist für die Budgetierung nötig. Sie empfiehlt sich daher häufiger als nur einmal jährlich. Da die Wäsche sich ständig im Umlauf befindet sind aufzunehmen: **a)** Wäsche im Lager, **b)** Wäsche in der Wäscherei, **c)** Wäsche in den Zimmern, **d)** Wäsche in den Restauranträumen und im Bankettbereich, **e)** Wäsche in den Wirtschaftsräumen, **f)** Wäsche im Office, **g)** Wäsche auf den Zimmermädchenwagen.

Wäschelager. Für die Lagerung der Wäsche muss je nach Hausgröße und Art der Versorgung (→ *Leihwäsche* oder Eigenwäsche) mehr oder minder Platz zur Verfügung stehen. Bei Leihwäsche ist der zu lagernde Umlaufbestand so gering, dass der Lagerplatz u. U. in Etagenlagern (Offices) ausreicht. Für die größeren Eigenbestände sind geeignete Lagermöglichkeiten in luftigen, trockenen Räumen notwendig. Die Lagerung sollte nach Arten getrennt in Regalen erfolgen. Bei in Folien eingeschweißter Wäsche sollten perforierte Folien verwendet werden. Das Hauptlager bleibt unter Verschluss. Die Ausgabezelten, in denen Hausdame oder Beschließerin die Wäsche ausgeben, können festgelegt werden.

Wäsche-Lebensdauer. Die Lebensdauer der → *Wäsche,* die von der → *Gewebeart* und der Behandlung abhängig ist, stellt einen wesentlichen Kostenfaktor dar. Grundsätzlich halten Mischgewebe länger als reine Baumwollgewebe, und grundsätzlich ist das Waschen in der eigenen Wäscherei schonender als in gewerblichen → *Lohnwäschereien.* Geht man davon aus, dass Trevira ca. 10 % teurer ist, dafür aber die doppelte Anzahl von Waschvorgängen aushält, ergibt sich für einen Umlauf dadurch ein wesentlich geringerer Wertverlust. Eine andere Messgröße für die Haltbarkeit als die Anzahl der Wäschen (z. B. Jahre der Nutzung) ist unzulässig, da dadurch das Ergebnis verfälscht wird (Abb. 89).

Wäschematerial → *Textilien,* → *Gewebearten.* Bei dem heute für Wäsche verwendeten Material steht noch immer Baumwolle im Vordergrund. Sie kommt als reines Gewebe und in Mischgeweben vor. Daneben stehen Leinen, Halbleinen oder Trevira und Dralon. Das ist durch die hervorragenden Eigenschaften der Baumwolle begründet, die auch in den Mischgeweben noch wirkt. Die Mischgewebe erhalten daneben den Charakter der beigegebenen Fasern und können dadurch formbeständiger und pflege-

Waschen

Beispiel für ein beliebiges Wäschestück oder eine Bettgarnitur.

	reines Baumwollgewebe	Trevira (z. B. mit 35 % Baumwolle)
Lebensdauer, gemessen in Anzahl Wäschen	100 mal	200 mal
angenommener Preis	30,– €	35,– €
Wertverlust je Umlauf	–,30 €	–,175 €
Wäschegebrauchswert (Anzahl Wäschen : Preis)	3,33	5,7

Abb. 89 Wäsche-Lebensdauer

leichter werden. Auch hochveredelte Baumwolle ist pflegeleichter, hat aber dafür den typischen Charakter der Baumwolle verloren. Wichtig für die Qualität des Materials ist Feinheit, Reinheit und Herkunft der Faser sowie ihre Verarbeitung und die Webart. Eine Qualitätskontrolle kann durch Feststellung der Anzahl von Kett- und Schussfäden pro cm² mittels des Fadenzählers erfolgen. Wirtschaftlicher als reine Baumwolle sind die Mischgewebe oder noch mehr die Gewebe aus Chemiefasern.

Waschen → *Wäscherei,* → *Wäsche,* → *Wäschebeschließerin.* Durch das Waschen sollen Textilien mit Hilfe von Wasser und chemischen Mitteln (→ *Waschmittel)* meist unter Anwendung mechanischer Hilfen gesäubert werden. Der zu entfernende Schmutz besteht in der Regel aus: Pigmenten (ca. 25 %), Eiweiß (ca. 25 %), Kohlenhydraten (ca. 20 %), Kochsalz (ca. 15 %), Fett (ca. 10 %) und Harnstoffen (ca. 5 %). Davon sind die meisten Bestandteile (außer Pigment) wasserlöslich. Dennoch müssen die Waschmittel so abgestimmt werden, dass sie die Schmutzlösung erleichtern, ohne die Gewebe zu schädigen. Da die meisten Schmutzteilchen zwischen den Faserbindungen oder in den Oberflächen der Fasern haften, ist auch eine mechanische Bearbeitung nötig. Daneben ist die Temperatur einsetzbar, wobei jedoch die Verträglichkeit der Faser beachtet werden muss. Bei gezielter Verwendung der Waschmittel ist deren Zusammensetzung ebenso wichtig wie die richtige Dosierung.

Wäscherei → *Wäschebeschließerin,* → *Mangeln.* Viele Gaststätten- und Hotelbetriebe ziehen die hauseigene Wäscherei wegen der folgenden Vorteile vor: **a)** Die Wäsche von oft hoher Qualität bleibt stets unter Kontrolle, **b)** Es kann kurzfristig Frischwäsche zur Verfügung gestellt und damit der Bestand geringer gehalten werden, **c)** Gästewäsche kann mitgewaschen und meist am gleichen Tage wieder ausge-

Beispiel: Berechnung der täglichen Wäschemengen (bei 3 kg/Bezug)

Betten	Bettwäsche	80 % Zuschlag für sonstige Wäsche	tägliche Gesamtmenge
75	150	120	270
150	300	240	540
300	600	480	1080

Abb. 90 Wäschemenge, Berechnung

liefert werden. Andererseits ist die Entscheidung zwischen eigener Wäscherei und Fremdwäsche eine Kostenfrage, bei der alle anfallenden Kosten wie die für Energie, Arbeit, laufenden Verbrauch und Investition zu beachten sind. Hierbei ist der gesamte Wäschebereich zu beachten. Er umschließt: **a)** das Waschen selbst, **b)** das Entwässern (Schleudern) und Trocknen, **c)** das Glätten der Wäsche (Mangeln und Bügeln), **d)** das Lagern und **e)** den Transport (für Schmutzwäsche [am besten durch einen Schacht] und für Frischwäsche). Um möglichst kostengünstig zu arbeiten, muss der gesamte Wäschebereich genau auf die notwendige Kapazität abgestimmt sein. Für die Berechnung kann man davon ausgehen, dass die Wäsche für ein Bett ca. 2–3 kg wiegt. Je nach Anspruchsniveau (Wäschewechsel) werden die Wochenwerte pro Bett zwischen 10 kg für normale Ansprüche und 25 bis 30 kg für höchste Ansprüche schwanken. Zu der Bettwäsche kommen noch in der Regel 40 % Personalwäsche, 30 % Restaurantwäsche und 10 % Gästewäsche. Für die Bedarfsrechnung der Wäscherei kann man bei täglichem Wechsel von der Bettenzahl (evtl. Belegungszahl) in allen anderen Fällen von entsprechend gekürzten Werten ausgehen. Auf Grund der so errechneten kg-Leistung pro Stunde können die Größen und die Anzahl der notwendigen Wäschereimaschinen bestimmt werden. Für Trockner ist zu berücksichtigen, dass etwa 20 % der Wäsche nicht mehr in den Trockner kommen, für die Mangeln, dass nur 50 bis 75 % der Wäsche zu mangeln ist. Die Geräte müssen selbstverständlich Gewerbegeräte mit einfacher und sicherer Bedienung sein. Der Markt bietet eine Vielfalt von Wasch-Schleuder-Geräten bis zu Wäschevollautomaten, Trocken-Bügelautomaten, Heißmangeln bis zu Wäschefaltmaschinen in den unterschiedlichsten Größen und Beheizungen von Strom und Öl bis zu Flaschengas. Hieraus muss die kostengünstigste Auswahl getroffen werden, wobei die Waschmittelart und -dosierung ebenso zu beachten ist wie Sicherheit, einfache Bedienung, Arbeitsaufwand und möglichst kurze Wasch- und Spülzeiten. Der Energiebedarf und die durch ihn entstehenden Kosten bedürfen einer besonderen Beachtung. Außerdem kommt dazu der Raumbedarf, der seinerseits wieder Kosten verursacht. Er spielt besonders bei der Lagerung und dem Transport eine Rolle. Wo keine zentralen Schächte für Schmutzwäsche möglich sind, müssen die richtigen Wagen gewählt werden. Bei größeren Hotels (ab 200 Betten) sollte auch die Möglichkeit von Transportbändern überlegt werden.

Waschmittel. Waschmittel sind chemische Mittel, die zusammen mit Wasser die Waschlauge zum Säubern der Textilien ergeben. Sie beinhalten in der Regel drei Grundbestandteile: **1)** Grundstoffe (Waschrohstoffe). Das sind grenzflächenaktive Substanzen, die die Reinigung bewirken. Es sind Tenside, die die Oberflächenspannung herabsetzen, fett- und wasserliebend sind und deshalb emulgieren. Die früheren Natrium- und Kaliumsalze werden heute wegen der vergrauenden Kalkablagerung nicht mehr verwendet. An ihre Stelle traten synthetische Tenside, die gegen Hartwasser beständig und biologisch abbaubar sind. **2)** Hilfsmittel (Builder). Diese regulieren den Schaum und beeinflussen die Emulgierfähigkeit günstig. Sie verbessern die Oberflächenaktivität, wirken durch Bindung der Ca- und Mg-Ionen enthärtend und erhöhen die Schmutzträgereigenschaften. Anstelle des früheren Soda sind heute anorganische Verbindungen getreten wie: Pyrophosphat ($Na_4P_2O_7$), Tripolyphosphat ($Na_5P_3O_{10}$) sowie Wasserglas und Natriumsilikate; oder organische Verbindungen wie: Carboxymethylcellulose, das die Trägereigenschaft erhöht und das Zurückfallen des Schmutzes auf die Faser verhindert. **3)** Sonstige Stoffe: **a)** Verschnittmittel wie Natriumsulfat, das nur der besseren Pulverisierung dient, **b)** Bleichmittel wie Natriumperborat, das als chemisches Oxidationsmittel bleicht und gleichzeitig Waschwirkung hat, **c)** Weißtöner = optische Aufheller; Mischungen, die im UV-Bereich absorbieren und bläulich fluoriszieren, **d)** Stabilisatoren, die den zu schnellen Verfall des Bleichmittels verhindern, **e)** Schaumregulatoren (nur in Maschinenwaschmitteln, vgl. 2. **f)** Duftstoffe wie synthetische Parfümöle, die den Schmutzgeruch des heißen Wassers übertönen, **g)** Avivagemittel = Stoffe, die den Textilien ein gefälliges Aussehen geben oder für einen besseren Griff sorgen. Es sind Emulsionen aus quartiären Amoniumsalzen, Tensiden, Aufhellern und Duftstoffen, die die Oberfläche der Textilien glätten, das Bügeln oder Mangeln erleichtern und antistatisch machen, **h)** Enzyme, die als Vorwaschmittel zur Entfernung von Eiweiß dienen.

Wash (Schottland). Flüssigkeit, die bei der Whisky-Herstellung benutzt wird. Sie gleicht dem Begriff „Würze" bei der Bierherstellung.

Wasser. H_2O – Wasserstoff und Sauerstoff im Verhältnis 2:1. Hauptbestandteil organischer Stoffe. Spezifisches Gewicht bei 4 °C = 1; bei normalem Luftdruck (1 bar) bei 100 °C siedend, bei höherem Druck liegt der Siedepunkt höher, bei geringerem Druck (Vakuum) liegt der Siedepunkt niedriger, bei 0 °C unter Ausdehnung um 1/11 seines Volumens zu Eis erstarrend. Größte Dichte bei 4 °C. W. dient als Quellungsmittel von Kolloiden und Lösungs- und Transportmittel von organischen und anorganischen Stoffen. Der menschliche Körper enthält im Mittel ca. 60 % Wasser.

Druck bar	0,05	0,10	0,25	0,50	1	2	3	
Temp. °C	33	46	65	82	100	119	132	Siedepunkt

Wasseraufbereitung. Trinkwasseraufbereitung: Verfahren zur Gewinnung von Trinkwasser aus natürlichem Wasser. Natürliche Wasser sind verunreinigt: Regenwasser und Schnee enthalten Staub, Sauerstoff, Stickstoff, Kohlendioxid. Quell-, Fluss- und Grundwasser enthalten Stoffe wie Calcium und Magnesium. Im Meerwasser ist gelöstes Salz: Atlantik ca. 3,5 %, Ostsee 1 %, Totes Meer 30 %. Verfahren: **a)** Entkeimen: *Chlorung:* Einblasung von Chlorgas; *Ozonierung:* Einblasen von ozonreichem Sauerstoff; *Filtration:* Über Kies, der mit Bakterienrasen bedeckt ist. **b)** *Enteisung, Entmanganung:* Durch Versprühen und Verdüsen unter Zufuhr von viel Luft, evtl. Zugabe von Kalkmilch. Das ausfallende braune Hydroxid wird durch Kiesfiltration entfernt, **c)** *Entsäuerung:* Durch Filtration über Marmorkalk. Es wird vor allem überschüssige Kohlensäure entfernt, **d)** *Desodorierung:* Durch Filtration über Aktivkohle, **e)** *Zugabe zugelassener chemischer Stoffe:* z. B. Phosphate, Kieselsäure, Silberverbindungen.

Wasserbedarf. Richtwerte: Ein erwachsener Mensch benötigt ca. 30–35 g Wasser je kg Körpergewicht in 24 Stunden; dies entspricht 2–2,5 l. Der Bedarf wird gedeckt durch Getränke ca. 1,2 l, mit der Nahrung ca. 1 l, Stoffwechseloxidationsprodukte 0,3 l. Der Wasserbedarf ist abhängig: vom Klima, der körperlichen Tätigkeit, der Erregung, vom Gesundheitszustand und dem Salzgehalt in den Nahrungsmitteln.

Wasserglas. Natrium- oder Kaliumsalze der Kieselsäure. Durch Schmelzen von Soda oder Pottasche mit Quarzsand hergestellte sirupdicke Flüssigkeit, die zum Konservieren von Eiern dient.

Wasserhärte. Maß für den Gehalt an Calcium- und Magnesium-Ionen. Sie gelten als Härtebildner. Je mehr davon natürliches Wasser aus Erdboden und Gesteinen aufgenommen hat, desto härter ist das Wasser. Wasser, das aus Urgesteinen oder aus wenig verwitterten Silikaten entspringt, ist weich. Die Angabe von Härtegraden erfolgt in Grad → *deutscher Härte* = dH. 1°dH = 10 mg Calciumoxid (CaO) je Liter Wasser. Man nennt Wasser mit Härtegraden.

0–4 °dH	sehr weich
4–8 °dH	weich
8–12 °dH	mittelhart
12–18 °dH	ziemlich hart
18–30 °dH	hart
> 30 °dH	sehr hart

Wasserlösliche Vitamine. Dazu gehört der Vitamin-B-Komplex ($\to B_1$, $\to B_2$, $\to B_6$ $\to B_{12}$) und $\to$ *Ascorbinsäure*.

Waterblommetjie *(lat.: Aponogeton).* Verbreitungsgebiet: Südafrika. Zu der Familie der Aponogetonaceen gehören etwa 15 außereuropäische miteinander verwandte Sumpf- und Wasserpflanzen. Die Blüten der Aponogeton stellen eine kulinarische Kostbarkeit dar. Auch in Südafrikas Kap-Provinz ist sie nur noch selten und wird daher inzwischen in Plantagenwirtschaft gezogen. Angeboten von Mai bis Dezember. Das bevorzugte Vegetationsgebiet sind flache Seen mit viel Binsenbewuchs und moorigem Boden. Ähnlichkeit mit der weißen Seerose, doch treiben sie wesentlich mehr Blüten als Blätter. Die etwa 1,50 m langen Stiele lassen sich fein gehackt für das Eintopfgericht „Bredie" verwenden. Die Blüten erinnern in gegartem Zustand an Hopfensprossen und nehmen beim Kochen auch einen olivgrünen Farbton an. Im Geschmack lassen sich die Wasserblumen am ehesten mit Artischocken vergleichen. Neben der Frischware werden die Wasserblumen auch tiefgefroren oder in kleinem Umfang in 410 g Dosen konserviert. Das Gemüse wird nur kurz erhitzt und vorzugsweise mit Zitrone oder Muskat gewürzt. Es eignet sich als Beigabe zu Lammfleisch, kann aber auch als Stew serviert werden. Auf wildem Reis kommt es besonders gut zur Geltung.

Waxymais $\to$ *Maisstärke.*

Weberschen Knöchelchen. Bei Weißfischen und Welsen stellen sie eine direkte Verbindung zwischen Schwimmblase und Gleichgewichts- und Gehörorgan her, was die Wahrnehmung des Wasserdrucks und das Hören erleichtert.

Wechselkurse $\to$ *Sorten,* $\to$ *Devisen.* Austauschverhältnis einer Währung gegen eine andere; beziehen sich sowohl auf Devisen als auch auf Sorten.

Wegeunfall. Unfall, der einem Arbeitnehmer auf dem direkten Weg zur Arbeit oder von der Arbeit zu seiner Wohnung zustößt.

Weichen, (Bier). Das Weichen des Getreides erfolgt ca. zwei bis drei Tage in Quellbottichen. Dabei nimmt es ca. 50 % Wasser auf.

Weichkäse. Käsesorten, die im Unterschied zum Hart- und Schnittkäse einen etwas höheren Wassergehalt haben. Der Trockenmassegehalt der Weichkäse liegt zwischen 35 und 52 %. Zwei Arten lassen sich unterscheiden: **a)** Weichkäse mit weißer Schimmelbildung (Camembert, Brie). Sie sind mildaromatisch, **b)** Weichkäse mit Rotschmiere, die herzhaft-würzig schmecken und eine feuchte Oberfläche aufweisen (Romadur, Weinkäse, Limburger, Münster Käse, Mainauer Käse). Im Gegensatz zu den Hart- und Schnittkäsen, die im ganzen Stück reifen, reifen die Weichkäse von innen nach außen.

Weichseparator. Eine Maschine, die in der Lage ist, vom Magerfleisch Sehnen und sehnenfreies Fleisch zu separieren.

Weichtiere $\to$ *Mollusken.*

Weinähnliche Getränke. Getränke, die nicht aus frischen Weintrauben oder dem gepressten Saft aus frischen Weintrauben (Most) hergestellt werden, sondern aus frischem Stein-, Kern- und Beerenobst oder aus dem Saft dieser Früchte.

Weinaromen. Bei der Vielfältigkeit der Weinaromen sind 3 Gruppen zu unterscheiden: 1) Primäraromen, die natürlichen Fruchtaromen der Trauben, 2) Sekundäraromen, die während der Gärung entstehen und 3) Tertiäraromen, die durch den Alterungsprozess (Reifung) entstehen.

Weinarten (Sorten). In Deutschland werden folgende Weinarten, -sorten produziert: **1.** Weißwein: aus blauen oder aus weißen

Trauben hergestellt. **2.** Rotwein: nur aus blauen Trauben. **3.** Rosé: aus blauen Trauben, hell gekeltert. **4.** Weißherbst: wie Rosé, jedoch nur ab Qualitätswein b. A. aus einer Traubensorte (Etikettenangabe) hergestellt. **5.** Rotling: aus weißen oder blauen Traubensorten oder deren Maischen. **6.** Schillerwein: wie Rotling, jedoch nur in Württemberg ab Qualitätswein b. A. hergestellt. **7.** Badisch Rotgold: wie Rotling, jedoch nur in Baden ab Qualitätswein b. A. aus den Traubensorten Grauburgunder, Spätburgunder (Etikettenangabe) hergestellt.

Weinbergsrolle. Verzeichnis aller Weinberglagen (→ *Lagen)* mit Lagenamen, Flächen und Grenzen.

Weinbergschnecke. Gehört zu der Familie Mollusca der Gattung Cepaea & Helix. (Lat.: Helix pomatia). Der lateinische Name *Helix* leitet sich von dem spiraligen Gehäuse (Wendel) ab. Die Weinbergschnecke wird in der Gastronomie häufig durch die importierte Helix lucorum ersetzt (lt. §17 Lebensmittelgesetz: Irreführung des Verbrauchers).

Weinbeschreibung. → *Sommelierprüfung.* Bei einer Weinbeschreibung sind 5 verschiedene Eindrücke zu beschreiben: 1) Visuelle Eindrücke: äußere Form und Beschaffenheit, d. h. Form, Farbe, Struktur und Gefüge des Weins; 2) Olfaktorische Eindrücke, d.h. die Geruchseindrücke zu Beginn, in der Mitte und zu Ende der Probe; 3) Gustatorische Eindrücke, d. h. den Anfangs-, den Haupt- und den Nachgeschmack mit Zunge, in der Mundhöhle und im Rachen; 4) Haptische Eindrücke, d. h. der Tasteindruck mit Zunge, Mundhöhle und Rachen, jedoch ohne den Geschmacksreiz (Mundgefühl); 5) Auditive Eindrücke, d. h. Flavor, das Zusammenwirken von Geruch, Geschmack und der Tasteindruck.

Weinblüte. Traubenblüte im Juni. Die Reben haben zwittrige Blüten und befruchten sich selbst. Bei ungünstigen Einflüssen entstehen Verrieselungsschäden, d. h. blühende → *Gescheine* fallen ab.

Weinbrand (Qualitätsbranntwein aus Wein). Bezeichnung für einen Branntwein aus Wein gehobener Qualität. Laut Gesetz darf sich ein inländischer Branntwein aus Wein nur dann Weinbrand nennen, wenn **1)** mindestens 85 % Vol. des Alkoholgehaltes aus im Inland gewonnenem Weindestillat stammen, **2)** die Verarbeitung des Weindestillats und die weitere Herstellung des Branntweins aus Wein und seine Fertigstellung im selben Betrieb vorgenommen ist, **3)** der gesamte Alkohol ausschließlich aus der Verarbeitung von empfohlenen oder zugelassenen Rebsorten stammt, **4)** das gesamte verwendete Weindestillat mindestens sechs Monate in dem inländischen Betrieb, der es durch Abbrennen gewonnen hat, in Eichenholzfässern gelagert hat, **5)** die zur Abrundung zugelassenen Auszüge ausschließlich mit nach Nr. 4 gelagertem Weindestillat und in demselben Betrieb hergestellt worden sind, **6)** bei der Herstellung kein Likörwein zugesetzt worden ist, **7)** der Branntwein aus Wein eine goldgelbe bis goldbraune Farbe aufweist, im Aussehen, Geruch und Geschmack frei von Fehlern ist und **8)** er mit einer → *amtlichen Prüfungsnummer* versehen ist.

Weinbrand-Herstellung. Ausgangsprodukt für die Herstellung von Weinbrand sind Weine aus verschiedenen Gebieten, hauptsächlich aus der frz. → *Charente.* Die Weine werden viniert, d. h. mit Weindestillat auf einen Alkoholgehalt von etwa 23 % Vol. aufgestärkt. Der so entstandene Brennwein unterliegt einem ersten und 2. Brennvorgang (→ *Spirituosenherstellung).* Das Endprodukt der zweiten Destillation, der Feinbrand, lagert in Kellern (bei Cognac in überirdischen Hallen). In Eichenholzfässern vollzieht sich der notwendige Reifeprozess. Während der Reifezeit entwickeln sich Duft- und Aromastoffe und der milde weinige Geschmack. Die unterschiedliche Entwicklung des Destillats wird während der Lagerzeit mehrmals ausgeglichen, egalisiert. Dazu werden die Destillate in große Bottiche umgefüllt, vorsichtig vermischt und danach wieder in die Fässer zurückgeleitet. Um eine gleichbleibend hohe Qualität und den gewünschten Geschmack und Duft des Endproduktes zu erreichen, werden am Ende der Reifezeit die Destillate verschiedener Herkunft und verschiedener Jahrgänge miteinander vermischt. Danach wird der Weinbrand auf die gesetzlich vorgeschriebene Trinkstärke von 38 % Vol. herabgesetzt.

Weinbrand-Verschnitt → *Branntwein Vor-schnitt*. Die Bezeichnung Weinbrand-Verschnitt ist unzulässig.

Weinbrennerei. Unternehmen, die Weindestillate herstellen.

Weinbuch. Buchführungspflicht (Länder- und Gemeindebestimmungen sind maßgebend) für Gaststätteninhaber, die gewerbsmäßig Trauben zur Weinbereitung, Traubenmaische, Traubenmost oder Wein in Verkehr bringen oder zu Getränken weiterverarbeiten. Buchführungspflicht entfällt, wenn Wein ausschließlich in Flaschen bezogen wird und der Wein unverändert flaschen- oder glasweise verabreicht wird.

Wein-Definition. Wein ist ein Getränk, das ausschließlich aus frischen Weintrauben oder aus frischem Traubenmost/-saft durch vollständige oder teilweise Vergärung hervorgeht.

Weinfachbegriffe *(Kleines Lexikon der Fachbegriffe)*.
Deutsch: Abgang (auch Nachhalt): Nachgeschmack, den der Wein beim Schlucken hinterlässt. Ein schöner, nachhaltiger Abgang („Schwanz") ist ein besonderes Gütemerkmal. Sein Gegenteil: ein kurzer Abgang. **Abgebaut:** Der Wein hat seine Frische und Fruchtsäure verloren. **Abgelebt:** Ein Wein ohne Bukettstoffe (Blume). **Abgerundet:** Harmonischer, ausgeglichener Wein. **Adstringierend** wirken Weine mit hohem Gerbstoffgehalt, das heißt sie hinterlassen ein zusammenziehendes Gefühl am Gaumen. Tritt gelegentlich bei jungen Rotweinen auf und kann ein Hinweis auf eine lange Lebensdauer des Weines sein. **Anregend:** Ausgeglichene Weine mit angenehmer und teilweise auch betonter Fruchtsäure („fordernd"). **Ansprechend:** Süffiger, mundiger Wein. **Aroma:** Typischer Duft mit unverwechselbarem Charakter des Weines, der durch chemische Verbindungen entsteht. **Art:** Lobende Auszeichnung für einen Wein mit Eleganz und nicht zu aufdringlichem Körper, charakteristisch für seine Herkunft und/oder Rebsorte. **Ausgebaut:** Die Entwicklung des Weines im Fass ist abgeschlossen, der Wein ist trinkfertig. **Ausgeglichen:** Beurteilungsmerkmal für Weine, die in einem harmonischen Verhältnis ihres Restzuckergehaltes zum Alkohol stehen. **Bissig:** Weine mit stark hervorstechender Säure. **Bitter:** Nachhaltiger, herber Geschmack, der zumeist auf ein Übermaß an Gerbsäure schließen lässt. Nicht in jedem Fall ein negatives Geschmacksmerkmal. **Blass:** Zu wenig Farbstoff im Wein. **Blindprobe:** Verkostung des Weines ohne Kenntnis seines Etiketts. Sie wird von Fachleuten bei Wein-Wettbewerben durchgeführt, um neutrale und objektive Ergebnisse zu erzielen. (Bekannt sind lediglich Jahrgang, Rebsorte und das Anbaugebiet.) **Blume:** Ausgeprägt fruchtiger oder würziger Duft. **Blumig:** Bezeichnung für Weine mit duftigem, weinigem Geruch. **Böckser:** Penetranter Geruch oder Geschmack nach Schwefelwasserstoff („faule Eier"). Entsteht durch bakterielle Umsetzung, verflüchtigt sich mit der Entwicklung des Weines. Hefe-Böckser im Flaschenwein sind Fehler. **Bodengeschmack:** Siehe Erdgeschmack. **Bodensatz:** Die Trubteilchen des Rotweines oder Portweines setzen sich am Flaschenboden ab und ergeben ein „Depot". Bedeutet keine Güteminderung. **Brandig:** Alkoholstärke, aufdringliche, starke Weine mit zu wenig Säure und Extrakt. **Breit:** Weine ohne merkliche Geschmacksnuancierungen, wuchtig und schwer, oft plump. **Bukett:** Zusammenklang der aromatischen Stoffe eines Weines, un-

Weinfachbegriffe

terschiedlich ausgeprägt, so dass damit der Sortencharakter, Jahrgangscharakter, Gebietscharakter eines Weines bereits mit der Nase feststellbar ist. Im positiven Sinne stellt das Bukett eine Steigerung der Blume dar. **Chambrieren:** Erwärmen des Rotweines auf Zimmertemperatur. **Charakter:** Spezifische, für Rebsorte, Jahrgang und Herkunft typische Merkmale eines Weines, die im positiven Sinne seine Art und sein Geschmacksbild bestimmen. **Depot:** Feste Stoffe, die sich nach der Gärung im Fass oder auch nach der Flaschenfüllung am Boden niederschlagen. Bei Rotweinen und Portweinen älterer Jahrgänge oft ein Gütebeweis. **Dick:** Charakteristik für alkoholreiche Weine, denen die Eleganz und Harmonie fehlt. Meist eine Folge von zu hohem Extrakt zu geringer Fruchtsäure. **Dünn:** Bezeichnung für extraktschwache, fad schmeckende Weine, bei denen ein Mindestmaß an Körper (Säure und Extrakt) fehlt. **Edel:** Steigerung bei reifen, bukettreichen sowie samtigen Weinen. **Ehrlich:** Bezeichnung für (meist einfache) Weine, die weder durch besondere Verschnitt- noch Verbesserungsmaßnahmen geformt wurden und somit ihren eigentlichen Charakter erhalten haben. **Elegant:** Bezeichnung für gepflegte, ansprechende Weine. **Erdgeschmack** kann durch Verschmutzung der Trauben bei der Lese und durch mangelhaftes Filtriermaterial entstehen. Im Gegensatz dazu: **Bodengeschmack** → UTA, typischer Geschmack, der durch den Standort der Reben, insbesondere durch den Weinbergsboden geprägt wird. Die mineralischen Substanzen des Bodens lassen sich bei einigen Weinen herausschmecken, jedoch kaum beschreiben. **Extraktstoffe:** Gesamtheit der nichtflüchtigen Stoffe im Wein, wie Zuckerarten, Glycerin (etwa 7 bis 14 Teile Glycerin auf 100 Teile Alkohol), nichtflüchtige Säuren, stickstoffhaltige Verbindungen, Gerb- und Farbstoffe, höhere Alkohole und Mineralstoffe. Der Extraktwert beträgt bei einfachen Weinen zwischen 20 und 30g/l, sein Brennwert (1 g liefert 3,5 Kalorien/15 Joule) zwischen 70 und 105 Kalorien (295 bis 445 Joule). Der Kaloriengehalt von einem Glas Portwein beträgt etwa 170/710 (16 g Alkohol) und von einem Glas Sekt (trocken) 90 Kalorien/375 Joule. **Fade:** Bezeichnung für Weine mit zu geringem Säuregehalt. **Farbkrank:** Weine von trüber, stumpfer Farbe. **Fassgeschmack:** Fehler im Weingeschmack aufgrund eines unsauberen und nicht gepflegten Fasses. **Fein:** Häufig verwendetes Attribut für harmonische, elegante und ausgeglichene Weine. Ausdrücklich nicht genau abgrenzbar, daher oft gleichbedeutend mit gut oder schön. **Feurig:** Alkoholreicher Rotwein mit ausgeprägtem Körper. **Finesse:** Wein, der durch seine Feinheit besticht, ohne dabei auf Rasse, vornehme Art und ein schönes Bukett zu verzichten. **Firn:** Je nach Alter und Beschaffenheit sowie Lagerung eines Weines ausgeprägter Geschmackston, der früher von Weintrinkern sehr geschätzt wurde. Wird vermutlich durch die spätere Freilegung höherer Alkohole, Umesterung, Bildung von Acetaten und die Verflüchtigung der Aromastoffe gebildet. **Flach:** Bezeichnung für Weine, die wenig Säuren und Extraktstoffe aufweisen. **Flaschenreife:** Stadium im Ausbau des Weines auf dem Fass, bei dem der Wein in Flaschen abgefüllt werden kann, ohne dass Trübung oder Nachgärung eintritt. Abgefüllt kann der Wein dann auf der Flasche seinen Reifehöhepunkt erreichen. **Flüchtig:** Bezeichnung für rasch vergehenden Duft. **Foxgeschmack:** (Fuchsgeschmack) Charakteristischer Geschmack von Weinen aus Amerikanerreben nach Erdbeeren und Farn. **Frisch:** Bezeichnung für junge, spritzige Weine mit angenehmer Frucht- und Kohlensäure. **Fruchtig:** Der „Obst- Geschmack" des Weines, der sich bei bestimmten Rebsorten und vor allem bei jugendlichen, frischen Weinen bemerkbar macht. Dabei ist nicht nur der Geschmack nach bestimmten Weintrauben, sondern auch die an bestimmte Früchte (z. B. Apfel, Pfirsich) erinnernde Geschmacksart gemeint. **Fruchtsäure:** Gesamtsäure des Weines, bestehend aus Wein-, Äpfel-, Milch- und Bernsteinsäuren sowie einigen flüchtigen Säuren. Bei guten Weißweinen beträgt ihr Anteil etwa 5 bis 8 g/l. **Gefällig:** Einfache Weine mit sauberem Geschmacksbild. **Geharzt:** Aromatisierter und haltbar gemachter Wein, vorwiegend in Griechenland üblich. **Gespritzt:** Zusatz von Branntwein, Weingeist oder Alkohol, um den natürlichen Alkoholgehalt des Weines zu erhöhen (gespritet). In Österreich ist allerdings ein „G'spritzter" ein mit Mineralwasser verdünnter Wein (in Deutschland **Schorle**). **Glanzhell:** Optimum an Klarheit des Weines. **Glatt:** Beurteilungsmerkmal für nicht zu säurestarke Weine, die Harmonie, Eleganz und einen nicht zu wuchtigen Körper aufweisen. **Groß:** Wein von einzigartiger Vollendung. **Herb:** Wein mit hohem Gerbstoffgehalt und/oder wenig Restsüße. **Herzhaft:** Weine mit fruchtiger Säure und viel Körper. **Hochfarbig:** Weine mit intensiver Färbung, die durch langjährige Lagerung im Fass entsteht. Die Farbe wechselt von dunkelgelb allmählich bis bräunlich. **Jung:** Bewertungsmerkmal des Weines, das einerseits auf das tatsächliche Alter hinweist, zum anderen jedoch auch auf die geschmackliche Frische des Weines. **Kahm:** Alkoholarmer Wein, der längere Zeit mit der Luft in Berührung kommt, bildet Kahmhefe, die einen faden Geschmack des Weines verursacht. **Kernig:** Weine mit robuster Säure und festem Körper. **Klar:** Weine ohne jede Trübung. **Klein:** Körper- und säurearmer Wein mit wenig Süße. **Kneipwein:** (volkstümlich) Herzhafter Tischwein, auch „Zech"- oder „Pokuliefwein." **Korkgeschmack:** Wird von kranken Naturkorken verursacht. Nicht zu behebende Geschmacksbeeinträchtigung, die mit einer fehlerhaften Weinbereitung nicht identisch ist, da kranke Korken bei der Flaschenabfüllung nicht feststellbar sind. **Körper:** Die geschmacklich zu bemerkenden Extraktstoffe in Ergänzung mit der Gesamtsäure. **Lebendig:** Fruchtige Säure und Spuren von Kohlensäure bei (jungen) Weinen. **Leicht:** Wenig Alkohol und verhältnismäßig wenig Extraktstoffe. **Lieblich:** Milder, zarter Wein mit Restsüße. **Mächtig:** Wein mit viel Körper, wuchtig und schwer. **Maderisiert:** Oxydative (braungewordene) Weine mit Rahmgeschmack (vom Braunen Bruch befallen). **Matt:** Alte „leblose" Weine, denen jegliche Frische (Kohlensäure) fehlt. **Mild:** Säurearmer, aber harmonischer Wein. **Mollig:** Runder, gehaltvoller Rotwein. **Naturrein:** Bis 1971 weinrechtlich zugelassener Begriff für unverbesserte deutsche Weine (gleichbedeutend mit Originalabfüllung, Wachstum, Naturwein). **Nervig:** Wein mit betonter Fruchtsäure und Rasse. **Nobel:** Gleichbedeutend mit elegante, feine Art. **Ölig:** Weine mit hohem Glyceringehalt, die ölig fließen. **Oxydiert:** Wein, der zu lange mit der Luft in Berührung kam, verliert an Geschmack und erhält eine braune Farbe, ist im fortgeschrittenen Stadium ungenießbar. **Parfümiert:** Wein mit aufdringlichem Bukett. **Pikant:** Weine mit feiner Säure und einem reizvollen Duft. **Plump:** Charakterisierung für Weine mit zu geringer Säure, ohne Frische sowie aufdringlichen Extraktstoffen (Körper). Keine Harmonie. **Reduktiv:** Bewertungsmerkmal für frische, junge Weine, die durch entsprechende kellertechnische Behandlungsverfahren vor einer Oxydation und damit einer raschen Alterung bewahrt werden. **Reif:** Höhepunkt in der Entwicklung des Weines. Je nach Jahrgang, Qualitätsstufe (Leseart) und Herkunft liegt der Zeitpunkt der Reife sehr unterschiedlich. **Rund:** Charakterisierung eines harmonischen, vollen Weines. **Saftig:** Rassige Weine mit delikatem Geschmacksbild. **Samtig:** Milder, voller Wein. **Schwer:** Wein mit hohem Alkohol- und Extraktgehalt. **Stoff:** Gleichbedeutend mit Körper. **Stahlig:** Wein mit rassiger Fruchtsäure. **Süffig:** Gut trinkbarer Wein, angenehm und nicht zu schwer. **Trocken:** Durchgegorener Wein mit sehr wenig Restsüße. **Voll:** Reich an Alkohol und Extraktstoffen. **Vornehm:** Reifer, eleganter und feiner Wein. **Weich** schmeckt ein Wein mit geringer Säure. **Weinig:** Ein Wein mit ausreichendem Körper, gewisser Fülle und Saftigkeit. **Wuchtig:** Charakteristik für schwere, teilweise auch sehr alkoholreiche Weine mit viel Körper. **Würzig:** Beurteilung des Weines, der einen charakteristischen herzhaften

Geschmack und ein pikantes Aroma aufweist. **Französisch: Acerbe** unreif, unharmonisch. **Acide** sauer. Wein mit zu hohem Säuregehalt. **Acre** herb. **Aimable** lieblich, angenehm. **Amer** bitter, zuviele Gerbstoffe, wenig Harmonie. **Année de cru** großer Jahrgang. **Apre rau**er tanninhaltiger Wein. **Astringent** adstringierend. **Bien de bouche** vollmundig. **Blanc de blancs** (Schaum-) Wein ausschließlich aus weißen Trauben. **Bouqueté** Bukettreicher, sehr blumiger Wein. **Bourru** junger, trüber Wein, dessen Gärungsprozess noch nicht abgeschlossen ist („Federweißer", „Sauser"). **Brut** naturherb, sehr trocken (bei Schaumweinen). **Capiteux** feurig, stark alkoholhaltig. **Cépage** Traubensorte. **Chambré** temperiert. **Charnu** schwer, voll, kräftig, körperreich. **Charpenté** gut ausgebaut, harmonisch, ausgeglichen. **Clairet** Weißherbst, Klaretwein. **Climat** s. Cru. **Commun** gewöhnlicher Wein ohne Rasse. **Complet** ausgeglichen, harmonisch, charaktervoll, alkoholreich. **Corps** Körper. **Corsé** stark, alkoholhaltig, extraktreich, markig. **Coulant** süffig, dem Gaumen schmeichelnd. **Coupage** Verschnitt. **Court** wenig aromatisch, kurzer Nachgeschmack. **Cru** zu jung, unfertig, grün. Als Cru (oder Climat, Finage) wird auch ein Weinberg mit hervorragenden Qualitätsergebnissen bezeichnet. **Cuvée** Qualitätsbezeichnung für burgundische Weine oder Wein, der aus ganz bestimmten Parzellen erzeugt wurde. Bei der Schaumweinherstellung: Verschnitt (Cuvee de tirage). **Dégout** schlechter Geschmack eines Weines. **Dégustation** Weinprobe, Beurteilung des Weines durch die Sinnenprobe. **Dépouillé** alter Wein ohne Körper und Rasse, aber auch: geklärter, glanzheller Wein ohne Niederschlag. **Distingué** Wein mit Feinheiten und Qualitäten. **Doré** Goldgelb, Farbe von hochwertigen Weißweinen und Dessertweinen. **Doux** süß. **Equilibré** Wein mit harmonischem Verhältnis der Geschmackskomponenten, ausgeglichen. **Etoffé** körperreicher, großer Wein. **Fin** elegant, vornehm. **Finage** s. Cru. **Frais** die guten Eigenschaften eines jungen Weines: Frische und Spritzigkeit. **Franc** ohne Nebengeschmack, gesund, gut ausgebaut. **Frappé** gekühlt. **Friand** gefällig, frisch, fruchtig (vor allem bei jungen Weinen). **Fruité** fruchtig. **Fumet** Sortencharakter des Weines. **Généreux** stark, ziemlich alkoholhaltig. **Glacé** eisgekühlt. **Gouleyant** süffiger, frischer, harmonischer, fruchtiger Wein. **Goût de bouchon** Korkgeschmack. **Goût de fumé-** Rauchgeschmack. **Goût de fût** Fassgeschmack. **Goût de pierre à fusil** Feuersteingeschmack in Weinen, die auf kieselhaltigen Böden wachsen. **Goût de rancio** Altersgeschmack durch Maderisierung (z. B. bei Sherry). **Grain** Finesse, Vornehmheit. **Gras** Runder, starker, voller Wein. **Grossier** plump, unharmonisch. **Harmonieux** harmonisch. **Léger** zart, leicht und wenig alkoholhaltig. **Mâche** vollmundig, kräftig, gehaltvoll. **Maigre** dünn, leer, kraftlos, ohne Körper. **Millésime** Jahrgang. **Moëlleux** samtig, schmeichelhaft, mollig (bei Rotwein), ölig. **Mou** säurearm, dünn. **Mûr** naturrein. **Naturel** naturrein. **Nerveux** kraftvoll, stark, nervig. **Paillé** strohfarben. **Pâteux** wuchtig. **Perlant** perlend. **Plat** ohne Geschmack, fade. **Plein** voll, füllig. **Prêt** fertig, entwickelt, ausgebaut. **Primeur** Wein, der früh fertig ist und jung getrunken werden kann. **Puissant** sehr voll und kräftig. **Racé** rassig, von großer Klasse. **Rassis** ausgebaut, vollendet. **Récolte** Ernte. **Robe** Wein mit schöner, kräftiger Farbe. **Rond** voll, rund, körperreich, weich. **Rüde** herb, hart, stark säurehaltig. **Sec** Trocken (bei Weißweinen und Schaumweinen). Bei Rotweinen: Er hat seinen samtigen Charakter und seine Blume verloren. **Sève** saftig. **Souple** geschmeidig, elegant, sehr harmonisch. **Taché** verfärbt. **Terroir** Bodengeschmack. **Trouble** trüb. **Tuilé** Bezeichnung für Rotweine, die ihre Farbe eingebüßt haben. **Usé** Wein, der durch zu lange Lagerung oder falsche Behandlung „umgeschlagen", verbraucht ist. **Velouté** sehr geschmeidig, weich. **Vert** unreif, zu jung, sauer, grasig. **Vif** Säurereiche, etwas „nervöse", meist noch sehr junge Weine, die besonders lebendig und spritzig

sind. **Vin aromatique** Bukettwein, der aus bukettreichen Trauben wie Muskateller, Gewürztraminer gewonnen wird. **Vin gris** Weißgekelterter Rotwein, Bleichert. **Vin jaun** Ambrafarbener Wein aus dem französischen Jura. **Vin de messe** Messwein, (naturreiner) Wein, der bei der heiligen Messe verwendet wird. **Vin mousseux** Schaumwein. **Vin nouveau** Neuer Wein der letzten Ernte. **Vin de paille** Strohwein, Wein, der aus auf Strohmatten getrockneten Trauben gewonnen wird. **Vin pétillant** Perlwein. **Vin de poisson** feiner, fruchtig-trockener Weißwein, der gerne zu Fischspeisen getrunken wird. **Vin de rôti** Bratenwein, Rotwein guter Qualität, der sich als Begleitung zum Bratenessen eignet. **Vin de tête** hervorragender Qualitätswein. **Vin tonique** Stärkungswein, Arzneiwein. **Vineux** weinig, kräftig, voll.
Italienisch: Abboccato süß **Acerbo** unreif, grün, sauer. **Acido** sauer. **Acre** herb. **Amabile** lieblich. **Amaro** bitter. **Ambrato** bernsteinfarben. **Aranciato** topasfarben. **Aromatico** aromatisch. **Brillante** glanzhell (Klarheit des Weines). **Chiaretto** Weißherbst, Klaret. **Chiaro** klar. **Corpo** Körper. **Dolce** sehr süß. **Dorato** goldgelb. **Duro** hart, unharmonisch, sauer. **Enantico** weinig. **Fatto** reif. **Fruttato** fruchtig. **Leggero** leicht, gefällig. **Limpido** klar. **Morbido** gefällig, geschmeidig. **Naturale** naturrein, natürlich. **Naturo** entwickelt. **Odore** guter Geruch des Weines. **Passante** süffig. **Pastoso** süß, wuchtig, ausdrucksvoll, kräftig. **Perlaggio** perlend. **Povero** dünn. **Profumato** bukettreich, blumig. **Raffreddato** gekühlt. **Robusto** kräftig, stabil, voll. **Rosso granato** granatfarben. **Rosso rubino** rubinfarbig. **Sapido** lieblich. **Sapore terroso** Bodengeschmack. **Secco ascuitto** trocken. **Tenue** hochfein. **Torbido** trüb. **Veste** Aussehen, Farbe. **Vigore** saftig. **Vinetto** kleiner Wein. **Vino da arrosto** Bratenwein, vollmundiger Rotwein zum Bratenessen. **Vino bianco** Weißwein. **Vino frizzante** Perlwein. **Vino da messa** Messwein, der in der katholischen Liturgie verwendet wird. **Vino passito vino santo, vino di tetto (di paglia)** Strohwein.

Vino da pasto Tischwein. **Vino da pesce** Fischwein, passend zu Fischgerichten. **Vino rosato** Rosewein. **Vino rosso** Rotwein. **Vino spumante** Schaum wein. **Vino vecchio** alter Wein.
Spanisch und Portugiesisch: Abocado (span.) süß. **Agrio** (port./span.) herb. **Afrutado** (span.) fruchtig. **Ajuntos** (span.) Zusammengegossener Rest verschiedener Weine. **Anmeta** (span.) Jahrgang. **Ano de colheita** (port.) Jahrgang. **Corpo** (port.) Körper. **Cuerpo** (span.) Körper. **Doce** (port.) süß. **Dulce** (span.) süß. **Espêso** (port.) Aussehen (Farbe und Klarheit des Weines) **Fruto** (port.) fruchtig. **Maduro** (port./span.) reif. **Pastoso** (port./span.) wuchtig. **Perfumado** (port.) blumig, bukettreich. **Saboroso** (port.) lieblich. **Sabroso** (span.) lieblich. **Seco** (port./span.) trocken. **Vinheco, Vinhaça** (port.) Kleiner, alkohol- und extraktarmer Wein. **Vinho branco** (port.) Weißwein. **Vinho de cama** (port.) Strohwein. **Vinho canteiro** (port.) Madeira-Wein, der im Keller auf natürliche Weise altert. **Vinho de consumo, Vinho corrente** (port.) Tischwein. **Vinho elementar** (port.) Wein aus nur einer Traubensorte. **Vinho espumante** oder **espumoso** (port.) Schaumwein. **Vinho frisante** (port.) Perlwein. **Vinho maduro** (port.) Säurearmer Wem mit mehr als 10° Alkohol. **Vinho de mesa, Vinho de pasto** (port.) Tischwein. **Vinho de novidade** (port.) Wein aus einer guten Ernte, der nach zwei- bis dreijähriger Fasslagerung abgefüllt wurde und dessen Reifung ohne Luftzutritt erfolgte. **Vinho de ramo** (port.) Nicht aufgespriteter Douro-Wein, der als Konsumwein verkauft wird. **Vinho rosado** (port.) Rosewein. **Vinho de sobremesa** (port.) Dessertwein. **Vinho tinto** (port.) Rotwein. **Vinho de torna-viagem** (port.) Portweine, deren Qualität nach längeren Schiffsreisen auf der südlichen Halbkugel zugenommen hat. **Vinho velho** (port.) alter Wein. **Vino con aguja** (span.) Perlwein. **Vino bianco** (span.) Weißwein. **Vino envejecido** (span.) alter Wein. **Vino espumoso** (span.) Schaumwein. **Vino de mesa, Vino de pasto** (span.) Tischwein. **Vino de postre** (span.) Dessert-

Weingeist

wein. **Vino rosado, Vino aluque, Vino ojo de gallo** (span.) Rosewein. **Vino tinto** (span.) Rotwein. **Vino de uvas pasofocadas** oder **asolead** (span.) Strohwein. **Zurrapa** (port.) schlechter Wein.

Weingeist. Häufig angewandte Bezeichnung für → *Äthylalkohol*.

Weingläser. Jeder Wein verlangt nach einem passenden Weinglas. Daraus folgt, dass man zwischen Weingläsern, deren Form durch die Herkunft des Weines oder die Weinqualität bestimmt ist, unterscheidet. In gastronomischen Betrieben haben sich ab einer bestimmten Größe Standardformen durchgesetzt: Weißwein-, Rotwein-, Südwein- und Sektgläser. Bei der Beschaffung sind Gläserbruch, Aufbewahrung, Nachkauf, Bruchsicherheit zu berücksichtigen. Allgemein gilt: Das Weinglas soll klar, nicht geschliffen, bunt oder dunkel sein (gilt auch für den Stiel), keinen scharfen Rand aufweisen, einen Stiel besitzen und nicht zu eng sein. Weißweingläser sind in der Form meist höher und schmaler; Rotweingläser kürzer und bauchiger. Sektgläser sollten entweder eine Kelch-, Spitz- oder Tulpenform aufweisen. Schalen sind höchstens für sehr bukettreiche Sorten oder roten Sekt zulässig. Gläserformen nach der Herkunft des Weines: Bordeaux, Burgund, Elsass, Champagne, Loire, Provence, Mosel, Rhein, Württemberg, Pfalz. Nach der Qualität des Weines: hohe Weinqualität: mundgeblasene, wertvolle Gläser. Kleine Weinqualität: normal gebräuchliche Gläser.

Weingut. Etikettangabe; Bei dieser Angabe wurde der Wein aus eigenen Trauben im eigenen Betrieb hergestellt. Andere gleichwertige Bezeichnungen sind: Domäne, Schloss, Kloster, Burg, Winzer, Weingutbesitzer.

Weingutbesitzer → *Weingut*.

Weinhaltige Getränke sind lt. Weingesetz alkoholische Getränke aus Wein, Likörwein, Schaumwein mit oder ohne Zusatz von Kohlensäure oder beide vermischt. Bei der Herstellung darf keine Gärung stattgefunden haben. Der Weinanteil muss 50 % betragen. Der Kohlensäuredruck bei 20 °C darf nicht über 2,5 bar liegen. Der vorhandene Alkoholgehalt darf 18 % Vol. (142 g/l) nicht übersteigen. Zu den weinhaltigen Getränken zählen z. B.: → *Bowle*, Glühwein, → *Kalte Ente* und Wermutwein.

Wein in der Welt. Die Weinrebe ist zwischen dem 30.–50. Grad nördlicher Breite und dem 30.–40. Grad südlicher Breite in zwei die Erde umgebenden Gürteln verbreitet. Die Gesamtrebfläche der Welt beträgt ca. 10 Mio. ha. In der Bundesrepublik stehen ca. 100 000 ha Rebfläche im Ertrag.

Weinkeller. Lagerung des Weines. Weinkeller sollen: **1.** mit einem Thermometer und Hydrometer ausgestattet sein; **2.** Temperaturen: Weißwein 8–12 °C in unteren Regalen, Rotwein ca. 14–15 °C in oberen Regalen, ca. 60–70 % relative Luftfeuchtigkeit, **3.** Luftzirkulation soll gewährleistet sein, **4.** kein direktes Sonnenlicht, **5.** keine Vibrationen, Erschütterungen, **6.** keine gleichzeitige Lagerung von geruchsverbreitenden Stoffen, **7.** Regale nach Möglichkeit nicht aus Holz, wenn, dann stark imprägnieren.

Weinschorle → *Schorle*.

Weinstein. Saures Kaliumsalz der Weinsäure, das sich im Most gelöst befindet. Durch die Alkoholbildung und Abkühlung nach der Gärung scheidet sich der Weinstein zum Teil unlöslich ab. Dadurch tritt eine Verminderung der Säure ein. Weinsteinausscheidungen können auch nach der Flaschenfüllung auftreten. Die Ursachen dazu können u. a. in zu frühem Flaschenabzug, in einem Kälteschock oder in der besonderen Eigenart der Rebsorte liegen. Weinsteinkristalle sind nur ein Schönheitsfehler. Der Geschmack wird nicht beeinträchtigt. Nicht alle kristallisierte Ausscheidungen im Wein sind Weinstein.

Weinteig → *Backteig*.

Weintemperatur. Optimaler Weingenuss ist wesentlich durch die Trinktemperatur mitbestimmt. Grundregel:

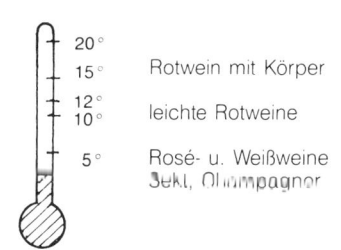

20°	
15°	Rotwein mit Körper
12°	
10°	leichte Rotweine
5°	Rosé- u. Weißweine
	Sekt, Champagner

Weintresterbranntweine → *Tresterbranntweine*.

Weißbier. Eine bayerische Bezeichnung für Weizenbier.

Weißer Burgunder. Weißweintraube, die durch Mutation aus dem → *Ruländer* entstanden ist, der seinerseits aus dem Blauen Burgunder mutiert ist. Die Traube stellt hohe Ansprüche an die → *Lage* und bringt Weine mit Fülle hervor. Syn.: *Klevener, Pinot Blanc, Pinot Chardonnay*.

Weißer Elbling. Weißweintraube des Mittelalters. Wegen der großen Fruchtbarkeit angebaut. Mit Abschaffung der Zehntweine verlor er seine Bedeutung und wurde durch bessere Sorten ersetzt. An der Mosel haben sich noch einige Anbauinseln erhalten. Die Weine dienen oft der Sektherstellung.

Weißer Gutedel → *Gutedel*.

Weißer Klevener. Syn. für → *Weißer Burgunder*.

Weißer Riesling. Echte Sortenbezeichnung für → *Riesling*.

Weißfelchen (= Renke). Man findet die Renke in vielen Spielarten in den bayerischen, österreichischen und Schweizer Seen. Am bekanntesten: Starnberger- und Chiemsee-Renke; Gewicht bis zu $1/2$ kg.

Weißherbst → *Roséwein*, farbschwacher, zartroter Wein aus hellgekelterten (→ *Weißkelterung*) einer einzigen Rebsorte und nur für Qualitätsweine und Qualitätsweine mit Prädikat aus den bestimmten Anbaugebieten Deutschlands. Die Rebsorte, aus der der Weißherbst gewonnen wurde, muss auf dem Etikett angegeben werden.

Weißkelterung. Trennen des Traubensaftes von den festen Bestandteilen der → *Maische*. Blaue Trauben werden so schnell wie möglich gekeltert, da sich in den Schalen Farbstoff befindet. Bei der Weißkelterung wird aus blauen Trauben Weißwein hergestellt.

Weißling → *Wittling*.

Weißtöner → *Waschmittel*.

Weißzucker → *Affinade* durch Auswaschen aus → *Rohzucker* gewonnene Zuckersorte.

Weisungsformen. a) Befehl: Weisungsform, die nur in Ausnahmesituationen angewandt werden sollte, da sie weitgehend vom Mitdenken und Mitverantworten entbindet und keinen Widerspruch duldet, **b)** Kommando: Weisungsform, die einen gemeinsamen (Kraft-)Einsatz erfordert, **c)** Anweisung: Ziel-Weg-Bestimmung in allen Einzelheiten (10 W's: Was, warum, wie, woran, womit, wann, wielange, wo, wer, wer mit wem), **d)** Auftrag: Weisungsform, die nur das Ziel angibt; Wege, Mittel und Maßnahmen bestimmt der Mitarbeiter selbst.

Weisungssysteme. Einordnung der → *Stellen* rangmäßig in das Stellengefüge, wobei Unterstellungsverhältnisse und Weisungsbefugnisse festgelegt werden. Man unterscheidet: **a)** Einlinien-System (Abb. 91). Das System hat einen einheitlichen Instanzenweg. Jeder Mitarbeiter hat nur

Weiterführungsrecht

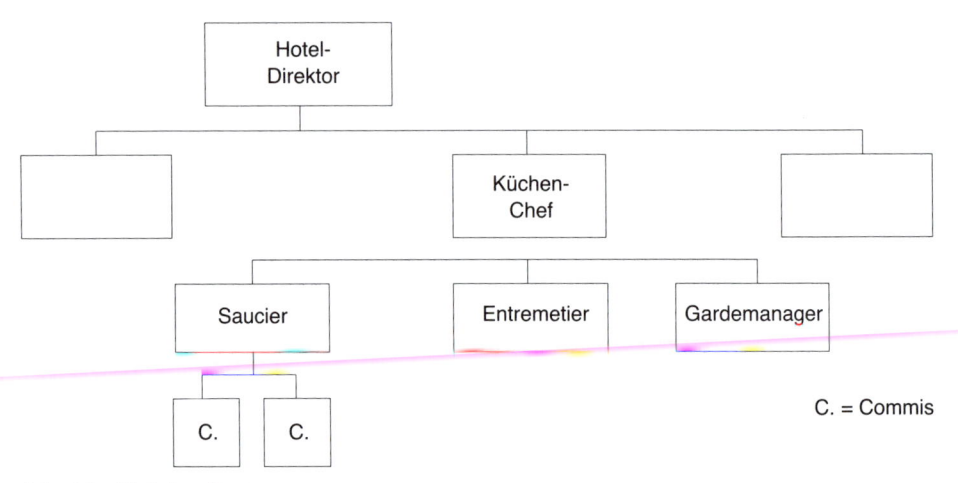

Abb. 91 Einlinien-System

einen Vorgeordneten. Vorteile: **1)** Der organisatorische Aufbau ist durchsichtig. **2)** Die Zuständigkeitsbereiche sind abgegrenzt. **3)** Die Weisungsbefugnisse sind klar geregelt. Nachteile: **1)** Die Organisation ist starr. **2)** Mit steigendem Rang nimmt die Verantwortung und die Arbeitsbelastung zu.
b) Mehrlinien-System (Abb. 92). Das von → Taylor entwickelte System ist gekennzeichnet von mehrfachen Unterstellungen der Nachgeordneten. Bestimmte Funktionsträger erteilen auf ihrem Spezialgebiet direkt fachliche Anweisungen an die Nachgeordneten. Vorteile: 1) Das System fördert die Arbeitsteilung und die Spezialisierung, 2) Kurze und direkte Anordnungswege erhöhen die Beweglichkeit. Nachteile: 1) Einheitliche Anordnungswege gehen verloren. 2) Kompetenzüberschneidungen nehmen zu. **c)** Linien-Stab-System. System (Abb. 93), bei dem den → Linieninstanzen → Stabsinstanzen zugeordnet werden. Die „Wegführung" des Einliniensystems wird beibehalten.

Weiterführungsrecht. Hierbei handelt es sich um das Nachwirken der Konzession. § 10 GastG gibt dem **a)** Ehegatten, **b)** den minderjährigen Kindern oder an deren Stelle **c)** einem Testamentsvollstrecker oder Nachlassverwalter das Recht, die Erlaubnis des verstorbenen Erlaubnisinhabers im vorhandenen Rahmen bis zu zehn Jahren nach dem Erbfall weiterzuführen. Es besteht

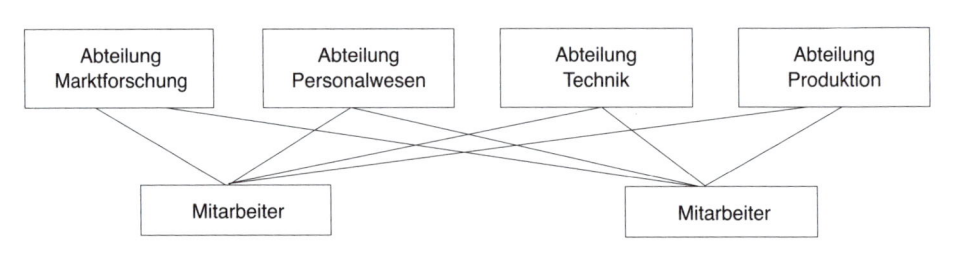

Abb. 92 Mehrlinien-System

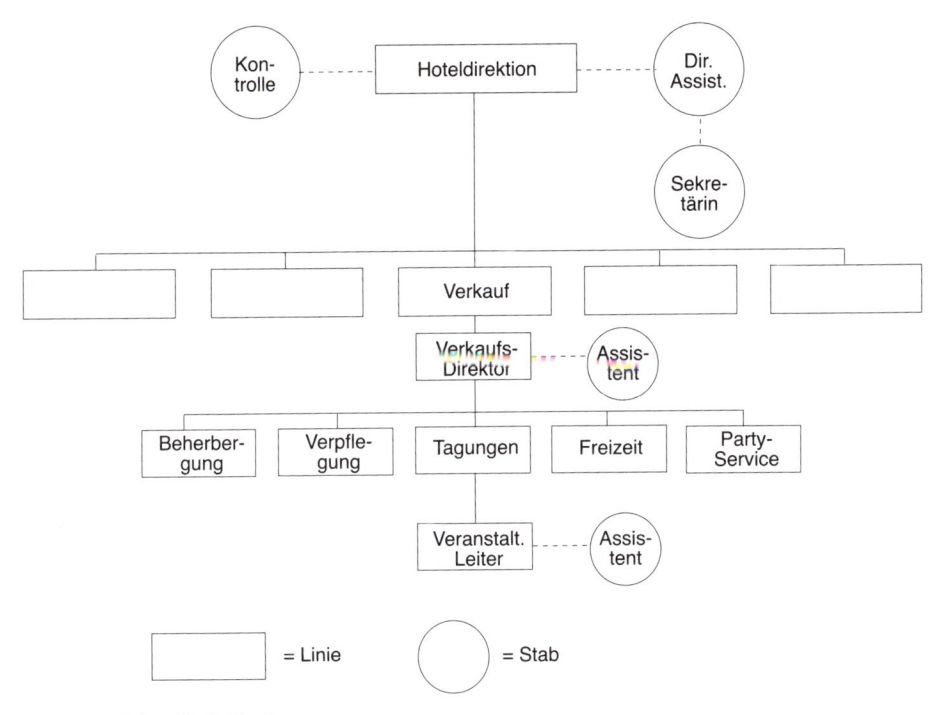

Abb. 93 Linien-Stab-System

dabei für die Personen, die weiterführen wollen, eine Anzeigepflicht bei der Konzessionsbehörde.

Weizenbier. Meist obergärig; normaler Stammwürzegehalt: 12 bis 14 %; leicht gehopft; Mindestanteil an Weizen: ab $1/3$. Kann hell, dunkel, klar oder trüb angeboten werden.

Weizenbock. Weizenbier mit 16 % Stammwürze; evtl. untergärig.

Weizenkeimbrot → *Spezialbrot,* Schrotbrot aus Weizen- oder Roggenmehl, selten aus hellem Mehl, das mit 10 % Weizenkeimen angereichert ist.

Weizenkeim-Teigwaren. Eifreie Teigwaren besonderer Art mit Zusatz von 15 % Weizenkeimen bezogen auf Getreidemahlerzeugnisse, begrenzt haltbar

Weizenkleber → *Klebereiweiß.*

Weizenpuder → *Weizenstärke.*

Weizenstärke. Weizenpuder, → *Speisestärke.* Gewinnung aus möglichst hellen Mehlen, mit Wasser anteigen, auswaschen der Stärke im Wasserstrom, abfließen der Stärkemilch – als Nebenprodukt fällt → *Weizenkleber* als zähe Masse an. Die Stärkemilch wird in Zentrifugen gereinigt. Infolge der unterschiedlichen Größe der Stärkekörner fallen bei diesem Arbeitsgang zwei Fraktionen an. Die erste, aus vorwiegend großen Bruchstücken bestehend, wird als Primastärke bezeichnet, die kleinen Bruchstücke als Sekundastärke. Diese kann Spuren der

Verunreinigung und Kleber enthalten. Die Primastärke wird dann mehrmals mit Wasser ausgeschlämmt und bis zu 14 % Wassergehalt getrocknet und gemahlen. Verwendung: Bindemittel, Herstellung von Biskuitmassen.

Wellington, Arthur Wellesley (1769–1852). Engl. Feldherr, Sieger von Waterloo. Klass. Garnitur z. B. Lendenbraten Wellington.

Wellness-Hotels. → *Beherbergungsbetriebe*. „Wellness" i. S. von sich wohl fühlen entstammt nicht der englischen Sprache, sondern ist eine deutsche Wortschöpfung. Sie wird von Hotels verwendet, die damit ihr besonderes Angebot kennzeichnen wollen. Dieses umfasst neben den üblichen Pools und Whirlpools meist auch → *Dampfbäder*, Massage, Gymnastikräume und Sportgeräte sowie Kosmetik und Kurangebote wie → *Thalasso* oder → *Ayurveda*, manchmal bis hin zu ärztlicher Betreuung.

Wels *(Waller; frz.: glane silure; engl.: silure sheatfish)*. Einer der größten Süßwasserfische der Seen und Flüsse Europas, der bis 60 Grad nördl. Breite vorkommt. Rücken dunkel, Seite gelblich, Bauch rötlich; Fettes, grätenloses Fleisch wird gebacken und als Ragout gereicht, ist aber nicht leicht verdaulich.

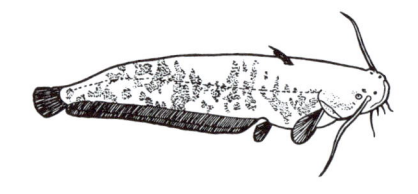

Welschkohl. (Syn. für – *Wirsingkohl*).

Welschkorn → *Mais*.

Werbemittel → *Werbung*. Mittel, die eingesetzt werden, um eine effiziente Werbung zu machen. Neben den üblichen Werbemitteln wie Plakat, Brief, Anzeige, Film- und Funkwerbung kommen im Hotel- und Gaststättengewerbe dem Hotelführer und der Speise- und Getränkekarte besondere Bedeutung zu. Folgendes sollte bei der Auswahl geeigneter Werbemittel beachtet werden: *Plakate* sind nach Art und Kosten eher für Kollektivwerbung einer Region oder eines Ortes (Fremdenverkehrswerbung) geeignet als für Hotels. *Film- und Diawerbung* sind relativ teuer und erreichen im Zeitalter des Fernsehens kaum noch geeignetes Publikum. Eine andere Möglichkeit ist dann gegeben, wenn sie über hauseigene Anlagen in das Zimmerfernsehen eingespielt werden. Hier lässt sich besonders gut für Sonderaktionen werben. *Fernseh- und Radiowerbung*: Auch diese Möglichkeiten sind teuer. Die preiswertere Radiowerbung hat jedoch gezeigt, dass sie eine gute Werbemöglichkeit bietet, wenn sie im Verkehrsfunk auf den Reiseverkehr abgestellt wird oder regional für besondere Aktionen eingesetzt wird. *Anzeigen* sind ein wichtiges externes Werbemittel. → *Prospekte* sind das am häufigsten angewendete und am vielfältigsten gestaltete Werbemittel im Fremdenverkehr und Hotel- und Gaststättengewerbe. Durch gutes Bildmaterial kann der Gast einen Eindruck des Hauses erhalten. Häufig wechselnde Daten können mittels Einlegeblättern ergänzt werden. *Werbebriefe* sind besonders geeignet, wenn sie auf den Adressaten direkt abgestellt sind. Daneben wirkt jedoch die gesamte Geschäftspost werbend und sollte demnach behandelt werden. *Gasthauszeichen, Hotelzeichen* u. a. haben plakative Wirkung und sind deshalb gute Werbemittel, wenn sie mit Sorgfalt und Geschmack auf den Stil des Hauses abgestimmt sind. *Hotelführer* sind deshalb gute Werbemittel, weil sie in sehr hohen Auflagen erscheinen und oft auch unter besonderen Gesichtspunkten (Schlemmer) eine Zusammenstellung bringen. *Speise- und Getränkekarten* werben nicht nur mit dem Angebot, sondern besonders mit der Art der Gestaltung. *Sonstige* Werbemittel wie Kofferetiketten, Bierdeckel, Servietten, Nähtäschchen, Zucker mit Aufdruck sind beliebte Sammelobjekte und sollten als Werbemittel nicht übersehen werden. Dazu kommen noch alle Dinge, die in den Bereich der → *Public Relations* fallen, wie z. B. Berichte über Aktionen, Preise, die aus Ausstellungen gewonnen werden, oder besondere Ereignisse im Haus.

Werbeplan → *Werbung*. Wie jede betriebliche Tätigkeit bedarf die Werbung der Planung. Hierbei sollte zuerst eine *Konzeption* entwickelt werden, bei der die Ziele, die zu umwerbenden Personen und die Werbemittel festgelegt werden. Danach ist die Werbekonzeption in *Werbestrategien* umzusetzen, was man gemeinhin als Werbefeldzug bezeichnet. Die geplanten Mittel werden zum Einsatz vorbereitet, meist von Werbefachleuten, und die Werbung zyklisch oder antizyklisch angesetzt. Wird die Strategie langfristig festgelegt, spricht man von Werbetaktik. Bei der Planung der Werbung sind folgende Punkte zu beachten: **a)** Beurteilung der Marktsituation hinsichtlich des Angebotes und der Erreichbarkeit von Adressaten, **b)** Festlegung der Werbeargumente unter Beachtung der Werbegrundsätze, **c)** Bestimmung der Werbemittel, Werbeträger und des Werbewegs, **d)** Festlegung des Zeitplans der Werbung unter Berücksichtigung **1)** der Dauer für die Herstellung der Werbemittel, **2)** des richtigen Werbezeitpunkts und der Dauer einer Aktion; **e)** Festlegung der Werbekontrolle (Erfolgskontrolle).

Werbestil → *Werbung*. Der Werbestil eines Unternehmens wird bestimmt durch das Zusammenspiel aller eingesetzten Maßnahmen. Er kann sich nur herausbilden, wenn kontinuierlich der gleiche Stil gewahrt wird. Besonders wichtig ist dieser Aspekt in gastronomischen Betrieben. Hier muss der Werbestil sorgfältig auf den Stil des Hauses abgestimmt sein, weil der Umworbene vom Stil der Werbung auf den Stil des Hauses Rückschlüsse zieht.

Werbung. Ein Informations- und Kommunikationsinstrument, das als Teil des → *absatzpolitischen Instrumentariums* im → *Marketing-Mix* eingesetzt wird, um den Absatz zu steigern. Die Werbung hat die Aufgabe, Nachfrage zu wecken und sie durch Wiederholung wachzuhalten. Durch Information und Motivation soll Vertrauen erzeugt und dem Umworbenen (Werbegemeinter) die Ansicht des Werbenden übertragen werden. In vielen Fällen werden hierbei emotionale Bereiche angesprochen. Das ist für Angebote, die – wie in der Gastronomie – auf stark gefühlsmäßig bestimmte Bedürfnisse abgestimmt sind, auch notwendig. Werbung kann nach unterschiedlichen Gesichtspunkten unterschieden werden: **a)** nach der Zahl der Werbenden in Einzel- und Gemeinschaftswerbung, **b)** nach der Zahl der Umworbenen in Einzelumwerbung und Massenumwerbung, **c)** nach dem Gegenstand, für den geworben wird, in Betriebs- und Produktwerbung, **d)** nach dem angesprochenen Personenkreis in Händler- und Verbraucherwerbung. Eine besondere Form der Werbung, die darauf abgestellt ist, das Ansehen des Unternehmens in der Öffentlichkeit zu stärken und Achtung vor deren Leistungen zu erzeugen. Diese Form der Meinungswerbung wird mit → *Public Relations* bezeichnet. Bevor mit der Werbung begonnen werden kann, ist eine sorgfältige Analyse notwendig für: **a)** das Streugebiet: Gebiet, auf das sich die Werbung erstrecken soll, **b)** den Streukreis: anzusprechender Personenkreis, **c)** die Streuzeit: günstigste Zeit für die Werbung, **d)** den Streuweg: günstigster Weg, den Adressaten zu erreichen. Als Werbemittel können eingesetzt werden: **a)** das gesprochene Wort (Radio, Werbegespräch), **b)** das geschriebene Wort (Anzeigen, Werbebriefe), **c)** Bilder und Zeichen (Fernsehen, Leuchtreklame, Dias, Filme usw.), **d)** Zugaben (Streichhölzer, Taschenkalender usw., auch Gutscheine); hierbei ist zu beachten, dass nach der Zugabeverordnung diese Dinge nur einen geringen Wert haben dürfen. Vielfach werden Kombinationen aller Werbemittel eingesetzt. Als Werbegrundsätze sind zu beachten: **a)** die Werbung soll wahr sein, **b)** die Werbung soll eine klare

Werbungskosten

Aussage machen, **c)** die Werbung muss geplant sein, damit sie wirksam ist, **d)** die Werbung muss wirtschaftlich sein, **e)** ihr Erfolg muss kontrolliert werden.

Werbungskosten. Nach § 9 EStG Aufwendung zur Erwerbung, Sicherung und Erhaltung von → *Einkünften aus nicht selbständiger Arbeit,* Kapitalvermögen, Vermietung und Verpachtung und sonstigen Einkünften. Sie können bei diesen Einkunftsarten von den Einnahmen abgezogen werden.

Werklieferungsvertrag (§ 651 BGB). Vertrag, bei dem der Hersteller eines Werkes auch das dazu benötigte Material liefert. Nach dem Umsatzsteuerrecht ist der Werklieferungsvertrag einer Lieferung gleichzusetzen.

Werkstoffe. Alle → *Rohstoffe,* → *Hilfsstoffe* und → *Betriebsstoffe,* die zur Erstellung betrieblicher Erzeugnisse verwendet werden. → *Produktionsfaktoren.*

Werkvertrag (§§ 631–650 BGB). Vertrag, der darauf gerichtet ist, ein Werk zu erstellen, wobei entweder kein Herstellungsmaterial notwendig ist oder der benötigte → *Rohstoff* vom Besteller gestellt wird. Lieferung von Hilfsmaterial ist nicht schädlich. Im Umsatzsteuerrecht handelt es sich hier um eine sonstige Leistung.

Wertschätzungsverhalten. Ausmaß des Verständnisses, das der Vorgeordnete dem Mitarbeiter als Person entgegenbringt. (Achtung des Mitarbeiters als Partner – Vermeidung von Geringschätzigkeit, Beleidigung und Demütigung).

Wettbewerbsverbot. Vertragliche Vereinbarung, meist mit höheren Angestellten, mit dem Inhalt, dass sie während ihrer Tätigkeit und nach Beendigung derselben (bis maximal zwei Jahre danach) keine konkurrierende Tätigkeit ausüben dürfen.

Wettbewerbsverein. Verbände zur Förderung der gewerblichen Interessen oder der Verbraucherinteressen haben nach § 13 UWG das Recht, Wettbewerbsverstöße gerichtlich verfolgen zu lassen. Hieraus entwickelten sich eine Reihe Wettbewerbsvereine, die einen Beitrag zur Erhaltung eines leistungsgerechten und lauteren Wettbewerbs leisten wollen. Sie tun das, indem sie: **a)** ihre Mitglieder über wettbewerbsrechtliche Fragen aufklären, **b)** Unternehmen, die gegen das Wettbewerbsrecht verstoßen, durch „Abmahnungen" zur Unterlassung veranlassen, **c)** schwerwiegende und andauernde Verstöße gerichtlich verfolgen und abstellen lassen. Sie müssen hierzu fachkundige Personen und genügend finanzielle Mittel haben. Kosten dürfen nur in tatsächlich angefallener Höhe verrechnet werden. Eine für die Unterlassungserklärung gesetzte Frist muss ausreichend sein. Da unlautere Vereinigungen diese Möglichkeit zur Gewinnerzielung auszunutzen versuchen, sollte der Gastwirt stets prüfen, ob es sich um einen „echten" Wettbewerbsverein handelt.

Wff. *(engl.: für water fat free).* Bezeichnung bei Käse. Wassergehalt in der fettfreien Käsemasse. Im englischen Sprachraum und im internationalen Handel neben Fett und Trockenmasse eingeführte Bezeichnung zur Klassifizierung von Käse. Die gesamte Käsemasse besteht aus Fett, Eiweiß, Mineralstoffen, Wasser und Kohlenhydraten. Zieht man von der Käsemasse den Fettanteil ab, erhält man die fettfreie Käsemasse. Aus dieser fettfreien Käsemasse wird der Wassergehalt prozentual ermittelt.

Wheat-Whiskey. Bezeichnung für einen amerikanischen Bourbon Whisky, der zu 51 % aus Weizen besteht.

Whisky. Das Wort stammt aus dem Gälischen und bedeutet Lebenswasser. Die Heimat des Whiskys ist Schottland. Dort war er bis zur Mitte des 18. Jahrhunderts ein etwas raues Nationalgetränk. Erst als das „blending" erfunden wurde und kräftige Malt-Whiskys mit weichen Grain-Whiskys vermischt werden konnten, wurde Whisky zuerst in England und den angelsächsischen Ländern, später in anderen Ländern populär. Whisky ist in folgenden Angebotsformen auf dem Markt erhältlich: → *Scotch Whisky* als → *Malt-Whisky*, → *Grain-Whisky* und → *Blended Scotch Whisky* (letzterer zu 98% auf dem deutschen Markt), → *Deutscher Whisky*, → *Irish Whiskey*, → *Bourbon Whiskey* als → *Straight Bourbon*, → *Blended Bourbon*, → *Blended Straight Bourbon* und → *American Blended Whiskey*, → *Canadian Whisky*.

Whisky blended (Schottland). Ist immer ein Verschnitt aus → *Malt-Whisky* und → *Grain-Whisky* und wird in den sogenannten → *Blending-Häusern* hergestellt. In Schottland gibt es für dieses Produkt ca. 2000 Markenbezeichnungen. Blended Whisky ist der meist verkaufte Whisky in Deutschland.

White Port (→ *Portwein*). Spezialität, nur aus weißen Trauben hergestellt. White Port ist meist trocken und wird je nach Lagerdauer in verschiedenen Farbtönen auf den Markt gebracht.

Whitney-System (Zimmerreservierung). Dieses System kam mit der Errichtung amerikanischer Großhotels nach Deutschland. Es beinhaltet folgende Informationsträger: **1.** Reservation-Rack: Ordnung nach Monaten und Tagen. Reservierungen werden unter dem Ankunftstag festgehalten. **2.** Room-Rack: In Reihenfolge der Zimmernummer des Hotels; zeigt an, welche Zimmer von wem wie lange belegt sind. **3.** Information-Rack: Gästeregister in alphabetischer Reihenfolge z. B. an der Telefonzentrale zur schnelleren Gesprächsvermittlung.

Whitstable. Englischer Hafenort, bekannt durch seine Austern (natives, whitstable).

Wiener Kaffee. Kaffeeaufguss mit Zucker, geschlagener Sahne und Schokoladenraspeln. Zum Wiener Kaffee gehört ein dickwandiges Pokalglas.

Wiener Masse → *Biskuit*. Warm geschlagene Biskuitmasse, der zum Schluss flüssige Butter zugefügt wird.

Wiener Schnitzel. Paniertes Kalbschnitzel. Wurde von Radetzky aus Mailand mitgebracht. Die Mailänder hatten es ihrerseits von den Spaniern übernommen und diese von den Mauren.

Wiener Würstchen. Brühwürstchen, nicht nach der Stadt Wien, sondern nach einem Koch Wiener benannt.

Wiesenchampignon → *Champignon*.

Wiesen-Schaumkraut *(lat. cardámine praténsis Linné)*. Auf feuchten Wiesen und Gräben wachsende Krautpflanze, die als Gewürz verwendet wird. Hierzu sammelt man nur die angenehm scharf schmeckenden Blätter (Blattrosetten), welche vitaminreich sind und sich heilend auf Darm und Galle auswirken. Das Wiesen-Schaumkraut als Gewürz wird für Kartoffelsalate, Quark und Salatdressings benutzt.

Wild → *Wildbret (frz.: le gibier)*. Wildlebende, jagdbare Tiere (§ 1 Bundesjagdgesetz). Dazu gehören: → *Haarwild*, → *Federwild*. Man unterteilt in: **a)** Hochwild, hierzu gehört: 1) alles Schalenwild außer Rehwild, 2) Auerwild, 3) Stein- und Seeadler, **b)** Niederwild, das sind alle übrigen Wildarten. Unter *Schalenwild* fasst man davon wieder alle Tiere zusammen, deren hornige Fußteile als Schalen bezeichnet werden, nämlich: **a)** Damwild, **b)** Elchwild, **c)** Gamswild, **d)** Muffelwild, **e)** Rehwild, **f)** Rotwild, **g)** Schwarzwild, **h)** Sikawild, **i)** Steinwild und **j)** Wisent. Für die Gastronomie kommt nur das *Nutzwild* in Betracht, worunter man alle jagdbaren Tiere versteht, die essbar sind. Dazu gehören: → *Schalenwild* (s. oben), → *Hasen* und Wildkaninchen, → *Fasan*, → *Rebhuhn*, → *Wildenten*, *Wildgänse* aber

Wild (Abb.)

Waidmännische Begriffe

für	Schalenwild	Besonderheiten bei: Hase, Kaninchen	Federwild
After	Waidloch		
Augen	Lichter	Seher	
Beine	Läufe (Keulen, Schlegel)	Läufe, Sprünge (Schlegel)	Ständer beim Auerhahn auch Läufe
Blut (aus Schusswunde)	Schweiss		
Brustteil	Stich		beim Auer: Schild
Därme	Gescheide		
Eckzahn – oben	Hirsch: Haken, Grandel Keiler: Haderer		
Eckzahn – unten	Keiler: Gewehre Waffen, Gewaff Sau: Haken		
Euter	Gesäuge beim Tier auch Spinne		
Fährte	Fährte	Spuren	Geläuf
Fell, Haut	Decke, bei Sau: Schwarte		
Fett	Feist, bei Sau: Weißes		
Geweih, Gehörn	Hirsch: Geweih Reh: Gehörn Damwild: Schaufeln Garns: Krücken Muffel: Schnecken		
Herz, Lunge, Leber, Milz u. Nieren	Geräuch		
Klauen	Schalen		
Kopf	Hirsch: Haupt, Grind Reh: Haupt		
Kot (Exkremente)	Losung	Gestüber, beim Auer: Pech	
Magen	Waidsack, beim Hirsch auch Pansen		
Maul	Äser; bei Sauen: Gebrech		
Nase (Saurüssel	Windfang Wurf)		
Oberschenkel	Keule; Sau: Hamer	Schlegel	
Ohren	Lauscher bei Sauen: Gehöre, Teller		
Rippen	Federn		
Rücken	Ziemer		

Abb. 94 Wild

Waidmännische Begriffe			Besonderheiten bei:	
für	Schalenwild	Hase, Kaninchen	Federwild	
Schulter	Blatt; bei Sauen auch Schild			
Schwanz	Wedel; bei Sauen Pürzel	Blume	Stoss; bei Fasan und Birkhahn auch Spiel, bei Birkhahn auch Schere, Leier	
Zunge	Lecker, Waidlöffel			

Die folgenden Begriffe werden für die Tiere verwendet:

Gattung	männlich	weiblich	Jungtier
Rotwild	Hirsch	Tier, Stucke (Kahlwild)	Kalb
Rehwild	Bock	Ricke, Geiß	Kitz
Schwarzwild	Keiler	Bache	Frischling
Gamswild	Bock	Geiß	Kitz
Muffelwild	Widder	Schaf	Lamm
Hase/Kanin	Rammler	Häsin	
Auerwild	Auerhahn, Urhahn, großer Hahn	Henne	
Birkwild	kleiner Hahn	Henne	
Enten	Erpel		

Abb. 94 Wild (Fortsetzung)

auch → Birk- und → Auerwild. Von Großwild spricht man bei den Tieren anderer Erdteile, deren Größe das mitteleuropäische Maß übersteigt (z. B. Elefanten, Büffel). Nach dem Fleischbeschaugesetz ist für die fleischfressenden Tiere eine → Trichinenschau zwingend vorgeschrieben. Beim Einkauf ist der Gesundheitszustand zu beachten. Gesunde Tiere haben klaffende, stark mit Blut unterlaufene Schusswunden, die bei verendeten Tieren fehlen. Wertvolle Stücke: Rücken und Hinterkeulen. Frisches Wild muss, um mürbe zu werden, längere Zeit abliegen (abhängen). Zu lange Lagerzeiten dagegen führen zu „haut goût". Wild kann in allen Zubereitungsarten – außer Kochen – verarbeitet werden. Seine gute Verträglichkeit – besonders bei Jungtieren – erlaubt auch die Verwendung in der Diätküche.

Wildbret → Wild. Fleisch des → Nutzwildes.

Wildenten → Wild (frz.: canard sauvage, m.). In Flussauen, Teichen und Seen lebendes Federwild, das man als Wildgeflügel bezeichnet. Wildenten werden unterteilt in: **a)** Tauchenten, die tauchen, um ihre Nahrung aufzunehmen und **b)** Schwimmenten, die zur Nahrungsaufnahme gründeln. Zu dieser Gruppe gehört die am häufigsten vorkommende → Stockente (= Märzente). Sie ist die größte der heimischen Arten. Der Erpel wird 57 cm groß und ca. 1 kg schwer. Sein Prachtkleid zeigt er von Oktober bis April. Zur gleichen Gruppe gehören noch die Krick-, Knack- und Löffelente.

Wildgans (Grau-, Heck-, März-, Samtgans; frz.: l'oie sauvage, m.). Mit Längen von ca. 1 m und Breiten von 175 cm ist sie die einzige in Deutschland vorkommende Art der Wildgänse mit vorzüglichem Fleisch. In südlichen Gebieten von Afrika bis Kapland und der Türkei; in Ägypten jagt man die etwas kleinere „Nilgans". Sie sind genau so gute Schwimmer wie Flieger in größten Höhen.

Wildgeflügel *(frz.: gibier à plumes, m.).* Unter Wildgeflügel versteht man jenes Geflügel, welches waidmännisch erlegt oder auf andere Arten eingefangen wird. Wildgeflügel im Federkleid legt man nicht zur Aufbewahrung auf Bretter, sondern zieht zum Aufhängen eine Schnur durch die Nasenlöcher, hängt sie also nicht an den Füßen auf. Erkennungsmerkmale für den Einkauf: Wie bei Hausgeflügel.

Wildkaninchen → *Wild,* Haarwild von Art des Hasen; jedoch kleiner, Länge ca. 40–50 cm. Gewicht: 1,5 bis ca. 2 kg. *Frz.: le lapin, le lapin sauvage, lapereau.* Niederwild; faseriges Fleisch, ähnlich wie bei Hasen. Die Vorderfüße (Läufe) junger Tiere lassen sich leicht brechen; die Ohren (Löffel) der Länge nach leicht einreißen.

Wildreis (Syn.: *Kanada-Wildreis, schwarzer Indianerreis*). Wächst in den kalten, klaren Seen im Nordwesten der kanadischen Provinz Ontario. Wildreis wird nicht durch künstliche Wuchshilfe beeinflusst und ist ein rein organisches Lebensmittel. Er wird getrocknet, enthülst und gesäubert. Er hat einen hohen Nährwert, nur wenig Fett (0,7 %) und einen hohen Prozentsatz an Protein (14,6 %) sowie Vitamin B. Die Ernte der Reispflanze ist ein Privileg der indianischen Ureinwohner Kanadas. Wegen der kurzen Erntezeit und der begrenzten Menge ist der nussartig schmeckende Wildreis eine teure Delikatesse. Das Korn ist schlank, braunschwarz schimmernd und hart.

Wildschwein → *Schwarzwild, (frz.: sanglier, m.).* Männlich: Keiler, weiblich: Bache, Jungtier: Frischling, zweijährig: Überläufer. Auch Schwarzwild genannt, lebt wild, meist in Rotten. Das Fleisch ist nicht selten trichinös und bedarf deshalb gesetzlich der Fleischbeschau. Das normale Gewicht eines vierjährigen Wildschweines beträgt ca. 100–125 kg, wobei erwähnt sein soll, dass bereits Exemplare von 360 kg und mehr geschossen worden sind. Z. T. wird es auch in Schongebieten gehegt. Die Farbe ist in den meisten Fällen schwarz bis schwarzbraun, auch solche von grauer, roter, sogar weißer Farbe wurden erlegt. Junge Tiere erkennt man, abgesehen von der Größe, an der nicht stark mit Borsten versehenen Schwarte, den schmäleren Ohren und den spitzen, nicht abgeschliffenen Eck- bzw. Stoßzähnen. Des Weiteren sind junge Tiere durch schwarze Längsstreifen gekennzeichnet, die Behaarung ist glatt, noch nicht gefurcht. Ganz junge Tiere (Frischlinge = le marcassin) brät man ebenso wie ein Spanferkel, ungefüllt und gefüllt im Ganzen. Als besondere Delikatesse gilt der Wildschweinskopf (tete de marcassin farcie), der ausgebeint und mit einer Farce gefüllt der gleichen Fertigung unterliegt wie eine Galantine.

Wildtauben → *Wild (frz.: pigeon sauvage, m.).* Federwild, das je nach Art unterschiedliche Lebensräume hat. Gewichte: nach Art verschieden, so z. B.: Turteltauben ca. 160 g, Hohltauben 240–280 g. Wildtauben sind über ganz Europa verteilt und halten sich im Gebirge, in Waldungen und Ebenen auf. Die kleineren Vertreter auf europäischem Boden sind: die Blau-, Bock-, Hohl-, Holz- oder Lochtauben. Erkenntlich sind sie an ihrer grauen Farbe mit dem metallisch bunten Hals. Vornehmlich nisten sie in Höhlungen älterer Bäume, daher auch ihre Namen. In den gleichen Gebieten halten sich des weiteren auf: die Bloch-, Kohl-, Ringel- und Waldtauben, die gegenüber der vorigen Gruppe um einige Zentimeter größer, graugefiedert und weißbefleckt sind. Die Zubereitungen entsprechen denjenigen unserer Haustaube bzw. des Rebhuhnes.

Wilking. Neugezüchtete Zitrusfrucht. Sie ist mittelgroß, hat eine gelbe bis orangenfarbige dünne Schale. Das Fruchtfleisch ist sehr saftig, kräftig und aromatisch im Geschmack. Angebotszeit ab Ende Januar.

Williams-Birnen-Branntwein. Birnenbranntwein aus reifen Williamsbirnen, die hauptsächlich in der Schweiz und Südtirol angebaut werden. Gärung und Destillation beeinflussen wenig das charakteristische Aroma der vollreifen Frucht, sodass es in reiner Form erhalten bleibt.

Windbeutel. Lockeres, zu Rosetten aufdressiertes Gebäck aus → *Brandteig.* Nach dem Backen mit Sahne gefüllt und mit → *Puderzucker* bestäubt.

Windsor, Edward VII (1841–1910). Klass. Garnitur z. B. Windsor-Suppe.

Winterportulak. Einjährige, krautige Pflanze, die bis zu 20 cm hoch wird. Die Blätter wachsen in einer Rosette und haben eine schüsselartige Form, daher auch der Name Tellerkraut. Der Geschmack ist angenehm fein säuerlich und mild. Als Salat, auch gemischt, ideal. Er kann aber auch als Gemüse wie Spinat zubereitet werden. Bis zu einer Woche gekühlt haltbar.

Winzersekt. Bei dieser Bezeichnung muss es sich um einen Sekt der b. A.-Qualität handeln, der aus Trauben des betreffenden Betriebes in diesem verarbeitet wurde. Etikettenangaben: Name des Betriebes, Jahrgang, Rebsorte, Herkunftsangabe.

Wirsing. Auch als Welschkohl, Welschkraut, Herzkohl oder Savoyer Kohl bezeichnet. Gehört zur Familie der Kreuzblütler. Sein Kopf mit den grünen, gekrausten Blättern öffnet sich wie eine Blüte. Gelbe Sorten spielen auf dem Markt eine geringe Rolle. Wirsing kann roh und gegart verarbeitet werden. Seine Konsistenz ist zarter als die herkömmlicher Kohlarten und die Garzeit kürzer. Er hat einen typischen Geschmack, dabei aber ein nur mildes Kohlaroma. Gute Qualitäten erkennt man an frischen, grünen Blättern. Er ist verhältnismäßig lange lagerfähig. Wirsing ist energiearm und etwas besser bekömmlich als andere Kohlarten. Er enthält viel Kalium und Vitamin C und bedeutsame Mengen Eisen.

Wirteverpflichtung → *Bierlieferungsvertrag.*

Wirtschaftlicher Umsatz. Steuerlich relevante Kennzahl; von Betriebsprüfung verwendet; Methode der Verprobung (Rechnung ohne USt).

→ Sollumsatz
+ Rabatte und sonstige Zahlungsabzüge,
+ im laufenden Jahr abgeschriebene Forderungen
− Einnahmen aus Vorjahresgeschäften
− Umsatz aus Hilfsgeschäften
− Enthaltene Werte für Kost und Logis oder andere Naturalleistungen an Arbeitnehmer
− Eigenverbrauch und Gästeeinladungen,
− sonstige Fremdumsätze (z. B. für Vermittlung, Vermietung, Unterlassung)
= wirtschaftlicher Umsatz.

Wirtschaftliches Eigentum → *Eigentum.*

Wirtschaftlichkeit → *Produktivität.*

Wirtschaftskontrolldienst (WKD). Polizeidienststelle, die für die Lebensmittelüberwachung, den Verbraucherschutz, die Gewerbeüberwachung und den Umweltschutz zuständig ist (z. B. in Baden-Württemberg). In anderen Ländern sind die → *Gewerbeaufsichtsämter* zuständig.

Wirtshaus. Alte Bezeichnung für → *Bewirtungsbetriebe,* der heute gerne noch für rustikale oder ländliche Betriebe verwendet wird.

Witloof. → *Chicorée* „Witloof" abgeleitet von einem flämischen Wort, das so viel wie „mit weißen Blättern" bedeutet, ist eine Züchtung aus dem wilden Chicorée, den die Belgier als Chicon bezeichnen, während die

Franzosen ihm den Namen Endivie gaben, was dem deutschen „Endivien" entspricht. Man hat den Chicoree durch Veredelung der Brüsseler Endivien mit großer Wurzel gezüchtet. Diese mehr als hundert Jahre alte belgische Spezialität wird heute vor allem im Dreieck Brüssel – Leuwen – Mecheln erzeugt. Ursprünglich reines Wintergemüse, heute bereits im September auf dem Markt, bis in den Mai.

Wittling – *Blauer Wittling*, → *Merlan (frz.: merlan, m.; engl.: whiting)*. Graugrüner, meist 30 cm langer Fisch, der in der Nord- und Ostsee ebenso vorkommt wie bei Island und im Schwarzen Meer. Sein wohlschmeckendes, aber empfindliches Fleisch eignet sich zum fritieren und für Farcen besonders gut.

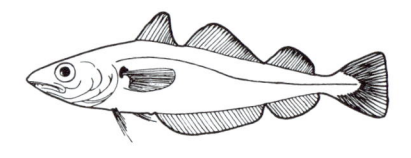

Wodka → *Branntwein* mit mindestens 40 % Vol. Alkoholstärke, der aus Getreide hergestellt, mehrmals gebrannt und evtl. über Holzkohle filtriert wird. Zugabe von Würzstoffen ist begrenzt möglich (0,3 g auf 100 ml). Wodka gehört zu der Gruppe der → *Spezialbranntweine*.

Wodun → *Amur*.

Wok. Gewölbte, gusseiserne „Pfanne" chinesischer Herkunft zum blitzartigen Kochen, Dämpfen, Braten, Frittieren.

Wolfsbarsch *(frz.: bar, loup de mer; engl: brass)*, Loup de mer ist eigentlich der *Bar* des Mittelmeeres. Er ist aber so selten geworden, dass man heute Atlantikbar als loup de mer verkauft. Er gehört zur Familie der Zackenbarsche, seit einigen Jahren wohl mit der gefragteste Fisch. Er erreicht eine maximale Länge von 80 cm, das wären 5–7 kg Gewicht. Erkennungszeichen: schwarzer Fleck auf den Kiemendeckeln.

Wolkenohrpilz. Japanisch: Kikurage. Auch „Judasohr" oder „Geleepilz" genannt. Sie werden nach Gewicht verkauft und sehen im trockenen Zustand wie staubiges schwarzes Papier aus. Wenn man sie zehn Minuten in heißem Wasser eingeweicht hat, quellen sie auf und werden bräunlichdurchsichtig. Die Pilze nur ein oder zwei Minuten lang kochen.

Wolle → *Naturfasern*. Wolle wird aus den verschiedenen Tierhaaren vom Kamel über die Ziege bis hin zum Schaf hergestellt. Am bedeutendsten ist die Schafwolle. Allen Wollen gemeinsam ist die hohe Elastizität, die hohe Feuchtigkeitsaufnahme, der weiche Griff, die fast vollständige Knitterfreiheit und die Wärme. Im Hotelbetrieb kommt die Wolle neben der Gästewäsche vor allem in Wolldecken, in manchen Polsterstoffen, Teppichen oder Bodenbelägen vor. Wolle ist laugenempfindlich, besonders bei höheren Temperaturen. Es können dann leicht Verfilzungen eintreten.

Won-tan → *Wan-tan*.

Wood Port Ruby → *Portwein*. Grundform für Portwein nach ca. acht Jahren Lagerung im Holzfass. Dieser Portwein ist von dunkelroter Farbe, jung, robust, süßer, aus mehreren Jahrgängen verschnitten.

Wood Port Tawny → *Portwein*. Durch eine 12jährige Lagerung im Holzfass erhält dieser Portwein seine hellrote Farbe. Der Geschmack ist weicher, milder als bei → *Wood Port Ruby*.

Worcestershiresoße. In England hergestellte Würzsoße auf der Basis von Chili mit vielen Kräutern; zu Ragout, Fisch, Soßenwürzung und Frikasse.

Wrack Hering. Ausdruck für beschädigten Salzhering.

Wuchtein. Vor allem in Westösterreich Bezeichnung für → *Buchteln*.

Würfelzucker. Aus → *Raffinadezucker* durch Pressen oder Gießen hergestellt. Die Würfelgrößen werden nach der Zahl der Würfel bezeichnet, die auf $\frac{1}{2}$ kg gehen: 115er Normalwürfel, 180er → *Domino*, 205er bis 235er Mokkawürfel.

Württemberg. Bestimmtes Weinanbaugebiet zwischen Reutlingen und Bad Mergentheim gelegen mit den Hauptzentren Stuttgart und Heilbronn. Rebfläche: ca. 11400 ha. Hauptrebsorten: Trollinger, Schwarzriesling, Spätburgunder, Kerner, Lemberger, Portugieser.

Würze. Flüssigkeit, die nach dem Abtrennen von Treber zur Bierherstellung verwendet wird. Sie enthält einen Extrakt, d. h. gelöste Stoffe aus dem Schrotmalz.

Würzer. Weißweintraube. Kreuzung: Gewürztraminer × Müller-Thurgau. Der Name deutet auf würzige Weinart hin. Er ist rassig, frisch mit intensivem Muskatton. Hoher Verschnitteffekt.

WZG. Abkürzung für Winzergenossenschaft.

X

Xerophyten. Bezeichnung für Pflanzen mit saftenthaltenden Wurzeln und Kleinblättern, die deshalb gut in trockenem Klima gedeihen können, wie z. B. auch Spargel.

X.O., Napoléon, Extra: Ist das jüngste Destillat über sechseinhalb Jahre alt, dürfen die Cognacs, die außergewöhnlicher Qualität sind, folgende Qualitätsbezeichnungen tragen: → *Napoléon*, → *Extra*, → *Hors d'Age*.

Xylit. Fünfwertiger Alkohol, wird durch Hydrierung aus Xylose = Holzzucker gewonnen. Etwa gleiche Süßkraft von Saccharose, leicht wasserlöslich, koch- und backfest.

X-Y-Theorie. Von Douglas McGregor entwickelt. *X-Theorie:* Theorie des Pessimismus. Der Mitarbeiter muss unter Androhung von Sanktionen zur Arbeit angetrieben werden. Ihm fehlen Ehrgeiz, Zielstrebigkeit, Kreativität, Entschlusskraft und Erfolgsstreben. Er ist wenig bereit, Verantwortung zu übernehmen und wartet nur auf Anweisungen. *Y-Theorie:* Theorie des Optimismus. Der Mitarbeiter identifiziert sich mit dem Betriebszweck. Er zeigt Einsatzwillen und Leistungsbereitschaft. Er wünscht sich Verantwortung und ist entscheidungsfähig. Idealfall: Führungskräfte und Mitarbeiter neigen zur Y-Theorie und damit zur Bejahung des → *Management by delegation.*

Y

Yabbie. Australischer Flusskrebs (lat. cherax destructor) mit einem durchschnittlichen Gewicht von 100 g und großen, vollfleischigen Scheren. Farbe: hellgraugrünlich mit einem Stich ins Bräunliche. Ein Yabbie braucht zwei Jahre bis er ein Gewicht von 40 bis 70 g erreicht.

Yaez. Israelische Züchtung. Kreuzung von Steinbock und Ziege. Geschmacklich wie Lammfleisch.

Yaki-Tori. Marinierte kleine Hühnerfleischspieße (Japan). Spezialrestaurants dafür nennen sich Yakitoriya, alles was dort serviert wird, ist „en miniature". Hühnerteile mit Gemüsestückchen werden auf grüne Bambusspieße gesteckt und vor den Augen der Gäste auf Magnolien- oder Kamelienholzkohle geröstet. Solche Spieße gibt es in vielfacher Form: mit Entenfleisch, Hühnermägen, Wachteln, Klößchen von Hühnerfleisch, Wachteleiern.

Yam. Stärkehaltige Knolle, die wie Kartoffeln verwendet wird. Vorkommen in den Tropen und China. Die Knollen können bis zu 10 kg schwer werden, mit einem Stärkeanteil von 20 bis 25 %; es gibt ca. 600 Sorten.

Yamswurzelstaude. Stärke aus der Wurzelknolle verschiedener Dioscorea-Arten. Die Knollen erreichen je nach Art ein Gewicht bis 20 kg. Stärkeanteil 20–25 %. Anbau in den tropischen Ländern, Anbau ist stark rückläufig.

Yang und Yin → *Makrobiotik.*

Yaourt frz. Ausdruck für → *Joghurt.*

Yield Management. Ertragsmanagement, Einsatz der → *Preispolitik* zur Erhöhung der Erträge.

Yorker Schinken. Britische Spezialität aus der Schweinekeule. Die Schinken wiegen zwischen 7 und 11 kg und werden trocken mit Salz gepökelt, mit Eichenholz geräuchert und von der Seite weggeschnitten und haben somit eine längliche Form. Später werden die Schinken jedoch etwas abgerundet. Das Fleisch ist hell und hat einen milden, zarten Geschmack.

Yorkshire Pudding. Typische englische Beilage zu Roastbeef oder Steaks. Es ist eine Art Pfannkuchen, ca. 2 cm dick, im Backofen braun gebacken, dann in Rauten geschnitten.

Ysop. Hyssopus officialis, *frz.: hysope, herbe sacré (m), engl.: hyssop; it.: issops, ossopo (m); sp.: hisopa (m).* Auch: Eisop, Joseph, Kirchenseppel; blau blühende Heil- und Gewürzpflanze aus den felsigen Heiden des Mittelmeerraums und aus Vorderasien. Kam nach Deutschland durch Karl d. Großen. Der aromatisch bittere Geschmack erinnert an Rosmarien und Salbei. Eignet sich zu rustikalen Fleischgerichten, ist Hauptbestandteil des arabischen Mischgewürzes Sa'atar.

YTD → *Belegungsstatistik*

Yuka → *Kassave.*

Z

Zabaione. → *Sabayon.*

Zahllast → *Umsatzsteuer.*

Zahlungsverzug → *Erfüllungsstörungen.*

Zampetti. Italienischer Schafskäse.

Zampone. Italienische Küche. Gefüllte (und geräucherte) Schweinsfüße. Werden kalt sowie warm gereicht.

Zander *(frz.: sandre, w.; engl.: pike-perch),* auch: *Schill, Fogasch (im Plattensee).* Vorkommen des Zanders in der Elbe, in der Oder, Weichsel, Donau und Wolga, im Plattensee. Tiere, die im Plattensee gefangen werden, heißen Fogas auch Fogasch. In der Donau gefangene Zander heißen Donauschill. Der Zander hat mit 40–50 cm eine mittlere Länge. Er kann maximal 120–150 cm lang werden und dabei ein Gewicht von 12–15 kg erreichen. Die Farbe ist graugrün bis bleigrau, als junger Fisch mit Querstreifen. Beim Umgang mit ganzen Zandern ist Vorsicht geboten. Er hat sehr spitze Rückenstacheln. Die Gefahr einer Blutvergiftung bei Verletzung ist sehr groß. Das Fleisch des Zanders ist weiß, fest und im Geschmack sehr gut.

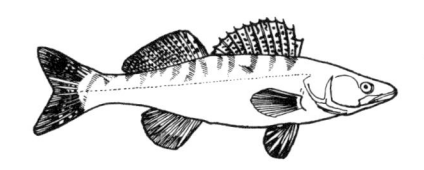

Zapfenstreich. Hieb, Schlag auf den Zapfen eines Fasses, um den Soldaten das Ende des Bierausschanks anzuzeigen.

Zartmacher → *Tenderizer.*

Zechprellerei. Vorsätzliche Nichtzahlung der dem Gast vom Wirt in Rechnung gestellten Forderung für Inanspruchnahme der Leistungen. Die Betrugsabsicht des Gastes muss vom Wirt nachgewiesen werden. Ein → *Pfandrecht* an den Sachen des Gastes besteht nicht. Empfehlenswert: Benachrichtigung der Polizei (Selbsthilfe: § 229 BGB, Zurückhaltung des Gastes bis zum Eintreffen der Polizei).

Zeitarten (nach → *REFA).* Instrumente zur optimalen Abstimmung des Zusammenwirkens von Mensch, Betriebsmitteln und Werkstoffen. Arbeiterzeit, Betriebsmittelzeit, Werkstoffzeit.

Zeit-Disposition. Festlegung des Beschaffungszeitpunktes, der einen störungsfreien Fertigungsprozess gewährleistet. Es wird vom → *Mindestbestand* ausgegangen. Zum Mindestbestand tritt der → *Meldebestand.*

Zeitlohn. → *Lohnform,* die die Lohnhöhe neben der Anforderung auf einen bestimmten Zeitraum bemisst.

Zellulose → *Lignine.*

Zentralisation. Organisationsform, bei der nur eine Stelle im Betrieb für bestimmte gleichartige Arbeiten zuständig ist. Geschlossene Zuordnung gleichartiger Aufgaben an ein Zentrum. Anwendungsgebiete: Planung, Entscheidung, Verrichtung, Personalwesen, Sachmittel-Einsatz, Raum-Nutzung, Zeitplanung, Kontrolle. → *Einkaufs-Zentralisation,* → *Einkaufs-Dezentralisation,* → *Dezentralisation.*

Zentrifugal-Entkeimung. Bei der Herstellung von Rohmilchkäse wird eine weitgehende Entkeimung der Milch angestrebt, um käseschädliche Bakterien zu entfernen. Dies erreicht man durch Zentrifugieren der Milch, wodurch bei einer Temperatur von 32 °C schädliche Bakterien ausgeschleudert werden.

Zentrifugieren → *Separator.*

Zephire. Ursprünglich „warmer Wind an der Mittelmeerküste". Oeuf zephire – Windei. Kleine, leichte, auf der Zunge zergehende Gerichte, meist eine Schaumbrotmasse → *Parfait,* → *Mousse.*

Zerealien. Getreideprodukte → *Ceres.*

Zeste. Abgeschälte Haut von Orangen und Zitronen.

Zibeben → *Rosinen.*

Zichorie. Zwischen der Chicorée und dem Kaffee bestehen Zusammenhänge. Geröstete Zichorienwurzeln wurden am Ende des 17. Jahrhunderts in den Niederlanden, dann anfangs des 18. Jahrhunderts vom Hofgärtner *Timme* in Arnstadt (Thüringen) verwendet. In einem Kriegstagebuch von 1722 wird Timme ausdrücklich als Erfinder des Zichorienkaffees genannt. Friedrich der Große hat die Verwendung der Wurzel für die Herstellung gefördert, deshalb heißt er auch „preußischer Kaffee". Um 1911 existierten in Deutschland 100, in Europa etwa 450 Zichorien-Kaffeefabriken.

Zichorienkaffee. Kaffee-Ersatz aus Wurzel der gleichnamigen Pflanze; kommt dem echten Kaffeeaufguss sehr nah im Geschmack.

Ziegeltee. Gepresster Teestaub.

Zieger auch Ziger. Molkenkäse, ähnlich dem Quark. Er wird aus Molke eventuell unter Zugabe von Milch und Säure durch Hitzeeinwirkung hergestellt.

Ziehmargarine. Spezialprodukte für die Herstellung von Blätter- und Plunderteigen. Ziehmargarine soll möglichst plastisch und widerstandsfähig gegen mechanische Bearbeitung sein und darf beim Kneten in der Hand nicht ölen. Bei der Herstellung von Blätterteig lassen sich diese Spezialprodukte zu hauchdünnen Lagen ausrollen. Diese Lagen wirken beim Backprozess als Wasserdampfsperren und bewirken den für Blätterteig typischen Ofentrieb und die feine Blätterung.

Zielgruppenbestimmung. Die Zielgruppe ist der Teil der möglichen Gäste, der gleiche oder ähnliche Verbrauchsgewohnheiten hat. Er ist deshalb den gleichen Werbemaßnahmen und dem gleichen Angebot zugänglich. Je nach dem zu platzierenden Angebot muss sich der gastronomische Betrieb über den → *Gästetyp,* hinsichtlich dessen Interessen und dessen sozio-ökonomischer Stellung klar werden, um so besser seine Zielgruppe bestimmen zu können.

Zielsetzung. Als Teil des Planungsprozesses Fixierung konkreter Punkte, auf die das Betriebsgeschehen samt aller daran beteiligten Mitarbeiter ausgerichtet ist. → *Planungsregelkreis.*

Ziemer. Bezeichnung für Rücken beim Wild (Hirsch).

Zierfandel. Weitere Bezeichnungen grüner Zierfandler, wegen seiner rötlich-lila Beeren auch roter Zierfandel, Spätrot, Rubiner. Weißweintraube aus Österreich. Anbau nicht in allen Bundesländern Österreichs gestattet. Beste Weine kommen aus Gumpoldskirchen und dem Badener Raum.

Zigarrenformen. 1. C für Corona: am Kopf rund, am Ende abgeschnitten; wird am häufigsten angeboten. **2.** P für Perfecto: am Kopf und am Ende spitz, zylindrisch. Zur Zeit nicht in Mode. **3.** PN für Panetela: am Kopf rund und offen, sonst wie Corona; das schlankste Format, gleichmäßig. **4.** L für Longsdale: wie Corona, nur schlanker.

Zimmer → *Gästezimmer.*

Zimmerkontrolle. Die Hausdame ist für den ordnungsgemäßen Zustand der Gästezimmer verantwortlich. Deshalb muss sie Kontrollen durchführen. Die von den Zimmermädchen „gereinigt" gemeldeten Zimmer

Muster für Funktionskontrollaufzeichnung
= in Ordnung, R = reparaturbedürftig

durchzuführende Funktionskontrolle	Jan.	Feb.	März	April	Mai	usw.	Bemerk.
Fensterverschluss gängig				R			Hebel klemmt
Türschloß in Ordnung							
Zimmereinrichtung: – Bett – Schreibtisch – Schrank – Nachtschrank usw.		R					Schieber geht schwer

Abb. 95 Zimmerkontrollen

Abreisender, deren Freigabe von der Hausdame der Rezeption zu melden ist oder die im → *Tagesbericht* zu erfassenden Zimmer werden einer Sichtkontrolle unterzogen. Da meist die Zimmer bis 12 Uhr zu räumen sind, kann davon ausgegangen werden, dass vormittags und nachmittags je ein Kontrollgang durchgeführt wird. Dazu kommen die meist monatlichen Funktionskontrollen. Beide können wie folgt durchgeführt werden: **a)** Sichtkontrollen (täglich) 1) Fenster: ordnungsgemäß? 2) Vorhänge: zugezogen, Befestigung in Ordnung, fleckenfrei? 3) Türen: gereinigt? 4) Bett: ordentlich gemacht? 5) Garderobe, Schränke, Schubladen: in Ordnung? 6) Ablagen, Bilder, Leisten: staubfrei? 7) Bad: Wanne, Toilette, Becken, Boden gereinigt? Becken und Wanne trocken? Glas-, Spiegel- und Chromteile poliert? 8) Beleuchtung: in Ordnung? 9) Türschloss: in Ordnung? **b)** *Funktionskontrollen* (monatlich). Über die monatlichen Funktionskontrollen sollte eine Liste angefertigt werden, in der neben den durchzuführenden Kontrollen die Vermerke während des Jahres aufgenommen werden. Für reparaturbedürftige Gegenstände kann anhand der Aufzeichnungen eine Reparaturanforderung herausgegeben werden. Außerdem ist der Plan eine gute Grundlage für die Statistik über mängelanfällige Gegenstände. Zu prüfen sind auf diese Weise: **a)** Wandanstriche, Tapeten, Kacheln auf Fehlerfreiheit, **b)** Fußbodenbeläge auf Beschädigungen, **c)** Zimmereinrichtung auf ihren Zustand, **d)** Fenster und Türen auf Gängigkeit und Verschluss, **e)** Abflüsse der Wannen, Bäder, Becken, Toiletten, des Bodens auf Funktion, **f)** Entlüftung, Heizung, Klimaanlage auf Funktion, **g)** Geräte und Armaturen auf Befestigung und Funktionstüchtigkeit, **h)** Beleuchtung, Steckdosen, Wecker, Uhren, Radio, TV und sonstige elektrische Anlagen auf Funktionstüchtigkeit.

Zimmermädchen → *Gästezimmer,* → *Zimmerreinigung.* Die Hauptaufgabe der Zimmermädchen ist das Reinigen sowie das Aufräumen und Vorbereiten der Gästezimmer und der zugehörigen Bäder. Dazu kommen die zur Sektion gehörenden Gänge, Treppen und Toiletten. Außerdem sind die Publikumsräume wie Halle, Restaurants, Bar und Konferenzräume und zugehörige Toiletten zu reinigen und bei der → *Spezialreinigung* mitzubearbeiten. Die Zimmermädchen unterstehen der Hausdame, die für ihre Einarbeitung, Schulung und den Einsatz verantwortlich ist. Für die Einarbeitung einer neuen Arbeitskraft ist es zweckmäßig, wenn diese zuerst (ca. vier Wochen) mit einer erfahrenen Arbeitskraft zusammenarbeitet. Sie lernt dabei außer den Handhabungen auch die Besonderheiten des Hauses kennen und gewöhnt sich an System und Tempo. Erst nach gründlicher Einarbeitung sollte ein Zimmermädchen eine Sektion übernehmen, um unnötige Gästereklamationen zu vermeiden. Außerdem ist eine gute Schulung ein kostensparender Faktor. Während ungeschulte Kräfte in acht Stunden ca. 16 Zimmer (30 Minuten/Zimmer) bewältigen, können eingearbeitete Zimmermädchen (bei 22–25 Minuten/Zimmer) zwischen 19 und 21 Zimmer reinigen. (Für das Personalbudget kann man aufgrund der Ausfälle von einem Durchschnittswert zwischen 16 und 20 Zimmern ausgehen). Folgende Kenntnisse sollte ein Zimmermädchen haben: **a)** *zur unmittelbaren Tätigkeit* 1) Aussehen eines fertigen Zimmers 2) Ablauf des Reinigungsvorgangs 3) richtige Verwendung der Reinigungsmittel 4) Vollzug des Wäscheaustausches 5) Arbeitsablauf des Bettenbezuges 6) notwendige Kontrollen 7) Zusammensetzung der Standardausrüstung 8) Handhabung der Geräte und Hilfsmittel 9) Zeitpunkt und Verfahren bei Ver- und Entsorgung 10) Benutzung des Zimmermädchenwagens 11) Meldung der Fertigstellung – Sektionsbericht, **b)** *allgemeiner Natur.* Zu diesen Informationen, die z. T. als Aushang im Zimmermädchenoffice zu finden sind, gehören: 1) Dienstplan 2) Logisplan 3) VIP- und Sonderwunschliste 4) Monatsberechnung 5) Verhalten bei Krankheit 6) Fundsachenbehandlung 7) Schlüsselvorschrift 8) Uniformtragen und -tausch 9) Feuervorschriften, Erste Hilfe 10) Personalräume (Stempelkarte). Die unterschiedlichen Abreisezeiten und die Benutzung der Zimmer durch bleibende Gäste bedingen, dass auch abends Zimmermädchen bestimmte Arbeiten verrichten. Die Abendzimmermädchen haben meist eine Arbeitszeit zwischen 18 und 23 Uhr. Ihnen obliegt i. d. R. **a)** die Reinigung der Zimmer von spät abreisenden Gästen, **b)** die Kontrolle der belegten Zimmer, wobei Ascher gereinigt, gebrauchtes Geschirr abgeräumt, Vorhänge zugezogen und Betten und Vorlagen für die Nacht vorbereitet werden, **c)** zusätzliche Betten herzurichten sind. Nach Größe und Art der Häuser werden manche dieser Arbeiten bereits vormittags erledigt.

Zimmermädchenpersonalplanung → *Zimmermädchen.* Ist die Anzahl der Zimmer bekannt, die ein Zimmermädchen pro Tag reinigt, kann man mit Hilfe der durchschnittlichen Belegung (für Vergleiche auch mit der Frequenz) den Personalbedarf mit Hilfe der folgenden Formel (Abb. 96) errechnen. Die Berechnung mittels Wochenwerten ist hierbei am günstigsten. Eine Tagesrechnung wäre möglich.

Zimmermädchenwagen. Ein fahrbares Arbeitsmittel mit einem Teil für Schmutzwäsche, Arbeitsmittel und Material zur Beschickung der Gästezimmer und deren Reinigung. Er nimmt alles auf, was Zimmermädchen für die Bearbeitung ihrer Sektion benötigen.

Zimmerreinigung → *Reinigung.* Die Reinigung der Gästezimmer und der zugehörigen Bäder erfolgt grundsätzlich, wenn der Gast das Zimmer verlassen hat. Vorsichtshalber darf ein Zimmer nicht ohne Anklopfen betreten werden. Arbeitstechnisch ist es zweckmäßig, am frühen Morgen die kleine Reinigung in den freien Zimmern vorzuziehen, da die Gäste oft erst später ihre Zimmer verlassen. Erst dann können die freiwerdenden und die weiterbelegten Zimmer gereinigt werden, wobei freiwerdende Zimmer nach der Reinigung der Hausdame zu melden sind. Diese kann dann nach einer Sichtkontrolle die Freimeldung an den Empfang

$$\text{Zimmermädchenbedarf} = \frac{\text{Belegung} \times \text{Öffnungstag pro Woche}}{\text{Zimmer pro Zimmermädchen} \times \text{Arbeitstage pro Woche}}$$

Abb. 96 Zimmermädchenpersonalplanung

geben. Die Reinigung selbst geht grundsätzlich in fünf Schritten vor sich: **a)** *Lüften* von Zimmer und Bad, aber auch von Schränken und Laden. Dabei wird gleichzeitig auf liegengebliebene Sachen geachtet, **b)** *Entsorgen* durch 1) Entfernen benutzten Geschirrs 2) Entfernen und Einsacken der Schmutzwäsche 3) Leeren von Aschenbechern, Papierkörben u. Ä., **c)** *Säubern*. Die eigentliche Reinigung beginnt im Zimmer selbst mit 1) Beziehen des Bettes 2) der Feuchtreinigung z. B. Ledern der Fensterbänke und Glasteile, Wischen von Schränken, Laden, Türen; Reinigen von Bildern u. Ä. 3) dem Staubwischen und 4) dem Staubsaugen und wird im Bad fortgesetzt mit 1) Abwaschen und Ledern der Keramikteile 2) Ledern und Polieren der Glas- und Chromteile 3) Scheuern von Toiletten, Bidet und Boden und der Wanne 4) Trocknen der Wanne und des Beckens, **d)** *Beschicken* mit frischer Wäsche (außer der bereits verwendeten Bettwäsche und den nachzufüllenden Kleinmaterialien der *Standardausrüstung*, **e)** *Kontrollieren* durch 1) Sichtkontrolle auf Vollständigkeit 2) Funktionskontrollen: der Fenster beim Schließen (auch Jalousien und Gardinen), der Beleuchtung, des Türschlosses.

Zimmerschlüssel → *Schlüssel,* → *Gästezimmerschlüssel.*

Zimmerstatus. → *Tagesbericht der Hausdame* (auch Hausdamenreport). Angabe über den Zustand der Zimmer, meist auf einem Formblatt. Dient der Rezeption zur Reservierung und bes. zur Zimmervergabe. Kann aber auch Grundlage oder Kontrollmittel für die → *Belegungsstatistik* sein. Wichtige Kennungen hierzu können sein: vc (= vacancy clean) und oc (= occupied clean) oder entsprechende andere Kennungen, vgl. Abb. 82.

Zimt. Gewürz aus der Rinde des Zimtbaumes mit ausgeprägtem Gehalt an ätherischem Öl. → *Kaneel.*

Zinfandel. Rotweintraube, nur in Kalifornien USA angebaut. Die Abstammung der Traubensorte ist ungewiss, vermutlich ist es die italienische Traubensorte Primitivo. Zinfandel wird oft als Beaujolais Kaliforniens angeboten. Nicht zu verwechseln mit Zierfandel.

Zinsrechnung. In der Gastronomie, wo hohe Kapitalbeträge gebunden sind, spielt die Zinsrechnung ebenso eine Rolle wie bei der → *Bewertung* und der → *Finanzierung.* Die wichtigsten Formeln hierbei sind:

Jahreszinsen
$$= \text{Kapital} \times \text{Anlagejahre} \times \frac{\text{Zinssatz}}{100}$$

Tageszinsen
$$= \frac{\text{Kapital} \times \text{Tage} \times \text{Zinssatz}}{100 \times 360}$$

oder nach der kaufmännischen Formel:
$$= \frac{\text{Zinssatz}}{\text{Zinsteiler}}$$

$$\text{Zinszahl} = \frac{\text{Kapital}}{100} \times \text{Tage}$$

$$\text{Zinsteiler} = \frac{360}{\text{Zinssatz}} \times \text{Tage}$$

In Deutschland wird der Monat mit 30 Tagen und das Jahr mit 360 Tagen berechnet. Frankreich rechnet mit jährlich 360 Tagen, aber die Monate genau und England mit 365 Tagen im Jahr und den Monaten genau. Durch beliebiges Umstellen kann aus obigen Formeln jeder andere Wert errechnet werden.

Zisilieren → *Ciselieren.*

Zitronade. Kandierte Schale der bis 2 kg schweren Zehdraht-Zitrone. Die Schalen werden zuerst zur Konservierung in Salzwasser gelegt und dann in konzentrierter Zuckerlösung gegart.

Zitronenmelisse. Die Melisse, Zitronenmelisse oder Frauenkraut ist im Vorderen Orient und den Mittelmeerländern beheimatet,

Zitronensaft

im Kräutergarten ist der bis zu 120 cm hohe Strauch schon lange heimisch geworden. Auch die Melisse ist ein Lippenblütler und blüht im Juli/August weiß bis malvenfarben. Die Blätter sind eiförmig gezahnt und duften zart nach Zitrone.

Zitronensaft. Erfrischungsgetränk und Säurespender für Mixgetränke. Der aus dem Fruchtfleisch der Zitrone gepresste Saft ist reich an Vitamin C, Zucker und Zitronensäure. Er dient als Würzmittel und Aromaträger.

Zitronenspirale. Abgeschälte Zitronenschale ohne Fruchtfleisch, die zur Aromatisierung oder zur Dekoration von Getränken benutzt wird.

Zitruslikör → *Fruchtaromaliköre*.

Zöliakie. Angeborene Stoffwechselkrankheit. Sie beruht auf der Überempfindlichkeit gegen das Klebereiweiß von Weizen, Hafer, Roggen und Gerste. Nur → *glutenfreie* Nahrungsmittel dürfen verzehrt werden. Erzeugnisse aus Mais und Reis sind erlaubt.

Zucchini. Courgette; grüne Kürbisfrucht, beliebt als Gemüse.

Zucker. Handelsbezeichnung für → *Saccharose*. Begriffsbestimmung: Zucker im Sinne des Gesetzes ist der aus Zuckerrüben, Zuckerrohr oder Melasse hergestellte Zucker, und zwar Verbrauchszucker, Rohzuckererzeugnisse, Rohzuckernacherzeugnisse, sowie flüssiger Zucker, Abläufe (ausgenommen Melasse und Sirupe mit einem Reinheitsgehalt von über 70°). Nach *H. Fincke* ist Zucker der Sammelbegriff für alle süßschmeckenden, wasserlöslichen und verdaulichen → *Kohlenhydrate*. Dem chemischen Aufbau nach handelt es sich fast ausschließlich um *Hexosen*, d. h. um Stoffe mit sechs aneinandergereihten Kohlenstoffatomen im Molekül. Zu ihnen gehören in erster Linie → *Saccharose* = Rohr- und Rübenzucker, → *Invertzucker*, Fruchtzucker, → *Trau-*benzucker, → *Milchzucker*, Malzzucker. Weitere aus Saccharose hergestellte Zuckersorten: → *Raffinadezucker*, → *Kristallzucker*, → *Hagelzucker*, Plattenzucker, → *Hutzucker*, Stangenzucker, → *Flüssigzucker*, Farinzucker, → *Kandiszucker*, → *Pilézucker*. Qualitätskategorien nach der Zuckerartenverordnung: Raffinierter Zucker, raffinierter Weißzucker oder Raffinade entspricht der EG-Kategorie 1.

Zuckeralkohole gehören zu den Kohlenhydraten, z. B. → *Sorbit* und → *Mannit*.

Zuckerampel → *Annonen*.

Zuckeraustauschstoffe. Stoffe, die an Stelle von Zucker (Saccharose) zur Süßung von Lebensmitteln verwendet werden, beanspruchen in kontrollierten Mengen kein Insulin, der Blutzuckerspiegel wird wenig belastet. Die wichtigsten Zuckeraustauschstoffe sind: Fruchtzucker, Sorbit, Xylit, → *Mannit*, → *Isomalt*, → *Maltit*.

Zuckerhut. (Syn. für → *Zuckersalat*). Auch Fleischkraut genannt, ist wie Chicoree eine Zichorienart, deren Köpfe direkt geerntet werden und nicht erst vorgetrieben werden müssen. Der Salat hat eine tütenartige Form mit gelb-grüner Farbe. Haupterntezeit im Herbst und Winter. Als Salat werden die Blätter in Streifen geschnitten. Zuckerhut schmeckt kernig, nussartig.

Zuckerkochen. Den Raffinadezucker mit Wasser zum Kochen bringen. Die Wassermenge richtet sich nach der gewünschten Dichte → *Läuterzucker*. Während des Kochvorganges den sich bildenden Schaum entfernen. Die sich am Topfrand bildenden Zuckerkristalle mit nassem Pinsel abwaschen. Das Ergebnis ist Läuterzucker. Die Dichte wird mit der Zuckerwaage (Senkwaage) nach Grad → *Baumé* gemessen. Beim weiteren Kochen der Zuckerlösung erhält man Produkte mit verschiedenen Eigenschaften und Verwendungsmöglichkeiten und unterschiedlicher Viskosität

(Zähigkeit). Die Temperatur wird mit dem Zuckerthermometer gemessen, bei dem die Grade nach Celcius und Reaumur angegeben sind.

1. → *Schwacher Faden* 105 °C ≙ 84 °R
2. → *Starker Faden* 107,5 °C ≙ 86 °R
3. → *Schwacher Flug* 112,5 °C ≙ 90 °R
4. → *Starker Flug* 116 °C ≙ 93 °R
5. → *Schwacher Ballen* 120 °C ≙ 98 °R
6. → *Großer Ballen* 122 °C ≙ 98 °R
7. → *Schwacher Bruch* 135 °C ≙ 108 °R
8. → *Starker Bruch* 144 °C ≙ 115 °R
9. → *Karamel* 152,5 °C ≙ 122 °R
10. → *Kulörbildung über* 162 °C ≙ 130 °R

Je nach Verwendung werden während des Kochens bis zu 20 % → *Stärkezucker* zugesetzt.

Zuckerkulör. Ein zugelassenes Färbemittel für Lebensmittel, hergestellt durch Erhitzen von Saccharose oder anderen Genusstauglichen Zuckerarten.

Zuckern. → *Konservierungsverfahren.* Durch wasserbindende Wirkung großer Zuckermengen wird der → *aw-Wert* in den Lebensmitteln unter die für die Lebenstätigkeit der Mikroorganismen nötige Grenze gesenkt. Gleichzeitig wird durch die osmotische Wirkung der konzentrierten Zuckerlösung das Zelleiweiß von Enzymen gelöst. Das Verfahren findet bei der Herstellung von → *Konfitüren, Gelees und Marmeladen* unter Hitzeeinwirkung und bei der Herstellung von kandierten Früchten Anwendung.

Zuckerraffination. Der → *Rohzucker* wird mit warmem Wasser oder Dampf behandelt. Der dabei dünnflüssig gewordene Sirup wird durch Zentrifugieren entfernt. Die feuchten, warmen, weißen Zuckerkristalle werden abgekühlt. Durch Bewegen der Kristalle wird die Feuchtigkeit entfernt. Produkt ist → *Affinade,* → *Weißzucker,* Gebrauchszucker. EG-Kategorie II. Die Zuckerraffination ist eine Umkristallisation des Zuckers mit dem Ziel, Nichtzuckerstoffe zu entfernen. Dazu wird der Zucker noch einmal gelöst, über Aktivkohle filtriert und im Vakuum eingedampft. Produkt ist die Raffinade EG-Kategorie I. Raffinade besteht zu 99,97 % aus Zucker.

Zuckerrohr. Rispengras, wächst in den Tropen und Subtropen Amerikas, Afrikas und Asiens. Das Mark enthält 15 bis 20 % Zucker (Saccharose). Die Stengel werden in Mühlen zerquetscht. Der Zuckersaft wird durch Abpressen oder Auslaugen mit Wasser gewonnen. Weitere Verarbeitung gleicht der des Rübenzuckers.

Zuckersack → *Annonen.*

Zuckersalat. Zur Familie der Zichorien gehörend, auch → *Zuckerhut* genannt („Chioggia" = kleiner roter Zuckerhut).

Zucotto. Italienisches Dessert: Eistorte aus likörgetränktem Biskuit, kandierten Früchten und Eis.

Zudecken. Die Zudecken sind von besonderer Bedeutung, da sie den Wärmeabfall (1 °C) beim Schlaf und die Schwankungen der Außentemperatur ausgleichen müssen. Folgende Anforderungen müssen erfüllt sein: **a)** Isolation gegen die Außentemperatur, **b)** Saugfähigkeit (wegen der Ausdünstung von ca. 0,2 l pro Nacht), **c)** Rutschfestigkeit, um kontinuierliches Zudecken zu gewährleisten, **d)** Leichtigkeit, um die Bewegungsfreiheit nicht einzuengen und kein Druckgefühl zu erzeugen. Als Zudecken werden verwendet: **a)** Dauneneinzugdecken → *Bettfedern,* **b)** Steppdecken mit Synthetik- oder Wollfüllung, **c)** Wolldecken (seltener). Alle Zudecken können von guten Reinigungsinstituten gereinigt werden. → *Reinigung.*

Zusatzstoffe → *E-Nummern (Anhang A3).*

Zutaten. Laut Kennzeichnungsverordnung: „Eine Zutat ist jeder Stoff, einschließlich der Zusatzstoffe, der bei der Herstellung des Lebensmittels verwendet wird und unverändert oder verändert im Enderzeugnis vorhanden ist." Zutaten sind nicht: – Bestandteile, die vorübergehend entfernt und wieder zugefügt werden, z. B. Aromen, die während des Eindampfens von Fruchtsaft erst abgetrennt und dann wieder zugefügt werden. – Zusatzstoffe, die in „Zutaten" enthalten sind, aber im Enderzeugnis keine Wirkung haben, z. B. Trennmittel von Fruchtpulvern, die Zutaten eines anderen Lebensmittels sind. – Lösungsmittel und Trägerstoffe für Zusatzstoffe und Aromen.

Zutatenliste. Aufschrift auf Verpackungen von Lebensmitteln nach der Kennzeichnungsverordnung. Die Zutatenliste ist leicht von den übrigen Packungsaufschriften zu unterscheiden: Sie muss als Überschrift das Wort „Zutaten" enthalten. Danach wird aufgezählt, aus welchen Zutaten das Lebensmittel zusammengesetzt ist.

Zweckaufwand → *Kosten*.

Zwei-Faktoren-Theorie → *Motivationslehre*.

Zwergorange → *Kumquat*.

Zwetschgenbranntwein. Ein Edelbrantwein, der durch Brennen gequetschter und vergorener reifer Zwetschgen hergestellt wird. Ein Teil der Kerne wird mit zertrümmert, um die Ausbildung des eigenen → *Aromas* zu steigern. Zwetschgenwasser wird z. B. in Süddeutschland, der Schweiz, Frankreich und Jugoslawien hergestellt. Fränkisches Zwetschgenwasser muss in Franken aus fränkischen Zwetschgen erzeugt worden sein. Die jugoslawische Bezeichnung lautet → *Slibovitz*.

Zwickelbier. Naturtrübes Bier.

Zwicker. Alemannisch soviel wie Bastard. Im Elsass eine frühere Bezeichnung für einen Weißwein, der aus Traubenmischungen der gewöhnlichen Gewächse hergestellt wird. Er ist immer ein Tafelwein. Heute ist nur die bessere Form. Edelzwicker auf dem Markt.

Zwieback. Das „zweimal Gebackene" (früher für längere Seereisen).

Zwischenprüfung. Während der Berufsausbildung ist zur Ermittlung des Ausbildungsstandes mindestens eine Zwischenprüfung entsprechend der → *Ausbildungsordnung* durchzuführen (BBiG). Die Teilnahme an der Zwischenprüfung ist Zulassungsvoraussetzung für die Abschlussprüfung. Ziele der Zwischenprüfung: **a)** Grundlage für gezielte Ausbildung in der verbleibenden Ausbildungszeit, **b)** Auszubildender soll seine Schwächen erkennen, **c)** Auszubildender soll sich an Prüfungssituation gewöhnen, **d)** Hilfe für die Beurteilung des Auszubildenden, ob er vorzeitig zur Abschlussprüfung zugelassen werden kann. Da nur der Leistungsstand festgestellt werden soll, um notwendige Korrekturmaßnahmen und Ergänzungen der Ausbildung vornehmen zu können, liegt eine Prüfung im rechtlichen Sinne nicht vor und deshalb ist ein „Bestehen" nicht notwendig. Rechtsfolgen ergeben sich aus einer „nichtbestandenen" Zwischenprüfung nicht.

Zymase. Enzymkomplex der Hefe. Sie spaltet Traubenzucker in Alkohol und Kohlendioxid und setzt dabei Wärme frei.

Anhang

A 1 Abkürzungsverzeichnis 646

A 2 Literaturverzeichnis 647

A 3 Zusatzstoffe und ihre Bezeichnungen 651

    – Farbstoffe 651

    – Konservierungsstoffe 653

    – Antioxidantien 654

    – Emulgatoren 655

    – Säureregulatoren, Säuerungsmittel 655

    – Verdickungs- und Geliermittel 656

    – Sonstige Zusatzstoffe 656

A 4 Tourismusfachbegriffe 657

A 5 Beurteilungskriterien für Fleisch 658

A 6 Küchenplanung (Raumbedarf) 663

A 7 Küchenbrigade

    — Aufgabenbereiche und Postenaufteilung 664

A 8 Materialfluss- und Verkehrsplan 666

A 9 Sicherheitspiktogramm 667

A 10 Trüffelkalender/Herkunftsbezeichnung für Eier 668

A 11 Vorlage zur Erstellung eines Organigramms 669

A1 Abkürzungsverzeichnis

A	Alkohol
AktG	Aktiengesetz
AO	Abgabenordnung
AZO	Arbeitszeitverordnung
BBiG	Berufsbildungsgesetz
BetrVerfG	Betriebsverfassungsgesetz
BfA	Bundesanstalt für Angestelltenversicherung
BGB	Bürgerliches Gesetzbuch
EG	Europäische Gemeinschaft
EStG	Einkommensteuergesetz
GastG	Gaststättengesetz
GmbHGes	GmbH-Gesetz
GenGes	Genossenschaftsgesetz
GewO	Gewerbeordnung
GG	Grundgesetz
HGB	Handelsgesetzbuch
IHK	Industrie- und Handelskammer
JArbSchG	Jugendarbeitsschutzgesetz
LMBG	Lebensmittel- und Bedarfsgegenständegesetz
LVA	Landesversicherungsanstalt
MitBestG	Mitbestimmungsgesetz
Oe	Öchsle
Refa	Verband für Arbeitsstudien
Regpräs	Regierungspräsidium
RVO	Reichsversicherungsordnung
RW	Rotwein
SpielV	Spielverordnung
UStG	Umsatzsteuergesetz
UWG	Gesetz gegen den unlauteren Wettbewerb
WZG	Winzergenossenschaft

A2 Literaturverzeichnis

Adler, Düring, Schmalz: Rechnungslegung und Prüfung der Aktiengesellschaft, Bd. 1, 1. Aufl. Stuttgart 1969
Albach, H.: Beitrag zur Unternehmensplanung, Wiesbaden 1969
Albach, H.: Wirtschaftlichkeitsrechnung bei unsicheren Erwartungen, Köln u. Opladen 1959
Albach, H.: Die Berechnung der Wirtschaftlichkeit der betrieblichen Investitionen, in: Zeitschrift für Betriebswirtschaft 1959, S. 419 ff
Albach, Busse v. Colbe u. a.: Mitarbeiterführung, Wiesbaden 1977
Allen, Lous, A.: Management und Organisation, NY 1958
Ambrosi u. Becker: Der deutsche Wein, München 1992
Antoine, H.: Kennzahlen, Richtzahlen, Planungszahlen, Wiesbaden 1956
Arens, Günter: Ernährungslehre, Hannover 1982
Antz, Helmut: Das kleine Sektlexikon, Verb. d. dt. Sektkellereien 1982
Auffermann, J.D.: Die Prüfung der Kostenrechnungen, Stuttgart 1947
Bähr, Müller: Einführung in die Hotel- und Gaststättenbuchführung, 4. Aufl. Köln 1988
Banzer, Friebel: Hotel- und Restaurationsküche, Gießen 1964
Baumgarten, R.: Führungsstile und Führungstechniken, Berlin 1977
Baumgartner, C.: Rentabilität und Unternehmung, Diss. Zürich 1952
Becker, Marc, H.: Marktstruktur, in: Cateringjournal März 1982
Beine: Die Bilanzierung von Forderungen in Handels-, Industrie- und Bankbetrieben, Wiesbaden 1960
Berth, R.: Marktforschung zwischen Zahlen und Psyche, Stuttgart 1959
Bickel, W.: Garnituren, Hilfsmittel, Fachausdrücke, Fremdwörter, Gießen 1962
Birkigt, K., Stadler, M.: Corporate Identity, München 1980
Bischoff, Bamberger, Bippes: Fleischverarbeitung, Hannover 1980
Bischoff, W.: Wesen und Bedeutung des Cash flow, in: Kostenrechungspraxis 1965, S. 33 ff
Blüher: Alphabetisches Wörterbuch der Speisen und Getränke, Gießen 1979
Boegeholz u. a.: Bewertung des Betriebsvermögens und Vermögensteuerpraxis, 3. Aufl. Bonn 1977
Bohley: Gebühren und Beiträge, Tübingen 1977
Bohley u. a.: Handbuch des gemeindlichen Steuerrechts (Loseblatt), Teil I, 5. Aufl. München 1969
Bott, Helmut: Betriebsorganisation, Darmstadt 1975
Brehpol, Klaus: Lexikon der neuen Medien, Köln 1980
Brönner: Die Bilanz nach Handels- und Steuerrecht, 8. Aufl. Stuttgart 1971
Bussmann, K.F.: Die Prüfung der Unternehmung, 2. Aufl. Wiesbaden 1972
Busse v. Colbe, W.: Kostenremanenz, in: Handwörterbuch der Betriebswirtschaft, Bd. II, 3. Aufl. Stuttgart 1958 S. 3460 ff
Clark, Charles H.: Brainstorming, 2. Aufl. München 1967
Clausen: Das gebührenrechtliche Kostendeckungsprinzip, Frankfurt/M. 1978
Dr. Oetker (Hrg.): Lexikon Lebensmittel und Ernährung, 2. Auflage, Bielefeld 1989
Duch, K.: Handlexikon der Kochkunst, Linz 1971
Escoffier, A.: Le guide culinaire, Frankfurt/M. 1906
Euler, H.: Die betriebswirtschaftlichen Grundlagen und die Grundbegriffe des Arbeits- und Zeitstudiums, München 1948
Falkenhausen, von H.: Die neuen Managementtechniken zur Entscheidungsbildung, in: Die neuen Managementtechniken, 2. Aufl. München 1968, S. 237 ff.
Fallert, Bernd: Modernes Management in der Werksverpflegung, in: Schriftenreihe der GV-Praxis, Frankfurt/M. 1975
Fenn: Die Mitarbeit in den Diensten Familienangehöriger, Bad Homburg, Berlin, Zürich 1970
Finance, C.: Berufskunde für die Hotellene und das Gaststättengewerbe. Basel 1947
Fleck, W.: Der Betriebsvergleich als Instrument wissenschaftlicher Betriebsführung, in: Taschenbuch der Betriebswirtschaft. Berlin und Baden-Baden 1957. S. 54 ff

A2 Literaturverzeichnis

Forster-Weirich: Lifo, Fifo und ähnliche Verfahren n. § 155 Abs. 1 Satz 3 Akt Ges 1965, Wpg 1966. S. 481 ff
Freytag, H.P.: Der Ausbilder im Betrieb. Kassel 1979
Fntsch, Alfred; Kugler Gernot: Betriebswirtschaftslehre der Unternehmung, Wuppertal 1974
Gatti, F.: Entremets für Hotels und Restaurationsbetriebe, Luzern 1964
Gaukler-Kol-Ling: Humanisierung der Arbeitswelt und Produktivität. 2. Aufl. Ludwigshafen 1977
Göbel-Müller: Steuerlehre. 6. Aufl. Köln 1984
Golas, Heinz G.: Der Mitarbeiter, Essen 1982
Gordon, W.J.j.: Synecics, NY-London 1961
Greifzu, Julius: Lexikon des Kaufmanns. Frankfurt/M. 1968
Grochla, E.: Unternehmensorganisation, Reinbek 1972
Grundstein-Schiller: Gastgewerberecht, Frankfurt/M. 1978
Haberstock, H.: Bewertung und Abschreibung von Anlagen, Wiesbaden 1959
Haberstock, Lothar: Grundzüge der Kosten- und Erfolgsrechnung, 2. Aufl. Wiesbaden 1959
Haberstock, Lothar: Kostenrechnung 1, Wiesbaden 1975
Haberstock-Dellmann: Kapitalwert und interner Zinsfuß als Kriterium zur Beurteilung der Vorteilhaftigkeit von Investitionsobjekten, in: Kostenrechnungspraxis 1971, S. 195 ff
Handwörterbuch des Steuerrechts und der Steuerwissenschaft, 2. Aufl. Bd. 1 und 2, München und Bonn 1981
Hartmann, B.: Der handels- und steuerrechtliche Betriebsabrechnungsbogen, in: Kostenrechnungspraxis 1959, S. 53
Hartmann, B.: Angewandte Betriebsanalyse, Freiburg 1959
Hartmann, Horst: Materialwirtschaft, Gernsbach 1978
Haufe verl.: Das Personalbüro. Freiburg, o. J.
Hax, K.: Finanzwirtschaft, in: Handwörterbuch der Wirtschaftswissenschaften, Bd. 1 Köln und Opladen 1958, S. 453 ff
Haymann, H., Seiwert, L: Job Sharing – Flexible Arbeitszeit und Arbeitsplatzeinteilung, Grafenau 1981
Heckmann, A.: Der junge Konditor. Gießen 1949
Heinen, E.: Grundlagen der betriebswirtschaftlichen Entscheidung, 2. Aufl. Wiesbaden 1961
Hering, R.: Lexikon der Küche, Gießen 1993
Herzberg, F. /.: Humanisierung der Arbeit und Produktivitätssteuerung, in: Managementzeitschrift 7/8 Zürich 1981, S. 17 f
Hlava, B.; Lanska, D.: Lexikon der Küchen- und Gewürzkräuter, München 1970
Hoffmann, Kurt M.: Weinkunde in Stichworten, 1977
Holliger, Hermann: Morphologie, in: Industrielle Organisation 37 (1968) Nr. 9, S. 455
Hotel Ass. of New York City Inc. (Hrg.) Uniform System of Accounts for Hotels (Adresse: 141 West 41 Street, NY 10019)
Illing: Die Rechtsnatur der Spielbankabgabe, Diss., Kiel 1955
Ital. Institut für Außenhandel (Hrg.): Große Weine aus Italien, Rom, o.J.
Jacob., H.: Die Methoden zur Ermittlung des Gesamtwertes einer Unternehmung, in: Zeitschrift für Betriebswirtschaft 1960. S. 131 ff und 209 ff
Jansen, Wrede, Reuten: Renten, Dauernde Lasten, Herne u. Berlin 1976
Jessen, J.; Lerch, D.: PR für Manager, München 1978
Kahrs-Leifer: Leitfaden der Warenkunde des Lebensmitteleinzelhandels, 2. Aufl., Köln 1988
Kaiser (Hrg.): Planung, Bd I—IV, Baden-Baden 1965-1977
Kalveram, W.: Wirtschaftsrechnen, Wiesbaden 1950
Kapferer, Clodwig: Kapferer's Marketing Wörterbuch, Hamburg 1979
Kazier, Leonard J.: Einführung in die Grundsätze des Management, München 1973
Kilger, Wolfgang: Flexible Plankostenrechnung, 1. Auflage Köln und Opladen 1970
Kilger, Wolfgang: Produktions- und Kostentheorie, Wiesbaden 1958

A2 Literaturverzeichnis

Kilger, Wolfgang: Kritische Werte in der Investitions- und Wirtschaftlichkeitsrechnung, in: Zeitschrift für Betriebswirtschaft 1965, S. 338 f
Kindermann, W.: Vom Konditorlehrling zum Konditormeister, Stuttgart 1978
Knebel, J.: Fachausdrücke für Küche, Keller und Service, Stuttgart 1971
Kosiol, E.: Einkaufsplanung und Produktionsumfang, Berlin 1956
Kosiol, E.: Die Ermittlung der optimalen Bestellmenge, in: Zeitschrift für Betriebswirtschaft 1958, S. 287 ff
Kosiol, E.: Finanzmathematik, Wiesbaden 1959
Kosiol, E.: Kostenrechnung, Wiesbaden 1964
Kranz, B.: Exotische Früchte und Gemüse, München 1974
Kröger: Forschungskosten, Erfindungen, Lizenzen und Know-how im Steuerrecht, 2. Aufl., Herne und Berlin 1977
Lewis, R.C.: The Positioning Statement for Hotels, Cornell-Quaterly VOL. 22 Nr. 1, Ithaca 1981
Lichine-Krüger: Die große Weinenzyklopädie, München 1981
Lutz, Jh.: Datenverarbeitungsfibel für Manager, München 1972
Mac Sweeney, E.F.: Public Relations and Publicitiy of Hotels and Restaurants, London 1977
Mannhard, C: Public Relations in der Hotelerie, München 1981
Mayer, L: Bilanzanalyse, Wiesbaden, o. J.
Meffert: Marketing, Wiesbaden 1977
Meinecke, Hermann: Einkaufpolitik, Einkaufstrategie und Einkaufsstatistik, Lage/Lippe 1979
Mellerowicz, K.: Allgemeine Betriebswirtschaftslehre, Bd. 1-4, 10. Aufl. Berlin 1959
Mellerowicz, K.: Der Wert der Unternehmung als Ganzes, Essen 1952
Mellerowicz, K.: Neuzeitliche Kalkulationsverfahren, Freiburg 1966
Mertens, M.J.; Rehbinder, E.: Internationales Kaufrecht, Frankfurt/M. 1974
Minchelli, P.: Fische und Schalentiere für Feinschmecker, Berlin – Frankfurt/M. – Wien 1979
Moiser, Nass, Oberländer: Fachkunde für Fleischer, Braunschweig 1979
Montagne, P. (Hrg.): Nouveau Larousse gastronomique, Paris 1960
Müller-Marbach: Operations Research, 3. Aufl., München 1973
Münstermann: Wert und Bewertung der Unternehmung, Wiesbaden 1966
Muus, B.J.; Dahlström, P: Süßwasserfische/Meeresfische, München, Bern und Wien 1978
National Association of Accountants (Hrg.): Return on Investment in der Praxis, Stuttgart 1968
National Restaurant Ass. (Hrg.), Uniform System of Accounts for Restaurants (Adresse: 1, IBM Placa Suite 2600, Chicago, Illinois 60611)
Osborne, Alex F.: Applied Imagination, NY 1953
Pack, R.: Das Arbeiten mit betriebswirtschaftlichen Kennzahlen, in: Kostenrechnungspraxis 1960, S. 265 ff
Paul: Entwicklung und Entwicklungstendenzen der Kreditsicherung, Wiesbaden 1973
Pauli, E.: Lehrbuch der Küche, Luzern 1992
Pries, Joh.: Große Servierkunde, München 1990
Pschyrembel, W.: Klinisches Wörterbuch, Berlin – NY 1989
Radke, Magnus: Die große betriebswirtschaftliche Formelsammlung, 6. Aufl., Landsberg am Lech 1982
Radke, M.: Wir analysieren das Jahresergebnis betriebswirtschaftlich, in: Junge Wirtschaft 1969, S. 27f und 60 ff
Radke, M.: „Cash flow"-Kennzahlen zur Beurteilung der Finanz- und Ertragskraft, in: Junge Wirtschaft 1969, S. 72 f und 106 f
REFA-Bücher: I. Methodenlehre des Arbeitsstudiums
    Teil 1: Grundlagen
    Teil 2: Datenermittlung
    Teil 3: Kostenrechnung, Arbeltsgestaltung
    Teil 4: Anforderungsermittlung (Arbeitsbewertung)
    Teil 5: Lohndifferenzierung
    Teil 6: Arbeitsunterweisung

A2 Literaturverzeichnis

II. Methoden der Planung und Steuerung
Teil 1: Grundlagen
Teil 2: Planung
Teil 3: Steuerung
Revel, J. F.: Erlesene Mahlzeiten, Frankfurt/M., Berlin und Wien 1979
Riemer, Rudy: Bilanzanalyse, Bonn 1978
Rittershausen, H.: Unternehmensberatung und Price-earnings ration, in: Zeitschrift für Betriebswirtschaft 1964, S. 652 ff
RKW-Berichtsreihe: Kennzahlen als Mittel der Betnebsführung in der Wäsche- und weiblichen Berufskleidungsindustrie, Berlin, Köln und Frankfurt/M. 1960
Rössler, Otto: Gastgewerbliche Bewertungen und Kalkulationen, Schloss Bleckede 1963
Rogowm, S. A.: Chemiefasern, VEB Fachbuchverlag, Leipzip 1960
Roth, W.: Deckungsbeitragsrechnung, Berlin 1965
Ruchti, H.: Die Abschreibung, Stuttgart 1953
Ruhleder, Rolf H.: Führungstechniken für Vorgesetzte, München 1974
Savarin: Die echte französische Küche, Berlin 1978
Schaetzing, E.E. (Hrg), Leiderer, I/V: Kennzahlen zur Steuerung von Hotel- und Gaststättenbetrieben. o. O., o. J.
Schlieper, C. A.: Grundfragen der Ernährung, Hamburg 1992
Schmalenbach, E.: Kostenrechnung und Preispolitik, 8. Aufl. Köln und Opladen 1963
Schmalenbach, E.: Die Beteiligungsfinanzierung, 8. Aufl. Köln und Opladen 1954
Schmitz-Seibt: Einführung in die anwendungsonentierte Informatik, München 1975
Schneider, G.; Vesper, W.; Witzel, A.: Grundstoffe – Ernährungswirtschaftliche Berufe, Hannover 1974
Schnelle, E.: Entscheidung im Management, Quickborn 1966
Schwarz, Horst: Betriebsorganisation als Führungsaufgabe, München 1960
Sikora, Joachim: Die neuen Kreativitätstechniken, München 1972
Staehle, W. H.: Kennzahlen und Kennzahlensysteme, Wiesbaden 1969
Staeger, R.: Gutes Licht steigert die Leistung, in: Rationalisierung 1957, S. 264 ff
Stafanie-Allmeyer, K.: Wirtschaftliche Arbeitsmethoden im Rechnungswesen, München 1961
Stehle, H.: Der Hotel-, Restaurations- und Kaffeehausbetrieb, Nordhausen, o. J.
Sopexa (Hrg.): La France à votre Table, Heft Nr. 8. 16 u. 22
Stopp, Udo: Betriebliche Personalwirtschaft, München 1975
Täufel et al.: Lebensmittel-Lexikon, Leipzig 1993
Thoms, W.: Beherbergungsgewerbe, in: Handwörterbuch der Betriebswirtschaft, 3. Aufl. Bd. I, Stuttgart 1956, S. 567 ff
Union Europeenne des Expertes Comtables, Economiques et Finanziers (U.E.E.) (Hrg.): Die Bewertung der Unternehmungen und Unternehmensanteilen, Düsseldorf 1961
Versuchs- und Lehranstalt für Spirituosenfabrikation und Fermentationstechnologie (Hrg.): Spirituosenjahrbuch 1981, Berlin 1980
Waak, Klaus-Dieter: Hotelmarketing, Wiesbaden 1978
Walb, E.: Finanzwirtschaftliche Bilanz, 3. Aufl. Wiesb. 1966
Weber: Sicherungsgeschäfte, 2. Aufl. München 1977
Wiedemann, Bernd: Konzernleitung multinationaler Unternehmen, Bonn 1979
Wöhe, Günter: Einführung in die allgemeine Betriebswirtschaftslehre, 14. Aufl. München 1980
Wöhe, Günter: Bilanzierung und Bilanzpolitik, 4. Aufl. München 1976
Wöhe, Günter: Betriebswirtschaftliche Steuerlehre, Bd. 1, 5. Aufl. München 1978
Wolff, L.: Netzplantechnik (CPM), Köln 1967
Woschek, G.: Das Buch vom Wein, München, 1978
Zimmerer, C: Kompendium der Betriebswirtschaftslehre, Düsseldorf 1955
Zimmermann, G.: Return on Invest, in: Die Wirtschaftsprüfung 1961, S. 377 ff
Zneker, Verhard: Chemiefasern, Köln 1969

A3 Zusatzstoffe und ihre Bezeichnungen

Farbstoffe
Einsatzgebiete: Zuckerwaren aller Arten, Marzipan, Obsterzeugnisse in Konserven, Limonaden und Kolagetränke, Puddinge, Eis, Liköre, Margarine, Käse und Fischerzeugnisse.

E-Nr.	Name	Farbe	Anmerkungen
E 100	Kurkumin	gelb	kommt in der Gelbwurzel vor, Bestandteil des Curry
E 101	Lactoflavin (Riboflavin)	gelb	Vitamin B_2, kommt von Natur aus in vielen Lebensmitteln vor
E 101a	Lactoflavin-5-phosphat (Riboflavin-5-phosphat)	gelb	kommt in zahlreichen Pflanzen von Natur aus vor
E 102	Tartrazin	gelb	synthetischer Stoff, kann allergische Reaktionen hervorrufen
E 104	Chinolingelb	gelb	synthetischer Stoff
E 110	Gelborange S	orange	synthetischer Stoff, kann Allergien auslösen
E 120	Echtes Karmin (Karminsäure, Cochenille)	rot	natürlicher Stoff
E 122	Azorubin	rot	synthetischer Stoff, kann Allergien auslösen
E 123	Amaranth	rot	synthetischer Stoff, ist in den USA seit 1976 verboten, kann Allergien auslösen
E 124	Cochenillerot A	rot	synthetischer Stoff, kann Allergien auslösen
E 127	Erythrosin	rot	synthetischer Stoff
E 131	Patentblau V	blau	synthetischer Stoff
E 132	Indigotin I (Indigokarmin)	blau	synthetischer Stoff
E 140	Chlorophyll	grün	natürliche Farbstoffe des Blattgrüns
E 141	Kupferverbindungen des Chlorophyll	grün	
E 142	Brillantsäure grün (Lisamingrün)	grün	synthetischer Stoff
E 150	Zuckerkulör	braun	wird durch die Erhitzung von Zucker gewonnen, Karamelfarbstoffe führen bei Ratten zu Blutveränderungen
E 151	Brillantschwarz BN	schwarz	synthetischer Stoff, kann Allergien auslösen
E 153	Carbo medicinalis vegetabilis	schwarz	Herstellung aus Pflanzenasche
E 160	Carotinoide	orange	können im Körper zu Vitamin A umgewandelt werden, kommen in zahlreichen Pflanzen vor, werden z. T. aber auch synthetisch hergestellt

A3 Zusatzstoffe und ihre Bezeichnungen

E-Nr.	Name	Farbe	Anmerkungen
E 160 a	Alpha-, Beta-, Gamma-Carotin		
E 160 b	Bixin, Norbixin		ölige und wässrige Extrakte von Samen, gegenüber Orlean wurden Allergien festgestellt
E 160 c	Capsanthin, Capsorubin		Farbstoffe aus der roten Paprikaschote
E 160 d	Lycopin		
E 160 e	beta-Apo-8'-Carotinal		
E 160 f	beta-Apo-8-Carotinsäure ethylester		
E 161 E 161 a E 161 b E 161 c E 161 d E 161 e E 161 f E 161 g	Xanthophylle Flavoxanthin Lutein Kryptoxanthin Rubixanthin Violaxanthin Rhodoxanthin Canthaxanthin	orange	natürliche Farbstoffe, kommen in zahlreichen Pflanzen vor
E 162	Beeten rot, Betanin	rot	natürliche Farbstoffe aus der Wurzel der roten Rübe
E 163	Anthocyane	blau, violett und rot	natürlicher Farbstoff aus Schalen der roten Weintrauben, Holunder und Preiselbeeren
E 170 E 171 E 172 E 173 E 174 E 175	Calciumcarbonat Titandioxid Eisenoxide und -hydroxide Aluminium Silber Gold	grau-weiß weiß gelb, rot silber-grau silber gold	mineralische Pigmente
E 180	Rupinpigment Litholrubin BC	rot	synthetischer Stoff, kann Allergien hervorrufen

A3 Zusatzstoffe und ihre Bezeichnungen

Konservierungsstoffe. Einsatzgebiete: Fischprodukte aller Art, Brot, Fruchtsäfte, Limonaden, Backwaren, Fruchtzubereitungen bei Joghurt, Salate, Margarine, Gewürz- und Salatsoßen, Mayonnaise, Wein, Trockenfrüchte, getrocknete Kartoffelprodukte, Wurstwaren und Oberflächen von Zitrusfrüchten.

E-Nr.	Name	Anmerkungen
E 200	Sorbinsäure und Verbindungen	gelten als unbedenklich, da sie im Körper wie Fettsäuren abgebaut werden
E 201	Natriumsorbat	
E 202	Kaliumsorbat	
E 203	Calciumsorbat	
E 210	Benzoesäure und Verbindungen	Stoffe sollen leberbelastend und allergieauslösend sein (z. B. Nesselsucht, Asthma), insbesondere bei gleichzeitiger Aufnahme von synthetischen Farbstoffen
E 211	Natriumbenzoat	
E 212	Kaliumbenzoat	
E 213	Calciumbenzoat	
E 214	pHB-Ester und Verbindungen	körperfremde Substanzen, können Allergien auslösen, bei hohen Dosen führen sie bei Ratten zur Verlangsamung des Wachstums
E 215	pHB-Ester-Natriumverbindungen	
E 216	pHB-n-propylester	
E 217	pHB-n-propylester-Natriumverbindungen	
E 218	pHB-methylester	
E 219	pHB-methylester Natriumverbindungen	
E 220	Schwefeldioxid und Verbindungen	können zu Kopfschmerzen und Übelkeit führen (besonders nach Weingenuss) greifen Vitamin B_1 an
E 221	Natriumsulfit	
E 222	Natriumhydrogensulfit	
E 223	Natriumdisulfit	
E 224	Kaliumdisulfit	
E 226	Calciumsulfit	
E 227	Calciumhydrogensulfit	
E 230	Biphenyl	pilztötende Substanzen bei Zitrusfrüchten und Bananen, endgültige gesundheitliche Beurteilung steht noch aus
E 231	Orthophenylphenol	
E 232	Natriumorthophenylphenolat	
E 233	Thiabendazol	
E 236	Ameisensäure	kann im Körper abgebaut werden, in größeren Dosen aber giftig Salze der Ameisensäure
E 237	Natriumformiat	
E 238	Calciumformiat	
E 250	Natriumnitrit	behindern den Sauerstofftransport im Blut, können sich mit Eiweißbestandteilen verbinden – dann krebserregend
E 251	Natriumnitrat	
E 252	Kaliumnitrat	

A3 Zusatzstoffe und ihre Bezeichnungen

Antioxidantien. Einsatzgebiete: Suppen, Brühen, Soßen (jeweils in trockener Form), Kartoffeltrockenerzeugnisse, Knabbererzeugnisse, Kaugummi, Walnusskerne, Marzipan- und Nougatmasse, Eis, Margarine, Öle, Backwaren usw.

E-Nr.	Name	Anmerkungen
E 260	Essigsäure	natürliche, unschädliche Stoffe
E 261	Kaliumacetat	Salze der Essigsäure
E 262	Natriumdiacetat	
E 263	Calciumacetat	
E 270	Milchsäure	natürlicher, unschädlicher Stoff
E 280	Propionsäure	wird im Körper wie eine Fettsäure abgebaut, unschädlicher Stoff
E 281	Natriumpropionat	Salze der Propionsäure
E 282	Calciumpropionat	
E 283	Kaliumpropionat	
E 290	Kohlendioxid	Treibgas
E 300	L-Ascorbinsäure	unschädlich, auch als Vitamin C bekannt
E 301	Natrium L-ascorbat	Salze der Ascorbinsäure
E 302	Calcium L-ascorbat	
E 304	6-Palmitoyl-Ascorbinsäure	
E 306	Tocopherole natürlichen Ursprungs	unschädlich, auch als Vitamin E bekannt
E 307	synthetisches Alpha-Tocopherol	Vitamin E-Verbindungen, synthetisch hergestellt
E 308	synthetisches Gamma-Tocopherol	
E 309	synthetisches Delta-Tocopherol	
E 310	Propylgallat	natürliche Stoffe, werden aber meist synthetisch hergestellt, gesundheitliche Bedenken bestehen nach heutigem Wissen nicht
E 311	Octylgallat	
E 312	Dodecylgallat	
E 320	Butylhydroxianisol (BHA)	synthetische Stoffe, können Überempfindlichkeitsreaktionen und Allergien hervorrufen, können bei Tieren Lebervergrößerungen verursachen
E 321	Butylhydroxitoluol (BHT)	

A3 Zusatzstoffe und ihre Bezeichnungen

Emulgatoren. Einsatzgebiete: für alle Lebensmittel zugelassen

E-Nr.	Name	Anmerkungen
E 322	Lecithine	werden aus tierischen oder pflanzlichen Lebensmitteln gewonnen, daher unbedenklich
E 325 E 326 E 327	Natriumlactat Kaliumlactat Calciumlactat	Salze der Milchsäure
E 472	Mono- und Diglyceride von Speisefettsäuren, verestert mit	nicht bedenklich
E 472 a E 472 b E 472 c E 472 d E 472 e E 472 f	– Essigsäure – Milchsäure – Citronensäure – Weinsäure – Monoacetyl- und Diacetyl-Weinsäure – Essigsäure und Weinsäure	

Säureregulatoren, Säuerungsmittel

E-Nr.	Name	Anmerkungen
E 330 E 331 E 332 E 333	Citronensäure Natriumcitrate Kaliumcitrate Calciumcitrate	natürlicher Stoff Salze der Citronensäure
E 334 E 335 E 336 E 337	L(+) Weinsäure Natriumtartrate Kaliumtartrate Natrium-Kaliumtartrat	natürlicher Stoff Salze der Weinsäure
E 338 E 339 E 340 E 341	Orthophosphorsäure Natriumorthophosphate Kaliumorthophosphate Calciumorthophosphat	in sehr hohen Dosen können sie eventuell die Calciumaufnahme des Körpers behindern Salze der Phosphorsäuren

A3 Zusatzstoffe und ihre Bezeichnungen

Verdickungs- und Geliermittel. Einsatzgebiete: Gelees, Puddinge, Konfitüren, Backwaren, Wurst und Fleischzubereitungen, kalorienreduzierte Lebensmittel, Eis.

E-Nr.	Name	Anmerkungen
E 400	Alginsäure	wird u. a. aus Braunalgen gewonnen, kann vom Körper nicht verwertet werden und bildet mit einigen Spurenelementen, z. B. Eisen, schwerlösliche Verbindungen
E 401	Natriumalginat	
E 402	Kaliumalginat	
E 403	Ammoniumalginat	
E 404	Calciumalginat	
E 405	Propylenglykol-Alginat	
E 406	Agar-Agar	wird aus Meeresalgen gewonnen
E 407	Carrageen	wird aus Rotalgen gewonnen, bei Ratten und Meerschweinchen wurden Geschwüre im Darm festgestellt
E 410	Johannisbrotkernmehl	wird aus dem Samen des Johannisbrotbaumes hergestellt
E 412	Guarkernmehl	wird aus der Bohne der Guarpflanze hergestellt
E 413	Traganth	getrocknete Gummiabsonderung einer asiatischen Pflanze
E 414	Gummi arabicum	getrocknete Gummiabsonderung eines Leguminosenbaumes oder einer Akazienart
E 415	Xanthan	wird aus der zuckerhaltigen Lösung von Pflanzen gewonnen

Sonstige Zusatzstoffe

E-Nr.	Name	Anmerkungen
E 420	Sorbit	geeigneter Zuckeraustauschstoff für Diabetiker
E 421	Mannit	unbedenklicher Zuckeraustauschstoff
E 422	Glycerin	unbedenklicher Emulgator
E 440 a	Pektine	Gelier- und Verdickungsmittel, wird aus Früchten, z. B. Äpfeln gewonnen
E 440 b	Amidierte Pektine	werden durch Ammoniak aus den Pflanzen herausgelöst
E 450a	Diphosphate	Emulgatoren, in sehr hohen Dosen, können eventuell die Calciumaufnahme des Körpers behindern
E 450 b	Triphosphate	
E 450 c	Polyphosphate	
E 460	Cellulose	Dickungsmittel, kann im Körper nicht verwertet werden, regt die Verdauung an
E 470	Salze der Speisefettsäuren	nicht bedenklich
E 471	Mono- und Diglyceride von Speisefettsäuren	
E 475	Polyglycerinester von Speisefetten	können im Körper nicht abgebaut werden, werden aber ausgeschieden

Quelle: Glandorf, Kuhnert, Lück: Handbuch Lebensmittelzusatzstoffe, 3. Erg.-Lfg. 93, Behr's Hamburg

Tourismusfachbegriffe — Auswahl der wichtigsten/häufig verwendeten

Affinity Charter	Sonderflug für Gruppe zu ermäßigtem Preis
Allotments	Kontingente, die Geschäftspartner zur freien Disposition erhalten
AMADEUS	elektronisches Reservierungssystem von Airlines
APEX	advanced paid excursion, ca. 8 Wochen vorab bezahlte preisgünstige Flugreise mit bes. Auflagen
Average rate	Durchschnittspreis, meist für Hotelzimmer berechnet
Back to back charter	auch: Ablöseverfahren; Flüge im Auftrag vom Veranstalter, bei dem früher hintransportierte Touristen bei Ankunft der späteren Gruppe zurücktransportiert werden; meist preisgünstig
Beaten tracks	„ausgetretene" Touristenrouten
Cancellation	Stornierung, Annullierung eines Auftrags
Cannellation fee	vereinbarte Stornogebühren
Carrier	Verkehrsträger (Bahn, Bus, Schiff, Flugzeug)
Charter	Anmietung eines Transportmittels für eine Reise
Company rate	Sonderpreis für Firmen
Domestic flight	Inlandsflug
Fly and drive	Individuale Flug- und Autoreise, bei der alle Leistungen, auch Hotels vorgebucht und bezahlt sind.
Free boarding/lodging	Freie Verpflegung/Übernachtung für Busfahrer/Reisebegleiter
Ground operator	Bodenverkehrsmittelunternehmen (Busse, Bahn, Schiffe)
Licensed Agency	Reisebüro mit Volllizenz zum Ausstellen von Flugscheinen
Low cost carrier	Anbieter von Billigflügen
Net of commission	Nettopreis, provisionsfreier Einkaufspreis
Occupancy	Belegung, Auslastung der Sitzplatz-/Bettenkapazität
One way ticket	Einfachfahrausweis
On request only	Preisangabe oder Buchung nur auf vorherige Anfrage
Operator	Reiseveranstalter
Outgoing tourism	Auslandstourismus
Package	Reiseangebot, bei dem alle Leistungen in einem Paket sind
Pax	Gäste / Passagiere
Rack rate	Standardpreis/Tarif (auch bei Hotelzimmern)
Repeater	Stammgast
Standby ticket	Ermäßigte Flug-/Fahrscheine zur Auslastung der Kapazität
START	Reservierungs- und Abrechnungssystem deutscher Reisebüros
Stopover	Reiseunterbrechung mit Bodenarrangement (z. B. Hotel)
Travel agency	Reisebüro (Reisevermittler)
Value season	werbewirksam für Nebensaison

A5 Beurteilungsmerkmale für Fleisch

Beurteilungsmerkmale spezieller Fleischteilstücke und -gerichte.
„**Filet**" (Lende, Lungenbraten, Schlachtbraten, beim Schwein auch Lümmel, Lummer) ist bei warmblütigen Tieren mit Ausnahme des Geflügels die von Lendenwirbeln und Beckenknochen abgetrennte und von größeren Fettgewebsauflagerungen befreite innere Lendenmuskulatur (innere Hüftmuskulatur, Psoasmuskulatur, Rückenbeugemuskulatur; m. iliopsoas und m. psoas minor). – Beim Geflügel ist „-filet" von Haut befreite („filetierte") Brustmuskulatur (z. B. „Truthahnfilet"). Sofern die Tierart nicht angegeben ist, handelt es sich um Filet eines Rindes. Filet vom Kalb sowie von anderen Tierarten wird entsprechend gekennzeichnet (z. B. „**Kalbsfilet**", „**Schweinefilet**", [„**Schweinsfilet**"], „**Hirschfilet**", „**Putenfilet**").
„**Filetkopf**" ist der beckenseitige, stumpfe Teil eines Filets.
„**Filetspitze**" ist der brustseitige, spitze Teil eines Filets. „**Filet mignons**" sind Scheiben aus der Filetspitze.
„**Filet medaillons**" sind Scheiben Kalbsfilet. „**Chateaubriand**" („**Doppeltes Filetstück**", „**Doppeltes Lendenstück**") ist eine etwa 5 cm dicke Scheibe aus dem Kopf oder dem Mittelstück eines Rinderfilets.
„**Filetsteak**" („**Tournedos**", „**Tenderloin-Steak**") ist eine Scheibe Filet.
„**Filet Stroganoff**" besteht ebenso wie „Filetgulasch Stroganoff" aus Rinderstücken. Für „**Boeuf Stroganoff**" wird zartes, sehnenarmes Rindfleisch verwendet.
„**Falsches Filet**" (Bugfilet, Schulterfilet) ist der kopfwärts auf der äußeren Seite des Schulterblattes befindliche Muskel (M. supra spinam) des Rindes.
„**Roastbeef**" (flaches Roastbeef, Lende, Rostbraten, Contre-Filet) ist die von den Lendenwirbeln und den letzten vier Brustwirbeln gelöste äußere Lendenmuskulatur (hintere rückenseitige Rückenstreckmuskulatur, in erster Linie m. longissimus dorsi) des Rindes. „**Rundes Roastbeef**" ist beim Rind der im Bereich der Hochrippe liegende, freipräparierte Teil des langen Rückenstreckers (M. longissimus dorsi) das „Auge" einer Hochrippe. – „**Rib-Eye**" („**Hochrippen-Medaillon**", „**Rib-Eye-Steak**", „**Delmonico-Steak**") ist eine Scheibe rundes Roastbeef.
„**Lendenschnitte**" („Filetschnitte", „Lendensteak") ist eine Scheibe flaches oder rundes Roastbeef oder Rinderfilet (Rindsfilet).
„**Entrecote**" ist eine dicke Scheibe flaches oder rundes Roastbeef.
„**Rumpsteak**" („**Sirloin-Steak**") ist eine Scheibe aus dem Roastbeef oder dem unmittelbar anschließendem Teil einer Hüfte. „**Club-Steak**" ist eine Scheibe aus dem vorderen Teil eines Roastbeefs oder dem hinteren Teil einer „Hochrippe".
„**Große Lende**" (Schoß, Nierenstück) ist die gesamte Lende (innere und äußere Lendenmuskulatur des Rindes – Filet und Roastbeef – mit Knochen). „**T-Bone-Steak**" und „**Porterhouse-Steak**" sind knochenhaltige Scheiben einer „Großen Lende" (stets Filet einschließend).
„**Kotelett**" ist eine knochenhaltige Scheibe aus der zusammenhängenden Stamm-Muskulatur, dem „**Kotelettstrang**" (beim Rind aus dem hinteren Brustwirbelbereich, der „**Hochrippe**" (6.–10. Rippe), bei Kalb, Schaf und Schwein aus dem Lenden- und dem Brustwirbelbereich, beim Schwein auch aus dem Halsbereich). Bei nur als „Kotelett" bezeichnetem Fleisch herrscht der lange Rückenstrecker (M. longissimus dorsi), das „Auge" des Koteletts vor; Scheiben, in denen mehrere Muskeln das Bild beherrschen, werden beim Schwein (Hals und vorderer Brustwirbelbereich bis zur 3. Rippe) als „**Kammkotelett**" („**Nackenkotelett**", „**Hals(grat)kotelett**"), bei Kalb und Schaf (vorderer Brustwirbelbereich) unter gleichzeitiger Angabe der Tierart als „**Halskotelett**" bezeichnet – Als „**Herz-**", „**Rippen-**", „**Mittel-**" und „**Stielkotelett-**" werden Scheiben aus dem Kotelettstrang des Brustbereiches ab 3. Rippe („**Karree**", „**Karbonade**") bezeichnet, als „**Filet-**", „**Lummer-**" oder „**Lendenkotelett**" – soweit Filet eingeschlossen ist – Scheiben aus dem Lendenbereich des Kotelettstrangs. Zum „Kotelett" zählen beim Schwein nicht Fettge-

websauflagerungen über 1,0 cm und Schwarten sowie Rippen und Fleisch- sowie Fettgewebsanteile, die das Kotelett-„Auge" um mehr als 5 cm überragen. Sofern die Tierart nicht angegeben ist, handelt es sich um Schweinekotelett (Schweinskotelett). Koteletts von anderen Tieren werden entsprechend gekennzeichnet, z. B. **„Kalbskotelett"**, **„Rinderkotelett"** (**„Rindskotelett"**, **„Rib- Steak"**), **„Lammkotelett"**, **„Halskotelett vom Hammel"**, **„Hirschkotelett"**. **„Cote de beouf"** (**„Rib of Beef"**) am Stück ist die „Hochrippe" mit Rippen, jedoch ohne Wirbelkörper und Dornfortsätze. **„Lamb Chops"** sind Lammkoteletts oder andere sehnenarme Lammfleischscheiben (z. B. Keule).
„Falsches Kotelett" ist eine Scheibe Schweinebauch.
„Hüfte" (Huft, Spitze, kurzes Schweifstück, Rosenspitz, Mürbschoß, Mürbbraten) ist die bei Rindern an das Roastbeef anschließende, an der Außenfläche des Beckenknochens liegende und zum Kreuzbein reichende äußere Hüftmuskulatur. Die Spitze der in die Hüfte reichenden Unterschale (proximaler Teil des m. glutaeobiceps) wird als Tafelspitz bezeichnet. **„Hüftsteak"** (**„Huftsteak"**, **„Point-Steak"**) ist eine Scheibe aus einer Hüfte. **„Kluftsteak"** ist eine Scheibe aus sehnenarmer, zum kurzbraten geeigneter Muskulatur der Keule.
„Steak" ist eine zum Kurzbraten oder Grillen geeignete (mürbe), nicht zu dünne i. d. R. quer zu den Fasern geschnittene Scheibe aus in natürlichem Zusammenhang belassenem, sehnenarmem Fleisch, meist mit anhaftendem Fettgewebe, ohne Knochen, ausgenommen „Porterhouse-Steak" und „T-Bone-Steak", z. T. auch „Rib-Eye-Steak", „Club-Steak" und „Sirloin-Steak". Sofern die Tierart nicht angegeben ist, handelt es sich wie bei „Beefsteak", „Rinderstück" („Rindsstück") und „Rindersteak" („Rindssteak") um Steaks eines Rindes. Steaks von anderen Tieren werden in jedem Fall entsprechend gekennzeichnet (z. B. **„Hirschsteak"**, **„Kalbssteak"**, **„Schweinesteak'**, [**„Schweinssteak"**], **„Hammelsteak"**, **„Pu-** **tensteak"**). Dies gilt auch bei Hinweisen auf Zubereitung und Würzung sowie bei Phantasiebezeichnungen (z. B. **„Paprikasteak** [Kalb]", **„Jägersteak** [Schwein]"). Bezeichnungen wie **„Filetsteak"**, **„Rumpsteak"**, **„Lendensteak"**, **„Rückensteak"**, **„Rib-Eye- Steak"**, **„Hüftsteak"** und **„Kluftsteak"** weisen auf die Verwendung bestimmter Fleischteile hin. **„Schweinenackensteak"** (**„Schweinsnackensteak"**) ist eine Scheibe aus dem Schweinenacken.

Erzeugnisse aus gewolftem oder ähnlich zerkleinertem Fleisch
Für geformt portionierte Erzeugnisse aus gewolftem oder ähnlich zerkleinertem Fleisch wird die Bezeichnung „Steak" nur dann in Wortverbindungen gebraucht, wenn sie – abgesehen vom „Beefsteak Tatar" – zum Kurzbraten oder Grillen bestimmt sind und sich aus der Bezeichnung zweifelsfrei ergibt, dass zerkleinertes Fleisch vorliegt (z. B. „Hacksteak"). Bei „Deutschem Beefsteak" und bei „Beefsteak.Tatar" ist die Verwendung von zerkleinertem Fleisch allgemein bekannt.

„Hacksteak"
Ausgangsmaterial: sehnenarmes Rindfleisch, grob entsehntes Rindfleisch, grob entfettetes Schweinefleisch, Binde- und Auflockerungsmittel, jedoch mindestens 80 % Fleisch in der fertig gewürzten und ggf. mit Zwiebeln versetzten Rohmasse. Analysenwerte: bindegewebseiweißfreies Fleischeiweiß im zubereiteten rohen Zustand nicht unter 11,5 %, bindegewebseiweißfreies Fleisch- eiweiß im Fleischeiweiß histometrisch nicht unter 70 Vol.- %, chemisch nicht unter 80 %.

„Deutsches Beefsteak", „Hackbeefsteak"
Ausgangsmaterial: sehnenarmes Rindfleisch, grob entsehntes Rindfleisch, Binde- und Auflockerungsmittel, jedoch mindestens 80 % Fleisch in der fertig gewürzten und ggf. mit Zwiebeln versetzten Rohmasse. Analysenwerte: bindegewebseiweißfreies Fleischeiweiß in der zubereiteten Rohmasse

nicht unter 14 %, bindegewebseiweißfreies Fleischeiweiß histometrisch nicht unter 75 % Vol., chemisch nicht unter 85 %.

„**Beefsteak Tatar**" Ausgangsmaterial: sehnen- und fettgewebsarmes Rindfleisch („Schabefleisch", „Beefsteakhack", „Tatar"). Besondere Merkmale: zum Rohverzehr bestimmt; bei der Zubereitung wird außer würzenden Zutaten nur Eigelb verwendet. Analysenwerte: bindegewebseiweißfreies Fleischeiweiß in der zubereiteten Rohmasse nicht unter 13,5 %, bindegewebseiweißfreies Fleischeiweiß im Fleischeiweiß histometrisch nicht unter 65 %Vol., chemisch nicht unter 75 %.

„**Schnitzel**" ist bei warmblütigen Tieren eine zum Kurzbraten oder Grillen geeignete Scheibe von in natürlichem Zusammenhang belassenem sehnen- und fettgewebsarmen Fleisch. Scheiben aus dem Schweinenacken werden auch als „**Nackenschnitzel**" bezeichnet Sofern die Tierart nicht angegeben oder auf andere Weise erkennbar ist, handelt es sich um Schweinefleischscheiben. Schnitzel von anderen Tieren werden entsprechend gekennzeichnet (z B „**Kalbsschnitzel**", „**Rinderschnitzel**" [„**Rindsschnitzel**"], „**Rehschnitzel**", „**Putenschnitzel**"). „**Wiener Schnitzel**" ist paniertes Kalbsschnitzel.

„**Schnitzel à la Holstein**" ist unpaniertes Kalbsschnitzel mit Garnierung (Sardellen usw.) und Spiegeleiauflage.

„**Rahmschnitzel**" stammt ebenfalls vom Kalb. „**Cordon bleu**" besteht aus zwei gleich großen Schnitzeln (evtl. in Form einer Tasche, dazwischen Schinken und Käse, meist paniert). Ohne Angabe der Tierart handelt es sich um Kalbsschnitzel. „**Medaillons**" sind kleine, aus sehnenarmem Fleisch quer zu den Fasern geschnittene, zum Kurzbraten geeignete Scheiben; die Tierart wird angegeben, (z. B. „**Kalbsmedaillons**" [„**Kalbsnüsschen**"], „**Rindermedaillons**" [„**Rindsmedaillons**"], „**Putenmedaillons**"). „**Geschnetzeltes**" (Schnetzel, Schnitzelchen, Geschnitzeltes) sind ohne Angabe der Tierart kleine dünne,

quer zu den Fasern geschnittene Scheiben oder Streifen aus sehnen- und fettgewebsarmem Kalbsfleisch. „**Rouladen**" („Fleischröllchen", „Fleischvögel") sind dünne zusammenhängende, unter Einschluss von Füllung gerollte, zum Braten geeignete Scheiben aus sehnen- und fettgewebsarmem Fleisch. Sofern die Tierart nicht angegeben ist, handelt es sich um Rindfleisch.

Die Füllung besteht i. d. R. aus Speckstreifen, Gurkenstreifen, Zwiebeln, Pilzen, Schinkenstreifen oder anderen geschmackgebenden Zutaten, z. T. wird zum Füllen auch Brät oder gewolftes Fleisch verwendet, das in der Qualität der Grundlage für Hacksteak entspricht. „**Kalbsrouladen**" („Kalbsvögel") werden nicht nur aus Kalbfleisch hergestellt, sondern auch vorwiegend mit Kalbsbrät und gekochtem Ei gefüllt. „**Braten**" sind zum Braten geeignete, in natürlichem Zusammenhang belassene, bratfertig zugeschnittene und gebratene oder gegrillte Fleischteile, auch in gebratenem oder gegrilltem Zustand. Die Verwendung von fettgewebereichem Schweinefleisch wird entsprechend kenntlich gemacht (z. B. „**Gebratener Schweinebauch**").

Ohne Angabe der Tierart wird bei „**Sauerbraten**", „**Schmorbraten**", „**Rostbraten**", „**Burgunderbraten**" und „**Zwiebelbraten**" Rindfleisch, bei „**Rahmbraten**" Kalbfleisch, bei „**Szegediner Braten**" Schweinefleisch erwartet. In den übrigen Fällen wird die Tierart angegeben (z. B. „Schweinebraten" [„**Schweinsbraten**"], „**Rinderbraten**" [„**Rindsbraten**"], „**Hasenbraten**", „**Rahmbraten [Schwein]**", „**Burgunderbraten [Schwein]**").

„**Pökelbraten**" ist gepökelter Schweinebraten. „**Zigeunerbraten**" ist speziell gewürzter, auch gepökelter Schweine- oder Rinderbraten. „**Rollbraten**" ist im Zusammenhang belassenes, gerolltes oder von einem Netz umgebenes Fleisch; die Tierart wird angegeben (z. B. „**Schweinerollbraten**", „**Schweinsrollbraten**"). „**Nierenbraten**" („**Kalbsnierenbraten**") ist gerolltes Kalbfleisch ohne grobe Sehnen und ohne

A5 Beurteilungsmerkmale für Fleisch

gelbe Bauchhaut, mit Kalbsniere. „**Schweinenierenbraten**" („**Schweinsnierenbraten**") ist entschwarteter, gerollter Schweinebauch mit Schweineniere. „**Putenrollbraten**" ist gerolltes, gewachsenes Putenbrustfleisch mit nicht mehr als 10 % anhaftender Haut und nicht mehr als 40 % Einlagen von gewachsener Brust- und/oder Oberschenkelmuskulatur ohne Haut.

„**Putenoberkeulenrollbraten**" ist gewickeltes, im natürlichen Zusammenhang belassenes Putenoberkeulenfleisch, dem maximal 15 % Haut anhaftet.

Bei folgenden Bratenstücken wird nicht ausdrücklich auf das Vorhandensein von Knochen und/oder Knorpeln hingewiesen: Kotelettstrang, Brust und Bauch, „**Schäuferl**" („Schäuferle"), „**Nuss**" sowie „**Haxe**" („**Hesse**") am Stück (bei Kalb und Schwein) oder in Scheiben (beim Rind „**Beinfleisch**" oder „**Beinscheibe**", beim Kalb „**Ossobuco**"). Das Gleiche gilt für Geflügel (z. B. „**Gänsebraten**", „**Gansbraten**"). In den übrigen Fällen wird auf den Anteil an Knochen hingewiesen, z. B. „mit Knochen" oder „mit Bein", sofern die Knochen in das Gewicht einbezogen sind). „**Kleinfleisch**" sind neben „**Spitzbein**", „**Schnauze**" („**Rüssel**") und „**Ohren**" fleisch tragende Brustknochen und Rippen („**Schälrippchen'**", „**Bratenrippchen"**, „**Spareribs**", „**Brustspitz**") sowie Wirbelknochen des Schweins einschließlich Schwanz. Beim Rind werden fleischtragende Knochen als „**Fleischknochen**", beim Kalb auch als „**Kalbskleinfleisch**" bezeichnet.

„**Tenderons**" sind um einen Rippenknochen gelegte Fleischstreifen aus Kalbsbrust oder Schweinebauch (mit oder ohne Schwarte). Die Tierart wird angegeben (z. B. „**Schweinetenderons**"). Bei Braten aus Schweinehaxen, Schweinebrust und Schweinebauch sowie Schlegel- und Schulterteilen sind Schwarten ohne besonderen Hinweis einbezogen.

„**Gefüllte Kalbsbrust**" ist von Rippen und Brustbein, gelegentlich auch von Brustknorpeln befreite, taschenartig präparierte Kalbsbrust, die als Küchengericht vorwiegend mit einer Masse aus Weißbrot („Semmelknödelteig") oder aus zerkleinertem, grob entsehntem Fleisch und Weißbrot, mit Lyonerbrät oder Jagdwurstbrät gefüllt ist. Für „**Gefüllte Schweinebrust**" („**Gefüllte Schweinsbrust**"), („**Gefüllten Schweinebauch**") gilt Vorstehendes entsprechend.

Für **Erzeugnisse aus zerkleinertem Fleisch** wird die Bezeichnung „Braten" nur dann in Wortverbindungen gebracht, wenn sich aus der Bezeichnung zweifelsfrei ergibt, dass kein in natürlichem Zusammenhang belassenes Fleisch vorliegt (z. B. bei gleichartigen Erzeugnissen am Stück, z. B. „Hackbraten", auch „Falscher Hase"), oder bei bestimmten Groben Brühwürsten sofern der Charakter des Erzeugnisses erkennbar ist, z. B. „Römerbraten", „Wienerbraten"

A5 Beurteilungsmerkmale für Fleisch

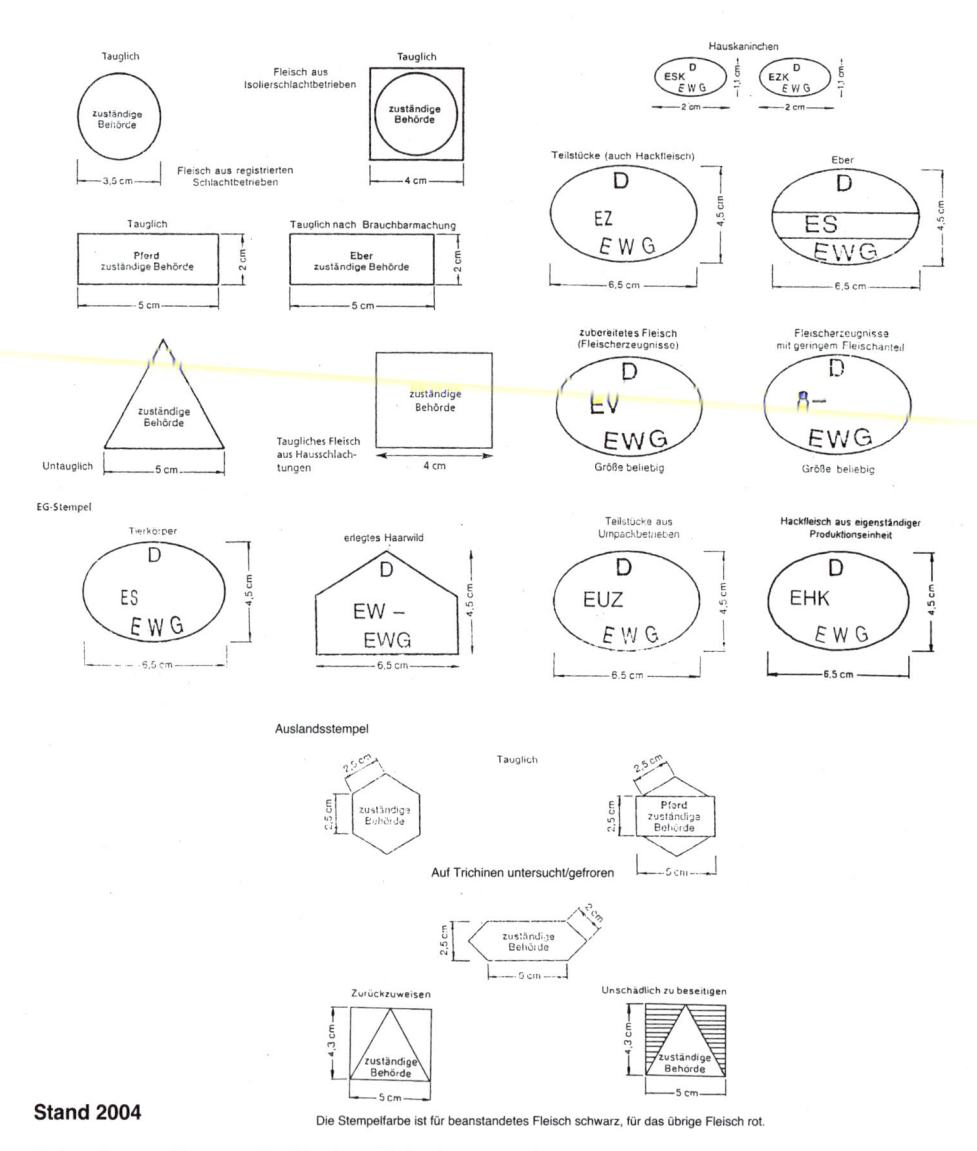

Stand 2004

Die Stempelfarbe ist für beanstandetes Fleisch schwarz, für das übrige Fleisch rot.

Abb. Stempelformen für frisches Fleisch, das außerhalb zugelassener Betriebe gewonnen wird.

662

A6 Küchenplanung (Raumbedarf)

Der Raumbedarf bei der Küchenplanung wird im Folgenden als durchschnittlicher Wert für Restaurants der gehobenen Gastronomie mittlerer Größe (200 bis 250 Sitzplätze) angegeben. Die Werte geben m²/Sitzplatz an. Für kleine Betriebe sollten sie um 12 bis 15 % erhöht, für Großbetriebe können sie um den gleichen Prozentsatz gesenkt werden.

Küchenbereich	m²/Sitzplatz von – bis	⌀	Summe des ⌀
warme Küche	0,20–0,32	0,26	
kalte Küche	0,12–0,16	0,14	
Pâtisserie	0,08–0,10	0,09	
Gemüse-Vorbereitung	0,06–0,10	0,08	
Fleisch-Vorbereitung	0,04–0,08	0,06	
Fisch-Vorbereitung	0,04–0,08	0,06	
Küchenbereich gesamt	0,54–0,84	0,69	0,69
Ausgabe (Kellner-Office)	0,06–0,10	0,08	0,08
Spülbereich			
Behälter-/Topfspüle	0,04–0,08	0,06	
Geschirrspüle	0,09–0,13	0,11	
Spülbereich gesamt	0,13–0,21	0,17	0,17
Anlieferung/Entsorgung			
Warenannahme	0,05–0,08	0,065	
Leergut	0,05–0,07	0,06	
Abfall und Müll	0,04–0,06	0,05	
Anlieferung/Entsorgung gesamt	0,14–0,21	0,175	0,175
Lagerhaltung			
Vorkühlraum	0,03–0,04	0,035	
Kühlraum Fleisch	0,05–0,07	0,06	
Kühlraum Molkereiprod.	0,03–0,04	0,035	
Kühlraum Obst/Gemüse	0,03–0,05	0,04	
Tiefkühlraum	0,04–0,06	0,05	
sonstiger Kühlraum	0,02–0,04	0,03	
gekühlter Raum gesamt	0,20–0,30	0,25	0,25
Lager Lebensmittel trocken	0,12–0,15	0,135	
Lager Gemüse	0,06–0,10	0,08	
Lager Tagesvorrat	0,03–0,06	0,045	
ungekühlte Lager gesamt	0,21–0,31	0,26	0,26
Verwaltung und Sozialbereiche			
Büro Küchenchef	0,02–0,05	0,035	
Büro Lagerhalter	nur bei Großbetrieben		
Umkleiden, Waschen und Toiletten Personal	0,03–0,05		
Personal und Verwaltung gesamt	0,05–0,10	0,039	0,039
Gesamtbedarf Raum Küchenplanung			**1,664**

A7 Küchenbrigade (Aufgabenbereiche)

(1) Mitwirken bei der Personalbedarfsplanung, Personalbeschaffung, bei Personaleinstellungen und Entlassungen
(2) Durchführen der Mitarbeiter-Einführung
(3) Festlegen der Besetzung der Arbeitsplätze der Abteilung
- Regeln der Diensteinteilung
- Erstellen der betrieblichen Ausbildungsplätze
- Überwachen der Ausbildung Auszubildender
- Durchführen von Schulungsmaßnahmen
- Regeln disziplinarischer Angelegenheiten
- Beobachten des Beschaffungsmarktes hinsichtlich neuer Produkte, der Preise und Bezugsbedingungen
- Ermitteln des Warenbedarfs (Bedarfsmeldungen)
- Kontrollieren des Wareneingangs und prüfen der Waren
- Überwachen des Wareneinsatzes und Qualitätskontrollen
- Führen einer Rezeptkartei
- Mitwirken bei der Gestaltung der Speisekarten
- Erstellen von Menüs
- Durchführen von Mengen- und Preiskalkulationen
- organisieren von Sonderessen und Verkaufsförderungsmaßnahmen
- Überwachen des Personalessens
- Gestalten von Arbeitsabläufen, Arbeitsrichtlinien und Formularen
- Bestimmen des Maschineneinsatzes
- Überwachen der Sauberkeit und Hygiene-Vorschriften
- Beobachten der Kostenentwicklung der Abteilung
- Durchführen der Bonkontrolle bei der Essenausgabe
- Mitwirken bei der Erstellung von Erfolgsrechnungen
- Mitwirken bei Budgetbesprechungen
- Mitwirken bei der Behandlung von Gäste-Reklamationen

(4) Verantwortlich für Soßen, Soßengerichte (Ragouts) und Braten
(5) Verantwortlich für Braten und gebackene Speisen (Friteuse)
(6) Verantwortlich für Grillgerichte, Beilagen und Garnituren
(7) Verantwortlich für Fischgerichte, Fischsuppen, Garnituren, Lagerung
(8) Verantwortlich für Gemüse, Kartoffeln, Eierspeisen, Suppen, Teigwaren, Reis und Mehlspeisen
(9) Verantwortlich für Gemüsegerichte und deren Soßen
(10) Verantwortlich für Suppen, Garnituren und Eintopfgerichte
(11) Verantwortlich für Diätgerichte, insbesondere in Sanatorien, Kurhotels, Ferienhotels, Krankenhäusern
(12) Verantwortlich für Kühlhausverwaltung, kalte Gerichte, kalte Soßen, Beilagen und kalte Buffetts
(13) Verantwortlich für kalte Vorspeisen
(14) Verantwortlich für Fleischbearbeitung
(15) Verantwortlich für Salate und Salatsoßen
(16) Verantwortlich für Süßspeisen und Kleingebäck
(17) Verantwortlich für Zuckerwaren, Pralinen, Feingebäck
(18) Verantwortlich für Eisspeisen und Garnituren
(19) Verantwortlich für Brot, Brötchen, u. a.
(20) Verantwortlich für die Vertretung der Köche („Springer")
(21) Verantwortlich für ä-la-carte-Gerichte, Frühstücksgerichte
(22) Verantwortlich für die Überbrückung verkaufsschwacher Zeiten, in denen bei gedrosselter Betriebsführung nicht alle Köche anwesend sind
(23) Verantwortlich für die Bekanntgabe der Bestellungen durch Ausrufen
(24) Verantwortlich für die Personalkantine und das Personalessen
(25) Jungkoch, einem Abteilungskoch unterstellt, als solcher z. B. Commis saucier, commis gardemanger, usw.
(26) Auszubildender im Ausbildungsberuf „Koch/Köchin"
(27) Kochgehilfe in einer kleinen Brigade, der meistens einen Posten selbständig ausfüllt.

A7 Küchenbrigade (Aufgabenbereiche)

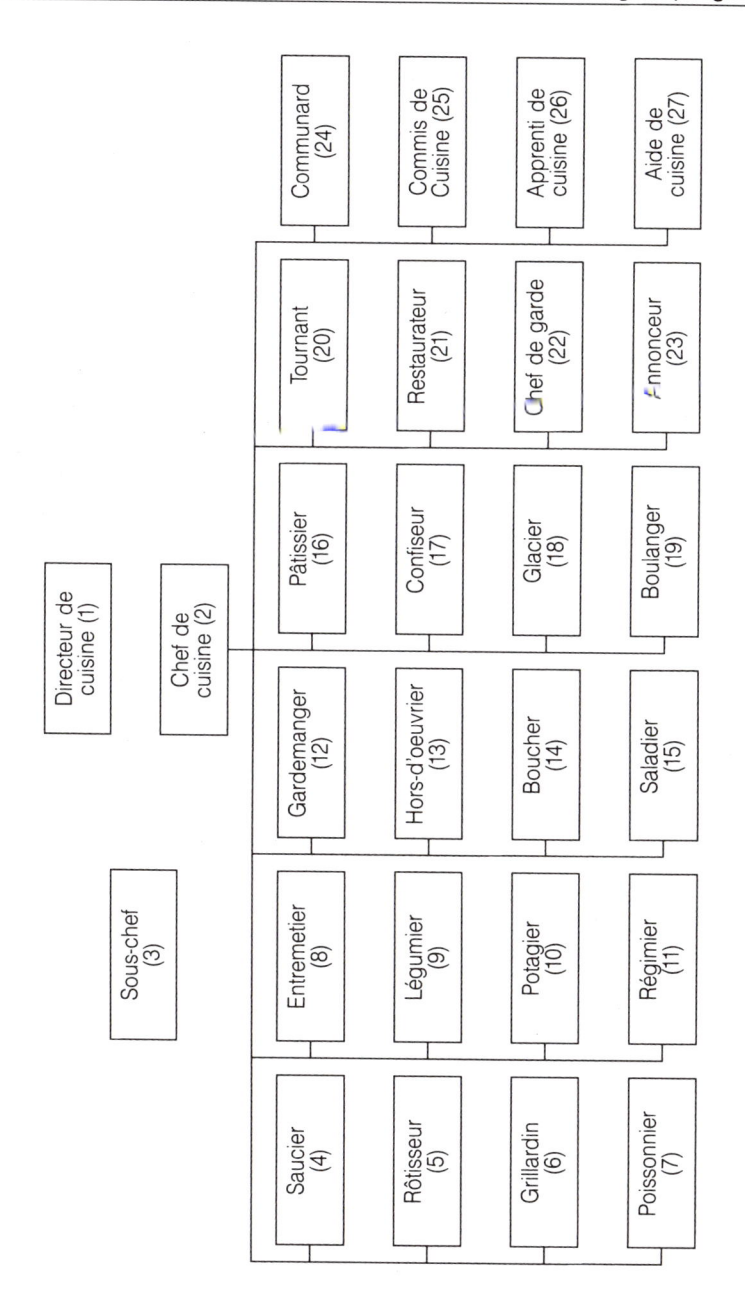

- Directeur de cuisine (1)
  - Chef de cuisine (2)
    - Sous-chef (3)
      - Saucier (4)
      - Rôtisseur (5)
      - Grillardin (6)
      - Poissonnier (7)
      - Entremetier (8)
      - Légumier (9)
      - Potagier (10)
      - Régimier (11)
      - Gardemanger (12)
      - Hors-d'oeuvrier (13)
      - Boucher (14)
      - Saladier (15)
      - Pâtissier (16)
      - Confiseur (17)
      - Glacier (18)
      - Boulanger (19)
      - Tournant (20)
      - Restaurateur (21)
      - Chef de garde (22)
      - Annonceur (23)
      - Communard (24)
      - Commis de Cuisine (25)
      - Apprenti de cuisine (26)
      - Aide de cuisine (27)

A8 Materialfluss- und Verkehrsplan

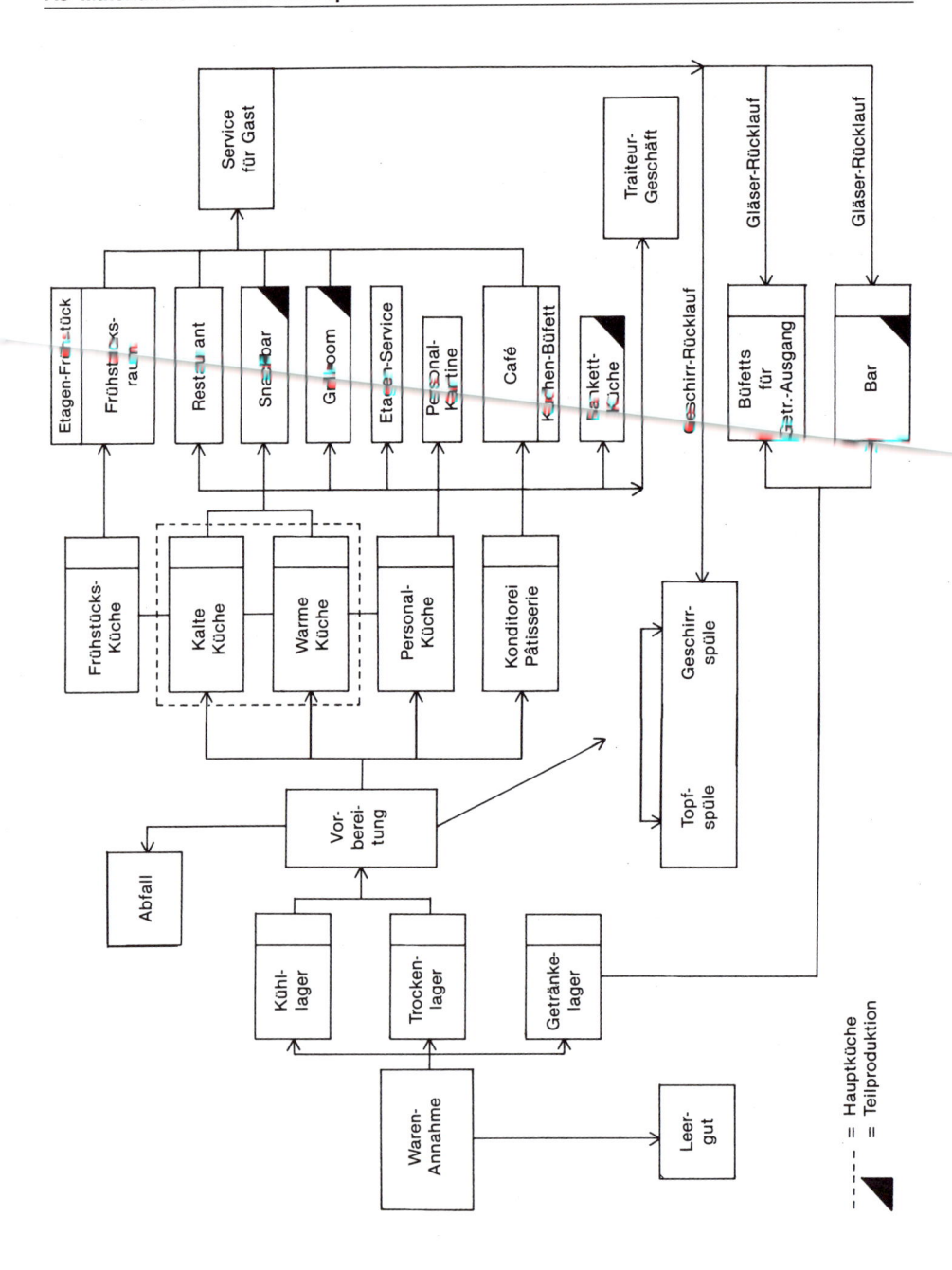

A9 Sicherheitspiktogramm

Gastfreundlichkeit und Sicherheit

finden Sie überall in unserem Hause vor. Wir sind davon überzeugt, dass es bei uns nicht zu einem Brandausbruch kommen kann. Trotzdem haben wir uns auf diesen Fall vorbereitet. Bitte, beachten Sie folgende Hinweise:

Informieren Sie sich bitte über die Lage der Treppen, Notausgänge, Feuermelde- möglichkeit und Löschgeräte.

Hospitality and safety

go hand in hand all over our House, and we are convinced that an outbreak of fire can be ruled out. Still, we are prepared for even such an unlikely eventuality.
Kindly heed the following remarks:

Acquaint yourself with the location of staircases, emergency exits, fire alarm facilities and fire extinguishers.

L'hospitalité et la sécurité

sont omniprésentes dans notre établissement.
Bien qu'étant persuadés qu'un incendie ne peut pas se déclarer chez nous, nous avons cependant prévue à cette éventualité. Nous vous invitons à respecter les consignes suivantes:

Renseignez-vous sur l'emplacement des:
— escaliers,
— sorties de secours,
— avertisseurs d'incendie et extincteurs.

Im Brandfall werden Sie alarmiert! Folgen Sie bitte den Anweisungen des Personals. Bewahren Sie Ruhe.
Wenn Sie einen Brand entdecken, Tür schließen. Brand sofort melden.

Telefon: _____

In case of fire, you will be warned. Please comply with the instructions of our staff. Keep calm.
Should you discover a fire, close the door, and report the fire at once.

Telephone: _____

En cas d'incendie vous serez alerté! Conformez-vous aux instructions du personnel. Gardez votre sang-froid.
Si vous découvrez un début d'incendie, fermez la porte et donnez l'alarme en composant le numéro de

téléphone: _____

Sollte der Fluchtweg durch Rauch versperrt sein, Tür schließen, im Zimmer bleiben. Am Fenster bemerkbar machen. Feuerwehr abwarten.

Should the escape route be obstructed by smoke, close the door and stay in the room. Attract attention at window and await fire brigade.

Si le chemin d'évacuation est envahi par la fumée:
— fermez la porte et restez dans votre chambre,
— signalez votre présence par la fenêtre,
— attendez l'arrivée des secours.

In keinem Fall Aufzüge benutzen.

In no case should lifts be used.

N'utilisez en aucun cas les ascenseurs.

So helfen Sie Brände vermeiden:
Rauchen Sie bitte nicht im Bett. Aschenreste nicht in Papierkörbe entleeren. Keine eigenen Koch- und Wärmegeräte benutzen.

Wir danken Ihnen für die Beachtung dieser Hinweise.

Kindly help us to avoid fires:
By NOT smoking in bed.
By NOT emptying ash into waste-paper baskets.
By NOT using your own cooking and heating appliances.

Thank you for your attention and assistance.

Contribuez à éviter la déclaration d'incendies: en vous ABSTENANT de fumer au lit; en vous ABSTENANT de vider les cendres dans les corbeilles à papier; en vous ABSTENANT de vous servir de vos propres appareils de chauffage et de cuisson.
Nous vous saurions gré de bien vouloir respecter ces consignes.

Trüffelkalender:

		Jan.	Feb.	März	April	Mai	Juni	Juli	Aug.	Sep.	Okt.	Nov.	Dez.
"Bianchetto" Weiße Frühlingstrüffel	Tuber Borchii	■	■	■									
"Scorzone" Sommertrüffel	Tuber Aestivum Vittadini / Var. Uncinatum Chatin					■	■	■	■	■			
Schwarze Trüffel (aus Bagnoli)	Tuber Mesentericum Vittadini	■							■	■	■	■	■
Echte weiße Trüffel (sog. "Albatrüffel")	Tuber Magnatum Pico	■								■	■	■	■
Winter Trüffel (Moscato)	Tuber Brumale Vittadini	■	■	■								■	■
Echte schwarze Trüffel (sog. Perigordtrüffel)	Tuber Melanosporum Vittadini	■	■	■								■	■

Die neue Herkunftsbezeichnung für Eier:
Der Erzeugernachweis-Code
(1 - 2 - 1234 - 1)

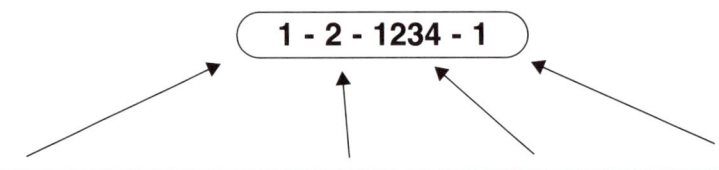

Haltungsform	Erzeugerland		Legebetrieb	Stallnummer
0 – Biohaltung 1 – Freilandhaltung 2 – Intensive Auslaufhaltung 3 – Bodenhaltung 4 – Volierenhaltung 5 – Batteriehaltung	1 – Belgien 2 – **Deutschland** 3 – Frankreich 4 – Italien 5 – Luxemburg 6 – Niederlande 7 – Dänemark 8 – Irland	9 – Vereinigtes Königreich 10 – Griechenland 11 – Spanien 12 – Portugal 13 – Österreich 14 – Finnland 15 – Schweden	Die registrierte Nummer des Legebetriebes	Jeder Stall hat eine registrierte Nummer.